# LES CATÉGORIES GRAMMATICALES

## Les classes de mots

**Déterminant**
Ex. : *un, le, cet, tout…*

**Nom** (ou substantif)
Ex. : *homme, voiture, terre…*

**Adjectif qualificatif**
Ex. : *beau, fière, rouges…*

**Pronom**
Ex. : *on, celui-là, nul…*

**Verbe**
Ex. : *écrire, brûler, finir…*

**Préposition**
Ex. : *à, de, pour…*

**Adverbe**
Ex. : *encore, jamais…*

**Conjonction**
Ex. : *que, quand, et…*

**Interjection**
Ex. : *oh !, aïe !…*

## Les types de phrase

**Déclarative**
Ex. : *Elle ne lit pas.*

**Interrogative**
Ex. : *Lit-elle encore ?*

**Exclamative**
Ex. : *Mais quel beau livre !*

**Impérative**
Ex. : *Lis donc cela !*

## Les fonctions

**Sujet**
Ex. : ***Il** écrit*

**Épithète**
Ex. : *Un **beau** livre*

**Apposition**
Ex. : ***Peureux**, il l'est.*

**Attribut** (du sujet / du COD)
Ex. : *Il la trouve **belle**.*

**Verbe, noyau de proposition**
Ex. : *Il **déjeune** tôt.*

**Complément d'objet** (COD, COI, COS)
Ex. : *Lire développe **l'esprit**.*

**Complément d'agent**
Ex. : *Je suis passionné **d'architecture**.*

**Complément de nom**
Ex. : *La Peau **de chagrin***

**Complément circonstanciel**
Ex. : ***La nuit**, je mens.*

## Les temps verbaux

→ p. 375

### Temps simples (indicatif)

**Présent**
Ex. : *Il pense.*

**Futur**
Ex. : *Il pensera.*

**Passé simple**
Ex. : *Il pensa.*

**Imparfait**
Ex. : *Il pensait.*

**Conditionnel présent**
Ex. : *Il penserait.*

### Temps composés (indicatif)

**Passé composé**
Ex. : *Il a pensé.*

**Futur antérieur**
Ex. : *Il aura pensé.*

**Pass**

**onnel passé**
Ex. : *Il aurait pensé.*

### Temps simples (subjonctif)

**Présent**
Ex. : *Qu'il pense.*

**Imparfait**
Ex. : *Qu'il pensât.*

### Temps composés (subjonctif)

**Passé**
Ex. : *Qu'il ait pensé.*

**Plus-que-parfait**
Ex. : *Qu'il eût pensé.*

COLLECTION

TERRES LITTÉRAIRES

SOUS LA DIRECTION DE XAVIER DAMAS

LIVRE UNIQUE

# Français 1re


**Marion Baudet**
lycée Jean Monnet (Yzeure, 03)

**Aurélia Courtial**
lycée Pierre de Coubertin (Meaux, 77)

**Xavier Damas**
lycée Gaston Bachelard (Chelles, 77)

**Nathalie Havot**
lycée Jules Verne (Château-Thierry, 02)

**Loïc Larboulette**
lycée François Rabelais (Saint-Brieuc, 22)

**Liliane Martinet-Bigot**
lycée Camille Claudel (Troyes, 10)

**Murielle Taïeb**
lycée Victor Hugo (Besançon, 25)

**Corinne von Kymmel-Zimmermann**
lycée Louis Faidherbe (Lille, 59)


Hatier

# AVANT-PROPOS

Les nouvelles **Instructions officielles de français** applicables dès 2011 nécessitaient la refonte de la **collection *Terres littéraires***. Des objets d'étude revisités, des liens encore plus explicites entre textes antiques, textes classiques et littérature moderne, une place plus grande accordée à l'histoire des arts... Autant d'exigences qui commandaient la mise en œuvre de nouveaux manuels adaptés aux **défis de la réforme**.

## Un manuel en trois parties

La **partie I**, intitulée **« Textes »**, rassemble de nombreux extraits choisis en fonction des objets d'étude du programme. Chacune des seize séquences comprend six textes qui fonctionnent par deux : toute lecture analytique bénéficie d'un « vis-à-vis » avec un texte ancien ou postérieur, de manière à rappeler constamment la perspective historique. Une analyse d'image et une proposition d'étude d'œuvre intégrale s'intègrent chronologiquement à ce groupement de textes.

La **partie II**, **« Outils d'analyse »**, propose des fiches notionnelles sur les catégories littéraires, lexicales, grammaticales et stylistiques indispensables à l'étude des textes et des images, et à l'expression écrite et orale, aussi bien en vue des épreuves du bac que dans le but de se faire comprendre dans tous les aspects de la vie sociale et scolaire.

La **partie III**, **« Méthodes »**, fournit les techniques d'expression écrite et orale caractéristiques du bac : la dissertation, le commentaire, l'écriture d'invention, l'oral des EAF, la soutenance des TPE.

## Un jeu de renvois multiples

Chaque **questionnaire de la partie I** souligne les termes et les notions de la partie II auxquels l'élève peut se reporter, au moment d'un relevé dans un texte par exemple. L'ensemble des questions ouvre sur une activité orale ou écrite dont les modalités sont définies dans la partie III ; un renvoi permet de se reporter directement à la fiche méthode concernée.

Les **fiches de la partie II** tirent leurs exemples de la partie I. Le dernier exercice d'une fiche de cette partie s'achève sur un travail d'écriture dont la consigne renvoie à une fiche méthode de la partie III.

La **partie III** fonde une grande partie de ses exemples, exercices et **supports méthodologiques** sur les textes de la partie I.

**Édition :** Raphaële Patout et Laurence Péchiné-Gautré
**Conception maquette :** Frédéric Jély
**Réalisation :** Graphismes
**Iconographie :** Brigitte Célérier, assistée de Julie Sirdey
**Gardes :** Graphismes
**Repères :** Domino
**Généalogie page 326 :** Hugues Piolet
**Relecture, corrections :** Silvain Chupin

© Hatier, Paris 2011 - ISBN **978-2-218-95327-9**



Achevé d'imprimer en Italie par Grafica Veneta S.p.A. à Trebaseleghe
Dépôt légal n° 95327-9/02 - Septembre 2011

## Une progression régulière et affichée

Tous les **questionnaires de la partie I** sont constitués de repérages de plus en plus exigeants, organisés en **rubriques** :
- les deux questions de « **Première lecture** » testent la compréhension littérale du texte ;
- la question « **Mise au point** » met l'accent sur une question de lexique ou de grammaire qui mettra en confiance les élèves moins à l'aise avec les études littéraires ;
- les **cinq ou six questions d'« Analyse** » vont du repérage à l'interprétation, faisant le tour des aspects essentiels de l'extrait étudié ;
- une « **Question de synthèse** » permet de récapituler l'intérêt majeur de cette lecture ;
- la rubrique « **Pour aller plus loin** » propose une recherche lexicale, historique ou autre, qui élargit la perspective d'étude, et un travail de type bac.

Tous les exercices du manuel constituent des **ensembles progressifs** : ils s'ouvrent sur un exercice qui vise l'appropriation des aspects les plus simples de la notion ou de la méthode étudiée, ensuite la difficulté est croissante jusqu'au dernier exercice, systématiquement en lien avec le bac.

## Une culture diversifiée en vue du bac

Dans l'optique du bac, la **diversité des textes français, francophones ou étrangers** traduits assure la constitution d'une culture humaniste solide, encore enrichie par des **analyses d'images** empruntées à de nombreuses formes d'expression artistique et par des **doubles pages d'histoire des arts.**

Le souci accordé aux **notes de vocabulaire** ou de **contextualisation** dans l'étude des textes, les **synthèses** littéraires, le **lexique** d'histoire des arts, les **définitions** des fiches notionnelles de la partie II, et les **fiches méthodes** de la partie III offrent la possibilité d'utiliser son manuel de façon autonome. Les pages de garde rappellent les notions clés indispensables au lycée.

L'enchaînement des documents de chaque séquence, l'organisation des fiches de synthèse de la partie I et des fiches notionnelles de la partie II, la présence des « Repères » (juste après le sommaire), mettent la **chronologie** au tout premier plan de l'apprentissage.

## Une préparation aux épreuves anticipées de français

Des **corpus de type bac** et des **préparations à l'entretien**, deuxième partie de l'oral des EAF, jalonnent tous les chapitres de la partie I.

Les **exercices** et les **fiches** des trois parties préparent non seulement aux travaux de type bac, mais aussi à l'apprentissage personnel et régulier de techniques de recherche, d'expression et de rédaction transposables aux TPE, aux autres matières et aux aptitudes à développer dans sa vie sociale.

Souhaitons que ce manuel de Première soit une passerelle efficace entre les acquis de la classe de Seconde et les épreuves anticipées de français en fin d'année.

Xavier DAMAS

### Les objets d'étude au programme de Première

- Le personnage de roman, du XVII^e^ siècle à nos jours
- Le texte théâtral et sa représentation, du XVII^e^ siècle à nos jours
- Écriture poétique et quête du sens, du Moyen Âge à nos jours
- La question de l'homme dans les genres de l'argumentation, du XVI^e^ siècle à nos jours
- Vers un espace culturel et européen : Renaissance et humanisme (série L)
- Les réécritures, du XVII^e^ siècle à nos jours (série L)

# SOMMAIRE

Dans le sommaire ci-après, ces pictogrammes proposent des liens avec le DVD-Rom

Audio — Vidéo — Texte — Iconographie

**REPÈRES**

**Frises chronologiques**


| | |
|---|---|
| Moyen-Âge - Renaissance | 18 |
| XVII$^{e}$ siècle | 20 |
| XVIII$^{e}$ siècle | 22 |
| XIX$^{e}$ siècle | 24 |
| XX-XXI$^{e}$ siècles | 26 |

## PARTIE I
# *Textes*

## Chapitre 1 Écriture poétique et quête du sens

### Séquence 1 L'inspiration poétique


| | |
|---|---|
| ANALYSE D'IMAGE N. Poussin, *L'Inspiration du poète* | 32 |
| TEXTE 1 Saint-Amant, *Œuvres poétiques* | 33 |
| D'UN TEXTE À L'AUTRE 1 P. de Ronsard, *Nouvelles poésies* | 34 |
| TEXTE 2 C. Baudelaire, *Les Fleurs du mal* | 36 |
| D'UN TEXTE À L'AUTRE 2 V. Hugo, *Les Contemplations* | 37 |
| ÉTUDE D'ŒUVRE INTÉGRALE C. Baudelaire, *Les Fleurs du mal* | 40 |
| TEXTE 3 R. Queneau, *Battre la campagne* | 41 |
| D'UN TEXTE À L'AUTRE 3 T. Corbière, *Les Amours jaunes* | 42 |
| SYNTHÈSE L'inspiration poétique | 44 |
| HISTOIRE DES ARTS La représentation de l'artiste | 45 |
| **Exercices d'approfondissement** | |
| 1 N. Boileau, *Art poétique* | 47 |
| 2 A. Rimbaud, « Voyelles » | 47 |
| 3 F. Ponge, *Le Parti pris des choses* | 47 |
| 4 A. Bosquet, *Sonnets pour une fin de siècle* | 48 |
| 5 Y. Bonnefoy, *Les Planches courbes* | 48 |

DVD-Rom :
- Audio : C. Baudelaire, « Parfum exotique »
- Texte : C. Baudelaire, « Les fenêtres »
- Iconographie : E. Le Sueur, *Clio, Euterpe et Thalie*
- Audio : S. Gainsbourg, *La Nuit d'Octobre*
- Iconographie : É. Vigée-Le Brun, *Autoportrait en train de peindre* ; G. Courbet, *L'Atelier du peintre* ; F. Nadar, *Portrait de Charles Baudelaire*


### Séquence 2 La poésie amoureuse


| | |
|---|---|
| TEXTE 1 L. Labé, *Sonnets* | 50 |
| D'UN TEXTE À L'AUTRE 1 J. Du Bellay, *L'Olive* | 51 |
| ÉTUDE D'ŒUVRE INTÉGRALE L. Labé, *Sonnets* | 52 |
| TEXTE 2 P. Verlaine, *Romances sans paroles* | 53 |
| D'UN TEXTE À L'AUTRE 2 M. Desbordes-Valmore, *Poésies inédites* | 55 |
| ANALYSE D'IMAGE A. Rodin, *Le Baiser* | 56 |
| TEXTE 3 R. Desnos, *Corps et biens* | 57 |
| D'UN TEXTE À L'AUTRE 3 P. Eluard, *Capitale de la douleur* | 59 |
| SYNTHÈSE La poésie lyrique amoureuse | 60 |

DVD-Rom :
- Texte : M. Desbordes-Valmore, « Je ne sais plus... »
- Iconographie : A. Canova, *Psyché...*
- Audio : G. Apollinaire, « Le pont Mirabeau » ; G. Brassens, *Il n'y a pas d'amour heureux*

A. Watteau, *Arlequin et Colombine…*
G.F. Kersting, *La Brodeuse*
B. Vian, *La Complainte du progrès*

HISTOIRE DES ARTS La représentation des amants 61

Exercices d'approfondissement
1 B. de Ventadour, *Chansons* 63
2 F. de Malherbe, *Poèmes* 63
3 L. Sédar Senghor, *Lettres d'hivernage* 63
4 A. de Musset, *Poésies nouvelles* 64
5 P. de Ronsard, *Les Amours* 64

**Séquence 3 La mission du poète**

TEXTE 1 V. Hugo, *Les Rayons et les Ombres* 66
D'UN TEXTE À L'AUTRE 1 C. Marot, *L'Adolescence clémentine* 68
ANALYSE D'IMAGE R. Magritte, *La Tentative de l'impossible* 70
TEXTE 2 F. Ponge, *Le Parti pris des choses* 71
D'UN TEXTE À L'AUTRE 2 G. Apollinaire, *Calligrammes* 73
ÉTUDE D'ŒUVRE INTÉGRALE F. Ponge, *Le Parti pris des choses* 75
TEXTE 3 R. Char, *Seuls demeurent* 76
D'UN TEXTE À L'AUTRE 3 A. Rimbaud, Lettre à Paul Demeny 78
SYNTHÈSE Fonctions du poète et de la poésie 79
HISTOIRE DES ARTS Le mythe d'Orphée à travers les arts 80

G. Apollinaire, « Le pont Mirabeau »
A. Rimbaud, « À la musique »
Barbara, *Göttingen*
J. Prévert, « Barbara »
J. Tardieu, « Oradour »

Exercices d'approfondissement
1 D. Diop, *Coups de pilon* 82
2 Lautréamont, *Les Chants de Maldoror* 82
3 L. Aragon, *Le Roman inachevé* 82
4 A. d'Aubigné, *Les Tragiques* 83

VERS LE BAC Le sonnet : une muse exigeante ?
J. Du Bellay ; F. de Malherbe ; C. Baudelaire ; G. Apollinaire 85
Pistes pour l'entretien 86

## Chapitre 2 L'argumentation : la question de l'homme

**Séquence 4 Réflexions sur la nature humaine**

Entretien avec M. Yourcenar
J.-B.S. Chardin, *Le Bénédicité*

TEXTE 1 B. Pascal, *Pensées* 90
D'UN TEXTE À L'AUTRE 1 Voltaire, *Micromégas* 92
TEXTE 2 Fénelon, *Traité de l'éducation des filles* 94
D'UN TEXTE À L'AUTRE 2 S. de Beauvoir, *Le Deuxième Sexe* 96
ANALYSE D'IMAGE J.-A. Houdon, *Sabine Houdon âgée de quatre ans* 98
TEXTE 3 D. Diderot, *Supplément au voyage de Bougainville* 99
D'UN TEXTE À L'AUTRE 3 J.-C. Carrière, *La Controverse de Valladolid* 101
ÉTUDE D'ŒUVRE INTÉGRALE D. Diderot, *Supplément au voyage de Bougainville* 103

# SOMMAIRE

Lecture d'une lettre de R. Luxemburg
J. de La Bruyère, « Des Grands »
M. Luther King, *I have a dream*

G. Arcimboldo, *Le Juriste*
M. Quentin de La Tour, *Portrait de la marquise de Pompadour*
É. Vigée-Le Brun, *Autoportrait*


SYNTHÈSE L'héritage humaniste 104
HISTOIRE DES ARTS Naissance et évolution du portrait pictural 105

**Exercices d'approfondissement**

1 **Hésiode**, *Théogonie* 107
2 **J. Vallée des Barreaux**, *Poésies choisies* 107
3 **A. de Vigny**, *Les Destinées* 107
4 **S. de Cyrano de Bergerac**, *L'Autre Monde ou les États et Empires de la Lune* 108


## Séquence 5 Voyage et formation

J.-P. Blondel, *Qui vive ?*
M. Parr, *La Tour de Pise*
Barbara, *Göttingen*
C. Baudelaire, « Parfum exotique »

Entretien avec F. Lebert (photographe)
G. De Chirico, *Piazza d'Italia*


TEXTE 1 **M. de Montaigne**, *Essais* 110
D'UN TEXTE À L'AUTRE 1 **J.-J. Rousseau**, *Émile ou De l'éducation* 112
TEXTE 2 **Voltaire**, *L'Ingénu* 114
D'UN TEXTE À L'AUTRE 2 **A. Gide**, *Retour de l'URSS* 116
ÉTUDE D'ŒUVRE INTÉGRALE **Voltaire**, *L'Ingénu* 118
ANALYSE D'IMAGE **E. Fromentin**, *Halte de cavaliers arabes dans la forêt* 119
TEXTE 3 **N. Huston**, *Nord perdu* 120
D'UN TEXTE À L'AUTRE 3 **M. Condé**, *Entretien avec Elizabeth Nunez* 121

SYNTHÈSE Le voyage et l'altérité 123
HISTOIRE DES ARTS Carnets, croquis et voyages 124

**Exercices d'approfondissement**

1 **V. Hugo**, *Le Rhin* 126
2 **G. de Nerval**, *Le Voyage en Orient* 126
3 **J. et J.-M.G. Le Clézio**, *Gens des nuages* 127


## Séquence 6 Le savoir, la science et l'homme

J.-J. Rousseau, *Discours sur les sciences et les arts*

Frontispice de l'*Encyclopédie*
W. Claesz Heda, *La Tourte au cassis*

É. Zola, Préface au *Roman expérimental*
Arbre généalogique des *Rougon-Macquart*


TEXTE 1 **F. Rabelais**, *Pantagruel* 129
D'UN TEXTE À L'AUTRE 1 **A. Huxley**, *Le Meilleur des mondes* 131
ÉTUDE D'ŒUVRE INTÉGRALE **F. Rabelais**, *Pantagruel* 133
TEXTE 2 **J.-J. Rousseau**, *Discours sur les sciences et les arts* 134
D'UN TEXTE À L'AUTRE 2 **E. Renan**, *L'Avenir de la science* 135
TEXTE 3 **M. Yourcenar**, « Diagnostic de l'Europe » 137
D'UN TEXTE À L'AUTRE 3 *Science et vie* 138
ANALYSE D'IMAGE **S. Dalì**, *Galatée aux sphères* 140
SYNTHÈSE Savoir et science, entre éloge et critique 141
HISTOIRE DES ARTS Les vanités 142

**Exercices d'approfondissement**

1 **M. de Montaigne**, *Essais* 144
2 **A. Comte**, *Philosophie des sciences* 144
3 **É. Zola**, *Le Roman expérimental* 144
4 **A. Camus**, *Combat* 145
5 **É. Filhol**, *La Centrale* 145

**VERS LE BAC Négritude et engagement**

A. Césaire ; L. Sédar Senghor ; R. Confiant 146
**Pistes pour l'entretien** 149

## Chapitre 3 Le personnage de roman

### Séquence 7 Héros et anti-héros

G. de Maupassant, « Le Masque »
H. de Balzac, *Le Père Goriot*
Arbre généalogique des *Rougon-Macquart*
J. Tardi, illustration du *Voyage au bout de la nuit*
P. Bruegel, *La Chute d'Icare*
B. Cellini, *Persée*

TEXTE 1 Stendhal, *Le Rouge et le Noir* 152
D'UN TEXTE À L'AUTRE 1 G. de Maupassant, *Bel-Ami* 153
ÉTUDE D'ŒUVRE INTÉGRALE Stendhal, *Le Rouge et le Noir* 156
TEXTE 2 H. de Balzac, *Le Père Goriot* 157
D'UN TEXTE À L'AUTRE 2 É. Zola, *L'Œuvre* 159
ANALYSE D'IMAGE P. Cézanne, *Autoportrait* 161
TEXTE 3 J. Conrad, *Au cœur des ténèbres* 162
D'UN TEXTE À L'AUTRE 3 L.-F. Céline, *Voyage au bout de la nuit* 164
SYNTHÈSE Du héros à l'anti-héros 166
HISTOIRE DES ARTS La représentation du conquérant 167

Exercices d'approfondissement
1 M. de Cervantès, *Don Quichotte de la Manche* 169
2 M. Shelley, *Frankenstein ou le Prométhée moderne* 169
3 G. Flaubert, *L'Éducation sentimentale* 169
4 L. Aragon, *Les Cloches de Bâle* 170
5 G. Perec, *Les Choses* 170

### Séquence 8 La femme dans le roman

H. de Toulouse-Lautrec, *La Toilette*
M. Proust, « Violante ou la mondanité »
M. Cassatt, *À l'opéra*
É. Vigée-Le Brun, *Autoportrait en train de peindre*
Louise Bourgeois

TEXTE 1 M$^{me}$ de La Fayette, *La Princesse de Clèves* 172
D'UN TEXTE À L'AUTRE 1 G. Flaubert, *Madame Bovary* 174
ÉTUDE D'ŒUVRE INTÉGRALE M$^{me}$ de la Fayette, *La Princesse de Clèves* 176
TEXTE 2 P. Choderlos de Laclos, *Les Liaisons dangereuses* 177
D'UN TEXTE À L'AUTRE 2 M. Proust, *Un amour de Swann* 179
ANALYSE D'IMAGE C. Claudel, *L'Âge mûr* 181
TEXTE 3 J. Giono, *Le Moulin de Pologne* 182
D'UN TEXTE À L'AUTRE 3 J.-M.G. Le Clézio, *Désert* 184
SYNTHÈSE Le personnage féminin dans le roman 186
HISTOIRE DES ARTS Les femmes artistes depuis 1900 187

Exercices d'approfondissement
1 V. Hugo, *Les Misérables* 189
2 S. de Beauvoir, *L'Invitée* 189
3 A. Kourouma, *Les Soleils des indépendances* 190
4 Abbé Prévost, *Manon Lescaut* 190

# SOMMAIRE

**Séquence 9 Nouveaux narrateurs, nouveaux personnages**

TEXTE 1 D. Diderot, *Jacques le Fataliste* 192
D'UN TEXTE À L'AUTRE 1 M. Butor, *La Modification* 194
TEXTE 2 G. Flaubert, *Bouvard et Pécuchet* 195
D'UN TEXTE À L'AUTRE 2 R. Queneau, *Le Chiendent* 197
ANALYSE D'IMAGE. E. Hopper, *Chambre à Brooklyn* 199
TEXTE 3 A. Camus, *L'Étranger* 200
D'UN TEXTE À L'AUTRE 3 E. Carrère, *L'Adversaire* 202
ÉTUDE D'ŒUVRE INTÉGRALE A. Camus, *L'Étranger* 204
SYNTHÈSE Le roman moderne 205
HISTOIRE DES ARTS Personnages en peinture, du cubisme au retour de la figuration 206

M. Condé, *La Belle Créole*
J.-P. Blondel, *Qui vive ?*
Entretien avec J.-P. Blondel

Exercices d'approfondissement
1 H. Bauchau, *Le Boulevard périphérique* 208
2 J.-P. Sartre, *La Nausée* 208
3 J.-M.G. Le Clézio, *Le Procès-verbal* 208
4 M. Duras, *Le Ravissement de Lol V. Stein* 209
5 I. Calvino, *Si par une nuit d'hiver un voyageur* 209

VERS LE BAC Le récit épique
A. Rabelais ; V. Hugo ; L.-F. Céline 210
Pistes pour l'entretien 213

## Chapitre 4 Le texte théâtral et sa représentation

**Séquence 10 La comédie, jeu d'amour et de pouvoir**

TEXTE 1 Molière, *Le Bourgeois gentilhomme* 216
D'UN TEXTE À L'AUTRE 1 C. Goldoni, *Les Rustres* 218
TEXTE 2 Marivaux, *Le Jeu de l'amour et du hasard* 220
D'UN TEXTE À L'AUTRE 2 G. Feydeau, *On purge bébé* 222
ÉTUDE D'ŒUVRE INTÉGRALE Marivaux, *Le Jeu de l'amour et du hasard* 224
ANALYSE D'IMAGE W. Hogarth, *Le Contrat de mariage* 225
TEXTE 3 Beaumarchais, *Le Barbier de Séville* 226
D'UN TEXTE À L'AUTRE 3 B. Brecht, *Maître Puntila et son valet Matti* 228
SYNTHÈSE L'univers de la comédie 230
HISTOIRE DES ARTS Comédie et travestissement, au théâtre et au cinéma 231

Molière, *Le Bourgeois gentilhomme*
Marivaux, *La Double Inconstance*
A. Watteau, *Arlequin et Colombine…*
M. Sand, *Polichinelle*
Gravure du théâtre de l'Odéon
P. Corneille, *L'Illusion comique*
Duo de mises en scène de Molière, *L'École des femmes*

Exercices d'approfondissement
1 Aristophane, *Les Guêpes* 233
2 Molière, *Les Fourberies de Scapin* 233
3 Marivaux, *L'Île des esclaves* 234
4 S. Beckett, *Fin de partie* 234

# SOMMAIRE


## Séquence 11 Figures héroïques, de la tragi-comédie au drame

| | |
|---|---|
| ANALYSE D'IMAGE J.-L. David, *Le Serment des Horaces* | 236 |
| TEXTE 1 V. Hugo, *Hernani* | 237 |
| D'UN TEXTE À L'AUTRE 1 J. Racine, *Phèdre* | 238 |
| TEXTE 2 A. de Musset, *Lorenzaccio* | 241 |
| D'UN TEXTE À L'AUTRE 2 P. Corneille, *Le Cid* | 243 |
| ÉTUDE D'ŒUVRE INTÉGRALE A. de Musset, *Lorenzaccio* | 245 |
| TEXTE 3 E. Rostand, *Cyrano de Bergerac* | 246 |
| D'UN TEXTE À L'AUTRE 3 A. de Musset, *Les Caprices de Marianne* | 248 |
| SYNTHÈSE Le héros au théâtre | 250 |
| HISTOIRE DES ARTS La peinture d'histoire | 251 |
| **Exercices d'approfondissement** | |
| 1 Euripide, *Iphigénie à Aulis* | 253 |
| 2 W. Shakespeare, *Le Roi Lear* | 253 |
| 3 P. Corneille, *Polyeucte* | 254 |
| 4 V. Hugo, *Ruy Blas* | 254 |
| 5 B. Brecht, *Antigone* | 254 |

J. Racine, *Phèdre*
A. Cabanel, *Phèdre*

J. Racine, *Bérénice*
A. Dumas, *Antony*
J. Racine, *Bajazet*
Entretien avec N. Garraud, (metteur en scène)

J. Losey, *Don Giovanni*
P. Chéreau, *La Reine Margot*

## Séquence 12 L'absurdité de la condition humaine

| | |
|---|---|
| TEXTE 1 A. Camus, *Le Malentendu* | 256 |
| D'UN TEXTE À L'AUTRE 1 J.-P. Sartre, *Les Mains sales* | 258 |
| TEXTE 2 E. Ionesco, *La Leçon* | 260 |
| D'UN TEXTE À L'AUTRE 2 J. Tardieu, *La Comédie du langage* | 262 |
| TEXTE 3 S. Beckett, *En attendant Godot* | 263 |
| D'UN TEXTE À L'AUTRE 3 H. Pinter, *Le Retour* | 265 |
| ÉTUDE D'ŒUVRE INTÉGRALE S. Beckett, *En attendant Godot* | 267 |
| ANALYSE D'IMAGE E. Sedgwick, *Le Roi de la bière* | 268 |
| SYNTHÈSE Théâtre et absurdité du monde | 269 |
| HISTOIRE DES ARTS Jeux et fantaisie dans l'art contemporain | 270 |
| **Exercices d'approfondissement** | |
| 1 E. Ionesco, *Le roi se meurt* | 272 |
| 2 S. Beckett, *Oh les beaux jours* | 272 |
| 3 N. Sarraute, *Isma* | 273 |
| 4 J.-M. Ribes, *Musée haut, musée bas* | 273 |
| **VERS LE BAC Le mélange des registres au théâtre** | |
| A. Shakespeare ; P Corneille ; V. Hugo | 274 |
| Pistes pour l'entretien | 277 |

E. Ionesco, *La Leçon*

J. Tardieu, « Oradour »

J. Tardi, illustration de *C'était la guerre…*

Duo de mises en scène d'E. Ionesco, *Le roi se meurt*

Louise Bourgeois
Andy Goldsworthy
M. Parr, *La Tour de Pise*

J.-M. Ribes, *Musée haut, musée bas*

# SOMMAIRE

## Chapitre 5 Renaissance et humanisme en Europe

G. Arcimboldo, *Le Juriste*

Château d'Azay-le-Rideau

Frontispice de l'*Encyclopédie*

### Séquence 13 Découvrir et former l'homme


TEXTE 1 **N. Machiavel**, *Le Prince* 280

D'UN TEXTE À L'AUTRE 1 **É. de La Boétie**, *Discours de la servitude volontaire* 282

TEXTE 2 **T. More**, *Utopie* 284

D'UN TEXTE À L'AUTRE 2 **F. Rabelais**, *Gargantua* 286

ANALYSE D'IMAGE **Bronzino**, *Portrait d'Ugolino Martelli* 288

TEXTE 3 **M. de Montaigne**, *Essais* 289

D'UN TEXTE À L'AUTRE 3 **Condorcet**, *Discours à l'Assemblée nationale* 290

ÉTUDE D'ŒUVRE INTÉGRALE **M. de Montaigne**, *Essais*, livre I 292

SYNTHÈSE L'humanisme et l'homme 293

HISTOIRE DES ARTS Léonard de Vinci, le génie de la Renaissance 294

Exercices d'approfondissement

1 **Érasme**, *La Civilité puérile* 296

2 **Voltaire**, *Candide* 296

3 **C.-G. Le Roi**, *Encyclopédie*, article « Homme » 297

4 **É. Badinter**, *XY. De l'identité masculine* 297


### Séquence 14 Découvrir et modeler le monde


TEXTE 1 **C. Colomb**, *La Découverte de l'Amérique* 299

D'UN TEXTE À L'AUTRE 1 **Virgile**, *Énéide* 301

ANALYSE D'IMAGE *Codex Magliabechiano* et **A. Thevet**, *Indiens pêchant* 303

TEXTE 2 **J. de Léry**, *Histoire d'un voyage fait en terre du Brésil* 304

D'UN TEXTE À L'AUTRE 2 **M. Polo**, *La Description du monde* 306

ÉTUDE D'ŒUVRE INTÉGRALE **J. de Léry**, *Histoire d'un voyage fait en terre du Brésil* 308

TEXTE 3 **M. de Montaigne**, *Essais* 309

D'UN TEXTE À L'AUTRE 3 **J. Cartier**, *Voyages au Canada* 311

SYNTHÈSE Littérature et nouveaux mondes 313

HISTOIRE DES ARTS Les arts premiers 314

Exercices d'approfondissement

1 **B. de Las Casas**, *Très brève relation de la destruction des Indes* 316

2 **A. Rimbaud**, Lettre d'Aden 316

3 **S. de Beauvoir**, *L'Amérique au jour le jour* 316

4 **M. Tournier**, *Le Vent Paraclet* 317

VERS LE BAC Les figures du pouvoir en poésie

P. de Ronsard ; J. Du Bellay ; A. d'Aubigné 318

**Pistes pour l'entretien** 321

# Chapitre 6 Les réécritures


## Séquence 15 Le mythe d'Œdipe

TEXTE 1 **Eschyle**, *Les Sept contre Thèbes* 324
D'UN TEXTE À L'AUTRE 1 **J. Cocteau**, *La Machine infernale* 327
TEXTE 2 **Sophocle**, *Œdipe roi* 329
D'UN TEXTE À L'AUTRE 2 **D. Lamaison**, *Œdipe roi* 331
ÉTUDE D'ŒUVRES INTÉGRALES **Sophocle**, *Œdipe roi* et **J. Cocteau**, *La Machine infernale* 333
TEXTE 3 **J. Racine**, *La Thébaïde* 334
D'UN TEXTE À L'AUTRE 3 **H. Bauchau**, *Œdipe sur la route* 336
ANALYSE D'IMAGES **J.A.D. Ingres**, *Œdipe devinant l'énigme du Sphinx* et **F. Bacon**, *Œdipe et le Sphinx d'après Ingres* 338
SYNTHÈSE Réécrire un mythe 340
HISTOIRE DES ARTS Œdipe, des vases grecs au cinéma 341

Exercices d'approfondissement
1 **Eschyle**, *Prométhée enchaîné* 343
2 **M. Shelley**, *Frankenstein ou le Prométhée moderne* 343
3 **Homère**, *Iliade* 343
3 **J. Giraudoux**, *La guerre de Troie n'aura pas lieu* 344

Entretien avec **N. Garraud**, (metteur en scène)
**G. Moreau**, *Œdipe voyageur*
**P. Bruegel**, *La Chute d'Icare*
**T. Chassériau**, *Andromède...*
**H. de Montherlant**, *La mort qui fait le trottoir*
**J. Losey**, *Don Giovanni*
**P.P. Pasolini**, *Œdipe roi*

## Séquence 16 Figures de monstres en littérature

TEXTE 1 La Bible, *Ancien Testament*, « Livre de Job » 346
D'UN TEXTE À L'AUTRE 1 **J. Verne**, *Vingt mille lieues sous les mers* 348
TEXTE 2 **T. Gautier**, *La Morte amoureuse* 350
D'UN TEXTE À L'AUTRE 2 **B. Stoker**, *Dracula* 351
TEXTE 3 **F. Kafka**, *La Métamorphose* 353
D'UN TEXTE À L'AUTRE 3 **E. Ionesco**, *Rhinocéros* 355
ÉTUDE D'ŒUVRE INTÉGRALE **E. Ionesco**, *Rhinocéros*, de la nouvelle à la pièce 357
ANALYSE D'IMAGE **T. Burton**, *Edward aux mains d'argent* 358
SYNTHÈSE Réécrire : l'exemple de la figure du monstre 359
HISTOIRE DES ARTS La monstruosité dans les arts visuels 360

Exercices d'approfondissement
1 **A. Nothomb**, *Les Catilinaires* 362
2 **C. Collodi**, *Les Aventures de Pinocchio* 362
**H. Melville**, *Moby Dick* 363
3 **Sapphire**, *Precious (Push)* 363

**E. Ionesco**, *Rhinocéros*
**G. Méliès**, *La Sirène*

VERS LE BAC Phèdre, d'Euripide à Émile Zola
Euripide ; R. Garnier ; J. Racine ; É. Zola 364
**Pistes pour l'entretien** 367

PARTIE II

# Outils d'analyse

## Chapitre 1 Les outils de l'analyse stylistique


FICHE 1 **Communication, énonciation et modalisation** 371
Exercices d'application : C. Baudelaire ; *Le Dictionnaire de notre temps* ; P. Corneille ; M^me de Sévigné ; J.-J. Rousseau ; H. Berr ; P. Sollers 373
FICHE 2 **La syntaxe et la valeur des temps** 375
Exercices d'application : D. Diderot ; A. Camus ; Montesquieu ; J. de La Bruyère 377
FICHE 3 **L'enrichissement du vocabulaire et l'étymologie** 378
Exercices d'application : Voltaire ; V. Hugo ; L. Aragon ; J. Racine 380
FICHE 4 **Dénotation et connotation** 381
Exercices d'application : Bernardin de Saint-Pierre ; A. de Chamisso ; G. de Maupassant ; M. Duras 382
FICHE 5 **Les figures de rhétorique** 384
Exercices d'application : F. Ponge ; J. Giono ; P. Corneille ; Voltaire ; H. de Balzac 386


## Chapitre 2 Les types de texte


FICHE 1 **Le texte narratif** 389
Exercices d'application : G. de Maupassant ; L. Miano ; P. Corneille ; F. Brown ; R. Queneau ; J. de La Fontaine 391
FICHE 2 **Le texte descriptif** 393
Exercices d'application : H. Queffélec ; Voltaire ; C. Baudelaire ; É. Zola 394
FICHE 3 **Le texte argumentatif** 395
Exercices d'application : P. Vaillant-Couturier ; Montesquieu ; Voltaire ; G. Kelman ; L.-F. Céline 396
FICHE 4 **Le texte explicatif** 398
Exercices d'application : *Le Guide vert* ; S. Dulout ; R. Barthes 399


## Chapitre 3 Les notions propres à la poésie


FICHE 1 **Versification et formes fixes** 401
Exercices d'application : C. Baudelaire ; T. de Viau ; F. Villon ; J. de La Fontaine ; Voltaire ; A. de Vigny ; V. Hugo 403
FICHE 2 **La modernité en poésie** 405
Exercices d'application : A. Césaire ; C. Baudelaire ; S. Mallarmé ; G. Apollinaire ; H. Michaux ; R. de Obaldia 407
FICHE 3 **Les registres lyrique et élégiaque** 409
Exercices d'application : F. de Malherbe ; V. Hugo ; F. Villon ; P. Verlaine ; A. de Lamartine ; C. Cros ; É. de La Boétie ; P. Eluard 410


## Chapitre 4 Les notions propres à l'argumentation


FICHE 1 **Les genres de l'argumentation** 413
Exercices d'application : J.-P. Sartre ; J. de La Fontaine ; Voltaire ; L. de Jaucourt ; G. Orwell ; B. Vian 414

FICHE 2 **Convaincre, délibérer ou persuader** 416
Exercices d'application : M. Yourcenar ; V. Hugo ; J. Racine 417

FICHE 3 **Le circuit argumentatif** 418
Exercices d'application : T. Ben Jelloun ; M. de Montaigne ; Voltaire ; J.-J. Rousseau 420

FICHE 4 **Les registres didactique et polémique** 421
Exercices d'application : C. Lévi-Strauss ; A. Césaire ; J. de La Fontaine ; Plantu ; D. Diderot ; Montesquieu 422

## Chapitre 5 Les notions propres au récit

FICHE 1 **Le temps et l'espace dans un récit** 425
Exercices d'application : R. Radiguet ; A. Dumas ; M. Ndiaye ; G. de Maupassant ; J. Gracq ; H. de Balzac 427

FICHE 2 **La structure du récit** 429
Exercices d'application : J. Sternberg ; J. Vallès ; G. de Maupassant ; M. Vargas Llosa ; L. Gaudé 430

FICHE 3 **Le narrateur et la focalisation** 432
Exercices d'application : Dai S. ; V. Hugo ; F. Brown ; P. Grimbert 433

FICHE 4 **Le personnage** 434
Exercices d'application : V. Woolf ; A. Gide ; P. Roth 436

FICHE 5 **Les registres épique et fantastique** 437
Exercices d'application : V. Hugo ; T. Gautier ; J.-H. Rosny Aîné ; G. de Maupassant ; H.P. Lovecraft 438

## Chapitre 6 Les notions propres au théâtre

FICHE 1 **La parole théâtrale** 441
Exercices d'application : J. Anouilh ; J. Racine ; E. Ionesco ; P. Corneille ; J. Giraudoux 443

FICHE 2 **Le spectacle théâtral** 445
Exercices d'application : M. Pagnol ; Molière ; J. Genet 447

FICHE 3 **Le jeu du comédien** 448
Exercices d'application : E. Labiche ; J.-J. Rousseau ; M. Boulgarov 449

FICHE 4 **Les registres comique et tragique** 450
Exercices d'application : A. Jarry ; J. Racine ; R. Queneau ; H. de Balzac ; V. Hugo 452

## Chapitre 7 Les réécritures

FICHE 1 **Emprunts et réécritures** 455
Exercices d'application : M. de Montaigne ; J. de La Fontaine 456

FICHE 2 **Pastiche et parodie** 457
Exercices d'application : H. de Balzac ; P. Corneille ; N. Boileau ; R. Queneau 458

## Chapitre 8 L'analyse de l'image

FICHE 1 **L'image fixe** 461
Exercices d'application : *L'Express* ; R. Franck ; Le Tintoret ; Plantu ; H. de Toulouse-Lautrec ; H. Kühn 464

FICHE 2 **L'image mobile** 467
Exercices d'application : J.-P. Melville ; A. Hitchcock ; C. Chaplin ; J. Ford ; E. Wagenhofer ; C. Honoré 470

PARTIE III

# Méthodes

## Chapitre 1 S'organiser dans l'année


FICHE 1 **Faire des recherches et lire efficacement** 478
- Exercices d'entraînement 479

FICHE 2 **Se cultiver en histoire des arts** 480
- Exercices d'entraînement 481

FICHE 3 **S'organiser en vue des TPE** 482


## Chapitre 2 Analyser un corpus et rédiger une réponse organisée


FICHE 1 **Lire un corpus et comprendre la question posée** 486
- Exercices d'entraînement 490

FICHE 2 **Organiser son plan de réponse et rédiger** 491
- Exercices d'entraînement 494

FICHE 3 **Rédiger des paragraphes de synthèse** 495
- Exercices d'entraînement 497


## Chapitre 3 Rédiger un commentaire littéraire


FICHE 1 **Examiner le texte à commenter** 500
- Exercices d'entraînement 503

FICHE 2 **Définir un projet de lecture** 504
- Exercices d'entraînement 506

FICHE 3 **Construire un plan détaillé de commentaire** 507
- Exercices d'entraînement 508

FICHE 4 **Rédiger l'introduction et la conclusion du commentaire** 510
- Exercices d'entraînement 512

FICHE 5 **Enchaîner des paragraphes de commentaire** 513
- Exercices d'entraînement 516

## Chapitre 4 Rédiger une dissertation

FICHE 1 **Dégager la problématique d'un sujet** 520
Exercices d'entraînement 522
FICHE 2 **Exploiter le corpus et ses lectures personnelles** 523
Exercices d'entraînement 525
FICHE 3 **Construire un plan détaillé de dissertation** 526
Exercices d'entraînement 528
FICHE 4 **Rédiger l'introduction et la conclusion** 530
Exercices d'entraînement 531
FICHE 5 **Rédiger l'ensemble d'une dissertation** 532
Exercices d'entraînement 535

## Chapitre 5 Rédiger un écrit d'invention

FICHE 1 **Inventer et transposer** 538
Exercices d'entraînement 540
FICHE 2 **Inventer et imaginer** 541
Exercices d'entraînement 543
FICHE 3 **Inventer et argumenter** 544
Exercices d'entraînement 547

## Chapitre 6 Préparer l'épreuve orale du bac

FICHE 1 **Organiser ses cours et ses fiches pour l'oral** 550
Exercices d'entraînement 552
FICHE 2 **Préparer l'exposé oral** 553
Exercices d'entraînement 555
FICHE 3 **Organiser et utiliser ses connaissances en vue de l'entretien** 557
Exercices d'entraînement 555

## ANNEXES

Notices biographiques 560
Index des auteurs et des œuvres 570

# SOMMAIRE

Camille CLAUDEL (1864-1943), *L'Âge mur* (1895-1907) bronze, 114 x 163 x 72 cm (Paris, musée d'Orsay).

## Analyse *d'image*


- **N. Poussin**, *L'Inspiration du poète* (tableau) 32
- **A. Rodin**, *Le Baiser* (sculpture) 56
- **R. Magritte**, *La Tentative de l'impossible* (tableau) 70
- **J.-A. Houdon**, *Sabine Houdon âgée de quatre ans* (sculpture) 98
- **E. Fromentin**, *Halte de cavaliers arabes dans la forêt* (tableau) 119
- **S. Dalì**, *Galatée aux sphères* (tableau) 140
- **P. Cézanne**, *Autoportrait* (tableau) 161
- **C. Claudel**, *L'Âge mûr* (sculpture) 181
- **E. Hopper**, *Chambre à Brooklyn* (tableau) 199
- **W. Hogarth**, *Le Contrat de mariage* (tableau) 225
- **J.-L. David**, *Le Serment des Horaces* (tableau) 236
- **E. Sedgwick**, *Le Roi de la bière* (photogramme) 268
- **Bronzino**, *Portrait d'Ugolino Martelli* (tableau) 288
- *Codex Magliabechiano* et **A. Thevet**, *Indiens pêchant* (gravures) 303
- **J.A.D. Ingres**, *Œdipe devinant l'énigme du Sphinx* et **F. Bacon**, *Œdipe et le Sphinx d'après Ingres* (tableaux) 338
- **T. Burton**, *Edward aux mains d'argent* (affiche de film) 358

# SOMMAIRE

## HISTOIRE DES ARTS


- La représentation de l'artiste 45
- La représentation des amants 61
- Le mythe d'Orphée à travers les arts 80
- Naissance et évolution du portrait pictural 105
- Carnets, croquis et voyages 124
- Les vanités 142
- La représentation du conquérant 167
- Les femmes artistes depuis 1900 187
- Personnages en peinture, du cubisme au retour de la figuration 206
- Comédie et travestissement, au théâtre et au cinéma 231
- La peinture d'histoire 251
- Jeux et fantaisie dans l'art contemporain 270
- Léonard de Vinci, le génie de la Renaissance 294
- Les arts premiers 314
- Œdipe, des vases grecs au cinéma 341
- La monstruosité dans les arts visuels 360

Détail d'une coupe à figures rouges représentant Œdipe et le Sphinx (ve siècle avant J.-C.) (Rome, musées du Vatican).

## ÉTUDE D'ŒUVRE INTÉGRALE


- **C. Baudelaire**, *Les Fleurs du mal*, section « Spleen et Idéal » 40
- **L. Labé**, *Sonnets* 52
- **F. Ponge**, *Le Parti pris des choses* 75
- **D. Diderot**, *Supplément au voyage de Bougainville* 103
- **Voltaire**, *L'Ingénu* 118
- **F. Rabelais**, *Pantagruel* 133
- **Stendhal**, *Le Rouge et le Noir* 156
- **Mme de la Fayette**, *La Princesse de Clèves* 176
- **A. Camus**, *L'Étranger* 204
- **Marivaux**, *Le Jeu de l'amour et du hasard* 224
- **A. de Musset**, *Lorenzaccio* 245
- **S. Beckett**, *En attendant Godot* 267
- **M. de Montaigne**, *Essais*, livre I 292
- **J. de Léry**, *Histoire d'un voyage fait en terre du Brésil* 308
- **Sophocle**, *Œdipe roi* et **J. Cocteau**, *La Machine infernale* 333
- **E. Ionesco**, *Rhinocéros*, de la nouvelle à la pièce 357


Jean Auguste Dominique Ingres (1780-1867), *Le Bain turc* (détail, 1862), huile sur toile et bois, 108 x 110 cm (Paris, musée du Louvre).

# *Repères* DU MOYEN ÂGE À LA RENAISSANCE

*Légende*

- musique, danse, opéra
- cinéma
- photographie
- architecture
- littérature
- arts plastiques

**1077**
Détail de la *Tapisserie de Bayeux* : conquête de l'Angleterre par Guillaume le Conquérant en 1066

476 : chute de l'Empire romain

987 : sacre d'Hugues Capet, roi de France

**Les Mérovingiens règnent jusqu'en 751**

**500** — **600** — **700** — **800** — **900** — **1000**

**481-511 : règne de Clovis,** premier roi de tous les Francs

**Les Carolingiens règnent jusqu'en 987**

**537**
fin de la construction de l'*église Sainte-Sophie à Constantinople*

**997-1004**
construction de l'*église romane de Saint-Martin de Tours*

*Sceptre de Charles V, dit de Charlemagne*

**1075-1122** construction de la *cathédrale de Saint-Jacques-de-Compostelle*

**1160-1175** Marie de France, *Lais*

**1170-1179** *Le Roman de Renart*

**vers 1190** Béroul, *Tristan et Iseult*

**1261-1266** Jacques de Voragine, *La Légende dorée*

**vers 1500** Illustration du *Roman de la rose*

**1349-1353** Boccace, *Le Décaméron*

**1497** Léonard de Vinci, *La Sainte Cène*

**1511** Érasme, *Éloge de la folie*

**1516** Machiavel, *Le Prince*

**1532-1534** Rabelais, *Pantagruel*, *Gargantua*

**vers 1550** Le Tintoret, *La Création des animaux*

**1552-1555** Ronsard, *Les Amours*

1066 : conquête de l'Angleterre par Guillaume le Conquérant

1337 : Edouard III d'Angleterre se proclame roi de France

1494 : Traité de Tordesillas entre Espagne et Portugal

1562 : massacre de protestants à Wassy, début des guerres de Religion

1572 : massacre de la Saint-Barthélemy

**Les Capétiens règnent jusqu'en 1328**

1337-1453 : guerre de Cent Ans

**1589-1610 : règne d'Henri IV**

**1100** **1200** **1300** **1400** **1500** **1600**

**1328-1589 : les Valois règnent sur la France**

1096-1270 : Croisades

François Ier

1453 : prise de Constantinople par les Turcs, fin du Moyen Âge

1517 : début de la Réforme avec Luther

1598 : Édit de Nantes, fin des guerres de Religion

**vers 1100** *La Chanson de Roland*, chanson de geste

**vers 1155** *Le Roman de Thèbes*

**1177-1181** Chrétien de Troyes, *Lancelot ou le Chevalier à la Charrette*, *Perceval*

**1234-1280** Guillaume de Loris puis Jean de Meung, *Le Roman de la rose*

**1243-1259** Louis IX fait construire la *Sainte-Chapelle* pour abriter la couronne d'épines du Christ

**1307** Dante, *La Divine Comédie*

**Vers 1430** Donatello, *David*

**1533** Hans Holbein Le Jeune, *Les Ambassadeurs*

**1498** Dürer, *Autoportrait*

**1508-1512** Michel-Ange, *La Création d'Adam*

**1509-1510** Raphaël, *L'École d'Athènes*

**1516** Thomas More, *L'Utopie*

**1528** Castiglione, *Le Livre du Courtisan*

**1549** Du Bellay, *Défense et Illustration de la langue française*

**1555** Véronèse, *Couronnement de la Vierge*

# *Repères* LE XVII^e^ SIÈCLE

**1605-1612**
La place des Vosges à Paris

**Vers 1639**
Rubens, *Autoportrait*

**1601**
Shakespeare, *Hamlet*

1610 : assassinat d'Henri IV

**1616**
Agrippa d'Aubigné, *Les Tragiques*

**1620-1640**
La Tour, *Le Tricheur*

**1631-1652**
construction du *Taj Mahal*

**1632**
Rembrandt, *La Leçon d'anatomie*

**1636**
Corneille, *L'Illusion comique*, *Le Cid*

1636 : début de la traite des esclaves dans les colonies françaises

**1637**
Descartes, *Discours de la méthode*

**1647**
Vélasquez, *La Reddition de Breda*

1648 : frondes contre le pouvoir royal en France

**1610-1643 : règne de Louis XIII**

**1600**

**1589-1610 : règne d'Henri IV**

1618-1648 : guerre de Trente Ans

**1605**
Cervantès, *Don Quichotte*

**1607**
Monteverdi, *Orfeo*

1620 : début de la traite des esclaves dans les colonies anglaises

**1624**
début de la construction du *château de Versailles*

1626 : fondation de Nouvelle-Amsterdam (future New York)

**1630**
Malherbe, *Œuvres*

**1633**
achèvement du *baldaquin de Saint-Pierre de Rome* par Le Bernin

1643 : mort de Louis XIII

**1640**
Corneille, *Horace*

1649 : exécution du roi Charles I^er^ d'Angleterre

**1647-1652**
Le Bernin, *L'Extase de Sainte-Thérèse*

**Vers 1648-1650**
Murillo,
*Le Jeune mendiant*

**1656**
Vélasquez,
*Les Ménines*

**1659**
Pascal,
*Pensées*

**1660-1664**
Poussin,
cycle des
*Quatre saisons*

1666 : incendie de Londres

**1667**
Racine,
*Andromaque*

**1674**
Boileau,
*Art poétique*

1679 : en Angleterre, vote de l'*Habeas Corpus*

**1688**
La Bruyère,
*Les Caractères*

**1699**
Fénelon,
*Les Aventures de Télémaque*

**1700**

**1643-1715 :**
**règne de Louis XIV dit le Roi Soleil**
dont le règne personnel commence en 1661

**1658-1660**
Vermeer,
*Vue de Delft*

**1665**
Molière,
*Dom Juan*

**1665**
La Rochefoucauld,
*Maximes*

**1668**
La Fontaine,
*Fables*

**1678**
M$^{me}$ de La Fayette,
*La Princesse de Clèves*

1685 : révocation de l'édit de Nantes ; émigration des protestants

**1694**
première édition du *Dictionnaire de l'Académie française*

**1670 – 1675**
Flémal,
*Le Sacrifice d'Iphigénie*

**1656 – 1667**
La place Saint-Pierre à Rome

# Repères LE XVIII^e SIÈCLE

**1700**
Hôtel de Soubise

*Commedia dell'arte,* personnage d'*Arlequin*

**1717**
Watteau,
*L'Embarquement pour Cythère*

**1721**
Montesquieu,
*Lettres persanes*

**1730**
Marivaux,
*Le Jeu de l'amour et du hasard*

1715 : mort de Louis XIV

**1715 - 1723 : régence de Philippe d'Orléans**

**1700**

**1643 - 1715 : règne de Louis XIV dit le Roi Soleil**

**1722 à 1774 : règne de Louis XV**

1722 : sacre de Louis XV

**1723**
Bach,
*La Passion selon saint Jean*

**1723**
Vivaldi,
*Les Quatre Saisons*

**1731**
Abbé Prévost,
*Manon Lescaut*

**1717**
Watteau,
*L'Embarquement pour Cythère*

**1756**
Boucher
*Portrait de la marquise de Pompadour*

**1787**
Robert
*La Maison carrée, les arènes et la tour Magne à Nîmes*

**1748**
Montesquieu,
*L'Esprit des lois*

**1751-1755**
Héré construit la *place Stanislas de Nancy*

1755 : tremblement de terre de Lisbonne

**1759**
Voltaire,
*Candide*, conte philosophique

**1762**
Gluck,
*Orphée*

**1762**
Rousseau,
*L'Émile*

**1774**
Goethe,
*Les Souffrances du jeune Werther*

**1775**
Beaumarchais,
*Le Barbier de Séville*

**1782**
Laclos,
*Les Liaisons dangereuses*

**1782**
Rousseau,
*Les Confessions*

**1784**
Beaumarchais,
*Le Mariage de Figaro*

**1784**
David,
*Le Serment des Horaces*

7 juin 1788 : « Journée des tuiles » à Grenoble

1756 – 1763 : guerre de Sept Ans

**1774 à 1792 : règne de Louis XVI**

**1722 à 1774 : règne de Louis XV**

1775 – 1783 : guerre de l'Indépendance américaine

8 août 1788 : annonce de la convocation des États Généraux pour le 1er mai 1789

**1749-1767**
Buffon,
*Histoire naturelle*

**1751-1772**
Diderot et d'Alembert,
*L'Encyclopédie*

**1761**
Greuze,
*L'Accordée de village*

**1764**
Beccaria,
*Des délits et des peines*

**1764-1790**
Soufflot construit le *Panthéon*

1774 : mort de Louis XV

4 juillet 1776 : Déclaration d'Indépendance américaine

**1778**
Falconet,
*statue équestre de Pierre le Grand*, Saint-Pétersbourg

**1786**
Vien,
*Les Adieux d'Hector et Andromaque*

**1787**
Mozart,
*Don Giovanni*

**1787**
Bernardin de Saint-Pierre,
*Paul et Virginie*

**1773**
Chardin
*Autoportrait aux bésicles*

**1776**
Pigalle
*Voltaire nu*

# *Repères* LE XIXe SIÈCLE

**1792**
Beaumarchais,
*La Mère coupable*

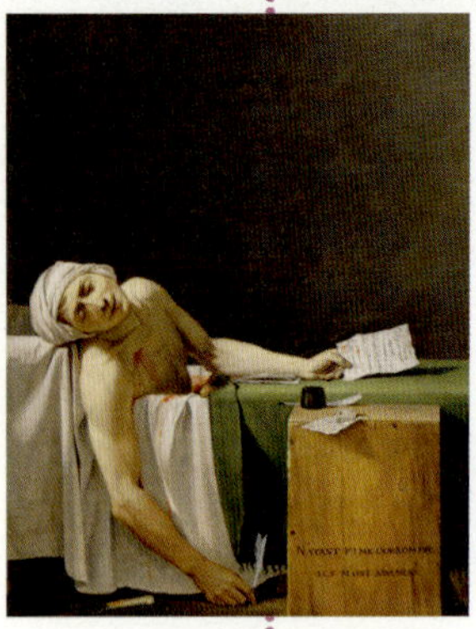

**1793**
Atelier
de David,
*Marat assassiné*

14 juillet 1789 :
prise de la Bastille

26 août 1789 :
Déclaration des droits
de l'Homme et du Citoyen

**1807**
Beethoven,
*Ve Symphonie*

**1804**
Senancour,
*Oberman*

2 décembre 1804 :
sacre de Napoléon

**1814**
Goya,
*Le 3 Mai*

**1820**
Lamartine,
*Méditations poétiques*
Acte de naissance
du romantisme
français

**1830**
Delacroix,
*La Liberté guidant le peuple*

**1830**
Stendhal,
*Le Rouge et le Noir*

**1830**
Hugo,
*Hernani*

**1843**
Poe,
*Histoires extraordinai*

**1792-1804 : Ire République**
1793-1794 : la Terreur
1795-1799 : Directoire
1799-1804 : Consulat

**1815-1830 : Restauration**
1815-1824 : règne de Louis XVIII
1824-1830 : règne de Charles X

**1789-1792**
**Monarchie constitutionnelle**
(Louis XVI)

**1800**

**1804-1815**
**Premier Empire**

**1830-1848 : Monarchie de juillet**
règne de Louis-Philippe,
roi des Français

21 janvier 1793 :
exécution
de Louis XVI

**1791**
Mozart,
*La Flûte enchantée*

**1795-1796**
Goethe,
*Wilhelm Meister*
1er roman
de formation

**1802**
Chateaubriand,
*René*

**1807**
David,
*Le Sacre de Napoléon 1er*

**1812**
frères Grimm,
*Contes*

18 juin 1815 :
bataille
de Waterloo
(défaite
de Napoléon
contre
l'Angleterre
et ses alliés)

**1823**
Delacroix,
*Les Massacres de Scio*

**1833**
Chopin,
*Nocturnes*

**1833**
Musset,
*Les Caprices de Marianne*

**1849**
Goubert,
*L'Enterrement à Ornans*

**1844**
Turner,
*Pluie, vapeur et vite. le chemin de fer Great Western*

**1829-1848**
Balzac,
*La Comédie humaine*

**1838**
Dickens,
*Oliver Twist*

Opéra Garnier à Paris

**1873** Monet, *Impression, soleil levant*

**1853** Verdi, *La Traviata*

**1853** Hugo, *Les Châtiments*

**1862** Hugo, *Les Misérables*

**1865** Carroll, *Alice au pays des merveilles*

**1867** Garnier, *Opéra de Paris*
Inauguration de la façade

**1871-1893** Zola, *Les Rougon-Macquart*

**1875** Bizet, *Carmen*

**1883** Maupassant, *Une vie*

**1897** Rostand, *Cyrano de Bergerac*

**1902** Debussy, *Pelléas et Mélisande*

28 juin 1914 : assassinat de l'archiduc autrichien François-Ferdinand à Sarajevo. Déclenchement de la Première Guerre mondiale

**848-1851 République**

**1852-1870 Second Empire** (Napoléon III)

mars-mai 1871 Commune de Paris

**1870-1940 : IIIe République**

**1900**

2 déc. 1851 : coup d'État de Louis-Napoléon Bonaparte

**1851** Labiche, *Un chapeau de paille d'Italie*

**1857** Baudelaire, *Les Fleurs du mal*

**1857** Flaubert, *Madame Bovary*

**1863** Manet, *Le Déjeuner sur l'herbe*

**1867** Zola, *Thérèse Raquin*
Premier succès du roman naturaliste

**1870-1872** Rimbaud, *Poésies*

**1874** Verlaine, *Romances sans paroles*

1894-1896 : affaire Dreyfus

**1895** Invention du cinéma par les frères Lumière, à Lyon

**1895** Photographie de *L'Arrivée d'un train en gare de La Ciotat*, court métrage des frères Lumière

**1899** Tchekhov, *Oncle Vania*

**1907** Picasso, *Les Demoiselles d'Avignon*
Acte de naissance du cubisme

**1913** Apollinaire, *Alcools*

**1913** Proust, *Du côté de chez Swann*

# *Repères* LES XXe ET XXIe SIÈCLES

**1914**
Kafka, *Le Procès*

**1914**
Chirico, *Portrait prémonitoire de Guillaume Apollinaire*

**1917**
Pirandello, *Chacun sa vérité*

6 avril 1917 : entrée des États-Unis dans le conflit

**1917-1919**
Modigliani, *Femme assise avec veste bleue*

**1922**
Joyce, *Ulysse*

**1926**
Eluard, *Capitale de la douleur*

**1925**
Kandinsky, *Jaune-Rouge-Bleu*

**1931**
Matisse, *La Danse*

**1932** Céline, *Voyage au bout de la nuit*

1936-1939 : guerre civile espagnole

**1937**
Picasso, *Guernica*

**1939**
Steinbeck, *Les Raisins de la colère*

février 1943 : défaite allemande à Stalingrad

**1944**
Anouilh, *Antigone*

**1945**
Magritte, *La Magie noire*

8 mai 1945 : fin de la guerre en Europe

juin 1945 : création de l'ONU

**1947**
Camus, *La Peste*

**1948**
Orwell, *1984*

**1949**
Beauvoir, *Le Deuxième Sexe*

**1950**
Césaire, *Discours sur le colonialisme*

**1959**
Truffaut, *Les 400 coups*

**1960**
Simon, *La Route des Flandres*

**1960**
Ionesco, *Rhinocéros*

octobre 1917 : révolution russe

1922 : arrivée au pouvoir en Italie de Mussolini

1929 : crise économique mondiale

**3 septembre 1939 - 12 septembre 1945 : Seconde Guerre mondiale**

jusqu'à 1973

**1er août 1914 - 11 novembre 1918 : Première Guerre mondiale**

1933 : arrivée au pouvoir en Allemagne de Hitler

mai 1940 : défaite de la France ; armistice

**1947 à 1958 : IVe République**

1954-1962 : guerre d'Algé

1919 : Traité de Versailles, naissance de la Société des Nations

8 décembre 1941 : entrée en guerre des États-Unis et du Japon

août 1945 : fin de la guerre dans le Pacifique ; bombardements atomiques sur Hiroshima et Nagasaki

juin 1947 : Plan Marshall

août 1947 : indépendance de l'Inde

**1912-1914**
Marc, *Le Petit Cheval jaune*

**1916**
Barbusse, *Le Feu*

**1921**
Chaplin, *Le Kid*

**1924**
Man Ray, *Le Violon d'Ingres*

**1924**
Breton, *Manifeste du surréalisme*

**1928**
Buñuel et Dalí, *Un chien andalou*

**1933**
Malraux, *La Condition humaine*

**1926**
Kertész, *Danseuse burlesque*

**1938**
Carné, *Quai des brumes*

**1942**
Mondrian, *New York City I*

**1942**
Camus, *L'Étranger*

**1949**
Rothko, *Magenta, noir, vert sur orange*

**1953**
Beckett, *En attendant Godot*

**1956**
Resnais, *Nuit et Brouillard*

**1960**
Klein, *Monochrome IKB*

**1960**
Hitchcock, *Psychose*

**1926**
Giacometti,
*Tête*

**1964**
Sartre,
*Les Mots*

**1968**
Cohen,
*Belle du Seigneur*

**1968**
Kubrick,
*2001 l'Odyssée de l'espace*

**1988**
Rushdie,
*Les Versets sataniques*

**1997**
inauguration du
*musée Guggenheim*
de Bilbao

4 novembre 2008 : élection de B. Obama, premier président noir aux États-Unis

**des années 1950 à 1989 : Guerre froide**

es Trente Glorieuses

1990 : guerre du Golfe

11 septembre 2001 : attentats terroristes sur le sol américain

1973 : crise économique mondiale (augmentation du prix du pétrole)

**depuis 1958 : Ve République**

**2000**

1981-1995 : Mitterrand président

1995-2007 : Jacques Chirac président

9 novembre 1989 : chute du Mur de Berlin, fin de la Guerre froide

**1963**
Godard,
*Le Mépris*

**1967**
Garcia Marquez,
*Cent Ans de solitude*

**1978**
Pina Bausch,
*Café Müller*

**1980**
Le Clézio,
*Désert*

**1990**
inauguration de
l'*Opéra Bastille*

**1990**
Kundera,
*L'Immortalité*

**1998**
Houellebecq,
*Les Particules élémentaires*

**2001**
Bonnefoy,
*Les Planches courbes*

**2006**
Larsson,
*Millenium*

**1989**
I. Ming Pei,
la *pyramide du Louvre*

PARTIE I

# *Textes*

Lorenzo Lotto (1480-1556), *Portrait de jeune homme au livre* (vers 1530), huile sur toile, 98 x 111 cm (Venise, Galleria dell'Accademia).

CHAPITRE 1

# Écriture poétique et quête du sens

Chansonnier de Jean de Montchenu, recueil de chansons amoureuses italiennes et françaises (vers 1475), manuscrit enluminé (Paris, BnF).


31 **Séquence 1** L'inspiration poétique

49 **Séquence 2** La poésie amoureuse

65 **Séquence 3** La mission du poète

SÉQUENCE 1

# L'inspiration poétique

Depuis l'Antiquité, l'inspiration constitue un thème de prédilection de la poésie. Toutefois, la célébration de l'inspiration sous les traits d'un génie, à la Renaissance, a fait place, au fil des siècles, à une vision plus distanciée et ironique de cette source créatrice.

**OBJECTIF**

**Étudier comment les poètes abordent le thème de l'inspiration.**

## SOMMAIRE

DVD-ROM Ressources complémentaires


Analyse d'*Image* — N. POUSSIN, ***L'Inspiration du poète*** (1629-1630) ..... 32

*Texte* 1 — SAINT-AMANT, ***Œuvres poétiques*** (1631) ..... 33

D'UN *Texte* À L'AUTRE — P. de RONSARD, ***Nouvelles poésies*** (1564) ..... 34

*Texte* 2 — C. BAUDELAIRE, ***Les Fleurs du mal*** (1857) ..... 36

D'UN *Texte* À L'AUTRE — V. HUGO, ***Les Contemplations*** (1856) ..... 37

ÉTUDE D'ŒUVRE INTÉGRALE — C. BAUDELAIRE, ***Les Fleurs du mal,*** « Spleen et Idéal » (1857) ..... 40

*Texte* 3 — R. QUENEAU, ***Battre la campagne*** (1968) ..... 41

D'UN *Texte* À L'AUTRE — T. CORBIÈRE, ***Les Amours jaunes*** (1873) ..... 42

- **SYNTHÈSE** L'inspiration poétique ..... 44
- **Histoire des arts** La représentation de l'artiste ..... 45
- **Exercices d'approfondissement** ..... 47


| Notions et activités | Liens avec la partie II |
|---|---|
| Métaphores, antithèses... | → p. 384 : LES FIGURES DE RHÉTORIQUE |
| Formes fixes, allitérations, assonances... | → p. 401 : VERSIFICATION ET FORMES FIXES |
| Sens et évolution sémantique | → p. 381 : DÉNOTATION ET CONNOTATION |
| Le lyrisme en poésie | → p. 409 : LES REGISTRES LYRIQUE ET ÉLÉGIAQUE |

| | Liens avec la partie III |
|---|---|
| Réécrire un poème sur le principe de l'antithèse ; imiter le style et la structure d'un poème | → p. 538 : INVENTER ET TRANSPOSER |
| Rédiger une partie ou un paragraphe de commentaire | → p. 513 : ENCHAÎNER DES PARAGRAPHES DE COMMENTAIRE |
| Répondre à une question en constituant son propre corpus | → p. 495 : RÉDIGER DES PARAGRAPHES DE SYNTHÈSE |

# Analyse *d'image*

# Nicolas Poussin (1594-1665)
## *L'Inspiration du poète* (1629-1630)

Huile sur toile, 183 x 213 cm
(Paris, musée du Louvre).

*Après avoir illustré à Paris l'épopée* Les Métamorphoses *d'Ovide pour son ami le poète Marino, Poussin passe l'essentiel de sa vie à Rome, ville artistique de référence. À la fin des années 1620, il bénéficie de la protection de mécènes italiens et peint des œuvres lyriques sur des thèmes littéraires et mythologiques, telle la toile* L'Inspiration du poète. *Il s'affirmera peu à peu comme le représentant du classicisme français.*

**QUESTIONS**

### Première approche

**1.** Identifiez le poète parmi les personnages représentés. Comment le reconnaît-on ?

**2.** Décrivez son attitude en insistant sur ce qui justifie le titre du tableau.

### Analyse

**3. a.** Quels attributs permettent de reconnaître Apollon ? Sur quel instrument s'appuie-t-il ?
**b.** Identifiez le personnage féminin à gauche.

**4. a.** Observez les angelots qui accompagnent les trois figures principales. Quel attribut les caractérise ?
**b.** Quelle ligne de force essentielle tracent-ils avec l'instrument du personnage central ?

**5.** Dans la palette utilisée, quelles sont les couleurs qui dominent ? Comment sont-elles réparties ?
→ p. 461 : L'IMAGE FIXE

### Question de synthèse

**6. a.** Quelles sont les principales caractéristiques esthétiques du classicisme ?
**b.** Dans quelle mesure ce tableau est-il représentatif de l'idéal classique ?

# Texte 1

Biographie p. 568

## SAINT-AMANT
## Œuvres poétiques (1631)

*Sous le règne de Louis XIII, le poète Saint-Amant mène une existence aventureuse de voyageur, de marin et de soldat, ce qui explique sans doute la variété et l'audace de son œuvre. Il compose plusieurs sonnets sur les caprices de l'inspiration, offrant une image originale de l'écrivain.*

### Le paresseux

Accablé de paresse et de mélancolie,
Je rêve dans un lit où je suis fagoté[1]
Comme un lièvre sans os qui dort dans un pâté,
Ou comme Don Quichotte[2] en sa morne folie.

Là, sans me soucier des guerres d'Italie[3],
Du comte Palatin[4], ni de sa royauté,
Je consacre un bel hymne[5] à cette oisiveté
Où mon âme en langueur[6] est comme ensevelie.

Je trouve ce plaisir si doux et si charmant[7],
Que je crois que les biens me viendront en dormant,
Puisque je vois déjà s'en enfler ma bedaine[8],

Et hais tant le travail, que, les yeux entrouverts,
Une main hors des draps, cher Baudoin[9], à peine
Ai-je pu me résoudre[10] à t'écrire ces vers.

1. Enveloppé.
2. Héros du roman de Cervantès.
3. Allusion à la guerre de Succession de Mantoue (1628-1631) pendant la guerre de Trente Ans.
4. Frédéric V, roi de Bohême. Son accession au trône déclenche la guerre de Trente Ans.
5. Chant de célébration.
6. Mélancolique.
7. Envoûtant.
8. Mon ventre.
9. Poète réputé pour son ardeur au travail (1594-1650).
10. Décider.

*Les Sept Péchés capitaux* (détail : *La Paresse*), peinture sur bois, XVIe siècle (Plélauff, Côtes-d'Armor, chapelle Notre-Dame-de-la-Croix).

## LECTURE ANALYTIQUE

### Première lecture

1. Dans quelle mesure l'image que le poète donne de lui-même peut-elle étonner ? Expliquez.

### Mise au point

2. Que révèle le poète dans le dernier tercet ? Comment appelle-t-on cette manière de montrer l'artiste en train de créer → HISTOIRE DES ARTS ?

### Analyse

3. À qui ce texte s'adresse-t-il ? Justifiez.
4. Quelle figure de rhétorique apparaît dans le premier quatrain ? Quel ton donne-t-elle au poème ? Expliquez.
→ p. 384 : LES FIGURES DE RHÉTORIQUE
5. En vous appuyant sur la définition de l'hymne, étudiez l'aspect provocateur du second quatrain.
6. Dans les vers 9 et 10, quel rapport de sens est établi entre les mots à la rime ? Expliquez.
7. Identifiez l'enjambement de la dernière strophe. Quel effet de surprise permet-il de créer ?
→ p. 405 : LA MODERNITÉ EN POÉSIE

### Question de synthèse

8. Expliquez ce qu'est un éloge paradoxal. Dans quelle mesure ce poème correspond-il à cette expression ?

### Pour aller plus loin

9. **Recherche.** À la fin du XIXe siècle, des poètes comme Jules Laforgue ou Tristan Corbière ont également donné une image originale de la création poétique. Étudiez deux poèmes de chacun de ces auteurs.
10. **Écriture d'invention.** Réécrivez le sonnet de Saint-Amant en alexandrins, mais en commençant par le vers suivant : « Comblé d'enthousiasme et de la plus folle envie... » Modifiez le poème en conséquence.
→ p. 538 : INVENTER ET TRANSPOSER

D'UN *Texte* À L'AUTRE 1

Biographie p. 567

# Pierre de RONSARD
## *Nouvelles poésies* (1564)

*Après avoir écrit de nombreux poèmes d'amour, Ronsard se consacre aux hymnes de 1555 à 1564. Ce genre poétique sans règle fixe est d'abord lié à la religion, mais le terme d'hymne finit par englober tout chant de célébration. Dans un cycle consacré aux saisons, Ronsard ouvre l'« Hymne de l'automne » sur un prélude autobiographique où il résume son histoire intime avec l'inspiration ; le début du poème évoque la naissance de l'auteur.*

**Hymne de l'automne**

Le jour que je fus né, le Démon[1] qui préside
Aux Muses me servit en ce Monde de guide,
M'anima d'un esprit gaillard[2] et vigoureux,
Et me fit de science[3] et d'honneur amoureux.
En lieu des[4] grands trésors et de richesses vaines,
Qui aveuglent les yeux des personnes humaines,
Me donna pour partage[5] une fureur d'esprit,
Et l'art de bien coucher ma verve[6] par écrit.
Il me haussa le cœur[7], haussa la fantaisie[8],
M'inspirant dedans l'âme un don de Poésie,
Que Dieu n'a concédé[9] qu'à l'esprit agité
Des poignants aiguillons[10] de sa divinité.
Quand l'homme en est touché, il devient un prophète,
Il prédit toute chose avant qu'elle soit faite,
Il connaît la nature, et les secrets des cieux,
Et d'un esprit bouillant s'élève entre les Dieux.
Il connaît la vertu des herbes et des pierres,
Il enferme les vents, il charme[11] les tonnerres,
Sciences que le peuple admire, et ne sait pas
Que Dieu les va donnant aux hommes d'ici-bas,
Quand ils ont de l'humain les âmes séparées[12],
Et qu'à telle fureur elles sont préparées,
Par oraison[13], par jeûne, et pénitence[14] aussi,
Dont aujourd'hui le monde a bien peu de souci.
Car Dieu ne communique aux hommes ses mystères
S'ils ne sont vertueux, dévots[15] et solitaires,
Éloignés des tyrans, et des peuples qui ont
La malice en la main, et l'impudence[16] au front,
Brûlés d'ambition, et tourmentés d'envie,
Qui leur sert de bourreau tout le temps de leur vie.

Vers 1-30, orthographe modernisée.

1. Être qui sert d'intermédiaire entre les dieux et les hommes. Dans les vers 1 et 2, le Démon évoqué est Apollon.
2. Fort.
3. Connaissance (en général).
4. À la place des.
5. Héritage.
6. Mon inspiration.
7. Courage.
8. L'imagination.
9. Accordé.
10. Pointes avec lesquelles on fait avancer le bétail ; ici, ce qui pousse à écrire.
11. Envoûte.
12. Différentes du commun des mortels ; ici, à part, distinguées par Dieu.
13. Prière.
14. Période où l'on prie pour se faire pardonner.
15. Très respectueux des obligations religieuses.
16. L'effronterie.

Giuseppe Arcimboldo (1527-1593), *L'Automne* (1573), huile sur toile, 77 x 63 cm (Paris, musée du Louvre).

## QUESTIONS

1. Quelle est, d'après Ronsard, la source d'inspiration du poète ?
2. Quel nom commun désigne le poète comme un être à part ? Quels dons lui sont attribués ? Expliquez.
3. a. Dans les vers 1 à 12, quelles rimes présentent l'écriture poétique comme un don ?
   b. Quels termes rappellent que le démon inspirateur est un intermédiaire ?
4. a. À partir du vers 22, à quel domaine l'inspiration du poète se rattache-t-elle ? Relevez tous les mots relevant du champ lexical correspondant.
   b. En quoi ce domaine peut-il étonner en comparaison avec les vers 1 et 2 ?
5. a. Relevez deux vers qui condamnent explicitement les travers du commun des hommes.
   b. Quelles allitérations et assonances insistent sur cette mise en accusation ? Quelle diérèse permet de blâmer plus fortement l'un de ces travers ?

→ p. 401 : VERSIFICATION ET FORMES FIXES

## Vis-à-vis : Saint-Amant et Ronsard

6. Quel thème rapproche les deux poèmes ? Dans quel texte est-il le plus explicitement développé ?
7. Si l'on se réfère à la façon dont Ronsard aborde la création poétique, qu'est-ce qui rend le poème de Saint-Amant encore plus provocateur ?

## Texte 2

Biographie p. 560

# Charles Baudelaire
## *Les Fleurs du mal* (1857)

*Dans le recueil des* Fleurs du mal *où abondent les références à la fois philosophiques et religieuses, Baudelaire reprend à la suite de Platon et de la Bible l'image du temple de la nature. Il la développe en mettant en place la théorie des correspondances, à savoir une lecture poétique de l'univers où tous les éléments sensitifs et spirituels se font écho. L'inspiration est fondée sur la capacité à saisir ces liens.*

Armand Seguin (1869-1903), *Les Fleurs du mal* (1894), huile sur toile, 53 x 35,5 cm (collection privée).

**Correspondances**

La Nature est un temple où de vivants piliers
Laissent parfois sortir de confuses paroles ;
L'homme y passe à travers des forêts de symboles
Qui l'observent avec des regards familiers.

Comme de longs échos qui de loin se confondent
Dans une ténébreuse et profonde unité,
Vaste comme la nuit et comme la clarté,
Les parfums, les couleurs et les sons se répondent.

Il est des parfums frais comme des chairs d'enfants,
Doux comme les hautbois, verts comme les prairies,
– Et d'autres, corrompus, riches et triomphants,

Ayant l'expansion des choses infinies,
Comme l'ambre[1], le musc[2], le benjoin[3] et l'encens,
Qui chantent les transports[4] de l'esprit et des sens.

Section « Spleen et Idéal », IV.

1. Ambre gris : glande animale utilisée en parfumerie.
2. Substance odorante produite par une glande de cerf.
3. Résine aromatique.
4. Délices, joies.

## LECTURE ANALYTIQUE

### Première lecture

**1. a.** Repérez le vers où le titre du poème semble expliqué.
**b.** Quels sens y sont évoqués ? Dans quels vers sont-ils de nouveau perceptibles ?

### Mise au point

**2.** Quelle est la figure de rhétorique présente dans le groupe nominal *de vivants piliers* (v. 1). Expliquez-la en vous aidant du contexte.
→ p. 384 : LES FIGURES DE RHÉTORIQUE

### Analyse

**3. a.** Quelle image est précisément développée tout au long du premier quatrain ?
**b.** Dans quelle mesure le lien entre les vers 2 et 4 peut-il paraître contradictoire ?
→ p. 384 : LES FIGURES DE RHÉTORIQUE

**4.** Dans le second quatrain, relevez l'assonance et les répétitions lexicales qui traduisent les *échos* (v. 5).
→ p. 401 : VERSIFICATION ET FORMES FIXES

**5.** Sur quelle figure de rhétorique le second quatrain et les tercets reposent-ils ? Que développe-t-elle ?
→ p. 384 : LES FIGURES DE RHÉTORIQUE

**6.** Commentez la rime finale : *encens / sens* (v. 13-14). Quelles connotations suggère-t-elle ? Dans quelles autres expressions les retrouve-t-on ?
→ p. 381 : DÉNOTATION ET CONNOTATION

### Question de synthèse

**7.** Quelle est la part accordée aux sens dans l'inspiration du poète ?

### Pour aller plus loin

**8. Recherche.** Comment le sens du mot *transport* (v. 14) a-t-il évolué ? À partir de quelle époque a-t-il le même sens que celui proposé dans le poème de Baudelaire ? Cet emploi est-il encore courant ?

**9. Entraînement au commentaire.** Rédigez un paragraphe de commentaire du premier quatrain, en insistant sur la façon dont les différentes figures de rhétorique s'enchaînent pour définir la nature.
→ p. 513 : RÉDIGER DES PARAGRAPHES DE COMMENTAIRE

D'UN *Texte* À L'AUTRE 2

Biographie p. 564

# Victor Hugo
# *Les Contemplations* (1856)

*Encore très influencé par ses textes romantiques de jeunesse, le recueil* Les Contemplations *rassemble des poèmes écrits par Victor Hugo avant et après la mort de sa fille Léopoldine, en 1843. Deux mois avant le drame, il reprend l'image du livre de la nature afin d'y déchiffrer le sens de l'univers. L'écriture poétique a son origine dans la contemplation du monde, vaste corbeille d'images où tout est susceptible de l'inspirer.*

Je lisais. Que lisais-je ? Oh ! le vieux livre austère[1],
Le poëme[2] éternel ! – La Bible ? – Non, la terre.
Platon, tous les matins, quand revit le ciel bleu,
Lisait les vers d'Homère, et moi les fleurs de Dieu.
J'épèle les buissons, les brins d'herbe, les sources ;
Et je n'ai pas besoin d'emporter dans mes courses
Mon livre sous mon bras, car je l'ai sous mes pieds.
Je m'en vais devant moi dans les lieux non frayés[3],
Et j'étudie à fond le texte, et je me penche,
Cherchant à déchiffrer la corolle[4] et la branche.

1. Au sujet exigeant, difficile.
2. *Poème* s'écrit avec un tréma au XIX$^e$ siècle.
3. Préparés par les traces, les pas de prédécesseurs.
4. L'ensemble des pétales.

Denise Colomb (1902-2004), le peintre Raoul Ubac arpentant un champ labouré (1968), épreuve noir et blanc, tirage de l'auteur (Paris, médiathèque de l'Architecture et du Patrimoine).

Donc, courbé, – c'est ainsi qu'en marchant je traduis
La lumière en idée, en syllabes les bruits, –
J'étais en train de lire un champ, page fleurie.
Je fus interrompu dans cette rêverie ;
Un doux martinet[5] noir avec un ventre blanc
Me parlait ; il disait : – Ô pauvre homme, tremblant
Entre le doute morne[6] et la foi qui délivre,
Je t'approuve, il est bon de lire dans ce livre.
Lis toujours, lis sans cesse, ô penseur agité,
Et que les champs profonds t'emplissent de clarté !
Il est sain de toujours feuilleter la nature,
Car c'est la grande lettre et la grande écriture ;
Car la terre, cantique où nous nous abîmons[7],
A pour versets les bois et pour strophes les monts !
Lis. Il n'est rien dans tout ce que peut sonder[8] l'homme
Qui, bien questionné par l'âme, ne se nomme.
Médite. Tout est plein de jour, même la nuit ;
Et tout ce qui travaille, éclaire, aime ou détruit,
A des rayons : la roue au dur moyeu[9], l'étoile,
La fleur, et l'araignée au centre de sa toile.
Rends-toi compte de Dieu. Comprendre, c'est aimer.
Les plaines où le ciel aide l'herbe à germer,
L'eau, les prés, sont autant de phrases où le sage
Voit serpenter des sens qu'il saisit au passage.
Marche au vrai. Le réel, c'est le juste, vois-tu ;
Et voir la vérité, c'est trouver la vertu.
Bien lire l'univers, c'est bien lire la vie.

5. Oiseau voisin de l'hirondelle.
6. Sombre, triste.
7. Enfonçons profondément.
8. Examiner.
9. Noyau de la roue.

Le monde est l'œuvre où rien ne ment et ne dévie,
Et dont les mots sacrés répandent de l'encens.
L'homme injuste est celui qui fait des contre-sens.
Oui, la création tout entière, les choses,
Les êtres, les rapports, les éléments, les causes,
Rameaux dont le ciel clair perce le réseau noir,
L'arabesque[10] des bois sur les cuivres du soir,
La bête, le rocher, l'épi d'or, l'aile peinte,
Tout cet ensemble obscur, végétation sainte,
Compose en se croisant ce chiffre[11] énorme : DIEU
L'éternel est écrit dans ce qui dure peu ;
Toute l'immensité, sombre, bleue, étoilée,
Traverse l'humble fleur, du penseur contemplée ;
On voit les champs, mais c'est de Dieu qu'on s'éblouit.
Le lis[12] que tu comprends en toi s'épanouit.
Les roses que tu lis s'ajoutent à ton âme.
Les fleurs chastes, d'où sort une invisible flamme,
Sont les conseils que Dieu sème sur le chemin ;
C'est l'âme qui les doit cueillir, et non la main.
Ainsi tu fais ; aussi l'aube est sur ton front sombre ;
Aussi tu deviens bon, juste et sage ; et dans l'ombre
Tu reprends la candeur[13] sublime du berceau. –
Je répondis : – Hélas ! tu te trompes, oiseau.
Ma chair, faite de cendre, à chaque instant succombe ;
Mon âme ne sera blanche que dans la tombe ;
Car l'homme, quoi qu'il fasse, est aveugle ou méchant. –
Et je continuai la lecture du champ.

Juillet 1843.

« Autrefois », section III : « Les luttes et les rêves », poème VIII.

**10.** Les lignes courbes (ici, des branches).

**11.** Signe.

**12.** Autre orthographe du mot *lys*.

**13.** L'innocence.

## QUESTIONS

**1.** Dès les vers 1 et 2, quelle figure de rhétorique s'affirme ? Dans quels vers est-elle répétée ?
→ p. 384 : LES FIGURES DE RHÉTORIQUE

**2.** Dans quel cadre le poète évolue-t-il ? Quels sont les différents éléments de cet univers ? Justifiez.

**3. a.** Quel est l'interlocuteur du poète ? Comment désigne-t-il le poète ?
**b.** Quel mode verbal cet interlocuteur emploie-t-il fréquemment ? Pourquoi intervient-il ?
→ p. 375 : LA SYNTAXE ET LA VALEUR DES TEMPS

**4. a.** Dans les vers 36 et 37, quel temps est utilisé ? dans quel type de phrase ?
**b.** Relevez d'autres vers qui adoptent la même syntaxe. Étudiez leur rythme. Que met-il en valeur ?
→ p. 375 : LA SYNTAXE ET LA VALEUR DES TEMPS

**5.** Quelle signification donnez-vous au terme écrit en lettres capitales ?

**6.** Sur quel point le poète et son interlocuteur sont-ils en désaccord ? Quelle image ce débat donne-t-il de la condition humaine ?

## Vis-à-vis : Baudelaire et Hugo

**7.** Comparez le premier quatrain de Baudelaire avec les premiers vers du texte de Hugo. Malgré la différence des images, sur quel point se rejoignent-ils ?
→ p. 384 : LES FIGURES DE RHÉTORIQUE

**8.** Au milieu du XIXe siècle, quelle est apparemment la source d'inspiration privilégiée des poètes ?

# Charles Baudelaire, *Les Fleurs du mal*, section « Spleen et Idéal » (1857)

**OBJECTIF**

Étudier de quelle manière ce recueil de poésie moderne mêle le romantisme et les avant-gardes poétiques.

## Le contexte

Sous le Second Empire (1852-1870), la France se développe économiquement. À Paris, Napoléon III confie au baron Haussmann les grands travaux qui vont faire de la capitale une ville de référence.
Mais la contrepartie est l'explosion des inégalités sociales et la rigueur morale, bourgeoise et catholique.

## L'auteur

Charles Baudelaire, tout en adoptant la forme traditionnelle du sonnet, développe un univers personnel qui associe la religion au romantisme de la nature exotique et de la sensualité féminine. Dévoué à son art, il le définit comme une nécessité vitale qui fait de lui le premier des poètes maudits, en marge des préoccupations matérialistes de la société.

## L'œuvre

Le recueil des *Fleurs du mal* fait scandale. Baudelaire y évoque le corps de la femme dans des poèmes qui mêlent religion et érotisme. Il échappe de peu à la condamnation pour outrage à la religion, mais il comparaît au tribunal pour atteinte aux bonnes mœurs et voit son œuvre amputée de six poèmes.

## Pistes d'analyse

**1. L'inspiration religieuse**
**a.** Quels sont les titres de poèmes qui renvoient explicitement à la religion ?
**b.** Relevez les personnages qui y apparaissent ; en quels termes sont-ils désignés par le poète ?

**2. L'inspiration sensuelle.** Dans quels poèmes les portraits de femme sont-ils le plus développés ? Quelles images liées aux femmes pouvaient sembler scandaleuses en 1857 ?
→ p. 384 : LES FIGURES DE RHÉTORIQUE

**3. L'inspiration mélancolique.** Repérez les poèmes intitulés « Spleen ».
**a.** Que signifie ce titre ? Quels champs lexicaux permettent à ces textes d'avoir une atmosphère caractéristique ?
**b.** Dans quelle mesure ces poèmes permettent-ils de comprendre l'antithèse entre *spleen* et *idéal*, les deux mots du titre de la section ?
→ p. 384 : LES FIGURES DE RHÉTORIQUE

## Activités complémentaires

**1. Entraînement à la lecture de corpus.** Comment comprenez-vous le titre *Les Fleurs du mal* ? Constituez un corpus de quatre ou cinq poèmes puis proposez une réponse organisée.
→ p. 495 : RÉDIGER DES PARAGRAPHES DE SYNTHÈSE

**2. Lecture expressive.** Sélectionnez un poème écrit en alexandrins. Entraînez-vous à le lire à voix haute en respectant les règles de scansion.
→ p. 401 : VERSIFICATION ET FORMES FIXES

## Propositions de lectures

**Textes contemporains de l'auteur**

- Gustave Flaubert, *Madame Bovary* (1857) : un roman pour lequel l'auteur a également comparu au tribunal, sous le réquisitoire du procureur Pinard qui a aussi instruit le procès des *Fleurs du mal*.
- Alphonse de Lamartine, *La Vigne et la Maison* (1857) : un grand recueil de poésie romantique, référence essentielle pour Baudelaire.

**Pour élargir**

- Guillaume Apollinaire, *Poèmes à Lou* (1955, posthume) : un recueil de poèmes écrits pendant la Première Guerre mondiale où la femme aimée est évoquée en images audacieuses et sensuelles.
- Robert Desnos, *Corps et biens*, « À la mystérieuse » (1930) : un groupement de poèmes où la femme est une magicienne sensuelle.

# Texte 3

Biographie p. 567

## Raymond Queneau
## *Battre la campagne* (1968)

*Raymond Queneau se considère comme un inventeur et fait de la langue française un véritable laboratoire. Il s'inspire du langage populaire aussi bien dans ses romans que dans sa trilogie poétique dont les titres sont des expressions évoquant le vagabondage lexical et la rêverie :* Courir les rues, Battre la campagne *et* Fendre les flots. *Le ton est donné dans « La main à la plume », texte où les images bucoliques[1] sont revues de façon originale par l'auteur.*

### La main à la plume

J'écrirai des poèmes
sur le lait le beurre la crème
j'écrirai des odes[2] en vers heptasyllabiques[3]
sur les vaches les brebis les biques[4]
j'écrirai des myriades[5] de myriades de sonnets
sur le vent qui couche les lourds épis de blé
j'écrirai des chansons
sur les mouches et les charançons[6]
j'écrirai des sextines[7]
sur les fonds de jardin où se mussent[8] les latrines[9]
j'écrirai des phrases obscures
sur l'agriculture
j'utiliserai des métonymies[10] et des métaphores[10]
pour parler de la vie des porcs et de leur mort
j'utiliserai l'assonance et la rime
pour parler des prés, de la forêt, de la campagne
j'écrirai des poèmes
la main sur la charrue du vocabulaire



1. Propres à la poésie qui célèbre, depuis la Grèce antique, la vie saine et simple des bergers, la campagne.
2. Poèmes strophiques de célébration.
3. De sept syllabes.
4. Nom familier : chèvres.
5. Quantités innombrables.
6. Insectes voraces.
7. Poèmes de six strophes et demie avec répétition des mêmes mots à la rime.
8. Verbe familier : se cachent.
9. Toilettes.
10. → p. 384 : LES FIGURES DE RHÉTORIQUE

Jean Dubuffet (1901-1985), *Vache blanche, fond vert* (1954), gouache et huile sur papier, 33 x 40 cm (Paris, Musée national d'Art moderne - Centre Georges-Pompidou).

## LECTURE ANALYTIQUE

### Première lecture

**1.** Quel est l'univers majoritairement évoqué ? Vous semble-t-il poétique ? Expliquez.

**2.** Quels termes renvoient directement à la poésie ? Comment appelle-t-on ce genre de poème ?

→ p. 405 : LA MODERNITÉ EN POÉSIE

### Mise au point

**3.** Quelle figure de rhétorique structure ce texte ? Que permet-elle de mettre en évidence ?

→ p. 384 : LES FIGURES DE RHÉTORIQUE

### Analyse

**4.** Dans la première moitié du texte, à quels genres poétiques est-il fait référence ? Quelle est la connotation de tous ces termes ?

→ p. 381 : DÉNOTATION ET CONNOTATION

**5. a.** Faites la liste des mots *a priori* antipoétiques. Observez en particulier les rimes.

**b.** Quel registre précis Queneau utilise-t-il ?

→ p. 450 : LES REGISTRES COMIQUE ET TRAGIQUE

**6.** Sur quelle image poétique le texte se referme-t-il ? Expliquez-la.

### Question de synthèse

**7.** Dans quelle mesure a-t-on l'impression de surprendre l'auteur « la main à la plume » ?

### Pour aller plus loin

**8. Recherche.** D'où vient l'expression « battre la campagne » ? Que signifie-t-elle, et quel rapport cela a-t-il avec le titre « La main à la plume » ?

**9. Écriture d'invention.** En vous inspirant d'un des deux autres titres de la trilogie de Queneau, *Courir les rues* ou *Fendre les flots*, écrivez un poème dont la structure et le registre imiteront ceux du poème étudié.

→ p. 538 : INVENTER ET TRANSPOSER

D'UN *Texte* À L'AUTRE 3

# Tristan Corbière
## *Les Amours jaunes* (1873)

Biographie p. 562

*Dans son recueil* Les Amours jaunes, *Tristan Corbière étonne constamment le lecteur par ses recherches formelles, tels les sonnets inversés ou démantibulés, et par ses images et thèmes provocateurs, comme l'assimilation du poète à un crapaud. Il ne déroge pas à cette volonté de subversion dans un poème qui donne d'étranges conseils d'écriture poétique.*

Paul Klee (1879-1940), *Cadence à trois* (xxᵉ siècle), aquarelle et mine de plomb sur papier et carton, 31 x 22 cm (Berlin, Nationalgalerie, Museum Berggruen).

## I SONNET
## AVEC LA MANIÈRE DE S'EN SERVIR

*Réglons notre papier et formons bien nos lettres :*

Vers filés à la main et d'un pied uniforme,
Emboîtant bien le pas, par quatre en peloton[1] ;
Qu'en marquant la césure[2], un des quatre s'endorme...
Ça peut dormir debout comme soldats de plomb.

Sur le *railway*[3] du Pinde[4] est la ligne, la forme ;
Aux fils du télégraphe[5] : – on en suit quatre, en long ;
À chaque pieu, la rime – exemple : *chloroforme*.
– Chaque vers est un fil, et la rime un jalon[6].

– Télégramme sacré – 20 mots. – Vite à mon aide...
(Sonnet – c'est un sonnet –) ô Muse d'Archimède[7] !
– La preuve d'un sonnet est par l'addition :

– Je pose 4 et 4 = 8 ! Alors je procède,
En posant 3 et 3 ! – Tenons Pégase[8] raide :
« Ô lyre ! Ô délire ! Ô... » – Sonnet – Attention !

Pic de la Maladetta[9]. – Août.

1. Groupe.
2. Le milieu du poème.
3. Chemin de fer (anglais).
4. Comme le mont Parnasse, autre montagne grecque, séjour d'Apollon, dieu de la poésie.
5. Transmission à distance et par codes de messages.
6. Repère essentiel.
7. Mathématicien grec du IIIe siècle avant J.-C.
8. Cheval ailé de la mythologie grecque, symbole de la poésie.
9. Sommet des Pyrénées.

### QUESTIONS

**1. a.** Quels sont les termes et les références qui évoquent la poésie ?
**b.** Avec quels champs lexicaux voisinent-ils ?

**2.** Quelle est la fonction du titre et de la phrase de présentation du poème ? Expliquez.

**3.** Sur quelle métaphore filée le premier quatrain repose-t-il ? De quel genre littéraire antique provient-elle ? Expliquez à l'aide du vers 4.
→ p. 384 : LES FIGURES DE RHÉTORIQUE

**4.** Quelles règles de versification le vers 8 rappelle-t-il ? De quelle manière provocatrice le poète les applique-t-il à l'ensemble du deuxième quatrain ?
→ p. 401 : VERSIFICATION ET FORMES FIXES

**5.** Quelles données abondamment utilisées dans les tercets sont étonnantes en poésie ? Expliquez.

**6.** Sur quelle image de l'inspiration le poème se referme-t-il ? Expliquez.

### Vis-à-vis : Queneau et Corbière

**7.** Quelle est la volonté commune de ces deux poèmes ? Référez-vous en particulier à leur titre et à leur façon d'utiliser les références grecques.

**8.** Quelle définition de la modernité ces deux poèmes permettent-ils d'envisager ?
→ p. 405 : LA MODERNITÉ EN POÉSIE

# SYNTHÈSE L'inspiration poétique

• **Orphée** est le père des poètes → SÉQUENCE 3, SYNTHÈSE, p. 79. Il est le protégé du **dieu Apollon** et de ses **neuf Muses**, incarnations mythologiques de l'inspiration.

## 1 L'inspiration divine

### Le poète messager

• **Dans l'Antiquité et à la Renaissance**, le poète se définit comme un **intermédiaire** entre la sphère céleste et l'humanité. Tel un héros d'épopée, il est en contact avec les puissances supérieures, appelées **démons** chez **Pierre de Ronsard** et les autres poètes du XVIe siècle → D'UN TEXTE À L'AUTRE 1. Il est donc assimilé à un **prophète**, voire à un **démiurge**, c'est-à-dire un être apte à commander aux forces de la nature, tel Orphée ou l'humble saint François d'Assise communiquant avec les oiseaux.

### Le don de poésie

• La faculté de composer des poèmes est un don fréquemment mis en scène dans les textes, ou dans l'iconographie. À l'époque classique, on trouve par exemple chez **Nicolas Poussin**, un tableau intitulé *L'Inspiration du poète* (1629-1630) → ANALYSE D'IMAGE. Aux côtés d'Apollon, les yeux tournés vers le ciel, l'auteur attend de recevoir les mots divins qu'il redistribuera aux hommes.

## 2 L'inspiration, entre nature et références antiques

### La vie comme source d'inspiration

• **Dès la fin du XVIe siècle**, le poète s'émancipe des références religieuses. Il ne se considère plus forcément comme marqué par le doigt de Dieu, mais accorde aux aléas de l'existence le pouvoir de le faire écrire. **Saint-Amant** se présente ainsi comme un auteur indifférent aux malheurs du monde, telles les guerres, pour se concentrer sur le seul confort de son lit → TEXTE 1.

• Quant au **théoricien du classicisme**, **Nicolas Boileau**, il accorde plus d'importance au travail d'écriture poétique, attentif et acharné, qu'à l'inspiration idéale ou au génie → EXERCICE 1. Se développe alors la notion classique de talent, qui deviendra essentielle à l'époque moderne.

### Un retour à l'inspiration antique

• **Dès 1830**, les poètes reviennent à une inspiration plus noble, en contact avec les hautes sphères de l'intellect et de la religion : dans le recueil des *Contemplations* (1856) → D'UN TEXTE À L'AUTRE 2, **Victor Hugo** reprend la définition ancienne du **poète-prophète**, du **mage**. Mais son statut a changé : le nez dans l'herbe, le poète contemple la nature la plus humble qui soit. Certes, c'est un simple oiseau qui a la capacité de lui révéler le sens du monde, mais une attitude clairvoyante lui rappelle que l'homme est *aveugle et méchant*. Le poète est désormais un **déchiffreur** qui tente de comprendre les signes du monde, tel **Charles Baudelaire** dans « Correspondances » → TEXTE 2, qui circule dans le temple de la nature pour y débusquer attentivement les symboles. **Arthur Rimbaud**, quant à lui, s'inspire des beautés du monde en retrouvant les couleurs qu'évoquent les simples voyelles → EXERCICE 2. Il ouvre la voie à une conception moderne de l'écriture poétique qui influera sur l'ensemble des arts (peinture, cinéma...).

## 3 Le quotidien, nouvelle source d'inspiration ?

### Le poète ironique

• **Dès les années 1870**, revenu de la croyance en une inspiration supérieure, le poète issu de la **révolution industrielle** s'émancipe d'Apollon. Le monde moderne est un réservoir d'images qui lui permettent de faire entrer le télégraphe, *a priori* incongru en poésie, dans un sonnet, comme **Tristan Corbière** dans le recueil *Les Amours jaunes* (1873) → D'UN TEXTE À L'AUTRE 4.

• **Après la Seconde Guerre mondiale**, encore plus distant des modèles anciens, **Raymond Queneau** les tourne en dérision ; il bat la campagne pour y trouver les porcs et les biques destinés à alimenter son inspiration burlesque → TEXTE 3. **Alain Bosquet** va jusqu'à faire du poète lui-même un meuble bien utile pour apporter un rayon de soleil dans son appartement → EXERCICE 4.

### Le poète contemporain

• De nombreux auteurs rendent aujourd'hui à la poésie son **pouvoir d'évocation et d'émotion**. Attentif aux miracles de la vie quotidienne, **Yves Bonnefoy** débarrasse les mots de leur enveloppe de culture et de désenchantement pour nous faire percevoir la présence rassurante et magique du monde qui nous environne → EXERCICE 5. La chanson, surtout en France, connaît également un renouveau fondé presque exclusivement sur les références à la vie quotidienne, vivier d'images audacieuses.

Biographies des auteurs → p. 560

# HISTOIRE DES ARTS

DVD-ROM
Ressources complémentaires

## La représentation de l'artiste

Les arts ont souvent montré l'artiste au travail : de nombreux peintres, graveurs, sculpteurs ont représenté leurs semblables peignant, gravant, sculptant... ou eux-mêmes en plein ouvrage.

### 1 • Portraits et autoportraits en peinture

1 Jan Vermeer dit Vermeer de Delft (1632-1675), *L'Atelier du peintre* (1665), huile sur toile, 120 x 100 cm (Vienne, Kunsthistorisches Museum).

#### Des autoportraits masqués

Les peintres signent leurs œuvres depuis la **Renaissance italienne**, au XVe siècle, époque qui voit naître la conscience de la singularité artistique. S'il était jusque-là fréquent de représenter des artisans au travail sur les chapiteaux historiés des églises romanes ou gothiques, c'est seulement à la Renaissance que le peintre, artiste et plus uniquement artisan, se montre lui-même en train de peindre. Toutefois, il ne révèle pas sa qualité de modèle ; ainsi **Rogier Van der Weydense** peint-il en ***Saint Luc dessinant la Vierge*** dans une huile sur bois datant approximativement de **1440** (Boston, Museum of Fine Arts). La référence à l'apôtre, patron des peintres, permet à l'artiste de se représenter sans le clamer.

#### Des autoportraits assumés

**Dès le XVIe siècle** se développe l'art de l'autoportrait avec le peintre allemand **Dürer**, conscient de sa singularité, ou certains artistes italiens comme **Titien**. Mais c'est **au XVIIe siècle** que l'autoportrait se développe en Europe, en même temps que des ateliers renommés dont la production s'exporte sur tout le continent. **Nicolas Poussin**, **Pierre-Paul Rubens**, **Rembrandt** et bien d'autres s'essaient à cet exercice, certains allant jusqu'à représenter l'ensemble de leur atelier. Se détache un tableau original, ***L'Atelier du peintre*** **(1665)** du Hollandais **Vermeer** 1 : il se représente de dos, mettant avant tout l'accent sur son art. Au premier plan gauche, une chaise permet à un brocart de se soulever et de révéler au second plan droit l'artiste de dos, peignant à son chevalet, et à l'arrière-plan un modèle féminin aux yeux clos qui semble représenter une allégorie de la musique, avec son trombone tenu à bout de bras. Le jeu de perspective est doublé d'une construction savante de triangles successifs, par exemple celui formé par le peintre, son tabouret et son chevalet.

**LEXIQUE**

**Allégorie** Représentation imagée, concrète.

**Brocart** Étoffe rehaussée d'or ou d'argent.

**Chapiteau historié** Haut de colonne sculpté représentant des scènes de la mythologie, de la Bible ou de la vie quotidienne.

**Mise en abyme** Dispositif grâce auquel l'artiste renvoie directement à l'œuvre qu'il est en train de produire (film sur la conception du film que l'on est en train de réaliser).

**Photogramme** Photographie extraite d'un plan de cinéma.

**Salons** Expositions officielles de peinture, dont la première eut lieu dans le Salon carré du Louvre.

## 2 • Le développement des représentations de l'artiste

### Statut de l'artiste et représentation

L'**autobiographie** se développe avec **Jean-Jacques Rousseau**, dès la fin du XVIII^e siècle, et l'**autoportrait dessiné ou peint** est de plus en plus fréquent à partir du **XIX^e siècle**. Certes, l'autoportrait existe depuis quatre siècles, mais l'artiste défend farouchement son statut, s'expose dans des salons où il montre et vend ses œuvres. Il met encore plus l'accent sur ses outils de travail (palette, pinceaux, modèles…) et n'hésite pas à montrer l'humilité de sa tâche. Le **thème pictural de l'artiste au travail** devient presque banal, de **Caspar David Friedrich** en Allemagne, à **James Ensor** en Belgique, en passant par **Gustave Courbet** ou **Vincent Van Gogh** en France.

### De la peinture à la photographie

La **représentation de soi** est obsessionnelle chez des artistes comme **Salvador Dalí** en France, et elle s'étend à d'autres arts visuels, telle la photographie. Dans la droite ligne des romans ou des autobiographies où l'auteur, double du narrateur, semble se regarder écrire, les photographes se représentent l'appareil en main. Des artistes comme **Lee Friedlander** 2 en ont fait leur marque de fabrique, ne cessant de capter leur reflet ou leur ombre. Ainsi, lors d'un reportage sur un axe routier de la Côte Est des États-Unis, le photographe américain a volontairement saisi la moitié droite de son visage en la laissant dans le champ d'une prise de vue de carrefour qui accroche au passage ce que reflète le rétroviseur extérieur.

2 Lee FRIEDLANDER (né en 1934), Texas, photographie de la série *Cars in America* (2006).

**QUESTIONS**

1. Dans la photographie de Lee Friedlander, quels effets de symétrie rendent l'autoreprésentation encore plus flagrante ?
2. Cherchez le synopsis de *La Nuit américaine* de François Truffaut et démontrez que ce film est bien une mise en abyme du cinéma.

## 3 • Cinéma et mise en abyme

**Dans les années 1960-1970,** alors que le cinéma a tout juste soixante ans, la mise en abyme est fréquente en Italie et en France : ces deux grands pays du cinéma s'interrogent sur leur spécificité face au géant hollywoodien, avec notamment les films ***Huit et demi*** de **Federico Fellini (1963)** 3 ou ***La Nuit américaine*** de **François Truffaut (1973)**.

Dans le long-métrage de Fellini, **Marcello Mastroianni** joue le rôle du cinéaste qui dirige ses acteurs et ses techniciens ; il incarne un personnage qui, dans sa psychologie dépressive, représente de façon exacerbée le vrai Fellini. Le tout est orchestré par le réalisateur qui se montre quasiment lui-même, de façon crue. Une image extraite de l'une des séquences met clairement Mastroianni-Fellini dans la ligne de mire de la caméra, encadré par les épaules des prêtres au premier plan, dans le prolongement des échafaudages sur lesquels trônent les éclairagistes et leur matériel. Il ne s'agit pas d'une photographie de tournage, mais d'un photogramme d'œuvre de fiction sur le cinéma.

3 Photographie de tournage de *Huit et demi*, film de Federico FELLINI (1962), avec Marcello Mastroianni.

# Exercices d'approfondissement

## Revoir

### 1 L'inspiration classique

**1.** **À quel idéal Boileau fait-il référence en abordant le thème de l'inspiration ? Quelles indications le prouvent ?**
**2.** **Quels vers rappellent explicitement la conception antique du poète inspiré ? Expliquez-les.**
**3.** **Quel mot désigne l'activité du poète dans les deux strophes ? Quelle est ici sa signification ?**
**4.** **Dans la deuxième strophe, observez tous les termes qui sont à la rime. Quelle conception de l'écriture poétique illustrent-ils pour l'essentiel ?**

*Dans un traité intitulé* Art poétique, *Nicolas Boileau théorise les principes d'écriture de ses contemporains. Pour lui, l'inspiration n'est pas le fruit d'une vague vocation.*

C'est en vain qu'au Parnasse[1] un téméraire[2] auteur
Pense de l'art des vers atteindre la hauteur :
S'il ne sent point du ciel l'influence secrète,
Si son astre en naissant ne l'a formé poète,
Dans son génie étroit il est toujours captif :
Pour lui Phébus[3] est sourd, et Pégase[4] est rétif[5].

Ô vous donc qui, brûlant d'une ardeur périlleuse,
Courez du bel esprit la carrière épineuse,
N'allez pas sur des vers sans fruit vous consumer,
Ni prendre pour génie un amour de rimer :
Craignez d'un vain plaisir les trompeuses amorces[6],
Et consultez longtemps votre esprit et vos forces.

Nicolas Boileau, *Art poétique*, chant I, vers 1-12 (1674).

1. Comme le mont Pinde, le mont Parnasse est le lieu où séjournent Apollon, le dieu grec de la poésie (Phébus chez les Romains), et ses Muses. 2. Audacieux. 3. Apollon. 4. Cheval ailé, symbole de l'inspiration poétique. 5. Difficile à maîtriser. 6. Séductions.

## Approfondir

### 2 L'inspiration symbolique

**1.** **Les correspondances établies par Rimbaud vous semblent-elles aisées à comprendre ? Quelle figure de rhétorique permet de les présenter ?**
→ p. 384 : LES FIGURES DE RHÉTORIQUE
**2.** **À quel champ lexical les images développées appartiennent-elles ?**
**3. a.** **Sur quelle progression l'évocation des voyelles se fait-elle ? Comparez entre autres les adjectifs qualificatifs qui accompagnent les lettres A et O.**
**b.** **Quelle voyelle est particulièrement valorisée ? Soyez attentifs aussi bien à sa place dans le poème qu'aux signes typographiques qui l'accompagnent (types de caractères, ponctuation…).**
**4.** **Dans quelle mesure ce poème est-il dans la continuité du sonnet « Correspondances » de Baudelaire → TEXTE 2 ? Comparez en particulier les quatrains des deux textes.**

*Arthur Rimbaud compose un art poétique reposant sur le caractère évocateur des voyelles.*

**Voyelles**

A noir, E blanc, I rouge, U vert, O bleu : voyelles,
Je dirai quelque jour vos naissances latentes[1] :
A, noir corset velu des mouches éclatantes
Qui bombinent[2] autour des puanteurs cruelles,

Golfes d'ombre ; E, candeurs[3] des vapeurs et des tentes ;
Lances des glaciers fiers, rois blancs, frissons d'ombelles[4] ;
I, pourpres, sang craché, rire des lèvres belles
Dans la colère ou les ivresses pénitentes ;

U, cycles, vibrements[5] divins des mers virides[6],
Paix des pâtis[7] semés d'animaux, paix des rides
Que l'alchimie imprime aux grands fronts studieux ;

O, suprême Clairon plein des strideurs[8] étranges,
Silences traversés des Mondes et des Anges :
– O l'Oméga[9], rayon violet de Ses Yeux !

Arthur Rimbaud (1871).

1. Cachées mais sur le point de se produire. 2. Néologisme : volettent. 3. Blancheurs. 4. Plantes dont les fleurs sont en forme de parasol. 5. Néologisme : vibrations. 6. Néologisme : adjectif peut-être formé à partir de *virus*. 7. Pâturages. 8. Ou stridors : inspirations bruyantes. 9. Dernière lettre de l'alphabet grec, équivalent de notre o.

### 3 L'inspiration du quotidien

**1.** **Dans quelle mesure le sujet de ce poème peut-il surprendre ? Quels adjectifs qualificatifs rappellent l'aspect *a priori* peu poétique de cette évocation ?**
**2.** **À partir du deuxième paragraphe, quels termes connotent la poésie ? Quelle figure de rhétorique permet de le confirmer ?**
→ p. 381 : DÉNOTATION ET CONNOTATION
→ p. 384 : LES FIGURES DE RHÉTORIQUE
**3. a.** **Quel mot présent dans le dernier paragraphe renvoie au travail d'écriture poétique ?**
**b.** **Qui est alors logiquement désigné par le pronom *on* ?**
**4.** **La récompense étant le fait de *s'orner* (l. 17), que pourrait symboliser l'ouverture de l'huître ?**

*Le poète Francis Ponge observe attentivement le moindre aliment, le moindre objet de consommation. Cette curiosité révèle tout le pouvoir d'inspiration de la réalité la plus banale.*

### L'huître

L'huître, de la grosseur d'un galet moyen, est d'une apparence plus rugueuse, d'une couleur moins unie, brillamment blanchâtre. C'est un monde opiniâtrement[1] clos. Pourtant on peut l'ouvrir : il faut alors la tenir au creux d'un torchon, se servir d'un couteau ébréché et peu franc, s'y reprendre à plusieurs fois. Les doigts curieux s'y coupent, s'y cassent les ongles : c'est un travail grossier. Les coups qu'on lui porte marquent son enveloppe de ronds blancs, d'une sorte de halos[2].

À l'intérieur l'on trouve tout un monde, à boire et à manger : sous un *firmament*[3] (à proprement parler) de nacre, les cieux d'en-dessus s'affaissent sur les cieux d'en-dessous, pour ne plus former qu'une mare, un sachet visqueux et verdâtre, qui flue et reflue à l'odeur et à la vue, frangé d'une dentelle noirâtre sur les bords.

Parfois très rare une formule perle à leur gosier de nacre, d'où l'on trouve aussitôt à s'orner.

Francis Ponge, *Le Parti pris des choses* (1942), © Gallimard.

1. Obstinément. 2. Clartés diffuses. 3. Ciel (terme de poésie).

## 4 L'inspiration en question

**1. a. Relevez les énumérations. À quel univers appartiennent-elles ?**

**b. Quelle image donnent-elles de la figure du poète ?**

**2. Quel est le seul groupe nominal qui rappelle l'inspiration au sens traditionnel ?**

**3. Quelle forme poétique est ici utilisée ? Est-elle rigoureusement respectée ? Observez les débuts de vers, les rimes, etc.**

→ p. 401 : VERSIFICATION ET FORMES FIXES

**4. Commentez le titre du recueil. Dans quelle mesure permet-il d'éclairer le contenu de ce poème ?**

*Écrivain engagé qui a traversé les tourments de la Seconde Guerre mondiale, Alain Bosquet a composé un recueil plaisant mais désenchanté, qui en dit long sur la façon dont l'on considère aujourd'hui la poésie.*

### Le poète comme meuble

Le poète appartient aux objets ménagers ;
on le trouve parmi les sécateurs, les pneus,
les robinets, les clous : troisième étage à gauche,
dans les grands magasins, où il est disponible

à des prix modérés. Tous les chefs de rayon
en connaissent l'emploi. Une brochure bleue
vante ses qualités. Il lui faut peu de place :
un mètre cube, au maximum, dans la cuisine.

Le modèle courant consomme du pain dur
avec un quart de vin. Par un jour de souffrance
ou de malheur, il peut rendre de grands services

car sa spécialité, c'est un air de printemps
irrésistible et doux, qu'il répand sur les murs,
la machine à laver, le réchaud, la poubelle.

Alain Bosquet, *Sonnets pour une fin de siècle* (1980), © Gallimard.

# Écrire

## 5 Une nouvelle forme d'inspiration ?

**1. Dans quelle mesure la simplicité du vocabulaire est-elle en accord avec l'univers évoqué ?**

**2. Ce poème respecte-t-il un mètre défini, une forme fixe ? à votre avis, pourquoi ?**

→ p. 401 : VERSIFICATION ET FORMES FIXES

**3. Relevez l'anaphore. Que met-elle en évidence ?**

→ p. 384 : LES FIGURES DE RHÉTORIQUE

**4. Expliquez la figure de rhétorique du vers 16.**

→ p. 384 : LES FIGURES DE RHÉTORIQUE

**5. Entraînement au commentaire. Rédigez une partie de commentaire répondant à l'axe de lecture suivant : un poème de la simplicité et de la sérénité.**

→ p. 513 : RÉDIGER DES PARAGRAPHES DE COMMENTAIRE

*Yves Bonnefoy consacre une grande part de son œuvre à une réflexion sur ce qui peut aujourd'hui inspirer une véritable écriture poétique, ancrée dans le monde moderne, tel qu'il est.*

Que ce monde demeure,
Que les mots ne soient pas
Un jour ces ossements
Gris, qu'auront becquetés,

Criant, se disputant,
Se dispersant,
Les oiseaux, notre nuit
Dans la lumière.

Que ce monde demeure
Comme cesse le temps
Quand on lave la plaie
De l'enfant qui pleure.

Et lorsque l'on revient
Dans la chambre sombre
On voit qu'il dort en paix,
Nuit, mais lumière.

Yves Bonnefoy, *Les Planches courbes* (2001), section « La Pluie d'été », poème V, © Mercure de France.

SÉQUENCE 2

# La poésie amoureuse

**OBJECTIF**

**Découvrir comment les poètes se servent du langage poétique pour évoquer l'amour.**

De la Renaissance à nos jours, les poètes lyriques n'ont cessé de se renouveler pour chanter notamment la passion amoureuse. Grâce au travail de l'écriture, ils font ainsi partager leur perception de l'amour, entre joie et douleur.

## SOMMAIRE

DVD-ROM Ressources complémentaires


**Texte 1** L. Labé, *Sonnets* (1555) ........ 50

**D'un Texte à l'autre** J. Du Bellay, *L'Olive* (1550) ........ 51

**Étude d'œuvre intégrale** L. Labé, *Sonnets* (1555) ........ 52

**Texte 2** P. Verlaine, *Romances sans paroles* (1874) ........ 53

**D'un Texte à l'autre** M. Desbordes-Valmore, *Poésies inédites* (1860) ........ 55

**Analyse d'Image** A. Rodin, *Le Baiser* (1888-1889) ........ 56

**Texte 3** R. Desnos, *Corps et biens* (1930) ........ 57

**D'un Texte à l'autre** P. Eluard, *Capitale de la douleur* (1926) ........ 59

- **SYNTHÈSE** La poésie lyrique amoureuse ........ 60
- **Histoire des arts** La représentation des amants ........ 61
- **Exercices d'approfondissement** ........ 63


| Notions et activités | Liens avec la partie II |
| --- | --- |
| Comparaisons, métaphores, antithèses… | → p. 384 : LES FIGURES DE RHÉTORIQUE |
| Sonnet et autres formes poétiques | → p. 401 : VERSIFICATION ET FORMES FIXES |
| Jeux avec la versification et le rythme | → p. 405 : LA MODERNITÉ EN POÉSIE |
| Lyrisme et élégie | → p. 409 : LES REGISTRES LYRIQUE ET ÉLÉGIAQUE |

| | Liens avec la partie III |
| --- | --- |
| Rédiger des paragraphes explicatifs et argumentatifs | → p. 495 : RÉDIGER DES PARAGRAPHES DE SYNTHÈSE |
| Rédiger un commentaire | → p. 498 : RÉDIGER UN COMMENTAIRE LITTÉRAIRE |
| Construire une dissertation | → p. 526 : CONSTRUIRE UN PLAN DÉTAILLÉ DE DISSERTATION |
| Rédiger une lettre | → p. 538 : INVENTER ET TRANSPOSER |

# Texte 1 Louise Labé
## Sonnets (1555)

Biographie p. 564

*Poétesse de la Renaissance originaire de Lyon, Louise Labé chante l'amour dans ses poèmes qui imitent ceux du poète italien Pétrarque* → SYNTHÈSE. *Sans être dédiée à une figure masculine particulière, cette œuvre lyrique exprime les tourments amoureux.*

Je vis, je meurs : je me brûle et me noie.
J'ai chaud extrême en endurant froidure :
La vie[1] m'est et trop molle et trop dure.
J'ai grands ennuis[2] entremêlés de joie :

Tout à un coup[3] je ris et je larmoie,
Et en plaisir maint grief[4] tourment j'endure :
Mon bien s'en va, et à jamais il dure :
Tout en un coup je sèche et je verdoie[5].

Ainsi Amour inconstamment[6] me mène :
Et quand je pense avoir plus de douleur,
Sans y penser je me trouve hors de peine.

Puis quand je crois ma joie être certaine,
Et être au haut de mon désiré heur[7],
Il me remet en mon premier malheur.

Sonnet VIII, orthographe modernisée.

1. Diérèse (le e est suivi d'une consonne) : prononcez *vi-e*.
2. Grands tourments.
3. Simultanément.
4. Grave. Synérèse : le mot *grief* se prononce en une seule syllabe.
5. Je m'épanouis (se dit d'une plante qui croît).
6. Avec des changements nombreux.
7. Du bonheur que je désire.

### LECTURE ANALYTIQUE

#### Première lecture

1. En quoi le premier vers de ce poème surprend-il le lecteur ?
2. Quel état d'âme la poétesse confie-t-elle au lecteur ?

#### Mise au point

3. Quelle est la forme exacte de ce poème ?
→ p. 401 : VERSIFICATION ET FORMES FIXES

#### Analyse

4. Sur quelles figures de rhétorique principales le poème est-il construit ? Montrez-en différents exemples.
→ p. 384 : LES FIGURES DE RHÉTORIQUE
5. Examinez les marques de la première personne et l'effet produit par leur accumulation.
→ p. 371 : COMMUNICATION, ÉNONCIATION ET MODALISATION
6. Quel est le temps verbal employé ? Quelle est sa valeur ?
→ p. 375 : LA SYNTAXE ET LA VALEUR DES TEMPS
7. Repérez les références au temps : sur quel aspect du sentiment amoureux insistent-elles ?
8. Où la césure du vers 9 se situe-t-elle ? Quelle est la place de l'adverbe *inconstamment* ?
→ p. 401 : VERSIFICATION ET FORMES FIXES
9. En quoi la présence de l'adjectif *premier* surprend-elle à la fin du texte ?

#### Question de synthèse

10. Comment l'amour est-il représenté dans ce poème ?

#### Pour aller plus loin

11. **Recherche.** Renseignez-vous sur l'École de Lyon, le groupe de poètes dont fait partie Louise Labé. Quels sont les auteurs qui la composent ? Quels thèmes privilégient-ils dans leurs écrits ?
→ p. 478 : FAIRE DES RECHERCHES ET LIRE EFFICACEMENT
12. **Commentaire.** Commentez ce sonnet en étudiant ses caractéristiques lyriques.
→ p. 409 : LES REGISTRES LYRIQUE ET ÉLÉGIAQUE
→ p. 507 : CONSTRUIRE UN PLAN DÉTAILLÉ DE COMMENTAIRE

D'UN *Texte* À L'AUTRE 1

Biographie p. 563

# Joachim Du Bellay
## *L'Olive* (1550)

*Poète de la Renaissance, Joachim Du Bellay fait partie du groupe de la Pléiade. S'inspirant des travaux des poètes italiens, il publie en 1550 son premier recueil de sonnets,* L'Olive. *Ce titre désigne une femme idéalisée à laquelle le poète déclame ses poèmes amoureux.*

La nuit m'est courte, et le jour trop me dure,
Je fuis l'amour, et le suis à la trace,
Cruel me suis[1], et requiers votre grâce,
Je prends plaisir au tourment que j'endure.

Je vois mon bien, et mon mal je procure[2],
Désir m'enflamme, et crainte me rend glace,
Je veux courir, et jamais ne déplace,
L'obscur m'est clair, et la lumière obscure.

Vôtre je suis, et ne puis être mien,
Mon corps est libre, et d'un étroit lien[3]
Je sens mon cœur en prison retenu.

Obtenir veux, et ne puis requérir,
Ainsi me blesse, et ne me veut guérir
Ce vieil enfant[4], aveugle archer, et nu.

Sonnet XXVI, orthographe modernisée.

1. Je suis cruel envers moi-même.
2. J'entretiens mon mal.
3. Diérèse : prononcez *li-en*.
4. Cupidon, dieu romain de l'amour, est un enfant qui ne grandit jamais, armé d'un arc et de flèches.

**QUESTIONS**

1. Quelle image de l'amour le poète propose-t-il ici ?
2. Sur quelle figure de rhétorique le vers 1 est-il construit ? Cette figure est-elle reprise ? Justifiez.
→ p. 384 : LES FIGURES DE RHÉTORIQUE
3. Dans les vers 3 et 9, quel rôle le poète donne-t-il à celle dont il est amoureux ? Est-ce aussi le cas dans l'ensemble du texte ? Justifiez.
4. Commentez la métaphore filée du premier tercet : quelle image donne-t-elle de l'amoureux ?
→ p. 384 : LES FIGURES DE RHÉTORIQUE
→ p. 401 : VERSIFICATION ET FORMES FIXES
5. L'image de Cupidon donnée en fin de poème correspond-elle à la tradition ? Pourquoi le poète le décrit-il ainsi selon vous ?

**Vis-à-vis : Louise Labé et Du Bellay**

6. Quelle forme poétique commune les deux auteurs ont-ils adoptée ? L'amour y est-il perçu de la même façon ?
→ p. 401 : VERSIFICATION ET FORMES FIXES
7. De quelle façon commune les références mythologiques sont-elles employées ?

**Page de gauche :**
Bernardino Luini (vers 1480-1532), *Tête et épaules de jeune fille* (début du XVI^e siècle), huile sur toile (collection privée).
**Page de droite :**
Giovanni Girolamo Savoldo (1480-1548), *Portrait de jeune homme* (1525), huile sur toile (Rome, galerie Borghèse).

# Louise Labé, *Sonnets* (1555)

**OBJECTIF**

**Découvrir comment une poétesse de la Renaissance évoque l'amour, entre respect de la tradition du sonnet et expression personnelle.**

## Le contexte

Au XVIe siècle, en marge d'un contexte politique et religieux marqué par de nombreuses guerres, la Renaissance s'épanouit dans les arts après la venue en France des Médicis, riche famille de Florence, et d'artistes ou de savants comme Léonard de Vinci.

## L'auteur

Louise Labé, surnommée « la Belle Cordière », n'est pas destinée aux Lettres en raison de son origine bourgeoise. Pourtant son œuvre est admirée et reconnue, notamment au sein d'un groupe de poètes dit de l'École de Lyon, mené par Maurice Scève.

## L'œuvre

Poétesse savante, Louise Labé imite dans ses sonnets des œuvres de l'Antiquité ou du poète italien Pétrarque → SYNTHÈSE. Elle respecte cet héritage dans la construction de ses poèmes ainsi que dans le choix de thèmes traditionnels. Mais elle dépasse ces lieux communs de la poésie amoureuse par une réflexion subtile sur les sentiments féminins.

## Pistes d'analyse

**1. Les souffrances amoureuses.** Relevez dans les poèmes les comparaisons et métaphores qui évoquent le tourment amoureux. Sur quelles caractéristiques de l'amour ces images permettent-elles d'insister ?

→ p. 384 : LES FIGURES DE RHÉTORIQUE

**2. Des poèmes universels.** Peut-on considérer que ces poèmes sont destinés à un amant particulier ? Quel est donc l'enjeu de ce recueil ?

**3. Un art poétique.** Relevez les poèmes qui évoquent la musique ou la danse. Est-ce un hasard si la poésie fait appel à ces deux arts ?

## Activités complémentaires

**1. Dissertation.** Les sonnets de Louise Labé sont centrés sur le sentiment amoureux. Plus généralement, l'écriture poétique est-elle la seule à pouvoir décrire l'amour et ses effets ?
Utilisez pour répondre des exemples issus du recueil de Louise Labé et de vos connaissances personnelles.

→ p. 523 : EXPLOITER LE CORPUS ET SES LECTURES PERSONNELLES
→ p. 526 : CONSTRUIRE UN PLAN DÉTAILLÉ DE DISSERTATION

**2. Analyse d'image.** Commentez le tableau du Caravage qui représente l'amour de façon allégorique, *L'Amour victorieux* (1602-1603, huile sur toile, Berlin, Gemäldegalerie), afin de mieux comprendre les images que les poètes emploient dans leurs œuvres.

→ p. 461 : L'IMAGE FIXE

**3. Recherche.** Connaissez-vous d'autres poétesses ? Énumérez-les et expliquez l'importance qu'elles ont eue à leur époque.

→ p. 478 : FAIRE DES RECHERCHES ET LIRE EFFICACEMENT

## Propositions de lectures

**Textes contemporains de l'auteur**

- Maurice Scève, *Délie, objet de plus haute vertu* (1544) : un recueil de dizains sur le thème de la femme inaccessible.
- Pierre de Ronsard, *Les Amours* (1552-1578) : des sonnets amoureux qui proposent une vision plus heureuse de la passion.

**Pour élargir**

- Pétrarque, *Canzoniere* (1370) : l'inventeur du sonnet et des thèmes qui ont inspiré Louise Labé et les autres poètes de la Renaissance française.
- Alfred de Musset, *Nuits* (1835-1837) : quatre longs poèmes romantiques sur la passion amoureuse destructrice.

Edvard Munch (1863-1944), *Mélancolie* (vers 1894-1895), huile sur toile (Bergen Billedgalleri, Norvège).

# Texte 2

Biographie p. 569

## Paul Verlaine

## *Romances sans paroles* (1874)

*La section « Ariettes oubliées » des* Romances sans paroles *est écrite entre mai et juin 1872. Ces poèmes témoignent des souffrances et des passions ressenties par Verlaine qui s'éloigne à cette époque de son épouse Mathilde pour suivre le poète Rimbaud.*

Ô triste, triste était mon âme
À cause, à cause d'une femme.

Je ne me suis pas consolé
Bien que mon cœur s'en soit allé,

Bien que mon cœur, bien que mon âme
Eussent fui loin de cette femme.

Je ne me suis pas consolé,
Bien que mon cœur s'en soit allé.

Et mon cœur, mon cœur trop sensible
Dit à mon âme[1] : Est-il possible,

Est-il possible, – le fût-il, –
Ce fier exil, ce triste exil ?[2]

Mon âme dit à mon cœur : Sais-je
Moi-même que nous veut ce piège

D'être présents bien qu'exilés,
Encore que loin en allés ?

Ariette VII.

1. Pour les poètes, le cœur est traditionnellement le siège de la sensibilité, l'âme celui de la conscience.
2. Faut-il vraiment croire en la possibilité de cet exil ?

**LECTURE ANALYTIQUE**

## Première lecture

**1.** Quel est le sentiment dominant dans ce poème ?
**2.** Relevez les thèmes principaux des strophes 1 à 4 puis des strophes 5 à 8 : y a-t-il une progression entre le début et la fin du poème ?
→ p. 401 : VERSIFICATION ET FORMES FIXES

## Mise au point

**3.** Quel est le sens de l'adjectif *fier* (v. 12) ? Aidez-vous de l'étymologie.
→ p. 378 : L'ENRICHISSEMENT DU VOCABULAIRE ET L'ÉTYMOLOGIE

## Analyse

**4.** Comparez les strophes 2 et 4, puis trouvez dans le poème d'autres échos. Quel effet produisent-ils ?
**5.** Pour quelle raison le poète fait-il dialoguer son cœur et son âme ? Pour répondre, étudiez notamment l'usage qu'il fait de l'adverbe *trop* au vers 9.
**6. a.** Examinez les vers 13 à 16, et plus particulièrement le mot *piège* à la fin du vers 14 : la tristesse est-elle la seule émotion ressentie par le poète ?
**b.** Dans quelle mesure peut-on dire que ce poème est lyrique, voire élégiaque ?
→ p. 409 : LES REGISTRES LYRIQUE ET ÉLÉGIAQUE

## Question de synthèse

**7.** Cherchez le sens du mot *ariette*. Ce poème correspond-il bien à cette définition ?
→ p. 378 : L'ENRICHISSEMENT DU VOCABULAIRE ET L'ÉTYMOLOGIE

## Pour aller plus loin

**8. Recherche**
**a.** Le titre *Romances sans paroles* est emprunté à Mendelssohn. Qui est cet artiste ?
**b.** Pour quelle raison, selon vous, Verlaine a-t-il choisi ce titre ?
→ p. 478 : FAIRE DES RECHERCHES ET LIRE EFFICACEMENT
→ p. 480 : SE CULTIVER EN HISTOIRE DES ARTS
**9. Écriture d'invention.** Transformez ce poème en une lettre lyrique dans laquelle Verlaine décrit ses émotions à son épouse.
→ p. 409 : LES REGISTRES LYRIQUE ET ÉLÉGIAQUE
→ p. 538 : INVENTER ET TRANSPOSER
**10. Iconographie.** Quels procédés graphiques et chromatiques le peintre Munch a-t-il utilisés pour évoquer la mélancolie ? Vous semble-t-elle proche de celle de Verlaine ? Justifiez.

D'UN *Texte* À L'AUTRE 2

Biographie p. 562

# Marceline Desbordes-Valmore
## *Poésies inédites* (1860)

*La poésie lyrique de Marceline Desbordes-Valmore s'inscrit dans le mouvement romantique et célèbre l'affection filiale aussi bien que la passion amoureuse. Admirée par les romantiques Chateaubriand et Lamartine, l'œuvre de la poétesse ne rencontre toutefois pas longtemps le succès.*

Alfred Émile Stevens (1823-1906), *La Lettre de rupture* (vers 1867), huile sur toile, 74,5 x 54,5 cm (Paris, musée d'Orsay).

**Les séparés**

N'écris pas ! Je suis triste, et je voudrais m'éteindre ;
Les beaux étés, sans toi, c'est la nuit sans flambeau.
J'ai refermé mes bras qui ne peuvent t'atteindre ;
Et, frapper à mon cœur, c'est frapper au tombeau.
N'écris pas !

N'écris pas ! N'apprenons qu'à mourir à nous-mêmes.
Ne demande qu'à Dieu... qu'à toi si je t'aimais.
Au fond de ton absence écouter que tu m'aimes,
C'est entendre le ciel sans y monter jamais.
N'écris pas !

N'écris pas ! Je te crains ; j'ai peur de ma mémoire ;
Elle a gardé ta voix qui m'appelle souvent.
Ne montre pas l'eau vive à qui ne peut la boire.
Une chère écriture est un portrait vivant.
N'écris pas !

N'écris pas ces deux mots que je n'ose plus lire :
Il semble que ta voix les répand sur mon cœur,
Que je les vois briller à travers ton sourire ;
Il semble qu'un baiser les empreint[1] sur mon cœur.
N'écris pas !

Publication posthume.

1. En laisse l'empreinte.

**QUESTIONS**

1. a. Étudiez l'anaphore qui rythme ce poème. En quoi l'emploi de la négation peut-il surprendre ?
b. Dans quels vers la poétesse en donne-t-elle une explication ?
→ p. 384 : LES FIGURES DE RHÉTORIQUE
2. Sur quelles métaphores et quelles oppositions les strophes 1 et 2 sont-elles construites ? Commentez-les.
→ p. 384 : LES FIGURES DE RHÉTORIQUE
3. a. Dans le vers 14, que signifie l'adjectif *chère* et quel nom qualifie-t-il ? Reformulez ce vers.
b. Quel est l'effet produit par cette position inattendue de l'adjectif ?
4. Quels sentiments animent la poétesse dans la strophe 4 ? Expliquez.
5. Quel est le système de rimes de ce poème ? Commentez l'effet de la rime des vers 17 et 19.
→ p. 401 : VERSIFICATION ET FORMES FIXES

**Vis-à-vis : Verlaine et Marceline Desbordes-Valmore**

6. Dans quelle mesure peut-on dire que ces deux poèmes se rattachent au genre de la chanson ?
7. Quelle image particulière de l'amour ces textes ont-ils en commun ?

# Analyse *d'image*

# Auguste Rodin (1840-1917)
## *Le Baiser* (1888-1889)

Marbre, 181 x 112 x 117 cm
(Paris, musée Rodin).

*En 1880, Auguste Rodin commence à sculpter une porte monumentale qui lui a été commandée pour orner l'entrée du musée des Arts décoratifs. Il choisit d'y représenter des épisodes de la partie consacrée à l'Enfer dans* La Divine Comédie *de l'Italien Dante. Dans le cadre de ce projet,* Le Baiser, *élément de cette vaste porte, représente le moment où Paolo embrasse sa belle-sœur Francesca, juste avant que les amoureux ne soient tués par le mari de la jeune femme.*

**QUESTIONS**

### Première approche

**1.** De combien de personnages le groupe sculpté se compose-t-il ? Quel personnage n'est pas représenté ?

**2.** Le marbre est-il travaillé de la même façon pour les personnages et le socle ? Décrivez-en les points communs et/ou les différences.

### Analyse

**3.** Étudiez la position des jambes et des bras des personnages. Quel est l'effet produit ?

**4.** La sculpture privilégie-t-elle les lignes droites, les lignes brisées ou les courbes ? Commentez ce choix en vous référant au sentiment représenté.

→ p. 461 : L'IMAGE FIXE

**5.** Même en tournant autour de l'œuvre, l'observateur des personnages sculptés apercevra-t-il clairement leur visage ? Quel est l'intérêt de cette représentation ?

### Question de synthèse

**6.** Cette sculpture n'a finalement pas été intégrée à *La Porte de l'Enfer*. Pour quelles raisons selon vous cette œuvre est-elle devenue indépendante de l'ensemble auquel elle était destinée ?

# Texte 3 Robert Desnos

Biographie p. 562

## *Corps et biens* (1930)

*Robert Desnos publie les sept poèmes de la section « À la mystérieuse » en 1926, avant de les intégrer dans le recueil* Corps et biens*. Dans ces textes, le poète s'adresse à la chanteuse Yvonne George, qui symbolise pour lui l'être aimé inaccessible. Il se rattache alors à la tradition lyrique de poèmes d'amour dédiés à une femme adorée, mais inflexible aux appels de celui qui l'aime.*

Non l'amour n'est pas mort en ce cœur et ces yeux et cette bouche qui proclamait ses funérailles commencées.
Écoutez, j'en ai assez du pittoresque[1] et des couleurs et du charme.
J'aime l'amour, sa tendresse et sa cruauté.
Mon amour n'a qu'un seul nom, qu'une seule forme.
Tout passe. Des bouches se collent à cette bouche.
Mon amour n'a qu'un nom, qu'une forme.
Et si quelque jour tu t'en souviens
Ô toi, forme et nom de mon amour,
Un jour sur la mer entre l'Amérique et l'Europe,
À l'heure où le rayon final du soleil se réverbère sur la surface ondulée des vagues, ou bien une nuit d'orage sous un arbre dans la campagne ou dans une rapide automobile,
Un matin de printemps boulevard Malesherbes[2],
Un jour de pluie,
À l'aube avant de te coucher,
Dis-toi, je l'ordonne à ton fantôme familier, que je fus seul à t'aimer davantage et qu'il est dommage que tu ne l'aies pas connu.
Dis-toi qu'il ne faut pas regretter les choses : Ronsard[3] avant moi et Baudelaire[4] ont chanté le regret des vieilles et des mortes qui méprisèrent le plus pur amour.
Toi quand tu seras morte
Tu seras belle et toujours désirable.
Je serai mort déjà, enclos[5] tout entier en ton corps immortel, en ton image étonnante présente à jamais parmi les merveilles perpétuelles de la vie et de l'éternité, mais si je vis
Ta voix et son accent, ton regard et ses rayons,
L'odeur de toi et celle de tes cheveux et beaucoup d'autres choses encore vivront en moi,
En moi qui ne suis ni Ronsard ni Baudelaire,
Moi qui suis Robert Desnos et qui pour t'avoir connue et aimée,
Les vaux bien ;
Moi qui suis Robert Desnos, pour t'aimer
Et qui ne veux pas attacher d'autre réputation à ma mémoire sur la terre méprisable.

Section « À la mystérieuse », 5 : « Non l'amour n'est pas mort », © Gallimard.

1. Expressif, digne d'être peint.
2. Boulevard parisien.
3. Poète du XVIe siècle, membre de la Pléiade, auteur des *Amours* → SÉQUENCE 1, p.44.
4. Poète du XIXe siècle connu pour son recueil *Les Fleurs du mal* → SÉQUENCE 1, p. 44.
5. Enfermé.

Atelier Manassé, *La Danseuse américaine Bee Jackson, étude photographique au miroir* (1931), photographie (collection privée).

**LECTURE ANALYTIQUE**

## Première lecture

**1. a.** Qui parle dans ce poème ? Justifiez.
**b.** La destinataire est-elle précisément nommée ?
**2.** Repérez les différentes étapes du poème.

## Mise au point

**3.** La forme de ce poème est-elle traditionnelle ? Parvenez-vous à identifier un mètre précis ? Expliquez.
→ p. 401 : VERSIFICATION ET FORMES FIXES

## Analyse

**4.** Dans quel vers l'amour en général devient-il un sentiment particulier ? Quel outil grammatical le prouve ?
**5.** Relevez les compléments circonstanciels des vers 7 à 14. Quel effet leur accumulation provoque-t-elle ?
→ p. 384 : LES FIGURES DE RHÉTORIQUE
**6.** Repérez l'anaphore au milieu du texte. Quel mode verbal utilise-t-elle ? dans quel but ?
→ p. 384 : LES FIGURES DE RHÉTORIQUE
→ p. 375 : LA SYNTAXE ET LA VALEUR DES TEMPS
**7.** En quoi les vers 16 et 17 semblent-ils contradictoires ? Expliquez.
**8. a.** Dans quel but Desnos évoque-t-il d'autres poètes ?
**b.** Comment comprenez-vous alors l'adjectif *méprisable* qui clôt le poème ?

## Question de synthèse

**9.** De quelle manière ce poème affirme-t-il la volonté d'exprimer l'amour de façon personnelle et originale ?

## Pour aller plus loin

**10. Recherche.** En vous aidant des groupes nominaux (*regret des vieilles et des mortes*, v. 15 ; *L'odeur de toi et celle de tes cheveux*, v. 20, etc.), retrouvez le titre exact des poèmes de Ronsard et Baudelaire implicitement mentionnés et expliquez leur rapport avec ce texte de Desnos.
**11. Entraînement à la dissertation.** Un poème, pour être moderne, doit-il tourner le dos à la tradition (formes fixes, versification…) ? Répondez dans un développement structuré.
**a.** Rassemblez des titres de poèmes issus de la séquence et de votre culture personnelle.
**b.** Formulez au brouillon des arguments précis.
→ p. 523 : EXPLOITER LE CORPUS ET SES LECTURES PERSONNELLES

D'UN *Texte* À L'AUTRE 3

Biographie p. 563

# Paul Eluard
## *Capitale de la douleur* (1926)

*Même si les surréalistes révolutionnent l'art et la poésie en inventant de nouveaux modes d'écriture* → SÉQUENCE 1, SYNTHÈSE, p. 44, *ils se rattachent à la tradition lyrique en chantant les beautés de la femme et de l'amour. Ainsi, Paul Eluard dédie le recueil* Capitale de la douleur *à son épouse Gala, qui devient la muse du poète et symbolise pour lui la force de l'amour.*

La courbe de tes yeux fait le tour de mon cœur,
Un rond de danse et de douceur,
Auréole du temps, berceau nocturne et sûr,
Et si je ne sais plus tout ce que j'ai vécu
C'est que tes yeux ne m'ont pas toujours vu.

Feuilles de jour et mousse de rosée,
Roseaux du vent, sourires parfumés,
Ailes couvrant le monde de lumière,
Bateaux chargés du ciel et de la mer,
Chasseurs des bruits et sources des couleurs,

Parfums éclos d'une couvée d'aurores
Qui gît toujours sur la paille des astres,
Comme le jour dépend de l'innocence
Le monde entier dépend de tes yeux purs
Et tout mon sang coule dans leurs regards.

Section « Nouveaux poèmes », © Gallimard.

### QUESTIONS

**1.** Quels vers traduisent le mieux la fascination pour les yeux de la femme aimée ?

**2.** Combien de phrases composent l'ensemble de ce poème ? En quoi l'organisation des strophes s'avère-t-elle originale ?
→ p. 401 : VERSIFICATION ET FORMES FIXES

**3. a.** Quelle allitération et quelle assonance marquent les vers 1 et 2 ? Sur quoi insistent-elles ?
**b.** Repérez d'autres échos sonores. Quels thèmes valorisent-ils ?
→ p. 401 : VERSIFICATION ET FORMES FIXES

**4.** En quoi l'expression *monde entier* (v. 14) est-elle justifiée dans le reste du poème ?

**5.** Relevez et expliquez la figure de style utilisée dans les vers 11 et 12.
→ p. 384 : LES FIGURES DE RHÉTORIQUE

**6. a.** Dans quels vers le champ lexical du regard est-il particulièrement présent ?
**b.** Peut-on alors dire que le poème progresse ? Commentez.

### Vis-à-vis : Desnos et Eluard

**7.** Quelle relation entre l'homme et la femme la première strophe du poème d'Eluard établit-elle ?

**8.** En quoi le vers 19 du poème de Desnos rejoint-il la vision d'Eluard ?

**Ci-dessus :** Salvador Dalí (1904-1989), *Ma femme, nue, regardant son propre corps devenir marches, trois vertèbres d'une colonne, ciel et architecture* (1945), huile sur bois, 61 x 52 cm (New York, José Mugrabi Collection).

# SYNTHÈSE La poésie lyrique amoureuse

• Étymologiquement liée à la **lyre d'Orphée** pleurant la mort de sa femme Eurydice, la poésie lyrique est le genre privilégié de l'expression des sentiments.

## 1 Poésie de l'amour courtois

### Poésie et musique

• **Au Moyen Âge**, la poésie est accompagnée de musique. Très codifiée, peu personnelle, elle est le genre privilégié par les troubadours et les trouvères comme **Bernard de Ventadour** → EXERCICE 1, auteurs de l'**amour courtois** ou « fin'amor ». Soumis aux désirs de sa Dame mariée à un autre et vivant au loin, le poète lui doit obéissance et implore de sa part un regard ou un geste.

### Poésie féminine

• **Christine de Pisan** écrit, comme d'autres poétesses, des chants d'amour dans lesquels elle exprime ses sentiments pour un époux ou un amant éloigné, dans des **chansons de toile** (les femmes brodent tandis que les hommes guerroient).

## 2 Lyrisme et préciosité

### Pétrarque

• **À partir du XIVe siècle**, la poésie n'est plus forcément chantée, mais conserve sa tonalité lyrique. **Pétrarque**, poète italien (1304-1374), marque l'histoire de la poésie avec son recueil du *Canzoniere*. En hommage à sa muse Laure de Noves, il crée le sonnet qui devient alors la forme poétique prédominante, surtout en France.

### De la Renaissance au classicisme

• Au **XVIe siècle**, les poètes de l'**École de Lyon**, telle **Louise Labé** → TEXTE 1 et ŒUVRE INTÉGRALE, et les membres de **la Pléiade**, dont **Du Bellay** → D'UN TEXTE À L'AUTRE 1 ou **Ronsard** → EXERCICE 5, sont les héritiers de Pétrarque. Le sonnet se transforme alors dans son système de rimes et développe des thèmes lyriques qui ne se cantonnent pas à la souffrance amoureuse.

• **La poésie des XVIe et XVIIe siècles** est rarement l'expression de sentiments personnels. Ainsi **Malherbe**, dans ses sonnets à Caliste → EXERCICE 2, privilégie-t-il un **lyrisme élogieux** qui célèbre aussi bien le genre poétique que la femme aimée. La poésie évolue vers un **jeu sur le langage**, qui conduit au **maniérisme** à la fin du XVIe siècle puis, au XVIIe siècle, à la **préciosité** : ces deux mouvements jouent abondamment d'un langage fait d'images et de périphrases très élaborées, privilégiant les jeux rhétoriques au détriment de la simple vérité des sentiments.

## 3 Lyrisme et modernité

### Le romantisme

• **Dans la deuxième moitié du XVIIe siècle et au XVIIIe siècle**, la poésie amoureuse anime les salons mondains et la cour, mais ne renouvelle ni les thèmes ni les formes du lyrisme. Les véritables innovations ont lieu dans l'écriture dramatique ou narrative.

• **Au XIXe siècle**, après la Révolution française, les **poètes romantiques** recentrent le lyrisme sur les sentiments les plus intimes : *frappe-toi le cœur, c'est là qu'est le génie !* s'exclame **Musset** qui évoque notamment son amour pour George Sand → EXERCICE 4. Lamartine, Vigny et **Marceline Desbordes-Valmore** → D'UN TEXTE À L'AUTRE 2 sont également les représentants de cette poésie lyrique intimiste.

• **Victor Hugo** renouvelle la poésie dans son ensemble, envisageant le poète comme un visionnaire : le lyrisme dépasse l'expression de l'amour, devient une célébration du pouvoir de l'écriture et de l'engagement du poète.

### Du symbolisme à nos jours

• **Charles Baudelaire**, tout en adoptant fréquemment la forme du sonnet dans son recueil *Les Fleurs du mal* → SÉQUENCE 1, ÉTUDE D'ŒUVRE INTÉGRALE, p. 40, renouvelle les thèmes lyriques en associant la femme à la figure de Satan. Les **poètes symbolistes** poursuivent la recherche d'un lyrisme personnel qui s'accompagne souvent d'un sentiment de regret, parfois **élégiaque**, comme dans les textes de **Verlaine** → TEXTE 2.

• Après les innovations d'**Apollinaire** qui, juste avant la **Première Guerre mondiale**, s'émancipe de la ponctuation tout en continuant à écrire des sonnets, les **surréalistes**, tels **Paul Eluard** → D'UN TEXTE À L'AUTRE 3 et **Robert Desnos** → TEXTE 3, renouvellent la poésie lyrique amoureuse. Ils utilisent des images inattendues qui rappellent les audaces de l'écriture automatique, et le sonnet laisse la place à d'autres formes, plus libres.

• La poésie lyrique s'attache à la richesse des mots, des sons et des rythmes, prenant alors une **dimension universelle**, comme dans les œuvres de **Léopold Sédar Senghor** → EXERCICE 3 ou de **Philippe Jaccottet** qui célèbrent à la fois l'amour et le monde.

Biographies des auteurs → p. 560

DVD-ROM Ressources complémentaires

# La représentation des amants

Depuis l'Antiquité, l'amour est chanté par les poètes, parfois de façon très sensuelle, comme en témoignent le genre poétique de l'**idylle grecque** ou le **« Cantique des cantiques »**, livre de l'*Ancien Testament* attribué au roi Salomon. Dans ce texte abondent les **métaphores** évoquant le bonheur d'aimer une femme, sans référence à Dieu. Les arts ont abondamment relayé cette tradition en faisant des amants enlacés un thème de prédilection.

**LEXIQUE**

**Dadaïstes** Représentants du mouvement Dada créé par le poète Tristan Tzara à Zurich, en 1916, marqué par ses provocations anti-bourgeoises.

**Enluminure** Petite illustration peinte ornant les manuscrits du Moyen Âge.

**Fondu enchaîné** Au cinéma, technique consistant à faire apparaître progressivement un plan derrière un autre.

**Idylle** Poème de thème souvent amoureux ayant la nature pour cadre.

**Préraphaélisme** Mouvement pictural anglais de la deuxième moitié du XIXe siècle qui s'inspire de mythes antiques ou médiévaux.

**Rococo** Mouvement propre à la Régence (1715-1723) et caractérisé par ses décorations exubérantes de coquillages.

1 Le baiser de Lancelot et Guenièvre (XVe siècle), enluminure sur parchemin (Paris, BnF).

## 1 • Au Moyen Âge

**Au Moyen Âge**, les **manuscrits** s'enrichissent d'enluminures où les aventures épiques et amoureuses des héros chevaleresques sont représentées en couleurs vives, avec une minutie de détails. Un manuscrit français du XVe siècle du **récit en vers *Lancelot du Lac*** présente Lancelot et la reine Guenièvre fougueusement enlacés 1. Même si les dames de la partie gauche de l'image affectent de ne rien percevoir de cette liaison illégitime, au centre de l'image le chevalier Galehaut posant de façon complice sa main sur l'épaule droite de son ami observe cet amour de façon bienveillante. **L'alternance des couleurs chaudes et froides** des différents vêtements ne fait que renforcer l'étroite complicité de tous ces êtres unis sur un fond rouge, l'une des couleurs associées à Vénus, déesse romaine de l'amour.

## 2 • Du XVIe au XVIIIe siècle

**À la fin du XVIe siècle**, les amours des chevaliers constituent la matière de **poèmes** et des **romans baroques** qui inspirent à leur tour de nombreux tableaux où le modèle médiéval est constamment repris.

**Au XVIIIe siècle**, après la mort de Louis XIV, en 1715, la France connaît la **Régence** de Philippe d'Orléans. Les **tableaux rococo de Watteau**, autour du thème des **fêtes galantes**, appartiennent à cette période avide de légèreté : dans des jardins s'ébattent de jeunes couples issus de la ***commedia dell'arte***. Le tableau ***Arlequin et Colombine*** (vers 1715-1717) en est l'une des nombreuses illustrations.

## 3 • Au XIXe siècle

**À l'époque romantique** (de la fin du XVIIIe siècle aux années 1830), les amants se réfugient dans une nature enchanteresse et protectrice, mais cela n'empêche pas la fatalité de s'acharner. La nouvelle de Chateaubriand *Atala* (1801) raconte les amours contrariées d'une jeune Européenne pour un Indien chactas qu'elle convertit au christianisme avant de se tuer. Cette union torturante, qui inspire au peintre **Girodet** un célèbre tableau de 1808, s'inscrit dans la lignée des amours maudites de ***Roméo et Juliette*** (1594-1595), **tragédie de Shakespeare devenue le modèle littéraire** des poètes et dramaturges romantiques.

**À la fin du XIXe siècle**, les **peintres préraphaélites** anglais illustrent fréquemment l'histoire de Roméo et Juliette qui cherchent à échapper à leurs familles qui se haïssent. Ces artistes aiment à rappeler les étapes de cet amour impossible : en 1884, **sir Frank Dicksee** représente ainsi la fougue des jeunes amants dans un baiser, au petit matin 2. La colonne, la balustrade et la végétation encadrent le couple dans une composition verticale où l'arche matérialise l'union dans le temple de l'Amour.
La rencontre furtive sur le **balcon** est un motif qui naît à la Renaissance et que l'on retrouve ensuite dans de nombreuses œuvres littéraires et artistiques sur le thème des amours interdites.

2 Sir Frank Bernard Dicksee (1853-1928), *Roméo et Juliette* (1884), huile sur toile, 171 x 118 cm (Southampton City Art Gallery, Grande-Bretagne).

## 4 • De la Première Guerre mondiale à nos jours

3 Francis Picabia (1879-1953), *Idylle, la ville et mer amoureux* (1927), huile sur toile, 104 x 74 cm (Grenoble, musée des Beaux-Arts).

**Dadaïstes et surréalistes** → SÉQUENCE I, SYNTHÈSE, p. 44 considèrent la femme aimée comme une présence surnaturelle qui donne à l'art toute sa puissance : Elsa pour le poète Aragon, Gala pour le peintre Dalí, Kiki pour le photographe Man Ray… La représentation des amants revient à des thèmes romantiques, tel celui de la **femme-paysage**. Dans le tableau *Idylle* de **Francis Picabia** (1927) 3, la double paire d'yeux et la double bouche de la femme symbolisent l'union des deux amants sur un fond de paysage marin qui se superpose au portrait, tel un fondu enchaîné. Le titre évoque la poésie lyrique grecque qui associait la représentation d'un paysage bucolique à la célébration de l'amour.
Une vision plus tragique de l'amour se retrouve implicitement dans le portrait énigmatique des ***Amants*** de **Magritte**. Deux têtes voilées s'embrassent, donnant de l'union amoureuse une vision étouffante, et rappelant le mythe des amants maudits qui deviendra très vivace au cinéma, avec par exemple le couple de tueurs du film *Bonnie and Clyde* d'Arthur Penn en 1967.

### QUESTIONS

**1.** Étudiez le choix de la distribution des couleurs dans le tableau de Picabia. Dans quelle mesure s'harmonisent-elles avec le sujet choisi ?

**2.** Étudiez la composition du tableau *Arlequin et Colombine* de Watteau : quelle place le couple occupe-t-il exactement dans l'espace de la toile ?

# Exercices d'approfondissement

## Revoir

### 1 Le poète et sa Dame

**1.** **En quoi *l'alouette* permet-elle d'introduire le thème de l'amour ? À partir de quel vers la contemplation de l'oiseau devient-elle l'expression d'un lyrisme personnel ?**
**2.** **Quelle est la forme de phrase employée dans les vers 11 et 12 ? Pourquoi le poète l'emploie-t-il selon vous ?**
→ p. 375 : LA SYNTAXE ET LA VALEUR DES TEMPS
**3.** **Quel est le rôle de la Dame dans cette relation amoureuse ? Justifiez par une analyse précise du lexique.**
**4.** **Quel est le sentiment dominant du poète ? Justifiez.**

*Troubadour du XIIe siècle, Bernard de Ventadour chante l'amour courtois qui le lie à sa Dame. Voici les deux premières strophes de l'une de ses* Chansons.

Quand je vois l'alouette mouvoir[1]
De joie ses ailes dans un rai[2],
Tout oublier et se laisser choir[3]
Pour[4] la douceur qui l'envahit,
Hélas ! comme j'envie tous ceux
Qui peuvent y trouver plaisir...
Je m'émerveille[5] que mon cœur
Ne se fonde en moi de désir.

Las[6] ! Combien je croyais savoir
D'amour, et combien peu j'en sais,
Moi qui ne puis ne pas aimer
Celle dont je n'aurai profit[7].
Elle m'a pris le cœur et m'a pris
Avec elle-même et le monde,
Et dans ce rapt[8], ne m'a laissé
Que désir et cœur assoiffé.

Bernard de Ventadour, *Chansons*, chanson XVII (extrait, XIIe siècle), traduction de la langue d'oc.

**1.** Bouger. **2.** Un rayon de soleil. **3.** Tomber. **4.** À cause de. **5.** Je suis stupéfait. **6.** Hélas ! **7.** Dont je ne pourrai pas profiter. **8.** Cet enlèvement.

### 2 L'éloge amoureux

**1.** **Quels sont les mots accentués dans le premier vers ? Quel en est l'effet ?**
→ p. 401 : VERSIFICATION ET FORMES FIXES
**2.** **Relevez et commentez le champ lexical de la vision dans le premier tercet.**
**3.** **Quelles sont les qualités de Caliste d'après ce poème ?**
**4.** **Dans le dernier tercet, nommez le type de phrase utilisé. À qui le poète s'adresse-t-il ? Expliquez ces choix.**
→ p. 401 : VERSIFICATION ET FORMES FIXES

*Dans plusieurs poèmes, dont le sonnet qui suit, le poète Malherbe célèbre la vicomtesse d'Auchy, qu'il nomme « Caliste », c'est-à-dire « extrêmement belle ».*

Il n'est rien de si beau comme Caliste est belle :
C'est une œuvre où Nature a fait tous ses efforts :
Et notre âge est ingrat[1] qui voit tant de trésors,
S'il n'élève à sa gloire une marque éternelle.

La clarté de son teint n'est pas chose mortelle :
Le baume[2] est dans sa bouche, et les roses dehors :
Sa parole et sa voix ressuscitent les morts,
Et l'art n'égale point sa douceur naturelle.

La blancheur de sa gorge éblouit les regards :
Amour est en ses yeux, il y trempe ses dards[3],
Et la fait reconnaître un miracle visible.

En ce nombre infini de grâces, et d'appas,
Qu'en dis-tu ma raison ? crois-tu qu'il soit possible
D'avoir du jugement, et ne l'adorer pas ?

François de Malherbe, *Poèmes* (1630, publication posthume).

**1.** Notre époque est difficile. **2.** Pommade agréable, capable de soigner une blessure. **3.** Flèches empoisonnées.

## Approfondir

### 3 Amour et vie

**1.** **Repérez une anaphore. Quel est son intérêt ?**
→ p. 384 : LES FIGURES DE RHÉTORIQUE
**2.** **Étudiez la référence au *sel* : quelles sont les connotations de ce terme, et quelles significations pouvez-vous lui donner dans le poème ?**
→ p. 381 : DÉNOTATION ET CONNOTATION
**3.** **À quoi les différentes énumérations servent-elles ?**
**4.** **En comptant les syllabes, étudiez le rythme des vers 1 et 7. Quel effet cela produit-il ?**

*Léopold Sédar Senghor a écrit plusieurs recueils de poèmes dans lesquels il chante l'Afrique. Certains de ses textes, comme les* Lettres d'hivernage, *sont aussi dédiés à sa femme Colette, qui l'attendait au pays tandis qu'il parcourait le monde avant de devenir président du Sénégal en 1960.*

Ta lettre sur le drap, sous la lampe odorante
Bleue comme la chemise neuve que lisse le jeune homme
En chantonnant, comme le ciel et la mer et mon rêve
Ta lettre. Et la mer a son sel, et l'air le lait le pain le riz, je dis son sel

La vie contient sa sève, et la terre son sens
Le sens de Dieu et son mouvement.
Ta lettre sans quoi la vie ne serait pas vie
Tes lèvres mon sel mon soleil, mon air frais et ma neige.

Léopold Sédar Senghor, *Lettres d'hivernage* (1973), © Seuil.

## 4 L'amour et le temps

**1.** **Relevez les pronoms personnels et les déterminants possessifs. Expliquez les changements qui interviennent au cours du poème.**
**2.** **Relevez les repères spatio-temporels. En quoi renforcent-ils l'aspect théâtral de ce texte ?**
**3.** **Sur quelle opposition les strophes 3 et 4 sont-elles construites ? Que veut faire comprendre le poète à sa destinataire ?**
**4.** **Justifiez le titre de ce poème en prenant en compte la polysémie du nom *temps*.**
→ p. 381 : DÉNOTATION ET CONNOTATION

*D'abord romantique aux côtés de Victor Hugo, Alfred de Musset se détache petit à petit de ce mouvement pour créer une poésie plus personnelle, marquée par son amour pour George Sand ou pour Aimée d'Alton.*

### Par un mauvais temps

Elle a mis, depuis que je l'aime
(Bien longtemps, peut-être toujours)
Bien des robes, jamais la même ;
Palmire[1] a dû compter les jours.

Mais quand vous êtes revenue,
Votre bras léger sur le mien,
Il faisait, dans cette avenue,
Un froid de loup, un temps de chien.

Vous m'aimiez un peu, mon bel ange,
Et, tandis que vous bavardiez,
Dans cette pluie et cette fange[2]
Se mouillaient vos chers petits pieds.

Songeait-elle, ta jambe fine,
Quand tu parlais de nos amours,
Qu'elle allait porter sous l'hermine[3]
Le satin, l'or et le velours ?

Si jamais mon cœur désavoue
Ce qu'il sentit en ce moment,
Puisse à mon front sauter la boue
Où tu marchais si bravement !

Avril 1847.

Alfred de Musset, *Poésies nouvelles* (1850).

**1.** Couturière parisienne renommée. **2.** Boue. **3.** Petit mammifère dont la fourrure, d'un blanc immaculé en hiver, est très convoitée.

# Écrire

## 5 Poésie lyrique et argumentation

**1.** **Quelle opposition le premier quatrain met-il en place ?**
**2.** **Dans quelle strophe le poète se met-il en scène ? Pourquoi n'apparaît-il pas plus tôt ? Expliquez.**
**3. a.** **Quelle est l'utilité de la dernière strophe au regard du reste du poème ?**
**b.** **Quelle figure de rhétorique le poète utilise-t-il dans le dernier vers ? Commentez-la.**
→ p. 384 : LES FIGURES DE RHÉTORIQUE
**4.** **Sur quel argument ce poème repose-t-il ?**
→ p. 418 : LE CIRCUIT ARGUMENTATIF
**5.** **Dans quel but le poète se nomme-t-il ?**
**6.** **Entraînement au commentaire.** **Rédigez une partie de commentaire littéraire dans laquelle vous étudierez l'argumentation construite par Ronsard pour faire réagir son interlocutrice.**
→ p. 418 : LE CIRCUIT ARGUMENTATIF
→ p. 498 : RÉDIGER UN COMMENTAIRE LITTÉRAIRE

*Dans le second livre des* « Sonnets pour Hélène », *Pierre de Ronsard, âgé alors de cinquante-quatre ans, s'adresse à Hélène de Surgères, une jeune suivante de la reine Catherine de Médicis.*

Quand vous serez bien vieille, au soir à la chandelle,
Assise auprès du feu, dévidant et filant[1],
Direz chantant mes vers, en vous émerveillant :
« Ronsard me célébrait du temps que j'étais belle. »

Lors[2] vous n'aurez servante oyant[3] telle nouvelle,
Déjà sous le labeur[4] à demi sommeillant,
Qui au bruit de mon nom ne s'aille réveillant,
Bénissant votre nom de louange immortelle.

Je serai sous la terre, et fantôme sans os
Par les ombres myrteux[5] je prendrai mon repos ;
Vous serez au foyer une vieille accroupie,

Regrettant mon amour et votre fier dédain[6].
Vivez, si m'en croyez, n'attendez à demain :
Cueillez dès aujourd'hui[7] les roses de la vie.

Pierre de Ronsard, *Les Amours*, « Sonnets pour Hélène », livre II, sonnet 43 (1578), orthographe modernisée, texte établi par A.-M. Schmidt, © Gallimard (1964).

**1.** Travaillant la laine à l'aide d'un fuseau et d'un rouet pour en faire du fil.
**2.** À ce moment-là.
**3.** Entendant.
**4.** Travail.
**5.** Le bois des Myrtes est le séjour des amants dans les Enfers de l'Antiquité.
**6.** Mépris.
**7.** Référence à Horace, poète latin dont le *carpe diem* signifie « cueille le jour ».

SÉQUENCE

# 3 La mission du poète

**OBJECTIF**

**Étudier les fonctions du poète et de la poésie dans l'histoire et la société.**

Le poète est par définition un créateur ; il donne non seulement une image personnelle du monde, de la société dans laquelle il vit, mais il s'attribue aussi une mission artistique, sociale, voire politique dont ses textes témoignent.

DVD-ROM Ressources complémentaires

## SOMMAIRE


Texte 1 — V. Hugo, *Les Rayons et les Ombres* (1840) ........ 66

D'UN Texte À L'AUTRE — C. Marot, *L'Adolescence clémentine* (1532) ........ 68

Analyse d'Image — R. Magritte, *La Tentative de l'impossible* (1928) ........ 70

Texte 2 — F. Ponge, *Le Parti pris des choses* (1942) ........ 71

D'UN Texte À L'AUTRE — G. Apollinaire, *Calligrammes* (1918) ........ 73

ÉTUDE D'ŒUVRE INTÉGRALE — F. Ponge, *Le Parti pris des choses* (1942) ........ 75

Texte 3 — R. Char, *Seuls demeurent* (1938-1944) ........ 76

D'UN Texte À L'AUTRE — A. Rimbaud, Lettre à Paul Demeny (1871) ........ 78

- **SYNTHÈSE** Fonctions du poète et de la poésie ........ 79
- **Histoire des arts** Le mythe d'Orphée à travers les arts ........ 80
- **Exercices d'approfondissement** ........ 82


| Notions et activités | Liens avec la partie II |
|---|---|
| La comparaison, la métaphore, l'anaphore | → p. 384 : LES FIGURES DE RHÉTORIQUE |
| Les modalisateurs | → p. 371 : COMMUNICATION, ÉNONCIATION ET MODALISATION |

| | Liens avec la partie III |
|---|---|
| Rédiger un dialogue argumenté | → p. 544 : INVENTER ET ARGUMENTER |
| Construire un plan ; rédiger une introduction de commentaire ou l'ensemble d'un commentaire | → p. 498 : RÉDIGER UN COMMENTAIRE LITTÉRAIRE |
| Analyser un sujet de dissertation et élaborer un plan détaillé | → p. 526 : CONSTRUIRE UN PLAN DÉTAILLÉ DE DISSERTATION |

Victor HUGO (1802-1885), *Ma destinée* (1857), plume et lavis d'encre brune, gouache, sur papier vélin, 17 x 26 cm (Paris, musée Victor-Hugo).

# Texte 1

Biographie p. 564

## Victor HUGO

## *Les Rayons et les Ombres* (1840)

*En 1840, quand il publie le recueil* Les Rayons et les Ombres, *le dramaturge et poète Victor Hugo est déjà le chef de file du romantisme : il veut donner un nouveau souffle à l'écriture poétique, d'une part en élargissant les domaines sur lesquels il écrit, et d'autre part en renouvelant le travail sur le vers. Dans « Fonction du poète », le long poème qui ouvre le recueil, il engage une démarche didactique en tentant de définir la place du poète dans le monde.*

### Fonction du poète

Pourquoi t'exiler, ô poète,
Dans la foule où nous te voyons ?
Que sont pour ton âme inquiète
Les partis[1], chaos[2] sans rayons ?
Dans leur atmosphère souillée
Meurt ta poésie effeuillée[3] ;
Leur souffle égare ton encens.
Ton cœur, dans leurs luttes serviles[4],
Est comme ces gazons des villes
Rongés par les pieds des passants.

1. Camps que choisissent politiquement des partisans.
2. Confusion.
3. Dispersée feuille à feuille.
4. D'esclaves.

Dans les brumeuses capitales
N'entends-tu pas avec effroi,
Comme deux puissances fatales,
Se heurter le peuple et le roi ?
De ces haines que tout réveille
À quoi bon emplir ton oreille,
Ô poète, ô maître, ô semeur !
Tout entier au Dieu que tu nommes,
Ne te mêle pas à ces hommes
Qui vivent dans une rumeur !

Va résonner, âme épurée[5],
Dans le pacifique concert !
Va t'épanouir, fleur sacrée,
Sous les larges cieux du désert !
Ô rêveur, cherche les retraites,
Les abris, les grottes discrètes,
Et l'oubli pour trouver l'amour,
Et le silence, afin d'entendre
La voix d'en haut, sévère et tendre,
Et l'ombre, afin de voir le jour !

Va dans les bois ! va sur les plages !
Compose tes chants inspirés
Avec la chanson des feuillages
Et l'hymne[6] des flots azurés !
Dieu t'attend dans les solitudes ;
Dieu n'est pas dans les multitudes ;
L'homme est petit, ingrat et vain.
Dans les champs tout vibre et soupire.
La nature est la grande lyre,
Le poète est l'archet divin !

Sors de nos tempêtes, ô sage !
Que pour toi l'empire en travail[7],
Qui fait son périlleux passage
Sans boussole et sans gouvernail,
Soit comme un vaisseau qu'en décembre
Le pêcheur, du fond de sa chambre
Où pendent ses filets séchés,
Entend la nuit passer dans l'ombre
Avec un bruit sinistre et sombre
De mâts frissonnants et penchés !

Vers 1-50.

5. Débarrassée des impuretés du monde.

6. Chant de célébration.

7. L'empire en souffrance (sens étymologique du mot *travail* : torture).

LECTURE ANALYTIQUE

### Première lecture

**1.** Résumez chaque strophe en quelques mots.
**2.** Quelle place le poète occupe-t-il dans le monde ? Comment interprétez-vous l'appel des vers 1 et 2 ?

### Mise au point

**3.** Qu'est-ce qu'une *lyre* (v. 39) ? Définissez le terme poétique formé à partir de ce mot.

### Analyse

**4.** Relevez et expliquez les apostrophes. À qui s'adressent-elles ?
→ p. 371 : COMMUNICATION, ÉNONCIATION ET MODALISATION
**5.** Quelles métaphores désignent le poète ? Quel statut lui donnent-elles ?
→ p. 384 : LES FIGURES DE RHÉTORIQUE
**6.** À quelles réalités le poète se heurte-t-il dans les deux premières strophes ? Par quels champs lexicaux sont-elles désignées ?
**7. a.** Dans les trois dernières strophes, dans quel monde le poète se retrouve-t-il ? Quels mots à la rime permettent de l'opposer à ce qui précède ?
**b.** Quels types de phrase dominent ? dans quel but ?
→ p. 401 : VERSIFICATION ET FORMES FIXES
**8.** Relevez les références à Dieu. Quelle relation unit le poète à Dieu ? Expliquez.

### Question de synthèse

**9.** Quel rôle essentiel Victor Hugo attribue-t-il au poète ?

### Pour aller plus loin

**10. Recherche.** Lisez le poème complet et relevez les autres fonctions du poète mises en évidence.
**11. Écriture d'invention.** Imaginez un dialogue qui oppose un partisan de Victor Hugo → SYNTHÈSE à une personne qui pense que le poète n'a pas de mission particulière. Trouvez au moins trois arguments pour chaque point de vue.
→ p. 544 : INVENTER ET ARGUMENTER

D'UN *Texte* À L'AUTRE 1

## Clément Marot

Biographie p. 565

## *L'Adolescence clémentine* (1532)

Calligramme en langue latine représentant une rose, extrait de *Poesis ludens* de Stefano Lepsenyi (1551).

*Clément Marot est le fils de Jean Marot, l'un des poètes du groupe des Grands Rhétoriqueurs, écrivains de cour qui, à la fin du* XV*e* *siècle, ont renouvelé la poésie par leurs jeux de mots subtils. Clément Marot poursuit cette tradition dans le recueil* L'Adolescence clémentine *dont le titre évoque le prénom du poète. Y figurent des lettres destinées au roi François Ier, comme la « Petite épître au Roi » écrite vers 1518-1519 dans laquelle le poète tente de se faire accepter à la cour. L'épître est entièrement construite sur des rimes équivoquées, c'est-à-dire fondées sur des jeux de mots.*

### Petite épître au Roi

En m'ébattant[1] je fais rondeaux en rime,
Et en rimant bien souvent je m'enrime[2] ;
Bref, c'est pitié d'entre nous rimailleurs[3],
Car vous trouvez assez de rime ailleurs,
Et quand vous plaît, mieux que moi rimassez[4],
Des biens avez et de la rime assez.
Mais moi, à tout ma rime et ma rimaille,
Je ne soutiens (dont je suis marri[5]) maille[6].
Or, ce me dit (un jour) quelque rimart[3] :
« Viens çà, Marot, trouves-tu en rime art
Qui serve aux gens, toi qui as rimassé ?
– Oui vraiment (réponds-je) Henri Macé[7].
Car vois-tu bien, la personne rimante,
Qui au jardin de son sens la rime ente[8],
Si elle n'a des biens en rimoyant,
Elle prendra plaisir en rime oyant[9] ;
Et m'est avis[10] que, si je ne rimois,
Mon pauvre corps ne serait nourri mois[11],
Ni demi-jour. Car la moindre rimette,
C'est le plaisir où faut que mon ris mette[12] ».
Si[13] vous supplie qu'à ce jeune rimeur[3]
Fassiez avoir un jour par sa rime heur[14],
Afin qu'on dise, en prose ou en rimant :
« Ce rimailleur, qui s'allait enrimant,
Tant rimassa, rima et rimonna[15],
Qu'il a connu quel bien par rime on a. »

Orthographe odernisée.

1. En gesticulant.
2. Jeux de mots : je m'enrhume.
3. Poètes sans talent.
4. Il s'adresse à François Ier qui écrivait des vers.
5. Fâché.
6. Je ne gagne rien.
7. Jeu de mots probable à partir du nom du moine René Macé, historien de France.
8. Greffe (*ente*), donc relie la rime à son sens.
9. Participe présent du verbe *ouïr* (« entendre »).
10. Je pense que.
11. Pendant un mois.
12. C'est le plaisir où je dois mettre mon sourire.
13. Ainsi.
14. Bonheur.
15. Néologisme créé sur le verbe *rimer*.

**QUESTIONS**

1. Sur quel jeu de mots le poème est-il fondé ? Quel est son intérêt ?
2. Quels verbes se rapportent au travail du poète (v. 1-2) ? À quelle vision de l'écriture poétique se rattachent-ils ?
3. Repérez les vers où Marot s'adresse directement à François Ier. Quelle activité du roi met-il en avant ?
4. Expliquez la situation de communication présente à partir de l'emploi des guillemets (v. 10). Quelles idées Marot peut-il ainsi exprimer ?
5. À travers quelles expressions Marot se décrit-il ? Quelle image donne-t-il de son travail de poète ?
6. Identifiez les deux vers où Marot exprime explicitement sa requête. Sur quel ton la formule-t-il ?
7. Quels temps verbaux sont employés dans les trois derniers vers entre guillemets ? À quel type de formule le poète renvoie-t-il ironiquement ?

→ p. 375 : LA SYNTAXE ET LA VALEUR DES TEMPS

**Vis-à-vis : Hugo et Marot**

8. *Compose tes chants inspirés*
*Avec la chanson des feuillages*
Cette injonction de Victor Hugo est-elle en accord avec le poème de Marot ? De quelles exigences ce dernier doit-il tenir compte ?
9. Quel poème donne de l'écriture poétique l'image la plus valorisante ? Expliquez.

Analyse *d'image*

# René MAGRITTE (1898-1967)
# *La Tentative de l'impossible* (1928)

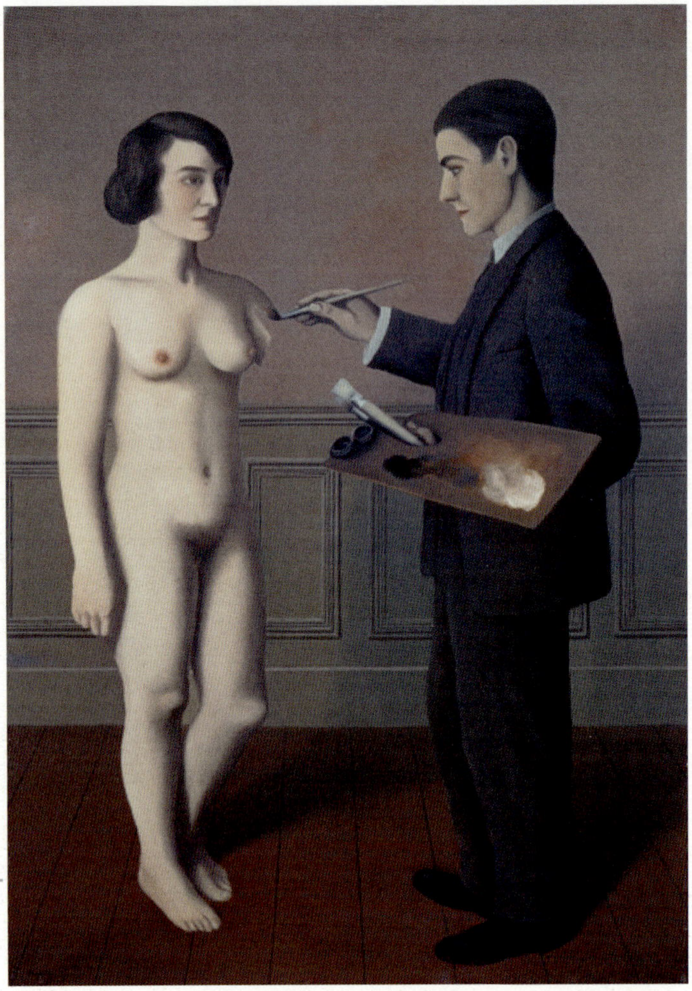

Huile sur toile, 116 x 81 cm (Paris-Bruxelles, galerie Isy Brachot).

*René Magritte est le représentant le plus connu du surréalisme belge. Peintre prolifique, influencé par l'artiste italien De Chirico, il s'installe en France en 1927. Il côtoie André Breton et les surréalistes. Durant cette période (1927-1930), il met en place et développe jusqu'à l'obsession les thèmes du rêve, de la folie, de la féminité… et des mises en scène picturales qu'il continuera à copier et à modifier une fois rentré à Bruxelles.*

**QUESTIONS**

### Première approche

1. Comment le peintre se représente-t-il ? Caractérisez l'expression de son visage.
2. Commentez l'attitude et le regard du personnage féminin. Sur quoi le peintre met-il l'accent ?

### Analyse

3. Selon quel contraste de couleurs les deux personnages sont-ils représentés ? Dans quelle mesure le décor reprend-il cette opposition ?
4. Quels sont l'angle de vue et le cadrage choisis pour ce tableau ? Dans quelle position l'observateur est-il placé vis-à-vis de ce qui est représenté ?
5. a. Quelles lignes de fuite structurent le tableau ? Vers quelle partie de la composition convergent-elles ?
   b. Quelles sont les principales lignes de force ? En quoi participent-elles à l'harmonie de l'ensemble ?
   → p. 461 : L'IMAGE FIXE
6. Quels sont les éléments qui relèvent du réalisme ? Lesquels s'en éloignent complètement ?

### Question de synthèse

7. À quelle façon de considérer l'art de peindre ce tableau nous invite-t-il ? Aidez-vous du titre.

Texte 2

Biographie p. 567

# Francis Ponge
## *Le Parti pris des choses* (1942)

*Francis Ponge est un poète qui refuse les thèmes de la poésie traditionnelle. Dans* Le Parti pris des choses, *son premier recueil, il consacre ses poèmes en prose à l'évocation d'objets, d'animaux et de personnes généralement considérés comme non poétiques. Il décrit ainsi la bougie, l'huître, le morceau de viande… mêlant caractérisation objective et considérations affectives.*

### Le cageot

À mi-chemin de la cage au cachot la langue française a cageot, simple caissette à claire-voie[1] vouée au transport de ces fruits qui de la moindre suffocation font à coup sûr une maladie.

Agencé de façon qu'au terme de son usage il puisse être brisé sans effort, il ne sert pas deux fois. Ainsi dure-t-il moins encore que les denrées fondantes ou nuageuses qu'il enferme.

À tous les coins de rues qui aboutissent aux halles[2], il luit alors de l'éclat sans vanité[3] du bois blanc. Tout neuf encore, et légèrement ahuri d'être dans une pose maladroite à la voirie jeté sans retour, cet objet est en somme des plus sympathiques, – sur le sort duquel il convient toutefois de ne s'appesantir longuement.

Robert Doisneau (1912-1994), chargement de cagettes, Paris.

1. Ajourée.
2. Au marché couvert.
3. Sans prétention.

### Le morceau de viande

Chaque morceau de viande est une sorte d'usine, moulins et pressoirs à sang.
Tubulures[1], hauts fourneaux[2], cuves y voisinent avec les marteaux-pilons[3], les coussins de graisse.
La vapeur y jaillit, bouillante. Des feux sombres ou clairs rougeoient.
Des ruisseaux à ciel ouvert charrient[4] des scories[5] avec le fiel[6].
Et tout cela refroidit lentement à la nuit, à la mort.
Aussitôt, sinon la rouille, du moins d'autres réactions chimiques se produisent, qui dégagent des odeurs pestilentielles[7].



1. Tuyauteries.
2. Installations industrielles destinées à la fusion du minerai de fer.
3. Marteaux géants utilisés dans les forges.
4. Transportent.
5. Débris de métal.
6. La poche de bile (que l'on enlève au moment de vider les animaux de boucherie).
7. Très fortes, désagréables.

## LECTURE ANALYTIQUE

### Première lecture

**1.** Recherchez la définition du mot *cageot* dans un dictionnaire. Quelles informations se retrouvent dans le poème ? Lesquelles s'en éloignent ?

**2.** Quels éléments du deuxième poème appartiennent au champ lexical de la viande ? Lesquels s'en distinguent ? Expliquez.

### Mise au point

**3.** Quel est le temps verbal utilisé dans les deux poèmes ? Quelle est sa valeur ?
→ p. 375 : LA SYNTAXE ET LA VALEUR DES TEMPS

### Analyse

**4. a.** Sur quels jeux de sonorités Ponge ouvre-t-il le premier poème ? Quel est l'intérêt de ce travail ?
**b.** Trouve-t-on l'équivalent dans le deuxième texte ?
→ p. 401 : VERSIFICATION ET FORMES FIXES

**5. a.** Dans la poésie lyrique, à quel thème les images *transport*, *suffocation* et *maladie* se rattachent-elles ? En quoi sont-elles inattendues dans « Le cageot » ?
**b.** Dans l'autre poème, quelle précision produit le même étonnement ?

**6. a.** Commentez l'emploi du mot *sort* (l. 24). Comment modifie-t-il l'image du cageot ?
**b.** Dans le deuxième poème, quel terme relève du même registre ? Expliquez.

**7. a.** Dans quelle mesure le tiret de la fin du premier poème est-il une rupture ?
**b.** Dans « Le morceau de viande », quel adverbe joue un rôle comparable ? Expliquez.

### Question de synthèse

**8.** Comment ces deux poèmes montrent-ils qu'un simple objet du quotidien peut devenir poétique ?

### Pour aller plus loin

**9. Recherche.** Qu'est-ce qu'un poème en prose ? Prenez les textes de Francis Ponge comme exemple.

**10. Commentaire.** Construisez le plan détaillé du commentaire de l'un de ces poèmes en prose et rédigez-en l'introduction complète. Vous pourrez traiter de l'opposition entre la banalité de l'objet et les images qui le valorisent.
→ p. 498 : RÉDIGER UN COMMENTAIRE LITTÉRAIRE

Giorgio MORANDI (1890-1964), *Nature morte* (1936),
huile sur toile (Mamiano di Traversetolo, fondation Magnani Rocca).

D'UN *Texte* À L'AUTRE 2

Biographie p. 560

# Guillaume APOLLINAIRE
## *Calligrammes* (1918)

*Guillaume Apollinaire est l'un des poètes les plus novateurs du début du* XX*e* *siècle. Il crée le mot* surréalisme *avant que ce mouvement n'existe, rompt avec la ponctuation dans son recueil* Alcools *(1913) et utilise la forme du calligramme, poème dont les mots sont disposés de façon à représenter l'objet évoqué par le texte. Il écrit ses poèmes sur le front, pendant la Première Guerre mondiale.*

## *La cravate et la montre*

LA CRAVATE
DOU
LOU
REUSE
QUE TU
PORTES
ET QUI T'
ORNE Ô CI
VILISÉ
ÔTE- TU VEUX
LA BIEN
SI RESPI
RER

COMME L'ON
S'AMUSE
BI
EN

les
heures
la
et le
vers
dantesque
luisant et
cadavérique
beau
Mon
cœur
té
de
la
le bel
inconnu
les
yeux vie
Il
est
—
5
en
fin
Et
tout
se
ra
fi
ni
pas
se
les Muses
aux portes de
ton corps
l'enfant la
dou
l'infini
redressé
par un fou
de philosophe
leur
Agla
de
mou
rir
semaine
la main
Tircis

« La cravate et la montre », in *Calligrammes* (1918),
© Gallimard.

**Tircis :** berger poète dans une œuvre de Virgile (70-19 avant J.-C.).

**Agla :** abréviation d'Aglaé, l'une des trois Grâces, déesses de la beauté.

**Muses :** déesses, filles de Zeus, qui commandent les différents arts.

**Vers dantesque :** vers de Dante, poète italien (1265-1321) ; vers infernal (*L'Enfer* étant l'œuvre essentielle de Dante).

### QUESTIONS

**1.** Après avoir observé et lu attentivement le poème, proposez-en une transcription personnelle en strophes. Quels choix avez-vous dû adopter ?

**2.** Quelles sont les connotations traditionnellement associées à la cravate et à la montre ? Que symbolisent-elles ici ?

→ p. 381 : DÉNOTATION ET CONNOTATION

**3. a.** À qui le poète s'adresse-t-il dans « La cravate » ? Relevez l'apostrophe.
**b.** À quoi le poète invite-t-il concrètement et symboliquement le destinataire ?

→ p. 371 : COMMUNICATION, ÉNONCIATION ET MODALISATION

**4.** Quel ton les références mythologiques donnent-elles au poème ?

### Vis-à-vis : Ponge et Apollinaire

**5.** Dans quelle mesure l'objet prend-il vie dans ces poèmes ?

**6.** Dans quel texte le simple objet du quotidien devient-il vraiment une présence poétique ?

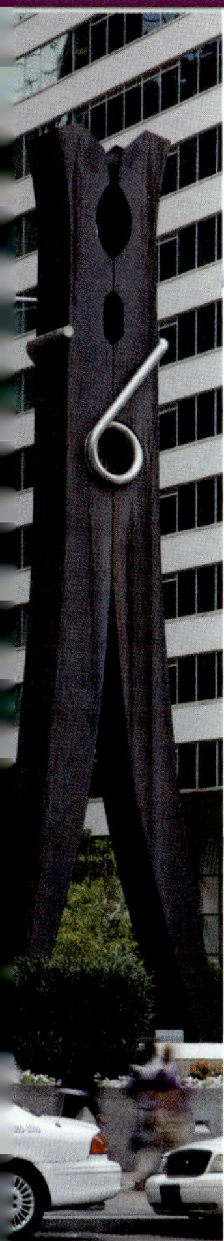

# Francis Ponge, *Le Parti pris des choses* (1942)

**OBJECTIF**

**Étudier un recueil de poèmes en prose qui reconstruisent poétiquement la banalité apparente du monde.**

## Le contexte

Après les tueries de la Première Guerre mondiale, les artistes sont à la recherche d'autres façons de rendre compte de la réalité. Les surréalistes, dont Francis Ponge se sent proche, en appellent à une poésie dictée par l'inconscient et renouvelant ses images.

## L'auteur

Francis Ponge (1899-1988) devient membre du parti communiste en 1937, puis entre dans un réseau de résistance en 1941. Journaliste au *Progrès de Lyon* jusqu'à l'invasion de la zone libre en novembre, il sert d'agent de liaison pour la Résistance.

## L'œuvre

*Le Parti pris des choses* est le premier recueil de l'auteur. Il regroupe trente-deux poèmes écrits entre 1924 et 1939. Les textes en prose, généralement courts, évoquent des objets quotidiens, des phénomènes naturels… Le poète les décrit de façon objective, en utilisant des procédés poétiques qui jouent sur la dénomination de l'objet et sur le rappel de sa matérialité (forme, volume).

## Pistes d'analyse

**1. Le titre du recueil.** Quel est le sens de l'expression *parti pris* ? Le nom *choses* a-t-il une signification précise ? Quel est donc l'objectif de Ponge ? Expliquez à l'aide de trois exemples du recueil.

**2. Les éléments naturels.** Énumérez ceux qui sont présents dans les titres de poèmes. Quelle représentation du monde offrent-ils ? Expliquez.

**3. L'écriture poétique.** Relevez et commentez les procédés (images, sonorités…) employés par l'auteur dans les poèmes évoquant des objets du quotidien. Quels effets produisent-ils ?

→ p. 384 : LES FIGURES DE RHÉTORIQUE
→ p. 401 : VERSIFICATION ET FORMES FIXES

## Activités complémentaires

**1. Entraînement au commentaire.** Rédigez le commentaire complet du poème « Le pain ». Suivez ces trois axes d'étude :

A. Une description de l'objet
B. L'évocation d'un monde en réduction
C. Un poème de la transformation poétique

→ p. 498 : RÉDIGER UN COMMENTAIRE LITTÉRAIRE

**2. Recherche.** Préparez un exposé sur le poème en prose : sa définition, l'époque où il est né, les auteurs qui l'ont pratiqué…

→ p. 478 : FAIRE DES RECHERCHES ET LIRE EFFICACEMENT

**3. Rédaction argumentée.** Choisissez un tableau ou une photographie pour illustrer ce recueil particulier. Justifiez votre choix.

→ p. 513 : ENCHAÎNER DES PARAGRAPHES DE COMMENTAIRE

## Propositions de lectures

**Textes contemporains de l'auteur**

- Louis Aragon, *Le Crève-Cœur* (1941) : un recueil de poésies d'un autre poète longtemps associé au surréalisme.
- Paul Valéry, *Tel quel* (1941) : un essai sur la littérature et ses fonctions.

**Pour élargir**

- Charles Baudelaire, *Le Spleen de Paris* (1869) : l'un des premiers recueils de poésie en prose sur le thème moderne de la ville.
- André Breton, *Manifeste du surréalisme* (1924) : un ouvrage qui définit la révolution surréaliste et de nouveaux principes de création poétique.

Nicolas de Staël (1914-1955), *Ciel à Honfleur* (1952), huile sur toile, 89 x 130 cm (Parme, collection d'art moderne Barilla).

## Texte 3 René Char

Biographie p. 561

## *Seuls demeurent* (1938-1944)

*Proche des surréalistes à la fin des années 1930, René Char entre dans la Résistance pendant la Seconde Guerre mondiale. Il écrit son journal de guerre sous la forme d'un recueil de poèmes en prose,* Les Feuillets d'Hypnos. *Après la guerre, il publie d'autres poèmes liés au conflit. L'ouvrage* Fureur et mystère *réunit tous ces textes, dont l'ensemble « Partage formel ».*

III

Le poète transforme indifféremment la défaite en victoire, la victoire en défaite, empereur prénatal[1] seulement soucieux du recueil de l'azur.

V

Magicien de l'insécurité[2], le poète n'a que des satisfactions adoptives. Cendre toujours inachevée.

VII

Le poète doit tenir la balance égale[3] entre le monde physique de la veille et l'aisance redoutable du sommeil, les lignes de la connaissance dans lesquelles il couche le corps subtil du poème, allant indistinctement de l'un à l'autre de ces états différents de la vie.

XXXIX

Au seuil de la pesanteur, le poète comme l'araignée construit sa route dans le ciel. En partie caché à lui-même, il apparaît aux autres, dans les rayons de sa ruse inouïe, mortellement visible.

XLVIII

Le poète recommande : « Penchez-vous, penchez-vous davantage. » Il ne sort pas toujours indemne[4] de sa page, mais comme le pauvre il sait tirer parti de l'éternité d'une olive.

Section « Partage formel », *in Fureur et mystère* (extraits), © Gallimard.

1. Maître de ce qui n'est pas encore arrivé.
2. Capable de maîtriser ou de transformer sereinement le manque de sécurité.
3. Veiller à l'équilibre.
4. Sans dommage.

**LECTURE ANALYTIQUE**

### Première lecture

1. Observez la forme de ces poèmes. L'associez-vous facilement à l'écriture poétique ? Justifiez.

### Mise au point

2. Quel déterminant Char utilise-t-il pour accompagner le nom *poète* ? pour quelle raison ?

### Analyse

3. **a.** Relevez les groupes verbaux dont le poète est le sujet. Quels pouvoirs lui attribuent-ils ?
   **b.** Relevez les métaphores et les comparaisons qui définissent le poète. Confirment-elles ses pouvoirs ?
   → p. 384 : LES FIGURES DE RHÉTORIQUE
4. Relevez et commentez les expressions qui évoquent le travail d'écriture poétique.
5. **a.** Sur quelle figure de rhétorique le premier poème est-il construit ? Quel est son intérêt ?
   **b.** Rapprochez-le du troisième poème. Dans quelle mesure ce texte éclaire-t-il le premier ?
   → p. 384 : LES FIGURES DE RHÉTORIQUE
6. Quelle antithèse l'avant-dernier poème comporte-t-il ? Qu'a-t-elle d'héroïque ?
   → p. 384 : LES FIGURES DE RHÉTORIQUE

### Question de synthèse

7. Chez Victor Hugo → TEXTE 1, le poète est l'intermédiaire entre Dieu et les hommes. Où se situe-t-il d'après René Char ?

### Pour aller plus loin

8. **Recherche**
   **a.** Les courts poèmes de Char relèvent de la tradition de l'art poétique. Que désigne cette expression ?
   **b.** Trouvez cinq arts poétiques de l'Antiquité à nos jours. Quelle conception présentent-ils de l'écriture poétique ?
9. **Dissertation.** *Le poète recommande : « Penchez-vous, penchez-vous davantage. » Il ne sort pas toujours indemne de sa page, mais comme le pauvre il sait tirer parti de l'éternité d'une olive.* Expliquez cette citation en vous demandant sur quoi le poète et son lecteur doivent avant tout se pencher : sur eux-mêmes, sur l'écriture ou sur les objets du monde ?
   Analysez ce sujet et dégagez-en la problématique puis construisez un plan détaillé qui prendra appui sur les textes de la séquence.
   → p. 520 : DÉGAGER LA PROBLÉMATIQUE D'UN SUJET

D'UN *Texte* À L'AUTRE 3

Biographie p. 567

# Arthur Rimbaud
## Lettre à Paul Demeny (1871)

*Arthur Rimbaud révolutionne en quelques années la versification et les thèmes de la poésie française en utilisant le vers libre, le poème en prose et un lexique exigeant. À seize ans, en 1870, il rencontre le poète et éditeur Paul Demeny à Douai lors d'une fugue, lui confie ses manuscrits en espérant être publié et lui écrit plusieurs lettres où il expose sa façon de concevoir la poésie.*

Frantisek Kupka (1871-1957), *Les Touches du piano. Le Lac* (1909), huile sur toile, 79 x 72 cm (Prague, Galerie nationale).

Je dis qu'il faut être *voyant*, se faire *voyant*.

Le Poète se fait *voyant* par un long, immense et raisonné *dérèglement* de *tous les sens*. Toutes les formes d'amour, de souffrance, de folie ; il cherche lui-même, il épuise en lui tous les poisons, pour n'en garder que les quintessences[1]. Ineffable[2] torture où il a besoin de toute la foi, de toute la force surhumaine, où il devient entre tous le grand malade, le grand criminel, le grand maudit, – et le suprême Savant ! – Car il arrive à l'*inconnu* ! Puisqu'il a cultivé son âme, déjà riche, plus qu'aucun ! Il arrive à l'inconnu, et quand, affolé, il finirait par perdre l'intelligence de ses visions, il les a vues ! Qu'il crève dans son bondissement par les choses inouïes et innommables : viendront d'autres horribles travailleurs ; ils commenceront par les horizons où l'autre s'est affaissé !

Charleville, le 15 mai 1871 (extrait).

1. Ce qui en fait l'essentiel. 2. Que l'on ne peut pas raconter.

**QUESTIONS**

1. Quel type de phrase domine dans ce passage ? Quel est l'effet produit ?
2. Quelle figure de rhétorique parcourt cet extrait ? Quelle idée illustre-t-elle ? Justifiez par un relevé précis et commenté.
   → p. 384 : LES FIGURES DE RHÉTORIQUE
3. a. Comment Rimbaud conçoit-il l'écriture poétique ? Quelles expressions désignent le poète ?
   b. Relevez les mots écrits en italique. Pourquoi le poète les met-il en valeur selon vous ?
4. Qui sont les personnes désignées par l'expression *horribles travailleurs* (l. 16-17) ? À quelle représentation traditionnelle du poète Rimbaud s'oppose-t-il ainsi ?

**Vis-à-vis : Char et Rimbaud**

5. Quelle est, d'après ces deux auteurs, la place du poète dans la société ?
6. Dans quelle mesure ont-ils une conception exigeante de l'écriture poétique ?

# SYNTHÈSE Fonctions du poète et de la poésie

• Loin de rester enfermé dans la tour d'ivoire de son inspiration, le poète peut s'engager dans les affaires sociales et politiques de son pays.

## 1 Le travail poétique

### Poésie et exigence

En flattant le roi François Ier, également poète, **Marot** se présente comme un travailleur des mots, un *rimeur* laborieux → D'UN TEXTE À L'AUTRE 1 : il est alors au plus près de l'image du **poète artisan** qui parcourt les siècles. Cette façon d'envisager le travail poétique ne disparaît pas à l'époque moderne, mais la préoccupation du travail rimé devient secondaire, au profit de la volonté d'interroger l'univers. Le poète en prose **René Char** invite ainsi l'auteur et le lecteur à *[se] penche[r] davantage* sur les humbles beautés du monde que l'écriture doit célébrer → TEXTE 3. Le poète écrit alors pour montrer le monde.

### Poésie et universalité

• Grâce à ce travail, le poète touche à l'universalité. Il explore les **sentiments humains** en **images expressives**. **Victor Hugo** expose cette idée dans la préface de son recueil *Les Contemplations* qui prend pour sujet la mort de sa fille Léopoldine : *Hélas ! quand je vous parle de moi, je vous parle de vous.* [...] *Ah ! insensé, qui crois que je ne suis pas toi !* L'auteur exprime ici une double fonction de l'écriture poétique : **émouvoir** le lecteur et **créer une relation privilégiée** avec lui. À la fin du XIXe siècle, **Lautréamont** affirme cette mission en devenant le **porte-parole pessimiste** de l'humanité : il clame la *blessure* de son existence, en écho aux souffrances du monde → EXERCICE 2.

## 2 Poésie et engagement

### Poésie engagée et religion

• L'engagement, c'est-à-dire la défense d'une cause, existe même chez les poètes de cour ; **Marot** pouvait ainsi défendre des idées contraires à celles de son roi. Sa sympathie pour les idées de la réforme protestante lui a d'ailleurs valu un séjour en prison et l'exil.

• **Les périodes troublées** suscitent de profondes réflexions sur la marche du monde. Le poète intervient souvent dans ces débats, comme le protestant **Agrippa d'Aubigné** qui, dans *Les Tragiques* → EXERCICE 4, défend la liberté de confession en pleine guerre de Religion.

### Poésie engagée et politique

• La poésie peut devenir une **arme rhétorique** pour défendre une cause politique, tel **Louis Aragon** qui évoque les résistants dans ses « Strophes pour se souvenir » → EXERCICE 3. En rendant hommage à la bravoure d'un groupe de résistants à l'occupant nazi, l'écriture fait évoluer le regard de la société sur elle-même.

• **René Char**, au cœur de la **Résistance**, célèbre les pouvoirs de la poésie et affirme qu'en pleine collaboration avec l'ennemi, il peut *transforme[r] indifféremment la défaite en victoire, la victoire en défaite* → TEXTE 3. À la même époque, des poèmes comme « Liberté » de **Paul Eluard** ont été distribués sur les lieux où vivaient les résistants pour les encourager à combattre.

## 3 Poésie et magie

### Poésie et alchimie

• **Charles Baudelaire** conclut ainsi un projet d'épilogue à la deuxième édition des *Fleurs du mal* (1861) : *Tu m'as donné ta boue et j'en ai fait de l'or.* Il s'adresse alors à Paris. Alors qu'elle devient méconnaissable et invivable au moment des travaux d'Haussmann, l'alchimiste poète l'embellit ; il utilise savamment des images et des sonorités, pour que les plaies de la vie urbaine (la mélancolie, le mal, la mort…) deviennent des pierres précieuses.

• **Arthur Rimbaud** fait du poète un ***voyant***, un artiste capable d'interpréter les signes du monde → D'UN TEXTE À L'AUTRE 3. Il déchiffre l'univers pour le commun des mortels, dans la filiation de **Victor Hugo** qui définissait le poète comme un **mage** prêtant sa voix à Dieu → TEXTE 1.

### Poésie et enchantement moderne

• Malgré le pessimisme et la révolte des poètes modernes tels Arthur Rimbaud ou les poètes surréalistes → SÉQUENCE 2, p. 60, le travail poétique réenchante le monde en transformant des objets quotidiens en créations poétiques. Les **poèmes en prose de Francis Ponge** → TEXTE 2 et les **calligrammes de Guillaume Apollinaire** → D'UN TEXTE À L'AUTRE 2 participent à cette reconstruction : ils transforment poétiquement la banalité du quotidien.

• Même engagée contre les injustices du monde, la poésie chante encore la beauté, mais sur un ton de révolte. L'Afrique martyrisée par l'esclavage est ainsi célébrée dans les textes de **David Diop** ; exploitée et à genoux, elle se redresse pour clamer sa liberté → EXERCICE 1.

Biographies des auteurs → p. 560

DVD-ROM
Ressources complémentaires

# Le mythe d'Orphée à travers les arts

Héros légendaire de la mythologie grecque dont l'histoire est racontée dans les chants X et XI de l'épopée ***Les Métamorphoses* d'Ovide**, **Orphée** est le fils d'un roi et d'une muse. Désespéré après la mort de sa femme, Eurydice, il descend aux Enfers. Grâce à son chant et aux sons de sa lyre, il émeut le souverain de l'Enfer, Hadès, qui libère Eurydice à la condition qu'il ne la regarde pas avant leur sortie des Enfers. Mais, au dernier moment, Orphée se retourne et perd à jamais sa bien-aimée.

**LEXIQUE**

**Catabase** Descente aux Enfers.

**Castrat** Chanteur d'opéra dont la voix aiguë a été maintenue et amplifiée par une ablation partielle dans l'enfance des glandes reproductrices.

**Finale** Dernière scène du dénouement d'un opéra.

**Icône** Peinture sur bois représentant des vierges ou des saints de la culture orthodoxe médiévale (Grèce, Balkans...).

**Psaumes** Chants et poèmes réunis dans un livre de l'Ancien Testament.

## 1 • Orphée, un mythe antique

### Une figure universelle

Orphée est un **mythe complexe** qui regroupe un ensemble de légendes présentes dans tout le bassin méditerranéen autour du **pouvoir du chant et de la poésie**. Ainsi, le roi **David** de l'*Ancien Testament* chante ses **psaumes** pour vénérer son Dieu. De même, la mort d'Orphée (dont il existe plusieurs versions) rappelle celle d'**Osiris** : tous deux sont déchiquetés, des morceaux de leurs corps dispersés. De nombreux récits ou représentations visuelles en font une **figure syncrétique**, c'est-à-dire un personnage apte à mêler et à confondre différentes traditions.

### Le poète enchanteur

Même si l'on retient surtout d'Orphée sa **catabase**, il est également célèbre pour sa capacité à prédire l'avenir, à communiquer avec la nature… Au musée archéologique de Palerme, une vaste mosaïque présente le poète Orphée entouré de nombreux animaux **1**. Au centre de la composition, il apparaît comme un être inspiré, les yeux grand ouverts, les bras écartés laissant voir aussi bien sa lyre, son attribut, que dans sa main droite le plectre, ce bâton destiné à frapper les cordes de son instrument. Le bestiaire qui est montré rassemble aussi bien des animaux domestiques, bœuf et chien tout près de lui, que des bêtes sauvages en tout genre : fauves, cervidés, serpents… Tous ces êtres regardent dans la direction du poète qui avait la réputation de charmer l'ensemble de la nature, jusqu'aux pierres déboulant des hauteurs pour arriver jusqu'à lui. Cette manière de le représenter influença entre autres l'iconographie médiévale des icônes, avec la figure de saint François d'Assise parlant aux oiseaux.

**1** Orphée charme de son chant les animaux sauvages (225 après J.-C.), mosaïque romaine (Palerme, Musée national archéologique).

## 2 • Orphée, père du lyrisme

*Orfeo* de **Monteverdi**, composé en 1607, est considéré comme le **premier opéra**, ce qui confirme une nouvelle fois la position d'Orphée comme initiateur de l'art lyrique. Dans le livret écrit par Alessandro Striggio, les motifs du mariage, de la mort d'Eurydice, de la descente aux Enfers et de la disparition de la bien-aimée sont repris, mais le finale s'éloigne du mythe puisque Apollon conduit Orphée au paradis et transforme Eurydice en constellation. L'opéra est un hymne au pouvoir du chant d'Orphée, représenté dans cette œuvre par une voix de castrat. Les arts musicaux ont continué à célébrer Orphée au point de définir l'opéra par la périphrase *art lyrique*, adjectif associé à l'instrument du poète antique.

**2** Gustave Moreau (1826-1898), *Orphée* (1865), huile sur bois, 154 x 99,5 cm (Paris, musée d'Orsay).

## 3 • Orphée à l'époque moderne

### La peinture symboliste

Comme dans le tableau narratif de **Nicolas Poussin**, *Orphée et Eurydice* (1659, huile sur toile, Paris, musée du Louvre), ou celui de **Camille Corot**, *Orphée et Eurydice* (1861, huile sur toile, Houston, Museum of Fine Arts), les **peintres** ont représenté Orphée, soit pour souligner la force poétique de son chant, soit pour évoquer son amour pour Eurydice. La **peinture symboliste**, attentive au réveil des mythes, s'est particulièrement intéressée à la mort d'Orphée. Chez **Gustave Moreau** **2**, la lyre transporte la tête d'Orphée continuant de chanter, tenue par la poétesse de Lesbos, Sapho. Le paysage nu aux couleurs froides et les yeux mi-clos de Sapho sont caractéristiques de la peinture symboliste qui fait de l'intériorité un refuge contre un monde extérieur détesté, considéré comme anti-artistique. Cette toile est devenue le **symbole de l'artiste maudit**.

### Au cinéma

Le cinéma a également revisité le mythe d'Orphée. Le film *Orfeu Negro* de **Marcel Camus**, qui reçut la Palme d'or au Festival de Cannes en 1959, est **une transposition** à Rio de Janeiro, **au Brésil**, de la légende d'Orphée. Le héros est un danseur et guitariste, également chauffeur de tramway, tandis que sa compagne est une paysanne fraîchement arrivée dans la métropole brésilienne. Après des séquences saisissantes représentant le carnaval et la baie de Rio, le séjour d'Orphée aux Enfers est transposé dans un dépôt de tramways où Orphée recherche Eurydice. Sur les hauteurs de Rio, l'escalade du personnage portant sa femme rappelle de manière inversée la catabase du récit antique **3**.

**3** *Orfeu negro*, film de Marcel Camus (1959), avec Breno Mello et Marpessa Dawn.

**QUESTIONS**

**1.** Que permet de montrer la plongée utilisée dans le plan du film *Orfeu Negro* ? Si l'on se réfère aux images de la descente aux Enfers, que symbolisent donc la ville représentée en contrebas et la mer avec ses bateaux ?
→ p. 461 : L'IMAGE FIXE

**2.** Cherchez une reproduction du tableau *Orphée et Eurydice* de Poussin. Quel épisode du mythe le peintre a-t-il représenté ? Quelle est la tonalité du paysage environnant ?

# Exercices d'approfondissement

## Revoir

### 1 Poésie et sentiments universels

**1.** Sur quelle figure de rhétorique le poème est-il essentiellement fondé ? Commentez-la.

→ p. 384 : LES FIGURES DE RHÉTORIQUE

**2.** Quel dialogue s'engage tout au long du poème ? Quelle image le poète donne-t-il de lui-même et de son interlocuteur ?

**3. a.** À quoi l'Afrique est-elle comparée ?

**b.** Quelle figure de rhétorique est utilisée au vers 7 ? Qu'apporte-t-elle à cette comparaison ?

→ p. 384 : LES FIGURES DE RHÉTORIQUE

**4.** Sur quel terme le poème se referme-t-il ? Quelle mission le poète s'assigne-t-il donc ?

*David Diop (1927-1960) est d'origine camerounaise et sénégalaise. Il a été l'élève de l'un des créateurs de la négritude (mouvement culturel prônant la culture noire), le poète Léopold Sédar Senghor. Il enseigna lui-même au Sénégal et en Guinée.* Le recueil Coups de pilon *constitue l'essentiel de son travail poétique.*

*À ma Mère*

**Afrique**

Afrique mon Afrique
Afrique des fiers guerriers dans les savanes ancestrales
Afrique que chante ma grand-Mère
Au bord de son fleuve lointain
Je ne t'ai jamais connue
Mais mon regard est plein de ton sang
Ton beau sang noir à travers les champs répandu
Le sang de ta sueur
La sueur de ton travail
Le travail de l'esclavage
L'esclavage de tes enfants
Afrique dis-moi Afrique
Est-ce donc toi ce dos qui se courbe
Et se couche sous le poids de l'humilité
Ce dos tremblant à zébrures rouges
Qui dit oui au fouet sur les routes de midi
Alors gravement une voix me répondit
Fils impétueux cet arbre robuste et jeune
Cet arbre là-bas
Splendidement seul au milieu de fleurs blanches et fanées
C'est l'Afrique ton Afrique qui repousse
Qui repousse patiemment obstinément
Et dont les fruits ont peu à peu
L'amère saveur de la liberté.

David Diop, *Coups de pilon* (1956),


## Approfondir

### 2 Poésie et souffrance

**1.** Quels sentiments le poète exprime-t-il ? Justifiez.

**2.** Quelles sont les étapes de ce texte ? Résumez-les.

**3. a.** À qui le poète s'adresse-t-il dans la phrase suivante : *C'est le châtiment que je lui inflige* (l. 11) ?

**b.** En quoi cette phrase indique-t-elle un renversement de situation ? Expliquez.

**4.** D'après cet extrait, qu'est-ce qui fait souffrir l'homme ? Quel est alors le rôle du poète ?

*Lautréamont est l'auteur du recueil de poèmes narratifs en prose* Les Chants de Maldoror, *œuvre souvent difficile à interpréter.*

Oui, je sens que mon âme est cadenassée dans le verrou de mon corps, et qu'elle ne peut se dégager, pour fuir loin des rivages que frappe la mer humaine, et n'être plus témoin du spectacle de la meute[1] livide[2] des malheurs, poursuivant sans relâche, à travers les fondrières[3] et les gouffres de l'abattement immense, les isards[4] humains. Mais, je ne me plaindrai pas. J'ai reçu la vie comme une blessure, et j'ai défendu au suicide de guérir la cicatrice. Je veux que le Créateur en contemple, à chaque heure de son éternité, la crevasse béante. C'est le châtiment que je lui inflige. Nos coursiers[5] ralentissent la vitesse de leurs pieds d'airain[6] ; leur corps tremble, comme le chasseur surpris par un troupeau de pecaris[7]. Il ne faut pas qu'ils se mettent à écouter ce que nous disons. À force d'attention, leur intelligence grandirait, et ils pourraient peut-être nous comprendre. Malheur à eux ; car, ils souffriraient davantage !

Lautréamont, *Les Chants de Maldoror*,
chant troisième, strophe 1 (extrait, 1869).

**1.** Ensemble d'éléments qui harcèlent quelqu'un (s'emploie généralement pour une meute de chiens). **2.** D'une pâleur maladive. **3.** Trous, lieux marécageux. **4.** Chamois. **5.** Chevaux. **6.** De bronze. **7.** Mammifères du continent américain ressemblant à des sangliers.

### 3 Poésie et engagement

**1.** Quel est le thème abordé dans ces strophes ?

**2.** À qui le poème est-il destiné ? Justifiez.

**3. a.** Quelle est la visée du poète dans ces vers ?

**b.** En quoi s'agit-il d'un poème engagé ?

**4.** Sur quelles émotions ce texte joue-t-il ?

**5.** À quelles personnes et épisodes réels le poème fait-il référence ?

*Louis Aragon est un poète qui s'engagea dans la Résistance durant la Seconde Guerre mondiale. Dans les « Strophes pour se souvenir », il évoque le groupe Manouchian, un ensemble de résistants d'origines diverses qui furent fusillés en février 1944.*

### Strophe pour se souvenir

[...]

Vous aviez vos portraits sur les murs de nos villes
Noirs de barbe et de nuit hirsutes[1] menaçants
L'affiche qui semblait une tache de sang
Parce qu'à prononcer vos noms sont difficiles
Y cherchait un effet de peur sur les passants

Nul ne semblait vous voir Français de préférence
Les gens allaient sans yeux pour vous le jour durant
Mais à l'heure du couvre-feu des doigts errants
Avaient écrit sous vos photos MORTS POUR LA FRANCE
Et les mornes matins en étaient différents

Tout avait la couleur uniforme du givre
À la fin février pour vos derniers moments.
Et c'est alors que l'un de vous dit calmement
*Bonheur à tous Bonheur à ceux qui vont survivre*
*Je meurs sans haine en moi pour le peuple allemand*

Louis ARAGON, *Le Roman inachevé* (extrait, 1956),


1. Hérissés.

# Écrire

## 4 Poésie et allégorie

**1.** Quelle figure de rhétorique le premier vers introduit-il ? Expliquez.
→ p. 384 : LES FIGURES DE RHÉTORIQUE
**2. a.** Relevez les termes qui évoquent chaque frère. Quelle image le poète donne-t-il de chacun d'eux ?
**b.** Le poète prend-il parti dans leur lutte ? Expliquez.
**3.** À l'époque de d'Aubigné, que représentent les deux frères ?
**4. a.** Quelle est la conclusion de ce conflit ?
**b.** Qui en est, selon d'Aubigné, la principale victime ?
**5. Vers le commentaire.** Rédigez un paragraphe montrant la dimension allégorique du poème.
→ p. 384 : LES FIGURES DE RHÉTORIQUE
→ p. 513 : ENCHAÎNER DES PARAGRAPHES DE COMMENTAIRE

*Agrippa d'Aubigné était un poète protestant qui réclamait la tolérance religieuse en pleine guerre de Religion. Il évoque ici la France divisée entre les catholiques et les protestants.*

Je veux peindre la France une mère affligée,
Qui est entre ses bras de deux enfants chargée.
Le plus fort, orgueilleux, empoigne les deux bouts
Des tétins[1] nourriciers ; puis, à force de coups
D'ongles, de poings, de pieds, il brise le partage
Dont nature donnait à son besson[2] l'usage ;
Ce voleur acharné, cet Esau[3] malheureux
Fait dégât du doux lait qui doit nourrir les deux,
Si que[4], pour arracher à son frère la vie,
Il méprise la sienne et n'en a plus d'envie.
Mais son Jacob, pressé maintenant d'avoir jeûné[5] meshui[6],
Ayant dompté longtemps en son cœur son ennui[7],
À la fin se défend, et sa juste colère
Rend à l'autre un combat dont le champ est la mère.

Agrippa d'AUBIGNÉ, *Les Tragiques*, chant I, vers 97-110 (1623).

1. Mamelons, bouts des seins.
2. Jumeau.
3. Ou Ésaü, frère aîné de *Jacob* (v. 11). Ésaü, affamé, céda à Jacob les avantages de sa position d'aîné contre un simple plat de lentilles.
4. À tel point que.
5. Exaspéré de ne pas avoir mangé, d'avoir vendu son plat à Ésaü.
6. Maintenant.
7. Sa haine (du latin *in odium* : dans la haine).

*Caïn et Abel, Caïn vient d'assassiner Abel,* miniature tirée d'un manuscrit du XVe siècle (Bibliothèque municipale de Rimini).

# VERS LE BAC Le sonnet : une muse exigeante ?

**OBJET D'ÉTUDE** Écriture poétique et quête du sens, du Moyen Âge à nos jours

**CORPUS**

**Texte 1** J. Du Bellay, *Les Regrets* (1558)
**Texte 2** F. de Malherbe, *Les Délices de la poésie française* (1620)
**Texte 3** C. Baudelaire, *Les Fleurs du mal* (1861)
**Texte 4** G. Apollinaire, *Il y a* (1925)

## SUJET POUR LES SÉRIES GÉNÉRALES

**Question** (4 points)

Quelle relation les poètes entretiennent-ils avec leur muse ?

**Vous traiterez ensuite au choix l'un des trois sujets proposés.** (16 points)

**1. Commentaire**

Vous commenterez le texte de Joachim Du Bellay (texte 1).

**2. Dissertation**

Les auteurs de ce corpus ont tous choisi une forme fixe, le sonnet. Mais la contrainte n'est-elle pas une entrave à l'expression personnelle du poète ? Répondez à cette question dans un développement argumenté qui s'appuiera sur les textes du corpus, les poèmes étudiés au cours de l'année et vos lectures personnelles.

**3. Écriture d'invention**

Imaginez un dialogue entre deux poètes. L'un défendra l'inspiration, l'autre le travail poétique. Développez des arguments solides fondés sur des exemples précis.

## SUJET POUR LES SÉRIES TECHNOLOGIQUES

**Questions** (6 points)

**1.** Quels sentiments précis les poètes éprouvent-ils ? (3 points)
**2.** Quel rôle la muse joue-t-elle dans ces textes ? (3 points)

**Vous traiterez ensuite au choix l'un des trois sujets proposés.** (14 points)

**1. Commentaire**

Vous commenterez le poème de Charles Baudelaire, « La muse malade » (texte 3) en suivant les pistes proposées :
– présentez les obstacles à la création selon Baudelaire ;
– montrez l'importance de l'inspiration, personnifiée par la muse.

**2. Dissertation**

Selon vous, faut-il considérer la création poétique comme un travail à part entière ou comme un don ?
Vous répondrez en vous aidant des textes du corpus et des poèmes que vous avez étudiés dans l'année.

**3. Écriture d'invention**

Joachim Du Bellay, privé d'inspiration, ne parvient plus à écrire des poèmes, il confie ses peurs et ses doutes dans son journal intime. Rédigez plusieurs passages de cet ouvrage de manière à révéler l'évolution du poète dans sa recherche de l'inspiration.

## Texte 1 Joachim Du Bellay, *Les Regrets* (1558)

*Déçu par la ville de Rome où il a passé quatre ans, J. Du Bellay rentre en France en 1557 et témoigne de son expérience désenchantée dans le recueil des* Regrets. *Dans le sonnet VI, il en vient à douter de sa propre inspiration.*

Las, où est maintenant ce mépris de fortune[1] ?
Où est ce cœur vainqueur de toute adversité[2],
Cet honnête[3] désir de l'immortalité,
Et cette honnête flamme au peuple non commune ?

Où sont ces doux plaisirs, qu'au soir sous la nuit brune
Les Muses me donnaient, alors qu'en liberté
Dessus le vert tapis d'un rivage écarté
Je les menais danser aux rayons de la lune ?

Maintenant la Fortune est maîtresse de moi,
Et mon cœur, qui soulait[4] être maître de soi,
Est serf[5] de mille maux et regrets qui m'ennuient,

De la postérité je n'ai plus de souci,
Cette divine ardeur[6], je ne l'ai plus aussi,
Et les Muses de moi, comme étranges, s'enfuient.

Sonnet VI, orthographe modernisée.

1. Du sort.
2. Tout malheur, coup du sort.
3. Sincère.
4. Avait l'habitude de.
5. Esclave.
6. Inspiration.

## Texte 2 François de Malherbe, *Les Délices de la poésie française* (1620)

*Poète officiel du roi Henri IV, Malherbe illustre dans ses poèmes l'idéal d'une poésie fondée sur la régularité. Inspiré de sa liaison malheureuse avec la vicomtesse d'Auchy, le « sonnet à Caliste », préfère à la révélation intime le travail maîtrisé de l'écriture.*

**Sonnet à Caliste**

Il n'est rien de si beau comme Caliste est belle :
C'est une œuvre où Nature a fait tous ses efforts,
Et notre âge est ingrat qui voit tant de trésors,
S'il n'élève à sa gloire une marque éternelle.

La clarté de son teint n'est pas chose mortelle :
Le baume[1] est dans sa bouche et les roses dehors
Sa parole et sa voix ressuscitent les morts,
Et l'art n'égale point sa douceur naturelle.

La blancheur de sa gorge éblouit les regards ;
Amour est en ses yeux, il y trempe ses dards[2],
Et la fait reconnaître un miracle invisible.

En ce nombre infini de grâces et d'appas[3],
Qu'en dis-tu ma raison ? crois-tu qu'il soit possible
D'avoir du jugement, et ne l'adorer pas ?

1. Le parfum.
2. Ses flèches.
3. D'attraits.

## Texte 3 Charles Baudelaire, *Les Fleurs du mal* (1861)

*Ce poème multiplie les références à la culture antique, marquant ainsi l'héritage de Baudelaire, « poète maudit » qui ne rencontre pas le succès auprès de ses contemporains mais se réfugie dans les valeurs rassurantes du passé.*

**La muse malade**

Ma pauvre muse, hélas ! qu'as-tu donc ce matin ?
Tes yeux creux sont peuplés de visions nocturnes,
Et je vois tour à tour réfléchis sur ton teint
La folie et l'horreur, froides et taciturnes[1].

Le succube[2] verdâtre et le rose lutin
T'ont-ils versé la peur et l'amour de leurs urnes ?
Le cauchemar, d'un poing despotique[3] et mutin[4],
T'a-t-il noyée au fond d'un fabuleux Minturnes[5] ?

Je voudrais qu'exhalant l'odeur de la santé
Ton sein de pensers[6] forts fût toujours fréquenté,
Et que ton sang chrétien coulât à flots rythmiques

Comme les sons nombreux des syllabes antiques,
Où règnent tour à tour le père des chansons,
Phoebus[7], et le grand Pan[8], le seigneur des moissons.

Section « Spleen et Idéal », sonnet VII.

1. Silencieuses.
2. Démon qui sous l'apparence d'une femme s'unit aux hommes.
3. Autoritaire.
4. Rebelle.
5. Ville d'Italie où se trouvait un marais.
6. Pensées.
7. Apollon, dieu des arts.
8. Dieu des bergers et des troupeaux.

## Texte 4 Guillaume Apollinaire, *Il y a* (1925)

*Dans le recueil* Il y a*, publié à titre posthume, on trouve des poèmes écrits entre 1900 et 1918. « Per te praesentit aruspex » a été publié en 1912 dans une revue sous le titre « Immortalité ».*

**Per te praesentit aruspex[1]**

Ô mon très cher amour, toi mon œuvre et que j'aime,
À jamais j'allumai le feu de ton regard,
Je t'aime comme j'aime une belle œuvre d'art,
Une noble statue, un magique poème.

Tu seras, mon aimée, un témoin de moi-même.
Je te crée à jamais pour qu'après mon départ,
Tu transmettes mon nom aux hommes en retard
Toi, la vie et l'amour, ma gloire et mon emblème[2] ;

Et je suis soucieux de ta grande beauté
Bien plus que tu ne peux toi-même en être fière :
C'est moi qui l'ai conçue et faite tout entière.

Ainsi, belle œuvre d'art, nos amours ont été
Et seront l'ornement du ciel et de la terre,
Ô toi, ma créature et ma divinité !



1. Citation latine de Tibulle : *Par toi l'aruspice (le devin) comprend.*
2. Mon symbole.

# VERS LE BAC PISTES POUR L'ENTRETIEN

**OBJET D'ÉTUDE** Écriture poétique et quête du sens, du Moyen Âge à nos jours

**Formulez oralement des réponses brèves mais efficaces, en les justifiant à partir des documents étudiés.**
→ p. 557 : ORGANISER ET UTILISER SES CONNAISSANCES EN VUE DE L'ENTRETIEN

## Connaître les textes et les images de la séquence

■ **Séquence 1**
1. Dans quelle mesure l'image que Saint-Amant donne de la création poétique est-elle originale ?
2. Sur quelle figure de rhétorique le poème de Baudelaire est-il construit ?

■ **Séquence 2**
1. La vision de l'amour développée dans le sonnet de Louise Labé est-elle apaisée ?
2. Qu'est-ce qui apparente le poème de Verlaine à une chanson ?

■ **Séquence 3**
1. Quelle est la particularité la plus visible du poème de Marot ?
2. En quoi les thèmes abordés par Ponge étonnent-ils en poésie ?

## Voir les liens entre les différents textes

■ **Séquence 1**
1. De quel autre texte de la séquence rapprocheriez-vous le poème de Rimbaud, « Voyelles » ?
2. Quelle est la forme fixe dominante dans cette séquence ? Est-ce étonnant ?

■ **Séquence 2**
1. Quelle description de l'amour ces poèmes proposent-ils ?
2. Le lyrisme des poétesses est-il différent de celui des auteurs masculins ?

■ **Séquence 3**
1. Quels rapprochements feriez-vous entre les poèmes du *Parti pris des choses* de Francis Ponge et les missions du poète présentes dans les autres textes ?
2. Pour Rimbaud le poète est un *voyant*. Quelles autres images permettent de l'évoquer ?

## Tester ses connaissances en histoire des arts

■ **Séquence 1**
1. Le tableau de Poussin peut-il être rapproché de l'un des poèmes ?
2. Quelle image les surréalistes donnent-ils de l'inspiration dans leurs créations collectives ?

■ **Séquence 2**
1. Dans quels poèmes retrouvez-vous une représentation de l'amour comparable à celle de la sculpture de Rodin ?
2. Quels poèmes traitent du thème des amants tragiques ?

■ **Séquence 3**
1. Pour quelle raison le tableau de Magritte figure-t-il dans cette séquence ?
2. D'après vous, pourquoi le poète Orphée est-il devenu une figure mythique en art ?

## Maîtriser l'objet d'étude

■ **Séquence 1**
1. À l'aide des textes, indiquez où le poète peut trouver son inspiration.
2. Quels sujets pourraient inspirer un poète aujourd'hui ?

■ **Séquence 2**
1. Quelle définition donneriez-vous du lyrisme à l'aide de ces textes ?
2. Le lyrisme ne concerne-t-il que le thème de l'amour ?

■ **Séquence 3**
1. D'après vous, le poète a-t-il forcément une mission ?
2. Quels autres genres littéraires peuvent avoir une mission comparable à celle des poètes ?

CHAPITRE 2

# L'argumentation : la question de l'homme

Rudolf BERGANDER (1909-1970), *Argument* (1961),
huile sur toile, 70 x 80 cm (Leipzig, Museum der Bildenden Künste).


88 **Séquence 4** Réflexions sur la nature humaine

109 **Séquence 5** Voyage et formation

128 **Séquence 6** Le savoir, la science et l'homme

SÉQUENCE 4

# Réflexions sur la nature humaine

Plusieurs questions agitent les penseurs et les écrivains depuis le XVIe siècle : qu'est-ce qu'un homme ? Qu'est-ce qu'une femme ? Quelle est la place de l'homme dans l'univers ? Le genre humain est-il bon ou mauvais ? Différents genres et diverses stratégies d'écriture s'attachent à débattre de ces questions littéraires et philosophiques.

**OBJECTIF**

**Étudier les représentations de la nature humaine dans la littérature, du XVIe siècle à nos jours.**

## SOMMAIRE

DVD-ROM Ressources complémentaires


Texte 1 — B. PASCAL, *Pensées* (1670) ........ 90
D'UN Texte À L'AUTRE — VOLTAIRE, *Micromégas* (1752) ........ 92

Texte 2 — FÉNELON, *Traité de l'éducation des filles* (1687) ........ 94
D'UN Texte À L'AUTRE — S. de BEAUVOIR, *Le Deuxième Sexe* (1949) ........ 96

Analyse d'Image — J.-A. HOUDON, *Sabine Houdon âgée de quatre ans* (1791) ........ 98

Texte 3 — D. DIDEROT, *Supplément au voyage de Bougainville* (1796) ........ 99
D'UN Texte À L'AUTRE — J.-C. CARRIÈRE, *La Controverse de Valladolid* (1992) ........ 101

ÉTUDE D'ŒUVRE INTÉGRALE — D. DIDEROT, *Supplément au voyage de Bougainville* (1796) ........ 103

- **SYNTHÈSE** L'héritage humaniste ........ 104
- **Histoire des arts** Naissance et évolution du portrait pictural ........ 105
- **Exercices d'approfondissement** ........ 107


| Notions et activités | Liens avec la partie II |
|---|---|
| Dialogue, réquisitoire… | → p. 413 : LES GENRES DE L'ARGUMENTATION |
| Thèse, argument, connecteur logique… | → p. 418 : LE CIRCUIT ARGUMENTATIF |
| Stratégies argumentatives | → p. 416 : CONVAINCRE, DÉLIBÉRER OU PERSUADER |

| | Liens avec la partie III |
|---|---|
| Étudier un corpus | → p. 484 : ANALYSER UN CORPUS ET RÉDIGER UNE RÉPONSE ORGANISÉE |
| Rédiger une partie de commentaire | → p. 513 : ENCHAÎNER DES PARAGRAPHES DE COMMENTAIRE |
| Rédiger une dissertation | → p. 532 : RÉDIGER L'ENSEMBLE D'UNE DISSERTATION |
| Rédiger un dialogue argumentatif | → p. 544 : INVENTER ET ARGUMENTER |

# Texte 1

Biographie p. 566

# Blaise Pascal

## *Pensées* (1670)

*Savant français intéressé aussi bien par des questions de mathématiques que par des réflexions d'ordre religieux, Blaise Pascal conçoit en 1656 une* Apologie de la religion chrétienne *dont les fragments ont été regroupés et publiés après sa mort sous le titre de* Pensées. *L'objectif de son ouvrage était de ramener les libertins, c'est-à-dire ceux qui voulaient s'émanciper de la pensée et de la morale chrétiennes, sur la voie de la religion. Il présente ainsi l'homme dans l'univers, perdu entre deux infinis.*

Que l'homme contemple donc la nature entière dans sa haute et pleine majesté, qu'il éloigne sa vue des objets bas qui l'environnent, qu'il regarde cette éclatante lumière[1] mise comme une lampe éternelle pour éclairer l'univers, que la terre lui paraisse comme un point au prix du vaste tour que cet astre décrit, et qu'il s'étonne de ce que ce vaste tour lui-même n'est qu'une pointe très délicate à l'égard de celui que ces astres qui roulent dans le firmament[2] embrassent. Mais si notre vue s'arrête là, que l'imagination passe outre[3]. Elle se lassera plus tôt de concevoir que la nature de fournir. Tout ce monde visible n'est qu'un trait imperceptible dans l'ample sein de la nature, nulle idée n'en approche. Nous avons beau enfler nos conceptions au-delà des espaces imaginables, nous n'enfantons que des atomes au prix de la réalité des choses. C'est une sphère infinie dont le centre est partout, la circonférence nulle part. Enfin c'est le plus grand [des] caractères sensibles[4] de la toute-puissance de Dieu que notre imagination se perde dans cette pensée.

Que l'homme étant revenu à soi considère ce qu'il est au prix de ce qui est, qu'il se regarde comme égaré dans ce canton[5] détourné de la nature, et que de ce petit cachot où il se trouve logé, j'entends l'univers[6], il apprenne à estimer la terre, les royaumes, les villes et soi-même, son juste prix.

Qu'est-ce qu'un homme, dans l'infini ?

Mais pour lui présenter un autre prodige aussi étonnant, qu'il recherche dans ce qu'il connaît les choses les plus délicates, qu'un ciron[7] lui offre dans la petitesse de son corps des parties incomparablement plus petites, des jambes avec des jointures[8], des veines dans ses jambes, du sang dans ses veines, des humeurs[9] dans ce sang, des gouttes dans ses humeurs, des vapeurs dans ces gouttes, que divisant encore ces dernières choses il épuise ses forces en ces conceptions, et que le dernier objet où il peut arriver soit maintenant celui de notre discours. Il pensera peut-être que c'est là l'extrême petitesse de la nature.

1. Le soleil.
2. Le ciel.
3. Aille plus loin.
4. Évidents.
5. Cette petite région.
6. Je veux dire « l'univers ».
7. Acarien minuscule.
8. Articulations.
9. Liquides corporels responsables de tel ou tel caractère.

Je veux lui faire voir là-dedans un abîme[10] nouveau, je lui veux peindre non seulement l'univers visible, mais l'immensité qu'on peut concevoir de la nature dans l'enceinte de ce raccourci d'atome. Qu'il y voie une infinité d'univers, dont chacun a son firmament, ses planètes, sa terre, en la même proportion que le monde visible, dans cette terre des animaux, et enfin des cirons, dans lesquels il retrouvera ce que les premiers ont donné, et trouvant encore dans les autres la même chose sans fin et sans repos, qu'il se perde dans ces merveilles aussi étonnantes dans leur petitesse, que les autres par leur étendue ! Car qui n'admirera que notre corps, qui tantôt n'était pas perceptible dans l'univers imperceptible lui-même dans le sein du tout, soit à présent un colosse, un monde ou plutôt un tout à l'égard du néant où l'on ne peut arriver ?

Qui se considérera de la sorte s'effraiera de soi-même et se considérant soutenu dans la masse que la nature lui a donnée entre ces deux abîmes de l'infini et du néant, il tremblera dans la vue de ses merveilles, et je crois que sa curiosité se changeant en admiration, il sera plus disposé à les contempler en silence qu'à les rechercher avec présomption[11]. Car enfin qu'est-ce que l'homme dans la nature ? Un néant à l'égard de l'infini, un tout à l'égard du néant, un milieu entre rien et tout, infiniment éloigné de comprendre les extrêmes, la fin[12] des choses et leur principe sont pour lui invinciblement cachés dans un secret impénétrable.

Fragment 230 : « Disproportion de l'homme » (extrait, publication posthume), édition de P. Sellier, © Le Livre de Poche (2000).

**10.** Une réflexion qui mène loin.
**11.** Fierté, sentiment d'être supérieur.
**12.** Finalité, raison d'être.

## LECTURE ANALYTIQUE

### Première lecture

**1.** Quel est le thème de ce texte ? À qui Pascal s'adresse-t-il ? Justifiez.

**2.** Relevez les connecteurs logiques. Déduisez-en la progression du raisonnement.

→ p. 418 : LE CIRCUIT ARGUMENTATIF

### Mise au point

**3.** Quel est le mode verbal employé dès la première phrase ? Quelle valeur a-t-il ici ?

→ p. 371 : COMMUNICATION, ÉNONCIATION ET MODALISATION

### Analyse

**4.** Quelles images décrivent l'univers ? À quelle disproportion l'homme est-il alors confronté ? Expliquez.

→ p. 384 : LES FIGURES DE RHÉTORIQUE

**5.** Quel est le rôle des phrases interrogatives ? Expliquez.

→ p. 375 : LA SYNTAXE ET LA VALEUR DES TEMPS

**6.** Comment Pascal parvient-il à formuler l'hypothèse de la présence divine ? Qu'apporte-t-elle à son argumentation ?

**7.** Sur quelles antithèses l'extrait se referme-t-il ? Que disent-elles de la place de l'homme dans l'univers ?

**8.** Pascal cherche-t-il à convaincre ou persuader son lecteur ? Justifiez.

→ p. 416 : CONVAINCRE, DÉLIBÉRER OU PERSUADER

### Question de synthèse

**9.** Quelle représentation Pascal se fait-il de l'homme ? Justifiez.

### Pour aller plus loin

**10. Recherche**

**a.** Quels sont les travaux scientifiques réalisés par Blaise Pascal ? Dans quelle mesure peut-on considérer cet auteur comme un génie universel ?

**b.** Lisez le fragment 201 des *Pensées* (édition Sellier, Le Livre de Poche). D'après ce texte, l'esprit scientifique de l'auteur était-il compatible avec sa foi chrétienne ? Justifiez.

**11. Écriture d'invention.** À la façon du premier paragraphe du texte de Pascal, rédigez un court texte développant vos propres images d'un univers infini et difficile à concevoir.

→ p. 541 : INVENTER ET IMAGINER

**Page de gauche :**
László Moholy-Nagy (1895-1946), *Comment je reste jeune et beau* (1926), gélatine d'argent, 15 x 12 cm.

Donato CRETI (1671-1749), *Observations astronomiques : Saturne* (1711), huile sur toile, 51 x 35 cm, (Rome, musées du Vatican).

D'UN *Texte* À L'AUTRE 1

Biographie p. 569

# VOLTAIRE

## *Micromégas* (1752)

*Au beau milieu du Siècle des lumières, Voltaire rend accessibles les connaissances scientifiques et philosophiques dans des textes narratifs plaisants. Dans* Micromégas, *publié en 1752, l'auteur met en scène les idées philosophiques et religieuses de son temps à travers l'histoire du géant Micromégas, haut de trente-neuf kilomètres, habitant de Sirius qui entreprend un voyage sur la planète Saturne. Il y rencontre un nain, haut de deux kilomètres, et engage avec lui une discussion sur la nature et sur la nécessité de relativiser l'importance de la place de l'homme dans l'univers.*

Après que Son Excellence[1] se fut couchée, et que le secrétaire[2] se fut approché de son visage : « Il faut avouer, dit Micromégas, que la nature est bien variée. – Oui, dit le Saturnien ; la nature est comme un parterre dont les fleurs... – Ah ! dit l'autre, laissez là votre parterre. – Elle est, reprit le secrétaire, comme une assemblée de blondes et de brunes, dont les parures[3]... – Eh ! qu'ai-je à faire de vos brunes ? dit l'autre. – Elle est donc comme une galerie de peintures dont les traits... – Eh non ! dit le voyageur ; encore une fois, la nature est comme la nature. Pourquoi lui chercher des comparaisons ? – Pour vous plaire, répondit le

1. Micromégas, dit également *le Sirien* ou *le voyageur*.
2. Secrétaire de l'Académie des sciences de Saturne, dit également *le Saturnien*.
3. Allusion à un texte alors célèbre du philosophe Fontenelle.

secrétaire. – Je ne veux point qu'on me plaise, répondit le voyageur ; je veux qu'on m'instruise : commencez d'abord par me dire combien les hommes de votre globe ont de sens. – Nous en avons soixante et douze, dit l'académicien, et nous nous plaignons tous les jours du peu. Notre imagination va au-delà de nos besoins ; nous trouvons qu'avec nos soixante et douze sens, notre anneau, nos cinq lunes, nous sommes trop bornés ; et, malgré toute notre curiosité et le nombre assez grand de passions qui résultent de nos soixante et douze sens, nous avons tout le temps de nous ennuyer. – Je le crois bien, dit Micromégas ; car dans notre globe nous avons près de mille sens, et il nous reste encore je ne sais quel désir vague, je ne sais quelle inquiétude, qui nous avertit sans cesse que nous sommes peu de chose, et qu'il y a des êtres beaucoup plus parfaits. J'ai un peu voyagé ; j'ai vu des mortels fort au-dessous de nous ; j'en ai vu de fort supérieurs ; mais je n'en ai vu aucuns qui n'aient plus de désirs que de vrais besoins, et plus de besoins que de satisfaction. J'arriverai peut-être un jour au pays où il ne manque rien ; mais jusqu'à présent personne ne m'a donné de nouvelles positives de ce pays-là. » Le Saturnien et le Sirien s'épuisèrent alors en conjectures[4] ; mais, après beaucoup de raisonnements fort ingénieux et fort incertains, il en fallut revenir aux faits. « Combien de temps vivez-vous ? dit le Sirien. – Ah ! bien peu, répliqua le petit homme de Saturne. – C'est tout comme chez nous, dit le Sirien ; nous nous plaignons toujours du peu. Il faut que ce soit une loi universelle de la nature. – Hélas ! nous ne vivons, dit le Saturnien, que cinq cents grandes révolutions[5] du soleil. (Cela revient à quinze mille ans ou environ, à compter à notre manière.) Vous voyez bien que c'est mourir presque au moment que l'on est né ; notre existence est un point, notre durée un instant, notre globe un atome. À peine a-t-on commencé à s'instruire un peu que la mort arrive avant qu'on ait de l'expérience. Pour moi, je n'ose faire aucuns projets ; je me trouve comme une goutte d'eau dans un océan immense. Je suis honteux, surtout devant vous, de la figure ridicule que je fais dans ce monde. »

Chapitre 2 (extrait).

4. Hypothèses.

5. Tours complets d'un astre ou d'une planète autour d'un autre.

## QUESTIONS

1. Quelles comparaisons Micromégas refuse-t-il quand il s'agit de définir l'univers ? À quelles données veut-il se fier ?
→ p. 384 : LES FIGURES DE RHÉTORIQUE
2. a. Expliquez la fonction des nombres évoqués dans le dialogue.
b. Quelle est la figure de rhétorique alors employée ? Quel effet a-t-elle sur le lecteur ?
→ p. 384 : LES FIGURES DE RHÉTORIQUE
3. Quels aspects de la condition humaine la discussion entre Micromégas et le Saturnien met-elle finalement en lumière ?
4. Dans l'esprit du lecteur, quelle comparaison implicite la dernière réplique du Saturnien (l. 29-36) appelle-t-elle ? Expliquez.

## Vis-à-vis : Pascal et Voltaire

5. La place qu'accordent les deux auteurs à l'homme dans l'univers est-elle comparable ? Expliquez.
6. Pour aborder cette question philosophique, utilisent-ils le même genre de texte, et emploient-ils le même ton ? Justifiez.
7. **Iconographie.** Observez l'astre (ou la planète) visible dans le tableau. Quelle est sa particularité ? Dans quel but est-il présent ?

Texte 2

Biographie p. 563

# FÉNELON
## *Traité de l'éducation des filles* (1687)

*Homme d'Église et surtout précepteur du duc de Bourgogne, le petit-fils de Louis XIV, Fénelon rédige le* Traité de l'éducation des filles *pour une dame de la cour : la femme du duc de Beauvillier, mère d'une famille nombreuse. Il combat dans son ouvrage les idées du* XVII*e siècle selon lesquelles les filles ne doivent pas être éduquées et explique les raisons pour lesquelles leur éducation est nécessaire à ses yeux.*

Pour les filles, dit-on, il ne faut pas qu'elles soient savantes, la curiosité les rend vaines[1] et précieuses[2], il suffit qu'elles sachent gouverner un jour leurs ménages[3], et obéir à leurs maris sans raisonner. On ne manque pas de se servir de l'expérience qu'on a de beaucoup de femmes que la science a rendues ridicules. Après quoi on se croit en droit d'abandonner aveuglément les filles à la conduite des mères ignorantes et indiscrètes.

Il est vrai qu'il faut craindre de faire des savantes ridicules. Les femmes ont d'ordinaire l'esprit encore plus faible et plus curieux que les hommes, aussi n'est-il point à propos de les engager dans des études dont elles pourraient s'entêter ; elles ne doivent ni gouverner l'État, ni faire la guerre, ni entrer dans le ministère des choses sacrées[4] ; ainsi elles peuvent se passer de certaines connaissances étendues, qui appartiennent à la politique, à l'art militaire, à la jurisprudence[5], à la philosophie et à la théologie[6]. La plupart même des arts mécaniques[7] ne leur conviennent pas. Elles sont faites pour des exercices modérés. Leur corps aussi bien que leur esprit est moins fort et moins robuste que celui des hommes. En revanche, la nature leur a donné en partage l'industrie[8], la propreté et l'économie[9], pour les occuper tranquillement dans leurs maisons.

Mais que s'ensuit-il de la faiblesse naturelle des femmes ? Plus elles sont faibles, plus il est important de les fortifier. N'ont-elles pas des devoirs à remplir, mais des devoirs qui sont les fondements de toute la vie humaine ? N'est-ce pas elles qui ruinent ou qui soutiennent les maisons, qui règlent tout le détail des choses domestiques, et qui, par conséquent, décident de ce qui touche de plus près à tout le genre humain ? Par là, elles ont la principale part aux bonnes ou aux mauvaises mœurs de presque tout le monde. Une femme judicieuse[10], appliquée et pleine de religion, est l'âme de toute une grande maison, elle y met l'ordre pour les biens temporels et pour le salut[11]. Les hommes même, qui ont toute l'autorité en public, ne peuvent par leurs délibérations[12] établir aucun bien effectif, si les femmes ne leur aident à l'exécuter.

Le monde n'est point un fantôme, c'est l'assemblage de toutes les familles ; et qui est-ce qui peut les policer[13] avec un soin plus exact que les femmes, qui, outre leur autorité naturelle et leur assiduité dans leur maison, ont encore l'avantage d'être nées soigneuses, attentives au détail, industrieuses[14], insinuantes[15] et persuasives ? Mais les hommes peuvent-ils espérer pour eux-mêmes quelque douceur de vie, si leur plus étroite société, qui est celle du mariage, se tourne en amertume[16] ? Mais les enfants, qui feront dans la suite tout le genre humain, que deviendront-ils, si les mères les gâtent dès leurs premières années ?

1. Inefficaces, peu sérieuses.
2. Exagérément raffinées, surtout dans leur langage ; donc, prétentieuses.
3. Leur famille.
4. Devenir prêtres.
5. L'ensemble des décisions de justice.
6. L'étude de la religion.
7. Activités manuelles.
8. Le goût et l'habileté du travail.
9. Le sens de l'organisation.
10. Intelligente.
11. La possibilité d'être sauvé religieusement, d'être protégé par Dieu.
12. Débats, questionnements.
13. Éduquer.
14. Habiles dans leur travail.
15. Discrètes, avec le sens de l'initiative.
16. Ressentiment.

Pieter de Hooch (1629-1684), *L'Armoire à linge* (1663), huile sur toile, 72 x 77,5 cm (Amsterdam, Rijksmuseum).

Voilà donc les occupations des femmes, qui ne sont guère moins importantes au public que celles des hommes, puisqu'elles ont une maison à régler, un mari à rendre heureux, des enfants à bien élever. Ajoutez que la vertu n'est pas moins pour les femmes que pour les hommes ; sans parler du bien ou du mal qu'elles peuvent faire au public, elles sont la moitié du genre humain, racheté du sang de Jésus-Christ et destiné à la vie éternelle.

Enfin, il faut considérer, outre le bien que font les femmes quand elles sont bien élevées, le mal qu'elles causent dans le monde quand elles manquent d'une éducation qui leur inspire la vertu. Il est constant que la mauvaise éducation des femmes fait plus de mal que celle des hommes, puisque les désordres des hommes viennent souvent et de la mauvaise éducation qu'ils ont reçue de leurs mères, et des passions que d'autres femmes leur ont inspirées dans un âge plus avancé.

Quelles intrigues se présentent à nous dans les histoires, quel renversement des lois et des mœurs, quelles guerres sanglantes, quelles nouveautés contre la religion, quelles révolutions d'État, causées par le dérèglement des femmes ! Voilà ce qui prouve l'importance de bien élever les filles ; cherchons-en les moyens.

Chapitre I « De l'importance de l'éducation des filles » (extrait).

**LECTURE ANALYTIQUE**

### Première lecture

**1.** À qui Fénelon oppose-t-il constamment les femmes ? dans quel but ?

**2.** Quelle thèse Fénelon défend-il ? Où apparaît-elle ?
→ p. 418 : LE CIRCUIT ARGUMENTATIF

### Mise au point

**3.** Quel type de phrase est utilisé avec insistance au milieu de cet extrait ? Justifiez cet emploi.
→ p. 375 : LA SYNTAXE ET LA VALEUR DES TEMPS

### Analyse

**4.** Qui est désigné par le pronom *on* dans le premier paragraphe ? Quel pronom équivalent le remplace à la fin du texte ? Quelle est leur fonction commune ?

**5.** À quel type de raisonnement les deux premiers paragraphes ont-ils recours ? dans quel but ?
→ p. 418 : LE CIRCUIT ARGUMENTATIF

**6. a.** Quels arguments Fénelon propose-t-il ensuite ? Relevez-les et expliquez-les.
**b.** Quelles sont les différentes étapes de l'argumentation ? Repérez les connecteurs logiques.
→ p. 418 : LE CIRCUIT ARGUMENTATIF

**7.** Quels rôles Fénelon attribue-t-il aux femmes dans la société ? Justifiez.

**8.** À quoi l'exclamation du dernier paragraphe sert-elle ?
→ p. 375 : LA SYNTAXE ET LA VALEUR DES TEMPS

### Question de synthèse

**9.** Qu'est-ce-qui rend l'éducation des filles indispensable pour Fénelon ?

### Pour aller plus loin

**10. Recherche.** Quelles sont les étapes de l'évolution de l'éducation des filles en France, du XVII^e^ siècle à nos jours ? Cette éducation est-elle acquise aujourd'hui ? Justifiez.

**11. Écriture d'invention.** Rédigez un dialogue opposant une mère et sa fille au sujet de l'école. La mère défend les études et la nécessité d'aller à l'école alors que sa fille prétend que l'instruction est inutile.
→ p. 544 : INVENTER ET ARGUMENTER

D'UN *Texte* À L'AUTRE 2

Biographie p. 560

## Simone de BEAUVOIR
## *Le Deuxième Sexe* (1949)

Le Deuxième Sexe, *publié en 1949, est le premier essai féministe. Simone de Beauvoir n'est pas la première à défendre la cause des femmes mais elle est la première à dénoncer, dans un ouvrage monumental, le rôle subalterne dévolu aux femmes dans une société dominée par le pouvoir masculin. Le tome II de son essai s'ouvre sur une phrase, devenue célèbre :* on ne naît pas femme, on le devient, *formule qui définit l'ambition de son ouvrage. Dans cet extrait, elle propose une solution pour l'émancipation des femmes.*

Le code français ne range plus l'obéissance au nombre des devoirs de l'épouse et chaque citoyenne est devenue une électrice ; ces libertés civiques demeurent abstraites quand elles ne s'accompagnent pas d'une autonomie économique ; la femme entretenue – épouse ou courtisane[1] – n'est pas affranchie[2] du mâle parce qu'elle a dans les mains un bulletin de vote ; si les mœurs lui imposent moins de contraintes qu'autrefois, ces licences[3] négatives n'ont pas modifié profondément sa situation ; elle reste enfermée dans sa condition de vassale[4]. C'est par le travail que la femme a en grande partie franchi la distance qui la séparait du mâle ; c'est le travail qui peut seul lui garantir une liberté concrète. Dès qu'elle cesse d'être une parasite, le système fondé sur sa dépendance s'écroule ; entre elle et

1. Prostituée.
2. Libérée.
3. Permissions.
4. D'esclave.

l'univers il n'est plus besoin d'un médiateur masculin. La malédiction qui pèse sur la femme vassale, c'est qu'il ne lui est permis de rien faire : alors, elle s'entête dans l'impossible poursuite de l'être à travers le narcissisme[5], l'amour, la religion ; productrice, active, elle reconquiert sa transcendance[6] ; dans ses projets elle s'affirme concrètement comme sujet ; par son rapport avec le but qu'elle poursuit, avec l'argent et les droits qu'elle s'approprie, elle éprouve sa responsabilité. Beaucoup de femmes ont conscience de ces avantages, même parmi celles qui exercent les métiers les plus modestes. J'ai entendu une femme de journée[7], en train de laver le carreau[8] d'un hall d'hôtel, qui déclarait : « Je n'ai jamais rien demandé à personne. Je suis arrivée toute seule ». Elle était aussi fière de se suffire[9] qu'un Rockefeller[10]. Cependant il ne faudrait pas croire que la simple juxtaposition du droit de vote et d'un métier soit une parfaite libération : le travail aujourd'hui n'est pas la liberté. C'est seulement dans un monde socialiste que la femme en accédant à l'un s'assurerait l'autre. La majorité des travailleurs sont aujourd'hui des exploités. D'autre part, la structure sociale n'a pas été profondément modifiée par l'évolution de la condition féminine ; ce monde qui a toujours appartenu aux hommes conserve encore la figure qu'ils lui ont imprimée.

Tome II, chapitre XIV : « La femme indépendante » (extrait), © Gallimard.

Premier vote des femmes en France (avril 1945), photographie.

5. L'amour de soi.
6. Sa possibilité de se dépasser.
7. Femme de ménage.
8. Carrelage.
9. N'avoir personne à remercier.
10. Industriel qui a fait fortune dans le pétrole, l'homme le plus riche du monde au début du XXe siècle.

## QUESTIONS

1. Quels termes permettent de désigner la femme ? Quelles conditions de la femme ces mots opposent-ils ? Expliquez.
2. Quelle est la thèse défendue par Simone de Beauvoir ? Où est-elle exprimée ?
   → p. 418 : LE CIRCUIT ARGUMENTATIF
3. Quelle différence fait-elle entre la liberté civique et la liberté économique de la femme ? Laquelle est primordiale selon S. de Beauvoir ? pourquoi ?
4. Comment S. de Beauvoir définit-elle la place et le rôle de la femme par rapport à l'homme ? Expliquez.
5. Quelle est la fonction des propos entre guillemets (l. 33-34) ? À quel type d'argument appartiennent-ils ?
   → p. 418 : LE CIRCUIT ARGUMENTATIF
6. À quelles limites l'émancipation féminine se heurte-t-elle ? Relevez-les et expliquez.

## Vis-à-vis : Fénelon et Simone de Beauvoir

7. D'après le début du texte de S. de Beauvoir, de quelle manière le statut de la femme a-t-il évolué de 1687 à 1949 ?
8. Peut-on considérer que Fénelon est un auteur féministe ? Répondez en montrant la façon dont l'homme est évoqué dans les deux textes.
9. **Iconographie.** De quelle manière le photographe a-t-il composé son image ? Que souligne-t-il ainsi ?

Analyse *d'image*

# Jean-Antoine Houdon (1741-1828)
## *Sabine Houdon âgée de quatre ans* (1791)

Plâtre original, 52 x 31 x 25 cm
(Paris, musée du Louvre).

*Jean-Antoine Houdon, célèbre sculpteur du XVIIIe siècle, a réalisé de rares bustes de personnalités politiques, tel celui de George Washington (1785), premier président des États-Unis. Il s'est plutôt intéressé à des auteurs dont il était proche, Diderot (1771) et Voltaire (1781), à des commanditaires particuliers, mais surtout à ses proches. Il excelle dans l'art réaliste comme en témoigne ce buste de sa fille Sabine, âgée de quatre ans, réalisé en 1791.*

**QUESTIONS**

### Première approche

1. Comment la tête est-elle positionnée par rapport au buste ? Quel est l'effet recherché ?
2. À votre avis, pourquoi le sculpteur a-t-il choisi une représentation en buste ?

### Analyse

3. Décrivez les cheveux. Quelle fonction ont-ils dans l'ensemble de l'œuvre ?
4. Où le regard du modèle porte-t-il ? Qu'exprime-t-il ? Expliquez.
5. Quelle est l'expression générale du visage ? Que pouvez-vous en déduire quant au caractère de la petite fille ?

→ p. 461 : L'IMAGE FIXE

### Question de synthèse

6. a. L'accent est-il mis sur la représentation physique ou sur le caractère de Sabine ?
b. Dans quelle mesure peut-on parler d'une œuvre réaliste ? Justifiez.

# Texte 3

Biographie p. 562

# Denis Diderot
## *Supplément au voyage de Bougainville* (1796)

*En 1771, le navigateur français Bougainville publie* Voyage autour du monde *pour raconter son expédition maritime à Tahiti. En 1772, Diderot écrit un dialogue intitulé* Supplément au voyage de Bougainville *en réaction à ce récit de voyage. Il y dénonce les contradictions de la société occidentale et défend le modèle harmonieux de la société tahitienne. Dans le chapitre IV, la conversation entre l'aumônier de l'équipage de Bougainville et le Tahitien Orou permet de donner une autre image de la sexualité : loin d'être un tabou, elle est abordée comme une activité saine et procréatrice.*

Paul Gauguin (1848-1903), *L'Offrande* (1902), huile sur toile, 68 x 78 cm (Zurich, fondation et collection Emil G. Bührle).

L'aumônier[1]. – Vous ne connaissez guère la jalousie, à ce que je vois ; mais la tendresse maritale[2], l'amour paternel, ces deux sentiments si puissants et si doux, s'ils ne sont pas étrangers ici, y doivent être assez faibles.

Orou. – Nous y avons suppléé[3] par un autre qui est tout autrement général, énergique et durable, l'intérêt. Mets la main sur la conscience, laisse là cette fanfaronnade[4] de vertu qui est sans cesse sur les lèvres de tes camarades et qui ne réside pas au fond de leur cœur ; dis-moi si dans quelque contrée que ce soit il y a un père qui, sans la honte qui le retient, n'aimât mieux perdre son enfant, un mari qui n'aimât mieux perdre sa femme que[5] sa fortune et l'aisance de toute sa vie. Sois sûr que partout où l'homme sera attaché à la conservation de son

1. Prêtre à bord d'un bateau (caractéristique des équipages de cette époque).
2. Du mari.
3. Remédié.
4. Vantardise.
5. Plutôt que.

semblable comme à son lit, à sa santé, à son repos, à sa cabane, à ses fruits, à ses champs, il fera pour lui tout ce qu'il est possible de faire. C'est ici que les pleurs trempent la couche[6] d'un enfant qui souffre ; c'est ici que les mères sont soignées dans la maladie ; c'est ici qu'on prise[7] une femme féconde, une fille nubile[8], un garçon adolescent ; c'est ici qu'on s'occupe de leur institution, parce que leur conservation est toujours un accroissement, et leur perte toujours une diminution de fortune.

L'AUMÔNIER. – Je crains bien que ce sauvage n'ait raison. Le paysan misérable de nos contrées qui excède[9] sa femme pour soulager son cheval, laisse périr son enfant sans secours et appelle le médecin pour son bœuf...

OROU. – Je n'entends[10] pas trop ce que tu viens de dire ; mais à ton retour dans ta patrie si policée[11], tâche d'y introduire ce ressort[12], et c'est alors qu'on y sentira le prix de l'enfant qui naît et l'importance de la population. Veux-tu que je te révèle un secret ? mais prends garde qu'il ne t'échappe. Vous arrivez, nous vous abandonnons nos femmes et nos filles, vous vous en étonnez, vous nous en témoignez une gratitude[13] qui nous fait rire. Vous nous remerciez, lorsque nous asseyons sur toi et sur tes compagnons la plus forte de toutes les impositions. Nous ne t'avons point demandé d'argent, nous ne nous sommes point jetés sur tes marchandises, nous avons méprisé tes denrées ; mais nos femmes et nos filles sont venues exprimer[14] le sang de tes veines. Quand tu t'éloigneras, tu nous auras laissé des enfants ; ce tribut levé sur ta personne, sur ta propre substance, à ton avis n'en vaut-il pas bien un autre ?

Chapitre IV (extrait, publication posthume).

6. Le lit.
7. Estime.
8. En âge d'être mariée.
9. Accable.
10. Comprends.
11. Civilisée.
12. Cette qualité.
13. Reconnaissance.
14. Tirer, extraire.

## LECTURE ANALYTIQUE

### Première lecture

1. Quelles conceptions différentes Orou et l'aumônier énoncent-ils ? Expliquez.
2. Lequel des deux semble avoir le dessus ? Justifiez en étudiant les types de phrase employés.
→ p. 375 : LA SYNTAXE ET LA VALEUR DES TEMPS

### Mise au point

3. Expliquez l'expression *cette fanfaronnade de vertu* (l. 5-6). Sur quelle figure de rhétorique est-elle fondée ?
→ p. 384 : LES FIGURES DE RHÉTORIQUE

### Analyse

4. a. Quelle thèse Orou défend-il ? Dégagez les différentes étapes de son argumentation.
b. Orou cherche-t-il à convaincre ou persuader son interlocuteur ? Quels procédés utilise-t-il ? Expliquez.
→ p. 418 : LE CIRCUIT ARGUMENTATIF
→ p. 416 : CONVAINCRE, DÉLIBÉRER OU PERSUADER
5. Relisez les répliques de l'aumônier. Quel rôle jouent-elles dans l'argumentation ? Expliquez.
→ p. 441 : LA PAROLE THÉÂTRALE
6. Expliquez le sens du secret confié par Orou dans sa deuxième réplique. Sur quel défaut des Occidentaux ce secret met-il l'accent ? Justifiez.
7. Quels préjugés occidentaux Orou remet-il en cause ? Expliquez.

### Question de synthèse

8. Quelle image Diderot donne-t-il des Occidentaux et des Tahitiens dans ce texte ?

### Pour aller plus loin

9. **Recherche**
a. Quelle est l'origine du mythe du bon sauvage ?
b. Comment et dans quelles œuvres Diderot, Rousseau et Voltaire y font-ils référence ? dans quel but ? Justifiez.
10. **Entraînement à l'analyse d'un corpus.** À partir des textes de Pascal → TEXTE 1, de Voltaire → D'UN TEXTE À L'AUTRE 1, de Fénelon → TEXTE 2 et de Diderot → TEXTE 3, analysez les différentes images de la nature humaine proposées par les auteurs et confrontez les types de texte auxquels ils ont recours.
→ p. 388 : LES TYPES DE TEXTE
→ p. 484 : ANALYSER UN CORPUS ET RÉDIGER UNE RÉPONSE ORGANISÉE

D'UN *Texte* À L'AUTRE 3

Biographie p. 561

# Jean-Claude Carrière
## *La Controverse de Valladolid* (1992)

Jacopo Ligozzi (1547-1632), *Ananas* (début du XVIIe siècle), dessin (Florence, Galerie des Offices, cabinet des estampes).

La Controverse de Valladolid *s'inspire d'un débat qui a réellement eu lieu en 1550 à Valladolid, en Espagne. Elle oppose le père Bartolomé de Las Casas au philosophe spécialiste des religions Sépulvéda, à propos du statut des Indiens d'Amérique, colonisés par la couronne espagnole depuis la découverte du Nouveau Monde par Christophe Colomb en 1492. La scène se passe dans un couvent espagnol ; un envoyé du pape est présent afin de trancher le débat.*

Après quoi il[1] affirme avec la même fermeté :

– Oui, Éminence[2], les habitants du Nouveau Monde sont des esclaves par nature. En tout point conformes à la description d'Aristote[3].

– Cette affirmation demande des preuves, dit doucement le prélat[4].

Sépulvéda n'en disconvient pas. D'ailleurs, sachant cette question inévitable, il a préparé tout un dossier. Il en saisit le premier feuillet.

– D'abord, dit-il, les premiers qui ont été découverts se sont montrés incapables de toute initiative, de toute invention. En revanche, on les voyait habiles à copier les gestes et les attitudes des Espagnols, leurs supérieurs. Pour faire quelque chose, il leur suffisait de regarder un autre l'accomplir. Cette tendance à copier, qui s'accompagne d'ailleurs d'une réelle ingéniosité dans l'imitation, est le caractère même de l'âme esclave. Âme d'artisan, âme manuelle pour ainsi dire.

– Mais on nous chante une vieille chanson ! s'écrie Las Casas. De tout temps les envahisseurs, pour se justifier de leur mainmise, ont déclaré les peuples conquis indolents[5], dépourvus, mais très capables d'imiter ! César racontait la même chose des Gaulois qu'il asservissait ! Ils montraient, disait-il, une étonnante habileté pour copier les techniques romaines ! Nous ne pouvons pas retenir ici cet argument ! César s'aveuglait volontairement sur la vie véritable des peuples de la Gaule, sur leurs coutumes, leurs langages, leurs croyances et même leurs outils ! Il ne voulait pas, et par conséquent ne pouvait pas voir tout ce que cette vie offrait d'original. Et nous faisons de même : nous ne voyons que ce qu'ils imitent de nous ! Le reste, nous l'effaçons, nous le détruisons à jamais, pour dire ensuite : ça n'a pas existé !

Le cardinal, qui n'a pas interrompu le dominicain, semble attentif à cette argumentation nouvelle, qui s'intéresse aux coutumes des peuples. Il fait remarquer qu'il s'agit là d'un terrain de discussion des plus délicats, où nous risquons d'être constamment ensorcelés par l'habitude, prise depuis l'enfance, que nous avons de nos propres usages, lesquels nous semblent de ce fait très supérieurs aux usages des autres.

– Sauf quand il s'agit d'esclaves-nés, dit le philosophe. Car on voit bien que les Indiens ont voulu presque aussitôt acquérir nos armes et nos vêtements.

– Certains d'entre eux, oui sans doute, répond le cardinal. Encore qu'il soit malaisé de distinguer, dans leurs motifs, ce qui relève d'une admiration sincère ou de la simple flagornerie[6]. Quelles autres marques d'esclavage naturel avez-vous relevées chez eux ?

Sépulvéda prend une liasse de feuillets et commence une lecture faite à voix plate, comme un compte rendu précis, indiscutable :

– Ils ignorent l'usage du métal, des armes à feu et de la roue. Ils portent leurs

1. Sépulvéda.
2. Adresse au représentant du pape, le légat.
3. Philosophe grec (IVe siècle avant J.-C.).
4. Dignitaire de l'Église ; désigne ici le légat du pape.
5. Nonchalants.
6. Flatterie (terme péjoratif).

fardeaux sur le dos, comme des bêtes, pendant de longs parcours. Leur nourriture est détestable, semblable à celle des animaux. Ils se peignent grossièrement le corps et adorent des idoles affreuses. Je ne reviens pas sur les sacrifices humains, qui sont la marque la plus haïssable, et la plus offensante à Dieu, de leur état.

Las Casas ne parle pas pour le moment. Il se contente de prendre quelques notes. Tout cela ne le surprend pas.

– J'ajoute qu'on les décrit stupides comme nos enfants ou nos idiots. Ils changent très fréquemment de femmes, ce qui est un signe très vrai de sauvagerie. Ils ignorent de toute évidence la noblesse et l'élévation du beau sacrement du mariage. Ils sont timides et lâches à la guerre. Ils ignorent aussi la nature de l'argent et n'ont aucune idée de la valeur respective des choses. Par exemple, ils échangeaient contre de l'or le verre cassé des barils[7].

– Eh bien ? s'écrie Las Casas. Parce qu'ils n'adorent pas l'or et l'argent au point de leur sacrifier corps et âme, est-ce une raison pour les traiter de bêtes ? N'est-ce pas plutôt le contraire ?

– Vous déviez ma pensée, répond le philosophe.

– Et pourquoi jugez-vous leur nourriture détestable ? Y avez-vous goûté ? N'est-ce pas plutôt à eux de dire ce qui leur semble bon ou moins bon ? Parce qu'une nourriture est différente de la nôtre, doit-on la trouver répugnante ?

– Ils mangent des œufs de fourmi, des tripes d'oiseau...

– Nous mangeons des tripes de porc ! Et des escargots !

– Ils se sont jetés sur le vin, dit Sépulvéda, au point, dans bien des cas, d'y laisser leur peu de raison.

– Et nous avons tout fait pour les y encourager ! Mais ne vous a-t-on pas appris, d'un autre côté, qu'ils cultivent des fruits et des légumes qui jusqu'ici nous étaient inconnus ? Et que certains de leurs tubercules[8] sont délicieux ? Vous dites qu'ils portent leurs fardeaux sur le dos : Ignorez-vous que la nature ne leur a donné aucun animal qui pût le faire à leur place ? Quant à se peindre grossièrement le corps, qu'en savez-vous ? Que signifie le mot « grossier » ?

– Frère Bartolomé, dit le légat[9], vous aurez de nouveau la parole, aussi longtemps que vous voudrez. Rien ne sera laissé dans l'ombre, je vous l'assure. Mais pour le moment, restez silencieux.

Chapitre 7 (extrait), © Actes Sud (1999).

**7.** Petits tonneaux.
**8.** Pommes de terre.
**9.** Voir note 2.

## QUESTIONS

**1.** Quelles sont les thèses en présence et par qui sont-elles représentées ?
→ p. 418 : LE CIRCUIT ARGUMENTATIF

**2.** Quels sont les arguments soutenus par Sépulvéda ? Relevez-les en précisant le type d'argument employé.
→ p. 418 : LE CIRCUIT ARGUMENTATIF

**3.** Comment Las Casas répond-il à son adversaire ? Propose-t-il des contre-arguments ? Justifiez.
→ p. 418 : LE CIRCUIT ARGUMENTATIF

**4. a.** Déterminez le caractère de chacun des personnages. Soyez attentifs aux types de phrase et au vocabulaire employés.
**b.** Quels compléments le narrateur fournit-il ?
→ p. 375 : LA SYNTAXE ET LA VALEUR DES TEMPS

**5.** Quel est le rôle du légat dans ce passage ? Expliquez.

**6.** Quelle argumentation semble la plus convaincante pour le lecteur d'aujourd'hui ? Était-ce le cas au XVIe siècle ? Justifiez.

## Vis-à-vis : Diderot et Jean-Claude Carrière

**7.** Diderot et Jean-Claude Carrière n'adoptent pas le même point de vue pour évoquer la colonisation. Qui font-ils parler ?

**8.** Les colonisés ont-ils le statut de victimes dans les deux textes ? Comment l'expliquez-vous ?

# Denis DIDEROT, *Supplément au voyage de Bougainville* (1796)

**OBJECTIF**

**Étudier comment un dialogue philosophique traite de façon directe et originale le thème de la colonisation.**

## Le contexte

Bougainville (1729-1811) est le premier navigateur français à faire le tour du monde (1766-1769). Accompagné par des naturalistes et des astronomes, il fait de nombreuses découvertes et relate son expédition dans un ouvrage intitulé *Voyage autour du monde* (1771).

## L'auteur

Au moment de la rédaction de cet ouvrage, Diderot ne dirige plus l'*Encyclopédie* avec d'Alembert puisqu'elle vient d'être achevée. Il développe ses talents de critique d'art et renouvelle la technique romanesque dans *Jacques le Fataliste*. Il écrit également des dialogues philosophiques sur des thèmes contemporains, tel le *Supplément au voyage de Bougainville* (1772, publié en 1796).

## L'œuvre

Suite à la publication du récit de voyage de Bougainville, Diderot rédige le *Supplément au voyage de Bougainville* pour dénoncer les contradictions de la société occidentale. Il y défend un modèle de société cohérent et rationnel fondé sur l'observation du mode de vie des Tahitiens.

## Pistes d'analyse

**1. Autour du récit de voyage.** Dans sa structure et dans ses choix narratifs, en quoi le *Supplément au voyage de Bougainville* n'est-il pas un simple récit de voyage ? Justifiez votre réponse.

**2. Le *Supplément* et l'utopie.** Recherchez l'origine et le sens du mot *utopie*, et dites en quoi le *Supplément* appartient en partie à ce genre très particulier de la littérature d'idées.

→ p. 413 : LES GENRES DE L'ARGUMENTATION

**3. Un dialogue philosophique ?** Quelles sont les fonctions du dialogue dans ce texte ? Cherchez la définition du dialogue philosophique et précisez si elle s'accorde avec le contenu du *Supplément*.

**4. Des thèmes audacieux.** Quels thèmes, osés pour l'époque, les interlocuteurs du *Supplément au voyage de Bougainville* se permettent-ils d'aborder ? Quelle leçon philosophique en tirent-ils ?

## Activités complémentaires

**1. Entraînement à la dissertation.** Quel est l'intérêt de recourir au dialogue pour argumenter ? À partir de votre lecture de Diderot et d'autres textes, répondez à cette question dans un développement argumenté.

→ p. 518 : RÉDIGER UNE DISSERTATION

**2. Lecture expressive.** En vue de l'exposé de français (première partie de l'épreuve orale), entraînez-vous à lire de façon vive et convaincante l'adresse du vieux Tahitien à Bougainville (chapitre II, de *Puis s'adressant à Bougainville* à *tes vertus chimériques*).

## Propositions de lectures

**Textes contemporains de l'auteur**

- VOLTAIRE, *Candide* (1759), surtout le chapitre XIX : un conte philosophique qui aborde frontalement le thème de l'esclavage, conséquence de la colonisation européenne en Amérique du Sud.
- *Encyclopédie*, article « Autorité politique » (1751-1772) : écrit de Diderot sur l'exercice du pouvoir, thème essentiel du *Supplément*.

**Pour élargir**

- Aimé CÉSAIRE, *Discours sur le colonialisme* (1950) : un pamphlet sur le pouvoir tyrannique des grandes puissances (en particulier la France) sur les colonies.
- Revue de presse sur les débats d'intellectuels français au sujet de la polémique autour des « bienfaits de la colonisation » (hiver 2005-2006).

# SYNTHÈSE L'héritage humaniste

• De la Renaissance à nos jours, la littérature d'idées est influencée par le **modèle humaniste**, c'est-à-dire une conception du monde qui met l'homme au cœur de tout débat social, politique et philosophique.

## 1 Les grands thèmes humanistes

### La vanité et la barbarie humaines

• Si certains auteurs croient en la possibilité de tout homme de s'améliorer, nombreux sont ceux qui en doutent. Au XVIe siècle, **Michel de Montaigne** dénonce l'orgueil de l'homme en parlant d'une *maladie naturelle et originelle* dans ses *Essais* (livre II, chapitre 12). Au XVIIe siècle, dans les *Pensées* → TEXTE 1, **Blaise Pascal** redéfinit la place de l'homme en soulignant son importance relative dans l'ensemble de l'univers, tout comme Cyrano de Bergerac dans son récit *L'Autre Monde ou les États et Empires de la Lune* (1657) → EXERCICE 4.

• Dès le XVIIIe siècle, le **colonialisme**, fondé sur l'exploitation de l'homme par l'homme, est dénoncé par de nombreux auteurs qui remettent en question la définition même de la nature humaine. Cette question anime les personnages du *Supplément au voyage de Bougainville* de **Denis Diderot** (1796) → TEXTE 3 et, deux siècles plus tard, ceux de *La Controverse de Valladolid* de **Jean-Claude Carrière** (1992) → D'UN TEXTE À L'AUTRE 3.

### L'éducation de l'homme et de la femme

• L'éducation, grâce à laquelle l'individu, encore jeune, est susceptible de s'améliorer, est abordée par les auteurs humanistes : dans ses *Essais*, **Michel de Montaigne** défend une éducation formant l'esprit critique ; dans ses romans, **François Rabelais** fait du savoir encyclopédique le moyen de perfectionner l'homme → SÉQUENCE 6, TEXTE 1, p. 129. L'éducation est en débat dans l'aristocratie et la bourgeoisie ; **Fénelon** est l'un des premiers à dénoncer le manque d'éducation des filles → TEXTE 2.

## 2 Littérature d'idées et idéaux humanistes

### L'essai et le traité

• Dans l'**essai**, l'auteur s'exprime à la **première personne** et fait partager aux lecteurs ses réflexions. Cette argumentation appliquée au thème de la nature humaine met à l'épreuve les idées de l'auteur et fait réfléchir le lecteur sur ce qu'il est : un individu particulier appartenant en même temps à la société. **Michel de Montaigne** en est le fondateur avec ses *Essais* (1580), ouvrage dans lequel il se définit comme *la matière de [s]on livre* et s'interroge sur ce qui caractérise l'homme.

• Dans le **traité**, l'auteur aborde un sujet précis qu'il étudie minutieusement de façon à en dégager des **leçons pratiques**. **Fénelon** l'utilise pour exposer son point de vue moderne sur l'éducation des filles à une époque où les femmes sont peu visées par ce genre d'ouvrage → TEXTE 2.

### Le dialogue philosophique

• Certains auteurs, soucieux de ne pas être censurés, utilisent un point de vue étranger et distancié sur l'homme. Cette stratégie permet de soumettre à une discussion franche des sujets difficiles tels que la remise en question du pouvoir de la religion. Le **dialogue philosophique** est un lieu d'ouverture où un personnage peut représenter les préjugés du lecteur lui-même, face à un contradicteur ; ainsi, l'aumônier, dans le *Supplément au voyage de Bougainville* de **Diderot** (1796) → TEXTE 3 incarne les préjugés occidentaux du lecteur devant Orou, le représentant des mœurs tahitiennes.

## 3 Fiction et pensée humaniste

### Le conte philosophique et la fable

• Ils mettent en scène des **personnages humains, voire des animaux** pour certaines fables, dans le but d'engager le lecteur à s'interroger plaisamment sur lui-même. Le message moral, explicite ou implicite, est un guide donné par la fiction : les défauts y sont explicitement châtiés ; ainsi, **Voltaire** dénonce l'orgueil de l'homme dans *Micromégas* (1752) → D'UN TEXTE À L'AUTRE 1.

### La poésie argumentative

• Souvent plus courte et plus frappante, la poésie est une **arme de dénonciation** efficace. Elle peut utiliser toutes les ressources du langage pour exprimer le désespoir devant la vanité de l'existence humaine, tel **J. Vallée des Barreaux**, dans son poème (1660) → EXERCICE 2, ou la foi romantique en l'avenir de l'homme, comme **Alfred de Vigny** à la fin de son recueil *Les Destinées* (1864) → EXERCICE 3.

Biographies des auteurs → p. 560

DVD-ROM Ressources complémentaires

# Naissance et évolution du portrait pictural

Le portrait est une image représentant une personne réelle soit très fidèlement, selon la **tendance réaliste**, soit en la glorifiant, selon la **tendance idéaliste**. Son but premier est, pour le peintre qui fait son **autoportrait** ou pour le modèle qui lui commande un **portrait**, de léguer à sa descendance une image fixée pour l'éternité.

1 Antonio di Puccio Pisano dit Pisanello (vers 1395-1455), *Portrait de Ginevra d'Este* (vers 1435-1440), huile sur bois, 43 x 30 cm (Paris, musée du Louvre).

## 1 • L'évolution du portrait, de l'Antiquité à la Renaissance

### Les premiers portraits

L'art du portrait est très ancien, comme en témoignent les **portraits peints recouvrant des momies**, découverts en Égypte entre le IVe et le Ier siècle avant J.-C., sur le site du **Fayoum**. Mais il connaît un déclin durant le Moyen Âge chrétien qui se méfie des images, considérées comme magiques et diaboliques.

C'est en France, au **XIVe siècle**, que le portrait se libère de tout contexte sacré, s'attachant par exemple à l'exercice du pouvoir ; le **portrait du roi français Jean le Bon** exposé au Louvre en est la première illustration.

### L'individualisation du portrait

Au début du **XVe siècle**, à Florence et en Flandres, le **portrait** devient un **genre autonome**. En Italie, les personnalités sont le plus souvent peintes en buste sur un **fond d'abord neutre ou ornementé**, puis devant un paysage. Giotto est le premier à individualiser ses personnages, et à sa suite **Pisanello** (vers 1395-1455) qui représente dans sa toile, *Portrait de Ginevra d'Este* 1, une jeune fille en buste. Le **profil de médaille**, fréquent du XIVe au XVIe siècle, se détache sur un fond décoratif mêlant végétation et papillons.

Les **primitifs flamands** tels **Van Eyck** et **Hans Memling**, placent leurs modèles sur un fond de paysage idéalisé mais vraisemblable, et parfois dans un cadre quotidien réaliste.

## 2 • Le triomphe du portrait

2 Maurice Quentin de La Tour (1704-1788), *Portrait de Jean-Jacques Rousseau*, pastel, 45 x 34 cm (Saint-Quentin, musée Antoine Lécuyer).

### Du portrait de cour à l'autoportrait

Au **XVIe siècle**, devant la demande croissante des courtisans et des nobles, de grands peintres se spécialisent dans ce genre, comme **Clouet** en France ou **Titien** en Italie. Sous Louis XIV, c'est **Hyacinthe Rigaud** (1659-1743) qui devient le peintre officiel du Roi-Soleil.

Les **portraits en pied** sont fréquents dans la mesure où tout prince veut alors montrer la mesure de sa puissance.

Les peintres flamands **Pierre Paul Rubens** et **Anthony Van Dyck** reçoivent des commandes de toute l'Europe et renouvellent les portraits de princes et de marquis en leur donnant plus de vivacité, ce qui ouvre la voie à l'**art triomphant du portrait en Angleterre**. Cette vigueur du portrait n'est pas reconnue par la **hiérarchie des genres** de Félibien qui, en 1667, le place après la peinture d'histoire et la scène de genre.

C'est également à cette époque que des peintres, comme le Hollandais **Rembrandt**, peignent de nombreux autoportraits qui interrogent l'âme de l'artiste.

### L'âge d'or du portrait

Au XVIIIe **siècle**, le **portrait psychologique** naît avec le développement de l'**art du pastel**, et en particulier avec **Jean-Étienne Liotard** en Suisse, et **Maurice Quentin de La Tour** (1704-1788) en France. Ce dernier représente ses proches et les grands de son époque, toujours attentif au caractère qui se dégage de tout modèle, tel l'écrivain Jean-Jacques Rousseau **2**.

**LEXIQUE**

**Cubisme** Mouvement pictural né en 1907 avec Picasso.

**Hiérarchie des genres** Classement des genres suivant les principes de l'Académie.

**Néo-classicisme** Mouvement culturel européen de la fin du XVIIIe siècle et des premières années du XIXe siècle, revenant à l'idéal de l'art gréco-romain.

**Pastel** Bâtonnet de couleur permettant d'obtenir des teintes douces et claires.

**Portrait en pied** Portrait représentant le modèle de la tête aux pieds, à la différence du portrait en buste.

**Primitifs flamands** Premiers peintres d'une grande école de peinture active dans les Flandres (Lille, Bruxelles, Anvers…), attachée au réalisme et à la minutie des détails.

## 3 • Les métamorphoses du portrait

**3** Paul GAUGUIN (1848-1903), *Vairumati* (1897), huile sur toile, 73 x 94 cm (Paris, musée d'Orsay).

### De l'idéalisation à la réalité

Au début du XIXe **siècle** triomphe le **modèle néo-classique** de **Jean Auguste Dominique Ingres** qui privilégie l'harmonie de la luminosité et de la symétrie. À l'**époque romantique**, **Eugène Delacroix** idéalise ses portraits en y révélant le caractère intérieur des modèles, transformé par son imagination.

**Dès la fin des années 1860**, les **peintres impressionnistes** font évoluer le genre en ne l'idéalisant plus. **Édouard Manet** peint les membres des milieux artistiques et bourgeois ; **Edgar Degas** et **Auguste Renoir** représentent toutes les personnes participant à la vie sociale.

**Paul Gauguin** (1848-1903) défend la **valeur esthétique de l'art primitif** à travers ses portraits. Il abandonne l'illusion du vrai pour un **espace sans profondeur** et une stylisation des figures et des corps, ainsi que pour des **couleurs expressives**, comme en témoigne sa toile intitulée *Vairumati* **3**.

### Le portrait avant-gardiste

L'art du portrait est bouleversé par le **développement du portrait photographique** qui permet d'enregistrer une image fidèle du sujet, et par la notion même d'individu qui éclate sous l'influence de Freud, pour qui la personne n'a plus d'identité stable. Ainsi, dans sa **période cubiste**, **Picasso** déconstruit géométriquement les visages et les corps comme s'il s'agissait d'objets manipulables. La **laideur** et la **difformité** se développent également, comme sous le pinceau de **Francis Bacon** qui dans les années 1960-1970 représente son visage et ceux de ses proches dans des torsions déformantes.

**QUESTIONS**

**1.** Décrivez les jeux de lumière sur le visage de Jean-Jacques Rousseau représenté par Quentin de La Tour. Quels détails révèlent un sens aigu de l'analyse psychologique ?

**2.** Cherchez un autoportrait de Francis Bacon. Dans quelle mesure le terme de *déformation*, voire de *métamorphose*, est-il adapté ? Prouvez-le en étudiant la palette et les traits utilisés.

# Exercices d'approfondissement

## Revoir

### 1 Nature de l'homme, nature de la femme

**1.** Quelles expressions désignent la créature créée par Héphaïstos ? Relevez et commentez.
**2.** Qu'est-ce que la *race des femmes* hérite d'elle ?
**3.** Quel est le sens de la comparaison avec l'abeille ?
→ p. 384 : LES FIGURES DE RHÉTORIQUE
**4.** Qu'est-ce qui caractérise la nature des femmes selon l'auteur ?

*La Théogonie d'Hésiode est le récit de la naissance des dieux et de l'univers. Dans cet épisode, Zeus vient d'apercevoir, dans le royaume des humains, le feu que Prométhée lui a dérobé. Irrité, il demande à Héphaïstos de modeler avec de l'argile une image de femme pudique. Ce texte misogyne en dit long sur les combats que les femmes devront mener.*

Autour de sa tête elle[1] posa un diadème d'or forgé par l'illustre Boiteux[2] lui-même, de ses mains adroites, pour plaire à Zeus son père : il portait d'innombrables ciselures[3], merveille pour les yeux, images des bêtes que par milliers nourrissent la terre et les mers ; Héphaïstos en avait mis des milliers – et un charme infini illuminait le bijou – véritables merveilles, toutes semblables à des êtres vivants.

Et quand, en place d'un bien, Zeus eut créé ce mal si beau, il l'amena où étaient dieux et hommes, superbement paré par la Vierge aux yeux pers[4], la fille du dieu fort ; et les dieux immortels et les hommes mortels allaient s'émerveillant à la vue de ce piège, profond et sans issue, destiné aux humains. Car c'est de celle-là qu'est sortie la race, l'engeance[5] maudite des femmes, terrible fléau installé au milieu des hommes mortels. Elles ne s'accommodent pas de la pauvreté odieuse, mais de la seule abondance. Ainsi, dans les abris où nichent les essaims, les abeilles nourrissent les frelons que partout suivent œuvres de mal. Tandis qu'elles, sans repos, jusqu'au coucher du Soleil, s'empressent chaque jour à former des rayons de cire blanche, ils demeurent, eux, à l'abri des ruches et engrangent dans leur ventre le fruit des peines d'autrui. Tout de même, Zeus qui gronde dans les nues, pour le grand malheur des hommes mortels, a créé les femmes, que partout suivent œuvres d'angoisse, et leur a, en place d'un bien, fourni tout au contraire un mal.

Hésiode, *Théogonie* (VIIIe-VIIe siècles avant J.-C.), traduction du grec par P. Mazon, © Les Belles Lettres (2002).

1. Athéna. 2. Périphrase qui désigne le dieu Héphaïstos, être difforme. 3. Décorations gravées. 4. Périphrase désignant Athéna ; les yeux pers sont des yeux mi-bleus, mi-verts. 5. Groupe d'êtres méprisables.

## Approfondir

### 2 Nature de l'existence humaine

**1.** Quelle est la thèse énoncée dans le premier quatrain ? Analysez les rimes pour répondre.
→ p. 418 : LE CIRCUIT ARGUMENTATIF
**2.** Quelle image domine dans ce sonnet ? Sur quel aspect de la nature humaine met-elle l'accent ? Expliquez.
→ p. 384 : LES FIGURES DE RHÉTORIQUE
**3.** Comment ce sonnet est-il construit ? En quoi peut-on dire qu'il est argumentatif ? Justifiez.
**4.** Quelle leçon le poète transmet-il au lecteur ? Justifiez.

*Conformément à l'art baroque qui fait de la vie une illusion, ce sonnet développe une vision peu valorisante de l'existence humaine.*

Tout n'est plein ici bas que de vaine[1] apparence,
Ce qu'on donne à sagesse est conduit par le sort,
L'on monte et l'on descend avec pareil effort,
Sans jamais rencontrer l'état de consistance.

Que veiller et dormir ont peu de différence,
Grand maître en l'art d'aimer, tu te trompes bien fort
En nommant le sommeil l'image de la mort,
La vie et le sommeil ont plus de ressemblance.

Comme on rêve en son lit, rêver en la maison,
Espérer sans succès, et craindre sans raison,
Passer et repasser d'une à une autre envie,

Travailler avec peine et travailler sans fruit,
Le dirais-je, Mortels, qu'est-ce que cette vie ?
C'est un songe qui dure un peu plus qu'une nuit.

Jacques Vallée des Barreaux, *Poésies choisies* (1660).

1. Fausse, mensongère.

### 3 La confiance dans la nature humaine

**1.** Quel champ lexical domine dans ce poème ? Relevez-le et expliquez.
**2.** Qu'est-ce qui caractérise la vie de l'homme selon le poète ? Expliquez et justifiez le titre du poème.
**3.** Quels noms communs portent des majuscules ? Quelle figure de rhétorique est alors utilisée, et dans quel but ?
→ p. 384 : LES FIGURES DE RHÉTORIQUE
**4.** Comment la confiance dans l'avenir de l'homme s'exprime-t-elle ? Relevez les expressions et commentez.

*Vigny ouvre son recueil* Les Destinées *sur le poids écrasant des souffrances qui accablent l'humanité ; la résignation et l'amertume dominent ainsi dans les premiers poèmes. Mais « La bouteille à la mer » ouvre la voie à la confiance en un avenir triomphant de l'humanité.*

### La bouteille à la mer

Souvenir éternel ! gloire à la découverte
Dans l'homme ou la nature égaux en profondeur,
Dans le Juste et le Bien, source à peine entr'ouverte,
Dans l'Art inépuisable, abîme de splendeur !
Qu'importe oubli, morsure, injustice insensée,
Glaces et tourbillons de notre traversée ?
Sur la pierre des morts croît l'arbre de grandeur.

Cet arbre est le plus beau de la terre promise,
C'est votre phare à tous, Penseurs laborieux[1] !
Voguez sans jamais craindre ou les flots ou la brise
Pour tout trésor scellé du cachet précieux.
L'or pur doit surnager, et sa gloire est certaine.
Dites en souriant comme ce Capitaine :
« Qu'il aborde, si c'est la volonté des Dieux ! »

Le vrai Dieu, le Dieu fort est le Dieu des idées !
Sur nos fronts où le germe est jeté par le sort,
Répandons le savoir en fécondes ondées[2] ;
Puis, recueillant le fruit tel que de l'âme il sort,
Tout empreint[3] du parfum des saintes solitudes,
Jetons l'œuvre à la mer, la mer des multitudes :
– Dieu la prendra du doigt pour la conduire au port.

Alfred de Vigny, *Les Destinées* (extrait, 1864).

**1.** Qui travaillent beaucoup. **2.** Pluies. **3.** Baigné.

## Écrire

### 4 L'autre monde

*Dans l'un des récits de Cyrano de Bergerac, le narrateur-personnage décide de se rendre sur la lune pour prouver qu'elle est habitée, hypothèse soutenue à l'époque par le philosophe et savant italien Giordano Bruno. Ce récit critique implicitement la religion et la pensée scientifique dogmatiques qui étouffent l'esprit humain.*

La lune était en son plein, le ciel était découvert, et neuf heures du soir étaient sonnées lorsque nous revenions d'une maison proche de Paris, quatre de mes amis et moi. Les diverses pensées que nous donna la vue de cette boule de safran[1] nous défrayèrent[2] sur le chemin. Les yeux noyés dans ce grand astre, tantôt l'un le prenait pour une lucarne du ciel par où l'on entrevoyait la gloire des bienheureux[3] ; tantôt l'autre protestait que c'était la platine[4] où Diane dresse les rabats d'Apollon[5] ; tantôt un autre s'écriait que ce pourrait bien être le soleil lui-même, qui s'étant au soir dépouillé[6] de ses rayons regardait par un trou ce qu'on faisait au monde quand il n'y était plus.

« Et moi, dis-je, qui souhaite mêler mes enthousiasmes aux vôtres, je crois sans m'amuser aux imaginations pointues[7] dont vous chatouillez le temps pour le faire marcher plus vite, que la lune est un monde comme celui-ci, à qui le nôtre sert de lune. »

La compagnie me régala d'un grand éclat de rire.

« Ainsi peut-être, leur dis-je, se moque-t-on maintenant dans la lune, de quelque autre, qui soutient que ce globe-ci est un monde. »

Mais j'eus beau leur alléguer que Pythagore[8], Épicure, Démocrite[9] et, de notre âge, Copernic[10] et Kepler[11], avaient été de cette opinion, je ne les obligeai qu'à s'égosiller[12] de plus belle.

Savinien de Cyrano de Bergerac,
*L'Autre Monde ou les États et Empires de la Lune*
(*incipit*, 1657, posthume).

**1.** Épice de couleur jaune extraite du crocus.
**2.** Distrayèrent.
**3.** Ceux qui ont été élus par Dieu.
**4.** Tréteau de cuivre servant à étendre le linge, ici les filets d'Apollon.
**5.** Diane, sœur d'Apollon, est vue comme une chasseresse qui dresse des obstacles afin de ramener le gibier vers son frère.
**6.** Défait de ses rayons, donc couché.
**7.** Poussées, extrêmes.
**8.** Mathématicien et scientifique (VIe siècle avant J.-C.) qui fut le premier à affirmer la rotondité de la Terre.
**9.** Épicure et Démocrite sont deux philosophes grecs (IVe siècle avant J.-C.) qui affirment que la Terre n'est pas le seul monde existant.
**10.** Astronome (1473-1543) à l'origine de la théorie de l'héliocentrisme (le Soleil au centre de l'univers).
**11.** Astronome (1571-1630) qui soutient la même théorie que Copernic et affirme qu'il existe d'autres mondes habités.
**12.** Crier très fort.

**1.** **Quelles hypothèses les amis du narrateur proposent-ils pour présenter la Lune ? En quoi sont-elles burlesques ?**
→ p. 450 : LES REGISTRES COMIQUE ET TRAGIQUE
**2. a.** **Comment le narrateur présente-t-il la Lune ? Quelle figure de rhétorique utilise-t-il pour la définir ?**
**b.** **Quelle conception de la nature humaine cette hypothèse remet-elle en question ?**
→ p. 384 : LES FIGURES DE RHÉTORIQUE
**3.** **En quoi le discours des amis et celui du narrateur s'opposent-ils ? Quel est le rôle des noms cités par le narrateur ?**
**4.** **Comment le rire des amis peut-il être interprété ?**
**5.** **Écriture. Rédigez une partie de commentaire selon l'axe suivant : *L'auteur mêle le rire et le sérieux pour renforcer son argumentation.***
→ p. 513 : RÉDIGER DES PARAGRAPHES DE COMMENTAIRE

SÉQUENCE

# 5 Voyage et formation

**OBJECTIF**

**Étudier des textes argumentatifs qui abordent le voyage dans sa fonction critique ou éducative.**

Le voyage, en permettant la rencontre avec l'autre, est un moyen de s'éduquer et de modifier son regard sur le monde. Qu'il soit réel ou fictif, il apparaît toujours comme une étape formatrice majeure.

DVD-ROM Ressources complémentaires

## SOMMAIRE


Texte 1 — M. de MONTAIGNE, *Essais* (1580-1595) ........ 110
D'UN Texte À L'AUTRE — J.-J. ROUSSEAU, *Émile ou De l'éducation* (1762) ........ 112

Texte 2 — VOLTAIRE, *L'Ingénu* (1767) ........ 114
D'UN Texte À L'AUTRE — A. GIDE, *Retour de l'URSS* (1936) ........ 116

ÉTUDE D'ŒUVRE INTÉGRALE — VOLTAIRE, *L'Ingénu* (1767) ........ 118

Analyse d'Image — E. FROMENTIN, *Halte de cavaliers arabes dans la forêt* (1868) ........ 119

Texte 3 — N. HUSTON, *Nord perdu* (1999) ........ 120
D'UN Texte À L'AUTRE — M. CONDÉ, *Entretien avec Elizabeth Nunez* (2000) ........ 121

■ **SYNTHÈSE** Le voyage et l'altérité ........ 123
**Histoire des arts** Carnets, croquis et voyages ........ 124
■ **Exercices d'approfondissement** ........ 126


| Notions et activités | Liens avec la partie II |
| --- | --- |
| Les arguments, les types de raisonnement | → p. 418 : LE CIRCUIT ARGUMENTATIF |
| Les discours rapportés | → p. 434 : LE PERSONNAGE |
| Les stratégies argumentatives | → p. 416 : CONVAINCRE, DÉLIBÉRER OU PERSUADER |

| | Liens avec la partie III |
| --- | --- |
| Réécrire en actualisant ou en changeant de genre littéraire | → p. 538 : INVENTER ET TRANSPOSER |
| Élaborer un plan de commentaire | → p. 507 : CONSTRUIRE UN PLAN DÉTAILLÉ DE COMMENTAIRE |
| Chercher des arguments en vue d'une dissertation | → p. 523 : EXPLOITER LE CORPUS ET SES LECTURES PERSONNELLES |
| Construire une dissertation et en rédiger une partie | → p. 518 : RÉDIGER UNE DISSERTATION |

Texte 1

Biographie p. 566

# Michel de Montaigne

## *Essais* (1580-1595)

*En 1572, Montaigne cède sa charge au Parlement de Bordeaux pour une retraite provisoire dans sa bibliothèque ; il y rédige la première édition des* Essais, *des textes avant tout critiques, mais de nature autobiographique. L'auteur y noue un pacte de sincérité dans sa préface « Au lecteur » en écrivant :* je suis moi-même la matière de mon livre, *et tente d'y développer ses observations personnelles sur le monde. Dans l'un des* Essais, *Montaigne présente le voyage comme une expérience intime et humaniste, c'est-à-dire propre à étudier et à enrichir l'homme.*

Moi, qui le plus souvent voyage pour mon plaisir, je ne me guide pas si mal. S'il ne fait pas beau à droite, je prends à gauche ; si je me trouve peu apte à monter à cheval, je m'arrête. En faisant ainsi, je ne vois en vérité rien qui ne soit aussi agréable et aussi confortable que ma maison. Il est vrai que je trouve la superfluité[1] toujours superflue[2] et que je remarque de la gêne même dans le raffinement et dans l'abondance. Ai-je laissé quelque chose à voir derrière moi ? J'y retourne ; c'est toujours mon chemin. Je ne trace [à l'avance] aucune ligne déterminée, ni droite ni courbe. Ne trouvé[3]-je pas à l'endroit où je vais ce que l'on m'avait dit ? Comme il arrive souvent que les jugements des autres ne s'accordent pas avec les miens et que je les ai trouvés le plus souvent faux, je ne regrette pas ma peine : j'ai appris que ce qu'on disait n'y est pas.

J'ai une constitution physique qui se plie à tout et un goût qui accepte tout, autant qu'homme au monde[4]. La diversité des usages d'un peuple à l'autre ne m'affecte que par le plaisir de la variété. Chaque usage a sa raison [d'être]. Que ce soient des assiettes d'étain, de bois ou de terre cuite, [que ce soit] du bouilli ou du rôti, du beurre ou de l'huile de noix ou d'olive, [que ce soit] du chaud ou du froid, tout est un[5] pour moi et si un que[6], vieillissant, je blâme cette aptitude [qui me vient] d'une riche nature et que j'aurais besoin que la délicatesse [du goût] et le choix arrêtassent le manque de mesure de mon appétit et parfois soulageassent mon estomac. Quand je me suis trouvé ailleurs qu'en France et que, pour me faire une politesse, on m'a demandé si je voulais être servi à la française, je m'en suis moqué et je me suis toujours précipité vers les tables les plus garnies d'étrangers.

J'ai honte de voir nos compatriotes enivrés de cette sotte manie [qui les porte à] s'effaroucher des manières contraires aux leurs : il leur semble qu'ils sont hors de leur élément s'ils sont hors de leur village. Où qu'ils aillent, ils restent attachés à leurs façons [de vivre] et abominent celles des étrangers. Retrouvent-ils un Français en Hongrie ? ils fêtent cette aventure : les voilà à se rallier et à se recoudre[7] ensemble, à condamner tant de mœurs barbares qu'ils voient. Pourquoi ne seraient-elles pas barbares puisqu'elles ne sont pas françaises ? Et encore ce sont les plus intelligents qui les ont remarquées, pour en médire[8]. La plupart d'entre eux ne partent en voyage que pour faire le retour. Ils voyagent cachés et renfermés en eux-mêmes, avec une prudence taciturne[9] et peu communicative, en se défendant contre la contagion d'un air inconnu.

Ce que je dis de ceux-là me rappelle, dans un domaine semblable, ce que j'ai parfois observé chez quelques-uns de nos jeunes courtisans[10]. Ils ne s'attachent qu'aux hommes de leur sorte, et nous regardent comme des gens de l'autre monde, avec dédain[11] ou pitié. Ôtez-leur les entretiens sur les mystères de la

1. Le luxe.
2. Inutile.
3. L'usage est de remplacer e par é quand il y a inversion du sujet avec un verbe du 1er groupe (même si l'accent est aigu, la prononciation est celle d'un accent grave).
4. Autant qu'un homme qui côtoie le monde (la société) se doit de le faire.
5. Tout m'est égal.
6. Tellement égal que.
7. Retrouver.
8. Les critiquer.
9. Silencieuse.
10. Hommes de la cour.
11. Mépris.

Vincenzo Campi (1536-1591), *Les Mangeurs de ricotta* (XVIe siècle), huile sur toile, 77 x 89 cm (Lyon, musée des Beaux-Arts).

cour, ils sont hors de leur [seul] domaine, aussi niais pour nous, et malhabiles, que nous [le sommes pour eux. On dit bien vrai [quand on affirme] qu'un « honnête homme », c'est un « homme mêlé ».

Au rebours[12] [de nos compatriotes], je voyage fatigué de nos façons de vivre, non pour chercher des Gascons en Sicile (j'en ai laissé assez au pays) ; je cherche plutôt des Grecs, et des Persans : c'est ceux-là que j'aborde, que j'observe ; c'est à cela que je me prête et que je m'emploie. Et qui plus est : il me semble que je n'ai guère rencontré de manières qui ne vaillent pas les nôtres.

Livre III, chapitre IX : « Sur la vanité », « L'art de voyager » (extrait), translation en français moderne par A. Lanly, © Honoré Champion (2002).

12. Au contraire.

**LECTURE ANALYTIQUE**

## Première lecture

1. Quel est le thème de chaque paragraphe ? Quels sont les différents aspects du voyage selon Montaigne ?

## Mise au point

2. Relevez deux verbes conjugués à un mode et un temps peu employés de nos jours. Identifiez-les et expliquez leur valeur.
   → p. 375 : LA SYNTAXE ET LA VALEUR DES TEMPS

## Analyse

3. Relevez les repères spatiaux du premier paragraphe. Comment s'enchaînent-ils ? Que révèlent-ils de la conception du voyage défendue par Montaigne ?
4. Relevez l'énumération du deuxième paragraphe. En quoi illustre-t-elle la vérité énoncée par Montaigne ?
5. a. Quel ton est adopté dans le troisième paragraphe ? Analysez la connotation des termes employés.
   → p. 381 : DÉNOTATION ET CONNOTATION
   b. Dans quelle mesure Montaigne se démarque-t-il des voyageurs français ? Étudiez les oppositions entre les troisième et cinquième paragraphes.
6. Quel type de raisonnement permet d'évoquer les courtisans dans l'avant-dernier paragraphe ?
   → p. 418 : LE CIRCUIT ARGUMENTATIF
7. Comment comprenez-vous le groupe nominal *un homme mêlé* (l. 42) ? À quelles valeurs humanistes correspond-il ?
   → SÉQUENCE 13, SYNTHÈSE, p. 293
8. De quelles qualités un « bon » voyageur doit-il faire preuve selon Montaigne ?

## Question de synthèse

9. Montrez que ce récit est à la fois le fruit d'une expérience personnelle et l'occasion d'en tirer un enseignement.

## Pour aller plus loin

10. **Recherche.** Pourquoi, à votre avis, cet extrait se situe-t-il dans un chapitre intitulé « Sur la vanité » ? Cherchez le sens du mot *vanité* et expliquez.
11. **Écriture d'invention.** Réécrivez ce texte en faisant référence aux réalités d'aujourd'hui. Conservez un niveau de langue soutenu.
    → p. 538 : INVENTER ET TRANSPOSER

D'UN *Texte* 1 À L'AUTRE

Biographie p. 568

# Jean-Jacques Rousseau
## *Émile ou De l'éducation* (1762)

*Après deux siècles de réflexion sur la meilleure façon d'éduquer un futur prince, cette question fait encore débat au XVIII^e siècle. Dans son traité* Émile ou De l'éducation, *Rousseau élargit la question à l'ensemble des enfants. Il crée un élève imaginaire, Émile, qu'il considère comme son protégé. Dans la dernière partie de l'ouvrage, Émile a atteint l'âge adulte et vient de rencontrer Sophie, sa future épouse, dont il s'éloigne quelque temps pour voyager. Rousseau expose alors son point de vue sur le voyage.*

L'instruction qu'on retire des voyages se rapporte à l'objet qui les fait entreprendre. Quand cet objet est un système de philosophie, le voyageur ne voit jamais que ce qu'il veut voir ; quand cet objet est l'intérêt, il absorbe toute l'attention de ceux qui s'y livrent. Le commerce et les arts, qui mêlent et confondent les peuples, les empêchent aussi de s'étudier. Quand ils savent le profit qu'ils peuvent faire l'un avec l'autre, qu'ont-ils de plus à savoir ?

Il est utile à l'homme de connaître tous les lieux où l'on peut vivre, afin de choisir ensuite ceux où l'on peut vivre le plus commodément. Si chacun se suffisait à lui-même, il ne lui importerait de connaître que le pays qui peut le nourrir. Le sauvage, qui n'a besoin de personne et ne convoite rien au monde, ne connaît et ne cherche à connaître d'autres pays que le sien. S'il est forcé de s'étendre pour subsister, il fuit les lieux habités par les hommes ; il n'en veut qu'aux bêtes, et n'a besoin que d'elles pour se nourrir. Mais pour nous, à qui la vie civile est nécessaire, et qui ne pouvons plus nous passer de manger des hommes, l'intérêt de chacun de nous est de fréquenter les pays où l'on en trouve le plus. Voilà pourquoi tout afflue à Rome, à Paris, à Londres. C'est toujours dans les capitales que le sang humain se vend à meilleur marché. Ainsi l'on ne connaît que les grands peuples, et les grands peuples se ressemblent tous.

Nous avons, dit-on, des savants qui voyagent pour s'instruire ; c'est une erreur ; les savants voyagent par intérêt comme les autres. Les Platon, les Pythagore[1] ne se trouvent plus, ou, s'il y en a, c'est bien loin de nous. Nos savants ne voyagent que par ordre de la cour ; on les dépêche[2], on les défraye[3], on les paye pour voir tel ou tel objet, qui très sûrement n'est pas un objet moral. Ils doivent tout leur temps à cet objet unique ; ils sont trop honnêtes gens pour voler leur argent. Si, dans quelque pays que ce puisse être, des curieux voyagent à leurs dépens[4], ce n'est jamais pour étudier les hommes, c'est pour les instruire. Ce n'est pas de science qu'ils ont besoin, mais d'ostentation[5]. Comment apprendraient-ils dans leurs voyages à secouer le joug[6] de l'opinion ? ils ne les font que pour elle.

1. Philosophes grecs qui ont longuement voyagé pour parfaire leurs connaissances.
2. Envoie en mission commandée.
3. Rembourse de leurs frais.
4. À leurs propres frais.
5. De mise en valeur excessive.

Il y a bien de la différence entre voyager pour voir du pays ou pour voir des peuples. Le premier objet est toujours celui des curieux, l'autre n'est pour eux qu'accessoire. Ce doit être tout le contraire pour celui qui veut philosopher. L'enfant observe les choses en attendant qu'il puisse observer les hommes. L'homme doit commencer par observer ses semblables, et puis il observe les choses s'il en a le temps.

C'est donc mal raisonner que de conclure que les voyages sont inutiles, de ce que nous voyageons mal. Mais, l'utilité des voyages reconnue, s'ensuivra-t-il qu'ils conviennent à tout le monde ? Tant s'en faut ; ils ne conviennent au contraire qu'à très peu de gens ; ils ne conviennent qu'aux hommes assez fermes sur eux-mêmes pour écouter les leçons de l'erreur sans se laisser séduire, et pour voir l'exemple du vice sans se laisser entraîner. Les voyages poussent le naturel vers sa pente, et achèvent de rendre l'homme bon ou mauvais. Quiconque revient de courir le monde est à son retour ce qu'il sera toute sa vie : il en revient plus de méchants que de bons, parce qu'il en part plus d'enclins au mal qu'au bien. Les jeunes gens mal élevés et mal conduits contractent dans leurs voyages tous les vices des peuples qu'ils fréquentent, et pas une des vertus dont ces vices sont mêlés ; mais ceux qui sont heureusement nés, ceux dont on a bien cultivé le bon naturel et qui voyagent dans le vrai dessein de s'instruire, reviennent tous meilleurs et plus sages qu'ils n'étaient partis. Ainsi voyagera mon Émile : ainsi avait voyagé ce jeune homme[7], digne d'un meilleur siècle, dont l'Europe étonnée admira le mérite, qui mourut pour son pays à la fleur de ses ans, mais qui méritait de vivre, et dont la tombe, ornée de ses seules vertus, attendait pour être honorée qu'une main étrangère y semât des fleurs.

Tout ce qui se fait par raison doit avoir ses règles. Les voyages, pris comme une partie de l'éducation, doivent avoir les leurs. Voyager pour voyager, c'est errer, être vagabond ; voyager pour s'instruire est encore un objet trop vague : l'instruction qui n'a pas un but déterminé n'est rien. Je voudrais donner au jeune homme un intérêt sensible[8] à s'instruire, et cet intérêt bien choisi fixerait encore la nature de l'instruction.

Livre V : « Des voyages » (extrait).

6. La domination.

7. Ce jeune homme est le comte de Gisors tué à la bataille d'Orevelt.

8. Évident.

## QUESTIONS

**1. a.** Dès le premier paragraphe, quel est le sens du mot *objet* (l. 2) ?
**b.** D'après le début du texte, qu'est-ce qui motive le voyage ?

**2.** L'auteur donne-t-il une image valorisante des capitales ? Quelle figure de rhétorique le prouve ?
→ p. 384 : LES FIGURES DE RHÉTORIQUE

**3. a.** Comment Rousseau considère-t-il les savants qui voyagent ?
**b.** Quel terme permet de résumer ce qu'il pense à leur sujet ? Quelle est sa connotation ?
→ p. 381 : DÉNOTATION ET CONNOTATION

**4.** De quelle façon Rousseau joue-t-il avec l'expression *voir du pays* (l. 38) ? Partage-t-il cette façon d'envisager le voyage ?

**5.** Quelles catégories de *jeunes gens* Rousseau oppose-t-il dans l'avant-dernier paragraphe ? Quel argument souhaite-t-il ainsi illustrer ?
→ p. 418 : LE CIRCUIT ARGUMENTATIF

**6.** Quel idéal la répétition du verbe *voyager* (l. 63-64) permet-elle de mettre en évidence ?

## Vis-à-vis : Montaigne et Rousseau

**7.** Sur quelle illusion propre au voyage les deux auteurs insistent-ils ? Justifiez.

**8.** Le fait de *vagabond[er]* (l. 64) dénoncé par Rousseau est-il condamné par Montaigne ? pour quelle raison ?

**Page de gauche :**
Louis Gauffier (1761-1801), *La Vallée de l'Arno vue depuis le Paradisino de Vallombrosa* (détail, 1797), huile sur toile, 82,5 x 114 cm (Philadelphie, Museum of Art).

Texte 2

Biographie p. 569

# VOLTAIRE
## *L'Ingénu* (1767)

L'Ingénu *est un conte philosophique, un récit où chaque étape narrative donne lieu à une leçon de vie ou à un développement d'idées. Le personnage de l'Ingénu est un Huron, c'est-à-dire un Indien venant du Canada. À son arrivée en Bretagne, il est baptisé comme chrétien et tombe amoureux de sa marraine, la belle Mlle de Saint Yves, mais leur union est impossible. Après avoir repoussé une attaque anglaise sur les côtes bretonnes, il part pour Versailles afin d'obtenir une récompense et l'autorisation de la part du roi d'épouser sa marraine. En chemin, il fait une rencontre fort instructive.*

L'Ingénu prit le chemin de Saumur par le coche[1], parce qu'il n'y avait point alors d'autre commodité[2]. Quand il fut à Saumur, il s'étonna de trouver la ville presque déserte, et de voir plusieurs familles qui déménageaient. On lui dit que, six ans auparavant, Saumur contenait plus de quinze mille âmes, et qu'à présent il n'y en avait pas six mille. Il ne manqua pas d'en parler à souper dans son hôtellerie. Plusieurs protestants étaient à table ; les uns se plaignaient amèrement, d'autres frémissaient de colère, d'autres disaient en pleurant :

*Nos dulcia linquimus arva, Nos patriam fugimus.*

L'Ingénu qui ne savait pas le latin, se fit expliquer ces paroles, qui signifient : Nous abandonnons nos douces campagnes, nous fuyons notre patrie.

« Et pourquoi fuyez-vous votre patrie, Messieurs ?

– C'est qu'on veut que nous reconnaissions le pape.

– Et pourquoi ne le reconnaîtriez-vous pas ? Vous n'avez donc point de marraines que vous vouliez épouser ? car on m'a dit que c'était lui qui en donnait la permission.

– Ah ! Monsieur, ce pape dit qu'il est le maître du domaine des rois !

– Mais, Messieurs, de quelle profession êtes-vous ?

– Monsieur, nous sommes pour la plupart des drapiers et des fabricants.

– Si votre pape dit qu'il est le maître de vos draps et de vos fabriques, vous faites très bien de ne pas le reconnaître ; mais pour les rois, c'est leur affaire : de quoi vous mêlez-vous ? » Alors un petit homme noir prit la parole, et exposa très savamment les griefs de la compagnie. Il parla de la révocation de l'édit de Nantes[3] avec tant d'énergie, il déplora d'une manière si pathétique le sort de cinquante mille familles fugitives et de cinquante mille autres converties par les dragons[4], que l'Ingénu à son tour versa des larmes. « D'où vient donc, disait-il, qu'un si grand roi, dont la gloire s'étend jusque chez les Hurons, se prive ainsi de tant de cœurs qui l'auraient aimé, et de tant de bras qui l'auraient servi ?

– C'est qu'on l'a trompé comme les autres grands rois, répondit l'homme noir. On lui a fait croire que, dès qu'il aurait dit un mot, tous les hommes penseraient comme lui, et qu'il nous ferait changer de religion, comme son musicien Lulli[5] fait changer en un moment les décorations de ses opéras. »

Chapitre VIII (extrait).

1. La diligence.
2. D'autre moyen de transport.
3. L'édit d'Henri IV de 1598, mettant fin aux guerres de Religion en accordant la liberté de culte aux protestants, est annulé par Louis XIV en 1685.
4. Soldats.
5. Compositeur français d'origine italienne, proche de Louis XIV.

Charles Bird King (1785-1862), *Petalesharro chef indien Pawnee* (1822), huile sur bois, 43 x 36 cm (Copenhague, Musée national).

**LECTURE ANALYTIQUE**

## Première lecture

**1.** Qui l'Ingénu rencontre-t-il lors de son voyage ?

**2.** Que lui permet de comprendre l'échange avec l'*homme noir* (l. 21) ?

## Mise au point

**3.** Quel est le mode verbal employé à la ligne 13 ? Quelle est sa valeur ?

→ p. 375 : LA SYNTAXE ET LA VALEUR DES TEMPS

## Analyse

**4. a.** Avant le passage au discours direct, quels détails montrent que l'Ingénu a encore tout à découvrir ?
**b.** Dans le dialogue, quel type de phrase révèle une certaine naïveté de la part du personnage ?

**5.** Repérez les raisons avancées par les protestants pour expliquer leur fuite. Que défendent-ils ?

**6. a.** Quelle est la réaction de l'Ingénu ? Quel ton donne-t-elle à cet échange avec les protestants ?
**b.** À partir de quelle réplique les propos du personnage relèvent-ils du simple bon sens ? Expliquez.

→ p. 441 : LA PAROLE THÉÂTRALE

**7. a.** Dans quelle partie du texte une thèse est-elle énoncée ? par quel personnage ?
**b.** Reformulez la thèse avec vos propres mots.

→ p. 418 : LE CIRCUIT ARGUMENTATIF

## Question de synthèse

**8.** De quelle façon Voltaire utilise-t-il le regard d'un étranger pour critiquer la société française ?

## Pour aller plus loin

**9. Recherche.** En quoi la révocation de l'édit de Nantes consiste-t-elle ? Quels aspects de cette décision officielle sont représentés dans ce texte ? Aidez-vous d'une encyclopédie ou d'Internet.

**10. Commentaire.** Construisez le plan détaillé d'un commentaire qui répondra à la problématique suivante : en quoi cet extrait est-il caractéristique du conte philosophique ?

→ p. 413 : LES GENRES DE L'ARGUMENTATION
→ p. 507 : CONSTRUIRE UN PLAN DÉTAILLÉ DE COMMENTAIRE

Hausse des prix à Moscou (février 1992), photographie.

D'UN *Texte* À L'AUTRE 2

Biographie p. 563

# André Gide
## *Retour de l'URSS* (1936)

*Dans* Retour de l'URSS[1]*, André Gide raconte son voyage en URSS, un pays qu'il visite en invité officiel du pouvoir soviétique et en sympathisant communiste. Sa curiosité et son indépendance d'esprit lui permettent pourtant d'avoir une vision critique et lui font entrevoir, derrière les apparences, une dictature qui ne veut pas dire son nom. Il est le premier intellectuel européen à avoir ainsi analysé le système soviétique.*

Que font ces gens, devant ce magasin ? Ils font la queue ; une queue qui s'étend jusqu'à la rue prochaine. Ils sont là de deux à trois cents, très calmes, patients, qui attendent. Il est encore tôt ; le magasin n'a pas ouvert ses portes. Trois quarts d'heure plus tard, je repasse : la même foule est encore là. Je m'étonne : que sert d'arriver à l'avance ? Qu'y gagne-t-on ?

– Comment, ce qu'on y gagne ?... Les premiers sont les seuls servis.

Et l'on m'explique que les journaux ont annoncé un grand arrivage de... je ne sais quoi (je crois que, ce jour-là, c'étaient des coussins). Il y a peut-être quatre ou cinq cents objets, pour lesquels se présenteront huit cents, mille ou quinze cents amateurs. Bien avant le soir, il n'en restera plus un seul. Les besoins sont si grands et le public est si nombreux, que la demande, durant longtemps encore, l'emportera sur l'offre, et l'emportera de beaucoup. On ne parvient pas à suffire.

1. URSS : Union des Républiques socialistes soviétiques, démantelée en 1991, dont faisait partie la Russie.

Quelques heures plus tard, je pénètre dans le magasin. Il est énorme. Dedans c'est une incroyable cohue[2]. Les vendeurs, du reste, ne s'affolent pas, car, autour d'eux, pas le moindre signe d'impatience ; chacun attend son tour, assis ou debout, parfois avec un enfant sur les bras, sans numéro d'ordre et pourtant sans aucun désordre. On passera là, s'il le faut, sa matinée, sa journée ; dans un air qui, pour celui qui vient du dehors, paraît d'abord irrespirable ; puis on s'y fait, comme on se fait à tout. J'allais écrire : on se résigne. Mais le Russe est bien mieux que résigné : il semble prendre plaisir à attendre, et vous fait attendre à plaisir.

Fendant la foule ou porté par elle, j'ai visité du haut en bas, de long en large, le magasin. Les marchandises sont, à bien peu près, rebutantes[3]. On pourrait croire, même, que, pour modérer les appétits, étoffes, objets, etc., se fassent inattrayants au possible, de sorte qu'on achèterait par grand besoin mais non jamais par gourmandise. J'aurais voulu rapporter quelques « souvenirs » à des amis ; tout est affreux. Pourtant, depuis quelques mois, me dit-on, un grand effort a été tenté ; un effort vers la qualité ; et l'on parvient, en cherchant bien et en y consacrant le temps nécessaire, à découvrir de-ci, de-là, de récentes fournitures fort plaisantes et rassurantes pour l'avenir. Mais pour s'occuper de la qualité il faut d'abord que la quantité suffise ; et durant longtemps elle ne suffisait pas ; elle y parvient enfin, mais à peine. Du reste les peuples de l'URSS semblent s'éprendre de toutes les nouveautés proposées, même de celles qui paraissent laides à nos yeux d'Occidentaux. L'intensification[4] de la production permettra bientôt, je l'espère, la sélection, le choix, la persistance du meilleur et la progressive élimination des produits de qualité inférieure.

Chapitre II : « Discours aux étudiants de Moscou » (extrait), © Gallimard.

2. Foule.
3. Repoussantes.
4. L'accroissement.

**QUESTIONS**

1. Que révèlent les différents passages de l'observateur devant et dans le magasin ? Qu'y a-t-il d'étonnant pour un œil occidental ?
2. a. Qui parle dans la phrase au discours direct (l. 6) ? Quel ton y est employé ?
   b. Que permet de souligner cette intervention ?
   → p. 434 : LE PERSONNAGE
3. Quel rôle argumentatif les précisions chiffrées jouent-elles ? Expliquez.
   → p. 418 : LE CIRCUIT ARGUMENTATIF
4. a. Dans la définition qu'il donne de l'attitude russe, quelle figure de rhétorique Gide emploie-t-il ? Sur quoi permet-elle d'insister ?
   b. Quel pronom désigne le peuple russe ? dans quel but ?
   → p. 384 : LES FIGURES DE RHÉTORIQUE
5. Quels adjectifs qualificatifs permettent de décrire les produits vendus ? Quelle est leur connotation commune ?
   → p. 381 : DÉNOTATION ET CONNOTATION
6. En quoi le regard extérieur de Gide est-il à la fois admiratif et critique ?

**Vis-à-vis : Voltaire et Gide**

7. Quelle fonction l'observation occupe-t-elle dans les deux textes ? Quelle stratégie argumentative permet-elle de développer ?
   → p. 416 : CONVAINCRE, DÉLIBÉRER OU PERSUADER
8. Malgré le réalisme parfois brutal du constat, pourquoi ces textes valorisent-ils finalement le voyage ?

# VOLTAIRE, *L'Ingénu* (1767)

**OBJECTIF**

**Étudier la manière dont un récit fictif peut développer une vision satirique et des idées audacieuses.**

## Le contexte

La question religieuse est d'actualité : l'affaire du protestant Calas (1762-1765) ou celle du chevalier de La Barre (1766), accusé de blasphème, ébranlent la France. Le navigateur Bougainville fait le tour du monde, à une époque où l'exotisme est à la mode.

## L'auteur

Depuis 1760, Voltaire est installé à Ferney, près de Genève où il peut se réfugier à tout moment. Il vient de passer trois ans à se battre pour la révision du procès de Jean Calas mais l'échec de la mobilisation des philosophes en faveur du chevalier de La Barre l'a profondément affecté. Il poursuit son combat en faveur de la tolérance.

## L'œuvre

Une grande partie du conte est influencée par les romans sensibles de l'Anglais Richardson ou de Rousseau, telle *Julie ou la Nouvelle Héloïse* (1761). On y retrouve les mêmes motifs : un jeune homme naïf, une jeune femme innocente, l'emploi du registre pathétique et un dénouement tragique. Cependant, ce récit est avant tout un apologue qui nous invite à accepter de vivre dans le monde tel qu'il est.

## Pistes d'analyse

**1. Le système des personnages.** Présentez les personnages présents dans le premier chapitre (état civil, statut social, physique, caractère). De quelle manière l'auteur reprend-il le style et les codes du conte, tout en les adaptant ?
→ p. 000 : LE PERSONNAGE

**2. L'influence du roman sensible.** Comparez le dénouement du conte (propos et comportement des personnages, progression, registres…) avec celui de *Julie ou la Nouvelle Héloïse* de Rousseau.

**3. Le mythe du bon sauvage**

**a.** D'où vient l'Ingénu ? Comment les autres le voient-ils ?

**b.** Comment le héros perçoit-il la société française ? Quelles idées ce regard neuf sur le monde permet-il de développer ?
→ SÉQUENCE 4, SYNTHÈSE, p. 104

## Activités complémentaires

**1. Entraînement à l'écriture d'invention.** Transposez le chapitre XX, de *Au milieu de ce spectacle de la mort* à la fin, en scène de théâtre. Conservez le discours direct, et transposez le reste du passage en répliques conformes à l'esprit du récit.
→ p. 434 : LE PERSONNAGE
→ p. 441 : LA PAROLE THÉÂTRALE
→ p. 538 : INVENTER ET TRANSPOSER

**2. Entraînement au commentaire.** Commentez le chapitre IV, du début à *fatales conséquences*. Axez votre étude sur le mélange des aspects comiques et des pointes satiriques du narrateur, particulièrement à l'encontre de la religion.
→ p. 450 : LES REGISTRES COMIQUE ET TRAGIQUE
→ p. 498 : RÉDIGER UN COMMENTAIRE LITTÉRAIRE

## Propositions de lectures

**Textes contemporains de l'auteur**

- VOLTAIRE, *Candide* (1759) : un des contes philosophiques les plus connus de l'auteur, dans lequel un voyage autour du monde forme le personnage.
- VOLTAIRE, *Traité sur la tolérance*, « Prière à Dieu » (1763) : un texte où, en dépit de son ironie à l'encontre de la religion, l'auteur ne nie pas la spiritualité.

**Pour élargir**

- Pierre LOTI, *Le Roman d'un spahi* (1881) : un récit qui, par contraste avec le colonialisme destructeur de l'époque, envisage l'Afrique de façon sensible.
- Antoine de SAINT-EXUPÉRY, *Le Petit Prince* (1943) : un récit poétique où les thèmes de l'amitié et du voyage ont une portée universelle.

Analyse *d'image*

# Eugène FROMENTIN (1820-1876)
# *Halte de cavaliers arabes dans la forêt* (1868)

Huile sur toile,
54,5 x 64,5 cm
(Paris, musée d'Orsay).

*À la fois écrivain et peintre, Eugène Fromentin fait découvrir à ses contemporains les charmes de l'Orient. Trois séjours en Algérie entre 1846 et 1853, ainsi qu'une visite en Égypte pour l'inauguration du canal de Suez en 1869, font de lui un spécialiste de ces pays. Il appartient à cette tendance essentielle dans l'art européen du* XIX*e siècle, la peinture orientaliste.*

## QUESTIONS

### Première approche

**1.** Quelles sont les caractéristiques du paysage représenté ? Quel(s) élément(s) rattache(nt) ce paysage à l'Orient ?

### Analyse

**2.** Dans quelles attitudes les personnages sont-ils représentés ? Quant aux chevaux, quelle place occupent-ils dans l'ensemble de la composition ?

**3. a.** La palette utilisée est-elle large ?
**b.** En quoi les couleurs guident-elles le regard entre les différents plans du tableau ?

**4.** Observez les zones d'ombre. Comment le peintre joue-t-il avec la lumière ?

**5.** Le père d'Eugène Fromentin jugeait inacceptable le côté inachevé de ses tableaux. Cette critique vous semble-t-elle compréhensible ? Expliquez.
→ p. 461 : L'IMAGE FIXE

### Question de synthèse

**6.** Ce tableau orientaliste vous paraît-il véritablement exotique ? Expliquez.

# Texte 3

Biographie p. 564

## Nancy Huston
## *Nord perdu* (1999)

*Dans son essai* Nord perdu, *la Canadienne anglophone Nancy Huston fait part de son expérience d'expatriée installée en France, de sa confrontation à une autre langue et une autre culture. Dans cet extrait, à l'encontre des discours convenus sur le voyage, elle souligne la perte de repères qu'entraîne tout séjour à l'étranger.*

René Magritte (1898-1967), *La Clef des songes* (1952), gouache sur papier, 19 x 14,3 cm (collection privée).

Les gens vous disent : Ah ! quelle chance vous avez de pouvoir voyager ! Vous êtes allée en Inde, au Japon, au Mexique, à Tombouctou – comme je vous envie, c'est extraordinaire !

D'accord, aller dans un pays étranger, c'est souvent intéressant. Mais c'est, *aussi*, déstabilisant. Angoissant. Déboussolant. Je ne sais pas comment on fait pour l'oublier. Chaque fois que je traverse une frontière, je me rappelle : Ah oui. C'est comme ça, encore. La détresse de l'étranger. Je suis une femme mûre maintenant : dans la rue, même en Italie et en Espagne, les hommes ont cessé de me suivre, de me frôler, de me reluquer[1], de me susurrer[2] des saletés à l'oreille ; par ailleurs j'ai acquis mille formes de confiance et de savoir-faire, et pourtant... ça m'angoisse encore, le pays étranger.

Dès que je me trouve de l'autre côté de la frontière : la langue. Mur opaque[3]. Êtres impénétrables. Ils rient, on ne sait pas pourquoi. Ils se fâchent, s'excitent, s'interpellent, on ignore de quoi il s'agit. Ce n'est pas loin d'être cauchemar-desque, quand on y pense. Même si l'on ressemble physiquement aux autochtones[4], ce qui n'est bien sûr pas toujours le cas, on est vite repéré. Il suffit qu'on prononce un seul mot et ils le savent : on n'est pas d'ici. « *Je...* » Non. Pas *je*. Trouvez autre chose. On est bâillonné. On balbutie[5], on bégaie, on ne sait rien dire du tout. On sort son Guide vert, on feuillette les pages « expressions courantes », on ânonne[6] quelques syllabes et les gens ricanent, vous regardent de travers. On est débile.

À Paris c'est pareil, pour peu que vous écorchiez le français. Les gens qui ne parlent aucun mot d'aucune langue étrangère – et qui, pour cette raison, au fond d'eux-mêmes, considèrent le français comme une langue « naturelle », « donnée », « révélée » – sont particulièrement susceptibles de s'étonner devant vos malheureux efforts pour vous débrouiller dans leur langue. Vous-même en connaissez sept ou huit autres, si ça se trouve, mais si vous négligez d'accorder un adjectif à son substantif[7], gare à vous ! Ils prendront le même air condescendant[8], légèrement apitoyé mais en même temps agacé (« Tout de même, vous le faites exprès ? »), que si vous aviez porté à l'oreille une fourchette chargée de purée.

Extrait, 

1. Regarder avec curiosité.
2. Murmurer.
3. À travers lequel on ne voit pas.
4. Habitants du pays visité.
5. Parle de façon hésitante, voire incompréhensible.
6. Prononce en hésitant.
7. Nom.
8. Méprisant.

LECTURE ANALYTIQUE

### Première lecture

**1.** Quel champ lexical est employé dans le deuxième paragraphe ? Quelle image donne-t-il du voyage ?
**2.** Quel aspect du voyage s'avère le plus redoutable ? Expliquez.

### Mise au point

**3. a.** Pourquoi les mots « *naturelle* », « *donnée* », « *révélée* » (l. 30-31) sont-ils entre guillemets ?
**b.** Quel adjectif qualificatif permettrait de résumer cette énumération ?

### Analyse

**4.** Par quel type de raisonnement le deuxième paragraphe s'ouvre-t-il ? Expliquez.
→ p. 418 : LE CIRCUIT ARGUMENTATIF
**5.** Dans le troisième paragraphe, quelles métaphores sont utilisées ? Que mettent-elles en évidence ?
→ p. 384 : LES FIGURES DE RHÉTORIQUE
**6. a.** À part *je*, quels pronoms personnels la locutrice emploie-t-elle pour se désigner ? Quelle valeur ont-ils ?
**b.** Quels pronoms personnels s'opposent dans le troisième paragraphe ? En quoi cela souligne-t-il l'aspect *cauchemardesque* du voyage ?
→ p. 371 : COMMUNICATION, ÉNONCIATION ET MODALISATION
**7.** Relevez une allitération dans le troisième paragraphe. Que permet-elle de souligner ?
→ p. 401 : VERSIFICATION ET FORMES FIXES
**8.** Quel est le ton de l'anecdote sur laquelle se referme l'extrait ? Commentez en particulier la comparaison employée dans la dernière phrase.
→ p. 384 : LES FIGURES DE RHÉTORIQUE

### Question de synthèse

**9.** Ce texte relève-t-il de l'art de convaincre ou de l'art de persuader ? Justifiez.
→ p. 416 : CONVAINCRE, DÉLIBÉRER OU PERSUADER

### Pour aller plus loin

**10. Recherche.** Expliquez le titre *Nord perdu*. Sur quelle expression française est-il fondé ?
**11. Entraînement à la dissertation.** *Dans les récits de voyage, le regard posé sur l'autre exclut-il l'introspection, le retour sur soi ?* Répondez en vous fondant sur les textes de la séquence.
**a.** Reformulez le sujet dans vos propres termes.
**b.** Énumérez les œuvres qui vont nourrir la réflexion.
**c.** Au brouillon, prenez en notes une série d'arguments et d'exemples adéquats.
→ p. 523 : EXPLOITER LE CORPUS ET SES LECTURES PERSONNELLES

D'UN *Texte* À L'AUTRE 3

Biographie p. 562

## Maryse Condé

# *Entretien avec la romancière Elizabeth Nunez* (2000)

*La romancière d'origine antillaise Maryse Condé, qui a beaucoup voyagé entre Antilles, Europe, Afrique et États-Unis, a constamment abordé les questions de culture et d'identité dans ses récits. En 2000, elle a accordé un entretien à Elizabeth Nunez, une autre romancière, native de Trinidad : cette entrevue originale bouleverse en bien des points les lieux communs sur les racines culturelles et le sentiment d'appartenance à une identité.*

**Elizabeth Nunez :** J'ai été très touchée par une conférence que vous avez donnée, il y a deux ans. Vous expliquiez comment, pendant votre enfance à la Guadeloupe, vous ne vous sentiez pas différente d'une Française. Alors pourquoi avez-vous tenu à aller en Afrique ?

**Maryse Condé :** Souvenez-vous, Elizabeth, lorsque nous sommes allées ensemble au restaurant à la Guadeloupe. Vous avez été choquée de constater que tout le personnel était français et blanc. Cela vous donne une idée du contexte où j'ai grandi. Les enseignants étaient français. Les prêtres, lorsque nous allions à la messe en famille, étaient blancs. Nous vivions dans cet environnement et cela me semblait normal. Je ne me posais pas de questions. Bien sûr, je voyais bien que j'étais noire, mais je n'accordais aucune importance à la couleur de ma peau. Puis je suis allée en France et j'ai découvert que je n'étais pas noire par hasard. Une différence profonde existait entre moi et les gens dont la peau était blanche. Il fallait que j'aille en Afrique pour découvrir la signification et l'importance de cette différence.

**EN :** Qu'avez-vous découvert ?

**MC :** Au début, j'ai cru qu'une origine et une histoire communes unissaient tous les Noirs, que nous formions un seul peuple, divisé par le fléau de l'esclavage. Entre les Guinéens – parmi lesquels je vivais – et moi, née en Guadeloupe, seule la traite négrière avait créé une séparation.

**EN :** Et vous ne le pensez plus ?

**MC :** Ma première découverte importante en Afrique, c'est que je ne parlais pas la même langue que les Guinéens. Nous ne mangions pas les mêmes plats – cela peut vous paraître dérisoire, mais c'est important. Nous ne nous habillions pas de la même façon, nous n'aimions pas la même musique, nous ne partagions pas la même religion. Au bout de quelques mois, je me suis sentie terriblement isolée. Je ne pouvais même plus communiquer avec mon mari guinéen. De là est née ma deuxième découverte : la race n'est pas le facteur essentiel. La culture est primordiale. Comme je ne partageais pas la culture des Guinéens, des Africains, j'ai quitté l'Afrique. Cette décision a mis fin à mon mariage.

**EN :** La proximité culturelle avec votre mari, Richard Philcox, blanc et britannique, est donc plus importante que celle qui existait avec votre premier mari, bien qu'il fût noir et africain.

**MC :** Lorsque j'ai rencontré Richard, il y a vingt ans, j'étais dans ma période militante et je ne concevais pas de vivre avec un Blanc. Ma relation avec lui a beaucoup troublé mes enfants, qui étaient eux aussi très nationalistes. Mais j'ai fini par comprendre que la couleur de la peau n'avait pas d'importance. Ce Blanc m'était plus proche que mon premier mari, plus proche que la plupart des gens que je connaissais. C'est une question de compréhension mutuelle, en un mot, d'amour. Le mariage n'est pas un engagement politique. Il concerne les sentiments et les choix personnels de deux individus.

*Le Courrier de l'UNESCO*, Maryse Condé :
« La race n'est pas primordiale » (extrait, novembre 2000).

## QUESTIONS

**1.** Sur quelle antithèse la première intervention de Maryse Condé est-elle construite ? Quelle prise de conscience met-elle en évidence ?
→ p. 384 : LES FIGURES DE RHÉTORIQUE

**2.** Quels voyages Maryse Condé a-t-elle effectués ? Quelle était sa motivation pour chacun d'eux ?

**3.** Quelle était la première idée de Maryse Condé sur ce qui fait un peuple ? Qu'a-t-elle découvert ?

**4. a.** *A priori*, qu'a de paradoxal la relation privilégiée de Maryse Condé avec Richard Philcox ?
**b.** Quel lexique utilise-t-elle pour expliquer ces liens ?

**5.** Repérez le titre de l'article. Expliquez-le à la lumière de cet extrait.

## Vis-à-vis : Nancy Huston et Maryse Condé

**6.** Dans son essai *Nord perdu*, Nancy Huston précise ce qu'elle désire transmettre : *L'expatrié découvre de façon consciente (et parfois douloureuse) un certain nombre de réalités qui façonnent, le plus souvent à notre insu, la condition humaine.*
En quoi ces deux extraits illustrent-ils ce message ?

**7.** Ces deux textes confirment-ils la vision que Rousseau donne du voyage : *Voyager pour voyager, c'est errer, être vagabond* → D'UN TEXTE À L'AUTRE 1 ?

# SYNTHÈSE Le voyage et l'altérité

● Depuis l'Antiquité, chaque peuple se définit souvent par opposition aux autres, considérés comme inférieurs. Les Grecs emploient les termes de *métèques* ou de *barbares* pour désigner ceux qui ne parlent pas leur langue. Le voyage modifie souvent ce regard borné et xénophobe.

## 1 Le dépassement des préjugés

● **En 1492**, la **découverte du Nouveau Monde** par **Christophe Colomb** est un événement majeur qui transforme la conception de l'étranger : absolument nouveau, le Nouveau Monde est l'objet de toutes les fascinations → SÉQUENCE 14, TEXTE 1, p. 299. Longtemps exploité, nié en tant qu'homme, l'indigène des nouvelles colonies finit par engendrer le **mythe du bon sauvage**, c'est-à-dire la croyance en un homme sage encore proche de la nature, éloigné des vices et des problèmes de la civilisation.

● Le XVI^e^ **siècle**, dans la continuité des **Grandes Découvertes**, fait du voyage une **entreprise humaniste** de découverte du monde → SÉQUENCE 13, SYNTHÈSE, p. 293. Malgré des conditions de déplacement et de séjour souvent difficiles, les écrivains constatent de leurs propres yeux l'existence d'êtres curieux et découvrent d'autres systèmes de valeurs. **Michel de Montaigne** en est l'exemple : ses voyages pour des raisons de santé en Allemagne et en Autriche sont pour lui l'occasion de partager avec les gens du pays des moments de convivialité, comme il le souligne dans ses *Essais* → TEXTE 1. Cette confrontation le conduit à se considérer comme un ***homme mêlé***, au contact d'autres cultures.

## 2 L'éducation à la tolérance

● Les **philosophes du** XVIII^e^ **siècle** poursuivent l'entreprise humaniste. Ainsi **Jean-Jacques Rousseau**, même s'il se méfie du voyage dans son **traité sur l'éducation**, l'utilise comme une étape significative dans la **formation** du personnage **Émile** → D'UN TEXTE À L'AUTRE 1. En bon voyageur, le jeune homme cherche à s'instruire ; en découvrant l'autre, il parviendra à mieux se connaître.

● **Voltaire** va beaucoup plus loin : en adoptant le point de vue d'un étranger qui séjourne en France, il développe une analyse critique. **L'Ingénu**, un Huron du Canada jeune et prétendument naïf, héros de l'un de ses **contes philosophiques** → TEXTE 2 et ÉTUDE D'ŒUVRE INTÉGRALE, découvre, horrifié, une société capable d'exclure ses semblables par intolérance religieuse. Le témoignage est d'autant plus convaincant et troublant qu'il passe par les yeux de l'autre.

## 3 La naissance du respect de l'autre

● Au XIX^e^ siècle, la **révolution industrielle** modernise les moyens de transport. Le voyage n'est plus une épreuve, mais un plaisir. L'écrivain voyageur n'est plus un privilégié car le voyage se banalise. Apparaît alors la figure du **touriste**, un être rêvant plus de confort que de rencontres informelles avec les autochtones, ce que condamne le poète **Gérard de Nerval** dans son récit de voyage en Orient → EXERCICE 2.

● Les **artistes voyageurs** luttent contre cette tendance à l'isolement propre au touriste. L'**univers mythique de l'Orient** fascine les artistes, comme le **peintre et romancier Eugène Fromentin** qui est inspiré par les paysages africains et les mœurs des Arabes → ANALYSE D'IMAGE. Cet exotisme n'est pas une simple mode, mais une expérience poétique pour les auteurs de l'époque, tel **Gustave Flaubert** qui, dans son roman historique *Salammbô*, fait de personnages orientaux des modèles d'humanité et de beauté.

## 4 La découverte de soi grâce à l'autre

● À l'époque moderne, les écrivains poursuivent la **lutte contre la banalisation** du voyage afin de revenir à un voyage humaniste, voire engagé ; dans un récit de voyage en URSS, le romancier **André Gide** voit de ses propres yeux les premiers dégâts d'une idéologie totalitaire → D'UN TEXTE À L'AUTRE 2.

● Le voyage dévoile encore de fascinants aspects. L'exotisme du **festival *Étonnants Voyageurs*** créé par Michel Le Bris à Saint-Malo en 1990 permet de rendre hommage à la *littérature monde*. Un point de vue plus critique intéresse des auteurs contemporains, telles les **romancières Nancy Huston** → TEXTE 3 et **Maryse Condé** → D'UN TEXTE À L'AUTRE 3, qui prouvent que tout voyage nous ramène souvent à nous-mêmes, à notre histoire personnelle et à nos angoisses. C'est ainsi que **J.M.G. Le Clézio**, en narrant le retour de sa femme à ses propres origines → EXERCICE 3, montre à quel point le voyage représente un retour exigeant sur soi.

Biographies des auteurs → p. 560

# HISTOIRE DES ARTS

DVD-ROM
Ressources complémentaires

## Carnets, croquis et voyages

Le **carnet de voyage** est, à l'origine, un petit livre personnel, tenu à la manière d'un journal, dans lequel le voyageur note ses impressions intimes, esquisse les portraits des personnes rencontrées ou dessine les monuments visités. Au fil des siècles, il est devenu l'objet d'une publication et même une œuvre d'art à part entière.

### 1 • Du journal de bord au carnet de voyage

Le **journal de bord** est l'ancêtre du carnet de voyage. Il est tenu par les marins comme un registre dans lequel ils notent des éléments techniques sur les **conditions de navigation**. Rapidement, les **explorateurs** l'utilisent comme un journal à part entière, relatant les événements au jour le jour. **Christophe Colomb** y raconte ainsi ses quatre voyages vers le Nouveau Monde → SÉQUENCE 14, TEXTE 1, p. 299.

Les **explorateurs du XVIIIe siècle** poursuivent sur cette voie, mais en commençant à allier **écriture descriptive et dessin**. Le journal que tient le jeune ingénieur **Duplessis** entre 1698 et 1701 au cours du périple commandé par Louis XIV jusqu'au détroit de Magellan est une mine d'informations tant sur les pratiques à bord que sur les mœurs des Patagons décrites dans ses aquarelles.

### 2 • Du croquis à la toile ou au roman

Les **peintres** et **écrivains** s'approprient la pratique du croquis. Au cours de leurs pérégrinations, qui constituent des sources d'inspiration pour leur prochain roman ou leur prochaine toile, les auteurs ou artistes collectionnent des morceaux choisis de la réalité. Dès sa jeunesse, **Victor Hugo** tient un carnet de voyage où il écrit, dessine, colle des fleurs séchées comme dans un herbier.

En 1832, **Eugène Delacroix** effectue un voyage en Algérie et au Maroc. Suivant la tradition du **dessin d'observation sur nature** préalable à l'œuvre peinte en atelier, il croque au pastel, dans son carnet de voyage ①, un personnage féminin que l'on retrouvera deux ans plus tard dans sa toile *Femmes d'Alger dans leur appartement* ②. La femme observe une attitude similaire, mais porte des vêtements de teintes très différentes. Le passage du pastel à la peinture à l'huile permet de jouer davantage avec la lumière, la palette froide devenant chaude, et donne une épaisseur au personnage dont les traits du visage sont affinés tout en conservant l'ombre portée sur le haut du visage. Lors de ses pérégrinations dans les quartiers de Paris, le **peintre**

① Eugène Delacroix (1798-1863), *Femme arabe assise à terre et études de boutons*, étude pour *Femmes d'Alger dans leur appartement* (1833-1834), pastel sur papier beige, 27,5 x 42 cm (Paris, musée du Louvre).

② Eugène Delacroix (1798-1863), *Femmes d'Alger dans leur appartement* (vers 1834), huile sur toile, 180 x 229 cm (Paris, musée du Louvre).

**Édouard Manet** avait constamment un carnet à la main. Retravaillant ensuite en atelier la minutie de ces dessins pris sur le vif, à la mine **3**, il élabore de grands formats peints à l'huile sur toile. Cette technique, admirée par le **romancier Émile Zola**, est également adoptée par l'écrivain dont les projets de romans fourmillent d'observations griffonnées dans la rue, de petits dessins et de schémas destinés à reproduire le réel dans ses récits.

**3** Édouard Manet (1832-1883), *Rue Mosnier* (vers 1878), lavis d'encre sur papier, 28 x 44 cm (The Art Institute of Chicago).

## 3 • De la carte postale à l'album d'artiste

### L'art postal

Né en 1960, ce courant artistique découle du carnet de voyage. Il consiste, comme dans un carnet de voyage, à donner des images de son périple, à personnaliser une carte postale en insistant sur les images évocatrices de son séjour ; les supports de l'enveloppe et du timbre, *a priori* simples moyens de communication, sont artistiquement détournés. L'idée est de rendre immédiatement compte de son voyage réel ou imaginaire au destinataire. **Jean-Michel Folon, peintre belge**, est l'initiateur de ce courant en Europe ; il considère que l'enveloppe doit par ses couleurs donner une idée de l'humeur et des pensées de l'expéditeur **4**.

### De l'album papier à l'album numérique

La **photographie** remplace souvent le dessin. Dans le carnet de voyage *Gens des nuages* (1997), le **romancier Le Clézio** s'associe au **photographe Bruno Barbey** qui illustre son périple dans le Sahara destiné à retrouver les origines de Jemia, l'épouse de l'auteur → EXERCICE 3.
Le format de la première édition met en valeur les photographies qui occupent souvent une double page.
**Internet** permet à chacun de partager ses souvenirs avec tous par l'intermédiaire des blogs et des sites. La **Biennale du carnet de voyage de Clermont-Ferrand** créée en 2000 a choisi de suivre les progrès de la technologie en récompensant le carnet de voyage multimédia. En 2006, le site *Terre de notes* remporte le prix. Il est élaboré par deux musiciens et un dessinateur qui combinent des airs locaux entendus en chemin avec des photographies, des vidéos et des dessins pleins d'humour.

**LEXIQUE**

**Album** Livre où dominent les illustrations.

**Aquarelle** Dessin souvent préparatoire à une huile sur toile, caractérisé par la transparence des couleurs diluées dans de l'eau.

**Biennale** Manifestation artistique ou culturelle qui a lieu tous les deux ans.

**Dessin d'observation sur nature** Dessin exécuté sur le terrain, de façon libre et spontanée.

**Pris sur le vif** À main levée, sans détails.

**QUESTIONS**

**1.** Dans le dessin de Manet, quels personnages représentés rappellent qu'il s'agit d'une étude pour une œuvre plus aboutie ? Décrivez et expliquez.

**2.** À l'aide d'un dictionnaire, expliquez la différence entre un croquis, une esquisse et une ébauche.

**4** Jean-Michel Folon (1934-2005), *Lettres à Giorgio, Tokyo, 3 mai 1970.*

# Exercices d'approfondissement

## Revoir

### 1 Le voyage à pied

**1. Listez les arguments que l'auteur emploie en faveur du voyage à pied.**
→ p. 418 : LE CIRCUIT ARGUMENTATIF

**2. Par quelle figure de rhétorique Hugo met-il en valeur les émotions du voyageur à pied ?**
→ p. 384 : LES FIGURES DE RHÉTORIQUE

**3. Quelle est la valeur du pronom *on* ?**
→ p. 371 : COMMUNICATION, ÉNONCIATION ET MODALISATION

**4. Sur quel parallélisme le texte se referme-t-il ? Quelle est sa fonction ?**
→ p. 384 : LES FIGURES DE RHÉTORIQUE

**5. Ce texte relève-t-il de l'art de convaincre ou de l'art de persuader ?**
→ p. 416 : CONVAINCRE, DÉLIBÉRER OU PERSUADER

*Dans* Le Rhin, *Victor Hugo explique à un ami son périple à pied quelques années plus tôt, de Claye, en banlieue parisienne, jusqu'au centre de la capitale. Il en profite pour évoquer toutes les surprises que réserve un trajet* a priori *banal.*

Vous savez mon goût. Toutes les fois que je peux continuer un peu ma route à pied, c'est-à-dire convertir le voyage en promenade, je n'y manque pas.

Rien n'est charmant, à mon sens, comme cette façon de voyager. – À pied ! – On s'appartient, on est libre, on est joyeux ; on est tout entier et sans partage aux incidents de la route, à la ferme où l'on déjeune, à l'arbre où l'on s'abrite, à l'église où l'on se recueille. On part, on s'arrête, on repart ; rien ne gêne, rien ne retient. On va et on rêve devant soi. La marche berce la rêverie ; la rêverie voile la fatigue. La beauté du paysage cache la longueur du chemin. On ne voyage pas, on erre. À chaque pas qu'on fait, il vous vient une idée. Il semble qu'on sente des essaims[1] éclore et bourdonner dans son cerveau. Bien des fois, assis à l'ombre au bord d'une grande route, à côté d'une petite source vive d'où sortaient avec l'eau la joie, la vie et la fraîcheur, sous un orme[2] plein d'oiseaux, près d'un champ plein de faneuses[3], reposé, serein, heureux, doucement occupé de mille songes, j'ai regardé avec compassion passer devant moi, comme un tourbillon où roule la foudre, la chaise de poste, cette chose étincelante et rapide qui contient je ne sais quels voyageurs lents, lourds, ennuyés et assoupis ; cet éclair qui emporte des tortues. – Oh ! comme ces pauvres gens, qui sont souvent des gens d'esprit et de cœur, après tout, se jetteraient vite à bas de leur prison, où l'harmonie du paysage se résout en bruit, le soleil en chaleur et la route en poussière, s'ils savaient toutes les fleurs que trouve dans les broussailles, toutes les perles que ramasse dans les cailloux, toutes les houris[4] que découvre parmi les paysannes l'imagination ailée, opulente et joyeuse d'un homme à pied ! *Musa pedestris*[5].

Et puis tout vient à l'homme qui marche. Il ne lui surgit pas seulement des idées ; il lui échoit des aventures, et, pour ma part, j'aime fort les aventures qui m'arrivent. S'il est important pour autrui d'inventer des aventures, il est amusant pour soi-même d'en avoir.

Victor Hugo, *Le Rhin*, lettre XX (extrait, 1842).

1. Des groupes d'abeilles.
2. Arbre.
3. Machines utilisées pour étaler et sécher le foin.
4. Femmes très belles.
5. Muse pédestre (déesse inventée de la marche à pied).

## Approfondir

### 2 Voyage et exotisme

**1. Sur quel sujet le narrateur s'attarde-t-il ? En quoi cela peut-il surprendre dans un texte sur le voyage ?**

**2. Relevez les énumérations du milieu de l'extrait. Que révèlent-elles de la façon dont le narrateur considère lui-même le voyage ?**

**3. a. Quels voyageurs sont particulièrement décrits ? Quels sont les différents éléments de ce portrait ?**

**b. Sur quel ton sont-ils évoqués ? dans quel but ?**

**4. a. Qu'est-ce qu'un voyage idéal selon Gérard de Nerval ?**

**b. Dans quelle mesure ce constat rappelle-t-il celui fait par Montaigne au XVI^e siècle** → TEXTE 1 **?**

*Dans le* Voyage en Orient, *le poète Gérard de Nerval relate son long périple de 1843 qui le conduit jusqu'en Palestine. Il passe par Le Caire et découvre l'Orient qui fait alors rêver les écrivains européens. Son œil critique ne peut s'empêcher d'observer attentivement ses contemporains.*

Je me prive, autant que je puis, en voyage, de lettres de recommandation[1]. Du jour où l'on est connu dans une ville, il n'est plus possible de rien voir. Nos gens du monde, même en Orient, ne consentiraient pas à se montrer hors de certains endroits reconnus convenables, ni à causer publiquement avec des personnes d'une classe inférieure, ni à se promener en négligé à certaines heures du jour. Je plains beaucoup ces gentlemen toujours coiffés, bridés[2], gantés, qui n'osent se mêler au peuple pour voir un détail curieux, une danse, une cérémonie, qui craindraient d'être vus dans un café, dans une taverne, de suivre une femme, de fraterniser même avec un Arabe expansif qui vous offre cordialement le bouquin[3] de sa longue pipe, ou vous fait servir du café sur sa porte, pour peu qu'il vous voie arrêté par la curiosité ou par la fatigue. Les Anglais surtout sont parfaits, et je n'en vois jamais passer sans m'amuser de tout mon cœur. Imaginez un monsieur monté sur un âne, avec ses longues jambes qui traînent presque à terre. Son chapeau rond est garni d'un épais revêtement de coton blanc piqué[4]. C'est une invention contre l'ardeur des rayons du soleil, qui s'absorbent, dit-on, dans cette coiffure moitié matelas, moitié feutre. Le gentleman a sur les yeux deux espèces de coques de noix en treillis[5] d'acier bleu, pour briser la réverbération lumineuse[6] du sol et des murailles ; il porte par-dessus tout cela un voile de femme vert contre la poussière. Son paletot[7] de caoutchouc est recouvert encore d'un surtout[8] de toile cirée pour le garantir de la peste et du contact fortuit des passants. Ses mains gantées tiennent un long bâton qui écarte de lui tout Arabe suspect, et généralement il ne sort que flanqué à droite et à gauche de son *groom*[9] et de son drogman[10].

Gérard de Nerval, *Le Voyage en Orient*, « Les Femmes du Caire », II – V : « Visite au consul de France » (extrait, 1851).

**1.** Courriers officiels permettant d'être accueilli en haut lieu. **2.** Serrés dans leurs vêtements. **3.** Le bec. **4.** Traversé par des piqûres qui forment des motifs. **5.** Maillage serré. **6.** Le renvoi des rayons du soleil. **7.** Manteau. **8.** D'une cape. **9.** Serviteur. **10.** Interprète.

## 3 Voyage et sens de l'existence

**1. Quelle est la particularité du voyage de Jemia ?**

**2. Comment la façon de voyager a-t-elle évolué depuis le début du XXe siècle ? Étudiez les métaphores du premier paragraphe.**

→ p. 384 : LES FIGURES DE RHÉTORIQUE

**3. Quels verbes sont employés comme synonymes du verbe *voyager* ? À quelle conception du voyage correspondent-ils ?**

**4. Relevez les anaphores des deuxième et troisième paragraphes. Quels univers permettent-elles d'opposer ?**

→ p. 384 : LES FIGURES DE RHÉTORIQUE

Voyager, voyager, qu'est-ce que cela fait ? Depuis que Vieuchange[1] a ensanglanté ses pieds sur ces pierres, le monde a changé, il s'est bouffi d'orgueil. Partout les routes violent les solitudes, en Amazonie, en Sibérie, à travers les forêts du Grand Nord ou dans les sables du Ténéré.

Mais revenir sur ses pas, comprendre ce qui vous a manqué, ce à quoi vous avez manqué. Retrouver la face ancienne, le regard profond et doux qui attache l'enfant à sa mère, à un pays, à une vallée. Et comprendre tout ce qui déchire, dans le monde moderne, ce qui condamne et exclut, ce qui souille et spolie[2] : la guerre, la pauvreté, l'exil, vivre dans l'ombre humide d'une soupente, loin de l'éclat du ciel et de la liberté du vent, loin de ceux qu'on a connus, de ses oncles et de ses cousins, loin du tombeau où brille encore le regard de son ancêtre, loin du souffle de la religion, loin de la voix qui appelle à la prière chaque soir, loin du regard du saint qui avait choisi pour les siens cette vallée. Vivre, se battre et mourir en terre étrangère. C'est cela qui est difficile, et digne d'admiration.

Ici, chaque parcelle de terre, chaque ombre, chaque pierre roulée par le vent, chaque silhouette de colline au loin est familière. Chaque instant qui passe est une émotion, raconte une histoire. Non pas une histoire grandiose de conquête et d'exploration, mais l'histoire d'un homme et d'une femme qui fuient leur pays à la recherche d'une autre terre, sans espoir de retour.

Jemia est la première qui revient, après deux générations d'absence. Elle franchit cette porte.

Jemia et Jean-Marie Gustave Le Clézio, *Gens des nuages* (extrait, 1997), © Stock.

**1.** Michel Vieuchange est un voyageur qui a parcouru le Maroc en 1930. Il y est mort malade, à vingt-six ans. **2.** Vous prive de vos droits.

# Écrire

## 4 Disserter sur le voyage

**1. Quels textes de la séquence sont en relation directe avec ce sujet ?**

**2. Complétez le plan détaillé proposé en donnant un titre précis à chaque sous-partie.**

**3. Proposez un exemple pour chaque sous-partie en vous appuyant sur les textes de la séquence.**

**4. Rédigez une partie de votre choix.**

→ p. 518 : RÉDIGER UNE DISSERTATION

**Sujet de dissertation :** Quelles raisons conduisent le voyageur à raconter ce qu'il a vécu ? Dans quel but restitue-t-il le déroulement de son itinéraire et ses impressions ?

**Plan détaillé**

**A. Qu'est-ce qu'un voyageur ?**

**a.** Un homme libre

**b.** Un aventurier

**c.** .................

**B. Il ressent le besoin de relater son voyage**

**a.** Pour se souvenir

**b.** .................

**c.** Pour faire rêver

**C.** .................

**a.** L'auteur-narrateur opère des choix, ne peut pas tout raconter

**b.** Il embellit forcément la réalité

**c.** .................

SÉQUENCE 6

# Le savoir, la science et l'homme

**D**u XVIe siècle à nos jours, la science et le savoir ont permis à l'homme d'améliorer sa condition et de s'affranchir des contraintes naturelles. Mais cette marche de la science implique aussi un questionnement moral. Quelles sont ses limites ? Quelle place et quel rôle accorde-t-elle à l'homme ?

**OBJECTIF**

**Étudier différentes formes d'argumentation abordant les relations de l'homme avec le savoir et la science.**

DVD-ROM Ressources complémentaires

## SOMMAIRE


Texte 1 — F. RABELAIS, *Pantagruel* (1532) ... 129

D'UN Texte À L'AUTRE — A. HUXLEY, *Le Meilleur des mondes* (1932) ... 131

ÉTUDE D'ŒUVRE INTÉGRALE — F. RABELAIS, *Pantagruel* (1532) ... 133

Texte 2 — J.-J. ROUSSEAU, *Discours sur les sciences et les arts* (1750) ... 134

D'UN Texte À L'AUTRE — E. RENAN, *L'Avenir de la science* (1890) ... 135

Texte 3 — M. YOURCENAR, « Diagnostic de l'Europe » (1929) ... 137

D'UN Texte À L'AUTRE — *Science et vie* (2010) ... 138

Analyse d'Image — S. DALÌ, *Galatée aux sphères* (1952) ... 140

- **SYNTHÈSE** Savoir et science, entre éloge et critique ... 141
- **Histoire des arts** Les vanités ... 142
- **Exercices d'approfondissement** ... 144


| Notions et activités | Liens avec la partie II |
| --- | --- |
| Les champs lexicaux spécialisés | → p. 421 : LES REGISTRES DIDACTIQUE ET POLÉMIQUE |
| Le syllogisme, l'éloge, le blâme | → p. 416 : CONVAINCRE, DÉLIBÉRER OU PERSUADER |
| L'essai | → p. 413 : LES GENRES DE L'ARGUMENTATION |

| | Liens avec la partie III |
| --- | --- |
| Écrire un discours polémique | → p. 544 : INVENTER ET ARGUMENTER |
| Construire un plan de dissertation | → p. 526 : CONSTRUIRE UN PLAN DÉTAILLÉ DE DISSERTATION |
| Confronter deux textes | → p. 484 : ANALYSER UN CORPUS ET RÉDIGER UNE RÉPONSE ORGANISÉE |

Texte 1

# Texte 1 François Rabelais
## *Pantagruel* (1532)

Biographie p. 567

*François Rabelais est l'un des grands représentants de l'humanisme français. Dans son premier roman* Pantagruel, *qui raconte les aventures plaisantes et merveilleuses d'un jeune géant, il fait l'éloge de la connaissance et du savoir. Dans cet extrait, Pantagruel, parti étudier à Paris, reçoit une lettre de son père Gargantua, qui lui fait des recommandations.*

Anonyme, *Nature morte aux vieux livres* (milieu du XVII^e siècle), huile sur toile, 52 x 60,5 cm (Bourg-en-Bresse, musée de Brou).

Quant à la connaissance des sciences naturelles, je veux que tu t'y adonnes avec zèle[1] ; qu'il n'y ait mer, rivière, ni fontaine dont tu ne connaisses les poissons ; tous les oiseaux de l'air ; tous les arbres, arbustes, et fruitiers des forêts, toutes les herbes de la terre ; tous les métaux cachés au ventre des abîmes[2], les pierreries de l'Orient et de l'Afrique : que rien ne te soit inconnu.

Puis avec soin, relis les livres des médecins : grecs, arabes, latins, sans mépriser les talmudistes et cabalistes[3] ; et, par de fréquentes dissections[4], acquiers la parfaite connaissance de ce second monde qu'est l'homme. Et, pendant quelques heures par jour, commence à apprendre les Saintes Écritures : d'abord le Nouveau Testament en grec, et les Épîtres[5] des apôtres, puis en hébreu l'Ancien Testament. En somme, que je voie un abîme de science. Car maintenant que tu te fais grand,

1. Avec enthousiasme.
2. Au plus profond des gouffres souterrains.
3. Spécialistes du Talmud et de la Cabale, textes et commentaires de la religion juive.
4. Opérations qui consistent à découper un corps pour en observer les différentes parties.
5. Lettres écrites par les apôtres pour diffuser le christianisme.

et que tu deviens un homme, il te faudra sortir de cette tranquillité et de ce repos consacré aux études, et apprendre la chevalerie et les armes, pour défendre ma maison, et secourir nos amis dans leurs débats contre les assauts des malfaisants. Et je veux que rapidement tu essaies de tester combien tu as profité : ce que tu ne saurais mieux faire qu'en soutenant des thèses publiquement sur toutes choses, envers et contre tous, et en fréquentant les gens lettrés qui sont à Paris et ailleurs.

Mais parce que, selon le sage Salomon[6], sagesse n'entre pas dans une âme mauvaise, et que science sans conscience n'est que ruine de l'âme, il te faut servir, aimer et craindre Dieu, et mettre en lui toutes tes pensées et tout ton espoir, et, par une foi orientée par la charité, lui être uni au point que tu n'en sois jamais séparé par le péché. Tiens pour suspects les abus[7] du monde, et ne mets pas ton cœur aux choses vaines : car cette vie est transitoire[8], mais la Parole de Dieu demeure éternellement.

Chapitre VIII (extrait), translation en français moderne par M.-M. Fragonard, © Pocket (1997).

6. Dans l'*Ancien Testament*, roi connu pour sa sagesse.

7. Excès contraires à la vie intellectuelle.

8. Ne dure pas.

## LECTURE ANALYTIQUE

### Première lecture

1. Faites la liste des différents domaines d'étude recommandés par Gargantua à son jeune fils. Quel est l'effet d'un tel programme sur nous, lecteurs ?
2. Repérez et reformulez la thèse défendue.
   → p. 418 : LE CIRCUIT ARGUMENTATIF

### Mise au point

3. Quel est le principal type de phrase utilisé ? En quoi est-il adapté à l'enjeu de cette lettre ?

### Analyse

4. Relevez les énumérations. Quelle est leur fonction ?
5. Dans le deuxième paragraphe, repérez et commentez la métaphore qui définit l'homme.
   → p. 384 : LES FIGURES DE RHÉTORIQUE
6. Commentez l'expression un *abîme de science* (l. 11) en recherchant l'étymologie du mot *science*. Dans quel sens ce mot est-il utilisé de nos jours ?
7. Cette éducation est-elle seulement théorique ? Justifiez votre réponse.
8. Identifiez et expliquez l'antithèse présente dans les dernières lignes de l'extrait.
   → p. 384 : LES FIGURES DE RHÉTORIQUE

### Question de synthèse

9. En quoi ces conseils correspondent-ils à l'idéal humaniste ?
   → SÉQUENCE 13, SYNTHÈSE, p. 293

### Pour aller plus loin

10. **Recherche.** Faites une recherche biographique sur Rabelais → **ÉTUDE D'ŒUVRE INTÉGRALE** et montrez que son existence est une illustration de ses conceptions sur l'éducation.
11. **Écriture d'invention.** En vous inspirant de la lettre de Gargantua, rédigez la lettre qu'un père d'aujourd'hui pourrait écrire à son fils pour lui proposer un programme éducatif adapté aux réalités du monde contemporain.
    → p. 538 : INVENTER ET TRANSPOSER

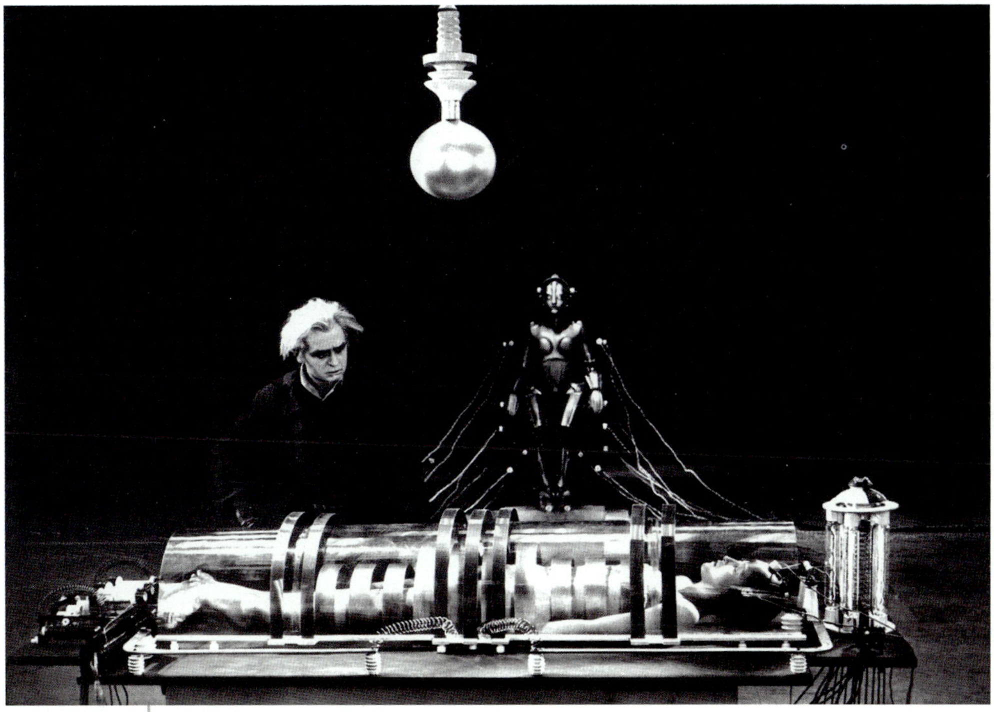

*Metropolis*, film de Fritz Lang (1926), avec Brigitte Helm et Alfred Abel.

D'UN *Texte* À L'AUTRE 1

# Aldous Huxley
## *Le Meilleur des mondes* (1932)

Biographie p. 564

Le Meilleur des mondes *décrit un monde qui, grâce aux progrès biologiques, semble avoir réglé tous les problèmes de violence et de dépression. Les individus sont conçus en éprouvette après sélection des gènes destinés à remplir des fonctions prédéfinies. Ils ne reçoivent aucune éducation et sont placés sous contrôle grâce à une drogue euphorisante, le soma, qui inhibe en eux toute volonté de révolte ou de contestation. Les quelques communautés vivant en dehors de cette société sont nommés* Sauvages. *Dans le chapitre 17, Mustapha Menier, l'un des administrateurs qui dirigent ce* meilleur des mondes, *explique à un sauvage pourquoi il garde enfermés dans un coffre-fort tous les livres qui parlent de Dieu.*

– L'une des nombreuses choses du ciel et de la terre dont n'aient pas rêvé ces philosophes, c'est ceci (il brandit la main), c'est nous, c'est le monde moderne. « On ne peut être indépendant de Dieu que pendant qu'on a la jeunesse et la prospérité[1]. » Eh bien, voilà que nous avons la jeunesse et la prospérité jusqu'à la fin dernière. Qu'en résulte-t-il ? Manifestement, que nous pouvons être indépendants de Dieu. « Le sentiment religieux compensera toutes nos pertes. » Mais il n'y a pas, pour nous, de pertes à compenser ; le sentiment religieux est superflu. Et pourquoi irions-nous à la recherche d'un succédané[2] des désirs juvéniles[3], quand les désirs juvéniles ne nous font jamais défaut ? D'un succédané de distractions, quand nous continuons à jouir de toutes les vieilles bêtises absolument jusqu'au

1. Le bonheur.
2. De quelque chose qui remplacerait.
3. Propres à la jeunesse.

bout ? Quel besoin avons-nous de repos, quand notre esprit et notre corps continuent à se délecter dans l'activité ? – de consolation, alors que nous avons le *soma*[4] ? – de quelque chose d'immuable, quand il y a l'ordre social ?

– Alors vous croyez qu'il n'y a pas de Dieu ?

– Non, je crois qu'il y en a fort probablement un.

– Alors pourquoi ?...

Mustapha Menier l'arrêta.

– Mais il se manifeste de façon différente aux différents hommes. Dans les temps prémodernes, il se manifestait comme l'être qui est décrit dans ces livres. À présent...

– Comment se manifeste-t-il, à présent ? demanda le Sauvage.

– Eh bien, il se manifeste en tant qu'absence ; comme s'il n'existait absolument pas.

– Cela, c'est votre faute.

– Dites que c'est la faute de la civilisation. Dieu n'est pas compatible avec les machines, la médecine scientifique, et le bonheur universel. Il faut faire son choix. Notre civilisation a choisi les machines, la médecine et le bonheur. C'est pourquoi il faut que je garde ces livres enfermés dans le coffre-fort.

Chapitre 17 (extrait), traduction de l'anglais par J. Castier,


4. → CHAPEAU INTRODUCTEUR.

## QUESTIONS

**1. a.** Expliquez l'utilisation des guillemets aux lignes 3-4 et 6.
**b.** Pourquoi ce procédé sert-il l'argumentation de Mustapha Menier ?

**2.** Identifiez le type de raisonnement mis en place dans les cinq premières lignes et expliquez-en les étapes.
→ p. 418 : LE CIRCUIT ARGUMENTATIF

**3.** D'après Mustapha Menier, pourquoi *Dieu n'est[-il] pas compatible* (l. 25) avec sa civilisation ?

**4.** En quoi la position défendue par l'administrateur à propos de Dieu est-elle paradoxale ?

**5. a.** Cherchez le sens du mot *utopie*.
**b.** Relevez les caractéristiques de la société décrite. En quoi illustre-t-elle cette notion ?

**6. Iconographie.** Dans quelle mesure le photogramme du film *Metropolis* évoque-t-il l'univers décrit par Mustapha Menier ? En donne-t-il une image sereine ? Expliquez.

## Vis-à-vis : Rabelais et Huxley

**7.** Quelles sont les situations de communication mises en place dans les deux extraits ? Justifiez l'intérêt de chacune de ces situations pour exposer une thèse.
→ p. 371 : COMMUNICATION, ÉNONCIATION ET MODALISATION
→ p. 418 : LE CIRCUIT ARGUMENTATIF

**8. a.** Dans quelle mesure la place accordée à Dieu dans les sociétés décrites par Rabelais et Huxley évolue-t-elle ?
**b.** En quoi la décision prise au sujet des livres évoque-t-elle des réalités politiques inquiétantes du XXe siècle ? Expliquez en vous appuyant sur la date de publication du roman d'A. Huxley.

# François Rabelais, *Pantagruel* (1532)

**OBJECTIF**

**Étudier comment Rabelais met en scène de manière critique et comique la relation de l'homme au savoir.**

## Le contexte

Devenu roi en 1515, François Ier est un souverain mécène qui protège les artistes et les savants. Il est en conflit avec l'empereur espagnol Charles Quint, ce qui occasionne des guerres dont les œuvres de Rabelais se font l'écho comique. C'est également l'époque des grandes découvertes avec Jacques Cartier explorant le Canada. La médecine connaît aussi un essor considérable avec les travaux d'Ambroise Paré sur le corps humain.

## L'auteur

Rabelais incarne l'humanisme. Cet *abîme de science*, d'abord moine en Touraine, puis médecin à l'hôtel-Dieu de Lyon, finit par écrire des romans comiques marqués par l'épopée. À son amour pour les langues anciennes, il joint l'étude de sciences comme l'anatomie, les mathématiques, l'astronomie…

## L'œuvre

*Pantagruel* raconte l'éducation et les premières aventures d'un jeune géant. Premier roman écrit par Rabelais en 1532, sous le pseudonyme d'Alcofribas Nasier (anagramme de François Rabelais), il appartient au cycle consacré aux aventures merveilleuses et comiques d'une famille de géants. Tout comme *Gargantua* (1534), l'histoire du père de Pantagruel, le récit est condamné par l'université de théologie de la Sorbonne qui le juge obscène et offensant pour la religion.

## Pistes d'analyse

**1. La symbolique du gigantisme.** Repérez au moins trois passages qui évoquent la taille gigantesque des personnages. Expliquez-les en dégageant leur valeur symbolique.

**2. Le parcours du personnage principal.** Déterminez les grandes étapes qui jalonnent l'apprentissage de la vie par Pantagruel dans ce roman. En quoi sont-elles complémentaires ?

**3. Les formes du comique.** Repérez trois extraits comiques et montrez en quoi le registre comique devient une arme argumentative.
→ p. 450 : LES REGISTRES COMIQUE ET TRAGIQUE

**4. L'érudition de Rabelais.** Recherchez dans un dictionnaire les auteurs et savants cités par Rabelais. Classez ces noms propres en fonction de leur époque et de leur domaine. Que constatez-vous ?

## Activités complémentaires

**1. Dissertation.** Pensez-vous que le roman soit un genre efficace pour défendre des idées ? Interrogez-vous en particulier sur les avantages et les dangers de la fiction au service de l'argumentation.
→ p. 518 : RÉDIGER UNE DISSERTATION

**2. Commentaire.** Vous commenterez l'extrait situé au chapitre XXII, de *Puis j'entrai dans la ville* à *en la gorge de mon maître Pantagruel.*
→ p. 498 : RÉDIGER UN COMMENTAIRE LITTÉRAIRE

## Propositions de lectures

**Textes contemporains de l'auteur**

- François Rabelais, *Gargantua* (1534) : un autre roman de Rabelais pour mieux cerner l'idéal humaniste et découvrir le père de Pantagruel.
- Michel de Montaigne, *Essais,* livre I, chapitre XXVI : « Sur l'éducation des enfants » (1580) : un essai qui permet de découvrir une autre manière d'argumenter sur le thème de l'éducation.

**Pour élargir**

- Savignien de Cyrano de Bergerac, *L'autre Monde ou les États et Empires de la Lune* (1657) : un roman comique qui met en scène un personnage découvrant un autre monde.
- Voltaire, *Micromégas* (1752) : un conte philosophique des Lumières sur le thème du gigantisme.

## Texte 2

Biographie p. 568

# Jean-Jacques Rousseau
# *Discours sur les sciences et les arts* (1750)

*En 1750, l'académie de Dijon, qui réunit les savants et les penseurs soutenus par le roi, propose un concours portant sur la façon dont les sciences et les arts permettent d'améliorer la nature et la vie humaines. Sans doute s'attendait-elle à trouver une célébration de la science, à une époque où la pensée philosophique cherche à se libérer des contraintes de la morale religieuse. Pourtant, Rousseau, philosophe des Lumières qui participe au grand projet de l'*Encyclopédie*, remporte le concours en développant une thèse inattendue.*

Voilà comment le luxe, la dissolution[1] et l'esclavage ont été de tout temps le châtiment des efforts orgueilleux que nous avons faits pour sortir de l'heureuse ignorance où la sagesse éternelle nous avait placés. Le voile épais dont elle a couvert toutes ses opérations semblait nous avertir assez qu'elle ne nous a point destinés à de vaines recherches. Mais est-il quelqu'une de ses leçons dont nous ayons su profiter, ou que nous ayons négligée impunément[2] ? Peuples, sachez donc une fois[3] que la nature a voulu vous préserver de la science, comme une mère arrache une arme dangereuse des mains de son enfant ; que tous les secrets qu'elle vous cache sont autant de maux dont elle vous garantit, et que la peine que vous trouvez à vous instruire n'est pas le moindre de ses bienfaits. Les hommes sont pervers ; ils seraient pires encore, s'ils avaient eu le malheur de naître savants.

Que ces réflexions sont humiliantes pour l'humanité ! que notre orgueil en doit être mortifié[4] ! Quoi ! la probité[5] serait fille de l'ignorance ? La science et la vertu seraient incompatibles ? Quelles conséquences ne tirerait-on point de ces préjugés ? Mais pour concilier ces contrariétés apparentes, il ne faut qu'examiner de près la vanité et le néant de ces titres orgueilleux qui nous éblouissent, et que nous donnons si gratuitement aux connaissances humaines. Considérons donc les sciences et les arts en eux-mêmes. Voyons ce qui doit résulter de leur progrès ; et ne balançons plus à convenir de tous les points où nos raisonnements se trouveront d'accord avec les inductions[6] historiques.

Première partie (extrait).

Justus Juncker (1703-1767),
*Savant dans son cabinet de travail* (1751),
huile sur bois, 30 x 23 cm (Francfort, Goethe Museum).

**1.** La débauche. **2.** Sans être puni. **3.** Bien. **4.** Humilié. **5.** L'honnêteté.
**6.** Raisonnements qui partent de faits précis pour aboutir à des réflexions plus générales.

LECTURE ANALYTIQUE

### Première lecture

1. Repérez et reformulez la thèse défendue.
→ p. 418 : LE CIRCUIT ARGUMENTATIF
2. À qui le pronom personnel *nous* renvoie-t-il ? Commentez son emploi.

### Mise au point

3. Identifiez le type de question employé à quatre reprises (l. 5-7, l. 18-21). Quel est son rôle ?
→ p. 375 : LA SYNTAXE ET LA VALEUR DES TEMPS

### Analyse

4. Analysez la syntaxe de la première phrase. En quoi souligne-t-elle les propos de Rousseau ?
→ p. 375 : LA SYNTAXE ET LA VALEUR DES TEMPS
5. Relevez une comparaison. Quelle image donne-t-elle de la science et des progrès de l'esprit humain ?
→ p. 384 : LES FIGURES DE RHÉTORIQUE
6. Repérez deux passages où l'argumentation semble paradoxale. Expliquez-les.
→ p. 418 : LE CIRCUIT ARGUMENTATIF
7. Quel reproche Rousseau adresse-t-il au genre humain ? Pourquoi ?

### Question de synthèse

8. Dans quelle mesure la position de Rousseau est-elle en contradiction avec l'esprit des Lumières ?
→ SÉQUENCE 4, SYNTHÈSE, p. 104

### Pour aller plus loin

9. **Recherche.** Faites une recherche sur le mythe de Prométhée. En quoi pourrait-il illustrer la thèse de Rousseau ?
10. **Écriture d'invention.** Rédigez un discours adressé à Rousseau pour exprimer votre indignation devant son jugement négatif sur l'homme et le rôle joué par le savoir. Utilisez le registre polémique.
→ p. 421 : LES REGISTRES DIDACTIQUE ET POLÉMIQUE
→ p. 544 : INVENTER ET ARGUMENTER

D'UN *Texte* À L'AUTRE 2

## Ernest Renan
## *L'Avenir de la science* (1890)

Biographie p. 567

*Ernest Renan est l'un des grands penseurs de la deuxième moitié du XIXe siècle. Épris de science, il en fait un long éloge dans son essai* L'Avenir de la science, *rédigé en 1848, mais publié de manière posthume en 1890. Il y prend définitivement ses distances vis-à-vis de son éducation catholique en soulignant en particulier le conflit entre la religion et la science.*

Il ne faut jamais s'effrayer de la marche de la science, puisqu'il est sûr qu'elle ne mènera qu'à découvrir d'incomparables beautés. Laissons les âmes vulgaires crier avec Mika, ayant perdu ses idoles[1] : « J'ai perdu mes dieux ! J'ai perdu mes dieux ! » Laissons-les dire avec Sérapion[2], l'anthropomorphiste[3] converti du Mont-Athos[4] : « Hélas ! on m'a enlevé mon dieu, et je ne sais plus ce que j'adore ! » Pour nous, quand le temple s'écroule, au lieu de pleurer sur ses ruines, songeons aux temples qui, plus vastes et plus magnifiques, s'élèveront dans l'avenir, jusqu'au jour où, l'idée enfonçant à tout jamais ces étroites murailles, n'aura plus qu'un seul temple, dont le toit sera le ciel !

1. Épisode de l'*Ancien Testament* dans lequel Mika se fait voler les idoles, statuettes de divinités.
2. Ermite des premiers temps de l'ère chrétienne.
3. Adepte d'une vision du monde comparant l'homme et la nature.
4. Montagne sacrée au nord de la Grèce.

Raoul Dufy (1877-1953),
*La Fée Électricité* (détail, 1937), 62 x 10 m
(Paris, musée d'Art Moderne).

La science doit donc poursuivre son chemin, sans regarder qui elle heurte. C'est aux autres à se garer. Si elle paraît soulever des objections contre les dogmes[5] reçus, ce n'est pas à la science, c'est aux dogmes reçus à se mettre en garde et à répondre aux objections. La science doit se comporter comme si le monde était libre d'opinions préconçues, et ne pas s'inquiéter des difficultés qu'elle soulève. Que les théologiens[6] s'arrangent entre eux pour se mettre d'accord avec elle.

Extrait.

5. L'ensemble des vérités fondamentales d'une religion.
6. Spécialistes de l'étude des religions.

## QUESTIONS

1. Quelle est la thèse défendue par Renan ? Sur quel idéal repose-t-elle ?
   → p. 418 : LE CIRCUIT ARGUMENTATIF
2. À quel domaine les exemples de ce texte appartiennent-ils ? Entrent-ils en contradiction avec la thèse soutenue ?
   → p. 418 : LE CIRCUIT ARGUMENTATIF
3. Relevez la métaphore filée de cet extrait. Quelle est sa fonction ?
   → p. 384 : LES FIGURES DE RHÉTORIQUE
4. a. Relevez les verbes dont le mot *science* est le sujet. Quelle figure de rhétorique est employée ?
   b. Quel terme du début du texte amorce cette figure de style ?
   → p. 384 : LES FIGURES DE RHÉTORIQUE
5. **Iconographie**
   a. Quel scientifique figure au centre du panneau extrait de *La Fée Électricité* de Dufy ?
   b. Comment est-il représenté ? Cette image correspond-elle au texte de Renan ? Expliquez.

## Vis-à-vis : Rousseau et Renan

6. Sur quels points les thèses défendues par Rousseau et Renan s'opposent-elles ?
7. Quelle doit être l'attitude des hommes face à la science et au savoir selon ces auteurs ? Expliquez.

# Texte 3 Marguerite YOURCENAR « Diagnostic de l'Europe » (1929)

Biographie p. 569

*Marguerite Yourcenar a vingt-six ans et n'a pas encore écrit ses principaux romans lorsqu'elle établit un diagnostic clairvoyant sur la société de son temps, et en particulier sur les utilisations perverses de la science. Cet article exprime le point de vue inquiet d'une intellectuelle à une époque instable, qui connaîtra quelques mois plus tard la crise économique mondiale et la montée inexorable du fascisme en Europe.*

Illustration des nouveaux modes de communication.

Les cerveaux mal préparés ploient sous la diversité des connaissances ; les cadres de la culture, à force de s'élargir, se sont brisés. L'étroite instruction aristotélicienne[1] et catholique du passé a formé plus d'un esprit libre ; une qualité compensait ici les lacunes[2] ; des textes peu nombreux, vénérés, toujours les mêmes, enseignaient du moins la méthode. Pour faire Descartes[3] et Spinoza[4], il a suffi du latin et des mathématiques. Aujourd'hui, le prodigieux effort vulgarisateur[5] du livre et du journal, hâtif[6] toujours, maladroit souvent, permet à l'inexpérience du plus grand nombre l'illusion de l'universel savoir. Oubliant que la discipline de la recherche, pour la culture de l'esprit, importe autant et parfois plus que les résultats trouvés, la masse ruée dans ce laboratoire ouvert saute à pieds joints la méthode pour atteindre aux formules. Par malheur, celles-ci, brutalement utilisées, simplifiées en affirmations, passées du monde de la pensée pure à celui des applications circonstancielles[7], se faussent. On pense à de délicats instruments de physique employés aux usages de la vie courante. Finances, politique, histoire, littérature de tous les temps, de toutes les races : le cerveau européen, au XXe, s'embouteille comme les carrefours.

Quelques intelligences assimilent ces accablantes matières ; la plupart se changent en appareils enregistreurs ; d'autres, et non des moins saines, les vomissent. Jamais l'intellect n'a montré, devant la brutalité des faits, tant de passivité lassée. Tandis que l'âme, livrée à l'imprévu des sensations, cesse même de les coordonner, l'esprit, à la recherche désespérée d'une éthique[8], n'aboutit qu'à l'hygiène sportive. Dans les deux cas, le corps en réaction triomphe. Tous, chacun à son heure, recourent aux anesthésiants mystiques[9]. On se demande ce qu'eût pensé de ce mysticisme le solide christianisme du passé. Paradis : mais artificiel. Le corps, l'âme aussi : entre le corps et l'âme profonde, entre l'instinct et l'inconscient, la raison meurt.

*In Essais et mémoires,* « Articles non recueillis en volume »,



**1.** Fondée sur l'étude d'Aristote, philosophe grec du IVe siècle avant J.-C., que l'on considère comme le père de la logique. **2.** Les manques de connaissances. **3.** Philosophe français du XVIIe siècle. **4.** Philosophe hollandais du XVIIe siècle. **5.** Qui met les connaissances à la portée de tous. **6.** Précipité. **7.** Concrètes et précises. **8.** Morale. **9.** Religieux.

**LECTURE ANALYTIQUE**

### Première lecture

1. Quel bilan l'auteur fait-elle de son époque ?
2. Sur quelles références historiques et culturelles M. Yourcenar s'appuie-t-elle ? dans quel but ?

### Mise au point

3. Définissez les termes suivants en établissant clairement leur différence de sens : *cerveaux* (l. 1), *esprit* (l. 4), *intellect* (l. 23), *âme* (l. 24).
→ p. 381 : DÉNOTATION ET CONNOTATION

### Analyse

4. Sur quelle antithèse ce texte est-il fondé ? dans quel objectif ?
→ p. 384 : LES FIGURES DE RHÉTORIQUE
5. Quel genre de pronoms et quel temps verbal sont principalement employés ? pourquoi ?
→ p. 375 : LA SYNTAXE ET LA VALEUR DES TEMPS
6. Commentez la brièveté et la construction de la phrase qui fait apparaître *Descartes* et *Spinoza* (l. 7). En quoi sont-elles significatives ?
→ p. 375 : LA SYNTAXE ET LA VALEUR DES TEMPS
7. Que reproche M. Yourcenar à la science et au savoir de son époque ? Sur quel ton ?
8. À quel domaine l'auteur fait-elle finalement référence ? Expliquez le rôle joué par l'expression *anesthésiants mystiques* (l. 27).

### Question de synthèse

9. En quoi ce diagnostic est-il pessimiste ?

### Pour aller plus loin

10. **Recherche.** Énumérez les découvertes scientifiques et les événements historiques des années 1930 qui pourraient étayer la thèse de M. Yourcenar : *la raison meurt* (l. 30).
11. **Dissertation.** Analysez le sujet suivant, dégagez sa problématique et proposez un plan détaillé. *Aujourd'hui, le prodigieux effort vulgarisateur du livre et du journal, hâtif toujours, maladroit souvent, permet à l'inexpérience du plus grand nombre l'illusion de l'universel savoir* (l. 8-10). Partagez-vous cette affirmation de M. Yourcenar ?
→ p. 526 : CONSTRUIRE UN PLAN DÉTAILLÉ DE DISSERTATION

D'UN *Texte* À L'AUTRE 3

# *Science et vie* « Déchets nucléaires. La cacophonie » (2010)

*Fin 2010, le transport de déchets radioactifs par voie ferroviaire entre la France et l'Allemagne réactive le combat des associations et organisations non gouvernementales opposées au développement de l'exploitation de l'énergie nucléaire. Face à eux, les scientifiques, sans nier les risques d'accidents, rappellent que la maîtrise de l'atome permet de fournir de l'énergie propre. Le débat est relayé par des journalistes qui mettent l'accent sur le manque de concertation internationale.*

On croyait l'affaire entendue. Pour se débarrasser des dangereux déchets issus de l'industrie nucléaire, le meilleur moyen consistait à les enfouir dans des galeries de mine creusées vers cinq cents mètres de profondeur, que ce soit dans de l'argile, du sel ou du granite. Et jusqu'ici, tout le monde s'accordait sur cette solution. Or, en cette année 2010, cette belle unanimité est en train de se fissurer dans une incroyable cacophonie[1]. Qu'on en juge : alors que la France comme la Suède et la Finlande sont sur le point de mettre en œuvre leur site minier de stockage, les États-Unis, qui ont été les premiers à s'emparer de la question dès les

1. Mélange de sons peu agréables.

années 1950, viennent de décider de repartir de zéro, tandis que l'Allemagne est en pleine remise en question, que le Royaume-Uni, l'Espagne et la Russie ne savent plus quoi penser, et que quatorze pays européens, dont l'Italie et les Pays-Bas, sont en train de monter un projet commun consistant peu ou prou[2] à... observer ce que font les grandes puissances nucléaires. Autant de situations discordantes qui se confrontent toutes au même problème, dont l'énoncé est à la fois simple et vertigineux : comment maintenir trois cent mille tonnes de rebuts radioactifs[3] à l'écart de la biosphère[4] pendant le prochain million d'années ? Avec une priorité en tête : les tenir à l'écart de l'eau, puisqu'elle est le parfait vecteur de dispersion des radioéléments[5] dans l'environnement.

Depuis plus de cinquante ans, le monde entier sait que les centrales nucléaires ont un vilain défaut : elles recrachent des barres de combustible à ce point irradiées que celles-ci présentent un danger mortel pour les prochains milliers de générations d'humains... Depuis un demi-siècle, chaque pays concerné mobilise donc ses plus brillants cerveaux afin de chercher à isoler pour de bon ces « déchets nucléaires de haute activité à vie longue ». Si les stocker au fond d'une mine a rapidement été la solution préconisée, il a aussi été question de les cacher au sein d'un forage très profond, au fond des mers, dans un entrepôt renouvelable, dans la glace du pôle Sud, voire dans l'espace... Un large éventail qui en dit long sur la difficulté scientifique de cette tâche, mais aussi sur les résistances des populations locales et des responsables politiques. En attendant, rien n'a encore été concrétisé : tous ces déchets s'accumulent actuellement dans des piscines de refroidissement – la décroissance radioactive[6] produit beaucoup de chaleur – ou des hangars provisoires bien ventilés...

Vincent Nouyrigat, article paru dans *Science et vie* en novembre 2010 (extrait).

2. Plus ou moins.
3. Déchets diffusant des rayons ionisants nuisibles à l'environnement.
4. L'ensemble de l'espace vivant et de son milieu de vie.
5. Particules radioactives.
6. La diminution progressive des noyaux radioactifs.

## QUESTIONS

1. Quel domaine scientifique est abordé dans cet article ? Justifiez à l'aide d'un champ lexical.
2. Quel est l'objectif du journaliste ? Sa thèse est-elle explicite ?
   → p. 418 : LE CIRCUIT ARGUMENTATIF
3. a. Repérez les procédés qui révèlent la dimension didactique de cet article ?
   b. Quels modalisateurs révèlent un point de vue critique ?
   → p. 421 : LES REGISTRES DIDACTIQUE ET POLÉMIQUE
   → p. 371 : COMMUNICATION, ÉNONCIATION ET MODALISATION
4. Quel est le rôle des repères spatio-temporels ?
5. Expliquez l'emploi du verbe *se fissurer* (l. 5). En quoi l'emploi de ce verbe est-il à double sens ?
   → p. 381 : DÉNOTATION ET CONNOTATION
6. Quelle image de la science se dégage de ce texte ?

## Vis-à-vis : Marguerite Yourcenar et *Science et vie*

7. Quelle phrase du texte de Marguerite Yourcenar l'article de *Science et vie* semble-t-il illustrer ?
8. Dans quelle mesure ces deux formes d'argumentation diffèrent-elles ?

Analyse *d'image*

# Salvador Dalí (1904-1989)
# *Galatée aux sphères* (1952)

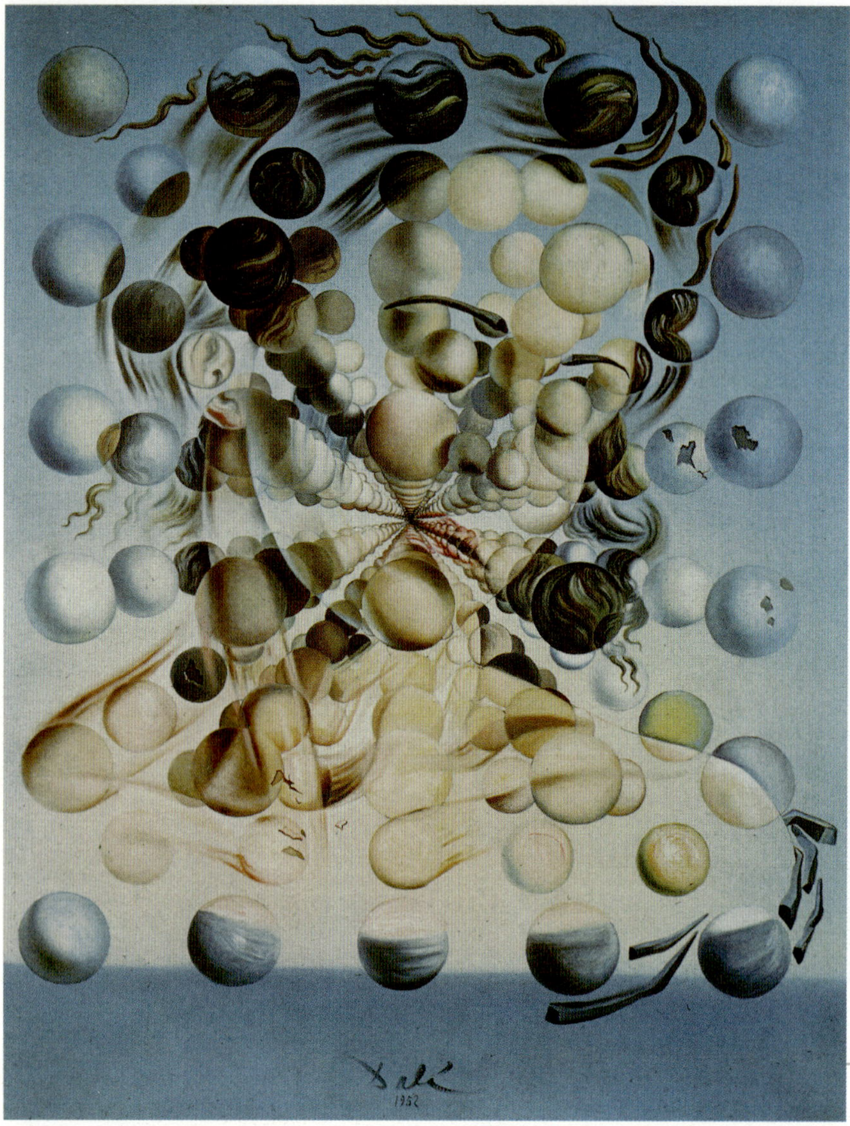

Huile sur toile, 65 x 54 cm
(Figueras, fondation Dalí).

*Salvador Dalí, peintre surréaliste espagnol, s'est toujours intéressé à la science : les théories mathématiques, les expérimentations en sciences physiques, les illusions d'optique, etc. En 1945, la bombe nucléaire larguée sur Hiroshima marque le début de sa période dite atomique : entre fascination et horreur, la représentation de l'être humain et du monde révèle l'impact de ces applications scientifiques. Le tableau* Galatée aux sphères, *portrait de sa compagne Gala, appartient à cette période.*

**QUESTIONS**

### Première approche

**1.** À quel genre pictural ce tableau appartient-il ? Justifiez.

### Analyse

**2.** À quelle réalité scientifique l'utilisation des sphères renvoie-t-elle ? Pourquoi sont-elles en mouvement ?

**3. a.** Comment les sphères sont-elles disposées ? dans quel but ?
**b.** Commentez l'effet produit par les lignes de fuite.

**4.** Quelles sont les principales couleurs utilisées ? Que pourrait symboliser leur réunion sur cette toile ?
→ p. 461 : L'IMAGE FIXE

### Question de synthèse

**5.** En quoi ce tableau permet-il d'illustrer l'influence de la science sur la représentation de l'être humain ?

# SYNTHÈSE Savoir et science, entre éloge et critique

• Le savoir et la science, même s'ils ont permis de s'affranchir de nombreux préjugés et contraintes, ne sont pas uniquement synonymes de progrès. Le comportement de l'homme peut très souvent être qualifié d'irresponsable ; les mises en garde sont pourtant inscrites dans notre héritage culturel : **Adam et Ève** chassés du paradis pour avoir désobéi à Dieu en mangeant le fruit de l'arbre de la connaissance, ou le **mythe de Prométhée**, puni par les dieux pour leur avoir volé le feu.

## 1 La Renaissance : l'humanisme

• Le XVI^e^ **siècle** met l'homme au centre du monde, ce dont témoignent les **romans de Rabelais**. La lettre de Gargantua à son fils Pantagruel (1532) est l'emblème de ce désir de **savoir encyclopédique** qui doit faire de l'homme un géant, un *abîme de science* → TEXTE 1. Les penseurs de l'époque, **Érasme** ou **Pic de La Mirandole**, font progresser les connaissances et suscitent l'admiration des lettrés.

• Les mises en garde existent. Rabelais rappelle l'impératif d'une science qui ne doit pas oublier les principes moraux et religieux. **Montaigne**, **sceptique**, affirme : *La peste de l'homme c'est de penser qu'il sait* → EXERCICE 1. L'Église, quant à elle, condamne cette recherche du savoir et la science, en la qualifiant de *libido sciendi*, selon la terminologie de saint Augustin (IV^e^ siècle), c'est-à-dire un péché d'orgueil. La liste est longue des savants condamnés par l'Église et brûlés sur le bûcher.

## 2 Le XVIII^e^ siècle : les Lumières de la raison

• Le XVIII^e^ siècle poursuit l'**entreprise d'émancipation de l'individu** comme l'illustre la devise du philosophe allemand Kant : *Sapere aude*, « Ose savoir » (*Qu'est-ce que les Lumières ?* 1784). L'*Encyclopédie*, dirigée par **Diderot** et **d'Alembert**, est un vaste projet de compilation des connaissances de l'époque qui incarne cette quête du savoir universel.

• Mais la voix discordante de **Rousseau** dans son *Discours sur les sciences et les arts* (1750) → TEXTE 2 développe l'idée d'une science qui corrompt l'homme.

## 3 Le XIX^e^ siècle : la religion de la science

• Aux XVIII^e^ et XIX^e^ siècles, les mises en garde ne ralentissent pas les **découvertes fondamentales** ni l'**industrialisation**. Émergent alors des courants philosophiques qui célèbrent la science comme seul moyen de comprendre le monde. Le **positivisme** d'**Auguste Comte** veut remplacer les croyances religieuses par des **lois scientifiques**, fondées sur l'expérience et l'observation → EXERCICE 2 ; le **scientisme** va jusqu'à défendre la prééminence de la science sur le politique ou la morale, avec **Ernest Renan** → D'UN TEXTE À L'AUTRE 2. En 1880, *Le Roman expérimental* d'**Émile Zola** → EXERCICE 3 est un essai qui s'en fait l'écho en énonçant les principes du **naturalisme**, mouvement littéraire fondé sur la démarche expérimentale.

• Des fictions avertissent les hommes sur cette prédominance de la science. En 1817, *Frankenstein ou le Prométhée moderne*, roman de **Mary Shelley**, donne naissance à la figure du savant fou qui se prend pour un dieu créateur.

## 4 Aux XX^e^ et XXI^e^ siècles : la science en question

• L'accélération des découvertes et leurs conséquences font du XX^e^ siècle l'ère de la **remise en cause du progrès**. En 1929, un article de la romancière **Marguerite Yourcenar** annonce la mort de la raison → TEXTE 3 ; en 1932, **Aldous Huxley** s'inquiète des **dérives de la biologie** dans son **roman de science-fiction** *Le Meilleur des mondes* → D'UN TEXTE À L'AUTRE 1. En 1945, l'utilisation des bombes atomiques soulève l'indignation de l'intellectuel **Albert Camus** → EXERCICE 4 : la science devient alors synonyme de destruction humaine, et la figure du savant fou se développe au cinéma avec *Le Docteur Folamour* de Stanley Kubrick (1964).

• **Au** XXI^e^ **siècle**, l'homme subit les conséquences d'une utilisation peu prévoyante de la science. Des articles de vulgarisation de *Science et vie* sur le traitement des déchets nucléaires en sont l'illustration → D'UN TEXTE À L'AUTRE 3. On assiste à la mise en place d'une **réflexion internationale** cherchant à concilier morale et science, avec la **bioéthique** et le **développement durable**.

Biographies des auteurs → p. 560

# HISTOIRE DES ARTS

DVD-ROM
Ressources complémentaires

# Les vanités

Les **vanités** sont des tableaux, le plus souvent des **natures mortes**, invitant à réfléchir sur le caractère éphémère de l'existence. Si ces représentations remontent aux mosaïques romaines, c'est au XVII$^e$ siècle qu'elles deviennent un **genre pictural codifié** en Hollande, en France et en Flandre.

**1** Barthel Bruyn le Vieux (1493-1555), *Crâne et fémur humain dans une niche* (XVI$^e$ siècle), huile sur bois, 65 x 45,5 cm (Lille, musée des Beaux-Arts).

## 1 • Les origines de la vanité

### *Souviens-toi que tu vas mourir*

Depuis l'Antiquité, cette expression latine (*Memento mori*) est un thème qui hante les artistes. Cette phrase aurait été prononcée par des esclaves contraints de défiler derrière les généraux romains qui les exhibaient comme des prises de guerre. Cette devise rappelle les aléas de l'existence et la possibilité pour un homme libre de devenir la proie de son ennemi le lendemain. Le rappel de notre condition mortelle est un moyen de souligner la fragilité et la précarité de l'existence. Jusqu'au XV$^e$ siècle, des artistes mettent en scène la mort, comme dans les **danses macabres du Moyen Âge**, pour inviter les hommes à ne pas s'attacher aux joies éphémères de la vie.

### *Vanité des vanités, tout est vanité*

Cette citation de la Bible (« L'Ecclésiaste », I, 2) est l'argument clé mis en scène dans le genre des vanités : dénoncer le caractère futile et vain de l'existence. Dès le XV$^e$ siècle et tout au long du XVI$^e$ siècle, des tableaux consacrés à ce thème fleurissent en Europe du Nord. Un tableau allemand en **trompe l'œil** peint vers 1550 **1** montre un crâne et un fémur calés dans une niche. Ce trophée dérisoire révèle ironiquement la brièveté de l'existence.

Cette vision austère, représentative de la religion protestante de l'époque, s'affirme au XVII$^e$ siècle dans des **natures mortes**. Ces **œuvres allégoriques** invitent à méditer sur la mort et à se libérer de l'orgueil. La **ville protestante de Leyde**, en Hollande, est le berceau des vanités, mais on en trouve dans l'Europe entière sous l'influence de la **Contre-Réforme**, mouvement de reconquête des croyants par les autorités catholiques. Des saints seuls et amaigris, tel **saint Jérôme**, sont entourés d'objets symboliques, qui rappellent le caractère transitoire de la vie sur terre.

## 2 • Les codes et les composantes de la vanité

### Des objets et des motifs allégoriques

Trois thèmes récurrents permettent de reconnaître les codes et symboles des vanités :
– **les vanités consacrées aux biens terrestres**, avec la vanité du **savoir** mise en scène grâce à la représentation de livres et d'instruments scientifiques ; ensuite, celles qui sont dévolues **à la richesse et au pouvoir** (bijoux, colliers, couronnes amoncelés) ; enfin, celles associées aux **plaisirs**, figurant les cinq sens sous forme de miroirs (vue), d'instruments de musique (ouïe), de fleurs (odorat), de fruits (goût), d'argent ou de cartes (toucher) ;
– **les vanités sur le caractère éphémère de l'existence**. On y trouve des objets symboliques tels le sablier, la bougie et la lampe à huile qui se consument. La bulle, les fleurs, les papillons (métaphores de l'âme) sont autant de motifs qui symbolisent la fragilité de l'existence. Mais le squelette, surtout le crâne humain, constitue le motif le plus fréquent pour montrer l'abandon de l'enveloppe charnelle et le vide de la pensée ;
– **les vanités évoquant la résurrection du Christ**, avec des symboles de la vie éternelle tels les épis de blé ou les couronnes de laurier.

Le spectateur est ainsi invité à déchiffrer ces **codes** qui conduisent à réfléchir sur l'existence.

### La composition des vanités

Les vanités mettent en scène des objets dans un **agencement symbolique**. Dans la *Vanité au cadran solaire* **2**, on constate la prédominance de couleurs ternes et une quasi-monochromie avec une dominante ocre. Le fond obscur et la présence du crâne contribuent à créer une angoisse devant la **vanité du savoir** symbolisée ici par le cadran solaire et les livres amassés.
La place centrale du crâne est valorisée par sa surélévation sur un gros volume en perspective et son encadrement par l'outil scientifique, à gauche, et le livre ouvert, à droite.

**2** Sebastian Stoskopff (1597-1657), *Vanité au cadran solaire* (XVII^e siècle), huile sur toile, 67 x 86 cm (Paris, musée du Louvre).

## 3 • Le retour des vanités au XX^e siècle

**3** Andy Warhol (1928-1987), *Crâne* (1976), acrylique sur toile, 189 x 203 cm (Stuttgart, Sammlung Froehlich).

### Les années 1930

Le genre des vanités est peu pratiqué aux XVIII^e et XIX^e siècles, époques du **matérialisme** et du **rationalisme**. Il réapparaît dans l'**entre-deux-guerres** en réaction au carnage de la Première Guerre mondiale qui a réveillé l'imaginaire morbide. Les peintres **Picasso** et **Braque** introduisent le motif du crâne dans leurs toiles. Ces tableaux renouvellent le genre de la vanité.

En associant le motif du crâne au matériel pictural, ils renouent cependant avec la tradition morale du XVII^e siècle résumée dans une pensée de **Pascal** : *Quelle vanité que la peinture qui attire l'attention pour la ressemblance des choses dont on n'admire point les originaux* (*Pensées*) ; l'acte de peindre serait donc la vanité suprême.

### Les vanités contemporaines

Elles se multiplient, permettant d'exprimer les interrogations et les angoisses de la société. Matériaux et supports se diversifient, des peintures à l'acrylique d'**Andy Warhol** dans les années 1970 qui renvoient à notre société de consommation au crâne serti de diamants de **Damien Hirst** au début du XXI^e siècle.
Une vanité de 1976 **3** présente un crâne jaune sur fond de couleurs vives et crues ; le contraste entre cette palette éclatante et le sujet morbide est propre aux artistes du *Pop Art* qui évoquaient de façon ludique les aspects les plus inquiétants du monde occidental.

### LEXIQUE

**Monochromie** Palette réduite à une seule couleur.

**Nature morte** Tableau symbolique montrant des assemblages d'objets ou d'éléments prélevés dans la nature (fruits sur une table...).

**Ocre** Pigment de couleur jaune, l'une des trois couleurs primaires.

**Œuvre allégorique** Œuvre fondée sur l'allégorie, c'est-à-dire le fait de rendre visible et concrète une pensée, une abstraction.

**Peinture à l'acrylique** À la différence de la peinture à l'huile, la peinture à l'acrylique est synthétique, fabriquée à partir de dérivés d'acide.

**Trompe l'œil** Tableau ou décoration murale jouant avec le relief et la profondeur, donnant l'illusion de pouvoir toucher ce qui est représenté.

### QUESTIONS

**1.** Cherchez un exemple de vanité du XVII^e siècle consacrée aux plaisirs terrestres ou au caractère éphémère de l'existence. Proposez-en une analyse.

**2.** Cherchez deux artistes d'aujourd'hui qui ont pratiqué la vanité. Décrivez une de leurs œuvres (support, matériau, technique...) et expliquez comment ils renouvellent le genre.

# Exercices d'approfondissement

## Revoir

### 1 Savoir et humanisme

**1.** À quel éloge Montaigne se prête-t-il ? Sur quelle opposition joue-t-il ?
**2.** Que condamne-t-il ? Justifiez en commentant la phrase la plus explicite.
**3.** Repérez et commentez les exemples donnés par Montaigne pour soutenir sa thèse.
→ p. 418 : LE CIRCUIT ARGUMENTATIF
**4.** Que révèle l'utilisation du latin ? En quoi peut-elle sembler paradoxale ?

*Dans un chapitre des* Essais, *l'humaniste Montaigne entreprend de mettre en garde son lecteur contre la fragilité et l'orgueil de la raison humaine.*

La première loi que Dieu donna jamais à l'homme, ce fut une loi de pure obéissance ; ce fut un commandement nu et simple où l'homme n'eut rien à connaître ni à discuter parce que l'obéissance est le principal devoir d'une âme raisonnable qui reconnaît un [pouvoir] céleste et bienfaiteur. De l'obéissance et de la soumission naît toute autre vertu (comme tout péché naît de l'outrecuidance[1]). Et, à l'inverse, la première tentation qui vint à l'humaine nature de la part du diable, son premier poison, s'insinua en nous par le moyen des promesses de science et de connaissance qu'il nous fit : « *Eritis sicut dii, scientes bonum et malum* »[2] [Vous serez comme des dieux connaissant le bien et le mal]. Les Sirènes aussi, pour tromper Ulysse, dans [le poème] d'Homère[3], et l'attirer dans leurs dangereux et funestes[4] filets, lui offrent en don la science. La peste de l'homme c'est de penser qu'il sait. Voilà pourquoi l'ignorance nous est tellement recommandée par notre religion comme un élément approprié à la foi et à l'obéissance. « *Cavete ne quis vos decipiat per philosophiam et inanes seductiones secundum elementa mundi.* »[5] [Prenez garde que quelqu'un ne fasse de vous sa proie par la philosophie et par une vaine tromperie, s'appuyant (sur la tradition des hommes,) sur les rudiments du monde (et non sur le Christ).]

Michel de Montaigne, *Essais*, livre II, chapitre XII : « Apologie de Raymond Sebond » (extrait, 1580), translation en français moderne par A. Lanly, © Honoré Champion (1989).

1. Trop grande confiance en soi.
2. Citation biblique (« Genèse », III, 5).
3. Référence à l'*Odyssée*.
4. Mortels.
5. Citation de saint Paul (« Épître de saint Paul aux Colossiens », II, 8).

## Approfondir

### 2 La démarche scientifique

**1.** Identifiez le type de ce texte. Justifiez.
→ p. 388 : LES TYPES DE TEXTE
**2.** Quelles sont les valeurs propres à l'état positif ? Quel lien entretient-il avec la science ? Justifiez.
**3.** À quoi l'esprit humain renonce-t-il dans l'état positif ?

*Auguste Comte est le père du positivisme, philosophie selon laquelle l'évolution historique de l'homme comporte trois états : l'état théologique (en référence aux divinités), l'état métaphysique (en référence à l'esprit), et l'état positif (en référence au monde concret).*

Enfin, dans l'état positif, l'esprit humain, reconnaissant l'impossibilité d'obtenir des notions absolues, renonce à chercher l'origine et la destination de l'univers, et à connaître les causes intimes des phénomènes, pour s'attacher uniquement à découvrir, par l'usage bien combiné du raisonnement et de l'observation, leurs lois effectives, c'est-à-dire leurs relations invariables de succession et de similitude. L'explication des faits, réduite alors à ses termes réels, n'est plus désormais que la liaison établie entre les divers phénomènes particuliers et quelques faits généraux, dont les progrès de la science tendent de plus en plus à diminuer le nombre.

Auguste Comte, *Philosophie des sciences*, « Cours de philosophie positive », leçon 1 (extrait, 1830-1842).

### 3 Science expérimentale et naturalisme

**1.** À quel genre argumentatif ce texte appartient-il ? Justifiez.
→ p. 413 : LES GENRES DE L'ARGUMENTATION
**2.** Identifiez les caractéristiques du naturalisme scientifique. Sont-elles les mêmes pour le naturalisme littéraire ?
**3.** Étudiez le champ lexical dominant dans cet extrait.
**4.** Que refuse le naturalisme ?
**5.** En quoi la démarche du romancier naturaliste devient-elle expérimentale ?

Le naturalisme, c'est le retour à la nature, c'est cette opération que les savants ont faite le jour où ils se sont avisés de partir de l'étude des corps et des phénomènes, de se baser sur l'expérience, de procéder par l'analyse. Le naturalisme, dans les lettres, c'est également le retour à la nature et à l'homme, l'observation directe, l'anatomie exacte, l'acceptation et la peinture de ce qui est. La besogne a été la même pour l'écrivain que pour le savant. L'un et l'autre ont dû remplacer les abstractions par des réalités, les formules empiriques[1] par des analyses rigoureuses. Ainsi plus de personnages abstraits dans les œuvres, plus d'inventions mensongères, plus d'absolu, mais des personnages réels, l'histoire vraie de chacun, le relatif de la vie quotidienne. Il s'agissait de tout recommencer, de connaître l'homme aux sources mêmes de son être, avant de conclure à la façon des idéalistes, qui inventent des types ; et les écrivains n'avaient désormais qu'à reprendre l'édifice par la base, en apportant le plus possible de documents humains, présentés dans leur ordre logique.

Émile Zola, *Le Roman expérimental* (extrait, 1880).

1. Fournies par la seule observation, sans théorie scientifique.

## 4 Science et morale

**1. a.** Cherchez le sens du mot *éditorial*.
**b.** Expliquez le contexte dans lequel cet article a été rédigé.
**2.** Relevez et commentez la figure de style récurrente.
→ p. 384 : LES FIGURES DE RHÉTORIQUE
**3.** Quelle est la thèse de l'auteur ? Justifiez.
→ p. 418 : LE CIRCUIT ARGUMENTATIF
**4.** En quoi ce texte est-il un blâme ?
→ p. 416 : CONVAINCRE, DÉLIBÉRER OU PERSUADER

*Le romancier Albert Camus est aussi le rédacteur en chef d'un journal engagé,* Combat, *créé clandestinement pendant la Seconde Guerre mondiale. En août 1945, il écrit un article pour réagir au lancement de la bombe nucléaire sur Hiroshima.*

Le monde est ce qu'il est, c'est-à-dire peu de chose. C'est ce que chacun sait depuis hier grâce au formidable concert que la radio, les journaux et les agences d'information viennent de déclencher au sujet de la bombe atomique. On nous apprend, en effet, au milieu d'une foule de commentaires enthousiastes, que n'importe quelle ville d'importance moyenne peut être totalement rasée par une bombe de la grosseur d'un ballon de football. Des journaux américains, anglais et français se répandent en dissertations élégantes sur l'avenir, le passé, les inventeurs, le coût, la vocation pacifique et les effets guerriers, les conséquences politiques et même le caractère indépendant de la bombe atomique. Nous nous résumerons en une phrase : la civilisation mécanique vient de parvenir à son dernier degré de sauvagerie. Il va falloir choisir, dans un avenir plus ou moins proche, entre le suicide collectif ou l'utilisation intelligente des conquêtes scientifiques.

En attendant, il est permis de penser qu'il y a quelque indécence à célébrer ainsi une découverte, qui se met d'abord au service de la plus formidable rage de destruction dont l'homme ait fait preuve depuis des siècles.

Albert Camus, *Combat*, éditorial (extrait, 8 août 1945), *in Œuvres complètes ; Articles, préfaces, conférences*, © Gallimard, coll. « Bibliothèque de la Pléiade ».

# Écrire

## 5 Science et application concrète

**1. a.** Quel est le type de texte utilisé ? Justifiez.
**b.** Quel ton ce texte adopte-t-il ? Expliquez.
**2.** Quels sont les procédés qui soulignent l'importance de la découverte scientifique de Lise Meitner ?
**3.** *La Centrale* est un roman : l'auriez-vous deviné ? pour quelles raisons ?

**Analyse de corpus**

**4.** Dans quelle mesure les textes des exercices 4 et 5 illustrent-ils des utilisations radicalement opposées ?
**5.** Comparez les formes d'argumentation mises en place.
**6.** Traitez la question de corpus suivante.
→ p. 484 : ANALYSER UN CORPUS ET RÉDIGER UNE RÉPONSE ORGANISÉE

**Question :** Quelle image du progrès scientifique ces deux textes proposent-ils ?

La Centrale *décrit les conditions de travail dans les centrales nucléaires civiles.*

Ce qui est à l'œuvre au cœur du réacteur, c'est l'illustration par l'exemple de la fameuse équation d'Einstein, $E = mc^2$, qui met face à face, dans un rapport constant, l'énergie et la masse[1], deux choses qu'il n'allait pas de soi de rapprocher, l'une établie comme proportionnelle à l'autre, tant il est vrai que rien ne disparaît mais se transforme. Un neutron libre percute un atome. Plus précisément, un atome lourd, uranium ou plutonium, capte au sein de son noyau un neutron libre. Le noyau devient instable, se scinde en deux, et libère deux ou trois neutrons. Parce qu'il perd en masse, sa fission dégage de l'énergie. À l'échelle de l'atome, c'est une énergie considérable. À notre échelle à nous, elle ne le devient que par le principe même de la fission nucléaire qui veut qu'une fois amorcée, la réaction se propage à des milliards d'atomes en quelques fractions de seconde. La sensation de l'homme qui comprend ça, qui sait être le premier dans l'histoire des hommes à le comprendre ? La sensation de cet homme, en l'occurrence une femme, Lise Meitner, réfugiée en Norvège en 1940, à l'instant où l'idée jaillit qu'elle sait être la bonne, d'une portée inimaginable, sans commune mesure avec ce qui a été mis au jour jusqu'ici ? En salle de contrôle, un agent appuie sur le frein. Deux, puis quatre, puis huit neutrons libérés, et la réaction s'emballe. L'idée, n'en laisser libre qu'un seul et absorber les autres. Le nucléaire civil, c'est ça.

Élisabeth Filhol, *La Centrale*, chapitre 15 (extrait, 2010), © P.O.L.

1. La formule d'Einstein relie l'énergie et la masse. Une masse au repos dispose d'une énergie que l'on peut calculer en faisant le produit de la masse par le carré de la vitesse de la lumière.

# VERS LE BAC Négritude et engagement

**OBJETS D'ÉTUDE** La question de l'homme dans les genres de l'argumentation du XVI^e siècle à nos jours
Écriture poétique et quête du sens, du XVI^e siècle à nos jours

**CORPUS**
**Texte 1** A. Césaire, *Cahier d'un retour au pays natal* (1947)
**Texte 2** L. Sédar Senghor, *Hosties noires* (1948)
**Texte 3** R. Confiant, *Chimères d'en ville* (1985)

## SUJET POUR LES SÉRIES GÉNÉRALES

**Question** (4 points)

Grâce à quels procédés ces auteurs manifestent-ils la force de leur engagement ?

**Vous traiterez ensuite au choix l'un des trois sujets proposés.** (16 points)

**1. Commentaire**
Vous commenterez le texte de Léopold Sédar Senghor (texte 2).

**2. Dissertation**
Selon vous, les écrivains et les artistes dévoilent-ils d'abord leur univers intime ? Leurs œuvres ont-elles réellement un rôle à jouer dans la société ? Répondez en vous aidant des textes du corpus et des œuvres que vous avez pu lire.

**3. Écriture d'invention**
Lors de la commémoration de la naissance de la négritude créée par les poètes Aimé Césaire, Léopold Sédar Senghor et Léon-Gontran Damas, vous êtes amené à rédiger un discours d'hommage à ces écrivains qui ont eu à cœur de défendre la dignité de leur culture et de leur peuple au moyen de la littérature. Vous utiliserez les ressources de l'art oratoire et des références précises.

## SUJET POUR LES SÉRIES TECHNOLOGIQUES

**Questions** (6 points)

**1.** Dans quelle mesure ces trois textes sont-ils argumentatifs ? (3 points)

**2.** Comment le racisme est-il représenté par chaque auteur ? (3 points)

**Vous traiterez ensuite au choix l'un des trois sujets proposés.** (14 points)

**1. Commentaire**
Vous commenterez le texte de Raphaël Confiant (texte 3) en suivant les pistes proposées :
– étudiez comment la narratrice perçoit la noirceur ;
– montrez qu'à travers ce récit anecdotique se révèle un engagement contre le racisme.

**2. Dissertation**
Léopold Sédar Senghor explique : *Les écrivains et les artistes doivent jouer, jouent un rôle de premier plan dans la lutte pour la décolonisation.* À votre avis, la littérature doit-elle nécessairement être engagée ? Répondez à cette question dans un développement argumenté qui s'appuiera sur les textes du corpus et sur vos lectures personnelles.

**3. Écriture d'invention**
Imaginez le dialogue entre Adelise et Monsieur Jean en vous appuyant sur les éléments du texte 3. Vous veillerez à la cohérence de votre texte et à la richesse du vocabulaire.

## Texte 1 Aimé Césaire, *Cahier d'un retour au pays natal* (1947)

*Aimé Césaire (1913-2008), fondateur du courant littéraire de la négritude dans les années 1930, a d'abord publié* Cahier d'un retour au pays natal *à Paris en 1939, mais il ne connaîtra le succès qu'après sa publication à New York en 1944. Ce poème en prose et en vers libres est une quête des origines.*

La négraille[1] aux senteurs d'oignon frit retrouve dans son sang répandu le goût amer de la liberté

Et elle est debout la négraille

la négraille assise
inattendument[2] debout
debout dans la cale
debout dans les cabines
debout sur le pont
debout dans le vent
debout sous le soleil
debout dans le sang
        debout
        et
        libre

debout et non point pauvre folle dans sa liberté et son dénuement[3] maritimes girant[4] en la dérive parfaite et la voici :
plus inattendument debout
debout dans les cordages
debout à la barre
debout à la boussole
debout à la carte
debout sous les étoiles
        debout
        et
        libre

et le navire lustral[5] s'avancer impavide[6] sur les eaux écroulées.



1. Néologisme forgé par Césaire qui associe le mot *nègre* au suffixe péjoratif à valeur collective *-aille*.
2. Autre néologisme : adverbe formé à partir de l'adjectif *inattendu*.
3. Sa pauvreté.
4. Tournant.
5. Purificateur.
6. Calme, sans peur.

## Texte 2 Léopold Sédar Senghor, *Hosties noires* (1948)

*Léopold Sédar Senghor (1906-2001) associe volontiers poésie et prière dans le recueil* Hosties noires. *Le premier poème (« Poème liminaire ») rappelle son expérience de soldat de l'armée coloniale, mobilisé en 1939.*

À L.-G. Damas[1]

Vous Tirailleurs Sénégalais[2], mes frères noirs à la main chaude sous la glace et la mort
Qui pourra vous chanter si ce n'est votre frère d'armes, votre frère de sang ?

Je ne laisserai pas la parole aux ministres, et pas aux généraux
Je ne laisserai pas – non ! – les louanges de mépris vous enterrer furtivement.
Vous n'êtes pas des pauvres aux poches vides sans honneur
Mais je déchirerai les rires *banania*[3] sur tous les murs de France.

Car les poètes chantaient les fleurs artificielles des nuits de Montparnasse
Ils chantaient la nonchalance des chalands[4] sur les canaux de moire[5] et de simarre[6]
Ils chantaient le désespoir distingué des poètes tuberculeux

1. Léon-Gontran Damas (1912-1978) est un poète guyanais, co-fondateur du concept de négritude avec Césaire et Senghor.
2. Militaires de l'armée coloniale qui ont payé un lourd tribut sur les champs de bataille français.
3. Marque de cacao.
4. Bateaux.
5. Étoffe brillante.
6. Longue robe.

Car les poètes chantaient les rêves des clochards sous l'élégance des ponts blancs
Car les poètes chantaient les héros, et votre rire n'était pas sérieux, votre peau noire pas classique.

Ah ! ne dites pas que je n'aime pas la France – je ne suis pas la France, je le sais –
Je sais que ce peuple de feu, chaque fois qu'il a libéré ses mains
A écrit la fraternité sur la première page de ses monuments
Qu'il a distribué la faim de l'esprit comme de la liberté
À tous les peuples de la terre conviés solennellement au festin catholique.
Ah ! ne suis-je pas assez divisé ? Et pourquoi cette bombe
Dans le jardin si patiemment gagné sur les épines de la brousse ?
Pourquoi cette bombe sur la maison édifiée pierre à pierre ?

Pardonne-moi, Sira-Badral[7], pardonne étoile du Sud de mon sang
Pardonne à ton petit-neveu s'il a lancé sa lance pour les seize sons du sorong[8]
Notre noblesse nouvelle est non de dominer notre peuple, mais d'être son rythme et son cœur
Non de paître les terres, mais comme le grain de millet[9] de pourrir dans la terre
Non d'être la tête du peuple, mais bien sa bouche et sa trompette.

Qui pourra vous chanter si ce n'est votre frère d'armes, votre frère de sang
Vous Tirailleurs Sénégalais, mes frères noirs à la main chaude, couchés sous la glace et la mort ?

Paris, avril 1940.

*In Œuvre poétique,* 

7. Princesse du XIVe siècle qui a fondé un royaume.
8. Instrument de musique.
9. Petit grain de céréales tropicales des zones sèches.

## Texte 3 Raphaël Confiant, *Chimères d'en ville* (1985)

*Raphaël Confiant est un auteur martiniquais, né en 1951, qui écrit en créole et en français. Son engagement l'a amené à créer avec Patrick Chamoiseau le mouvement de la créolité. La belle Adelise est une jeune femme vivant à Fort-de-France, dont Homère, un homme de la campagne martiniquaise, est tombé amoureux.*

NOIRCEUR : Noir. J'écris ce mot partout. Je le griffonne sur ma table du cours d'adultes. Je l'inscris avec une pointe de charbon de bois sur le premier mur rencontré. Hier, Rigobert s'est moqué de moi : « À ce qu'il paraît, notre chère Adelise est en train de faire un dictionnaire ! Ha, ha, ha ! Je suis sûr qu'elle n'osera jamais y mettre « noir ». Le bougre[1] se trompait. Il n'y a rien de plus noble que la noirceur quand on cesse de se regarder avec les yeux des Blancs. Ceux-ci nous ont appris à la haïr et parfois, nous avons envie d'enlever cette peau que Dieu nous a baillée[2] comme s'il s'agissait d'un vêtement affreux. J'ai beaucoup lutté contre ce sentiment. Je l'ai dompté petit à petit et aujourd'hui, quand Homère, Rigobert ou Carmélise se mettent à dénigrer[3] leur race, je me tais et me tiens très à distance d'eux. Je ferme à moitié les yeux et je vois la mer noire, le ciel noir, les astres noirs, le soleil noir. Le monde en son entier se drape de noirceur et alors je sens comme une vague d'apaisement descendre en moi et m'envelopper l'âme. Même Monsieur Jean, à qui j'ai tenté d'expliquer cette sensation-là, s'est montré sceptique[4]. Il croit que le nègre a encore beaucoup de chemin à parcourir avant que le Blanc ne lui baille[5] honneur et respect. Il parle tout le temps du Savoir. « Le Savoir avec un grand S, s'exclame-t-il, celui dont trois siècles d'esclavage nous ont privés. » Lui aussi se gausse[6] de mon dictionnaire créole. Décidément, il n'y a personne autour de moi pour mesurer notre pesant[7] de noirceur et pourtant il vaut plus que de l'or.



1. Le drôle.
2. Donnée.
3. Critiquer.
4. A douté.
5. Accorde.
6. Se moque.
7. Poids.

# VERS LE BAC PISTES POUR L'ENTRETIEN

**OBJET D'ÉTUDE** Écriture poétique et quête du sens

**Formulez oralement des réponses brèves mais efficaces, en les justifiant à partir des documents étudiés.**

→ p. 557 : ORGANISER ET UTILISER SES CONNAISSANCES EN VUE DE L'ENTRETIEN

## Connaître les textes et les images de la séquence

**Séquence 4**

1. Fénelon transmet-il une image valorisante de la femme ?
2. La sculpture de Houdon contribue-t-elle à la réflexion sur le statut de la femme ?

**Séquence 5**

1. En quoi le texte de Voltaire éclaire-t-il le surnom donné au héros ?
2. Quel texte semble avoir le plus d'échos avec notre monde actuel ? Justifiez votre opinion.

**Séquence 6**

1. Comment comprenez-vous le titre du roman d'Aldous Huxley : *Le Meilleur des mondes* ?
2. Hormis le nucléaire, quelles découvertes posent des problèmes éthiques de nos jours ?

## Voir les liens entre les différents textes

**Séquence 4**

1. En quoi la forme du dialogue sert-elle l'argumentation chez Diderot et J.-C. Carrière ?
2. Les auteurs de ce groupement ont-il une vision optimiste de la nature humaine ?

**Séquence 5**

1. Ces auteurs accordent-ils la même valeur au voyage ?
2. Dans quelle mesure les auteurs donnent-ils une leçon de tolérance au lecteur ?

**Séquence 6**

1. Quelles sont les différentes thèses développées au sujet de la science ?
2. Quelle est la place accordée à Dieu et à la religion dans les différents textes ?

## Tester ses connaissances en histoire des arts

**Séquence 4**

1. Dans quelle mesure l'évolution du portrait reflète-t-elle celle du regard porté sur l'homme ?
2. L'enjeu du portrait est-il seulement de donner une reproduction fidèle des traits d'un individu ?

**Séquence 5**

1. Quelles fonctions les auteurs attribuent-ils au carnet de voyage ?
2. Dans quelle mesure le croquis apparaît-il comme une sorte de brouillon ?

**Séquence 6**

1. Quelle est la distinction entre une vanité et une nature morte ?
2. Différenciez les vanités du XVII^e^ siècle et celles d'aujourd'hui.

## Maîtriser l'objet d'étude

**Séquence 4**

1. Quelles sont les différences entre un traité et un essai ?
2. Caractérisez le dialogue philosophique par rapport au dialogue théâtral.

**Séquence 5**

1. Quel texte vous semble le plus polémique ?
2. Quelle stratégie argumentative chaque auteur adopte-t-il ?

**Séquence 6**

1. Quelles sont les différentes formes d'argumentation présentes dans les textes ?
2. Identifiez les registres utilisés. Lesquels vous paraissent les plus efficaces ?

CHAPITRE 3

# Le personnage de roman

Gustav Klimt (1862-1918), *Portrait de dame* (1916), huile sur toile, 68 x 55 cm (Plaisance, Italie, galerie Ricci-Oddi).


151 **Séquence 7** Héros et anti-héros

171 **Séquence 8** La femme dans le roman

191 **Séquence 9** Nouveaux narrateurs, nouveaux personnages

SÉQUENCE 7

# Héros et anti-héros

Le héros épique, de l'Antiquité au XIXe siècle, incarne des valeurs collectives et accomplit des exploits extraordinaires qui confirment sa puissance. Depuis le XIXe siècle, le personnage de roman, plus humain, n'a rien perdu de ses rêves et de ses ambitions, mais il se heurte aux contraintes de la société et connaît souvent la désillusion.

**OBJECTIF**

**Étudier l'évolution du statut du héros de roman depuis le XIXe siècle.**

DVD-ROM Ressources complémentaires

## SOMMAIRE


Texte 1 — STENDHAL, *Le Rouge et le Noir* (1830) ..... 152
D'UN Texte À L'AUTRE — G. de MAUPASSANT, *Bel-Ami* (1885) ..... 153

ÉTUDE D'ŒUVRE INTÉGRALE — STENDHAL, *Le Rouge et le Noir* (1830) ..... 156

Texte 2 — H. de BALZAC, *Le Père Goriot* (1835) ..... 157
D'UN Texte À L'AUTRE — É. ZOLA, *L'Œuvre* (1886) ..... 159

Analyse d'Image — P. CÉZANNE, *Autoportrait* (1878-1880) ..... 161

Texte 3 — J. CONRAD, *Au cœur des ténèbres* (1899) ..... 162
D'UN Texte À L'AUTRE — L.-F. CÉLINE, *Voyage au bout de la nuit* (1932) ..... 164

- **SYNTHÈSE** Du héros à l'anti-héros ..... 166
- **Histoire des arts** La représentation du conquérant ..... 167
- **Exercices d'approfondissement** ..... 169


| Notions et activités | Liens avec la partie II |
|---|---|
| La progression narrative | → p. 429 : LA STRUCTURE DU RÉCIT |
| Les interventions du narrateur et la focalisation | → p. 432 : LE NARRATEUR ET LA FOCALISATION |
| Les discours rapportés | → p. 434 : LE PERSONNAGE |
| La syntaxe et les niveaux de langue | → p. 375 : LA SYNTAXE ET LA VALEUR DES TEMPS |

| | Liens avec la partie III |
|---|---|
| Actualiser un récit | → p. 538 : INVENTER ET TRANSPOSER |
| Prolonger ou amplifier un texte | → p. 541 : INVENTER ET IMAGINER |
| Rédiger un commentaire guidé | → p. 498 : RÉDIGER UN COMMENTAIRE LITTÉRAIRE |
| Préparer et rédiger une dissertation | → p. 518 : RÉDIGER UNE DISSERTATION |

Texte 1

Biographie p. 568

# Stendhal
## *Le Rouge et le Noir* (1830)

*Julien Sorel, fils d'un charpentier de Franche-Comté, rêve de quitter son milieu familial. Passionné par les livres, dont les mémoires de Napoléon, son idole, il met tout en œuvre pour satisfaire son ambition. D'abord précepteur de la famille de Rênal, il délaisse cet univers bourgeois pour faire son entrée dans une école religieuse, un séminaire, qui le place sous la protection de l'abbé Pirard. Ce dernier le fait engager comme secrétaire par le marquis de La Mole :* Il allait enfin paraître sur le théâtre des grandes choses *(fin de la première partie).*

Julien s'arrêtait ébahi au milieu de la cour.

– Ayez donc l'air raisonnable, dit l'abbé Pirard ; il vous vient des idées horribles, et puis vous n'êtes qu'un enfant ! Où est le *nil mirari*[1] d'Horace ? (Jamais d'enthousiasme.) Songez que ce peuple de laquais[2], vous voyant établi ici, va chercher à se moquer de vous ; ils verront en vous un égal, mis injustement au-dessus d'eux. Sous les dehors de la bonhomie, des bons conseils, du désir de vous guider, ils vont essayer de vous faire tomber dans quelque grosse balourdise[3].

– Je les en défie, dit Julien en se mordant la lèvre, et il reprit toute sa méfiance.

Les salons que ces messieurs traversèrent au premier étage, avant d'arriver au cabinet du marquis, vous eussent semblé, ô mon lecteur, aussi tristes que magnifiques. On vous les donnerait tels qu'ils sont, que vous refuseriez de les habiter ; c'est la patrie du bâillement et du raisonnement triste. Ils redoublèrent l'enchantement de Julien. Comment peut-on être malheureux, pensait-il, quand on habite un séjour aussi splendide !

Enfin, ces messieurs arrivèrent à la plus laide des pièces de ce superbe appartement : à peine s'il y faisait jour ; là, se trouva un petit homme maigre, à l'œil vif et en perruque blonde. L'abbé se retourna vers Julien et le présenta. C'était le marquis. Julien eut beaucoup de peine à le reconnaître, tant il lui trouva l'air poli. Ce n'était plus le grand seigneur, à mine si altière[4], de l'abbaye de Bray-le-Haut[5]. Il sembla à Julien que sa perruque avait beaucoup trop de cheveux. À l'aide de cette sensation, il ne fut point du tout intimidé. Le descendant de l'ami de Henri III lui parut d'abord avoir une tournure assez mesquine[6]. Il était fort maigre et s'agitait beaucoup. Mais il remarqua bientôt que le marquis avait une politesse encore plus agréable à l'interlocuteur que celle de l'évêque de Besançon lui-même. L'audience ne dura pas trois minutes. En sortant, l'abbé dit à Julien :

**1.** *Nil admirari* ou *nil mirari* : ne s'étonner de rien (citation du poète latin Horace, Ier siècle avant J.-C.).

**2.** Valets.

**3.** Maladresse.

**4.** Fière, hautaine.

**5.** Julien avait déjà rencontré le marquis de La Mole en Franche-Comté.

**6.** Médiocre, sans grandeur.

– Vous avez regardé le marquis, comme vous eussiez fait un tableau[7]. Je ne suis pas un grand grec[8] dans ce que ces gens-ci appellent la politesse, bientôt vous en saurez plus que moi ; mais enfin la hardiesse de votre regard m'a semblé peu polie.

On était remonté en fiacre ; le cocher arrêta près du boulevard ; l'abbé introduisit Julien dans une suite de grands salons. Julien remarqua qu'il n'y avait pas de meubles. Il regardait une magnifique pendule dorée, représentant un sujet très indécent selon lui, lorsqu'un monsieur fort élégant s'approcha d'un air riant. Julien fit un demi-salut[9].

Le monsieur sourit et lui mit la main sur l'épaule. Julien tressaillit et fit un saut en arrière. Il rougit de colère. L'abbé Pirard, malgré sa gravité, rit aux larmes. Le monsieur était un tailleur.

– Je vous rends votre liberté pour deux jours, lui dit l'abbé en sortant ; c'est alors seulement que vous pourrez être présenté à M$^{me}$ de La Mole. Un autre vous garderait comme une jeune fille, en ces premiers moments de votre séjour dans cette nouvelle Babylone[10].

Deuxième partie, chapitre II : « Entrée dans le monde » (extrait).

7. Comme si vous aviez fait son portrait.
8. Un expert, un savant (métaphore).
9. Il fit une sorte de révérence.
10. Ville antique qui symbolise la richesse et la puissance, mais aussi la corruption quand elle est évoquée dans la Bible.

**LECTURE ANALYTIQUE**

## Première lecture

1. Ce texte est-il en accord avec le titre du chapitre II : « Entrée dans le monde » ? Justifiez.
2. De quelle manière le récit est-il organisé ? Dégagez précisément ses étapes.

## Mise au point

3. Relevez un commentaire du narrateur au sujet de l'attitude de Julien. Expliquez cette précision.

→ p. 371 : COMMUNICATION, ÉNONCIATION ET MODALISATION

## Analyse

4. Quelle importance le décor a-t-il dans ce récit ? Mettez-le en relation avec les informations du chapeau introductif.
5. Relevez les termes qui caractérisent l'attitude et les sentiments de Julien. Qu'ont-ils de contradictoire ?
6. Quels passages correspondent au point de vue de Julien ? Expliquez l'intérêt de ce choix narratif.

→ p. 432 : LE NARRATEUR ET LA FOCALISATION

7. a. Quel rôle l'abbé Pirard joue-t-il auprès de Julien ? Commentez précisément.
   b. Quel regard porte-t-il sur son protégé ? Justifiez.

## Question de synthèse

8. L'ascension sociale rêvée par Julien s'annonce-t-elle aisée ? pourquoi ?

## Pour aller plus loin

9. **Recherche.** Faites une recherche au CDI ou sur Internet à propos de deux autres héros de Stendhal, Fabrice del Dongo et Lucien Leuwen. Sont-ils, comme Julien Sorel, des ambitieux ? Quel est leur destin ?
10. **Iconographie.** Quelle image le genre de portrait proposé ci-contre donne-t-il de ces héros du XIX$^{e}$ siècle ?
11. **Écriture d'invention.** Imaginez un jeune homme d'aujourd'hui faisant, comme Julien, son entrée dans un univers symbolisant tous ses rêves d'ascension sociale. Insistez sur le décalage entre le regard ébahi du personnage et le point de vue plus critique du narrateur.

→ p. 538 : INVENTER ET TRANSPOSER

**Page de gauche :**
Ferdinand Georg Waldmüller (1793-1865),
*Portrait de Johann Paumeister* (1815-1820), aquarelle sur ivoire (collection privée).

D'UN *Texte* À L'AUTRE **1**

# Guy de MAUPASSANT

## *Bel-Ami* (1885)

Biographie p. 566

*Après deux échecs au baccalauréat et deux années de service militaire en Afrique, Georges Duroy arrive à Paris, les poches vides, mais le cœur plein d'ambition. Il rencontre par hasard Charles Forestier, un camarade de régiment devenu journaliste. Grâce à cet ami qui l'initiera aux codes de la vie parisienne, le héros quittera son médiocre emploi aux bureaux du chemin de fer du Nord, et sera introduit dans le milieu de la presse. Dans ce passage, Charles l'invite chez lui, le lendemain de leurs retrouvailles.*

Domenico MORELLI (1826-1901), *Portrait du peintre Bernardo Celentano* (1859), huile sur toile, 67 x 52 cm (Rome, Galleria Nazionale d'Arte Moderna).

Il montait lentement les marches, le cœur battant, l'esprit anxieux, harcelé surtout par la crainte d'être ridicule ; et, soudain, il aperçut en face de lui un monsieur en grande toilette qui le regardait. Ils se trouvaient si près l'un de l'autre que Duroy fit un mouvement en arrière, puis il demeura stupéfait : c'était lui-même, reflété par une haute glace en pied qui formait sur le palier du premier une longue perspective de galerie. Un élan de joie le fit tressaillir tant il se jugea mieux qu'il n'aurait cru.

N'ayant chez lui que son petit miroir à barbe, il n'avait pu se contempler entièrement, et comme il n'y voyait que fort mal les diverses parties de sa toilette improvisée, il s'exagérait les imperfections, s'affolait à l'idée d'être grotesque.

Mais voilà qu'en s'apercevant brusquement dans la glace, il ne s'était même pas reconnu ; il s'était pris pour un autre, pour un homme du monde, qu'il avait trouvé fort bien, fort chic, au premier coup d'œil.

Et maintenant, en se regardant avec soin, il reconnaissait que, vraiment, l'ensemble était satisfaisant.

Alors il s'étudia comme font les acteurs pour apprendre leurs rôles. Il se sourit, se tendit la main, fit des gestes, exprima des sentiments : l'étonnement, le plaisir,

1. Fait d'approuver.
2. Faisant des manières.

l'approbation[1] ; et il chercha les degrés du sourire et les intentions de l'œil pour se montrer galant auprès des dames, leur faire comprendre qu'on les admire et qu'on les désire.

Une porte s'ouvrit dans l'escalier. Il eut peur d'être surpris et il se mit à monter fort vite, avec la crainte d'avoir été vu minaudant[2] ainsi, par quelque invité de son ami.

En arrivant au second étage, il aperçut une autre glace et il ralentit sa marche pour se regarder passer. Sa tournure lui parut vraiment élégante. Il marchait bien. Et une confiance immodérée en lui-même emplit son âme. Certes, il réussirait avec cette figure-là et son désir d'arriver, et la résolution qu'il se connaissait et l'indépendance de son esprit. Il avait envie de courir, de sauter en gravissant le dernier étage. Il s'arrêta devant la troisième glace, frisa sa moustache d'un mouvement qui lui était familier, ôta son chapeau pour rajuster sa chevelure, et murmura à mi-voix, comme il faisait souvent : « Voilà une excellente invention. » Puis, tendant la main vers le timbre[3], il sonna.

La porte s'ouvrit presque aussitôt, et il se trouva en présence d'un valet en habit noir, grave, rasé, si parfait de tenue que Duroy se troubla de nouveau sans comprendre d'où lui venait cette vague émotion : d'une inconsciente comparaison peut-être, entre la coupe de leurs vêtements. Ce laquais, qui avait des souliers vernis, demanda, en prenant le pardessus que Duroy tenait sur son bras par peur de montrer les taches :

– Qui dois-je annoncer ?

Et il jeta le nom derrière une portière soulevée, dans un salon où il fallait entrer.

Mais Duroy, tout à coup, perdant son aplomb[4], se sentit perclus[5] de crainte, haletant. Il allait faire son premier pas dans l'existence attendue, rêvée.

Première partie, chapitre II (extrait).

3. La sonnette.
4. Assurance.
5. Paralysé.

## QUESTIONS

1. Étudiez la structure du récit : quels éléments du décor jouent un rôle essentiel ? Expliquez.
2. Analysez les sentiments de Georges Duroy : quelles contradictions soulignent-ils ?
3. Perçoit-on la présence du narrateur dans ce récit ? Justifiez.
→ p. 432 : LE NARRATEUR ET LA FOCALISATION
4. Quelle comparaison permet de comprendre les codes de la vie mondaine ? Expliquez.
→ p. 384 : LES FIGURES DE RHÉTORIQUE
5. Quels indices différencient Duroy du milieu social dans lequel il s'apprête à entrer ?

## Vis-à-vis : Stendhal et Maupassant

6. Comparez les réactions des deux héros faisant leur entrée dans l'univers qu'ils rêvaient de fréquenter.
7. Le décor que découvre le personnage a-t-il la même importance dans les deux textes ? Expliquez.
8. **Iconographie.** Dans quelle mesure le portrait ci-contre révèle-t-il une nature d'ambitieux conforme aux personnages de Julien et de Georges ?

# STENDHAL, *Le Rouge et le Noir* (1830)

**OBJECTIF**

**Suivre le destin d'un personnage ambitieux, Julien Sorel, de sa jeunesse rêveuse à sa condamnation à mort.**

## Le contexte

Stendhal rédige ce roman entre 1828 et 1830, à l'époque même de son intrigue, comme l'indique le sous-titre : *Chronique de 1830*. Il inscrit le destin de son héros, Julien Sorel, dans l'histoire contemporaine, quelques années après l'ascension, puis la chute de Bonaparte devenu Napoléon Ier, sous la Restauration, qui voit naître le romantisme et ses désillusions.

## L'auteur

Originaire de Grenoble, Stendhal est un admirateur des philosophes des Lumières, de Napoléon, et des « âmes énergiques », tout comme son héros, Julien Sorel. Observateur attentif des mœurs parisiennes, il a pris conscience des rivalités politiques et religieuses de l'époque de la Restauration, et a transposé dans son roman l'hypocrisie et les préjugés d'une société conservatrice.

## L'œuvre

Stendhal s'inspire d'affaires judiciaires de l'époque, tout en mettant beaucoup de lui-même dans son œuvre.
La première partie du roman retrace l'ascension de Julien qui devient le précepteur des enfants de la famille de Rênal et a une liaison avec la maîtresse de maison. Dans la deuxième partie, réfugié dans un séminaire qui le place comme secrétaire dans une famille aristocratique parisienne, il est rattrapé par son histoire d'amour ancienne qui l'empêche de vivre sereinement sa relation avec Mathilde de La Mole.

## Pistes d'analyse

**1. Le héros.** En quoi la quête de Julien Sorel consiste-t-elle ? Quels sont ses adjuvants et ses opposants ?
→ p. 434 : LE PERSONNAGE

**2. Les personnages féminins.** Comparez le portrait et l'influence de Mme de Rênal, puis de Mathilde de La Mole, sur Julien Sorel.

**3. La structure du roman.** Quelles sont les étapes de l'ascension de Julien ? Dans quelle mesure la structure en chapitres scande-t-elle fortement les différentes phases du destin de Julien ?
→ p. 429 : LA STRUCTURE DU RÉCIT

**4. Titres, citations et interventions du narrateur.** Quel est l'intérêt de ces éléments ? Quels liens ont-ils avec l'intrigue ?

## Activités complémentaires

**1. Dissertation.** Le terme *chronique* a été employé par Stendhal et d'autres auteurs pour désigner certains de leurs romans. Dans quelle mesure le destin individuel des héros de fiction permet-il, en parallèle, de faire découvrir au lecteur certains aspects de l'histoire ?
→ p. 518 : RÉDIGER UNE DISSERTATION

**2. Analyse d'image.** Comparez différentes couvertures du roman, illustrations de DVD ou affiches de films : quels aspects du roman *Le Rouge et le Noir* et des personnages fait-on ressortir ?

## Propositions de lectures

**Textes contemporains de l'auteur**

- Honoré de BALZAC, *La Peau de chagrin* (1831) : un roman sur l'ascension sociale marquée par le registre fantastique.
- STENDHAL, *Vie de Henri Brulard* (1835 ; posthume : 1890) : une œuvre autobiographique sur des thèmes voisins de ceux du *Rouge et le Noir*.

**Pour élargir**

- Charles DICKENS, *David Copperfield* (1849-1850) : un roman de formation exemplaire où chaque étape de la vie du personnage correspond à une expérience marquante, fondatrice.
- Roger VAILLAND, *325 000 francs* (1955) : un récit de vie broyée par le travail aliénant.

# Texte 2 Honoré de BALZAC

Biographie p. 560

## *Le Père Goriot* (1835)

*Dans* Le Père Goriot, *le lecteur suit en parallèle la lente déchéance du héros éponyme, ruiné par ses deux filles Anastasie de Restaud et Delphine de Nucingen, et l'ascension sociale d'Eugène de Rastignac, jeune provincial venu à Paris pour suivre des études de droit. Eugène, découvrant les différents moyens de réussir dans la société, se sent partagé entre son ambition démesurée et sa conscience morale. Le roman s'achève par les obsèques du père Goriot, avec qui Eugène s'était lié d'amitié à la pension où ils logeaient tous les deux.*

Cimetière du Père-Lachaise en automne, Paris, photographie.

Quand le corbillard vint, Eugène fit remonter la bière[1], la décloua, et plaça religieusement sur la poitrine du bonhomme une image qui se rapportait à un temps où Delphine et Anastasie étaient jeunes, vierges et pures, et *ne raisonnaient pas*, comme il l'avait dit dans ses cris d'agonisant. Rastignac et Christophe[2] accompagnèrent seuls, avec deux croque-morts, le char qui menait le pauvre homme à Saint-Étienne-du-Mont, église peu distante de la rue Neuve-Sainte-Geneviève[3]. Arrivé là, le corps fut présenté à une petite chapelle basse et sombre, autour de laquelle l'étudiant chercha vainement les deux filles du père Goriot ou leurs maris. Il fut seul avec Christophe, qui se croyait obligé de rendre les derniers devoirs à un homme qui lui avait fait gagner quelques bons pourboires. En attendant les deux prêtres, l'enfant de chœur et le bedeau[4], Rastignac serra la main de Christophe, sans pouvoir prononcer une parole.

– Oui, monsieur Eugène, dit Christophe, c'était un brave et honnête homme, qui n'a jamais dit une parole plus haut que l'autre, qui ne nuisait à personne et n'a jamais fait de mal.

Les deux prêtres, l'enfant de chœur et le bedeau vinrent et donnèrent tout ce qu'on peut avoir pour soixante-dix francs dans une époque où la religion n'est pas assez riche pour prier gratis. Les gens du clergé chantèrent un psaume, le *Libera*, le *De profundis*[5]. Le service dura vingt minutes. Il n'y avait qu'une seule voiture de deuil pour un prêtre et un enfant de chœur, qui consentirent à recevoir avec eux Eugène et Christophe.

1. Cercueil.
2. Domestique de la pension.
3. Rue centrale de Paris, près du Panthéon, où est située la pension.
4. Laïc au service des prêtres.
5. Poèmes religieux récités ou chantés.

– Il n'y a point de suite, dit le prêtre, nous pourrons aller vite, afin de ne pas nous attarder, il est cinq heures et demie.

Cependant, au moment où le corps fut placé dans le corbillard, deux voitures armoriées[6], mais vides, celle du comte de Restaud et celle du baron de Nucingen, se présentèrent et suivirent le convoi jusqu'au Père-Lachaise. À six heures, le corps du père Goriot fut descendu dans sa fosse, autour de laquelle étaient les gens[7] de ses filles, qui disparurent avec le clergé aussitôt que fut dite la courte prière due au bonhomme pour l'argent de l'étudiant[8]. Quand les deux fossoyeurs eurent jeté quelques pelletées de terre sur la bière pour la cacher, ils se relevèrent, et l'un d'eux, s'adressant à Rastignac, lui demanda leur pourboire. Eugène fouilla dans sa poche et n'y trouva rien, il fut forcé d'emprunter vingt sous à Christophe. Ce fait, si léger en lui-même, détermina chez Rastignac un accès d'horrible tristesse. Le jour tombait, un humide crépuscule agaçait les nerfs, il regarda la tombe et y ensevelit sa dernière larme de jeune homme, cette larme arrachée par les saintes émotions d'un cœur pur, une de ces larmes qui, de la terre où elles tombent, rejaillissent jusque dans les cieux. Il se croisa les bras, contempla les nuages, et, le voyant ainsi, Christophe le quitta.

Rastignac, resté seul, fit quelques pas vers le haut du cimetière et vit Paris tortueusement couché le long des deux rives de la Seine où commençaient à briller les lumières. Ses yeux s'attachèrent presque avidement entre la colonne de la place Vendôme et le dôme des Invalides[9], là où vivait ce beau monde dans lequel il avait voulu pénétrer. Il lança sur cette ruche bourdonnante un regard qui semblait par avance en pomper le miel, et dit ces mots grandioses : « À nous deux maintenant ! »

Et pour premier acte du défi qu'il portait à la Société, Rastignac alla dîner chez madame de Nucingen.

Extrait.

6. Ornées des blasons de leurs propriétaires.
7. Leur personnel.
8. En fonction de la somme versée par l'étudiant, qui a payé cette cérémonie funèbre.
9. Édifices parisiens prestigieux, symboles de la gloire napoléonienne.

## LECTURE ANALYTIQUE

### Première lecture

1. Relevez les repères temporels. Quel rythme donnent-ils au déroulement de ces funérailles ?
2. Quel adjectif qualificatif est employé quatre fois ? Sur quel aspect des obsèques insiste-t-il ?

### Mise au point

3. Quelle est la focalisation dominante ? Expliquez et justifiez son emploi.
→ p. 432 : LE NARRATEUR ET LA FOCALISATION

### Analyse

4. a. Rastignac et Christophe manifestent-ils les mêmes émotions ? Justifiez précisément.
   b. Quelles réactions de Rastignac correspondent à des étapes bien marquées de la cérémonie ?
5. Repérez toutes les allusions à l'argent. Sont-elles nombreuses ? Pourquoi ?
6. Dans l'évocation finale de Paris, quelles figures de rhétorique en font une ville symbolique ?
→ p. 384 : LES FIGURES DE RHÉTORIQUE

### Question de synthèse

7. En quoi ce dénouement est-il un commencement ?

### Pour aller plus loin

8. **Lecture cursive.** Lisez le roman de François Bon, *L'Enterrement* (1991).
   a. Comment le récit est-il construit ?
   b. En quoi s'agit-il à la fois d'une fin et d'un recommencement ?
9. **Entraînement au commentaire.** En vous aidant des questions d'analyse, construisez le plan de développement du commentaire, puis rédigez une partie dont l'axe de lecture serait la réponse à la question 7.
→ p. 498 : RÉDIGER UN COMMENTAIRE LITTÉRAIRE

D'UN *Texte* À L'AUTRE 2

Biographie p. 569

# Émile Zola
# *L'Œuvre* (1886)

*L'intrigue de* L'Œuvre *suit l'itinéraire d'un groupe d'amis appartenant au milieu des artistes et des écrivains. Parmi eux figurent le peintre Claude Lantier, personnage inspiré des impressionnistes* → ANALYSE D'IMAGE, *le peintre Bongrand, son maître, et le romancier Sandoz, qui rappelle l'auteur Émile Zola. Bongrand et Sandoz connaissent le succès, contrairement à Claude Lantier qui, épuisé par les échecs, finit par se suicider. Le dénouement raconte ses obsèques au cimetière de Saint-Ouen, au nord de Paris.*

Des larmes étaient montées aux yeux de Sandoz, ému déjà des choses sorties involontairement de ses lèvres, derrière le corps de son vieux camarade, comme s'ils avaient eu ensemble une de leurs causeries grisantes[1] d'autrefois ; et, maintenant, il lui semblait qu'on allait mettre en terre sa jeunesse : c'était une part de lui-même, la meilleure, celle des illusions et des enthousiasmes, que les fossoyeurs[2] enlevaient, pour la faire glisser au fond du trou. Mais, à cette minute terrible, un accident vint encore augmenter son chagrin. Il avait tellement plu, les jours précédents, et la terre était si molle qu'un brusque éboulement se produisit. Un des fossoyeurs dut sauter dans la fosse, pour la vider à la pelle, d'un jet lent et rythmique. Cela n'en finissait pas, s'éternisant au milieu de l'impatience du prêtre et de l'intérêt des quatre voisins, qui avaient suivi jusqu'au bout, sans qu'on sût pourquoi. Et, là-haut, sur le talus, la locomotive avait repris ses manœuvres, reculait en hurlant, à chaque tour de roue, le foyer ouvert, incendiant le jour morne d'une pluie de braise.

Enfin, la fosse fut vidée, on descendit le cercueil, on se passa le goupillon[3]. C'était fini. Debout, de son air correct et charmant, le petit cousin fit les honneurs, serra les mains de tous ces gens qu'il n'avait jamais vus, en mémoire de ce parent dont il ne se rappelait pas le nom la veille.

« Mais il est très bien, ce calicot[4] », dit Bongrand, qui ravalait ses larmes.

1. Emportées, passionnantes.
2. Employés qui sont chargés de l'inhumation (l'enterrement).
3. Instrument en forme de petit bâton et enduit d'eau bénite.
4. Métaphore évoquant les employés élégants des magasins de mode.

Otto Dix (1891-1969), *Cortège funèbre* (1923), aquarelle, 39 x 49 cm (collection Henri Nannen, Emden, Kunsthalle).

Sandoz, sanglotant, répondit :

« Très bien. »

Tous s'en allaient, les surplis[5] du prêtre et de l'enfant de chœur disparaissaient entre les arbres verts, les voisins débandés[6] flânaient, lisaient les inscriptions.

Et Sandoz, se décidant à quitter la fosse à demi comblée, reprit :

« Nous seuls l'aurons connu… Plus rien, pas même un nom !

– Il est bien heureux, dit Bongrand, il n'a pas de tableau en train, dans la terre où il dort… Autant partir que de s'acharner comme nous à faire des enfants infirmes, auxquels il manque toujours des morceaux, les jambes ou la tête, et qui ne vivent pas.

– Oui, il faut vraiment manquer de fierté, se résigner à l'à-peu-près et tricher avec la vie[7]… Moi qui pousse mes bouquins jusqu'au bout, je me méprise de les sentir incomplets et mensongers, malgré mon effort. »

La face pâle, ils s'en allaient lentement, côte à côte, au bord des blanches tombes d'enfants, le romancier alors dans toute la force de son labeur et de sa renommée, le peintre déclinant et couvert de gloire.

« Au moins, en voilà un qui a été logique et brave, continua Sandoz. Il a avoué son impuissance et il s'est tué.

– C'est vrai, dit Bongrand. Si nous ne tenions pas si fort à nos peaux, nous ferions tous comme lui… N'est-ce pas ?

– Ma foi, oui. Puisque nous ne pouvons rien créer, puisque nous ne sommes que des reproducteurs débiles, autant vaudrait-il nous casser la tête tout de suite. »

Ils se retrouvaient devant le tas allumé des vieilles bières pourries[8]. Maintenant, elles étaient en plein feu, suantes et craquantes ; mais on ne voyait toujours pas les flammes, la fumée seule avait augmenté, une fumée âcre, épaisse, que le vent poussait en gros tourbillons, et qui couvrait le cimetière entier d'une nuée de deuil.

« Fichtre ! onze heures ! dit Bongrand en tirant sa montre. Il faut que je rentre. »

Sandoz eut une exclamation de surprise.

« Comment ! déjà onze heures ! »

Il promena sur les sépultures basses, sur le vaste champ fleuri de perles[9], si régulier et si froid, un long regard de désespoir, encore aveuglé de larmes. Puis, il ajouta :

« Allons travailler. »

Chapitre XII (extrait).

5. Vêtements blancs et plissés

6. Dispersés.

7. Trahir son idéal.

8. Vieux cercueils abîmés qu'on fait brûler.

9. Métaphore désignant les tombes alignées et fleuries.

## QUESTIONS

1. Relevez les différentes étapes du récit. Quel est l'effet produit par la dernière étape, introduite par *Puis* (l. 52) ?
2. Comparez les réactions des personnages assistant à l'enterrement. Que révèlent-elles de leurs relations avec le défunt ?
3. a. Quels arguments composent l'hommage rendu par ses amis à l'artiste disparu ?
   b. Quelle image donnent-ils alors d'eux-mêmes ?
   → p. 418 : LE CIRCUIT ARGUMENTATIF
4. Que symbolise la locomotive, dans une scène d'enterrement d'une part, et dans un roman paru en 1886 d'autre part ?
5. Le narrateur s'en tient-il à un dénouement tragique ? Quelle ouverture la ligne 54 propose-t-elle ?

## Vis-à-vis : Balzac et Zola

6. En quoi ces deux scènes d'obsèques sont-elles finalement ouvertes sur l'avenir ?
7. La part de la religion est-elle la même dans les deux textes ? Expliquez.

# Analyse d'image

# Paul CÉZANNE (1839-1906)
## *Autoportrait* (1878-1880)

Huile sur toile, 55 x 46 cm
(Munich, Neue Pinakothek).

*Après quarante années d'une amitié remontant à leur scolarité commune au lycée d'Aix-en-Provence, Cézanne et Zola se brouillent au sujet du roman* L'Œuvre → D'UN TEXTE À L'AUTRE 2. *Inspiré à la fois de Manet, de Cézanne et d'autres artistes liés au mouvement impressionniste, le personnage de Claude Lantier est un anti-héros qui se suicide en raison de son art maudit, incompris de ses contemporains. Cézanne, tout comme Monet, condamne ce récit qui alimente selon eux le dénigrement des peintres modernes, particulièrement virulent depuis la première exposition impressionniste de 1874.*

**QUESTIONS**

### Première approche

**1.** Quelle image générale le peintre donne-t-il de lui-même ? Commentez la présence du bonnet en rappelant la connotation de cet accessoire.
→ p. 381 : DÉNOTATION ET CONNOTATION

### Analyse

**2. a.** Quelle palette l'artiste a-t-il majoritairement utilisée pour se représenter ?
**b.** Quelles couleurs rendent le portrait moins monotone ? Expliquez.

**3.** Quel rapport s'établit entre le fond et le modèle ? Sur quoi les couleurs de cet arrière-plan permettent-elles d'insister ?

**4.** Dans quelle direction l'artiste regarde-t-il ? dans quel but ?

**5.** Quelle touche Cézanne a-t-il choisie ? Correspond-elle au modelé prescrit par les codes de la peinture de son temps ? Expliquez.
→ p. 461 : L'IMAGE FIXE

### Question de synthèse

**6.** Dans cet autoportrait, Cézanne se présente-t-il de façon idéalisée, comme un artiste au-dessus du reste des hommes ? Expliquez.

Scène de chasse en Afrique de l'Est dans les années 1930, photographie.

# Texte 3 Joseph Conrad

Biographie p. 562

## *Au cœur des ténèbres* (1899)

*Le roman* Au cœur des ténèbres *commence sur un yacht à bord duquel des notables britanniques descendent la Tamise. Parmi eux, le marin Charlie Marlow conte ses aventures dans la jungle africaine où il a vécu une véritable descente aux enfers et une rencontre qui l'a profondément marqué : après bien des péripéties, il atteint le « cœur des ténèbres » et y retrouve Kurtz, chef d'une exploitation d'ivoire, dont l'état de santé physique et mental inquiète l'administration coloniale. Marlow, fasciné par cet homme mystérieux, cherche à le sauver en l'embarquant sur son bateau.*

Nous sommes tombés en panne – comme je m'y attendais – et il a fallu jeter l'ancre pour réparer en haut d'une île. Ce délai fut la première chose qui ébranla la confiance de Kurtz. Un matin il me donna un paquet de papiers et une photographie – le tout ficelé d'un lacet de soulier. « Gardez ça pour moi », dit-il. « Ce funeste imbécile » (il voulait dire, le Directeur[1]) « est capable de fouiner dans mes cantines quand je ne regarde pas ». Dans l'après-midi, je le vis étendu sur le dos, les yeux fermés et je me retirais discrètement, mais je l'entendis murmurer, « vivre comme on doit, mourir, mourir... » J'écoutais. Il n'y eut rien d'autre. Répétait-il quelques discours dans son sommeil, ou était-ce un fragment de phrase de quelque article de journal ? Il avait écrit pour les journaux, et se proposait de recommencer « pour défendre mes idées. C'est un devoir ».

Ses ténèbres étaient impénétrables. Je le regardais comme on regarde d'en haut un homme gisant au fond d'un précipice où le soleil ne brille jamais. Mais je n'avais pas beaucoup de temps à lui donner parce que j'aidais le mécanicien à démonter les cylindres percés, à redresser un joint tordu, et autres semblables affaires. Je vivais dans un gâchis infernal de rouille, de limaille[2], d'écrous, de boulons, de clés à molette, de drilles à rochet[3] – des trucs que j'abomine[4] parce que je me débrouille mal avec. Je veillais à la petite forge qu'heureusement nous avions à bord ; je peinais à la besogne dans un misérable tas de ferraille – sauf quand je tremblais[5] trop pour tenir debout.

1. Le directeur de la compagnie qui exploite l'ivoire a décidé de faire partie de l'expédition.
2. Particules métalliques obtenues avec une lime.
3. Outils servant à percer des trous.
4. Je déteste.
5. De fièvre.

Un soir que j'entrais avec une bougie je fus saisi de l'entendre dire d'une voix un peu tremblée, « je suis là couché dans le noir à attendre la mort ». La lumière était à un pied de ses yeux. Je me forçais à murmurer, « bah, des bêtises » ! debout au-dessus de lui, comme pétrifié.

De comparable au changement qui altéra ses traits, je n'avais jamais rien vu, et j'espère ne rien revoir. Oh, je n'étais pas ému. J'étais fasciné. C'était comme si un voile se fût déchiré. Je vis sur cette figure d'ivoire une expression de sombre orgueil, de puissance sans pitié, de terreur abjecte – de désespoir intense et sans rémission[6]. Revivait-il sa vie dans tous les détails du désir, de la tentation, de l'abandon pendant ce moment suprême de connaissance absolue ? Il eut un cri murmuré envers une image, une vision – il eut par deux fois un cri qui n'était qu'un souffle.

« Horreur ! Horreur ! »

Je soufflai la bougie et je sortis de la cabine. Les pèlerins[7] dînaient au carré[8] et je pris place en face du Directeur, qui leva vers moi un regard interrogateur, que je parvins à ignorer. Il se renversa un peu, serein, avec ce sourire particulier dont il scellait les profondeurs inexprimées de sa petitesse. Une pluie continue de petites mouches ruisselait sur la lampe, sur la nappe, sur nos mains et sur nos visages. Soudain le boy[9] du Directeur passa son insolente tête noire par l'encadrement de la porte et dit d'un ton de mépris cinglant :

« Missié Kurtz – lui mort. »

Partie III (extrait), traduction de l'anglais par J.-J. Mayoux,


6. Accalmie, répit.
7. Marlow nomme ainsi ironiquement les hommes sans foi ni loi dévoués à la colonisation.
8. Pièce du bateau où les marins se réunissent pour manger.
9. Domestique indigène au service des Blancs.

## LECTURE ANALYTIQUE

### Première lecture

1. Quelles expressions du narrateur donnent l'impression de vivre l'événement directement ?
2. Dans les premières lignes, quel portrait est-il fait de Kurtz ? Que semble-t-il présager ?

### Mise au point

3. Quel est le discours rapporté le plus utilisé ? dans quel but ?
→ p. 434 : LE PERSONNAGE

### Analyse

4. Quels personnages représentent le système colonial ? Quelle vision peut-on alors se faire de l'Afrique coloniale ?
5. Relevez le champ lexical en relation avec le titre du roman. Quelles sont ses connotations ?
→ p. 381 : DÉNOTATION ET CONNOTATION
6. Quelle interprétation faites-vous des dernières paroles de Kurtz ? Quelle impression engendrent-elles ?
7. Quelles expressions prouvent l'importance capitale de cette expérience pour le narrateur ? Commentez le vocabulaire et les figures de rhétorique utilisées.
→ p. 384 : LES FIGURES DE RHÉTORIQUE

### Question de synthèse

8. Dans quelle mesure Kurtz n'est-il pas présenté comme un simple chef d'exploitation coloniale ?

### Pour aller plus loin

9. **Recherche.** Dans un dictionnaire des œuvres, cherchez le résumé du roman d'Herman Melville intitulé *Moby Dick* (1851).
Qui en sont les héros ? Quelle quête est racontée et quel est son dénouement ? Quels points communs peut-on relever entre le roman de Conrad et celui de Melville ?
10. **Écriture d'invention.** Rédigez un paragraphe narratif de dix lignes qui pourrait prolonger ce texte en exprimant les réactions des différents personnages à la nouvelle de la mort de Kurtz.
→ p. 541 : INVENTER ET IMAGINER

D'UN *Texte* À L'AUTRE 3

Biographie p. 561

# Louis-Ferdinand CÉLINE

## *Voyage au bout de la nuit* (1932)

*Le narrateur de* Voyage au bout de la nuit, *Ferdinand Bardamu, double du romancier, est un étudiant en médecine qui découvre brutalement sur le front l'horreur de la Première Guerre mondiale. Blessé, il quitte le théâtre de la guerre et croit trouver une existence plus douce en Afrique, dans la colonie de Bambola-Bragamance, mais ce nouvel épisode le confronte aux difficultés climatiques des tropiques et aux dures réalités de l'exploitation coloniale. Il retrouve alors par hasard Robinson, personnage récurrent du roman, qu'il avait croisé à la guerre.*

Ce que furent les dix jours de remontée de ce fleuve, je m'en souviendrai longtemps... Passés à surveiller les tourbillons limoneux[1], au creux de la pirogue, à choisir un passage furtif après l'autre, entre les branchages énormes en dérive, souplement évités. Travail de forçats[2] en rupture.

Après chaque crépuscule, nous faisions halte sur un promontoire rocheux. Certain matin, nous quittâmes enfin ce sale canot sauvage pour entrer dans la forêt par un sentier caché qui s'insinuait dans la pénombre verte et moite, illuminé seulement de place en place par un rai de soleil plongeant du plus haut de cette infinie cathédrale de feuilles. Des monstres d'arbres abattus forçaient notre groupe à maints détours. Dans leur creux un métro entier aurait manœuvré à son aise.

À un certain moment, la grande lumière nous est revenue, nous étions arrivés devant un espace défriché, nous dûmes grimper encore, autre effort. L'éminence[3] que nous atteignîmes couronnait l'infinie forêt, moutonnante[4] de cimes jaunes et rouges et vertes, peuplant, pressurant monts et vallées, monstrueusement abondante comme le ciel et l'eau. L'homme dont nous cherchions l'habitation demeurait, me fit-on signe, encore un peu plus loin... dans un autre petit vallon. Il nous attendait là l'homme.

Entre deux grosses roches il s'était établi une sorte de cagna[5], à l'abri, me fit-il remarquer, des tornades de l'Est, les plus mauvaises, les plus rageuses. Je voulus bien admettre que c'était un avantage, mais quant à la case elle-même, c'était sûrement à la dernière catégorie miteuse qu'elle appartenait, demeure presque théorique, effilochée de partout. Je m'attendais bien à quelque chose de ce genre-là en fait d'habitation, mais tout de même la réalité dépassait mes prévisions.

Je dus lui sembler tout à fait navré au copain, car il m'interpella assez brusquement pour me faire sortir de mes réflexions. « Allez donc, vous serez moins mal encore ici qu'à la guerre ! Ici, après tout, on peut se débrouiller ! On bouffe mal, c'est exact, et pour boire, c'est une vraie boue, mais on peut dormir tant qu'on veut... Pas de canons ici mon ami ! Pas de balles non plus ! En somme c'est une affaire ! » Il parlait un peu dans le même ton que l'Agent général[6] mais des yeux pâles comme ceux d'Alcide[7], il avait.

Il devait approcher de la trentaine, et barbu... Je ne l'avais pas bien regardé en arrivant, tellement en arrivant j'étais déconcerté par la pauvreté de son installation, celle qu'il devait me léguer, et qui devait m'abriter pendant des années peut-être... Mais je lui trouvai, en l'observant, par la suite, une figure décidément aventureuse, une figure à angles très tracés et même une de ces têtes de révolte qui

1. Riches en limon, roche sableuse et fertilisante.
2. Condamnés aux travaux forcés.
3. La hauteur.
4. Fourmillante.
5. Un abri dans les tranchées, en argot de la guerre de 1914-1918.
6. Celui qui est chargé par l'État français d'administrer cette colonie africaine.
7. Un ami du narrateur.

Illustration de Jacques Tardi (né en 1946), extraite du *Voyage au bout de la nuit* de Louis-Ferdinand Céline, Éditions Futuropolis / Gallimard (1988).

entrent trop à vif dans l'existence au lieu de rouler dessus, avec un gros nez rond par exemple et des joues pleines en péniches[8], qui vont clapoter contre le destin avec un bruit de babillage[9]. Celui-ci c'était un malheureux.

– C'est vrai, repris-je, y a pas pire que la guerre !

C'était assez pour le moment comme confidences, je n'avais pas envie d'en dire davantage.

Extrait, © Gallimard.

8. Rebondies.
9. Bavardage.

## QUESTIONS

1. Délimitez les étapes du récit : assiste-t-on au développement d'une action pleine de rebondissements ?
2. Expliquez le sens de la première phrase : quels éléments du texte confirment la force du souvenir ?
3. Dans la description de la forêt, quels types de détails sont mis en évidence ? grâce à quels champs lexicaux et quelles figures de rhétorique ?
→ p. 384 : LES FIGURES DE RHÉTORIQUE
4. Commentez le portrait de Robinson et la description de son cadre de vie. Quelles réactions cette rencontre provoque-t-elle chez le narrateur ?
5. Dans les passages au discours direct, quel niveau de langue les personnages adoptent-ils ? Cela vous étonne-t-il ?
→ p. 434 : LE PERSONNAGE

## Vis-à-vis : Conrad et Céline

6. Comparez les deux personnages que rencontrent les narrateurs. Dans quelle mesure chaque apparition est-elle une véritable surprise ?
7. Le monde des colonies évoqué dans ces deux textes relève-t-il de l'exotisme ?

# SYNTHÈSE Du héros à l'anti-héros

• Les héros antiques, issus des mythes, se situent entre l'humain et le divin, ils sont **hors du commun**. Le héros de roman, quant à lui, est un **personnage de fiction** qui incarne nos doutes et nos désillusions.

## 1 Le modèle héroïque, du mythe au roman

### L'épopée

• Les **héros épiques**, comme Hector dans l'*Iliade* ou Ulysse dans l'*Odyssée* d'Homère (VIIIe siècle avant J.-C.), ont la volonté de faire triompher les valeurs de leur peuple en affrontant les obstacles. Mais les dieux s'acharnent parfois sur eux, perturbant leur **quête** ou leur réservant un destin **tragique**.

### Les romans au Moyen Âge et à la Renaissance

• Les **héros du roman médiéval** poursuivent courageusement leur **quête**, conjuguant les exploits des armes et les conquêtes amoureuses, comme le chevalier Lancelot, héros du roman *Le Chevalier de la charrette* de Chrétien de Troyes (XIIe siècle). Quant à Gargantua → SÉQUENCE 13, p. 279, héros des récits de Rabelais (XVIe siècle), c'est un géant doté de facultés extraordinaires qui représente l'idéal humaniste de l'homme capable de tout apprendre et de tout accomplir.

## 2 La naissance du héros moderne

### Don Quichotte, le premier héros moderne

• Ce héros espagnol d'un roman de **Cervantès** (1605) a une **appartenance sociale** bien marquée, mais son destin devient **individuel**. Ce chevalier → EXERCICE 1, nourri de lectures héroïques et guidé par sa folie, vit de multiples aventures, confondant littérature, rêve et réalité. Même s'il échoue dans ses conquêtes, il tire sa grandeur de ses **ambitions élevées**.

### Les romans baroques et classiques

• Les héros du XVIIe **siècle** se distinguent par leurs **vertus** chrétiennes en harmonie avec l'idéal de la vie de cour, mais ils vivent des **passions tumultueuses** qu'exigent les intrigues romanesques. Ainsi, malgré son amour pour le duc de Nemours, sujet du roman de **Mme de La Fayette** (1678), la princesse de Clèves reste fidèle à son époux et à ses valeurs → SÉQUENCE 8, p. 171.

## 3 L'évolution du héros

### Le héros romantique

• Issu de l'aristocratie déchue, il agit peu et privilégie l'**introspection** : il s'interroge sur son inadaptation à la société et sur ses amours tourmentées, comme on le voit dans *Adolphe* de Benjamin Constant (1816). Seul le récit fantastique fait renaître des personnages humains mais monstrueux qui effraient par leur sort extrême, comme la créature du savant Frankenstein, désigné par Mary Shelley comme le *Prométhée moderne* (1817) → EXERCICE 2.

### Le héros réaliste

• Il souhaite ardemment se faire un nom dans la société. Opportuniste et défenseur de la **liberté individuelle**, il est parfois cynique comme peut l'être la société. Julien Sorel → TEXTE 1, Eugène de Rastignac → TEXTE 2 ou Georges Duroy → D'UN TEXTE À L'AUTRE 1 recourent à l'**hypocrisie** pour assurer leur **conquête sociale**. La séduction de femmes de classes élevées et l'aide d'amis puissants leur servent de tremplin ; on parle alors de **roman de formation**.

## 4 L'héroïsme en question

### L'anti-héros

• Enfermés dans leur **condition familiale et sociale**, les héros de romans maîtrisent peu leur destin. Certes, ils continuent à s'engager et à lutter, mais ils paraissent souvent incapables de satisfaire leurs ambitions, comme le peintre Claude Lantier, héros de *L'Œuvre* de **Zola** (1886) → D'UN TEXTE À L'AUTRE 2 qui se suicide.

• Même si le **héros positif** survit au XXe siècle, il côtoie la banalité ou la lâcheté et n'a plus rien du héros traditionnel. Plongés dans les tourments d'une histoire chaotique, ces **anti-héros** expriment leurs révoltes, tels Bardamu, dans *Voyage au bout de la nuit* de **L.-F. Céline** (1932) → D'UN TEXTE À L'AUTRE 3, ou Catherine Simonidzé, dans *Les Cloches de Bâle* de **L. Aragon** (1934) → EXERCICE 4.

### Le héros depuis 1945

• L'essor de la **psychanalyse** et des **sciences sociales** a bouleversé notre conception de l'homme et exercé une grande influence sur le personnage romanesque, qui en arrive parfois à tout perdre, tel le couple anonyme du roman de **G. Perec**, *Les Choses* (1965) → EXERCICE 5, parfait symbole des rêves illusoires de la société de consommation.

Biographies des auteurs → p. 560

DVD-ROM Ressources complémentaires

# La représentation du conquérant

1 Guerriers, peinture rupestre (Akakus, Libye).

## 1 • De l'art des cavernes aux sculptures antiques

### À la préhistoire

Aux origines de l'humanité, dans les grottes **préhistoriques**, l'**art rupestre** (ou art pariétal) représente surtout des animaux stylisés et des figures féminines, symboles de fécondité. Les images viriles sont plus rares et évoquent principalement des chasseurs. L'image la plus ancienne du **conquérant** serait donc celle d'un homme cherchant à se rendre maître de ses proies, à dompter la nature, bien qu'il soit difficile de distinguer, dans ces vestiges préhistoriques, les scènes de **chasse** et les scènes de combats. Le site libyen d'Akakus 1 montre des parois ornées d'hommes armés d'arcs et de flèches, mais on ignore s'ils chassent ou guerroyent.

### Dans l'Antiquité

**Vases, fresques et mosaïques** illustrent fréquemment les glorieux exploits de héros **mythiques**, comme Prométhée et Jason, ou **historiques**, comme Alexandre le Grand. Les chevaux et les armes figurent en bonne place, et les artistes s'appliquent à rendre le mouvement de ces scènes animées et épiques.

En architecture, les **hauts-reliefs** et les **bas-reliefs** ornant les temples égyptiens, grecs, romains… magnifient ces personnages en leur donnant des dimensions gigantesques et en retraçant des batailles célèbres, comme dans les sculptures du Parthénon à Athènes (Ve siècle avant J.-C.).

De même, les premiers **arcs de triomphe** de l'Antiquité romaine célèbrent la victoire d'un chef militaire ou d'un empereur. Cette tradition a perduré comme en témoigne l'arc de triomphe de l'Étoile à Paris, édifié par Chalgrin à la demande de Napoléon Ier.

## 2 • Des vitraux médiévaux à la peinture d'histoire du XIXe siècle

2 *Le duc de Bretagne capitule et remet au duc de Normandie les clefs de la ville au bout d'une lance*, détail de la Tapisserie de Bayeux ou Broderie de la Reine Mathilde (1077), 70,34 x 0,50 m (bibliothèque de Bayeux).

### Au Moyen Âge

**Tapisseries** et **vitraux** jouent un rôle pédagogique auprès des populations illettrées, en contant l'**histoire** et ses **conquêtes** de façon imagée et stylisée dans les églises et les cathédrales. L'épopée de Guillaume le Conquérant a été transposée au XIe siècle dans la célèbre tapisserie de la ville de Bayeux 2. Les prouesses de Guillaume le Normand y sont nettement valorisées par rapport à celles de son ennemi Harold ; ces œuvres sont donc aussi un instrument de propagande.

Les **enluminures médiévales**, qui ornent chroniques et romans, représentent aussi fréquemment les héros, réels ou fictifs, et leurs exploits.

### À l'époque néo-classique

La tradition des statues équestres est une manière universelle de célébrer la gloire des conquérants : depuis l'Antiquité, maints héros de l'histoire sont représentés sur des chevaux cabrés ou marchant au pas. Ces personnages historiques ainsi juchés sur leur monture impressionnent et expriment leur désir de domination, ce que les peintres appartenant au courant du néo-classicisme reprennent afin de témoigner de l'**avènement de Napoléon**. Dès la fin du XVIII^e siècle, la **peinture officielle** renoue avec les codes de la peinture d'histoire. Sur un cheval cabré, le **Bonaparte de David** 3 pointe le doigt vers un ciel idéal, saluant son exploit du franchissement du Saint-Bernard avant la bataille d'Italie contre les Autrichiens. Sa cape rouge en fait un nouveau Christ et sa monture parfaitement visible au premier plan se détache, telle une sculpture.

3 Jacques Louis David (1748-1825), *Bonaparte, Premier consul, franchissant le Grand Saint-Bernard le 20 mai 1800*, huile sur toile, 271 x 232 cm (châteaux de Versailles et de Trianon).

## 3 • Le cinéma, au XX^e siècle

**Le cinéma** entreprend à son tour d'évoquer les grandes conquêtes de l'homme. Avec de nombreux figurants et des budgets de plus en plus importants, les scènes d'action mettent en valeur les qualités des aventuriers, combattants ou explorateurs. Cette veine **épique** se développe dans plusieurs genres de films :

– les fresques historiques : *Napoléon* d'Abel Gance (1927) ;

– les péplums : *Samson et Dalila* de Cecil B. DeMille (1949) ;

– les westerns : *La Conquête de l'Ouest* de Henry Hathaway, John Ford et George Marshall (1962) ;

– les films de science-fiction évoquant la conquête de l'espace : *2001 : L'Odyssée de l'espace*, de Stanley Kubrick (1968).

Toutefois, l'image du conquérant est loin d'être toujours positive ; suivant l'évolution du héros de roman, elle privilégie de plus en plus la satire ou la critique, remettant en cause le modèle héroïque. Ainsi, *Le Dictateur* de Charlie Chaplin (1940) présente certes une figure de conquérant, mais en sélectionnant une figure inquiétante, celle de Hitler, qui est constamment ridiculisée, mise à distance, à l'inverse du mythe de Napoléon dans la peinture romantique du XIX^e siècle.

### LEXIQUE

**Art pariétal** Art qui utilise comme support les murs des cavernes.

**Bas-relief** Sculpture peu saillante par rapport à son support.

**Enluminure** Petite illustration peinte ornant un manuscrit du Moyen Âge.

**Haut-relief** Sculpture monumentale en trois dimensions qui se détache d'une paroi.

**Néo-classicisme** Mouvement culturel européen de la fin du XVIII^e siècle et des premières années du XIX^e siècle reprenant les modèles antiques.

**Péplum** Film sur l'Antiquité, essentiellement italien et américain, dont les personnages portent un vêtement nommé *péplum*.

**Statue équestre** Sculpture représentant un héros fictif ou réel, à cheval.

### QUESTIONS

**1.** De quelle manière la peinture rupestre rend-elle évidente la hardiesse des personnages représentés ?

**2.** Quelles lignes de force animent le portrait de Napoléon par David ? Expliquez.

# Exercices d'approfondissement

## Revoir

### 1 Un étrange conquérant

**1. a. Quelles sont les motivations de Don Quichotte ?**
**b. À quel idéal se réfère-t-il ? Expliquez.**
**2. Sa quête est-elle raisonnable ? Justifiez.**
**3. La présence d'un narrateur est-elle perceptible ?**
→ p. 432 : LE NARRATEUR ET LA FOCALISATION

*Dès l'incipit de son roman, Cervantès fait apparaître un personnage singulier attaché à un monde ancien, celui de ses lectures de romans de chevalerie.*

Ayant, comme on le voit, complètement perdu l'esprit, il lui vint la plus étrange pensée que jamais fou ait pu concevoir. Il crut bon et nécessaire, tant pour l'éclat de sa propre renommée que pour le service de sa patrie, de se faire chevalier errant, et d'aller par le monde avec ses armes et son cheval chercher les aventures, comme l'avaient fait avant lui ses modèles, réparant, comme eux, toutes sortes d'injustices, et s'exposant aux hasards et aux dangers, dont il sortirait vainqueur et où il gagnerait une gloire éternelle. Le pauvre se voyait déjà récompensé de sa vaillance et couronné, pour le moins, empereur de Trébizonde[1]. Emporté par le plaisir singulier que lui procuraient des pensées aussi agréables, il ne songea plus qu'à mettre son projet à exécution.

Pour commencer, il nettoya une armure qui avait appartenu à ses aïeux[2], toute moisie et couverte de rouille, et qui gisait depuis des siècles, oubliée dans un coin. Il en fourbit[3] les pièces et les remit en état du mieux qu'il put.

Miguel de Cervantès, *L'Ingénieux Hidalgo Don Quichotte de la Manche* (tome 1), première partie, chapitre premier (extrait, 1605), traduction de l'espagnol par A. Schulman, © Seuil (1997).

1. Capitale de l'Empire byzantin, au Moyen Âge. 2. Ancêtres. 3. Astiqua énergiquement.

## Approfondir

### 2 Un héros romantique

**1. Dans un dictionnaire de la mythologie, cherchez qui était Prométhée. Pourquoi Mary Shelley a-t-elle donné ce sous-titre à son roman ?**
**2. a. Quelle antithèse justifie la révolte du monstre ?**
**b. Quels arguments utilise-t-il pour l'expliquer ?**
→ p. 384 : LES FIGURES DE RHÉTORIQUE
→ p. 418 : LE CIRCUIT ARGUMENTATIF
**3. Quel dénouement est annoncé ?**

*Le roman* Frankenstein *de Mary Shelley est considéré comme le premier récit d'épouvante. Un savant nommé Frankenstein crée un être monstrueux en rassemblant des restes humains. Rejeté de tous, cet individu demande à son créateur de lui fabriquer une compagne afin de rompre sa solitude, ce que ce dernier accepte avant de se rétracter. Le monstre réagit alors violemment.*

« Je suis un être mauvais, parce que je suis malheureux. L'humanité tout entière ne me fuit-elle pas et ne me déteste-t-elle pas ? Vous, mon propre créateur, vous vous réjouiriez de ma destruction ; songez à cela, et dites-moi pourquoi j'aurais plus de compassion pour l'homme qu'il n'en a pour moi ? Si vous me précipitiez dans une crevasse de ce glacier ou anéantissiez l'œuvre de vos propres mains, vous ne parleriez pas de meurtre. Respecterais-je l'homme quand il me méprise ? Qu'il me dispense sa tendresse et au lieu de lui nuire, je le servirai en versant des larmes de gratitude. Hélas, c'est impossible ; les sens de l'homme opposent des barrières insurmontables à notre union. Je refuse cependant de me soumettre à un esclavage odieux. J'exigerai réparation du mal qu'on m'a infligé ; si je ne puis inspirer l'amour, je sèmerai la terreur. »

Mary Shelley, *Frankenstein ou le Prométhée moderne*, chapitre XVII (extrait, 1817), traduction de l'anglais par P. Couturiau, © Le Rocher (1988).

### 3 Un début de roman de formation

**1. Repérez les passages narratifs et les passages descriptifs. Aidez-vous des temps verbaux.**
→ p. 375 : LA SYNTAXE ET LA VALEUR DES TEMPS
**2. Quelle est la focalisation dominante ? Dans le dernier paragraphe, par quelle focalisation est-elle remplacée ?**
→ p. 432 : LE NARRATEUR ET LA FOCALISATION
**3. Que représente Paris pour le jeune homme ?**
**4. Quel type d'intrigue laisse présager le titre du roman ?**

*Au début de* L'Éducation sentimentale, *le lecteur découvre un personnage dont l'itinéraire est jalonné par l'éclat de Paris.*

Le 15 septembre 1840, vers six heures du matin, la *Ville-de-Montereau*, près de partir, fumait à gros tourbillons devant le quai Saint-Bernard.

Des gens arrivaient hors d'haleine ; des barriques, des câbles, des corbeilles de linge gênaient la circulation ; les matelots ne répondaient à personne ; on se heurtait ; les colis montaient entre les deux tambours[1], et le tapage s'absorbait dans le bruissement de la vapeur, qui, s'échappant par des plaques de tôle, enveloppait tout d'une nuée blanchâtre, tandis que la cloche, à l'avant, tintait sans discontinuer.

Enfin le navire partit ; et les deux berges, peuplées de magasins, de chantiers et d'usines, filèrent comme deux larges rubans que l'on déroule.

Un jeune homme de dix-huit ans, à longs cheveux et qui tenait un album sous son bras, restait auprès du gouvernail, immobile. À travers le brouillard, il contemplait des clochers, des édifices dont il ne savait pas les noms ; puis il embrassa, dans un dernier coup d'œil, l'île Saint-Louis, la Cité, Notre-Dame ; et bientôt, Paris disparaissant, il poussa un grand soupir.

M. Frédéric Moreau, nouvellement reçu bachelier, s'en retournait à Nogent-sur-Seine, où il devait languir[2] pendant deux mois, avant d'aller *faire son droit*.

Gustave Flaubert, *L'Éducation sentimentale* (*incipit*, 1869).

1. Portes permettant d'entrer dans un bateau.
2. S'ennuyer.

## 4 Un roman du désenchantement

**1. Quelle focalisation domine ? Appuyez-vous sur les passages de discours rapporté.**

→ p. 432 : LE NARRATEUR ET LA FOCALISATION
→ p. 434 : LE PERSONNAGE

**2. a. Quelle vision Catherine a-t-elle de la condition féminine et de l'amour ? Justifiez.**

**b. Catherine semble-t-elle révoltée ou désabusée ?**

**3. Commentez le jeu sur les déterminants : *sa vie* / *la vie* (l. 2-3). Comment comprenez-vous la reformulation ?**

Les Cloches de Bâle *est le premier volume de la série du* Monde réel, *qui comporte cinq romans publiés entre 1934 et 1951 par Louis Aragon. Catherine Simonidzé, une jeune Géorgienne, s'engage aux côtés des féministes et des anarchistes parisiens et participe aux grands mouvements sociaux de son époque.*

1908 ne valait guère mieux. Catherine chaque jour sentait peser davantage l'inutilité, l'absurdité de sa vie. Ou de la vie, comme elle disait. Possible que depuis des siècles que les femmes trouvent normal d'être assises à faire de la broderie derrière les brise-bise[1] des fenêtres ou à se balancer d'un réverbère à l'autre à un coin de rue, attendre les hommes, fût la fin dernière de leur existence. Catherine ne pouvait s'y résigner.

Sa part d'illusion avait été bien courte : quelques jours de juillet en Savoie, avant la fusillade de Cluses[2]. Quand l'espoir, l'insensé, le vague espoir renaissait en elle, c'était l'idée de l'amour qui tout à coup s'emparait de Catherine. Ah si elle eût aimé quelqu'un ! Mais soudain, il lui apparaissait dans l'amour toute la tromperie du monde. Aimer ! Brusquement se trouver à la merci d'un homme, et ce serait bientôt pour elle comme pour toute autre, l'esclavage, les longues heures, la broderie derrière les brise-bise. Eh bien, non.

Louis Aragon, *Les Cloches de Bâle*, deuxième partie : « Catherine », chapitre XVIII (extrait, 1934), © Denoël.

1. Petits rideaux. 2. Catherine a été témoin de la mort d'un jeune ouvrier lors d'une manifestation. Cet événement la conduit à rompre avec son milieu bourgeois et à militer avec les anarchistes.

# Écrire

## 5 Des « héros » du quotidien

**1. Quelle est la préoccupation majeure de ce couple ? Relevez le champ lexical qui le prouve.**

**2. Quel mode verbal domine dans le premier paragraphe ? À quelle vision des personnages correspond-il ?**

→ p. 375 : LA SYNTAXE ET LA VALEUR DES TEMPS

**3. Quelle figure de rhétorique caractérise le premier paragraphe ? Commentez-la.**

→ p. 384 : LES FIGURES DE RHÉTORIQUE

**4. Pourquoi le romancier ne nomme-t-il pas ses personnages ? Expliquez.**

**5. Écriture d'invention. Réécrivez le texte de Pérec en commençant par « Ils ne rêvaient pas du tout d'être riches. » Transformez le récit de façon à ce que chaque phrase corresponde bien à cette nouvelle vision du monde.**

→ p. 541 : INVENTER ET IMAGINER

Ils auraient aimé être riches. Ils croyaient qu'ils auraient su l'être. Ils auraient su s'habiller, regarder, sourire comme des gens riches. Ils auraient eu le tact, la discrétion nécessaires. Ils auraient oublié leur richesse, auraient su ne pas l'étaler. Ils ne s'en seraient pas glorifiés. Ils l'auraient respirée. Leurs plaisirs auraient été intenses. Ils auraient aimé marcher, flâner, choisir, apprécier. Ils auraient aimé vivre. Leur vie aurait été un art de vivre.

Ces choses-là ne sont pas faciles, au contraire. Pour ce jeune couple, qui n'était pas riche, mais qui désirait l'être, simplement parce qu'il n'était pas pauvre, il n'existait pas de situation plus inconfortable. Ils n'avaient que ce qu'ils méritaient d'avoir. Ils étaient renvoyés, alors que déjà ils rêvaient d'espace, de lumière, de silence, à la réalité, même pas sinistre, mais simplement rétrécie – et c'était peut-être pire – de leur logement exigu, de leurs repas quotidiens, de leurs vacances chétives[1]. C'était ce qui correspondait à leur situation économique, à leur position sociale. C'était leur réalité, et ils n'en avaient pas d'autre.

Georges Perec, *Les Choses*, chapitre 2 (extrait, 1965), © Julliard (1997).

1. Médiocres.

SÉQUENCE

# 8 La femme dans le roman

Des premiers romans psychologiques du XVIIe siècle aux romans contemporains, les personnages féminins ont évolué à l'image de la société dans laquelle ils s'inscrivent, passant de la soumission à l'émancipation.

**OBJECTIF**

**Étudier l'évolution du statut des personnages féminins dans le roman, du XVIIe siècle à nos jours.**

DVD-ROM Ressources complémentaires

## SOMMAIRE


Texte 1 — Mme de La Fayette, *La Princesse de Clèves* (1678) ........ 172
D'un Texte à l'autre — G. Flaubert, *Madame Bovary* (1857) ........ 174
Étude d'œuvre intégrale — Mme de La Fayette, *La Princesse de Clèves* (1678) ........ 176
Texte 2 — P. Choderlos de Laclos, *Les Liaisons dangereuses* (1782) ........ 177
D'un Texte à l'autre — M. Proust, *Un amour de Swann* (1913) ........ 179
Analyse d'Image — C. Claudel, *L'Âge mûr* (1895-1907) ........ 181
Texte 3 — J. Giono, *Le Moulin de Pologne* (1952) ........ 182
D'un Texte à l'autre — J.-M.G. Le Clézio, *Désert* (1980) ........ 184

**SYNTHÈSE** Le personnage féminin dans le roman ........ 186
**Histoire des arts** Les femmes artistes depuis 1900 ........ 187
**Exercices d'approfondissement** ........ 189


| Notions et activités | Liens avec la partie II |
| --- | --- |
| Temps verbaux, construction des phrases | → p. 375 : LA SYNTAXE ET LA VALEUR DES TEMPS |
| Images | → p. 384 : LES FIGURES DE RHÉTORIQUE |
| Narrateur, focalisation et personnage | → p. 424 : LES NOTIONS PROPRES AU RÉCIT |
| Thèse et argument | → p. 418 : LE CIRCUIT ARGUMENTATIF |

| | Liens avec la partie III |
| --- | --- |
| Écrire un monologue de théâtre et un article de journal | → p. 538 : INVENTER ET TRANSPOSER |
| Rédiger une lettre en réponse | → p. 544 : INVENTER ET ARGUMENTER |
| Rédiger tout ou partie d'un commentaire | → p. 513 : ENCHAÎNER DES PARAGRAPHES DE COMMENTAIRE |
| Analyser un sujet de dissertation | → p. 526 : CONSTRUIRE UN PLAN DÉTAILLÉ DE DISSERTATION |

*Texte* 1

Biographie p. 565

# Mme de La Fayette
## *La Princesse de Clèves* (1678)

*La Princesse de Clèves s'éloigne des romans baroques et précieux* → SYNTHÈSE *pour s'attacher aux moindres détails de la souffrance amoureuse qui occupe le premier plan du récit.*
*Mme de Chartres a éduqué sa fille en la mettant en garde contre les dangers de la passion. Devenue l'épouse du prince de Clèves, la jeune femme tombe pourtant éperdument amoureuse du duc de Nemours. Un jour, elle découvre une lettre d'amour qu'elle croit adressée à celui-ci par une certaine Mme de Thémines ; le malentendu est cependant vite dissipé, et M. de Nemours parvient à rétablir la vérité.*

Mme de Clèves demeura seule, et sitôt qu'elle ne fut plus soutenue par cette joie que donne la présence de ce que l'on aime, elle revint comme d'un songe ; elle regarda avec étonnement la prodigieuse[1] différence de l'état où elle était le soir d'avec celui où elle se trouvait alors ; elle se remit devant les yeux l'aigreur[2] et la froideur qu'elle avait fait paraître à M. de Nemours, tant qu'elle avait cru que la lettre de Mme de Thémines s'adressait à lui, quel calme et quelle douceur avaient succédé à cette aigreur, sitôt qu'il l'avait persuadée que cette lettre ne le regardait pas. Quand elle pensait qu'elle s'était reproché comme un crime, le jour précédent, de lui avoir donné des marques de sensibilité que la seule compassion[3] pouvait avoir fait naître, et que, par son aigreur, elle lui avait fait paraître des sentiments de jalousie qui étaient des preuves certaines de passion, elle ne se reconnaissait plus elle-même. Quand elle pensait encore que M. de Nemours voyait bien qu'elle connaissait son amour, qu'il voyait bien aussi que, malgré cette connaissance, elle ne l'en traitait pas plus mal en présence même de son mari, qu'au contraire elle ne l'avait jamais regardé si favorablement, qu'elle était cause que M. de Clèves l'avait envoyé quérir[4] et qu'ils venaient de passer une après-dînée ensemble en particulier[5], elle trouvait qu'elle était d'intelligence avec[6] M. de Nemours, qu'elle trompait le mari du monde qui méritait le moins d'être trompé, et elle était honteuse de paraître si peu digne d'estime aux yeux même de son amant[7]. Mais, ce qu'elle pouvait moins supporter que tout le reste, était le souvenir de l'état où elle avait passé la nuit, et les cuisantes douleurs que lui avait causées la pensée que M. de Nemours aimait ailleurs et qu'elle était trompée.

Elle avait ignoré jusqu'alors les inquiétudes mortelles de la défiance[8] et de la jalousie, elle n'avait pensé qu'à se défendre d'aimer M. de Nemours, et elle n'avait point encore commencé à craindre qu'il en aimât une autre. Quoique les soupçons que lui avait donnés cette lettre fussent effacés, ils ne laissèrent pas[9] de

1. Extraordinaire.
2. Irritation.
3. Pitié.
4. Chercher.
5. Seuls.
6. Complice de.
7. Celui qu'elle aime.
8. Profonde méfiance.
9. Ne l'empêchèrent pas.

lui ouvrir les yeux sur le hasard[10] d'être trompée et de lui donner des impressions de défiance et de jalousie qu'elle n'avait jamais eues. Elle fut étonnée de n'avoir point encore pensé combien il était peu vraisemblable qu'un homme comme M. de Nemours, qui avait toujours fait paraître tant de légèreté parmi les femmes, fût capable d'un attachement sincère et durable. Elle trouva qu'il était presque impossible qu'elle pût être contente de sa passion. Mais quand je le pourrais être, disait-elle, qu'en veux-je faire ? Veux-je la souffrir ? Veux-je y répondre ? Veux-je m'engager dans une galanterie[11] ? Veux-je manquer à[12] M. de Clèves ? Veux-je me manquer à moi-même ? Et veux-je enfin m'exposer aux cruels repentirs et aux mortelles douleurs que donne l'amour ? Je suis vaincue et surmontée par une inclination[13] qui m'entraîne malgré moi. Toutes mes résolutions sont inutiles ; je pensai hier tout ce que je pense aujourd'hui et je fais aujourd'hui tout le contraire de ce que je résolus hier. Il faut m'arracher de la présence de M. de Nemours, il faut m'en aller à la campagne, quelque bizarre que puisse paraître mon voyage, et si M. de Clèves s'opiniâtre[14] à l'empêcher ou à en vouloir savoir les raisons, peut-être lui ferai-je le mal, et à moi-même aussi, de les lui apprendre. Elle demeura dans cette résolution et passa tout le soir chez elle, sans aller savoir de M^me^ la dauphine ce qui était arrivé de la fausse lettre du vidame[15].

Tome troisième (extrait).

**10.** La possibilité.
**11.** Liaison amoureuse.
**12.** Tromper.
**13.** Un désir.
**14.** S'entête.
**15.** Lieutenant (le duc de Nemours).

## LECTURE ANALYTIQUE

### Première lecture

**1.** Quel sentiment jusqu'alors inconnu Mme de Clèves éprouve-t-elle ? Justifiez.

**2.** Quelle décision prend-elle à la fin de l'extrait ? Expliquez ce qui la motive.

### Mise au point

**3.** Quel est le sujet grammatical de la plupart des phrases ? Dans quelle mesure renforce-t-il le point de vue adopté ?
→ p. 432 : LE NARRATEUR ET LA FOCALISATION

### Analyse

**4. a.** Observez la longueur des phrases du premier paragraphe. Que remarquez-vous ?
**b.** Quel est le lien entre cette syntaxe et l'état d'esprit dans lequel se trouve le personnage ?
→ p. 375 : LA SYNTAXE ET LA VALEUR DES TEMPS

**5. a.** Les noms *douleurs* (l. 31), *inquiétudes* (l. 33), *soupçons* (l. 36) et *impressions* (l. 37) sont au pluriel. Quel est l'effet produit par ce choix ?
**b.** Relevez des hyperboles. Quelle est leur fonction ?
→ p. 384 : LES FIGURES DE RHÉTORIQUE

**6.** Étudiez le type de phrase dominant dans le deuxième paragraphe (l. 33-54). Par quelle figure de rhétorique est-il renforcé ?
→ p. 384 : LES FIGURES DE RHÉTORIQUE

### Question de synthèse

**7.** Pourquoi l'expression *inquiétudes mortelles* (l. 33) résume-t-elle bien cet extrait ?

### Pour aller plus loin

**8. Recherche.** Cherchez le sens du terme *passion* (l. 17 et 42) au XVII^e^ siècle, puis des termes *étonnement* (l. 4) et *étonnée* (l. 38). En quoi ces significations sont-elles représentatives du trouble qui s'empare de la princesse ?

**9. Écriture d'invention.** Transformez ce passage en monologue de théâtre. Respectez les traits de caractère et les pensées de Mme de Clèves, dont vous rendrez compte en utilisant des procédés stylistiques appropriés.
→ p. 538 : INVENTER ET TRANSPOSER

**Page de gauche :**
Justus Sustermans (1597-1681), *Portrait de Marguerite de Médicis* (XVII^e^ siècle), huile sur toile, 115 x 127 cm (Florence, musée des Offices).

D'UN *Texte* À L'AUTRE 1

Biographie p. 563

# Gustave FLAUBERT
## *Madame Bovary* (1857)

*Sous le Second Empire, dans une France dominée par les valeurs de la bourgeoisie catholique,* Madame Bovary *est un roman réaliste qui vaut à Flaubert de comparaître au tribunal pour atteinte aux bonnes mœurs. En effet, il y dépeint la vie d'Emma, une femme de médecin qui s'ennuie dans sa morne province et trompe son époux Charles avec le jeune Rodolphe, un amant qui l'entraîne dans une liaison orageuse. Parallèlement, Emma ressent de plus en plus de répulsion à l'égard de son mari.*

Emma mordait ses lèvres blêmes[1], et, roulant entre ses doigts un des brins du polypier[2] qu'elle avait cassé, elle fixait sur Charles la pointe ardente[3] de ses prunelles, comme deux flèches de feu prêtes à partir. Tout en lui l'irritait maintenant, sa figure, son costume, ce qu'il ne disait pas, sa personne entière, son existence enfin. Elle se repentait, comme d'un crime, de sa vertu passée, et ce qui en restait encore s'écroulait sous les coups furieux de son orgueil. Elle se délectait dans toutes les ironies mauvaises de l'adultère triomphant. Le souvenir de son amant revenait à elle avec des attractions vertigineuses ; elle y jetait son âme, emportée vers cette image par un enthousiasme nouveau ; et Charles lui semblait aussi détaché de sa vie, aussi absent pour toujours, aussi impossible et anéanti, que s'il allait mourir et qu'il eût agonisé sous ses yeux.

Il se fit un bruit de pas sur le trottoir. Charles regarda ; et, à travers la jalousie[4] baissée, il aperçut au bord des halles, en plein soleil, le docteur Canivet qui s'essuyait le front avec son foulard. Homais[5], derrière lui, portait à la main une grande boîte rouge, et ils se dirigeaient tous les deux du côté de la pharmacie.

Alors, par tendresse subite et découragement, Charles se tourna vers sa femme en lui disant :

– Embrasse-moi donc, ma bonne !

– Laisse-moi ! fit-elle, toute rouge de colère.

– Qu'as-tu ? qu'as-tu ? répétait-il stupéfait. Calme-toi ! reprends-toi !... Tu sais bien que je t'aime !... viens !

– Assez ! s'écria-t-elle d'un air terrible.

Et s'échappant de la salle, Emma ferma la porte si fort, que le baromètre bondit de la muraille et s'écrasa par terre.

Charles s'affaissa dans son fauteuil, bouleversé, cherchant ce qu'elle pouvait avoir, imaginant une maladie nerveuse, pleurant, et sentant vaguement circuler autour de lui quelque chose de funeste[6] et d'incompréhensible.

Quand Rodolphe, le soir, arriva dans le jardin, il trouva sa maîtresse qui l'attendait au bas du perron, sur la première marche. Ils s'étreignirent, et toute leur rancune[7] se fondit comme une neige sous la chaleur de ce baiser.

Deuxième partie, chapitre XI (extrait).

1. Très pâles.
2. Corail.
3. Brûlante.
4. Le store.
5. Le pharmacien de la ville.
6. Tragique.
7. Colère.

Photogramme de *Madame Bovary*, film de Claude Chabrol (1991), avec Isabelle Huppert et Jean-François Balmer.

## QUESTIONS

1. Quels sont les différents points de vue adoptés au cours du récit ? Quel est l'intérêt de ces variations ?
   → p. 432 : LE NARRATEUR ET LA FOCALISATION
2. Relevez dans la première phrase une comparaison et une métaphore. Que disent-elles du tempérament de Mme Bovary ?
   → p. 384 : LES FIGURES DE RHÉTORIQUE
3. Dans les propos rapportés, quels sont les types de phrase employés ? Que révèlent-ils des relations entre les époux ?
4. Quel est le mode verbal employé par Charles ? Quelle valeur particulière a-t-il ici ?
   → p. 375 : LA SYNTAXE ET LA VALEUR DES TEMPS
5. Quelle est la réaction de Charles ? Relevez une énumération qui insiste sur son état.
6. a. Sur quelle comparaison le chapitre se referme-t-il ? Quelle image le lecteur retient-il des relations entre Emma et Rodolphe ?
   b. Sur quoi la comparaison entre les deux derniers paragraphes permet-elle d'insister ironiquement?
   → p. 384 : LES FIGURES DE RHÉTORIQUE
7. **Iconographie.** Dans quelle mesure le photogramme du film de Chabrol illustre-t-il le texte de Flaubert ?

### Vis-à-vis : Mme de La Fayette et Flaubert

8. En quoi les différences d'attitude entre Mme de Clèves et Mme Bovary montrent-elles une évolution dans la façon de considérer le sens du devoir ?
9. Le regard du narrateur permet-il au lecteur de s'identifier à l'une de ces deux femmes ? Expliquez.

# Mme de La Fayette, *La Princesse de Clèves* (1678)

**OBJECTIF**

**Découvrir le premier roman français dont l'intrigue est fondée sur l'intimité et les tourments d'un personnage.**

## Le contexte

À partir de 1661, Louis XIV rassemble autour de lui au palais du Louvre une cour brillante. En menant des campagnes militaires ambitieuses, il cherche à faire rayonner les sciences et les arts : il veut faire de la France un modèle pour le monde.

## L'auteur

Mme de La Fayette (1634-1693) fréquente la cour. Elle tient un salon mondain et littéraire dans lequel elle reçoit de nombreux penseurs et écrivains. *La Princesse de Clèves*, qui paraît anonymement, est le fruit d'une collaboration avec notamment son ami le duc de La Rochefoucauld.

## L'œuvre

Au XVIIe siècle, les lecteurs sont friands de romans très longs dont les lieux, les personnages et les aventures sont imaginaires ou féériques. *La Princesse de Clèves* est au contraire un roman bref qui se déroule au XVIe siècle à la cour d'Henri II. Le succès est cependant immédiat, peut-être en raison de l'évocation déguisée de la cour de Louis XIV.

## Pistes d'analyse

**1. La peinture de la cour.** Étudiez les descriptions de la cour (portraits, conversations…). Quelle image donnent-elles de la société de cette époque ?

**2. De Mlle de Chartres à Mme de Clèves.** Quelle éducation Mme de Chartres donne-t-elle à sa fille dans les domaines du mariage et de l'amour ? En quoi permet-elle de comprendre les réactions de la princesse tout au long de l'intrigue ?

**3. Le scandale.** L'aveu que la princesse fait à son époux a scandalisé les lecteurs du XVIIe siècle. Pour quelle raison, selon vous ?

**4. Le tragique des passions.** Relevez des éléments de deux ou trois passages afin de déterminer le caractère des personnages principaux. Dans quelle mesure permet-il d'expliquer l'issue tragique de cette histoire ?

## Activité complémentaire

**Plan de dissertation.** Dans une de ses *Maximes*, le duc de La Rochefoucauld s'exclame : *Qu'une femme est à plaindre, quand elle a tout ensemble de l'amour et de la vertu !* Pensez-vous que les caractères des personnages romanesques, notamment féminins, doivent être contradictoires pour intéresser le lecteur ? Utilisez des exemples issus de *La Princesse de Clèves* et de vos lectures personnelles.

→ p. 526 : CONSTRUIRE UN PLAN DÉTAILLÉ DE DISSERTATION

## Propositions de lectures

**Textes contemporains de l'auteur**

- La Rochefoucauld, *Maximes* (1665) : des réflexions morales au sujet d'une cour encline au vice, par un auteur ami de Mme de La Fayette et qui a collaboré à l'écriture du roman *La Princesse de Clèves*.
- Mme de Sévigné, *Lettres* (1726) : une description au quotidien de la cour de Louis XIV, dont les caractéristiques, dans le récit de Mme de La Fayette, sont transposées dans l'entourage d'Henri II.

**Pour élargir**

- Abbé Prévost, *Manon Lescaut* (1731) : un roman sur les tourments de la passion, à la croisée du roman de Mme de La Fayette et des romans sensibles de l'Anglais Richardson.
- Émile Zola, *Une page d'amour* (1878) : un roman sur la folie de la passion, mais dans le milieu bourgeois du Second Empire.

François Boucher (1703-1770), *Portrait de la marquise de Pompadour* (détail : pieds, crayons et fleurs, 1756), huile sur toile (Munich, Alte Pinakothek).

# Texte 2 Pierre Choderlos de Laclos

Biographie p. 565

## *Les Liaisons dangereuses* (1782)

*Dans le contexte du Siècle des lumières, époque d'émancipation aussi bien intellectuelle que morale pour la haute société,* Les Liaisons dangereuses *est un roman par lettres rassemblant de multiples correspondances imaginaires parmi lesquelles dominent celles de la marquise de Merteuil et du vicomte de Valmont. Ces deux personnages libertins échangent sur leur manière de séduire leurs proies inexpérimentées ou vertueuses. Dans la lettre LXXXI, la marquise, piquée au vif par le vicomte qui prétend lui apprendre comment se comporter avec un homme manipulateur qu'elle convoite, lui explique comment elle a appris à tromper son entourage.*

Mais moi, qu'ai-je de commun avec ces femmes inconsidérées[1] ? quand m'avez-vous vue m'écarter des règles que je me suis prescrites, et manquer à mes principes ? je dis mes principes, et je le dis à dessein[2] : car ils ne sont pas, comme ceux des autres femmes, donnés au hasard, reçus sans examen et suivis par habitude, ils sont le fruit de mes profondes réflexions ; je les ai créés, et je puis dire que je suis mon ouvrage[3].

Entrée dans le monde[4] dans le temps où, fille[5] encore, j'étais vouée par état au silence et à l'inaction, j'ai su en profiter pour observer et réfléchir. Tandis qu'on me croyait étourdie ou distraite, écoutant peu à la vérité les discours qu'on s'empressait à me tenir, je recueillais avec soin ceux qu'on cherchait à me cacher.

Cette utile curiosité, en servant à m'instruire, m'apprit encore à dissimuler ; forcée souvent de cacher les objets de mon attention[6] aux yeux de ceux qui m'entouraient, j'essayai de guider les miens à mon gré ; j'obtins dès lors de prendre à volonté ce regard distrait que vous avez loué[7] si souvent. Encouragée par ce premier succès, je tâchai de régler de même les divers mouvements de ma figure.

1. Ces femmes qui agissent sans réfléchir et que Valmont se vante de pouvoir rendre adultères.
2. Volontairement.
3. Ma propre création.
4. En société.
5. Femme non mariée.
6. Qui m'intéressaient.
7. Admiré.

Ressentais-je quelque chagrin, je m'étudiais à prendre l'air de la sérénité[8], même celui de la joie ; j'ai porté le zèle jusqu'à me causer des douleurs volontaires, pour chercher pendant ce temps l'expression du plaisir. Je me suis travaillée avec le même soin et plus de peine, pour réprimer les symptômes d'une joie inattendue. C'est ainsi que j'ai su prendre, sur ma physionomie[9], cette puissance dont je vous ai vu quelquefois si étonné.

J'étais bien jeune encore, et presque sans intérêt : mais je n'avais à moi que ma pensée, et je m'indignais qu'on pût me la ravir[10] ou me la surprendre contre ma volonté. Munie de ces premières armes, j'en essayai l'usage : non contente de ne plus me laisser pénétrer[11], je m'amusais à me montrer sous des formes différentes ; sûre de mes gestes, j'observais mes discours ; je réglais les uns et les autres, suivant les circonstances, ou même seulement suivant mes fantaisies : dès ce moment, ma façon de penser fut pour moi seule, et je ne montrai plus que celle qu'il m'était utile de laisser voir.

Ce travail sur moi-même avait fixé mon attention sur l'expression des figures et le caractère des physionomies ; et j'y gagnai ce coup d'œil pénétrant, auquel l'expérience m'a pourtant appris à ne pas me fier[12] entièrement ; mais qui, en tout, m'a rarement trompée.

Lettre LXXXI, la marquise de Merteuil au vicomte de Valmont (extrait).

8. Tranquillité.
9. Mon apparence.
10. Me l'enlever.
11. De ne plus laisser deviner mes pensées, mes intentions.
12. Avoir confiance.

## LECTURE ANALYTIQUE

### Première lecture

1. Quelle volonté anime la marquise dès le premier paragraphe ? Quelle est la valeur des interrogations ?
2. Que développe la lettre à partir du deuxième paragraphe ? Quelle est la fonction de cette partie du texte par rapport au premier paragraphe ?

### Mise au point

3. Quel pronom ouvre l'essentiel des propositions ? Sur quoi ce procédé permet-il d'insister ?

### Analyse

4. Sur quelles oppositions le premier paragraphe est-il fondé ? Qu'entend signifier ainsi la marquise ?
5. Qui est désigné par le pronom *on* dans le deuxième paragraphe ? Que révèle cet emploi au sujet de la façon de considérer les femmes à cette époque ?
6. Quelle est la fonction grammaticale de *me* dans la proposition *Je me suis travaillée* (l. 18) ? Quelle est la technique mise au point par la marquise ?
7. Relevez la métaphore du quatrième paragraphe. Quelle image donne-t-elle de la marquise ?

→ p. 384 : LES FIGURES DE RHÉTORIQUE

### Question de synthèse

8. Dans quelle mesure le texte illustre-t-il l'affirmation *Je suis mon ouvrage* (l. 6) ?

### Pour aller plus loin

9. **Recherche.** Quelle est l'origine du mot *travail* employé dans l'expression *Je me suis travaillée* (l. 18) ? Expliquez pourquoi cette étymologie permet de mieux comprendre la portée des actes de la marquise.

→ p. 378 : L'ENRICHISSEMENT DU VOCABULAIRE ET L'ÉTYMOLOGIE

10. **Écriture de commentaire.** Construisez le plan général, l'introduction et la conclusion du commentaire littéraire de ce texte.

→ p. 504 : DÉFINIR UN PROJET DE LECTURE
→ p. 510 : RÉDIGER L'INTRODUCTION ET LA CONCLUSION DU COMMENTAIRE

Félix VALLOTTON (1865-1925), *Intérieur avec femme en rouge de dos* (1903), huile sur toile, 92,5 x 70,5 cm (Zurich, Kunsthaus).

D'UN *Texte* À L'AUTRE **2**

Biographie p. 567

# Marcel PROUST
# *Un amour de Swann* (1913)

Un amour de Swann *est le deuxième volet d'un cycle romanesque intitulé* À la recherche du temps perdu. *Dans l'univers mondain des années précédant la Première Guerre mondiale, Swann, un amateur d'art de la haute société, rencontre Odette de Crécy, une demi-mondaine, c'est-à-dire une prostituée de luxe qui vit aux crochets d'hommes riches. Il en tombe amoureux mais sa jalousie est régulièrement mise à l'épreuve. Un soir, il sonne chez elle, mais elle ne répond pas alors que ses fenêtres sont allumées.*

Une heure après, il revint. Il la trouva ; elle lui dit qu'elle était chez elle tantôt quand il avait sonné, mais dormait ; la sonnette l'avait éveillée, elle avait deviné que c'était Swann, elle avait couru après lui, mais il était déjà parti. Elle avait bien entendu frapper aux carreaux. Swann reconnut tout de suite dans ce dire un de ces fragments d'un fait exact que les menteurs pris de court se consolent de faire entrer dans la composition du fait faux qu'ils inventent, croyant y faire sa part[1] et y dérober[2] sa ressemblance à la Vérité. Certes quand Odette venait de faire quelque chose qu'elle ne voulait pas révéler, elle le cachait bien au fond d'elle-même. Mais dès qu'elle se trouvait en présence de celui à qui elle voulait mentir, un trouble la prenait, toutes ses idées s'effondraient, ses facultés d'invention et de raisonnement étaient paralysées, elle ne trouvait plus dans sa tête que le vide, il fallait pourtant dire quelque chose, et elle rencontrait à sa portée précisément la chose

1. Lui accorder une part de vérité.
2. Voler un peu de vérité pour devenir vraisemblable.

qu'elle avait voulu dissimuler et qui, étant vraie, était seule restée là. Elle en détachait un petit morceau, sans importance par lui-même, se disant qu'après tout c'était mieux ainsi puisque c'était un détail véritable qui n'offrait pas les mêmes dangers qu'un détail faux. « Ça du moins, c'est vrai, se disait-elle, c'est toujours autant de gagné, il peut s'informer, il reconnaîtra que c'est vrai, ce n'est toujours pas ça qui me trahira. » Elle se trompait, c'était cela qui la trahissait, elle ne se rendait pas compte que ce détail vrai avait des angles qui ne pouvaient s'emboîter que dans les détails contigus du fait vrai dont elle l'avait arbitrairement détaché et qui, quels que fussent les détails inventés entre lesquels elle le placerait, révéleraient toujours par la matière excédente et les vides non remplis, que ce n'était pas d'entre ceux-là qu'il venait. « Elle avoue qu'elle m'avait entendu sonner, puis frapper, et qu'elle avait cru que c'était moi, qu'elle avait envie de me voir, se disait Swann. Mais cela ne s'arrange pas avec le fait qu'elle n'ait pas fait ouvrir. »

Extrait.

## QUESTIONS

**1. a.** Quelle explication Odette donne-t-elle de son absence de réponse ?
**b.** Swann croit-il la jeune femme ? Quel est le détail qui attire son attention ?

**2.** Relevez les différentes formes de discours rapportés de cet extrait. Quel est leur intérêt ?
→ p. 434 : LE PERSONNAGE

**3.** Pourquoi le mot *Vérité* porte-t-il ici une majuscule selon vous (l. 7) ? Avec quelle répétition ce procédé s'accorde-t-il ? Expliquez.

**4.** Quelle est la valeur de l'imparfait utilisé ici ?
→ p. 375 : LA SYNTAXE ET LA VALEUR DES TEMPS

**5.** Qui s'exprime dans les guillemets (l. 16-18 et 23-25) ? Quelle est la portée de ce passage ?

**6.** Quelle métaphore est utilisée pour évoquer le mensonge ? Expliquez la façon dont elle est développée.
→ p. 384 : LES FIGURES DE RHÉTORIQUE

**7. Iconographie.** Sur quel principe de composition la toile de Vallotton est-elle fondée ? Dans quelle mesure le personnage féminin représenté rappelle-t-il Odette ?

## Vis-à-vis : Laclos et Proust

**8.** Quelle représentation ces deux romans proposent-ils de l'amour ? Comparez notamment les deux titres.

**9.** Le mensonge est-il utilisé de la même manière par la marquise de Merteuil et Odette de Crécy ? Quel personnage semble le plus manipulateur ?

# Analyse *d'image*

# Camille CLAUDEL (1864-1943)
# *L'Âge mûr* (1895-1907)

L'Âge mûr *est une commande officielle faite à Camille Claudel en 1895. Pour représenter ce sujet, l'artiste s'inspire en partie de sa vie personnelle : le sculpteur Rodin, plus âgé de vingt ans, a quitté son élève et collaboratrice Camille pour rejoindre sa maîtresse de longue date, Rose Beuret. Deux thèmes, celui de la vieillesse approchante et celui de l'abandon amoureux, se rencontrent dans l'œuvre de la sculptrice.*

Bronze, 114 x 163 x 72 cm (Paris, musée d'Orsay).

## QUESTIONS

### Première approche

**1.** Sachant que Camille Claudel appelait la femme à genoux *l'implorante*, quels personnages réels ces trois figures sculptées peuvent-elles représenter ?

**2.** Quel est l'effet produit par les draperies qui volent autour des deux personnages debout ?

### Analyse

**3. a.** Décrivez les positions respectives de l'homme et de la femme de droite. Quelle ligne permet d'assembler les deux figures ?

**b.** Quels éléments marquent la rupture entre l'homme et la femme de droite ? Étudiez les gestes des personnages et les supports sur lesquels ils reposent.

**4. a.** Étudiez la position du personnage qui entoure l'homme de ses bras.

**b.** Que semble symboliser cette présence ? Quelle tonalité donne-t-elle à cette sculpture ?

### Question de synthèse

**5.** Quels aspects de la composition permettent de comprendre le titre de ce groupe sculpté : *L'Âge mûr* ?

→ p. 467 : L'IMAGE FIXE

**Texte 3**

Biographie p. 565

# Jean Giono
## *Le Moulin de Pologne* (1952)

*Le narrateur se rend au Bal de l'Amitié, la fête la plus importante de sa ville. Mais une arrivée inattendue provoque la surprise de tous : Julie de M. a décidé de venir aussi. Cette jeune femme, héritière d'une famille marquée par de nombreuses tragédies, a été rendue presque folle par ses camarades d'école ; depuis l'enfance, une moitié de son visage est paralysée et grimaçante, tandis que l'autre reste magnifique.*

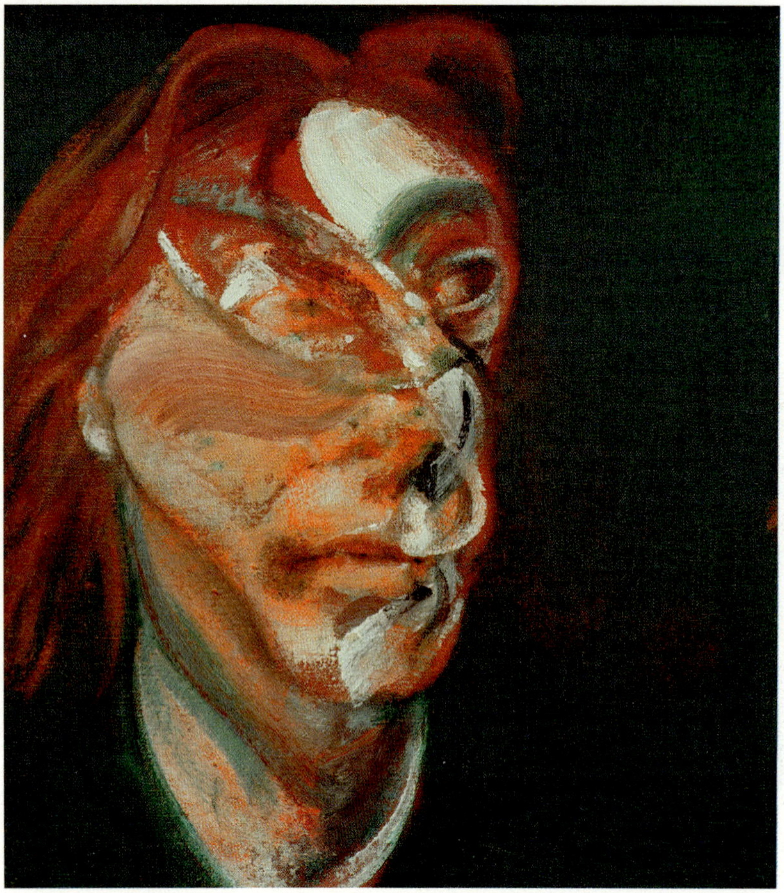

Je vis enfin ce qu'on désignait du doigt. C'était cette malheureuse Julie emportée par la valse et dansant toute seule, avec, sur son atroce visage isolé, l'extase des femmes accouplées. Je me sentis des opinions et des passions semblables à celles de tout le monde et j'éclatai de rire à la seconde même où le rire général éclata...

Si j'en juge par moi-même, ce rire fut une bénédiction pour tout le monde. Le spectacle de cette fille au visage déchiré et qui montrait ses désirs sans pudeur me brûlait comme un acide. On ne pouvait laisser faire sans courir le risque d'être dépouillé jusqu'à l'os, vêtements et chair, falbalas et jupons, plastrons et manchettes[1]. Qui n'a pas ses désespoirs ? Que serions-nous devenus si nous avions été forcés, nous aussi, de ne plus jouer la comédie ? Le rire avec son bruit de torrent était la façon la plus simple de mouiller la brûlure et de l'étendre d'eau. On y alla bon cœur bon argent[2].

Pourquoi ? Je n'en sais rien. Nous ne manquions pas de filles laides, Dieu merci ! Julie n'était pas d'une laideur à faire rire ; il s'en fallait ! Aujourd'hui je ne vois même plus rien de risible dans cet événement du Casino. Que se passait-il de si extraordinaire ? Julie dansait seule. De n'importe qui d'autre cela aurait passé pour une boutade[3]. Admettez que la fantaisie en ait pris à Alphonsine M., la petite fille que j'avais fait danser un peu auparavant : on aurait à peine souri. Le rire qui accompagnait la valse de Julie faisait un bruit régulier et bourgeois qui me rappela le raclement des cuillers et des fourchettes sur les assiettes dans un réfectoire de collège. Disons pour être juste qu'on ricanait. Julie voguait au milieu des chignons de paille, des catogans de charbon[4], des yeux ardents, des lèvres avides. [...]

1. Différents types de broderie, synonymes d'élégance.
2. Sans retenue, très franchement.
3. Plaisanterie.
4. Cheveux bruns retenus par des rubans.

Si on ne riait pas à pleine gorge, et si les ricanements faisaient un bruit de cuiller raclant l'assiette, c'est d'abord que dans la vie courante (qui est la nôtre) il n'y a vraiment jamais de quoi rire à ventre déboutonné, notre corps n'en a pas l'habitude (tandis que ricaner, on sait le faire). C'est ensuite en raison des choses noires et impitoyables[5] qui décharnaient[6] Julie. Son corps aimable[7] (car elle avait un corps dodu très attirant – pour ceux qui aiment les corps), il y avait des moments (et celui de la valse plus que tout autre) où on l'imaginait fait d'une carcasse en osier gonflant et soutenant jupes et corsage autour de simples ossements. Julie eût-elle dansé sur une place publique comme elle dansait ce soir-là, tout le monde se serait écarté d'elle (les couples qui valsaient en même temps qu'elle s'écartaient et on la voyait bien, toute seule, en train de se donner au vide). Mais ici, au Casino, après tous nos préparatifs, nos combinaisons, nos efforts pour tâcher de prendre du plaisir, qui aurait abandonné la partie ?

La danse finie, pendant que les cavaliers reconduisaient leurs cavalières, Julie alla s'adosser à une des colonnes qui soutenaient les galeries. Les dames des premières loges se penchèrent pour la voir jusqu'à être en danger de tomber.

Extrait, © Gallimard.

5. Sans pitié.
6. Enlevaient la chair, montrant le squelette.
7. Qu'il était possible d'aimer.

## LECTURE ANALYTIQUE

### Première lecture

1. a. Comment les gens réagissent-ils au moment où Julie commence à danser ?
b. Quel est le comportement du narrateur pendant le bal ?

### Mise au point

2. a. Réécrivez la phrase *Julie eût-elle dansé ... écarté d'elle* (l. 45-46) en commençant par la conjonction de subordination *si*.
b. Sur quel aspect du lieu de l'action cette hypothèse permet-elle d'insister ?
→ p. 375 : LA SYNTAXE ET LA VALEUR DES TEMPS

### Analyse

3. Comment les invités du bal considèrent-ils l'attitude de Julie ? Quelle métaphore filée du deuxième paragraphe met leur réaction en évidence ?
→ p. 384 : LES FIGURES DE RHÉTORIQUE
4. Qui est désigné par les différents pronoms indéfinis *on* ? Quel point de vue est absent ? pourquoi ?
→ p. 434 : LE PERSONNAGE
5. Expliquez l'emploi du mot *bourgeois* (l. 33). Quelle image donne-t-il de cette assemblée ?
6. Quels sont les différents niveaux de *comédie* (l. 21) qui s'emboîtent au cours du bal ?
7. Étudiez le contenu et la fonction des passages entre parenthèses. L'attitude du narrateur a-t-elle changé entre l'époque du bal et le moment du récit ?
8. **Iconographie.** Dans quelle mesure le portrait peint par Bacon correspond-il au thème de ce texte ?

### Question de synthèse

9. Cette scène vous paraît-elle comique ? Justifiez.

### Pour aller plus loin

10. **Recherche**
a. Recherchez les principales caractéristiques du carnaval au Moyen Âge (moment de l'année, lien avec le calendrier religieux, déroulement, but…).
b. Quels aspects de ce bal rappellent la fonction du carnaval ?
11. **Écriture d'invention.** Écrivez l'article qu'un journal local fait paraître le lendemain du bal. Tenez compte du fait que le texte a pour lecteurs les gens qui ont assisté au bal et ceux qui n'ont pu s'y rendre, et que tout le monde dans cette ville connaît Julie de M.
→ p. 538 : INVENTER ET TRANSPOSER

**Page de gauche :**
Francis Bacon (1909-1992), *Trois études pour le portrait d'Isabel Rawsthorne* (triptyque, panneau de gauche, 1965), huile sur toile, 35, 5 x 30, 5 cm (collection Robert et Lisa Sainsbury, Sainsbury Center for Visual Arts, University of East Anglia, Royaume-Uni).

D'UN *Texte* À L'AUTRE **3**

# Jean-Marie Gustave Le Clézio

Biographie p. 565

## *Désert* (1980)

*La protagoniste du roman* Désert, *Lalla Hawa, a quitté son désert natal pour venir travailler à Marseille. Un soir, elle se rend dans une discothèque sordide de la ville, où elle doit poser pour des photographies. La danse réveille alors ce qu'elle a au plus profond d'elle-même. Ce personnage rejoint alors la longue liste des personnages désemparés et déracinés caractéristiques de l'univers romanesque de Le Clézio.*

Puis elle danse, à son tour, sur l'arène, au milieu des gens. Elle danse comme elle a appris autrefois, seule au milieu des gens, pour cacher sa peur, parce qu'il y a trop de bruit, trop de lumière. Le photographe reste assis sur la marche, sans bouger, sans même penser à la photographier. Au début, les gens ne font pas attention à Hawa, parce que la lumière les aveugle. Puis, c'est comme s'ils sentaient que quelque chose d'extraordinaire était arrivé, sans qu'ils s'en doutent. Ils s'écartent, ils s'arrêtent de danser, les uns après les autres, pour regarder Lalla Hawa. Elle est toute seule dans le cercle de lumière, elle ne voit personne. Elle danse sur le rythme lent de la musique électrique, et c'est comme si la musique était à l'intérieur de son corps. La lumière brille sur le tissu noir de sa robe, sur sa peau couleur de cuivre, sur ses cheveux. On ne voit pas ses yeux à cause de l'ombre, mais son regard passe sur les gens, emplit la salle, de toute sa force, de toute sa beauté. Hawa danse pieds nus sur le sol lisse, ses pieds longs et plats frappent au rythme des tambours, ou plutôt, c'est elle qui semble dicter avec la plante de ses pieds et ses talons le rythme de la musique. Son corps souple ondoie[1], ses hanches, ses épaules et ses bras sont légèrement écartés comme des ailes. La lumière des projecteurs rebondit sur elle, l'enveloppe, crée des tourbillons autour de ses pas. Elle est absolument seule dans la grande salle, seule comme au milieu d'une esplanade[2], seule comme au milieu d'un plateau de pierres, et la musique électrique joue pour elle seule, de son rythme lent et lourd. Peut-être qu'ils ont tous disparu, enfin, ceux qui étaient là autour d'elle, hommes, femmes, reflets passagers des miroirs éblouis, dévorés ? Elle ne les voit plus, à présent, elle ne les entend plus. Même le photographe a disparu, assis sur sa marche. Ils sont devenus pareils à des rochers, pareils à des blocs de calcaire. Mais elle, elle peut bouger, enfin, elle est libre, elle tourne sur elle-même, les bras écartés, et ses pieds frappent le sol, du bout des orteils, puis du talon, comme sur les rayons d'une grande roue dont l'axe monte jusqu'à la nuit.



1. Provoque des ondes.
2. Grande place sans constructions.

Danseuse dans une discothèque au Ghana, photographie.

## QUESTIONS

1. Quel regard les autres danseurs portent-ils sur Lalla Hawa ? Et elle, les regarde-t-elle ? Expliquez.
2. Quel est le temps verbal dominant ? Quel est l'effet produit ?
   → p. 375 : LA SYNTAXE ET LA VALEUR DES TEMPS
3. Étudiez les références à la lumière. Que mettent-elles en évidence ?
4. Quelles transformations la salle et ceux qui s'y trouvent subissent-ils au cours de la danse de Lalla ? Relevez les images qui décrivent cette métamorphose.
   → p. 384 : LES FIGURES DE RHÉTORIQUE
5. Quel lien s'établit entre cette danse et les origines de Lalla ? Aidez-vous du chapeau introductif.
6. Expliquez la comparaison sur laquelle se referme l'extrait. Quelle ampleur donne-t-elle à cet épisode ?
   → p. 384 : LES FIGURES DE RHÉTORIQUE

## Vis-à-vis : Giono et Le Clézio

7. En quoi la danse donne-t-elle une autre dimension aux personnages de Julie et de Lalla ?
8. Qu'est-ce qui rend ces deux personnages de femmes particulièrement émouvants, voire pathétiques ?
9. **Iconographie.** Commentez la photographie ci-dessus en utilisant des images empruntées aux deux textes.

# SYNTHÈSE Le personnage féminin dans le roman

• À partir du XVII^e siècle, la femme devient un **personnage de roman à part entière**, dont les actes et les pensées constituent le sujet même du récit.

## 1 La conquête d'une existence

### Entre respect du devoir…

• **Au XVII^e siècle**, le personnage romanesque féminin est avant tout un **être mondain** : les bergères des romans précieux de **M^lle de Scudéry** parlent et agissent comme à la cour, et **M^me de La Fayette** peint dans *La Princesse de Clèves* (1678) → TEXTE 1 une société très codifiée : les femmes, même respectées, se soumettent, parfois avec douleur, aux lois sociales édictées par les hommes.

### … et libertinage

• Le **XVIII^e siècle**, époque de la prise en compte de l'individu dans sa complexité et sa sensibilité, révèle des personnages féminins qui conquièrent une certaine **liberté**, souvent opposée aux exigences mondaines. Leur personnalité, peu tolérée par la société, les oblige parfois à recourir à la ruse : dans *Les Liaisons dangereuses* (1782) de **P. Choderlos de Laclos** → TEXTE 2, la **marquise de Merteuil**, pour rester fidèle à elle-même, doit faire sa propre éducation, toute en dissimulation et en hypocrisie, tandis que **Manon Lescaut** dans le roman de l'**abbé Prévost** (1731) → EXERCICE 4, refuse scandaleusement toute forme de contrainte.

## 2 Puissance des passions, poids des obligations

### De la sensibilité romanesque…

• Lorsque le **romantisme** s'épanouit dans la première moitié du **XIX^e siècle**, le personnage féminin exprime des sentiments à fleur de peau. La **sensibilité** s'exacerbe dans des intrigues où elle prend souvent des accents pathétiques, voire tragiques, perceptibles dans *Atala* (1801) de **Chateaubriand**, *Corinne* (1807) de **M^me de Staël**, ou *Indiana* (1832) de **George Sand**.

• Même à la période réaliste, par exemple dans *Les Misérables* (1862) → EXERCICE 1, **Victor Hugo** montre encore les effets de l'amour sur l'âme exaltée de la jeune Cosette.

### … au déterminisme des passions

• Le **réalisme**, entre 1830 et 1860, avec Stendhal ou **Flaubert**, puis le **naturalisme**, dans les années 1870-1890, avec **Zola**, montrent la femme en proie à des **émotions nerveuses incontrôlables**. Dans *Madame Bovary* (1857) → D'UN TEXTE À L'AUTRE 1, Flaubert décrit Emma comme une provinciale qui, déçue de sa vie monotone, se réfugie dans le rêve puis dans la mort pour échapper à l'ennui. Zola va jusqu'à peindre des personnages réduits à leurs pulsions, telles *Thérèse Raquin* (1867) ou *Nana* (1879) ; ces romans mettent en scène des femmes **conditionnées par leur milieu social**.

## 3 La femme en question

### Du maintien des contraintes…

• **Au XX^e siècle**, le personnage féminin tente de se libérer des contraintes sociales propres aux intrigues romanesques des époques précédentes. Juste **avant la Première Guerre mondiale**, les femmes qui adoptent un mode de vie autonome sont encore l'objet de **préjugés**. Ainsi, dans *Un amour de Swann* (1913) → D'UN TEXTE À L'AUTRE 2, **Proust** décrit Odette de Crécy comme une femme ambitieuse mais incapable de réfléchir avec intelligence. Mais **Simone de Beauvoir** dans *L'Invitée* (1943) → EXERCICE 2 insiste sur l'analyse profonde que le personnage féminin fait de ses choix individuels.

### … à la révolte émancipatrice

• **Depuis 1945**, le personnage féminin **s'émancipe** de plus en plus, jusqu'à se révolter parfois contre sa condition. Dans *Les Soleils des indépendances* d'**A. Kourouma** (1970) → EXERCICE 3, Salimata tente de se libérer du regard rétrograde que les hommes portent sur sa féminité, et de conquérir une **vie moins marquée par de lourds codes sociaux**. Dans *Le Moulin de Pologne* (1952) de **J. Giono** → TEXTE 3 ou *Désert* (1980) de **J.-M.G. Le Clézio** → D'UN TEXTE À L'AUTRE 3, la femme conquiert, malgré le mépris et l'exclusion, une **liberté** au-delà de toutes les **contraintes**, amplifiée dans des romans contemporains comme *La Virevolte* (1994) de Nancy Huston, le récit d'une danseuse qui abandonne enfants et époux pour se vouer à sa passion artistique.

Biographies des auteurs → p. 560

DVD-ROM Ressources complémentaires

# Les femmes artistes depuis 1900

Le XX^e siècle marque le début d'une **émancipation inédite** des femmes, et notamment des **artistes**, qui s'était amorcée sous Louis XVI avec la peintre Élisabeth Vigée-Lebrun ou plus tard avec le groupe impressionniste dont faisait partie **Berthe Morisot**.
Les artistes féminines s'inspirent des acquis de la modernité artistique et des **sciences humaines** pour se mettre en scène dans des codes qu'elles refaçonnent ou créent elles-mêmes. De grandes institutions rendent hommage à ces innovations esthétiques, tel le musée consacré aux femmes artistes à **Washington**.

1 Marie LAURENCIN (1883-1956), *Portrait de mademoiselle Chanel* (1924), huile sur toile, 92 x 73 cm (Paris, musée de l'Orangerie).

## 1 • De l'expression à l'abstraction

À la fin du XIX^e siècle, **Camille Claudel** (1864-1943), qui a d'abord travaillé aux côtés d'Auguste Rodin, s'affranchit de son influence : ses groupes sculptés montrent les émotions brutales de l'artiste, qui transcrit ses **passions** dans des compositions tellement personnelles et originales qu'on la définit souvent comme un génie de la sculpture → ANALYSE D'IMAGE.
En **peinture**, les femmes utilisent les recherches des impressionnistes puis des cubistes pour créer leur propre style, qui prend en compte la modernité de la Belle Époque. Ainsi, **Suzanne Valadon** (1867-1938) représente des intérieurs d'ateliers ou d'appartements contemporains, et **Marie Laurencin** (1885-1956) joue du contraste des formes et surtout des couleurs aquarellées. Dans son portrait de Coco Chanel de 1923 (1), elle oppose les tons clairs et foncés, les fondus (le bras et le chien) et les forts contrastes (le buste et l'écharpe), dans une structure toute en verticalité qui rend la figure de la couturière aussi humaine qu'abstraite.
De son côté, **Sonia Delaunay** (1885-1979), tout comme la peintre russe **Natalia Gontcharova** (1881-1962), explore **l'abstraction**, jouant des formes géométriques et des couleurs complémentaires juxtaposées pour représenter le dynamisme du monde autrement qu'à travers la peinture figurative.

## 2 • Représentations du monde

Dans la continuité de l'abstraction et des différentes expressions de la modernité, les femmes artistes deviennent avant tout des **plasticiennes**, c'est-à-dire des créatrices qui réfléchissent aux aspects formels de leur travail.
**Gisèle Freund** (1908-2000), dans ses photographies, capte la figure d'artistes qu'elle croise, dans des clichés originaux qui saisissent les modèles dans leur quotidien et leur flamme artistique.
**Niki de Saint Phalle** (1930-2002) fait évoluer la sculpture, particulièrement dans une série de représentations intitulées *Nanas* (2). Ces formes féminines aux volumes disproportionnés, aux motifs exubérants et aux couleurs vives sont une vision enchantée de la féminité et de la maternité. Une tête minuscule surplombe un

2 Niki de SAINT PHALLE (1930-2002), *Black Venus* (1965-1967), 280 x 89 x 61 cm (New York, Whitney Museum of American Art).

corps qui synthétise les images de la Déesse-Mère et de Vénus. **Susan Rothenberg** (née en 1945), peintre américaine, revient quant à elle à l'**art figuratif** dès son œuvre *Horse* de 1974 : pour elle, le cheval offre l'avantage d'être un support vivant mais peu subjectif. La reprise de cet animal récurrent dans l'histoire des arts, tant en peinture qu'en sculpture, lui permet d'explorer à loisir les formes et les volumes ; ce souci de la composition lui évite d'aborder frontalement la question de sa propre existence.

## 3 • Art et autobiographie

**3** Louise Bourgeois (1911-2010), *Maman* (1999, fonte de 2003), bronze, acier et marbre, 9,3 x 8,9 x 10,2 m (Ottawa, parvis du musée des Beaux-Arts).

La peinture féminine affirme son essence autobiographique. L'artiste mexicaine **Frida Kahlo** (1907-1954) peint souvent des autoportraits qui non seulement la représentent physiquement, mais dévoilent aussi son **inconscient**, sa souffrance, dans un équivalent pictural des **théories psychanalytiques** de Sigmund Freud.

**Louise Bourgeois** (1911-2010) suit un parcours semblable. Dans ses dessins, tableaux et sculptures, et plus particulièrement dans la série des ***Araignées*** **3**, elle représente en grand format ses obsessions, rendant compte de ses relations avec ses parents.

**Sophie Calle** (née en 1953), dans des œuvres qui utilisent **tous les supports** possibles, depuis le son jusqu'à la vidéo en passant par la photographie ou l'installation, joue aussi de la dimension autobiographique de l'art ; elle appartient à ces artistes qui font du récit de soi la matière même de leur art, dans une perspective universelle.

### LEXIQUE

**Cubistes** Membres d'un mouvement pictural né en 1907 avec Picasso et fondé sur une représentation géométrique du monde.

**Groupe impressionniste** Avant-garde picturale née dans les années 1860 et qui fait scandale dans une exposition de 1874 rassemblant des toiles de Monet, Renoir…

**Installation** Genre contemporain consistant à aménager tout un espace (salle entière de musée, par exemple, avec des objets sélectionnés ou produits par l'artiste, dont les échos visuels, sonores ou thématiques deviennent une œuvre.

**Peinture figurative** À la différence de la peinture abstraite, elle représente des personnages ou des objets identifiables.

### QUESTIONS

**1.** Étudiez les mouvements et les motifs vestimentaires de la *Nana* de Niki de Saint Phalle **2**. Quelle image donnent-ils du corps féminin ?

**2.** Cherchez des informations sur les grandes photographes du XX^e^ siècle. À quels aspects du monde se sont-elles intéressées ?

# Exercices d'approfondissement

## Revoir

### 1 Personnage féminin et éveil à l'amour

**1.** Quel procédé stylistique permet de décrire Théodule ? Quel sentiment Cosette éprouve-t-elle ?

→ p. 384 : LES FIGURES DE RHÉTORIQUE

**2.** Étudiez le lexique des cinq sens. À quoi sert-il ici ?

**3.** Repérez les discours rapportés et indiquez leur intérêt.

→ p. 434 : LE PERSONNAGE

**4.** Qui s'exprime dans le troisième paragraphe ? Quel est le ton employé, et dans quel but ?

*Cosette, élevée par Jean Valjean, a rencontré Marius. L'ayant perdu de vue, elle s'ennuie et admire parfois le lieutenant Théodule. Mais un jour, elle découvre une lettre qu'elle pense écrite par Marius.*

Comme elle l'achevait pour la troisième fois, le lieutenant Théodule revint devant la grille et fit sonner ses éperons sur le pavé. Force fut à Cosette de lever les yeux. Elle le trouva fade, niais, sot, inutile, fat[1], déplaisant, impertinent, et très laid. L'officier crut devoir lui sourire. Elle se détourna honteuse et indignée. Elle lui aurait volontiers jeté quelque chose à la tête.

Elle s'enfuit, rentra dans la maison et s'enferma dans sa chambre pour relire le manuscrit, pour l'apprendre par cœur, et pour songer. Quand elle l'eut bien lu, elle le baisa et le mit dans son corset.

C'en était fait, Cosette était retombée dans le profond amour séraphique[2]. L'abîme Éden[3] venait de se rouvrir.

Toute la journée, Cosette fut dans une sorte d'étourdissement. Elle pensait à peine, ses idées étaient à l'état d'écheveau[4] brouillé dans son cerveau, elle ne parvenait à rien conjecturer[5], elle espérait à travers un tremblement, quoi ? des choses vagues. Elle n'osait rien se promettre, et ne voulait rien se refuser. Des pâleurs lui passaient sur le visage et des frissons sur le corps. Il lui semblait par moments qu'elle entrait dans le chimérique[6] ; elle se disait : est-ce réel ? alors elle tâtait le papier bien-aimé sous sa robe, elle le pressait contre son cœur, elle en sentait les angles sur sa chair, et si Jean Valjean l'eût vue en ce moment, il eût frémi devant cette joie lumineuse et inconnue qui lui débordait des paupières. – Oh oui ! pensait-elle. C'est bien lui ! ceci vient de lui pour moi !

Victor HUGO, *Les Misérables*, quatrième partie, livre V (extrait, 1862).

1. Orgueilleux. 2. Des anges. 3. Le gouffre du paradis. 4. Fils emmêlés. 5. Imaginer. 6. Les délires de son imagination.

## Approfondir

### 2 Portrait de groupe féminin

**1.** En quoi Élisabeth et Xavière s'opposent-elles ?

**2.** Comment Françoise se définit-elle par rapport à ses amies ? Justifiez.

**3.** Relevez les deux phrases interrogatives. Quel écho les réunit ? Et quel sentiment de Françoise expriment-elles ?

**4.** Relevez la métaphore sur laquelle l'extrait s'achève. À quelle autre figure de rhétorique s'assimile-t-elle ? Expliquez ces deux figures en fonction des lignes précédentes.

→ p. 384 : LES FIGURES DE RHÉTORIQUE

**5.** Quel est l'intérêt de ce portrait de groupe ? Ces trois personnages correspondent-ils à une seule vision de la femme ?

*Durant l'entre-deux-guerres, Françoise, jeune femme libre et moderne, accompagne ses amies Élisabeth et Xavière dans un dancing. Élisabeth se remet difficilement d'une rupture amoureuse, et Xavière est une jeune fille qui vient d'arriver à Paris pour y chercher un emploi et une vie intéressante.*

Élisabeth avait quitté la table, elle dansait les yeux gonflés et la bouche crispée. Françoise fut traversée d'une espèce d'envie. Les sentiments d'Élisabeth pouvaient bien être faux, et sa vocation fausse, et fausse l'ensemble de sa vie : sa souffrance présente était violente et vraie. Françoise regarda Xavière. Xavière dansait, la tête un peu rejetée en arrière, le visage extatique[1] ; elle n'avait pas de vie encore, pour elle tout était possible, et cette soirée enchantée contenait la promesse de mille enchantements inconnus. Pour cette jeune fille, pour cette femme au cœur lourd, ce moment avait une saveur âpre[2] et inoubliable. Et moi ? pensa Françoise. Spectatrice. Mais ce jazz, ce goût de whisky, cette lumière orange, ce n'était pas seulement un spectacle, il aurait fallu trouver quelque chose à en faire. Et quoi ? Dans l'âme farouche[3] et tendue d'Élisabeth la musique se changeait doucement en espoir ; Xavière la chargeait d'une attente passionnée. Et Françoise seule ne trouvait rien en elle qui s'accordât avec la voix émouvante du saxophone. Elle chercha un désir, un regret ; mais derrière elle, devant elle s'étendait un bonheur aride[4] et clair.

Simone de BEAUVOIR, *L'Invitée* (extrait, 1943),


1. Montrant un bonheur intérieur intense.
2. Au goût fort, un peu amer.
3. Fière.
4. Désertique.

## 3 Le destin d'une femme

**1.** **Quels sont les sentiments qui agitent Salimata ?**
**2.** **Quel est l'intérêt des précisions météorologiques qui jalonnent l'épisode ? Quelles autres données engendrent la même impression ?**
**3.** **Pour quelle raison Salimata jette-t-elle le poulet ?**
**4.** **Cet événement signe-t-il la naissance d'une femme libre ? Commentez l'emploi du mot *destin* (l. 34).**

*Salimata vit en Afrique. Elle a eu une jeunesse difficile : excisée, violée par le sorcier du village puis par son premier époux. De nouveau mariée, elle tente désespérément d'avoir un enfant, et finit par consulter un marabout qui refuse son offrande et tente de la violer.*

Le couteau à tête recourbée traînait ; elle s'en arma, le poursuivit et l'accula entre le lit et les valises. Dans les yeux de Salimata éclatèrent le viol, le sang et Tiécoura[1], et sa poitrine se gonfla de la colère de la vengeance. Et la lame recourbée frappa dans l'épaule gauche. L'homme à son tour hurla le fauve, gronda le tonnerre. Elle prit peur et par la porte s'échappa, pataugea trois ou quatre pas dans la pluie, se précipita sur les cuvettes, ramassa le poulet sacrifié et sortit.

Derrière, le marabout continuait à chauffer la case de ses hurlements. Elle se replongea dans la pluie, traversa la concession[2] en courant, rejoignit la rue. Le vent soufflait frais ; la pluie tombait faible en gouttes espacées grosses comme des amandes de karité[3]. Les gouttes mitraillaient la cuvette et les épaules. Partout la boue, la boue stagnait autour des maisons, courait dans les fossés et se répandait sur la chaussée. Personne dans la rue ! C'était heureux ainsi. Aucun témoin à son inquiétude au cœur, à sa honte au front. À gauche passait une ruelle perdue. Elle y pénétra pour pleurer son malheur et cacher son visage de femme qui n'aura jamais d'enfant parce que ne sachant coucher qu'un homme stérile. Elle avait le coq sacrifié dans ses bagages. Plus loin elle arriva à un petit monticule, avec au sommet un croisement, un petit pont et des ravins grondant d'eaux écumantes[4]. Elle monta sur le parapet[5], sortit le poulet sacrifié, le lança dans le torrent qui le fit tournoyer et l'emporta. Elle le suivit et souffla. En ce lieu, la pluie avait passé, sauf un petit crachin[6]. De brefs miroitements parcouraient le ciel. Elle suivit le poulet sacrifié longtemps et loin. Elle pensa que son giron[7] venait de couler de tous les enfants rêvés, recherchés, et que le coq en sang les emportait définitivement. Elle avait le destin de mourir stérile.

Ahmadou Kourouma, *Les Soleils des indépendances*, première partie (extrait, 1970), © Seuil.

**1.** Son premier époux. **2.** Terrain accordé par l'État. **3.** Arbre africain dont la graisse des amandes est comestible. **4.** Agitées. **5.** Le bord du pont. **6.** Pluie très fine et continue. **7.** Corps.

# Écrire

## 4 Une femme déconcertante

**1. a.** **Sur quel ton la lettre de Manon s'ouvre-t-elle ?**
**b.** **Quel est le rôle de la conjonction *mais* (l. 10) ? À quel type de texte cette lettre appartient-elle par conséquent ?**
→ p. 388 : LES TYPES DE TEXTE
**2.** **À la fin de sa lettre, pourquoi Manon utilise-t-elle la troisième personne pour parler d'elle ?**
**3.** **Quelle solution Manon envisage-t-elle pour gagner de l'argent ? À quel genre d'intrigue ce choix conduit-il ?**
**4.** **Quelle est la visée de cette lettre ? Quelle image Manon donne-t-elle alors d'elle-même ?**
→ p. 416 : CONVAINCRE, DÉLIBÉRER OU PERSUADER
**5.** **Écriture d'invention. Imaginez la lettre que le chevalier des Grieux adresserait à Manon par l'intermédiaire du frère de celle-ci. Ce texte respectera les données précises de l'extrait sur le caractère du jeune homme, et répondra point par point aux propos de sa bien-aimée.**
→ p. 544 : INVENTER ET ARGUMENTER

*Le chevalier des Grieux tombe amoureux de Manon Lescaut, une jeune femme aux mœurs légères. Ils décident de vivre ensemble, mais un jour on leur vole tout leur argent. Manon feint alors d'être malade et se couche. Le lendemain matin, le narrateur se réveille seul.*

Je laissai couler quelques heures, que je passai à lire. Enfin, n'étant plus le maître de mon inquiétude, je me promenai à grands pas dans nos appartements. J'aperçus, dans celui de Manon, une lettre cachetée[1] qui était sur sa table. L'adresse était à moi, et l'écriture de sa main. Je l'ouvris avec un frisson mortel ; elle était dans ces termes :

Je te jure, mon cher Chevalier, que tu es l'idole de mon cœur, et qu'il n'y a que toi au monde que je puisse aimer de la façon dont je t'aime ; mais ne vois-tu pas, ma pauvre chère âme, que, dans l'état où nous sommes réduits, c'est une sotte vertu que la fidélité ? Crois-tu qu'on puisse être bien tendre lorsqu'on manque de pain ? La faim me causerait quelque méprise[2] fatale ; je rendrais quelque jour le dernier soupir, en croyant en pousser un d'amour. Je t'adore, compte là-dessus ; mais laisse-moi, pour quelque temps, le ménagement de[3] notre fortune. Malheur à qui va tomber dans mes filets ! Je travaille pour rendre mon Chevalier riche et heureux. Mon frère t'apprendra des nouvelles de ta Manon, et qu'elle a pleuré de la nécessité de te quitter.

Abbé Prévost, *Manon Lescaut* (extrait, 1731).

**1.** Fermée à la cire.
**2.** Erreur.
**3.** Le soin de m'occuper de.

SÉQUENCE 9

# Nouveaux narrateurs, nouveaux personnages

L'écriture traditionnelle du roman repose sur un narrateur omniscient, la présence d'un héros et l'illusion réaliste. Elle est progressivement remise en cause à partir du XVIIIe siècle : certains auteurs explorent alors de nouvelles voies narratives et philosophiques.

**OBJECTIF**

**Étudier le renouvellement des formes narratives et des personnages dans le roman moderne.**

DVD-ROM Ressources complémentaires

## SOMMAIRE


Texte 1 — D. DIDEROT, *Jacques le Fataliste* (1796) ..... 192
D'UN Texte À L'AUTRE — M. BUTOR, *La Modification* (1957) ..... 194

Texte 2 — G. FLAUBERT, *Bouvard et Pécuchet* (1881) ..... 195
D'UN Texte À L'AUTRE — R. QUENEAU, *Le Chiendent* (1933) ..... 197

Analyse d'Image — E. HOPPER, *Chambre à Brooklyn* (1932) ..... 199

Texte 3 — A. CAMUS, *L'Étranger* (1942) ..... 200
D'UN Texte À L'AUTRE — E. CARRÈRE, *L'Adversaire* (2000) ..... 202

ÉTUDE D'ŒUVRE INTÉGRALE — A. CAMUS, *L'Étranger* (1942) ..... 204

- **SYNTHÈSE** Le roman moderne ..... 205
- **Histoire des arts** Personnages en peinture, du cubisme au retour de la figuration ..... 206
- **Exercices d'approfondissement** ..... 208


| Notions et activités | Liens avec la partie II |
| --- | --- |
| Points de vue, commentaires du narrateur… | → p. 432 : LE NARRATEUR ET LA FOCALISATION |
| Les discours rapportés, la caractérisation du personnage | → p. 434 : LE PERSONNAGE |
| Les modalisateurs, les pronoms personnels… | → p. 371 : COMMUNICATION, ÉNONCIATION ET MODALISATION |
| La construction des phrases, les temps verbaux | → p. 375 : LA SYNTAXE ET LA VALEUR DES TEMPS |

| | Liens avec la partie III |
| --- | --- |
| Rédiger un plaidoyer | → p. 544 : INVENTER ET ARGUMENTER |
| Poursuivre un récit | → p. 541 : INVENTER ET IMAGINER |
| Construire un plan de dissertation | → p. 526 : CONSTRUIRE UN PLAN DÉTAILLÉ DE DISSERTATION |
| Rédiger un commentaire | → p. 498 : RÉDIGER UN COMMENTAIRE LITTÉRAIRE |

# Texte 1

Biographie p. 562

## Denis Diderot
## *Jacques le Fataliste* (1796)

*Denis Diderot s'inspire du roman anglais* Tristram Shandy *de Laurence Sterne, paru trente ans plus tôt, pour écrire* Jacques le Fataliste. *L'auteur s'y amuse avec les conventions narratives, ouvrant la voie au récit moderne. Au cours d'un voyage, Jacques raconte à son maître ses amours, mais cette intrigue principale est sans arrêt interrompue par des événements, des récits secondaires et autres digressions.*

« Eh bien, Jacques, où en étions-nous de tes amours ?

Jacques. – Nous en étions, je crois, à la déroute[1] de l'armée ennemie. On se sauve, on est poursuivi, chacun pense à soi. Je reste sur le champ de bataille, enseveli sous le nombre des morts et des blessés, qui fut prodigieux. Le lendemain on me jeta, avec une douzaine d'autres, sur une charrette, pour être conduit à un de nos hôpitaux. Ah ! Monsieur, je ne crois pas qu'il y ait de blessures plus cruelles que celle du genou.

Le Maître. – Allons donc, Jacques, tu te moques.

Jacques. – Non, pardieu, monsieur, je ne me moque pas ! Il y a là je ne sais combien d'os, de tendons, et bien d'autres choses qu'ils appellent je ne sais comment... »

Une espèce de paysan qui les suivait avec une fille qu'il portait en croupe[2] et qui les avait écoutés, prit la parole et dit : « Monsieur a raison... »

On ne savait à qui ce *monsieur* était adressé, mais il fut mal pris par Jacques et par son maître ; et Jacques dit à cet interlocuteur indiscret : « De quoi te mêles-tu ?

– Je me mêle de mon métier ; je suis chirurgien à votre service, et je vais vous démontrer... »

La femme qu'il portait en croupe lui disait : « Monsieur le docteur, passons notre chemin et laissons ces messieurs qui n'aiment pas qu'on leur démontre[3].

– Non, lui répondit le chirurgien, je veux leur démontrer, et je leur démontrerai... »

Et, tout en se retournant pour démontrer, il pousse sa compagne, lui fait perdre l'équilibre et la jette à terre, un pied pris dans la basque[4] de son habit et les cotillons[5] renversés sur sa tête. Jacques descend, dégage le pied de cette pauvre créature et lui rabaisse ses jupons. Je ne sais s'il commença par rabaisser les jupons ou par dégager le pied ; mais à juger de l'état de cette femme par ses cris, elle s'était grièvement blessée. Et le maître de Jacques disait au chirurgien : « Voilà ce que c'est que de démontrer. »

Et le chirurgien : « Voilà ce que c'est de ne vouloir pas qu'on démontre !... »

Et Jacques à la femme tombée ou ramassée : « Consolez-vous, ma bonne, il n'y a ni de votre faute, ni de la faute de M. le docteur, ni de la mienne, ni de celle de mon maître : c'est qu'il était écrit là-haut qu'aujourd'hui, sur ce chemin, à l'heure qu'il est, M. le docteur serait un bavard, que mon maître et moi nous serions deux bourrus[6], que vous auriez une contusion[7] à la tête et qu'on vous verrait le cul... »

1. Fuite désordonnée après une défaite.
2. Derrière lui, en selle.
3. Propose des preuves.
4. Partie du vêtement qui part des hanches et pend jusqu'aux jambes.
5. Jupons.
6. Personnes aux manières peu agréables.
7. Bosse.

Denis Diderot, *Jacques le Fataliste*, adaptation et mise en scène de Jean-Daniel Laval avec Jean-Daniel Laval et Jean-Paul Tribout, Théâtre de la Huchette, Paris, février 2006.

Que cette aventure ne deviendrait-elle pas entre mes mains, s'il me prenait en fantaisie de vous désespérer ! Je donnerais de l'importance à cette femme ; j'en ferais la nièce d'un curé du village voisin ; j'ameuterais les paysans de ce village ; je me préparerais des combats et des amours ; car enfin cette paysanne était belle sous le linge. Jacques et son maître s'en étaient aperçus ; l'amour n'a pas toujours attendu une occasion aussi séduisante. Pourquoi Jacques ne deviendrait-il pas amoureux une seconde fois ? pourquoi ne serait-il pas une seconde fois le rival et même le rival préféré de son maître ? – Est-ce que le cas lui était déjà arrivé ? – Toujours des questions. Vous ne voulez donc pas que Jacques continue le récit de ses amours ? Une bonne fois pour toutes, expliquez-vous ; cela vous fera-t-il, cela ne vous fera-t-il pas plaisir ? Si cela vous fera plaisir, remettons la paysanne en croupe derrière son conducteur, laissons-les aller et revenons à nos deux voyageurs.

Extrait (publication posthume).

## LECTURE ANALYTIQUE

### Première lecture

1. À quel genre littéraire le début du texte s'apparente-t-il ? Quel est l'effet produit ?
2. a. Établissez le schéma narratif du texte en résumant en quelques mots chaque étape. Quelle étape y manque-t-il ?
   b. Selon vous, l'événement ici raconté apparaît-il au beau milieu du récit ? Expliquez.

→ p. 429 : LA STRUCTURE DU RÉCIT

### Mise au point

3. Identifiez le mode verbal employé dans l'essentiel du dernier paragraphe et expliquez sa valeur.

→ p. 375 : LA SYNTAXE ET LA VALEUR DES TEMPS

### Analyse

4. Quelles sont les caractéristiques de chaque personnage ? Lequel se détache le mieux ?
5. Relevez l'ensemble des interventions du narrateur. En quoi sont-elles singulières ?
6. Quel type d'intrigue semble se mettre en place à la fin du texte ? Justifiez à l'aide d'un champ lexical.
7. Étudiez les différentes formes de comique dans cet extrait.

→ p. 450 : LES REGISTRES COMIQUE ET TRAGIQUE

8. Quel passage permet d'expliquer le titre du roman ?

### Question de synthèse

9. Dans quelle mesure ce texte déjoue-t-il les attentes du lecteur ?

### Pour aller plus loin

10. **Recherche.** Cherchez d'autres titres de romans écrits par Denis Diderot en vous aidant d'un dictionnaire des œuvres. Ces œuvres correspondent-elles à une approche traditionnelle ou moderne du roman ? Expliquez.
11. **Écriture d'invention.** Réécrivez cette scène de rencontre entre Jacques et la femme, de façon plus traditionnelle, en mettant en place un début d'intrigue sentimentale entre les deux personnages.

→ p. 538 : INVENTER ET TRANSPOSER

D'UN *Texte* À L'AUTRE **1**

Biographie p. 561

# Michel Butor
## *La Modification* (1957)

*Michel Butor est l'un des principaux représentants du Nouveau Roman, mouvement littéraire des années 1950-1960, qui doit son nom à des recherches et essais pour renouveler les structures narratives du récit.* La Modification, *œuvre entièrement écrite à la deuxième personne, donne un aperçu de ces tentatives aussi originales que déconcertantes. Dans cet incipit, Léon Delmont monte dans le train Paris-Rome pour rejoindre sa maîtresse, Cécile, dans la capitale italienne.*

Vous avez mis le pied gauche sur la rainure[1] de cuivre, et de votre épaule droite vous essayez en vain de pousser un peu plus le panneau coulissant.

Vous vous introduisez par l'étroite ouverture en vous frottant contre ses bords, puis, votre valise couverte de granuleux cuir sombre couleur d'épaisse bouteille, votre valise assez petite d'homme habitué aux longs voyages, vous l'arrachez par sa poignée collante, avec vos doigts qui se sont échauffés, si peu lourde qu'elle soit, de l'avoir portée jusqu'ici, vous la soulevez et vous sentez vos muscles et vos tendons se dessiner non seulement dans vos phalanges, dans votre paume, votre poignet et votre bras, mais dans votre épaule aussi, dans toute la moitié du dos et dans vos vertèbres depuis votre cou jusqu'aux reins.

Non, ce n'est pas seulement l'heure, à peine matinale, qui est responsable de cette faiblesse inhabituelle, c'est déjà l'âge qui cherche à vous convaincre de sa domination sur votre corps, et pourtant, vous venez seulement d'atteindre les quarante-cinq ans.

Vos yeux sont mal ouverts, comme voilés de fumée légère, vos paupières sensibles et mal lubrifiées[2], vos tempes crispées, à la peau tendue et comme raidie en plis minces, vos cheveux qui se clairsèment et grisonnent, insensiblement pour autrui mais non pour vous, pour Henriette et pour Cécile, ni même pour les enfants désormais, sont un peu hérissés et tout votre corps à l'intérieur de vos habits qui le gênent, le serrent et lui pèsent, est comme baigné, dans son réveil imparfait, d'une eau agitée et gazeuse pleine d'animalcules[3] en suspension.

Extrait, © Minuit.

1. Entaille pour faire coulisser la porte.
2. Peu mobiles par manque de liquide.
3. Animaux minuscules, impossibles à voir à l'œil nu.

**QUESTIONS**

1. a. Qui est désigné par le pronom personnel *vous* ?
   b. Quelle relation s'instaure avec le lecteur ?
   → p. 371 : COMMUNICATION, ÉNONCIATION ET MODALISATION
2. Quel champ lexical est très présent dans ce texte ? Que permet-il de mettre en évidence ?
3. Quelle est la focalisation adoptée dans cet extrait ? Justifiez.
   → p. 432 : LE NARRATEUR ET LA FOCALISATION
4. Commentez la longueur et la construction de la phrase des lignes 3 à 10. Quel effet produit-elle ?
   → p. 375 : LA SYNTAXE ET LA VALEUR DES TEMPS
5. a. À quels thèmes et à quel type d'intrigue peut-on s'attendre ?
   b. Ce début de roman vous paraît-il pour autant conventionnel ?

**Vis-à-vis : Diderot et Butor**

6. Quel est le thème commun aux deux extraits ?
7. Comparez la manière dont se manifeste le narrateur dans ces deux extraits. Quel est l'effet produit dans chacun des textes ?

# Texte 2 Gustave Flaubert
## *Bouvard et Pécuchet* (1881)

Biographie p. 563

*Dernier récit écrit par Flaubert,* Bouvard et Pécuchet *met en scène deux personnages qui n'ont plus rien d'héroïque, mais semblent au contraire incarner un condensé de bêtise humaine. Dans cet extrait du début du roman, Bouvard et Pécuchet viennent de se rencontrer et découvrent avec plaisir leurs affinités et la similitude de leurs idées toutes faites sur la société.*

L'air sérieux de Pécuchet frappa Bouvard.

On aurait dit qu'il portait une perruque, tant les mèches garnissant son crâne élevé étaient plates et noires. Sa figure semblait tout en profil, à cause du nez qui descendait très bas. Ses jambes prises dans des tuyaux de lasting[1] manquaient de proportion avec la longueur du buste ; et il avait une voix forte, caverneuse.

Cette exclamation lui échappa : « Comme on serait bien à la campagne ! »

Mais la banlieue, selon Bouvard, était assommante par le tapage des guinguettes[2]. Pécuchet pensait de même. Il commençait néanmoins à se sentir fatigué de la capitale, Bouvard aussi.

Et leurs yeux erraient sur des tas de pierres à bâtir, sur l'eau hideuse où une botte de paille flottait, sur la cheminée d'une usine se dressant à l'horizon ; des miasmes[3] d'égout s'exhalaient[4]. Ils se tournèrent de l'autre côté. Alors ils eurent devant eux les murs du Grenier d'abondance[5].

Décidément (et Pécuchet en était surpris) on avait encore plus chaud dans les rues que chez soi !

Bouvard l'engagea à mettre bas[6] sa redingote. Lui, il se moquait du qu'en dira-t-on !

Tout à coup un ivrogne traversa en zigzag le trottoir ; et, à propos des ouvriers, ils entamèrent une conversation politique. Leurs opinions étaient les mêmes, bien que Bouvard fût peut-être plus libéral.

1. Étoffe résistante en laine.
2. Cafés populaires en plein air, souvent au bord de l'eau.
3. Odeurs désagréables et malsaines.
4. Se diffusaient dans l'air.
5. Grenier de réserve construit sous le Premier Empire sur l'emplacement actuel du quai de la Rapée, à Paris.
6. Enlever.

**Ci-dessus :** Illustration pour le roman de Gustave Flaubert *Bouvard et Pécuchet*, XIXe siècle.

D'UN *Texte* À L'AUTRE 2

Biographie p. 567

# Raymond Queneau
## *Le Chiendent* (1933)

Le Chiendent *est le premier roman de Raymond Queneau. L'auteur explique qu'il a voulu transposer en français parlé une dissertation philosophique. Ce roman mêle donc la vie quotidienne de personnages banals à des réflexions abstraites. Au lendemain de la crise de 1929, lors de la montée des totalitarismes, Queneau est influencé par le surréalisme. Son travail sur le langage et la structure romanesque annonce l'esprit de l'école littéraire de l'OuLiPo (Ouvroir de Littérature Potentielle).*

Gérard Fromanger (né en 1939), *Quel est le fond de votre pensée ?*, de la série *Annoncez la couleur*, 1973, huile sur toile, 200 x 300 cm, Paris, Fonds National d'Art Contemporain.

La silhouette d'un homme se profila ; simultanément, des milliers. Il y en avait bien des milliers. Il venait d'ouvrir les yeux et les rues accablées s'agitaient, s'agitaient les hommes qui tout le jour travaillèrent. La silhouette indiquée se dégagea du mur d'une bâtisse immense et insupportable, un édifice qui paraissait un étouffement et qui était une banque. Détachée du mur, la silhouette oscilla[1] bousculée par d'autres formes, sans comportement individuel visible, travaillée en sens divers, moins par ses inquiétudes propres que par l'ensemble des inquiétudes de ses milliers de voisins. Mais cette oscillation n'était qu'une apparence ; en réalité, le plus court chemin d'un labeur à un sommeil, d'une plaie[2] à un ennui, d'une souffrance à une mort.

1. Se balança.
2. Blessure.

L'autre referma les yeux pendant quelques instants et, lorsqu'il les ouvrit de nouveau, la silhouette disparut empochée par le métro. Il y eut une vague de silence, puis de nouveau *L'Intran*[3] et ses confrères du soir recommencèrent à gueuler sur le boulevard.

Depuis des années, ce même instant se répétait identique, chaque jour, samedi, dimanche et jours de fête exceptés. Lui n'avait rien à voir avec tout ça. Il ne travaillait pas, mais il avait accoutumé de venir là entre 5 et 8 heures, immobile. Parfois, il étendait la main et saisissait quelque chose ; ainsi ce jour-là, une silhouette.

La silhouette, elle, arrivait à Obonne. La femme avait préparé le bouffer[4] ; elle aussi travaillait dans un bureau. Le sous-chef la bloquait tout le temps dans les petits coins et le chef faisait de même. À peine sortie de leurs mains, elle passait à celles du métro. À peine le travail fini là-bas, ici elle recommençait. L'enfant somnolait sous la lampe, attendant le bouffer. La silhouette aussi attendait le bouffer, sentant gonfler ses pieds, un bras pendant entre les jambes, la main agrippée au barreau de la chaise, crainte qu'elle ne s'échappe. Il lisait *Le Journal*. C'est-à-dire qu'il ne lisait pas le journal. Il fixait la lettre n du mot Ministère. Il la fixerait ainsi jusqu'à la soupe. Et après le bout de fromage avec beaucoup de pain, il hypnotiserait la lettre i. Le gosse n'attendait pas le fromage pour s'évader, et, parfaitement abruti, s'en allait vivre des pollutions nombreuses dans son dodo enfantin. La femme lava la vaisselle et s'occupa de divers travaux ménagers. Et lorsque 10 heures vinrent, le trio pionçait.

*Incipit*, © Gallimard.

3. Titre de journal.
4. Néologisme, construit par substantivation du verbe *bouffer*, pour désigner la nourriture.

**QUESTIONS**

**1. a.** Quels sont les personnages présents dans le premier paragraphe ? Quel lien semble les unir ?
**b.** En quoi leur présentation est-elle déroutante ? Étudiez l'évolution du point de vue du narrateur.
→ p. 432 : LE NARRATEUR ET LA FOCALISATION

**2.** Quel est le principal champ lexical attaché à *il* ? Quelle hypothèse pourrait-on faire sur sa vie ?

**3.** Commentez l'emploi de l'imparfait (l. 15-32).
→ p. 375 : LA SYNTAXE ET LA VALEUR DES TEMPS

**4.** Repérez le ou les niveaux de langue de ce texte. Justifiez leur emploi en analysant l'effet produit par la dernière phrase.

**5.** Relevez les images présentes dans cet extrait. Quelle vision donnent-elles de la vie citadine ?
→ p. 384 : LES FIGURES DE RHÉTORIQUE

## Vis-à-vis : Flaubert et Queneau

**6.** Queneau à la ligne 6 présente les passants comme des *formes sans comportement individuel*.
**a.** Dans quelle mesure cette définition peut-elle s'appliquer aux personnages des deux textes ?
**b.** Quel regard les deux auteurs portent-ils sur l'existence ?

# Analyse *d'image*

# Edward Hopper (1882-1967)
# *Chambre à Brooklyn* (1932)

Huile sur toile, 74 x 86,4 cm (Boston, Museum of Fine Arts).

*Edward Hopper est un peintre new-yorkais qui reste fidèle à un certain réalisme photographique au moment où la plupart des artistes américains se tournent vers l'abstraction. Après une première période consacrée au paysage, il trouve son inspiration dans des scènes urbaines. Ses tableaux mettent en lumière la solitude de personnages issus de la classe moyenne.*

**QUESTIONS**

### Première approche

**1. a.** Décrivez l'ameublement de la chambre. Commentez.

**b.** Quelle impression cette pièce produit-elle sur l'observateur ?

**2.** D'après vous, que fait le personnage ? Justifiez.

### Analyse

**3.** Dans quel plan et à quelle place exacte le personnage se situe-t-il dans la composition ?

**4.** Expliquez l'effet produit par les lignes verticales et horizontales.

**5.** Quel rôle la fenêtre joue-t-elle dans cet ensemble ? Étudiez la place qu'elle occupe dans la composition.

**6.** Décrivez les contrastes qui animent la toile (en matière de lignes, de couleurs, de lumière…).

**7.** Quel élément introduit une rupture dans la palette de ce tableau ? Expliquez sa présence.

→ p. 461 : L'IMAGE FIXE

### Question de synthèse

**8.** Sachant que Brooklyn est l'un des grands quartiers (*boroughs*) de New York, quel est le sujet essentiel de ce tableau ?

Max Beckmann (1884-1950), *Les Accusés*, 1916, huile sur toile, 47,5 x 65 cm, Brême, Kunsthalle.

# Texte 3 Albert Camus

Biographie p. 561

## *L'Étranger* (1942)

L'Étranger *d'Albert Camus est publié en 1942, sous l'occupation allemande. Ce premier roman permet à l'auteur d'exprimer son sentiment de l'absurde, déjà formulé dans sa pièce de théâtre* Le Malentendu → SÉQUENCE 12, p. 256. *L'action se déroule en Algérie : un jeune employé de bureau insignifiant et sans histoire, Meursault, tue sans véritable raison un Arabe sur une plage. Un an après, il est jugé pour ce meurtre.*

Moi j'écoutais et j'entendais qu'on me jugeait intelligent. Mais je ne comprenais pas bien comment les qualités d'un homme ordinaire pouvaient devenir des charges[1] écrasantes contre un coupable. Du moins, c'était cela qui me frappait et je n'ai plus écouté le procureur jusqu'au moment où je l'ai entendu dire : « A-t-il seulement exprimé des regrets ? Jamais, messieurs. Pas une seule fois au cours de l'instruction cet homme n'a paru ému de son abominable forfait[2]. ». À ce moment, il s'est tourné vers moi et m'a désigné du doigt en continuant à m'accabler[3] sans qu'en réalité je comprenne bien pourquoi. Sans doute, je ne pouvais pas m'empêcher de reconnaître qu'il avait raison. Je ne regrettais pas beaucoup mon acte. Mais tant d'acharnement m'étonnait. J'aurais voulu essayer de lui expliquer cordialement, presque avec affection, que je n'avais jamais pu regretter vraiment quelque chose. J'étais toujours pris par ce qui allait arriver, par aujourd'hui ou par

1. Faits reprochés à un accusé.
2. Crime, faute.
3. Accuser.

demain. Mais naturellement, dans l'état où l'on m'avait mis, je ne pouvais parler à personne sur ce ton. Je n'avais pas le droit de me montrer affectueux, d'avoir de la bonne volonté. Et j'ai essayé d'écouter encore parce que le procureur s'est mis à parler de mon âme.

Il disait qu'il s'était penché sur elle et qu'il n'avait rien trouvé, messieurs les Jurés. Il disait qu'à la vérité, je n'en avais point, d'âme, et que rien d'humain, et pas un des principes moraux qui gardent le cœur des hommes ne m'était accessible. « Sans doute, ajoutait-il, nous ne saurions le lui reprocher. Ce qu'il ne saurait acquérir, nous ne pouvons nous plaindre qu'il en manque. Mais quand il s'agit de cette cour, la vertu[4] toute négative de la tolérance doit se muer en celle, moins facile, mais plus élevée, de la justice. Surtout lorsque le vide du cœur tel qu'on le découvre chez cet homme devient un gouffre où la société peut succomber[5]. » C'est alors qu'il a parlé de mon attitude envers maman[6]. Il a répété ce qu'il avait dit pendant les débats. Mais il a été beaucoup plus long que lorsqu'il parlait de mon crime, si long même que, finalement, je n'ai plus senti que la chaleur de cette matinée.

Partie II, chapitre 4 (extrait), © Gallimard (1957).

4. Qualité de quelqu'un qui tend vers le bien.

5. Tomber, se perdre.

6. On reproche à Meursault d'avoir placé sa mère dans un hospice et de s'être montré indifférent à son égard.

## LECTURE ANALYTIQUE

### Première lecture

**1.** Étudiez le champ lexical de la justice. Quel type d'univers contribue-t-il à mettre en place ?

**2.** Qui parle dans cet extrait ? Quel est l'intérêt de ce choix narratif ?

→ p. 432 : LE NARRATEUR ET LA FOCALISATION

### Mise au point

**3.** Identifiez les formes de discours rapporté dans le deuxième paragraphe.

→ p. 434 : LE PERSONNAGE

### Analyse

**4.** Quelle est la focalisation présente dans cet extrait ? Justifiez précisément.

→ p. 432 : LE NARRATEUR ET LA FOCALISATION

**5. a.** Étudiez l'évolution de l'attitude de Meursault tout au long du texte.

**b.** Qu'est-ce qui pourrait faire penser à un personnage naïf ou inconscient ? Expliquez précisément.

**6.** Commentez trois procédés rhétoriques employés dans le réquisitoire. Quelle est leur fonction ?

→ p. 384 : LES FIGURES DE RHÉTORIQUE

**7.** En vous appuyant sur les trois dernières phrases du texte, montrez que cet extrait relève d'une satire de la justice.

→ p. 450 : LES REGISTRES COMIQUE ET TRAGIQUE

### Question de synthèse

**8.** Dans quelle mesure le narrateur paraît-il *étranger* à son propre procès et à sa propre vie ?

### Pour aller plus loin

**9. Recherche.** Faites une recherche sur le mythe de Sisyphe que Camus utilise comme titre de l'un de ses essais. En quoi ce mythe permet-il d'éclairer le sens de l'extrait étudié ?

**10. Dissertation.** Analysez le sujet qui suit et proposez un plan détaillé de dissertation pour le traiter.
Dans son essai *Le Mythe de Sisyphe*, publié la même année que *L'Étranger*, Albert Camus écrit : *[d]ans un univers soudain privé d'illusions et de lumières, l'homme se sent un étranger [...]. Ce divorce entre l'homme et sa vie, l'acteur et son décor, c'est proprement le sentiment de l'absurdité.* Jusqu'à quel point le roman moderne met-il en scène l'absurdité définie par Camus ?

→ p. 526 : CONSTRUIRE UN PLAN DÉTAILLÉ DE DISSERTATION

D'UN *Texte* À L'AUTRE **3**

**Biographie p. 561**

# Emmanuel Carrère

## *L'Adversaire* (2000)

*Pour son roman* L'Adversaire, *Emmanuel Carrère s'inspire d'un fait divers qui s'est déroulé en 1993 et qu'il a pu suivre en tant que journaliste : Jean-Claude Romand a fait croire à son entourage, pendant des années, qu'il était médecin et chercheur pour l'Organisation mondiale de la Santé, à Genève. Son imposture étant sur le point d'être dévoilée, il tue toute sa famille avant d'essayer de se suicider. Emmanuel Carrère propose un récit qui brouille les frontières entre biographie, autobiographie et roman : tout en restant fidèle à la réalité (identité des personnages, événements), il n'hésite pas à recréer l'intériorité des acteurs de ce drame, les transformant quasiment en personnages de fiction.*

Des psychiatres ont été chargés de l'examiner. Ils ont été frappés par la précision de ses propos et son souci constant de donner de lui-même une opinion favorable. Sans doute minimisait-il la difficulté de donner de soi une opinion favorable quand on vient de massacrer sa famille après avoir dix-huit ans durant trompé et escroqué son entourage. Sans doute aussi avait-il du mal à se détacher du personnage qu'il avait joué pendant toutes ces années, car il employait encore pour se concilier la sympathie les techniques qui avaient fait le succès du docteur Romand : calme, pondération[1], attention presque obséquieuse[2] aux attentes de l'interlocuteur. Tant de contrôle témoignait d'une grave confusion car le docteur Romand, dans son état normal, était assez intelligent pour comprendre que la prostration[3], l'incohérence ou des hurlements de bête blessée à mort auraient davantage plaidé en sa faveur, vu les circonstances, que cette attitude mondaine. Croyant bien faire, il ne se rendait pas compte qu'il sidérait[4] les psychiatres en leur fournissant de son imposture un récit parfaitement articulé, en évoquant sa femme et ses enfants sans émotion particulière, comme un veuf bien élevé met un point d'honneur à ne pas laisser son deuil assombrir ses commensaux[5], en ne manifestant un peu de trouble, pour finir, qu'à propos des somnifères qu'on lui donnait et dont il s'inquiétait de savoir s'ils ne risquaient pas de créer chez lui une accoutumance – souci que les psychiatres ont jugé « déplacé ».

Au cours des entretiens suivants, ils l'ont vu sangloter et produire des signes emphatiques[6] de souffrance sans pouvoir dire s'il l'éprouvait vraiment ou non. Ils avaient l'impression troublante de se trouver devant un robot privé de toute capacité de ressentir, mais programmé pour analyser des stimuli[7] extérieurs et y ajuster ses réactions. Habitué à fonctionner selon le programme « docteur Romand », il lui avait fallu un temps d'adaptation pour établir un nouveau programme, « Romand l'assassin », et apprendre à le faire tourner.



1. Juste mesure.
2. Exagérément polie.
3. L'abattement extrême.
4. Stupéfiait.
5. Invités.
6. Très appuyés.
7. Signaux déclenchant une réaction.

Paul Klee (1879-1940), *Éclair physionomique* (1927), aquarelle sur papier, 25,5 x 25,5 cm (collection privée).

## QUESTIONS

1. Relevez et expliquez les commentaires du narrateur.
   → p. 371 : COMMUNICATION, ÉNONCIATION ET MODALISATION
2. Quelle focalisation est utilisée ? Comment évolue-t-elle, et pour quelle raison ?
   → p. 432 : LE NARRATEUR ET LA FOCALISATION
3. **a.** En quoi l'étrangeté du personnage consiste-t-elle ?
   **b.** Étudiez la métaphore filée permettant de qualifier le personnage dans le dernier paragraphe.
   → p. 384 : LES FIGURES DE RHÉTORIQUE
4. Quel corps de métier est régulièrement évoqué ? Quelle façon de percevoir le personnage cela met-il en évidence ?
5. **a.** Dans quelle mesure le nom porté par le personnage est-il l'expression de l'ironie du sort ?
   **b.** Quel champ lexical présent dans le texte peut être associé à ce nom ?

## Vis-à-vis : Camus et Carrère

6. Dégagez une caractéristique commune aux deux personnages en vous appuyant sur une citation précise de chaque texte.
7. Expliquez les choix de focalisation dans ces extraits et l'effet produit sur le lecteur.

**OBJECTIF**

**Étudier la représentation de l'absurdité des rapports humains dans un roman moderne.**

# Albert Camus, *L'Étranger* (1942)

## Le contexte

Albert Camus termine la rédaction de *L'Étranger* en 1940, au début de la Seconde Guerre mondiale, mais le roman est publié en 1942 en pleine occupation allemande. À cette date, l'Algérie, lieu de l'action du roman, est encore une colonie française.

## L'auteur

Né en Algérie dans une famille modeste, Camus rejoint la France métropolitaine en 1940 après des études de philosophie. Il choisit de s'engager dans la Résistance en tant que journaliste clandestin. Il devient l'une des grandes figures intellectuelles françaises, incarnant la philosophie de l'absurde avec des essais comme *Le Mythe de Sisyphe* ou *L'Homme révolté*.

## L'œuvre

En Algérie, Meursault, un employé de bureau, mène une vie banale. Son incapacité à exprimer les émotions attendues à la mort de sa mère ou envers sa petite amie Marie le font apparaître étrange aux yeux des autres. Un jour, il tue un Arabe sur une plage, sans véritable motif. Son procès se révèle absurde lui aussi, puisque la justice entreprend de démontrer que cet acte du hasard est un meurtre prémédité.

## Pistes d'analyse

1. **Un personnage étrange.** Analysez trois passages qui soulignent le manque d'implication du personnage face aux événements.

2. **Un récit symbolique**

a. Repérez les principaux moments où le soleil est mentionné. Quelles sont ses connotations ?

→ p. 381 : DÉNOTATION ET CONNOTATION

b. Quel rôle cet astre joue-t-il dans l'intrigue ?

3. **Une écriture particulière**

a. Quel est le temps verbal le plus utilisé ? Est-ce habituel pour un récit ?

b. Quelle syntaxe particulière le narrateur emploie-t-il constamment ?

→ p. 375 : LA SYNTAXE ET LA VALEUR DES TEMPS

## Activités complémentaires

1. **Entraînement au commentaire.** Rédigez un commentaire de l'extrait suivant : première partie, chapitre 6, de *La brûlure du soleil* à *sur la porte du malheur*. Vous montrerez comment l'auteur met en place une vision tragique de l'existence.

→ p. 498 : RÉDIGER UN COMMENTAIRE LITTÉRAIRE

2. **Entraînement à l'écriture d'invention.** Imaginez que vous êtes l'avocat de Meursault et écrivez un plaidoyer en sa faveur. Tentez de faire comprendre aux jurés le sens de son acte.

→ p. 413 : LES GENRES DE L'ARGUMENTATION
→ p. 544 : INVENTER ET ARGUMENTER

## Propositions de lectures

**Textes contemporains de l'auteur**

- Jean-Paul Sartre, *La Nausée* (1938) : un roman un peu plus ancien sur le thème de la solitude et de l'étrangeté à soi-même.
- Albert Camus, *Le Mythe de Sisyphe* (1942) : un essai écrit l'année de la publication de *L'Étranger* qui permet de mieux comprendre la philosophie de l'absurde.

**Pour élargir**

- Stendhal, *Le Rouge et le Noir* (1830) : un roman du XIXe siècle sur le même thème (meurtre et procès) qui permet d'étudier la caractérisation et la détermination du personnage.
- Franz Kafka, *Le Procès* (1925) : un roman qui remet en cause la notion de personnage à travers le thème du procès.

# SYNTHÈSE Le roman moderne

• Au XVIIIe siècle, le roman affirme la liberté de l'individu. Au XIXe siècle, il devient le miroir de la société. Au XXe siècle, il traduit les désillusions de l'homme moderne dans les mouvements philosophiques de l'**absurde** et de l'**existentialisme**. Les formes narratives se renouvellent et les personnages se déconstruisent.

## 1 Nouveaux narrateurs, nouveaux personnages

### Avant le XXe siècle

• **Au XVIIIe siècle, Denis Diderot** revendique déjà une liberté narrative dans *Jacques le Fataliste* (1796) → TEXTE 1 avec un narrateur qui interpelle le lecteur pour **déjouer ses attentes** et sortir du cadre de l'intrigue linéaire.

• **Au XIXe siècle**, après les romans de **Stendhal** où la présence du narrateur souligne ironiquement le parcours des héros, **Gustave Flaubert** développe le réalisme : un point de vue distancié sur ses personnages, tels les amis petits-bourgeois de *Bouvard et Pécuchet* (1881) → TEXTE 2, les transforme en êtres à la psychologie sommaire, au discours constitué de **clichés**.

### Les apports des romans étrangers

• Dans les pays anglo-saxons, le roman **remet en cause le narrateur omniscient** :

– **dans les années 1910-1920**, les **romanciers de la conscience** dévoilent le flux de pensée des personnages. **James Joyce**, avec *Ulysse*, en Irlande, crée le **monologue intérieur**, où le désordre des idées révèle la pensée subjective ;

– à l'inverse, **dès les années 1930**, des auteurs américains privilégient la **focalisation externe**, tel **William Faulkner** qui pratique la technique du **behaviorisme** (de l'anglais *behavior* : « comportement »). Seuls les faits, les dialogues et les gestes sont objectivement rapportées.

## 2 La naissance de l'absurde

### Les romans de l'étrangeté

• **Dans les années 1920-1930**, le personnage évolue dans un univers inquiétant. **Franz Kafka** présente l'homme comme un être seul, désemparé, voire paranoïaque, dans des romans comme *Le Procès* (1925). Ironique, **Raymond Queneau** ouvre *Le Chiendent* (1933) → D'UN TEXTE À L'AUTRE 2 sur une simple silhouette noyée dans la masse.

### Engagement ou confusion ?

• Certains romanciers, comme **André Malraux**, font du roman une **arme de combat** : dans *L'Espoir* (1937), les personnages s'engagent pour combattre le fascisme espagnol. D'autres manifestent leur désarroi, tel **Jean-Paul Sartre** qui exprime dans *La Nausée* (1938) → EXERCICE 2 son sentiment de l'**absurdité de l'existence**. Roquentin est un personnage paralysé par ses pensées et ses interrogations. **Albert Camus** approfondit cette notion dans *L'Étranger* (1942) → TEXTE 3, où il met en scène le divorce entre un personnage et son environnement.

## 3 Du Nouveau Roman au roman contemporain

### Le Nouveau Roman

• **Dans les années 1950-1960**, un nouveau genre de récit attire l'attention sur les **modes de narration**. Ainsi, **Michel Butor** écrit un roman entier, *La Modification* (1957) → D'UN TEXTE À L'AUTRE 1, à la deuxième personne, procédé grâce auquel le lecteur est interpellé et participe à la construction du récit. **Marguerite Duras**, temporairement liée à cette école romanesque, écrit *Le Ravissement de Lol V. Stein* (1964) → EXERCICE 4, où un narrateur interne évoque ses choix narratifs avant de dévoiler son identité.

• **Alain Robbe-Grillet**, théoricien du Nouveau Roman, définit le personnage comme une *catégorie périmée* et s'attache à la description détaillée des objets, comme celle d'un quartier de tomate dans *Les Gommes* (1953).

• **L'OuLiPo** (Ouvroir de Littérature Potentielle) réunit des auteurs qui dévoilent l'écriture romanesque par la **mise en abyme** : auteur, narrateur et lecteur deviennent des personnages de roman comme dans *Si par une nuit d'hiver un voyageur* (1979) d'**Italo Calvino** → EXERCICE 5.

### Des anti-héros

• Le personnage est souvent un homme banal, comme le narrateur-personnage vieillissant du roman *Le Boulevard périphérique* de Henri Bauchau (2008) → EXERCICE 1, ou un **marginal**. Le roman moderne est peuplé de fous, comme *Le Procès-verbal* (1963) de **Le Clézio** → EXERCICE 3, où l'on perçoit suivant différents points de vue l'évolution d'Adam Pollo, personnage au bord de la démence ou de meurtriers, comme Jean-Claude Romand dans *L'Adversaire* d'**Emmanuel Carrère** (2000) → D'UN TEXTE À L'AUTRE 3.

Biographies des auteurs → p. 560

DVD-ROM Ressources complémentaires

# Personnages en peinture, du cubisme au retour de la figuration

Le XX^e siècle est le témoin d'une révolution picturale avec le passage de la **figuration** à l'**abstraction**. La représentation du personnage est l'un des enjeux de cette révolution.

## 1 • Le personnage cubiste

### La révolution cubiste

**Georges Braque** et **Pablo Picasso**, sous l'influence de Paul Cézanne et des arts primitifs, mènent des expériences plastiques qui renouvellent les codes de la représentation : ils peignent les hommes et le monde non comme ils sont, mais comme ils les conçoivent. Pour ce faire, ils **s'éloignent de l'imitation du réel** en rejetant les conventions de la perspective → p. 461 : L'IMAGE FIXE, **en morcelant les objets et les personnages** en éléments coniques ou cylindriques, d'où l'appellation de *cubistes*.

### La figure cubiste

*Le Guitariste* de Pablo Picasso 1 illustre la nouvelle façon d'envisager la figure humaine dans le cubisme : les lignes, les volumes brisés et les angles **multiplient les plans et les points de vue** sur le personnage, alors à peine reconnaissable, tout en faisant ressentir visuellement le rythme saccadé de la musique. La dominante ocre du tableau est typique du cubisme des années 1910 où les peintres restreignent la palette pour accentuer l'**impression géométrique**.

1 Pablo Picasso (1881-1973), *Le Guitariste*, 1910, huile sur toile, 100 x 73 cm, Paris, Musée national d'Art moderne - Centre Georges-Pompidou.

## 2 • L'art abstrait

Le cubisme ouvre la voie à l'art abstrait où l'on ne peut plus reconnaître les éléments représentés.

### Les surréalistes

**À partir des années 1920**, les surréalistes proposent une peinture qui ne s'intéresse plus au personnage physique mais qui **révèle son monde intérieur**, celui du rêve et de l'inconscient. Ce projet prend des formes différentes : certains comme **Salvador Dalí**, **Giorgio De Chirico** ou **René Magritte**, tout en restant figuratifs, mettent en place des décors aux contours géométriques parfaitement définis dans lesquels s'inscrivent des **personnages souvent déformés**, ce qui fait naître un **sentiment d'étrangeté**. D'autres peintres se tournent vers l'art abstrait, tel **Joan Miró** qui fait flotter dans *Carnaval d'Arlequin* (1924) des formes étranges rappelant de manière indéterminée des objets, des animaux ou des hommes ou Yves Tanguy représentant des paysages lunaires aux formes étranges.

### Les abstractions

L'art abstrait abolit toute référence directe, reconnaissable, au réel. Par conséquent, la figure du personnage disparaît car s'expriment avant tout l'idée et le sentiment. On distingue deux approches :

– l'**abstraction géométrique** en Europe, avec des peintres comme **Wassily Kandinsky**, **Piet Mondrian** et **Kazimir Malevitch**. Le parcours de ce dernier est emblématique du caractère absolu de l'art abstrait, avec en particulier sa toile *Carré blanc sur fond blanc* (1918). Cependant, dès les années 1930, il renoue avec le figuratif, avec des personnages étranges sans visage 2.

Ce revirement est ambigu : est-il adopté sous la contrainte d'un régime totalitaire (l'URSS), désireux de maintenir ses artistes dans les normes de l'art figuratif, ou est-il le moyen d'exprimer une inquiétude personnelle de-vant la dictature ?

– l'**abstraction par le geste pictural radical**, après la Seconde Guerre mondiale, chez des peintres américains tels **Willem De Kooning** ou **Jackson Pollock**, représentants de la **peinture expressionniste abstraite**. Pollock est le pionnier de l'**Action Painting** : dilutions, déversements, jets de peinture sur la toile et autres expérimentations amplifient l'expression de l'artiste et la présence de la matière.

**2** Kasimir Malevitch (1878-1935), *Pressentiment complexe, figure en chemise jaune*, 1928, huile sur toile, 40 x 60 cm, Saint-Pétersbourg, Musée national russe.

**LEXIQUE**

**Action Painting** Mouvement pictural abstrait qui naît aux États-Unis après 1945.

**Arts primitifs** Arts des sociétés dites traditionnelles, tel l'art africain.

**Expressionniste** Qui met l'accent sur l'intensité et la force de la représentation.

**Palette** Ensemble des couleurs utilisées dans un tableau.

**Sérigraphie** Technique d'impression à l'aide d'un écran de soie interposé entre l'encre et le support.

**Triptyque** Tableau composé de trois volets, sur des thèmes d'abord religieux.

## 3 • Le retour à la figuration

### Le *Pop Art*

**Dans les années 1960**, le *Pop Art*, d'abord anglais, puis américain, reprend le chemin de la figuration : il emprunte ses thèmes au quotidien et à la publicité. Il s'agit de créer un art en accord avec la société de consommation. Les procédés sont mécaniques comme la **sérigraphie** pour les portraits d'Andy Warhol ou l'esthétique de la bande dessinée pour Roy Lichtenstein → SÉQUENCE 12, HISTOIRE DES ARTS, p. 270. Ce mouvement se prolonge avec la **peinture hyperréaliste** qui entend rivaliser avec la minutie de la photographie dans la reproduction du réel.

### Le réalisme

Tout au long du XX^e siècle, de grands artistes sont restés fidèles à une figuration réaliste. **Edward Hopper** et ses tableaux expriment la solitude du personnage dans des décors urbains réalistes → ANALYSE D'IMAGE. **Francis Bacon** incarne un **réalisme expressionniste**, avec la représentation de corps flasques et déformés, provoquant un malaise chez le spectateur devant des chairs qui se dissolvent. Dans *Trois personnages dans une pièce* **3**, œuvre de 1964, on perçoit à la fois l'héritage de la peinture religieuse avec le choix du **triptyque**, mais aussi l'influence du cinéma en raison des panneaux successifs évoquant des plans de film.

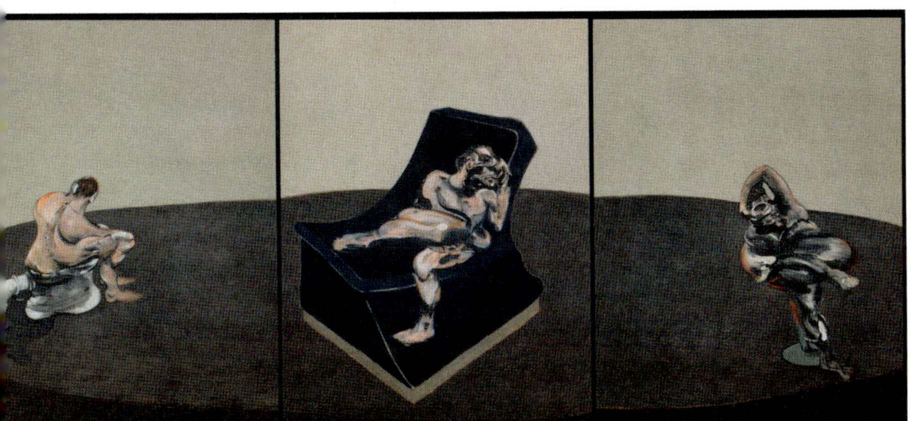

**3** Francis Bacon (1909-1992), *Trois personnages dans une pièce*, 1964, huile sur toile, 198 x 441 cm, Paris, Musée national d'Art moderne – Centre Georges-Pompidou.

**QUESTIONS**

**1.** Dans quelle mesure l'œuvre *Le Guitariste* de Pablo Picasso **1** est-elle encore figurative ? Quelles parties du corps et de l'instrument pouvez-vous reconnaître ?

**2.** Cherchez deux reproductions de tableaux surréalistes représentant des personnages. Expliquez ce qui provoque un sentiment d'étrangeté.

# Exercices d'approfondissement

## Revoir

### 1 Un personnage aujourd'hui

**1.** **Qui est à l'origine de la musique entendue par le narrateur-personnage ? Comment le récit désigne-t-il cette présence ?**

→ p. 432 : LE NARRATEUR ET LA FOCALISATION

**2. a.** **Quelles comparaisons sont utilisées pour évoquer les impressions ressenties ? À quel domaine sont-elles empruntées ?**

**b.** **Si l'on se réfère au chapeau introductif, ces images sont-elles étonnantes ?**

→ p. 384 : LES FIGURES DE RHÉTORIQUE

**3.** **Dans la dernière phrase, quelle image est donnée de la vie dans une grande ville ?**

*Le narrateur, un vieil homme, décrit ses nombreux trajets pour aller à son travail ou pour rendre visite à sa belle-fille, à l'hôpital.*

La station est pâle avec un plafond cuivré, qui me fait penser aux forges d'autrefois, aux alchimistes[1] et aux vérités qu'ils ont trouvées dans leurs étranges manipulations. Le train gris m'emmène à la gare des Halles[2]. Quelque part, quelqu'un fait résonner puissamment un tambour. C'est une musique sans répit, sans retombées, qui se maintient constamment à la même intensité. Comme celle du cœur si nous pouvions entendre son perpétuel battement, ce ressassement incessant comme celui de la mer, qui fait notre vie. Le train arrive, je sais que j'ai une chance de trouver une place en tête, alors qu'à Auber[3] c'est en queue qu'il faut prendre le train. Oui, cinq ans de RER et de métro, cinq fois par semaine ; cela vous donne une expérience, un poids d'expériences que l'on porte en soi comme une mince douleur, mais aussi comme une source de vie.

Je sens en moi le rythme incessant du tam-tam de l'homme invisible qui jouait tout seul, peut-être pour lui seul, dans le couloir où je ne suis pas passé, il soulève le rythme de mon corps et le bruit de mes innombrables voyages dans le RER et le métro. Oui, je suis devenu pour douze ou quinze heures par semaine un homme de souterrain et le soir quand je reviens fatigué, un affamé sur sa banquette.

Henry Bauchau, *Le Boulevard périphérique*, chapitre XV (extrait, 2008), © Actes Sud.

**1.** Chimistes du Moyen Âge, mi-scientifiques, mi-sorciers, qui cherchaient la pierre philosophale, capable selon eux de métamorphoser les métaux (par exemple, le plomb) en or. **2.** Gare souterraine du centre de Paris. **3.** Autre gare souterraine parisienne située dans le quartier de l'Opéra.

## Approfondir

### 2 Roman et sentiment de l'absurde

**1.** **Quel constat le narrateur développe-t-il ?**

**2. a.** **Dans quelle mesure pourrait-on parler d'une thèse ? Quels en sont les mots clés ?**

**b.** **Quelle forme de raisonnement adopte-t-il pour la mettre en valeur ?**

→ p. 418 : LE CIRCUIT ARGUMENTATIF

**3.** **Expliquez l'utilisation de l'italique.**

**4.** **Ce personnage est-il un héros ? Justifiez.**

*Le narrateur-personnage, Antoine Roquentin, est saisi de nausée devant l'absurdité de son existence.*

Nous étions un tas d'existants gênés, embarrassés de nous-mêmes, nous n'avions pas la moindre raison d'être là, ni les uns ni les autres, chaque existant, confus, vaguement inquiet, se sentait de trop par rapport aux autres. *De trop* : c'était le seul rapport que je pusse établir entre ces arbres, ces grilles, ces cailloux. En vain cherchais-je à *compter* les marronniers, à les *situer* par rapport à la Velléda[1], à *comparer* leur hauteur avec celle des platanes : chacun d'eux s'échappait des relations où je cherchais à l'enfermer, s'isolait, débordait. Ces relations (que je m'obstinais à maintenir pour retarder l'écroulement du monde humain, des mesures, des quantités, des directions), j'en sentais l'arbitraire[2] ; elles ne mordaient plus sur les choses. *De trop*, le marronnier, là en face de moi un peu sur la gauche. *De trop*, la Velléda...

Et *moi* – veule[3], alangui[4], obscène, digérant, ballottant de mornes pensées – *moi aussi j'étais de trop*.

Jean-Paul Sartre, *La Nausée* (extrait, 1938), © Gallimard.

**1.** Statue d'une prophétesse germanique du Ier siècle. **2.** Qui dépend de la seule volonté de quelqu'un. **3.** Sans volonté. **4.** Affaibli.

### 3 La déconstruction du personnage

**1.** **Quelle est la focalisation utilisée dans cet extrait ?**

→ p. 432 : LE NARRATEUR ET LA FOCALISATION

**2.** **Quelle est l'activité principale des personnages ? Relevez le champ lexical qui en rend compte.**

**3.** **Dans quelle mesure ces personnages ne sont-ils *plus que des moitiés de personnages* (l. 18) ?**

*Dans* Le Procès-verbal, *un personnage mystérieux, Adam Pollo, habite une grande maison que ses propriétaires ont abandonnée. Une jeune femme, Michèle, vient parfois le rejoindre.*

Ils passèrent le reste de la journée à l'écoute de cette paix, de ce peu de bruits qui venaient du dehors, ou des minuscules déplacements d'objets à l'intérieur de la maison. De toute façon, ce n'était pas un silence absolu ; il avait parlé de chuintements et de sifflements ; à cela, il fallait ajouter d'autres sons, des grincements, des froissements de couches d'air, le frôlement des poussières tombant sur des surfaces planes, amplifiés 1 500 fois.

Au besoin, ils se tassèrent tous deux dans un coin, dans la pièce du premier étage, et ils firent l'amour mentalement, en pensant tout le temps :

« Nous sommes des araignées ou des limaces. » Et bien d'autres enfantillages semblables.

Vers le soir, ils atteignirent une sorte d'imperfection d'eux-mêmes, comme si tout ce qu'ils faisaient était raté, jusqu'à leurs moindres gestes, petits souffles, et qu'ils n'étaient plus que des moitiés de personnages.

Jean-Marie Gustave Le Clézio, *Le Procès-verbal*, « E » (extrait, 1963), © Gallimard.

## 4 La singularité du narrateur

**1. Quel est le thème principal de l'extrait ? Aidez-vous d'un champ lexical.**

**2. Quel est l'effet produit par l'emploi du présent ?**

→ p. 375 : LA SYNTAXE ET LA VALEUR DES TEMPS

**3. Dans quelle mesure la narration est-elle singulière ?**

*Un narrateur indéterminé raconte le drame de Lol V. Stein : un soir, au casino de T. Beach, son fiancé l'a brutalement abandonnée. Elle refait sa vie et, des années plus tard, elle revient sur les lieux du drame où un homme devient son amant, le narrateur.*

Voici, tout au long, mêlés, à la fois, ce faux semblant que raconte Tatiana Karl[1] et ce que j'invente sur la nuit du Casino de T. Beach. À partir de quoi je raconterai mon histoire de Lol V. Stein.

Les dix-neuf ans qui ont précédé cette nuit, je ne veux pas les connaître plus que je ne le dis, ou à peine, ni autrement que dans leur chronologie même s'ils recèlent une minute magique à laquelle je dois d'avoir connu Lol V. Stein. Je ne le veux pas parce que la présence de son adolescence dans cette histoire risquerait d'atténuer un peu aux yeux du lecteur l'écrasante actualité de cette femme dans ma vie. Je vais donc la chercher, je la prends, là où je crois devoir le faire, au moment où elle me paraît commencer à bouger pour venir à ma rencontre, au moment précis où les dernières venues, deux femmes, franchissent la porte de la salle de bal du Casino municipal de T. Beach.

Marguerite Duras, *Le Ravissement de Lol V. Stein* (extrait, 1964), © Gallimard.

1. Une amie de Lol V. Stein qui a assisté à la scène du casino.

## 5 Un jeu de construction romanesque

**1. Qui est le narrateur ? Quelle répétition ou quel champ lexical permet de le confirmer ?**

**2. Combien de lecteurs différents sont évoqués ? Lequel est implicitement présent ?**

**3. Comment appelle-t-on ce type de structure narrative ? Quel effet produit-elle sur le lecteur ?**

**4. Quels textes de la séquence pourraient se rapprocher des stratégies narratives proposées par le vieil écrivain ?**

*Dans* Si par une nuit d'hiver un voyageur, *un lecteur cherche la suite de romans dont il n'a que les incipit. Il rencontre un vieil écrivain qui, dans son journal, évoque une œuvre identique à celle que nous lisons.*

J'ai réfléchi à ma dernière conversation avec ce Lecteur. Peut-être est-ce l'intensité de sa lecture qui aspire toute la substance du roman dès son début, si bien qu'il ne reste rien pour la suite. C'est ce qui m'arrive, à moi, quand j'écris : depuis quelque temps, chacun des romans que je me mets à écrire s'épuise un peu après son début : comme si j'avais déjà dit tout ce que j'avais à dire.

L'idée m'est venue d'écrire un roman tout entier fait de débuts de romans. Le protagoniste pourrait en être un Lecteur qui se trouve sans cesse interrompu. Le Lecteur achète le nouveau roman A de l'auteur Z. Mais l'exemplaire est défectueux, et ne contient que le début... Le Lecteur retourne à la librairie pour échanger son exemplaire...

Je pourrais l'écrire tout entier à la seconde personne : toi, Lecteur... Je pourrais aussi faire intervenir une Lectrice, un traducteur faussaire, un vieil écrivain qui tient un journal comme celui-ci...

Italo Calvino, *Si par une nuit d'hiver un voyageur*, chapitre 8 (extrait, 1979), traduction de l'italien par D. Sallenave et F. Wahl, © Seuil (1981).

# Écrire

## 6 Disserter sur le roman

**1. Sur quelle figure de rhétorique ce sujet repose-t-il ?**

→ p. 384 : LES FIGURES DE RHÉTORIQUE

**2. Reformulez ce sujet et dégagez-en la problématique.**

**3. Construisez un plan détaillé comportant au moins deux parties.**

→ p. 526 : CONSTRUIRE UN PLAN DÉTAILLÉ DE DISSERTATION

**Sujet : Jean Ricardou considère que *[l]e roman est moins l'écriture d'une aventure que l'aventure d'une écriture* (*Problèmes du Nouveau Roman*, 1967). Partagez-vous cette opinion ?**

# VERS LE BAC Le récit épique

**OBJET D'ÉTUDE** Le personnage de roman, du XVIIe siècle à nos jours

**CORPUS**
**Texte 1** F. Rabelais, *Gargantua* (1534)
**Texte 2** V. Hugo, *Les Misérables* (1862)
**Texte 3** L.-F. Céline, *Voyage au bout de la nuit* (1932)

## SUJET POUR LES SÉRIES GÉNÉRALES

**Question** (4 points)
Ces trois textes évoquent-ils le combat de la même façon ? Justifiez précisément votre réponse.

**Vous traiterez ensuite au choix l'un des trois sujets proposés.** (16 points)

**1. Commentaire**
Vous commenterez l'extrait de *Voyage au bout de la nuit* de Céline (texte 3).

**2. Dissertation**
Le roman est-il le genre littéraire le plus apte à exposer, voire dénoncer, les aspects les plus inquiétants de la nature humaine ?

Votre réponse organisée tiendra compte du corpus, des textes que vous avez étudiés dans l'année et de vos connaissances personnelles.

**3. Écriture d'invention**
Écrivez au présent le synopsis d'un film d'animation qui mettrait en images le combat de Gymnaste (texte 1). Vous devrez indiquer notamment tous les détails que le réalisateur doit connaître pour préparer le film : chronologie précise des actions, décors, costumes, dialogues éventuels, effets à produire sur le spectateur…

## SUJET POUR LES SÉRIES TECHNOLOGIQUES

**Questions** (6 points)
**1.** Comparez Gymnaste (texte 1) et le narrateur-personnage de *Voyage au bout de la nuit* (texte 3). Ont-ils la même façon de considérer la bataille ? (3 points)
**2.** Dans quels textes peut-on relever des procédés hérités de l'épopée ? Expliquez l'effet qu'ils produisent. (3 points)

**Vous traiterez ensuite au choix l'un des trois sujets proposés.** (14 points)

**1. Commentaire**
Vous commenterez l'extrait des *Misérables* de V. Hugo (texte 2). Vous adopterez le parcours de lecture suivant :
– étudiez et comparez les mouvements des forces officielles et des insurgés ;
– mettez l'accent sur la fonction de ce récit.

**2. Dissertation**
Le roman doit-il divertir le lecteur ou lui montrer le monde réel ? Votre réponse organisée tiendra compte des textes du corpus, de ceux que vous avez étudiés et de vos lectures personnelles.

**3. Écriture d'invention**
Racontez la scène de *Voyage au bout de la nuit* (texte 3) en adoptant le point de vue du colonel qui lit les lettres du général des Entrayes.

## Texte 1 François Rabelais, *Gargantua* (1534)

*Gymnaste, l'un des amis du géant Gargantua* → p. 286 *livre bataille contre le capitaine Tripet, qui obéit au dangereux Picrochole.*

Alors Gymnaste, voyant son avantage, descend de cheval, dégaine son épée et à grands coups chargea sur les plus huppés[1], et les abattit à grands monceaux[2], blessés, souffrants et meurtris, sans que nul ne lui résistât, pensant que c'était un diable affamé, tant par les merveilleux voltigements[3] qu'il avait faits que par les propos que lui avait tenu Tripet en l'appelant *pauvre diable* ; sinon que Tripet, en trahison, lui voulut fendre la cervelle de son épée lansquenette[4] ; mais Gymnaste était bien armé et de ce coup, il ne sentit que le choc ; soudainement, se tournant, il lança un estoc volant[5] au dit Tripet et, cependant que celui-ci se couvrait en hauteur, il lui tailla d'un coup l'estomac, le colon[6] et la moitié du foie, qui tomba par terre et, en tombant, rendit plus de quatre potées de soupe, et l'âme mêlée parmi les soupes.

Cela fait, Gymnaste se retire, considérant qu'il ne faut jamais poursuivre les cas de hasard jusqu'à leur retournement, et qu'il convient à tous les chevaliers de traiter respectueusement leur bonne fortune, sans la molester ni la tourmenter et, montant sur son cheval, il lui donne des éperons[7], allant tout droit vers La Vauguyon, accompagné de Prelinguand.

Chapitre XXXV (extrait), translation en français moderne.

1. Ceux qui ont le plus de plumes sur leur heaume.
2. En faisant des tas de victimes.
3. Mouvements de voltige.
4. Épée courte et large à deux tranchants.
5. Un coup de la pointe de son épée.
6. L'intestin.
7. Il plante ses éperons dans les flancs du cheval de façon à le faire avancer énergiquement.

## Texte 2 Victor Hugo, *Les Misérables* (1862)

*Lors des journées révolutionnaires de 1832, la garde nationale et la garde municipale tentent de renverser une barricade mise en place par les Parisiens révoltés.*

Tout à coup le tambour battit la charge.

L'attaque fut l'ouragan. La veille, dans l'obscurité, la barricade avait été approchée silencieusement comme par un boa. À présent, en plein jour, dans cette rue évasée, la surprise était décidément impossible, la vive force d'ailleurs s'était démasquée, le canon avait commencé le rugissement, l'armée se rua sur la barricade. La furie était maintenant l'habileté. Une puissante colonne d'infanterie de ligne, coupée à intervalles égaux de garde nationale et de garde municipale à pied, et appuyée sur des masses profondes qu'on entendait sans les voir, déboucha dans la rue au pas de course, tambour battant, clairon sonnant, baïonnettes croisées, sapeurs[1] en tête, et, imperturbable sous les projectiles, arriva droit sur la barricade avec le poids d'une poutre d'airain[2] sur le mur.

Le mur tint bon.

Les insurgés firent feu impétueusement[3]. La barricade escaladée eut une crinière d'éclairs. L'assaut fut si forcené qu'elle fut un moment inondée d'assaillants ; mais elle secoua les soldats ainsi que le lion les chiens, et elle ne se couvrit d'assiégeants que comme la falaise d'écume, pour reparaître l'instant d'après, escarpée, noire et formidable.

La colonne, forcée de se replier, resta massée dans la rue, à découvert, mais terrible, et riposta à la redoute[4] par une mousqueterie[5] effrayante. Quiconque a vu un feu d'artifice se rappelle cette gerbe faite d'un croisement de foudres qu'on appelle le bouquet. Qu'on se représente ce bouquet, non plus vertical, mais horizontal, portant une balle, une chevrotine[6] ou un biscayen[7] à la pointe de chacun

1. Catégorie de militaires municipaux.
2. De bronze.
3. Avec force et intensité.
4. Fortification.
5. Des tirs de mousquets (fusils).
6. Plomb de mitraille.
7. Grosse balle.

de ses jets de feu, et égrenant la mort dans ses grappes de tonnerres. La barricade était là-dessous.

Des deux parts résolution égale. La bravoure était là presque barbare et se compliquait d'une férocité héroïque qui commençait par le sacrifice de soi-même. C'était l'époque où un garde national se battait comme un zouave[8]. La troupe voulait en finir ; l'insurrection voulait lutter. L'acceptation de l'agonie en pleine jeunesse et en pleine santé fait de l'intrépidité une frénésie[9]. Chacun dans cette mêlée avait le grandissement de l'heure suprême. La rue se joncha de cadavres.

Cinquième partie, livre 1, chapitre XXI : « Les héros » (extrait).

8. Soldat d'infanterie.
9. Énergie intense, proche de la folie.

## Texte 3 Louis-Ferdinand Céline, *Voyage au bout de la nuit* (1932)

*Bardamu est confronté à une bataille après avoir été enrôlé en tant que soldat au cours de la Première Guerre mondiale.*

On est puceau de l'Horreur comme on l'est de la volupté[1]. Comment aurais-je pu me douter moi de cette horreur en quittant la place Clichy[2] ? Qui aurait pu prévoir, avant d'entrer vraiment dans la guerre, tout ce que contenait la sale âme héroïque et fainéante des hommes ? À présent, j'étais pris dans cette fuite en masse, vers le meurtre en commun, vers le feu... Ça venait des profondeurs et c'était arrivé.

Le colonel ne bronchait toujours pas, je le regardais recevoir, sur le talus, des petites lettres du général qu'il déchirait ensuite menu, les ayant lues sans hâte, entre les balles. Dans aucune d'elles, il n'y avait donc l'ordre d'arrêter net cette abomination ? On ne lui disait donc pas d'en haut qu'il y avait méprise ? Abominable erreur ? Maldonne[3] ? Qu'on s'était trompé ? Que c'était des manœuvres pour rire qu'on avait voulu faire, et pas des assassinats ? Mais non ! « Continuez, colonel, vous êtes dans la bonne voie ! » Voilà sans doute ce que lui écrivait le général des Entrayes, de la division, notre chef à tous, dont il recevait une enveloppe chaque cinq minutes, par un agent de liaison, que la peur rendait chaque fois un peu plus vert et foireux. J'en aurais fait mon frère peureux de ce garçon-là. Mais on n'avait pas le temps de fraterniser non plus.

Donc pas d'erreur ? Ce qu'on faisait à se tirer dessus, comme ça, sans même se voir, n'était pas défendu ! Cela faisait partie des choses qu'on peut faire sans mériter une bonne engueulade. C'était même reconnu, encouragé sans doute par des gens sérieux, comme le tirage au sort, les fiançailles, la chasse à courre !... Rien à dire. Je venais de découvrir tout d'un coup la guerre tout entière. J'étais dépucelé. Faut être à peu près seul devant elle comme je l'étais à ce moment-là pour bien la voir la vache, en face et de profil. On venait d'allumer la guerre entre nous et ceux d'en face, et à présent ça brûlait ! Comme le courant entre les deux charbons, dans la lampe à arc. Et il n'était pas près de s'éteindre le charbon ! On y passerait tous, le colonel comme les autres, tout mariole[4] qu'il semblait être, et sa carne ne ferait pas plus de rôti que la mienne quand le courant d'en face lui passerait entre les deux épaules.



1. Du plaisir sexuel.
2. Place de Paris, à la limite du 9e et du 17e arrondissements.
3. Erreur dans la distribution des cartes.
4. Fier.

# VERS LE BAC PISTES POUR L'ENTRETIEN

**OBJET D'ÉTUDE**

## Le personnage de roman, du XVIIe siècle à nos jours

**Formulez oralement des réponses brèves mais efficaces, en les justifiant à partir des documents étudiés..**

→ p. 557 : ORGANISER ET UTILISER SES CONNAISSANCES EN VUE DE L'ENTRETIEN

### Connaître les textes et les images de la séquence

**■ Séquence 7**

1. Pourquoi l'autoportrait de Cézanne trouve-t-il logiquement sa place dans cette séquence ?
2. Comment expliquez-vous le titre du roman de Stendhal *Le Rouge et le Noir* ?

**■ Séquence 8**

1. Quels aspects du personnage d'Emma Bovary ont favorisé le scandale du roman ?
2. Le personnage de la princesse de Clèves peut-il encore plaire à un lecteur du XXIe siècle ?

**■ Séquence 9**

1. Quelles sont les particularités étonnantes du roman *La Modification* de Michel Butor ?
2. Dans quelle mesure le tableau d'E. Hopper est-il mystérieux ?

### Voir les liens entre les différents textes

**■ Séquence 7**

1. À partir de ces textes, définissez les termes de *héros* et d'*anti-héros*.
2. En quoi peut-on dire que ces personnages sont des conquérants ?

**■ Séquence 8**

1. Quels personnages féminins se ressemblent le plus selon vous ?
2. Laquelle de ces femmes suscite le plus d'admiration à vos yeux ?

**■ Séquence 9**

1. Quel texte de la séquence renouvelle le plus l'art du roman ?
2. À partir de quel siècle peut-on vraiment parler de roman moderne ? pour quelles raisons ?

### Tester ses connaissances en histoire des arts

**■ Séquence 7**

1. À partir de quelle époque l'homme est-il présenté comme un héros dans les œuvres d'art ?
2. Citez des héros célèbres du septième art. En quoi sont-ils « héroïques » ?

**■ Séquence 8**

1. Citez plusieurs femmes artistes du XXe siècle : dans quels arts ont-elles excellé ?
2. Y a-t-il une différence entre les œuvres produites par des femmes ou par des hommes ?

**■ Séquence 9**

1. Pourquoi peut-on dire que le cubisme a révolutionné l'histoire de la peinture ?
2. Quelle définition pourriez-vous proposer de l'art abstrait ?

### Maîtriser l'objet d'étude

**■ Séquence 7**

1. Quelles sont les caractéristiques principales du héros en littérature ?
2. Existe-t-il encore des héros dans la littérature du XXIe siècle ? pourquoi ?

**■ Séquence 8**

1. À partir de quel siècle le personnage féminin prend-il une place à part entière en littérature ?
2. Les œuvres du XXe siècle reflètent-elles fidèlement l'évolution de la femme dans la société ?

**■ Séquence 9**

1. Citez plusieurs auteurs étrangers ayant renouvelé le genre romanesque.
2. Quels romans célèbres appartiennent au courant littéraire de l'absurde ?

# CHAPITRE 4

# Le texte théâtral et sa représentation

MARIVAUX, *Le Jeu de l'amour et du hasard*, mise en scène de Jean-Pierre Vincent, avec Anne Caillère et David Gouhier (Nanterre, théâtre des Amandiers, avril 1998).


215 **Séquence 10** La comédie, jeu d'amour et de pouvoir

235 **Séquence 11** Figures héroïques, de la tragi-comédie au drame

255 **Séquence 12** L'absurdité de la condition humaine

SÉQUENCE 10

# La comédie, jeu d'amour et de pouvoir

La représentation d'une comédie repose sur le conflit de personnages à la fois opposés et complémentaires. Ils forment des couples conventionnels : le père / la fille ou le fils, le maître / l'esclave, moteurs de l'intrigue, du rire, et d'une critique sociale et morale.

**OBJECTIF**

**Analyser les intrigues de comédie, fondées sur l'amour ou l'exercice du pouvoir.**

## SOMMAIRE

DVD-ROM Ressources complémentaires


Texte 1 — MOLIÈRE, *Le Bourgeois gentilhomme* (1670) ..... 216

D'UN Texte À L'AUTRE — C. GOLDONI, *Les Rustres* (1760) ..... 218

Texte 2 — MARIVAUX, *Le Jeu de l'amour et du hasard* (1730) ..... 220

D'UN Texte À L'AUTRE — G. FEYDEAU, *On purge bébé* (1910) ..... 222

ÉTUDE D'ŒUVRE INTÉGRALE — MARIVAUX, *Le Jeu de l'amour et du hasard* (1730) ..... 224

Analyse d'Image — W. HOGARTH, *Le Contrat de mariage* (1743) ..... 225

Texte 3 — BEAUMARCHAIS, *Le Barbier de Séville* (1775) ..... 226

D'UN Texte À L'AUTRE — B. BRECHT, *Maître Puntila et son valet Matti* (1948) ..... 228

- **SYNTHÈSE** L'univers de la comédie ..... 230
- **Histoire des arts** Comédie et travestissement, au théâtre et au cinéma ..... 231
- **Exercices d'approfondissement** ..... 233


| Notions et activités | Liens avec la partie II |
|---|---|
| Les procédés comiques… | → p. 450 : LES REGISTRES COMIQUE ET TRAGIQUE |
| L'accumulation, l'antithèse… | → p. 384 : LES FIGURES DE RHÉTORIQUE |
| Les types de répliques, les didascalies… | → p. 441 : LA PAROLE THÉÂTRALE |

| | Liens avec la partie III |
|---|---|
| Construire un plan de commentaire | → p. 507 : CONSTRUIRE UN PLAN DÉTAILLÉ DE COMMENTAIRE |
| Transposer un dialogue de théâtre en scène romanesque | → p. 538 : INVENTER ET TRANSPOSER |
| Analyser des sujets de dissertation et argumenter | → p. 526 : CONSTRUIRE UN PLAN DÉTAILLÉ DE DISSERTATION |
| Imaginer un monologue | → p. 541 : INVENTER ET IMAGINER |

# Texte 1

Biographie p. 566

## Molière
# *Le Bourgeois gentilhomme* (1670)

*En 1670, à l'occasion de fêtes données à Chambord, Louis XIV commande au dramaturge Molière et au compositeur Lulli une comédie-ballet mettant en scène les Turcs. Cette demande intervient après la visite, en novembre 1669, d'un ambassadeur musulman venu apaiser les relations tendues de la France avec l'Empire ottoman. Néanmoins, ces* turqueries[1] *ne sont qu'un prétexte à mettre en scène, dans* Le Bourgeois gentilhomme, *une famille bourgeoise dont le père, monsieur Jourdain, désire acquérir les bonnes manières de la noblesse et, dans ce but, dépense sans compter. La question du mariage de sa fille, Lucile, pose alors problème car Cléonte, son prétendant, n'est pas un gentilhomme.*

MONSIEUR JOURDAIN. – Touchez là[2], monsieur. Ma fille n'est pas pour vous.

CLÉONTE. – Comment ?

MONSIEUR JOURDAIN. – Vous n'êtes point gentilhomme, vous n'aurez pas ma fille.

MADAME JOURDAIN. – Que voulez-vous dire avec votre gentilhomme ? Est-ce que nous sommes, nous autres, de la côte de saint Louis[3] ?

MONSIEUR JOURDAIN. – Taisez-vous, ma femme, je vous vois venir.

MADAME JOURDAIN. – Descendons-nous tous deux que de bonne bourgeoisie ?

MONSIEUR JOURDAIN. – Voilà pas le coup de langue[4] !

MADAME JOURDAIN. – Et votre père n'était-il pas marchand aussi bien que le mien ?

MONSIEUR JOURDAIN. – Peste soit de la femme ! Elle n'y a jamais manqué. Si votre père a été marchand, tant pis pour lui ; mais, pour le mien, ce sont des malavisés[5] qui disent cela. Tout ce que j'ai à vous dire, moi, c'est que je veux avoir un gendre gentilhomme.

MADAME JOURDAIN. – Il faut à votre fille un mari qui lui soit propre[6], et il vaut mieux pour elle un honnête homme riche et bien fait qu'un gentilhomme gueux[7] et mal bâti.

NICOLE[8]. – Cela est vrai. Nous avons le fils du gentilhomme de notre village qui est le plus grand malitorne[9] et plus sot dadais[10] que j'aie jamais vu.

MONSIEUR JOURDAIN, *à Nicole.* – Taisez-vous, impertinente ! Vous vous fourrez toujours dans la conversation. J'ai du bien assez pour ma fille, je n'ai besoin que d'honneur, et je la veux faire marquise.

MADAME JOURDAIN. – Marquise !

MONSIEUR JOURDAIN. – Oui, marquise.

MADAME JOURDAIN. – Hélas ! Dieu m'en garde !

MONSIEUR JOURDAIN. – C'est une chose que j'ai résolue.

1. Œuvres composées de scènes et de décors empruntés à l'Orient.
2. Mettez votre main dans la mienne (expression pour conclure un accord).
3. De la vieille noblesse, qui descend du roi saint Louis.
4. La médisance.
5. Personnes qui manquent d'informations, ou médisantes.
6. Qui lui convienne.
7. Pauvre.
8. Servante de monsieur Jourdain.
9. Mal bâti.
10. Idiot.

Molière, *Le Bourgeois gentilhomme*, mise en scène de Jean-Louis Benoit avec Andrzej Seweryn dans le rôle de Monsieur Jourdain (Paris, Comédie-Française, décembre 2000).

Madame Jourdain. – C'est une chose, moi, où je ne consentirai point. Les alliances avec plus grand que soi sont sujettes toujours à de fâcheux inconvénients. Je ne veux point qu'un gendre puisse à ma fille reprocher ses parents, et qu'elle ait des enfants qui aient honte de m'appeler leur grand'maman. S'il fallait qu'elle me vînt visiter en équipage[11] de grand'dame, et qu'elle manquât par mégarde à saluer quelqu'un du quartier, on ne manquerait pas aussitôt de dire cent sottises. « Voyez-vous, dirait-on, cette madame la marquise qui fait tant la glorieuse[12] ? C'est la fille de monsieur Jourdain, qui était trop heureuse, étant petite, de jouer à la madame avec nous : elle n'a pas toujours été si relevée[13] que la voilà ; et ses deux grands-pères vendaient du drap auprès de la porte Saint-Innocent[14]. Ils ont amassé du bien à leurs enfants, qu'ils payent maintenant peut-être bien cher en l'autre monde, et l'on ne devient guère si riches à être honnêtes gens. » Je ne veux point tous ces caquets[15] et je veux un homme, en un mot, qui m'ait obligation de ma fille[16], et à qui je puisse dire : « Mettez-vous là, mon gendre, et dînez avec moi. »

Monsieur Jourdain. – Voilà bien les sentiments d'un petit esprit, de vouloir demeurer toujours dans la bassesse. Ne me répliquez pas davantage : ma fille sera marquise en dépit de tout le monde ; et, si vous me mettez en colère, je la ferai duchesse.

Acte III, scène 12 (extrait).

**11.** Tout ce qui est nécessaire au déplacement : vêtements, valets, voitures…

**12.** L'orgueilleuse.

**13.** Hautaine.

**14.** Porte du cimetière des Saints-Innocents à Paris, où Molière est né.

**15.** Médisances.

**16.** Qui me soit reconnaissant de lui avoir donné ma fille pour épouse.

**LECTURE ANALYTIQUE**

### Première lecture

**1. a.** Quel sujet le désaccord au sein du couple concerne-t-il ?
**b.** Comment ce désaccord peut-il se traduire dans la mise en scène ? Imaginez les déplacements des personnages.
→ p. 445 : LE SPECTACLE THÉÂTRAL

**2.** Quelles sont les qualités du gendre idéal pour Mme Jourdain ? Justifiez.

### Mise au point

**3. a.** Cherchez le sens du terme *gentilhomme* (l. 3).
**b.** Précisez pourquoi il est indispensable aux yeux de M. Jourdain d'être *gentilhomme*.

### Analyse

**4. a.** Quelle est la conception du mariage de chacun des personnages ? Justifiez.
**b.** Comment l'expriment-ils ? Analysez leur ton et imaginez leurs gestes.

**5.** Quel exemple Mme Jourdain développe-t-elle dans sa tirade (l. 26-39)? Quel est son intérêt ?

**6. a.** Quelle forme de comique est essentiellement utilisée dans cette scène ? Justifiez.
**b.** La situation de départ est-elle pour autant comique ? Expliquez.
→ p. 450 : LES REGISTRES COMIQUE ET TRAGIQUE

### Question de synthèse

**7.** M. Jourdain vous apparaît-il comme un personnage sévère ou ridicule ? Par quels moyens de mise en scène pourrait-on faire ressortir ce caractère ?
→ p. 445 : LE SPECTACLE THÉÂTRAL

### Pour aller plus loin

**Recherche**

**8.** Faites une recherche sur la place du père dans la famille au XVIIe siècle. Pour quelles raisons choisissait-il son gendre ou sa belle-fille ? À partir de quand ce droit a-t-il été aboli ?

**9.** Recherchez d'autres pièces où Molière défend un mariage d'amour et non d'intérêt.

**10. Commentaire.** Dégagez un projet de lecture de ce texte et construisez le plan détaillé du commentaire.
→ p. 504 : DÉFINIR UN PROJET DE LECTURE
→ p. 507 : CONSTRUIRE UN PLAN DÉTAILLÉ DE COMMENTAIRE

D'UN *Texte* À L'AUTRE 1

## Carlo GOLDONI

# *Les Rustres* (1760)

Biographie p. 564

*Dans* Les Rustres, *Goldoni met en scène plusieurs familles de marchands vénitiens. Lunardo, un père au caractère sauvage, tient enfermée sa fille, Lucietta, lui interdisant tout contact avec l'extérieur. La question du mariage de Lucietta agite les personnages dès l'ouverture de la pièce et devient la source de tensions. Dans la scène 1 de l'acte I, Margarita, nouvelle épouse de Lunardo, dévoile à sa belle-fille que son père veut la marier mais ne lui en dit pas davantage, ce qui agace la jeune fille. Elle cherche à en savoir plus et se fait violemment renvoyer par son père à la scène suivante. Dans la scène 3, Margarita elle-même veut obtenir plus de détails sur ce projet matrimonial.*

MARGARITA. – C'est pour bientôt, ce mariage ?

LUNARDO. – Oui.

MARGARITA. – Il a fait demander sa main ?

LUNARDO. – Ne vous inquiétez pas. La chose est décidée avec le père du garçon.

MARGARITA, *avec étonnement*. – La chose est décidée ?

LUNARDO. – Oui, madame. Ça vous étonne ?

MARGARITA. – Sans en rien dire à personne ?

LUNARDO. – C'est moi le maître.

Francesco GUARDI (1712-1793), *Un portique à Venise* (XVIIIe siècle), huile sur toile (Paris, musée Jacquemart-André).

MARGARITA. – Qu'allez-vous lui donner comme dot[1] ?

LUNARDO. – Ce que je voudrai.

MARGARITA. – Alors, comme ça, moi, je compte pour du beurre ! Pensez un peu[2] ! à moi, on ne dit rien !

LUNARDO. – « Pensez un peu, pensez un peu ! » Est-ce que je ne suis pas en train de vous le dire maintenant ?

MARGARITA. – Bien, bien ! Mais Lucietta, quand le saura-t-elle ?

LUNARDO. – Quand elle se mariera.

MARGARITA. – Et ils ne se verront pas avant ?

LUNARDO. – Non, madame.

MARGARITA. – Vous êtes sûr qu'il va lui plaire ?

LUNARDO. – C'est moi le maître.

MARGARITA. – Bon, bon, c'est votre fille ! Moi, je n'ai pas à m'en mêler : faites ce que vous voudrez.

LUNARDO. – Ma fille, moi, je veux que personne ne puisse dire qu'il l'a vue, et celui qui la verra devra l'épouser.

MARGARITA. – Et si, quand il la verra, il ne voulait plus d'elle ?

LUNARDO. – Son père m'a donné sa parole.

MARGARITA. – Oh, quel beau mariage !

Acte I, scène 3 (extrait),
traduction de l'italien par M. Arnaud,
© Gallimard (1972).

1. Biens apportés par une femme pour son mariage.
2. Tic de langage de Margarita qui ne cesse de répéter cette expression.

## QUESTIONS

1. Quel est le rôle de Margarita dans cette scène ? Quel type de phrase emploie-t-elle le plus ? Justifiez cet emploi.
2. a. Comment l'autorité de Lunardo en tant que mari et en tant que père s'exprime-t-elle ?
   b. Comment sa rudesse se manifeste-t-elle ? Quels éléments de la mise en scène pourraient l'accentuer ?
   → p. 445 : LE SPECTACLE THÉÂTRAL
3. Les deux personnages ont-ils la même conception du mariage ? L'expriment-ils clairement tous les deux ?
4. À quel registre cette scène appartient-elle ? Justifiez votre réponse.
   → p. 450 : LES REGISTRES COMIQUE ET TRAGIQUE

## Vis-à-vis : Molière et Goldoni

5. Comparez les deux figures paternelles dans le texte de Molière et celui de Goldoni. Laquelle paraît la plus dépassée aujourd'hui ? Justifiez.
6. Margarita et Mme Jourdain ont-elles exactement la même attitude ? Quel statut les différencie par rapport au père de famille ? Expliquez.

## Texte 2

Biographie p. 565

# Marivaux
# *Le Jeu de l'amour et du hasard* (1730)

*La comédie de Marivaux,* Le Jeu de l'amour et du hasard, *publiée en 1730, met en scène un couple de jeunes promis, Dorante et Silvia, qui, ne se connaissant pas encore, décident d'échanger leurs rôles avec leurs domestiques afin d'éprouver leurs sentiments. Arlequin, valet de Dorante, endosse le costume de son maître, tandis que celui-ci paraît sous les traits d'un valet nommé Bourguignon. Silvia, qui s'est travestie en servante, rencontre pour la première fois celui qu'elle croit être son futur époux.*

**Scène 8 – Dorante, Silvia, Arlequin.**

Arlequin. – Ah ! te voilà, Bourguignon ! Mon porte-manteau[1] et toi, avez-vous été bien reçus ici ?

Dorante. – Il n'était pas possible qu'on nous reçût mal, Monsieur.

Arlequin. – Un domestique là-bas m'a dit d'entrer ici, et qu'on allait avertir mon beau-père qui était avec ma femme.

Silvia. – Vous voulez dire monsieur Orgon et sa fille, sans doute, Monsieur ?

Arlequin. – Eh ! oui, mon beau-père et ma femme, autant vaut[2]. Je viens pour épouser, et ils m'attendent pour être mariés ; cela est convenu ; il ne manque plus que la cérémonie, qui est une bagatelle[3].

Silvia. – C'est une bagatelle qui vaut bien la peine qu'on y pense.

Arlequin. – Oui, mais quand on y a pensé, on n'y pense plus.

Silvia, *bas à Dorante.* – Bourguignon, on est homme de mérite[4] à bon marché chez vous, ce me semble ?

Arlequin. – Que dites-vous là à mon valet, la belle ?

Silvia. – Rien, je lui dis seulement que je vais faire descendre monsieur Orgon.

Arlequin. – Et pourquoi ne pas dire mon beau-père, comme moi ?

Silvia. – C'est qu'il ne l'est pas encore.

Dorante. – Elle a raison, monsieur, le mariage n'est pas fait.

Arlequin. – Eh bien, me voilà pour le faire.

Dorante. – Attendez donc qu'il soit fait.

Arlequin. – Pardi ! voilà bien des façons pour un beau-père de la veille ou du lendemain.

Silvia. – En effet, quelle si grande différence y a-t-il entre être mariée ou ne l'être pas ? Oui, Monsieur, nous avons tort, et je cours informer votre beau-père de votre arrivée.

Arlequin. – Et ma femme aussi, je vous prie. Mais avant que de partir, dites-moi une chose ; vous qui êtes si jolie, n'êtes-vous pas la soubrette[5] de l'hôtel ?

Silvia. – Vous l'avez dit.

Arlequin. – C'est fort bien fait, je m'en réjouis. Croyez-vous que je plaise ici ? Comment me trouvez-vous ?

Silvia. – Je vous trouve... plaisant.

1. Valet chargé de transporter les vêtements.
2. C'est la même chose.
3. Chose de peu d'importance.
4. Homme socialement respectable.
5. Servante.

ARLEQUIN. – Bon, tant mieux ! entretenez-vous dans ce sentiment-là ; il pourra trouver sa place.

SILVIA. – Vous êtes bien modeste de vous en contenter. Mais je vous quitte ; il faut qu'on ait oublié d'avertir votre beau-père, car assurément il serait venu, et j'y vais.

ARLEQUIN. – Dites-lui que je l'attends avec affection.

SILVIA, *à part*. – Que le sort est bizarre ! aucun de ces deux hommes n'est à sa place.

**Scène 9 – DORANTE, ARLEQUIN.**

ARLEQUIN. – Eh bien, Monsieur, mon commencement va bien ; je plais déjà à la soubrette.

DORANTE. – Butor[6] que tu es !

ARLEQUIN. – Pourquoi donc ? mon entrée a été si gentille !

DORANTE. – Tu m'avais tant promis de laisser là tes façons de parler sottes et triviales[7] ! je t'avais donné de si bonnes instructions ! je ne t'avais recommandé que d'être sérieux. Va, je vois bien que je suis un étourdi de m'en être fié à toi.

ARLEQUIN. – Je ferai encore mieux dans les suites ; et, puisque le sérieux n'est pas suffisant, je donnerai du mélancolique[8], je pleurerai, s'il le faut.

DORANTE. – Je ne sais plus où j'en suis ; cette aventure-ci m'étourdit. Que faut-il que je fasse ?

ARLEQUIN. – Est-ce que la fille n'est pas plaisante ?

DORANTE. – Tais-toi ; voici monsieur Orgon qui vient.

Acte I, scènes 8 et 9.

6. Idiot.
7. Grossières.
8. Triste.

**LECTURE ANALYTIQUE**

## Première lecture

1. Comment la scène 8 informe-t-elle le spectateur sur la nouvelle identité de chacun des personnages ?
2. Quels éléments prouvent que les personnages jouent la comédie ?

## Mise au point

3. Expliquez l'expression *homme de mérite à bon marché* (l. 12). Sur quel ton est-elle prononcée ?

## Analyse

4. a. Qu'est-ce qui, dans les répliques d'Arlequin (scène 8), trahit sa condition sociale ?
b. Quels éléments de mise en scène pourraient le trahir ? Imaginez ses gestes et ses attitudes.
→ p. 445 : LE SPECTACLE THÉÂTRAL
→ p. 448 : LE JEU DU COMÉDIEN
5. Quelle image le spectateur se fait-il d'Arlequin à partir de ces deux scènes ?
6. Quelle relation Dorante et Arlequin entretiennent-ils ? Qui domine ? Justifiez votre réponse.

## Question de synthèse

7. Dans quelle mesure peut-on dire que ces deux scènes sont comiques ? Justifiez précisément.
→ p. 450 : LES REGISTRES COMIQUE ET TRAGIQUE

## Pour aller plus loin

8. **Recherche**
a. Dans la scène 8, Arlequin joue la comédie. Comment appelle-t-on ce procédé propre au théâtre ? Quel en est l'intérêt pour le spectateur ?
b. Quelle place le travestissement occupe-t-il dans les pièces de Marivaux ? Prenez les exemples de *La Fausse Suivante* (1724) et de *L'Île des esclaves* (1725), et comparez-les avec ce texte.
9. **Écriture d'invention.** Transposez ce texte en scène de roman. Reprenez l'essentiel des informations et faites ressortir le caractère des personnages dans un dialogue vif commenté par le narrateur.
→ p. 538 : INVENTER ET TRANSPOSER

D'UN *Texte* À L'AUTRE **2**

Biographie p. 563

# Georges FEYDEAU
## *On purge bébé* (1910)

*On purge bébé est une pièce en un acte écrite par Georges Feydeau. Comme tout vaudeville, comédie satirique au rythme endiablé sur le monde de la bourgeoisie, cette œuvre propose un portrait de groupe peu valorisant de nouveaux riches médiocres et hypocrites. La pièce s'ouvre sur une scène entre le fabricant de pots de chambre, Follavoine, et sa servante, Rose.*

*Au lever du rideau. Follavoine, penché sur sa table de travail, la jambe gauche repliée sur son fauteuil de bureau, la croupe sur le bras du fauteuil, compulse[1] son dictionnaire.*

FOLLAVOINE, *son dictionnaire ouvert devant lui sur la table.* – Voyons : « Îles Hébrides[2] ?... Îles Hébrides ?... Îles Hébrides ?... » *(On frappe à la porte. – Sans relever la tête et avec humeur.)* Zut ! Entrez ! *(À Rose qui paraît.)* Quoi ? Qu'est-ce que vous voulez ?

ROSE, *arrivant du pan coupé de gauche.* – C'est Madame qui demande Monsieur.

FOLLAVOINE, *se replongeant dans son dictionnaire et avec brusquerie.* – Eh ! bien, qu'elle vienne !... Si elle a à me parler, elle sait où je suis.

ROSE, *qui est descendue jusqu'au milieu de la scène.* – Madame est occupée dans son cabinet de toilette ; elle ne peut pas se déranger.

FOLLAVOINE. – Vraiment ? Eh bien, moi non plus ! Je regrette ! je travaille.

ROSE, *avec indifférence.* – Bien, Monsieur.

*Elle fait mine de remonter.*

FOLLAVOINE, *relevant la tête, sans lâcher son dictionnaire – Sur le même ton brusque.* – D'abord, quoi ? Qu'est-ce qu'elle me veut ?

ROSE, *qui s'est arrêtée à l'interpellation de Follavoine.* – Je ne sais pas, Monsieur.

FOLLAVOINE. – Eh ! bien, allez lui demander !

ROSE. – Oui, Monsieur,

*Elle remonte.*

FOLLAVOINE. – C'est vrai ça !... *(Rappelant Rose au moment où elle va sortir.)* Au fait, dites donc, vous...

ROSE, *redescendant.* – Monsieur ?

FOLLAVOINE. – Par hasard, les... les Hébrides... ?

ROSE, *qui ne comprend pas.* – Comment ?

FOLLAVOINE. – Les Hébrides ?... Vous ne savez pas où c'est ?

ROSE, *ahurie.* – Les Hébrides ?

FOLLAVOINE. – Oui.

ROSE. – Ah ! non !... non !... *(Comme pour se justifier.)* C'est pas moi qui range ici !... c'est Madame.

FOLLAVOINE, *se redressant en refermant son dictionnaire sur son index de façon à ne pas perdre la page.* – Quoi ! quoi, « qui range » ! les Hébrides !... des îles ! bougre d'ignare[3] !... de la terre entourée d'eau... vous ne savez pas ce que c'est ?

Georges FEYDEAU, *On purge bébé*, mise en scène de Gildas Bourdet, avec Pierre Cassignard et Cristiana Reali (Paris, théâtre du Palais-Royal, janvier 2010).

1. Consulte.
2. Îles situées à l'ouest de l'Écosse.
3. Ignorante.

ROSE, *ouvrant de grands yeux.* – De la terre entourée d'eau ?

FOLLAVOINE. – Oui ! de la terre entourée d'eau, comment ça s'appelle ?

ROSE. – De la boue ?

FOLLAVOINE, *haussant les épaules.* – Mais non, pas de la boue ? C'est de la boue quand il n'y a pas beaucoup de terre et pas beaucoup d'eau ; mais, quand il y a beaucoup de terre et beaucoup d'eau, ça s'appelle des îles !

ROSE, *abrutie.* – Ah ?

FOLLAVOINE. – Eh ! bien, les Hébrides, c'est ça ! c'est des îles ! par conséquent, c'est pas dans l'appartement.

ROSE, *voulant avoir compris.* – Ah ! oui !... c'est dehors !

FOLLAVOINE, *haussant les épaules.* – Naturellement ! c'est dehors.

ROSE. – Ah ! ben, non ! non je les ai pas vues.

FOLLAVOINE, *quittant son bureau et poussant familièrement Rose vers la porte pan coupé.* – Oui, bon, merci, ça va bien !

ROSE, *comme pour se justifier.* – Y a pas longtemps que je suis à Paris, n'est-ce pas... ?

FOLLAVOINE. – Oui !... oui, oui !

ROSE. – Et je sors si peu !

FOLLAVOINE. – Oui ! ça va bien ! allez... Allez retrouver Madame.

ROSE. – Oui, Monsieur !

*Elle sort.*

FOLLAVOINE. – Elle ne sait rien cette fille ! Rien ! qu'est-ce qu'on lui a appris à l'école ? *(Redescendant jusque devant la table contre laquelle il s'adosse.)* « C'est pas elle qui a rangé les Hébrides » ! Je te crois, parbleu ! *(Se replongeant dans son dictionnaire.)* « Z'Hébrides... Z'Hébrides... » *(Au public.)* C'est extraordinaire ! je trouve zèbre, zébré, zébrure, zébu !... Mais de Zhébrides, pas plus que dans mon œil ! Si ça y était, ce serait entre zébré et zébrure. On ne trouve rien dans ce dictionnaire !

*Par acquit de conscience, il reparcourt des yeux la colonne qu'il vient de lire.*

Acte I, scène 1.

## QUESTIONS

1. Quels éléments permettent de comprendre qu'il s'agit d'une discussion entre un maître et sa servante ?
2. Définissez le caractère de chacun des personnages à partir des répliques les plus significatives.
3. a. Sur quoi le comique de cette scène repose-t-il ?
   b. En quoi le jeu des comédiens doit-il contribuer au comique de la scène ? Quelles didascalies le montrent le plus ? Expliquez.
   → p. 450 : LES REGISTRES COMIQUE ET TRAGIQUE
   → p. 448 : LE JEU DU COMÉDIEN
4. a. Qu'est-ce qui rend la dernière réplique de Follavoine particulièrement comique ?
   b. Quelle directive le metteur en scène devra-t-il donner à son acteur pour sa prononciation ?
5. Dans quelle mesure cette scène correspond-elle bien à la définition du vaudeville donnée dans le chapeau introductif ?
6. **Iconographie.** Dans la photographie de mise en scène, dans quelle mesure le visage et l'attitude des deux comédiens rappellent-ils cette scène ? Expliquez.

## Vis-à-vis : Marivaux et Feydeau

7. Quels sont les points communs et les différences entre les deux maîtres, Dorante et Follavoine ?
8. Le but recherché par Marivaux et Feydeau dans ces scènes est-il le même ? Justifiez.

**OBJECTIF**

**Découvrir une pièce mêlant pouvoir de l'amour et autorité paternelle dans une intrigue fondée sur le travestissement.**

# MARIVAUX, *Le Jeu de l'amour et du hasard* (1730)

## Le contexte

Le régent, qui assume le pouvoir royal de la mort de Louis XIV jusqu'en 1723, s'efforce de pacifier le pays qui entre dans une période d'essor économique. Le règne de Louis XV s'ouvre ainsi sur des temps prospères qui lui vaudront le nom de *Louis le Bien-Aimé*.

## L'auteur

Marivaux écrit des articles journalistiques et des romans comme *La Vie de Marianne* (1731-1741) mais c'est pour sa production théâtrale qu'il est reconnu. À partir de 1720, il devient l'auteur attitré des Comédiens italiens. Le principe du travestissement et de l'échange d'identité est le moteur comique de ses pièces marquées par la critique sociale.

## L'œuvre

*Le Jeu de l'amour et du hasard*, représenté la première fois au Théâtre-Italien, a été très bien accueilli par le public en 1730. L'intrigue amoureuse est très simple mais les déguisements successifs compliquent le jeu et les rapports entre les personnages. La pièce traite de la mésalliance et remet en question les préjugés de l'aristocratie, même si elle se clôt sur le retour à l'ordre social établi.

## Pistes d'analyse

**1. Jeux entre maître et valet.** Quelles relations les maîtres entretiennent-ils avec leurs valets ? Peut-on parler de critique sociale ? Justifiez précisément.

**2. Jeux de langage.** Comment l'utilisation du langage trahit-elle la condition sociale des personnages ? En quoi peut-on parler de parodie du langage des maîtres dans le discours d'Arlequin ?

→ p. 000 : LES RÉÉCRITURES

**3. Jeux de masque : apparence et vérité.** Montrez que le déguisement est ambigu. Dans quelles scènes cache-t-il mal l'identité et les sentiments des personnages ?

**4. Jeux amoureux.** Recherchez la définition du terme *marivaudage* et relevez dans la pièce plusieurs scènes appartenant à ce style d'écriture. Justifiez vos choix.

## Activités complémentaires

**1. Dissertation.** *Le théâtre est-il le genre le plus efficace pour exprimer les conflits ?* Répondez à cette question dans un développement organisé et argumenté à partir des textes de cette séquence et de vos lectures personnelles.

→ p. 518 : RÉDIGER UNE DISSERTATION

**2. Écriture d'invention.** Imaginez un monologue délibératif dans lequel Silvia s'interroge sur le bien-fondé de son travestissement et se demande si elle doit poursuivre ce stratagème.

→ p. 441 : LA PAROLE THÉÂTRALE
→ p. 541 : INVENTER ET IMAGINER

## Propositions de lectures

**Textes contemporains de l'auteur**

- MARIVAUX, *L'Île des esclaves* (1725) : pièce dans laquelle le renversement des rôles permet aux esclaves de critiquer les abus de leurs maîtres.
- BEAUMARCHAIS, *Le Barbier de Séville* (1775) : pièce dans laquelle le jeune comte Almaviva, amoureux d'une jeune fille séquestrée par un vieil homme, use de nombreux stratagèmes, sous la direction de son valet Figaro, pour conquérir sa belle.

**Pour élargir**

- Alfred de MUSSET, *On ne badine pas avec l'amour* (1834) : pièce consacrée à l'amour impossible entre deux êtres orgueilleux, Camille et Perdican, qui refusent de s'avouer leurs sentiments.
- Luigi PIRANDELLO, *Six personnages en quête d'auteur* (1921) : pièce sur l'art du théâtre, où six membres d'une même famille demandent à un metteur en scène de leur écrire une pièce.

Analyse *d'image*

# William HOGARTH (1697-1764)
# *Le Contrat de mariage* (1743)

Huile sur toile, 69 x 89 cm (Londres, National Gallery).

*Peintre et caricaturiste anglais, William Hogarth dénonce dans nombre de ses œuvres les mœurs dépravées de l'aristocratie de son époque. Il réalise, entre 1743 et 1745, une série de six tableaux intitulée* Mariage à la mode, *consacrée à l'union arrangée entre le fils du comte Squanderfield, aristocrate désargenté, et la fille d'un riche négociant. Le premier tableau représente la signature du contrat de mariage chez le comte. L'ensemble des toiles raconte à la manière d'une pièce de théâtre le destin tragique de ce couple qui se clôt sur le meurtre de l'époux et le suicide de la jeune épouse.*

**QUESTIONS**

## Première approche

1. Décrivez le décor. Dans quel type d'intérieur la scène se déroule-t-elle ?
2. Observez les deux hommes attablés. À quels éléments reconnaît-on le comte Squanderfield ? Qui sont les autres personnages ?

## Analyse

3. Quelles couleurs dominent dans la composition ? Lesquelles s'opposent ? pourquoi ?
4. Décrivez la place et l'attitude des personnages. Quels éléments du drame chacun d'eux représente-t-il ?
5. Qu'est-ce qui souligne la déchéance physique et sociale du père et du fils Squanderfield ?

→ p. 461 : L'IMAGE FIXE

## Question de synthèse

6. En quoi ce tableau est-il satirique ? Expliquez.

→ p. 450 : LES REGISTRES COMIQUE ET TRAGIQUE

# Texte 3

Biographie p. 560

## Beaumarchais
# *Le Barbier de Séville* (1775)

*Beaumarchais compose* Le Barbier de Séville *en 1772 mais la pièce n'est montée en cinq actes qu'en 1775. Devant l'échec de la première représentation, le dramaturge la revoit en trois jours et la ramène aux quatre actes que nous connaissons aujourd'hui. Elle connaît alors un succès retentissant. Lorsque le rideau se lève, le comte Almaviva, amoureux de Rosine, attend sous son balcon qu'elle apparaisse, mais elle est tenue enfermée par le vieux Bartholo qui souhaite l'épouser. Entre alors en scène Figaro, l'ancien valet du comte.*

Croquis du costume de Figaro pour une représentation du *Barbier de Séville* de Rossini, livret d'après Beaumarchais, à l'Opéra de Paris (1950), dessin anonyme (Paris, bibliothèque de l'Opéra).

FIGARO. – J'ai vu cet abbé-là quelque part. *(Il se relève.)*

LE COMTE, *à part*. – Cet homme ne m'est pas inconnu.

FIGARO. – Eh non, ce n'est pas un abbé ! Cet air altier[1] et noble...

LE COMTE. – Cette tournure grotesque...

FIGARO. – Je ne me trompe point ; c'est le comte Almaviva.

LE COMTE. – Je crois que c'est ce coquin de Figaro.

FIGARO. – C'est lui-même, Monseigneur.

LE COMTE. – Maraud[2] ! si tu dis un mot...

FIGARO. – Oui, je vous reconnais ; voilà les bontés familières dont vous m'avez toujours honoré.

LE COMTE. – Je ne te reconnaissais pas, moi. Te voilà si gros et si gras...

FIGARO. – Que voulez-vous, Monseigneur, c'est la misère.

LE COMTE. – Pauvre petit ! Mais que fais-tu à Séville ? je t'avais autrefois recommandé dans les bureaux pour un emploi.

FIGARO. – Je l'ai obtenu, Monseigneur ; et ma reconnaissance...

LE COMTE. – Appelle-moi Lindor. Ne vois-tu pas, à mon déguisement, que je veux être inconnu ?

FIGARO. – Je me retire.

LE COMTE. – Au contraire. J'attends ici quelque chose, et deux hommes qui jasent[3] sont moins suspects qu'un seul qui se promène. Ayons l'air de jaser. Eh bien, cet emploi ?

FIGARO. – Le ministre, ayant égard à la recommandation de Votre Excellence, me fit nommer sur-le-champ garçon apothicaire[4].

LE COMTE. – Dans les hôpitaux de l'armée ?

FIGARO. – Non ; dans les haras[5] d'Andalousie.

LE COMTE, *riant*. – Beau début !

FIGARO. – Le poste n'était pas mauvais ; parce qu'ayant le district des pansements et des drogues, je vendais souvent aux hommes de bonnes médecines de cheval...

LE COMTE. – Qui tuaient les sujets du roi !

FIGARO. – Ah ! ah ! il n'y a point de remède universel ; mais qui n'ont pas laissé de guérir quelquefois des Galiciens, des Catalans, des Auvergnats.

LE COMTE. – Pourquoi donc l'as-tu quitté ?

1. Fier.
2. Plaisantin.
3. Bavardent.
4. Pharmacien.
5. Établissements dans lesquels on élève des chevaux pour la reproduction.

FIGARO. – Quitté ? C'est bien lui-même ; on m'a desservi[6] auprès des puissances.

*L'envie aux doigts crochus, au teint pâle et livide*[7]...

LE COMTE. – Oh ! grâce ! grâce, ami ! Est-ce que tu fais aussi des vers ? Je t'ai vu là griffonnant sur ton genou, et chantant dès le matin.

FIGARO. – Voilà précisément la cause de mon malheur, Excellence. Quand on a rapporté au ministre que je faisais, je puis dire assez joliment, des bouquets à Cloris[8] ; que j'envoyais des énigmes[9] aux journaux, qu'il courait des madrigaux[10] de ma façon ; en un mot, quand il a su que j'étais imprimé tout vif, il a pris la chose au tragique et m'a fait ôter mon emploi, sous prétexte que l'amour des lettres est incompatible avec l'esprit des affaires.

LE COMTE. – Puissamment raisonné ! Et tu ne lui fis pas représenter...

FIGARO. – Je me crus trop heureux d'en être oublié, persuadé qu'un grand nous fait assez de bien quand il ne nous fait pas de mal.

LE COMTE. – Tu ne dis pas tout. Je me souviens qu'à mon service tu étais un assez mauvais sujet.

FIGARO. – Eh ! mon Dieu, Monseigneur, c'est qu'on veut que le pauvre soit sans défaut.

LE COMTE. – Paresseux, dérangé[11]...

FIGARO. – Aux vertus qu'on exige dans un domestique, Votre Excellence connaît-elle beaucoup de maîtres qui fussent dignes d'être valets ?

LE COMTE, *riant*. – Pas mal.

Acte I, scène 2 (extrait).

6. Nui, fait du tort.
7. Reprise modifiée d'un vers de *La Henriade*, poème épique de Voltaire.
8. Des poèmes galants.
9. Devinettes et histoires satiriques visant par exemple un ministre.
10. Des poèmes accompagnés de musique.
11. À la vie dissolue.

## LECTURE ANALYTIQUE

### Première lecture

**1.** Quelle image cette scène donne-t-elle des personnages ? Quels éléments de mise en scène pourraient faire ressortir ces caractères ?

→ p. 445 : LE SPECTACLE THÉÂTRAL

**2.** Quels éléments relèvent d'une scène d'exposition ?

→ p. 441 : LA PAROLE THÉÂTRALE

### Mise au point

**3.** Quelles figures de rhétorique Almaviva emploie-t-il pour parler du physique de Figaro ? Expliquez.

→ p. 384 : LES FIGURES DE RHÉTORIQUE

### Analyse

**4.** Analysez la manière dont chaque personnage s'adresse à l'autre. Expliquez sa signification.

**5. a.** À partir des didascalies, repérez les répliques que le comte prononce en riant. Est-il le seul à rire ?

**b.** Dans cette scène, tous les rires sont-ils du même type ? À quelle forme de comique les rattachez-vous ?

→ p.450 : LES REGISTRES COMIQUE ET TRAGIQUE

**6.** Quelles sont les astuces attribuées à Figaro ? Laquelle crée une complicité avec le spectateur ?

**7.** En quels termes Figaro critique-t-il habilement l'attitude de son maître ?

### Question de synthèse

**8.** Dites précisément ce que vise la satire de cette scène.

→ p. 450 : LES REGISTRES COMIQUE ET TRAGIQUE

### Pour aller plus loin

**9. Recherche**

**a.** Lisez *Le Barbier de Séville* et référez-vous à un dictionnaire des œuvres pour *Le Mariage de Figaro* de Beaumarchais. Résumez les deux intrigues.

**b.** Quelle relation Figaro et le comte entretiennent-ils ? Dans quelle mesure peut-on considérer Figaro comme le véritable héros de ces deux comédies ?

**10. Analyse d'un corpus.** Quelles sont les fonctions attribuées au déguisement dans les textes de Marivaux → TEXTE 2 et de Beaumarchais → TEXTE 3 ? Justifiez votre réponse dans un développement rédigé.

→ p. 484 : ANALYSER UN CORPUS ET RÉDIGER UNE RÉPONSE ORGANISÉE

D'UN *Texte* À L'AUTRE 3

Biographie p. 560

# Bertolt Brecht
# *Maître Puntila et son valet Matti* (1948)

Bertolt Brecht, *Maître Puntila et son valet Matti*, mise en scène de Georges Lavaudant, avec Gilles Arbona et Gabriel Monnet (Grenoble, maison de la Culture, septembre 1978).

*Bertolt Brecht fuit l'Allemagne nazie dès 1933. En 1940, installé en Finlande chez Hella Wuolijoki, il cosigne avec elle sa pièce* Maître Puntila et son valet Matti. *À une époque où l'alcool est prohibé en Allemagne, Brecht oppose Puntila, riche propriétaire terrien finlandais, brutal à jeun mais aimable sous l'effet de l'alcool, à son chauffeur Matti, figure moderne du valet. La pièce débute sur la première rencontre entre le valet et son maître ; Matti prétend attendre depuis deux jours dans la voiture, Puntila s'excuse et lui offre de partager un bon repas avec lui.*

Puntila. – Comment es-tu donc entré chez moi ?

Matti. – En perdant ma place précédente sans qu'il y ait faute de ma part.

Puntila. – Comment ça s'est passé ?

Matti. – J'ai vu des esprits.

Puntila. – Des vrais ?

Matti *hausse les épaules.* – Sur le domaine de monsieur Pappmann. Personne ne savait pourquoi il fallait que cet endroit soit hanté : avant mon arrivée il n'avait jamais été hanté. Si vous me posez la question, je crois que c'était parce que la cuisine était mauvaise. Pourquoi ? Quand la bouillie pèse sur l'estomac des gens, ils font de mauvais rêves, souvent des cauchemars. Je supporte particulièrement mal la cuisine quand elle n'est pas bien faite. J'ai pensé donner mon congé[1], mais je n'avais rien d'autre en vue et j'étais déprimé, et alors j'ai raconté de sombres histoires à la cuisine, et ça n'a pas duré longtemps non plus, les filles de cuisine ont vu le soir des têtes d'enfants fichées sur les clôtures, si bien qu'elles ont donné leur congé. Ou alors c'est une boule grise qui sortait de l'étable en roulant par terre, elle ressemblait à une tête, résultat, l'affourageuse[2], quand je lui ai appris ça, s'est trouvée mal. Et la servante a donné son congé quand un soir, vers onze heures, j'ai vu se promener près de la salle de bain, la tête sous le bras, un homme noirâtre, qui m'a demandé du feu pour son brûle-gueule[3]. Monsieur Pappmann s'est mis à crier partout après moi, que c'était ma faute et que je faisais fuir les gens de la ferme, et que chez lui il n'y avait pas de fantômes. Mais quand je lui ai dit qu'il se trompait et que, par exemple à l'époque où madame était à la clinique pour accoucher, j'avais vu deux nuits de suite un fantôme blanc sauter de la fenêtre de chez l'affourageuse pour entrer par la fenêtre de monsieur Pappmann lui-même, il n'a plus su quoi dire. Mais il m'a donné mon congé. Quand je suis parti, je lui ai dit que je croyais que s'il veillait à ce que la nourriture soit meilleure au domaine, les esprits se tiendraient plus tranquilles, parce que l'odeur de la viande, par exemple, ils ne la supporteraient pas.

Scène 1 (extrait), traduction de l'allemand par M. Cadot,


1. Démissionner.
2. La personne qui nourrit les animaux de l'étable.
3. Sa pipe.

## QUESTIONS

1. a. De quoi Matti a-t-il été accusé ? Se présente-t-il comme une victime ou un coupable ? Justifiez.
   b. Quel est l'intérêt de la didascalie (l. 6)? Quel est l'effet produit sur le spectateur ?
2. Quel lien Matti établit-il entre les fantômes et la cuisine ?
3. Qu'a répondu Matti aux accusations du maître Pappmann ? Quel trait de caractère cela révèle-t-il ?
4. a. Sur quel ton la dernière phrase est-elle prononcée ? Quel est l'effet produit ?
   b. Quels gestes et mimiques peuvent accompagner le ton de cette phrase pour la rendre plus explicite ?
5. a. Que critique Matti à travers sa tirade (l. 6-28)?
   b. Quel est alors l'intérêt de la forme de la tirade (l. 6-28) ?

→ p. 441 : LA PAROLE THÉÂTRALE

6. Lors de la représentation, quel risque pour le spectateur la forme de la tirade présente-t-elle ? Selon vous, quels procédés de mise en scène peuvent limiter ce risque ?

→ p. 445 : LE SPECTACLE THÉÂTRAL

## Vis-à-vis : Beaumarchais et Brecht

7. Le maître a-t-il le dessus sur son valet ? Dans quelle pièce le statut du serviteur est-il le plus remis en question ? Expliquez.
8. Quels points communs observez-vous entre les propos et les actions des deux valets, Figaro et Matti ?

# SYNTHÈSE L'univers de la comédie

• Le quotidien de la **bourgeoisie** et du **petit peuple** constitue l'univers de la comédie. Hérités de la comédie antique et de la *commedia dell'arte*, les personnages et intrigues se sont complexifiés au fil des siècles.

## 1 Types et canevas comiques

### Des types comiques

• Les dramaturges grecs, comme **Aristophane**, ou romains, comme **Plaute**, créent des personnages fortement caractérisés qui sont devenus des **archétypes de la comédie** : le soldat vantard, le vieillard avare, la servante rusée… et des personnages monomanes définis par un défaut obsédant → EXERCICE 1.

• Ces types comiques sont repris par la *commedia dell'arte* qui leur assigne des rôles précis : les *zanni*, valets facétieux et rusés, comme Arlequin ; les vieillards stupides et lubriques, comme Pantalon…

### Une intrigue simple

• La comédie antique, qui inspire la **farce** du Moyen Âge, privilégie l'**intrigue unique** et développe les **jeux de scène** et l'**action**. Les farces multiplient les ruses et les bouffonneries comme *La Farce de Maître Pathelin*, écrite vers 1460 sur le **canevas** du trompeur trompé.

## 2 De la farce à la grande comédie

### Du canevas à l'intrigue complexe

• Molière écrit des **pièces farcesques** réduites au comique de gestes et de mots, comme *Les Fourberies de Scapin* (1671) → EXERCICE 2, mais il crée parallèlement la **comédie de mœurs**. Celle-ci met en scène la complexité des rapports humains comme dans *Le Malade imaginaire* (1673) où **Argan, père tyrannique et hypocondriaque**, empêche le mariage de sa fille avec celui qu'elle aime, maltraite ses serviteurs et devient la dupe des médecins.

### Du type comique au personnage de comédie

• Certains des personnages de Molière sont stéréotypés, comme le **valet Scapin**, héritier du personnage italien **Arlequin**, ou monolithiques, comme **monsieur Jourdain**, dans *Le Bourgeois gentilhomme* (1670) → TEXTE 1. Mais d'autres personnages sont dotés d'une **psychologie plus complexe**, comme **Dom Juan** (1665), un libertin qui rejette toutes les contraintes sociales et morales.

## 3 Sensibilité et complexité

### Intrigues sentimentales et engagées

• Au XVIIIe siècle, **Marivaux** crée la **comédie sentimentale** qui met à l'épreuve le sentiment amoureux en usant de stratagèmes et de déguisements. Son théâtre engage une réflexion sérieuse sur les réalités sociales qui contraignent l'amour, comme dans *Le Jeu de l'amour et du hasard* (1730) → TEXTE 2, et sur la lutte des classes dans *L'Île des esclaves* (1725) → EXERCICE 3. La **comédie d'intrigue** de Beaumarchais comporte une dimension dénonciatrice et satirique, grâce au valet Figaro → TEXTE 3.

### Personnages complexes et sensibles

• Dans la lignée de Molière, les personnages acquièrent une **épaisseur psychologique**. Les valets ne sont plus seulement les moteurs de l'action mais sont dotés de sensibilité, comme **Figaro** dans un monologue poignant du *Mariage de Figaro* (1784) de **Beaumarchais**. Les figures féminines sont aussi plus complexes et prennent de l'importance, à l'image de Margarita et Lucietta dans *Les Rustres* (1760) de **Goldoni** → D'UN TEXTE À L'AUTRE 1.

• Si la comédie au XVIIIe siècle est marquée par une **plus grande finesse** que l'on retrouvera dans les pièces d'**Alfred de Musset**, influencé par Marivaux, au XIXe siècle le **vaudeville** domine la scène française. Ce nouveau genre théâtral se caractérise par des **intrigues légères** et des personnages caricaturaux que l'on trouve chez **Eugène Labiche**, et plus tard, **Georges Feydeau** dans *On purge bébé* (1910) → D'UN TEXTE À L'AUTRE 2.

## 4 Réflexion et ambiguïté

• Les nouvelles figures du théâtre moderne du XXe siècle sont caractérisées par leur **ambiguïté** et leur **complexité**. Les dramaturges mettent en scène des personnages en proie à l'angoisse existentielle comme Puntila dans la pièce de **Brecht**, *Maître Puntila et son valet Matti* (1948), ce qui permet de voir sous un autre jour l'opposition entre maître et valet → D'UN TEXTE À L'AUTRE 3.

• La comédie, surtout après 1945, devient un **genre hybride** alliant des situations comiques à des interrogations propres à la tragédie. Le **théâtre de l'absurde** illustre ce genre nouveau, à travers les pièces de **Beckett**, comme *Fin de partie* (1957) → EXERCICE 4.

Biographies des auteurs → p. 560

DVD ROM Ressources complémentaires

# Comédie et travestissement, au théâtre et au cinéma

Le terme ***travestissement***, issu de l'italien *travestire*, signifie « changer de vêtement afin de n'être pas reconnu ». Le travestissement permet un **changement d'identité sexuelle** ou **sociale** qu'utilise la comédie comme ressort dramatique et critique.

## 1 • Au théâtre : une tradition depuis l'Antiquité

### Le travestissement sexuel, de l'Antiquité au XVIIe siècle

Le travestissement est obligatoire pour l'interprétation des rôles féminins au théâtre. Dans le **théâtre antique**, les femmes n'étant pas autorisées à jouer, les **rôles féminins** étaient **tenus par des hommes** habilement masqués et costumés.

De la **farce du Moyen Âge** à la **comédie du XVIIe siècle**, les personnages féminins de vieille femme, comme la fâcheuse ou la mégère, étaient souvent interprétés par des hommes, ce qui permettait notamment d'accentuer leur ridicule.

### Le travestissement sexuel et social à partir du XVIIe siècle

Le **vêtement d'emprunt** permet au dramaturge de jouer avec l'identité sexuelle et sociale des personnages. Dans *Le Malade imaginaire* (1673) de **Molière**, lorsque Toinette, la servante, endosse un costume de médecin, prétendant soigner l'hypocondriaque Argan, son costume a un rôle **comique** mais vise aussi à **dénoncer** les pratiques malveillantes des médecins 1 et 2.

**Au XVIIIe siècle**, **Marivaux** fonde l'essentiel de ses intrigues sur des travestissements, parfois sexuels, comme dans *La Fausse Suivante* (1724) : une jeune fille se fait passer pour un chevalier afin de confondre son prétendant intéressé uniquement par sa fortune. Mais ce sont les **substitutions sociales** qui permettent de **dénoncer les travers de la société** ; dans *L'Île des esclaves* (1725), l'échange des rôles entre maîtres et valets est l'occasion d'une critique des maîtres, injustes vis-à-vis des esclaves.

Le travestissement est également un **ressort dramatique**, permettant à l'action d'être plus **dynamique** et de progresser, comme dans *Le Mariage de Figaro* (1784) de **Beaumarchais**. La comtesse y endosse le costume de sa servante pour confondre son mari, le comte Almaviva, qui veut la tromper. On peut noter que le rôle de Chérubin, petit page épris de la comtesse, est traditionnellement tenu par une femme.

Certaines traditions théâtrales interdisent aux femmes, encore aujourd'hui, l'accès aux planches. C'est le cas du **théâtre nô**, théâtre traditionnel japonais, qui allie des pantomimes dansées à des textes lyriques et dramatiques, et dans lequel les acteurs sont masqués.

1 MOLIÈRE, *Le Malade imaginaire*, mise en scène de Gildas Bourdet, avec Marianne Épin et Philippe Faure (Marseille, théâtre national de la Criée, mars 2001).

2 MOLIÈRE, *Le Malade imaginaire*, mise en scène de Daniel Hanssens, avec Daniel Hanssens et Marie-Hélène Remacle (château du Karreveld, festival Bruxellons! juillet 2010).

## 2 • Au cinéma : un héritage théâtral modernisé

### Avant 1960 : rire et parodie

Le cinéma hérite du théâtre, utilisant le procédé du travestissement comme **ressort comique**. Dans *Mam'zelle Charlot* (1915), **Charlie Chaplin** se déguise en femme pour éliminer tous ses rivaux.

Jusqu'en 1959, ce procédé n'est pas jugé sérieux, il est traité sur le mode de la **parodie** et du **gag**. Ainsi, dans le film d'**Howard Hawks**, *Allez coucher ailleurs* (1949), un capitaine français, Henri Rochard, tombe amoureux d'une femme lieutenant américaine, Catherine Gates, et l'épouse. Mais la loi militaire américaine, voyant d'un mauvais œil qu'une militaire se marie avec un étranger également gradé, conduit le mari incarné par Cary Grant à se déguiser en femme pour la suivre plus facilement aux États-Unis. **Billy Wilder**, dans *Certains l'aiment chaud* (1959), est le premier à allier le plaisir du jeu et de la parodie à la prise de conscience de l'ambiguïté des sexes : le comédien **Jack Lemmon**, à la différence du personnage de Tony Curtis, également déguisé en femme, joue le rôle d'un homme dépassé par les conséquences troublantes de son travestissement.

### Après 1960 : critique et libération des mœurs

À partir des années 1960, le stratagème est choisi pour une raison extérieure. **Barbra Streisand** réalise en 1983 *Yentl* où elle incarne une jeune femme d'Europe de l'Est qui se travestit en homme pour avoir accès à l'étude des textes religieux que la loi judaïque interdit aux femmes. Yentl souhaite ainsi s'affranchir de la vie de femme au foyer à laquelle elle est prédestinée **3**.

L'affaiblissement de la censure morale permet d'exprimer ouvertement l'**ambiguïté sexuelle** et l'**homosexualité**. Dans *Boys Don't Cry* (1999), **Kimberly Peirce** met en scène la crise d'identité sexuelle d'une jeune fille, Teena Brandon, qui, assumant mal son identité féminine, se travestit en homme et s'éprend d'une femme, Lana, la petite amie de John qui le lui fera violemment payer. Se déguiser ne consiste plus seulement à jouer à être quelqu'un d'autre, mais à se glisser dans une autre peau, suscitant alors un trouble profond de l'identité que les artistes modernes et contemporains utilisent pleinement, telle la **photographe américaine Cindy Sherman**.

**3** *Yentl*, film de Barbra Streisand (1983), avec Barbra Streisand et Mandy Patinkin.

### LEXIQUE

**Fâcheuse et mégère** La fâcheuse (femme intraitable) et la mégère (femme désagréablement contestataire) sont des types comiques.

**Gag** Retournement de situation propre à la comédie cinématographique, et reposant souvent sur le comique de gestes et de répétition.

### QUESTIONS

**1.** Décrivez précisément les deux photographies de mises en scène du *Malade imaginaire* de Molière. Quelles différences observez-vous dans le costume et l'attitude des comédiennes qui incarnent le médecin ? Ont-ils les mêmes connotations ?

**2.** Recherchez un tableau ou une photographie où un artiste masculin s'est grimé en femme, ou inversement. En utilisant la date et quelques données biographiques, expliquez les raisons et l'intérêt de ce dispositif.

# Exercices d'approfondissement

## Revoir

### 1 Maîtres et valets dans la comédie grecque

**1.** De quels aspects du caractère de Philocléon les valets se moquent-ils ?
**2. a.** Par quels procédés comiques cette moquerie s'exprime-t-elle ?
**b.** Lesquels sont les plus efficaces, selon vous ?
→ p. 384 : LES FIGURES DE RHÉTORIQUE
**3.** Cherchez la définition du terme *monomaniaque*. Dans quelle mesure Philocléon peut-il être considéré comme tel ?
**4.** Quelle complicité cette scène instaure-t-elle avec le spectateur ? Expliquez.

*Écrite en 422 avant J.-C., la pièce* Les Guêpes *est une comédie dans laquelle Aristophane fait la satire des juges. La pièce s'ouvre sur une discussion entre deux serviteurs dont l'un présente, ironiquement, aux spectateurs Bdélycléon, leur maître, et son père, Philocléon.*

Nous avons un maître, celui-là qui dort là-haut, le grand qui est sur le toit. Il nous a chargés tous deux de garder son père qu'il a enfermé, pour l'empêcher de sortir. Car ce père est atteint d'une maladie étrange, que personne au monde n'imaginerait ni ne soupçonnerait, s'il ne l'apprenait de nous. À preuve, devinez. *(Montrant du doigt un spectateur.)* Amynias, fils de Pronapès, dit là-bas que c'est l'amour du jeu. - Il ne dit rien qui vaille. Non, par Zeus ; mais il conjecture[1] la maladie d'après lui-même. - Non, mais « amour » est bien le premier mot du mal. - *(Montrant près de lui un autre spectateur.)* Voici Sosias qui dit à Dercylos que c'est l'amour de la boisson. - Pas le moins du monde. Voyons, les braves gens seuls ont cette maladie-là. [...] C'est en vain que vous bavardez ; vous ne trouverez pas. Si vous tenez à savoir, taisez-vous alors : je vais dire à présent la maladie du maître. Il a l'amour de l'Héliée[2], comme personne. Sa passion, c'est cela, être dicaste[3], et il geint s'il ne siège au premier rang. [...] Aussitôt après souper il crie après ses chaussures, puis il va là-bas et s'y endort bien avant l'heure, collé comme un coquillage à sa colonne. Comme sa méchante humeur le pousse dans l'estimation de la peine à tracer contre tous la ligne longue[4], il a tout l'air d'une abeille ou d'un bourdon, quand il rentre chez lui les ongles souillés de cire.

Aristophane, *Les Guêpes*, vers 67-108 (422 avant J.-C.),
traduction du grec par H. van Daele,
© Les Belles Lettres (2002).

**1.** Fait des suppositions sur l'origine de cette maladie. **2.** Grand tribunal d'Athènes. **3.** Juge. **4.** Longue ligne tracée par les juges sur les tablettes de cire pour exprimer la condamnation la plus forte.

## Approfondir

### 2 Le valet triomphant chez Molière

**1.** En quoi les didascalies sont-elles importantes ? Pourquoi cette scène gagne-t-elle à être jouée ?
→ p. 441 : LA PAROLE THÉÂTRALE
**2.** Quels aspects relèvent ici de la farce ? Justifiez.
→ p. 450 : LES REGISTRES COMIQUE ET TRAGIQUE
**3.** Montrez que les rôles du maître et du valet sont inversés. Quelle image Scapin donne-t-il de son maître ?

*Scapin veut se venger de son maître, Géronte, après qu'il a utilisé son nom pour faire des reproches à son fils. Le valet prend alors les rênes de l'action, enfermant son maître dans un sac, sous prétexte de le protéger.*

Scapin. - Cachez-vous : voici un spadassin[1] qui vous cherche. *(En contrefaisant sa voix.)* « Quoi ? jé n'aurai pas l'abantage dé tuer cé Geronte, et quelqu'un par charité né m'enseignera pas où il est ? » *(À Géronte de sa voix ordinaire.)* Ne branlez[2] pas. *(Reprenant son ton contrefait.)* « Cadédis[3] ! jé lé trouberai, sé cachât-il au centre dé la terre. » *(À Géronte avec son ton naturel.)* Ne vous montrez pas. *(Tout le langage gascon est supposé de celui qu'il contrefait, et le reste de lui.)* « Oh, l'homme au sac ! – Monsieur. – Jé té vaille[4] un louis, et m'enseigne où put être Geronte. – Vous cherchez le seigneur Géronte ? – Oui, mordi ! jé lé cherche. – Et pour quelle affaire, Monsieur ? – Pour quelle affaire ? – Oui. – Jé beux, cadédis, lé faire mourir sous les coups de vaton. – Oh ! Monsieur, les coups de bâton ne se donnent point à des gens comme lui, et ce n'est pas un homme à être traité de la sorte. – Qui, cé fat dé Geronte, cé maraut, cé vélître ? – Le seigneur Géronte, Monsieur, n'est ni fat[5], ni maraud[6], ni belître[7], et vous devriez, s'il vous plaît, parler d'autre façon. – Comment, tu mé traites, à moi, avec cette hautur ? – Je défends, comme je dois, un homme d'honneur qu'on offense. – Est-ce que tu es des amis dé cé Geronte ? – Oui, Monsieur, j'en suis. – Ah ! cadédis, tu es de ses amis, à la vonne hure[8]. » *(Il donne plusieurs coups de bâton sur le sac.)* – Tiens. Boilà cé que jé té vaille pour lui. – Ah, ah, ah ! ah, Monsieur ! Ah, ah, Monsieur ! tout beau. Ah, doucement, ah, ah, ah ! – Va, porte-lui cela de ma part. Adiusias[9]. – Ah ! diable soit le Gascon. Ah ! *(En se plaignant et remuant le dos, comme s'il avait reçu les coups de bâton.)*

Molière, *Les Fourberies de Scapin*,
acte III, scène 2 (extrait, 1671).

**1.** Tueur à gages. **2.** Bougez. **3.** Juron qui signifie « tête de Dieu ». **4.** Donne. **5.** Sot. **6.** Vaurien. **7.** Bon à rien. **8.** À la bonne heure. **9.** Adieu.

## 3 L'échange des rôles chez Marivaux

**1.** **Quels signes montrent que les rôles s'inversent ?**

**2.** **Recherchez l'étymologie du nom *Iphicrate* et montrez comment le pouvoir du personnage est ridiculisé.**

→ p. 378 : L'ENRICHISSEMENT DU VOCABULAIRE ET L'ÉTYMOLOGIE

**3.** **Sur quel ton Arlequin s'adresse-t-il à Iphicrate ? Analysez les pronoms et les apostrophes employés.**

→ p. 371 : COMMUNICATION, ÉNONCIATION ET MODALISATION

**4.** **Quelle critique cette scène met-elle en lumière ? Justifiez.**

*Iphicrate et son valet, Arlequin, viennent d'échouer sur une île où les fonctions sont inversées, les maîtres sont esclaves et vice versa. Arlequin le découvre avec plaisir.*

IPHICRATE. – Méconnais-tu ton maître, et n'es-tu plus mon esclave ?

ARLEQUIN, *se reculant d'un air sérieux.* – Je l'ai été, je le confesse à ta honte ; mais va, je te le pardonne ; les hommes ne valent rien. Dans le pays d'Athènes, j'étais ton esclave ; tu me traitais comme un pauvre animal, et tu disais que cela était juste, parce que tu étais le plus fort. Eh bien ! Iphicrate, tu vas trouver ici plus fort que toi ; on va te faire esclave à ton tour ; on te dira aussi que cela est juste, et nous verrons ce que tu penseras de cette justice-là ; tu m'en diras ton sentiment, je t'attends là. Quand tu auras souffert, tu seras plus raisonnable ; tu sauras mieux ce qu'il est permis de faire souffrir aux autres. Tout en irait mieux dans le monde, si ceux qui te ressemblent recevaient la même leçon que toi. Adieu, mon ami ; je vais trouver mes camarades et tes maîtres. *(Il s'éloigne.)*

IPHICRATE, *au désespoir, courant après lui l'épée à la main.* – Juste Ciel ! Peut-on être plus malheureux et plus outragé que je le suis ? Misérable ! tu ne mérites pas de vivre.

ARLEQUIN. – Doucement ; tes forces sont bien diminuées, car je ne t'obéis plus, prends-y garde.

MARIVAUX, *L'Île des esclaves*, acte I, scène 1 (extrait, 1725).

# Écrire

## 4 Valet dans le théâtre moderne

**1.** **Qui domine l'autre dans cette relation ? Commentez.**

**2. a.** **Les personnages maîtrisent-ils leur sort ?**

**b.** **S'agit-il alors d'un extrait purement comique ? Expliquez.**

→ p. 450 : LES REGISTRES COMIQUE ET TRAGIQUE

**3.** **Entraînement à la dissertation. Au théâtre, la relation entre maître et valet a-t-elle uniquement pour but de faire rire ? Construisez le plan détaillé de ce devoir.**

→ p. 526 : CONSTRUIRE UN PLAN DÉTAILLÉ DE DISSERTATION

*Dans* Fin de partie, *Samuel Beckett met en scène Hamm, aveugle et paralysé, et son valet, Clov, qui est aussi son fils adoptif. Leur relation illustre la complexité de rapports humains fondés sur la domination et l'esclavage.*

HAMM. – Prépare-moi. *(Clov ne bouge pas.)* Va chercher le drap. *(Clov ne bouge pas.)* Clov.

CLOV. – Oui.

HAMM. – Je ne te donnerai plus rien à manger.

CLOV. – Alors nous mourrons.

HAMM. – Je te donnerai juste assez pour t'empêcher de mourir. Tu auras tout le temps faim.

CLOV. – Alors nous ne mourrons pas. *(Un temps.)* Je vais chercher le drap.

*Il va vers la porte.*

HAMM. – Pas la peine. *(Clov s'arrête.)* Je te donnerai un biscuit par jour. *(Un temps.)* Un biscuit et demi. *(Un temps.)* Pourquoi restes-tu avec moi ?

CLOV. – Pourquoi me gardes-tu ?

HAMM. – Il n'y a personne d'autre.

CLOV. – Il n'y a pas d'autre place.

Samuel BECKETT, *Fin de partie* (extrait, 1957), © Minuit.

Samuel BECKETT, *Fin de partie*, mise en scène de Charles Berling avec Charles Berling et Dominique Pinon (Paris, théâtre de l'Atelier, septembre 2009).

SÉQUENCE 11

# Figures héroïques, de la tragi-comédie au drame

Les personnages des drames romantiques de Hugo et de Musset présentent des caractéristiques qui s'éloignent du théâtre du XVIIe siècle, mais l'intrigue reste marquée par la confrontation avec un destin auquel il est difficile d'échapper.

**OBJECTIF**

**Étudier l'évolution du héros théâtral en comparant le drame romantique et la tragédie du XVIIe siècle.**

## SOMMAIRE

DVD-ROM Ressources complémentaires


Analyse d'Image — J.-L. DAVID, *Le Serment des Horaces* (1784) ..... 236

Texte 1 — V. HUGO, *Hernani* (1830) ..... 237
D'UN Texte À L'AUTRE — J. RACINE, *Phèdre* (1677) ..... 238

Texte 2 — A. de MUSSET, *Lorenzaccio* (1834) ..... 241
D'UN Texte À L'AUTRE — P. CORNEILLE, *Le Cid* (1637) ..... 243

ÉTUDE D'ŒUVRE INTÉGRALE — A. de MUSSET, *Lorenzaccio* (1834) ..... 245

Texte 3 — E. ROSTAND, *Cyrano de Bergerac* (1897) ..... 246
D'UN Texte À L'AUTRE — A. de MUSSET, *Les Caprices de Marianne* (1833) ..... 248

- **SYNTHÈSE** Le héros au théâtre ..... 250
- **Histoire des arts** La peinture d'histoire ..... 251
- **Exercices d'approfondissement** ..... 253


| Notions et activités | Liens avec la partie II |
|---|---|
| Les mètres, les licences poétiques, les rejets | → p. 401 : VERSIFICATION ET FORMES FIXES |
| La métaphore, la périphrase, l'anaphore, la comparaison | → p. 384 : LES FIGURES DE RHÉTORIQUE |
| L'enchaînement des répliques | → p. 441 : LA PAROLE THÉÂTRALE |
| Les registres tragique et pathétique | → p. 450 : LES REGISTRES COMIQUE ET TRAGIQUE |

| | Liens avec la partie III |
|---|---|
| Préparer un plan et rédiger un commentaire | → p. 498 : RÉDIGER UN COMMENTAIRE LITTÉRAIRE |
| Rédiger les notes d'un metteur en scène | → p. 541 : INVENTER ET IMAGINER |
| Préparer une lecture analytique | → p. 553 : PRÉPARER L'EXPOSÉ ORAL |
| Préparer un plan détaillé de dissertation | → p. 526 : CONSTRUIRE UN PLAN DÉTAILLÉ DE DISSERTATION |

# Analyse *d'image* Jacques-Louis David (1748-1825) *Le Serment des Horaces* (1784)

Jacques Louis David (1748-1825), *Le Serment des Horaces* (1784), huile sur toile, 330 x 425 cm (Paris, musée du Louvre).

*Jacques-Louis David est le grand peintre de la période révolutionnaire et de l'épopée napoléonienne. Avant 1789, il peignait toutefois déjà des tableaux d'histoire* → HISTOIRE DES ARTS. Le Serment des Horaces *représente les trois frères Horaces qui s'engagent pour vaincre leurs ennemis de la cité d'Albe, les Curiaces. Leur père donne à chacun son épée. Ce tableau fait de David le chef de file du néo-classicisme, mouvement qui érige en référence absolue la culture antique : références mythiques, sens de l'harmonie et de la symétrie.*

**QUESTIONS**

### Première approche

**1.** Décrivez le décor de cette scène. À quelle période historique renvoie-t-il ?

**2.** Quels autres éléments vont dans le même sens ?

### Analyse

**3. a.** Identifiez les lignes de force qui déterminent la place des personnages.

**b.** Déduisez-en les trois espaces qui structurent le tableau.

**4.** Observez la façon dont les jambes et les bras sont déployés. Quelles figures géométriques les groupes de personnages du premier plan forment-ils ?

**5.** D'où la lumière vient-elle ? Que met-elle en valeur ?

**6. a.** Observez les lignes de fuite. Quelle perspective déterminent-elles ?

**b.** À quel genre littéraire cette façon de traiter l'espace fait-elle penser ?

→ p. 461 : L'IMAGE FIXE

### Question de synthèse

**7.** Dans quelle mesure cette toile joue-t-elle sur une représentation héroïque, idéalisée ?

# Texte 1

Biographie p. 564

## Victor Hugo
## *Hernani* (1830)

*Hernani n'est pas le premier drame romantique, mais il est le premier à avoir eu tant de retentissement. Il met en scène une intrigue où se mêlent amour et politique. À la fin de la pièce, Hernani et doña Sol sont sur le point de se marier quand don Ruy, amoureux éconduit, se présente afin de tuer Hernani. Refusant d'abandonner son amour, doña Sol boit la moitié de la fiole de poison que don Ruy avait prévue pour son rival.*

HERNANI, *à don Ruy.*
Oh ! ton âme est cruelle !
Pouvais-tu pas[1] choisir d'autre poison pour elle ?
*Il boit et jette la fiole.*

DOÑA SOL
Que fais-tu ?

HERNANI
Qu'as-tu fait ?

DOÑA SOL
Viens, ô mon jeune amant,
Dans mes bras.
*Ils s'asseyent l'un près de l'autre.*
Est-ce pas[1] qu'on souffre horriblement ?

HERNANI
Non.

DOÑA SOL
Voilà notre nuit de noces commencée !
Je suis bien pâle, dis, pour une fiancée ?

HERNANI
Ah !

DON RUY GOMEZ
La fatalité s'accomplit.

HERNANI
Désespoir !
Ô tourment ! doña Sol souffrir, et moi le voir !

DOÑA SOL
Calme-toi. Je suis mieux. – Vers des clartés nouvelles
Nous allons tout à l'heure ensemble ouvrir nos ailes.
Partons d'un vol égal vers un monde meilleur.
Un baiser seulement, un baiser !
*Ils s'embrassent.*

DON RUY GOMEZ
Ô douleur !

HERNANI, *d'une voix affaiblie.*
Oh ! béni soit le ciel qui m'a fait une vie

1. Licence poétique supprimant la négation afin de conserver le nombre de syllabes de l'alexandrin.

Victor Hugo, *Hernani*, mise en scène d'Anne Delbée, avec Rebecca Stella et Clément Hervieu-Léger (Paris, 2002).

D'abîmes[2] entourée et de spectres suivie,
Mais qui permet que, las d'un si rude chemin,
Je puisse m'endormir ma bouche sur ta main !

**Don Ruy Gomez**
Qu'ils sont heureux !

**Hernani**, *d'une voix de plus en plus faible.*
Viens, viens... doña Sol... tout est sombre...
Souffres-tu ?

**Doña Sol**, *d'une voix également éteinte.*
Rien, plus rien.

**Hernani**
Vois-tu des feux dans l'ombre ?

**Doña Sol**
Pas encor[3].

**Hernani**, *avec un soupir.*
Voici...
*Il tombe.*

**Don Ruy Gomez**, *soulevant sa tête qui retombe.*
Mort !

**Doña Sol**, *échevelée, et se dressant à demi sur son séant.*
Mort ! non pas ! nous dormons.
Il dort. C'est mon époux, vois-tu. Nous nous aimons.
Nous sommes couchés là. C'est notre nuit de noce.
*D'une voix qui s'éteint.*
Ne le réveillez pas, seigneur duc de Mendoce[4].
Il est las.
*Elle retourne la figure d'Hernani.*
Mon amour, tiens-toi vers moi tourné...
Plus près... plus près encor[3]...
*Elle retombe.*

**Don Ruy Gomez**
Morte ! – Oh ! je suis damné.
*Il se tue.*

Acte V, scène 6, vers 2143-2166.

2. De précipices, donc de pièges mortels.
3. Pour *encore*, licence poétique.
4. Titre de don Ruy Gomez.

**LECTURE ANALYTIQUE**

### Première lecture

**1.** Quels sont les types de phrase dominants ? Quel ton donnent-ils au dialogue ?
**2.** Quelles sont les informations données par les didascalies ? Qu'ajoutent-elles à la scène ?

### Mise au point

**3. a.** Quel est le mètre utilisé par Hugo ?
**b.** Comment le troisième vers est-il découpé ? Quel est l'effet produit par cette construction ? Justifiez.
→ p. 401 : VERSIFICATION ET FORMES FIXES

### Analyse

**4.** Quels sont les champs lexicaux dominants ? Quels personnages les utilisent ? pour quel effet ?
**5.** Comment les répliques s'enchaînent-elles ? Les personnages se répondent-ils systématiquement ?
→ p. 441 : LA PAROLE THÉÂTRALE

**6.** Quelles répliques mettent en avant des images tragiques de destin et de mort ?
→ p. 384 : LES FIGURES DE RHÉTORIQUE
→ p. 450 : LES REGISTRES COMIQUE ET TRAGIQUE
**7.** Commentez le sens et l'intérêt des deux dernières répliques de don Ruy.

### Question de synthèse

**8.** Dans quelle mesure Hernani et doña Sol sont-ils des héros romantiques → **SYNTHÈSE** ?

### Pour aller plus loin

**9. Recherche.** Lisez *Roméo et Juliette* de William Shakespeare. Quels parallèles pouvez-vous faire entre ces amants et ceux de la pièce *Hernani* ?
**10. Commentaire.** Rédigez un commentaire de ce texte en détaillant le plan suivant :
I. Un dialogue d'adieu
II. L'expression d'un amour survivant à la mort
→ p. 498 : RÉDIGER UN COMMENTAIRE LITTÉRAIRE

D'UN *Texte* À L'AUTRE 1

# Jean RACINE
## *Phèdre* (1677)

Biographie p. 567

*La tragédie* Phèdre *connaît un grand succès avant que Jean Racine ne cesse d'écrire des pièces de théâtre pendant une dizaine d'années. Comme l'essentiel des pièces de ce dramaturge, elle prend appui sur les grandes figures de l'histoire et de la mythologie gréco-romaines. Au dénouement de cette œuvre qui aborde les pulsions incestueuses de Phèdre pour son beau-fils Hippolyte, elle avoue à son époux, le roi Thésée, qu'elle a mensongèrement accusé Hippolyte d'avoir voulu abuser d'elle. Puis elle revient sur l'aide que lui a apportée sa confidente Œnone.*

PHÈDRE
Les moments me sont chers[1], écoutez-moi, Thésée.
C'est moi qui sur ce fils chaste[2] et respectueux
Osai jeter un œil profane[3], incestueux.
Le ciel mit dans mon sein[4] une flamme funeste[5] ;
La détestable Œnone a conduit tout le reste.

**1.** Les souvenirs que j'ai à révéler sont difficiles à expier, à me faire pardonner.
**2.** Pur, sans désir. **3.** Impur. **4.** En moi. **5.** Qui apporte le malheur.

Jean Racine, *Phèdre*, mise en scène de Patrice Chéreau,
avec Dominique Blanc dans le rôle de Phèdre
(Paris, Odéon – théâtre de l'Europe aux ateliers Berthier, janvier 2003).

Elle a craint qu'Hippolyte, instruit[6] de ma fureur[7],
Ne découvrît un feu[8] qui lui faisait horreur.
La perfide[9], abusant de ma faiblesse extrême,
S'est hâtée à vos yeux de l'accuser lui-même.
Elle s'en est punie, et fuyant mon courroux[10],
A cherché dans les flots un supplice trop doux[11].
Le fer aurait déjà tranché ma destinée ;
Mais je laissais gémir la vertu soupçonnée.
J'ai voulu, devant vous exposant mes remords,
Par un chemin plus lent descendre chez les morts.
J'ai pris, j'ai fait couler dans mes brûlantes veines
Un poison que Médée[12] apporta dans Athènes.
Déjà jusqu'à mon cœur le venin parvenu
Dans ce cœur expirant jette un froid inconnu ;
Déjà je ne vois plus qu'à travers un nuage
Et le ciel et l'époux que ma présence outrage[13] ;
Et la mort, à mes yeux dérobant la clarté,
Rend au jour, qu'ils souillaient, toute sa pureté.

**Panope**[14]
Elle expire, Seigneur !

Acte V, scène 7, vers 1622-1645.

**6.** Au courant. **7.** Passion violente. **8.** Une passion. **9.** Personne mauvaise qui dissimule son intention de nuire. **10.** Ma colère. **11.** Œnone s'est suicidée en se noyant. **12.** Magicienne, compagne de Jason. **13.** Offense. **14.** Servante de Phèdre.

**QUESTIONS**

**1.** Quelles sont les étapes de l'aveu de Phèdre ?
**2. a.** Quelle rime permet de montrer l'opposition entre Phèdre et Hippolyte ? Expliquez.
**b.** Quels champs lexicaux permettent de renforcer cette opposition ?
**3.** Quels sont les sentiments éprouvés par Phèdre ? Par quelle figure de rhétorique sont-ils évoqués ?
→ p. 384 : LES FIGURES DE RHÉTORIQUE
**4. a.** Quelle explication Phèdre donne-t-elle à ses actes ? En est-elle pleinement responsable ? Expliquez.
**b.** Quelle responsabilité endosse-t-elle ? Dans quelle mesure cette décision est-elle héroïque ?
**5. a.** Quelle règle de la tragédie classique le dernier vers enfreint-il ?
**b.** Comment le metteur en scène peut-il respecter cette règle ?

## Vis-à-vis : Hugo et Racine

**6.** Sur quels éléments textuels les metteurs en scène peuvent-ils s'appuyer pour représenter ces scènes tragiques ?
**7.** Quelles images contrastées de la passion amoureuse la tragédie classique et le drame romantique proposent-ils ?

# Texte 2

Biographie p. 566

## Alfred de Musset
## *Lorenzaccio* (1834)

*L'intrigue de Lorenzaccio est liée à l'histoire de Florence au* XVI*e siècle, la ville étant alors gouvernée par la riche famille des Médicis. Le titre du drame a pour origine le surnom donné à Lorenzo de Médicis, le cousin du duc Alexandre de Médicis qu'il accompagne dans la débauche. Mais, comprenant que ce dernier met en péril la prospérité des Florentins, Lorenzo décide de s'allier aux Strozzi et aux autres vieilles familles républicaines. Il tue Alexandre, mais doit fuir à Venise pendant que Côme de Médicis s'empare du pouvoir. Au dénouement, il se trouve chez son ami, Philippe Strozzi.*

*Venise. – Le cabinet de Strozzi.*

PHILIPPE ; LORENZO, *tenant une lettre.*

LORENZO. – Voilà une lettre qui m'apprend que ma mère est morte. Venez donc faire un tour de promenade, Philippe.

PHILIPPE. – Je vous en supplie, mon ami, ne tentez pas la destinée. Vous allez et venez continuellement, comme si cette proclamation de mort n'existait pas.

LORENZO. – Au moment où j'allais tuer Clément VII[1], ma tête a été mise à prix à Rome. Il est naturel qu'elle le soit dans toute l'Italie, aujourd'hui que j'ai tué Alexandre. Si je sortais de l'Italie, je serais bientôt sonné à son de trompe dans toute l'Europe, et à ma mort, le bon Dieu ne manquera pas de faire placarder ma condamnation éternelle dans tous les carrefours de l'immensité.

PHILIPPE. – Votre gaieté est triste comme la nuit ; vous n'êtes pas changé, Lorenzo.

LORENZO. – Non, en vérité, je porte les mêmes habits, je marche toujours sur mes jambes, et je bâille avec ma bouche ; il n'y a de changé en moi qu'une misère – c'est que je suis plus creux et plus vide qu'une statue de fer-blanc.

PHILIPPE. – Partons ensemble ; redevenez un homme. Vous avez beaucoup fait, mais vous êtes jeune.

LORENZO. – Je suis plus vieux que le bisaïeul de Saturne[2] – je vous en prie, venez faire un tour de promenade.

PHILIPPE. – Votre esprit se torture dans l'inaction ; c'est là votre malheur. Vous avez des travers[3], mon ami.

LORENZO. – J'en conviens ; que les républicains n'aient rien fait à Florence, c'est là un grand travers de ma part. Qu'une centaine de jeunes étudiants, braves et déterminés, se soient fait massacrer en vain, que Côme[4], un planteur de choux, ait été élu à l'unanimité – oh ! je l'avoue, je l'avoue, ce sont là des travers impardonnables, et qui me font le plus grand tort.

PHILIPPE. – Ne raisonnons point sur un événement qui n'est pas achevé. L'important est de sortir d'Italie ; vous n'avez point encore fini sur la terre.

LORENZO. – J'étais une machine à meurtre, mais à un meurtre seulement.

PHILIPPE. – N'avez-vous pas été heureux autrement que par ce meurtre ? Quand vous ne devriez faire[5] désormais qu'un honnête homme, pourquoi voudriez-vous mourir ?

LORENZO. – Je ne puis que vous répéter mes propres paroles : Philippe, j'ai été honnête. – Peut-être le redeviendrais-je, sans l'ennui qui me prend. – J'aime

1. Pape de 1523 à 1534.
2. Chronos, dieu du temps chez les Grecs et les Romains.
3. Défauts.
4. Côme de Médicis, seigneur important de Florence de 1534 à 1564.
5. Être, devenir.

Alfred de Musset, *Lorenzaccio*, mise en scène de Stéphane Gildas, avec Francis Lalanne dans le rôle de Lorenzaccio (Paris, théâtre Le Trianon, septembre 2008).

encore le vin et les femmes ; c'est assez, il est vrai, pour faire de moi un débauché, mais ce n'est pas assez pour me donner envie de l'être. Sortons, je vous en prie.

**Philippe.** – Tu te feras tuer dans toutes ces promenades.

**Lorenzo.** – Cela m'amuse de les voir. La récompense est si grosse, qu'elle les rend presque courageux. Hier, un grand gaillard à jambes nues m'a suivi un gros quart d'heure au bord de l'eau, sans pouvoir se déterminer à m'assommer. Le pauvre homme portait une espèce de couteau long comme une broche ; il le regardait d'un air si penaud[6] qu'il me faisait pitié – c'était peut-être un père de famille qui mourait de faim.

**Philippe.** – Ô Lorenzo ! Lorenzo ! ton cœur est très malade. C'était sans doute un honnête homme ; pourquoi attribuer à la lâcheté du peuple le respect pour les malheureux ?

**Lorenzo.** – Attribuez cela à ce que vous voudrez. Je vais faire un tour au Rialto[7].

*Il sort.*

**Philippe**, *seul.* – Il faut que je le fasse suivre par quelqu'un de mes gens. Holà ! Jean ! Pippo ! holà !

*Entre un domestique.*

Prenez une épée, vous et un autre de vos camarades, et tenez-vous à une distance convenable du seigneur Lorenzo, de manière à pouvoir le secourir si on l'attaque.

**Jean.** – Oui, monseigneur.

*Entre Pippo.*

**Pippo.** – Monseigneur, Lorenzo est mort. Un homme était caché derrière la porte, qui l'a frappé par-derrière, comme il sortait.

**Philippe.** – Courons vite ! Il n'est peut-être que blessé.

**Pippo.** – Ne voyez-vous pas tout ce monde ? Le peuple s'est jeté sur lui. Dieu de miséricorde ! On le pousse dans la lagune[8].

**Philippe.** – Quelle horreur ! quelle horreur ! Eh quoi ! pas même un tombeau ?

*Il sort.*

Acte V, scène 6.

6. Embarrassé.
7. Pont de Venise.
8. Étendue d'eau qui borde Venise, séparée de la mer Adriatique par une bande de terre.

LECTURE ANALYTIQUE

### Première lecture

**1.** Dans quelle réplique Musset rappelle-t-il la situation historique ? Sur quel ton la formule-t-il ?
**2.** Quelle demande Lorenzo répète-t-il à Philippe ? Dans quelle réplique ce dernier reprend-il les mêmes mots ? Dans quelle mesure cet écho est-il tragique ?

### Mise au point

**3.** Identifiez les temps verbaux utilisés par Lorenzo. Quelles époques oppose-t-il ainsi ? Dans quel but ?
→ p. 375 : LA SYNTAXE ET LA VALEUR DES TEMPS

### Analyse

**4.** Quel est d'emblée le ton de la scène ? Comment progresse-t-il ? Expliquez.
**5. a.** Quelle est la figure de rhétorique qui caractérise la deuxième réplique de Lorenzo (l. 7-11) ? Quelle image donne-t-elle du personnage ?
→ p. 384 : LES FIGURES DE RHÉTORIQUE
**b.** Dans quelle répliques Lorenzo semble-t-il considérer sa destinée de façon distante, voire ironique ?
**6.** Quel mode verbal Philippe utilise-t-il fréquemment ? dans quel but ? Justifiez.
→ p. 375 : LA SYNTAXE ET LA VALEUR DES TEMPS
**7.** Que révèlent les modalisateurs employés dans la tirade qui évoque l'homme ayant cherché à tuer Lorenzo ? Expliquez.
→ p. 371 : COMMUNICATION, ÉNONCIATION ET MODALISATION
**8.** Sur quels types de phrase la scène se referme-t-elle ? Quelle atmosphère lui confèrent-ils ?

### Question de synthèse

**9.** Dans quelle mesure cette scène présente-t-elle Lorenzo comme un héros ?

### Pour aller plus loin

**10. Recherche.** À partir de 1830, Musset a insisté sur le fait que son théâtre n'était pas censé être représenté ; il parlait de *spectacle dans un fauteuil*. Dans quel contexte a-t-il formulé cette expression ?
**11. Écriture d'invention.** Rédigez les notes d'un metteur en scène qui voudrait monter cette scène en accentuant son caractère tragique.
→ p. 445 : LE SPECTACLE THÉÂTRAL
→ p. 541 : INVENTER ET IMAGINER

D'UN *Texte* À L'AUTRE 2

# Pierre CORNEILLE
## *Le Cid* (1637)

Biographie p. 562

Le Cid *est une tragi-comédie* → SYNTHÈSE *dont le titre rappelle un héros chevaleresque de la* Reconquista *(reconquête par les Espagnols de leur territoire, contre les Arabes). Corneille fait du* Cid *un jeune homme, Rodrigue, amoureux de Chimène. Pour sauver l'honneur de son père, don Diègue, trop âgé pour se défendre, il a dû se battre contre le père de Chimène, qu'il a finalement tué. Maintenant qu'il a accompli son devoir, Rodrigue ne veut plus vivre...*

DON RODRIGUE
L'honneur vous en est dû : je ne pouvais pas moins,
Étant sorti de vous et nourri par vos soins.
Je m'en tiens trop heureux, et mon âme est ravie[1]
Que mon coup d'essai plaise à qui je dois la vie ;
Mais parmi vos plaisirs ne soyez point jaloux
Si je m'ose à mon tour satisfaire après vous.
Souffrez[2] qu'en liberté mon désespoir éclate ;
Assez et trop longtemps votre discours le flatte[3].

1. Heureuse.
2. Permettez.
3. Trompe.

Pierre Corneille, *Le Cid*, mise en scène d'Alain Olivier, avec Thibaut Corrion et Bruno Sermonne (Saint-Denis, théâtre Gérard-Philippe, octobre 2007).

Je ne me repens point de vous avoir servi ;
Mais rendez-moi le bien que ce coup m'a ravi[4].
Mon bras, pour vous venger, armé contre ma flamme,
Par ce coup glorieux m'a privé de mon âme ;
Ne me dites plus rien ; pour vous j'ai tout perdu :
Ce que je vous devais, je vous l'ai bien rendu.

Don Diègue
Porte, porte plus haut le fruit de ta victoire :
Je t'ai donné la vie, et tu me rends ma gloire ;
Et d'autant que l'honneur m'est plus cher que le jour,
D'autant plus maintenant je te dois de retour[5].
Mais d'un cœur magnanime[6] éloigne ces faiblesses ;
Nous n'avons qu'un honneur, il est tant de maîtresses !
L'amour n'est qu'un plaisir, l'honneur est un devoir.

Don Rodrigue
Ah ! que me dites-vous ?

Don Diègue
Ce que tu dois savoir.

Don Rodrigue
Mon honneur offensé sur moi-même se venge ;
Et vous m'osez pousser à la honte du change[7] !
L'infamie[8] est pareille, et suit également
Le guerrier sans courage et le perfide amant.
À ma fidélité ne faites point d'injure ;
Souffrez-moi généreux sans me rendre parjure :
Mes liens sont trop forts pour être ainsi rompus ;
Ma foi m'engage encor[9] si je n'espère plus ;
Et ne pouvant quitter ni posséder Chimène,
Le trépas[10] que je cherche est ma plus douce peine.

Acte III, scène 6, vers 1039-1070.

4. Enlevé.
5. J'ai des dettes envers toi.
6. Généreux.
7. De l'infidélité.
8. Le déshonneur.
9. Licence poétique pour conserver les douze syllabes de l'alexandrin.
10. La mort.

## QUESTIONS

1. Relevez les pronoms personnels sujets et les modes verbaux utilisés par les deux personnages. Sur quel ton s'expriment-ils ?
→ p. 375 : LA SYNTAXE ET LA VALEUR DES TEMPS
2. a. Dans chaque tirade, relevez une rime qui exprime les valeurs auxquelles se réfère chaque personnage.
b. Quels champs lexicaux chacun d'eux développe-t-il alors ?
→ p. 441 : LA PAROLE THÉÂTRALE
3. a. Dans sa première réplique, quel connecteur logique Rodrigue répète-t-il ? Quelle est sa valeur ?
→ p. 441 : LA PAROLE THÉÂTRALE
→ p. 418 : LE CIRCUIT ARGUMENTATIF
b. Entre quels partis opposés l'âme de Rodrigue est-elle écartelée ? Expliquez.
4. Comment Rodrigue considère-t-il son père ? Chimène ? Comment se voit-il lui-même ? Quelles figures de rhétorique le soulignent ?
→ p. 384 : LES FIGURES DE RHÉTORIQUE
5. Dans quelle mesure les antithèses des vers 23 à 32 soulignent-elles l'héroïsme de Rodrigue ?
→ p. 384 : LES FIGURES DE RHÉTORIQUE

## Vis-à-vis : Musset et Corneille

6. Les deux héros évoquent-ils leur mort de la même façon ? pour quelles raisons ? Expliquez.
7. Ces deux scènes interviennent-elles au même moment dans l'intrigue ? Ont-elles la même portée tragique ?
→ p. 450 : LES REGISTRES COMIQUE ET TRAGIQUE

**OBJECTIF**

**Étudier un drame romantique *a priori* écrit pour être lu.**

# Alfred de MUSSET, *Lorenzaccio* (1834)

## Le contexte

La révolution de 1830 a donné naissance à la monarchie de Juillet, signant ainsi la fin du rêve des républicains qui ne sont pas parvenus à faire naître une république.
Le duc d'Orléans, devenu Louis-Philippe Ier, est proclamé roi des Français, ce qui déçoit la jeune génération. Pour elle, ce régime conservateur et bourgeois limite les libertés et le progrès social.

## L'auteur

Alfred de Musset fréquente les artistes romantiques dès 1828. Il écrit *Lorenzaccio* durant sa liaison tumultueuse avec George Sand (juin 1833-mars 1835). Ils voyagent en Italie ; Florence et Venise seront à la fois les sources d'inspiration de la pièce et le cadre de disputes qui signeront leur rupture.

## L'œuvre

À partir de 1830, A. de Musset décide de ne plus écrire pour la scène. *Lorenzaccio* est donc écrit dans l'esprit du *spectacle dans un fauteuil.* Musset n'hésite pas à multiplier les lieux et les personnages, en s'inspirant à la fois de chroniques évoquant l'histoire de Florence et du climat politique français de l'époque.
La pièce est finalement montée en 1896 avec, dans le rôle titre, la comédienne Sarah Bernhardt. Gérard Philipe fut le premier interprète masculin à incarner Lorenzo, en 1952, au Festival d'Avignon.

## Pistes d'analyse

**1. L'exposition : personnages et valeurs en jeu.** Dans l'acte I, à quelles valeurs les différents personnages se réfèrent-ils ? Commentez quelques extraits significatifs.

**2. La lutte de Lorenzaccio, héros tragique.** Comment Lorenzo devient-il un meurtrier ? Justifiez en vous appuyant sur des scènes précises.

**3. Les apports de l'histoire**

a. Relevez les événements historiques évoqués. Quelle image donnent-ils de Florence et des Médicis ?

b. En vous concentrant sur l'intrigue autour des Cibo, repérez les idées politiques et sociales critiquées par Musset.

## Activités complémentaires

**1. Entraînement au commentaire.** Commentez la scène 9 de l'acte IV. Vous pourrez suivre le plan suivant :

I. Les tensions qui habitent les personnages

II. L'apparente incohérence du monologue

→ p. 498 : RÉDIGER UN COMMENTAIRE LITTÉRAIRE

**2. Recherche.** Le texte de *Lorenzaccio* tel que nous le lisons aujourd'hui n'est pas celui qui a été représenté au cours des siècles.

a. Comment est-on parvenu à monter une œuvre *a priori* écrite pour être lue ?

b. Énumérez ses mises en scène célèbres.

c. Quel est l'apport de ces différents metteurs en scène à la compréhension de la pièce ?

## Propositions de lectures

**Textes contemporains de l'auteur**

- Victor HUGO, *Hernani* (1830) : drame romantique qui transpose également des réalités politiques contemporaines dans un épisode historique.
- George SAND, *Une conspiration en 1537* (1831) : la source du texte de Musset.

**Pour élargir**

- William SHAKESPEARE, *Jules César* (1600) : tragédie politique qui permet de comparer Brutus, l'assassin de César, et Lorenzo, le meurtrier d'Alexandre.
- Alexandre POUCHKINE, *Boris Godounov* (1825-1831) : réflexion sur la naïveté supposée et la servitude du peuple russe.

# Texte 3

Biographie p. 568

# Edmond Rostand
## *Cyrano de Bergerac* (1897)

*Lors de sa première représentation, la pièce* Cyrano de Bergerac *a été ovationnée. L'intrigue se déroule au* XVII^e^ *siècle, sous le règne de Louis XIII. Elle évoque une histoire d'amour impossible entre un personnage qui s'inspire du véritable poète et romancier Cyrano de Bergerac, enlaidi par son nez proéminent, et sa cousine Roxane, une élégante attachée aux seules apparences. Lucide, Cyrano renonce à conquérir celle qu'il aime, mais favorise l'idylle entre Roxane et Christian, un beau et jeune militaire. Dans cette scène, Cyrano parle à la place de Christian, incapable de trouver les mots d'amour qu'il se doit de formuler sous le balcon de la belle.*

Roxane
Eh bien ! si ce moment est venu pour nous deux,
Quels mots me direz-vous ?

Cyrano
Tous ceux, tous ceux, tous ceux
Qui me viendront ; je vais vous les jeter, en touffe,
Sans les mettre en bouquets : je vous aime, j'étouffe,
Je t'aime, je suis fou, je n'en peux plus, c'est trop ;
Ton nom est dans mon cœur comme dans un grelot,
Et comme tout le temps, Roxane, je frissonne,
Tout le temps, le grelot s'agite, et le nom sonne !
De toi, je me souviens de tout, j'ai tout aimé :
Je sais que l'an dernier, un jour, le douze mai,
Pour sortir le matin tu changeas de coiffure !
J'ai tellement pris pour clarté ta chevelure
Que, comme lorsqu'on a trop fixé le soleil,
On voit sur toute chose ensuite un rond vermeil,
Sur tout, quand j'ai quitté les feux dont tu m'inondes,
Mon regard ébloui pose des taches blondes !

Roxane, *d'une voix troublée.*
Oui, c'est bien de l'amour...

Cyrano
Certes, ce sentiment
Qui m'envahit, terrible et jaloux, c'est vraiment
De l'amour, il en a toute la fureur[1] triste !
De l'amour, – et pourtant il n'est pas égoïste !
Ah ! que pour ton bonheur je donnerais le mien,
Quand même tu devrais[2] n'en savoir jamais rien,
S'il se pouvait, parfois, que de loin j'entendisse
Rire un peu le bonheur né de mon sacrifice !
– Chaque regard de toi suscite une vertu
Nouvelle, une vaillance[3] en moi ! Commences-tu
À comprendre, à présent ? Voyons, te rends-tu compte ?
Sens-tu mon âme, un peu, dans cette ombre, qui monte ?
Oh ! mais vraiment, ce soir, c'est trop beau, c'est trop doux !

1. Folie (sens latin de *furor*).
2. Même si tu devais.
3. Un noble courage.

Edmond Rostand, *Cyrano de Bergerac*, mise en scène de Gilles Bouillon, avec Thibaud Corrion, Emmanuelle Wion et Christophe Brault (Paris, théâtre de la Tempête, novembre 2010).

Je vous dis tout cela, vous m'écoutez, moi, vous !
C'est trop ! Dans mon espoir même le moins modeste,
Je n'ai jamais espéré tant ! Il ne me reste
Qu'à mourir maintenant ! C'est à cause des mots
Que je dis qu'elle tremble entre les bleus rameaux !
Car vous tremblez, comme une feuille entre les feuilles !
Car tu trembles ! car j'ai senti, que tu le veuilles
Ou non, le tremblement adoré de ta main
Descendre tout le long des branches du jasmin !

Acte III, scène 7, vers 1440-1477.

## LECTURE ANALYTIQUE

### Première lecture

**1.** Dans quel but Cyrano relate-t-il l'anecdote présente dans la première réplique ?
→ p. 441 : LA PAROLE THÉÂTRALE

**2.** Dans quels vers comprend-on que Cyrano oublie qu'il parle au nom de Christian ?

### Mise au point

**3.** Identifiez les pronoms personnels utilisés par Cyrano. À quels moments un changement significatif a-t-il lieu ? Expliquez.

### Analyse

**4.** Expliquez la figure de rhétorique du vers 2. Quelle information donne-t-elle sur l'état d'esprit de Cyrano ?
→ p. 384 : LES FIGURES DE RHÉTORIQUE

**5.** Quel élément Cyrano valorise-t-il chez Roxane ? Quelles images poétiques permettent de la décrire ?

**6.** Repérez les rejets dans la deuxième tirade de Cyrano. Quel effet produisent-ils ?
→ p. 401 : VERSIFICATION ET FORMES FIXES

**7.** Sur quel ton Cyrano s'exprime-t-il essentiellement ? Quels types de phrase majoritairement employés le soulignent ?

### Question de synthèse

**8.** Dans quelle mesure les paroles de Cyrano le rendent-elles héroïque, étant donné la position dans laquelle il se trouve vis-à-vis de Roxane et de Christian ?

### Pour aller plus loin

**9. Recherche.** Lisez deux autres scènes de balcon, celle de William Shakespeare dans la tragédie *Roméo et Juliette* (acte II, scène 2) et celle de Beaumarchais dans la comédie *Le Barbier de Séville* (acte I, scène 3).
**a.** Dans les trois textes, dans quelle mesure la scène de balcon est-elle particulièrement théâtrale ?
**b.** Sur quels points les trois pièces se différencient-elles dans l'emploi de cette situation dramatique ?
→ p. 445 : LE SPECTACLE THÉÂTRAL

**10. Entraînement à l'exposé oral.** Préparez la question d'oral suivante : De quelle manière cette scène révèle-t-elle des tempéraments exaltés ?
→ p. 553 : PRÉPARER L'EXPOSÉ ORAL

D'UN *Texte* 3 À L'AUTRE

Biographie p. 566

# Alfred de Musset
## *Les Caprices de Marianne* (1833)

*Dès 1830, Musset écrit des pièces qu'il prétend ne pas vouloir mettre en scène. La comédie romantique* Les Caprices de Marianne, *publiée en 1833, n'échappe pas à cette règle même si elle est finalement représentée en 1851. Au premier acte, Marianne, jeune femme mariée et fidèle, est convoitée par Cœlio. Après avoir fait appel à Ciuta, une vieille entremetteuse, ce dernier a demandé l'aide de son ami Octave, lui-même cousin du mari de Marianne.*

Octave. – Je suis comme un homme qui tient la banque d'un pharaon[1] pour le compte d'un autre, et qui a la veine[2] contre lui ; il noierait plutôt son meilleur ami que de céder, et la colère de perdre avec l'argent d'autrui l'enflamme cent fois plus que ne le ferait sa propre ruine. *(Entre Cœlio.)*

Octave. – Comment, Cœlio, tu abandonnes la partie !

Cœlio. – Que veux-tu que je fasse ?

Octave. – Te défies[3]-tu de moi ? Qu'as-tu ? Te voilà pâle comme la neige. – Que se passe-t-il en toi ?

Cœlio. – Pardonne-moi, pardonne-moi ! Fais ce que tu voudras ; va trouver Marianne. – Dis-lui que me tromper, c'est me donner la mort, et que ma vie est dans ses yeux. *(Il sort.)*

Octave. – Par le Ciel, voilà qui est étrange !

Ciuta. – Silence ! vêpres[4] sonnent ; la grille du jardin vient de s'ouvrir ; Marianne sort. Elle approche lentement. *(Ciuta se retire. Entre Marianne.)*

1. Jeu de cartes dans lequel deux joueurs jouent contre un troisième joueur qui tire les cartes et qu'on appelle « la banque ».
2. La chance.
3. Méfies.
4. Messe de la fin d'après-midi.

Alfred de Musset, *Les Caprices de Marianne*, mise en scène de Jean-Louis Benoit, avec Ninon Bretecher et Vincent Dissez (Marseille, théâtre national de la Criée, février 2006).

OCTAVE. – Belle Marianne, vous dormirez tranquillement. – Le cœur de Cœlio est à une autre, et ce n'est plus sous vos fenêtres qu'il donnera ses sérénades[5].

MARIANNE. – Quel dommage ! et quel grand malheur de n'avoir pu partager un amour comme celui-là ! Voyez ! comme le hasard me contrarie ! Moi qui allais l'aimer.

OCTAVE. – En vérité ?

MARIANNE. – Oui, sur mon âme, ce soir ou demain matin, dimanche au plus tard, je lui appartenais. Qui pourrait ne pas réussir avec un ambassadeur tel que vous ? Il faut croire que sa passion pour moi était quelque chose comme du chinois ou de l'arabe, puisqu'il lui fallait un interprète, et qu'elle ne pouvait s'expliquer toute seule.

OCTAVE. – Raillez, raillez[6] ! nous ne vous craignons plus.

MARIANNE. – Ou peut-être que cet amour n'était encore qu'un petit enfant à la mamelle, et vous, comme une sage nourrice, en le menant à la lisière[7], vous l'aurez laissé tomber la tête la première en le promenant par la ville.

OCTAVE. – La sage nourrice s'est contentée de lui faire boire d'un certain lait que la vôtre vous a versé sans doute, et généreusement ; vous en avez encore sur les lèvres une goutte qui se mêle à toutes vos paroles.

MARIANNE. – Comment s'appelle ce lait merveilleux ?

OCTAVE. – L'indifférence. Vous ne pouvez ni aimer ni haïr, et vous êtes comme les roses du Bengale, Marianne, sans épine et sans parfum.

Acte II, scène 1 (extrait).

5. Concerts nocturnes improvisés pour rendre hommage.

6. Moquez-vous.

7. En le conduisant vers des endroits plus calmes de la ville.

## QUESTIONS

**1.** Sur quelle figure de rhétorique ce passage s'ouvre-t-il ? Quelle image donne-t-elle d'Octave ?
→ p. 384 : LES FIGURES DE RHÉTORIQUE

**2.** Quel mode verbal Cœlio emploie-t-il essentiellement, dans quel but ? Expliquez.
→ p. 375 : LA SYNTAXE ET LA VALEUR DES TEMPS

**3. a.** Octave annonce-t-il à Marianne ce que lui avait demandé Cœlio ? à votre avis, pour quelle raison ?
**b.** Comment interprétez-vous alors la présence du pronom *nous* à la ligne 26 ?

**4.** Quelle métaphore filée Marianne et Octave développent-ils ? Quelle image donne-t-elle de l'amour ?
→ p. 384 : LES FIGURES DE RHÉTORIQUE

**5. a.** Quel ton Marianne emploie-t-elle dans cette scène ? Justifiez par des relevés précis.
**b.** Dans quelle mesure le ton qu'elle adopte justifie-t-il la comparaison qu'utilise Octave dans sa dernière réplique (l. 34-35) ?
→ p. 384 : LES FIGURES DE RHÉTORIQUE

## Vis-à-vis : Rostand et Musset

**6.** Dans quelle position délicate Octave et Cyrano se retrouvent-ils ? Qu'a-t-elle d'héroïque ?

**7.** Quelle scène donne une image amère et désenchantée de l'amour ? Expliquez.

# SYNTHÈSE Le héros au théâtre

- Le **héros** est par définition un **demi-dieu**, le fils d'un dieu et d'une mortelle (ou l'inverse). Au fil des siècles, la notion a évolué pour se confondre avec le sens de personnage.

## 1 Le héros dans la tragédie antique

- Au IV^e^ siècle avant J.-C., **Aristote**, dans son traité la *Poétique*, définit les codes de la tragédie et la ***catharsis*** (la « purgation des passions ») : selon lui, la représentation des passions les plus violentes apaise l'esprit du public qui retourne plus serein dans la société.
- Chez les auteurs antiques, les **héros tragiques** sont des demi-dieux, des princes, des guerriers…, ceux de la guerre de Troie comme Andromaque et Hector, Achille et Patrocle, Priam et Cassandre… ou ceux de la famille d'Œdipe → SÉQUENCE 15, p. 323. Ils sont confrontés à la **mort** (Iphigénie doit mourir pour que la guerre de Troie commence → EXERCICE 1), à la **haine de l'ennemi** ou à la **difficulté de régner** (Priam, roi de Troie, ou Œdipe, roi de Thèbes).
- Le **destin** préside à la vie des hommes mais aussi à celle des dieux. Même si ses parents puis Œdipe lui-même tentent de contrer le destin, de détourner la malédiction des oracles, le héros finit par tuer son père et par épouser sa mère.

## 2 Le héros tragique au XVII^e^ siècle

### De la tragi-comédie à la tragédie

- Dans la **tragi-comédie**, genre représentatif de la fin du XVI^e^ siècle et de la première moitié du XVII^e^ siècle, les héros, issus de l'aristocratie, sont ceux de la tragédie mais le destin n'est pas fatal ; en effet, le dénouement est heureux, comme dans une comédie. L'intrigue du *Cid* de **Pierre Corneille** (1637) → D'UN TEXTE À L'AUTRE 2 s'achève dans le triomphe de l'amour et de la vie.
- Dans la **tragédie classique** de la deuxième moitié du XVII^e^ siècle, le mélange des registres n'est plus accepté par les tenants d'un ordre classique qui reviennent aux théories d'Aristote. De plus, l'alexandrin, bien marqué à la césure, donne au genre toute sa solennité.

### De Corneille à Racine

- **Corneille** écrit alors des tragédies, tel *Polyeucte* (1641) → EXERCICE 3 où le héros est un chrétien décidé à mourir en martyr. Le destin tragique, lié à Dieu, met le héros aux prises avec des enjeux majeurs contrariés par des passions filiales ou amoureuses. Ses **délibérations**, c'est-à-dire des monologues qui lui permettent de peser le pour et le contre d'une situation, le plongent dans des **dilemmes** implacables où tout choix aura forcément une issue douloureuse.
- **Jean Racine**, quant à lui, reprend l'histoire des héros antiques comme dans ***Phèdre*** (1677), *Andromaque* ou *Bérénice*. Dans ses pièces, le héros est **dominé par sa passion** et meurt parce qu'il est **coupable**. Ainsi Phèdre est-elle victime d'une passion amoureuse dévorante envoyée par Vénus, contre laquelle elle ne peut lutter → D'UN TEXTE À L'AUTRE 1.

## 3 Le héros romantique

- Au XIX^e^ siècle, **Alexandre Dumas** fait représenter le premier drame romantique avec *Henri III et sa cour*, mais **Victor Hugo** en est le grand représentant. Il en écrit d'abord le texte manifeste dans la préface de son drame *Cromwell* (1827). Il provoque ensuite une véritable « bataille » lors de la première représentation d'*Hernani*, en 1830. Les partisans de la tragédie classique s'emportent contre le mélange des genres et des registres, les changements de lieux et la dislocation de l'alexandrin.
- Les auteurs romantiques veulent une représentation plus proche de la **vie** et s'inspirent de **Shakespeare** → EXERCICE 2. Leurs pièces sont ancrées dans une **période historique**, et dans leur **réalité contemporaine**. Le **héros romantique**, fougueux, veut vivre **libre** dans une société qu'il juge tyrannique. Hernani → TEXTE 1, personnage de la cour de Charles Quint, et Lorenzo, dans le drame *Lorenzaccio* (1834), qui appartient à la famille des Médicis → TEXTE 2, luttent contre le pouvoir. Ils représentent également les jeunes Hugo ou Musset opposés à la France bourgeoise de Louis-Philippe, éloignée de leurs rêves d'épopées et de révolutions.
- Les héros des comédies de **Musset** sont presque des **anti-héros**. Le personnage de Cœlio dans *Les Caprices de Marianne* (1833) → D'UN TEXTE À L'AUTRE 3 n'est plus un demi-dieu, c'est même un être humain fragile, impuissant devant les ravages de l'amour. L'héroïsme romantique survit dans les pièces d'**Edmond Rostand**. En 1897, le personnage de Cyrano est un **idéaliste** qui symbolise les rêves de la grandeur française à travers la fierté du soldat et le panache du héros qui supporte ses douleurs intimes → TEXTE 3.

Biographies des auteurs → p. 560

DVD ROM Ressources complémentaires

# La peinture d'histoire

**Du XVII^e^ siècle au milieu du XIX^e^ siècle**, la peinture d'histoire est au sommet de la **hiérarchie des genres**. Elle traite de sujets nobles tirés de sources fictives ou réelles : la Bible, la mythologie, les événements historiques. Les thèmes religieux sont caractéristiques des collections acquises par les couvents et les églises, alors que les sujets mythologiques ornent les salles des châteaux. Dès le XIX^e^ siècle, les toiles qui représentent des scènes d'histoire fleurissent dans les collections privées et les musées d'Europe.

**LEXIQUE**

**Classicisme** Mouvement littéraire et culturel de la deuxième moitié du XVII^e^ siècle guidé par la volonté de plaire tout en instruisant, dans un style naturel hérité de l'Antiquité.

**Drapé** Travail minutieux de représentation des étoffes dans leurs pliures et leurs reflets, en peinture et en sculpture.

**Grand format** Peinture de grandes dimensions, caractéristique de la peinture d'histoire.

**Hiérarchie des genres** Classification des genres picturaux depuis la fin du XVII^e^ siècle, mettant la peinture d'histoire en position honorifique, et la nature morte au bas de l'échelle.

## 1 • Les sujets religieux

Dans les **peintures religieuses**, certains **récits bibliques** ont été plus représentés que d'autres parce qu'ils permettaient de mettre en évidence des **valeurs morales**. Ainsi, la scène de l'Adoration des mages a souvent été utilisée pour évoquer l'union des hommes de tous les continents devant le Christ.

D'autres **motifs iconographiques** ont été interprétés par les peintres : le Déluge, Moïse sauvé des eaux, Judith et Holopherne dans l'**Ancien Testament** ; la Crucifixion, la Pentecôte, la vie de saint Paul et de saint Pierre dans le **Nouveau Testament**.

**Nicolas Poussin** 1658 **1**, maître du **classicisme** français, a peint plusieurs versions d'un thème très prisé, le baptême du Christ. Dans une toile de 1655, on note l'effet de profondeur qui guide l'œil vers la colombe, symbole du Saint-Esprit qui descend sur le Christ. Les couleurs primaires des **drapés** et la lumière qui en émane valorisent le Christ et saint Pierre au premier plan. Derrière la colombe, le ciel nuageux s'éclaircit ; c'est la métaphore de la venue du Christ donnant la lumière aux hommes.

**1** Nicolas POUSSIN (1594-1665), *Le Baptême du Christ* (1658), huile sur toile, 96 x 136 cm (Philadelphie, musée des Beaux-Arts).

## 2 • Les sujets mythologiques

La **mythologie gréco-romaine**, avec ses **légendes** liées aux dieux et ses **épopées**, est une ressource incomparable de thèmes pour les artistes.

Les **épopées grecques** d'**Homère**, puis les **épopées latines** de **Virgile** et d'**Ovide** fournissent de nombreux sujets de tableaux.

Les toiles montrent souvent une **histoire connue du spectateur** que le talent de l'artiste revisite. En 1729, un tableau de **Carle Van Loo** (1705-

1765) dépeint un épisode du livre II de l'*Énéide* de Virgile **2** : Énée fuit Troie en flammes en portant son vieux père, Anchise. La lumière rougeoyante de Troie en flammes, la fumée épaisse qui s'en échappe en volutes à la droite de la toile, la colonne effondrée provoquent la peur du jeune Ascagne (ou Iule) qui se retourne sur ce désastre : il est l'image du spectateur pétrifié par la scène, à l'intérieur même du tableau. Au premier plan, au contraire, Énée déploie sa force et son courage pour sauver les siens. Il est le **héros par excellence**, magnifié par le peintre.

**2**
Carle VAN LOO (1705-1765), *Énée portant Anchise* (1729), huile sur toile, 110 x 105 cm (Paris, musée du Louvre).

## 3 • Les sujets historiques

L'**histoire** doit donner des leçons au spectateur. Au XIX$^{e}$ siècle, les événements historiques sont, pour la première fois, représentés en eux-mêmes, sans aucune mise en scène mythologique. **Jacques-Louis David** (1748-1825) avec *Le Serment des Horaces* (1784) → ANALYSE D'IMAGE ou *Le Sacre de Napoléon* (1805-1807), peint de **grands formats** où les personnages de l'histoire, quelle que soit leur place dans la société, sont représentés de façon précise et réaliste.
Élève de David, **Antoine-Jean Gros** (1771-1835) représente l'épopée napoléonienne à laquelle appartient *La Bataille des Pyramides* (1810) **3**. Au centre de la composition, le héros, le général Napoléon Bonaparte (qui n'est pas encore l'empereur Napoléon Ier), sur son cheval blanc immaculé, ceint du drapeau français, montre les pyramides. Le peintre rappelle ainsi la phrase célèbre : *Du haut de ces pyramides, quarante siècles vous contemplent.* Sur la gauche, les généraux sont montrés comme des vainqueurs, levant leur sabre en signe de victoire. À droite, dans des attitudes connotant la peur et la honte, les Turcs en appellent à la clémence du héros.

**3**
Antoine Jean GROS (1771-1835), *Bonaparte haranguant l'armée avant la bataille des Pyramides, le 21 juillet 1798*, huile sur toile, 389 x 311 cm (châteaux de Versailles et de Trianon).

**QUESTIONS**

**1.** Dans le tableau de Nicolas Poussin, quelles sont les principales lignes de force ? Que mettent-elles en évidence ?

**2.** Quel est le personnage féminin présent au premier plan du tableau de Van Loo ? Citez d'autres tableaux de la même époque qui traitent de la guerre de Troie.

# Exercices d'approfondissement

## Revoir

### 1 Le modèle antique

**1. a.** **À quel sens du mot *héros* pouvez-vous rattacher Achille ? Justifiez.**
**b.** **Expliquez ce qui rend la situation tragique.**
→ p. 450 : LES REGISTRES COMIQUE ET TRAGIQUE
**2. a.** **À quelles valeurs Clytemnestre fait-elle appel ?**
**b.** **Dans quelle mesure se montre-t-elle héroïque ?**

*Dans l'épisode III d'*Iphigénie à Aulis*, Clytemnestre, mère de la jeune Iphigénie, plaide auprès du héros grec Achille pour que sa fille ne soit pas sacrifiée au nom de la guerre de Troie. Les dieux exigent en effet l'effusion de sang royal pour que les vents se lèvent et poussent les bateaux vers la ville ennemie.*

CLYTEMNESTRE. – Je ne rougirai pas de tomber à tes genoux, d'implorer, moi faible mortelle, le fils d'une déesse[1] : qu'ai-je à faire, maintenant, d'amour-propre ? Quel plus grand souci puis-je avoir que celui de sauver mon enfant ! Oui, défends-nous, toi, le fils d'une déesse, défends-moi dans ma détresse, défends-la, celle qui fut ta dérisoire fiancée[2], mais qui fut nommée telle cependant. C'est pour toi que je l'ai couronnée[3], c'est à toi que je la conduisais devant l'autel[4], et ne voilà-t-il pas que c'est à la mort que je la mène ? Quel opprobre[5] pour toi si tu ne prends pas sa défense ! L'hymen[6] ne vous a pas unis, soit ! Tu n'en as pas moins été appelé l'époux chéri de cette vierge infortunée. Par ta barbe[7], par ta main droite, par ta mère, je t'en conjure : car c'est ton nom qui m'a perdue, ce nom qui aurait dû être mon bouclier ! je n'ai point d'autre autel devant lequel me prosterner que tes genoux, je n'ai plus aucun ami qui me sourie. Or tu as entendu les décisions cruelles, inouïes, d'Agamemnon[8]. Et, tu le vois, je suis venue, pauvre femme, au milieu de soldats, de matelots sans discipline, effrontés dans le mal, mais généreux dès qu'ils se reprennent. Si tu as le cœur d'étendre sur moi ton bras protecteur, nous sommes sauvées, sinon, c'en est fait de nous.

EURIPIDE, *Iphigénie à Aulis*, épisode III (V^e siècle avant J.-C.), traduction du grec par A. Beaujour, © Bordas (1965).

1. Achille est le fils de Thétis, une déesse marine.
2. Titre inutile puisqu'elle doit mourir avant le mariage.
3. De fleurs pour le mariage.
4. Lieu sacré devant lequel on se marie.
5. Honte.
6. Le mariage.
7. Expression désignant le geste rituel du suppliant qui touche le menton de celui à qui il s'adresse.
8. Le mari de Clytemnestre, le père d'Iphigénie, et le roi des Grecs qui commande la flotte.

### 2 La tragédie selon Shakespeare

**1. a.** **Quelle est l'atmosphère dominante de ce passage ? Justifiez.**
**b.** **Quels éléments le rattachent au registre tragique ?**
→ p. 450 : LES REGISTRES COMIQUE ET TRAGIQUE
**2.** **En quoi les types de phrase dominants renforcent-ils le genre théâtral ? Expliquez.**
**3.** **Qu'est-ce qui rend l'hommage du roi Lear héroïque ?**
**4. a.** **Le roi Lear se considère-t-il comme un héros ? Justifiez.**
**b.** **Quelles sont donc les limites de l'héroïsme dans la tragédie politique de Shakespeare ?**

*Le roi Lear a trois filles. Il a rejeté sa préférée, Cordélia, et a partagé le royaume de Grande-Bretagne entre les deux autres. À la fin de l'œuvre, toutes sont mortes et il reconduit le corps de Cordélia au palais.*

*Entre le roi Lear portant dans ses bras la reine[1] Cordélia, suivi par le Gentilhomme.*

LEAR. – Hurlez ! hurlez ! hurlez ! hurlez ! Ô vous, hommes de pierre !
Si j'avais vos langues et vos yeux, j'en userais
Jusqu'à fendre la voûte du ciel ! Elle est partie pour toujours !
Je sais quand on est mort et quand on est vivant.
Elle est aussi morte qu'une pierre.
*Il l'étend à terre.*
Prêtez-moi un miroir.
Si son souffle ternit ou tache le cristal,
Eh bien, alors elle vit.

KENT. – Est-ce donc la fin promise[2] ?

EDGAR. – Ou bien l'image de cette catastrophe ?

ALBANY. – Que tout s'écroule et cesse !

LEAR. – Cette plume remue ! Elle vit ! Si c'est ainsi,
Cette heureuse fortune rachète toutes les peines
Que j'ai jamais senties.

KENT, *s'agenouillant*. – Ô mon bon maître !

LEAR. – De grâce, va-t'en !

EDGAR. – C'est le noble Kent, votre ami.

LEAR. – La peste vous emporte, tous assassins et traîtres !
J'aurais pu la sauver ; la voici partie pour toujours.

William SHAKESPEARE, *Le Roi Lear*, acte V, scène 3, vers 231-244 (1608), traduction de l'anglais par G. Monsarrat, © Robert Laffont (1995).

1. Cordélia a épousé le roi de France, d'où son titre de reine.
2. La fin du monde « promise » dans la Bible.

# Approfondir

## 3 La lutte contre le destin

**1.** **Quelle influence Félix essaie-t-il d'avoir sur Polyeucte ?**
**2.** **Quel type de phrase domine ? pourquoi ?**
**3.** **Relevez les termes qui relèvent du registre tragique. Dans quelle mesure font-ils de Polyeucte un héros ?**
→ p. 450 : LES REGISTRES COMIQUE ET TRAGIQUE

*Dans la Rome du IIIe siècle, les chrétiens sont persécutés. Polyeucte, converti au christianisme, a brisé les statues des dieux romains pour mourir en martyr. Son épouse Pauline et le père de celle-ci, le gouverneur romain Félix, essaient une dernière fois de le sauver.*

FÉLIX
Oui, ma fille, il est vrai qu'un père est toujours père ;
Rien n'en peut effacer le sacré caractère[1] ;
Je porte un cœur sensible, et vous l'avez percé.
Je me joins avec vous contre cet insensé.
Malheureux Polyeucte, es-tu seul insensible ?
Et veux-tu rendre seul ton crime irrémissible[2] ?
Peux-tu voir tant de pleurs d'un œil si détaché ?
Peux-tu voir tant d'amour sans en être touché ?
Ne reconnais-tu plus ni beau-père, ni femme,
Sans amitié pour l'un, et pour l'autre sans flamme ?
Pour reprendre les noms et de gendre et d'époux,
Veux-tu nous voir tous deux embrasser[3] tes genoux ?

Pierre CORNEILLE, *Polyeucte*, acte V, scène 3, vers 1635-1646 (1641).

1. Le lien familial a un caractère sacré. 2. Que l'on ne peut pas pardonner. 3. Tenir dans leurs bras pour le supplier.

## 4 L'idéal romantique

**1.** **Dans la didascalie, que signifie l'expression *contemplation angélique* ? Relevez le champ lexical correspondant.**
**2.** **Quel type de phrase domine ? Quels sentiments permet-il d'exprimer ?**
**3.** **Quelles figures de rhétorique rendent compte de ce que Ruy Blas ressent ? Expliquez.**
→ p. 384 : LES FIGURES DE RHÉTORIQUE
**4.** **Quelles valeurs animent Ruy Blas ? Correspond-il à l'image traditionnelle du héros ?**

*À la fin de l'acte III du drame* Ruy Blas, *le dialogue entre la reine et Ruy Blas, valet caché sous les habits d'un jeune noble, a enfin eu lieu, et, à demi-mot, la reine a avoué son amour pour lui. Il reste seul.*

RUY BLAS
*Il est comme absorbé dans une contemplation angélique.*
Devant mes yeux c'est le ciel que je voi[1] !
De ma vie, ô mon Dieu ! cette heure est la première.
Devant moi tout un monde, un monde de lumière,
Comme ces paradis qu'en songe nous voyons,
S'entr'ouvre en m'inondant de vie et de rayons !
Partout, en moi, hors moi, joie, extase[2] et mystère,
Et l'ivresse, et l'orgueil, et ce qui sur la terre
Se rapproche le plus de la divinité,
L'amour dans la puissance et dans la majesté !
La reine m'aime ! ô Dieu ! c'est bien vrai, c'est moi-même.
Je suis plus que le roi puisque la reine m'aime !
Oh ! cela m'éblouit. Heureux, aimé, vainqueur !

Victor HUGO, *Ruy Blas*, acte III, scène 4, vers 1276-1287 (1838).

1. Pour *vois*, licence poétique.
2. Bonheur extrême.

# Écrire

## 5 La réécriture tragique

**1.** **Quels thèmes rappellent l'Antiquité ? Justifiez.**
**2.** **Antigone est-elle vraiment une héroïne tragique ? Observez en particulier le choix qu'elle adopte finalement.**
**3.** **Entraînement à la dissertation. Chez Aristote comme chez Boileau, le héros tragique doit inspirer terreur et pitié. À la lumière de la séquence, demandez-vous si cette exigence correspond bien aux personnages de vos textes. Proposez un plan détaillé de ce devoir.**
→ p. 526 : CONSTRUIRE UN PLAN DÉTAILLÉ DE DISSERTATION

*Brecht propose une réécriture de la pièce originale du dramaturge grec Sophocle* → SÉQUENCE 15, p. 329. *Il ajoute des éléments historiques pour faire d'Antigone une héroïne de la Seconde Guerre mondiale, pendant la chute du IIIe Reich.*

ANTIGONE
[...]
Sur vous je pleure, vous qui vivez,
Sur ce que vous verrez
Quand mes yeux seront remplis de poussière ! Douce Thèbes[1],
Cité de mes pères ! Et vous, sources de Dircé[2],
Autour de Thèbes, là-haut
Où montent les chars, ô vous, forêts ! Ma gorge
Se serre, Thèbes, quand je pense à ce qui t'attend !
Tu as donné la vie aux inhumains,
Tu seras réduite en poussière. Si quelqu'un demande
Où est Antigone, dites : nous l'avons vue
Chercher refuge dans la tombe.
*Antigone sort avec le garde et les servantes.*

Bertolt BRECHT, *Antigone* (1948), traduction de l'allemand par M. Regnaut, © L'Arche (1979).

1. Ville dont Œdipe, père d'Antigone, était le roi.
2. Femme d'un des premiers rois de Thèbes transformée en fontaine.

SÉQUENCE 12

# L'absurdité de la condition humaine

Dès les années 1940, les auteurs de théâtre engagés puis les auteurs du théâtre de l'absurde renouvellent le langage théâtral et l'espace de la scène. Ils expriment ainsi la vacuité de la condition humaine et mettent en relief les limites du langage.

**OBJECTIF**

**Étudier la mise en scène de la condition humaine dans le théâtre depuis la Seconde Guerre mondiale.**

DVD-ROM Ressources complémentaires

SOMMAIRE


Texte 1 — A. Camus, *Le Malentendu* (1944) ..... 256
D'un Texte à l'autre — J.-P. Sartre, *Les Mains sales* (1948) ..... 258

Texte 2 — E. Ionesco, *La Leçon* (1951) ..... 260
D'un Texte à l'autre — J. Tardieu, *Finissez vos phrases* (1978) ..... 262

Texte 3 — S. Beckett, *En attendant Godot* (1952) ..... 263
D'un Texte à l'autre — H. Pinter, *Le Retour* (1965) ..... 265

Étude d'œuvre intégrale — S. Beckett, *En attendant Godot* (1952) ..... 267

Analyse d'Image — Photogramme du *Roi de la bière* d'Edward Sedgwick (1933) ..... 268

- **SYNTHÈSE** Théâtre et absurdité du monde ..... 269
- **Histoire des arts** Jeux et fantaisie dans l'art contemporain ..... 270
- **Exercices d'approfondissement** ..... 272


| Notions et activités | Liens avec la partie II |
| --- | --- |
| Les types de comique | → p. 450 : LES REGISTRES COMIQUE ET TRAGIQUE |
| Didascalies et répliques | → p. 441 : LA PAROLE THÉÂTRALE |
| | **Liens avec la partie III** |
| Construire le plan détaillé d'un commentaire à partir de deux axes | → p. 507 : CONSTRUIRE UN PLAN DÉTAILLÉ DE COMMENTAIRE |
| Imaginer la suite d'une pièce | → p. 541 : INVENTER ET IMAGINER |
| Rédiger la note d'intention d'un metteur en scène | → p. 544 : INVENTER ET ARGUMENTER |
| Analyser une citation, problématiser et proposer un plan détaillé | → p. 518 : RÉDIGER UNE DISSERTATION |

Georges Rouault (1871-1958), *À l'auberge* (1914), gouache (Prague, Narodni Galerie).

# Texte 1

Biographie p. 561

## Albert Camus
## *Le Malentendu* (1944)

Le Malentendu *s'inscrit dans une série de pièces d'Albert Camus représentant l'absurdité de la condition humaine. Elle est écrite à une période où l'auteur se sent exilé dans son propre pays en raison de l'occupation allemande et de son refuge dans une pension de famille auvergnate. Au début de la pièce, Jan revient dans son village natal tchèque après avoir vécu vingt ans en Afrique où il a fait fortune et épousé Maria. Il souhaite retrouver sa mère et sa sœur, Martha, auxquelles il n'a jamais donné de nouvelles. Intimidé, il se fait passer pour un client de leur auberge en ignorant que les deux femmes endorment les voyageurs isolés avant de les voler, puis de les jeter dans la rivière. Au dénouement, Maria vient retrouver son mari à l'auberge.*

Martha. – [...] Nous avons tué votre mari cette nuit, pour lui prendre son argent, comme nous l'avions fait déjà pour quelques voyageurs avant lui.

Maria. – Sa mère et sa sœur étaient donc des criminelles ?

Martha. – Oui.

Maria, *toujours avec le même effort.* – Aviez-vous appris déjà qu'il était votre frère ?

Martha. – Si vous voulez le savoir, il y a eu malentendu. Et pour peu que vous connaissiez le monde, vous ne vous en étonnerez pas.

Maria, *retournant vers la table, les poings contre la poitrine, d'une voix sourde.* – Oh ! mon Dieu, je savais que cette comédie ne pouvait être que sanglante, et que lui et moi serions punis de nous y prêter. Le malheur était dans ce ciel. *(Elle s'arrête devant la table et parle sans regarder Martha.)* Il voulait se faire reconnaître de vous, retrouver sa maison, vous apporter le bonheur, mais il ne savait pas trouver la parole qu'il fallait. Et pendant qu'il cherchait ses mots, on le tuait. *(Elle se met à pleurer.)* Et vous, comme deux insensées, aveugles devant le fils merveilleux qui vous revenait... car il était merveilleux, et vous ne savez pas quel cœur fier, quelle âme exigeante vous venez de tuer ! Il pouvait être votre orgueil, comme il a été le mien. Mais, hélas ! vous étiez son ennemie, vous êtes son ennemie, vous qui pouvez parler froidement de ce qui devrait vous jeter dans la rue et vous tirer des cris de bête !

MARTHA. – Ne jugez de rien, car vous ne savez pas tout. À l'heure qu'il est, ma mère a rejoint son fils. Le flot commence à les ronger. On les découvrira bientôt et ils se retrouveront dans la même terre. Mais je ne vois pas qu'il y ait encore là de quoi me tirer des cris. Je me fais une autre idée du cœur humain et, pour tout dire, vos larmes me répugnent.

MARIA, *se retournant contre elle avec haine.* – Ce sont les larmes des joies perdues à jamais. Cela vaut mieux pour vous que cette douleur sèche qui va bientôt me venir et qui pourrait vous tuer sans un tremblement.

MARTHA. – Il n'y a pas là de quoi m'émouvoir. Vraiment, ce serait peu de chose. Moi aussi, j'en ai assez vu et entendu, j'ai décidé de mourir à mon tour. Mais je ne veux pas me mêler à eux. Qu'ai-je à faire dans leur compagnie ? Je les laisse à leur tendresse retrouvée, à leurs caresses obscures. Ni vous ni moi n'y avons plus de part, ils nous sont infidèles à jamais. Heureusement, il me reste ma chambre, il sera bon d'y mourir seule.

MARIA. – Ah ! vous pouvez mourir, le monde peut crouler, j'ai perdu celui que j'aime. Il me faut maintenant vivre dans cette terrible solitude où la mémoire est un supplice.

Acte III, scène 3 (extrait), © Gallimard.

## LECTURE ANALYTIQUE

### Première lecture

**1.** Quelles nouvelles Maria apprend-elle de la bouche de Martha ?
**2.** Dans quelle mesure le comportement de Martha est-il étrange ? Justifiez.

### Mise au point

**3.** Commentez l'emploi du pronom *on* (l. 13) dans la tirade de Maria.
→ p. 371 : COMMUNICATION, ÉNONCIATION ET MODALISATION

### Analyse

**4.** Pour quel personnage l'auteur ajoute-t-il des didascalies aux répliques ? pourquoi, selon vous ?
→ p. 445 : LE SPECTACLE THÉÂTRAL
→ p. 441 : LA PAROLE THÉÂTRALE
**5.** Étudiez le face-à-face entre les deux femmes. Quel type de phrase chacune emploie-t-elle ? Quelles attitudes contrastées cela révèle-t-il ?
**6.** Relevez le passage qui explique le titre de la pièce. Dans quelle mesure cette réplique propose-t-elle une réflexion philosophique sur l'existence humaine ?
**7. a.** Quelle explication Maria donne-t-elle à l'événement ? De quel registre relève-t-il ?
**b.** D'après la décision qu'elle prend à la fin de l'extrait, quelle vision de la condition humaine Martha représente-t-elle ?
→ p. 450 : LES REGISTRES COMIQUE ET TRAGIQUE
**8.** Dans quelle situation commune les deux femmes se retrouvent-elles finalement ? Expliquez.

### Question de synthèse

**9.** Dans quelle mesure ce dialogue rappelle-t-il la tragédie antique ?
→ SÉQUENCE 15, SYNTHÈSE, p. 340

### Pour aller plus loin

**10. Recherche**
**a.** Dans le Nouveau Testament, qui sont Marthe et Marie ? À quel sujet sont-elles en désaccord ?
**b.** Quel écho cet épisode biblique a-t-il dans la pièce de Camus ?
**11. Entraînement au commentaire.** Construisez le plan détaillé du commentaire de ce texte en vous intéressant d'une part au registre de la scène, d'autre part à sa façon de représenter l'existence.
→ p. 507 : CONSTRUIRE UN PLAN DÉTAILLÉ DE COMMENTAIRE

D'UN *Texte* À L'AUTRE **1**

Biographie p. 568

# Jean-Paul SARTRE

## *Les Mains sales* (1948)

*Après la Seconde Guerre mondiale, le Parti communiste français est à son apogée. Jean-Paul Sartre, pourtant rallié à l'extrême gauche, lui reproche sa soumission à l'URSS.* Les Mains sales *est une pièce politique qui met en scène des révolutionnaires violents. Hugo, jeune bourgeois idéaliste, sort de prison où il a purgé une peine de deux ans pour le meurtre d'Hoederer, l'un des dirigeants du Parti communiste qu'il a tué pour avoir tenté une alliance avec le pouvoir en place. Il se rend aussitôt chez Olga, une camarade du parti qui l'a pris sous sa protection tandis que les autres membres souhaitent éliminer Hugo. Elle les convainc de lui laisser un délai jusqu'à minuit pour vérifier si le jeune homme est « récupérable ».*

HUGO. – C'est non. Je ne travaillerai pas avec vous.

OLGA. – Hugo, tu n'as donc pas compris ? Ils vont venir avec leurs revolvers...

HUGO. – Je sais. Ils sont même en retard.

OLGA. – Tu ne vas pas te laisser tuer comme un chien. Tu ne vas pas accepter de mourir pour rien ! Nous te ferons confiance, Hugo. Tu verras, tu seras pour de bon notre camarade, tu as fait tes preuves...

*Une auto. Bruit de moteur.*

HUGO. – Les voilà.

OLGA. – Hugo, ce serait criminel ! Le Parti...

HUGO. – Pas de grands mots, Olga. Il y a eu trop de grands mots dans cette histoire et ils ont fait beaucoup de mal. *(L'auto passe.)* Ce n'est pas leur voiture. J'ai le temps de t'expliquer. Écoute : Je ne sais pas pourquoi j'ai tué Hoederer mais je sais pourquoi j'aurais dû le tuer : parce qu'il faisait de mauvaise politique, parce qu'il mentait à ses camarades et parce qu'il risquait de pourrir le Parti. Si j'avais eu le courage de tirer quand j'étais seul avec lui dans le bureau, il serait mort à cause de cela et je pourrais penser à moi sans honte. J'ai honte de moi parce que je l'ai tué... après[1]. Et vous, vous me demandez d'avoir encore plus honte et de décider que je l'ai tué pour rien[2]. Olga, ce que je pensais sur la politique d'Hoederer je continue à le penser. Quand j'étais en prison, je croyais que vous étiez d'accord avec moi et ça me soutenait ; je sais à présent que je suis seul de mon opinion mais je ne changerai pas d'avis.

*Bruit de moteur.*

OLGA. – Cette fois les voilà. Écoute, je ne peux pas... prends ce revolver, sors par la porte de ma chambre et tente ta chance.

HUGO, *sans prendre le revolver.* – Vous avez fait d'Hoederer un grand homme. Mais je l'ai aimé plus que vous ne l'aimerez jamais. Si je reniais mon acte, il deviendrait un cadavre anonyme, un déchet du Parti. *(L'auto s'arrête.)* Tué par hasard. Tué pour une femme.

OLGA. – Va-t'en.

HUGO. – Un type comme Hoederer ne meurt pas par hasard. Il meurt pour ses idées, pour sa politique ; il est responsable de sa mort. Si je revendique mon crime devant tous, si je réclame mon nom de Raskolnikoff[3] et si j'accepte de payer le prix

1. Hugo a surtout tué Hoederer par jalousie, lorsqu'il l'a surpris avec sa femme.

2. Le Parti a changé d'opinion à propos d'Hoederer. Il n'est plus considéré comme un traître.

3. Nom de guerre choisi par Hugo, rappelant le héros criminel du roman *Crime et Châtiment* (1866) de Dostoïevski.

qu'il faut, alors il aura eu la mort qui lui convient.

*On frappe à la porte.*

OLGA. – Hugo, je...

HUGO, *marchant vers la porte.* – Je n'ai pas encore tué Hoederer, Olga. Pas encore. C'est à présent que je vais le tuer et moi avec.

*On frappe de nouveau.*

OLGA, *criant.* – Allez-vous-en ! Allez-vous-en !

*Hugo ouvre la porte d'un coup de pied.*

HUGO, *il crie.* – Non récupérable.

*Rideau.*

Septième et dernier tableau, scène unique, © Gallimard.

## QUESTIONS

**1.** À quel sujet les deux personnages sont-ils en désaccord ? Précisez la position de chacun.

**2. a.** Comment le dialogue progresse-t-il ? Par quels moyens chaque personnage défend-il son opinion ?
**b.** Un personnage l'emporte-t-il sur l'autre ? Expliquez en vous appuyant sur les types de phrase.

**3. a.** Quelle fonction les didascalies jouent-elles ?
**b.** À quel rythme apparaissent-elles ? Étudiez la montée de la tension dramatique.
→ p. 445 : LE SPECTACLE THÉÂTRAL

**4.** De quelle façon Hugo rejoue-t-il la mort d'Hoederer ? Va-t-il *mourir pour rien* comme l'affirme Olga ?

**5.** Comment comprenez-vous la réplique finale ? À quelle figure tragique Hugo s'assimile-t-il alors ?

**6.** Quelle image cette scène donne-t-elle du fonctionnement du Parti ?

## Vis-à-vis : Camus et Sartre

**7.** Dans quelle mesure la mort est-elle associée à l'idée de malentendu dans ces deux scènes ?

**8.** Quels personnages soutiennent la dimension tragique de ces deux scènes ?
→ p. 450 : LES REGISTRES COMIQUE ET TRAGIQUE

Jean-Paul SARTRE, *Les Mains sales*, mise en scène de Pierre Valde, avec François Périer et Paula Dehelly (Paris, théâtre Antoine, décembre 1948).

# Texte 2 Eugène Ionesco

Biographie p. 564

## *La Leçon* (1951)

*Après sa première pièce,* La Cantatrice chauve, *en 1950, Eugène Ionesco poursuit sa carrière littéraire en écrivant* La Leçon, *un succès qui suscite une controverse au sujet de l'invraisemblance de l'intrigue. Dans le contexte traumatisant de l'après-guerre qui remet en cause les certitudes à propos du sens de l'existence humaine, cette œuvre présentée comme un* drame comique *met en scène un professeur donnant un cours particulier à une élève de dix-huit ans qui éprouve quelques difficultés au cours de la leçon d'arithmétique. La relation maître-élève prend alors un autre tour, celle d'une relation entre un bourreau et sa victime.*

Le Professeur. – [...] Nous avons le nombre quatre et le nombre trois, avec chacun un nombre toujours égal d'unités ; quel nombre sera le plus grand, le nombre plus petit ou le nombre plus grand ?

L'Élève. – Excusez-moi, Monsieur... Qu'entendez-vous par le nombre le plus grand ? Est-ce celui qui est moins petit que l'autre ?

Le Professeur. – C'est ça, Mademoiselle, parfait. Vous m'avez très bien compris.

L'Élève. – Alors, c'est quatre.

Le Professeur. – Qu'est-ce qu'il est, le quatre ? Plus grand ou plus petit que trois ?

L'Élève. – Plus petit... non, plus grand.

Le Professeur. – Excellente réponse. Combien d'unités avez-vous de trois à quatre ?... ou de quatre à trois, si vous préférez ?

L'Élève. – Il n'y a pas d'unités, Monsieur, entre trois et quatre. Quatre vient tout de suite après trois ; il n'y a rien du tout entre trois et quatre !

Le Professeur. – Je me suis mal fait comprendre. C'est sans doute ma faute. Je n'ai pas été assez clair.

L'Élève. – Non, Monsieur, la faute est mienne.

Le Professeur. – Tenez. Voici trois allumettes. En voici encore une, ça fait quatre. Regardez bien, vous en avez quatre, j'en retire une, combien vous en reste-t-il ?

*On ne voit pas les allumettes, ni aucun des objets, d'ailleurs, dont il est question ; le Professeur se lèvera de table, écrira sur un tableau inexistant avec une craie inexistante, etc.*

L'Élève. – Cinq. Si trois et un font quatre, quatre et un font cinq.

Le Professeur. – Ce n'est pas ça. Ce n'est pas ça du tout. Vous avez toujours tendance à additionner. Mais il faut aussi soustraire. Il ne faut pas uniquement intégrer. Il faut aussi désintégrer. C'est ça la vie. C'est ça la philosophie. C'est ça la science. C'est ça le progrès, la civilisation.

L'Élève. – Oui, Monsieur.

Le Professeur. – Revenons à nos allumettes. J'en ai donc quatre. Vous voyez, elles sont bien quatre. J'en retire une, il n'en reste plus que...

L'Élève. – Je ne sais pas, Monsieur.

Le Professeur. – Voyons, réfléchissez. Ce n'est pas facile, je l'admets. Pourtant, vous êtes assez cultivée pour pouvoir faire l'effort intellectuel demandé et parvenir à comprendre. Alors ?

L'Élève. – Je n'y arrive pas, Monsieur. Je ne sais pas, Monsieur.

Extrait, 

## LECTURE ANALYTIQUE

### Première lecture

**1.** Quelles sont les deux étapes de cette leçon d'arithmétique ? Expliquez.

**2.** Quelle est l'identité des personnages ? Pourquoi sont-ils, selon vous, désignés ainsi ?

### Mise au point

**3.** Relevez deux antithèses. Quel personnage les formule ? Quelle image donne-t-il de lui ?

→ p. 384 : LES FIGURES DE RHÉTORIQUE

### Analyse

**4.** Sur quelle tension dramatique la scène repose-t-elle ? Étudiez la progression des répliques.

→ p. 440 : LES NOTIONS PROPRES AU THÉÂTRE

**5.** De quelles qualités le professeur fait-il souvent preuve ? Justifiez. Dans quelle réplique le professeur laisse-t-il entrevoir un caractère inquiétant ?

**6.** Sur quel ton la dernière réplique doit-elle être prononcée ? Expliquez.

**7.** Commentez l'unique didascalie de l'extrait. Quel sentiment contribue-t-elle à faire naître ?

→ p. 445 : LE SPECTACLE THÉÂTRAL

### Question de synthèse

**8.** Quelle image de la transmission du savoir cette scène présente-t-elle ?

### Pour aller plus loin

**9. Recherche.** Résumez grâce à un dictionnaire des œuvres le dénouement de cette pièce. Déduisez-en son registre.

→ p. 450 : LES REGISTRES COMIQUE ET TRAGIQUE

**10. Entraînement à la dissertation.** Dans *Antidotes* (1977), Ionesco affirme : *notre théâtre est un théâtre qui met en question la totalité du destin de l'homme, qui met en question notre condition existentielle.*

**a.** Dans quelle mesure cette citation concernant le théâtre de l'absurde pourrait-elle s'appliquer aux œuvres d'après-guerre étudiées dans la séquence ?

**b.** Définissez précisément les mots clés du sujet, formulez la problématique et construisez un plan détaillé.

→ p. 526 : CONSTRUIRE UN PLAN DÉTAILLÉ DE DISSERTATION

**Ci-contre :**
Eugène Ionesco, *La Leçon*, mise en scène de Samuel Sené, avec Christian Bujeau et Claire Baradat (Paris, théâtre Mouffetard, février 2010).

D'UN *Texte* À L'AUTRE 2

Biographie p. 568

# Jean TARDIEU
# *Finissez vos phrases* (1978)

Roy LICHTENSTEIN (1923-1997), *"It is... with me!"* (1963), sérigraphie, 86,5 x 60,5 cm (collection privée).

*Sous le titre de* La Comédie du langage, *Jean Tardieu livre neuf courtes pièces qui proposent une interrogation sur la communication en remettant en cause la logique habituelle du langage. Le titre de chaque pièce est éloquent, comme* Finissez vos phrases *qui met en scène deux personnages, Monsieur A et Madame B, qui se rencontrent dans la rue et conversent en se comprenant à demi-mot.*

MONSIEUR A, *sur le ton de l'intimité.* – Chère ! Si vous saviez comme, depuis longtemps !

MADAME B, *touchée.* – Vraiment ? Serait-ce depuis que ?

MONSIEUR A, *étonné.* – Oui ! Justement ! Depuis que ! Mais comment pouviez-vous ?

MADAME B, *tendrement.* – Oh ! Vous savez ! Je devine que. Surtout quand.

MONSIEUR A, *pressant.* – Quand quoi ?

MADAME B, *péremptoire*[1]. – Quand quoi, eh bien, mais : quand quand.

MONSIEUR A, *jouant l'incrédule*[2], *mais satisfait.* – Est-ce possible ?

MADAME B. – Lorsque vous me mieux, vous saurez que je toujours là.

MONSIEUR A. – Je vous crois, chère !... *(Après une hésitation, dans un grand élan.)* Je vous crois, parce que je vous !

MADAME B, *jouant l'incrédule.* – Oh ! Vous allez me faire ? Vous êtes un grand !...

MONSIEUR A, *laissant libre cours à ses sentiments.* – Non ! Non ! C'est vrai ! Je ne puis plus me ! Il y a trop longtemps que ! Ah ! si vous saviez ! C'est comme si je ! C'est comme si toujours je ! Enfin, aujourd'hui, voici que, que vous, que moi, que nous !

MADAME B, *émue.* – Ne pas si fort ! Grand, Grand ! On pourrait nous !

MONSIEUR A. – Tant pis pour ! Je veux que chacun, je veux que tous ! Tout le monde, oui !

MADAME B, *engageante*[3], *avec un doux reproche.* – Mais non, pas tout le monde : seulement nous deux !

*In La Comédie du langage* (extrait), © Gallimard.

1. Catégorique.
2. Celui qui ne comprend pas.
3. Attirante.

## QUESTIONS

1. Ce texte se lit-il facilement ? Comment expliquez-vous qu'il reste pour autant compréhensible ?
2. Quels types de phrase sont utilisés ? dans quel but ?
3. Comment les deux personnages sont-ils désignés ? Proposez une explication.
4. Quel type de didascalies Tardieu propose-t-il ? En quoi enrichissent-elles le sens des répliques ?
   → p. 445 : LE SPECTACLE THÉÂTRAL
5. Comparez la première didascalie et la dernière réplique de cet extrait. Sur quelle situation théâtrale traditionnelle cette scène est-elle construite ?
6. Quel est l'effet de cette scène ? Quels costumes et quel décor imagineriez-vous pour le souligner ?
   → p. 450 : LES REGISTRES COMIQUE ET TRAGIQUE
   → p. 445 : LE SPECTACLE THÉÂTRAL

## Vis-à-vis : Ionesco et Tardieu

7. Dans quelle mesure ces deux textes révèlent-ils les limites du langage ?
8. Qu'est-ce qui, dans ces deux scènes, justifie l'appellation de *théâtre de l'absurde* ?

# Texte 3

Biographie p. 560

## Samuel Beckett
## *En attendant Godot* (1952)

*Samuel Beckett renouvelle le genre théâtral en s'inscrivant dans le mouvement du nouveau théâtre aux côtés d'Eugène Ionesco. La pièce* En attendant Godot *est écrite d'une traite en 1947, période encore marquée par les traumatismes de la guerre, ce qui explique certainement le climat pesant de l'intrigue. Les deux personnages principaux, Vladimir et Estragon, sont des vagabonds qui errent sur une route de campagne en attendant Godot, un personnage mystérieux qui ne se montrera jamais. L'acte II s'ouvre sur le deuxième jour, Estragon a oublié ce qui s'est passé la veille.*

Samuel Beckett, *En attendant Godot*, mise en scène de Bernard Lévy, avec Thierry Bosc et Gilles Arbona (Paris, théâtre de l'Athénée - Louis-Jouvet, mars 2009).

Estragon. – [...] Allons-nous-en.
Vladimir. – On ne peut pas.
Estragon. – Pourquoi ?
Vladimir. – On attend Godot.
Estragon. – C'est vrai. *(Un temps.)* Alors comment faire ?
Vladimir. – Il n'y a rien à faire.
Estragon. – Mais moi je n'en peux plus.
Vladimir. – Veux-tu un radis ?
Estragon. – C'est tout ce qu'il y a ?
Vladimir. – Il y a des radis et des navets.

ESTRAGON. – Il n'y a plus de carottes ?

VLADIMIR. – Non. D'ailleurs tu exagères avec les carottes.

ESTRAGON. – Alors donne-moi un radis. *(Vladimir fouille dans ses poches, ne trouve que des navets, sort finalement un radis qu'il donne à Estragon qui l'examine, le renifle.)* Il est noir !

VLADIMIR. – C'est un radis.

ESTRAGON. – Je n'aime que les roses, tu le sais bien !

VLADIMIR. – Alors tu n'en veux pas ?

ESTRAGON. – Je n'aime que les roses !

VLADIMIR. – Alors rends-le-moi.

*Estragon le lui rend.*

ESTRAGON. – Je vais chercher une carotte.

*Il ne bouge pas.*

VLADIMIR. – Ceci devient vraiment insignifiant.

ESTRAGON – Pas encore assez.

*Silence.*

Acte II (extrait), © Minuit.

## LECTURE ANALYTIQUE

### Première lecture

**1.** Quel rôle la nourriture joue-t-elle dans cet extrait ? Que pouvez-vous dire de l'aliment évoqué ?

**2.** Relevez la réplique dans laquelle un des personnages juge la teneur de la conversation.

### Mise au point

**3.** Quel prénom chaque personnage porte-t-il ? Le spectateur en aura-t-il la même approche ? Expliquez.

### Analyse

**4. a.** Quel personnage mène le dialogue ? Justifiez.
**b.** Analysez les types de phrase utilisés. Comment éclairent-ils la relation entre les deux personnages ?

**5.** Quelle est la fonction particulière de l'accessoire qui circule ? Quel type de comique renforce-t-il ?

→ p. 445 : LE SPECTACLE THÉÂTRAL
→ p. 450 : LES REGISTRES COMIQUE ET TRAGIQUE

**6. a.** Comment interprétez-vous les deux dernières répliques ?
**b.** Sur quelle atmosphère l'échange se referme-t-il ? L'intrigue progresse-t-elle ? Justifiez.

→ p. 441 : LA PAROLE THÉÂTRALE

### Question de synthèse

**7.** Comment le dramaturge met-il en scène l'absence d'événement ?

### Pour aller plus loin

**Recherche**

**8.** Dans le premier acte de cette pièce, identifiez l'épisode où apparaît la nourriture. Sur quelles répétitions l'action se construit-elle ? Expliquez.

**9.** Relevez d'autres passages où le vide de l'existence apparaît de façon évidente.

**10. Écriture d'invention.** Rédigez la note d'intention du metteur en scène qui précise à toute son équipe (acteurs, décorateur, costumier…) ses attentes concernant la représentation de cette scène.

→ p.445 : LE SPECTACLE THÉÂTRAL
→ p. 541 : INVENTER ET IMAGINER

Wayne Thiebaud (né en 1920), *Sandwiches*, huile sur toile (collection privée).

D'UN *Texte* À L'AUTRE 3

Biographie p. 566

# Harold Pinter

## *Le Retour* (1965)

Le Retour, *l'une des premières pièces de Pinter, repose sur une intrigue familiale en deux actes : Teddy, professeur d'université aux États-Unis, revient pour quelques jours dans la maison paternelle en Angleterre, accompagné de sa femme. Il y retrouve son père, son oncle Sam et ses deux frères, dont Lenny qui, à partir d'un événement anodin, dévoile la vérité de ses sentiments pour Ted. Le dramaturge développe alors son art du conflit fondé sur la rancœur et le malentendu.*

*On entend la porte d'entrée qui se referme et Lenny pénètre dans la pièce.*

Lenny. – Encore là, Ted ? Tu vas être en retard pour ton premier séminaire[1].

*Il se dirige vers le buffet, l'ouvre, regarde à l'intérieur, de gauche et de droite, puis il se redresse et reste un instant immobile.*

Où est mon sandwich au fromage ?

*Un temps.*

Quelqu'un a pris mon sandwich au fromage. Je l'avais mis ici.

*Un temps.*

*(À Sam.)* Tu l'as fauché ?

Teddy. – J'ai pris ton sandwich au fromage, Lenny.

1. Ta première série de conférences à l'université.

*Un temps.*
*Sam les regarde l'un après l'autre, se lève, prend sa casquette et sort.*
*Un silence.*

LENNY. – Tu as pris mon sandwich au fromage ?

TEDDY. – Oui.

LENNY. – J'avais fait ce sandwich moi-même. J'ai coupé un petit pain. J'y ai mis du beurre, j'ai coupé une tranche de fromage et je l'ai mise au milieu. Je l'ai mis sur une assiette et j'ai mis le tout dans le buffet. J'ai fait tout ça avant de sortir. Maintenant, je reviens et tu l'as mangé.

TEDDY. – Et alors, qu'est-ce que tu vas faire ?

LENNY. – J'attends que tu me fasses des excuses.

TEDDY. – Mais je l'ai pris délibérément, Lenny.

LENNY. – Tu veux dire que tu n'es pas tombé dessus par hasard ?

TEDDY. – Non. Je t'ai vu le mettre là. J'avais faim, alors je l'ai mangé.

*Un temps.*

LENNY. – Quelle impudence[2] !

*Un temps.*

Qu'est-ce qui t'a rendu si... vindicatif[3] à l'égard de ton propre frère ? Je suis renversé.

*Un temps.*

Eh bien, Ted, il me semble que nous approchons de la vérité toute nue, n'est-ce pas ? Le grand jeu cartes sur table ! Je veux dire, nous voilà au royaume où tous les coups sont permis ! Comment interpréter ça autrement ? Barboter[4] le sandwich au fromage préparé spécialement par son frère cadet, pendant qu'il est sorti pour faire un brin de travail, ce n'est pas équivoque[5], c'est sans équivoque.

Acte II (extrait), traduction de l'anglais par É. Kahane,


2. Quelle insolence !
3. Rancunier.
4. Voler.
5. Ambigu.

**QUESTIONS**

**1. a.** Quelle est l'origine de la dispute entre les deux frères ?
**b.** Quelle réplique joue sur la plus profonde insignifiance ? Dans quelle mesure semble-t-elle absurde ?
→ p. 441 : LA PAROLE THÉÂTRALE

**2. a.** Le conflit n'est-il pas révélateur du rapport entre les personnages ? Que dévoile-t-il en profondeur ?
**b.** Interprétez la didascalie qui concerne le personnage de Sam. Que montre-t-elle ?
→ p. 445 : LE SPECTACLE THÉÂTRAL

**3. a.** Analysez la progression du dialogue. La dispute est-elle vive ?
**b.** À partir de quel moment le conflit est-il plus ouvert ? Expliquez.

**4.** Dans la dernière réplique, quelle expression semble renvoyer au spectacle lui-même ? Comment appelle-t-on ce procédé ? Expliquez.

## Vis-à-vis : Beckett et Pinter

**5.** À votre avis, pourquoi les auteurs ont-ils choisi la nourriture comme principal sujet de conversation entre les protagonistes ?

**6.** Aidez-vous d'un dictionnaire de la Bible ou de la mythologie pour prendre en notes l'essentiel de l'histoire de Caïn et Abel. Jusqu'à quel point ces deux scènes l'illustrent-elles ?

# Samuel BECKETT,
# *En attendant Godot* (1952)

**OBJECTIF**

Étudier une œuvre représentative des thèmes et des registres du théâtre de l'absurde.

## Le contexte

La France se relève à peine de la Seconde Guerre mondiale, et une grande partie de l'Europe vit grâce aux aides du Plan Marshall. La guerre froide s'organise entre l'URSS et les États-Unis, et la France vit une décolonisation violente. Mais la vie culturelle bouillonne à Saint-Germain-des-Prés à Paris, et la jeunesse artistique s'enthousiasme pour le jazz, le roman américain et la peinture abstraite.

## L'auteur

Samuel Beckett, romancier et dramaturge d'origine irlandaise, s'installe en France en 1945. Pendant la guerre, il a participé à des activités de résistance et a échappé de peu à la Gestapo. Après avoir vécu de ses traductions, il se singularise par le bilinguisme de son œuvre mais écrit surtout en français à partir de 1946.

## L'œuvre

*En attendant Godot* est la première pièce de Beckett. Publiée en 1952 et représentée pour la première fois à Paris en 1953, la pièce sera jouée ensuite à Dublin, à Londres et aux États-Unis. L'intrigue repose sur le paradoxe d'une absence d'histoire et de péripéties ; deux vagabonds, Vladimir et Estragon, attendent Godot qui ne viendra jamais.

## Pistes d'analyse

**1. Des couples énigmatiques**

**a.** Quelles relations les deux couples de personnages, Vladimir-Estragon et Pozzo-Lucky, entretiennent-ils ? Est-il aisé de différencier les individus au sein de chaque couple ?

**b.** Étudiez l'origine et la symbolique des noms.

→ p. 378 : L'ENRICHISSEMENT DU VOCABULAIRE ET L'ÉTYMOLOGIE
→ p. 381 : DÉNOTATION ET CONNOTATION

**2. Un décor dépouillé.** Quelles informations les didascalies donnent-elles sur le décor ? Quelles singularités le dramaturge semble-t-il avoir voulu effacer sur scène ? Expliquez.

→ p. 441 : LA PAROLE THÉÂTRALE

**3. La remise en question du langage.** Quelles scènes révèlent une utilisation plus poétique qu'utilitaire du langage ? Quel personnage le prouve ?

→ p. 381 : DÉNOTATION ET CONNOTATION

## Activités complémentaires

**1. Dissertation.** Dans quelle mesure les auteurs du théâtre de l'absurde révolutionnent-ils le théâtre ? Répondez dans un développement argumenté illustré par les textes de la séquence et vos lectures personnelles.

→ p. 518 : RÉDIGER UNE DISSERTATION

**2. Écriture d'invention.** Proposez une autre fin à la pièce, à partir du moment où repart le garçon venu prévenir Vladimir et Estragon que Godot ne viendrait que le lendemain. Faites revenir ce personnage ou faites réagir les vagabonds.

→ p. 541 : INVENTER ET IMAGINER

## Propositions de lectures

**Textes de l'auteur ou contemporains de l'auteur**

- Samuel BECKETT, *Fin de partie* (1957) : une atmosphère de fin du monde dans un huis clos où un maître pitoyable traite en esclave son fils adoptif.
- Eugène IONESCO, *La Cantatrice chauve* (1950) : une anti-pièce qui remet en cause le langage en se fondant sur une méthode d'apprentissage de l'anglais et l'association d'idées.

**Pour élargir**

- Philippe MINYANA, *Inventaires* (1987) : un marathon de la parole, pièce qui montre la puissance du langage à travers une série de monologues.

Analyse *d'image*

# Edward Sedgwick (1892-1953)
## *Le Roi de la bière* (1933)

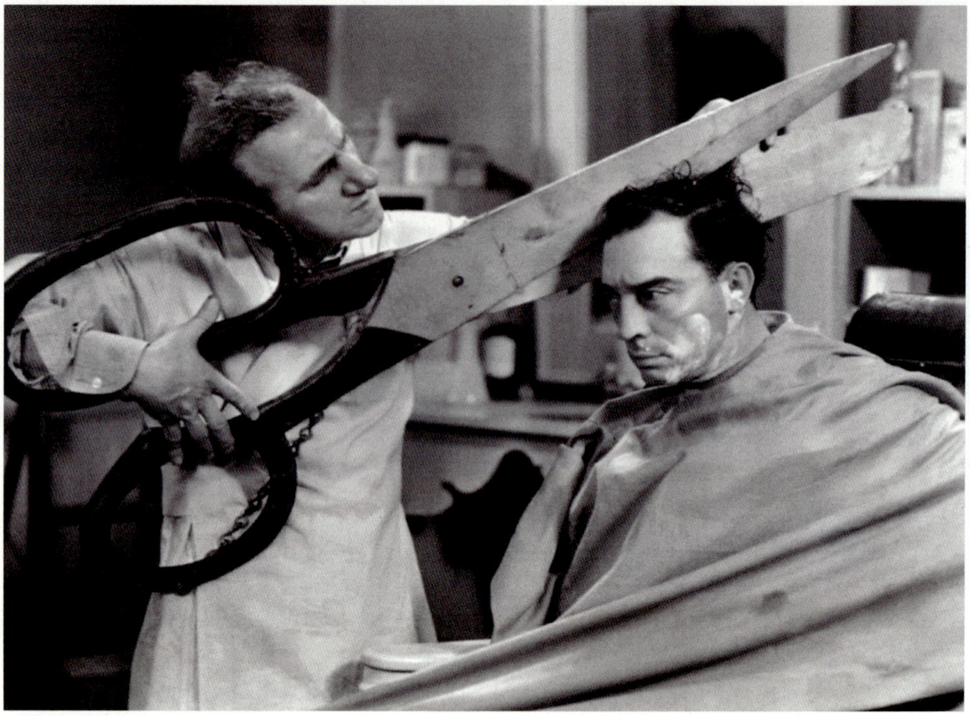

*Vedette du cinéma muet comme Charlie Chaplin, Buster Keaton (1895-1966) enchaîne les succès entre 1920 et 1930.* Le Roi de la bière *(1933) est son dernier film pour les studios américains de la Metro-Goldwyn-Mayer. Cet acteur burlesque est passé à la postérité comme* l'homme qui ne riait jamais. *Sous ses airs de clown triste, il donne une certaine gravité à des situations comiques mettant en scène l'homme en proie aux difficultés du quotidien. Dans ce film, le personnage de Jimmy Shannon essaie de faire fortune en ouvrant une brasserie au temps de la prohibition (interdiction de l'alcool) aux États-Unis.*

**QUESTIONS**

### Première approche

1. Que représente exactement ce photogramme ? Quel effet immédiat la projection de cette séquence aurait-elle sur les spectateurs ?

### Analyse

2. De quelle manière l'objet gigantesque est-il placé dans le cadre de l'image ? dans quel but ?
→ p. 461 : L'IMAGE FIXE
3. Observez le costume de chacun des personnages. Est-il en accord avec leur rôle ? Expliquez.
4. Commentez l'attitude et le regard des protagonistes.
5. Imaginez la séquence d'où ce photogramme a été logiquement tiré en rédigeant un synopsis de quelques lignes.
→ p. 467 : L'IMAGE MOBILE

### Question de synthèse

6. En vous appuyant sur cette image, expliquez pourquoi les auteurs du théâtre de l'absurde affectionnaient les films de Buster Keaton.

# SYNTHÈSE Théâtre et absurdité du monde

• Dès les années 1940, marqués par la guerre, dramaturges et metteurs en scène remettent en cause les fondements de l'écriture et de la représentation dramatique.

## 1 Un théâtre engagé

• Le nazisme et l'occupation allemande conduisent **Albert Camus** et **Jean-Paul Sartre** à réfléchir au sens de l'existence dans le **théâtre existentialiste**, théâtre fondé sur cette philosophie qui affirme la supériorité des choix individuels de l'homme. L'absurdité oppressante du monde y est mise en scène, sans remettre en question les codes du théâtre.

### Une réflexion philosophique

• L'homme *condamné à être libre* selon **Jean-Paul Sartre** est représenté dans des situations où il doit **faire des choix**. Cette vision du monde est partagée par **Albert Camus** qui, dans *Le Malentendu* (1944) → TEXTE 1, montre le désespoir de deux femmes, mais aussi la difficulté de communiquer du fils, de retour après vingt ans d'absence. Mais le choix demeure : l'épouse Maria a elle-même décidé de ne pas accompagner son mari.

### Une réflexion politique

• Le théâtre de Sartre n'est pas seulement philosophique, il est également **engagé** politiquement. En 1943, *Les Mouches* reprend et actualise le mythe grec d'Électre, l'histoire de la vengeance d'Électre après l'assassinat de son père Agamemnon, de retour de la guerre de Troie, par l'amant de sa mère.

• Juste après la guerre, dans *Les Mains sales* (1948) → D'UN TEXTE À L'AUTRE 1, le personnage idéaliste d'Hugo ose affronter le fonctionnement du Parti communiste.

## 2 Un théâtre de la désillusion

• Dès 1945, le double **traumatisme** d'Auschwitz et d'Hiroshima sème le doute dans l'esprit des penseurs et des artistes : est-il encore possible de croire en l'homme ?

### Le théâtre de l'absurde

• Ce théâtre marque un tournant dans l'histoire théâtrale par le choix de **décors dépouillés** et le **mélange de registres**. **Eugène Ionesco**, dans *Le roi se meurt* (1962) → EXERCICE 1, montre l'existence comme une farce tragique, à l'image d'un royaume en décomposition.

• **Le sentiment de l'absurdité** conduit Ionesco à identifier ses personnages par leurs fonctions de professeur ou d'élève → TEXTE 2. **Nathalie Sarraute** les rend anonymes grâce à des initiales et des numéros : H 1 (Homme n° 1) → EXERCICE 3.

### Le règne de l'anti-héros

• Le **corps** devient un élément essentiel des pièces de Samuel Beckett : les personnages crient leur **souffrance**, telle Winnie, à demi enterrée dans un monticule de terre dans *Oh les beaux jours* → EXERCICE 2.

• Vladimir et Estragon sont les **anti-héros** d'*En attendant Godot* → TEXTE 3, de simples hommes dont l'un *pue de la bouche*, l'autre *des pieds*. Leur amnésie symbolise leur impuissance face au temps qui passe.

## 3 Un théâtre critique

• Même si le théâtre n'est plus forcément engagé, il analyse le monde en faisant du langage et des objets la source de réflexions fécondes. Amorcé avec le théâtre de l'absurde, il a trouvé des continuateurs tels **Jean Tardieu** ou **Harold Pinter** → D'UN TEXTE À L'AUTRE 3.

### Un langage suspect

• Le langage n'a plus la part belle comme dans le théâtre classique. Le **bilinguisme** d'**Eugène Ionesco** et **Samuel Beckett** leur permet, par la distance critique de leur culture originelle, d'illustrer l'étrangeté du langage. Ainsi, dans *La Cantatrice chauve* (1950), Ionesco s'inspire comiquement d'une méthode d'apprentissage de l'anglais.

• D'autres auteurs sont inspirés par les **problèmes de communication**. **Jean Tardieu** choisit une scène de rencontre dans *Finissez vos phrases* (1978) → D'UN TEXTE À L'AUTRE 2, où les échanges sont réduits au pur et simple contact. De même, Nathalie Sarraute s'en prend aux lieux communs, si courants dans les conversations : le titre de sa pièce, *Isma* → EXERCICE 3, renvoie aux termes contenant le suffixe *-isme* que l'on prononce avec affectation.

• Le théâtre de l'absurde s'en prend à la **société de consommation** : les objets envahissent la scène dans *Les Chaises* de Ionesco (1952).

• Les **accessoires** deviennent **symboliques**. Les objets quotidiens acquièrent alors un rôle de **déclencheur** ; même un sandwich, chez **Harold Pinter**, réveille une rivalité douloureuse entre deux frères → D'UN TEXTE À L'AUTRE 3.

Biographies des auteurs → p. 560

DVD-ROM Ressources complémentaires

# Jeux et fantaisie dans l'art contemporain

L'art contemporain réunit toutes les formes d'expression artistique depuis les années 1950. Il représente une rupture avec l'art moderne, dans la mesure où les genres habituels de l'expression artistique (peinture, sculpture ...) sont pervertis, voire considérés comme dépassés.

## 1 • Un art résolument populaire

Entre 1950 et 1970, le *Pop Art*, *Popular Art*, né de la **société de consommation**, s'inspire des images publicitaires, des bandes dessinées et des magazines pour créer des œuvres pleines de vie et d'humour. Les **artistes américains** et **britanniques** utilisent les procédés industriels récents comme la **peinture acrylique** ou la **sérigraphie**.

**Roy Lichtenstein** s'inspire des bandes dessinées, tandis qu'**Andy Warhol**, connu pour ses portraits hauts en couleur de Marilyn Monroe, crée des œuvres à partir d'objets de la vie quotidienne comme la boîte de soupe Campbell's, qu'il consomme régulièrement. Il se fait une spécialité des toiles en série, sobres, figurant un seul objet peint en couleurs vives et mettant en valeur la marque du produit. C'est la revendication d'un **art anonyme**, accessible à tous.

La publicité influence également **Tom Wesselmann**. Il représente, dans ses collages **1**, des produits de consommation courante aux couleurs gaies dans une cuisine où le réfrigérateur et la céramique collés voisinent avec des dessins ou photographies de produits alimentaires. L'ensemble donne l'impression d'un décor factice, en contraste avec les **tableaux en trompe-l'œil** des siècles passés.

**1** Tom Wesselmann (1931-2004), *Still Life n° 30* (1963), acrylique sur contreplaqué avec collage d'images publicitaires, fleurs en plastique, poignée de réfrigérateur et bouteilles en plastique de 7-Up, 122 x 167,5 x 10 cm (New York, The Museum of Modern Art).

## 2 • Le goût du scandale et de la provocation

### Le Nouveau Réalisme français

Le **Nouveau Réalisme**, concurrent européen du *Pop Art* américain, revendique une nouvelle approche du réel, avec une dimension critique plus affirmée qui n'exclut pas la réflexion philosophique. Ainsi, le peintre **Yves Klein**, soutenu par le critique d'art **Pierre Restany**, fondateur du groupe, pense que l'avenir de la peinture est dans le **tableau monochrome** ; il invente l'IKB (*International Klein Blue*), un bleu outremer qui conserve son brillant grâce à la résine synthétique.

Mais les artistes de ce mouvement sont pour beaucoup des **sculpteurs** comme **César**. En 1976, il réalise le trophée de la cérémonie qui porte son nom. Il travaille à partir de déchets industriels qu'il assemble grâce à la technique de la **soudure à l'arc**. En 1959, il découvre une presse dans une casse automobile, ce qui lui donne l'idée des **compressions**, sculptures géantes empilant des automobiles **2**. C'est une véritable provocation à l'égard de la société bien-pensante puisque l'œuvre d'art est créée par la machine qui remplace la main de l'artiste.

**2** César Baldaccini dit César (1921-1998), *Dauphine*, compression (1959).

3 Les colonnes de Daniel Buren (né en 1938), dans la cour d'honneur du Palais-Royal à Paris.

### L'art minimaliste

En 1985, la cour d'honneur du Palais-Royal, à Paris, fait l'objet d'une vive polémique : l'œuvre de **Daniel Buren**, *Les Deux Plateaux* 3, constituée de deux cent soixante colonnes rayées de marbre blanc et noir, est considérée par certains comme la défiguration d'un monument historique datant du XVIIe siècle. Elle donne lieu à une controverse lancée par le ministre de la Culture Jack Lang, défenseur de Buren. Cet artiste minimaliste, utilise toujours le même motif de bandes verticales comme avec *La Porte* (1987), œuvre *in situ* à Münster, en Allemagne, où les bandes sont rouges, ou l'aménagement de la place des Terreaux, à Lyon.

## 3 • La fantaisie des artistes actuels

### Fluxus

Ce courant né en 1961 tient son nom du latin, il renvoie à la fluidité pour montrer l'universalité de l'art. Il prône une liberté totale, l'œuvre d'art se définissant par sa nouveauté et l'exaltation qu'elle provoque. L'art est désacralisé ; *tout est art* pour **Benjamin Vautier**, plus connu sous le diminutif **Ben**. Il écrit sur tous les supports des phrases spirituelles ou amusantes comme : *J'ai voulu abandonner l'art mais j'en ai fait de l'art.*

### L'art corporel

À partir de 1970, le corps intéresse les artistes contemporains qui s'adonnent à des performances dans des galeries, des musées ou dans l'espace public. **Gilbert & George** se sont ainsi mis en scène comme une sculpture vivante dans leur performance *La Sculpture chantante* dans une galerie de Londres en 1971. Vêtus de costumes gris, maquillés comme si leur peau était devenue du bronze, ils dansent lentement sur une chanson enregistrée.

### QUESTIONS

**1.** Dans quelle mesure le vaste collage de Tom Wesselmann semble-t-il à la fois prôner et dénoncer la société de consommation ?

**2.** À partir d'une recherche sur Internet ou dans des livres d'art contemporain, présentez deux œuvres d'Andy Warhol et de Lichtenstein. Expliquez dans quelle mesure elles revisitent le quotidien pour l'ériger au rang d'œuvre d'art.

→ p. 461 : L'IMAGE FIXE

### LEXIQUE

**Compression** Technique qui consiste à réduire le volume d'un objet par pression.

**Peinture acrylique** Peinture composée de pigments et d'une résine qui sert de liant.

**Performance** Art de l'immédiat qui consiste à créer un événement ponctuel.

**Sérigraphie** Technique d'impression à partir d'écrans de soie.

**Soudure à l'arc** Technique qui permet de souder deux pièces de métal en les chauffant.

**Tableau en trompe-l'œil** Tableau donnant l'illusion de la troisième dimension, en superposant par exemple des feuilles chiffonnées peintes plus vraies que nature.

**Tableau monochrome** Toile d'une seule couleur.

# Exercices d'approfondissement

## Revoir

### 1 Théâtre de l'absurde et fatalité

**1.** Quelle figure de rhétorique apparaît dans les quatre premières répliques ? Qu'exprime-t-elle au sujet des deux personnages qui l'emploient ?

→ p. 384 : LES FIGURES DE RHÉTORIQUE

**2. a.** Tous les personnages concourent-ils au bien-être moral du roi ? Expliquez.

**b.** Comment Marguerite parle-t-elle du temps ? Cela peut-il rassurer le roi ?

**3. a.** Comment Ionesco introduit-il la fatalité dans ce dialogue ?

**b.** Cette scène recourt-elle à un seul registre ? Expliquez.

→ p. 450 : LES REGISTRES COMIQUE ET TRAGIQUE

*Le roi Bérenger Ier refuse de se préparer à la mort que l'état de décrépitude de son royaume annonce. Marguerite et Marie, respectivement première et deuxième épouse, l'accompagnent dans ce cheminement.*

LE ROI. – Que le temps retourne sur ses pas.

MARIE. – Que nous soyons il y a vingt ans.

LE ROI. – Que nous soyons la semaine dernière.

MARIE. – Que nous soyons hier soir. Temps retourne, temps retourne ; temps, arrête-toi.

MARGUERITE. – Il n'y a plus de temps. Le temps a fondu dans sa main.

LE MÉDECIN, *à Marguerite, après avoir regardé dans sa lunette dirigée vers le haut.* – En regardant par la lunette qui voit au-delà des murs et des toits, on aperçoit un vide, dans le ciel, à la place de la constellation royale. Sur les registres de l'univers, Sa Majesté est portée défunte.

LE GARDE. – Le Roi est mort, vive le Roi !

MARGUERITE, *au Garde.* – Idiot, tu ferais mieux de te taire.

LE MÉDECIN. – En effet, il est bien plus mort que vif.

LE ROI. – Non. Je ne veux pas mourir. Je vous en prie, ne me laissez pas mourir. Soyez gentils, ne me laissez pas mourir. Je ne veux pas.

MARIE. – Que faire pour lui donner la force de résister ? Moi-même, je faiblis. Il ne me croit plus, il ne croit plus qu'eux. *(Au Roi.)* Espère tout de même, espère encore.

Eugène IONESCO, *Le roi se meurt* (extrait, 1962),


## Approfondir

### 2 Décor dans le théâtre de l'absurde

**1.** Où la scène se déroule-t-elle ? Quelles sont les connotations associées à ce lieu ?

→ p. 381 : DÉNOTATION ET CONNOTATION

**2.** Comment le personnage apparaît-il dans ce décor ? Interprétez ce choix.

**3.** Comment comprenez-vous la première phrase de Winnie ? Est-elle en harmonie avec sa situation ?

**4.** Quelle part de liberté est accordée au metteur en scène ? Expliquez.

→ p. 445 : LE SPECTACLE THÉÂTRAL

*Étendue d'herbe brûlée s'enflant au centre en petit mamelon. Pentes douces à gauche et à droite et côté avant-scène. Derrière, une chute plus abrupte au niveau de la scène. Maximum de simplicité et de symétrie.*

*Lumière aveuglante.*

*Une toile de fond en trompe-l'œil très pompier*[1] *représente la fuite et la rencontre au loin d'un ciel sans nuages et d'une plaine dénudée.*

*Enterrée jusqu'au-dessus de la taille dans le mamelon, au centre précis de celui-ci,* WINNIE. *La cinquantaine, de beaux restes, blonde de préférence, grassouillette, bras et épaules nus, corsage très décolleté, poitrine plantureuse*[2], *collier de perles. Elle dort, les bras sur le mamelon, la tête sur les bras. À côté d'elle, à sa gauche, un grand sac noir, genre cabas*[3], *et à sa droite une ombrelle à manche rentrant (et rentré) dont on ne voit que la poignée en bec-de-cane*[4].

*À sa droite et derrière elle, allongé par terre, endormi, caché par le mamelon,* WILLIE.

*Un temps long. Une sonnerie perçante se déclenche, cinq secondes, s'arrête. Winnie ne bouge pas. Sonnerie plus perçante, trois secondes. Winnie se réveille. La sonnerie s'arrête. Elle lève la tête, regarde devant elle. Un temps long. Elle se redresse, pose les mains à plat sur le mamelon, rejette la tête en arrière et fixe le zénith. Un temps long.*

WINNIE. – *(Fixant le zénith.)* Encore une journée divine. *(Un temps. Elle ramène la tête à la verticale, regarde devant elle. Un temps. Elle joint les mains, les lève devant sa poitrine, ferme les yeux. Une prière inaudible remue ses lèvres, cinq secondes. Les lèvres s'immobilisent, les mains restent jointes. Bas.)* Jésus-Christ Amen.

Samuel BECKETT, *Oh les beaux jours* (extrait, 1963),


**1.** Conventionnel et prétentieux. **2.** Généreuse. **3.** Panier. **4.** En forme de bec.

## 3 Théâtre et représentation sociale

**1.** Proposez un résumé de cette scène.
**2. a.** Quelle définition du lieu commun l'un des personnages propose-t-il ? Vous semble-t-elle juste ?
**b.** Relevez trois exemples de lieux communs dans cet extrait.
**3.** Quelle tension la ponctuation met-elle en évidence ?
**4.** Quelle image Nathalie Sarraute donne-t-elle des relations sociales ?
**5.** Quel état d'esprit la fin de la dernière réplique reflète-t-elle ?

*Nathalie Sarraute présente une conversation entre amis ; le sous-titre éclaire l'intrigue :* Ce qui s'appelle rien.

H. 2. – Rien de vrai ? Pas de lieux communs[1] ? Ce n'est pas ce qu'on échange ?

H. 1. – Mais si. Et pourquoi pas ? Lieu commun, c'est le lieu où l'on se rencontre...

H. 3. – On partage notre petit stock.

Elle, *résignée*. – Oui. Une vraie dot qu'on nous a préparée, depuis notre enfance...

F. 3, *ironique*. – Où nous puisons en cas de besoin.

Elle, *soupirant*. – Comme tout à l'heure...

H. 1. – Oui. Parfaitement. Comme tout à l'heure... Et pour ma part, je trouvais ça très bien. Mieux en tout cas que vos petites incursions... avec les Dubuit[2]...

Lui. – Mieux ? Vous croyez ça ?

H. 1. – Oui. Mieux. Propre. Innocent.

Elle. – Oh écoute, monsieur a raison, ne dis pas le contraire, l'échange de lieux communs – c'est sans mélange, c'est pur. Rien par en dessous.

F. 2. – Tout le monde le sait, voyons. Ce n'est que de la surface... C'est ce qui fait leur charme.

H. 3. – Non, ma chère amie, surface – ne va pas. Surface suppose une profondeur... et la profondeur, vous savez bien...

F. 2. – Oui, je sais : c'est tout à fait désuet[3].

H. 1. – Tout ce qu'il y a de plus usé.

F. 1. – Pourtant par moments, j'avoue...

Lui. – Vous sentez par moments... monter... d'en bas... comme des bouffées ?... Hein ? Ça vous revient, des vieux airs charmants ? Il n'y a rien à faire, n'est-ce pas ? On a beau s'en empêcher... Tout à l'heure, tenez, pour ne pas chercher bien loin, il aurait suffi de tendre un peu l'oreille et derrière nos échanges, mes amis, quel concert ! Avec presque tous les lieux communs, d'ailleurs, c'est pareil. Il n'y a qu'à en prendre un au hasard, n'importe lequel, le plus plat, le plus innocent, dans le genre de : Quel été, hein ? il n'y a plus de saisons ! Ou bien : Eh oui, le temps passe. Ah ça ne nous rajeunit pas ! Ou : J'aime ce livre parce qu'il est un monument de langage... et à travers ça... ce qu'on pourrait percevoir... Si seulement on voulait... si on osait... Mais justement vous ne voulez pas. Il ne faut pas toucher aux lieux communs. Ils sont là pour ça... pour recouvrir, pour étouffer...

Nathalie Sarraute, *Isma* (extrait, 1970), © Gallimard.

**1.** Vérités toutes faites. **2.** Couple que les personnages ont dénigré juste avant. **3.** Ancien, dépassé.

# Écrire

## 4 Réflexion dans le théâtre contemporain

**1.** À quel épisode biblique cette scène fait-elle penser ?
**2.** À quel rythme ce dénouement se déroule-t-il ? Observez en particulier les informations fournies par les didascalies.
→ p. 445 : LE SPECTACLE THÉÂTRAL
**3.** Dans quelle mesure la situation semble-t-elle absurde ?
**4.** Entraînement à la dissertation
**a.** Quel est le sens de cette phrase de Monsieur Mosk ?
**b.** Construisez le plan détaillé du devoir.
→ p. 526 : CONSTRUIRE UN PLAN DÉTAILLÉ DE DISSERTATION
**Sujet :** Jean-Michel Ribes clôt sa pièce sur ces mots : *À bas la nature, vive l'art !* La nature joue-t-elle un rôle dans la littérature ?

*Au dénouement de la pièce* Musée haut, musée bas, *les employés et les visiteurs d'un grand musée le voient s'écrouler sous leurs yeux. Monsieur Mosk, le conservateur, décide de réagir.*

Monsieur Mosk. – Est-ce qu'il reste du béton, du plastique, de la résine pour se battre ?

*Un employé blessé, le bras bandé, soutenu par Martine l'infirmière, traverse la salle.*

Martine. – Tout le XX$^{e}$ siècle s'est écroulé, il a voulu sauver un Picabia[1], il s'est cassé le bras !

*Coup de tonnerre. Le mur du musée se fend, une branche d'arbre apparaît, puis une seconde. Mosk, ivre de rage, lance ses troupes dans la résistance.*

Monsieur Mosk. – Ah non ! Ne reculez pas ! On ne va pas céder, battez-vous avec ce qui vous reste, l'art d'aujourd'hui, prenez les Pollock, les Tinguely, les Calder, les Beuys, les Koons, les Garouste, les Cortot, les Tàpies, les Alechinsky[2], tapez, tapez, nous ne retournerons pas dans les cavernes ! Sauvons la planète que nous avons inventée ! À bas la nature, vive l'art !

Jean-Michel Ribes, *Musée haut, musée bas* (extrait, 2004), © Actes Sud.

**1.** Peintre français, longtemps marqué par le surréalisme (1879-1953).
**2.** Grands noms de l'art moderne et contemporain international.

# VERS LE BAC Le mélange des registres au théâtre

**OBJET D'ÉTUDE** Le texte théâtral et sa représentation, du XVIIe siècle à nos jours

**CORPUS**
**Texte 1** W. Shakespeare, *Hamlet* (1601)
**Texte 2** P. Corneille, *L'Illusion comique* (1635)
**Texte 3** V. Hugo, *Hernani* (1830)

## SUJET POUR LES SÉRIES GÉNÉRALES

**Question** (4 points)
Les personnages mis en scène adoptent-ils forcément un ton grave pour aborder le thème de la mort ?

**Vous traiterez ensuite au choix l'un des trois sujets proposés.** (16 points)

**1. Commentaire**
Vous commenterez le texte de Corneille (texte 2).

**2. Dissertation**
Dans la préface de *Cromwell*, une pièce de théâtre écrite en 1827, Victor Hugo écrit que la poésie doit se mettre à faire *comme la nature, à mêler dans ses créations, sans pourtant les confondre, l'ombre à la lumière, le grotesque au sublime, en d'autres termes, le corps à l'âme, la bête à l'esprit.* Après avoir expliqué cette citation, demandez-vous si le théâtre est capable d'incarner ce projet, en mêlant les registres.

**3. Écriture d'invention**
Écrivez la note d'intention du metteur en scène qui doit monter l'extrait d'*Hamlet* (texte 1). Il explique son interprétation et comment il prévoit de tout mettre en œuvre pour mêler les registres : décors, costumes, éclairage, musique, jeu des comédiens.

## SUJET POUR LES SÉRIES TECHNOLOGIQUES

**Questions** (6 points)
**1.** Quelles sont les différentes formes de comique dans ces extraits ? (3 points)
**2.** Comparez les différentes attitudes des personnages face à la mort. (3 points)

**Vous traiterez ensuite au choix l'un des trois sujets proposés.** (14 points)

**1. Commentaire**
Vous commenterez le texte de Victor Hugo, extrait d'*Hernani* (texte 3), en suivant les pistes proposées :
– étudiez comment s'opère le retournement de situation dans cette scène ;
– montrez comment Hugo rend comiques un personnage et une situation qui relèvent plus du registre tragique.

**2. Dissertation**
Comment le théâtre invite-t-il à réfléchir sur le sens de l'existence ? Répondez en vous aidant des textes du corpus et des pièces de théâtre que vous avez pu lire ou voir.

**3. Écriture d'invention**
Développez la réplique de Pridamant (texte 2, v. 13-16). Utilisez les procédés du registre lyrique et ajoutez des didascalies pour souligner les attitudes, les réactions et les émotions du père découvrant que son fils est vivant.

## Texte 1 William Shakespeare, *Hamlet* (1601)

*Pour venger son père assassiné, Hamlet simule la folie. Cela conduit Ophélie, qu'il aime, à se suicider. Au cimetière avec son ami Horatio, Hamlet ne sait pas encore que la tombe creusée par les fossoyeurs est celle d'Ophélie.*

Le premier fossoyeur[1], *chantant.* – Quand j'aimais dans mon jeune temps,
Je trouvais qu' c'était ben plaisant.
Raccourcir la durée du jour... han !
J'en avais jamais mon content... han !

Hamlet. – Celui-ci n'a-t-il aucun sens de ce qu'il fait, qu'il chante en creusant des tombes ?

Horatio. – L'habitude lui a rendu la chose indifférente.

Hamlet. – C'est juste. La main qui travaille peu a le bout des doigts plus sensibles.

Le premier fossoyeur, *chantant.* – Mais l'âge est v'nu, à pas d' loup,
Il m'a pris par la peau du cou,
Me v'là embarqué pour l'aut' monde
Et déjà j' n' suis plus dans l' coup'.
*Il ramasse et jette un crâne.*

Hamlet. – Ce crâne avait une langue, et pouvait chanter jadis ! Et voici que ce coquin le jette contre la terre, comme si c'était la mâchoire de Caïn[2], celui qui commit le premier meurtre. C'est peut-être la caboche[3] d'un politicien qu'il envoie promener, cet âne. D'un qui se croyait plus fin que Dieu, ne se peut-il pas ?

Horatio. – Il se pourrait, monseigneur.

Acte V, scène 1 (extrait), traduction de l'anglais par Y. Bonnefoy,


1. Personne qui creuse la tombe.
2. Personnage biblique qui tue son frère par jalousie.
3. Tête (langage familier).

---

## Texte 2 Pierre Corneille, *L'Illusion comique* (1635)

*Dans cette comédie de Corneille, Pridamant, inquiet de la disparition de son fils Clindor, consulte le magicien Alcandre qui lui fait découvrir ce qu'est devenu son fils. Il assiste ainsi à la mort de Clindor.*

Pridamant
[...]
N'attendez pas de moi des plaintes davantage,
La douleur qui se plaint cherche qu'on la soulage,
La mienne court après son déplorable[1] sort ;
Adieu, je vais mourir, puisque mon fils est mort.

Alcandre
D'un juste désespoir l'effort est légitime,
Et de le détourner je croirais faire un crime.
Oui, suivez ce cher fils sans attendre à demain,
Mais épargnez du moins ce coup à votre main,
Laissez faire aux douleurs qui rongent vos entrailles,
Et pour les redoubler voyez ces funérailles.
*On tire un rideau et on voit tous les comédiens qui partagent leur argent.*

Pridamant
Que vois-je ? Chez les morts compte-t-on de l'argent ?

Alcandre
Voyez si pas un d'eux s'y montre négligent.

1. Triste.

**Pridamant**

Je vois Clindor, Rosine. Ah Dieu ! Quelle surprise !
Je vois leur assassin, je vois sa femme et Lise ;
Quel charme en un moment étouffe leurs discords[2],
Pour assembler ainsi les vivants et les morts ?

**Alcandre**

Ainsi tous les acteurs d'une troupe comique,
Leur poème récité, partagent leur pratique[3].

Acte V, scène 6, vers 1737-1760.

2. Désaccords.
3. Une fois le spectacle terminé, partagent leur argent.

## Texte 3 Victor Hugo, *Hernani* (1830)

*Le drame romantique* Hernani *repose sur une intrigue politique et amoureuse. Dans ce passage, deux hommes épris de la même femme, doña Sol, se retrouvent clandestinement chez elle de nuit : le roi d'Espagne, don Carlos, et un bandit hostile au roi, Hernani. Ils sont surpris par le prétendant de la jeune femme : son oncle, don Ruy Gomez.*

**Don Ruy Gomez**, *à ses valets.*

Écuyers, écuyers ! à mon aide !
Ma hache, mon poignard, ma dague[1] de Tolède !
*Aux deux jeunes gens.*
Et suivez-moi tous deux !

**Don Carlos**, *faisant un pas.*

Duc, ce n'est pas d'abord
De cela qu'il s'agit. Il s'agit de la mort
De Maximilien, empereur d'Allemagne.
*Il jette son manteau, et découvre son visage caché par son chapeau.*

**Don Ruy Gomez**

Raillez-vous[2] ?... – Dieu ! le roi !

**Doña Sol**

Le roi !

**Hernani**, *dont les yeux s'allument.*

Le roi d'Espagne !

**Don Carlos**, *gravement.*

Oui, Carlos. – Seigneur duc, es-tu donc insensé ?
Mon aïeul l'empereur est mort. Je ne le sai[3]
Que de ce soir. Je viens tout en hâte, et moi-même,
Dire la chose, à toi, féal[4] sujet que j'aime,
Te demander conseil, incognito[5], la nuit,
Et l'affaire est bien simple, et voilà bien du bruit !
*Don Ruy Gomez renvoie ses gens d'un signe. Il s'approche de don Carlos que doña Sol examine avec crainte et surprise, et sur lequel Hernani, demeuré dans un coin, fixe des yeux étincelants.*

**Don Ruy Gomez**

Mais pourquoi tarder tant à m'ouvrir cette porte ?

**Don Carlos**

Belle raison ! tu viens avec toute une escorte !
Quand un secret d'État m'amène en ton palais,
Duc, est-ce pour l'aller dire à tous tes valets ?

**Don Ruy Gomez**

Altesse, pardonnez ! L'apparence...

Acte I, scène 3, vers 275-291.

1. Petite épée.
2. Vous moquez-vous ?
3. Pour *sais* (licence poétique).
4. Fidèle.
5. Sans dévoiler mon identité.

# VERS LE BAC PISTES POUR L'ENTRETIEN

**OBJET D'ÉTUDE** Le texte théâtral et sa représentation, du XVII^e^ siècle à nos jours

**Formulez oralement des réponses brèves mais efficaces, en les justifiant à partir des documents étudiés.**

→ p. 557 : ORGANISER ET UTILISER SES CONNAISSANCES EN VUE DE L'ENTRETIEN

## Connaître les textes et les images de la séquence

**Séquence 10**

1. En quoi la pièce de Molière est-elle une comédie ?
2. Quelle image de la relation maître / valet Brecht propose-t-il ?

**Séquence 11**

1. Dans quelle mesure Phèdre est-elle un personnage tragique ?
2. Comment imaginez-vous la mise en scène de la fin de *Lorenzaccio* ?

**Séquence 12**

1. Sur quelle révélation le texte de Camus est-il fondé ? En quoi est-elle tragique ?
2. Quelle place Beckett accorde-t-il aux didascalies ?

## Voir les liens entre les différents textes

**Séquence 10**

1. Quels types de comique trouve-t-on dans ces textes ?
2. La place accordée aux femmes est-elle la même dans ces différents textes ?

**Séquence 11**

1. Qu'est-ce qu'un héros tragique ?
2. Dans sa mise en scène, lequel de ces textes serait facilement transposable à notre époque ?

**Séquence 12**

1. Dans quelle mesure les images de la condition humaine ici proposées paraissent-elles absurdes ?
2. Comment ces auteurs mêlent-ils les registres comique et tragique ?

## Tester ses connaissances en histoire des arts

**Séquence 10**

1. Quel est l'intérêt du déguisement dans une pièce de théâtre ?
3. Quels procédés théâtraux le cinéma a-t-il utilisés pour faire rire le spectateur ?

**Séquence 11**

1. Qu'est-ce que la peinture d'histoire ?
3. Par quels moyens les peintres peuvent-ils mettre en valeur un héros ?

**Séquence 12**

1. Quelle serait votre définition de l'art contemporain ?
2. Quels sont les domaines variés auxquels l'art s'ouvre aujourd'hui ?

## Maîtriser l'objet d'étude

**Séquence 10**

1. À la lumière de tous ces textes, expliquez comment la comédie a évolué au fil des siècles.
2. Qu'est-ce que le marivaudage ?
3. Choisissez un texte, puis expliquez comment la mise en scène peut en éclairer le sens.

**Séquence 11**

1. À la lumière de tous ces textes, expliquez comment la tragédie a évolué au fil des siècles.
2. Comment les auteurs de cette séquence essaient-ils de rendre les dialogues naturels ?

**Séquence 12**

1. Quels textes relèvent de la philosophie existentialiste ?
2. Quelle place la question du langage occupe-t-elle dans le théâtre de l'absurde ?

CHAPITRE 5

# Renaissance et humanisme en Europe

Raffaello SANZIO
dit RAPHAËL (1483-1520),
*Balthazar Castiglione*
(début XVIe siècle),
huile sur toile, 82 x 67 cm
(Paris, musée du Louvre).


279 **Séquence 13** Découvrir et former l'homme

298 **Séquence 14** Découvrir et modeler le monde

SÉQUENCE 13

# Découvrir et former l'homme

**OBJECTIF**

**Étudier les grands thèmes et les visées essentielles de la pensée humaniste.**

De la réflexion sur le pouvoir à la mise en place de modèles éducatifs originaux, l'humanisme s'est donné comme but essentiel de contribuer au bonheur de l'homme en le mettant au centre du monde. Les penseurs européens du XVI$^{e}$ siècle se sont attachés à examiner l'homme et à lui donner les moyens de s'améliorer sur les plans intellectuel et social.

DVD-ROM Ressources complémentaires

## SOMMAIRE


Texte 1 — N. MACHIAVEL, *Le Prince* (1513) ..... 280

D'UN TEXTE À L'AUTRE — É. de LA BOÉTIE, *Discours de la servitude volontaire* (1576) ..... 282

Texte 2 — T. MORE, *Utopie* (1516) ..... 284

D'UN TEXTE À L'AUTRE — F. RABELAIS, *Gargantua* (1534) ..... 286

Analyse d'Image — BRONZINO, *Portrait d'Ugolino Martelli* (1535-1538) ..... 288

Texte 3 — M. de MONTAIGNE, *Essais* (1580) ..... 289

D'UN TEXTE À L'AUTRE — CONDORCET, *Discours à l'Assemblée nationale* (1792) ..... 290

ÉTUDE D'ŒUVRE INTÉGRALE — M. de MONTAIGNE, *Essais*, livre I (1580) ..... 292

- **SYNTHÈSE** L'humanisme et l'homme ..... 293
- **Histoire des arts** Léonard de Vinci, le génie de la Renaissance ..... 294
- **Exercices d'approfondissement** ..... 296


| Notions et activités | Liens avec la partie II |
| --- | --- |
| La structure d'un traité, d'un essai... | → p. 395 : LE TEXTE ARGUMENTATIF |
| La conduite d'un raisonnement | → p. 418 : LE CIRCUIT ARGUMENTATIF |
| Les figures au service de l'argumentation | → p. 384 : LES FIGURES DE RHÉTORIQUE |
| Le choix des mots et de leurs nuances | → p. 381 : DÉNOTATION ET CONNOTATION |

| | Liens avec la partie III |
| --- | --- |
| Transformer une utopie en contre-utopie | → p. 538 : INVENTER ET TRANSPOSER |
| Analyser un corpus sur le thème de l'éducation | → p. 491 : ORGANISER SON PLAN DE RÉPONSE ET RÉDIGER |
| Rédiger des paragraphes de compte rendu de lecture ou d'analyse critique | → p. 495 : RÉDIGER DES PARAGRAPHES DE SYNTHÈSE |

# Texte 1 Nicolas Machiavel

Biographie p. 565

## *Le Prince* (1513)

*Dédié au seigneur Laurent de Médicis, l'ouvrage* Le Prince *est un traité politique nourri de nombreuses références historiques qui puisent dans le passé des exemples de bon gouvernement ou de tyrannie qu'analyse subtilement Machiavel. Loin d'être uniquement un appel au pouvoir autoritaire, résumé caricatural qui est à l'origine du terme* machiavélisme, *ce livre insiste au contraire sur les vertus dont doit faire preuve un bon souverain. Après avoir développé le nécessaire respect de la foi chez un prince, l'auteur en vient à développer les attitudes extrêmes qu'un prince doit s'interdire afin de ne pas engendrer le mépris et la haine de son peuple.*

Mais parce que, des qualités dont il est fait mention plus haut, j'ai parlé des plus importantes, je veux discourir des autres brièvement sous ces généralités : que le prince pense, comme il est dit en partie plus haut, à fuir ces choses qui le rendent haïssable et méprisable, et toutes les fois qu'il fuira cela, il se sera acquitté de son ouvrage et ne trouvera aucun péril dans les autres mauvais renoms[1]. Être rapace et usurpateur[2] des biens et des femmes des sujets, c'est par-dessus tout ce qui, comme je l'ai dit, le rend haïssable – de cela, il doit s'abstenir. Et toutes les fois qu'à l'ensemble des hommes, on ne prend ni honneur ni biens, ils vivent contents et on doit seulement combattre l'ambition du petit nombre, que l'on réfrène de nombreuses manières et facilement. Être tenu pour inconstant, léger, efféminé[3], pusillanime[4], irrésolu[5], c'est ce qui le rend méprisable – de cela, un prince doit se garder comme d'un écueil[6] et s'ingénier à ce qu'on reconnaisse grandeur, courage, gravité, force dans ses actions et vouloir, concernant les manœuvres privées entre sujets, que sa sentence[7] soit irrévocable[8] et se maintenir dans une opinion telle que personne ne pensera à le tromper ni à le circonvenir[9].

Ce prince, qui donne de lui cette opinion, est très réputé, et contre qui est réputé, on conjure[10] difficilement, on l'attaque difficilement, pourvu qu'on comprenne qu'il est excellent et respecté des siens. Parce qu'un prince doit avoir deux peurs – une, à l'intérieur, au compte des sujets, l'autre, au-dehors, au compte des potentats[11] extérieurs. De celle-ci, il se défend avec les bonnes armes et les bons amis et s'il a de bonnes armes, il aura de bons amis. Et les choses du dedans demeureront toujours fermes, quand celles du dehors demeureront fermes, à moins qu'elles ne soient perturbées par une conjuration[12] ; et quand celles du dehors se mettraient en mouvement, s'il est ordonné et a vécu comme je l'ai dit, s'il ne s'abandonne pas[13], il soutiendra toujours tous les assauts, comme j'ai dit que fit Nabis de Sparte[14].

Chapitre 19 : « Qu'il faut fuir le mépris et la haine » (extrait), traduction de l'italien par M. Gaille-Nikodimov,


1. Mauvaises réputations.
2. Profiteur.
3. Faible, sans autorité.
4. Manquant de courage.
5. Incapable de prendre des décisions.
6. Rocher qui peut faire naufrager un navire.
7. Décision.
8. Sans appel, sans rétractation.
9. L'abuser.
10. Complote.
11. Puissances.
12. Complot.
13. S'il ne se relâche pas dans l'exercice de son pouvoir et de ses obligations.
14. Tyran de Sparte (IIIe siècle avant J.-C.) qui s'opposa aux Achéens, puissant peuple grec.

Allori Angelo di Cosimo dit Bronzino (1503-1572),
*Portrait de Pierre de Médicis (« Le Goutteux »)* (milieu XVIe siècle),
huile sur bois, 58 x 45 cm (Londres, National Gallery).

## LECTURE ANALYTIQUE

### Première lecture

1. Quels sont les avantages immédiats pour le prince de *fuir le mépris et la haine* ?
2. Dans quelle mesure un bon prince s'assure-t-il une sécurité universelle ? Expliquez.

### Mise au point

3. Relevez toutes les interventions directes du locuteur. Quelle est leur fonction ?

→ p. 371 : COMMUNICATION, ÉNONCIATION ET MODALISATION

### Analyse

4. Quelle est la base de la morale du prince ? Quels modalisateurs insistent sur son importance ?

→ p. 371 : COMMUNICATION, ÉNONCIATION ET MODALISATION

5. Dans le premier paragraphe, quelle antithèse permet de déterminer les deux parties de la société auxquelles le prince doit être attentif ? Sont-elles toutes deux aussi importantes et aussi redoutables ?
6. Quelles énumérations s'opposent ? Laquelle est valorisée, et quelle image donne-t-elle du prince ?

→ p. 384 : LES FIGURES DE RHÉTORIQUE

7. Analysez le jeu des répétitions dans le deuxième paragraphe. Quelle interdépendance met-il en place ? dans quel but ?
8. Quel temps verbal est majoritairement employé dans les dernières lignes ? Quelle est sa valeur argumentative ?

→ p. 375 : LA SYNTAXE ET LA VALEUR DES TEMPS

### Question de synthèse

9. Le prince dont rêve Machiavel est-il un homme que l'on doit craindre ? Expliquez.

### Pour aller plus loin

10. **Recherche.** Qui était Laurent de Médicis ? Consultez une biographie dans une encyclopédie et vérifiez si ses décisions sociales et politiques correspondent à la définition du prince donnée par Machiavel.
11. **Écriture de synthèse.** Reformulez en quelques lignes l'essentiel de ce texte dans un style sobre qui ne reprendra pas les figures de rhétorique de Machiavel, mais des données objectives explicites.

→ p. 495 : RÉDIGER DES PARAGRAPHES DE SYNTHÈSE

D'UN *Texte* À L'AUTRE 1

Biographie p. 565

# Étienne de La Boétie

## *Discours de la servitude volontaire*

(1576)

*La Boétie, ami de Montaigne et conseiller au parlement de Bordeaux, a écrit son* Discours de la servitude volontaire *afin de s'opposer aux thèses sur le pouvoir défendues par Machiavel dans* Le Prince → TEXTE 1. *Il y dénonce non seulement la tyrannie mais surtout la capacité des peuples à accepter passivement cet état de fait. À l'époque, on l'a accusé de prendre le parti des protestants, qu'il aurait implicitement appelés à se soulever contre le pouvoir royal et l'autorité catholique.*

Pauvres gens misérables, peuples insensés, nations opiniâtres[1] à votre mal et aveugles à votre bien ! Vous vous laissez enlever sous vos yeux le plus beau et le plus clair de votre revenu, vous laissez piller vos champs, voler et dépouiller vos maisons des vieux meubles de vos ancêtres ! Vous vivez de telle sorte que rien n'est plus à vous. Il semble que vous regarderiez désormais comme un grand bonheur qu'on vous laissât seulement la moitié de vos biens, de vos familles, de vos vies. Et tous ces dégâts, ces malheurs, cette ruine, ne vous viennent pas des ennemis, mais certes bien de l'ennemi, de celui-là même que vous avez fait ce qu'il est, de celui pour qui vous allez si courageusement à la guerre, et pour la grandeur duquel vous ne refusez pas de vous offrir vous-mêmes à la mort. Ce maître n'a pourtant que deux yeux, deux mains, un corps, et rien de plus que n'a le dernier des habitants du nombre infini de nos villes. Ce qu'il a de plus, ce sont les moyens que vous lui fournissez pour vous détruire. D'où tire-t-il tous ces yeux qui vous épient, si ce n'est de vous ? Comment a-t-il tant de mains pour vous frapper, s'il ne vous les emprunte ? Les pieds dont il foule vos cités ne sont-ils pas aussi les vôtres ? A-t-il pouvoir sur vous, qui ne soit de vous-mêmes ? Comment oserait-il vous assaillir, s'il n'était d'intelligence avec vous ? Quel mal pourrait-il vous faire, si vous n'étiez les receleurs du larron[2] qui vous pille, les complices du meurtrier qui vous tue et les traîtres de vous-mêmes ? Vous semez vos champs pour qu'il les dévaste, vous meublez et remplissez vos maisons pour fournir ses pilleries[3], vous élevez vos filles afin qu'il puisse assouvir sa luxure[4], vous nourrissez vos enfants pour qu'il en fasse des soldats dans le meilleur des cas, pour qu'il les mène à la guerre, à la boucherie, qu'il les rende ministres[5] de ses convoitises et exécuteurs de ses vengeances. Vous vous usez à la peine afin qu'il puisse se mignarder[6] dans ses délices et se vautrer dans ses sales plaisirs. Vous vous affaiblissez afin qu'il soit plus fort, et qu'il vous tienne plus rudement la bride[7] plus courte. Et de tant d'indignités que les bêtes elles-mêmes ne supporteraient pas si elles les sentaient, vous pourriez vous délivrer si vous essayiez, même pas de vous délivrer, seulement de le vouloir.

Soyez résolus à ne plus servir, et vous voilà libres. Je ne vous demande pas de le pousser, de l'ébranler, mais seulement de ne plus le soutenir, et vous le verrez, tel un grand colosse dont on a brisé la base, fondre sous son poids et se rompre.

Extrait, orthographe modernisée.

1. Obstinées.
2. Les complices du voleur.
3. Ses pillages.
4. Son appétit sexuel.
5. Serviteurs attentifs.
6. Se régaler.
7. Le lien par lequel on est tiré, attaché.

## QUESTIONS

**1.** Quelle est la connotation des apostrophes de la première phrase ? À qui le locuteur s'adresse-t-il ?
→ p. 381 : DÉNOTATION ET CONNOTATION
→ p. 371 : COMMUNICATION, ÉNONCIATION ET MODALISATION

**2.** Quelles énumérations désignent les malheurs qui s'abattent sur le peuple ? À quel champ lexical ces termes appartiennent-ils ?
→ p. 384 : LES FIGURES DE RHÉTORIQUE

**3.** Dans quel but le pluriel *ennemis* (l. 7) et le singulier *ennemi* (l. 8) sont-ils tous deux employés ? Expliquez.

**4.** Quel type de phrase est majoritairement employé au milieu du texte ? Quelle est sa fonction précise ?

**5.** Quelles antithèses se succèdent à partir de la ligne 19 ? Dans quelle mesure permettent-elles d'expliquer l'oxymore présent dans le titre : *servitude volontaire* ?
→ p. 384 : LES FIGURES DE RHÉTORIQUE

**6.** Sur quelle image le texte se referme-t-il ? Dans quelle mesure est-elle une preuve d'optimisme par rapport aux images extrêmes précédemment développées ? Expliquez.
→ p. 384 : LES FIGURES DE RHÉTORIQUE

**7. Iconographie.** Dans quelle mesure le message de l'affiche reproduite ici rappelle-t-il la thèse développée par La Boétie ? Justifiez en vous appuyant sur la dernière proposition soulignée par la main dessinée.

## Vis-à-vis : Machiavel et La Boétie

**8.** Ces deux réflexions politiques reposent-elles sur la même conception du pouvoir ? Justifiez.

**9.** Selon vous, ces images de la puissance politique sont-elles encore d'actualité ?

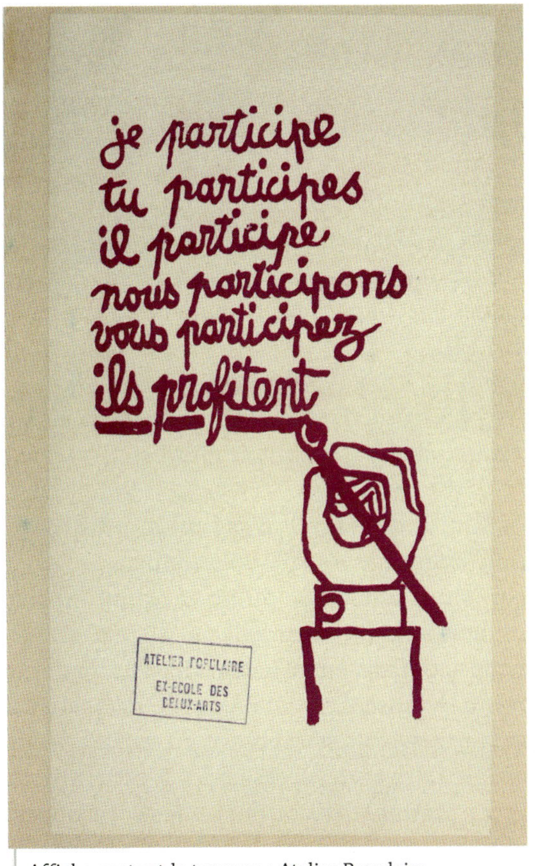


Affiche portant le tampon : Atelier Populaire.
Ex-École des Beaux-Arts (mai 1968), sérigraphie, 72 x 41 cm (collection privée).

L'île d'Utopia, gravure sur bois figurant dans la première édition du livre de Thomas More, *Utopia* (Louvain, 1516).

# Texte 2

Biographie p. 566

## Thomas More
## *Utopie* (1516)

*Divisée en deux parties, l'*Utopie *dénonce d'abord les monarchies anglaise et française, avant de décrire, point par point, le fonctionnement d'une société idéale où chacun pourrait vivre heureux, libre et en paix avec ses voisins. Cette vision idéaliste va de pair avec une volonté de réformes politiques et religieuses que Thomas More tenta de mettre en œuvre alors qu'il était chancelier du roi anglais Henri VIII.*

Les Utopiens[1] divisent l'intervalle d'un jour et d'une nuit en vingt-quatre heures égales. Six heures sont employées aux travaux matériels, en voici la distribution[2] :

Trois heures de travail avant midi, puis dîner. Après midi, deux heures de repos, trois heures de travail, puis souper.

Ils comptent une heure où nous comptons midi, se couchent à neuf heures, et en donnent neuf au sommeil.

Le temps compris entre le travail, les repas et le sommeil, chacun est libre de l'employer à sa guise. Loin d'abuser de ces heures de loisir, en s'abandonnant au luxe et à la paresse, ils se reposent en variant leurs occupations et leurs travaux. Ils peuvent le faire avec succès, grâce à cette institution vraiment admirable.

Tous les matins, des cours publics sont ouverts avant le lever du soleil. Les seuls individus spécialement destinés aux lettres sont obligés de suivre ces cours ; mais tout le monde a droit d'y assister, les femmes comme les hommes, quelles que soient leurs professions. Le peuple y accourt en foule ; et chacun s'attache à la branche d'enseignement qui est le plus en rapport avec son industrie[3] et ses goûts.

1. Habitants d'Utopie.
2. Répartition.
3. Métier.

Quelques-uns, pendant les heures de liberté, se livrent de préférence à l'exercice de leur état[4]. Ce sont les hommes dont l'esprit n'aime pas s'élever à des spéculations abstraites[5]. Loin de les en empêcher, on les approuve, au contraire, de se rendre ainsi constamment utiles à leurs concitoyens.

Le soir, après souper, les Utopiens passent une heure en divertissements : l'été dans les jardins, l'hiver dans les salles communes où ils prennent leurs repas. Ils font de la musique ou se distraient par la conversation. Ils ne connaissent ni dés, ni cartes, ni aucun de ces jeux de hasard également[6] sots et dangereux. Ils pratiquent cependant deux espèces de jeux qui ont beaucoup de rapport avec nos échecs ; le premier est la *bataille arithmétique*, dans laquelle le nombre pille le nombre[7] ; l'autre est le *combat des vices et des vertus*. Ce dernier montre avec évidence l'anarchie des vices entre eux, la haine qui les divise, et néanmoins leur parfait accord, quand il s'agit d'attaquer les vertus. Il fait voir encore quels sont les vices opposés à chacune des vertus, comment ceux-ci attaquent celles-là par la violence et à découvert, ou par la ruse et des moyens détournés ; comment la vertu repousse les assauts du vice, le terrasse et anéantit ses efforts ; comment enfin la victoire se déclare pour l'un ou l'autre parti.

Ici, je m'attends à une objection sérieuse et j'ai hâte de la prévenir.

On me dira peut-être : Six heures de travail par jour ne suffisent pas aux besoins de la consommation publique, et l'Utopie doit être un pays très misérable.

Il s'en faut bien qu'il en soit ainsi. Au contraire, les six heures de travail produisent abondamment toutes les nécessités et commodités de la vie, et en outre un superflu bien supérieur aux besoins de la consommation.

Livre second, chapitre 3 : « Des arts et métiers » (extrait), traduction de l'anglais par V. Stouvenel (1842).

4. Profession.
5. Raisonnements ; réflexions intellectuelles.
6. À la fois.
7. Le but est d'acquérir le plus de points possible.

## LECTURE ANALYTIQUE

### Première lecture

**1.** Quel terme employé dès le début du texte évoque l'organisation d'Utopie ? Dans quelle mesure la suite confirme-t-elle le bien-fondé de ce mot ?

**2.** En dehors du travail, quelles sont les autres activités des Utopiens ? Quelle image donnent-elles de cette vie sociale ?

### Mise au point

**3.** Recherchez la définition du mot *utopie*. Le mode de vie décrit correspond-il à cette définition ?

### Analyse

**4.** Dans l'organisation planifiée d'Utopie, quelle est la marge de liberté accordée aux citoyens ?

**5.** Quelles catégories d'individus Thomas More oppose-t-il au moment d'aborder les *heures de liberté* (l. 17) ? Quel portrait nous est alors donné de cette société ?

**6.** Parmi les deux jeux qui sont évoqués, lequel est le plus développé ? Sur quelle antithèse est-il fondé ?

→ p. 384 : LES FIGURES DE RHÉTORIQUE

**7.** Sur quel type de raisonnement le texte se referme-t-il ? dans quel but ?

→ p. 418 : LE CIRCUIT ARGUMENTATIF

### Question de synthèse

**8.** Le monde décrit par Thomas More paraît-il enviable? Justifiez.

### Pour aller plus loin

**9. Recherche**

**a.** Énumérez les principales utopies littéraires depuis Thomas More. Qu'ont-elles en commun ? Proposent-elles pour autant la même vision de l'homme et du monde ?

**b.** Cherchez la définition du terme *contre-utopie*. À quelle époque l'utopie se transforme-t-elle en contre-utopie ? Expliquez.

**10. Écriture d'invention.** Réécrivez le paragraphe du texte qui commence à la ligne 21 (*Le soir, après souper...*) en faisant d'Utopie un monde profondément inquiétant.

→ p. 538 : INVENTER ET TRANSPOSER

D'UN *Texte* À L'AUTRE **2**

Biographie p. 567

# François Rabelais
## *Gargantua* (1534)

*Dans le roman* Gargantua, *le personnage éponyme est un géant caractérisé par son goût de la conquête, son désir de bien vivre et son énorme appétit de savoir. À la suite de ses efforts personnels pour acquérir de vastes connaissances, il fonde l'abbaye de Thélème, un lieu idéal reposant sur des principes de vie révolutionnaires pour l'époque. La communauté mixte (hommes et femmes) qui s'y retrouve tire sa raison d'être d'une croyance humaniste dans les capacités de tout homme à s'élever noblement par la liberté et le savoir.*

### Comment étaient réglés les Thélémites en leur manière de vivre

Toute leur vie était employée, non par lois, statuts ou règles, mais selon leur vouloir et leur libre arbitre[1]. Ils se levaient du lit quand bon leur semblait, buvaient, mangeaient, travaillaient, dormaient quand le désir leur venait. Nul ne les éveillait, nul ne les forçait ni à boire ni à manger ni à faire quelque autre chose. Ainsi l'avait établi Gargantua.

En leur règle n'était que cette clause[2] :

Fais ce que tu voudras

parce que des gens libres, bien nés, bien instruits, conversant en compagnies honnêtes[3], ont par nature un instinct et un aiguillon[4] qui les pousse toujours à des actes vertueux et les retire du vice, lequel instinct ils nommaient honneur. Quand, par une vile sujétion[5] et contrainte ils sont déprimés et assouvis[6], ils tournent cette noble affection par laquelle ils tendaient librement à la vertu, à déposer et à enfreindre[7] ce joug de servitude[8], car nous entreprenons toujours des choses défendues et convoitons ce qui nous est refusé.

Par cette liberté, ils entrèrent en louable émulation[9] de faire tous ce qu'ils voyaient plaire à un seul. Si quelqu'un ou quelqu'une disait : « Buvons », tous buvaient ; s'il disait : « Jouons », tous jouaient ; s'il disait « Allons nous ébattre[10] aux champs », tous y allaient. Si c'était pour chasser au vol, les dames, montées sur de belles haquenées[11], avec leur fier palefroi[12], portaient chacune sur leur poing mignonnement ganté ou un épervier ou un laneret[13] ou un émerillon[14] ; les hommes portaient les autres oiseaux.

Ils étaient si noblement appris qu'il n'était entre eux nul ou nulle qui ne sût lire, chanter, jouer d'instruments harmonieux, parler cinq ou six langues, et composer dans celles-ci tant en vers qu'en prose. Jamais ne furent vus chevaliers si preux[15], si galants, si adroits à pied et à cheval, plus verts[16], mieux remuants, mieux maniant toutes armes qu'ils étaient là. Jamais ne furent vues dames si propres, si mignonnes, moins fâcheuses, plus doctes à la main, à l'aiguille, à tout acte féminin honnête et libre qu'elles étaient là.

Par cette raison, quand le temps était venu que quelqu'un de cette abbaye, soit à la requête de ses parents, soit pour une autre cause, voulût sortir dehors, il emmenait avec soi une des dames, celle qui l'aurait pris pour son dévot[17], et ils étaient mariés ensemble ; et s'ils avaient bien vécu à Thélème en dévouement et amitié, encore mieux ils la continuaient en mariage, d'autant s'aimaient-ils entre eux à la fin de leurs jours comme le premier de leurs noces.

Chapitre LVII (extrait), translation en français moderne par M. Rat,


1. Bonne volonté.
2. Mesure écrite.
3. En compagnie de gens moralement irréprochables.
4. Une motivation.
5. Mauvaise influence.
6. Contraints.
7. Ne pas respecter.
8. Ce poids contraignant.
9. Désir.
10. Promener.
11. Petits chevaux réservés aux femmes.
12. Cheval de parade.
13. Faucon gris.
14. Faucon au vol rapide.
15. Braves.
16. Dynamiques.
17. Directeur religieux.

## QUESTIONS

**1.** Dès le premier paragraphe, sur quelle particularité du fonctionnement de l'abbaye le narrateur insiste-t-il ? Quelles expressions annoncent la clause de la ligne 7 ?

**2. a.** Quelle explication est donnée à la devise de Thélème ? À quel temps verbal et avec quel pronom est-elle formulée ?

**b.** Dans quelle mesure cette devise montre-t-elle que Rabelais conçoit l'homme de façon réaliste ?

→ p. 375 : LA SYNTAXE ET LA VALEUR DES TEMPS

**3.** Quelles activités sont énumérées ? Quel portrait des membres de l'abbaye cette présentation propose-t-elle parallèlement ?

**4.** Quelle est la connotation des adjectifs qualificatifs décrivant les habitants de Thélème ? Justifiez leur emploi.

→ p. 381 : DÉNOTATION ET CONNOTATION

**5.** La sortie de l'abbaye est-elle présentée comme une déchirure ? Quel exemple développé permet de montrer la place que Thélème occupe dans l'ensemble de la société ?

**6. Iconographie.** Observez les personnages de la miniature ci-dessous et les activités auxquelles ils s'adonnent. Dans quelle mesure cette image est-elle directement liée à la description de l'abbaye de Thélème ?

## Vis-à-vis : Thomas More et Rabelais

**7.** Quel terme employé dans le titre du chapitre de Rabelais semble plutôt convenir à Utopie ? Expliquez.

**8.** Quelle est la grande différence entre Utopie et l'abbaye de Thélème ? Quel modèle est, selon vous, préférable ?

Scène de chasse au faucon, miniature tirée du *Traité de fauconnerie et de vénerie*, portant la devise et l'emblème du duc Sforza (1459) (Chantilly, musée Condé).

Analyse *d'image*

# BRONZINO (1503-1572)
# *Portrait d'Ugolino Martelli* (1535-1538)

Huile sur bois, 102 x 85 cm (Berlin, Pinacothèque, Musées nationaux).

*Peintre officiel du grand-duché de Toscane à partir de 1539, Bronzino est l'un des grands portraitistes européens de la Renaissance. Avant d'être reconnu pour ses œuvres de cour, il a représenté des savants de son temps, dont le linguiste Ugolino Martelli, aujourd'hui connu grâce à cette peinture.*

QUESTIONS

### Première approche

**1.** Décrivez le visage d'Ugolino Martelli. Quelle impression se dégage de cette physionomie ?

### Analyse

**2.** Quels objets accompagnent le modèle ? Quel rôle les mains ont-elles dans la valorisation de ces objets ?

**3. a.** Quelle figure géométrique le corps de Martelli forme-t-il ? Dans quelle mesure la couleur noire la renforce-t-elle ?

**b.** De manière générale, la palette est-elle développée ? Sur quoi cela permet-il de se concentrer ?

**4. a.** Observez les lignes de fuite. À quel point aboutissent-elles ?

**b.** Quelle harmonie cette profondeur offerte par la composition entretient-elle avec le modèle ?

### Question de synthèse

**5.** Dans quelle mesure ce portrait idéalise-t-il l'humanisme ?

**6. Recherche.** L'œuvre représentée à l'arrière-plan est une sculpture de Donatello (1386-1466), *David et Goliath*.

**a.** Recherchez l'origine de cette histoire biblique.

**b.** Quel écho cette histoire peut-elle avoir avec un jeune homme comme Ugolino Martelli ?

→ p. 461 : L'IMAGE FIXE

# Texte 3 Michel de MONTAIGNE
## *Essais* (1580)

Biographie p. 566

*En 1579, le philosophe Montaigne adresse à Diane de Foix, comtesse de Gurson, un traité d'éducation à l'attention de l'enfant qu'elle va bientôt mettre au monde. À une époque où les jeunes nobles se voient dispenser un enseignement sur la base de connaissances presque exclusivement littéraires, peu adapté aux réalités de leur époque, l'auteur délivre un message original qui associe la richesse du savoir au plaisir de le recevoir. Très en avance sur son temps, Montaigne prône le respect de l'enfant, un être à qui il faut accorder respect, confiance et liberté.*

Finalement, cette éducation doit être prodiguée par une sévère douceur, et non comme elle est pratiquée. Au lieu de convier[1] les enfants aux lettres[2], on ne leur présente, à la vérité, qu'horreur et cruauté. Ôtez-moi la violence et la force : il n'est rien à mon avis qui abâtardisse[3] et étourdisse si fort une nature bien née[4]. Si vous avez envie qu'il craigne la honte et le châtiment, ne l'y endurcissez pas. Endurcissez-le à la sueur et au froid, au vent, au soleil et aux hasards qu'il lui faut mépriser ; ôtez-lui toute mollesse et délicatesse dans son habillement, son sommeil, son alimentation et sa boisson ; habituez-le à tout. Que ce ne soit pas un beau garçon efféminé, mais un garçon vert[5] et vigoureux. Enfant, homme, vieux, j'ai toujours cru et jugé de même. Mais, par-dessus tout, cette autorité de la plupart de nos collègues m'a toujours déplu. On aurait moins failli à cette expérience si l'on s'était porté à l'indulgence. C'est une vraie geôle[6] de jeunesse captive. On la rend débauchée, et on la punit avant qu'elle ne le soit effectivement. Présentez-vous à l'entrée de la salle de classe : vous n'entendez que des cris d'enfants suppliciés, et de maîtres enivrés de leur colère. Quelle façon d'éveiller l'appétit pour la leçon à ces tendres âmes craintives, que de les conduire avec cette trogne effroyable, les mains armées de fouets ? Inique[7] et pernicieuse[8] forme ! Ajoutons ce que Quintilien[9] a très bien remarqué à ce propos, que cette impétueuse[10] autorité engendre de dangereuses conséquences, notamment dans notre façon de châtier. Combien leurs classes seraient plus décemment jonchées de fleurs et de feuilles que de tronçons d'osier sanglants[11]. J'y ferais représenter la joie, l'allégresse, et Flore[12] et les Grâces[13], comme le fit en son école le philosophe Speusippe[14]. Que leur profit soit aussi leur détente ! On doit sucrer les aliments qui sont sains pour l'enfant, et lui rendre amers ceux qui lui sont nuisibles.

Livre I, chapitre XXVI : « De l'institution des enfants » (extrait), translation en français moderne.

**Ci-contre :** Allégorie de l'École, miniature tirée d'une édition d'*Ars grammatica* d'Aelius Donatus, grammairien latin (fin XV^e siècle) (Milan, château Sforza, bibliothèque Trivulziana).

1. Amener.
2. Enseignement de la langue et de la littérature.
3. Pervertisse.
4. Noble.
5. Dynamique, vivant.
6. Prison.
7. Injuste.
8. Dangereuse, destructrice.
9. Célèbre orateur romain du Ier siècle.
10. Violente.
11. Martinets destinés à châtier physiquement les élèves.
12. Déesse de la nature.
13. Allégories romaines de la beauté.
14. Philosophe grec, du IVe siècle avant J.-C., neveu de Platon.

**LECTURE ANALYTIQUE**

### Première lecture

**1. a.** Quel principe d'éducation Montaigne dénonce-t-il ? Quelle image violente permet de résumer cette indignation ?
**b.** Quel champ lexical est amorcé dès la deuxième phrase ? Comment se développe-t-il ?

### Mise au point

**2.** Quelle figure de rhétorique est au cœur de la première phrase ? À quel modèle éducatif correspond-elle ?
→ p. 384 : LES FIGURES DE RHÉTORIQUE

### Analyse

**3.** Dès la ligne 3, quel mode verbal est récurrent ? À quelles répétitions est-il associé ? Que soulignent-elles ?
→ p. 375 : LA SYNTAXE ET LA VALEUR DES TEMPS

**4.** Quelle antithèse Montaigne utilise-t-il pour valoriser l'élève idéal ? Refuse-t-il donc la discipline ?
→ p. 384 : LES FIGURES DE RHÉTORIQUE

**5.** Quelle métaphore résume le système scolaire qui existait du vivant de Montaigne ? Comment cette image est-elle développée ensuite ?
→ p. 384 : LES FIGURES DE RHÉTORIQUE

**6.** Quel est le rôle des références antiques utilisées à la fin de l'extrait ? Laquelle s'oppose fortement aux images scolaires propres à l'époque de Montaigne ?

### Question de synthèse

**7.** En quoi ce modèle éducatif associe-t-il étroitement des modèles anciens et des idées modernes ?

### Pour aller plus loin

**8. Recherche.** Faites une recherche sur l'école au XVIe siècle. Qui bénéficie de l'enseignement scolaire, dans quelles conditions, et pour apprendre quoi ?

**9. Analyse de corpus.** En croisant ce texte de Montaigne avec les extraits des traités de Fénelon → SÉQUENCE 4, p. 94 et de Rousseau → SÉQUENCE 5, p. 112, répondez à la question d'analyse suivante : de quelle façon originale ces trois auteurs sont-ils intervenus dans les débats éducatifs de leur temps ?
→ p. 491 : ORGANISER SON PLAN DE RÉPONSE ET RÉDIGER

D'UN *Texte* À L'AUTRE **3**

Biographie p. 562

## CONDORCET

# *Discours à l'Assemblée nationale législative* (2 avril 1792)

*Avant de rédiger son* Esquisse d'un tableau historique des progrès de l'esprit humain, *le mathématicien et philosophe Condorcet œuvre, en tant que député à l'Assemblée législative puis à la Convention, à un projet de réforme de l'instruction publique*[1]. *Il y affirme sa volonté de transmettre le savoir à tous les citoyens afin d'élever l'humanité et de lui apporter le bonheur ; il universalise ainsi les valeurs humanistes issues de la Renaissance.*

Messieurs,

Offrir à tous les individus de l'espèce humaine les moyens de pourvoir à leurs besoins, d'assurer leur bien-être, de connaître et d'exercer leurs droits, d'entendre et de remplir leurs devoirs ; assurer à chacun d'eux la facilité de perfectionner son industrie[2], de se rendre capable des fonctions sociales auxquelles il a droit d'être appelé, de développer toute l'étendue des talents qu'il a reçus de la nature, et par là, établir entre les citoyens une égalité de fait, et rendre réelle l'égalité politique reconnue par la loi : tel doit être le premier but d'une instruction nationale ; et, sous ce point de vue, elle est pour la puissance publique un devoir de justice.

1. L'école pour tous, financée par l'État.
2. Habileté.

Diriger l'enseignement de manière que la perfection des arts augmente les jouissances de la généralité des citoyens et l'aisance de ceux qui les cultivent, qu'un plus grand nombre d'hommes deviennent capables de bien remplir les fonctions nécessaires à la société, et que les progrès toujours croissants des lumières ouvrent une source inépuisable de secours dans nos besoins, de remèdes dans nos maux, de moyens de bonheur individuel et de prospérité commune.

Cultiver enfin, dans chaque génération, les facultés physiques, intellectuelles et morales, et, par là, contribuer à ce perfectionnement général et graduel[3] de l'espèce humaine, dernier but vers lequel toute institution sociale doit être dirigée : tel doit être l'objet de l'instruction ; et c'est pour la puissance publique un devoir imposé par l'intérêt commun de la société, par celui de l'humanité entière.

Extrait.

3. Progressif.

## QUESTIONS

1. Sur quelle énumération le discours s'ouvre-t-il ? Quels en sont les termes, et à quel idéal républicain aboutit-elle ?
   → p. 384 : LES FIGURES DE RHÉTORIQUE
2. Quelles expressions soulignent la volonté d'une éducation universelle ? Quelle est la connotation des groupes nominaux utilisés ?
   → p. 381 : DÉNOTATION ET CONNOTATION
3. D'après Condorcet, l'enseignement doit-il être généralisé uniquement pour des raisons sociales et politiques ? Justifiez.
4. Relevez la structure ternaire présente dans le dernier paragraphe. Quel idéal éducatif valorise-t-elle ?
5. Dans ce même paragraphe, commentez tous les procédés grammaticaux et lexicaux qui contribuent à la généralisation. Quel est leur but ?

## Vis-à-vis : Montaigne et Condorcet

6. Quel mot employé à la fin du discours de Condorcet rappelle le titre de l'essai de Montaigne ? Quelle forme d'éducation est alors mise en lumière ?
7. Quelle évolution du rôle social de l'éducation l'étude conjointe de ces deux textes révèle-t-elle ?
8. **Iconographie.** Dans quelle mesure le tableau de G. M. Kraus synthétise-t-il le message de ces deux textes ? Justifiez.

Georg Melchior Kraus (1737-1806), *La Leçon des garçons* (XVIIIe siècle), huile sur bois, 34 x 45 cm (Francfort-sur-le-Main, Goethe Museum).

OBJECTIF

**Découvrir les principes et la mise en œuvre d'une forme d'éducation humaniste.**

# Michel de MONTAIGNE, *Essais*, livre I, chapitre XXVI (1580)

## Le contexte

La France d'Henri III (1574-1589) est troublée par les guerres de Religion. Le pays vit les conséquences de la Saint-Barthélemy, le massacre des protestants par les catholiques, à Paris en août 1572, puis en province tout au long de l'automne. Après avoir été roi de Pologne, Henri III succède à son frère Charles IX et obtient une trêve partielle entre les catholiques et les protestants, avec la paix de Nérac (1580).

## L'auteur

Depuis 1572, Montaigne ne siège plus au parlement de Paris, mais s'est retiré dans son domaine périgourdin pour y lire les auteurs antiques et y rédiger ses premiers essais. L'année 1580 voit la publication des deux premiers livres des *Essais*, et l'auteur s'apprête à partir en voyage en Italie.

## L'œuvre

Le chapitre XXVI du premier livre des *Essais* expose le modèle éducatif, *l'institution des enfants*. Il fait montre d'une ouverture d'esprit exceptionnelle pour l'époque, regardant l'enfant comme un individu digne d'attention. Ce texte est à l'origine du concept d'honnête homme au XVIIe siècle, le type idéal d'un homme cultivé et agréable en société.

## Pistes d'analyse

**1. Un programme d'éducation humaniste.** Quelles sont les matières que Montaigne préconise d'enseigner aux enfants ? Quelle place donne-t-il à l'entretien physique du corps ?

**2. Les références antiques.** Quels auteurs sont le plus longuement cités par Montaigne ? Quelle place les œuvres de fiction antique occupent-elles dans l'éducation à donner aux enfants ?

**3. L'appel à l'expérience personnelle.** Dans quelle partie du chapitre Montaigne parle-t-il de son père et de son enfance ? Quelle est la fonction de ces références intimes ?

**4. Le ton particulier des *Essais*.** Quel ton Montaigne adopte-t-il dans l'ensemble de ce chapitre ? Notez-vous des variations ? Expliquez.

## Activités complémentaires

**1. Recherche.** Comparez le programme de Montaigne (matières enseignées) avec le sommaire d'*Émile ou de l'éducation* de Jean-Jacques Rousseau (1762) évoqué dans la synthèse → p. 293. Chez quel auteur le spectre d'activités et de matières proposées est-il le plus large ? Justifiez.

**2. Rédaction argumentée.** Le système éducatif de Montaigne est-il applicable aujourd'hui ? En allant au-delà des citations latines parfois ardues, demandez-vous si ce programme a encore des échos dans la vie sociale et le scolaire actuel.
→ p. 495 : RÉDIGER DES PARAGRAPHES DE SYNTHÈSE

## Propositions de lectures

**Textes contemporains de l'auteur**

- ÉRASME, *L'Institution du prince chrétien* (1515) : un traité où la bonne éducation est vue comme un frein à la tyrannie.
- François RABELAIS, *Pantagruel*, chapitre VIII (1532) → SÉQUENCE 6, p. 129 : un programme encyclopédique à comparer avec Montaigne.

**Pour élargir**

- Jean-Paul SARTRE, *Les Mots* (1964) : un récit d'enfance où le grand-père transmet à l'enfant le culte des livres et du savoir.
- Annie ERNAUX, *La Place* (1984) : un récit autobiographique où l'éducation d'une jeune fille dépend de l'école républicaine.

# SYNTHÈSE L'humanisme et l'homme

● Au XVI^e siècle, à la Renaissance, la France vit sur le **modèle culturel italien** qui s'inspire lui-même de la redécouverte passionnée de l'Antiquité. Ces **références gréco-romaines** sont imitées dans l'Europe entière. Architecture, peinture, sculpture, poésie, traités politiques… développent une nouvelle vision du monde, l'**humanisme**, qui place l'homme au centre de l'univers. Les peintres **Léonard de Vinci** → HISTOIRE DES ARTS ou **Bronzino** → ANALYSE D'IMAGE mettent alors la figure humaine au tout premier plan.

## 1 La réflexion sur le pouvoir

● Elle s'appuie sur deux ouvrages :

– ***Le Livre du courtisan*** **de Castiglione** (1528), traité de référence sur l'idéal de vie à la cour. Ambassadeur du duc d'Urbino à Rome, l'auteur énonce des règles de savoir-vivre et de raffinement exemplaires.

– ***Le Prince*** (1513) → TEXTE 1, un ouvrage où **Machiavel** théorise tous les aspects de la vie sociale, politique et militaire d'un souverain. Si l'auteur n'exclut pas l'exercice implacable du pouvoir, il insiste sur les valeurs morales dont doit faire preuve le prince pour se faire respecter. Ce livre n'est pas un éloge de la tyrannie. En France, le *Discours de la servitude volontaire* de **La Boétie** (1576) → D'UN TEXTE À L'AUTRE 1 est un anti-traité machiavélien : loin d'énumérer les qualités d'un bon prince, l'auteur s'attache à développer dans le peuple la capacité à critiquer le pouvoir autoritaire et à inventer des moyens de se rebeller.

## 2 Des modèles de société

● En Angleterre, **Thomas More**, chancelier du roi Henri VIII, est à l'origine du genre de l'**utopie**. Son ouvrage *Utopie* (1516) → TEXTE 2 décrit tous les aspects sociaux et politiques d'un monde rigoureusement organisé où chaque heure de la journée est codifiée.

● Cette quête humaniste du bonheur de l'homme se retrouve dans d'autres modèles de société qui contestent le fonctionnement de certaines communautés du XVI^e siècle ; ainsi, **Rabelais**, dans son roman *Gargantua* (1534), imagine l'**abbaye de Thélème**, un lieu mixte où chacun initie le reste du groupe à une activité de son choix, à n'importe quel moment de la journée. La devise *Fais ce que tu voudras* → D'UN TEXTE À L'AUTRE 2 conteste la rigueur de toute règle monastique de l'époque. Elle inspirera d'autres utopies, parfois extrêmement fantaisistes, comme l'**Eldorado** de **Voltaire** dans son récit *Candide* (1759) → EXERCICE 2 où le moindre détail évoque par contraste la tyrannie de la plupart des cours européennes d'alors.

## 3 L'ambition éducative

● Un futur bon prince s'éduque. Les enfants bien nés, c'est-à-dire issus de la noblesse, sont parfois encadrés par un programme humaniste. Être attentif à un enfant destiné à gouverner où à tenir son futur domaine relève d'une philosophie réaliste. Le penseur hollandais **Érasme**, précepteur du futur roi Charles Quint, rédige non seulement *L'Institution du prince chrétien* (1515), mais aussi un traité de *Civilité puérile* (1530) → EXERCICE 1 qui, au-delà de son aspect de catéchisme, met la sociabilité au cœur de l'éducation.

● Dans ses ***Essais*** → TEXTE 3, **Montaigne** s'insurge contre l'éducation forcée qui a cours à son époque. La culture imposée par la force doit être remplacée par une *sévère douceur* qui alterne l'autorité sans faille et la bienveillance. Cette vision nouvelle influencera des traités modernes, tel l'*Émile* de **Rousseau** → SÉQUENCE 5, p. 112, et la conception d'une institution pour tous, désireuse d'aboutir au *perfectionnement général et graduel de l'espèce humaine* selon l'orateur révolutionnaire **Condorcet** → D'UN TEXTE À L'AUTRE 3.

## 4 Une définition de l'homme

● Sans forcément contester l'autorité religieuse, les penseurs humanistes mettent la vie de l'homme au cœur de leurs réflexions. Le XVIII^e siècle poursuit dans cette voie ; l'***Encyclopédie*** définit ainsi ce qui peut contribuer au **bonheur de l'homme**. Dans son article « Homme », Charles-Georges Le Roi présente la philosophie comme le moyen d'accéder au bonheur → EXERCICE 3.

● L'évolution des sociétés occidentales a permis à l'autre moitié de l'humanité, les **femmes**, de s'affirmer et de s'éduquer. Dans cette vision humaniste du monde, les femmes ont pourtant été mises au second plan, dans une subtile confusion entre l'homme (le mâle) et l'Homme (l'être humain). L'historienne et philosophe **Élisabeth Badinter** a largement contribué à la critique de ces idéaux, en particulier dans son essai *XY, de l'identité masculine* (1992) → EXERCICE 4. L'humanisme universel est peut-être enfin une réalité.

Biographies des auteurs → p. 560

DVD-ROM
Ressources complémentaires

# Léonard de Vinci, le génie de la Renaissance

Né en Toscane en 1452, **Léonard de Vinci** est considéré comme le maillon essentiel entre la Renaissance italienne et la Renaissance française. Toute encyclopédie le définit comme un **génie universel** : ingénieur, architecte, botaniste, urbaniste, dessinateur, peintre, musicien… La liste est longue des domaines dans lesquels il a excellé. Ses nombreux allers et retours entre Florence et Milan ne lui ont pas toujours permis d'achever ses œuvres, mais l'invitation de François Ier de s'installer en France pour y parfaire ses plans techniques en tous genres lui a donné une certaine stabilité, au Clos-Lucé, près d'Amboise, où il est mort en 1519.

**QUESTIONS**

1. Dans *La Cène* (1), quels procédés de composition et de couleurs valorisent la figure de Jésus ?
2. Cherchez un dessin de planche anatomique de Léonard. Que représente-t-elle ? Dans quelle mesure s'agit-il d'une œuvre à la fois esthétique et scientifique ?

## 1 • Un technicien hors pair

Il est aujourd'hui difficile de classer chronologiquement les très nombreux dessins du maître. Londres, Paris, Milan et Madrid possèdent des collections prestigieuses qui correspondent à différents stades de l'évolution des **connaissances scientifiques et techniques** de Léonard de Vinci : projet d'urbanisme de la ville de Milan en 1485, relevés hydrographiques dans toute la Lombardie en 1509, étude du vol des oiseaux à Rome en 1513 et 1514, etc.

Parmi tous les **carnets de dessins** se détache particulièrement le **Codex Atlanticus** de la Bibliothèque Ambrosienne de Milan. Y abondent des représentations étonnantes de machines et d'inventions quasiment futuristes. Des planches détaillées sont attentives aux **engrenages**, à la mécanique parfaitement huilée de modes de transport extrêmement élaborés pour l'époque, telle l'automobile du folio 296 (1). Les trois schémas réalisés à l'encre démontrent comment les roues de l'engin figuré en perspective tout en haut peuvent s'animer grâce à un système d'engrenages vu de dessus sur le dessin central. Ils prouvent que l'artiste était également un **ingénieur** attentif à la mise en œuvre de techniques nouvelles.

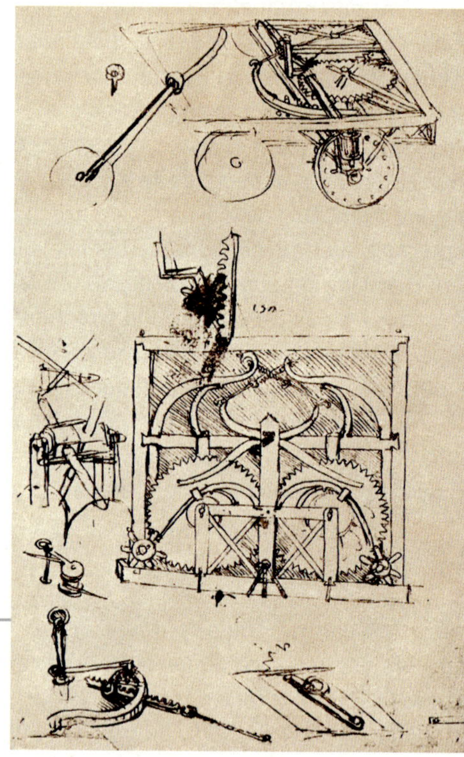

1 Léonard de Vinci (1452-1519), dessin technique d'une « automobile » (vers 1478).

## 2 • Un dessinateur subtil

Le **souci du réalisme** marque le dessin et la peinture de Léonard de Vinci. Si le sourire énigmatique de la Joconde (vers 1500) est l'objet de multiples commentaires de la part des spécialistes de la peinture, la représentation de la figure humaine correspond à un long travail d'observation anatomique, retranscrit ensuite dans la minutie descriptive du trait dessiné. Soucieux d'ériger la peinture au rang d'**art libéral**, comme la poésie, Léonard de Vinci a peint des visages admirables de vie et de sérénité dès *L'Adoration des mages*, vaste composition inachevée de 1481, actuellement à la galerie des Offices à Florence.

Léonard de Vinci est un **artiste humaniste** : l'homme est au cœur de son travail. En cela, il suit la tendance de son maître de Florence, **Verrocchio**, qui lui a appris à être attentif à toutes les physionomies et à travailler avec une multitude de modèles plus différents les uns que les autres : éphèbes, jeunes femmes, hommes âgés…

Un dessin à la **sanguine** de Florence **2** en témoigne : le face à face d'un homme ridé et prognathe, apparemment sans dents, qui relève de la caricature grotesque, et d'un jeune homme au profil grec et aux cheveux ondulés évoquant un personnage des tableaux de Botticelli, révèle cette attention universelle à l'être humain représenté dans toute sa diversité. Les vêtements inachevés réduits à de vagues plissés permettent de se concentrer sur ces deux visages minutieusement détaillés.

**2** Léonard de VINCI (1452-1519), *Étude de deux têtes, un vieillard et un jeune homme*, craie rouge sur papier (Florence, galerie des Offices).

**LEXIQUE**

**Art libéral** Expression artistique respectée.

**Caricature grotesque** Dessin grossissant les traits de façon à ridiculiser le modèle représenté.

**Clair-obscur** Forts contrastes lumineux en peinture, par exemple un modèle au corps blanc représenté sur fond noir.

**Codex** Ensemble de dessins reliés en volume.

**Détrempe** Peinture à la colle délayée dans de l'eau.

**Enduit** Substance à base de plâtre, de chaux et de ciment protégeant une paroi de l'humidité avant peinture.

**Éphèbe** Modèle masculin idéalement beau.

**Profil grec** Nez dans le prolongement du front.

**Sanguine** Crayon à base de pigment rouge.

**Sfumato** Dégradé vaporeux reliant le modèle peint à son environnement.

## 3 • Un peintre magistral

La **peinture de grand format** a également occupé Léonard de Vinci lors de son premier séjour à Milan (1495-1498). La vaste ***Cène*** qui orne encore le réfectoire du couvent de Santa Maria delle Grazie **3** offre une **double perspective**, celle optique qui glisse sur le plafond et les lignes de fuite des tapisseries sombres situées à gauche et à droite, derrière Jésus et ses apôtres ; et celle de la lumière qui associe le premier plan de la nappe éblouissante aux fenêtres de l'arrière-plan qui ouvrent sur un paysage de collines lumineuses. Malgré l'usure de la détrempe et de la **peinture à l'huile**, cette œuvre de très grand format peinte sur un triple enduit témoigne de la virtuosité et du sens de la composition de l'artiste.

La **peinture religieuse** est l'un des pans essentiels de la production de l'artiste. Les tableaux qui relèvent de ce genre pictural sont souvent achevés, tels la *Vierge aux rochers* (1493-1508) à la National Gallery de Londres, ou *Saint Jean Baptiste* (1508-1513) au musée du Louvre. Cette dernière œuvre est caractéristique de la technique aboutie de Léonard : le sfumato et le clair-obscur qui spiritualisent le modèle, l'éloignent de la représentation du commun des mortels.

**3** Léonard de VINCI (1452-1519), *La Cène* (1495-1497), fresque, 4,60 x 8,80 m (Milan, réfectoire de l'église Santa Maria delle Grazie).

# Exercices d'approfondissement

## Revoir

### 1 L'éducation humaniste

**1.** Quel ton l'auteur adopte-t-il dans ce traité ?
**2. a.** Le vocabulaire employé vous semble-t-il difficile ?
**b.** Qui semblent être les destinataires de cet ouvrage ? Observez en particulier l'emploi des pronoms personnels dans le dernier paragraphe.
→ p. 371 : COMMUNICATION, ÉNONCIATION ET MODALISATION
**3.** Quelle est la fonction des exemples d'insultes employés à la fin du premier paragraphe ?
**4. a.** Expliquez le titre de l'ouvrage. Dans quel sens l'adjectif qualificatif *puérile* est-il à prendre ?
**b.** Quel modèle de société ce traité induit-il pour les lecteurs ?

*Dans son traité* La Civilité puérile, *le philosophe hollandais Érasme développe sa vision humaniste de l'éducation.*

Un enfant bien né[1] ne doit se disputer avec personne, pas même avec ses camarades ; qu'il cède plutôt, si la chose paraît tourner en querelle, ou qu'il s'en rapporte au jugement d'un tiers. Qu'il prenne garde d'afficher de la supériorité, de tirer vanité de lui-même, de reprendre la manière d'être des autres, de se moquer des coutumes et des mœurs étrangères, de divulguer ce qui lui a été confié sous le secret, de répandre des nouvelles extraordinaires, de blesser la réputation de personne, de reprocher à qui que ce soit une infirmité. C'est non seulement un outrage et une cruauté, mais une sottise que d'appeler borgne un borgne, boiteux un boiteux, louche un louche et bâtard un bâtard. En suivant ces conseils, un enfant mérite l'éloge, sans faire de jaloux, et s'acquiert des amitiés.

Il est impoli d'interrompre quelqu'un avant qu'il ait achevé son propos.

Un enfant doit n'avoir de querelle avec personne, se montrer de bon accueil à tous, ne recevoir cependant qu'un petit nombre de camarades dans sa familiarité la plus intime, et ceux-là les choisir avec soin. Qu'il ne confie à personne ce qu'il veut tenir caché. *Il est ridicule*, en effet, *d'attendre des autres une discrétion que tu n'as pas toi-même.* Nul ne retient si bien sa langue qu'il n'ait un ami à qui il dévoilera le secret. Il est donc plus sûr d'éviter toute confidence dont tu aurais à rougir si elle était divulguée.

ÉRASME, *La Civilité puérile*, chapitre V (extrait, 1530), traduction du latin par A. Bonneau (1877).

1. Noble.

## Approfondir

### 2 L'utopie au XVIIIe siècle

**1.** Quels détails évoquent un monde extraordinaire ? Quelle figure de rhétorique permet de le confirmer ?
→ p. 384 : LES FIGURES DE RHÉTORIQUE
**2.** À quel cérémoniel Cacambo s'attendait-il pour saluer le roi ? À quoi se résume-t-il finalement ? Que permet de souligner cet écart ?
**3.** Sur quel terme ce paragraphe se referme-t-il ? Quelle atmosphère confère-t-il à cet univers ?
**4.** Quelle est la fonction de la description du deuxième paragraphe ?
**5.** Comparez ce modèle utopique à celui développé par Thomas More → TEXTE 2 et Rabelais → D'UN TEXTE À L'AUTRE 2. L'objectif des trois auteurs est-il le même ? Expliquez.

*Dans le conte philosophique* Candide, *le héros éponyme voyage de par le monde, soumis à de nombreuses péripéties. L'une d'elles le conduit en Eldorado, un pays extraordinaire.*

Vingt belles filles de la garde reçurent Candide et Cacambo[1] à la descente du carrosse, les conduisirent aux bains, les vêtirent de robes d'un tissu de duvet de colibri ; après quoi les grands officiers et les grandes officières de la couronne les menèrent à l'appartement de Sa Majesté au milieu de deux files, chacune de mille musiciens, selon l'usage ordinaire. Quand ils approchèrent de la salle du trône, Cacambo demanda à un grand officier comment il fallait s'y prendre pour saluer Sa Majesté : si on se jetait à genoux ou ventre à terre ; si on mettait les mains sur la tête ou sur le derrière ; si on léchait la poussière de la salle ; en un mot, quelle était la cérémonie. « L'usage, dit le grand officier, est d'embrasser le roi et de le baiser des deux côtés. » Candide et Cacambo sautèrent au cou de Sa Majesté, qui les reçut avec toute la grâce imaginable, et qui les pria poliment à souper.

En attendant, on leur fit voir la ville, les édifices publics élevés jusqu'aux nues[2], les marchés ornés de mille colonnes, les fontaines d'eau pure, les fontaines d'eau rose, celles de liqueurs de canne de sucre, qui coulaient continuellement dans de grandes places, pavées d'une espèce de pierreries qui répandaient une odeur semblable à celle du girofle[3] et de la cannelle. Candide demanda à voir la cour de justice, le parlement ; on lui dit qu'il n'y en avait point, et qu'on ne plaidait[4] jamais.

VOLTAIRE, *Candide*, chapitre XVIII (extrait, 1759).

1. Compagnon de voyage de Candide. 2. Nuages. 3. Clou de girofle. 4. Défendait des prévenus.

## 3 La définition de l'homme

**1. Au début de l'extrait, quelle structure ternaire est utilisée pour définir l'homme ? Quelle image en donne-t-elle d'emblée ?**
**2. Quelle différence le rédacteur de cet article établit-il entre les bêtes et les hommes ? Est-elle certaine ? Expliquez.**
**3. Quelle antithèse montre la complexité de la nature humaine ? Qu'est-ce qui la rend frappante ?**
→ p. 384 : LES FIGURES DE RHÉTORIQUE
**4. D'après cet article, quels domaines sont aptes à débarrasser l'homme de ses préjugés ? Justifiez.**
**5. Dans quelle mesure la dernière phrase correspond-elle encore aux valeurs humanistes étudiées dans la séquence** → SYNTHÈSE **?**

*L'article « Homme » de l'*Encyclopédie *se propose de définir cette notion large tout en révélant les préoccupations philosophiques propres au Siècle des lumières.*

HOMME, s. m. (Morale.) [...] L'homme que nous considérons est cet être qui pense, qui veut et qui agit. Nous chercherons donc seulement quels sont les ressorts[1] qui le font mouvoir et les motifs[2] qui le déterminent. Ce qui peut rendre cet examen épineux[3], c'est qu'on ne voit point dans l'espèce un caractère distinctif auquel on puisse reconnaître tous les individus. Il y a tant de différence entre leurs actions qu'on serait tenté d'en supposer dans leurs motifs. Depuis l'esclave qui flatte indignement son maître, jusqu'à Thamas[4] qui égorge des milliers de ses semblables pour ne voir personne au-dessus de lui, on voit des variétés sans nombre. Nous croyons apercevoir dans les bêtes des traits de caractère plus marqués. Il est vrai que nous ne connaissons que les apparences grossières de leur instinct. L'habitude de voir, qui seule apprend à distinguer, nous manque par rapport à leurs opérations. En observant les bêtes de près, on les juge plus capables de progrès qu'on ne le croit ordinairement. Voyez INSTINCT[5]. Mais toutes leurs actions rassemblées laissent encore entre elles et l'*homme* une distance infinie. Que l'empire[6] qu'il a sur elles soit usurpé[7] si l'on veut, il n'en est pas moins une preuve de la supériorité de ses moyens, et par conséquent de sa nature. On ne peut qu'être frappé de cet avantage lorsqu'on regarde les travaux immenses de l'homme, qu'on examine le détail de ses arts, et le progrès de ses sciences ; qu'on le voit franchir les mers, mesurer les cieux, et disputer au tonnerre son bruit et ses effets. Mais comment ne pas frémir de la bassesse ou de l'atrocité des actions par lesquelles s'avilit[8] souvent ce roi de la nature ? Effrayés de ce mélange monstrueux, quelques moralistes ont eu recours, pour expliquer l'homme, à un mélange de bons et de mauvais principes, qui lui-même a grand besoin d'être expliqué. L'orgueil, la superstition et la crainte ont produit des systèmes[9], et ont embarrassé la connaissance de l'homme de mille préjugés que l'observation doit détruire. La religion est chargée de nous conduire dans la route du bonheur qu'elle nous prépare au-delà des temps. La Philosophie doit étudier les motifs naturels des actions de l'homme, pour trouver des moyens du même genre, de le rendre meilleur et plus heureux pendant cette vie passagère.

Charles-Georges LE ROI, *Encyclopédie*, article « Homme » (extrait, 1751-1772).

1. Causes, mécanismes. 2. Raisons. 3. Difficile. 4. Roi antique de Perse. 5. Renvoi à un autre article de l'*Encyclopédie*. 6. Le pouvoir (que l'homme a sur les bêtes). 7. Volé, pris abusivement. 8. Se montre de façon dégradante. 9. Raisonnements élaborés.

# Écrire

## 4 La question de l'homme aujourd'hui

**1. Sur quelle spécificité de la langue française Élisabeth Badinter met-elle l'accent ?**
**2. Cette question de vocabulaire est-elle anodine ?**
**3. Quel fil le raisonnement suit-il ? Appuyez-vous sur les connecteurs logiques.**
→ p. 418 : LE CIRCUIT ARGUMENTATIF
**4. Quelle est donc la thèse ici défendue ?**
→ p. 418 : LE CIRCUIT ARGUMENTATIF
**5. Rédaction de paragraphe argumentatif. Êtes-vous convaincu(e) par la thèse de ce texte ? Répondez dans un paragraphe argumentatif qui s'appuiera sur la façon de nommer l'homme et l'Homme dans d'autres langues que vous connaissez (anglais, allemand, arabe, espagnol...).**
→ p. 495 : RÉDIGER DES PARAGRAPHES DE SYNTHÈSE

La langue française – aujourd'hui comme hier – désigne du même mot le mâle et l'humain. Pour nous faire comprendre, il faut souvent préciser que nous l'écrivons avec une majuscule ou une minuscule. Ce faisant, depuis l'Antiquité grecque, le Français ne fait qu'entériner[1] la tendance à assimiler les deux signifiés[2]. L'homme (*vir*[3]) se vit comme universel (*homo*[4]). Il se considère comme le représentant le plus accompli de l'humanité. Le critère de référence. La pensée occidentale se partage entre deux approches apparemment différentes de la dualité[5] des sexes. Soit on privilégie le modèle de la ressemblance soit on lui préfère celui de l'opposition. Mais dans les deux cas, on affirme la supériorité de l'homme qui justifie sa domination sur la femme.

Élisabeth BADINTER, *XY, de l'identité masculine*, prologue : « L'énigme masculine. Le grand X », chapitre : « Quand l'homme était l'Homme » (extrait, 1992),


1. Confirmer. 2. Sens. 3. Homme, mâle (en latin). 4. Être humain (en latin). 5. L'opposition.

SÉQUENCE 14

# Découvrir et modeler le monde

Le XVIe siècle, époque de l'humanisme, connaît les grandes découvertes. De célèbres navigateurs voyagent vers des territoires encore inexplorés et relatent leurs expériences dans des récits exotiques et saisissants.

**OBJECTIF**

**Analyser l'influence de récits d'explorateurs sur les représentations du monde.**

## SOMMAIRE

DVD-ROM Ressources complémentaires


Texte 1 — C. COLOMB, *La Découverte de l'Amérique* (1492) ........ 299

D'un Texte à l'autre — VIRGILE, *Énéide* (Ier siècle avant J.-C.) ........ 301

Analyse d'Images — *Codex Magliabechiano* (XVe siècle) et A. THEVET, *Indiens pêchant* (1557) ........ 303

Texte 2 — J. de LÉRY, *Histoire d'un voyage fait en la terre du Brésil* (1578) ... 304

D'un Texte à l'autre — M. POLO, *La Description du monde* (1298) ........ 306

Étude d'œuvre intégrale — J. de LÉRY, *Histoire d'un voyage fait en la terre du Brésil* (1578) ... 308

Texte 3 — M. de MONTAIGNE, *Essais* (1580) ........ 309

D'un Texte à l'autre — J. CARTIER, *Voyages au Canada* (1545) ........ 311

- **SYNTHÈSE** Littérature et nouveaux mondes ........ 313
- **Histoire des arts** Les arts premiers ........ 314
- **Exercices d'approfondissement** ........ 316


| Notions et activités | Liens avec la partie II |
|---|---|
| Métaphore, comparaison et anaphore | → p. 384 : LES FIGURES DE RHÉTORIQUE |
| Le raisonnement par analogie | → p. 418 : LE CIRCUIT ARGUMENTATIF |

| | Liens avec la partie III |
|---|---|
| Rédiger un journal de voyage | → p. 541 : INVENTER ET IMAGINER |
| Lire et analyser un corpus | → p. 484 : ANALYSER UN CORPUS ET RÉDIGER UNE RÉPONSE ORGANISÉE |
| Disserter à partir d'une citation | → p. 518: RÉDIGER UNE DISSERTATION |

Texte 1

Biographie p. 561

# Christophe Colomb
## *La Découverte de l'Amérique* (1492)

*Au service des rois catholiques, Ferdinand de León et Isabelle d'Aragon, soucieux de développer les voies de commerce maritime, le navigateur génois Christophe Colomb quitte l'Espagne le 3 août 1492, à la recherche d'une route permettant de rejoindre les Indes par l'ouest. Les trois navires de l'expédition, la* Santa Maria, *la* Pinta *et la* Niña, *aperçoivent la terre le 12 octobre, et croient qu'ils accostent en Asie. Le jour suivant, le navigateur relate dans son journal les premiers échanges avec la population indigène.*

L'arrivée à l'île d'Hispaniola (Haïti), gravure sur bois extraite des *Lettres de Christophe Colomb sur la découverte de l'Amérique* (1493).

*Samedi 13 octobre*

« Dès l'aube vinrent à la plage beaucoup de ces hommes, tous jeunes, comme je l'ai déjà dit, et tous de belle allure. Ce sont gens très beaux. Leurs cheveux ne sont pas crépus, mais lisses et gros comme les crins du cheval. Ils ont tous le front et la tête très larges, plus qu'aucune race que j'aie vue jusqu'ici, et les yeux très beaux et non petits ; aucun d'eux n'est brun foncé mais bien de la couleur des Canariens[1] – et il ne peut en être autrement puisque cette île est située d'est en ouest sur la même ligne que l'île de Hierro, aux Canaries –, ils ont tous semblablement les jambes très droites et le ventre plat, très bien fait.

« Ils vinrent à la nef[2] sur leurs *almadias*[3] qui sont faites comme de longues barques, d'un tronc d'arbre tout d'une seule pièce, travaillées à merveille pour ce pays, et si grandes que dans quelques-unes allaient quarante ou quarante-cinq hommes. D'autres étaient plus petites, et tant que dans certaines d'entre elles ne tenait qu'un seul homme. Ils rament avec une sorte de pelle de boulanger et cela avance à merveille ; et si l'une de ces barques chavire, alors ils se jettent tous à la nage, ils la retournent et la vident avec des calebasses[4] qu'ils portent sur eux. Ils apportaient des pelotes de coton filé, des perroquets, des sagaies[5] et d'autres petites choses qu'il serait fastidieux d'énumérer. Ils donnaient tout pour n'importe quoi qu'on leur offrît. J'étais attentif et m'employai à savoir s'il y avait de l'or. Je vis que quelques-uns d'entre eux en portaient un petit morceau suspendu à un trou qu'ils ont au nez et, à force de signes, je pus comprendre qu'en allant au sud ou qu'en tournant l'île[6] par le sud on allait là où était un roi qui possédait de grands vases

1. Habitants de l'archipel espagnol des Canaries, dans l'Atlantique.
2. Au plus petit des trois bateaux.
3. Pirogues.
4. Gourdes.
5. Javelots.
6. En contournant l'île.

d'or et en avait énormément. Je m'efforçai de les convaincre d'y aller, mais je vis bientôt qu'ils n'entraient pas dans cette idée. Je déterminai d'attendre jusqu'au lendemain après-midi et de partir ensuite vers le sud-ouest, puisque, selon ce que beaucoup d'entre eux me montraient, il y avait terres au sud, au sud-ouest, au nord-ouest, et que de celles du nord-ouest on venait les combattre souvent. Ainsi je décidai d'aller au sud-ouest chercher l'or et les pierres précieuses...

Cette île est bien grande, très plate, sans aucune montagne, plantée d'arbres très verts ; on y trouve beaucoup d'eau et en son milieu une lagune[7] très grande. Elle est toute si verte que c'est plaisir de la regarder. La population est assez docile. Par envie de ce que nous avons et parce qu'ils savent qu'on ne le leur donnera pas sans quelque chose en échange, quand ils n'ont rien ils saisissent ce qu'ils peuvent et se jettent ensuite à la nage ; mais tout ce qu'ils ont, ils le donnent pour n'importe quelle bagatelle[8] qu'on leur offre, au point qu'ils prennent en échange jusqu'à des morceaux d'écuelle et de tasses de verre cassées, et que j'ai vu donner seize pelotes de coton pour trois ceutis de Portugal[9] qui valent un blanc de Castille[9] – et ces pelotes faisaient plus d'une arrobe[10] de coton filé.

7. Étendue d'eau de mer retenue par une langue de terre.
8. Objet de faible valeur.
9. Petites pièces n'ayant aucune valeur.
10. Entre treize et quinze kilos.

Extrait, traduction de l'espagnol (castillan) par S. Estorach et M. Lequenne,


**LECTURE ANALYTIQUE**

## Première lecture

**1.** Quels éléments permettent de comprendre qu'il s'agit d'un extrait de journal ?

**2.** Sur quels aspects du Nouveau Monde le texte insiste-t-il ?

## Mise au point

**3.** Quel sens faut-il donner à l'expression *travaillées à merveille pour ce pays* (l. 15-16) ?

## Analyse

**4.** Quelle figure de rhétorique l'auteur utilise-t-il dans l'expression *une sorte de pelle de boulanger* (l. 18) ? Expliquez pourquoi et dites quel est l'effet produit.
→ p. 384 : LES FIGURES DE RHÉTORIQUE

**5.** Identifiez les modalisateurs. Quels sentiments Christophe Colomb semble-t-il éprouver ?
→ p. 371 : COMMUNICATION, ÉNONCIATION ET MODALISATION

**6.** Par quel moyen les Européens et les Amérindiens communiquent-ils ? Semblent-ils se comprendre ?

**7. a.** Dans le deuxième paragraphe, relevez les propositions dont le pronom *je* est le sujet. Quels verbes l'accompagnent ?
**b.** Étudiez l'enchaînement des repères spatiaux. En quoi révèlent-ils les intentions de l'explorateur ?

**8.** Dans quelles phrases le but de l'exploration est-il explicitement formulé ? Quelle signification donnent-elles alors à la scène du dernier paragraphe ?

**9. Iconographie.** Dans quelle mesure l'illustration de la page précédente résume-t-elle ce texte ? Expliquez.

## Question de synthèse

**10.** L'image que cet extrait de journal donne des grandes découvertes est-elle idéalisée ? Expliquez.

## Pour aller plus loin

**11. Recherche**
**a.** Sur Internet ou au CDI, cherchez les noms de grands explorateurs des XVe et XVIe siècles.
**b.** Cherchez une carte du monde datant d'avant le XVIe siècle. Quels territoires les hommes de la Renaissance ont-ils découverts ?

**12. Écriture d'invention.** Imaginez deux pages du journal d'un explorateur contemporain qui part en voyage dans une autre galaxie. Arrivant sur une planète, il raconte sa rencontre avec un peuple jusque-là inconnu. Après une brève description de ces nouveaux êtres, il insiste essentiellement sur les raisons qui ont motivé son voyage, sur la difficulté à communiquer et sur l'intérêt de cette découverte.
→ p. 541 : INVENTER ET IMAGINER

Claude Gellée dit Le Lorrain (1600-1682), *Didon et Énée à Carthage* (1675), huile sur toile, 120 x 149 cm (Hambourg, Kunsthalle).

D'UN *Texte* À L'AUTRE 1

Biographie p. 569

# VIRGILE
## *Énéide* (Ier siècle avant J.-C.)

*L'*Énéide *est un long poème écrit au Ier siècle avant J.-C. par l'auteur romain Virgile, dont l'objectif était d'offrir à Rome une épopée sur ses origines, digne de rivaliser avec l'*Iliade *d'Homère. Imaginant une suite au récit grec, l'auteur choisit comme personnage principal Énée, qui a été contraint de quitter Troie, sa ville natale, conquise, pillée et brûlée par les Grecs. Après un début de voyage mouvementé, il débarque avec ses hommes non loin de Carthage, dans l'actuelle Tunisie.*

Cependant, dociles au sentier, ils sont venus vivement au terme de leur route ; déjà ils gravissent la colline qui de sa hauteur domine la ville et dont le sommet regarde en face la citadelle. Énée admire cet ensemble, simple douar[1] naguère ; il admire les portes, l'animation et le dallage des rues. Les Tyriens[2] travaillent avec ardeur : les uns prolongent des murailles, bâtissent la citadelle, roulent à force de bras des pierres sur les pentes ; d'autres choisissent un lieu pour leur maison et l'entourent d'un sillon ; ils se donnent des lois, des magistrats, un sénat vénérable[3]. Ici les uns creusent des ports, ici pour les théâtres d'autres mettent en place de profondes assises, ils taillent à même le rocher des colonnes gigantesques, hautes décorations des scènes futures. Ainsi les abeilles, en l'été nouveau, par les campagnes en fleur : sous le soleil le rude travail les met à la

1. Village de tentes en Afrique du Nord.
2. Habitants de la ville de Tyr, en Phénicie (actuel Liban), pays d'origine des Carthaginois.
3. Respectable.

peine quand elles conduisent au-dehors, déjà grandis, les petits de leur nation, quand elles condensent le miel limpide et d'un nectar délicieux emplissent à craquer leurs chambrettes, reçoivent les charges de celles qui arrivent ou, formées en colonne, repoussent du logis les bourdons, troupeau paresseux ; l'ouvrage bout, l'odeur du thym flotte sur le miel parfumé. « Ô bienheureux, ceux dont les murs déjà montent du sol ! » dit Énée ; et il contemple, levant les yeux, les toits qui couronnent la ville. Il s'avance, abrité dans une nuée, au milieu de la foule, prodige incroyable ; il se mêle au peuple et n'est vu de personne.

Un bois s'élevait, au milieu de la ville, épandant[4] l'ombre à profusion. C'est là qu'au commencement les Puniques[5], battus par les flots et les tempêtes, retirèrent du sol un signe que leur avait annoncé la royale Junon[6] : la tête d'un cheval plein de feu. Incomparable dans la guerre, pourvue de toutes subsistances, telle serait à travers les siècles leur nation. La Sidonienne Didon[7] y bâtissait à Junon un temple immense, riche des offrandes du peuple et de la protection de la déesse ; au sommet des degrés[8], s'élevaient un seuil de bronze, des poutres assemblées par des pattes de bronze, sur leurs pivots des portes de bronze criaient. C'est dans ce bois qu'un objet inattendu, s'offrant à ses yeux, adoucit pour la première fois son angoisse, c'est là qu'Énée osa pour la première fois espérer un salut et du milieu de ses maux ranimer sa confiance. Car tandis qu'au pied de cet énorme temple il en parcourt des yeux chaque détail, en attendant la reine, tandis qu'il admire la fortune de la ville, l'ouvrage concerté de ses artisans, l'effort de leurs travaux, il voit retracés dans leur suite les combats d'Ilion[9] et ces guerres déjà par la renommée divulguées dans tout l'univers, les Atrides[10], Priam[11], et Achille[12] qui leur fut également intraitable. Il s'arrêta et dit entre ses larmes : « Est-il un lieu, Achate[13], est-il pays sur la terre qui déjà ne soit plein du bruit de nos travaux ? Priam devant nous ! Ici même, le mérite reçoit ses honneurs, les larmes coulent au spectacle du monde, le destin des mortels touche les cœurs. Dissipe tes craintes ; tu le verras : cette renommée, d'une manière ou d'une autre, fera notre salut. »

Livre I, vers 418-464, traduction du latin par J. Perret,


4. Répandant.
5. Les Carthaginois.
6. Reine des dieux chez les Romains.
7. Fondatrice légendaire et première reine de Carthage, native de la ville de Sidon (actuel Liban).
8. Des marches de l'escalier.
9. Autre nom de Troie, ville d'origine d'Énée.
10. Famille grecque ayant participé à la guerre de Troie.
11. Roi de Troie.
12. Héros grec qui participa à la guerre de Troie.
13. Ami d'Énée.

## QUESTIONS

1. Quel champ lexical permet de décrire la vision d'ensemble de Carthage et son architecture ? Quelle est sa connotation ?
→ p. 381 : DÉNOTATION ET CONNOTATION
2. Quelle comparaison l'auteur utilise-t-il pour évoquer l'activité de la ville ? Quelle autre figure de rhétorique amplifie son effet ?
→ p. 384 : LES FIGURES DE RHÉTORIQUE
3. Analysez les paroles d'Énée au discours direct. Quels types de phrase et quel vocabulaire révèlent ses sentiments ?
→ p. 371 : COMMUNICATION, ÉNONCIATION ET MODALISATION
4. a. Que désigne l'*objet inattendu* (l. 28) qu'Énée découvre dans le bois ? Qu'apprend-il grâce à lui ?
b. Quels personnages et quels événements le narrateur évoque-t-il ? Quelle est la fonction de ces précisions ?
→ p. 434 : LE PERSONNAGE
5. Quelle suite cette description idéalisée permet-elle d'envisager ?
6. **Iconographie.** Identifiez Didon et Énée sur le tableau du Lorrain page précédente. Quels indices permettent de les reconnaître ?

## Vis-à-vis : Christophe Colomb et Virgile

7. Dans leur progression narrative et thématique, quels sont les points communs entre ces deux textes ?
→ p. 389 : LE TEXTE NARRATIF
8. a. Les deux voyageurs ont-ils le même statut ? Quel est le but de chacun d'entre eux ?
b. Pourquoi l'expédition de Christophe Colomb peut-elle être définie comme la naissance d'une nouvelle figure de voyageur ?

# Analyse d'images — *Codex Magliabechiano* (XVe siècle) et André Thevet (1516-1590), *Indiens pêchant* (1557)

Scène de sacrifice rituel aztèque, extraite du *Codex Magliabechiano* (milieu XVIe siècle).

Scène de pêche des Indiens du Brésil, gravure extraite de l'ouvrage d'André Thevet, *Les Singularitez de la France antarctique, autrement nommée Amérique, et de plusieurs terres et isles découvertes de nostre tems* (1557).

*Le* Codex Magliabechiano, *rédigé et illustré par des Aztèques, est un document essentiel pour l'étude des peuples, car il raconte l'histoire du peuple aztèque et aborde tous les aspects de sa société et de sa culture. André Thevet est un explorateur et géographe qui voyagea au Brésil et rencontra les Indiens tupinambas. Il rapporta de ses voyages de nombreux dessins et récits.*

## QUESTIONS

### Première approche

**1.** Observez les costumes et les accessoires des personnages. Quel document surprend le plus ?

**2.** Dans son thème, mais aussi dans ses traits et ses couleurs, quelle image permettrait de s'identifier aux êtres représentés ? Expliquez.

### Analyse

**3. a.** Dans le document B, qui sont les différents personnages ? Comment sont-ils disposés ?
**b.** Sur quelle composition dynamique cette gravure joue-t-elle ?

**4.** Observez la scène de sacrifice montrée dans le document A : qui sont les différents intervenants ? Où sont-ils placés et que font-ils ? Comment faut-il interpréter ces signes ?

**5.** Dans le document A, décrivez l'objet qui jaillit dans l'angle supérieur gauche de l'image. De quoi s'agit-il, selon vous ?

→ p. 461 : L'IMAGE FIXE

### Question de synthèse

**6. a.** Quels aspects de la civilisation amérindienne ces images, produites à la même époque, mettent-elles en avant ?
**b.** Dans quelle mesure sont-elles antithétiques ?

→ p. 384 : LES FIGURES DE RHÉTORIQUE

Texte 2

Biographie p. 565

# Jean de Léry

## *Histoire d'un voyage fait en la terre du Brésil* (1578)

*En raison de sa mission religieuse au Brésil, le protestant Jean de Léry est contraint de vivre un temps avec les Indiens tupinambas, tribu cannibale dont il découvre les mœurs. L'auteur commence par présenter sa rencontre avec ce peuple, avant d'exposer le mode de vie de celui-ci, en précisant les détails anecdotiques du quotidien.*

Carte de l'océan Atlantique sud-ouest et Brésil, extraite de l'*Atlas Miller*, atlas nautique par Lopo Homem, cartographe portugais (1519).

Quant à la société de nos sauvages, c'est une chose presque incroyable, et qui ne peut se dire sans faire honte à ceux qui ont les lois divines et humaines, comme étant seulement conduits par leur naturel, quelque corrompu qu'il soit, s'entretiennent et vivent si bien en paix les uns avec les autres. J'entends toutefois chaque nation entre elle-même, ou celles qui sont alliées ensemble : car quant aux ennemis, il a été vu en son lieu comme ils sont étrangement traités. Que si cependant il advient que quelques-uns se querellent (ce qui se fait si peu souvent que durant près d'un an que j'ai été avec eux je ne les ai jamais vu débattre[1] que deux fois), tant s'en faut que les autres tâchent de les séparer et d'y mettre la paix, qu'au contraire quand les contestants[2] se devraient crever les yeux l'un l'autre, sans rien leur dire ils les laisseront faire. Toutefois si quelqu'un est blessé par son prochain, et que celui qui a fait le coup soit appréhendé[3], il en recevra autant au même endroit de son corps par les proches parents de l'offensé et même si la mort s'en suit, ou qu'il soit tué sur le champ, les parents du défunt feront semblablement perdre la vie au meurtrier. Tellement que pour le dire en un mot, c'est vie pour vie, œil pour œil, dent pour dent, etc. mais comme j'ai dit, cela se voit fort rarement entre eux.

Concernant les biens de ce peuple, consistant en maisons, et (comme j'ai dit ailleurs) en beaucoup plus de très bonnes terres qu'il n'en faudrait pour les

1. Se disputer.
2. Adversaires.
3. Arrêté, saisi par l'autorité.

nourrir : quant au premier, se trouvant tel village entre eux où il y a de cinq à six cents personnes, encore que plusieurs habitent en une même maison : tant y a que chaque famille (sans séparation toutefois de choses qui puissent empêcher qu'on ne voie d'un bout à l'autre de ces bâtiments, ordinairement longs de plus de soixante pas) ayant son rang à part, le mari a ses femmes et ses enfants séparés. Sur quoi il faut noter (ce qui est aussi étrange chez ce peuple) que les Brésiliens ne demeurant ordinairement que cinq ou six mois en ce lieu, emportant ensuite les grosses pièces de bois et les grandes herbes de *Pindo*[4], de quoi leurs maisons sont faites et couvertes, ils changent ainsi souvent de place en place leurs villages : lesquels cependant conservent toujours leurs anciens noms : de manière que nous en avons quelquefois trouvé d'éloignés des lieux où nous avions été auparavant, d'un quart ou d'une demi-lieue[5]. Ce qui peut faire juger à chacun, puisque leurs tabernacles[6] sont si aisés à transporter, que non seulement ils n'ont point de grands palais élevés (comme quelqu'un a écrit qu'il y a des Indiens au Pérou qui ont leurs maisons de bois si bien bâties qu'il y a des salles longues de cent cinquante pas, et larges de quatre-vingts), mais aussi que nul de cette nation des *Toüoupinambaoults*[7] dont je parle, ne commence logis ni bâtiment qu'il ne puisse voir achever, voire faire et refaire plus de vingt fois en sa vie, si toutefois il vient en âge d'homme. Que si vous leur demandez pourquoi ils déplacent si souvent leur maisonnée, ils n'ont d'autre réponse que de dire que changeant ainsi d'air, ils s'en portent mieux, et que s'ils faisaient autrement que leurs grands-pères ont fait, ils mourraient soudainement.

Chapitre XVIII (extrait), translation en français moderne.

4. Végétation d'Amérique du Sud.
5. Unité de distance équivalent à deux kilomètres environ.
6. Logements.
7. Les Tupinambas.

## LECTURE ANALYTIQUE

### Première lecture

1. À quel aspect de la vie des indigènes chaque paragraphe renvoie-t-il ? Quelles hypothèses sont précisément envisagées ?
2. Précisez la fonction exacte de chaque série de parenthèses.

### Mise au point

3. À quelle loi biblique la justice des Tupinambas fait-elle penser ? Expliquez.

### Analyse

4. Sur quel type de raisonnement l'extrait s'ouvre-t-il ? À quoi prépare-t-il le lecteur ?
→ p. 418 : LE CIRCUIT ARGUMENTATIF
5. En insistant sur le caractère exceptionnel de ce qui est décrit dans le premier paragraphe, que cherche à souligner l'auteur ?
6. a. Sur quel comportement exotique, étonnant pour un Européen, le second paragraphe insiste-t-il ?
b. D'après la dernière phrase, quelle est la raison d'être des mœurs des Tupinambas ? Ce constat est-il selon vous propre à ce peuple ?
7. a. Les mœurs de ce peuple sont-elles proches de celles des Européens ? Sont-elles pour autant si différentes ? Expliquez.
b. Dans quel but l'auteur souligne-t-il ces écarts par rapport à l'Europe ?

### Question de synthèse

8. Cherchez la définition du mot *utopie*. Dans quelle mesure le mode de vie de ces indigènes est-il utopique ?
→ SÉQUENCE 13, TEXTE 2, p. 282

### Pour aller plus loin

9. **Recherche.** À l'aide d'un dictionnaire, dites ce qu'est un missionnaire. Quels éléments du texte permettent de rappeler que Jean de Léry était en mission ?
10. **Analyse de corpus**
a. À partir des textes de Christophe Colomb → p. 299, de Jean de Léry → p. 304, de Michel de Montaigne → p. 309 et de Jacques Cartier → p. 311, analysez les images que les auteurs donnent de l'homme civilisé et de l'homme à l'état de nature.
b. Parmi ces auteurs, lequel n'était pas un voyageur ? Quelle résonance cela a-t-il dans son texte ?
→ p. 495 : RÉDIGER DES PARAGRAPHES DE SYNTHÈSE

D'UN *Texte* À L'AUTRE **2**

Biographie p. 566

# Marco Polo
## *La Description du monde* (1298)

*Marco Polo est le seul explorateur européen du Moyen Âge. Dans* La Description du monde, *il raconte son long périple au Moyen-Orient et en Asie, sur la route de la Soie, son séjour auprès de l'empereur mongol Kubilaï Khan, dont la cour est en Chine à l'époque, et les différentes missions qu'il a dû accomplir à son service. Mais il évoque surtout son étonnement face aux merveilles de l'Orient et aux mœurs étranges des peuples qu'il côtoie. Il raconte ici les rites funéraires des Tartares.*

Sachez que tous les Grands Khans[1] et tous ceux qui descendent de leur premier seigneur Gengis Khan[2] sont portés pour qu'on les ensevelisse dans une grande montagne appelée Altaï[3]. De là où il meurt, le seigneur est porté pour être enseveli dans cette montagne avec les autres : même s'ils étaient à une distance de cent journées, ils seraient portés à cet endroit pour y être ensevelis. J'ajouterai une grande merveille : quand on porte le corps pour l'ensevelir, tous ceux qu'on rencontre sur la route sont mis à mort par ceux qui conduisent le corps et leur disent : « Allez servir votre seigneur dans l'autre monde ! » Car ils croient réellement que tous ceux qu'ils tuent iront servir leur seigneur dans l'autre monde. Ils font de même avec les chevaux, car quand leur seigneur meurt, ils tuent tout ce qu'il a de mieux afin qu'il l'ait dans l'autre monde, comme ils le croient. Je vous certifie que, quand Mongka Khan[4] mourut, plus de neuf mille personnes furent tuées sur sa route, comme je vous l'ai dit, quand on les rencontrait. Eh bien, puisque nous avons commencé à parler des Tartares[5], je vais vous en dire bien des choses. Les Tartares demeurent l'hiver dans des plaines chaudes où il y a des herbages et pâturages pour leurs bêtes, l'été ils demeurent dans des lieux froids, dans les montagnes et les vallées où ils trouvent de l'eau et des bois. Ils ont des maisons faites de perches aux toits de cordes ; elles sont rondes et ils les emportent avec eux partout où ils vont, car ils attachent les perches si méthodiquement qu'ils les emportent très facilement. Chaque fois qu'ils tendent leurs maisons, la porte est tournée vers le midi. Ils ont des charrettes couvertes de feutre[6] noir si bien qu'aucune goutte ne peut traverser et ils les font tirer par des chevaux et des chameaux. C'est sur ces charrettes que sont transportés leurs femmes et enfants. Les dames achètent et vendent : elles font tout ce qui est nécessaire à leurs maris et à elles-mêmes, car les hommes ne font rien que chasser avec des faucons et autours[7] ou combattre comme des hommes nobles. Ils se nourrissent de viande, de lait et de fromage, ils mangent toutes viandes, chevaux, chiens, rats et marmottes dont il y a des quantités dans les plaines et dans les trous sous terre. Ils boivent du lait de jument.

Chapitre LXVIII : « Les successeurs de Gengis Khan. Coutumes des Tartares » (extrait), traduction par P.-Y. Badel,


1. Nom turc, équivalent du mot empereur.
2. Premier empereur mongol (vers 1155-1227).
3. Nom d'une chaîne de montagne en Extrême-Orient.
4. Empereur mongol, descendant de Gengis Khan (1209-1259).
5. Terme générique qui désigne des peuples turcs d'Europe orientale et d'Asie.
6. Tissu obtenu à partir de laine.
7. Rapaces.

Les frères Nicolo et Matteo Polo, père et oncle de Marco Polo sont reçus à la cour de l'empereur mongol Kubilaï Khan en 1271, miniature extraite du *Livre des Merveilles* enluminé par le Maître de Boucicaut (vers 1410) (Paris, BnF).

## QUESTIONS

1. a. Recherchez l'étymologie du mot *merveille* apparaissant dans le texte (l. 6).
   b. Ce que raconte et décrit l'auteur vous semble-t-il *merveilleux* ? Justifiez.
   → p. 378 : L'ENRICHISSEMENT DU VOCABULAIRE ET L'ÉTYMOLOGIE
2. Quelles caractéristiques de la vie des Tartares paraissent exotiques au lecteur européen moderne ? Quel autre effet peuvent-elles avoir ?
3. Quelles formules l'auteur utilise-t-il pour affirmer sa présence ? Avec qui communique-t-il ? Expliquez.
   → p. 371 : COMMUNICATION, ÉNONCIATION ET MODALISATION
4. Quelles expressions de Marco Polo semblent en décalage par rapport aux réalités décrites ?
5. Quels éléments du texte sont de simples anecdotes ? Selon vous, pour quelles raisons ce texte est-il toujours aussi célèbre huit siècles après son écriture ? Expliquez.

## Vis-à-vis : Jean de Léry et Marco Polo

6. Lequel de ces deux auteurs vous semble le plus objectif ? pourquoi ?
   → p. 371 : COMMUNICATION, ÉNONCIATION ET MODALISATION
7. Comparez le regard que chaque auteur porte sur le peuple qu'il évoque. Lequel élargit sa description à une réflexion comparative avec la civilisation européenne ? Expliquez.

**OBJECTIF**

Étudier un récit de voyage écrit à la Renaissance.

# Jean de Léry, *Histoire d'un voyage fait en la terre du Brésil* (1578)

## Le contexte

Le XVI^e siècle est une période de profonds changements. L'Européen comprend que son *vieux continent* n'est plus le centre du monde ; les grandes découvertes offrent de nombreuses perspectives, des promesses de terres vierges à explorer, de nouvelles richesses à exploiter et de peuples à évangéliser. De nombreux missionnaires sont envoyés « aux Amériques » ; il ne s'agit pas d'explorateurs, mais de religieux. Jean de Léry est l'un d'eux.

## L'auteur

Jean de Léry est un voyageur et écrivain français. Envoyé par Jean Calvin au Brésil, avec des religieux suisses, il partage le quotidien des Indiens tupinambas. Lorsqu'il rentre en France, les guerres de Religion font rage et il se réfugie dans la ville de Sancerre, dans laquelle se produit un cas de cannibalisme, une pratique que l'on attribue aux *sauvages* d'Amérique. Cette expérience fait l'objet de l'*Histoire mémorable du siège de Sancerre* en 1574.

## L'œuvre

Paru en 1578, plusieurs années après son retour d'Amérique du Sud, *Histoire d'un voyage fait en la terre du Brésil* est un récit de voyage qui aborde de manière subjective et engagée son périple jusqu'en territoire tupinamba. Véritable traité d'ethnologie, l'auteur y plaide en faveur de la tribu d'anthropophages auprès de laquelle il vit quelques temps, critiquant les Européens et défendant le protestantisme.

## Pistes d'analyse

**1. L'étude d'un peuple.** Quels aspects de la vie des Amérindiens et de leur société l'auteur étudie-t-il ? Quelle image en donne-t-il ?

**2. Une description comportementale.** Quels éléments physiques et psychologiques des Tupinambas l'auteur présente-t-il ? dans quel but ?

**3. La question du cannibalisme.** Comment l'auteur évoque-t-il le cannibalisme ? À quels autres événements Jean de Léry le compare-t-il ?

**4. Le voyage maritime.** Dans quels chapitres l'auteur aborde-t-il le voyage jusqu'au Brésil et le retour en France ? Comment le fait-il ? Pourquoi ?

## Activités complémentaires

**1. Entraînement au commentaire.** Commentez la fin du chapitre XV, à partir de *Je pourrais encore amener quelques semblables exemples*... Vous envisagerez notamment la manière dont l'auteur présente le cannibalisme.

→ p. 498: RÉDIGER UN COMMENTAIRE LITTÉRAIRE

**2. Recherche.** Sur Internet ou au CDI, situez géographiquement la zone d'habitat des Indiens tupinambas. À quelles réalités cette tribu s'est-elle heurtée ? Quels problèmes rencontre-t-elle à l'heure actuelle ?

→ p. 478 : FAIRE DES RECHERCHES ET LIRE EFFICACEMENT

## Propositions de lectures

**Textes contemporains de l'auteur**

- Michel de Montaigne, *Essais*, livre I, chapitre 31, « Des cannibales » (1580) : une réflexion autour de la notion du mot *barbare* et sur ce qui fait qu'un être est civilisé.
- Bartolomé de Las Casas, *Très brève relation de la destruction des Indes* (1552) : un récit argumenté et partial de la découverte des « Indes » et des destructions occasionnées par les Européens.

**Pour élargir**

- Jacques Prévert, *La Pluie et le Beau Temps*, « Étranges étrangers » (1955) : un poème sur les étrangers immigrés en France et sur le déracinement.
- Jean Teulé, *Mangez-le si vous voulez* (2009) : une étude précise d'un cas de cannibalisme avéré en 1870, lors de la guerre franco-prussienne, relatée comme un documentaire.

Texte 3

**Biographie p. 566**

# Michel de Montaigne

## *Essais* (1580)

*Dans ses* Essais*, Montaigne aborde de façon personnelle la culture humaniste de son époque et multiplie les références aux auteurs antiques. Son évocation du Nouveau Monde, dans le chapitre intitulé « Des coches », est originale, puisqu'elle se fonde sur des récits de voyages que l'auteur a lus et qui donnent accès à une culture peu connue de cette époque. L'auteur, qui n'a pas voyagé dans les pays qu'il évoque, oppose ici la « vieille » Europe et le Nouveau Monde, à partir des connaissances indirectes dont il dispose.*

Notre monde vient d'en trouver un autre (et qui nous répond si c'est le dernier de ses frères, puisque les Démons, les Sibylles[1], et nous, avons ignoré cettui-ci jusqu'asteure[2]) non moins grand, plein, et membru[3], que lui, toutefois si nouveau et si enfant, qu'on lui apprend encore son a, b, c : il n'y a pas cinquante ans, qu'il ne savait, ni lettres, ni poids, ni mesure, ni vêtements, ni blés, ni vignes. Il était encore tout nu, au giron[4], et ne vivait que des moyens de sa mère nourrice[5]. Si nous concluons bien, de notre fin, et ce poète[6] de la jeunesse de son siècle, cet autre monde, ne fera qu'entrer en lumière, quand le nôtre en sortira. L'univers tombera en paralysie : l'un membre sera perclus[7], l'autre en vigueur. Bien crains-je, que nous aurons bien fort hâté sa déclinaison[8] et sa ruine, par notre contagion, et que nous lui aurons bien cher vendu, nos opinions et nos arts. C'était un monde enfant, si ne l'avons-nous pas fouetté et soumis à notre discipline, par l'avantage de notre valeur, et forces naturelles, ni ne l'avons pratiqué par notre justice et bonté, ni subjugué par notre magnanimité[9]. La plupart de leurs réponses, et des négociations faites avec eux, témoignent qu'ils ne nous devaient rien en clarté d'esprit naturelle, et en pertinence. L'épouvantable magnificence des villes de Cusco[10] et de Mexico, et entre plusieurs choses pareilles, le jardin de ce Roi, où tous les arbres, les fruits, et toutes les herbes, selon l'ordre et grandeur qu'ils ont en un jardin, étaient excellemment formés en or : comme en son cabinet[11], tous les animaux, qui naissaient en son état et en ses mers : et la beauté de leurs ouvrages, en pierrerie, en plume, en coton, en la peinture, montrent qu'ils ne nous cédaient non plus en l'industrie[12]. Mais quant à la dévotion[13], observance des lois, bonté, libéralité[14], loyauté, franchise, il nous a bien servi, de n'en avoir pas tant qu'eux : ils se sont

Théodore de Bry (1528-1598), Les Indiens offrant la rançon de l'empereur Atahualpa aux Espagnols de Francisco Pizarro, bois gravé en couleur, tiré de *Voyages dans les Indes occidentales et orientales*, d'après Girolamo Benzoni (1597).

1. Prêtresses d'Apollon qui prédisaient l'avenir.
2. Celui-ci jusqu'à cette heure.
3. Peuplé.
4. Auprès de sa mère.
5. La terre.
6. Lucrèce, poète latin du Ier siècle avant J.-C.
7. Paralysé.
8. Décadence.
9. Volonté de pardonner.
10. Cuzco, alors capitale du Pérou .
11. Bureau.
12. Habileté.
13. Attachement religieux.
14. Générosité.

perdus par cet avantage, et vendus, et trahis eux-mêmes. Quant à la hardiesse et courage : quant à la fermeté, constance, résolution contre les douleurs et la faim, et la mort, je ne craindrais pas d'opposer les exemples, que je trouverais parmi eux, aux plus fameux exemples anciens, que nous avons aux mémoires de notre monde par-deçà[15]. Car pour ceux qui les ont subjugués, qu'ils ôtent les ruses et batelages[16], de quoi ils se sont servis à les piper[17], et le juste étonnement qu'apportait à ces nations-là, de voir arriver si inopinément[18] des gens barbus, divers en langage, religion, en forme, et en contenance[19], d'un endroit du monde si éloigné, et où ils n'avaient jamais imaginé qu'il y eût habitation quelconque, montés sur des grands monstres inconnus, contre ceux, qui n'avaient non seulement jamais vu de cheval, mais bête quelconque duite[20] à porter et soutenir homme ni autre charge, garnis d'une peau luisante et dure, et d'une arme tranchante et resplendissante, contre ceux, qui pour le miracle et la lueur d'un miroir ou d'un couteau, allaient échangeant une grande richesse en or et en perles, et qui n'avaient ni science ni matière, par où tout à loisir, ils sussent percer notre acier : ajoutez-y les foudres et tonnerres de nos pièces et arquebuses[21], capables de troubler Cæsar[22] même, qui l'en eût surpris autant inexpérimenté : et à cette heure, contre des peuples nus, si ce n'est où l'invention était arrivée de quelque tissu de coton, sans autres armes pour le plus, que d'arcs, pierres, bâtons, et boucliers de bois : des peuples surpris sous couleur d'amitié et de bonne foi, par la curiosité de voir des choses étrangères et inconnues : comptez dis-je aux conquérants cette disparité, vous leur ôtez toute l'occasion de tant de victoires.

Livre III, chapitre VI : « Des coches » (extrait),
translation en français moderne par E. Naya, D. Reguig-Naya et A. Tarrête,


15. De ce côté-ci de l'océan.
16. Services de bateaux reliant des navires entre eux.
17. Tromper.
18. De façon si inattendue.
19. Façon de se comporter.
20. Dressée.
21. Armes à feu.
22. César, l'empereur romain.

## LECTURE ANALYTIQUE

### Première lecture

**1.** Des lignes 1 à 14, quelle métaphore filée permet de présenter le Nouveau Monde ? dans quel but ?
→ p. 384 : LES FIGURES DE RHÉTORIQUE

### Mise au point

**2.** Pourquoi l'auteur évoque-t-il l'*épouvantable magnificence de Cusco* (l. 16-17) ? Sur quelle figure de rhétorique cette expression est-elle construite ?
→ p. 384 : LES FIGURES DE RHÉTORIQUE

### Analyse

**3. a.** Énumérez tous les domaines qui permettent de distinguer les Amérindiens des Européens.
**b.** Sur quelles oppositions l'auteur joue-t-il constamment ? Relevez les antithèses les plus significatives.
→ p. 384 : LES FIGURES DE RHÉTORIQUE

**4.** Quelle expression du texte permet de montrer les connaissances des Amérindiens ? Quelles sont ses connotations ? Expliquez.
→ p. 381 : DÉNOTATION ET CONNOTATION

**5.** De quelle façon surprenante certaines références antiques sont-elles employées ? dans quel but ?

**6.** Quelles critiques l'auteur adresse-t-il aux Européens ? Commentez la portée de la dernière phrase.

### Question de synthèse

**7.** Dans quelle mesure ce texte tire-t-il parti de la lecture de nombreux récits de voyages pour argumenter sur la nature des Européens ? Expliquez.

### Pour aller plus loin

**8. Recherche**
**a.** À l'aide de la synthèse de la séquence 13 → p. 293 et de ce texte, rappelez les caractéristiques de la littérature humaniste.
**b.** Quelle place Montaigne y occupe-t-il ? Quels autres auteurs ont, comme lui, insisté sur les bouleversements de leur époque ?

**9. Commentaire littéraire.** Analysez en particulier la manière dont Montaigne compare et oppose les deux peuples.
→ p. 498 : RÉDIGER UN COMMENTAIRE LITTÉRAIRE

D'UN *Texte* À L'AUTRE 3

Biographie p. 561

# Jacques Cartier
## *Voyages au Canada* (1545)

*Le navigateur français Jacques Cartier découvre le Canada en 1534 et y voyage ensuite à deux autres reprises. Dans ce passage, extrait du récit de son premier voyage, il raconte la rencontre avec la tribu des Indiens micmacs et la manière dont se mettent en place des relations sociales et commerciales.*

Baron Jean Antoine Théodore de Gudin (1802-1880), *Jacques Cartier découvre et remonte le fleuve Saint-Laurent au Canada en 1535* (1847), huile sur toile, 142 x 266 cm (châteaux de Versailles et de Trianon).

Et comme nous n'avions qu'une seule barque, nous ne voulûmes point y aller, et nous nous dirigeâmes vers l'autre bande qui était en mer. Et eux, voyant que nous fuyions, équipèrent deux de leurs plus grandes barques pour venir après nous, auxquelles se joignirent cinq autres de celles qui venaient de la mer, et vinrent jusqu'auprès de notre barque, dansant et faisant plusieurs signes de joie et de vouloir notre amitié, nous disant en leur langue : *Napou tou daman asurtat*[1], et autres paroles que nous ne comprenions pas. Et parce que nous n'avions, comme il a été dit, qu'une de nos barques, nous ne voulûmes pas nous fier à leurs signes, et leur fîmes signe de se retirer ; ce qu'ils ne voulurent point, et ramèrent de si grande force qu'ils entourèrent incontinent[2] notre barque, avec leurs sept barques. Et comme malgré les signes que nous leur faisions ils ne voulaient pas se retirer, nous leur tirâmes deux passe-volants[3] par-dessus eux. Alors ils se mirent à retourner vers ladite pointe, et firent un bruit extrêmement grand, après lequel ils commencèrent à retourner vers nous, comme avant. Et alors qu'ils étaient près de notre barque, nous leur lâchâmes deux lances à feu[4], qui passèrent parmi eux, ce qui les étonna fort, tellement qu'ils prirent la fuite, en grande hâte, et ne nous suivirent plus.

1. *Ami, ton semblable t'aimera* (langue micmac).
2. Aussitôt.
3. Petits canons.
4. Armes à feu.

*Comment lesdits sauvages venant vers les navires, et les nôtres allant vers eux, partie des uns et des autres descendit à terre ; et comment lesdits sauvages, avec grande joie, commencèrent à trafiquer[5] avec les nôtres[6]*

Le lendemain, partie desdits sauvages vint avec quelque neuf barques à la pointe et entrée de l'anse[7], où étaient mouillés nos navires. Et étant avertis de leur venue nous allâmes avec nos deux barques à ladite pointe et entrée, où ils étaient. Et aussitôt qu'ils nous aperçurent ils se mirent à fuir, nous faisant signe qu'ils étaient venus pour trafiquer avec nous ; et ils nous montrèrent des peaux de peu de valeur dont ils se vêtent. Nous leur fîmes pareillement signe que nous ne leur voulions nul mal, et descendîmes deux hommes à terre, pour aller à eux, leur porter des couteaux et autres objets de fer, et un chapeau rouge pour donner à leur capitaine. Et eux, voyant cela, descendirent partie d'entre eux à terre, avec des peaux, et ils trafiquèrent ensemble ; et ils montrèrent une grande et merveilleuse joie d'avoir et de recevoir lesdits objets de fer et d'autres choses, dansant et faisant plusieurs cérémonies, en jetant de l'eau de mer sur leur tête avec leurs mains. Et ils nous donnèrent tout ce qu'ils avaient, tellement qu'ils s'en retournèrent tout nus, sans rien avoir sur eux ; et ils nous firent signe que le lendemain ils reviendraient avec d'autres peaux.

*Premier voyage de Jacques Cartier* (extrait),
orthographe modernisée par C.-A. Julien, R. Herval et T. Beauchesne,


5. Commercer.
6. Il s'agit d'un intertitre de la main même de l'auteur.
7. La baie.

## QUESTIONS

1. Quels pronoms personnels l'auteur utilise-t-il majoritairement ? À qui renvoient-ils ?
2. Quel terme Jacques Cartier choisit-il pour évoquer les Micmacs ? Que connote-t-il ?
→ p. 371 : COMMUNICATION, ÉNONCIATION ET MODALISATION
→ p. 381 : DÉNOTATION ET CONNOTATION
3. a. Comment les contacts se déroulent-ils ? Quelles étapes ont été nécessaires ?
   b. Quelles réactions relèvent d'une volonté de dramatisation ? Sont-elles pour autant invraisemblables ? Expliquez.
4. Sur quels objets l'explorateur insiste-t-il ? Qu'il s'agisse d'objets européens ou indiens, dans quelle mesure leur évocation relève-t-elle de préoccupations occidentales ?
5. Dans leurs tentatives de rencontre, sur quels points l'attitude des deux peuples les met-elle quasiment à égalité ? Quel effet décalé ces précisions peuvent-elles avoir sur le lecteur moderne ?

## Vis-à-vis : Montaigne et Jacques Cartier

6. a. Comment chaque auteur montre-t-il les indigènes ? Les Européens ont-ils le même rôle dans les deux textes ?
   b. Dans chacun de ces textes, qui des Européens ou des Indiens paraît le plus civilisé ? pourquoi ?
7. Quels éléments de réflexion le texte de Montaigne apporte-t-il au simple récit de voyage de Jacques Cartier ? Expliquez.

# SYNTHÈSE Littérature et nouveaux mondes

● Certes les explorateurs et navigateurs de la Renaissance sont devenus les plus célèbres, mais ils ne sont pas les seuls à avoir raconté leurs voyages riches en péripéties et en notations exotiques. Du Moyen Âge jusqu'à la fin du XVIII^e siècle, nombreux sont les récits de voyages parfois relayés par des textes plus critiques.

## 1 Les voyages avant le XVI^e siècle

● Au XIII^e siècle, l'Europe connaît encore peu l'Asie. Les deux mondes cherchent à instaurer des échanges commerciaux en profitant de **la route de la Soie** qui relie l'ouest et l'est du continent.

### Le premier grand explorateur, Marco Polo

● Marco Polo (1254-1324) s'inspire de son séjour à la cour de Kubilaï Khan et raconte son expérience dans ***La Description du monde*** en 1298. Il y expose, avec force détails, son **voyage vers la Chine** et son émerveillement devant les coutumes et la culture tartares. Objectif et précis, fourmillant de détails sur un monde jusque-là inconnu des Européens, c'est un **témoignage essentiel** et historique sur ces peuples → D'UN TEXTE À L'AUTRE 2.

### Un voyageur peu connu : Rabban Bar Sauma

● Dans le sens inverse, Sauma (1220-1294), **moine chinois** d'origine mongole, quitte la cour de **Kubilaï Khan** et part visiter les lieux saints, pour créer une alliance de la chrétienté et des Mongols contre l'islam. Il rencontre les rois de France et d'Angleterre, ainsi que le pape Nicolas IV qui le nomme patriarche d'Extrême-Orient. À l'époque, son **journal, rédigé en persan**, est vraisemblablement le seul **témoignage sur l'Europe** rédigé par un étranger.

## 2 Voyager à la Renaissance

● En 1492, en cherchant la route des Indes vers l'ouest, Christophe Colomb (1451-1506) découvre les Caraïbes et bouleverse profondément la vision que les Européens avaient de la planète. À sa suite, nombre d'explorateurs tentent l'aventure du **Nouveau Monde**.

### Navigateurs et « ethnologues »

● **C. Colomb** explore les îles qu'il découvre. Son **journal de bord** relate sa rencontre avec les Amérindiens, leurs tentatives de communication et leurs échanges commerciaux. Le lecteur comprend vite quelles sont ses motivations : l'**or** qu'il compte ramener à la cour d'Espagne → TEXTE 1. Il en va de même pour **J. Cartier** (1491-1557) dont les *Relations* de ses explorations montrent **un point de vue très européen** → D'UN TEXTE À L'AUTRE 3.

● À l'opposé, des explorateurs prennent le **parti des Indiens**. C'est le cas du missionnaire protestant **Jean de Léry** (1534-1613), qui est envoyé en *France antarctique* (l'actuel Brésil) et qui rencontre les Tupinambas dont il propose une **image valorisante** dans *Histoire d'un voyage fait en la terre du Brésil* (1578) → TEXTE 2, ou encore de **Bartholomé de Las Casas**, qui dans la *Très brève relation de la destruction des Indes* (1552), accuse les Espagnols d'avoir pillé et détruit une civilisation.

### Montaigne et la vision humaniste

● La découverte du Nouveau Monde remet en cause la domination du Vieux Continent. **Montaigne** s'en fait le témoin dans les ***Essais*** (1580) ; fondés sur la philosophie antique, ces textes font prendre conscience qu'un événement majeur vient de se dérouler et prend clairement position dans un débat déjà fort animé : il définit le nouveau continent comme un espace fascinant et plein de promesses qui ne doit pas être dégradé par des envahisseurs irrespectueux → TEXTE 3.

## 3 De nouveaux mondes au XVIII^e siècle

● Après les voyages en Amérique, les navigateurs font d'autres voyages autour du monde, posant des regards différents sur les cultures des peuples rencontrés.

### Le voyage de Bougainville

● Le **navigateur français Bougainville** écrit *Voyage autour du monde* (1771-1772), un journal de voyage dans lequel il parle du **tour du monde** qu'il accomplit entre 1766 et 1769, mais il se montre peu curieux au sujet de la **société tahitienne** qu'il accuse de mollesse.
En 1773, **Denis Diderot** répond de façon critique en faisant l'éloge de l'île et de ses habitants pacifiques, présentée comme un **jardin d'Éden**, dans le *Supplément au voyage de Bougainville* → SÉQUENCE 4, TEXTE 3, p. 99.

### Le journal de James Cook

● Le capitaine britannique a également tenu un journal lors de son **voyage dans l'océan Pacifique** entre 1768 et 1779, *Relations de voyages autour du monde*, mais il s'agissait plus pour lui d'observer les lieux et de dessiner une carte précise des îles de la région que d'écrire un ouvrage littéraire.

Biographies des auteurs → p. 560

DVD-ROM Ressources complémentaires

# Les arts premiers

D'abord qualifiés de *primitifs*, les **arts premiers** font l'objet d'un nouvel engouement depuis l'ouverture du musée du quai Branly à Paris, en juin 2006. Des objets du quotidien, parfois rituels ou magiques, provenant des Amériques, d'Océanie ou d'Afrique, sont considérés par les anthropologues comme des pièces maîtresses de ces **cultures** si particulières, au même titre que des tableaux ou des sculptures en Europe. À la différence de ces trois grands espaces culturels, l'Asie, en contact commercial avec l'Europe depuis le Moyen Âge, entre peu dans le domaine des arts premiers, à part l'Indonésie ou la Papouasie.

**LEXIQUE**

**Art pariétal** Art consistant à peindre ou à graver sur les parois des grottes.

**Avant-garde** Terme qui désigne, depuis le réalisme et l'impressionnisme au XIX^e^ siècle, un mouvement moderne qui conteste la tradition.

**Calendrier stellaire** Calendrier souvent sculpté en bas-relief représentant le mouvement des astres et des planètes.

**Civilisations précolombiennes** Aztèques, Incas, Mayas, Olmèques… toutes les civilisations qui existaient en Amérique centrale et en Amérique du Sud avant l'arrivée de Christophe Colomb, en 1492.

**Cubisme** Mouvement essentiellement pictural et sculptural fondé par Picasso en 1907. La géométrisation des figures et des formes s'inspire des sculptures anguleuses des pays africains.

## 1 • Les Amériques

1 Calendrier aztèque dit pierre du Soleil avec hiéroglyphes des jours, mois et soleils, diamètre : 3,60 m (Mexico, Musée national d'anthropologie).

### Les Indiens d'Amérique du Nord

Les Nord-Américains ont été les premiers à reconnaître l'importance des civilisations de leur continent. Certes, la conquête de l'Ouest a entraîné le massacre de milliers d'Indiens, mais Canadiens et Américains ont ouvert depuis les années 1980 de **vastes musées** consacrés aux arts hurons, entre autres, à Gatineau (Québec) ou aux Apaches et autres Indiens de l'Ouest américain, à Washington. Loin d'être de vastes réserves d'œuvres, ces lieux de science et de culture s'accompagnent d'une meilleure reconnaissance des ***nations premières***, expression québécoise qui en dit long sur le respect dû à ces peuples.

Il existe de nombreuses tribus d'Indiens, toutes **animistes**, c'est-à-dire qu'elles vénèrent des esprits liés aux animaux et aux forces de la nature, sculptés sur des **totems**, troncs d'arbres entiers ornés de têtes d'animaux. Mais ces cultures anciennes sont riches d'objets typiques, comme des poteries, des armes de guerre ou des parures composées de plumes et d'os que l'on peut encore admirer lors de **Pow Wow**, des rassemblements intertribaux.

### Les Aztèques

Madrid, Mexico et Paris ont ouvert de vastes centres d'études consacrées à la compréhension de ces civilisations précolombiennes. Parmi elles, la civilisation aztèque se développa au début du XIV^e^ siècle et s'éteignit avec la prise de sa capitale, **Tenochtitlan**, par les Espagnols en 1521. Ce peuple a travaillé différents métaux, dont l'or, et des pierres précieuses dont on a gardé des masques et des colliers ; mais l'astronomie était considérée comme un art à part. La pierre du Soleil 1 est représentative de ce vif intérêt ; il s'agit d'un disque de trois mètres soixante de diamètre et de vingt-six tonnes dans lequel sont gravés huit cercles qui forment un calendrier stellaire.

## 2 • L'Océanie

Dernier continent à avoir été découvert, l'Australie, ainsi que tous les archipels du Pacifique avoisinants, est le théâtre d'actes officiels accordant aux **aborigènes** (natifs de la région) la valeur d'une culture âgée de plusieurs millénaires.

2 Statues Moaïs sur l'île de Pâques (océan Pacifique, territoire du Chili).

### L'art aborigène

C'est l'art océanien le plus ancien, puisque le centre de l'**Australie** et la **région du Queensland** sont des zones d'**art pariétal**. Les plus anciennes traces datent de 30 000 avant J.-C. et sont des dessins à l'ocre rouge représentant des cercles, des animaux et des hommes. Ces dessins sacrés sont parfois de simples scènes du quotidien, mais qui témoignent d'une civilisation très ancienne.

### Les sculptures moaïs

Symboles de l'île de Pâques, les Moaïs sont quatre cents géants de pierre imposants d'environ quatre mètres de haut 2 . Sculptés dans la roche volcanique et pesant plusieurs tonnes, ils ont été découverts en même temps que l'île, le jour de Pâques, en 1722. On ignore tout de leurs origines et de leur rôle, mais ils tournent le dos à l'océan et sont systématiquement accompagnés d'ossuaires. La seule certitude est que ces géants sont liés à un culte des ancêtres et sont la cause de la déforestation totale de l'île.

## 3 • L'Afrique

3 Danseurs dogons au Mali.

Le **continent noir**, même s'il a inspiré, surtout en matière de **sculpture**, l'essentiel des **avant-gardes du XXe siècle**, tel le **cubisme**, est l'espace qui a acquis le plus tardivement ses lettres de noblesse culturelles. Sa décolonisation récente, dans les années 1955-1970, explique le retard dans la reconnaissance de cultures fascinantes et très anciennes.

### Les Dogons d'Afrique de l'Ouest

Peuple malien d'agriculteurs et de forgerons, les Dogons utilisent les animaux dans leur art, constitué de sculptures et de masques impressionnants. Il existe essentiellement deux sortes de parures : le *kanaga* en forme de croix ou le *sirige*, sculpté dans un seul tronc d'arbre qui peut atteindre cinq mètres de haut 3 .

### Instruments de musique ou œuvres d'art

Une spécificité des arts africains est l'**omniprésence de la musique**. Des instruments originaux sont devenus de véritables objets d'art, même s'ils appartiennent à l'univers quotidien : qu'il s'agisse d'une viole touarègue du Sahara algérien en peau de chèvre, de tambours au bois ouvragé, ou de lamellophones du Gabon au son métallique, ils sont savamment élaborés et témoignent d'une pratique musicale souvent très ancienne.

### QUESTIONS

1. Cherchez ce qu'est un masque sirige. Quelle est sa signification et à quoi sert-il ? dans quel contexte ?

2. Quels arts premiers sont particulièrement représentatifs de l'Asie ?
Vous vous intéresserez en particulier à l'Indonésie et direz pour quelles raisons elle a connu un tel intérêt. Vous donnerez plusieurs exemples de créations typiques.

# Exercices d'approfondissement

## Revoir

### 1 Une vision européenne étonnante

**1. a.** Relevez une comparaison qui caractérise les Amérindiens. En quoi nous renseigne-t-elle sur la manière dont ils sont traités ?
**b.** Quelle autre figure de rhétorique renforce cet effet ?
→ p. 384 : LES FIGURES DE RHÉTORIQUE
**2.** Relevez un champ lexical particulièrement développé dans le texte. Quels aspects négatifs présente-t-il ?
**3. a.** Quel but Las Casas poursuit-il ? pourquoi ?
**b.** Quelle image l'auteur donne-t-il des Espagnols ? dans quel but ?

*Bartholomé de Las Casas, un père dominicain espagnol qui a voyagé en Amérique, évoque la relation entre les Européens et les Amérindiens sur l'île qui est aujourd'hui composée d'Haïti et de la République dominicaine.*

Il faudrait beaucoup de temps et de papier, et cela épouvanterait les hommes, pour expliquer à fond les tourments que les chrétiens faisaient subir aux Indiens au cours des travaux. Ils leur mettaient sur le dos de soixante-quinze à cent livres[1] et les faisaient marcher pendant cent ou deux cents lieues[2]. Les chrétiens eux-mêmes se faisaient porter dans des hamacs (des espèces de filets) sur le dos des Indiens, qu'ils ont toujours utilisés comme bêtes de somme[3]. Les fardeaux faisaient des plaies aux Indiens sur les épaules et dans le dos : ils avaient l'air de bêtes mal en point. Sans compter les coups de fouet, les bastonnades[4], les soufflets[5], les coups de poing et mille autres sortes de tortures.

Bartholomé de Las Casas, *Très brève relation de la destruction des Indes* (extrait, 1552), traduction de l'espagnol par J. Garavito, in *Les Grands voyageurs*, © Le Nouvel Observateur /CNRS Éditions (2010).

1. Entre trente-sept et cinquante kilos. 2. Quatre cent cinquante ou neuf cents kilomètres. 3. Animaux chargés de transporter de lourdes charges. 4. Coups de bâton. 5. Gifles.

## Approfondir

### 2 Un regard désenchanté

**1. a.** Observez et commentez l'énonciation.
**b.** Commentez la valeur des temps verbaux utilisés.
→ p. 371 : COMMUNICATION, ÉNONCIATION ET MODALISATION
**2.** Le ton de Rimbaud vous semble-t-il conforme à une lettre de vœux ? Quel vocabulaire utilise-t-il ?
**3.** Quel regard Rimbaud porte-t-il sur les Européens ?

*Rimbaud a passé les dernières années de sa vie à faire du commerce dans des pays lointains, évoqués dans cette lettre de vœux. Sa correspondance témoigne des difficultés rencontrées.*

Je ne me suis accroché encore à rien à Aden[1] ; et l'été approche rapidement, me mettant dans la nécessité de rechercher un climat plus frais, car celui-ci m'épuise absolument, et j'en ai plus que mon compte.

Les affaires de cette mer Rouge sont bien changées ; elles ne sont plus ce qu'elles étaient il y a six ou sept ans.

C'est l'invasion des Européens, de tous les côtés, qui a fait cela : les Anglais en Égypte, les Italiens à Massaouah[2], les Français à Obock[3], les Anglais à Berbera[4], etc., etc. Et on dit que les Espagnols aussi vont occuper quelque port aux environs du détroit[5] ! Tous les gouvernements sont venus engloutir des millions (et même en somme quelques milliards) sur toutes ces côtes maudites, désolées, où les indigènes errent des mois sans vivres et sans eau, sous le climat le plus effroyable du globe ; et tous ces millions qu'on a jetés dans le ventre des bédouins[6] n'ont rien rapporté, que les guerres, les désastres de tous genres ! Tout de même, j'y trouverai peut-être quelque chose à faire.

Je vous souhaite bonne 88[7], dans tous ses détails.

Bien à vous,

Rimbaud.

1. Ville du Yémen. 2. Ville d'Éthiopie. 3. Ville de Djibouti. 4. Ville de Somalie. 5. Bras de mer entre deux terres, ici celui de Bab al-Mandab, entre le Yémen et la Somalie. 6. Peuple nomade du Maghreb et d'Arabie. 7. Année 1888.

### 3 Une Française en Amérique

**1.** Relevez le champ lexical dominant. Sur quel aspect de la société américaine Simone de Beauvoir insiste-t-elle ?
**2.** Quelles périphrases évoquent les noirs de Harlem ? pourquoi ?
→ p. 384 : LES FIGURES DE RHÉTORIQUE
**3.** Comment l'auteur explique-t-elle le sentiment de peur qu'elle évoque ? Le ressent-elle personnellement ?
**4.** Expliquez l'expression *il se sent haï, il se sait haïssable* (l. 27-28). Sur quel jeu de sonorités repose-t-elle ? Quelle vision de l'Américain moyen donne-t-elle ?
→ p. 401 : VERSIFICATION ET FORMES FIXES

*Simone de Beauvoir raconte, dans* L'Amérique au jour le jour, *ses impressions lors d'un séjour aux États-Unis, en 1947.*

J'ai marché sur les grandes avenues et dans les petites rues ; quand j'étais fatiguée, je m'asseyais dans les squares : la vérité est qu'il ne pouvait rien m'arriver. Et si ma sécurité n'était pas tout à fait sereine, c'était à cause de cette peur dans le cœur des gens qui ont la même couleur de peau que moi. Qu'un bourgeois trop riche ait peur s'il s'aventure dans des faubourgs où l'on a faim, c'est naturel : il se promène dans un univers qui refuse le sien et qui un jour en triomphera. Mais Harlem[1] est une société complète, avec ses bourgeois et ses prolétaires[2], ses riches et ses pauvres qui ne sont pas ligués dans une action révolutionnaire, qui souhaitent s'intégrer à l'Amérique et non la détruire. Ces noirs ne vont pas déferler soudain vers Wall Street[3], ils ne constituent aucune menace immédiate. La peur déraisonnable qu'ils inspirent ne peut être que l'envers d'une haine et d'une espèce de remords. Fiché au cœur de New York, Harlem pèse sur la bonne conscience des blancs comme le péché originel sur celle d'un chrétien. Parmi les hommes de sa race, l'Américain caresse un rêve de bonne humeur, de bienveillance, d'amitié, il met même ses vertus en pratique : mais elles viennent mourir aux lisières de Harlem. L'Américain moyen, si soucieux d'être en accord avec le monde et lui-même, sait qu'au delà de ces frontières il prend une figure odieuse d'oppresseur, d'ennemi : c'est ce visage qui lui fait peur. Il se sent haï, il se sait haïssable : cette écharde[4] dans son cœur conciliant est plus insupportable qu'un danger extérieur défini.

Simone de Beauvoir, *L'Amérique au jour le jour* (extrait, 1947), © Gallimard.

1. Quartier populaire afro-américain de New York. 2. Travailleurs pauvres. 3. Rue dans laquelle se trouve la bourse de New York. 4. Présence gênante d'un corps étranger.

Bruce Davidson (né en 1933), New York City, East 100th Street (1966).

# Écrire

## 4 Un étranger dans son pays

**1. De quelle manière Michel Tournier décrit-il les Européens ? Relevez des termes qui justifient votre réponse.**

**2. Repérez une répétition dans le texte. Sur quelle figure de rhétorique est-elle construite ? Quel est l'effet recherché ?**

→ p. 384 : LES FIGURES DE RHÉTORIQUE

**3. Quelle image des étrangers l'auteur donne-t-il ici ? Par quels moyens le fait-il ?**

**4. L'image des *visages de bois* (l. 22) est-elle le fruit du hasard ? À quelle forme d'art renvoie-t-elle → HISTOIRE DES ARTS ?**

**5. Quel sentiment l'auteur exprime-t-il ici ?**

**6. Entraînement à la dissertation. Dans son *Essai sur les mœurs*, Voltaire écrit : *Il y a de ces sauvages-là dans toute l'Europe*. Au regard des textes de la séquence, commentez et expliquez cette citation.**

→ p. 523 : EXPLOITER LE CORPUS ET SES LECTURES PERSONNELLES

*Dans* Le Vent Paraclet, *Michel Tournier revient sur son roman* Vendredi ou les Limbes du Pacifique *(1967) et explique sa vie au regard de certains de ses textes. Dans le chapitre intitulé « Vendredi », il évoque Robinson Crusoë et ses propres voyages à l'étranger.*

Il y a encore moins d'un siècle, l'Européen était lié par sa famille, sa religion, son village ou le quartier de sa ville, la profession de son père. Tout cela pesait lourdement sur lui et s'opposait à des changements radicaux et à des options libres. C'est à peine s'il choisissait sa femme, et il ne pouvait guère en changer. Et toutes ces sujétions[1] s'aggravaient du poids des contraintes économiques dans une société de pénurie[2] et d'âpreté[3]. Mais cette servitude soutenait et réchauffait en même temps qu'elle écrasait. On retrouve cela aujourd'hui quand on voyage dans les pays dits sous-développés. Sous-développés vraiment ? À coup sûr pas sous l'angle des relations interhumaines. Dans ces pays rarement un sourire adressé à une inconnue reste sans réponse. Il vous revient aussitôt, comme la colombe de l'arche de Noé fleurie d'un rameau d'olivier. Spontanément un enfant vous aborde dans la rue et vous invite à venir prendre le thé avec sa famille. Un bébé assis sur le bord du trottoir en vous voyant venir tapote la pierre de la main pour vous suggérer de vous asseoir près de lui. Après cela, débarquant à Marseille ou à Orly, on a froid au cœur en voyant tous ces visages de bois, tous ces visages morts, en sentant les ondes répulsives émises par chacun à l'encontre de tous les autres.

Michel Tournier, *Le Vent Paraclet*, « Vendredi » (extrait, 1977), © Gallimard.

1. Soumissions. 2. Manque du nécessaire. 3. De pénibilité.

# VERS LE BAC Les figures du pouvoir en poésie

**OBJET D'ÉTUDE** Vers un espace culturel européen : Renaissance et humanisme

**CORPUS**
**Texte 1** C. Marot, *Épîtres* (1527)
**Texte 2** P. de Ronsard, *Hymnes* (1555)
**Texte 3** J. Du Bellay, *Les Regrets* (1558)
**Texte 4** A. d'Aubigné, *Les Tragiques* (1616)

## SUJET POUR LA SÉRIE LITTÉRAIRE

**Question** (4 points)
Quelle(s) vision(s) du roi et de la monarchie les trois textes proposent-ils ? Vous étudierez les procédés littéraires, images et comparaisons notamment, qui enrichissent ces évocations.

**Vous traiterez ensuite au choix l'un des trois sujets proposés.** (16 points)

**1. Commentaire**
Vous commenterez l'extrait des *Tragiques* d'Agrippa d'Aubigné (texte 4).

**2. Dissertation**
Quel est le rôle de la poésie et, plus largement, de la littérature, quand il s'agit d'évoquer les rois et toutes les autres figures qui incarnent le pouvoir ?

Votre réponse organisée tiendra compte des textes proposés, de ceux que vous avez étudiés et de vos connaissances personnelles, sans vous limiter à l'époque concernée par le corpus.

**3. Écriture d'invention**
Transformez le texte de Joachim Du Bellay en un monologue délibératif du futur roi : celui-ci s'interrogera sur son avenir et sur les choix politiques et humains qu'il doit faire pour être un monarque efficace. Cette production fera aussi bien appel à vos connaissances historiques qu'à votre imagination.

## Texte 1 Clément Marot, *Épîtres* (1527)

*Le poète est emprisonné pour avoir aidé un détenu à s'évader. Il fait alors appel au roi François Ier dans un poème en forme de lettre.*

Mais pour venir au point de ma sortie.
Tant doucement j'ai chanté ma partie[1],
Que nous avons bien accordé ensemble,
Si que[2] n'ai plus affaire, ce me semble,
Sinon à vous[3]. La partie est bien forte ;
Mais le droit point où je me réconforte :
Vous n'entendez Procès non plus que moi ;
Ne plaidons point ; ce n'est que tout émoi[4].
Je vous en crois si je vous ai méfait[5].

1. Sortie de prison.
2. De sorte que.
3. Vous ne comprenez pas plus la justice que moi-même ne la comprends.
4. Cause de souci.
5. Causé du tort.

Encor posé le cas que l'eusse fait,
Au pis aller n'écherrait[6] qu'une Amende.
Prenez le cas que je la vous demande ;
Je prends le cas que vous me la donnez ;
Et si Plaideurs[7] furent onc étonnés
Mieux que ceux-ci, je veux qu'on me délivre,
Et que soudain en ma place on les livre.
Si vous supplie (Sire) mander par Lettre
Qu'en liberté vos gens me veuillent mettre ;
Et si j'en sors, j'espère à grand peine
M'y reverront, si on ne m'y ramène.
Très humblement requérant votre grâce
De pardonner à ma trop grande audace
D'avoir empris[8] ce sot Écrit vous faire ;
Et m'excusez si pour le mien affaire
Je ne suis point vers vous allé parler :
Je n'ai pas eu le loisir[9] d'y aller.

Épître XI, vers 43-68, orthographe modernisée.

6. Tombérait.
7. Avocats.
8. Entrepris.
9. Permission, droit.

## Texte 2 Pierre de Ronsard, *Hymnes* (1555)

*Ronsard écrit un hymne en l'honneur du roi Henri II, qui a régné de 1547 à 1559.*

### Hymne

Il[1] t'a premièrement, quant à ta forte taille,
Fait comme un de ces dieux qui vont à la bataille,
Ou de ces chevaliers qu'Homère[2] nous a peints
Si vaillants devant Troie, Ajax et les Germains,
Rois pasteurs[3] de l'armée et le dispos[4] Achille,
Qui rembarrant de coups les Troyens à leur ville,
Comme un loup les agneaux par morceaux les hachaient
Et des fleuves le cours d'hommes morts empêchaient.
Mais bien que cet Achille ait le nom de pied-vite[5],
De coureur, de sauteur, pourtant il ne mérite
D'avoir l'honneur sur toi, soit à corps élancé[6]
Pour sauter une haie, ou franchir un fossé,
Ou soit pour voltiger[7], ou pour monter en selle
Armé de pied en cap quand la guerre t'appelle.

Vers 210-224, orthographe modernisée.

1. Dieu.
2. Les noms propres de ce texte renvoient aux personnages et aux lieux de l'*Iliade*.
3. Bergers.
4. En bon état physique.
5. Rappel de l'épithète homérique : « Achille au pied rapide.
6. Il s'élance.
7. Exercices d'habileté à cheval.

## Texte 3 Joachim Du Bellay, *Les Regrets* (1558)

*Ce sonnet est dédié au roi François II, qui succède à son père, Henri II, en 1559.*

Digne fils de Henri, notre Hercule[1] gaulois,
Notre second espoir, qui portes sur ta face
Retraite au naturel la maternelle grâce[2],
Et gravée en ton cœur la vertu des Valois[3] ;

Cependant que le ciel, qui ja[4] dessous tes lois
Trois peuples a soumis, armera ton audace
D'une plus grand'vigueur[5], suis ton père à la trace,
Et apprends à dompter l'Espagnol, et l'Anglois[6].

Voici de la vertu la pénible montée,
Qui par le seul travail veut être surmontée :
Voilà de l'autre part le grand chemin battu[7],

Où au séjour du vice on monte sans échelle.
Deçà[8] – Seigneur – deçà, où la vertu t'appelle,
Hercule se fit Dieu par la seule vertu.

Sonnet CLXXII, orthographe modernisée.

1. Héros de la mythologie qui accomplit douze travaux dignes des dieux.
2. Tu as hérité des grâces de ta mère.
3. Nom de famille des rois de France de cette époque.
4. Déjà.
5. Pour *grande vigueur* (licence poétique).
6. L'Anglais.
7. Facile à parcourir.
8. De ce côté-ci.

## Texte 4 Agrippa d'Aubigné, *Les Tragiques* (1616)

*Agrippa d'Aubigné écrit* Les Tragiques *après les guerres de Religion qui ont opposé les catholiques et les protestants en France durant la deuxième moitié du* XVIe *siècle.*

Rois, que le vice noir asservit[1] sous ses lois,
Esclaves du péché, forçaires[2] non pas rois
De vos affections, quelle fureur dépite[3]
Vous corrompt, vous émeut, vous pousse et vous invite
À tremper dans le sang vos sceptres[4] odieux,
Vicieux commencer, achever vicieux
Le règne insupportable et rempli de misères,
Dont le peuple poursuit[5] la fin par ses prières ?
Le peuple étant le corps et les membres du Roi,
Le Roi est chef[6] du peuple, et c'est aussi pourquoi
La tête est frénétique[7] et pleine de manie[8]
Qui ne garde son sang pour conserver sa vie,
Et le chef n'est plus chef quand il prend ses ébats[9]
À couper de son corps les jambes et les bras.

Livre II : « Princes ».

1. Rend esclave.
2. Prisonniers.
3. Chagrine.
4. Objets symboles de royauté.
5. Cherche.
6. La tête (du latin *caput*).
7. Prise de fièvre.
8. Folie
9. Agit.

OBJET D'ÉTUDE

## Vers un espace culturel européen : Renaissance et humanisme (série L)

**Formulez oralement des réponses brèves mais efficaces, en les justifiant à partir des documents étudiés.**

→ p. 557 : ORGANISER ET UTILISER SES CONNAISSANCES EN VUE DE L'ENTRETIEN

### Connaître les textes et les images de la séquence

**Séquence 13**

1. Quels sont les principes et les enjeux de l'humanisme ?
2. Qu'appelle-t-on une utopie ? Prenez un texte de la séquence comme exemple.
3. Comment expliquez-vous le titre de l'œuvre de La Boétie, *De la servitude volontaire* ?

**Séquence 14**

1. Qu'est-ce que le Nouveau Monde ? À quoi s'oppose-t-il ? pourquoi ?
2. Qu'est-ce que l'ethnologie ? Quel auteur de cette séquence peut être considéré comme un ethnologue ?
3. Quels sont les enjeux d'un journal de voyage ?

### Voir les liens entre les différents textes

**Séquence 13**

1. Quelles questions propres à l'homme ces textes soulèvent-ils ?
2. Ces textes proposent-ils la même vision de l'autorité ?
3. Dans quelle mesure ces œuvres interrogent-elles l'homme sur sa responsabilité vis-à-vis des autres ?

**Séquence 14**

1. Sous quels aspects les mondes présentés sont-ils fascinants ?
2. Quelles relations entre Européens et indigènes ces textes montrent-ils ?
3. Le regard porté sur les *sauvages* est-il le même dans tous les textes ?

### Tester ses connaissances en histoire des arts

**Séquence 13**

1. Pourquoi peut-on qualifier Léonard de Vinci d'artiste humaniste ?
2. Quelle est la particularité de son œuvre mondialement connue : *La Joconde* ?
3. Connaissez-vous d'autres peintres de la Renaissance italienne et française ?

**Séquence 14**

1. Qu'appelle-t-on les arts premiers ? Quel musée parisien leur est consacré ?
2. Quelle influence les arts premiers ont-ils eu sur l'art moderne ?

### Maîtriser l'objet d'étude

**Séquence 13**

1. Les questions soulevées par ces auteurs sont-elles dépassées aujourd'hui ?
2. Partagez-vous la vision de Montaigne concernant l'éducation ?
3. Quel est l'intérêt, selon vous, de lire des textes humanistes aujourd'hui ?

**Séquence 14**

1. Pourquoi parle-t-on du siècle de la Renaissance pour parler du XVIe siècle ?
2. La forme de l'essai choisie par Montaigne vous semble-t-elle convaincante ?
3. Appréciez-vous personnellement les récits de voyage ?

CHAPITRE 6

# Les réécritures

Pablo Picasso (1881-1973), *Minotaure blessé, cheval et personnage* (1936), gouache, encre de Chine et crayon sur papier vélin, 50 x 65 cm (Paris, musée Picasso).


323 **Séquence 15** Le mythe d'Œdipe

345 **Séquence 16** Figures de monstres

SÉQUENCE

# 15 Le mythe d'Œdipe

Les mythes, tel celui d'Œdipe, ont une origine souvent incertaine et se sont d'abord transmis oralement. Ils nous sont parvenus grâce aux épopées et tragédies antiques qui les ont repris, puis grâce aux réécritures qui les ont adaptés dans différents genres littéraires.

**OBJECTIF**

**Étudier diverses réécritures du mythe d'Œdipe, afin de comprendre l'intérêt et le sens de ces actualisations.**

## SOMMAIRE

DVD-ROM Ressources complémentaires


Texte 1 — ESCHYLE, *Les Sept contre Thèbes* (467 avant J.-C.) .......... 324
D'UN Texte À L'AUTRE — J. COCTEAU, *La Machine infernale* (1934) .......... 327

Texte 2 — SOPHOCLE, *Œdipe roi* (430 avant J.-C.) .......... 329
D'UN Texte À L'AUTRE — D. LAMAISON, *Œdipe roi* (1994) .......... 331

ÉTUDE D'ŒUVRES INTÉGRALES — SOPHOCLE, *Œdipe roi* (430 avant J.-C.) et J. COCTEAU, *La Machine infernale* (1934) .......... 333

Texte 3 — J. RACINE, *La Thébaïde ou Les Frères ennemis* (1664) .......... 334
D'UN Texte À L'AUTRE — H. BAUCHAU, *Œdipe sur la route* (1990) .......... 336

Analyse d'Images — J. A. D. INGRES, *Œdipe devinant l'énigme du Sphinx* (1808) et F. BACON, *Œdipe et le Sphinx d'après Ingres* (1983) .......... 338

- **SYNTHÈSE** Réécrire un mythe .......... 340
- **Histoire des arts** Œdipe, des vases grecs au cinéma .......... 341
- **Exercices d'approfondissement** .......... 343


| Notions et activités | Liens avec la partie II |
| --- | --- |
| Identification de figures de rhétorique | → p. 384 : LES FIGURES DE RHÉTORIQUE |
| Structure des phrases et ponctuation | → p. 375 : LA SYNTAXE ET LA VALEUR DES TEMPS |
| Le registre tragique | → p. 450 : LES REGISTRES COMIQUE ET TRAGIQUE |
| | **Liens avec la partie III** |
| Rédiger le plan détaillé d'une dissertation | → p. 526 : CONSTRUIRE UN PLAN DÉTAILLÉ DE DISSERTATION |
| Écrire un monologue | → p. 541 : INVENTER ET IMAGINER |
| S'exercer au commentaire comparé | → p. 513 : ENCHAÎNER DES PARAGRAPHES DE COMMENTAIRE |

Charles François Jalabert (1819-1901), *Œdipe et Antigone* ou *La Peste de Thèbes* (1843), huile sur toile, 115 x 147 cm (Marseille, musée des Beaux-Arts).

# Texte 1

Biographie p. 563

## Eschyle
## *Les Sept contre Thèbes* (467 avant J.-C.)

Les Sept contre Thèbes *est le dernier volet d'une trilogie du père de la tragédie grecque, Eschyle. Il y évoque quatre générations de rois de la ville de Thèbes* → GÉNÉALOGIE DES LABDACIDES *: Labdacos, qui donne son nom à la dynastie des Labdacides, Laïos, Œdipe, puis Étéocle. Étéocle empêche son frère Polynice d'accéder au trône alors qu'ils étaient censés régner à tour de rôle. Sept armées thébaines affrontent alors sept armées argiennes, alliées de Polynice. Sur la scène, un chœur de jeunes filles commente l'action en chantant, tandis qu'un messager thébain transmet les nouvelles du front.*

Le Chœur. – [...] *Ah ! souffrances neuves qui viennent se mêler aux douleurs d'autrefois !*

*Je pense à la faute ancienne, vite châtiée, et qui pourtant dure encore à la troisième génération, la faute de Laïos, rebelle à Apollon,*

*qui, par trois fois, à Pythô*[1]*, son sanctuaire prophétique, centre du monde, lui avait déclaré qu'il devait mourir sans enfant, s'il voulait le salut de Thèbes.*

1. Delphes, le sanctuaire d'Apollon.

*Mais Laïos succombe à un doux égarement*[2]*, et il engendre sa propre mort, Œdipe le parricide*[3]*, qui a osé ensemencer*

*le sillon sacré où il s'était formé et y planter une souche sanglante : un délire unissait les époux*[4] *en folie !*

*Et maintenant une mer de maux vers nous pousse ses lames. Si l'une s'écroule, elle en soulève une autre, trois fois plus puissante, qui gronde et bouillonne autour de la poupe*[5] *de notre cité.*

*Entre elle et nous ne s'étend d'autre défense que l'épaisseur d'un médiocre rempart ; et j'ai peur que Thèbes ne succombe avec ses rois.*

*Car voici que s'achève le douloureux règlement des imprécations*[6] *d'autrefois. Les misérables voient les désastres passer à côté d'eux.*

*Ils doivent au contraire jeter force lest*[7] *du haut de leur poupe, les mortels entreprenants*[8] *dont la prospérité s'est démesurément accrue.*

*Quel homme fut jamais honoré à la fois des dieux assis au foyer de Thèbes et de l'agora*[9] *populeuse*

*comme était révéré Œdipe, depuis qu'il avait délivré cette terre du monstre*[10] *qui lui ravissait ses hommes ?*

*Mais, quand il eut, l'infortuné, pris soudain conscience de son malheureux hymen*[11]*, dans sa douleur impatiente,*

*dans le délire de son âme, il acheva un double malheur : de sa main parricide, il se sépara de ses yeux – ses yeux*[12] *plus chers que ses fils !*

*Et contre ses fils mêmes, indigné de leurs piètres soins*[13]*, hélas ! il lança des imprécations amères :*

*C'est le fer au poing qu'ils se partageraient ses biens ! Et je tremble maintenant qu'elles ne soient réalisées par l'Érinys*[14] *au jarret souple.*

*Entre le messager.*

Le Messager. – Rassurez-vous, ô femmes, trop filles de vos mères : la ville a échappé au joug[15] de l'esclavage ; on a vu s'effondrer les vanteries[16] de ces puissants guerriers ; Thèbes jouit de l'embellie, avant d'avoir fait eau sous le choc innombrable des vagues. Ses remparts la protègent et nous avions muni nos portes de champions aptes à les défendre. Dans l'ensemble, tout va bien à six portes ; mais la septième, c'est l'auguste dieu Septime[17], sire Apollon, qui se l'est réservée, pour achever sur la race d'Œdipe le châtiment de Laïos et de ses erreurs anciennes.

*In Tragédies*, traduction du grec par P. Mazon, © Les Belles Lettres (1921 et 1925).

2. Laïos a eu un enfant malgré l'oracle.
3. Meurtrier de son père.
4. Œdipe et sa mère Jocaste.
5. Arrière du bateau.
6. Malédictions.
7. Ce qui allourdit le bateau.
8. Orgueilleux.
9. Place.
10. Le Sphinx.
11. Son mariage avec sa mère Jocaste.
12. Œdipe s'est crevé les yeux après avoir compris qu'il était le meurtrier de son père Laïos.
13. Œdipe avait maudit ses deux fils lorsqu'ils lui avaient présenté, par provocation, des objets ayant appartenu à Laïos.
14. Déesse de la vengeance.
15. Poids.
16. Vantardises.
17. Le grand dieu sept fois grand. Polynice se trouve à la septième porte.

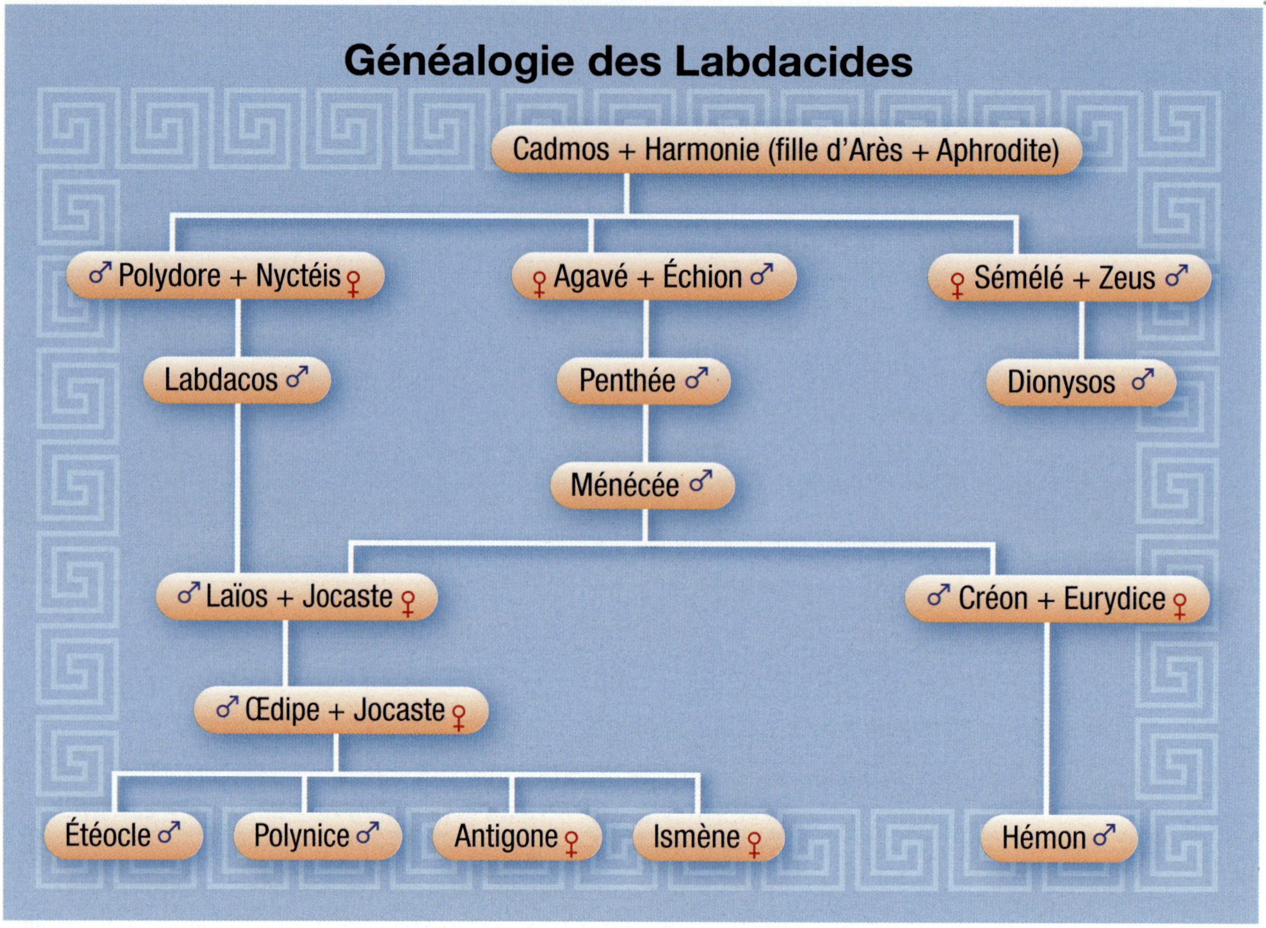


LECTURE ANALYTIQUE

### Première lecture

1. Que reproche-t-on à Œdipe ? Est-il seul responsable des malheurs de sa famille ? Justifiez.
2. Quel est apparemment le rôle du chœur ? Justifiez.

### Mise au point

3. Sur quel ton le chœur s'exprime-t-il ? Quel type de phrase et quelles expressions le confirment ?

### Analyse

4. Énumérez les malheurs par lesquels est passée Thèbes, en précisant leur origine.
5. a. Repérez deux métaphores filées. À quel champ lexical appartiennent-elles ?
   b. Que signifient-elles ?
   → p. 384 : LES FIGURES DE RHÉTORIQUE
6. Quelles divinités interviennent dans la destinée de la famille des Labdacides ? de quelle manière ?
7. La réplique du messager est-elle de nature à rassurer le chœur ? pourquoi ?

### Question de synthèse

8. Selon Aristote, un spectacle de tragédie inspire la terreur et la pitié. L'histoire de la famille d'Œdipe reprise ici par Eschyle correspond-elle à cette définition ?

### Pour aller plus loin

9. **Recherche.** Le chœur fait allusion au Sphinx, *monstre qui lui ravissait [l]es hommes* de Thèbes (l. 23).
   a. En vous aidant d'un dictionnaire de la mythologie, décrivez ce monstre et expliquez quel est son rôle dans le mythe d'Œdipe.
   b. Citez les références d'œuvres littéraires et artistiques dans lesquelles figure ce monstre mythique en faisant une recherche documentaire au CDI ou sur Internet.
10. **Travail d'écriture.** Rédigez un paragraphe de commentaire rendant compte des sentiments exprimés par le chœur.
    → p. 513 : ENCHAÎNER DES PARAGRAPHES DE COMMENTAIRE

D'UN *Texte* À L'AUTRE 1

Biographie p. 561

# Jean Cocteau
# *La Machine infernale* (1934)

*Lecteur des travaux de Freud, Jean Cocteau réactualise le mythe d'Œdipe dans des traductions de Sophocle, des poèmes, des dessins, et dans une pièce en quatre actes,* La Machine infernale. *Le dernier acte, intitulé « Œdipe roi, dix-sept ans après », montre comment les deux époux, Œdipe et Jocaste, découvrent la vérité sur leur lien familial. La peste qui accable Thèbes depuis tant d'années est, d'après la voix sur laquelle s'ouvre la pièce, une malédiction :* les dieux accusent un criminel anonyme d'infecter le pays et ils exigent qu'on le chasse. *Le beau-frère d'Œdipe, Créon, qui a découvert le criminel et convoite le trône de Thèbes, convoque un vieux berger, en présence du devin aveugle, Tirésias, qui connaît lui aussi toute la vérité.*

Jean Cocteau, *La Machine infernale*, mise en scène de Jean Cocteau, avec Jean Marais, Jeanne Moreau et Alain Nobis (Paris, Théâtre des Bouffes-Parisiens, septembre 1954).

Œdipe. – Quel est cet homme ?

Créon. – L'homme qui t'a porté blessé et lié sur la montagne[1] d'après les ordres de ta mère. Qu'il avoue.

Le Berger. – Parler m'aurait valu la mort. Princes, que ne suis-je mort afin de ne pas vivre cette minute.

Œdipe. – De qui suis-je le fils, bonhomme ? Frappe, frappe vite.

Le Berger. – Hélas !

1. Par peur d'un oracle annonçant qu'il serait tué par son propre fils, Laïos avait ordonné à un berger de l'emporter sur le mont Cithéron afin qu'il soit abandonné, les pieds liés, d'où son nom, Œdipe (« pied enflé », en grec).

Œdipe. – Je suis près d'une chose impossible à entendre.

Le Berger. – Et moi... d'une chose impossible à dire.

Créon. – Il faut la dire. Je le veux.

Le Berger. – Tu es le fils de Jocaste, ta femme, et de Laïus[2] tué par toi au carrefour des trois routes[3]. Inceste et parricide[4], les dieux te pardonnent[5].

Œdipe. – J'ai tué celui qu'il ne fallait pas. J'ai épousé celle qu'il ne fallait pas. J'ai perpétué ce qu'il ne fallait pas. Lumière est faite...

*Il sort.*

*Créon chasse le berger.*

Créon. – De quelle lingère, de quelle sœur de lait[6] parlait-il ?

Tirésias. – Les femmes ne peuvent garder le silence. Jocaste a dû mettre son crime[7] sur le compte d'une de ses servantes pour tâter le terrain.

*Il lui tient le bras et écoute, la tête penchée.*

*Rumeurs sinistres. La petite Antigone, les cheveux épars, apparaît, à la logette[8].*

Antigone. – Mon oncle ! Tirésias ! Montez vite, vite, c'est épouvantable ! J'ai entendu crier dans la chambre ; petite mère ne bouge plus, elle est tombée tout de son long et petit père se roule sur elle et il se donne des coups dans les yeux avec sa grosse broche en or. Il y a du sang partout. J'ai peur ! J'ai trop peur, montez... montez vite...

*Elle rentre.*

Créon. – Cette fois, personne ne m'empêchera[9]...

Tirésias. – Si ! je vous empêcherai. Je vous le dis, Créon, un chef-d'œuvre d'horreur s'achève. Pas un mot, pas un geste, il serait malhonnête de poser une seule ombre de nous.

Créon. – C'est de la pure folie !

Tirésias. – C'est la pure sagesse... Vous devez admettre...

Créon. – Impossible. Du reste, le pouvoir retombe entre mes mains.

Acte IV, « Œdipe roi, dix-sept ans après » (extrait), © Grasset.

2. L'ancien roi de Thèbes, Laïos, dont Jocaste est la veuve.

3. Œdipe, refusant de céder le passage à un carrefour où passait un convoi, a tué deux hommes, dont Laïos, son père.

4. Meurtre de son propre père.

5. Que les dieux te pardonnent !

6. Œdipe avait émis l'hypothèse de n'être que le fils d'une femme du peuple.

7. L'inceste commis avec son fils Œdipe.

8. Petite loge placée en hauteur.

9. Créon veut tuer Œdipe et éviter le scandale.

## QUESTIONS

1. a. Quelle réplique révèle à Œdipe la vérité ?
   b. Quelles phrases prouvent cependant qu'il la pressentait ?
2. Quelles sont les motivations de Créon ? À quel moment sont-elles explicites ?
3. a. Commentez la réplique d'Œdipe qui suit immédiatement la révélation.
   b. Comment expliquez-vous son geste, rapporté par Antigone ?
4. À quel personnage évoqué dans le chapeau peut-on désormais identifier Œdipe ?
5. Étudiez la réaction d'Antigone en vous appuyant essentiellement sur les types de phrase.
6. a. Comparez les dernières répliques de Tirésias avec celles de Créon, en vous appuyant sur les figures de rhétorique.
   → p. 384 : LES FIGURES DE RHÉTORIQUE
   b. Déduisez de cette analyse le rôle du devin dans la pièce.

## Vis-à-vis : Eschyle et Cocteau

7. Les deux textes font référence à différents épisodes du mythe d'Œdipe. À partir de ces lectures, reconstituez la chronologie des différentes péripéties.
8. Quelle est selon vous l'œuvre qui exprime le mieux le tragique de cette histoire ? Justifiez.
   → p. 450 : LES REGISTRES COMIQUE ET TRAGIQUE

# Texte 2

Biographie p. 568

## SOPHOCLE
## Œdipe roi (430 avant J.-C.)

Jean COCTEAU (1889-1963), illustration pour sa pièce *La Machine infernale*, encre et crayon sur papier (Paris, Bibliothèque littéraire Jacques-Doucet).

*Dans les tragédies grecques, ce sont d'abord deux hommes qui jouent les différents rôles, mais Sophocle enrichit le spectacle en ajoutant un troisième acteur et en accordant plus d'importance aux décors et aux costumes. La dimension humaine du héros, qui reste le jouet des dieux, est davantage prise en compte. Dans* Œdipe roi, *Sophocle fait allusion à l'épidémie de peste qui fit de nombreuses victimes à Athènes entre 431 et 429 avant J.-C. Œdipe affirme sa volonté de rechercher le criminel qui a attiré le fléau sur la ville de Thèbes, sans se douter que c'est lui-même qu'il trouvera au terme de son enquête. Juste avant ce passage, Œdipe tient tête au devin aveugle Tirésias qui essaie de lui ouvrir les yeux sur sa véritable histoire. Le chef du chœur, ou coryphée, interrompt leur dispute.*

LE CORYPHÉE. – Ses paroles et les tiennes, Œdipe, nous semblent dictées par la colère. De tels débats sont inutiles ; nous devons seulement songer à comprendre l'oracle du dieu[1].

TIRÉSIAS. – Tu es roi, Œdipe, mais je puis aussi te répondre : j'en ai le droit. Je suis l'esclave de Loxias[2], non le tien, et je n'ai pas besoin du secours de Créon[3]. Tu me reproches d'être aveugle ; mais toi, malheureux, toi qui jouis de la lumière, tu ne vois pas en quel abîme de maux[4] tu es tombé, quel palais tu habites, avec qui tu demeures. Sais-tu qui t'a donné le jour ? Tu ignores quel crime te rend exécrable à tes proches, ici et dans les enfers. Chargé de la haine d'un père et d'une mère, la malédiction, déesse aux pieds terribles, te repoussera de cette terre : tes yeux alors ne verront plus. Quel lieu ne retentira pas de tes cris ? Les antres du Cithéron[5] en seront ébranlés, lorsque tu connaîtras l'hymen[6] fatal où est venu échouer ton bonheur. Tu ne sais pas l'orage de maux qui fondra sur toi, et te rendra l'égal de tes enfants. Insulte tant que tu veux Créon et Tirésias : nul mortel ne mènera une vie plus misérable que toi.

ŒDIPE. – Faut-il entendre de pareils outrages ? Ne partiras-tu point ? Ne t'éloigneras-tu pas enfin de ces lieux ?

TIRÉSIAS. – Je ne serais point venu, si tu ne m'avais appelé.

ŒDIPE. – Je ne t'aurais pas appelé, si j'avais prévu tes discours insensés.

TIRÉSIAS. – Je te parais insensé : tes parents jugeaient mieux de moi.

ŒDIPE. – Quels parents ? Arrête : qui m'a donné la vie ?

TIRÉSIAS. – Ce jour va te donner à la fois la naissance et la mort.

ŒDIPE. – Tes paroles ne sont qu'énigmes obscures.

TIRÉSIAS. – N'es-tu pas habile à les expliquer ?

1. Créon a rapporté un oracle d'Apollon demandant au roi de punir le meurtrier de Laïos pour faire cesser la peste.
2. Surnom d'Apollon signifiant « l'Oblique » en raison de l'ambiguïté de ses oracles.
3. Frère de Jocaste, il occupe temporairement le trône.
4. Précipice de malheurs.
5. Les grottes de la montagne où Œdipe enfant fut abandonné.
6. Mariage.

ŒDIPE. – Tu me reproches ce qui fait ma gloire[7].

TIRÉSIAS. – C'est plutôt ce qui fait ta perte.

ŒDIPE. – Dis ce que tu voudras : c'est moi qui ai sauvé la ville.

TIRÉSIAS. – Je me retire. Enfant, conduis-moi.

ŒDIPE. – C'est cela, va-t-en : depuis trop longtemps ta présence m'importune.

TIRÉSIAS. – Je pars, mais je ne serai pas venu en vain ; je parlerai sans craindre tes regards : ma vie ne dépend pas de toi. Cet homme que tu cherches, ce meurtrier que tu maudis, il est ici. Il passe pour étranger[8], mais il apprendra que Thèbes est sa patrie ; il n'aura pas lieu de s'en réjouir. Lui qui jouit de ses yeux, il perdra la vue ; lui qui est riche, il tombera dans la pauvreté ; il errera sur une terre étrangère, appuyant sur un bâton ses pas chancelants : ses enfants verront en lui un frère aussi bien qu'un père ; son épouse, un fils autant qu'un mari ; son père, un rival autant qu'un parricide[9]. Maintenant rentre dans ton palais : réfléchis à ces paroles ; si mes prédictions sont fausses, tu peux dire que Tirésias n'est point un prophète.

*Tirésias et Œdipe quittent la scène.*

Premier épisode, traduction du grec par M. Artaud revue par J. Vérain (extrait),


7. La résolution de l'énigme du Sphinx qui a permis à Œdipe d'obtenir le trône de Thèbes.

8. Œdipe vivait à Corinthe chez ses parents adoptifs.

9. Meurtrier de son père.

LECTURE ANALYTIQUE

## Première lecture

1. Quel est le rôle du coryphée ? Expliquez.
2. Œdipe est-il prêt à entendre la vérité ?

## Mise au point

3. Commentez au moins trois des figures de rhétorique utilisées par Tirésias dans sa première tirade (l. 5-17) : que mettent-elles en évidence ?

→ p. 384 : LES FIGURES DE RHÉTORIQUE

## Analyse

4. Quels sont les trois reproches qu'Œdipe adresse à Tirésias ? Sont-ils justifiés ?
5. Analysez le défaut d'Œdipe qui ressort de ce dialogue : quelles répliques sont les plus révélatrices ?
6. Quelles paroles de Tirésias sont prophétiques ? Quel temps verbal le prouve ?

→ p. 375 : LA SYNTAXE ET LA VALEUR DES TEMPS

## Question de synthèse

7. Quels aspects du dialogue font d'Œdipe un héros très humain ?

## Pour aller plus loin

8. **Recherche.** Préparez un exposé sur la tragédie à l'époque de Périclès : contexte politique et fonction de ce type de spectacle dans la société athénienne ; carrière et succès de Sophocle ; déroulement d'une tragédie (exemple d'*Œdipe roi*).

→ p. 478 : FAIRE DES RECHERCHES ET LIRE EFFICACEMENT

9. **Écriture d'invention.** Tirésias déclare à la fin de ce dialogue : *Maintenant rentre dans ton palais : réfléchis à ces paroles.* Rédigez un monologue théâtral qui développera les interrogations d'Œdipe suscitées par ce dialogue avec le devin. Prenez en compte les éléments de l'analyse du texte et envisagez aussi les projets conçus par le personnage.

→ p. 541 : INVENTER ET IMAGINER

D'UN *Texte* À L'AUTRE 2

# Didier Lamaison
## *Œdipe roi* (1994)

*Œdipe roi de Didier Lamaison a été publié dans une collection de romans policiers. L'enquête d'Œdipe sur l'assassinat de Laïos est finalement une quête de vérité sur ses origines et ce roman est une nouvelle traduction de la plus noire des tragédies (note de l'éditeur). Dans les premières pages, un jeune homme aux pieds enflés franchit les portes de Thèbes ; quelques années plus tard, il règne sur la ville et connaît la gloire, mais bientôt la peste accable les habitants : il faut retrouver le criminel et le punir pour calmer les dieux. Sur les conseils de Créon, Œdipe convoque Tirésias en secret, l'interroge, puis l'accuse finalement de s'être enivré et de délirer.*

Dehors, on n'y voyait guère plus que dedans. Du moins respirait-on ! « ... frère de ses enfants... amant de sa mère... meurtrier de... fils de sa propre... » Les mots sonnaient encore aux oreilles d'Œdipe. Ils montaient autour de lui dans les vapeurs du vin. De l'air frais, enfin !

Oh ! Ce vin...

Chien ! Vipère !... Impénitent phraseur[1] !... De l'air ! De l'air ! On étouffait, dans ce taudis !... Quelle insolence !... Rien ne le fait taire !... Accuser son roi !... Tuer son roi et en accuser son roi !... Oh ! ce vin... J'ai dû rêver... Jusqu'où peut-il aller ?... J'aurais dû lui répondre que... Un malade !... Un malade dangereux !... Comme ces rues sont sales !... Pestilence[2] !... Je suis dans un cauchemar, je vais me réveiller !... Oui, j'aurais dû lui répondre que... Et là, où est le chemin ?... Prête-moi ton bâton, Tirésias !... De Thasos[3], as-tu dit, ton vin ?... Avec toutes ces immondices[4] par terre, je vais finir par glisser... Zeus[5] lui-même serait venu le consulter ?... La folie des grandeurs !... monstrueux cerveau !... Poubelle mythologique !... Holà !... ça glisse !... Un roi dans le caniveau... Où vais- je, maintenant ?... J'ai tout compris, Tirésias ! Veux-tu que je te dise ?... Je n'aurais jamais cru qu'il fallait tant de portes pour faire une ville !... Toutes fermées... Que trament-ils[6], derrière ?... Attends ! Si je t'ai bien suivi, je me cherche moi-même ? Œdipe enquête sur Œdipe ?... Trouvaille !... Dormez, braves gens ! Votre roi enquête !... Le roi boit ! Le roi voit !... Tiens, mais c'est le temple d'Athéna[7] ?... La très-chère était nue[8]... Il faut les empêcher de nuire ! Le meurtre de Laïos, c'est lui, bien entendu !... Lui et ses complices !... Si je continue à traîner ici, ils y ajouteront le meurtre d'Œdipe... Pourquoi ne l'ai-je pas tué ?... Non, Tirésias, Œdipe ne tue pas... Œdipe cherche la vérité. Œdipe rend la justice !

Chapitre III, conclusion, © Gallimard.

1. Incorrigible bavard.
2. Odeur infecte.
3. Île grecque de la mer Égée.
4. Ordures.
5. Roi des dieux.
6. Complotent-ils.
7. Déesse de la guerre, protectrice d'Athènes.
8. Citation d'un poème de Baudelaire, « Les bijoux » des *Fleurs du mal*.

**QUESTIONS**

1. Dans quelle mesure ce récit entretient-il des liens avec l'écriture théâtrale ? Analysez particulièrement les types de phrase employés.
2. Commentez la structure des phrases et la ponctuation. Quelle image donnent-elles d'Œdipe ?
→ p. 375 : LA SYNTAXE ET LA VALEUR DES TEMPS
3. Relevez des anachronismes : quelle est leur fonction ?
4. a. Qui Œdipe accuse-t-il du meurtre de Laïos ?
b. Quelle raison, selon vous, le pousse à proférer cette accusation ?
5. Quelles phrases révèlent le plus explicitement l'aveuglement d'Œdipe, à la fin de son discours(l. 18-24) ? Relevez-les et commentez-les.
6. Quelles figures de rhétorique marquent la fin de cet extrait ? Sur quoi permettent-elles d'insister ?
→ p. 384 : LES FIGURES DE RHÉTORIQUE

## Vis-à-vis : Sophocle et Didier Lamaison

7. Comparez les relations entre Œdipe et Tirésias chez ces deux auteurs.
8. De quelle manière Didier Lamaison a-t-il modernisé la tragédie de Sophocle ?

André Kertész (1894-1985), *Le « gondolier »* (1927), négatif verre (Paris, médiathèque de l'Architecture et du Patrimoine).

**OBJECTIF**

Étudier de quelle manière Jean Cocteau a modernisé le mythe d'Œdipe.

# SOPHOCLE, *Œdipe roi* (430 avant J.-C.) et Jean COCTEAU, *La Machine infernale* (1934)

## Les contextes

- Au Vᵉ siècle avant J.-C., la tragédie est une institution civique et religieuse. Athènes est victime d'une épidémie de peste ; *Œdipe roi* transpose cet événement, insistant sur la nécessité, pour les citoyens, de faire front contre le malheur.
- Au début du XXᵉ siècle, Jean Cocteau s'intéresse au complexe d'Œdipe défini par le psychanalyste Sigmund Freud. Il renoue avec les classiques en s'inspirant de mythes antiques.

## Les auteurs

- Sophocle est un auteur tragique prolifique. Il écrit plus de trois cents pièces dont beaucoup sont perdues. Deux abordent le mythe d'Œdipe : *Œdipe roi* et *Œdipe à Colone*.
- Jean Cocteau est fasciné par le pouvoir des mots et des images ; ainsi, dans l'acte III de *La Machine infernale*, le Sphinx, double du poète, tente d'envoûter Œdipe par ses métaphores.

## Les œuvres

- *Œdipe roi* souligne l'attachement de Sophocle à l'harmonie de la cité et aux traditions religieuses en retraçant le destin de cette famille peu respectueuse des oracles. Œdipe est à l'apogée de sa gloire, mais c'est la déchéance de ce héros aveuglé par son orgueil, son *hybris* – « démesure » (en grec) –, qui est évoquée.
- Le titre de la pièce de Cocteau, *La Machine infernale*, insiste sur l'engrenage tragique dont la famille d'Œdipe est victime. Dans cette réécriture, l'auteur accorde une grande place aux amours d'Œdipe.

## Pistes d'analyse

**1. Les structures dramatiques.** Dans un tableau à deux colonnes, comparez les constructions des deux pièces.
a. Quels épisodes du mythe sont retenus ?
b. Quelles grandes étapes peut-on délimiter ? Comment s'enchaînent-elles ?

**2. Les représentations du héros**
a. Étudiez le langage d'Œdipe, son comportement et ses relations avec les autres personnages.
b. Quels points communs et quelles différences avez-vous repérés ?
c. Quels nouveaux personnages Cocteau a-t-il introduits ? dans quel but ?

## Activités complémentaires

**1. Sujet d'invention.** Vous hésitez entre mettre en scène Sophocle ou Cocteau. Rédigez un article dans lequel vous développerez votre réflexion et exposerez les raisons de votre choix définitif.
→ p. 544 : INVENTER ET ARGUMENTER

**2. Recherche.** Documentez-vous sur Électre et sa famille et citez les références des œuvres célèbres portant sur ce mythe. Dans quelle mesure est-il tragique ?

## Propositions de lectures

**Textes contemporains de l'auteur**

- SOPHOCLE, *Œdipe à Colone* (401 avant J.-C.) : la suite des aventures d'Œdipe, en exil.
- Jean COCTEAU, *La Difficulté d'être* (1947), extraits (« De mon style », « Du théâtre »…) : des essais pour mieux comprendre l'univers de Cocteau.

**Pour élargir**

- Alain ROBBE-GRILLET, *Les Gommes* (1953) : un roman policier dans lequel le criminel recherché est l'enquêteur, tout comme Œdipe.
- Pier Paolo PASOLINI, *Œdipe roi* (1967) : un film entre mythe et autobiographie → HISTOIRE DES ARTS

Jean RACINE, *La Thébaïde ou les Frères ennemis*, mise en scène de Sandrine Lanno, avec Selim Clayssen, Vincent Macaigne, Nazim Boudjenah et Anne Alvaro (Montreuil, Centre dramatique, septembre 2007).

# Texte 3 Jean RACINE

Biographie p. 567

## *La Thébaïde ou Les Frères ennemis* (1664)

*C'est à seulement vingt-quatre ans que Racine écrit* La Thébaïde *qui est jouée par la troupe de Molière. Elle s'inspire de la pièce* Antigone *du dramaturge baroque Jean de Rotrou, qui est elle-même une réécriture des* Phéniciennes *d'Euripide et d'*Antigone *de Sophocle. Dans sa préface, Racine explique que ce n'est pas l'amour qui constitue le ressort dramatique, mais la haine entre deux frères, Étéocle et Polynice* → **GÉNÉALOGIE DES LABDACIDES**. *Dans cette scène d'exposition, leur mère Jocaste s'entretient avec sa confidente.*

JOCASTE
Ils sont sortis, Olympe ? Ah, mortelles douleurs !
Qu'un moment de repos me va coûter de pleurs !
Mes yeux depuis six mois étaient ouverts aux larmes,
Et le sommeil les ferme en de telles alarmes[1] !
Puisse plutôt la mort les fermer pour jamais,
Et m'empêcher de voir le plus noir des forfaits[2] !
Mais en sont-ils aux mains ?

OLYMPE
Du haut de la muraille
Je les ai vus déjà tous rangés en bataille ;
J'ai vu déjà le fer briller de toutes parts ;
Et pour vous avertir j'ai quitté les remparts.
J'ai vu, le fer en main, Étéocle lui-même ;
Il marche des premiers ; et, d'une ardeur extrême,
Il montre aux plus hardis à braver le danger.

JOCASTE
N'en doutons plus, Olympe, ils se vont égorger.
*À un garde.*

1. Inquiétudes
2. Des crimes.

Que l'on coure avertir et hâter la princesse[3] ;
Je l'attends. Juste ciel, soutenez ma faiblesse !
Il faut courir, Olympe, après ces inhumains ;
Il faut les séparer, ou mourir par leurs mains.
Nous voici donc, hélas ! à ce jour détestable
Dont la seule frayeur me rendait misérable !
Ni prières ni pleurs ne m'ont de rien servi :
Et le courroux[4] du sort voulait être assouvi.
Ô toi, soleil, ô toi qui rends le jour au monde,
Que ne l'as-tu laissé dans une nuit profonde !
À de si noirs forfaits prêtes-tu tes rayons ?
Et peux-tu, sans horreur, voir ce que nous voyons ?
Mais ces monstres, hélas ! ne t'épouvantent guères[5] :
La race de Laïus[6] les a rendus vulgaires[7] ;
Tu peux voir sans frayeur les crimes de mes fils,
Après ceux que le père et la mère ont commis.
Tu ne t'étonnes pas si mes fils sont perfides[8],
S'ils sont tous deux méchants, et s'ils sont parricides[9] :
Tu sais qu'ils sont sortis d'un sang incestueux,
Et tu t'étonnerais s'ils étaient vertueux.

Acte I, scène 1.

3. Antigone, sœur des princes de Thèbes, Étéocle et Polynice, et fille de Jocaste.

4. La colère.

5. Pour *guère*, licence poétique pour la rime au pluriel.

6. Laïos.

7. Elle leur a ôté toute grandeur.

8. Déloyaux.

9. Meurtriers de membres de leur propre famille.

## LECTURE ANALYTIQUE

### Première lecture

**1.** Quel passage de la tirade de Jocaste fait référence aux crimes de la famille d'Œdipe ? Expliquez.
→ p. 441 : LA PAROLE THÉÂTRALE

### Mise au point

**2.** Quels types de phrase caractérisent la première réplique ? Commentez.

### Analyse

**3. a.** Quel rôle Olympe joue-t-elle auprès de Jocaste ? Quelle vision donne-t-elle des événements ?
**b.** Pour quelle raison est-ce Olympe qui raconte ce qui n'est pas montré aux spectateurs ?

**4.** Quelle est l'attitude d'Olympe ? Justifiez en étudiant la connotation des termes employés pour désigner le combat.
→ p. 381 : DÉNOTATION ET CONNOTATION

**5.** Quels sentiments les répliques de Jocaste révèlent-elles, surtout à la fin de la scène ? Justifiez.

**6.** Quels champs lexicaux opposés repérez-vous dans la tirade de Jocaste (v. 14-34) ? Commentez.

### Question de synthèse

**7.** Comment cette scène d'exposition insiste-t-elle sur le caractère tragique du mythe d'Œdipe ?
→ p. 441 : LA PAROLE THÉÂTRALE

### Pour aller plus loin

**8. Recherche**
**a.** Consultez au CDI un dictionnaire des personnages afin de trouver plusieurs titres de tragédies où figure le personnage de Jocaste.
**b.** Sa mort intervient-elle toujours au même moment, dans l'histoire des Labdacides ? Justifiez en vous appuyant sur les informations fournies dans cette séquence.

**9. Entraînement à la dissertation.** Dans sa préface de *La Thébaïde*, Racine explique qu'il s'agit là du *sujet le plus tragique de l'Antiquité*. Comment expliquez-vous que des écrivains et des artistes reprennent des mythes tragiques déjà connus ? Argumentez en vous appuyant sur les textes de la séquence et sur votre culture personnelle.
Analysez le sujet, formulez la problématique, puis préparez le plan détaillé du développement.
→ p. 520 : DÉGAGER LA PROBLÉMATIQUE D'UN SUJET
→ p. 526 : CONSTRUIRE UN PLAN DÉTAILLÉ DE DISSERTATION

D'UN *Texte* À L'AUTRE 3

Biographie p. 560

# Henry Bauchau

## *Œdipe sur la route* (1990)

*Dans plusieurs romans écrits à partir de 1990, le romancier Henry Bauchau s'intéresse à des héros antiques, comme Œdipe et Antigone. Dans* Œdipe sur la route, *il évoque le moment où Œdipe, accablé par ses crimes, décide de quitter Thèbes, symbole de sa gloire puis de sa déchéance, pour se rendre à Colone. Libéré de son orgueil et du pouvoir, puisque son statut de criminel a été révélé, il vient de se crever les yeux. Cet extrait est le début du roman.*

Les blessures des yeux d'Œdipe, qui ont saigné si longtemps, se cicatrisent. On ne voit plus couler sur ses joues ces larmes noires qui inspirent de l'effroi[1] comme si elles provenaient de votre propre sang. L'incroyable désordre, qui a régné au palais après la mort de Jocaste[2], s'efface. Créon a rétabli les usages et le cérémonial[3] mais chacun à Thèbes sent persister une dangereuse et secrète fêlure[4].

Œdipe met longtemps, près d'un an, à comprendre. Si ses fils[5] s'agitent et se querellent, si parfois une rumeur de détresse s'élève sourdement de la ville, Créon, qui détient le pouvoir, est patient, encore patient. Il sait qu'un jour Œdipe n'en pourra plus d'attendre. D'attendre quoi ?[6]

Œdipe, cette nuit-là, ne voit plus en rêve, au-dessus de Corinthe[7], la grande mouette blanche[8] dont l'image lui a permis jusqu'ici de supporter l'interminable écoulement des heures. Un aigle plane dans son ciel dont il masque ou dévoile les astres. D'un mouvement superbe, il plonge vers le sol. Quand il en est proche, il bat des ailes à grand bruit pour terroriser sa proie. Œdipe est cette proie. Il bondit, il échappe aux serres de l'aigle. Toutes ses forces en alerte, il s'éveille, prêt au combat.

À l'aube, Antigone entre dans la salle, malgré la défense de ses frères et l'opposition du garde. Elle dit : « Père, tu m'appelles, tu n'en as pas le droit. » Depuis le drame il ne parle plus, elle est surprise, interdite, de l'entendre répondre : « J'en ai le droit, mais je n'appelle personne. » Elle interroge du regard le garde. Il fait signe qu'Œdipe n'a pas appelé. Elle sort.

Elle revient quelques heures plus tard : « Père, tu m'appelles. Tu m'appelles sans cesse dans ton cœur. » Elle ne pleure pas, il pense qu'elle sait se tenir. « Je partirai demain à l'aube. Tu me conduiras, avec Ismène[9], à la porte du Nord. – Pour aller où ? » Il hurle d'une voix terrible : « Nulle part ! N'importe où, hors de Thèbes ! » Il s'apaise, il lui fait signe de partir, mieux vaut d'ailleurs ne rien ajouter car déjà le garde a disparu. Il est allé prévenir Créon ou les deux frères qui, à cette heure, se surveillent sauvagement dans la grande salle[10].

Le lendemain, on peut voir que les soldats ont bien fait leur travail et que les habitants ont été prévenus. La ville est déserte, toutes les portes et les volets sont clos.

*Incipit*, 

1. De l'épouvante.
2. Dans cette version du mythe, Jocaste s'est suicidée.
3. Créon, régent qui occupe le trône vacant, a rétabli l'ordre.
4. Faille.
5. Étéocle et Polynice, héritiers du trône de Thèbes → GÉNÉALOGIE DES LABDACIDES.
6. Œdipe est tellement bouleversé qu'il est incapable de se projeter dans l'avenir.
7. Ville du sud de la Grèce où Œdipe a passé son enfance.
8. Dans l'Antiquité, les oiseaux étaient associés à des présages (augures).
9. Sœur d'Antigone.
10. La salle du trône.

## QUESTIONS

**1. a.** À quel épisode du mythe le premier paragraphe fait-il référence ? Quels éléments tragiques sont ainsi mis en évidence ?
**b.** Quel terme des lignes 17 à 21 résume cet épisode ? Quelle est sa connotation ?
→ p. 450 : LES REGISTRES COMIQUE ET TRAGIQUE
→ p. 381 : DÉNOTATION ET CONNOTATION

**2.** Quel autre épisode du mythe s'annonce aux lignes 27 et 28 ? Justifiez, en étudiant notamment la fonction des repères temporels utilisés dans l'ensemble du texte.

**3.** Quel est le point le vue du narrateur ? Quelle relation cela entretient-il avec le personnage d'Œdipe ?
→ p. 434 : LE PERSONNAGE

**4.** Quels aspects font des lignes 10 à 16 un passage poétique ? Quels en sont les symboles ?

**5.** Quels indices révèlent la force des liens existant entre Antigone et son père ? Que peut-on déjà deviner à propos de l'exil d'Œdipe ?

**6.** Analysez l'image d'Œdipe qui ressort de cet incipit. Dans quelle mesure vous semble-t-il pathétique ?

## Vis-à-vis : Racine et Henry Bauchau

**7.** Quelle image ces deux versions du mythe proposent-elles des enfants d'Œdipe ?

**8.** Observez-vous une façon différente d'aborder le mythe d'Œdipe, entre l'écriture théâtrale et l'écriture romanesque ? Expliquez.

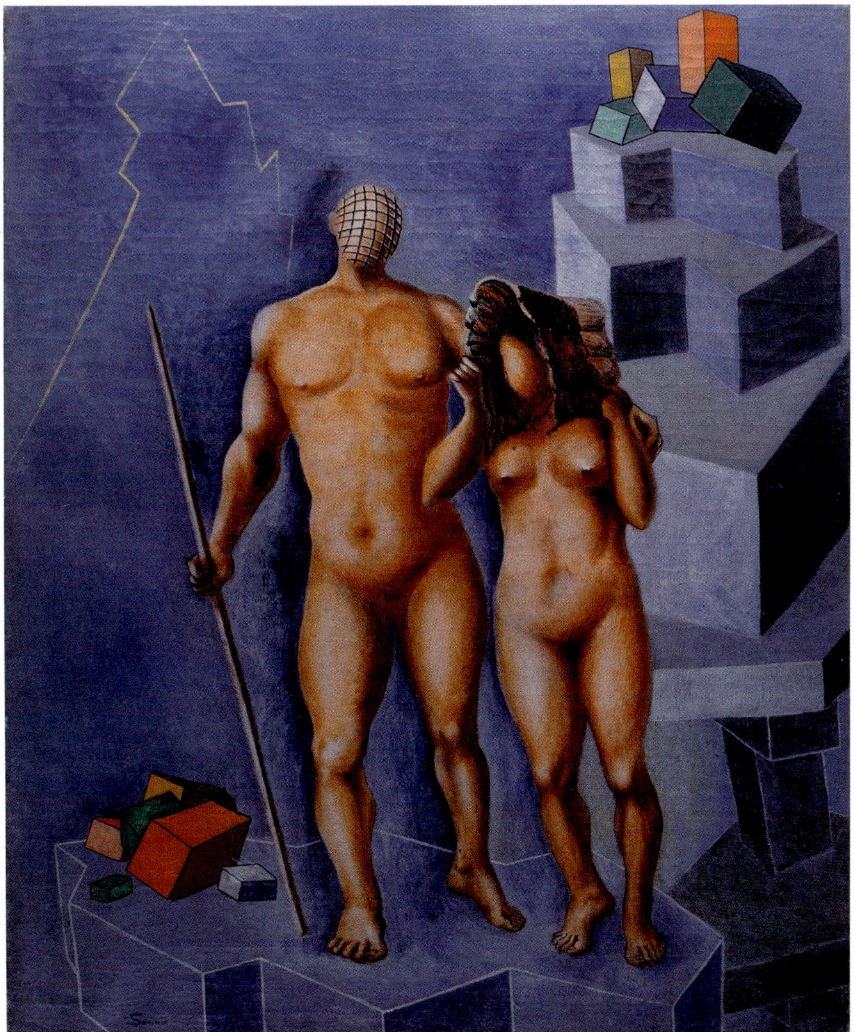

Alberto SAVINIO (Andrea de CHIRICO, 1891-1952),
*Œdipe et Antigone* (1928) (Cortina d'Ampezzo, Regole d'Ampezzo).

# Analyse *d'images*

## Jean Auguste Dominique Ingres (1780-1867)
## *Œdipe devinant l'énigme du Sphinx* (1808)

*À partir du XIX^e^ siècle, le mythe d'Œdipe passionne de nombreux artistes comme le peintre symboliste Gustave Moreau* → **HISTOIRE DES ARTS***, ou Jean Auguste Dominique Ingres qui travaille sur ce sujet pendant presque vingt ans, au moment où les artistes néo-classiques s'inspirent fortement de la mythologie gréco-romaine.*

Huile sur toile, 189 x 144 cm
(Paris, musée du Louvre).

**QUESTIONS**

### Première approche

**1.** Quel épisode du mythe d'Œdipe est repris dans ces deux tableaux ? Justifiez.

**2.** Quel tableau rappelle un épisode de l'enfance du héros ? Quel détail le peintre a-t-il ajouté ? Expliquez l'effet produit par cette variante.

### Analyse

**3.** Étudiez l'apparence et la position des deux personnages principaux dans ces compositions : quels points communs remarquez-vous ? Qu'apportent les différences observées ?

**4.** Comparez les deux représentations du sphinx : ces variantes produisent-elles le même effet ?

# Francis Bacon (1909-1992)
## *Œdipe et le Sphinx d'après Ingres* (1983)

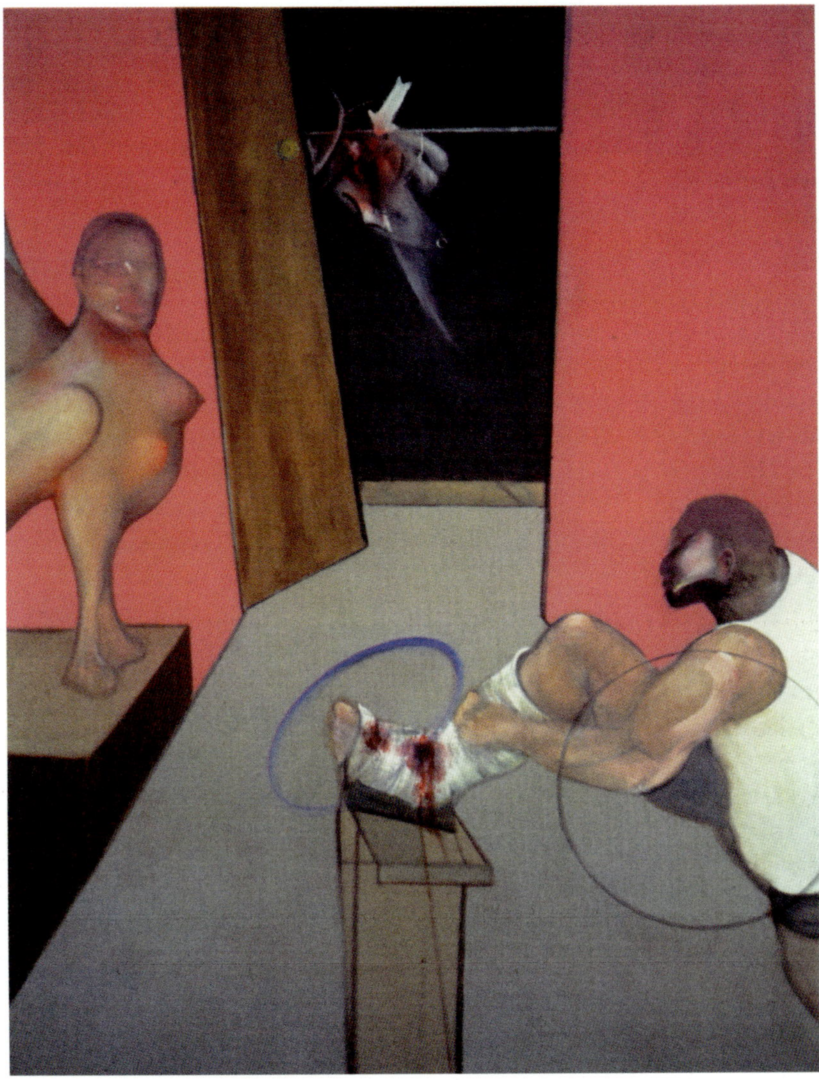

*Au xxe siècle, l'artiste d'origine irlandaise Francis Bacon, dont toutes les œuvres se nourrissent d'un sens profond du tragique, peint un triptyque qui s'intéresse à la figure d'Œdipe. Plusieurs de ses toiles sont des variations sur des œuvres connues d'Ingres ou de Vélasquez, notamment.*

Huile sur toile, 198 x 147,5 cm (collection privée).

**5.** Quels éléments donnent de la profondeur aux tableaux ? Comparez-les et interprétez les choix des deux peintres.

**6.** Comparez les palettes des deux artistes. L'effet produit est-il le même ?

**7. a.** Dans le tableau d'Ingres, qu'évoquent la présence du personnage au second plan ainsi que les détails placés en bas, à gauche de la toile ?

**b.** Quels éléments de la toile de Bacon sont susceptibles d'engendrer une impression comparable ?

→ p. 461 : L'IMAGE FIXE

### Question de synthèse

**8.** Selon vous, laquelle de ces représentations d'Œdipe est la plus tragique ? Expliquez en comparant précisément les deux œuvres.

# SYNTHÈSE Réécrire un mythe

• Nombreux sont les mythes qui ont été réécrits : la malédiction des Atrides et celle des Labdacides apparaissent dans l'épopée d'**Homère**, l'*Iliade*, mais aussi dans des tragédies et dans les arts visuels (cinéma, peinture) et musicaux (opéra...).

## 1 Histoire collective et destin familial

• Les mythes conjuguent des thèmes universels qui les extraient du contexte précis qui les a fait naître.

### La puissance et la gloire

• Mythes et tragédies évoquent souvent des **luttes de pouvoir** entre des dieux ou des rois. Dans *Œdipe roi* de **Sophocle** → TEXTE 2, Œdipe se dévoue à son peuple et prétend le sauver de la peste, sans se douter qu'il a tué le roi Laïos qui était également son père. Ses fils Étéocle et Polynice refusent de partager le trône de Thèbes et se font la guerre, aussi bien chez Sophocle que dans la tragédie classique de **Jean Racine** → TEXTE 3. Créon, frère de Jocaste, convoite lui aussi le royaume et tire profit de ces malheurs → D'UN TEXTE À L'AUTRE 3.

### Des familles déchirées

• Les **liens familiaux** occupent une place essentielle.
– Des **luttes fratricides** déchirent Polynice et Étéocle, un schéma ancestral que l'on retrouve également dans la Bible avec les deux fils d'Adam et Ève, **Abel et Caïn**.
– Les relations entre parents et enfants sont complexes. Œdipe et Jocaste sont unis par l'**inceste** ; Électre, inconsolable après la mort de son père Agamemnon, le venge avec l'aide de son frère Oreste qui tue Clytemnestre, leur mère, et son amant Égisthe.

### Des faiblesses humaines

• Les héros des mythes ont des **traits de caractère** humains, mais dont l'ampleur est inhumaine.
– Œdipe est représenté comme un héros doté de qualités exceptionnelles, ce que suggère le tableau d'**Ingres**, *Œdipe devinant l'énigme du Sphinx* → ANALYSE D'IMAGES. Victime de son orgueil, il termine sa vie en homme blessé, lucide sur lui-même → D'UN TEXTE À L'AUTRE 3.
– Médée, épouse de Jason, exprime sa jalousie avec une violence inouïe, en tuant sa rivale Glaucé puis ses enfants.

## 2 Variations autour des mythes

• Selon les anthropologues, les mythes se nourrissent de leurs réécritures.

### Des versions contradictoires

• **Diverses traditions orales** coexistent, à partir desquelles les auteurs brodent des péripéties. Selon les versions, Jocaste se pend au moment de la révélation de l'identité d'Œdipe, ou bien elle survit et assiste à la guerre entre ses fils → TEXTE 3.

### L'intertextualité

• Plusieurs références se mêlent dans une **réécriture**, constituant des **clins d'œil** au lecteur avisé. Au début de *La Machine infernale* → D'UN TEXTE À L'AUTRE 1, **Jean Cocteau** met en scène le fantôme de Laïos, rappelant ainsi *Hamlet* (1600), le drame de Shakespeare.
• Le roman de **Mary Shelley**, *Frankenstein* (1818), porte le sous-titre *Le Prométhée moderne*, car le héros est un savant qui se prend pour un dieu → EXERCICE 1.

## 3 La modernité des mythes

• Chaque auteur rattache le mythe à son époque dans des formes d'expression artistique variées.

### L'actualisation du mythe

• Dans *La guerre de Troie n'aura pas lieu* → EXERCICE 2, **Jean Giraudoux**, dramaturge et diplomate, fait référence au **climat de l'entre-deux-guerres**. **Jean Anouilh** inscrit *Antigone* (1944) dans le contexte de la collaboration avec l'occupant nazi. Son héroïne y apparaît comme une résistante.

### Les transpositions et adaptations contemporaines

• Le romancier français **Didier Lamaison** fait de l'histoire d'Œdipe un véritable **roman policier** → D'UN TEXTE À L'AUTRE 2 et l'auteur japonais **Haruki Murakami** fonde l'intrigue de son roman *Kafka sur le rivage* (2003) sur ce mythe avec son personnage Kafka Tamura, un adolescent fugueur victime d'une malédiction.
• Les adaptations continuent à inspirer cinéastes et auteurs. **Wolfgang Petersen** connaît le succès grâce à son film *Troie* (2004) dont le scénario est inspiré de l'*Iliade*, alors que les albums de bande dessinée de **Joann Sfar** reprennent avec humour les mythes d'Héraclès (2002), Ulysse (2004) ou Œdipe (2009).

Biographies des auteurs → p. 560

DVD-ROM Ressources complémentaires

# Œdipe, des vases grecs au cinéma

Le **mythe d'Œdipe** n'a pas seulement inspiré les écrivains. Les **arts visuels et musicaux** ont aussi fréquemment repris cette légende.

1 Détail d'une coupe à figures rouges représentant Œdipe et le Sphinx (Ve siècle avant J.-C.) (Rome, musées du Vatican).

## 1 • La céramique antique : Œdipe, le voyageur

### L'évolution des styles

Les vases de l'époque archaïque, remontant à l'**époque préhistorique**, se limitent à des formes géométriques ou à des silhouettes sommaires. On y reconnaît cependant l'image du sphinx, monstre ailé au buste de femme. À partir du **VIe siècle avant J.-C.**, les techniques se perfectionnent en un jeu subtil d'aplats de couleurs ocre et noir et de traits au contour bien marqué. En **Attique**, région d'Athènes, naît **vers 580 avant J.-C.** un style de **céramiques à figures noires sur fond rouge** retraçant des scènes mythologiques.

### Le maître d'Œdipe et l'époque classique

**Vers 530 avant J.-C.** apparaissent les **céramiques à figures rouges sur un fond vernis noir**, qui marquent le passage de l'ère archaïque à l'ère classique. La finesse du dessin est remarquable.

Une **kylix** du Ve siècle avant J.-C. a été découverte à Vulci, cité étrusque qui commerçait avec la Grèce. Cet objet 1, fabriqué à l'époque de Sophocle, est antérieur à la tragédie *Œdipe roi* (vers 430 avant J.-C.).

Le **médaillon interne**, entouré d'une frise aux motifs géométriques grecs, représente le face à face entre Œdipe et le sphinx. Le héros, en tenue de voyageur, assis sur un rocher, écoute l'énigme du sphinx, perché sur une **colonne ionique**, symbole de féminité. Les personnages sont de profil : à gauche, la posture d'Œdipe évoque la méditation ; son bâton, à ses côtés, représente l'errance. Le sphinx, hybride (mi-humain, mi-animal) et androgyne (mi-homme, mi-femme), a un caractère divin marqué par le diadème qui orne sa tête.

La sérénité de la scène contraste avec l'image mythique du monstre dévorant de jeunes gens.

## 2 • La peinture symboliste : Œdipe, l'artiste

À partir des **années 1870**, les artistes symbolistes, contemporains du **poète Mallarmé**, cherchent à rompre avec le naturalisme en privilégiant le rêve, l'idéal et les sujets allégoriques. Ils renouent donc avec les mythes antiques et bibliques.

**Gustave Moreau** (1826-1898) a peint une série de toiles consacrées au héros grec : la première 2, exposée avec succès au Salon de 1864, s'inspirant de **Jean Auguste Dominique Ingres** → ANALYSE D'IMAGES, marque un tournant dans la carrière du peintre, qui accorde de plus en plus d'importance aux figures féminines.

Cette confrontation d'Œdipe et du sphinx diffère nettement de celle de la kylix : Œdipe est nu, imberbe et sans chapeau. Debout, à droite de la composition, il domine le sphinx de son regard. Le visage et le buste du monstre soulignent sa féminité. Au premier plan, des membres épars rappellent son caractère féroce. La colonne située à droite est surmontée d'une **urne**, **symbole ambigu** de mort et de fécondité.

Ce face à face est un corps à corps amoureux où la sphinge évoquerait la **femme baudelairienne**, fascinante mais inquiétante. Les grandes ailes bleues symbolisent l'envol de l'inspiration.

**LEXIQUE**

**Allégorique** Qui relève de l'allégorie, représentation des idées sous les traits d'un être animé.

**Aplat** Teinte appliquée de façon uniforme.

**Ionique** Au VIe siècle avant J.-C., l'ordre ionique se caractérise par des colonnes dont le chapiteau est décoré de deux ornements latéraux en spirale et dont le fût est cannelé.

**Kylix** Coupe à vin en céramique, très évasée, possédant un pied et des anses, décorée à l'extérieur et à l'intérieur.

**Opéra oratorio** Spectacle mêlant l'art lyrique et l'art dramatique.

2 Gustave Moreau (1826-1898), *Œdipe et le Sphinx* (1864), huile sur toile, 206 x 105 cm (New-York, The Metropolitan Museum of Art).

## 3 • Opéra et cinéma : Œdipe, le maudit

### Œdipe et l'opéra

*Œdipe roi* de **Sophocle** a été transposé en **opéra oratorio** par **Igor Stravinski** et **Jean Cocteau** en 1927, après d'autres adaptations musicales, au XIXe siècle, comme celle de **Félix Mendelssohn** (*Œdipe à Colone*, 1845).

### Œdipe et le cinéma

Le cinéma a rarement repris ce mythe. Dans les années 1960, **Pier Paolo Pasolini** (1922-1975), romancier, poète et cinéaste, s'intéresse à la richesse symbolique du mythe dans *Œdipe roi* (1967), qui refaçonne l'histoire dans une **libre transposition autobiographique**.

Tourné dans le désert marocain, *Œdipe roi* mêle des références variées (japonaises, africaines, roumaines…) soulignant la **dimension universelle du mythe**. Le prologue, situé dans l'Italie des années 1920, évoque l'enfance du cinéaste auprès de son père, militaire fasciste, et de sa mère à laquelle il est très attaché, éléments qui font écho à l'enfance d'Œdipe, prince qui épousera sa mère. Le cœur du film transpose fidèlement la tragédie de Sophocle, mais l'épilogue nous ramène dans les années 1960. Œdipe, double du cinéaste engagé dans le marxisme, est devenu aveugle et partage la misère des ouvriers. L'ancien roi a perdu son pouvoir et découvre l'humilité du martyr.

Le photogramme 3 montre au premier plan le visage dévasté de l'ancien héros qui erre dans la cité ; ses mains tendues font de lui un mendiant ; il tourne le dos au palais, symbole de sa gloire révolue.

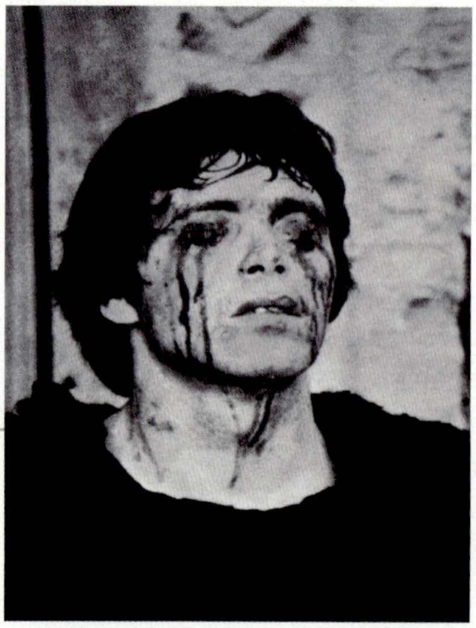

3 Photogramme d'*Œdipe roi*, film de Pier Paolo Pasolini (1967), avec Franco Citti.

**QUESTIONS**

**1.** Analysez la composition du tableau de Gustave Moreau 2, la répartition des lignes et des couleurs : que font-elles ressortir ?
→ p. 461 : L'IMAGE FIXE

**2.** Procurez-vous un enregistrement de l'opéra de Stravinski. Quel type de voix est réservé au personnage d'Œdipe ? à votre avis, pourquoi ?

# Exercices d'approfondissement

## Revoir

### 1 Le mythe de Prométhée

**1.** **Dans le texte A, Pouvoir et Héphaïstos portent-ils le même jugement sur Prométhée ? Justifiez.**
**2.** **Pourquoi Mary Shelley (texte B) a-t-elle rapproché Frankenstein de Prométhée ? Expliquez.**
**3.** **Quelles qualités et quels défauts communs retrouve-t-on chez Prométhée et chez Frankenstein ? Justifiez.**
**4.** **La dernière phrase de Frankenstein, à la fin du texte B, pourrait-elle être attribuée à Prométhée ? pourquoi ?**

#### Texte A

*Eschyle a écrit une trilogie sur Prométhée, qui signifie « le prévoyant ». Le second épisode du mythe présente le châtiment infligé à ce héros qui a aidé les hommes.*

*Entrent Pouvoir et Force conduisant Prométhée. Héphaïstos[1] suit en boitant. Il porte ses outils de forgeron.*

Pouvoir. – [...] Héphaïstos, à toi de songer aux ordres que t'a dictés ton père, et, sur ces rochers aux cimes abruptes, d'enchaîner ce bandit dans l'infrangible[2] entrave de liens de bon acier. Car de ton apanage[3], du feu brillant d'où naissent tous les arts, il a fait larcin[4] pour l'offrir aux mortels. Pareille faute doit se payer aux dieux. Qu'il apprenne donc à se résigner au règne de Zeus et à cesser ce rôle de bienfaiteur des hommes.

Héphaïstos. – Pouvoir et Force, la mission de Zeus pour vous est achevée : rien ne vous retient plus. Mais moi, le cœur me manque pour enchaîner de force un dieu, mon frère, à ce pic battu des tempêtes. Et, pourtant, il m'en faut trouver le courage : négliger l'ordre d'un père est faute lourdement punie. *(À Prométhée.)* Fils aux pensers hardis de la sage Thémis[5], c'est malgré moi autant que malgré toi que je te vais clouer à ce roc désolé dans des nœuds inextricables[6] d'acier. Là, tu ne connaîtras plus ni voix ni visage humains, mais, brûlé des feux du soleil, tu sentiras la fleur de ton teint se flétrir ; avec joie, toujours, tu verras la nuit dérober la lumière sous son manteau d'étoiles, le soleil à son tour fondre le givre de l'aurore, sans que la douleur d'un mal toujours présent jamais cesse de te ronger, car nul libérateur n'est encore né pour toi. Voilà ce que tu as gagné à jouer le bienfaiteur des hommes.

Eschyle, *Prométhée enchaîné*, prologue (extrait, vers 470 avant J.-C.), traduction du grec par P. Mazon, © Les Belles Lettres (1921 et 1925).

1. Dieu forgeron à qui Prométhée a volé le feu pour le donner aux hommes. 2. Indestructible. 3. Ton privilège. 4. Il a commis le vol. 5. Déesse de la loi. 6. Que l'on ne peut pas démêler.

#### Texte B

*La romancière Mary Shelley fait du savant Frankenstein un Prométhée romantique. Avant de mourir, il confie l'histoire de son invention fantastique à Walton, un explorateur qu'il a rencontré au pôle Nord.*

« Toutes mes spéculations[1] et tous mes espoirs se trouvent réduits à néant ; semblable à l'archange[2] avide de toute-puissance, je suis désormais enchaîné dans un enfer éternel. Mon imagination était vive, pourtant mon pouvoir d'analyse et mon application étaient intenses. L'union de ces qualités me permit d'élaborer et de concrétiser le projet de concevoir un homme. Aujourd'hui encore je ne me souviens qu'avec enthousiasme des rêves que je caressais alors que mon œuvre était encore incomplète. Je marchais sur des nuages, tantôt exultant[3] à l'idée de ma puissance, tantôt m'enflammant à la perspective de ses résultats. Dès ma prime enfance, j'avais nourri de nobles ambitions ; voyez, jusqu'où j'ai sombré ! Oh, mon ami, si vous m'aviez connu autrefois, vous ne me reconnaîtriez pas dans cet état de déchéance. Mon cœur ignorait le découragement ; une haute destinée me paraissait promise jusqu'au jour où je suis tombé pour ne jamais me relever. »

Mary Shelley, *Frankenstein ou le Prométhée moderne* (extrait, 1817), traduction de l'anglais par P. Couturiau, © Le Rocher (1988).

1. Mes réflexions. 2. Lucifer, archange chassé du Ciel pour avoir voulu rivaliser avec Dieu. 3. Éprouvant une grande joie.

## Approfondir

### 2 La guerre de Troie

**1.** **Quels éléments du discours d'Hector dans le texte A relèvent de l'épopée ? Expliquez.**
→ p. 437 : LES REGISTRES ÉPIQUE ET FANTASTIQUE
**2.** **Comparez la longueur des répliques des deux frères et les sentiments qu'ils y expriment.**
**3.** **Dans le texte B, le style des répliques de Pâris et d'Hector correspond-il vraiment au langage de la tragédie ? Expliquez.**

#### Texte A

*L'Iliade d'Homère est une épopée qui raconte la guerre de Troie, nommée aussi Ilion. Le chant III fait référence à l'événement qui déclencha le conflit entre les Grecs et les Troyens : l'enlèvement par le Troyen Pâris de la Grecque Hélène, épouse de Ménélas, roi de Sparte. Hector, le frère aîné de Pâris, exprime ses reproches.*

En le voyant, Hector se mit à l'accabler d'injures :
« Maudit Pâris ! bellâtre[1], suborneur[1], coureur de filles !
Que n'es-tu impuissant, ou mort sans avoir pris de femme !
Je le souhaiterais, et tu t'en trouverais bien mieux
Que d'être pour nous tous objet de honte et de mépris.
Vont-ils rire aux éclats, ces Achéens[2] aux longs cheveux,
Qui croyaient voir un champion hors pair, à en juger
Par sa beauté, alors qu'il n'a ni force ni bravoure !
C'est donc toi, ainsi fait, qui, chargeant sur tes nefs[3] marines
De braves compagnons, courus le large pour frayer[4]
Avec des inconnus et ramener du bout du monde
Une si belle épouse apparentée à des héros[5],
Au grand dam[6] de ton père et de ta ville et de ton peuple,
Comblant nos ennemis de joie et te couvrant de honte !
Qu'attends-tu pour frapper ce Ménélas chéri d'Arès[7] ?
Tu saurais de quel homme tu détiens la tendre épouse !
À quoi te serviront cithare[8] et présents d'Aphrodite[9],
Tes cheveux, ta beauté, quand tu seras dans la poussière ?
Les Troyens sont trop mous, sans quoi ils t'auraient déjà mis
L'habit de pierre, pour le mal que tu leur as causé ! »

HOMÈRE, *Iliade*, chant III (extrait, VIII^e siècle avant J.-C.), traduction du grec par F. Mugler, © Actes Sud (1995).

1. Séducteur. 2. Grecs. 3. Navires. 4. Fréquenter. 5. Hélène est la fille de Zeus et de Léda, sœur de Castor et Pollux, et de Clytemnestre. 6. Préjudice. 7. Dieu de la guerre. 8. Instrument à cordes. 9. Déesse de l'amour et de la beauté.

### Texte B

*Le titre ironique de la pièce de Jean Giraudoux souligne la croyance illusoire d'Hector, qui pense encore pouvoir éviter la guerre. Le dialogue de Pâris et Hector a lieu en présence de Cassandre, fille du roi de Troie Priam, une prophétesse qui a perdu tout pouvoir de persuasion.*

PÂRIS. – Tu penses que je vais ramener Hélène à Ménélas ?

HECTOR. – Nous ne t'en demandons pas tant, ni lui... L'envoyé grec s'en charge... Il la repiquera lui-même dans la mer, comme le piqueur de plantes d'eau, à l'endroit désigné. Tu la lui remettras dès ce soir.

PÂRIS. – Je ne sais pas si tu te rends très bien compte de la monstruosité que tu commets, en supposant qu'un homme a devant lui une nuit avec Hélène, et accepte d'y renoncer.

CASSANDRE. – Il te reste un après-midi avec Hélène. Cela fait plus grec.

HECTOR. – N'insiste pas. Nous te connaissons. Ce n'est pas la première séparation que tu acceptes.

PÂRIS. – Mon cher Hector, c'est vrai. Jusqu'ici, j'ai toujours accepté d'assez bon cœur les séparations. La séparation d'avec une femme, fût-ce la plus aimée, comporte un agrément[1] que je sais goûter mieux que personne. La première promenade solitaire dans les rues de la ville au sortir de la dernière étreinte, la vue du premier petit visage de couturière, tout indifférent et tout frais, après le départ de l'amante adorée au nez rougi par les pleurs, le son du premier rire de blanchisseuse ou de fruitière, après les adieux enroués par le désespoir, constituent une jouissance à laquelle je sacrifie bien volontiers les autres... Un seul être vous manque, et tout est repeuplé[2]... Toutes les femmes sont créées à nouveau pour vous, toutes sont à vous, et cela dans la liberté, la dignité, la paix de votre conscience... Oui, tu as bien raison, l'amour comporte des moments vraiment exaltants, ce sont les ruptures... Aussi ne me séparerai-je jamais d'Hélène, car avec elle j'ai l'impression d'avoir rompu avec toutes les autres femmes, et j'ai mille libertés et mille noblesses au lieu d'une.

HECTOR. – Parce qu'elle ne t'aime pas. Tout ce que tu dis le prouve.

PÂRIS. – Si tu veux. Mais je préfère à toutes les passions cette façon dont Hélène ne m'aime pas.

Jean GIRAUDOUX, *La guerre de Troie n'aura pas lieu*, acte I, scène 4 (extrait, 1935), © Grasset.

1. Plaisir. 2. Parodie d'un vers de Lamartine : *Un seul être vous manque et tout est dépeuplé.*

# Écrire

## 3 Le commentaire comparé

**Comparez les relations d'Hector et de Pâris dans un commentaire qui portera sur les textes A et B de l'exercice 2 en suivant les étapes ci-dessous :**
**– analysez les textes A et B ;**
**– élaborez un plan mettant en évidence les points communs entre les deux textes et l'originalité de chacun ;**
**– rédigez un paragraphe de ce commentaire comparé.**

→ p. 507 : CONSTRUIRE UN PLAN DÉTAILLÉ DE COMMENTAIRE
→ p. 498 : RÉDIGER UN COMMENTAIRE LITTÉRAIRE

SÉQUENCE 16

# Figures de monstres en littérature

Les monstres sont des créatures qui sortent du cadre de la normalité. Leur étrangeté suscite l'intérêt en offrant de multiples symboles que l'art et la littérature revisitent en permanence. Êtres démoniaques ou malheureuses victimes d'une nature injuste, ils sont au cœur d'œuvres qui nourrissent notre réflexion sur l'homme.

**OBJECTIF**

**Étudier l'évolution, au fil des réécritures, des caractéristiques et de la signification de la figure du monstre.**

## SOMMAIRE

DVD-ROM Ressources complémentaires


**Texte 1** La Bible, *Ancien Testament*, « Livre de Job » (IIe siècle avant J.-C.) 346

**D'UN Texte À L'AUTRE** J. Verne, *Vingt mille lieues sous les mers* (1870) 348

**Texte 2** T. Gautier, *La Morte amoureuse* (1836) 350

**D'UN Texte À L'AUTRE** B. Stoker, *Dracula* (1897) 351

**Texte 3** F. Kafka, *La Métamorphose* (1915) 353

**D'UN Texte À L'AUTRE** E. Ionesco, *Rhinocéros* (1957) 355

**ÉTUDE D'ŒUVRE INTÉGRALE** E. Ionesco, *Rhinocéros*, de la nouvelle à la pièce (1957-1959) 357

**Analyse d'Image** T. Burton, *Edward aux mains d'argent* (1990) 358

- **SYNTHÈSE** Réécrire : l'exemple de la figure du monstre 359
- **Histoire des arts** La monstruosité dans les arts visuels 360
- **Exercices d'approfondissement** 362


| Notions et activités | Liens avec la partie II |
| --- | --- |
| Le monstre, un être fantastique | → p. 437 : LES REGISTRES ÉPIQUE ET FANTASTIQUE |
| La description du monstre | → p. 393 : LE TEXTE DESCRIPTIF |
| Regards sur le monstre | → p. 432 : LE NARRATEUR ET LA FOCALISATION |

| | Liens avec la partie III |
| --- | --- |
| Réécrire en changeant de point de vue | → p. 538 : INVENTER ET TRANSPOSER |
| Rédiger un portrait | → p. 541 : INVENTER ET IMAGINER |
| Disserter sur la littérature fantastique | → p. 532 : RÉDIGER L'ENSEMBLE D'UNE DISSERTATION |
| Élaborer une lecture analytique | → p. 553 : PRÉPARER L'EXPOSÉ ORAL |

Représentation du Léviathan sous la forme d'un crocodile incarnant Satan, tenant dans sa gueule un lièvre représentant l'être humain (1163-1166), mosaïque de Pantaleone, prêtre et artiste (Italie, nef centrale de la cathédrale d'Otrante).

# Texte 1 La Bible, *Ancien Testament* « Livre de Job » (IIe siècle avant J.-C.)

*Job est un personnage de l'*Ancien Testament *qui représente l'homme sage et vertueux confronté aux pires souffrances. Il s'indigne de tant d'injustices, mais ne maudit jamais Dieu. Ce dernier lui explique, à la fin de ses malheurs, qu'il l'a confronté au Mal pour mettre sa foi à l'épreuve et réaffirmer sa toute-puissance. Dans son discours, le Léviathan, sorte de serpent aquatique effrayant, symbolise ces pouvoirs : seul Dieu peut vaincre cette créature de Satan, comme le confirme le dernier livre de la Bible, « l'Apocalypse », où figure également ce monstre mythique.*

Je ne veux pas taire ses membres,
le détail de ses exploits, la beauté de ses membres.
Qui a découvert par devant sa tunique,
pénétré dans sa double cuirasse ?
Qui a ouvert les battants de sa gueule ?
La terreur règne autour de ses dents !
Son dos, ce sont des rangées de boucliers,
que ferme un sceau[1] de pierre.
Ils se touchent de si près
qu'un souffle ne peut s'y infiltrer.
Ils adhèrent l'un à l'autre
et font un bloc sans fissure.
Son éternuement projette de la lumière,
ses yeux ressemblent aux paupières de l'aurore.
De sa gueule jaillissent des torches,
il s'en échappe des étincelles de feu.
De ses naseaux sort une fumée,
comme un chaudron qui bout sur le feu.
Son souffle allumerait des charbons,
une flamme sort de sa gueule.

1. Une solide attache.

Sur son cou est campée la force,
et devant lui bondit l'épouvante.
Quand il se dresse, les flots prennent peur
et les vagues de la mer se retirent.
Les fanons[2] de sa chair sont soudés ensemble :
ils adhèrent à elle, inébranlables.
Son cœur est dur comme le roc,
résistant comme la meule de dessous.
L'épée l'atteint sans se fixer,
de même lance, javeline[3] ou dard.
Pour lui, le fer n'est que paille,
et l'airain[4], du bois pourri.
Les traits de l'arc ne le font pas fuir :
les pierres de fronde se changent en fétu.
La massue lui semble un fétu,
il se rit du javelot qui vibre.
Il a sous lui des tessons aigus,
comme une herse[5] il passe sur la vase[6].
Il fait bouillonner le gouffre comme une chaudière,
il change la mer en brûle-parfums.
Il laisse derrière lui un sillage lumineux,
l'abîme semble couvert d'une toison blanche.
Sur terre, il n'a point son pareil,
il a été fait intrépide.
Il regarde en face les plus hautains,
il est roi sur tous les fils de l'orgueil.

Chapitre 41 (extrait), traduction du grec
sous la direction de l'École biblique de Jérusalem, © Le Cerf (1998).

2. Replis de peau pendants.
3. Petit javelot.
4. Le bronze.
5. Instrument agricole hérissé de pointes.
6. Sédiments déposés au fond de l'eau.

## LECTURE ANALYTIQUE

### Première lecture

1. Sur quels champs lexicaux la description du monstre est-elle construite ? Quelles caractéristiques du monstre sont ainsi mises en évidence ?
2. Dans quels passages la description offre-t-elle une image moins négative du monstre ? Expliquez.

### Mise au point

3. Au vu de cette description, quel nom commun donneriez-vous à ce monstre ? Justifiez.

### Analyse

4. Quels registres dominent dans l'évocation du monstre ? Appuyez-vous sur les figures de rhétorique des lignes 7 à 28.
→ p. 384 : LES FIGURES DE RHÉTORIQUE
5. Quels indices révèlent l'ironie de Dieu, au début de son discours ?
6. Sur quelle stratégie argumentative l'intervention de Dieu repose-t-elle ?
→ p. 416 : CONVAINCRE, DÉLIBÉRER OU PERSUADER
7. Quelle image du Léviathan ressort des vers 43 à 46 ? Que symbolise-t-il ?

### Question de synthèse

8. Quelles impressions cette description du monstre cherche-t-elle à susciter ?

### Pour aller plus loin

9. **Recherche.** Recherchez d'autres œuvres où apparaît le Léviathan. Précisez l'image qu'en donnent les auteurs ; correspond-elle au modèle biblique ?
10. **Écriture d'invention.** Réécrivez cet extrait du chapitre 41 du « Livre de Job » en faisant du Léviathan une créature faible et insignifiante.
→ p. 538 : INVENTER ET TRANSPOSER

D'UN *Texte* À L'AUTRE **1**

Biographie p. 569

# Jules VERNE
## *Vingt mille lieues sous les mers* (1870)

*L'intrigue de* Vingt mille lieues sous les mers *commence en 1866 : plusieurs navires croisent en mer une chose énorme et phosphorescente qui rappelle la baleine, mais qu'aucun scientifique ne sait identifier. Une vive polémique débute lorsque des disparitions de bateaux sont imputées au monstre. Le narrateur, M. Aronnax, professeur au Muséum d'histoire naturelle de Paris, rejoint alors le commandant Farragut à bord de la frégate* Abraham Lincoln, *qui quitte New York pour le Pacifique à la recherche de cette créature mystérieuse. Dans le chapitre VI, les marins ne savent pas encore qu'ils vont en fait découvrir un sous-marin, le* Nautilus.

Les matelots se précipitèrent à la barre, les ingénieurs à leur machine. La vapeur fut immédiatement renversée, et l'*Abraham Lincoln*, abattant sur bâbord[1], décrivit un demi-cercle.

« La barre droite ! Machine en avant ! » cria le commandant Farragut.

Ces ordres furent exécutés, et la frégate[2] s'éloigna rapidement du foyer lumineux.

Je me trompe. Elle voulut s'éloigner, mais le surnaturel animal se rapprocha avec une vitesse double de la sienne.

Nous étions haletants. La stupéfaction, bien plus que la crainte, nous tenait muets et immobiles. L'animal nous gagnait en se jouant[3]. Il fit le tour de la frégate qui filait alors quatorze nœuds[4], et l'enveloppa de ses nappes électriques comme d'une poussière lumineuse. Puis il s'éloigna de deux ou trois milles[5], laissant une traînée phosphorescente comparable aux tourbillons de vapeur que jette en arrière la locomotive d'un express. Tout d'un coup, des obscures limites de l'horizon, où il alla prendre son élan, le monstre fonça subitement vers l'*Abraham Lincoln* avec une effrayante rapidité, s'arrêta brusquement à vingt pieds[6] de ses préceintes[7], s'éteignit – non pas en s'abîmant sous les eaux, puisque son éclat ne subit aucune

1. S'écartant du vent sur la gauche.
2. Bateau de guerre.
3. Se rapprochait avec facilité.
4. Unité de vitesse équivalant à 0,5 mètre par seconde.
5. Unité de mesure de distance maritime équivalant à 1 852 mètres.
6. Environ 6 mètres (un pied équivaut à environ 32 centimètres).
7. Protections renforçant la résistance de la coque du navire.

dégradation, – mais soudainement et comme si la source de son brillant effluve[8] se fût subitement tarie[9] ! Puis, il reparut de l'autre côté du navire, soit qu'il l'eût tourné, soit qu'il eût glissé sous sa coque. À chaque instant, une collision pouvait se produire, qui nous eût été fatale.

Cependant, je m'étonnais des manœuvres de ma frégate. Elle fuyait et n'attaquait pas. Elle était poursuivie, elle qui devait poursuivre, et j'en fis l'observation au commandant Farragut. Sa figure, d'ordinaire si impassible, était empreinte[10] d'un indéfinissable étonnement.

« Monsieur Aronnax, me répondit-il, je ne sais à quel être formidable j'ai affaire, et je ne veux pas risquer imprudemment ma frégate au milieu de cette obscurité. D'ailleurs, comment attaquer l'inconnu, comment s'en défendre ? Attendons le jour et les rôles changeront.

– Vous n'avez plus de doute, commandant, sur la nature de l'animal ?

– Non, Monsieur, c'est évidemment un narval[11] gigantesque, mais aussi un narval électrique.

– Peut-être, ajoutai-je, ne peut-on pas plus l'approcher qu'un gymnote[12] ou une torpille[13] !

– En effet, répondit le commandant, et s'il possède en lui une puissance foudroyante, c'est à coup sûr le plus terrible animal qui soit jamais sorti de la main du Créateur. C'est pourquoi, monsieur, je me tiendrai sur mes gardes. »

Tout l'équipage resta sur pied pendant la nuit. Personne ne songea à dormir. L'*Abraham Lincoln*, ne pouvant lutter de vitesse, avait modéré sa marche et se tenait sous petite vapeur. De son côté, le narval, imitant la frégate, se laissait bercer au gré des lames, et semblait décidé à ne point abandonner le théâtre de la lutte.

Vers minuit, cependant, il disparut, ou, pour employer une expression plus juste, il « s'éteignit » comme un gros ver luisant. Avait-il fui ? il fallait le craindre, non pas l'espérer.

Première partie, chapitre VI : « À toute vapeur » (extrait).

8. Cette émanation.
9. Asséchée, arrêtée.
10. Marquée.
11. Long cétacé portant une défense sur le front.
12. Petit poisson électrique.
13. Raie électrique.

## QUESTIONS

1. Quel est le point de vue adopté, et que permet-il d'exprimer ? Quel effet cette focalisation a-t-elle sur le lecteur ?
→ p. 432 : LE NARRATEUR ET LA FOCALISATION
2. Quel titre pourrait résumer ce passage du roman ? Justifiez.
3. Relevez les repères temporels : sur quelle caractéristique de l'action mettent-ils l'accent ?
→ p. 425 : LE TEMPS ET L'ESPACE DANS UN RÉCIT
4. Quels champs lexicaux décrivent avec réalisme l'univers marin ?
5. Quelle est la fonction du dialogue ? Quelles hypothèses sont échangées au sujet du prétendu monstre ?
→ p. 434 : LE PERSONNAGE
6. Dans quelle mesure le romancier joue-t-il ici avec le registre fantastique ? Aidez-vous des informations données dans le chapeau.
→ p. 437 : LES REGISTRES ÉPIQUE ET FANTASTIQUE
7. À quoi le lecteur s'attend-il à ce moment du récit ? Pourquoi ?
8. **Iconographie.** Quelle image l'illustration reproduite ci-contre donne-t-elle de l'intrigue du roman de Jules Verne ? Justifiez.

## Vis-à-vis : La Bible et Jules Verne

9. Dans les deux textes, la description du monstre est-elle intégrée de la même façon au récit ?
10. La confrontation de l'homme et du monstre revêt-elle la même importance ? Expliquez.

**Ci-contre :** Édouard Riou (1833-1900), frontispice de *Vingt mille lieues sous les mers* de Jules Verne, éditions Hetzel (1865).

# Texte 2

Biographie p. 563

# Théophile Gautier

## *La Morte amoureuse* (1836)

La Morte amoureuse *est l'une des premières histoires de vampire de la littérature française. Dans cette nouvelle, le narrateur, Romuald, alors âgé, raconte une étrange histoire qui lui est arrivée lorsqu'il n'était qu'un jeune curé. Séduit par une femme mystérieuse, Clarimonde, il est amené à vivre deux existences : celle d'un jeune religieux, et celle d'un noble vénitien.*

Edvard Munch (1863-1944), *Vampire* (1893-1894), huile sur toile, 91 x 109 cm (Oslo, musée Munch).

**Page 351 :** Simon Marsden (né en 1948), château de Bran, Transylvanie, Roumanie.

Depuis quelque temps la santé de Clarimonde n'était pas aussi bonne ; son teint s'amortissait[1] de jour en jour. Les médecins qu'on fit venir n'entendaient rien à sa maladie, et ils ne savaient qu'y faire. Ils prescrivirent quelques remèdes insignifiants et ne revinrent plus. Cependant elle pâlissait à vue d'œil et devenait de plus en plus froide. Elle était presque aussi blanche et aussi morte que la fameuse nuit dans le château inconnu. Je me désolais de la voir ainsi lentement dépérir. Elle, touchée de ma douleur, me souriait doucement et tristement avec le sourire fatal des gens qui savent qu'ils vont mourir.

Un matin, j'étais assis auprès de son lit, et je déjeunais sur une petite table pour ne la pas quitter d'une minute. En coupant un fruit, je me fis par hasard au doigt une entaille assez profonde. Le sang partit aussitôt en filets pourpres, et quelques gouttes rejaillirent sur Clarimonde. Ses yeux s'éclairèrent, sa physionomie prit une expression de joie féroce et sauvage que je ne lui avais jamais vue. Elle sauta à bas du lit avec une agilité animale, une agilité de singe ou de chat, et se précipita sur ma blessure qu'elle se mit à sucer avec un air d'indicible volupté[2]. Elle avalait le sang par petites gorgées, lentement et précieusement, comme un gourmet qui savoure un vin de Xérès ou de Syracuse[3] ; elle clignait les yeux à demi, et la pupille de ses prunelles vertes était devenue oblongue[4] au lieu de ronde. De temps à autre elle s'interrompait pour me baiser la main, puis elle recommençait à presser de ses lèvres les lèvres de la plaie pour en faire sortir encore quelques gouttes rouges. Quand elle vit que le sang ne venait plus, elle se releva l'œil humide et brillant, plus rose qu'une aurore de mai, la figure pleine, la main tiède et moite, enfin plus belle que jamais et dans un état parfait de santé.

« Je ne mourrai pas ! je ne mourrai pas ! dit-elle à moitié folle de joie et en se pendant à mon cou ; je pourrai t'aimer encore longtemps. Ma vie est dans la tienne, et tout ce qui est moi vient de toi. Quelques gouttes de ton riche et noble sang, plus précieux et plus efficace que tous les élixirs[5] du monde, m'ont rendu l'existence. »

Cette scène me préoccupa longtemps et m'inspira d'étranges doutes à l'endroit de Clarimonde, et le soir même, lorsque le sommeil m'eut ramené à mon presbytère[6], je vis l'abbé Sérapion plus grave et plus soucieux que jamais. Il me regarda attentivement et me dit : « Non content de perdre votre âme, vous voulez aussi perdre votre corps. Infortuné jeune homme, dans quel piège êtes-vous tombé ! » Le ton dont il me dit ce peu de mots me frappa vivement ; mais, malgré sa vivacité, cette impression fut bientôt dissipée, et mille autres soins[7] l'effacèrent de mon esprit.

Extrait.

1. Pâlissait.
2. Plaisir indescriptible.
3. Vins fins et précieux d'Espagne et de Sicile.
4. De forme ovale, allongée.
5. Boissons aux vertus magiques.
6. Demeure réservée à un prêtre.
7. Soucis.

**LECTURE ANALYTIQUE**

### Première lecture

**1.** Quelle image double le narrateur donne-t-il de Clarimonde ? Quelle figure de rhétorique permet de le comprendre dans le deuxième paragraphe ?
→ p. 384 : LES FIGURES DE RHÉTORIQUE

**2.** Comment l'auteur introduit-il le registre fantastique dès le début du texte ?
→ p. 437 : LES REGISTRES ÉPIQUE ET FANTASTIQUE

### Mise au point

**3.** Dans quelle phrase de Clarimonde sa vraie nature apparaît-elle ? Commentez sa formulation.

### Analyse

**4.** Quel est le statut du narrateur dans ce texte ? De quelles informations dispose-t-il ? Expliquez.
→ p. 432 : LE NARRATEUR ET LA FOCALISATION

**5.** Relevez trois champs lexicaux importants dans les deuxième et troisième paragraphes. Quels sont leurs liens avec le personnage de Clarimonde ? Expliquez.

**6.** Quelle position le lecteur occupe-t-il par rapport au narrateur ? Lequel des deux comprend le mieux la vraie nature de Clarimonde ?

### Question de synthèse

**7.** Quelle image du vampire Théophile Gautier propose-t-il ici ? Expliquez.

### Pour aller plus loin

**8. Recherche**

**a.** Quels sont les autres romanciers, hormis T. Gautier et B. Stoker, à avoir mis en scène un personnage de vampire ? Établissez une liste précise d'auteurs et de titres de récits, en vous aidant d'ouvrages du CDI ou d'Internet.

**b.** Comment expliquez-vous l'intérêt renouvelé pour un tel sujet ? Citez des titres de films récents.

**9. Écriture d'invention.** À partir des caractéristiques exposées dans ce texte, imaginez le comportement et les modes d'apparition d'un vampire moderne.
→ p. 541 : INVENTER ET IMAGINER

D'UN *Texte* À L'AUTRE **2**

Biographie p. 568

## Bram Stoker
# *Dracula* (1897)

*Inspiré de l'existence d'un personnage réel, le tyran roumain Vlad Tepes, Dracula est un des romans majeurs ayant contribué au développement du mythe du vampire. Bram Stoker fait de Dracula un personnage double, un mort vivant à la fois dangereux et fragile. Jonathan Harker, un jeune Anglais parti en voyage d'affaires en Europe centrale, dans le massif des Carpates, raconte dans son journal son arrivée au château du comte Dracula.*

C'était la première fois que je pouvais l'observer tout à loisir et je dois reconnaître que sa physionomie[1] ne pouvait laisser indifférent.

Son visage donnait une impression de force, avec son nez fin mais aquilin[2], des narines particulièrement larges, un front haut et bombé, des cheveux qui se clairsemaient[3] aux tempes, mais, ailleurs, épais et abondants. Les sourcils, massifs, se

1. L'expression de son visage.
2. Recourbé, en forme de bec d'aigle.
3. Se raréfiaient.

rejoignaient presque à l'arête du nez et paraissaient boucler tant ils étaient denses. La bouche, pour autant que je pusse l'entrevoir, sous l'épaisse moustache, présentait quelque chose de cruel, sans doute en raison des dents éclatantes et particulièrement pointues. Elles avançaient au-dessus des lèvres elles-mêmes dont le rouge vif soulignait une vitalité étonnante chez un homme de cet âge. Les oreilles étaient pâles et se terminaient en pointes. Le menton paraissait large et dur et les joues, malgré leur maigreur, donnaient toujours une impression d'énergie. L'impression générale était celle d'une extraordinaire pâleur.

J'avais déjà remarqué le revers de ses mains qu'il avait posées sur ses genoux et, dans la lueur des flammes, elles m'avaient paru longues et fines. Pourtant, à présent que je les voyais de près, je les découvrais grossières, larges, doigts épais. Étrange constatation, aussi, je remarquais des poils au milieu des paumes. Les ongles étaient longs et fins, presque trop pointus. Un moment donné, le comte se pencha vers moi et ses mains me frôlèrent. Je ne pus retenir un frisson. Peut-être devrais-je en imputer[4] la cause à son haleine fétide[5], mais une terrible nausée s'empara de moi, que je ne pus cacher. Le comte s'aperçut de mon dégoût, car il recula. Avec un sourire effrayant, qui découvrit davantage ses dents proéminentes[6], il retourna s'asseoir à côté de la cheminée. Pendant tout un temps, nous restâmes silencieux.

Regardant en direction de la fenêtre, je m'aperçus que l'aube pointait, timide. Un étrange silence semblait s'être abattu sur toute la région. Pourtant, en prêtant l'oreille, je perçus le hurlement des loups, très lointain, dans la vallée. Les yeux du comte se mirent à briller. Il me dit :

– Écoutez-les, les enfants de la nuit. Quelle musique ils font !

Sensible, je suppose, à l'expression de surprise qu'il lisait sur mon visage, il ajouta :

– Ah ! monsieur, vous autres qui vous enfermez dans les villes, vous ne pénétrerez jamais les sentiments du chasseur !

Chapitre II (extrait), traduction de l'anglais par J. Finné,


4. Attribuer.
5. Répugnante.
6. En avant.

**QUESTIONS**

1. Quels éléments du cadre spatio-temporel sont typiques du registre fantastique ? Relevez-les.
→ p. 425 : LE TEMPS ET L'ESPACE DANS UN RÉCIT
→ p. 437 : LES REGISTRES ÉPIQUE ET FANTASTIQUE
2. a. Sur quels éléments du portrait de Dracula l'auteur insiste-t-il ? pourquoi ?
b. Quelle figure de rhétorique permet d'insister sur l'aspect complexe du personnage ?
→ p. 384 : LES FIGURES DE RHÉTORIQUE
3. Quelles caractéristiques du personnage sont passées sous silence ? Quel détail descriptif laisse planer un certain suspense ? Expliquez.
4. Quelles expressions révèlent le recul du narrateur par rapport au personnage qu'il était alors ? Commentez le temps verbal et la connotation du lexique.
→ p. 375 : LA SYNTAXE ET LA VALEUR DES TEMPS
→ p. 381 : DÉNOTATION ET CONNOTATION

**Vis-à-vis : Théophile Gautier et Bram Stoker**

5. Quelles sont les caractéristiques communes aux vampires décrits dans ces deux textes ?
6. Quel point de vue est adopté dans les deux textes ? Dans quelle mesure accentue-t-il le fantastique ?

# Texte 3

Biographie p. 564

## Franz KAFKA
## *La Métamorphose* (1915)

La Métamorphose *est une célèbre nouvelle de Franz Kafka racontant comment Gregor Samsa, un voyageur de commerce, se réveille un matin transformé en insecte. Il s'agit ici de l'incipit de la nouvelle qui plonge le lecteur dans un univers aussi banal qu'étrange.*

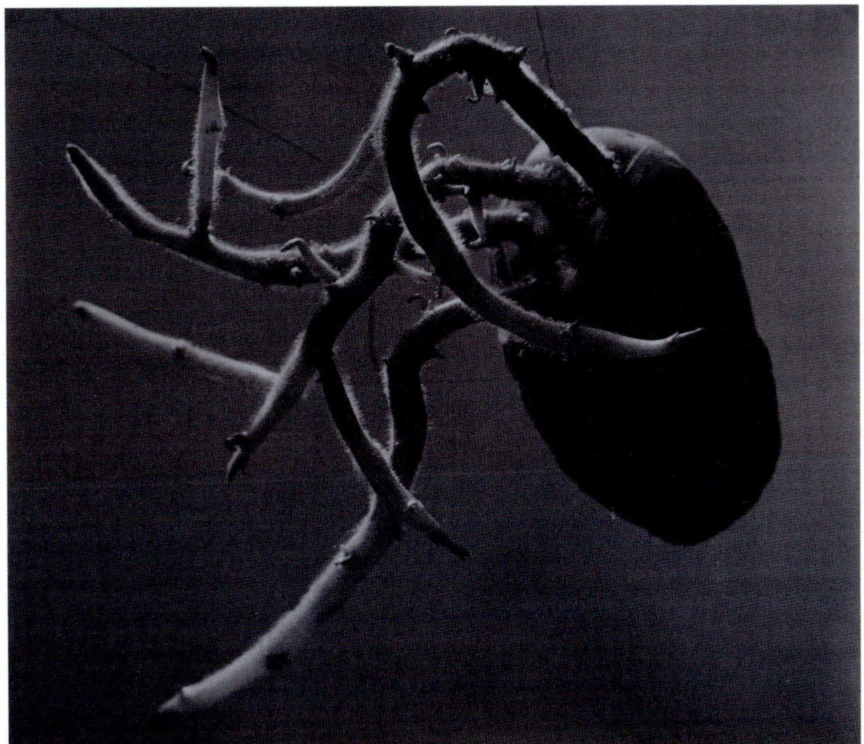

Halàsz GYULA dit BRASSAÏ (1899-1984),
*Magique circonstancielle, pomme de terre en germination* (XXe siècle),
épreuve argentique (Paris, musée national d'Art moderne – Centre Georges-Pompidou).

Lorsque Gregor Samsa s'éveilla un matin au sortir de rêves agités, il se retrouva dans son lit changé en un énorme cancrelat[1]. Il était couché sur son dos, dur comme une carapace et, lorsqu'il levait un peu la tête, il découvrait un ventre brun, bombé, partagé par des indurations[2] en forme d'arc, sur lequel la couverture avait de la peine à tenir et semblait à tout moment près de glisser. Ses nombreuses pattes pitoyablement minces quand on les comparait à l'ensemble de sa taille, papillotaient maladroitement devant ses yeux.

« Que m'est-il arrivé ? » pensa-t-il. Ce n'était pas un rêve. Sa chambre, une chambre humaine ordinaire, tout au plus un peu exiguë[3], était toujours là entre les quatre cloisons qu'il connaissait bien. Au-dessus de la table, sur laquelle était déballée une collection d'échantillons de lainages – Samsa était voyageur de commerce –, était accrochée la gravure qu'il avait récemment découpée dans une revue illustrée et qu'il avait installée dans un joli cadre doré. Elle représentait une

1. Blatte, cafard.
2. Durcissements anormaux de la peau.
3. Étroite, petite.

dame, assise tout droit sur une chaise, avec une toque de fourrure et un boa, qui tendait vers les gens un lourd manchon[4], dans lequel son avant-bras disparaissait tout entier.

Le regard de Gregor se dirigea alors vers la fenêtre et le temps maussade[5] – on entendait les gouttes de pluie frapper l'encadrement de métal – le rendit tout mélancolique. « Et si je continuais un peu à dormir et oubliais toutes ces bêtises », pensa-t-il, mais cela était tout à fait irréalisable, car il avait coutume de dormir sur le côté droit et il lui était impossible, dans son état actuel, de se mettre dans cette position. Il avait beau se jeter de toutes ses forces sur le côté droit, il rebondissait sans cesse sur le dos. Il essaya bien une centaine de fois, en fermant les yeux pour ne pas être obligé de voir s'agiter ses petites pattes et n'arrêta que quand il commença à éprouver sur le côté une vague douleur sourde, qu'il ne connaissait pas encore.

« Ah, mon Dieu », pensa-t-il, « quel métier exténuant j'ai donc choisi ! Jour après jour en voyage. Les ennuis professionnels sont bien plus grands que ceux qu'on aurait en restant au magasin et j'ai par-dessus le marché la corvée des voyages, le souci des changements de trains, la nourriture irrégulière et médiocre, des têtes toujours nouvelles, jamais de relations durables ni cordiales avec personne. Le diable emporte ce métier ! » Il sentit une légère démangeaison sur le haut du ventre, se glissa lentement sur le dos pour se rapprocher du montant du lit, afin de pouvoir lever la tête plus commodément ; il trouva l'endroit de la démangeaison recouvert d'une masse de petits points blancs, dont il ignorait la nature ; il voulut tâter l'emplacement avec une de ses pattes, mais il la retira aussitôt, car le contact lui donnait des frissons.

Extrait, traduction de l'allemand par C. David,


4. Rouleau de fourrure pour protéger les mains du froid.

5. Médiocre.

**LECTURE ANALYTIQUE**

## Première lecture

**1. a.** Quel est le point de vue adopté ? Justifiez.
→ p. 432 : LE NARRATEUR ET LA FOCALISATION
**b.** Quel est l'intérêt de ce choix narratif ? Expliquez.

## Mise au point

**2.** Quels éléments caractéristiques du cancrelat retrouve-t-on dans le texte ? Quelle est la connotation de certains termes ?
→ p. 381 : DÉNOTATION ET CONNOTATION

## Analyse

**3.** Quel type de phrase retranscrit la première réaction du personnage ? Pour quelle raison ce type de phrase n'apparaît-il plus dans la suite de l'extrait ?

**4.** Sur quels aspects physiques de la transformation le narrateur insiste-t-il ? pourquoi ?

**5.** Quels sont les autres sentiments évoqués ? Dans quelle mesure les réactions du personnage peuvent-elles sembler déroutantes ?

**6.** Quels sont les deux registres qui dominent dans ce texte ? Pourquoi l'auteur les mêle-t-il ainsi ?
→ p. 450 : LES REGISTRES COMIQUE ET TRAGIQUE
→ p. 437 : LES REGISTRES ÉPIQUE ET FANTASTIQUE

## Question de synthèse

**7.** Dans quelle mesure peut-on dire que ce passage est surréaliste ? Après avoir vérifié le sens de cet adjectif, précisez ce qui surprend, voire déconcerte le lecteur.

## Pour aller plus loin

**8. Recherche.** Dans un dictionnaire des œuvres, consultez le résumé du *Procès*, du *Château* et d'*Amérique*, romans de Kafka. Quelle est la caractéristique du personnage principal de chacun de ces récits ? Qu'ont-ils de commun avec Gregor Samsa ?

**9. Entraînement à la dissertation.** Rédigez trois paragraphes argumentatifs dans lesquels vous justifierez, en vous appuyant sur trois idées différentes, l'intérêt des spectateurs pour les récits et les films terrifiants.
→ p. 532 : RÉDIGER L'ENSEMBLE D'UNE DISSERTATION

D'UN *Texte* À L'AUTRE 3

Biographie p. 564

# Eugène Ionesco
## *Rhinocéros* (1957)

*En 1957, Ionesco rédige une nouvelle qui inspirera la pièce* Rhinocéros *mise en scène deux ans plus tard. L'incipit met en place un univers quotidien brutalement perturbé par l'apparition surprenante d'un rhinocéros. Au cours du récit, tous les personnages se transforment peu à peu en rhinocéros. À la fin de la nouvelle, le narrateur et sa fiancée Daisy se demandent s'ils doivent ou non les imiter.*

Elle se leva, en larmes, entoura mon cou de ses bras parfumés :

– Je résisterai, avec toi, jusqu'au bout.

Elle ne put tenir parole. Elle devint toute triste, dépérissait à vue d'œil. Un matin, en me réveillant, je vis sa place vide dans le lit. Elle m'avait quitté sans me laisser un mot.

La situation devint pour moi littéralement intenable. C'était ma faute si Daisy était partie. Qui sait ce qu'elle était devenue ? Encore quelqu'un sur la conscience. Il n'y avait personne à pouvoir m'aider à la retrouver. J'imaginai le pire, me sentis responsable.

Et de partout leurs barrissements[1], leurs courses éperdues, les nuages de poussière. J'avais beau m'enfermer chez moi, me mettre du coton dans les oreilles : je les voyais, la nuit, en rêve.

« Il n'y a pas d'autre solution que de les convaincre. » Mais de quoi ? Les mutations[2] étaient-elles réversibles[3] ? Et pour les convaincre il fallait leur parler. Pour qu'ils réapprennent ma langue (que je commençais d'ailleurs à oublier) il fallait d'abord que j'apprisse la leur. Je ne distinguais pas un barrissement d'un autre, un rhinocéros d'un autre rhinocéros.

Un jour, en me regardant dans la glace, je me trouvai laid avec ma longue figure : il m'eût fallu une corne, sinon deux, pour rehausser mes traits tombants.

Et si, comme me l'avait dit Daisy, c'était eux qui avaient raison ? J'étais en retard, j'avais

Stanislao Lepri (1904-1982), *Autoportrait au bilboquet* (1976), huile sur toile, 116 x 81 cm (collection privée).

1. Cris d'éléphants ou de rhinocéros.
2. Transformations.
3. Susceptibles de s'inverser.

perdu pied, c'était évident.

Je découvris que leurs barrissements avaient tout de même un certain charme, un peu âpre certes. J'aurais dû m'en apercevoir quand il était temps. J'essayai de barrir : que c'était faible, comme cela manquait de vigueur ! Quand je faisais un effort plus grand, je ne parvenais qu'à hurler. Les hurlements ne sont pas des barrissements.

Il est évident qu'il ne faut pas se mettre toujours à la remorque des événements et qu'il est bien de conserver son originalité. Il faut aussi cependant faire la part des choses ; se différencier, oui, mais... rester parmi ses semblables. Je ne ressemblais plus à personne ni à rien, sauf à de vieilles photos démodées qui n'avaient plus de rapport avec les vivants.

Tous les matins je regardais mes mains dans l'espoir que les paumes se seraient durcies pendant mon sommeil. La peau demeurait flasque. Je contemplais mon corps trop blanc, mes jambes poilues : ah, avoir une peau dure et cette magnifique couleur d'un vert sombre, une nudité décente, comme eux, sans poils !

J'avais une conscience de plus en plus mauvaise, malheureuse. Je me sentais un monstre. Hélas ! jamais je ne deviendrais rhinocéros : je ne pouvais plus changer.

Je n'osai plus me regarder. J'avais honte. Et pourtant, je ne pouvais pas, non, je ne pouvais pas.



**QUESTIONS**

**1.** Quel verbe employé au début du texte montre que les personnages ne veulent pas subir la même transformation que les autres ? Y parviendront-ils ?

**2. a.** Pourquoi le narrateur personnage désire-t-il finalement ressembler à un rhinocéros ? Sur quelles différences physiques insiste-t-il ?

**b.** Quels types de phrase permettent de souligner son désarroi ? Son attitude est-elle constante tout au long de l'extrait ? Expliquez.

**3.** Étudiez le champ lexical de la monstruosité dans ce texte. À qui s'applique-t-il ? Dans quelle mesure est-ce original ?

**4. a.** Commentez les dernières phrases du texte. Sur quel paradoxe reposent-elles ?

**b.** Que révèlent-elles de l'état d'esprit du narrateur à la fin de cette nouvelle ?

## Vis-à-vis : Kafka et Ionesco

**5.** Comparez les deux façons de montrer l'altérité dans ces deux textes.

**6.** Quelle place la vie quotidienne occupe-t-elle dans ces textes ? Dans quelle mesure donne-t-elle une dimension inquiétante à la figure du monstre ?

**OBJECTIF**

Analyser l'adaptation d'une nouvelle en pièce de théâtre.

# Eugène IONESCO, *Rhinocéros* : de la nouvelle à la pièce (1957-1959)

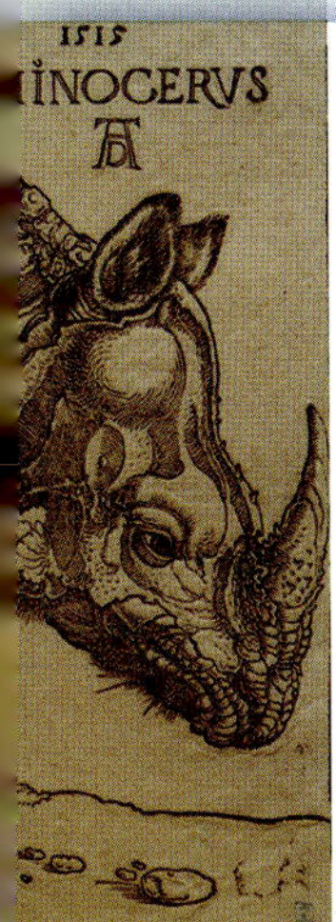

## Le contexte

La France est sortie traumatisée de la Seconde Guerre mondiale. S'ouvre alors une période difficile durant laquelle la plupart des pays européens doivent se reconstruire. Les peuples sont encore marqués par le souvenir des crimes nazis, par la découverte des camps de concentration et de la monstruosité dont l'homme a fait preuve.

## L'auteur

Né en Roumanie, Eugène Ionesco passe son enfance en France, avant de devenir professeur de français dans son pays d'origine. De retour en France, il se lance dans une carrière théâtrale avec des pièces marquées par le comique et l'absurde, comme *La Cantatrice chauve* (1950) ou *Les Chaises* (1952).

## L'œuvre

Représentée pour la première fois en 1959, *Rhinocéros* est l'adaptation d'une courte nouvelle publiée deux ans auparavant. La pièce est une allégorie du fanatisme idéologique et propose une situation absurde : les habitants d'une ville se transforment les uns après les autres en rhinocéros et le protagoniste, Bérenger, s'interroge sur sa place dans une société devenue inhumaine.

## Pistes d'analyse

**1. Une réécriture**

a. Quelles sont les principales différences entre ces deux versions de l'histoire ?

b. Quels sont les avantages de la forme théâtrale par rapport au récit ?

**2. Les personnages.** Bérenger et Daisy évoluent-ils de la même façon dans les deux œuvres ? Dans laquelle Bérenger a-t-il le plus l'étoffe d'un héros ?

**3. Le thème du monstre.** Pourquoi avoir choisi comme animal le rhinocéros ? Quelles connotations attribuez-vous à cet animal ? Dans quels épisodes sont-elles perceptibles ?

→ p. 381 : DÉNOTATION ET CONNOTATION

**4. Deux textes allégoriques.** À quels événements historiques ou quels régimes politiques les deux œuvres peuvent-elles faire penser ? Expliquez.

→ p. 384 : LES FIGURES DE RHÉTORIQUE

## Activités complémentaires

**1. Entraînement à l'oral.** Proposez une lecture analytique du passage étudié → D'UN TEXTE À L'AUTRE 3 à partir de la question suivante : *Qui est le véritable monstre dans cet extrait ? pourquoi ?*

→ p. 553 : PRÉPARER L'EXPOSÉ ORAL

**2. Entraînement à la dissertation.** *En littérature, dans quelle mesure le monstre est-il à la fois inhumain et proche de l'humain ?* Répondez à cette question en vous appuyant sur les textes de la séquence et sur vos lectures personnelles.

→ p. 518 : RÉDIGER UNE DISSERTATION

## Propositions de lectures

**Textes contemporains de l'auteur**

- Albert CAMUS, *La Peste* (1947) : une fable politique sur la question de l'invasion et de la maladie qui s'étend inexorablement.
- Fredric BROWN, *Lune de miel en enfer*, « En sentinelle » (1958) : une nouvelle fantastique à la chute surprenante sur le thème de la monstruosité.

**Pour élargir**

- Guy de MAUPASSANT, *Le Horla* (1886-1887), les deux versions : un exemple de réécriture sur le thème du monstre invisible.
- David LYNCH, *Elephant Man* (1980) : un film tragique sur la monstruosité.

Analyse *d'image*

# Tim Burton (né en 1958)
## *Edward aux mains d'argent* (1990)

Affiche d'*Edward aux mains d'argent*, film de Tim Burton (1990), avec Johnny Depp et Winona Ryder.

*Johnny Depp incarne, dans* Edward aux mains d'argent, *un jeune homme dont les mains sont des paires de ciseaux géantes. Celui-ci tente de trouver sa place dans la classe moyenne américaine, dans une petite ville où tout le monde se plie à un certain conformisme. Le réalisateur instaure, à travers son héros, une réflexion sur la norme et sur la place laissée à la différence dans la société moderne.*

**QUESTIONS**

### Première approche

**1.** Avec quels indices comprend-on qu'il s'agit d'une affiche de cinéma ? Quelle est sa visée ?

**2.** Sur quels aspects du film les phrases qui accompagnent la photographie mettent-elles l'accent ? À partir de quelle figure de rhétorique sont-elles construites ?
→ p. 384 : LES FIGURES DE RHÉTORIQUE

### Analyse

**3.** Le personnage d'Edward semble-t-il menaçant ? pourquoi ?

**4.** Quels éléments de l'image mettent les personnages en valeur ? Expliquez en commentant le jeu des plans et des couleurs.
→ p. 461 : L'IMAGE FIXE

**5.** Observez le jeu des regards. Pourquoi, selon vous, aucun des personnages ne regarde-t-il le spectateur ?

**6.** Que raconte déjà l'affiche ? Expliquez.

### Question de synthèse

**7.** Comparez cette image avec celle d'*Elephant Man* → HISTOIRE DES ARTS. Quels sont les points communs et les différences entre ces deux personnages ?

# SYNTHÈSE Réécrire : l'exemple de la figure du monstre

● Le monstre est un type de personnage qui a suscité de nombreuses réécritures → LES RÉÉCRITURES, p. 454. Le nom *monstre* provient du latin ***monstrum***, qui désigne un **fait prodigieux**, souvent considéré comme un signe ou un avertissement divin. Le terme renvoie, par extension, à tout ce qui sort de la nature, puis à ce qui est laid du point de vue physique ou choquant du point de vue moral.

● En littérature, le monstre revêt différentes fonctions qui permettent au lecteur de s'interroger sur la complexité de la nature humaine.

## 1 Révéler la puissance du héros

● L'**animal monstrueux** est une figure essentielle dans les **récits épiques de l'Antiquité et du Moyen Âge**. Des Sirènes qui enchantent les compagnons d'Ulysse dans l'*Odyssée* d'**Homère** (VIIIe siècle avant J.-C.) aux démons qui torturent les damnés dans *L'Enfer* de **Dante** (1316), la bête monstrueuse permet, par ses pouvoirs et ses entraves, de révéler la puissance du **héros épique**.

## 2 Incarner le mal

● Le monstre peut aussi être une créature gigantesque, qui effraie par sa taille et sa puissance. **La Bible** décrit le **Léviathan** → TEXTE 1, un monstre marin qui est l'ennemi de Dieu et que celui-ci doit vaincre pour montrer son pouvoir. La créature est une **image de Satan**, l'opposant à la divinité.

● À l'époque moderne, le Léviathan devient une baleine, comme dans le roman ***Moby Dick*** d'**Herman Melville** (1851) → EXERCICE 2. Cette histoire de vengeance qui oppose le capitaine Achab à une bête qui lui a arraché la jambe est une figure aussi surnaturelle que réaliste : elle effraie comme les monstres antiques, mais est décrite de façon naturaliste.

● La bête peut aussi provenir de l'**univers des cauchemars** et revêtir une **forme inclassable**. L'un de ses grands représentants est le **vampire**, une créature fréquente dans la littérature fantastique, comme dans *La Morte amoureuse* de Théophile Gautier (1836) → TEXTE 2. Le vampire devient un mythe avec **Bram Stoker** (1897) → D'UN TEXTE À L'AUTRE 2. Emprunté à des légendes d'Europe centrale, il est avant tout **un mort-vivant**. Mais les auteurs des XXe et XXIe siècles ont aussi repris cette créature en l'humanisant, notamment Ann Rice dans le roman *Entretien avec un vampire* (1976) où Lestat est un vampire angoissé.

## 3 Évoquer la difformité

● Les écrivains modernes sont sensibles à la part de monstruosité présente en chaque homme ; l'être à part devient un **être perfectible** qui n'a pas toujours conscience de ses limites. Certains auteurs s'interrogent notamment sur la définition de l'humanité, lorsque le corps est rendu méconnaissable par des difformités. Dans ***Notre-Dame de Paris*** (1831), **Victor Hugo** crée le personnage de **Quasimodo**, un **bossu très laid** qui tombe amoureux de la belle Esméralda. L'auteur montre que l'amour de cet être difforme est véritablement pur, car tous les autres prétendants sont des êtres sans cœur, mus par des pensées peu nobles.

## 4 Avertir des dangers de la science et du totalitarisme

● Dans son premier roman ***Frankenstein ou le Prométhée moderne*** (1818), Mary Shelley présente un savant qui crée à partir de cadavres une créature humanoïde effrayante ; **la figure du scientifique paraît alors plus inquiétante** que le monstre qu'elle a engendré.

● Dans cette lignée, l'homme moderne peut aussi subir des **mutations**, et la littérature du XXe siècle présente plusieurs cas de personnages humains se transformant en bêtes. **Franz Kafka**, dans sa nouvelle ***La Métamorphose*** (1915), relate l'histoire de Gregor Samsa qui se réveille avec une carapace de cafard géant, plaçant le lecteur dans la conscience du personnage qui doit apprendre à vivre avec cette nouvelle enveloppe → TEXTE 3. En 1957, **Eugène Ionesco** montre des humains qui se transforment en **rhinocéros**, **allégorie de la violence et de l'extrémisme contagieux**. Bérenger, le héros, s'interroge sur ce qui fait l'être humain et s'il vaut mieux être le seul être humain ou un monstre parmi les monstres → D'UN TEXTE À L'AUTRE 3.

Biographies des auteurs → p. 560

DVD-ROM Ressources complémentaires

# La monstruosité dans les arts visuels

La monstruosité a beaucoup inspiré les artistes. Elle permet de sortir des normes fixées par la société et de présenter aux yeux du spectateur des images troublantes ou choquantes qui l'interrogent.

**LEXIQUE**

**Fresque** Peinture murale exécutée sur un support encore tout frais de son enduit (adjectif italien *fresco*).

**Gargouille** Gouttière de pierre, très saillante, représentant un monstre dont la gueule grande ouverte déverse la pluie tombant sur le toit.

## 1 • Le monstre, de l'Antiquité à la Renaissance

1 Jérôme Bosch (vers 1450-vers1516), détail d'un panneau du triptyque du *Jugement dernier* (vers 1510), huile sur bois, 60 x 114 cm (Munich, Alte Pinakothek).

### Le monstre mythique

La mythologie gréco-romaine est riche en **créatures hybrides** (mi-hommes, mi-animaux). De nombreuses représentations en sont données dans les **fresques**, sur les poteries ou les mosaïques : le **Minotaure**, créature mi-homme, mi-taureau, est un sujet souvent traité, tout comme les **Sirènes** de l'*Odyssée*, ou encore la **Gorgone Méduse**, créature au visage de femme et à la chevelure de serpents qui transformait en pierre quiconque la regardait. Ces représentations partent toujours du corps humain, sur lequel un attribut animal vient se greffer (ailes, tête…). Le monstre met le héros à l'épreuve, et lui-même peut être éventuellement métamorphosé en monstre.

### Un univers religieux

Avec l'expansion de la religion chrétienne, les visions de **démons** et de créatures difformes et dangereuses se multiplient tout au long du Moyen Âge. Il s'agit avant tout d'effrayer les fidèles et de les **orienter vers la voie du Bien**. Ainsi, des démons et des bêtes effrayantes ornent l'extérieur des édifices religieux : les **gargouilles**, à l'extérieur, suggèrent aux fidèles qu'à l'intérieur de l'église ils seront à l'abri du mal.
Le peintre flamand **Jérôme Bosch** propose sa vision de l'Enfer, dans un tableau intitulé ***Le Jugement dernier*** (vers 1510) 1. Cette œuvre est caractéristique d'une période durant laquelle on considère le monstre comme un **être diabolique**. Les démons y sont omniprésents, accompagnés de figures aux traits humains avec des excroissances animalières.
La Renaissance perpétue cette vision chrétienne du monstre, mais l'**humanisme**, mettant l'homme au centre du monde, envisage la monstruosité davantage en tant que **difformité** qu'en tant que caractéristique démoniaque : les peintres mettent en scène des personnages humains laids ou mutilés, et en font des objets de curiosité parfois malsaine. Une particularité physique est caricaturée, dans le but de distraire ou de faire rire le spectateur. C'est le cas, par exemple, de la ***Vieille Femme grotesque*** (1525-1530) du peintre flamand **Quentin Metsys**, qui se présente sous l'apparence vulgaire et choquante d'une vieille femme ridée, à la poitrine flétrie et écrasée dans un corset. Son visage, ressemblant à celui d'un homme, provoque un certain malaise chez le spectateur qui ne sait s'il doit rire ou compatir avec cette créature profondément laide, mais terriblement humaine.

**QUESTIONS**

**1.** Étudiez le jeu de regards dans le photogramme extrait du film *Elephant Man* 3. Quelle échelle de plan et quel angle de vue permettent de le valoriser ?
→ p. 467 : L'IMAGE MOBILE

**2.** Cherchez, dans des ouvrages d'art au CDI ou sur Internet, des tableaux de Böcklin et de Füssli représentant des monstres. Comment ces deux peintres traitent-ils ce thème ?

## 2 • La créature terrifiante

Entre le XVI^e et le XIX^e siècle, la monstruosité n'est pas un thème particulièrement développé ; il faut attendre l'avènement du romantisme pour qu'il connaisse un regain d'intérêt.

### Le monstre à l'époque romantique

Comme dans la **littérature fantastique**, la peinture est de nouveau envahie par les figures de monstres, issus des **pires cauchemars** de leurs créateurs et renvoyant les spectateurs à leurs **peurs ancestrales**. L'inspiration des artistes germaniques **Böcklin** et **Füssli** est particulièrement inquiétante.

L'univers du peintre espagnol **Francisco de Goya** est tout aussi effrayant dans les œuvres peintes dans ses dernières années, à l'époque angoissante de sa surdité. Dans sa toile ***Saturne dévorant l'un de ses fils*** (1823) 2, il montre une image violente du Titan de la mythologie, Saturne (ou Chronos), qui plante ses dents dans le corps ensanglanté de sa progéniture. Sa monstruosité est soulignée par son visage aux yeux fous et par un corps difforme, simplement esquissé. La réalité crue du corps démembré qu'il dévore accentue la monstruosité.

### La créature monstrueuse

L'invention du cinéma permet de développer le thème du monstre, comme une **créature fantastique**, avec *Alien* et d'autres monstres ou **prédateurs sanguinaires**. Cela est facilité par les multiples possibilités qu'offre le septième art : les costumes, les maquillages et plus récemment les effets spéciaux permettent de donner vie au monstre, de façon crédible et réaliste. Les cinéastes révèlent une autre facette de la bête, celle qui est **tapie à l'intérieur de tout être humain.**

2 Francisco de Goya (1746-1828), *Saturne dévorant l'un de ses fils* (1823), huile sur toile, 143,5 x 81 cm (Madrid, musée du Prado).

## 3 • Victime ou criminel ?

3 Photogramme d'*Elephant Man*, film de David Lynch (1980), avec John Hurt, Anthony Hopkins et Wendy Hiller.

### La bête aux abois

L'homme monstrueux est souvent montré de manière crue, directe et réaliste dans le cinéma du XX^e siècle. Dans le prolongement du film culte ***Freaks ou La Monstrueuse Parade*** (1932) de Tod Browning, dans lequel le réalisateur montre la vie de **créatures de cirque monstrueuses**, le cinéaste américain **David Lynch** (né en 1946) réalise en 1980 ***Elephant Man*** 3. Ce film est la vision romancée de l'existence d'un homme qui a réellement vécu au XIX^e siècle, en Grande-Bretagne. Joseph Merrick, atteint d'éléphantiasis, une maladie qui rend le corps difforme, est exhibé dans les cirques et victime du **voyeurisme malsain**. Le spectateur se rend compte que cet homme est bien plus humain que les personnages qui l'entourent et se servent de lui comme d'un gagne-pain.

### La noirceur de l'homme

Depuis les années 1930, le cinéma est hanté par la figure du **tueur en série** (*serial killer*) amorcée dans ***M le Maudit*** (1931) de **Fritz Lang**. Le tueur, dont l'image se fonde sur des affaires célèbres dont la presse se fait le relais, apparaît dans le film ***Psychose*** (1960) d'**Alfred Hitchcock** sous les traits d'Anthony Perkins, l'effrayant Norman Bates. D'autres tueurs en série se succéderont : le pasteur de *La Nuit du chasseur* (1955) de Charles Laughton, le cannibale Hannibal Lecter, Freddy, tous humains et pourtant monstrueux.

# Exercices d'approfondissement

## Revoir

### 1 Une créature presque humaine

**1.** **Quel est le point de vue adopté dans cet extrait ? En quoi est-ce important pour comprendre le texte ?**

→ p. 432 : LE NARRATEUR ET LA FOCALISATION

**2. a.** **Qui est le monstre dans ce passage ? Quels termes le caractérisent ?**

**b.** **Que connotent ces mots ? pourquoi ?**

→ p. 381 : DÉNOTATION ET CONNOTATION

**3.** **Qui sont les deux autres personnages qui pourraient être considérés comme des monstres ? Expliquez.**

**4.** **En quoi la situation peut-elle sembler paradoxale à la fin de l'extrait ?**

**5.** **Sur quel ton le récit est-il conduit ? Justifiez.**

*Émile et Juliette s'installent à la campagne pour y passer une retraite tranquille. Hélas ! Leur voisin, Palamède Bernardin, s'invite chez eux tous les jours à la même heure. Il est accompagné de sa femme, un être monstrueux et dérangeant.*

Ma femme n'insista pas et disparut à la cuisine. Dix minutes plus tard, elle revint avec trois cafés et une grande tasse de chocolat fondu.

– De la soupe, dit-elle en la tendant à la chose avec un gentil sourire.

Palamède eut l'air plus mécontent que jamais, mais il n'osa pas protester. J'eus envie d'applaudir : comme d'habitude, Juliette avait eu plus de courage que moi.

Le kyste[1] lampait la sauce avec des beuglements de volupté. C'était répugnant, mais nous étions ravis. La colère rentrée de son mari nous rendait encore plus heureux.

Je me lançais dans un monologue sur le rôle de Parménide[2] quant à l'élaboration du vocabulaire philosophique. J'eus beau être odieux, harassant, confus et aride, mes hôtes ne donnèrent aucun signe d'exaspération.

Peu à peu, je compris qu'ils appréciaient ma logorrhée[3]. Non parce qu'elle les intéressait, mais parce qu'elle les berçait. Madame Bernardin n'était autre qu'un énorme organe digestif. Le bruit monotone qui sortait de ma bouche lui procurait ce merveilleux calme dont rêvent les viscères[4]. La voisine passait une soirée exquise.

À 11 heures pile, le docteur la hissa hors du canapé. Si « impossible » n'est pas français, « merci » n'est pas bernardin. En l'occurrence c'était nous qui avions envie de les remercier, puisqu'ils partaient.

Ils n'étaient restés que trois heures, ce qui eût frisé l'insulte de la part d'invités ordinaires. Seulement, trois heures passées avec les époux Bernardin laissaient l'impression du double. Nous étions vannés.

Palamède s'éloigna dans la nuit en tirant son poids mort matrimonial. On eût dit un gros marinier traînant une péniche.

Amélie Nothomb, *Les Catilinaires* (extrait, 1995), 

1. Excroissance remplie de liquide.
2. Philosophe grec (VIe-Ve siècles avant J.-C.).
3. Mon discours interminable.
4. Organes internes.

## Approfondir

### 2 Deux monstres marins

**1.** **En quoi le texte A s'apparente-t-il à un conte ?**

**2.** **Le Requin y est-il décrit comme un monstre effrayant ? Justifiez à l'aide d'un relevé lexical précis.**

**3.** **Dans le texte B, lequel, de Moby Dick ou du capitaine Achab, semble le plus terrible ? Expliquez.**

**4.** **Sur quelles expressions le registre comique repose-t-il dans ce passage ? Quel rôle joue-t-il ici ?**

→ p. 450 : LES REGISTRES COMIQUE ET TRAGIQUE

**5.** **Quelle apparence inattendue la monstruosité prend-elle dans ces deux textes ? Expliquez.**

**6.** **De quelle façon ces deux récits jouent-ils avec les codes du registre épique ?**

→ p. 437 : LES REGISTRES ÉPIQUE ET FANTASTIQUE

#### Texte A

*Pinocchio et son « père », l'artisan Geppetto, ont été avalés par un grand poisson appelé le « Requin » et tentent de s'échapper.*

Ils marchèrent ainsi un bon moment et traversèrent tout le corps et l'estomac du Requin. Mais arrivés à l'endroit où commençait l'immense gorge du monstre, ils jugèrent bon de s'arrêter afin de jeter un coup d'œil et de saisir le moment opportun[1] pour fuir.

Il faut savoir que le Requin, étant très vieux et souffrant d'asthme[2] et de palpitations du cœur, était obligé de dormir la bouche ouverte. C'est pourquoi Pinocchio, se plaçant à l'entrée de la gorge pour regarder au-delà, put apercevoir un petit coin de ciel étoilé et un très beau clair de lune.

– C'est vraiment le moment de fuir ! chuchota-t-il en s'adressant à son papa. Le Requin dort comme un loir ; la mer est tranquille et l'on y voit comme en plein jour. Suivez-moi donc, mon bon papa, et d'ici peu nous serons sauvés !

Aussitôt dit, aussitôt fait ; ils escaladèrent la gorge du monstre et, parvenus dans son immense gueule, ils marchèrent sur la pointe des pieds au-dessus de la langue, qui était si large et si longue qu'on l'aurait prise pour l'allée d'un grand parc. Déjà, ils s'apprêtaient à faire un grand saut pour se jeter à la nage dans la mer quand soudain le Requin éternua, et en éternuant il donna une secousse si violente que Pinocchio et Geppetto se trouvèrent renvoyés en arrière et de nouveau projetés au fond de l'estomac du monstre.

Carlo Collodi, *Les Aventures de Pinocchio*, chapitre XXXV (extrait, 1882), traduction de l'italien par I. Violante, © Flammarion (2001).

1. Favorable.
2. Maladie respiratoire.

### Texte B

*Moby Dick est le nom d'une baleine blanche qui a arraché la jambe du capitaine Achab. Celui-ci, par désir de vengeance, la pourchasse inlassablement.*

La Baleine Blanche était peut-être fatiguée par la chasse à toute vitesse de ces trois jours ; ou peut-être la charge qu'elle portait ficelée sur elle[1] l'empêchait-elle d'aller vite, ou bien le faisait-elle par ruse ? quoi qu'il en soit, elle allait moins vite, et en fait, le canot s'approcha d'elle une fois encore rapidement. À la vérité, elle n'avait pas une aussi bonne avance que la dernière fois. Les requins impitoyables accompagnaient toujours Achab à travers les vagues. Ils le suivaient sans répit et mordaient sans discontinuer les rames au point que, presque déchiquetées, elles laissaient dans la mer de menus éclats chaque fois qu'elles y plongeaient.

– N'y faites pas attention !... Ces dents ne font que donner plus de mordant à vos rames. Ramez toujours, la mâchoire du requin est un meilleur appui que l'eau qui cède.

– Mais à chaque morsure, Sir, les rames diminuent.

– Elles dureront toujours assez ! Tirez toujours... qui sait, murmura-t-il, si c'est pour se régaler de la Baleine Blanche ou d'Achab que ces requins suivent ?... Mais ramez toujours ! Oui, grouillez-vous, nous l'approchons ! la barre, prends la barre ; laissez-moi passer !

Herman Melville, *Moby Dick*, livre II, chapitre CXXXV (extrait, 1851), traduction de l'anglais par L. Jacques, J. Smith et J. Giono, © Gallimard (1941).

1. Harpons fichés dans son corps à la suite d'un premier assaut.

# Écrire

## 3 Une existence hors norme

**1. Quel est le niveau de langue utilisé par Claireece ? Justifiez votre réponse à partir d'un relevé précis d'expressions du texte.**
**2. Quels sentiments exprime-t-elle dans ce passage ? Expliquez.**
**3. Quels éléments de l'existence de Claireece font d'elle une jeune fille hors norme ? Expliquez.**
**4. Écriture d'argumentation. Rédigez un paragraphe d'argumentation dans lequel vous étudierez la part de monstruosité dans ce texte. Est-elle vraiment du côté de Claireece ? Vous illustrerez votre propos d'exemples précis et commentés.**

*Claireece Precious a une vie très difficile : battue par sa mère et violée à plusieurs reprises par son père, elle a aussi un physique ingrat et devient la risée de ses camarades de classe.*

Je traverse le couloir doucement doucement, pleine de poulet, de pain ; d'habitude ça me donne pas envie de chialer tout de même, mais là j'ai envie de chialer. Ma tronche est comme la piscine du YWCA de la 135e[1]. L'été c'est plein de gens qu'éclaboussent, presque tous dans le petit bain, un, deux, dans le grand. C'est comme ça tout le temps que les années a nagent dans ma tête. En première un garçon dit : Ferme la bouche Claireece, tu vas te prendre les pieds dans les babines. C'est çui qui l'dit qu'y est. En seconde je suis grosse. C'est là que les bruits de pet et de grognements de cochon commencent. Pas de copain pas de copines. Je mate le tableau en faisant comme si. Je sais pas comme si quoi – comme si des trains me traversaient pas la tronche des fois et comme si oui, j'lis avec toute la classe, page 55 du manuel de lecture. Je comprends vite que personne entend les voix qui sortent du tableau comme d'une télé, personne que moi alors j'essaye de pas réponde. À l'aute bout dans le grand bain (où qu'on pourrait se noyer si y avait pas le beau maîte nageur qui ressemble à Bobby Brown[2]) y a moi assise sur ma chaise devant mon pupite et le monde qui vire au bourdonnement, y a pus que du bruit, la voix du prof que des parasites.

Sapphire, *Precious (Push)*, chapitre II (extrait, 1993), traduction de l'anglais par J.-P. Carasso, © L'Olivier (1997).

1. Auberge de jeunesse américaine située sur la 135e rue de Manhattan, c'est-à-dire très au nord de la presqu'île new-yorkaise.
2. Chanteur et acteur afro-américain.

# VERS LE BAC Phèdre, d'Euripide à Émile Zola

**OBJET D'ÉTUDE** Les réécritures, du XVIIe siècle à nos jours

**CORPUS**

**Texte 1** Euripide, *Hippolyte* (428 avant J.-C.)
**Texte 2** R. Garnier, *Hippolyte* (1573)
**Texte 3** J. Racine, *Phèdre* (1677) → p. 238
**Texte 4** É. Zola, *La Curée* (1871)

## SUJET POUR LA SÉRIE LITTÉRAIRE

**Questions** (4 points)

**1.** Dans quelle œuvre dramatique (textes 1, 2 et 3) Phèdre vous paraît-elle la plus inquiétante ? Expliquez. (2 points)

**2.** Dans l'extrait du roman de Zola (texte 4), dans quelle mesure le trouble de Renée est-il justifié ? (2 points)

**Vous traiterez ensuite au choix l'un des trois sujets proposés.** (16 points)

**1. Commentaire**

Vous commenterez le texte d'Émile Zola extrait du roman *La Curée* (texte 4).

**2. Dissertation**

L'originalité est-elle l'objectif essentiel quand il s'agit de s'inspirer d'une œuvre littéraire ou artistique plus ancienne ? Répondez à cette question dans un développement argumenté et structuré s'appuyant sur des exemples précis et variés empruntés au corpus et à votre culture personnelle.

**3. Écriture d'invention**

Imaginez le dénouement d'une pièce mettant en scène une Phèdre du XXIe siècle. Vous ferez intervenir dans le dialogue les personnages de votre choix (Thésée, un chœur ou de nouveaux personnages) et l'issue de la pièce pourra être différente de celles du corpus. Vous veillerez toutefois à trouver un juste équilibre entre originalité et cohérence avec les versions antérieures.

## Texte 1 EURIPIDE, *Hippolyte* (428 avant J.-C.)

*Dans la pièce du dramaturge grec Euripide, l'action se déroule à Trézène, ville du Péloponnèse. Phèdre, épouse de Thésée, tombe amoureuse de son beau-fils Hippolyte, insensible à cette passion. À la fin du deuxième épisode de cette tragédie, elle décide de se suicider pour conduire le royaume à sa perte.*

PHÈDRE
C'est bien. J'ai tout pesé[1] et n'ai trouvé
qu'une seule issue à ma détresse
en laissant à mes fils une vie honorée,
autant qu'il est possible après ce coup du sort.
Je ne veux ni jeter l'infamie[2] sur ma patrie crétoise[3],
ni pour sauver ma vie,
affronter sous ma charge de honte le regard de Thésée.

1. Analysé.
2. Le déshonneur.
3. Phèdre est la fille de Minos, roi de Crète.

Le Choryphée
À quoi veux-tu donc recourir ? À quel mal sans remède ?

Phèdre
À la mort, oui. Comment ? c'est ce que j'entends décider.

Le Choryphée
Pas de parole sinistre !

Phèdre
Toi, ne me donne que de bons conseils !
C'est Cypris[4] qui me perd. Pour sa joie, je quitterai la vie
aujourd'hui même, vaincue par un cruel amour.
Mais je sais quelqu'un d'autre aussi, à qui j'entends être funeste[5]
par ma mort, afin qu'il apprenne à ne pas triompher
de ma misère. Subir sa part
du mal dont je souffre lui enseignera la modestie.
*Elle rentre dans le palais.*

Fin du second épisode, vers 715-731, traduction du grec par M. Delcourt-Curvers,


4. Autre nom d'Aphrodite, déesse de l'amour, responsable des tourments de Phèdre.
5. Néfaste.

## Texte 2 Robert GARNIER, *Hippolyte* (1573)

*À la Renaissance, Robert Garnier écrit une tragédie qui s'inspire de* Phèdre *du dramaturge latin Sénèque, pièce qui reprenait déjà celle d'Euripide. À la fin de l'acte V, Hippolyte, maudit par son père, vient d'être écrasé par son char. Phèdre avoue à son époux Thésée qu'elle a menti en lui faisant croire que le fils du roi avait tenté de la violer.*

Phèdre
[...]
Las ! et que puis-je moins qu'ore à la mort courir[1]
Ayant perdu ma vie, et l'ayant, malheureuse,
Perdue par ma faute en ardeur amoureuse ?
Le destin envieux et cruel n'a permis
Que nous puissions vivants nous embrasser amis :
Las ! qu'il permette au moins que de nos âmes vides
Nos corps se puissent joindre aux sépulcres humides.
Ne me refusez point, Hippolyte, je veux
Amortir[2] de mon sang mes impudiques feux[3].
Mes propos ne sont plus d'amoureuse détresse,
Je n'ai rien de lascif[4] qui votre âme reblesse[5] :
Oyez-moi[6] hardiment, je veux vous requérir
Pardon de mon méfait, avant que de mourir.
Ô la plus belle vie, et plus noble de celles
Qui pendent aux fuseaux des fatales Pucelles[7] !
Ô digne, non de vivre en ce rond vicieux[8],
Mais au ciel nouvel astre entre les demi-dieux !
Las vous êtes éteinte, ô belle et chère vie,
Et plutôt qu'il ne faut vous nous êtes ravie
Comme une belle fleur, qui ne faisant encor[9]
Qu'entrouvrir à demi son odorant trésor,

1. Hélas, que puis-je faire de moins, désormais, que de courir à la mort ?
2. Purifier.
3. Inavouables pulsions.
4. Immoral.
5. Blesse encore.
6. Écoutez-moi.
7. Les Parques, divinités du destin qui déroulent, filent et coupent le fil de la vie.
8. Cercle vicieux.
9. Pour *encore* (licence poétique).

Atteinte d'une grêle, à bas tombe fanée,
Avant que d'étaler sa richesse épanouie.
Or sus[10] flambante épée, or sus apprête-toi,
Fidèle à ton seigneur, de te venger de moi :
Plonge-toi, trempe-toi jusques à la pommelle[11]
Dans mon sang, le repas de mon âme bourrelle[12].

Acte V, vers 2 222-2 248, orthographe modernisée.

**10.** Interjection utilisée pour appeler à l'action.

**11.** Extrémité d'une épée.

**12.** Féminin de *bourreau*.

## Texte 3 Jean RACINE, *Phèdre* (1677) → p. 238

## Texte 4 Émile ZOLA, *La Curée* (1871)

*Dans* La Curée, *roman qui appartient au cycle des* Rougon-Macquart, *Renée est la jeune épouse d'Aristide Saccard, un spéculateur immobilier qui s'enrichit grâce aux travaux d'urbanisation entrepris à Paris au Second Empire. Sans craindre le scandale, elle noue une liaison avec le fils de son mari, Maxime.*

Un soir, ils allèrent ensemble au Théâtre-Italien[1]. Ils n'avaient seulement pas regardé l'affiche. Ils voulaient voir une grande tragédienne italienne, la Ristori, qui faisait alors courir tout Paris, et à laquelle la mode leur commandait de s'intéresser. On donnait *Phèdre*. Il se rappelait assez son répertoire classique, elle savait assez d'italien pour suivre la pièce. Et même ce drame leur causa une émotion particulière, dans cette langue étrangère dont les sonorités leur semblaient, par moments, un simple accompagnement d'orchestre soutenant la mimique des acteurs. Hippolyte était un grand garçon pâle, très médiocre, qui pleurait son rôle.

« Quel godiche[2] ! » murmurait Maxime.

Mais la Ristori, avec ses fortes épaules secouées par les sanglots, avec sa face tragique et ses gros bras, remuait profondément Renée. Phèdre était du sang de Pasiphaé[3], et elle se demandait de quel sang elle pouvait être, elle, l'incestueuse des temps nouveaux. Elle ne voyait de la pièce que cette grande femme traînant sur les planches le crime antique. Au premier acte, quand Phèdre fait à Œnone la confidence de sa tendresse criminelle ; au second, lorsqu'elle se déclare, toute brûlante, à Hippolyte ; et, plus tard, au quatrième, lorsque le retour de Thésée l'accable, et qu'elle se maudit, dans une crise de fureur sombre, elle emplissait la salle d'un tel cri de passion fauve, d'un tel besoin de volupté surhumaine, que la jeune femme sentait passer sur sa chair chaque frisson de son désir et de ses remords.

« Attends, murmurait Maxime à son oreille, tu vas entendre le récit de Théramène[4]. Il a une bonne tête le vieux ! »

Et il murmura d'une voix creuse :

*À peine nous sortions des portes de Trézène,*
*Il était sur son char...*

Mais Renée, quand le vieux parla, ne regarda plus, n'écouta plus. Le lustre l'aveuglait, des chaleurs étouffantes lui venaient de toutes ces faces pâles tendues vers la scène. Le monologue continuait, interminable.

Chapitre V (extrait).

**1.** Troupe de comédiens italiens à laquelle appartenait la célèbre actrice Adelaïde Ristori.

**2.** Maladroit et ridicule.

**3.** Mère de Phèdre.

**4.** Précepteur d'Hippolyte qui raconte sur scène la mort du jeune homme.

**OBJET D'ÉTUDE** Les réécritures, du XVIIe siècle à nos jours (série L)

**Formulez oralement des réponses brèves mais efficaces, en les justifiant à partir des documents étudiés.**

→ p. 557 : ORGANISER ET UTILISER SES CONNAISSANCES EN VUE DE L'ENTRETIEN

## Connaître les textes et les images de la séquence

**Séquence 15**

**1.** Quels genres littéraires sont représentés dans la séquence sur Œdipe ?

**2.** Comment expliquez-vous le titre de la pièce de Jean Cocteau, *La Machine infernale ?*

**Séquence 16**

**1.** Que représente symboliquement le Léviathan, monstre biblique ?

**2.** Est-il fréquent que le narrateur du récit soit le monstre ? Quels exemples avez-vous retenus ?

## Voir les liens entre les différents textes

**Séquence 15**

**1.** Comment la dimension tragique du mythe d'Œdipe est-elle mise en valeur dans ces textes ?

**2.** Quels traits de caractère d'Œdipe ressortent particulièrement dans les textes étudiés ? De quelle manière les auteurs les ont-ils montrés ?

**Séquence 16**

**1.** Quelle définition du fantastique ressort des textes étudiés ?

**2.** Comment la fascination des auteurs pour les personnages de monstres s'explique-t-elle ?

## Tester ses connaissances en histoire des arts

**Séquence 15**

**1. a.** Quels peintres du XIXe et du XXe siècle ont revisité le tableau d'Ingres *Œdipe devinant l'énigme du Sphinx* (1808) ?

**b.** En quoi leurs œuvres se distinguent-elles de leur modèle ?

**2. a.** Quel cinéaste italien a librement adapté *Œdipe roi* de Sophocle ?

**b.** Comment a-t-il transformé ce mythe ?

**Séquence 16**

**1.** Quels types de monstre sont souvent représentés en peinture ? Quels sentiments inspirent-ils ?

**2.** Citez quelques exemples célèbres de monstres au cinéma : quels liens ont-ils avec les humains ?

**3.** Les monstres représentés en peinture et au cinéma sont-ils plutôt comiques ou pathétiques ?

## Maîtriser l'objet d'étude

**Séquence 15**

**1.** Quels intérêts la réécriture d'un mythe antique présente-t-elle à vos yeux, quelle que soit l'époque ?

**2.** Pourquoi le mythe d'Œdipe est-il si célèbre, selon vous ? Donnez au moins trois arguments.

**3.** La réécriture d'une tragédie en roman policier vous semble-t-elle justifiée ? Pourquoi ?

**Séquence 16**

**1.** Comment les auteurs rattachent-ils la figure du monstre à leur époque ?

**2.** Le choix d'Eugène Ionesco de transformer sa nouvelle, *Rhinocéros*, en pièce de théâtre vous paraît-il judicieux ?

**3.** Appréciez-vous personnellement l'adaptation des romans au cinéma ? Appuyez-vous sur un exemple précis.

PARTIE II

# Outils d'analyse

*Principes de perspective*, dessin anonyme italien (vers 1780) (Londres, Victoria & Albert Museum).

CHAPITRE 1

# Les outils de l'analyse stylistique


371 **Fiche 1** Communication, énonciation et modalisation

375 **Fiche 2** La syntaxe et la valeur des temps

378 **Fiche 3** L'enrichissement du vocabulaire et l'étymologie

381 **Fiche 4** Dénotation et connotation

384 **Fiche 5** Les figures de rhétorique

Joan Miró (1893-1983), *Bleu I* (1961), huile sur toile, 270 x 335 cm (Paris, Musée national d'Art moderne – Centre Georges-Pompidou).

La lecture analytique et le commentaire littéraire nécessitent une bonne maîtrise de la langue française, préalable à une étude approfondie du style d'un auteur. Le langage revêt des **fonctions variées** ; les enjeux de la **communication** sont des clés pour approfondir la compréhension d'un énoncé. Les écrivains utilisent toutes les ressources de la **syntaxe**, du **lexique** et de la **rhétorique** pour donner du sens et de la poésie à leurs textes.

Pour enrichir l'interprétation des textes, on étudie la **structure des phrases** et les **verbes**, le sens précis des mots (**dénotation**) et leurs significations implicites (**connotations**), et les **figures de rhétorique**. Ces outils concourent à l'efficacité du discours en jouant sur l'imagination du lecteur et en provoquant sa réflexion.

# Fiche 1 Communication, énonciation et modalisation

J'ai honte de voir nos compatriotes enivrés de cette sotte manie [qui les porte à] s'effaroucher des manières contraires aux leurs : il leur semble qu'ils sont hors de leur élément s'ils sont hors de leur village.

→ p. 110 : M. de MONTAIGNE, *Essais* (1580), © Gallimard.

**QUESTIONS**

1. Relevez les pronoms personnels : qui désignent-ils ?
2. L'énonciateur est-il neutre ? Quelle visée se dégage de son propos ?

## L'essentiel

### La situation de communication

- Tout acte de communication met en relation un **émetteur** (énonciateur, locuteur) et un récepteur (destinataire, interlocuteur) ; le **message** est transmis par un code, un langage.
- L'analyse d'un énoncé prend généralement en compte le **contexte** dans lequel il est produit, son **référent** (le cadre spatio-temporel, l'environnement culturel).
- Les **visées** de l'énonciateur à l'égard du destinataire peuvent être multiples : informer, convaincre, séduire, émettre des reproches, provoquer une prise de conscience…

  Ex. : « Allez donc, vous serez moins mal encore ici qu'à la guerre ! »

  → p. 164 : L.-F. CÉLINE, *Voyage au bout de la nuit* (1932), © Gallimard.

  ➤ L'énonciateur est Robinson, le récepteur est le narrateur-personnage Bardamu ; *ici* fait référence aux colonies africaines où se trouvent les deux hommes après leur expérience commune du front.

### Les fonctions du langage

- Il existe six fonctions du langage combinables entre elles :

  – la **fonction phatique** : il s'agit de vérifier que le destinataire est à l'écoute, que la communication s'établit correctement. Elle est très présente au théâtre. L'interjection téléphonique *Allô ?* a cette fonction.

  Ex. : SGANARELLE. – Quoi ?
  LUCINDE. – Han, hi, hon.
  SGANARELLE, *la contrefaisant.* – Han, hi, hon, han, ha. Je ne vous entends point : quel diable de langage est-ce là ?

  MOLIÈRE, *Le Médecin malgré lui* (1666).

  ➤ Sganarelle demande *Quoi ?* pour tenter de rétablir une communication qui paraît impossible.

  – la **fonction référentielle** : on transmet des informations sur le **référent**, c'est-à-dire sur ce qui nous entoure. Cette fonction a pour objectif de décrire et d'expliquer.

  Ex. : la description de Saumur au début du chapitre VIII de *L'Ingénu* → p. 114.

  – la **fonction métalinguistique** : le langage renvoie à lui-même, comme l'indique le préfixe *méta*.

  Ex. : Le mot OISEAU : il contient toutes les voyelles.

  F. PONGE, *La Rage de l'expression*, « Notes prises pour un oiseau » (1976), © Gallimard.

  ➤ Le poète s'intéresse à l'orthographe du nom *oiseau*.

– la **fonction poétique** : elle joue avec les mots, les sonorités et les images qu'ils véhiculent, sans se limiter au genre poétique.

Ex. : Il lança sur cette ruche bourdonnante un regard qui semblait par avance en pomper le miel.
→ p. 157 : H. de Balzac, *Le Père Goriot* (1835).

➤ Les métaphores utilisées, *ruche bourdonnante, pomper le miel*, désignent Paris de manière poétique.

– la **fonction expressive** : elle transmet des sentiments, des idées de l'énonciateur.

Ex. : Ainsi Amour inconstamment me mène :
Et quand je pense avoir plus de douleur,
Sans y penser je me trouve hors de peine.
→ p. 50 : Louise Labé, *Sonnets* (1555).

➤ Le poème mêle les fonctions expressive et poétique ; les figures de rhétorique et la versification mettent en relief les effets de la passion sur l'auteur.

– la **fonction conative** : elle vise le destinataire, cherche à le persuader ou à le convaincre, à lui donner des ordres ou des conseils.

Ex. : Dorante. – Tais-toi ; voici Monsieur Orgon qui vient.
→ p. 220 : Marivaux, *Le Jeu de l'amour et du hasard* (1730).

➤ Dorante engage son valet Arlequin à tenir sa langue au moment où apparaît un personnage qui ne doit pas les entendre.

## Les indices de l'énonciation

- Parfois, l'énonciateur s'efface et reste neutre, ou bien, au contraire, il affirme sa présence et laisse libre cours à sa subjectivité.

### Les énoncés ancrés dans la situation d'énonciation

- L'énonciateur inscrit ses propos dans le présent. Dialogues, lettres, journaux intimes… présentent les caractéristiques suivantes :

– emploi des pronoms et déterminants de la **première personne** (énonciateur) et de la **deuxième personne** (destinataire), et du pronom indéfini *on* quand il peut être remplacé par *nous.*

– temps et modes verbaux en lien direct avec la situation d'énonciation : présent d'énonciation, futur simple, passé composé, impératif…

→ p. 375 : LA SYNTAXE ET LA VALEUR DES TEMPS

– **adverbes de temps ou de lieu** qui se rattachent au contexte spatio-temporel de l'énonciation : *ici, chez nous, dans notre pays… ; aujourd'hui, maintenant, à présent…*

Ex. : N'en doutons plus, Olympe, ils se vont égorger.
→ p. 334 : J. Racine, *La Thébaïde* (1664).

➤ Dans ce dialogue, Jocaste confie ses craintes à Olympe, à l'impératif présent ; le futur immédiat *vont* souligne l'imminence de la tragédie.

**Remarque :** les récits au passé, à la troisième personne, sont **coupés de la situation d'énonciation** ; ils se situent dans le passé et ne renvoient pas au contexte de l'écriture.

Ex. : Julien s'arrêtait ébahi au milieu de la cour.
→ p. 152 : Stendhal, *Le Rouge et le Noir* (1830).

➤ Cet énoncé n'a aucun lien avec le présent du narrateur ; il est coupé de la situation d'énonciation.

### Les modalisateurs

- Ces termes révèlent la **subjectivité** de l'énonciateur. Ce sont :

– des **verbes** (*aimer, penser, croire, craindre…*) et des **adverbes** (*peut-être, bien sûr, hélas, probablement…*) exprimant un jugement ou des sentiments ;

– des **adjectifs qualificatifs** ayant des connotations appréciatives, mélioratives ou péjoratives : *sublime, hideux, plaisant, merveilleux…*

→ p. 381 : DÉNOTATION ET CONNOTATION

– des **adverbes d'intensité** : *très, peu, tellement, si…*

Ex. : Je trouve ce plaisir si doux et si charmant → p. 33 : Saint-Amant, *Œuvres poétiques* (1631).

➤ Le verbe *trouver*, les adjectifs qualificatifs *doux* et *charmant*, renforcés par l'adverbe d'intensité *si*, évoquent des sentiments agréables.

# Exercices d'application

## Mettre au point

### 1 Fonctions du langage et énonciation

**1.** Déterminez les fonctions du langage propres à chaque texte. Justifiez vos réponses.
**2.** Lequel comporte le plus grand éventail de fonctions ?
**3.** Quels textes comportent des indices de l'énonciation ? Relevez-les et justifiez leur présence.

#### Texte A

Un port est un séjour charmant pour une âme fatiguée des luttes de la vie. L'ampleur du ciel, l'architecture mobile des nuages, les colorations changeantes de la mer, le scintillement des phares, sont un prisme[1] merveilleusement propre à amuser les yeux sans jamais les lasser.

Charles Baudelaire, *Le Spleen de Paris*, « Le port » (extrait, 1869).

1. Des éléments reflétant la lumière.

#### Texte B

Premier port européen, intermédiaire entre le trafic océanique et celui de la région rhénane, Rotterdam est un port de pondéreux (charbon, minerais) et surtout un port pétrolier.

*Le Dictionnaire de notre temps*, © Hachette (1988).

#### Texte C

– José, aide-moi à décharger ce container !
– Crie plus fort, avec le vacarme du port, je n'entends rien.

#### Texte D

*Portelet* est un hapax, c'est-à-dire un mot que l'on ne rencontre qu'une fois dans la langue française, sous la plume de Victor Hugo, dans son roman *Les Travailleurs de la mer* (1866).

## Appliquer

### 2 L'expression de la subjectivité

**1.** Identifiez les fonctions du langage présentes dans cette tirade. Appuyez-vous sur des indices précis.
**2.** En quoi les marques temporelles de l'énonciation sont-elles essentielles ?
**3.** Étudiez la subjectivité d'Alcandre, en vous appuyant sur les champs lexicaux les plus significatifs.

*Le magicien Alcandre vient d'apprendre à Pridamant que son fils disparu est vivant… mais comédien.*

Alcandre
Cessez de vous en plaindre. À présent le théâtre
Est en un point si haut qu'un chacun l'idolâtre[1] ;
Et ce que votre temps voyait avec mépris
Est aujourd'hui l'amour de tous les bons esprits,
L'entretien[2] de Paris, le souhait des provinces,
Le divertissement le plus doux de nos princes,
Les délices du peuple, et le plaisir des grands ;
Il tient le premier rang parmi leurs passe-temps ;
Et ceux dont nous voyons la sagesse profonde
Par ses illustres soins[3] conserver tout le monde,
Trouvent dans les douceurs d'un spectacle si beau
De quoi se délasser d'un si pesant fardeau.

Pierre Corneille, *L'Illusion comique*, acte V, scène 6 vers 1781-1792 (extrait, 1635).

1. L'adore. 2. Le sujet de conversation. 3. Soucis, préoccupations.

### 3 Communiquer par lettre

**1.** Identifiez l'énonciateur, le destinataire et le référent.
**2.** Quelle situation de communication est rapportée ?
**3.** Quels indices grammaticaux signalent les passages ancrés dans la situation d'énonciation ? Lesquels en sont coupés ? Justifiez.
**4.** Quelle est la visée de cette lettre ?

À Pomponne[1]
[À Paris,] lundi 1er décembre [1664]

[…] Il faut que je vous conte une petite historiette, qui est très vraie et qui vous divertira. Le Roi[2] se mêle depuis peu de faire des vers ; MM. de Saint-Aignan et Dangeau lui apprennent comme il s'y faut prendre. Il fit l'autre jour un petit madrigal[3], que lui-même ne trouva pas trop joli. Un matin, il dit au maréchal de Gramont : « Monsieur le maréchal, je vous prie, lisez ce petit madrigal, et voyez si vous en avez jamais vu un si impertinent. Parce qu'on sait que depuis peu j'aime les vers, on m'en apporte de toutes les façons. » Le maréchal, après avoir lu, dit au Roi : « Sire, Votre Majesté juge divinement bien de toutes choses ; il est vrai que voilà le plus sot et le plus ridicule madrigal que j'aie jamais lu. » Le Roi se mit à rire, et lui dit : « N'est-il pas vrai que celui qui l'a fait est bien fat[4] ? – Sire, il n'y a pas moyen de lui donner un autre nom. – Oh bien ! dit le Roi, je suis ravi que vous m'en ayez parlé si bonnement ; c'est moi qui l'ai fait.

Mme de Sévigné, *Correspondance* (extrait, 1726, publication posthume).

1. Simon Arnauld de Pomponne (1618-1699), alors en exil. 2. Louis XIV. 3. Petit poème galant. 4. Imbécile.

## 4 L'énonciation dans l'autobiographie

**1.** **Repérez les indices de l'énonciation, puis leur lien avec le titre de l'œuvre.**
**2.** **De quelle manière le narrateur laisse-t-il transparaître sa subjectivité ? Commentez les modalisateurs.**

Aujourd'hui, ma mémoire et ma tête affaiblies me rendent presque incapable de tout travail ; je ne m'occupe de celui-ci que par force et le cœur serré de détresse. Il ne m'offre que malheurs, trahisons, perfidies[1], que souvenirs attristants et déchirants. Je voudrais pour tout au monde pouvoir ensevelir dans la nuit des temps ce que j'ai à dire, et, forcé de parler malgré moi, je suis réduit encore à me cacher, à ruser, à tâcher de donner le change[2], à m'avilir[3] aux choses pour lesquelles j'étais le moins né. Les planchers sous lesquels je suis ont des yeux, les murs qui m'entourent ont des oreilles ; environné d'espions et de surveillants malveillants et vigilants, inquiet et distrait, je jette à la hâte sur le papier quelques mots interrompus qu'à peine j'ai le temps de relire, encore moins de corriger. Je sais que, malgré les barrières immenses qu'on entasse sans cesse autour de moi, l'on craint toujours que la vérité ne s'échappe par quelque fissure.

Jean-Jacques Rousseau, *Les Confessions*, livre VII (extrait, 1782-1789, publication posthume).

1. Méchancetés. 2. Faire semblant, dissimuler. 3. M'abaisser.

## 5 L'énonciation dans le journal intime

**1.** **Quels indices de l'énonciation ancrent l'écriture dans son contexte spatio-temporel ?**
**2.** **Relevez les mots révélant la subjectivité de l'énonciateur. Quels sentiments font-ils ressortir ?**
**3.** **D'après l'auteur, quels jugements l'opinion commune est-elle susceptible de formuler contre elle ?**
**4.** **À qui les interrogations du texte s'adressent-elles ? Expliquez leur fonction dans ce journal.**

*Hélène Berr, étudiante en anglais, passionnée de littérature, est déportée en 1944. Elle ne survit pas à l'expérience des camps et disparaît en avril 1945, à Bergen-Belsen, à l'âge de vingt-quatre ans.*

Mercredi 24 novembre

[...] Ce matin, je lisais Shelley[1], et sa *Défense de la poésie* ; hier soir, un dialogue de Platon[2] traduit par lui. Quel désespoir de penser que tout cela, tous ces magnifiques résultats de polissure[3], d'humanisation, toute cette intelligence et cette largeur de vues sont morts aujourd'hui. Vivre une époque pareille, et être attiré vers toutes ces œuvres, quelle dérision[4], c'est presque incompatible. Que dirait Platon ? Que dirait Shelley ? On me traiterait de rêveuse et d'inutile. Mais n'est-ce pas les autres, n'est-ce pas la rage de mal qui sévit actuellement qui est la chose fausse et inutile ? Si j'étais née à une autre époque, tout cela aurait pu s'épanouir.

Hélène Berr, *Journal, 1942-1944* (extrait, 2008), © Tallandier.

1. Poète romantique anglais. 2. Philosophe grec. 3. Action de polir, ici synonyme de *civilisation*. 4. Ironie.

## 6 Le narrateur et son lecteur

**1.** **Étudiez la fonction des indices de l'énonciation dans cet *incipit*.**
**2.** **Quelles fonctions du langage Philippe Sollers met-il en œuvre ? Justifiez.**
**3.** **Repérez les modalisateurs et commentez leur emploi.**

Vous prononcez ce nom : Vivant Denon[1]. La plupart de vos interlocuteurs n'en ont jamais entendu parler. Denon ? Vivant Denon ? Vivant est un prénom ? Et Denon un nom ? Quelques-uns, pourtant, prennent un air entendu. Il s'agit bien de l'auteur de *Point de lendemain*, ce bref récit libertin du XVIIIe siècle, un joyau de la prose française ? Oui, c'est lui. Mais qui était-il vraiment, d'où venait-il, que lui est-il arrivé par la suite ? Ah, voilà. D'autres sont quand même sérieux et connaissent l'histoire officielle. Ils savent que le baron Dominique Vivant Denon a été, sous le premier Empire, le fondateur du musée du Louvre actuel, et que l'entrée principale, jusqu'à la pyramide actuelle, se faisait justement par le Pavillon Denon (l'inscription frontale est toujours lisible).

Philippe Sollers, *Le Cavalier du Louvre. Vivant Denon* (extrait, 1995), © Plon.

1. Érudit du siècle des Lumières, sujet de cette biographie.

# Écrire

## 7 Communiquer sur la lecture

En 2004, dans un petit essai sur la lecture (*Lira bien qui lira le dernier*, © Labor / Espaces de Libertés), l'éditeur Hubert Nyssen écrit : *Sans doute, au train où vont les choses, le livre tel que nous le fréquentons et la lecture telle que nous la pratiquons, entreront-ils un jour prochain au musée des Arts premiers. Et l'empire littéraire connaîtra de grands bouleversements. Eh bien, lira bien qui lira le dernier !*

**Rédigez un dialogue argumentatif entre deux personnages à propos de l'avenir de la lecture, qui commencera par cette citation, et dans lequel vous mettrez en jeu les six fonctions du langage ainsi que de nombreuses marques de la subjectivité.**

→ p. 544 : INVENTER ET ARGUMENTER

# Fiche 2 La syntaxe et la valeur des temps

Tout à coup un ivrogne traversa en zigzag le trottoir ; et, à propos des ouvriers, ils entamèrent une conversation politique. Leurs opinions étaient les mêmes, bien que Bouvard fût peut-être un peu plus libéral.

→ p. 195 : G. Flaubert, *Bouvard et Pécuchet* (1881).

**QUESTIONS**

1. Relevez les verbes conjugués. Combien de propositions chaque phrase compte-t-elle ?
2. À quels temps et à quel mode les verbes *traversa, étaient* et *fût* sont-ils conjugués ?

## L'essentiel

### La phrase

- La phrase est une **unité de sens** : délimitée par une majuscule et par un signe de ponctuation forte, elle est construite autour d'un ou plusieurs verbes conjugués.

#### Phrase verbale ou non verbale

- Il existe des phrases sans verbe conjugué, organisées autour d'un **nom**, d'un **adjectif**, d'un **adverbe** ou d'une **interjection**.

  Ex. : – Assez ! s'écria-t-elle d'un air terrible. → p. 174 : G. Flaubert, *Madame Bovary* (1857).

  ➤ La réponse d'Emma ne contient que l'adverbe *Assez*, traduisant l'irritation.

#### Phrase simple et phrase complexe

- La **phrase simple** comporte une **seule proposition**, c'est-à-dire un ensemble de mots organisés autour d'un verbe conjugué.

  Ex. : Depuis des années ce même instant se répétait identique, chaque jour, samedi, dimanche et jours de fête exceptés. → p. 197 : R. Queneau, *Le Chiendent* (1933), © Gallimard.

  ➤ Le seul verbe est *se répétait* ; la phrase est donc simple.

- La phrase complexe réunit plusieurs propositions liées par la ponctuation ou des connecteurs.

| | Caractéristiques | Exemples |
|---|---|---|
| **Propositions indépendantes** | Reliées par une **virgule**, un **point-virgule** ou **deux points**, elles sont **juxtaposées**. | Ex. : J'ai un peu voyagé ; j'ai vu des mortels forts au-dessous de nous. → p. 92 : Voltaire, *Micromégas* (1762). ➤ Deux verbes sont conjugués ; le point-virgule juxtapose deux propositions. |
| | Reliées par une **conjonction** de **coordination**, elles sont **coordonnées**. | Ex. : Vous avez mis le pied gauche sur la rainure de cuivre, et de votre épaule droite vous essayez en vain de pousser un peu plus le panneau coulissant. → p. 194 : M. Butor, *La Modification* (1957), © Minuit. ➤ Deux verbes, *avez mis* et *essayez*, sont conjugués ; la conjonction de coordination *et* relie deux propositions. |
| **Propositions subordonnées** | Reliées par **subordination** : la proposition **subordonnée** est rattachée à la proposition **principale** par une **conjonction de subordination**. | Ex. : Swann reconnut tout de suite dans ce dire un de ces fragments d'un fait exact que les menteurs pris de court se consolent de faire entrer dans la composition du fait faux qu'ils inventent. → p. 179 : M. Proust, *Un amour de Swann* (1913). ➤ La proposition principale, organisée autour du verbe *reconnut*, est complétée par des propositions subordonnées relatives emboîtées, qui ont pour verbes conjugués *se consolent* et *inventent*. |

## La syntaxe

- La syntaxe est l'**agencement des mots** dans des phrases construites.
- Des procédés de **mise en relief** nuancent le sens d'une phrase :

  – l'utilisation d'un **présentatif** met en relief le mot qu'il encadre.

  Ex. : c'était cela qui la trahissait. → p. 179 : M. Proust, *Un amour de Swann* (1913).

  ➤ Le narrateur met l'accent sur un détail afin d'en montrer la conséquence.

  – placer des compléments avant le sujet et le verbe de la principale crée un effet d'attente ou met des éléments en valeur.

  Ex. : Dans leur atmosphère souillée / Meurt ta poésie effeuillée.

  → p. 66 : V. Hugo, *Les Rayons et les Ombres* (1840).

  ➤ Le sujet, placé en fin de phrase, souligne l'agonie de la poésie.

  – l'utilisation de la **voix passive** permet d'insister sur les forces qui s'emparent d'un sujet, souvent affaibli et dépendant.

  Ex. : Ils ont été frappés par la précision de ses propos et son souci constant de donner de lui-même une opinion favorable.

  → p. 202 : E. Carrère, *L'Adversaire* (2000), © P.O.L.

  ➤ L'emploi du passif montre l'état de dépendance dans lequel le meurtrier a mis les psychologues.

## Syntaxe et mode verbal

- La syntaxe commande le choix d'un mode ou d'un temps verbal :

  – les **locutions conjonctives** *bien que* et *avant que* sont suivies du **mode subjonctif** ; la **locution conjonctive** *après que* est suivie du **mode indicatif**.

  Ex. : Je ne me suis pas consolé / Bien que mon cœur s'en soit allé.

  → p. 53 : P. Verlaine, *Romances sans paroles* (1874).

  – le cas de l'**hypothèse** est particulier : lorsque *si* est suivi d'un **imparfait** ou d'un **plus-que-parfait de l'indicatif**, la conséquence est au **conditionnel présent** ou **passé**, tandis que *si* suivi d'un **présent de l'indicatif** entraîne une conséquence au **futur simple**.

  Ex. : Que serions-nous devenus si nous avions été forcés, nous aussi, de ne plus jouer la comédie ?

  → p. 182 : J. Giono, *Le Moulin de Pologne* (1952), © Gallimard.

  – lorsqu'un récit au **passé simple** contient du **discours indirect**, ce dernier a pour base l'**imparfait** de l'indicatif.

  Ex. : elle lui dit qu'elle était chez elle tantôt quand il avait sonné.

  → p. 179 : M. Proust, *Un amour de Swann* (1913).

## Temps verbal et situation d'énonciation

- Dans un énoncé **ancré dans la situation d'énonciation**, les modes et temps verbaux s'organisent autour des **temps du discours** (présent de l'indicatif, futur simple…).

  → p. 371 : COMMUNICATION, ÉNONCIATION ET MODALISATION

  Ex. : Qu'as-tu ? qu'as-tu ? répétait-il stupéfait. Calme-toi ! reprends-toi !…

  → p. 174 : G. Flaubert, *Madame Bovary* (1857).

- Le **présent de l'indicatif** a d'autres **valeurs** :

  – le **présent de vérité générale** énonce un fait toujours vrai.

  Ex. : la Terre tourne autour du Soleil.

  – le **présent de narration**, pour marquer une action, se substitue au passé simple.

  Ex. : Elle danse sur le rythme lent de la musique électrique.

  → p. 184 : J.-M. G. Le Clézio, *Désert* (1980), © Gallimard.

  – les **présents de répétition** et **d'habitude** rapportent des actions régulières.

  Ex. : chaque année, en automne, les écrivains tentent de remporter de prestigieux prix littéraires.

- Dans un énoncé **coupé de la situation d'énonciation**, les modes et temps verbaux s'organisent autour des **temps du récit** (passé simple, imparfait…).

  Ex. : Il aperçut au bord des halles, en plein soleil, le docteur Canivet qui s'essuyait le front avec son foulard.

  → p. 174 : G. Flaubert, *Madame Bovary* (1857).

# Exercices d'application

## Mettre au point

### 1 Phrases et propositions

**1.** De combien de phrases cet extrait se compose-t-il ?
**2.** Combien de propositions chaque phrase contient-elle ? Comment sont-elles reliées ?
**3.** Quel est le rôle de la conjonction de coordination *et* ?

*Un vieux Tahitien s'adresse à Bougainville, un explorateur français qui a découvert Tahiti et repart pour l'Europe.*

Nous sommes innocents, nous sommes heureux, et tu ne peux que nuire à notre bonheur. Nous suivons le pur instinct de la nature, et tu as tenté d'effacer de nos âmes son caractère. Ici tout est à tous, et tu nous as prêché je ne sais quelle distinction du tien et du mien. Nos filles et nos femmes nous sont communes, tu as partagé ce privilège avec nous, et tu es venu allumer en elles des fureurs inconnues.

Denis DIDEROT, *Supplément au voyage de Bougainville*, chapitre II (extrait, 1796, publication posthume).

## Appliquer

### 2 Jeux avec la syntaxe

**1.** Comptez les propositions du premier paragraphe.
**2.** Quelle est la particularité syntaxique du télégramme ?
**3.** L'enchaînement des propositions est-il le même dans le second paragraphe ? À quel changement d'attitude du narrateur cela correspond-il ?

Aujourd'hui, maman est morte. Ou peut-être hier, je ne sais pas. J'ai reçu un télégramme de l'asile : « Mère décédée. Enterrement demain. Sentiments distingués. » Cela ne veut rien dire. C'était peut-être hier.

L'asile de vieillards est à Marengo, à quatre-vingts kilomètres d'Alger. Je prendrai l'autobus à deux heures et j'arriverai dans l'après-midi. Ainsi, je pourrai veiller et je rentrerai demain soir.

Albert CAMUS, *L'Étranger* (*incipit*, 1942), © Gallimard.

### 3 Les valeurs du présent

**1.** L'énoncé est-il coupé de la situation d'énonciation ? Justifiez.
**2.** Quelles sont ici les différentes valeurs du présent ?
**3.** Le texte est-il uniquement descriptif ? Justifiez.

Qui pourrait le croire ? Les architectes ont été souvent obligés de hausser, de baisser et d'élargir leurs portes, selon que les parures[1] des femmes exigeaient d'eux ce changement, et les règles de leur art ont été asservies[2] à ces caprices. On voit quelquefois sur un visage une quantité prodigieuse de mouches[3], et elles disparaissent toutes le lendemain. Autrefois, les femmes avaient de la taille et des dents[4] ; aujourd'hui, il n'en est pas question. Dans cette changeante nation, quoi qu'en disent les mauvais plaisants, les filles se trouvent autrement faites que leurs mères.

MONTESQUIEU, *Lettres persanes*, lettre 99 (extrait, 1721).

**1.** Costumes et accessoires. **2.** Contraintes d'obéir. **3.** Pièces de tissu noir posées sur le visage. **4.** Une belle dentition.

## Écrire

### 4 Temps du discours et temps du récit

**Réécrivez ce texte en commençant par « Arrias était un homme universel qui… » Utilisez les temps du récit mais conservez les passages de discours direct.**
→ p. 434 : LE PERSONNAGE

*Arrias* a tout lu, a tout vu, il veut le persuader ainsi ; c'est un homme universel[1], et il se donne pour tel ; il aime mieux mentir que de se taire ou de paraître ignorer quelque chose. On parle à la table d'un grand[2] d'une cour du Nord ; il prend la parole et l'ôte à ceux qui allaient dire ce qu'ils en savent ; il s'oriente dans cette région lointaine comme s'il en était originaire ; il discourt des mœurs de cette cour, des femmes du pays, de ses lois et de ses coutumes ; il récite des historiettes qui y sont arrivées ; il les trouve plaisantes et il en rit le premier jusqu'à éclater. Quelqu'un se hasarde de le contredire et lui prouve nettement qu'il dit des choses qui ne sont pas vraies. Arrias ne se trouble point, prend feu au contraire contre l'interrupteur[3] : « Je n'avance, lui dit-il, je ne raconte rien que je ne sache d'original ; je l'ai appris de *Sethon*, ambassadeur de France dans cette cour, revenu à Paris depuis quelques jours, que je connais familièrement, que j'ai fort interrogé, et qui ne m'a caché aucune circonstance. » Il reprenait le fil de sa narration avec plus de confiance qu'il ne l'avait commencée, lorsqu'un des conviés lui dit : « C'est Sethon à qui vous parlez, lui-même, et qui arrive de son ambassade ».

Jean de LA BRUYÈRE, *Caractères*, chapitre V (extrait, 1688).

**1.** Qui connaît tout le monde. **2.** Puissant. **3.** Celui qui l'interrompt.

# Fiche 3 L'enrichissement du vocabulaire et l'étymologie

M^me^ de Clèves [...] regarda avec étonnement la prodigieuse différence de l'état où elle était le soir d'avec celui d'où elle se trouvait alors ; elle se remit devant les yeux l'aigreur et la froideur qu'elle avait fait paraître à M. de Nemours tant qu'elle avait cru que la lettre de M^me^ de Thémines s'adressait à lui.

→ p. 172 : M^me^ de La Fayette, *La Princesse de Clèves* (1678).

**QUESTIONS**

**1.** Quelle est l'origine du mot *étonnement* ? En quoi le sens de ce mot a-t-il évolué entre le XVII^e^ siècle et aujourd'hui ?
**2.** Cherchez dans un dictionnaire le sens du mot *prodige*. Quelle signification pouvez-vous donner à l'adjectif *prodigieuse* dans l'extrait de *La Princesse de Clèves* ?

## L'essentiel

- Le langage n'est pas figé : des apports extérieurs enrichissent sans cesse le discours, les mots employés changent de sens ou se transforment au fil du temps.

  **Ex. :** J'ai grands ennuis entremêlés de joie.
  → p. 50 : Louise Labé, *Sonnets* (1555).
  ➤ Le sens du mot *ennui* a perdu de son intensité entre la Renaissance et aujourd'hui : les *ennuis* sont de grandes souffrances, dans ce poème.

### Les familles de mots

- Une famille de mots rassemble des mots formés à partir d'un **même radical**.

  **Ex. :** *paie, payer, payant, impayé*…
- Les mots sont dits **simples** lorsqu'ils sont forgés à partir d'un radical directement issu d'une langue ancienne.

  **Ex. :** le latin *pax* a donné *paix* ; le grec *graphein* a donné *graphie*…
- Très souvent, la langue française ajoute au radical des **préfixes** ou des **suffixes** qui en modifient le sens, permettant d'exprimer des nuances. Ces mots sont formés par **dérivation**.

  **Ex. :** Aujourd'hui je ne vois même plus rien de risible dans cet événement du Casino. Que se passait-il de si extraordinaire ?
  → p. 182 : J. Giono, *Le Moulin de Pologne* (1952), © Gallimard.
  ➤ *Risible* contient le suffixe *-ible*, qui signale une capacité : un événement *risible* est un événement qui suscite le rire.
  ➤ *Extraordinaire* contient le préfixe *extra-* qui indique l'extériorité : l'événement en question sort de l'ordinaire.
- Certains mots sont **composés**, c'est-à-dire construits à l'aide de mots simples reliés grâce à un **trait d'union**.

  **Ex. :** l'*arc-en-ciel* dessine un arc de cercle dans le ciel ; le *bien-être* désigne un état de satisfaction ou de confort.

## L'origine des mots

- Les mots ont une histoire, que l'on retrace grâce à l'**étymologie**. La connaissance des **langues anciennes**, comme le latin, le grec ou le germanique par exemple, permet de retrouver l'**étymon** d'un mot, c'est-à-dire la racine dont il provient, et ainsi de mieux saisir les nuances de sens du mot actuel.

  Ex. : Ce travail sur moi-même avait fixé mon attention.
  → p. 177 : P. Choderlos de Laclos, *Les Liaisons dangereuses* (1782).

  ➤ *Travail* vient du latin *tripalium* qui désigne un instrument de torture à trois pieds : le personnage a effectué sur lui-même un travail si difficile qu'il s'apparente à une torture.

- Les mots qui ne proviennent pas d'une langue ancienne correspondent à des **emprunts** : le lexique voyage au gré des mouvements de population ou des découvertes des explorateurs.

  Ex. : C'était cette malheureuse Julie emportée par la valse et dansant toute seule [...] au milieu des chignons de paille, des catogans de charbon.
  → p. 182 : J. Giono, *Le Moulin de Pologne* (1952), © Gallimard.

  ➤ *Valse* vient de l'allemand *Walzer*, puisque cette danse a été inventée en Autriche.

  ➤ *Catogan* a été créé à partir de l'anglais *Cadogan*, nom du général qui mit cette coiffure à la mode.

## Les évolutions de sens

- Un même mot connaît souvent des évolutions de sens d'un siècle à l'autre. Le sens s'intensifie ou s'atténue ; souvent, les locuteurs ignorent l'origine du mot qu'ils emploient. Ainsi, l'adjectif *formidable* désignait à l'origine un phénomène effrayant, alors qu'on l'emploie aujourd'hui comme un synonyme d'*admirable*.

  **Remarque** : ces problèmes de vocabulaire sont essentiels ; les méconnaître engendre des contresens dans les commentaires de texte.

  Ex. : il était presque impossible qu'elle pût être contente de sa passion.
  → p. 172 : Mme de La Fayette, *La Princesse de Clèves* (1678).

  ➤ L'adjectif *contente* signalait au XVIIe siècle une joie profonde et complète ; aujourd'hui, il indique simplement une satisfaction relative.

  ➤ *Passion* désignait au XVIIe siècle un emportement des sens qui provoque la souffrance, alors qu'aujourd'hui l'idée de douleur est moins présente.

## Les néologismes

- La langue ne cesse d'évoluer et les locuteurs inventent régulièrement des mots nouveaux notamment pour désigner des objets récemment créés.

  Ex. : *téléphone*, utilisé à partir de 1880, est un mot formé à partir du grec *têle-* qui signifie *loin* et *phônè* qui désigne le *son* ou la *voix*.

  Ex. : *ordinateur*, employé dès 1956, est créé à partir du latin *ordinator*, désignant *ce qui met de l'ordre*, et remplace l'anglais *computer*.

  Ex. : *logiciel*, créé en 1974, désigne un ensemble de programmes informatiques destinés à traiter des données.

  **Remarque** : sans contester le rôle pratique et essentiel de l'anglais dans la communication internationale, le français a la capacité de trouver des mots sans recourir systématiquement à l'anglais. Ainsi, les Québécois parlent de *courriel* et non d'*e-mail*, de *magasiner* au lieu de faire du *shopping*, etc.

## Les synonymes

- Lors de la rédaction d'un devoir, il faut éviter les répétitions. Pour préciser sa réflexion, on peut recourir aux synonymes ou aux mots de sens proche, qui permettent de nuancer une argumentation par exemple.

  Ex. : Quant à la hardiesse et courage : quant à la fermeté, constance, résolution contre les douleurs et la faim, et la mort, je ne craindrais pas d'opposer les exemples, que je trouverais parmi eux, aux plus fameux exemples anciens, que nous avons aux mémoires de notre monde par deçà. → p. 309 : M. de Montaigne, *Essais* (1580), © Gallimard.

  ➤ Montaigne, pour insister sur les qualités héroïques des peuples d'Amérique, énumère plusieurs termes de sens proche, ce qui renforce son plaidoyer.

# Exercices d'application

## Mettre au point

### 1 Origine et sens des mots

**1.** Quel est l'étymon du mot *candide* ? Que signifie-t-il ?
**2.** Dans les deux extraits, quel est le sens du mot *candide* ? Reliez-le à l'origine du mot ?
**3.** Dans quelle mesure le contexte est-il éclairant ?

**Texte A**

Il y avait en Westphalie, dans le château de monsieur le baron de Thunder-ten-tronckh, un jeune garçon à qui la nature avait donné les mœurs[1] les plus douces. Sa physionomie[2] annonçait son âme. Il avait le jugement assez droit, avec l'esprit le plus simple ; c'est, je crois, pour cette raison qu'on le nommait Candide.

Voltaire, *Candide* (*incipit*, 1759).

1. Habitudes de vie. 2. Son physique.

**Texte B**

Cet homme marchait pur loin des sentiers obliques,
Vêtu de probité candide et de lin blanc ;
Et, toujours du côté des pauvres ruisselant,
Ses sacs de grains semblaient des fontaines publiques.

Victor Hugo, *La Légende des siècles*, « Booz endormi » (extrait, 1859).

## Appliquer

### 2 Préfixes et suffixes

**1.** Identifiez les radicaux et le sens des mots suivants.
**2.** Indiquez les préfixes et / ou suffixes utilisés. Quels sens supplémentaires ajoutent-ils ?

désagréger, transporter, jaunâtre, irresponsable, encyclopédie, antichambre, parapluie, anticonstitutionnellement.

### 3 Langage et cosmopolitisme

**1.** Trouvez dans un dictionnaire le sens et l'origine géographique des mots *fellahs, chéchias, spahis* et *redingote*.
**2.** Indiquez la classe grammaticale du mot *flâne* (l. 7). Quel mot le lecteur attendrait-il plutôt ?
**3.** Quels termes forment le mot *chassé-croisé* ? Expliquez.

*En 1889, la famille Mercadier se promène à Paris, autour des bâtiments de l'Exposition universelle.*

Dans tout cela, la foule, une foule ahurie, bigarrée, avec des Arabes, des Anglais, des Parisiens, des badauds[1] grimpés, le melon[2] sur le nez, sur des ânes blancs conduits par des fellahs, les extravagantes modes de l'année avec leurs tournures[3] embarrassantes et les petits chapeaux étroits et perchés, retenus d'une bride sous le menton, la flâne des ouvriers en blouse, des enfants qui courent dans vos jambes, et l'un d'eux dans les escaliers tombe et pleurniche, les pantalons rouges des militaires, les chéchias des spahis, les redingotes noires et cintrées de messieurs barbus qui pérorent[4], des flopées et des flopées de gens qui arrivent et qui s'en vont, comme un chassé-croisé de fourmis où l'on était pris, avec un relent[5] de poussière et de sueur.

Louis Aragon, *Les Voyageurs de l'impériale* (extrait, 1948), © Gallimard.

1. Promeneurs. 2. Chapeau de forme arrondie. 3. Allures. 4. Bavardent bruyamment. 5. Une odeur.

### 4 L'évolution du sens

**1.** Recherchez l'origine et la signification des mots *farouche* et *fiers*. Commentez.
**2.** Au XVIIe siècle, les adjectifs *triste* et *ravi* ont-il la même intensité qu'aujourd'hui ?
**3.** Quels sont donc les sentiments de Junie et de Néron ?

*L'empereur Néron vient de faire enlever la belle Junie dont il est amoureux. Il raconte l'épisode à son conseiller, Narcisse.*

Néron
Triste, levant au ciel ses yeux mouillés de larmes
Qui brillaient au travers des flambeaux et des armes,
Belle, sans ornements, dans le simple appareil
D'une beauté qu'on vient d'arracher au sommeil.
Que veux-tu ? Je ne sais si cette négligence,
Les ombres, les flambeaux, les cris et le silence,
Et le farouche aspect de ses fiers ravisseurs,
Relevaient de ses yeux les timides douceurs.
Quoi qu'il en soit, ravi d'une si belle vue,
J'ai voulu lui parler, et ma voix s'est perdue.

Jean Racine, *Britannicus*, acte II, scène 2, vers 387-396 (extrait, 1669).

## Écrire

### 5 Évolution des mots et communication

**Écriture d'invention.** À l'occasion d'un voyage dans le temps, un élève du XXIe siècle rencontre la princesse de Clèves → p. 172 qui raconte ses tourments amoureux. L'élève tente de la consoler mais se heurte à des problèmes de communication engendrés par l'évolution des mots.
→ p. 544 : INVENTER ET ARGUMENTER

# Fiche 4 Dénotation et connotation

La courbe de tes yeux fait le tour de mon cœur,
Un rond de danse et de douceur,
Auréole du temps, berceau nocturne et sûr.

→ p. 59 : P. ELUARD, *Capitale de la douleur* (1926), © Gallimard.

**QUESTIONS**

1. Quels noms sont ici employés dans leur sens habituel ?
2. Quels autres noms sont avant tout utilisés pour leur pouvoir de suggestion ?

## L'essentiel

- Les mots associent un **signifié**, le sens, et un **signifiant**, l'aspect visuel et sonore.
  Ex. : *libellule* a pour signifié « insecte coloré, de l'ordre des odonates, volant près des eaux » ; son signifiant comporte une assonance en *l*, ce qu'un poète associerait à la légèreté.

### La dénotation

- Elle correspond à la **définition du dictionnaire**. Elle est essentielle dans les ouvrages informatifs et explicatifs qui recherchent surtout la clarté et l'objectivité.
  Ex. : Œdipe cherche la vérité. Œdipe rend la justice !
  → p. 331 : D. LAMAISON, *Œdipe roi* (1994), © Gallimard.
  ➤ Les noms abstraits *vérité* et *justice* se comprennent ici selon leur définition habituelle.

### La connotation

- Le lecteur doit déceler la **valeur implicite** des mots. Les connotations procèdent par associations d'idées, révélant la subjectivité de l'énonciateur.
  Ex. : Chien ! Vipère !... Impénitent phraseur !...
  → p. 331 : D. LAMAISON, *Œdipe roi* (1994), © Gallimard.
  ➤ Les mots *chien* et *vipère*, désignant le devin Tirésias, ont des connotations insultantes.
- Il existe différents types de connotations :
  – les **connotations contextuelles** situent un texte dans son cadre spatio-temporel ; elles utilisent des régionalismes, des archaïsmes (mots anciens) ou des néologismes (mots nouveaux).
  Ex. : Une vingtaine de miliciens en monos redescendaient de la Sierra pour le déjeuner.
  A. MALRAUX, *L'Espoir* (1886), © Gallimard.
  ➤ Le contexte géographique est rappelé grâce au terme *Sierra* qui évoque l'Espagne.
  – les **connotations culturelles** font référence à un patrimoine commun. Par exemple, le deuil est associé au noir en Occident, au blanc en Orient.
  Ex. : Le jour que je fus né, le Démon qui préside / Aux Muses me servit en ce monde de guide
  → p. 34 : P. de RONSARD, « Hymne de l'automne » (1564).
  ➤ À la Renaissance, les références antiques valorisent la vocation de poète.
  – les **connotations appréciatives** sont les nuances mélioratives ou péjoratives.
  → p. 371 : COMMUNICATION, ÉNONCIATION ET MODALISATION
  Ex. : c'était un brave et honnête homme, qui n'a jamais dit une parole plus haut que l'autre.
  → p. 157 : H. de BALZAC, *Le Père Goriot* (1835).
  ➤ Le personnage utilise des adjectifs qualificatifs mélioratifs car il s'agit d'un éloge funèbre.

# Exercices d'application

## Mettre au point

### 1 Décrire ou suggérer

**1. a.** **Lequel de ces textes joue le plus sur la dénotation des mots ? Appuyez-vous sur les champs lexicaux dominants.**

**b.** **Dans quelle partie du roman cet extrait se situe-t-il ? Indiquez alors quel est son objectif.**

**2.** **Dans ce même texte, un type de connotation est cependant présent : lequel ? Expliquez.**

**3.** **Repérez les types de connotation qui caractérisent l'autre extrait. Justifiez en expliquant ce que l'auteur cherche à suggérer.**

**4.** **Quelle vision de la vie insulaire cet extrait livre-t-il donc ?**

#### Texte A

Sur le côté oriental de la montagne qui s'élève derrière le Port-Louis de l'île de France[1], on voit, dans un terrain jadis cultivé, les ruines de deux petites cabanes. Elles sont situées presque au milieu d'un bassin formé par de grands rochers, qui n'a qu'une seule ouverture tournée au Nord. On aperçoit à gauche la montagne appelée le morne de la Découverte, d'où l'on signale les vaisseaux qui abordent dans l'île, et au bas de cette montagne la ville nommée le Port-Louis ; à droite, le chemin qui mène du Port-Louis au quartier des Pamplemousses ; ensuite l'église de ce nom, qui s'élève avec ses avenues de bambous au milieu d'une grande plaine ; et plus loin une forêt qui s'étend jusqu'aux extrémités de l'île.

BERNARDIN de SAINT-PIERRE, *Paul et Virginie* (*incipit*, 1787).

1. L'île Maurice était ainsi nommée au XVIII^e siècle.

#### Texte B

Leur affection mutuelle et celle de leurs mères occupaient toute l'activité de leurs âmes. Jamais des sciences[1] inutiles n'avaient fait couler leurs larmes ; jamais les leçons d'une triste morale ne les avaient remplis d'ennui. Ils ne savaient pas qu'il ne faut pas dérober, tout chez eux étant commun ; ni être intempérant[2], ayant à discrétion[3] des mets simples ; ni menteur, n'ayant aucune vérité à dissimuler. On ne les avait jamais effrayés en leur disant que Dieu réserve des punitions terribles aux enfants ingrats[4] ; chez eux l'amitié filiale était née de l'amitié maternelle.

BERNARDIN de SAINT-PIERRE, *Paul et Virginie* (extrait, 1787).

1. Connaissances. 2. Gourmand. 3. À volonté. 4. Qui ne sont pas reconnaissants.

## Appliquer

### 2 Des mots aux images

**1.** **Recherchez les connotations que ces termes peuvent avoir, par association d'idées.**

**2.** **Quels mots pourrait-on relier en raison de connotations communes ?**

vin, miroir, or, île, épée, pain, soleil, marbre, marteau, forteresse, chaîne, faux, serpent, arbre, puits, pomme, lac, tarot.

### 3 Connotations et publicité

**1.** **Quelles connotations associez-vous à chacun de ces logos publicitaires ?**

**2.** **Formulez le message qu'ils suggèrent en rédigeant un slogan pour chaque image.**

**3.** **Trouvez deux autres logos et commentez les connotations qui leur sont associées.**

orange™
Télécommunications
1

eurostar
Transports
2

PUMA®
Equipements sportifs
3

MICHELIN
Pneus
4

HARIBO
Confiserie
5

RELAIS & CHATEAUX
Chaîne hôtelière
6

## 4 Connotations dans le récit

**1.** Quelles impressions se dégagent du paysage évoqué ? Repérez les champs lexicaux et leurs connotations.
**2.** Quels sentiments le narrateur cherche-t-il ainsi à communiquer au lecteur ?
**3.** À quel genre de récit associez-vous cette atmosphère ?

Je n'avais pas encore fait deux cents pas, lorsque je m'aperçus que je n'étais plus dans le chemin ; je le cherchai des yeux. Je me trouvais au milieu d'une antique forêt de sapins, dont la cognée[1] semblait n'avoir jamais approché. Je pénétrai plus avant : je ne vis plus autour de moi que des rochers stériles[2], dont une mousse jaunâtre et aride revêtait la base, et dont les sommets étaient couronnés de glaces et de neiges.

L'air était extrêmement froid. Je regardai derrière moi ; la forêt avait disparu. Je fis encore quelques pas ; le silence de la mort m'environnait. Je me trouvai sur un champ de glace, qui s'étendait à perte de vue autour de moi. L'air était épais ; le soleil se montrait sanglant à l'horizon. Je ne comprenais rien à ce qui m'arrivait. Le froid qui me gelait me força de hâter ma marche.

Adalbert de Chamisso, *L'Étrange Histoire de Peter Schlemihl*, chapitre V (extrait, 1813).

1. La hache. 2. Dépourvus de végétation.

## 5 Connotations et subjectivité

**1.** Quelles connotations contextuelles Maupassant utilise-t-il pour renforcer le réalisme de cette nouvelle ?
**2.** Quels sentiments sur la guerre sont mis en évidence ? Justifiez à l'aide des connotations appréciatives.

Les derniers soldats français venaient enfin de traverser la Seine pour gagner Pont-Audemer par Saint-Sever et Bourg-Achard[1] ; et, marchant après tous, le général désespéré, ne pouvant rien tenter avec ces loques[2] disparates, éperdu[3] lui-même dans la grande débâcle[4] d'un peuple habitué à vaincre et désastreusement battu malgré sa bravoure légendaire, s'en allait à pied, entre deux officiers d'ordonnance[5]. Puis un calme profond, une attente épouvantée et silencieuse avaient plané sur la cité. Beaucoup de bourgeois bedonnants, émasculés[6] par le commerce, attendaient anxieusement les vainqueurs, tremblant qu'on ne considérât comme une arme leurs broches à rôtir ou leurs grands couteaux de cuisine.

Guy de Maupassant, *Boule de suif* (extrait, 1880).

1. Communes normandes. 2. Métaphore assimilant les soldats à de vieilles guenilles. 3. Désemparé. 4. Déroute de l'armée. 5. Aides de camp. 6. Ayant perdu leur virilité.

# Écrire

## 6 De l'ironie à l'utopie

**1.** Étudiez les connotations du vocabulaire utilisé.
**2.** Dans quelle mesure cette description est-elle ironique ? À partir de quel terme ce ton est-il perceptible ?
**3.** Écriture d'invention. Décrivez une ville idéale où, à l'inverse de celle-ci, règneraient le bonheur et la justice ; vous utiliserez les connotations appropriées.

→ p. 538 : INVENTER ET TRANSPOSER

Dans le haut quartier[1] n'habitaient que les blancs qui avaient fait fortune. Pour marquer la mesure surhumaine de la démarche blanche, les rues et les trottoirs du haut quartier étaient immenses. Un espace orgiaque[2], inutile était offert aux pas négligents des puissants au repos. Et dans les avenues glissaient leurs autos caoutchoutées, suspendues, dans un demi-silence impressionnant.

Tout cela était asphalté, large, bordé de trottoirs plantés d'arbres rares et séparés en deux par des gazons et des parterres de fleurs le long desquels stationnaient les files rutilantes[3] des taxis-torpédos[4]. Arrosées plusieurs fois par jour, vertes, fleuries, ces rues étaient aussi bien entretenues que les allées d'un immense jardin zoologique où les espèces rares des blancs veillaient sur elles-mêmes. Le centre du haut quartier était leur vrai sanctuaire.

Marguerite Duras, *Un barrage contre le Pacifique*, IIe partie (extrait, 1950), © Gallimard.

1. Quartier d'une grande ville coloniale, en Indochine, dans les années 1930. 2. Espace réservé à ceux qui vivent dans le luxe et la fête. 3. Brillantes, éclatantes de propreté. 4. Décapotables à la carrosserie allongée.

Photogramme d'*Un barrage contre le Pacifique*, film de Rithy Panh (2008), avec Isabelle Huppert.

# Fiche 5 Les figures de rhétorique

Je vois mon bien, et mon mal je procure,
Désir m'enflamme, et crainte me rend glace,
Je veux courir, et jamais ne déplace,
L'obscur m'est clair, et la lumière obscure.

→ p. 51 : Joachim Du Bellay, *L'Olive* (1550).

**QUESTIONS**

1. Sur quelles oppositions et quels principes de symétrie ce texte est-il construit ?
2. Expliquez le sens des images *m'enflamme* et *me glace*.

## L'essentiel

- Les figures de rhétorique, ou figures de style, ornent le propos et le rendent plus efficace.

### Les figures d'analogie

- Appelées également images, elles mettent en relation **deux réalités comparables**.

**La comparaison :** elle présente à la fois l'élément **comparé**, son **comparant** et le **terme de comparaison**.
Ex. : toute leur rancune se fondit comme une neige.
→ p. 174 : G. Flaubert, *Madame Bovary* (1857).
➤ Le changement radical de sentiment est assimilé à la fonte de la neige.

**La métaphore :** c'est une **analogie plus directe**, dont on ôte le terme de comparaison.
Ex. : Julie voguait au milieu des chignons de paille. → p. 182 : J. Giono, *Le Moulin de Pologne* (1952), © Gallimard.
➤ Le comparant *navire* est sous-entendu dans le verbe *voguait* ; la *paille* évoque la blondeur des chignons.

**La métaphore filée :** système de métaphores développé dans un texte.
Ex. : Le rire avec son bruit de torrent était la façon la plus simple de mouiller la brûlure et de l'étendre d'eau.
→ p. 182 : J. Giono, *Le Moulin de Pologne* (1952), © Gallimard.
➤ Les termes *mouiller* et *eau* évoquent le torrent.

### Les figures de substitution

- Elles **remplacent un terme par un autre**, en fonction d'un rapport logique de proximité.

**La métonymie :** elle substitue un contenant à un contenu, un lieu à ses dirigeants, et la **synecdoque** exprime un lien d'inclusion, par exemple la matière pour l'objet.
Ex. : Albe est battue par Rome.
P. Corneille, *Horace* (1640).
➤ Cette tragédie raconte le combat de trois habitants d'Albe contre trois habitants de Rome.

**L'antonomase :** elle remplace un nom propre par un nom commun, et inversement.
Ex. : un Balzac désigne un roman de cet auteur.

**La périphrase :** elle désigne un personnage ou un phénomène par ses caractéristiques.
Ex. : dans l'*Odyssée* d'Homère, Ulysse est *le héros aux mille ruses*.

### Les figures de construction

- Elles sont étroitement liées à la syntaxe.
→ p. 375 : LA SYNTAXE ET LA VALEUR DES TEMPS

### Les symétries

**Le chiasme :** c'est une construction symétrique à l'intérieur d'une phrase ou d'un paragraphe.
Ex. : Obtenir *veux*, et ne *puis* requérir → p. 51 : Joachim Du Bellay, *L'Olive* (1550).
➤ Les verbes *vouloir* et *pouvoir* sont placés de part et d'autre de la césure, les verbes à l'infinitif *obtenir* et *requérir* commencent et terminent le vers, accentuant l'opposition entre le désir et la réalité.

### Les figures de répétition et d'énumération

**L'anaphore :** elle consiste à répéter un mot ou un groupe de mots en début de proposition.
Ex. : Dis-toi [...] / Dis-toi [...]
→ p. 57 : R. Desnos, *Corps et biens* (1930), © Gallimard.
**Remarque** : une anaphore qui se développe et joue sur la syntaxe devient un **parallélisme**.
Ex. : Il connaît la nature, et les secrets des cieux,
Et d'un esprit bouillant s'élève entre les dieux.
Il connaît la vertu des herbes et des pierres
→ p. 34 : P. de Ronsard, « Hymne de l'automne » (1564).

**L'énumération et l'accumulation :** elles placent côte à côte des éléments qui se ressemblent, accentuant l'importance du phénomène évoqué.
Ex. : Feuilles de jour et mousse de rosée,
Roseaux du vent, sourires parfumés.
→ p. 59 : P. Eluard, *Capitale de la douleur* (1926), © Gallimard.
➤ L'énumération d'éléments empruntés à la nature finit par assimiler les sourires à des senteurs florales.

## Les figures d'opposition

- Elles mettent en contact des termes de sens contraire.

**Les antithèses :** elles rapprochent deux réalités opposées.
Ex. : Je vis, je meurs : je me brûle et me noie. → p. 50 : Louise Labé, Sonnets (1555).
➤ Ce décasyllabe comporte deux antithèses (*vis* et *meurs* ; *brûle* et *noie*), montrant le désarroi.
**Remarque** : une antithèse à l'intérieur d'un groupe nominal (nom + adjectif) est un **oxymore**.
Ex. : cette obscure clarté qui tombe des étoiles. P. Corneille, *Le Cid* (1637).

## Les figures de pensée

- Des trouvailles stylistiques orientent la perception du lecteur ou de l'auditeur.
- Elles correspondent à un point de vue original sur le monde.

**L'ironie** et son procédé principal, **l'antiphrase :** elles font entendre le contraire de ce qui est énoncé.
Ex. : *Te voilà beau !* dit-on à un enfant qui vient de se salir.

**La personnification :** elle confère des sentiments humains à des choses ou à des idées.
Ex. : mon cœur trop sensible / Dit à mon âme
→ p. 53 : P. Verlaine, *Romances sans paroles* (1874).
➤ Le poète met en scène le dialogue entre son cœur et son âme.
**Remarque** : l'**allégorie** personnifie une idée, une abstraction. Elle est souvent identifiable par la majuscule : la République, la Vérité, etc.

- D'autres figures visent à **atténuer** ou à **intensifier** le propos.

**L'euphémisme :** il cherche à minimiser ou adoucir ce qui est évoqué.
Ex. : *Il nous a quittés* signifie *il est mort.*

**L'hyperbole :** elle exagère pour montrer l'importance d'un phénomène.
Ex. : Que dis-je c'est un cap ? C'est une péninsule !
E. Rostand, *Cyrano de Bergerac* (1897).
➤ Cyrano exagère avec ironie la longueur de son nez afin de faire taire les mauvais plaisants.

**La litote :** elle semble atténuer un propos pour mieux faire sentir son **intensité**.
Ex. : Je ne te hais point.
P. Corneille, *Le Cid* (1637).
➤ En fait, Chimène dit à Rodrigue qu'elle l'aime passionnément.

# Exercices d'application

## Mettre au point

### 1 Figures et description

**1.** Relevez les verbes dont la *Nature* est sujet. Quelle figure de rhétorique le poète utilise-t-il pour la décrire ? Relevez les termes et expressions qui la mettent en scène.
**2.** Par quelle autre image le texte se poursuit-il dans le troisième paragraphe ?
**3.** Que désignent selon vous les mots *manuscrits* et *bibliothèque* ? Relevez et étudiez d'autres termes appartenant au même domaine.
**4.** Quelle représentation de la *fin de l'automne* le poète propose-t-il au lecteur ?
**5.** Selon vous, pour quelle raison ce texte, pourtant sans rime ni vers, est-il considéré comme un poème ?

La fin de l'automne

[...] Au panier, au panier ! La Nature déchire ses manuscrits, démolit sa bibliothèque, gaule[1] rageusement ses derniers fruits.

Puis elle se lève brusquement de sa table de travail. Sa stature aussitôt paraît immense. Décoiffée, elle a la tête dans la brume. Les bras ballants[2], elle aspire avec délices le vent glacé qui lui rafraîchit les idées. Les jours sont courts, la nuit tombe vite, le comique perd ses droits.

La terre dans les airs parmi les autres astres reprend son air sérieux. Sa partie éclairée est plus étroite, infiltrée de vallées d'ombre. Ses chaussures, comme celles d'un vagabond, s'imprègnent d'eau et font de la musique.

Francis Ponge, *Le Parti pris des choses* (extrait, 1942), © Gallimard.

1. Fait tomber les fruits de l'arbre, à l'aide d'un long bâton.
2. Qui pendent.

## Appliquer

### 2 Figures et dramatisation

**1. a.** Quelle image le premier groupe nominal du texte donne-t-il de l'incendie ?
**b.** Quelle est la figure de rhétorique utilisée ?
**2.** Étudiez les termes et les expressions qui permettent à la figure de se poursuivre tout au long de l'extrait.
**3.** Relevez une autre figure qui peut paraître surprenante pour décrire un incendie. Comment pouvez-vous néanmoins l'expliquer ?
**4.** Commentez la dernière phrase en utilisant vos réponses aux questions précédentes.

*Les habitants d'un petit hameau isolé luttent contre un incendie qui ravage une colline dont la végétation de buissons et de forêts est asséchée par l'été.*

La bête souple du feu a bondi d'entre les bruyères comme sonnaient les coups de trois heures du matin. Elle était à ce moment-là dans les pinèdes à faire le diable à quatre[1]. Sur l'instant, on a cru pouvoir la maîtriser sans trop de dégâts ; mais elle a rué si dru[2], tout le jour et une partie de la nuit suivante, qu'elle a rompu les bras et fatigué les cervelles de tous les gars. Comme l'aube pointait, ils l'ont vue, plus robuste et plus joyeuse que jamais, qui tordait parmi les collines son large corps pareil à un torrent. C'était trop tard.

Depuis elle a poussé sa tête rouge à travers les bois et les landes, son ventre de flammes suit ; sa queue, derrière elle, bat les braises et les cendres. Elle rampe, elle saute, elle avance. Un coup de griffe à droite, un à gauche ; ici elle éventre une chênaie[3] ; là elle dévore d'un seul claquement de gueule vingt chênes blancs et trois pompons[4] de pins ; le dard de sa langue tâte le vent pour prendre la direction. On dirait qu'elle sait où elle va.

Jean Giono, *Colline* (extrait, 1929), © Grasset.

1. Jouer sauvagement.
2. Avec tant d'intensité.
3. Plantation, forêt de chênes.
4. Branchages.

### 3 Figures et héroïsme

**1.** Sachant que Sabine s'adresse ici à Rome, nommez la figure de rhétorique utilisée tout au long de cette tirade. Quels indices de l'énonciation le confirment ?
→ p. 371 : COMMUNICATION, ÉNONCIATION ET MODALISATION
**2. a.** Dans les vers 5 et 6, quelle figure de construction renforce la figure déjà repérée ? Justifiez.
**b.** Relevez d'autres termes ou expressions qui se rattachent à cette figure et commentez les effets de style ainsi produits.
**3.** Relevez une énumération : que met en évidence ce procédé ?
**4.** Que représente le *fer* évoqué au vers 12 ? Comment appelle-t-on cette figure de rhétorique ?
**5.** Dans quel vers remarque-t-on un chiasme ? Expliquez et commentez.

*Albe et Rome sont en guerre. Sabine, originaire d'Albe, a épousé le Romain Horace, ennemi de son frère Curiace. Dans la scène d'exposition de cette tragédie, elle dévoile ses sentiments, en présence de sa confidente, Julie.*

SABINE
Bien loin de m'opposer à cette noble ardeur
Qui suit l'arrêt[1] des dieux et court à ta grandeur,
Je voudrais déjà voir tes troupes couronnées,
D'un pas victorieux franchir les Pyrénées.
Va jusqu'en l'orient pousser tes bataillons ;
Va sur les bords du Rhin planter tes pavillons ;
Fais trembler sous tes pas les colonnes d'Hercule[2] ;
Mais respecte une ville à qui tu dois Romule[3].
Ingrate, souviens-toi que du sang de ses rois
Tu tiens ton nom, tes murs, et tes premières lois.
Albe est ton origine : arrête, et considère
Que tu portes le fer dans le sein de ta mère.
Tourne ailleurs les efforts de tes bras triomphants ;
Sa joie éclatera dans l'heur[4] de ses enfants ;
Et se laissant ravir à l'amour maternelle[5],
Ses vœux[6] seront pour toi, si tu n'es plus contre elle.

Pierre CORNEILLE, *Horace*, acte 1, scène 1, vers 45-60 (1640).

1. La décision.
2. Le détroit de Gibraltar, entre l'Europe et l'Afrique.
3. Romulus, l'un des deux fondateurs de Rome.
4. Le bonheur.
5. S'abandonnant à son amour pour sa fille, Rome.
6. Souhaits.

## 4 Figures et argumentation

**1. a. Que devrait signifier l'expression *sages du pays* ?**
**b. Quels éléments du texte confirment apparemment cette définition ? Lesquels la contredisent ?**
**2. Que désignent les *appartements d'une extrême fraîcheur* ? Quelle est la figure employée et quel effet produit-elle ?**
**3. Relevez les adjectifs qualificatifs utilisés dans cet extrait, de *donner au peuple* à *faux-bourdon*. Sont-ils mélioratifs ou péjoratifs ? dans quel but ?**
→ p. 381 : DÉNOTATION ET CONNOTATION
**4. Sur quelle figure de pensée ce texte est-il construit ? Quel est donc l'objectif de l'auteur ?**

*Candide se trouve à Lisbonne juste après le terrible tremblement de terre qui a ravagé la ville en 1755, au moment où l'on se demande comment éviter à l'avenir les tragiques catastrophes naturelles.*

Après le tremblement de terre qui avait détruit les trois quarts de Lisbonne, les sages du pays n'avaient pas trouvé un moyen plus efficace pour prévenir une ruine totale que de donner au peuple un bel auto-da-fé[1] ; il était décidé par l'université de Coïmbre que le spectacle de quelques personnes brûlées à petit feu, en grande cérémonie, est un secret infaillible pour empêcher la terre de trembler.

[...] Tous deux[2] furent menés séparément dans des appartements d'une extrême fraîcheur, dans lesquels on n'était jamais incommodé du soleil ; huit jours après, ils furent tous deux revêtus d'un san-benito[3], et on orna leurs têtes de mitres[4] de papier [...]. Ils marchèrent en procession ainsi vêtus, et entendirent un sermon très pathétique, suivi d'une belle musique en faux-bourdon[5]. Candide fut fessé en cadence, pendant qu'on chantait [...] et Pangloss fut pendu, quoique ce ne soit pas la coutume. Le même jour la terre trembla de nouveau avec un fracas[6] épouvantable.

VOLTAIRE, *Candide*, chapitre VI (extrait, 1761).

1. Acte de foi : cérémonie durant laquelle on exécute les sentences de l'Inquisition.
2. Candide et Pangloss.
3. Vêtement porté par-dessus d'autres vêtements.
4. Coiffures de cérémonie des évêques.
5. Chant religieux.
6. Bruit très violent.

# Écrire

## 5 Figures du lyrisme

**1. Sur quelle analogie cet extrait repose-t-il ? Quelles figures la développent ?**
**2. Dans quel but les lettres capitales sont-elles employées ? Que soulignent-elles ?**
**3. Étudiez le champ lexical de la luminosité. Que met-il en valeur ?**
**4. Écriture d'invention. Le narrateur, invité dans le château de M. de Mortsauf, est officiellement présenté à la femme dont il est amoureux. Rédigez le portrait physique et moral de Mme de Mortsauf en poursuivant l'analogie établie lors de la rêverie, et en mettant en évidence les sentiments éprouvés par le jeune homme.**

*Le narrateur vient de tomber amoureux de Mme de Mortsauf qu'il a aperçue au cours d'un bal ; il se rend en Touraine et admire la vallée dans laquelle elle réside.*

Quand je m'assis sous mon noyer, le soleil de midi faisait pétiller les ardoises de son toit et les vitres de ses fenêtres. Sa robe de percale[1] produisait le point blanc que je remarquai dans ses vignes sous un hallebergier[2]. Elle était, comme vous le savez déjà, sans rien savoir encore, LE LYS DE CETTE VALLÉE où elle croissait[3] pour le ciel, en la remplissant du parfum de ses vertus. [...] mes yeux revenaient au point blanc, à la femme qui brillait dans ce vaste jardin comme au milieu des buissons verts éclatait la clochette d'un convolvulus[4], flétrie si l'on y touche.

Honoré de BALZAC, *Le Lys dans la vallée* (extrait, 1835).

1. Coton. 2. Arbre de la famille des abricotiers. 3. Du verbe *croître*, utilisé souvent pour les plantes. 4. Liseron.

CHAPITRE 2

# Les types de texte


389 **Fiche 1**
Le texte narratif

393 **Fiche 2**
Le texte descriptif

395 **Fiche 3**
Le texte argumentatif

398 **Fiche 4**
Le texte explicatif

Rembrandt Harmenszoon van Rijn dit Rembrandt (1606-1669), *Titus lisant* (vers 1657), huile sur toile, 70,5 x 64 cm (Vienne, Kunsthistorisches Museum).

En littérature, on trouve au moins quatre types de texte. Chaque type correspond à la visée précise de l'auteur :

– le **texte narratif** s'attache au **récit** des différents **événements** d'une histoire ;

– le **texte descriptif** révèle l'image d'un personnage ou d'un lieu ;

– le **texte argumentatif** présente une **thèse**, étayée par des **arguments** et des exemples ;

– le **texte explicatif** définit un mot ou une expression, ou **informe** le lecteur.

Ces catégories peuvent se mêler dans un même extrait. La délimitation des passages narratifs, descriptifs, argumentatifs ou explicatifs permet ensuite de dégager la dominante du texte.

**Remarque :** il faut bien distinguer les types de texte des genres littéraires, autre classification des textes en fonction de leur forme et de leur contenu : roman, théâtre, poésie, littérature d'idées, etc.

# Fiche 1 Le texte narratif

Il montait lentement les marches, le cœur battant, l'esprit anxieux, harcelé surtout par la crainte d'être ridicule ; et, soudain, il aperçut en face de lui un monsieur en grande toilette qui le regardait.

→ p. 153 : G. de MAUPASSANT, *Bel-Ami* (1885).

**QUESTIONS**

1. Quels sont les deux temps employés ? pourquoi ?
2. À l'aide de quels mots le passage de l'un à l'autre temps verbal est-il souligné ?

## L'essentiel

- Dans le texte narratif, le lecteur a l'impression d'assister au **déroulement des faits**, l'attention se concentrant sur les étapes de l'intrigue.

### Les caractéristiques grammaticales

#### La personne grammaticale

- Le texte est le plus souvent rédigé à la **troisième personne**.

  Ex. : Elle avait ignoré jusqu'alors les inquiétudes mortelles de la défiance et de la jalousie.
  → p. 172 : Mme de LA FAYETTE, *La Princesse de Clèves* (1678).

- Il peut être rédigé à la première personne, voire à la deuxième personne.

  Ex. : Moi j'écoutais et j'entendais qu'on me jugeait intelligent.
  → p. 200 : A. CAMUS, *L'Étranger* (1942), © Gallimard.
  ➤ Le narrateur-personnage, Meursault, évoque subjectivement la réalité qui l'entoure.

  Ex. : de votre épaule droite vous essayez en vain de pousser un peu plus le panneau coulissant.
  → p. 194 : M. BUTOR, *La Modification* (1957), © Minuit.
  ➤ Le récit à la deuxième personne implique le lecteur dans l'expérience vécue par le personnage.

#### L'emploi des temps

- La narration des événements peut se faire au présent, au passé, plus rarement au futur.
- Chaque temps possède une valeur propre qui le distingue des autres :

  – le **présent de narration** crée l'illusion d'événements qui se déroulent en même temps que la narration ; il est généralement accompagné de temps du passé.

  Ex. : – Non, lui répondit le chirurgien, je veux leur démontrer, et je leur démontrerai...
  Et, tout en se retournant pour démontrer, il pousse sa compagne, lui fait perdre l'équilibre et la jette à terre.
  → p. 192 : D. DIDEROT, *Jacques le Fataliste* (1796).
  ➤ Alors que le récit est au passé simple (*répondit*), l'intrusion des verbes au présent rend plus vivant l'accident raconté.

  – le **passé simple** est le temps du récit le plus employé. Il évoque des actions uniques ou des événements très brefs.

  Ex. : Julien tressaillit et fit un saut en arrière. Il rougit de colère.
  → p. 152 : STENDHAL, *Le Rouge et le Noir* (1830).
  ➤ Les trois verbes au passé simple insistent sur l'effet de surprise qui s'empare de Julien.

  – l'**imparfait** peut avoir plusieurs valeurs : **duratif** quand il présente une action dans son déroulement ; **itératif** lorsqu'il traduit une répétition, une habitude.
  Dans un récit au passé simple, il peut évoquer des actions moins importantes que les événements relatés au passé simple.

**Ex. :** Un soir que j'entrais avec une bougie je fus saisi de l'entendre dire d'une voix un peu tremblée, « je suis là couché dans le noir à attendre la mort ».
→ p. 162 : J. Conrad, *Au cœur des ténèbres* (1899), © Flammarion.
➤ L'action, relatée à l'imparfait, est interrompue par le passé simple *fus saisi* qui indique un événement bref et soudain.

– le **plus-que-parfait** sert à évoquer une action encore plus éloignée dans le temps, antérieure aux faits exprimés par l'imparfait.

**Ex. :** Il disait qu'il s'était penché sur elle et qu'il n'avait rien trouvé.
→ p. 200 : A. Camus, *L'Étranger* (1942), © Gallimard.
➤ Les deux plus-que-parfaits sont des actions antérieures au récit que le personnage en fait (*disait*).

## La structure narrative

- Le texte narratif obéit à une succession de faits ordonnés temporellement et logiquement.
- Il est marqué par une succession d'actions enchaînées logiquement, comme dans le rapport cause-conséquence (une action en entraîne une autre). Des repères temporels permettent de les identifier clairement.

**Ex. :** Mais voilà qu'en s'apercevant brusquement dans la glace, il ne s'était pas même reconnu [...].
Et maintenant, en se regardant avec soin, il reconnaissait que, vraiment, l'ensemble était satisfaisant.
Alors il s'étudia comme font les acteurs pour apprendre leurs rôles. Il se sourit.
→ p. 153 : G. de Maupassant, *Bel-Ami* (1885).
➤ Le présentatif *voilà que* puis les adverbes de temps *maintenant* et *alors* révèlent les trois phases par lesquelles passe Duroy pour composer sa physionomie avant son rendez-vous.

- Le **schéma narratif** est la succession des événements essentiels de l'intrigue : **situation initiale**, **élément perturbateur**, **développement** de l'action, **élément équilibrant** et **situation finale** développent l'intrigue suivant un enchaînement cadré. Ce schéma, appliqué d'abord aux contes, permet de déceler les étapes clés d'un récit, quel qu'il soit. Le récit est vu comme le bouleversement d'un ordre initial qui ne sera plus jamais le même après l'histoire racontée.
- Les **verbes de mouvement et d'action** : ils insistent sur l'aspect dynamique du texte narratif.

**Ex. :** Quand le corbillard vint, Eugène fit remonter la bière, la décloua, et plaça religieusement sur la poitrine du bonhomme une image.
→ p. 157 : H. de Balzac, *Le Père Goriot* (1835).
➤ Les passés simples se succèdent chronologiquement et montrent comment Eugène respecte étape par étape la cérémonie de l'enterrement.

## Le texte narratif dans les différents genres littéraires

- Le texte narratif se trouve essentiellement dans le **récit** (roman, nouvelle, autobiographie...) ; il rappelle que ce genre littéraire est avant tout attentif au déroulement d'événements.
- La **poésie** didactique (la fable), épique (chez Hugo), et même lyrique, fait souvent place à des récits.

**Ex. :** Elle a mis, depuis que je l'aime [...] / Bien des robes, jamais la même.
→ p. 64 : A. de Musset, *Poésies nouvelles* (1850).
➤ Une évocation poétique légère prend le prétexte d'une anecdote pour développer son atmosphère lyrique.

- Le **théâtre** laisse place à la **narration** quand une tirade évoque un événement qui n'est pas représenté.

**Ex. :** C'est moi qui sur ce fils chaste et respectueux
Osai jeter un œil profane, incestueux.
Le ciel mit dans mon sein une flamme funeste ;
La détestable Œnone a conduit tout le reste.
→ p. 238 : J. Racine, *Phèdre* (1677).
➤ Dans cette réplique, Phèdre raconte à son époux qu'elle a agi sous l'emprise de la passion.

# Exercices d'application

## Mettre au point

### 1 Valeurs des temps et repères temporels

**1. a. Quel est le temps utilisé au début du premier paragraphe ? Quelle est sa valeur ?**
**b. Quel autre temps est employé ensuite ? Quelle différence permet-il de marquer ?**
→ p. 375 : LA SYNTAXE ET LA VALEUR DES TEMPS
**2. Quelle est la classe grammaticale du connecteur temporel répété ? Quel est son rôle ?**

*Le narrateur, persuadé d'être hanté par un double invisible, le Horla, croit assister à l'une de ses apparitions, alors qu'il se promène dans son jardin.*

Je me promenais à deux heures, en plein soleil, dans mon parterre de rosiers... dans l'allée des rosiers d'automne qui commencent à fleurir.

Comme je m'arrêtais à regarder un *géant des batailles*[1], qui portait trois fleurs magnifiques, je vis, je vis distinctement, tout près de moi, la tige d'une de ces roses se plier, comme si une main invisible l'eût tordue, puis se casser comme si cette main l'eût cueillie ! Puis la fleur s'éleva, suivant la courbe qu'aurait décrite un bras en la portant vers une bouche, et elle resta suspendue dans l'air transparent, toute seule, immobile, effrayante tache rouge à trois pas de mes yeux.

Guy de Maupassant, *Le Horla* (extrait, 1887).

1. Nom d'un rosier.

### 2 Narration et temps du passé

**1. Quel est le pronom personnel le plus employé ? À qui fait-il référence ? Quel est donc le statut de ce personnage ?**
**2. a. Quelle est la valeur principale de l'imparfait ? Quelle autre valeur est présente ?**
**b. Quel autre temps est très utilisé ? Que permet-il d'indiquer ? Quel effet produit-il ?**
→ p. 375 : LA SYNTAXE ET LA VALEUR DES TEMPS

*La jeune Musango vit dans un pays africain imaginaire ravagé par la guerre, dans lequel les adultes chassent les enfants qu'ils jugent responsables de leurs malheurs.*

Je me suis levée. Je ne sais comment j'ai pu arriver dans la rue. Ils me regardaient tous, nos voisins. Ils m'insultaient, répétant les paroles de la vieille : loin, immédiatement. J'ai couru comme j'ai pu. Le jour s'était enfui. Des réverbères envoyaient un éclat jaunâtre sur la terre. Mes jambes ne me soutenaient qu'à peine. Lorsque je suis sortie de notre quartier, on ne m'a guère accordé d'attention. Les gens avaient l'habitude de voir des démentes[1] déambuler nues dans les rues. Elles étaient rarement aussi jeunes que moi, mais en ces temps déraisonnables, tout pouvait arriver. Rien ne les étonnait plus. Quelques jours auparavant, ils avaient vu Epupa, la folle la plus célèbre de Sombé[2], étrangler son fils en plein jour. C'était un nourrisson. Elle ne supportait pas l'idée d'avoir mis au monde un enfant mâle.

Léonora Miano, *Contours du jour qui vient* (extrait, 2006), © Plon.

1. Folles.
2. Capitale imaginaire du Mboasu, pays qui synthétise les caractéristiques de différents pays africains existants.

## Appliquer

### 3 L'utilisation des différents temps

**1. Relevez et identifiez les différents temps du passé utilisés ici. Justifiez leur emploi.**
**2. a. Relevez tous les vers où un autre temps verbal est employé.**
**b. Quelle est sa valeur dans ce passage ? Quel est l'effet produit sur le spectateur ?**
→ p. 375 : LA SYNTAXE ET LA VALEUR DES TEMPS

*Dans cette célèbre tirade du* Cid, *Rodrigue raconte son combat épique contre les Maures, un peuple arabe auquel est opposée l'Espagne lors de la Reconquista*[1].

Don Rodrigue
Sous moi[2] donc cette troupe s'avance,
Et porte sur le front une mâle assurance :
Nous partîmes cinq cents, mais par un prompt renfort,
Nous nous vîmes trois mille en arrivant au port,
Tant à nous voir marcher en si bon équipage[3]
Les plus épouvantés reprenaient de courage.
J'en cache les deux tiers, aussitôt qu'arrivés,
Dans le fond des vaisseaux qui lors[4] furent trouvés :
Le reste, dont le nombre augmentait à toute heure,
Brûlant d'impatience autour de moi demeure,
Se couche contre terre, et sans faire aucun bruit,
Passe une bonne part d'une si belle nuit.

Pierre Corneille, *Le Cid*,
acte IV, scène 3, vers 1267-1278 (1637).

1. Politique de reconquête du territoire de la péninsule ibérique par les souverains espagnols tout au long du Moyen Âge.
2. Sous mon commandement.
3. Dans une situation aussi avantageuse.
4. Alors.

## 4 La succession des événements

**1.** **Quel est le temps dominant ? Quelle est sa valeur ?**
**2.** **Quels autres temps du passé sont employés ? Quel repère temporel permet d'identifier la valeur de l'un d'eux ?**
**3.** **Quel repère temporel introduit un événement à venir ? Quel temps est alors utilisé ? Expliquez.**
→ p. 375 : LA SYNTAXE ET LA VALEUR DES TEMPS

*Dans cette nouvelle, le héros est un escroc qui projette d'assassiner sa femme.*

De toute façon, le temps travaillait contre lui. Homme de loi spécialisé dans les affaires immobilières, il voyait de très grosses sommes passer entre ses mains ; une partie y restait. Un an auparavant, il avait « emprunté » cinq mille dollars, pour les placer dans une affaire sûre, qui allait doubler ou tripler la mise, mais il perdit la totalité. Il « emprunta » un nouveau capital, pour diverses spéculations[1], et rattraper sa perte initiale. Et il avait maintenant environ trente mille dollars de retard ; le trou ne pouvait guère être dissimulé plus de quelques mois et il n'avait pas le moindre espoir de le combler en si peu de temps. Il avait donc résolu de collecter le maximum d'argent liquide sans éveiller les soupçons, en vendant diverses propriétés. Dans l'après-midi il disposerait de plus de cent mille dollars, plus qu'il ne lui en fallait jusqu'à la fin de ses jours.

Fredric Brown, *Fantômes et farfafouilles*, « Cauchemar en jaune » (extrait, 1961), traduction de l'anglais par J. Sendy et T. Day, © Denoël (1963-2001).

1. Transactions financières risquées.

## 5 Une étrange progression narrative

**1.** **Relevez les connecteurs logiques et les repères temporels ; quelle succession d'actions mettent-ils en évidence ?**
**2.** **Quel est le temps dominant ? Justifiez son emploi.**
→ p. 375 : LA SYNTAXE ET LA VALEUR DES TEMPS
**3.** **Quelle impression générale ce passage produit-il sur le lecteur ? pourquoi ?**

L'incipit *de ce roman présente le duc d'Auge. Cet homme du Moyen Âge contemple des peuples d'origines et d'époques différentes, qui campent devant son château.*

Fasciné, il ne cessa pendant quelques heures de surveiller ces déchets se refusant à l'émiettage[1] ; puis, sans cause extérieure décelable[2], il quitta son poste de guet[3] pour les étages inférieurs du château en se livrant au passage à son humeur qui était de battre.

Il ne battit point sa femme parce que défunte, mais il battit ses filles au nombre de trois ; il battit des serviteurs, des servantes, des tapis, quelques fers encore chauds, la campagne, monnaie et, en fin de compte, ses flancs. Tout de suite après, il décida de faire un court voyage et de se rendre dans la ville capitale en petit arroi[4], accompagné seulement de son page[5] Mouscaillot.

Parmi ses palefrois[6], il choisit son percheron[7] favori nommé Démosthène[8] parce qu'il parlait, même avec le mors[9] entre les dents.

Raymond Queneau, *Les Fleurs bleues* (extrait, 1965), © Gallimard.

1. Différenciation visuelle. 2. Visible. 3. D'observation. 4. Avec peu de serviteurs. 5. Valet. 6. Chevaux de parade. 7. Cheval de trait. 8. Célèbre orateur grec de l'Antiquité. 9. Pièce de métal placée dans la bouche du cheval, reliée aux rênes et permettant de le guider.

# Écrire

## 6 La narration dans une fable

**1. a.** **Où se situe le véritable passage narratif ? Justifiez.**
**b.** **Quel lien a-t-il avec la morale de la fable ?**
**2.** **Écriture d'invention. Écrivez une fable qui se situera au XXIe siècle, dont les personnages seront des animaux, et qui terminera par la même morale. Veillez à utiliser plusieurs passages de narration.**
→ p. 536 : RÉDIGER UN ÉCRIT D'INVENTION

*La peste sévit parmi les animaux. Persuadé que l'un d'entre eux est à l'origine du mal, chacun avoue ses fautes.*

### Les animaux malades de la peste

[...]
L'Âne vint à son tour, et dit : « J'ai souvenance[1]
Qu'en un pré de moines passant,
La faim, l'occasion, l'herbe tendre, et, je pense,
Quelque diable aussi me poussant,
Je tondis de ce pré la largeur de ma langue.
Je n'en avais nul droit, puisqu'il faut parler net[2]. »
À ces mots on cria haro sur le Baudet[3].
Un Loup, quelque peu clerc[4], prouva par sa harangue[5]
Qu'il fallait dévouer[6] ce maudit animal,
Ce pelé, ce galeux[7], d'où venait tout leur mal.
Sa peccadille[8] fut jugée un cas pendable.
Manger l'herbe d'autrui ! quel crime abominable !
Rien que la mort n'était capable[9]
D'expier[10] son forfait ; on le lui fit bien voir.

Selon que vous serez puissant ou misérable,
Les jugements de cour vous rendront blanc ou noir.

Jean de La Fontaine, *Fables*, livre VII, fable 1 (extrait, 1678).

1. Je me rappelle. 2. S'exprimer franchement. 3. « À mort l'âne ! » 4. Érudit, savant. 5. Son discours énergique. 6. Sacrifier. 7. Atteint d'une maladie de la peau. 8. Son acte de peu d'importance. 9. Seule la mort pouvait, était capable. 10. Réparer, payer le prix de.

# Fiche 2 Le texte descriptif

Elle le trouva fade, niais, sot, inutile, fat, déplaisant, impertinent et très laid.
→ p. 189 : V. Hugo, *Les Misérables* (1862).

**QUESTIONS**

1. Quel adjectif permet de résumer l'énumération de tous ces qualificatifs ?
2. Sur quelle impression de Cosette le narrateur insiste-t-il ainsi ?

## L'essentiel

- Une description se trouve aussi bien dans le roman que dans un poème, une tirade.

### Les caractéristiques grammaticales

- Les **verbes d'état** : *être*, *sembler*... caractérisent l'apparence de l'objet ou du personnage.
  Ex. : Il n'est rien de si beau comme Caliste est belle. → p. 63 : F. de Malherbe, *Poèmes* (1630).
- Les **temps verbaux** : le **présent** et l'**imparfait** sont à valeur de description.
  Ex. : Elle était presque aussi blanche et aussi morte que la fameuse nuit dans le château inconnu.
  → p. 350 : T. Gautier, *La Morte amoureuse* (1836).
- La **syntaxe** : **juxtapositions**, **énumérations** et **subordinations** créent des phrases complexes.
  Ex. : Je veux peindre la France une mère affligée, / Qui est, entre ses bras, de deux enfants chargée. → p. 83 : A. d'Aubigné, *Les Tragiques* (1623).
  ➤ Le deuxième vers est une relative qui complète le mot *France*.

### Un vocabulaire adapté

- Des **repères spatiaux** situent l'objet ou le personnage dans son environnement.
- De nombreux **champs lexicaux**, où dominent les **adjectifs qualificatifs**, sont développés :
  – celui du corps humain ou des traits de caractère, pour un portrait.
  Ex. : J'étais bien jeune encore, et presque sans intérêt : mais je n'avais à moi que ma pensée.
  → p. 177 : P. Choderlos de Laclos, *Les Liaisons dangereuses* (1782).
  – celui de l'apparence, des formes, des couleurs... pour un objet ou un lieu.
  Ex. : je pénètre dans le magasin. Il est énorme. Dedans c'est une incroyable cohue.
  → p. 116 : A. Gide, *Retour de l'URSS* (1936), © Gallimard.
- Le lexique est **objectif** ou **subjectif**. Dans ce dernier cas, sont utilisés des modalisateurs.
  → p. 371 : COMMUNICATION, ÉNONCIATION ET MODALISATION
  Ex. : Mais je lui trouvai [...] une de ces têtes de révolte qui entrent trop à vif dans l'existence au lieu de rouler dessus, avec un gros nez rond par exemple et des joues pleines en péniches.
  → p. 164 : L.-F. Céline, *Voyage au bout de la nuit* (1932), © Gallimard.
  ➤ Les adjectifs et l'expression *pleines en péniches* créent un portrait peu flatteur.

### Les fonctions de la description

- La description possède plusieurs fonctions qui peuvent se combiner :
  – la **fonction esthétique** contribue à l'utilisation expressive de figures de rhétorique.
  → p. 384 : LES FIGURES DE RHÉTORIQUE
  – la **fonction argumentative** traduit une vision du monde orientée.
  Ex. : décrire une ville en insistant sur les quartiers insalubres dévalorise le monde urbain.
  – la **fonction documentaire** crée un arrière-plan historique ou géographique vérifiable.
  Ex. : les romans de Zola ont pour décor la France du Second Empire (1852-1870).
  – la **fonction symbolique** laisse entrevoir au lecteur un sens caché qu'il doit déchiffrer.
  Ex. : les portraits physiques des personnages de Balzac ont toujours une signification morale.

# Exercices d'application

## Mettre au point

### 1 Un paysage de roman

**1.** Relevez deux champs lexicaux. Quels éléments du paysage mettent-ils en avant ?
**2.** Que signifie l'expression *des maisons humaines* (l. 1) ? Sur quelle figure de rhétorique repose-t-elle ?
→ p. 384 : LES FIGURES DE RHÉTORIQUE
**3.** Quel sentiment cette description suggère-t-elle ?

*Dans cet* incipit, *l'auteur décrit les paysages de l'île de Sein, en Bretagne, et ceux du continent juste en face.*

Sur le continent, des maisons humaines, des fermes qui se disent pauvres, mais où la lande[1] étincelle dans les cheminées plus belle qu'à la floraison de Pâques ; les animaux, derrière la cloison, qui réchauffent les maîtres ; le fumier gras, dehors, qui suinte[2] comme du beurre ; les petites fenêtres qui emprisonnent dans l'air le froid, la pluie et le vent, et les obligent, pour réclamer pitance[3], à ne passer qu'un bras maigre qui tâtonne ; villages terrés contre le sol[4], paysans et pommiers, monotonie heureuse et rabougrie[5] du temps.

Henri Queffélec, *Un recteur de l'île de Sein* (extrait, 1944),


**1.** Bruyère et arbustes. **2.** Laisse couler du liquide. **3.** De quoi se nourrir. **4.** Aux constructions basses, pour éviter le vent. **5.** Petite.

## Appliquer

### 2 Description et conte philosophique

**1.** Relevez et commentez le champ lexical dominant.
**2.** Relevez une expression ironique et expliquez-la.
→ p. 421 : LES REGISTRES DIDACTIQUE ET POLÉMIQUE
**3.** Quelle est la fonction de cette description ?

*Candide, le héros, est confronté à l'horreur de la guerre.*

Il passa par-dessus des tas de morts et de mourants, et gagna d'abord un village voisin ; il était en cendres : c'était un village abare[1] que les Bulgares avaient brûlé, selon les lois du droit public. Ici des vieillards criblés de coups regardaient mourir leurs femmes égorgées, qui tenaient leurs enfants à leurs mamelles sanglantes ; là des filles, éventrées après avoir assouvi les besoins naturels de quelques héros, rendaient les derniers soupirs ; d'autres, à demi brûlées, criaient qu'on achevât de leur donner la mort.

Voltaire, *Candide*, chapitre troisième (extrait, 1759).

**1.** Peuple originaire de Mongolie.

### 3 Un poème descriptif

**1.** Quelle est la connotation des adjectifs qualificatifs ?
→ p. 381 : DÉNOTATION ET CONNOTATION
**2.** Qui est évoqué au vers 9 ? Quelle figure de rhétorique est alors utilisée ?
→ p. 384 : LES FIGURES DE RHÉTORIQUE
**3.** Sur quelle fonction descriptive ce texte joue-t-il ?

Le chat

Viens, mon beau chat, sur mon cœur amoureux ;
Retiens les griffes de ta patte,
Et laisse-moi plonger dans tes beaux yeux,
Mêlés de métal et d'agate[1].

Lorsque mes doigts caressent à loisir
Ta tête et ton dos élastique,
Et que ma main s'enivre du plaisir
De palper ton corps électrique,

Je vois ma femme en esprit.

Charles Baudelaire, *Les Fleurs du mal* (extrait, 1857).

**1.** Pierre semi-précieuse de couleur bleue.

## Écrire

### 4 Une description urbaine

**1.** Quelle forme d'expression artistique ce texte évoque-t-il ? Référez-vous au vocabulaire.
**2.** Quelles sont les fonctions de cette description ?
**3.** Écriture d'invention. Sur le modèle de Zola, décrivez poétiquement un coucher de soleil sur la campagne.
→ p. 536 : RÉDIGER UN ÉCRIT D'INVENTION

*Dans ce passage, Zola décrit le marché aux légumes des Halles, dans le centre de Paris.*

Le jour se levait lentement, d'un gris très doux, lavant toutes choses d'une teinte claire d'aquarelle[1]. Ces tas moutonnants comme des flots pressés, ce fleuve de verdure qui semblait couler dans l'encaissement[2] de la chaussée, pareil à la débâcle[3] des pluies d'automne, prenaient des ombres délicates et perlées, des violets attendris, des roses teintés de lait, des verts noyés dans des jaunes, toutes les pâleurs qui font du ciel une soie changeante au lever du soleil.

Émile Zola, *Le Ventre de Paris* (extrait, 1873).

**1.** Peinture à l'eau.
**2.** Endroit resserré.
**3.** Déroute, catastrophe.

# Fiche 3 Le texte argumentatif

Peuples, sachez donc une fois que la nature a voulu vous préserver de la science, comme une mère arrache une arme dangereuse des mains de son enfant.

→ p. 134 : J.-J. Rousseau, *Discours sur les sciences et les arts* (1750).

**QUESTIONS**

1. Relevez la comparaison. Dans quel but Rousseau l'utilise-t-il ?
→ p. 384 : LES FIGURES DE RHÉTORIQUE
2. Pourquoi l'auteur emploie-t-il une apostrophe initiale et l'impératif ?

## L'essentiel

- Un texte argumentatif cherche à prouver le bien-fondé d'une pensée en la développant.
- L'essai ou le discours ne sont pas les seuls genres à relever de l'argumentation. Celle-ci peut se trouver dans un poème engagé ou un dialogue théâtral. L'emploi d'un circuit argumentatif → p. 418 n'est pas la seule façon d'exposer des idées.

### Les caractéristiques grammaticales

- Des **pronoms personnels** marquent souvent la présence du locuteur (*je* / *nous*) et du destinataire (*tu* / *vous*). L'emploi du pronom personnel indéfini *on* est courant pour rendre le texte objectif.

  Ex. : Quand tu t'éloigneras, tu nous auras laissé des enfants ; ce tribut levé sur ta personne, sur ta propre substance, à ton avis n'en vaut-il pas bien un autre ?

  → p. 99 : D. Diderot, *Supplément au voyage de Bougainville* (1796).

  ➤ La répétition du pronom personnel *tu* permet au Tahitien Orou d'interpeller l'aumônier afin de le faire raisonner.
- Des **connecteurs logiques** soulignent les différentes étapes de l'argumentation. Un texte argumentatif emploie essentiellement des adverbes, conjonctions ou prépositions qui traduisent :

| | |
|---|---|
| **l'addition** | *et ; en outre ; de plus ; encore…* |
| **la mise en parallèle** | *d'une part… d'autre part ; non seulement… mais aussi* |
| **la comparaison** | *comme ; de même que ; ainsi que ; comme si…* |
| **la concession** | *malgré ; quoique ; bien que ; même si…* |
| **l'opposition** | *mais ; or ; en revanche ; cependant…* |
| **la conclusion** | *enfin ; en conclusion ; ainsi ; donc…* |

### Le vocabulaire de l'argumentation

- Des **adjectifs qualificatifs subjectifs** (ou modalisateurs) expriment un jugement personnel qui valorise la thèse du locuteur ou dénigre la thèse adverse.

  → p. 371 : COMMUNICATION, ÉNONCIATION ET MODALISATION

  Ex. : Quelques intelligences assimilent ces accablantes matières.

  → p. 137 : M. Yourcenar, « Diagnostic de l'Europe » (1929), © Gallimard.

  ➤ L'adjectif *accablantes* connote le dédain de l'auteur pour les données envisagées.
- Des figures de rhétorique enrichissent le propos.

  → p. 384 : LES FIGURES DE RHÉTORIQUE

  Ex. : La science doit donc poursuivre son chemin, sans regarder qui elle heurte.

  → p. 135 : E. Renan, *L'Avenir de la science* (1890).

  ➤ La science, personnifiée par les verbes d'action, est envisagée comme une force vive.

# Exercices d'application

## Mettre au point

### 1 Une chanson polémique

**1.** **Relevez les termes populaires. Quelle est leur connotation ? Expliquez.**
→ p. 381 : DÉNOTATION ET CONNOTATION
**2.** **Quelle figure de rhétorique est utilisée au vers 11 ? Quel est l'effet produit ?**
→ p. 384 : LES FIGURES DE RHÉTORIQUE
**3.** **Résumez en une phrase la thèse de ce texte.**
→ p. 418 : LE CIRCUIT ARGUMENTATIF

*Cette chanson explique les dures conditions de vie des combattants durant la Première Guerre mondiale.*

**Premier couplet**

Quand au bout d'huit jours, le repos terminé,
On va rejoindre les tranchées,
Notre place est si utile
Que sans nous on prend la pile[1].
Mais c'est bien fini, on en a assez,
Personne ne veut plus marcher.
Et le cœur bien gros comme dans un sanglot
On dit adieu aux civelots[2].
Même sans tambour, même sans trompette,
On s'en va là-haut en baissant la tête.

**Refrain**

Adieu la vie, adieu l'amour, adieu toutes les femmes.
C'est bien fini, c'est pour toujours de cette guerre infâme.
C'est à Craonne[3], sur le plateau, qu'on doit laisser sa peau :
Car nous sommes tous condamnés,
Nous sommes les sacrifiés.

Paul VAILLANT-COUTURIER, *La Chanson de Craonne* (extrait, 1917).

**1.** Subit une défaite. **2.** Civils, ceux qui restent à l'arrière. **3.** Commune de l'Aisne où eurent lieu d'importants combats.

## Appliquer

### 2 Un traité original

**1.** **Quel est le but de la première phrase ? Expliquez.**
**2.** **Quel pronom personnel est d'emblée utilisé ? dans quel but ?**
**3.** **Relevez les arguments. De quelle thèse dépendent-ils ?**
→ p. 418 : LE CIRCUIT ARGUMENTATIF
**4.** **Le lecteur doit-il croire, adhérer à ce qu'expose Montesquieu ? Expliquez en étudiant le ton adopté.**

*Montesquieu s'intéresse ici aux raisons qui poussent les hommes à utiliser leurs semblables en tant qu'esclaves et aux lois qui permettent de telles actions.*

Si j'avais à soutenir le droit que nous avons eu de rendre les nègres[1] esclaves, voici ce que je dirais :

Les peuples d'Europe ayant exterminé ceux de l'Amérique, ils ont dû mettre en esclavage ceux de l'Afrique, pour s'en servir à défricher tant de terres.

Le sucre serait trop cher, si l'on ne faisait travailler la plante qui le produit par des esclaves.

Ceux dont il s'agit sont noirs depuis les pieds jusqu'à la tête ; et ils ont le nez si écrasé qu'il est presque impossible de les plaindre.

On ne peut se mettre dans l'esprit que Dieu, qui est un être très sage, ait mis une âme, surtout bonne, dans un corps tout noir.

MONTESQUIEU, *De l'esprit des lois*, livre XV, chapitre 5 (extrait, 1748).

**1.** Noirs (terme qui n'avait pas encore les connotations péjoratives actuelles).

### 3 Une étrange prière

**1.** **Quel pronom personnel l'auteur utilise-t-il pour s'adresser à Dieu ? En quoi cela est-il original ?**
**2.** **Quelles figures de rhétorique sont utilisées pour évoquer les différentes religions ?**
→ p. 384 : LES FIGURES DE RHÉTORIQUE
**3.** **Quelle est la thèse de Voltaire ? Est-elle explicite ?**
→ p. 418 : LE CIRCUIT ARGUMENTATIF

*Voltaire condamne l'intolérance religieuse. Après avoir évoqué l'affaire Calas[1], il s'adresse à Dieu.*

Tu ne nous as point donné un cœur pour nous haïr, et des mains pour nous égorger ; fais que nous nous aidions mutuellement à supporter le fardeau[2] d'une vie pénible et passagère ; que les petites différences entre les vêtements qui couvrent nos débiles[3] corps, entre tous nos langages insuffisants, entre tous nos usages ridicules, entre toutes nos lois imparfaites, entre toutes nos opinions insensées, entre toutes nos conditions si disproportionnées à nos yeux, et si égales devant toi ; que toutes ces petites nuances qui distinguent les atomes appelés *hommes* ne soient pas des signaux de haine et de persécution ; que ceux qui allument des cierges en plein midi pour te célébrer supportent ceux qui se contentent de la lumière de ton soleil ; que ceux qui couvrent leur robe d'une toile blanche[4] pour dire qu'il faut t'aimer ne détestent pas ceux qui disent la même chose sous un manteau de laine noire[5] ; qu'il soit égal de t'adorer dans un jargon[6] formé d'une ancienne langue[7], ou dans un jargon plus nouveau ; que ceux dont l'habit est teint en rouge ou en violet[8], qui dominent sur une petite parcelle d'un petit tas de la boue de ce monde, et qui possèdent quelques fragments arrondis d'un certain métal, jouissent sans orgueil de ce qu'ils appellent *grandeur* et *richesse*, et que les autres les voient sans envie : car tu sais qu'il n'y a dans ces vanités ni de quoi envier, ni de quoi s'enorgueillir[9].

VOLTAIRE, *Traité sur la tolérance*, chapitre XXIII : « Prière à Dieu » (extrait, 1763).

1. Protestant accusé d'avoir assassiné son fils qui aurait voulu se convertir au catholicisme. 2. Poids à porter. 3. Faibles. 4. Les prêtres. 5. Pasteurs (religion protestante) ou popes (religion orthodoxe). 6. Langage difficile à comprendre. 7. Le latin. 8. Cardinaux et évêques (religion catholique). 9. Être fier.

## 4 Une critique sociale

**1. Comment les paroles de l'institutrice sont-elles rapportées ? Pourquoi sont-elles paradoxales ? Expliquez.**

→ p. 434 : LE PERSONNAGE

**2. Quelle vision l'auteur donne-t-il de l'enfant français d'origine africaine ? Quels sont les indices d'ironie ?**

→ p. 421 : LES REGISTRES DIDACTIQUE ET POLÉMIQUE

**3. Quelle est la thèse de l'auteur sur l'intégration ?**

→ p. 418 : LE CIRCUIT ARGUMENTATIF

*L'auteur camerounais Gaston Kelman évoque l'image des Français de couleur noire dans la société.*

« Monsieur, votre fils est le plus intelligent de la classe et avec cela, quelle douceur ! Toutes ses petites camarades adorent jouer avec lui. »

Mais sous ce torrent d'éloges perce une angoisse palpable. Monsieur X ne peut que la palper et il finit par en demander la cause à la dame.

« Oui, monsieur, j'ai parfois peur qu'il y ait un problème. Je me demande si votre fils n'est pas si doux parce qu'il est loin de son milieu naturel. »

Ainsi, un enfant, même à moitié noir, né sur les bords de la Seine, en région parisienne, parce qu'il est un peu bronzé, serait condamné à être rattaché à ses origines raciales, à rechercher de toute éternité les branches des arbres de son « milieu naturel » où ses ancêtres évoluaient et s'épouillaient[1] comme des singes. Peu importe que sa mère soit une Blanche, que son père soit un intellectuel, il porte en lui une trace originelle indélébile[2] qui le relie à jamais à la brousse de l'Afrique-Équatoriale française[3].

Gaston KELMAN, *Je suis noir et je n'aime pas le manioc*, chapitre I (extrait, 2004), © Max Milo Éditions.

1. Retiraient les poux. 2. Qui ne peut s'effacer. 3. Vaste ensemble de colonies françaises (Gabon, Congo…) fondé en 1910.

# Écrire

## 5 L'argumentation dans le roman

**1. a. Quelle vision des colons blancs le texte donne-t-il ? Justifiez précisément.**

**b. Quelle image l'auteur donne-t-il de la famille noire ? Expliquez.**

**2. Quelle est la critique formulée par Céline ? Est-elle implicite ou explicite ? Justifiez.**

**3. Analyse d'un corpus**

**a. Quel est le thème commun des textes qui servent de supports aux exercices 2, 4 et 5 ? Expliquez.**

**b. Quelle image ces documents donnent-ils de l'histoire du peuple noir : colonisation, immigration… ?**

**c. Quel genre littéraire vous semble le plus efficace pour aborder cette question : le traité (exercice 2), le témoignage (exercice 5) ou le roman (exercice 6) ?**

→ p. 486 : LIRE UN CORPUS ET COMPRENDRE LA QUESTION POSÉE

*Dans ce passage, le héros, Bardamu, est en Afrique. Il assiste à une transaction commerciale entre une famille noire et le dur patron du comptoir colonial.*

D'autorité les commis recruteurs[1] s'en saisirent de son panier pour peser le contenu sur la balance. Le sauvage ne comprenait pas plus le truc de la balance que le reste. La femme n'osait toujours pas relever la tête. Les autres nègres[2] de la famille les attendaient dehors, avec les yeux bien écarquillés[3]. On les fit entrer aussi, enfants compris et tous, pour qu'ils ne perdent rien du spectacle.

C'était la première fois qu'ils venaient comme ça tous ensemble de la forêt, vers les Blancs en ville. Ils avaient dû s'y mettre depuis bien longtemps les uns et les autres pour récolter tout ce caoutchouc-là. Alors forcément le résultat les intéressait tous. C'est long à suinter[4] le caoutchouc dans les petits godets[5] qu'on accroche au tronc des arbres. Souvent, on n'en a pas plein un petit verre en deux mois.

Pesée faite, notre gratteur[6] entraîna le père, éberlué[7], derrière son comptoir et avec un crayon lui fit son compte et puis lui enferma dans le creux de la main quelques pièces en argent. Et puis : « Va-t'en ! qu'il lui a dit comme ça. C'est ton compte !… »

Louis-Ferdinand CÉLINE, *Voyage au bout de la nuit* (extrait, 1932), © Gallimard.

1. Vendeurs noirs du magasin. 2. Noirs (terme péjoratif, raciste à cette époque). 3. Ouverts en grand. 4. S'écouler lentement. 5. Petits verres. 6. Colon atteint d'une maladie de peau qui l'oblige à se gratter fréquemment. 7. Très étonné.

# Fiche 4 Le texte explicatif

Tout le monde visible n'est qu'un trait imperceptible dans l'ample sein de la nature. Nulle idée n'en approche.

→ p. 90 : B. Pascal, *Pensées* (1670).

**QUESTIONS**

1. Observez les groupes nominaux utilisés. Correspondent-ils à des détails ? Expliquez.
2. Quel est le temps verbal employé ? dans quel but ?

## L'essentiel

- L'objectif d'un texte explicatif est d'**apporter des informations** au lecteur, soit en abordant une forme de savoir (on parle alors de **texte informatif**), soit en lui faisant **comprendre une idée**.
- On le trouve aussi bien dans les ouvrages qui compilent des connaissances (**dictionnaires** ou **encyclopédies**), que dans la **presse** (articles de fond).

**Remarque** : une information orientée avec une argumentation n'est plus objective. Dans la presse, un article exposant la ligne critique ou politique d'un journal ou d'une revue est un **éditorial**.

### Les caractéristiques grammaticales

- Le texte explicatif tend à une certaine **objectivité** : le locuteur apparaît peu ou pas du tout. L'emploi du pronom *je* simplifie le développement, assurant la communication avec le lecteur.

Ex. : Les Utopiens divisent l'intervalle d'un jour et d'une nuit en vingt-quatre heures égales. Six heures sont employées aux travaux matériels, en voici la distribution.

→ p. 284 : T. More, *Utopie* (1516).

➤ Le vocabulaire de la durée et les aspects concrets de l'observation donnent un aspect objectif.

- Le temps le plus employé est le **présent de vérité générale** (faits indiscutables) ou le **présent à valeur historique** (actualisation de faits anciens).

→ p. 375 : LA SYNTAXE ET LA VALEUR DES TEMPS

Ex. : Car enfin qu'est-ce que l'homme dans la nature ? Un néant à l'égard de l'infini...

→ p. 90 : B. Pascal, *Pensées* (1670).

➤ L'emploi du présent de vérité générale a valeur de définition dans l'exposé philosophique.

### La structure explicative

- Les **étapes du raisonnement** sont soulignées par des **connecteurs logiques** comme *(tout) d'abord, ensuite* et *enfin*. Et l'auteur peut avoir recours à des **exemples** qui rendent le propos plus clair en évitant les considérations trop théoriques, à la façon d'un texte argumentatif.

→ p. 418 : LE CIRCUIT ARGUMENTATIF

- Le registre le plus fréquent est le **registre didactique**, car il a pour but d'exposer clairement et de manière pédagogique des informations sur un sujet donné. Y sont associés des **champs lexicaux** précis et des **données** historiques, économiques ou sociologiques.

→ p. 421 : LES REGISTRES DIDACTIQUE ET POLÉMIQUE

Ex. : Bloomsbury – Quartier de Londres où sont rassemblées un grand nombre de maisons d'édition. De 1907 à 1930, des artistes et des intellectuels, qui formaient le groupe de Bloomsbury, se réunissaient dans ce quartier.

*Petit Robert des noms propres*, article « Bloomsbury » (extrait, 2010), © Le Robert.

➤ La réunion des données géographiques (Londres), historiques (de 1907 à 1930) et culturelles (artistes...) relève du texte explicatif.

# Exercices d'application

## Mettre au point

### 1 Un guide touristique

**1.** **Relevez les principaux champs lexicaux utilisés. À quels domaines appartiennent-ils ? Justifiez.**
**2.** **Pourquoi le mot *escalier* est-il en caractère gras ?**
**3.** **Quels sont les temps et mode verbaux utilisés ? Quelle est leur valeur ?**
→ p. 375 : LA SYNTAXE ET LA VALEUR DES TEMPS
**4.** **Dans quelle mesure ce texte est-il didactique ?**
→ p. 421 : LES REGISTRES DIDACTIQUE ET POLÉMIQUE

Construit en partie sur l'Indre[1], le château se compose d'un grand corps de logis et d'une aile en équerre.

Partie la plus remarquable du logis, l'**escalier** d'honneur avec, sur la cour, ses trois étages de baies jumelées formant loggias[2] et son fronton[3] richement ouvragé. À Blois, l'escalier est encore à vis et en saillie sur la façade ; à Azay il est devenu intérieur et à rampes droites[4].

Les miroirs d'eau imprègnent l'endroit d'une douce mélancolie, avec leurs jeux d'ombres et de lumières.

*Le Guide vert : Châteaux de la Loire*, « Château d'Azay-le-Rideau » (extrait, 2000), © Michelin.

1. Affluent de la Loire. 2. Terrasses, balcons. 3. Saillie décorative et sculptée au-dessus d'une porte ou d'un escalier. 4. En forme d'escalier.

## Appliquer

### 2 Une explication historique

**1.** **Quelles sont les notions définies dans ce texte ?**
**2.** **Quels sont les temps et modes verbaux les plus utilisés ? Justifiez leur emploi.**
→ p. 375 : LA SYNTAXE ET LA VALEUR DES TEMPS
**3. a.** **Quelle est la fonction des auteurs et personnages cités ? Expliquez.**
**b.** **À partir de ces informations et du paratexte, identifiez le genre auquel toutes ces références se rattachent.**

*Dans cet extrait, l'auteur expose l'histoire du roman d'énigme à l'anglaise.*

La « detective story » – appelée aussi « roman-problème » – fait du roman policier un divertissement cérébral. Personnages, preuves et indices y sont manipulés comme des pions sur un échiquier. L'énigme est réduite à un simple puzzle que le lecteur doit reconstituer pièce par pièce.

**En Angleterre :**
**les rois de la « murder party »**

Inaugurée en Angleterre dans les années dix, la formule de la « murder party » – qui ne tardera pas à être taxée de rigidité[1] – ne suscitera un tel engouement[2] qu'en 1928. Les trois virtuoses[3] du genre (Agatha Christie, Gilbert Keith Chesterton et Dorothy Sayers) iront jusqu'à fonder le « *Detection* Club »[4] de Londres !

Stéphanie Dulout, *Le Roman policier* (extrait, 1995), © Milan.

1. Manque de souplesse, de capacité à évoluer.
2. Intérêt.
3. Auteurs particulièrement doués.
4. Club d'enquêtes.

## Écrire

### 3 Une analyse sociologique

**1.** **Qui est représenté par le pronom personnel *nous* ?**
**2.** **Quelle est la fonction de la référence à *Match* ?**
**3.** **Écriture d'invention. À la manière de Roland Barthes, écrivez un article d'une page environ dans lequel vous présenterez une autre spécificité française de votre choix.**
→ p. 538 : INVENTER ET TRANSPOSER

Mythologies *est un recueil d'articles sur les valeurs et les références de la France des années 1950.*

Associé communément aux frites, le bifteck leur transmet son lustre[1] national : la frite est nostalgique et patriote comme le bifteck. *Match*[2] nous a appris qu'après l'armistice indochinois[3], « le général de Castries pour son premier repas demanda des pommes de terre frites ». Et le président des Anciens Combattants d'Indochine, commentant plus tard cette information, ajoutait : « On n'a pas toujours compris le geste du général de Castries demandant pour son premier repas des pommes de terre frites. » Ce que l'on nous demandait de comprendre, c'est que l'appel du général n'était certes pas un vulgaire réflexe matérialiste, mais un épisode rituel d'approbation de l'ethnie française retrouvée. Le général connaissait bien notre symbolique nationale, il savait que la frite est le signe alimentaire de la « francité »[4].

Roland Barthes, *Mythologies*, « Le bifteck et les frites » (extrait, 1957), © Seuil.

1. Éclat.
2. Abréviation de *Paris Match*, hebdomadaire à grand tirage.
3. La fin de la guerre d'Indochine en 1950.
4. Ce qui est typiquement français.

CHAPITRE 3

# Les notions propres à la poésie


401 **Fiche 1** Versification et formes fixes

405 **Fiche 2** La modernité en poésie

409 **Fiche 3** Les registres lyrique et élégiaque

Jean Cocteau (1890-1969), page de titre de la revue *Du* (n°7, juillet 1960).

La poésie est étymologiquement associée à l'**acte créateur** (du verbe grec *poiein* : fabriquer). Depuis l'Antiquité grecque, elle est considérée comme la première forme de littérature avec le mythe d'Orphée, le poète à la lyre.

Au fil du temps, malgré des évolutions thématiques et formelles, la poésie est restée liée à la **musique** et à l'**oralité**.

Jusqu'au XIXe siècle, la poésie est synonyme de **versification** et de règles structurelles comme l'**alternance des rimes** ou la **forme fixe du sonnet**.

À partir du XIXe siècle, les schémas traditionnels sont abandonnés au profit d'inventions formelles, comme la **poésie en prose** ou le **vers libre**.

Depuis l'Antiquité grecque, la **poésie** est essentiellement de **registre lyrique** en raison du thème dominant de l'amour. Quand elle prend des accents plaintifs et funèbres, on parle de **registre élégiaque**.

# Fiche 1 Versification et formes fixes

N'écris pas ! Je suis triste, et je voudrais m'éteindre ;
Les beaux étés, sans toi, c'est l'amour sans flambeau.
J'ai refermé mes bras qui ne peuvent t'atteindre ;
Et, frapper à mon cœur, c'est frapper au tombeau.
N'écris pas !

→ p. 55 : M. Desbordes-Valmore, *Poésies inédites* (1860).

**QUESTIONS**

1. Quelle est la structure de cette strophe ? Observez les mots et les sons qui sont répétés.
2. Quel est le nombre de syllabes des quatre premiers vers ? De quel type de vers s'agit-il ?

## L'essentiel

### Rimes et sonorités

- La poésie, originellement associée à la musique, joue avec les sonorités.
- La **rime** est la répétition d'un ou de plusieurs sons à la fin d'au moins deux vers qui se suivent ou qui sont à proximité l'un de l'autre.
  – La **qualité** de la rime dépend du nombre de sons communs : pour un son (*bi**jou*** / ***flou***), elle est **pauvre** ; pour deux (***lion*** / *ra**tion***), **suffisante** ; à partir de trois sons (*vi**llage*** / *vo**lage***), **riche**.
  – La rime a une **nature** : quand elle se termine par un e muet, elle est **féminine** (***ange*** / *f**ange***) ; dans tous les autres cas, elle est **masculine** (*gi**let*** / *roite**let*** ; *rache**té*** / *bon**té***…).
  **Remarque** : les auteurs du XVIIe siècle observent des règles strictes. Ils font alterner les rimes féminines et masculines ou ne font pas rimer des mots ayant le même suffixe.
- Les **échos internes**
  – L'**assonance** : au sein d'un même vers ou de vers voisins, une même voyelle est répétée.
  Ex. : Je fais souvent ce rêve étrange et pénétrant. → p. 410 : P. Verlaine, *Poèmes saturniens* (1866).
  ➤ Les assonances en [e] ouvert et fermé et en [ã] imitent le caractère entêtant du rêve.
  – L'**allitération :** au sein d'un même vers ou de vers voisins, une même consonne est répétée.
  Ex. : La nuit m'est courte, et le jour trop me dure → p. 51 : J. Du Bellay, *L'Olive* (1550).
  ➤ L'allitération en [r] traduit l'ennui, l'attente répétée.

### Strophes et formes fixes

- La **strophe** est l'unité formelle du poème.
  – Elle définit au moins une **rime suivie**, c'est-à-dire deux vers qui riment : un **distique**.
  Ex. : Ô triste, triste était mon âme
  À cause, à cause d'une femme. → p. 53 : P. Verlaine, *Romances sans paroles* (1874).
  – Au-delà de deux vers, la disposition suit une structure fixe. Ainsi, le quatrain associe par le sens des rimes **croisées** (ABAB) ou **embrassées** (ABBA).
  Ex. : La clarté de son teint n'est pas chose *mortelle* :
  Le baume est dans sa bouche, et les roses dehors :
  Sa parole et sa voix ressuscitent les morts,
  Et l'art n'égale point sa douceur *naturelle*. → p. 63 : F. de Malherbe, *Poèmes* (1630).
  ➤ Les deux rimes sont ici embrassées pour souligner l'antithèse *mortelle* / *naturelle*.
  **Remarque** : les strophes les plus fréquentes sont les **tercets** (trois vers), les **quatrains** (quatre), les **quintils** (cinq), les **sizains** (six) et les **dizains** (dix).

- Une **forme fixe** est une structure en strophes qui s'est établie de siècle en siècle.
  – La **ballade**, forme récurrente au Moyen Âge, repose sur trois strophes fondées sur les mêmes rimes et un **refrain**, lui-même repris dans l'**envoi**, petite strophe de clôture.
  – Le **sonnet**, créé par l'Italien **Pétrarque** au XIVe siècle, est omniprésent dans la **poésie française de la Renaissance** et jusqu'au XIXe siècle. Il est constitué de deux quatrains et de deux tercets avec une organisation spécifique : deux mêmes rimes embrassées dans les quatrains, puis tercets divisibles en un distique et en un quatrain aux rimes croisées ou embrassées.

## Le mètre en poésie

- Le **mètre** est la mesure du **nombre de syllabes**. Les vers pairs sont les plus fréquents.
- L'**octosyllabe**, vers de huit syllabes, et le **décasyllabe**, vers de dix syllabes, sont surtout utilisés dans la poésie lyrique et la chanson depuis la Renaissance.
  Ex. : Il faisait, dans cette avenue,
  Un froid de loup, un temps de chien. → p. 64 : A. de Musset, *Poésies nouvelles* (1850).
  Ex. : Je vis, je meurs : je me brûle et me noie. → p. 50 : Louise Labé, *Sonnets* (1555).
- L'**alexandrin**, vers de douze syllabes, tire son nom d'un poème du XIIe siècle consacré à Alexandre le Grand ; il devient le vers de la poésie lyrique amoureuse avec Ronsard.
  Ex. : « Ronsard me célébrait du temps que j'étais belle. »
  → p. 64 : P. de Ronsard, *Les Amours* (1578).

## La scansion

- C'est le respect des **accents** et des **coupes** dans la lecture d'un vers.
- L'**accent** insiste sur une voyelle qui termine un groupe de mots significatif. Il existe plusieurs accents dans un vers : l'accent est **fixe** quand il est juste avant la césure ou en fin de vers.
  Ex. : Cueillez dès aujourd'hui les roses de la vie. → p. 64 : P. de Ronsard, *Sonnets pour Hélène* (1578).
  ➤ Les voyelles en gras portent un accent ; les voyelles soulignées sont les accents fixes.
- La **césure** est la coupe principale d'un vers long ; elle tombe juste après la quatrième syllabe dans le décasyllabe, et au milieu de l'alexandrin, alors divisé en deux **hémistiches** (= demi-vers en grec).
  Ex. : Il me remet//en mon premier malheur. → p. 50 : Louise Labé, *Sonnets* (1555).
  Ex. : Ne montre pas l'eau vi/ve à qui ne peut la boire.
  → p. 55 : M. Desbordes-Valmore, *Poésies inédites* (1860).
  ➤ La césure coupe l'adjectif central, ce qui est typique de la poésie romantique (césure lyrique).
- Les **coupes secondaires** déterminent des pauses intermédiaires. Au XVIIe siècle, c'est le **tétramètre** (alexandrin scandé en 3/3//3/3) qui domine.
  Ex. : La clarté/de son teint//n'est pas cho/se mortelle → p. 63 : F. de Malherbe, *Poésies* (1630).
- La prononciation des vers est codifiée.
  – Le **e final d'un mot** ne se prononce pas en fin de vers. À l'intérieur du vers, on le prononce quand le mot suivant commence par une consonne.
  Ex. : Auréole du temps, berceau nocturne et sûr → p. 59 : P. Eluard, *Capitale de la douleur* (1926), © Gallimard.
  ➤ Le e en gras se prononce alors que le e souligné s'élide (ne se prononce pas).
  – **Toutes les liaisons** se font dans un vers.
  Ex. : En ce nombre infini de grâces, et d'appas... → p. 63 : F. de Malherbe, *Poésies* (1630).
  ➤ La liaison est indispensable, malgré la ponctuation, pour obtenir douze syllabes.
  – La **diérèse** dissocie en deux syllabes ce que la langue courante prononce en une syllabe.
  Ex. : La vie m'est et trop molle et trop dure → p. 50 : Louise Labé, *Sonnets* (1555).
  ➤ Le nom *vie* se prononce *vi-e* de façon à obtenir un décasyllabe.
  – La **synérèse** prononce en une syllabe ce que la langue courante divise en deux syllabes.
  Ex. : Et en plaisir maint grief tourment j'endure. → p. 50 : Louise Labé, *Sonnets* (1555).
  ➤ Les dix syllabes se retrouvent à la condition de prononcer l'adjectif *grief* en une seule syllabe.

# Exercices d'application

## Mettre au point

### 1 Les rimes et le rythme

**1.** Quelle est la qualité de rime dominante ? Justifiez.
**2. a.** Comment les rimes sont-elles disposées ? Identifiez la forme fixe adoptée.
**b.** Correspond-elle à la tradition ? Expliquez.
**3. a.** Quel est le mètre utilisé ? Justifiez à l'aide des vers 1 et 2.
**b.** Comment doit-on lire le vers 12 ? Relevez les deux procédés qui permettent de respecter le mètre utilisé.

La nature est un temple où de vivants piliers
Laissent parfois sortir de confuses paroles ;
L'homme y passe à travers des forêts de symboles
Qui l'observent avec des regards familiers.

Comme de longs échos qui de loin se confondent
Dans une ténébreuse et profonde unité,
Vaste comme la nuit et comme la clarté,
Les parfums, les couleurs et les sons se répondent.

Il est des parfums frais comme des chairs d'enfants,
Doux comme les hautbois, verts comme les prairies,
– Et d'autres, corrompus, riches et triomphants,

Ayant l'expansion des choses infinies,
Comme l'ambre[1], le musc[2], le benjoin[3] et l'encens,
Qui chantent les transports[4] de l'esprit et des sens.

Charles Baudelaire, *Les Fleurs du mal*, « Correspondances » (1857).

1. Glande animale utilisée en parfumerie.
2. Substance odorante produite par une glande de cerf.
3. Résine aromatique asiatique.
4. Les délices, les joies.

## Appliquer

### 2 La versification au XVIIe siècle

**1.** Comment les rimes de ces strophes sont-elles disposées ?
**2.** Quelle est la rime pauvre ? Quel est le rapport de sens entre les deux mots qu'elle réunit ?
**3. a.** Relevez l'allitération la plus évidente.
**b.** Quelle signification donneriez-vous à cette répétition ?
**4.** Quel est le mètre utilisé ? Justifiez en comptant les syllabes d'un vers au choix.
**5.** Donnez deux exemples de mots dont le e final doit être prononcé afin de respecter le mètre employé.

Dans ce val[1] solitaire et sombre,
Le cerf qui brame[2] au bruit de l'eau,
Penchant ses yeux dans un ruisseau,
S'amuse à regarder son ombre.

De cette source une Naïade[3]
Tous les soirs ouvre le portal[4]
De sa demeure de cristal,
Et nous chante une sérénade

Théophile de Viau, *Œuvres poétiques*, « La solitude » (extrait, 1621-1624).

1. Vallée. 2. Crie. 3. Déesse des sources et des rivières. 4. Portail.

### 3 Rimes et forme fixe

**1.** Combien de vers cette strophe comporte-t-elle ? Comment l'appelleriez-vous ?
**2.** Comment les rimes sont-elles disposées ? Faites un schéma de leur disposition en nommant la première rime A, la deuxième B, et ainsi de suite. Attention à la distinction entre rimes féminines et masculines !
**3.** Quelle est la qualité de rime la plus fréquente ? Justifiez.
**4.** Sachant que les deux strophes suivantes comportent exactement les mêmes rimes, et que l'ensemble du texte se termine par une strophe plus courte, quel genre de poème Villon utilise-t-il ici ?

Frères humains, qui après nous vivez,
N'ayez les cœurs contre nous endurcis,
Car, si pitié de nous pauvres avez,
Dieu en aura plus tôt de vous mercis[1].
Vous nous voyez ci[2] attachés, cinq, six :
Quant de[3] la chair, que trop avons nourrie,
Elle est piéça[4] dévorée et pourrie,
Et nous, les os, devenons cendre et poudre[5].
De notre mal personne ne s'en rie[6] ;
Mais priez Dieu que tous nous veuille absoudre[7] !

François Villon, *Poésies diverses*, « L'épitaphe Villon », première strophe (vers 1450), orthographe modernisée.

1. Pitié. 2. Ici. 3. Quant à. 4. Depuis. 5. Poussière. 6. Que de notre mal personne ne se moque. 7. Pardonner complètement.

### 4 Mètres et disposition des rimes

**1.** Combien de mètres différents sont employés ?
**2.** La disposition des rimes tient-elle compte de la différence des mètres ? Prenez pour exemple les vers 1 à 8.
**3.** Le futur du vers 14 indique qu'on est au début du poème. Observez d'autres indices tels que le dernier vers et la disposition des rimes.

La perte d'un époux ne va point sans soupirs.
On fait beaucoup de bruit, et puis on se console.
Sur les ailes du Temps la tristesse s'envole ;
Le Temps ramène les plaisirs.
Entre la veuve d'une année
Et la veuve d'une journée
La différence est grande ; on ne croirait jamais
Que ce fût la même personne.
L'une fait fuir les gens, et l'autre a mille attraits.
Aux soupirs vrais ou faux celle-là s'abandonne ;
C'est toujours même note[1] et pareil entretien[2] :
On dit qu'on est inconsolable ;
On le dit, mais il n'en est rien,
Comme on verra par cette fable,
Ou plutôt par la vérité.

Jean de LA FONTAINE, *Fables*, livre VI, fable 21 (extrait, 1668).

1. Même ton (sur lequel on soupire).
2. Même façon de converser.

## 5 Prononciation et lecture expressive

**1. Quel est le mètre employé par Voltaire ? Justifiez à l'aide du premier vers.**

**2. a. À l'intérieur des vers, repérez tous les mots comportant un e final qui ne se prononce pas dans le langage courant. Différenciez ceux qui sont prononcés et ceux qui sont élidés.**

**b. Quels vers comportent un nom dont l'initiale est une consonne muette ? Quelle incidence cela a-t-il sur la façon de lire ces vers ?**

**3. a. Au vers 3, la liaison *Mère des arts* est respectée, comme dans le langage courant. Relevez toutes les liaisons à effectuer dans le poème.**

**b. Relisez le poème à voix haute afin de faire entendre toutes ces liaisons.**

*Ce poème est l'éloge de la civilisation et du monde contemporain de Voltaire.*

Il est bien doux pour mon cœur très immonde[1]
De voir ici l'abondance à la ronde,
Mère des arts et des heureux travaux,
Nous apporter, de sa source féconde,
Et des besoins et des plaisirs nouveaux.
L'or de la terre et les trésors de l'onde[2],
Leurs habitants et les peuples de l'air,
Tout sert au luxe, aux plaisirs de ce monde.
Ô le bon temps que ce siècle de fer[3] !
Le superflu, chose très nécessaire,
A réuni l'un et l'autre hémisphère

VOLTAIRE, « Le mondain », vers 13-23 (1736).

1. Impur (ici, éloigné de la nature).
2. L'eau.
3. De l'industrie, du progrès.

## 6 Diérèses et langage poétique

**1. Quelle disposition de rimes cette strophe adopte-t-elle ?**

**2. Quel est le mètre employé ? Justifiez à l'aide d'un vers.**

**3. Quelle métaphore permet de célébrer la poésie au vers 2 ? Repérez la diérèse qui la valorise.**

→ p. 384 : LES FIGURES DE RHÉTORIQUE

**4. Relevez le vers qui comporte une autre diérèse.**

*Dans ce poème, Alfred de Vigny célèbre la poésie.*

Comment se garderaient les profondes pensées
Sans rassembler leurs feux dans ton diamant pur
Qui conserve si bien leurs splendeurs condensées ?
Ce fin miroir solide, étincelant et dur ;
Reste des nations mortes, durable pierre ;
Qu'on trouve sous ses pieds lorsque dans la poussière
On cherche les cités sans en voir un seul mur.

Alfred de VIGNY, *Les Destinées*, « La maison du berger », II (extrait, 1844).

# Écrire

## 7 Poésie et chanson

**1. Comment les rimes sont-elles disposées ?**

**2. Quel est le mètre utilisé ?**

**3. Relevez les e finals à prononcer à l'intérieur des vers, ainsi que les liaisons à effectuer.**

**4. Écriture d'invention. Sur ce modèle, écrivez un poème intitulé « Chanson » adoptant la même disposition de rimes et le même mètre, sur le thème de la fuite du temps.**

Chanson

Si vous n'avez rien à me dire,
Pourquoi venir auprès de moi ?
Pourquoi me faire ce sourire
Qui tournerait la tête au roi ?
Si vous n'avez rien à me dire,
Pourquoi venir auprès de moi ?

Si vous n'avez rien à m'apprendre,
Pourquoi me pressez-vous la main ?
Sur le rêve angélique et tendre,
Auquel vous songez en chemin,
Si vous n'avez rien à m'apprendre,
Pourquoi me pressez-vous la main ?

Si vous voulez que je m'en aille,
Pourquoi passez-vous par ici ?
Lorsque je vous vois, je tressaille :
C'est ma joie et c'est mon souci.
Si vous voulez que je m'en aille,
Pourquoi passez-vous par ici ?

Victor HUGO, *Les Contemplations*, « Autrefois », livre II : « L'âme en fleur », poème IV (1856).

# Fiche 2 La modernité en poésie

j'utiliserai des métonymies et des métaphores
pour parler de la vie des porcs et de leur mort
j'utiliserai l'assonance et la rime
pour parler des prés, de la forêt, de la campagne
j'écrirai des poèmes
la main sur la charrue du vocabulaire.

→ p. 41 : R. QUENEAU, *Battre la campagne*, « La main à la plume » (1968), © Gallimard.

**QUESTIONS**

1. Quel est le rapport entre les figures de rhétorique nommées et les domaines sur lesquels elles vont porter ? Expliquez.
→ p. 384 : LES FIGURES DE RHÉTORIQUE
2. Quels mots ou expressions peuvent surprendre dans un poème ? pourquoi ?

## L'essentiel

- En poésie, le terme *modernité* se rapporte à l'évolution des formes et des thèmes. Il est utilisé pour la première fois au XIX^e siècle par Charles Baudelaire afin d'évoquer une poésie nouvelle, apte à représenter une grande ville comme Paris.

### Des thèmes nouveaux

- Bien que la plupart des sujets soient repris à la tradition (la douleur d'amour, par exemple), de nombreux poètes innovent en proposant des thèmes nouveaux.
- Dans les textes des poètes maudits, artistes qui se sentent marginaux dans une société bourgeoise qui les déconsidère, le thème du ***spleen*** (angoisse, mélancolie) correspond au malaise moderne.
  Ex. : les poètes Charles Baudelaire et Jules Laforgue écrivent tous deux des poèmes intitulés « Spleen ».
- Le thème amoureux est mêlé à celui de la **ville** par Apollinaire dans *Alcools* (1913). L'univers urbain, même s'il n'est pas nouveau en poésie, montre ses aspects les plus récents, les plus innovants.
  Ex. : la tour Eiffel est présentée dans le poème « Zone » d'Apollinaire, alors qu'un collectif d'artistes et d'écrivains souhaite la voir déboulonnée.
- La **banalité du quotidien** fait son entrée en poésie.
  Ex. : Francis Ponge, dans *Le Parti pris des choses* (1942), écrit des poèmes sur des objets du quotidien en les transformant à l'aide de figures de rhétorique → p. 71.

### Un nouveau rapport au langage

- La modernité poétique implique le choix de **nouveaux moyens d'expression**.
- Dès la fin du XIX^e siècle, les poètes symbolistes utilisent un **langage complexe, voire hermétique**. Le lecteur doit décrypter le texte patiemment pour en comprendre le sens.
  Ex. : Calme bloc ici-bas chu d'un désastre obscur → p. 408 : S. MALLARMÉ, *Poésies* (1899).
  ➤ La métaphore *désastre obscur*, et *chu*, participe passé rare, permettent à cet alexandrin d'évoquer la pierre tombale de l'auteur américain Edgar Allan Poe.

- Juste avant la Première Guerre mondiale, les **audaces formelles** se multiplient, telle l'absence de ponctuation.

  Ex. : dans « Le pont Mirabeau », paru dans le recueil *Alcools* en 1913, Apollinaire n'utilise aucun signe de ponctuation.
- Les poèmes font des incursions en dehors de la langue académique. Le **langage familier**, voire **vulgaire**, apparaît fréquemment dans les textes attentifs à l'argot et aux évolutions populaires du français.

  Ex. : dans « Barbara » (*Paroles*, 1946), Jacques Prévert qualifie la guerre de *connerie* et évoque des chiens qui *crèvent* au large de Brest en ruine.

  ➤ Le but recherché est de faire ainsi ressentir au lecteur l'horreur de la guerre.
- Les poètes emploient des **images surprenantes** et déroutantes, dans le but de créer de nouveaux effets poétiques. Ainsi, Charles Baudelaire crée les *correspondances* sensorielles.

  Ex. : Il est des parfums frais comme des chairs d'enfants,<br>
  Doux comme les hautbois, verts comme les prairies…

  → p. 36 : C. Baudelaire, *Les Fleurs du mal*, « Correspondances » (1857).

  ➤ Les parfums sont associés par des comparaisons à des sons (*hautbois*) et à des couleurs (*verts*).

## L'évolution des formes

- Ce sont surtout les règles classiques de la poésie et ses formes qui évoluent.

### Des vers et des rythmes différents

- L'alexandrin (vers de douze syllabes) et l'octosyllabe (huit syllabes) ne sont plus la référence. Les poètes utilisent des **vers impairs**, qu'ils font parfois alterner avec des vers pairs.

  Ex. : De la musique avant toute chose,<br>
  Et pour cela préfère l'Impair…

  P. Verlaine, *Jadis et naguère*, « L'art poétique » (1881).

  ➤ Ce poème est écrit en vers de neuf syllabes, appelés ennéasyllabes, dont Verlaine revendique la nouveauté rythmique.
- On trouve également des **vers libres** qui ne respectent plus la métrique, mais **varient les rythmes du vers** à loisir.

  Ex. : Écoutez, j'en ai assez du pittoresque et des couleurs et du charme.<br>
  J'aime l'amour, sa tendresse et sa cruauté.<br>
  Mon amour n'a qu'un seul nom, qu'une seule forme.

  → p. 57 : R. Desnos, *Corps et biens* (1930), © Gallimard.

  ➤ Le poète fait alterner des vers libres et des alexandrins, afin peut-être de montrer que l'amour a besoin d'élans nouveaux.

### De toutes nouvelles formes

- Le **poème en prose** est inventé par Aloysius Bertrand puis repris par **Baudelaire** dans *Le Spleen de Paris* (1869, publication posthume). Ce poème, généralement court, se compose de plusieurs paragraphes et ne présente aucun vers particulier ni rime. Ce sont le rythme et les images (comparaisons, métaphores) qui sont importants. Ils sont au service de la chute qui joue sur un effet de surprise.
- Le **verset**, forme empruntée à la Bible, se distingue difficilement du poème en prose, surtout lorsqu'il est long.
- Le **calligramme** est l'aboutissement ultime du travail visuel sur la poésie. Déjà présent chez le romancier François Rabelais, au XVIe siècle, il est remis au goût du jour dans un recueil de poèmes d'Apollinaire en 1918 → p. 73. Les mots sont disposés de manière à former un dessin qui reprend le thème ou le titre du poème.

# Exercices d'application

## Mettre au point

### 1 Une forme particulière

**1.** Commentez la mise en forme de ce début de poème. Que remarquez-vous ?
**2.** Quelle figure de rhétorique structure la seconde partie de l'extrait ? Quel est l'effet produit ?
→ p. 384 : LES FIGURES DE RHÉTORIQUE
**3.** Quel élément est commun à tout ce qui est évoqué ? À quels sens le poète a-t-il recours ? dans quel but ?
**4.** Pourquoi peut-on dire qu'il s'agit d'un poème moderne ?

Le grand coup de machette[1] du plaisir rouge en plein front il y avait du sang et cet arbre qui s'appelle flamboyant[2] et qui ne mérite jamais mieux ce nom-là que les veilles de cyclone et de villes mises à sac le nouveau sang la raison rouge tous les mots de toutes les langues qui signifient mourir de soif et seul quand mourir avait le goût du pain et la terre et la mer un goût d'ancêtre et cet oiseau qui me crie de ne pas me rendre et la patience des hurlements à chaque détour de ma langue

la plus belle arche et qui est un jet de sang
la plus belle arche et qui est un cerne lilas
la plus belle arche et qui s'appelle la nuit
et la beauté anarchiste de tes bras mis en croix
et la beauté eucharistique[3] et qui flambe de ton sexe au nom duquel je saluais le barrage de mes lèvres violentes

Aimé Césaire, *Les Armes miraculeuses* (extrait, 1946), © Mercure de France.

**1.** Arme à longue lame. **2.** Arbre des Antilles au feuillage rouge vif. **3.** Qui se rapporte au sacrement chrétien qui perpétue le sacrifice de Jésus.

### 2 Poème en vers, poème en prose

**1.** Relevez dans les deux poèmes les champs lexicaux et les figures de rhétorique utilisés pour décrire la chevelure. Que remarquez-vous ?
→ p. 384 : LES FIGURES DE RHÉTORIQUE
**2.** Malgré l'absence de rimes, quels éléments graphiques et sonores du texte B rappellent la versification traditionnelle ?
→ p. 401 : VERSIFICATION ET FORMES FIXES
**3.** Laquelle de ces deux formes vous semble le mieux convenir au thème amoureux ? pourquoi ?

*Écrit en l'honneur de Jeanne Duval, la maîtresse créole du poète, « La chevelure » possède une version en vers (texte A) et une en prose (texte B).*

**Texte A**

**La chevelure**

[...]
J'irai là-bas où l'arbre et l'homme, pleins de sève,
Se pâment[1] longuement sous l'ardeur des climats ;
Fortes tresses, soyez la houle[2] qui m'enlève ;
Tu contiens, mer d'ébène, un éblouissant rêve
De voiles, de rameurs, de flammes et de mâts :

Un port retentissant où mon âme peut boire
À grands flots le parfum, le son et la couleur ;
Où les vaisseaux, glissant dans l'or et dans la moire[3],
Ouvrent leurs vastes bras pour embrasser la gloire
D'un ciel pur où frémit l'éternelle chaleur.

Charles Baudelaire, *Les Fleurs du mal* (extrait, 1857).

**1.** S'évanouissent. **2.** Ondulation de l'eau. **3.** Étoffe brillante.

**Texte B**

**Un hémisphère dans une chevelure**

[...]

Tes cheveux contiennent tout un rêve, plein de voilures et de mâtures ; ils contiennent de grandes mers dont les moussons me portent vers de charmants climats, où l'espace est plus bleu et plus profond, où l'atmosphère est parfumée par les fruits, par les feuilles et par la peau humaine.

Dans l'océan de ta chevelure, j'entrevois un port fourmillant de chants mélancoliques, d'hommes vigoureux de toutes nations et de navires de toutes formes découpant leurs architectures fines et compliquées sur un ciel immense où se prélasse l'éternelle chaleur.

Charles Baudelaire, *Le Spleen de Paris* (extrait, 1869, publication posthume).

## Appliquer

### 3 La poésie hermétique

**1.** Quelle forme fixe le poète adopte-t-il ? Expliquez.
→ p. 401 : VERSIFICATION ET FORMES FIXES
**2.** Quel type de texte caractérise l'ensemble de ce poème ? Quelles images permettent de le développer ?
→ p. 388 : LES TYPES DE TEXTE
→ p. 384 : LES FIGURES DE RHÉTORIQUE
**3.** Quels champs lexicaux confirment le titre du poème ?
**4.** Dans quelle mesure ce texte est-il à la fois du côté de la tradition, et du côté de la modernité ?

*En hommage à Edgar Allan Poe, poète et romancier américain, Mallarmé évoque sa pierre tombale.*

**Le tombeau d'Edgar Poe**

Tel qu'en Lui-même enfin l'éternité le change,
Le Poète suscite avec un glaive[1] nu
Son siècle épouvanté de n'avoir pas connu
Que la mort triomphait dans cette voix étrange !

Eux, comme un vil sursaut d'hydre[2] oyant[3] jadis l'ange
Donner un sens plus pur aux mots de la tribu
Proclamèrent très haut le sortilège bu
Dans le flot sans honneur de quelque noir mélange.

Du sol et de la nue[4] hostiles, ô grief[5] !
Si notre idée avec ne sculpte un bas-relief
Dont la tombe de Poe éblouissante s'orne,

Calme bloc ici-bas chu[6] d'un désastre obscur,
Que ce granit du moins montre à jamais sa borne[7]
Aux noirs vols du Blasphème épars dans le futur.

Stéphane Mallarmé, *Poésies* (extrait, 1899, publication posthume).

**1.** Une épée. **2.** Serpent monstrueux de la mythologie grecque, à sept têtes. **3.** Entendant. **4.** Le ciel nuageux. **5.** Sujet de plainte. **6.** Tombé. **7.** Pierre délimitant l'espace de la tombe.

## 4 Un calligramme

**1.** Que représente chacun des calligrammes ?
**2.** Quels jeux de caractères le poète utilise-t-il pour le faire comprendre ?
**3.** Sur quelle mise en page particulière l'ensemble du poème repose-t-il ? Expliquez à l'aide du titre.

V
OI
LA ?
CI MAISON
OÙ NAISSENT
LES É
TOI LES
ET LES DIVINITÉS

CET
ARBRISSEAU
QUI SE PRÉPARE
A FRUCTIFIER
TE
RES
SEM
BLE

Guillaume Apollinaire, *Calligrammes*, « Paysage » (1918), © Gallimard.

## 5 Des vers libres et rythmés

**1.** Les vers de ce poème respectent-ils la métrique traditionnelle ? Expliquez.
→ p. 401 : VERSIFICATION ET FORMES FIXES
**2.** La syntaxe des phrases est-elle correcte ? Expliquez.
→ p. 375 : LA SYNTAXE ET LA VALEUR DES TEMPS
**3.** Quel rythme tous ces éléments créent-ils ?

**Télégramme de Dakar**

[...]
Baobabs[1] beaucoup baobabs
baobabs
près, loin, alentour,
Baobabs, Baobabs.

Dans le noir, le soir,
sous des nuages bas, blafards[2], informes,
loqueteux[3], crasseux,
en charpie, chassés vachement
par vent qu'on ne sent pas,
sous des nuages pour glas[4],
immobiles comme morts sont les baobabs.

Henri Michaux, *Plume* (extrait, 1938), © Gallimard.

**1.** Arbres africains à très gros tronc. **2.** Décolorés, pâles. **3.** Déchirés. **4.** Tintement de cloches annonçant une mort.

# Écrire

## 6 Les jeux sur le langage

**1.** Les vers de ce poème sont-ils réguliers ? Commentez.
**2.** Quelle est l'originalité principale du texte ? Expliquez.
**3.** Qui est visé par les effets comiques ?
→ p. 450 : LES REGISTRES COMIQUE ET TRAGIQUE
**4. Rédaction d'une dissertation.** La poésie moderne se résume-t-elle à ses jeux de formes et à sa volonté d'innovation ? Répondez à l'aide de références précises.
→ p. 518 : RÉDIGER UNE DISSERTATION

**Le plus beau vers de la langue française**

[...]
Le poite aurait pu dire
Tout à son aise :
« Le geai volumineux picorait des pois fins »
Eh bien ! non, mes zinfints.
Le poite qui a du génie
Jusque dans son délire
D'une main moite
A écrit :

« C'était l'heure divine où, sous le ciel gamin,
Le geai gélatineux geignait dans le jasmin. »

René de Obaldia, *Innocentines* (extrait, 1969), © Grasset.

**1.** Oiseau au plumage coloré. **2.** Poussait des cris de plainte.

# Fiche 3 Les registres lyrique et élégiaque

La nuit m'est courte, et le jour trop me dure,
Je fuis l'amour, et le suis à la trace.

→ p. 51 : J. Du Bellay, *L'Olive* (1550).

**QUESTIONS**

**1.** Sur quel parallélisme le premier vers repose-t-il ? Sur quoi permet-il d'insister ?
→ p. 384 : LES FIGURES DE RHÉTORIQUE
**2.** Quel sentiment ces deux vers expriment-ils précisément ?

## L'essentiel

### Le registre lyrique

#### Origines et thèmes

- L'adjectif *lyrique* fait référence à la **lyre**, l'instrument de musique qu'**Orphée**, personnage de la mythologie grecque, utilise pour accompagner ses chants.
- Il signifie d'abord : ce qui est **destiné à être chanté**. Mais, par extension, il désigne aussi une écriture poétique qui exprime des **sentiments personnels** d'amour, de tristesse…

#### Les procédés rhétoriques

- Le registre lyrique se caractérise par :
  – des marques de **subjectivité** (premières personnes du singulier ou du pluriel) ;
  – l'**apostrophe** et l'**impératif** qui interpellent le destinataire (personne aimée, dieu…) ;
  – les **interjections** et les **phrases exclamatives**, qui soulignent la **force des émotions** éprouvées ;
  – les **figures rhétoriques d'insistance**, comme l'**anaphore** ou l'**hyperbole**.

Ex. : Ô triste, triste était mon âme / À cause, à cause d'une femme.
Je ne me suis pas consolé / Bien que mon cœur s'en soit allé

→ p. 53 : P. Verlaine, *Romances sans paroles* (1874).

➤ L'interjection *Ô triste* indique le sentiment du poète, accentué par les répétitions et l'hyperbole *Je ne me suis pas consolé*.

### Le registre élégiaque

#### Origines et thèmes

- Le terme *élégie* vient du grec ***elegeia*** qui signifie : la **plainte**. Chez les Grecs, il désigne un poème de **déploration** ou de **chant funèbre**.
- Proche du lyrisme, le registre élégiaque manifeste un **regret** ou un **deuil**, dont le lecteur devient le confident. Il est très présent chez les romantiques (Lamartine, Musset, Nerval…).

#### Les procédés rhétoriques

- Le registre élégiaque se caractérise par :
  – l'emploi dominant du **pronom *je***, parfois accompagné de la deuxième personne ;
  – le **vocabulaire de la plainte**, de la douleur ou de la mort ;
  – les **figures d'amplification** comme la **gradation** ou l'**hyperbole**, qui accentuent la plainte, ou d'**opposition**, comme l'**antithèse**, qui souligne le mélange de deux sentiments.

Ex. : Je vis, je meurs : je me brûle et me noie. / J'ai chaud extrême en endurant froidure :
La vie m'est et trop molle et trop dure. / J'ai grands ennuis entremêlés de joie.

→ p. 50 : Louise Labé, *Sonnets* (1555).

# Exercices d'application

## Mettre au point

### 1 Lyrique ou élégiaque ?

**1.** Précisez pour chaque extrait s'il s'apparente thématiquement au registre lyrique ou au registre élégiaque.
**2.** Quelles figures de rhétorique permettent de confirmer vos choix ? Expliquez.
→ p. 384 : LES FIGURES DE RHÉTORIQUE

**Texte A**

Beaux yeux, à qui le ciel et mon consentement,
Pour me combler de gloire, ont donné justement
Dessus[1] mes volontés un empire suprême,
Que ce coup m'est sensible, et que tout à loisir[2]
Je vais bien éprouver qu'un déplaisir extrême
Est toujours à la fin d'un extrême plaisir.

François de Malherbe, *Stances* (extrait, 1655).

1. Sur. 2. Très nettement.

**Texte B**

Où sont-ils, les marins sombrés dans les nuits noires ?
Ô flots ! que vous savez de lugubres[1] histoires !
Flots profonds, redoutés des mères à genoux !
Vous vous les racontez en montant les marées,
Et c'est ce qui vous fait ces voix désespérées
Que vous avez le soir quand vous venez vers nous !

Victor Hugo, *Les Rayons et les Ombres*, « Oceano nox » (extrait, 1840).

1. Sombres et tragiques.

**Texte C**

je reprends courage dans le triste désespoir,
je me réjouis et n'ai aucun plaisir ;
puissant, je suis sans force et sans pouvoir,
bien accueilli, repoussé par chacun.

François Villon, *Œuvres*, « Ballade du concours de Blois » (extrait, 1457), translation en français moderne par A. Lanly, © Honoré Champion (1952).

## Appliquer

### 2 Les thèmes lyriques

**1.** Relevez et commentez le champ lexical dominant.
**2.** Commentez la forme du poème et ses rimes. Dans quelle mesure sont-elles associées au registre lyrique ?
→ p. 401 : VERSIFICATION ET FORMES FIXES
**3.** Étudiez l'énonciation de ce poème. Dans quelle position le lecteur se retrouve-t-il ? Expliquez.
→ p. 371 : COMMUNICATION, ÉNONCIATION ET MODALISATION

**Mon rêve familier**

Je fais souvent ce rêve étrange et pénétrant
D'une femme inconnue, et que j'aime, et qui m'aime,
Et qui n'est, chaque fois, ni tout à fait la même
Ni tout à fait une autre, et m'aime et me comprend.

Car elle me comprend, et mon cœur, transparent
Pour elle seule, hélas ! cesse d'être un problème
Pour elle seule, et les moiteurs de mon front blême[1],
Elle seule les sait rafraîchir, en pleurant.

Est-elle brune, blonde ou rousse ? – Je l'ignore.
Son nom ? Je me souviens qu'il est doux et sonore
Comme ceux des aimés que la Vie exila.

Son regard est pareil au regard des statues,
Et, pour sa voix, lointaine, et calme, et grave, elle a
L'inflexion[2] des voix chères qui se sont tues.

Paul Verlaine, *Poèmes saturniens* (1866).

1. Extrêmement pâle. 2. Le timbre.

### 3 L'expression du lyrisme

**1.** À qui le poète s'adresse-t-il successivement ? Expliquez.
**2.** Quel type de phrase domine dans les deux derniers quatrains ? pourquoi ?
**3.** Quelle figure de rhétorique est présente aux vers 9 et 10 ? Dans quelle mesure est-elle lyrique ?
→ p. 384 : LES FIGURES DE RHÉTORIQUE.

*Ce poème a été écrit sur les bords du lac du Bourget en souvenir d'une femme que Lamartine aima, Julie Charles.*

**Le lac**

[...]
Un soir, t'en souvient-il ? nous voguions en silence ;
On n'entendait au loin, sur l'onde et sous les cieux,
Que le bruit des rameurs qui frappaient en cadence
Tes flots harmonieux.

Tout à coup des accents inconnus à la terre
Du rivage charmé frappèrent les échos ;
Le flot fut attentif et la voix qui m'est chère
Laissa tomber ces mots :

« Ô temps ! suspends ton vol ! et vous, heures propices,
Suspendez votre cours !
Laissez-nous savourer les rapides délices
Des plus beaux de nos jours !

Alphonse de Lamartine, *Méditations poétiques* (extrait, 1820).

## 4 La plainte amoureuse

**1.** **À qui le poète s'adresse-t-il ici ? Comment le sait-on ?**
**2. a.** **Quelle figure de rhétorique structure tout le poème ? Qui permet-elle d'opposer ?**
**b.** **Relevez deux champs lexicaux importants dans le poème. À quoi servent-ils ?**
→ p. 384 : LES FIGURES DE RHÉTORIQUE
**3.** **Quel est le registre dominant de ce poème ? Justifiez.**

### Plainte

Vrai sauvage égaré dans la ville de pierre,
À la clarté du gaz je végète et je meurs.
Mais vous vous y plaisez, et vos regards charmeurs
M'attirent à la mort, parisienne fière.

Je rêve de passer ma vie en quelque coin
Sous les bois verts ou sur les monts aromatiques,
En Orient, ou bien près du pôle, très loin,
Loin des journaux, de la cohue[1] et des boutiques.

Mais vous aimez la foule et les éclats de voix,
Le bal de l'Opéra, le gaz et la réclame[2].
Moi, j'oublie, à vous voir, les rochers et les bois,
Je me tue à vouloir me civiliser l'âme.

Je vous ennuie à vous le dire si souvent :
Je mourrai, papillon brûlé, si cela dure...
Vous feriez bien pourtant, vos cheveux noirs au vent,
En clair peignoir ruché[3], sur un fond de verdure !

Charles Cros, *Le Coffret de santal* (1873).

1. La foule. 2. La publicité. 3. Tissu de coton dont les mailles ressemblent aux alvéoles d'une ruche.

## 5 Le style élégiaque

**1.** **Commentez la forme et le style des deux premiers vers. Quel sentiment le poète y exprime-t-il ?**
**2.** **Relevez plusieurs mots à forte connotation péjorative. À quel thème renvoient-ils ?**
→ p. 381 : DÉNOTATION ET CONNOTATION
**3.** **De quoi le poète se plaint-il dans les deux tercets ? Expliquez.**
**4.** **Relevez toutes les répétitions. Dans quelle mesure renforcent-elles le registre élégiaque ?**

Hélas ! combien de jours, hélas ! combien de nuits,
J'ai vécu loin du lieu où mon cœur fait demeure !
C'est le vingtième jour que sans jour je demeure,
Mais en vingt jours j'ai eu tout un siècle d'ennuis.

Je n'en veux mal qu'à moi, malheureux que je suis,
Si je soupire en vain, si maintenant j'en pleure ;
C'est que mal avisé je laissai, en mal'heure[1],
Celle-là que laisser nulle part je ne puis.

J'ai honte que déjà ma peau décolorée[2]
Se voit par mes ennuis[3] de rides labourée :
J'ai honte que déjà les douleurs inhumaines

Me blanchissent le poil sans le congé[4] du temps.
Encor[5] moindre je suis au compte de mes ans,
Et déjà je suis vieux au compte de mes peines.

Étienne de La Boétie, *Sonnets*, sonnet XVI (1562), orthographe modernisée.

1. Variante ancienne du mot *malheur*. 2. Pâle à force de pleurer. 3. Souffrances. 4. La fuite. 5. Pour *encore* ; licence poétique pour obtenir les douze syllabes de l'alexandrin.

# Écrire

## 6 Une vision moderne de l'amour

**1. a.** **Observez la structure de la première strophe. Sur quelle figure de rhétorique est-elle construite ?**
**b.** **Commentez particulièrement le vers 3. Quelle figure retrouve-t-on ? Dans quelle mesure est-elle originale ?**
→ p. 384 : LES FIGURES DE RHÉTORIQUE
**2.** **Quelles différentes images le poète donne-t-il de la femme ? Expliquez.**
**3.** **Rédaction d'un commentaire. Commentez ce poème en montrant la modernité et l'originalité de ses images.**
→ p. 405 : LA MODERNITÉ EN POÉSIE
→ p. 513 : ENCHAÎNER DES PARAGRAPHES DE COMMENTAIRE

### Je t'aime

Je t'aime pour toutes les femmes que je n'ai pas connues
Je t'aime pour tous les temps où je n'ai pas vécu
Pour l'odeur du grand large et l'odeur du pain chaud
Pour la neige qui fond pour les premières fleurs
Pour les animaux purs que l'homme n'effraie pas
Je t'aime pour aimer
Je t'aime pour toutes les femmes que je n'aime pas

Qui me reflète sinon toi-même je me vois si peu
Sans toi je ne vois rien qu'une étendue déserte
Entre autrefois et aujourd'hui
Il y a eu toutes ces morts que j'ai franchies sur de la paille
Je n'ai pas pu percer le mur de mon miroir
Il m'a fallu apprendre mot par mot la vie
Comme on oublie

Je t'aime pour ta sagesse qui n'est pas la mienne
Pour la santé
Je t'aime contre tout ce qui n'est qu'illusion
Pour ce cœur immortel que je ne détiens pas
Tu crois être le doute et tu n'es que raison
Tu es le grand soleil qui me monte à la tête
Quand je suis sûr de moi.

Paul Eluard, *Le Phénix* (1951), © Gallima

CHAPITRE 4

# Les notions propres à l'argumentation


413 **Fiche 1** Les genres de l'argumentation

416 **Fiche 2** Convaincre, délibérer ou persuader

418 **Fiche 3** Le circuit argumentatif

421 **Fiche 4** Les registres didactique et polémique

Keith Haring (1958-1990), *Untitled* (1983), gravure sur bois, 61 x 76 cm (New York, The Estate of Keith Haring).

L'argumentation vise à faire adhérer le lecteur à la thèse proposée par l'auteur. Elle utilise des arguments pertinents, illustrés par des exemples précis.

– **Les genres de l'argumentation** : certains genres littéraires sont consacrés à la défense d'idées exprimées de manière directe et explicite ; d'autres utilisent la fiction pour exposer un point de vue.

– **Convaincre, délibérer ou persuader** : l'auteur doit mettre en place une stratégie. Il a recours soit à des procédés logiques et rationnels pour le convaincre, soit à des images ou une forte subjectivité pour le persuader. La délibération consiste en un échange d'arguments opposés dans le but de prendre une décision commune.

– **Le circuit argumentatif** : l'argumentation peut emprunter un circuit clair et rigoureux qui enchaîne de manière logique thèse, arguments et exemples.

– **Les registres didactique et polémique** : le registre didactique vise à transmettre un enseignement au lecteur tandis que le registre polémique joue sur la provocation et l'indignation.

# Fiche 1 Les genres de l'argumentation

D'accord, aller dans un pays étranger, c'est souvent intéressant. Mais c'est, *aussi*, déstabilisant. Angoissant. Déboussolant. Je ne sais pas comment on fait pour l'oublier. Chaque fois que je traverse une frontière, je me rappelle : Ah oui.

→ p. 120 : N. Huston, *Nord perdu* (1998), © Actes Sud.

**QUESTIONS**

1. Quelle idée cet extrait propose-t-il ?
2. Comment l'auteur s'implique-t-elle dans son texte ? dans quel but ? Justifiez.

## L'essentiel

- L'argumentation est l'expression d'idées de manière directe dans des genres littéraires proprement argumentatifs, ou bien de manière indirecte dans des genres associés.

### Les genres propres à l'argumentation

- L'**essai** ou le **traité** : l'auteur partage librement ses réflexions personnelles sur un sujet.
  Ex. : les *Essais* (1580) de Montaigne dans lesquels il livre son avis sur divers sujets, notamment l'intérêt du voyage → p. 110.
- Le **discours** ou la **lettre ouverte** : l'auteur s'adresse directement à son public, en l'apostrophant.
  → p. 371 : COMMUNICATION, ÉNONCIATION ET MODALISATION
  Ex. : dans le *Discours sur les sciences et les arts* (1750), Rousseau exprime avec exaltation son opinion sur les liens entre les sciences et la civilisation → p. 134.
- Le **dialogue** ou l'**entretien** : un débat permet l'échange d'opinions généralement contraires.
  Ex. : dans *La Controverse de Valladolid* (1992), Jean-Claude Carrière oppose deux hommes, Sépulvéda et Las Casas, sur la question de la nature humaine des Indiens → p. 101.
- L'**article** : ce texte souvent court, publié dans un journal ou un dictionnaire, aborde un sujet précis traité de manière plus ou moins objective.
- Le **manifeste** : c'est un texte théorique qui fonde et expose les caractéristiques d'un courant littéraire ou culturel.
  Ex. : *Manifeste du surréalisme* (1924) d'André Breton.

### Les genres associés à l'argumentation

- La **fable** : ce court récit, en vers ou en prose, vise à transmettre une morale dans une histoire fictive.
  Ex. : les *Fables* (1668-1694) de La Fontaine.
- Le **conte philosophique** : ce genre narratif en prose fait réfléchir le lecteur sur des questions sociales, morales, politiques…
  Ex. : *Micromégas* (1752) de Voltaire relativise la place de l'homme dans l'univers → p. 92.
- Le **roman à thèse** : l'intrigue de ce texte fictif sert à illustrer une thèse, à portée essentiellement philosophique ou politique.
  Ex. : *Le Meilleur des mondes* (1932) d'A. Huxley interroge les savoirs et les progrès humains dans un roman de science-fiction → p. 131.
- La **poésie engagée** : le poète prend parti pour une cause et fait de son poème une arme.
  Ex. : dans « Fonction du poète » (1840), Victor Hugo définit la mission du poète → p. 66.

# Exercices d'application

## Mettre au point

### 1 L'essai

**1.** Quelle idée Sartre défend-il ?
**2.** Quels exemples utilise-t-il ? pourquoi ?
**3.** Quel type de phrase domine ? dans quel but ?
**4.** Quels aspects grammaticaux confirment qu'il s'agit d'un essai, c'est-à-dire d'une réflexion personnelle ?

→ p. 371 : COMMUNICATION, ÉNONCIATION ET MODALISATION

L'écrivain est *en situation*[1] dans son époque : chaque parole a des retentissements. Chaque silence aussi. Je tiens Flaubert et Goncourt pour responsables de la répression[2] qui suivit la Commune[3] parce qu'ils n'ont pas écrit une ligne pour l'empêcher. Ce n'était pas leur affaire, dira-t-on. Mais le procès de Calas, était-ce l'affaire de Voltaire[4] ? La condamnation de Dreyfus, était-ce l'affaire de Zola[5] ? L'administration du Congo, était-ce l'affaire de Gide[6] ? Chacun de ces auteurs, en une circonstance particulière de sa vie, a mesuré sa responsabilité d'écrivain. L'occupation[7] nous a appris la nôtre. Puisque nous agissons sur notre temps par notre existence même, nous décidons que cette action sera volontaire.

Jean-Paul Sartre, *Situations, II* (extrait, 1948), © Gallimard.

**1.** Engagé. **2.** Façon brutale de contenir un mouvement révolutionnaire. **3.** La Commune de Paris (insurrection populaire parisienne, en 1871). **4.** Voltaire a fait réhabiliter le protestant Calas. **5.** Zola a pris la défense de ce capitaine juif accusé d'espionnage. **6.** Gide a dénoncé le colonialisme dans *Voyage au Congo* (1927). **7.** Occupation allemande du territoire français lors de la Seconde Guerre mondiale.

### 2 Deux genres liés à l'argumentation

**1.** À partir du paratexte, déterminez à quel genre argumentatif appartient chaque texte. Dans chaque texte, quels éléments permettent de le confirmer ?
**2.** Comparez l'ouverture de chaque texte. Quel procédé grammatical commun révèle leur parenté ?

#### Texte A

**Le chien qui lâche sa proie pour l'ombre**

Chacun se trompe ici-bas :
On voit courir après l'ombre
Tant de fous, qu'on ne sait pas
La plupart du temps le nombre.
Au Chien dont parle Ésope[1] il faut les renvoyer.
Ce Chien, voyant sa proie en l'eau représentée,
La quitta pour l'image, et pensa se noyer.
La rivière devint tout d'un coup agitée ;
À toute peine il regagna les bords,
Et n'eut ni l'ombre ni le corps.

Jean de La Fontaine, *Fables*, livre VI, fable 17 (1668-1694).

**1.** Fabuliste grec (VIe siècle avant J.-C.).

#### Texte B

Tout homme naît avec un penchant assez violent pour la domination, la richesse et les plaisirs, et avec beaucoup de goût pour la paresse : par conséquent tout homme voudrait avoir l'argent et les femmes ou les filles des autres, être leur maître, les assujettir[1] à tous ses caprices, et ne rien faire, ou du moins ne faire que des choses très agréables.

Voltaire, *Dictionnaire philosophique*, article « Égalité » (extrait, 1764).

**1.** Soumettre.

## Appliquer

### 3 Argumentation directe et indirecte

**1.** Quel est le thème commun à ces deux textes ? Qu'en disent les auteurs ? Relevez le champ lexical dominant dans chaque texte.
**2.** À quel type d'argumentation, directe ou indirecte, chaque texte appartient-il ? Justifiez.
**3.** Dans le texte A, repérez les procédés de l'ironie. Qu'apportent-ils à l'argumentation par rapport au texte B ?
**4.** Quel texte vous paraît le plus efficace ? Justifiez.

#### Texte A

Les canons renversèrent d'abord à peu près six mille hommes de chaque côté ; ensuite la mousqueterie[1] ôta du meilleur des mondes[2] environ neuf à dix mille coquins qui en infectaient la surface. La baïonnette[3] fut aussi la raison suffisante de la mort de quelques milliers d'hommes. Le tout pouvait bien se monter à une trentaine de mille âmes. Candide, qui tremblait comme un philosophe, se cacha du mieux qu'il put pendant cette boucherie héroïque.

Voltaire, *Candide*, chapitre troisième (extrait, 1759).

**1.** Décharge simultanée de fusils.
**2.** C'est ainsi qu'est désigné le pays où voyage Candide.
**3.** Arme blanche placée à l'extrémité d'un fusil pour le combat au corps à corps.

### Texte B

Les lois, dit-on, doivent se taire parmi le bruit des armes ; je réponds que s'il faut que les lois civiles, les lois des tribunaux particuliers de chaque État, qui n'ont lieu qu'en temps de paix, viennent à se taire, il n'en est pas de même des lois éternelles, qui sont faites pour tous les temps, pour tous les peuples, et qui sont écrites dans la nature : mais la guerre étouffe la voix de la nature, de la justice, de la religion et de l'humanité. Elle n'enfante que des brigandages[1] et des crimes ; avec elle marchent l'effroi, la famine et la désolation[2] ; elle déchire l'âme des mères, des épouses et des enfants ; elle ravage les campagnes, dépeuple les provinces et réduit les villes en poudre.

Louis de JAUCOURT, *Encyclopédie*, article « Guerre » (extrait, 1765).

1. Vols. 2. Ravage, destruction.

## 4 Le roman à thèse

**1.** À quoi reconnaît-on que ce texte est extrait d'un roman ? Quel est son thème ?

→ p. 424 : LES NOTIONS PROPRES AU RÉCIT

**2.** À partir de l'année de publication, déterminez le contexte dans lequel ce texte a été écrit.

**3. a.** Que dénonce Orwell ? Expliquez.

**b.** Quel pronom est le plus utilisé ? Dans quelle mesure permet-il de renforcer la dénonciation ?

**4.** En quoi peut-on dire que ce texte est argumentatif ? Justifiez.

Le télécran[1] recevait et transmettait simultanément. Il captait tous les sons émis par Winston[2] au-dessus d'un chuchotement très bas. De plus, tant que Winston demeurait dans le champ de vision de la plaque de métal, il pouvait être vu aussi bien qu'entendu. Naturellement, il n'y avait pas moyen de savoir si, à un moment donné, on était surveillé. Combien de fois, et suivant quel plan, la Police de la Pensée se branchait-elle sur une ligne individuelle quelconque, personne ne pouvait le savoir. On pouvait même imaginer qu'elle surveillait tout le monde, constamment. Mais de toute façon, elle pouvait mettre une prise sur votre ligne chaque fois qu'elle le désirait. On devait vivre, on vivait, car l'habitude devient instinct, en admettant que tout son émis était entendu et que, sauf dans l'obscurité, tout mouvement était perçu.

George ORWELL, *1984*, première partie, chapitre premier (extrait, 1948), traduction de l'anglais par A. Audiberti © Gallimard.

1. Sorte de télévision qui transmet des informations et reçoit tout ce que font les gens de la ville. 2. Personnage principal du roman, qui subit les méthodes de la dictature évoquée.

# Écrire

## 5 La poésie engagée

**1.** Quel effet de surprise la fin de la première strophe crée-t-elle ? Comparez cette affirmation avec les premiers vers.

**2.** À qui cette lettre s'adresse-t-elle ? À quel moment évoque-t-elle un destinataire plus large ? Expliquez.

→ p. 371 : COMMUNICATION, ÉNONCIATION ET MODALISATION

**3.** Quels arguments le texte fournit-il pour justifier la thèse ? Dans quelle strophe sont-ils concentrés ?

**4. Analyse de corpus.** Dans les textes des exercices 3 et 5, quels moyens les trois auteurs utilisent-ils pour s'opposer à la guerre ? Insistez sur les procédés argumentatifs.

→ p. 484 : ANALYSER UN CORPUS ET RÉDIGER UNE RÉPONSE ORGANISÉE

*Au moment de la guerre d'Indochine, le poète Boris Vian compose une chanson qui connaîtra un franc succès.*

Monsieur le Président
Je vous fais une lettre
Que vous lirez peut-être
Si vous avez le temps
Je viens de recevoir
Mes papiers militaires
Pour partir à la guerre
Avant mercredi soir
Monsieur le Président
Je ne veux pas la faire
Je ne suis pas sur terre
Pour tuer des pauvres gens
C'est pas pour vous fâcher
Il faut que je vous dise
Ma décision est prise
Je m'en vais déserter

[...]

Je mendierai ma vie
Sur les routes de France
De Bretagne en Provence
Et je dirai aux gens :
Refusez d'obéir
Refusez de la faire
N'allez pas à la guerre
Refusez de partir
S'il faut donner son sang
Allez donner le vôtre
Vous êtes bon apôtre
Monsieur le Président
Si vous me poursuivez
Prévenez vos gendarmes
Que je n'aurai pas d'armes
Et qu'ils pourront tirer

« LE DÉSERTEUR » (EXTRAIT, 1954), paroles de B. Vian, musique de M. Berg © Éditions musicales Djanik pour la France et le Benelux.

# Fiche 2 Convaincre, délibérer ou persuader

Il est constant que la mauvaise éducation des femmes fait plus de mal que celle des hommes, puisque les désordres des hommes viennent souvent et de la mauvaise éducation qu'ils ont reçue de leurs mères, et des passions que d'autres femmes leur ont inspirées dans un âge plus avancé.

→ p. 94 : FÉNELON, *Traité de l'éducation des filles* (1687).

**QUESTIONS**

1. Quelle est l'idée avancée par Fénelon ?
2. Quel lien logique le texte établit-il ? Quel est son objectif ? Justifiez.

## L'essentiel

### Convaincre

- L'auteur fait appel à la **réflexion**. Il développe un **raisonnement logique** fondé sur :
  – des **arguments** clairement formulés qui défendent la thèse exprimée.
  **Ex. :** les idées exposées dans *L'Avenir de la science* d'E. Renan (1890) → p. 135.
  – des **connecteurs logiques** qui enchaînent les étapes du raisonnement.
  **Ex. :** le raisonnement rigoureux de Fénelon est marqué par *mais, voilà donc, enfin*… → p. 94.
  – des **figures de rhétorique** qui valorisent les idées : anaphores, hyperboles, énumérations…
  **Ex. :** Science sans conscience n'est que ruine de l'âme → p. 129 : F. RABELAIS, *Pantagruel* (1532).
  ➤ La reprise du radical *-science* en jeu de mots et l'hyperbole *ruine* rendent le propos frappant.

### Délibérer

- L'auteur expose des **points de vue opposés** dans un débat finalement résolu, ou ouvert.
- La délibération peut reposer sur un dilemme, comme le **monologue délibératif**.
- L'art de délibérer repose sur :
  – la pertinence et le développement d'**arguments** et de **contre-arguments**.
  **Ex. :** le débat sur les Indiens dans *La Controverse de Valladolid* de J.-C. Carrière (1992) → p. 101.
  – le **ton polémique**, qui souligne l'implication des parties.
  **Ex. :** Sépulvéda et Las Casas s'emportent avec virulence et multiplient les attaques → p. 101.
  – les **figures de rhétorique** qui montrent les contradictions : parallélismes, antithèses…
  **Ex. :** […] Parce qu'ils n'adorent pas l'or et l'argent au point de leur sacrifier corps et âme, est-ce une raison pour les traiter de bêtes ?
  → p. 101 : J.-C. CARRIÈRE, *La Controverse de Valladolid* (1992), © Actes Sud.
  ➤ Las Casas répond à Sépulvéda en rappelant la déification de l'or par les Espagnols.

### Persuader

- L'auteur fait appel aux **sentiments** du lecteur, provoque des **émotions** à l'aide :
  – de modalisateurs, de l'emploi de la première personne et de l'interpellation du destinataire (apostrophes…).
  → p. 371 : COMMUNICATION, ÉNONCIATION ET MODALISATION
  **Ex. :** E. Renan exhorte les hommes à se méfier de la religion en les interpellant → p. 135.
  – de **procédés de rhétorique** qui touchent le lecteur : métaphores, comparaisons, ironie…
  **Ex. :** Montaigne, dans son essai sur l'éducation, assimile l'enseignement à la nourriture → p. 289.

# Exercices d'application

## Mettre au point

### 1 Convaincre ou persuader

**1.** **Lequel de ces deux textes propose une thèse explicite ?**
→ p. 418 : LE CIRCUIT ARGUMENTATIF
**2.** **Quel est le destinataire de chaque texte ? Où l'interpellation est-elle la plus forte ? Expliquez.**
→ p. 371 : COMMUNICATION, ÉNONCIATION ET MODALISATION
**3.** **Quel texte emploie le vocabulaire le plus imagé ?**
**4.** **Quel texte fait appel au raisonnement du lecteur ?**

#### Texte A

J'ai de fortes objections au féminisme tel qu'il se présente aujourd'hui. La plupart du temps, il est agressif, et ce n'est pas par l'agression qu'on parvient durablement à quelque chose. Ensuite, et ceci vous paraîtra sans doute paradoxal[1], il est conformiste, en ce sens que la femme semble aspirer à la liberté et au bonheur du bureaucrate qui part chaque matin, une serviette[2] sous le bras, ou de l'ouvrier qui pointe[3] dans une usine.

Marguerite Yourcenar, *Les Yeux ouverts* : entretiens avec Mathieu Galey (extrait, 1980), © Le Centurion.

1. Contradictoire. 2. Un porte-documents, un cartable. 3. Signer une feuille pour attester de sa présence au travail.

#### Texte B

*Le locuteur s'adresse à un révolutionnaire qui vient d'incendier la bibliothèque du Louvre en juin 1871.*

**À qui la faute ?**

– Mais c'est un crime inouï,
Crime commis par toi contre toi-même, infâme[1] !
Mais tu viens de tuer le rayon de ton âme !
C'est ton propre flambeau que tu viens de souffler !
Ce que ta rage impie[2] et folle ose brûler,
C'est ton bien, ton trésor, ta dot[3], ton héritage !
Le livre, hostile au maître, est à ton avantage.
Le livre a toujours pris fait et cause pour toi.

Victor Hugo, *L'Année terrible* (extrait, 1872).

1. Détestable. 2. Contraire à la religion. 3. L'argent des noces.

## Appliquer

### 2 Le monologue délibératif

**1.** **Quel pronom Titus emploie-t-il pour se désigner ? Quelle tension ce choix met-il en évidence ?**
**2.** **Quel type de phrase domine ? dans quel but ?**
**3.** **Repérez le verbe qui engage une délibération.**

*Titus, empereur de Rome, aime Bérénice, princesse palestinienne. Mais, à Rome, son amour se heurte au Sénat.*

Titus, *seul.*

Hé bien, Titus, que viens-tu faire ?
Bérénice t'attend. Où viens-tu, téméraire ?
Tes adieux sont-ils prêts ? T'es-tu bien consulté[1] ?
Ton cœur te promet-il assez de cruauté ?
Car enfin au combat qui pour toi se prépare
C'est peu d'être constant, il faut être barbare.

Jean Racine, *Bérénice*, acte IV, scène 4, vers 987-992 (1670).

1. Interrogé.

### 3 L'art du discours

**1.** **Quel est le thème de ce discours ?**
**2.** **Quels éléments syntaxiques identifient ce texte comme un discours ?**
→ p. 375 : LA SYNTAXE ET LES TEMPS VERBAUX
**3.** **V. Hugo cherche-t-il à convaincre ou persuader son auditoire ? Comment s'y prend-il ? Justifiez.**

Il y a dans Paris, dans ces faubourgs de Paris que le vent de l'émeute[1] soulevait naguère si aisément, il y a des rues, des maisons, des cloaques[2], où des familles, des familles entières, vivent pêle-mêle, hommes, femmes, jeunes filles, enfants, n'ayant pour lits, n'ayant pour couvertures, j'ai presque dit pour vêtements, que des monceaux infects de chiffons en fermentation[3], ramassés dans la fange[4] du coin des bornes[5], espèce de fumier des villes, où des créatures humaines s'enfouissent toutes vivantes pour échapper au froid de l'hiver. (*Mouvement.*)

Victor Hugo, *Actes et paroles I, Assemblée legislative - 1849-1851* (extrait, 1849).

1. La révolution. 2. Habitats insalubres. 3. En train de pourrir. 4. Boue. 5. Des limites de la ville.

## Écrire

### 4 Le rôle de la littérature

***La littérature permet à l'auteur de s'engager contre les injustices de son temps.***
**Développez cette thèse dans deux répliques développées, l'une utilisant avant tout l'art de convaincre, l'autre plutôt l'art de persuader. Dans les deux cas, chaque personnage fera preuve d'une énergie communicative.**
→ p. 441 : LA PAROLE THÉÂTRALE
→ p. 544 : INVENTER ET ARGUMENTER

# Fiche 3 Le circuit argumentatif

J'ai entendu une femme de journée[1], en train de laver le carreau[2] d'un hall d'hôtel, qui déclarait : « Je n'ai jamais rien demandé à personne. Je suis arrivée toute seule ». Elle était aussi fière de se suffire[3] qu'un Rockefeller[4].

→ p. 96 : S. de Beauvoir, *Le Deuxième Sexe* (1949), © Gallimard.

1. Femme de ménage. 2. Carrelage. 3. N'avoir personne à remercier. 4. Industriel considéré comme l'homme le plus riche du monde au début du xx^e siècle.

**QUESTIONS**

1. Quelle image S. de Beauvoir donne-t-elle de cette femme ?
2. Quel est le rôle de la citation ? Justifiez.

## L'essentiel

- Tout texte argumentatif suit un **raisonnement progressif** pour convaincre le lecteur. L'efficacité du raisonnement repose sur un **circuit argumentatif** clair, marqué par des étapes précises et un cheminement intellectuel spécifique.

### Thèse, arguments et exemples

- Le raisonnement suit une progression rigoureuse.

#### La thèse

- La **thèse** est l'expression du **point de vue** défendu par l'auteur. C'est le pivot de la réflexion ; le reste du texte doit concourir à prouver sa validité.

#### Les arguments

- Les **arguments** soutiennent et prouvent la thèse. Ce sont des **faits** ou des **idées** qui la justifient et servent de **preuves**. Il existe différents **types d'arguments** :

– l'**argument logique**, qui repose sur l'enchaînement logique des faits, partant des causes et déduisant ses conséquences.

Ex. : Eh bien, voilà que nous avons la jeunesse et la prospérité jusqu'à la fin dernière. Qu'en résulte-t-il ? Manifestement, que nous pouvons être indépendants de Dieu.

→ p. 131 : A. Huxley, *Le Meilleur des mondes* (1932), © Mrs Laura Huxley.

➤ La question centrale permet de relier l'affirmation de la jeunesse à la volonté d'affirmer le caractère superflu de la religion.

– l'**argument d'autorité**, qui convoque une personnalité reconnue, soit sous la forme d'une citation, soit sous la forme d'une référence. Cet argument se veut irréfutable.

Ex. : Les savants voyagent par intérêt comme les autres. Les Platon, les Pythagore ne se trouvent plus, ou, s'il y en a, c'est bien loin de nous.

→ p. 112 : J.-J. Rousseau, *Émile ou De l'éducation* (1762).

➤ Pour mieux condamner ceux qui méritent à peine le terme de savants, Rousseau se réfère à l'autorité incontestable des philosophes grecs.

– l'**argument par analogie**, qui rapproche la thèse proposée d'une autre thèse similaire relevant d'un domaine de référence reconnu (historique, littéraire…).

Ex. : Du reste les peuples de l'URSS semblent s'éprendre de toutes les nouveautés proposées, même de celles qui paraissent laides à nos yeux d'Occidentaux.

→ p. 116 : A. Gide, *Retour de l'URSS* (1936), © Gallimard.

➤ A. Gide prend son regard occidental comme point de comparaison avec le peuple soviétique pour mieux faire ressortir les différences.

– l'**argument *ad hominem***, qui vise un individu en particulier dans le but de le discréditer.

Ex. : César racontait la même chose des Gaulois qu'il asservissait ! Ils montraient, disait-il, une étonnante habileté pour copier les techniques romaines ! Nous ne pouvons pas retenir ici cet argument !
→ p. 101 : J.-C. Carrière, *La Controverse de Valladolid* (1992), © Actes Sud.

➤ Las Casas, en citant César, réfute l'idée que les Indiens ne font que copier les Espagnols.

– l'**argument de valeur**, qui se réfère aux lois et aux principes de la morale et de la religion communément admis.

Ex. : Sois sûr que partout où l'homme sera attaché à la conservation de son semblable comme à son lit [...] il fera pour lui tout ce qu'il est possible de faire.
→ p. 99 : D. Diderot, *Supplément au voyage de Bougainville* (1796).

➤ Orou utilise la vertu comme argument pour contrer les idées de l'Aumônier.

### Les exemples

- Les exemples illustrent les arguments en leur donnant une **dimension concrète** qui permet de rendre les idées plus claires. Il en existe différentes catégories :

  – des **situations concrètes**, voire des **expériences personnelles**, permettant de faire comprendre l'argument.

  Ex. : A. Gide analyse la dictature en germe dans la société soviétique à travers l'expérience personnelle de son voyage en URSS → p. 116.

  – des **citations** ou des **allusions culturelles** qui illustrent souvent l'argument d'autorité.

  Ex. : Montaigne cite un orateur latin reconnu, Quintilien, pour illustrer et confirmer la validité de son argument → p. 289.

  – des **données chiffrées** qui rendent l'argument irréfutable.

  Ex. : [C]omment maintenir trois cent mille tonnes de rebuts radioactifs à l'écart de la biosphère pendant le prochain million d'années ?
  → p. 138 : *Science et vie*, « Déchets nucléaires. La cacophonie » (2010).

## Les types de raisonnement

- La **déduction** : à partir d'une vérité générale, le raisonnement aboutit à un cas particulier.

  Ex. : Tout ce qui se fait par raison doit avoir ses règles. Les voyages, pris comme une partie de l'éducation, doivent avoir les leurs.
  → p. 112 : J.-J. Rousseau, *Émile ou De l'éducation* (1762).

- L'**induction** : d'un fait particulier, le raisonnement tire une vérité générale.

  Ex. : Nancy Huston part de son expérience personnelle des voyages avant d'en tirer une conclusion concernant la perception de l'altérité → p. 120.

- La **concession** : la thèse adverse est admise avant d'être nuancée, voire réfutée.

  Ex. : Il est vrai qu'il faut craindre de faire des savantes ridicules. [...] Mais que s'ensuit-il de la faiblesse naturelle des femmes ?
  → p. 94 : Fénelon, *Traité de l'éducation des filles* (1687).

  ➤ Fénelon avance un argument qui contrarie sa thèse mais la nuance ensuite pour mieux affirmer son idée.

- Le **raisonnement par l'absurde** : les causes évoquées ont des conséquences absurdes ou la situation semble peu réalisable, ce qui permet de faire réfléchir le lecteur.

  Ex. : Si j'avais à soutenir le droit que nous avons de rendre les nègres esclaves, voici ce que je dirais...
  → p. 396 : Montesquieu, *De l'esprit des lois* (1748).

  ➤ Montesquieu feint de soutenir l'esclavage pour mieux en dénoncer l'horreur.

# Exercices d'application

## Mettre au point

### 1 Thèse, argument et exemple

**1. a. Quelle est la thèse soutenue par l'auteur ? Quel argument donne-t-il pour l'étayer ?**
**b. De quel type d'argument s'agit-il ? Expliquez.**
**2. Quels exemples utilise-t-il pour illustrer son argument ?**

La lutte contre le racisme doit être un réflexe quotidien. Notre vigilance ne doit jamais baisser. Il faut commencer par donner l'exemple et faire attention aux mots qu'on utilise. Les mots sont dangereux. Certains sont employés pour blesser et humilier, pour nourrir la méfiance et même la haine. D'autres sont détournés de leur sens profond et alimentent des intentions de hiérarchie et de discrimination[1]. D'autres sont beaux et heureux. Il faut renoncer aux idées toutes faites, à certains dictons et proverbes qui vont dans le sens de la généralisation et par conséquent du racisme.

Tahar Ben Jelloun, *Le racisme expliqué à ma fille* (extrait, 1998), © Seuil.

1. Fait de traiter différemment une personne ou un groupe.

## Appliquer

### 2 Argumenter dans un essai

**1. Quelle est la thèse défendue par Montaigne ?**
**2. a. Comment interprétez-vous la citation de Properce ?**
**b. Quel est son rôle dans l'argumentation de Montaigne ? De quel type d'argument s'agit-il donc ? Expliquez.**

Il n'est pas légitime que l'art emporte le prix d'honneur sur notre grande et puissante mère Nature. Nous avons tellement surchargé la beauté et la richesse de ses ouvrages par nos inventions que nous l'avons complètement étouffée. Cependant, partout où reluit sa pureté, elle fait extraordinairement honte à nos vaines et frivoles entreprises[1],

*Et veniunt ederae sponte sua melius,*
*Surgit et in solis formosior arbutus antris,*
*Et volucres nulla dulcius arte canunt*[2].

[Et le lierre vient mieux de lui-même et l'arbousier[3] croît plus beau dans les antres[4] solitaires, et les oiseaux, sans art, ont un chant plus doux.]

Michel de Montaigne, *Essais*, livre I, « Sur les cannibales » (extrait, 1580), translation en français moderne par A. Lanly © Honoré Champion (1989).

1. Nos inutiles et futiles actions. 2. Properce (poète latin, Ier siècle avant J.-C), *Élégies*, I, 2. 3. Petit arbre forestier à fruits rouges. 4. Grottes.

### 3 Progression d'un raisonnement

**1. Quel type de raisonnement ce texte utilise-t-il ?**
**2. Quel type d'exemples est employé ? dans quel but ?**

Tous les hommes seraient donc nécessairement égaux, s'ils étaient sans besoins. La misère attachée à notre espèce subordonne un homme à un autre homme : ce n'est pas l'inégalité qui est un malheur réel, c'est la dépendance. Il importe fort peu que tel homme s'appelle Sa Hautesse, tel autre Sa Sainteté ; mais il est dur de servir l'un ou l'autre.

Une famille nombreuse a cultivé un bon terroir ; deux petites familles voisines ont des champs ingrats et rebelles ; il faut que les deux pauvres familles servent la famille opulente[1], ou qu'ils l'égorgent, cela va sans difficulté[2]. Une des deux familles indigentes[3] va offrir ses bras à la riche pour avoir du pain ; l'autre va l'attaquer et est battue.

Voltaire, *Dictionnaire philosophique*, article « Égalité » (extrait, 1764).

1. Riche. 2. Cela va sans dire. 3. Pauvres.

## Écrire

### 4 Le raisonnement

**1. Quelle est la thèse de Rousseau ?**
**2. Quel type de raisonnement emploie-t-il ? Expliquez.**
**3. Entraînement à l'écriture argumentative. Sur le modèle de Rousseau, proposez un argument et un contre-argument pour répondre à la question suivante, dans un raisonnement de type concessif : est-il préférable de lire une pièce de théâtre ou d'en voir une représentation ?**

*Rousseau répond à un article de d'Alembert qui fait l'éloge du théâtre.*

Je sais que le jeu du comédien n'est pas celui d'un fourbe[1] qui veut en imposer, qu'il ne prétend pas qu'on le prenne en effet pour la personne qu'il représente, ni qu'on le croie affecté[2] des passions qu'il imite, et qu'en donnant cette imitation pour ce qu'elle est, il la rend tout à fait innocente. Aussi ne l'accusé-je pas d'être précisément un trompeur, mais de cultiver pour tout métier le talent de tromper les hommes, et de s'exercer à des habitudes qui, ne pouvant être innocentes qu'au théâtre, ne servent partout ailleurs qu'à mal faire.

Jean-Jacques Rousseau, *Lettre à d'Alembert sur les spectacles* (extrait, 1758).

1. Trompeur.
2. Atteint.

# Fiche 4 Les registres didactique et polémique

Il y a bien de la différence entre voyager pour voir du pays ou pour voir des peuples. Le premier objet est toujours celui des curieux, l'autre n'est pour eux qu'accessoire.

→ p. 112 : J.-J. Rousseau, *Émile ou De l'éducation* (1762).

**QUESTIONS**

1. Quelles expressions semblent catégoriques ?
2. Les pronoms et les groupes nominaux employés sont-ils précis ? pourquoi ?

## L'essentiel

### Le registre didactique

- Issu du grec *didaktikos*, signifiant : ce qui est enseigné, le registre didactique exprime le désir d'**instruire** le lecteur.
- Les procédés de ce registre sont :
  - des phrases au **ton solennel** et au **présent de vérité générale** qui jouent le rôle de leçons.
  
  Ex. : Science sans conscience n'est que ruine de l'âme.
  → p. 129 : F. Rabelais, *Pantagruel* (1532).
  - des marques énonciatives impliquant fortement le lecteur (**apostrophes** et **impératifs**).
  
  → p. 371 : COMMUNICATION, ÉNONCIATION ET MODALISATION
  
  Ex. : Que l'homme contemple donc la nature entière dans sa haute et pleine majesté.
  → p. 90 : B. Pascal, *Pensées* (1670).
  - un **raisonnement clair et logique** souligné par des **connecteurs logiques**.
  
  Ex. : Fénelon use des connecteurs logiques dans son *Traité de l'éducation des filles* (1687) → p. 94.

### Le registre polémique

- Issu du grec *polemos*, signifiant : la guerre, le registre polémique évoque l'**affrontement des idées**. Il s'exprime dans des genres propres à la **littérature engagée** (pamphlets, essais…).
- Les moyens de ce registre sont :
  - les **modalisateurs** et la **deuxième personne** qui soulignent l'implication de l'auteur.
  
  Ex. : Pauvres gens misérables [...] Vous vous laissez enlever sous vos yeux le plus beau et le plus clair de votre revenu. → p. 282 : É. de La Boétie, *Discours de la servitude volontaire* (1576).
  
  ➤ L'auteur interpelle le peuple en le qualifiant de misérable et l'accuse d'être le complice du tyran.
  - les **phrases exclamatives** et les **questions rhétoriques**.
  
  Ex. : Que notre orgueil en doit être mortifié ! Quoi ! la probité serait fille de l'ignorance ?
  → p. 134 : J.-J. Rousseau, *Discours sur les sciences et les arts* (1750).
  - le **lexique mélioratif** ou **péjoratif**, suivant le propos adapté.
  
  Ex. : On ne cesse de criailler à nos oreilles, comme qui verserait dans un entonnoir.
  M. de Montaigne, *Essais* (1580).
  - les **figures de rhétorique** qui créent une complicité, comme l'antiphrase, et qui éveillent l'intérêt par des effets d'amplification, d'insistance ou d'opposition (hyperboles, anaphores…).
  
  Ex. : [Q]uatorze pays européens, dont l'Italie et les Pays-Bas, sont en train de monter un projet commun consistant peu ou prou à... observer ce que font les grandes puissances nucléaires.
  → p. 138 : *Science et vie*, « Déchets nucléaires. La cacophonie » (2010).
  
  ➤ L'antithèse entre *projet* et *observer* souligne ironiquement l'opportunisme de certains pays.

# Exercices d'application

## Mettre au point

### 1 Didactique ou polémique ?

**1. a.** **Quel est le thème de chacun des textes ? Quelle est la thèse défendue par chaque auteur ?**
**b.** **Sur quel point précis ces deux textes se rejoignent-ils ?**
→ p. 418 : LE CIRCUIT ARGUMENTATIF
**2.** **À quel registre chaque texte appartient-il ? Justifiez en analysant les procédés lexicaux et rhétoriques utilisés.**
**3.** **Quel est le but de chaque auteur ? Justifiez.**
**4.** **Recherche. En 1950-1955, quels événements historiques permettent d'expliquer la publication de ce genre de textes ?**

#### Texte A

Ainsi l'Antiquité confondait-elle tout ce qui ne participait pas de la culture grecque (puis gréco-romaine) sous le même nom de barbare ; la civilisation occidentale a ensuite utilisé le terme de sauvage dans le même sens. Or derrière ces épithètes[1] se dissimule un même jugement : il est probable que le mot barbare se réfère étymologiquement à la confusion et à l'inarticulation du chant des oiseaux, opposés à la valeur signifiante[2] du langage humain ; et sauvage, qui veut dire « de la forêt », évoque aussi un genre de vie animal, par opposition à la culture humaine. Dans les deux cas, on refuse d'admettre le fait même de la diversité culturelle ; on préfère rejeter hors de la culture, dans la nature, tout ce qui ne se conforme pas à la norme sous laquelle on vit.

Claude Lévi-Strauss, *Anthropologie structurale II* (extrait, 1952), © Plon.

1. Qualificatifs. 2. Qui a un sens.

#### Texte B

Il faudrait d'abord étudier comment la colonisation travaille à *déciviliser* le colonisateur, à l'*abrutir*[1] au sens propre du mot, à le dégrader, à le réveiller aux instincts enfouis, à la convoitise, à la violence, à la haine raciale, au relativisme[2] moral, et montrer que, chaque fois qu'il y a au Viêt-nam une tête coupée et un œil crevé [...] il y a un acquis de la civilisation qui pèse de son poids mort, une régression universelle qui s'opère, une gangrène[3] qui s'installe, un foyer d'infection qui s'étend et qu'au bout de tous ces traités violés, de tous ces mensonges propagés, de toutes ces expéditions punitives tolérées, de tous ces prisonniers ficelés et « interrogés », de tous ces patriotes[4] torturés, au bout de cet orgueil racial encouragé, de cette jactance[5] étalée, il y a le poison instillé[6] dans les veines de l'Europe, et le progrès lent, mais sûr, de l'*ensauvagement* du continent.

Aimé Césaire, *Discours sur le colonialisme* (extrait, 1950), © Présence africaine (1955).

1. Rendre brute. 2. À la remise en question des valeurs morales. 3. Infection (sens propre), corruption (sens figuré). 4. Défenseurs de la patrie. 5. Arrogance, vantardise. 6. Infiltré.

## Appliquer

### 2 Le ton d'une fable

**1. a.** **Qui délivre le message moral dans cette fable ? Résumez-le dans vos propres mots.**
**b.** **Quels termes utilise-t-il pour structurer son propos ? dans quel but ?**
**2.** **Quels sujets permettent de désigner les êtres humains ? Quelle est leur caractéristique commune ? Expliquez.**
**3.** **À l'intérieur des vers, quels mots portent une majuscule ? à votre avis, dans quel but ?**
**4.** **Quel est donc le registre de cette fable ?**

**Le lion abattu par l'homme**

On exposait une peinture,
Où l'Artisan[1] avait tracé
Un Lion d'immense stature
Par un seul homme terrassé.
Les regardants[2] en tiraient gloire.
Un Lion en passant rabattit leur caquet[3].
« Je vois bien, dit-il, qu'en effet
On vous donne ici la victoire ;
Mais l'Ouvrier[4] vous a déçus :
Il avait liberté de feindre[5].
Avec plus de raison nous aurions le dessus,
Si mes Confrères savaient peindre. »

Jean de La Fontaine, *Fables*, livre III, fable 10 (1668-1694).

1. Le peintre. 2. Spectateurs. 3. Vantardise. 4. L'artiste. 5. S'éloigner de la réalité.

### 3 La portée d'un dessin de presse

**1.** **Quel est le thème de ce dessin ? Quel message transmet-il ?**
**2.** **Comment Plantu rend-il explicite le message de ce dessin sans paroles ? Analysez les détails du dessin pour répondre (nombre, place et attitude des personnages, objets représentés…).**
**3.** **À quel registre ce dessin appartient-il ? Justifiez.**
→ p. 461 : L'IMAGE FIXE

Dessin de PLANTU (1982).

## 4 Un écrit théorique

**1. a.** **Quel est le thème abordé par Diderot ?**
**b.** **Sur quels éléments met-il l'accent ?**
**2. a.** **À qui les questions peuvent-elles être attribuées ?**
**b.** **Quel genre particulier Diderot adopte-t-il ? dans quel but ?**
**3.** **De quel registre ce texte relève-t-il ? Justifiez.**

Parcourons les parties d'un drame, et voyons. Est-ce par le sujet qu'il faut en juger ? Dans le genre honnête et sérieux, le sujet n'est pas moins important que dans la comédie gaie, et il y est traité d'une manière plus vraie. Est-ce par les caractères ? Ils y peuvent être aussi divers et aussi originaux, et le poète est contraint de les dessiner encore plus fortement. Est-ce par les passions ? Elles s'y montreront d'autant plus énergiques, que l'intérêt sera plus grand. Est-ce par le style ? Il y sera plus nerveux, plus grave, plus élevé, plus violent, plus susceptible de ce que nous appelons le sentiment, qualité sans laquelle aucun style ne parle au cœur.

Denis DIDEROT, *Discours sur la poésie dramatique* (extrait, 1758).

# Écrire

## 5 Argumentation et ironie

**1. a.** **Quelle est la thèse soutenue par le locuteur ?**
**b.** **Quel ton emploie-t-il ?**
**2.** **Quels champs lexicaux et quels procédés rhétoriques utilise-t-il pour développer sa thèse ?**
→ p. 384 : LES FIGURES DE RHÉTORIQUE
→ p. 418 : LE CIRCUIT ARGUMENTATIF
**3.** **Quel est le but de Montesquieu ? Justifiez.**
**4.** **Écriture d'invention. Rédigez, sur le modèle de Montesquieu, une lettre polémique utilisant le procédé de l'ironie pour critiquer la censure qui brime la liberté d'expression. L'énergie du propos exclura cependant l'insulte ou tout autre mot déplacé.**
→ p. 544 : INVENTER ET ARGUMENTER

*Dans cette lettre, Rica, un Persan arrivé en France, aborde la question des pratiques religieuses en Occident et plus particulièrement celle de l'Inquisition, institution qui lutte contre les hérétiques.*

Ce que je te dis est bon pour la France et l'Allemagne : car j'ai ouï dire qu'en Espagne et en Portugal il y a de certains dervis[1] qui n'entendent point raillerie, et qui font brûler un homme comme de la paille. Quand on tombe entre les mains de ces gens-là, heureux celui qui a toujours prié Dieu avec de petits grains de bois[2] à la main, qui a porté sur lui deux morceaux de drap attachés à deux rubans[3], et qui a été quelquefois dans une province qu'on appelle *la Galice*[4] ! Sans cela un pauvre diable est bien embarrassé. Quand il jurerait comme un païen[5] qu'il est orthodoxe[6], on pourrait bien ne pas demeurer d'accord des qualités et le brûler comme hérétique[7] : il aurait beau donner sa distinction, point de distinction ! Il serait en cendres avant que l'on eût seulement pensé à l'écouter.

MONTESQUIEU, *Lettres persanes*, lettre 29 (extrait, 1721).

1. Religieux.
2. Chapelet.
3. Scapulaire, objet de dévotion qui s'attache au cou.
4. Région espagnole où se trouve Saint-Jacques-de-Compostelle, haut lieu de pèlerinage catholique.
5. Pratiquant d'une autre religion, pour les chrétiens.
6. Dans la droite ligne de ce qu'exige sa religion.
7. Opposant à la religion officielle.

CHAPITRE 5

# Les notions propres au récit


425 **Fiche 1**
Le temps et l'espace dans un récit

429 **Fiche 2**
La structure du récit

432 **Fiche 3**
Le narrateur et la focalisation

434 **Fiche 4**
Le personnage

437 **Fiche 5**
Les registres épique et fantastique

Jean DUBUFFET (1901-1985), *Temps et lieux* (1979), acryle sur papier entoilé (avec plusieurs pièces rapportées collées), 90 x 96 cm (Paris, fondation Jean Dubuffet).

Le mot **récit** vient du latin recitare qui signifie : dire à voix haute. À l'origine, le récit est une **histoire épique** racontée en public. Il s'agissait de séduire un auditoire et de lui donner l'occasion de s'**identifier** à des **héros** auxquels il arrivait mille **aventures**.

Le récit se situe dans un **temps** et dans un **espace** le plus souvent déterminés. Il est **structuré** le plus souvent en fonction de la **chronologie** des actions.

Il est pris en charge par un **narrateur** qui recourt à des **focalisations** (ou **points de vue**) différent(e)s en fonction des effets voulus par l'auteur.

Il s'intéresse à un ou plusieurs **personnages** : leurs **portraits**, les **péripéties** qu'ils traversent ou provoquent, et leurs **dialogues** construisent l'intrigue.

Leurs parcours et leur destin provoquent des **émotions** chez le lecteur, que le romancier ménage à l'aide de **procédés stylistiques** adaptés.

# Fiche 1 Le temps et l'espace dans un récit

Le 15 septembre 1840, vers six heures du matin, la *Ville-de-Montereau*, près de partir, fumait à gros tourbillons devant le quai Saint-Bernard.

→ p. 169 : G. Flaubert, *L'Éducation sentimentale* (1869).

**QUESTIONS**

**1.** Relevez les indices spatio-temporels. Quelle réalité permettent-ils d'imaginer ?

**2.** D'après les informations données dans le passage, expliquez ce qu'est la *Ville-de-Montereau*.

## L'essentiel

### L'*incipit*

- Le récit, dès l'*incipit* (c'est-à-dire dès le début, du latin : il commence), comporte des **indications de lieu et de temps**, nombreuses dans le cas du récit réaliste. Tout lieu existant dans la réalité ou ayant existé à une période historique définie crée un **effet de réel** qui permet l'**illusion référentielle** : le lecteur a l'impression de se retrouver dans ce cadre spatio-temporel.

  Ex. : En 1792, la bourgeoise d'Issoudun jouissait d'un médecin nommé Rouget, qui passait pour un homme profondément malicieux.
  H. de Balzac, *La Rabouilleuse* (1842).

  ➤ Dès le début du récit, le lecteur sait où et quand se déroule l'intrigue, et a même une indication précise sur l'un des personnages.

### Les temps du récit

- Dans un récit, le temps de référence est le **passé simple**. Il est remplacé par le **passé composé** ou le **présent** dans les récits contemporains.

  Ex. : Enfin le navire <u>partit</u> ; et les deux berges, peuplées de magasins, de chantiers et d'usines, <u>filèrent</u> comme deux larges rubans que l'on déroule.
  → p. 169 : G. Flaubert, *L'Éducation sentimentale* (1869).

  ➤ L'adverbe *Enfin* et les verbes au passé simple soulignés indiquent que les actions racontées sont uniques.

- L'**imparfait** sert à traduire la répétition ou permet de décrire dans un récit au passé.

  Ex. : <u>Depuis des années ce même instant</u> se répétait identique, <u>chaque jour</u>, samedi, dimanche et jours de fête exceptés. Lui n'avait rien à voir avec tout ça. Il ne travaillait pas, mais il avait accoutumé de venir là entre 5 et 8 heures, immobile.
  → p. 197 : R. Queneau, *Le Chiendent* (1933), © Gallimard.

  ➤ Les compléments circonstanciels soulignés, le sens du premier verbe, l'adjectif *identique* et l'utilisation de l'imparfait soulignent la valeur répétitive (ou itérative) de la situation.

### La chronologie

- La plupart du temps, le récit est **linéaire et chronologique**, à l'exception :
  – des **analepses** (retours en arrière) pour revenir sur un fait, une action...

  Ex. : <u>Les dix-neuf ans qui ont précédé cette nuit</u>, je ne veux pas <u>les</u> connaître plus que je ne le dis, ou à peine, ni autrement que dans leur chronologie même s'<u>ils</u> recèlent une minute magique à laquelle je dois d'avoir connu Lol V. Stein.
  → p. 209 : M. Duras, *Le Ravissement de Lol V. Stein* (1964), © Gallimard.

  ➤ La légère analepse qui s'ouvre est justifiée par le narrateur qui y voit une *minute magique*.

– des **prolepses** (anticipations) pour évoquer le futur d'un personnage, les conséquences d'une action…

**Ex. :** Une nouvelle existence commence pour eux trois. Simon se développe parfaitement, il dort bien, fait preuve d'un appétit féroce, sourit à tous. Il lui reste huit ans à vivre.

→ p. 433 : P. Grimbert, *Un secret* (2004), © Grasset & Fasquelle.

➤ La juxtaposition de la description de l'enfant en vie avec la prolepse évoquant sa mort provoque la surprise et l'émotion du lecteur.

## Le temps de la narration et le temps de la fiction

- Le **temps de la narration** se calcule en nombre de lignes, de pages : c'est le temps mis pour raconter l'**histoire**.
- Le **temps de la fiction** se calcule en nombre de jours, de mois… : c'est le temps que dure l'**intrigue**.
- Le lecteur constate souvent des écarts entre ces deux temps. Le **rapport entre les deux** représente la **vitesse du récit**. Celle-ci commande le **rythme** de l'intrigue :

– si le récit raconte **en peu de lignes** une **durée fictive longue**, il s'agit d'un **sommaire**.

**Ex. :** j'y gagnai ce coup d'œil pénétrant, auquel l'expérience m'a pourtant appris à ne pas me fier entièrement.

→ p. 177 : P. Choderlos de Laclos, *Les Liaisons dangereuses* (1782).

➤ Le terme global d'*expérience* permet de résumer en une phrase les années pendant lesquelles la marquise de Merteuil a formé son sens critique. La suite immédiate de cette phrase ne développe pas en effet ce que traduit ce mot.

– si le lecteur assiste au récit **sans écart** entre les deux temps, il s'agit d'une **scène**. Les dialogues sont généralement des scènes : le lecteur suit la conversation comme s'il y assistait.

➤ C'est la raison pour laquelle le théâtre et le récit (surtout le roman) ont une part de vocabulaire commun. On parle de dialogue et de scène aussi bien pour une page de roman que pour un extrait de pièce.

– si le narrateur ne raconte plus mais **décrit ou commente**, il s'agit d'une **pause**.

**Ex. :** Que cette aventure ne deviendrait-elle pas entre mes mains, s'il me prenait en fantaisie de vous désespérer ! Je donnerais de l'importance à cette femme…

→ p. 192 : D. Diderot, *Jacques le Fataliste* (1796).

➤ Le narrateur, ironique, s'arrête de raconter l'histoire pour commenter la narration elle-même.

– si une partie du récit n'est **pas racontée**, il s'agit d'une **ellipse**.

**Ex. :** Elle revient quelques heures plus tard : « Père, tu m'appelles. Tu m'appelles sans cesse dans ton cœur. »

→ p. 336 : H. Bauchau, *Œdipe sur la route* (1990), © Actes Sud.

➤ Les heures qui se sont écoulées entre la première et la seconde venue d'Antigone auprès de son père ne sont pas racontées.

Salvador Dalí (1904-1989), *Le Profil du Temps*, sculpture monumentale exposée à Sydney dans le cadre de l'exposition « The Dalí Universe » en 2002.

# Exercices d'application

## Mettre au point

### 1 Le cadre spatio-temporel

**1. Quelles sont les informations spatio-temporelles données dans ce passage ? Quel cadre dessinent-elles ?**
**2. Quel rôle le lieu de l'action joue-t-il dans la rencontre des personnages ? Justifiez.**

Le samedi 7 février 1920, nos deux amis étaient au cirque Médrano. D'excellents clowns y attiraient le public des théâtres.

Le spectacle était commencé. Paul, moins attentif aux entrées des clowns qu'à celle des spectateurs, cherchait des visages de connaissance. Soudain, il sursauta.

En face d'eux entrait un couple. L'homme fit, avec son gant, un léger bonjour à Paul.

– C'est bien le comte d'Orgel ? demanda François.
– Oui, répondit Paul assez fier.
– Avec qui est-il ? Est-ce sa femme ?
– Oui, c'est Mahaut d'Orgel.

Raymond Radiguet, *Le Bal du comte d'Orgel* (extrait, 1924).

### 2 Temps verbal et indices temporels

**1. a. Quels sont les indices temporels donnés dans ce passage ? Quel type de roman s'ouvre ici ?**
**b. Quels thèmes et détails descriptifs accentuent l'impression d'entrer dans ce type de roman ? Justifiez.**
**2. Quelle est la valeur du temps dominant ?**

→ p. 375 : LA SYNTAXE ET LA VALEUR DES TEMPS

La Dame de Monsoreau *se déroule sous le règne de Henri III, dernier monarque de la dynastie des Valois.*

Le dimanche gras[1] de l'année 1578, après la fête du populaire[2], et tandis que s'éteignaient dans les rues les rumeurs de la joyeuse journée, commençait une fête splendide dans le magnifique hôtel[3] que venait de se faire bâtir, de l'autre côté de l'eau et presque en face du Louvre[4], cette illustre famille de Montmorency qui, alliée à la royauté de France, marchait l'égale des familles princières. Cette fête particulière, qui succédait à la fête publique, avait pour but de célébrer les noces de François d'Épinay de Saint-Luc, grand ami du roi Henri III et l'un de ses favoris les plus intimes, avec Jeanne de Cossé-Brissac, fille du maréchal de France de ce nom.

Alexandre Dumas, *La Dame de Monsoreau* (*incipit*, 1846).

1. Le dernier dimanche avant la période du Carême. 2. Peuple, population. 3. Grande demeure seigneuriale construite en ville. 4. Palais où logent le roi et sa famille.

## Appliquer

### 3 Jeux avec la chronologie

**1. Repérez les différentes époques évoquées.**
**2. Quels temps verbaux aident à comprendre la chronologie des faits ? Quelle est la valeur de chacun d'eux ?**

→ p. 375 : LA SYNTAXE ET LA VALEUR DES TEMPS

*Norah veut sauver son frère Sony qui s'est accusé du meurtre de la jeune épouse de leur père. Elle habite dans une maison qu'elle affirme ne pas connaître alors que son père affirme qu'elle y a vécu des années auparavant.*

À la fin de l'après-midi, quand l'ombre eut adouci la rue, Norah s'en alla voir Sony.

Elle sortait chaque jour à la même heure, mesurait la vélocité[1] de son pas pour éviter de transpirer abondamment.

Et elle préparait mentalement les questions qu'elle poserait à Sony, sachant déjà qu'il lui répondrait de son seul sourire et que, sur sa résolution de protéger leur père, il ne reviendrait pas, mais voulant lui montrer qu'elle était déterminée, elle, à le sauver et ainsi à l'affronter loyalement.

Elle marchait avec joie dans la rue familière et son esprit était en paix et son organisme ne la surprenait plus.

Elle saluait une voisine assise devant sa porte, elle songeait : Quels bons voisins j'ai là, et si l'un ou l'autre, si le boulanger libanais ou la vieille femme qui vendait des sodas dans la rue lui parlaient d'elle-même telle qu'ils prétendaient l'avoir connue dix ans auparavant, elle n'en était pas affectée.

Marie Ndiaye, *Trois femmes puissantes*, I (extrait, 2009),


1. Rapidité.

### 4 Analepse et prolepse

**1. À quel endroit se situe l'analepse ? Quels temps sont utilisés avant et après l'analepse ? pourquoi ?**
**2. Par quel complément la prolepse est-elle introduite ? Quels sont les temps alors utilisés ? Quelle est leur valeur ?**

→ p. 375 : LA SYNTAXE ET LA VALEUR DES TEMPS

**3. Quel effet ces deux jeux avec le temps produisent-ils ?**

Elle sourit encore, et murmure : « Oh ! que je suis heureuse. »

Elle sait pourtant qu'elle va mourir, qu'elle ne verra point le printemps, que, dans un an, le long de la même promenade, ces mêmes gens qui passent devant elle viendront encore respirer l'air tiède de ce doux pays, avec leurs enfants un peu plus grands, avec le cœur toujours rempli d'espoirs, de tendresses, de bonheur, tandis qu'au fond d'un cercueil de chêne, la pauvre chair qui lui reste encore aujourd'hui sera tombée en pourriture, laissant ses os seulement couchés dans la robe de soie qu'elle a choisie pour linceul[1].

Elle ne sera plus. Toutes les choses de la vie continueront pour d'autres. Ce sera fini pour elle, fini pour toujours. Elle ne sera plus. Elle sourit, et respire tant qu'elle peut, de ses poumons malades, les souffles parfumés des jardins.

Et elle songe.

Elle se souvient. On l'a mariée, voici quatre ans, avec un gentilhomme normand. C'était un fort garçon barbu, coloré, large d'épaules, d'esprit court et de joyeuse humeur.

On les accoupla[2] pour des raisons de fortune[3] qu'elle ne connut point. Elle aurait volontiers dit « non ». Elle fit « oui » d'un mouvement de tête, pour ne point contrarier père et mère. Elle était Parisienne, gaie, heureuse de vivre.

Guy de Maupassant, « Première neige », *in Le Gaulois* (extrait, 1883).

**1.** Drap dans lequel on ensevelit les morts. **2.** Terme utilisé pour les animaux. **3.** Questions financières.

## 5 Durée et vitesse du récit

**1. Relevez toutes les indications temporelles. Est-il possible d'évaluer le temps de la fiction ? pourquoi ?**
**2. Dans quelle mesure les indications spatiales permettent-elles d'envisager la durée de cet épisode ? Expliquez.**
**3. Quels temps verbaux se succèdent ? L'un d'eux revêt au moins deux valeurs distinctes ; lesquelles ? Justifiez.**

*Alors que Grange et les autres soldats attendent le début de la guerre depuis des mois, les choses semblent s'accélérer.*

Il lui sembla ensuite que les choses se passaient très vite. Il était à peine à mi-chemin du fortin[1] qu'un puissant ronflement de moteurs se mit à fouir[2], à tarauder[3] la forêt de tous les côtés à la fois, avec le sans-gêne d'une troupe de rabatteurs entrant dans un fourré, et le Toit[4] brusquement entra en transe dans un énorme tapage de bombes et de mitrailleuses. Grange demeura un moment stupide : la forêt vibrait comme une rue secouée par le vacarme d'une perforatrice ; il se sentait giflé, bousculé, par la trépidation véhémente[5], incompréhensible, qui entrait en lui à la fois par la plante des pieds et par les oreilles. Il se jeta de côté dans un layon[6] où les arceaux des branches feuillues n'ouvraient au-dessus de lui qu'un ruban étroit de ciel blanc. Dès qu'on se sentait dissimulé aux vues, le tapage ne paraissait plus aussi énorme : on se rendait compte qu'il était à base de moteurs beaucoup plus que d'explosions : il y avait de longues accalmies.

Julien Gracq, *Un balcon en forêt* (extrait, 1958), © Librairie José Corti.

**1.** Petite construction fortifiée. **2.** Creuser le sol. **3.** Percer, creuser des galeries. **4.** Surnom donné par les soldats à un endroit surélevé dans la forêt. **5.** Imposante. **6.** Petit sentier forestier.

# Écrire

## 6 Commenter le cadre spatio-temporel

**1. Quel est le cadre spatio-temporel de cette première page ? Comment le narrateur le présente-t-il ?**
**2. Comment la réalité de cette époque est-elle mise en valeur ? Expliquez.**
**3. Entraînement au commentaire. Rédigez un paragraphe dans lequel vous commenterez l'intérêt de ce cadre spatio-temporel dans la première page d'un roman.**
→ p. 513 : ENCHAÎNER DES PARAGRAPHES DE COMMENTAIRE

Vers la fin de l'année 1612, par une froide matinée de décembre, un jeune homme dont le vêtement était de très mince apparence se promenait devant la porte d'une maison située rue des Grands-Augustins, à Paris. Après avoir assez longtemps marché dans cette rue avec l'irrésolution d'un amant qui n'ose se présenter chez sa première maîtresse, quelque facile qu'elle soit, il finit par franchir le seuil de cette porte, et demanda si maître François Porbus était en son logis. Sur la réponse affirmative que lui fit une vieille femme occupée à balayer une salle basse, le jeune homme monta lentement les degrés[1], et s'arrêta de marche en marche, comme quelque courtisan[2] de fraîche date, inquiet de l'accueil que le roi va lui faire. Quand il parvint en haut de la vis[3], il demeura pendant un moment sur le palier, incertain s'il prendrait le heurtoir[4] grotesque qui ornait la porte de l'atelier où travaillait sans doute le peintre de Henri IV délaissé pour Rubens[5] par Marie de Médicis. Le jeune homme éprouvait cette sensation profonde qui a dû faire vibrer le cœur des grands artistes quand, au fort de la jeunesse et de leur amour pour l'art, ils ont abordé un homme de génie ou quelque chef-d'œuvre.

Honoré de Balzac, *Le Chef-d'œuvre inconnu*, (*incipit*, 1845).

**1.** Les marches d'un escalier. **2.** Homme qui fréquente la cour. **3.** L'escalier. **4.** Masse clouée à la porte, sur laquelle on tape avant d'être invité à entrer. **5.** Grand peintre baroque du XVIIe siècle.

# Fiche 2 La structure du récit

L'idée m'est venue d'écrire un roman tout entier fait de débuts de romans. Le protagoniste pourrait être un Lecteur qui se trouve sans cesse interrompu. Le lecteur achète le nouveau roman A de l'auteur Z. mais l'exemplaire est défectueux, et ne contient que le début… Le Lecteur retourne à la librairie pour échanger son exemplaire…

Je pourrais l'écrire tout entier à la seconde personne : toi, Lecteur…

→ p. 209 : I. Calvino, *Si par une nuit d'hiver un voyageur* (1979),


**QUESTIONS**

1. Sur quelle partie du roman le narrateur écrivain entend-il mettre l'accent ? pourquoi ?
2. Quelle structure de récit la fin du passage annonce-t-elle ? Justifiez.

## L'essentiel

### Le schéma narratif

- Un récit raconte l'histoire d'un personnage en **quête** de quelque chose, amour ou réussite sociale par exemple. Les **épreuves** qu'il doit traverser s'enchaînent pour constituer l'**intrigue**.
- Si le récit est bref (fable, conte ou nouvelle), il suit fréquemment les étapes traditionnelles du **schéma narratif** : **situation initiale**, **élément perturbateur**, **péripéties**, **élément rééquilibrant** (ou **de résolution**) et **situation finale**. Toute perturbation de ce schéma est significative : le lecteur doit être attentif aux ruptures.

### La structure du roman

- Les possibilités d'enchaînements narratifs sont nombreuses dans le roman.
- La structure **linéaire et chronologique** permet de dérouler le fil d'une vie dans les **romans** d'apprentissage.
  Ex. : François Rabelais raconte la jeunesse et l'apprentissage de son personnage dans son roman *Pantagruel* (1532) → p. 129.
- Le **récit cadre** permet de développer en son sein plusieurs autres **récits**, dits **encadrés**.
  Ex. : dans *Manon Lescaut* de l'abbé Prévost → p. 190, le narrateur-personnage raconte son histoire à un ami qui nous la restitue.
- Quand les emboîtements de narrations se multiplient, engendrant des confusions, on parle de **romans à tiroirs**.
  Ex. : dans *Jacques le Fataliste* de Denis Diderot (1796), les récits de Jacques sont interrompus par d'autres récits → p. 192, eux-mêmes perturbés par l'entrée en scène d'autres narrateurs.
- Plusieurs personnages peuvent se partager la narration. C'est le cas dans les **romans épistolaires** où chaque personnage écrit des lettres auxquelles d'autres répondent.
  Ex. : P. Choderlos de Laclos, *Les Liaisons dangereuses* (1782) → p. 177.
- À l'époque moderne, le roman **polyphonique** (à plusieurs voix) permet au lecteur de mieux prendre en compte les nuances des histoires présentées et la psychologie des personnages.
  Ex. : dans le roman *Ouragan* de Laurent Gaudé (2010), plusieurs personnages prennent en charge le récit des événements, réels et fictifs, qui se sont produits lors de l'ouragan qui a ravagé La Nouvelle-Orléans.

# Exercices d'application

## Mettre au point

### 1 Le schéma narratif

**1.** Repérez les étapes du schéma narratif. Sont-elles toutes présentes ? Expliquez.
**2.** Comment chaque étape est-elle introduite ? Justifiez.
**3.** Quel est le ton de cette courte nouvelle ? Justifiez par un relevé précis et commenté.

*Voici la version intégrale d'un bref récit.*

La guerre de 1999 éclata si brutalement qu'on eut à peine le temps d'y croire.

Heureusement, l'époque avait des réactions rapides. Et, avec le règne tout-puissant de l'ordinateur, le problème de la mobilisation générale était facile à régler dans un minimum de temps avec un maximum d'efficacité. En moins d'une heure, les ordinateurs avaient trié les fichiers de toute la population et envoyé aux futurs soldats leur feuille de convocation.

Mais c'était quand même la première fois que l'électronique devait faire face à ce genre de situation. Et, dans l'affolement, il y eut une légère erreur de numéro de code et on appela sous les drapeaux toutes les femmes et les enfants de moins de douze ans.

Jacques Sternberg, *188 contes à régler*, « L'affolement » (1988), © Denoël.

### 2 Le récit linéaire

**1.** Comment le récit commence-t-il dans le texte A ? Quel type de narrateur le prend en charge ?
**2.** Dans le texte A, à quel moment passe-t-on vraiment du temps de l'écriture au temps du récit ? Expliquez.
**3.** Par quels thèmes le narrateur relie-t-il le début (texte A) et la fin du roman (texte B) ? Justifiez.

#### Texte A

*Ceci est l'incipit de ce roman d'apprentissage.*

Ai-je été nourri par ma mère ? Est-ce une paysanne qui m'a donné son lait ? Je n'en sais rien. Quel que soit le sein que j'ai mordu, je ne me rappelle pas une caresse du temps où j'étais tout petit : je n'ai pas été dorloté, tapoté, baisoté ; j'ai été beaucoup fouetté.

Ma mère dit qu'il ne faut pas gâter les enfants, et elle me fouette tous les matins ; quand elle n'a pas le temps le matin, c'est pour midi, rarement plus tard que quatre heures.

Mademoiselle Balandreau m'y met du suif[1].

C'est une bonne vieille fille de cinquante ans. Elle demeure au-dessous de nous. D'abord elle était contente : comme elle n'a pas d'horloge, ça lui donnait l'heure. « Vlin ! Vlan ! zon ! zon ! – voilà le petit Chose[2] qu'on fouette ; il est temps de faire mon café au lait. »

Mais un jour que j'avais levé mon pan[3], parce que ça me cuisait trop, et que je prenais l'air entre deux portes, elle m'a vu ; mon derrière lui a fait pitié.

Jules Vallès, *L'Enfant*, 1 : « Ma mère » (extrait, 1878).

**1.** Graisse pour cicatriser les blessures. **2.** Personnage d'enfant misérable d'Alphonse Daudet (1868). **3.** Pantalon.

#### Texte B

*À la fin du roman, l'enfant, devenu adulte, s'est blessé grièvement à la jambe lors d'un duel qui l'a opposé à un jeune homme ayant insulté son père.*

Ma mère remercie Dieu.

« Oh ! j'ai eu si peur !... S'il avait fallu te couper la jambe ! – Je vais t'apprendre une nouvelle maintenant... »

Elle me conte tout ce que je sais, ce que j'ai entendu[1] à travers la cloison.

« Tu vas me quitter ! dit-elle en sanglotant » .

Je veux me lever tout de suite pour ramasser un peu mes livres, faire ma petite malle, et je lui demande mes habits.

Ce sont ceux du duel.

Ma mère les apporte. Elle aperçoit mon pantalon avec un trou et taché de sang.

« Je ne sais pas si le sang s'en ira... la couleur partira avec, bien sûr... »

Elle donne encore un coup de brosse, passe un petit linge mouillé, fait ce qu'il faut, – elle a toujours eu si soin de ma toilette ! – mais finit par dire en hochant la tête :

« Tu vois, ça ne s'en va pas... Une autre fois, Jacques, mets au moins ton vieux pantalon ! »

Jules Vallès, *L'Enfant*, « La délivrance » (extrait, 1878).

**1.** Le père, excédé par les audaces et la révolte de son fils, le fait arrêter pour vol et vagabondage.

## Appliquer

### 3 Le récit dans le récit

**1.** Repérez le récit cadre. Quel narrateur le prend en charge ? Justifiez.
**2.** À quel moment le récit encadré commence-t-il ?
**3.** Quel est l'intérêt de cette structure du récit ? Expliquez.

*Il s'agit du début de la nouvelle.*

Le docteur Marrande, le plus illustre et le plus éminent des aliénistes[1], avait prié trois de ses confrères et quatre savants, s'occupant de sciences naturelles, de venir passer une heure chez lui, dans la maison de santé qu'il dirigeait, pour leur montrer un de ses malades.

Aussitôt que ses amis furent réunis, il leur dit : « Je vais vous soumettre le cas le plus bizarre et le plus inquiétant que j'aie jamais rencontré. D'ailleurs, je n'ai rien à vous dire de mon client. Il parlera lui-même. » Le docteur alors sonna. Un domestique fit entrer un homme. Il était fort maigre, d'une maigreur de cadavre, comme sont maigres certains fous que ronge une pensée, car la pensée malade dévore la chair du corps plus que la fièvre ou la phtisie[2].

Ayant salué et s'étant assis, il dit : Messieurs, je sais pourquoi on vous a réunis ici et je suis prêt à vous raconter mon histoire, comme m'en a prié mon ami le docteur Marrande. Pendant longtemps il m'a cru fou. Aujourd'hui il doute. Dans quelque temps, vous saurez tous que j'ai l'esprit aussi sain, aussi lucide, aussi clairvoyant que les vôtres, malheureusement pour moi, et pour vous, et pour l'humanité tout entière.

Mais je veux commencer par les faits eux-mêmes, par les faits tout simples. Les voici.

Guy de Maupassant, *Le Horla* (*incipit*, 1886).

1. Médecins spécialisés dans la prise en charge de la folie.
2. Infection pulmonaire comme la tuberculose.

## 4 Le récit à tiroirs

**1. Quels indices grammaticaux permettent de distinguer les deux niveaux de récit ? Justifiez.**
**2. Comment l'écrivain est-il décrit ? Quelle image du travail de l'écriture est ainsi donnée ?**
**3. a. Dans les lignes 15 à 20, qui est Alberto de Quinteros ?**
**b. Expliquez l'utilisation du pronom personnel *je*.**

La Tante Julia et le scribouillard *est l'histoire d'un homme qui écrit pour la radio bolivienne aussi bien des bulletins d'informations que des feuilletons. Le narrateur- personnage pense ici à un de ses amis écrivains.*

La fenêtre du réduit était entrouverte – on pouvait entendre le bruit rythmé de la machine[1] – et je la poussai tout en m'écriant : « Bonjour, monsieur le travailleur. » Mais j'eus l'impression de m'être trompé d'endroit ou de personne, et ce n'est qu'après plusieurs secondes que je reconnus, sous le déguisement composé de la blouse blanche, du bonnet de médecin et de la longue barbe noire et rabbinique[2], le scribe[3] bolivien. Il continuait à écrire immuable[4], sans me regarder, légèrement penché sur son bureau. Au bout d'un moment, comme faisant une pause entre deux pensées, mais sans tourner la tête vers moi, je l'entendis dire de sa voix au timbre parfait et caressant :

– Le gynécologue Alberto de Quinteros est en train d'accoucher de triplés une de ses nièces, et l'un des têtards s'est mis en travers. Pouvez-vous m'attendre cinq minutes ? Je fais une césarienne à la petite et nous allons prendre ma verveine-menthe.

Mario Vargas Llosa, *La Tante Julia et le scribouillard*, chapitre XI (extrait, 1977), traduction de l'espagnol par A. Bensoussan, © Gallimard (1979).

1. Machine à écrire. 2. Comme celle d'un rabbin (religieux juif). 3. Écrivain. 4. Sans bouger.

# Écrire

## 5 Le récit polyphonique

**1. Quelles sont les deux voix de ce récit ? Justifiez.**
**2. Quels sont les pronoms personnels utilisés ? Expliquez.**
**3. Quel regard chaque personnage porte-t-il sur l'ouragan ? Appuyez-vous sur des citations comparées.**
**4. Écriture d'invention. Réécrivez le deuxième paragraphe en employant la première personne. Reprenez tous les éléments qui peuvent être ainsi transposés, et ajoutez quelques éléments qui accentueront la subjectivité du récit.**
→ p. 538 : INVENTER ET TRANSPOSER

*Laurent Gaudé raconte l'arrivée puis le passage de l'ouragan Katrina à travers le regard de plusieurs personnages.*

Je suis Josephine Linc. Steelson et, s'il le faut, je parlerai à l'ouragan et il fera comme les grenouilles du bayou[1], il m'écoutera et se mettra à chanter, parce que personne ne me résiste, c'est ainsi que je suis faite. Et s'il ne m'écoute pas, si celui-là est plus dur que tous les autres, alors que ce soit la fin, qu'il m'engloutisse, cela fait longtemps que j'attends.

Il roule toutes vitres ouvertes. L'air est lourd. L'humidité lui colle la chemise à la peau. Il n'y a personne sur sa route mais la voie, en face, est de plus en plus chargée. Elle est remplie de voitures bourrées à craquer, passagers à l'arrière, valises sur le toit, des voitures dans lesquelles on a essayé, en hâte, de faire tenir toute une maison. Il a ouvert la radio pour ne pas risquer de s'endormir. Elle ne parle que de la nouvelle, sans cesse, sous toutes ses formes. Le maire de La Nouvelle-Orléans a proclamé l'évacuation de la ville. L'ouragan approche des côtes.

Laurent Gaudé, *L'Ouragan*, II : « À son approche » (extrait, 2010), © Actes Sud.

1. Réseau de bras de rivières peu profonds.

# Fiche 3 Le narrateur et la focalisation

J'écoutais. Il n'y eut rien d'autre. Répétait-il quelques discours dans son sommeil, ou était-ce un fragment de phrase de quelque article de journal ? Il avait écrit pour les journaux, et se proposait de recommencer « pour défendre mes idées. C'est un devoir ».

→ p. 162 : J. Conrad, *Au cœur des ténèbres* (1899), © Flammarion.

**QUESTIONS**

1. Le narrateur fait-il ou non partie de l'histoire ?
2. Quel est le point de vue utilisé ? Justifiez.

## L'essentiel

### Le narrateur

- Le **narrateur** est celui qui prend en charge le récit. Il est inventé par l'**auteur**.
- Le narrateur peut **appartenir à l'histoire** : il est alors un **narrateur-personnage** qui raconte à la première personne.

  **Ex. :** Moi j'écoutais et j'entendais qu'on me jugeait intelligent.
  → p. 200 : A. Camus, *L'Étranger* (1942), © Gallimard.
  ➤ Le personnage rapporte ses propres réactions pendant son procès.
- Le narrateur peut être **extérieur à l'histoire** : il est alors un **narrateur témoin**. Il raconte alors à la troisième personne.

  **Ex. :** Tout à coup un ivrogne traversa en zigzag le trottoir ; et, à propos des ouvriers, ils entamèrent une conversation politique. → p. 195 : G. Flaubert, *Bouvard et Pécuchet* (1881).
  ➤ Le narrateur, tel un témoin, regarde ce que voient les personnages et écoute ce qu'ils se disent.

### Les focalisations (ou points de vue)

- Le mot **focalisation** est un terme d'optique désignant le point de vue du narrateur.
- La **focalisation externe** montre ce qui est perceptible par un témoin extérieur et objectif.

  **Ex. :** La silhouette d'un homme se profila ; simultanément des milliers. Il y en avait bien des milliers. → p. 197 : R. Queneau, *Le Chiendent* (1933), © Gallimard.
  ➤ Le lecteur n'apprend que des éléments extérieurs et objectifs.
- La **focalisation interne** montre ce qui est perceptible par un personnage de façon subjective. Les **modalisateurs** permettent au narrateur de commenter ce qu'il raconte.

  **Ex. :** il écouta, et soudain, par hasard, il se rendit compte que tout l'univers respirait la paix. Il y avait ici comme ailleurs, sans doute, un merveilleux silence.
  → p. 208 : J.-M.G. Le Clézio, *Le Procès-verbal* (1963), © Gallimard.
  ➤ Le verbe pronominal et le modalisateur indiquent que nous sommes dans les pensées du personnage.
- La **focalisation zéro** (ou **point de vue omniscient**, *sachant tout*) permet de raconter ce qui se passe simultanément dans deux endroits différents, d'évoquer parallèlement le passé (analepses) et le futur (prolepses) et d'entrer dans les pensées de plusieurs personnages.

  **Ex. :** Il fut seul avec Christophe, qui se croyait obligé de rendre les derniers devoirs à un homme qui lui avait fait gagner quelques bons pourboires.
  → p. 157 : H. de Balzac, *Le Père Goriot* (1835).
  ➤ La proposition subordonnée permet d'entrer dans la conscience de Christophe alors que le récit se concentrait initialement sur un autre personnage.

# Exercices d'application

## Mettre au point

### 1 Le statut du narrateur

**1.** Quel est le statut du narrateur dans ce passage ? Justifiez.
**2.** Quelle place donne-t-il à la lecture ? Expliquez.
**3.** Relevez les mots subjectifs. Quel écart soulignent-ils ?

*Dans un camp de redressement chinois, malgré l'interdiction de se cultiver, un garçon se fait prêter un roman.*

Je restai au lit jusqu'à la tombée de la nuit, sans manger, ni faire rien d'autre que de rester plongé dans cette histoire française d'amour et de miracles.

Imaginez un jeune puceau de dix-neuf ans, qui somnolait encore dans les limbes[1] de l'adolescence, et n'avait jamais connu que les blabla révolutionnaires sur le patriotisme, le communisme, l'idéologie et la propagande. Brusquement, comme un intrus, ce petit livre me parlait de l'éveil du désir, des élans, des pulsions, de l'amour, de toutes ces choses sur lesquelles le monde était, pour moi, jusqu'alors muet.

Malgré mon ignorance totale de ce pays nommé la France (j'avais quelquefois entendu le nom de Napoléon dans la bouche de mon père, et c'était tout), l'histoire d'Ursule[2] me parut aussi vraie que celle de mes voisins.

DAI Sijie, *Balzac et la Petite Tailleuse chinoise* (extrait, 2000), 

1. État vague, incertain. 2. *Ursule Mirouët*, roman de Balzac.

## Appliquer

### 2 Description et focalisation

**1.** Quelle est la focalisation choisie ? Justifiez.
**2.** Quelle est la valeur des pronoms personnels ?
**3.** Quels sont les modalisateurs employés ? dans quel but ?
→ p. 371 : COMMUNICATION, ÉNONCIATION ET MODALISATION

Notre-Dame de Paris *décrit le Paris médiéval.*

Nous venons d'essayer de réparer pour le lecteur cette admirable église de Notre-Dame de Paris. Nous avons indiqué sommairement la plupart des beautés qu'elle avait au quinzième siècle et qui lui manquent aujourd'hui ; mais nous avons omis la principale, c'est la vue du Paris qu'on découvrait alors du haut de ses tours.

C'était en effet, quand, après avoir tâtonné longtemps dans la ténébreuse spirale qui perce perpendiculairement l'épaisse muraille des clochers, on débouchait enfin brusquement sur l'une des deux hautes plates-formes, inondées de jour et d'air, c'était un beau tableau que celui qui se déroulait à la fois de toutes parts sous vos yeux.

Victor HUGO, *Notre-Dame de Paris* (extrait, 1831).

### 3 Le mélange des focalisations

**1.** Quel est le statut du narrateur ? Justifiez.
**2.** Repérez le changement de focalisation.
**3.** Dans quelle mesure cette fin de récit est-elle une chute ?

C'était ridicule, il le savait bien, mais il avait fini par attacher une grande importance au fait qu'il voulait être libre à ce moment-là et non une minute avant ou une minute après. Il gardait l'œil sur sa montre.

Attendre d'être entrés dans la maison l'aurait mis en retard de trente secondes. Mais sur le porche, dans l'obscurité, il n'y avait aucun danger ; il ne risquait rien, pas plus qu'à l'intérieur de la maison. Il abattit la matraque de toutes ses forces, pendant qu'elle attendait qu'il sorte sa clé pour ouvrir la porte. Il la rattrapa avant qu'elle ne tombe et parvint à la maintenir debout, tout en ouvrant la porte de l'autre main et en la refermant de l'intérieur.

Il posa alors le doigt sur l'interrupteur et une lumière jaunâtre envahit la pièce. Avant qu'ils aient pu voir que sa femme était morte et qu'il maintenait le cadavre d'un bras, tous les invités à la soirée d'anniversaire hurlèrent d'une seule voix :

– Surprise !

Fredric BROWN, *Fantômes et Farfafouilles*, « Cauchemar en jaune » (*explicit*, 1963), traduction de l'anglais par J. Sendy, 

## Écrire

### 4 Focalisation et dramatisation

**1.** Quelle est la focalisation choisie ? Quel est son intérêt ?
**2. Commentaire.** Commentez ce court extrait en analysant la façon dont le narrateur dramatise le récit.
→ p. 513 : ENCHAÎNER DES PARAGRAPHES DE COMMENTAIRE

*Dans les années 1930, un couple juif a son premier enfant.*

Une nouvelle existence commence pour eux trois, Simon se développe parfaitement, il dort bien, fait preuve d'un appétit féroce, sourit à tous. Il lui reste huit ans à vivre.

Philippe GRIMBERT, *Un secret* (extrait, 2004), 

# Fiche 4 Le personnage

[L]à se trouva un petit homme maigre, à l'œil vif et en perruque blonde. L'abbé se retourna vers Julien, et le présenta. C'était le marquis. Julien eut beaucoup de peine à le reconnaître, tant il lui trouva l'air poli.

→ p. 152 : STENDHAL, *Le Rouge et le Noir* (1830).

**QUESTIONS**

1. Quels termes permettent de décrire le personnage ? Quelle image donnent-ils du marquis ?
2. Quel terme introduit les pensées de Julien ? Quel est l'effet produit ?

## L'essentiel

- À la différence du terme *personne*, le terme ***personnage*** désigne une créature qui n'existe pas dans la vie réelle mais seulement sous la plume d'un écrivain. Pour lui donner une existence dans le récit, le romancier fait son portrait, lui donne la parole…
- Le personnage peut se confondre avec le narrateur.

→ p. 432 : LE NARRATEUR ET LA FOCALISATION

### Le portrait

- Il existe trois types de portrait :

– le **portrait physique**, le plus fréquent, décrit le personnage pour mettre en valeur des traits saillants et lui donner une réalité. Il peut, comme chez Balzac, correspondre étroitement au caractère du personnage.

Ex. : Un jeune homme de dix-huit ans, <u>à longs cheveux</u> et qui tenait <u>un album sous son bras</u>, restait auprès du gouvernail, immobile.

→ p. 169 : G. FLAUBERT, *L'Éducation sentimentale* (1869).

➤ Le bref portrait du jeune homme donne de lui l'image d'un artiste romantique.

– le **portrait psychologique** livre des éléments sur la personnalité et la moralité du personnage.

Ex. : Elle le trouva fade, niais, sot, inutile, fat, déplaisant, impertinent, et très laid.

→ p. 189 : V. HUGO, *Les Misérables* (1862).

➤ L'accumulation d'adjectifs péjoratifs permet de mêler les portraits physique et psychologique, soulignant le lien entre la laideur et une personnalité détestable.

– le **portrait en action** décrit le comportement du personnage. C'est par ses actions que l'image du personnage se construit.

Ex. : Hawa danse pieds nus sur le sol lisse, ses pieds longs et plats frappent au rythme des tambours, ou plutôt, c'est elle qui semble dicter avec la plante de ses pieds et ses talons le rythme de la musique.

→ p. 184 : J.-M.G. LE CLÉZIO, *Désert* (1980), © Gallimard.

➤ La danse sensuelle de Hawa fait d'elle un personnage envoûtant.

### Les paroles rapportées

- Il existe quatre types de discours rapportés :

– le **discours direct** est une transcription exacte des paroles prononcées par les personnages ou de leurs pensées. Il rend le récit vivant et donne un caractère théâtral au récit.

Ex. : – Je les en défie, dit Julien en se mordant la lèvre, et il reprit toute sa méfiance.

→ p. 152 : STENDHAL, *Le Rouge et le Noir* (1830).

– le **discours indirect** intègre les paroles dans le récit ; elles sont introduites par des subordonnées.

Ex. : Il la trouva ; elle lui dit qu'elle était chez elle tantôt quand il avait sonné, mais dormait...
→ p. 179 : M. PROUST, *Un amour de Swann* (1913).

– le **discours indirect libre** conserve le flux et les intonations du discours direct mais est intégré au récit puisqu'il n'y a pas d'usage de guillemets et que les temps du récit sont conservés. Il est parfois difficile de savoir si c'est le narrateur ou le personnage qui s'exprime.

Ex. : Bouvard l'engagea à mettre bas sa redingote. Lui, il se moquait du qu'en dira-t-on !
→ p. 195 : G. FLAUBERT, *Bouvard et Pécuchet* (1881)

➤ Par la phrase exclamative, le narrateur rappelle la façon expressive avec laquelle Bouvard a invité Pécuchet à se délasser.

– le **discours narrativisé** résume les paroles de personnages.

Ex. : C'est alors qu'il a parlé de mon attitude envers maman. Il a répété ce qu'il avait dit pendant les débats.
→ p. 200 : A. CAMUS, *L'Étranger* (1942), © Gallimard.

➤ Le narrateur-personnage ne répète pas précisément les paroles prononcées parce qu'elles ne l'ont pas touché.

## Le schéma actantiel

- Le personnage principal n'est pas seul ; autour de lui, des forces agissent et conduisent la marche du récit. Ces moteurs de l'action peuvent être mis en évidence dans le **schéma actantiel** : les tensions et les forces en présence y sont exposées de façon dynamique.

Ex. : Mme de LA FAYETTE, *La Princesse de Clèves* (1678) → p. 172.

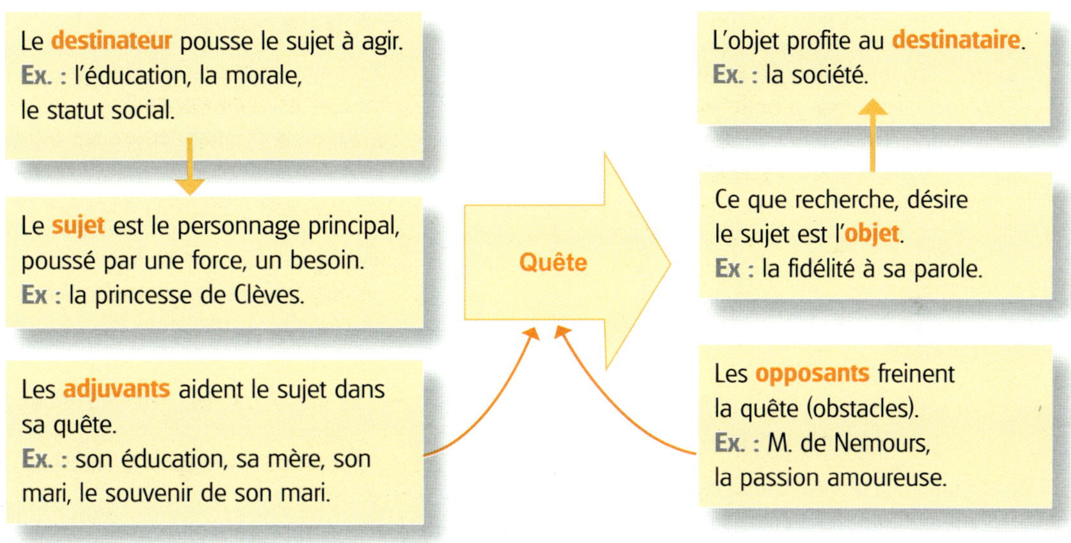

# Exercices d'application

## Mettre au point

### 1 Un portrait de femme

**1.** Quelle focalisation est adoptée dans ce portrait ? Justifiez.
**2. a.** Montrez que ce portrait relève aussi bien de la description traditionnelle que du portrait en action.
**b.** Quelle image ces deux procédés donnent-ils de Mrs Ramsay ?

*Mrs Ramsay, mère de famille traditionnelle, subjugue ceux qui la contemplent.*

Des étoiles dans les yeux, des voiles aux cheveux, parée de cyclamens et de violettes des bois... quel rêve absurde ! Elle avait au moins cinquante ans ; elle avait huit enfants. Elle traversait des champs de fleurs, pressant contre son sein des boutons de fleurs brisés et des agneaux tombés ; des étoiles dans les yeux et les cheveux au vent. Il prit son sac.

« Adieu, Elsie », dit-elle, et ils remontèrent la rue, elle tenant son ombrelle très droite et marchant comme si elle se fût attendue à rencontrer quelqu'un au premier tournant, et lui éprouvant pour la première fois de sa vie une extraordinaire fierté. Un homme qui travaillait dans une canalisation arrêta sa pioche et la regarda ; il laissa retomber son bras et la regarda ; Charles Tansley éprouva une extraordinaire fierté.

Virginia Woolf, *La Promenade au phare*, partie I, chapitre I (extrait, 1927), traduction de l'anglais par M. Lanoire, © Stock.

## Appliquer

### 2 Les paroles rapportées

**1. a.** Quelle est la focalisation choisie ?
**b.** Qu'apprend-on des pensées du narrateur ? Justifiez.
→ p. 432 : LE NARRATEUR ET LA FOCALISATION
**2.** Relevez et étudiez l'imbrication des différents discours rapportés. Quel est le rôle de chacun d'entre eux ?
**3.** Quel est le schéma actantiel qui aurait pour sujet le père de Sarah ? Tracez-le et expliquez.

*Sarah fait lire à Bernard le journal intime de son père qui évoque sa dépendance au tabac.*

« C'est assez touchant, n'est-ce pas ? » fit Sarah avec une imperceptible moue[1] d'ironie, après que j'eus achevé la lecture.

C'est beaucoup plus curieux que vous ne pensez, ne pus-je me retenir de lui dire, tout en me reprochant de lui parler. Figurez-vous qu'il n'y a pas dix jours, j'ai demandé à votre père s'il avait jamais essayé de ne plus fumer. Je trouvais que je me laissais aller à beaucoup trop fumer moi-même et... Bref, savez-vous ce qu'il m'a répondu ? Il m'a dit d'abord qu'il pensait qu'on exagérait beaucoup les effets pernicieux[2] du tabac que, pour sa part, il ne les avait jamais ressentis sur lui-même ; et, comme j'insistais : « Oui, m'a-t-il dit enfin ; j'ai bien décidé deux ou trois fois d'interrompre pour un temps. – Et vous avez réussi ? – Mais naturellement, m'a-t-il dit comme s'il allait de soi, – puisque je l'avais décidé. » C'est prodigieux ! Peut-être après tout qu'il ne se souvenait pas, ajoutai-je, ne voulant pas laisser paraître devant Sarah tout ce que je soupçonnais là d'hypocrisie.

André Gide, *Les Faux-monnayeurs*, première partie, chapitre XII (extrait, 1925), © Gallimard.

1. Mine. 2. Dangereux.

## Écrire

### 3 D'un portrait l'autre

**1.** Comment le portrait physique évolue-t-il ? Dans quelle mesure est-il dramatisé ?
**2.** Relevez et commentez les éléments qui modalisent cette description.
→ p. 371 : COMMUNICATION, ÉNONCIATION ET MODALISATION
**3. Écriture d'invention.** Décrivez Amy dans sa jeunesse. Reprenez les données de ce texte et inventez-en d'autres qui justifient le commentaire du narrateur : ***Je ne l'avais rencontrée qu'une seule fois. Je ne l'avais jamais oubliée.***
→ p. 541 : INVENTER ET IMAGINER

*Le narrateur-personnage revient à New York pour se soigner. Dans l'ascenseur, à l'hôpital, il reconnaît une femme qu'il suit dans la rue, jusqu'à un café.*

Elle s'appelait Amy Bellette. Je ne l'avais rencontrée qu'une seule fois. Je ne l'avais jamais oubliée.

Amy Belette ne portait pas de manteau – rien que le chapeau de pluie rouge, un cardigan[1] de couleur claire, et ce qui me parut être une robe d'été légère en coton, jusqu'au moment où je me rendis compte que c'était en fait une chemise d'hôpital bleu clair dont les agrafes dans le dos avaient été remplacées par des boutons, et qu'une cordelette en guise de ceinture serrait sa taille. Ou elle n'a plus d'argent, ou elle est folle, me suis-je dit.

Philip Roth, *Exit le fantôme*, 1 : « Le moment présent » (extrait, 2007), traduction de l'anglais par M.-C. Pasquier, © Gallimard (2009).

1. Chandail épais.

# Fiche 5 Les registres épique et fantastique

Ses yeux s'éclairèrent, sa physionomie prit une expression de joie féroce et sauvage que je ne lui avais jamais vue.

→ p. 350 : T. GAUTIER, *La Morte amoureuse* (1836).

**QUESTIONS**

1. Sur quel aspect du personnage le narrateur insiste-t-il ?
2. Quels termes font naître de l'inquiétude, voire de l'angoisse ?

## L'essentiel

### Le registre épique

- Dans l'Antiquité, les **épopées** confrontent les héros (demi-dieux) aux dieux et aux puissances de la nature. Le registre épique que l'on retrouve dans le roman se caractérise par :

  – des **actions violentes** évoquées par la métaphore, l'hyperbole, l'accumulation...

  → p. 384 : LES FIGURES DE RHÉTORIQUE

  Ex. : Son éternuement projette de la lumière, ses yeux ressemblent aux paupières de l'aurore.

  → p. 346 : La Bible, © Le Cerf.

  ➤ Les hyperboles et les comparaisons font du Léviathan une créature monstrueuse, hors du commun.

  – la mise en scène de héros **courageux**, **vertueux**... aux prises avec des **conflits** et des **obstacles** qui les dépassent.

  Ex. : Ulysse bravant les dangers de la mer déchaînée dans l'*Odyssée* d'Homère.

### Le registre fantastique

- Le **registre fantastique**, très présent dans les romans et les nouvelles à partir de l'époque romantique, se définit par :

  – l'**intrusion d'un événement inexplicable**, surnaturel, dans un cadre réaliste, ce qui provoque **surprise et angoisse** chez le lecteur.

  **Remarque :** dans un récit merveilleux (conte de fées), le cadre est irréel et enchanteur, alors que dans les contes et nouvelles fantastiques, il est réaliste.

  – l'utilisation de la **première personne** associée à des verbes exprimant le **doute** et l'**inquiétude**, afin d'accentuer le sentiment d'angoisse.

  Ex. : En coupant un fruit, je me fis par hasard au doigt une entaille assez profonde. Le sang partit aussitôt en filets pourpres, et quelques gouttes rejaillirent sur Clarimonde. Ses yeux s'éclairèrent, sa physionomie prit une expression de joie féroce et sauvage que je ne lui avais jamais vue.

  → p. 350 : T. GAUTIER, *La Morte amoureuse* (1836).

  – une **syntaxe bouleversée**, avec des phrases inachevées ; des **phrases exclamatives** évoquant des sentiments violents et des **phrases interrogatives** exprimant l'incompréhension.

  Ex. : Que m'est-il arrivé ? » pensa-t-il. Ce n'était pas un rêve.

  → p. 353 : F. KAFKA, *La Métamorphose* (1915), © Gallimard.

  – des expressions qui tentent de décrire quelque chose d'indescriptible.

  Ex. : La bouche, pour autant que je pusse l'entrevoir, sous l'épaisse moustache, présentait quelque chose de cruel, sans doute en raison des dents éclatantes et particulièrement pointues.

  → p. 351 : B. STOKER, *Dracula* (1897), © Librairie des Champs-Élysées.

  ➤ La tentative d'**explication** donne une idée de l'impression du narrateur à la vue du comte Dracula.

# Exercices d'application

## Mettre au point

### 1 Le registre épique

**1. a** Sur quelle figure de rhétorique Hugo fonde-t-il la définition de la guerre de Vendée ? Justifiez.
**b.** Quel champ lexical permet de la valoriser et de la développer ? Expliquez.
→ p. 384 : LES FIGURES DE RHÉTORIQUE
**2.** Quels sont les modalisateurs qui évoquent cette guerre ? Quelle image en est ainsi donnée ?
→ p. 371 : COMMUNICATION, ÉNONCIATION ET MODALISATION
**3.** Dans quelle mesure ce paragraphe est-il épique ? Expliquez en insistant par exemple sur la mention des *titans* (l. 3).

Quatre-vingt-treize *est le dernier roman de Victor Hugo. Il y raconte la Révolution française et s'arrête sur une année cruciale, 1793, au cours de laquelle se déroula la guerre de Vendée.*

L'insurrection vendéenne est un lugubre malentendu.

Echauffourée[1] colossale, chicane[2] de titans[3], rébellion démesurée, destinée à ne laisser dans l'histoire qu'un mot, la Vendée, mot illustre et noir ; se suicidant pour des absents, dévouée à l'égoïsme, passant son temps à faire à la lâcheté l'offre d'une immense bravoure ; sans calcul, sans stratégie, sans tactique, sans plan, sans but, sans chef, sans responsabilité ; montrant à quel point la volonté peut être l'impuissance ; chevaleresque et sauvage ; l'absurdité en rut, bâtissant contre la lumière un garde-fou de ténèbres ; l'ignorance faisant à la vérité, à la justice, au droit, à la raison, à la délivrance, une longue résistance bête et superbe ; l'épouvante de huit années, le ravage de quatorze départements, la dévastation des champs, l'écrasement des moissons, l'incendie des villages, la ruine des villes, le pillage des maisons, le massacre des femmes et des enfants, la torche dans les chaumes, l'épée dans les cœurs, l'effroi de la civilisation, l'espérance de M. Pitt[4] ; telle fut cette guerre, essai inconscient de parricide[5].

Victor HUGO, *Quatre-vingt-treize*, livre premier, chapitre VII : « La Vendée a fini la Bretagne » (extrait, 1874).

1. Petit combat isolé.
2. Petite dispute.
3. Géants opposés aux dieux dans la mythologie grecque.
4. Ministre anglais.
5. Assassinat d'un membre de sa famille.

### 2 Le registre fantastique

**1.** Quels sont les événements surprenants qui interviennent ici ?
**2.** Dans quelle mesure le repérage spatio-temporel suscite-t-il l'inquiétude ? Expliquez.
→ p. 425 : LE TEMPS ET L'ESPACE DANS UN RÉCIT
**3.** Relevez et commentez l'expression du doute.
**4.** Comment Gautier mêle-t-il l'explication surnaturelle et l'explication raisonnée ?

*Après avoir visité les ruines de Pompéi, le personnage se retrouve dans la Pompéi romaine intacte...*

Octavien, surpris au dernier point, se demanda s'il dormait tout debout et marchait dans un rêve. Il s'interrogea sérieusement pour savoir si la folie ne faisait pas danser devant lui ses hallucinations ; mais il fut obligé de reconnaître qu'il n'était ni endormi ni fou.

Un changement singulier avait eu lieu dans l'atmosphère ; de vagues teintes roses se mêlaient, par dégradations violettes, aux lueurs azurées de la lune ; le ciel s'éclaircissait sur les bords ; on eût dit que le jour allait paraître. Octavien tira sa montre ; elle marquait minuit. Craignant qu'elle ne fût arrêtée, il poussa le ressort de la répétition ; la sonnerie teinta douze fois ; il était bien minuit, et cependant la clarté allait toujours augmentant, la lune se fondait dans l'azur de plus en plus lumineux ; le soleil se levait.

Alors Octavien, en qui toutes les idées de temps se brouillaient, put se convaincre qu'il se promenait non dans une Pompéi morte, froid cadavre de ville qu'on a tiré à demi de son linceul[1], mais dans une Pompéi vivante, jeune, intacte, sur laquelle n'avait pas coulé les torrents de boue brûlante du Vésuve.

Théophile GAUTIER, « Arria Marcella » (extrait, 1852).

1. Drap dans lequel un mort est enseveli.

## Appliquer

### 3 Le souffle épique

**1.** Quels sont les personnages qui combattent ? Quelle est la force de chacun ? Expliquez.
**2.** Par quelles figures de rhétorique le narrateur évoque-t-il la violence du combat ? Justifiez.
→ p. 384 : LES FIGURES DE RHÉTORIQUE
**3.** Comment les différentes propositions de cet extrait sont-elles reliées ? Dans quelle mesure cette syntaxe s'adapte-t-elle au contexte du combat ?
→ p. 375 : LA SYNTAXE ET LA VALEUR DES TEMPS

*Le récit se déroule aux temps préhistoriques. Il raconte la découverte du feu et la guerre sans merci qui en découle.*

Les armes, presque égales de poids, taillées dans le chêne dur, s'entrechoquèrent. Le coup du Kzamm[1] fut plus fort que celui de Naoh[2], qui ne pouvait user de sa main gauche. Mais le fils du Léopard avait paré par un mouvement transversal. Quand le Kzamm renouvela l'attaque, il rencontra le vide ; Naoh s'était dérobé. Ce fut lui qui prit l'offensive : à la troisième reprise, sa massue arriva comme un roc. Elle eût fendu la tête de l'adversaire, si les longs bras fibreux n'avaient su se relever à temps ; de nouveau, les nœuds de chêne se rencontrèrent, et le Kzamm recula. Il riposta par un coup frénétique, qui arracha presque la massue de Naoh ; et, avant que celui-ci eût repris position, les mains du Dévoreur d'Hommes se relevaient et se rabattaient. L'Oulhamr[1] put amortir, il ne put arrêter le coup : atteint en plein crâne, il plia sur ses jarrets, il vit tourbillonner la terre, les arbres et le Feu. Dans cette seconde mortelle, l'instinct ne l'abandonna point, une énergie suprême s'éleva du fond de l'être, et, de biais, avant que l'adversaire se fût ressaisi, il lança sa massue. Des os craquèrent ; le Kzamm croula : son cri se perdit dans la mort.

Joseph-Henri Rosny aîné, *La Guerre du feu*, deuxième partie, V : « Pour le feu » (extrait, 1911).

1. Noms de tribus préhistoriques.
2. Personnage de la tribu adverse, les Oulhamrs.

## 4 Les effets du fantastique

**1. Quel est le statut du narrateur ? Quel effet cela provoque-t-il chez le lecteur ?**

→ p. 432 : LE NARRATEUR ET LA FOCALISATION

**2. Relevez et commentez les termes exprimant le doute.**

**3. Comment Maupassant joue-t-il à la fois sur le surnaturel et l'explication rationnelle ? Justifiez par un relevé précis et commenté.**

*Guy de Maupassant a écrit de nombreux contes fantastiques dans lesquels un personnage est confronté à des événements surnaturels inquiétants. Au début de cet extrait, il est tranquillement assis devant son bureau et il cherche des liasses de papiers.*

Je m'écarquillais les yeux à déchiffrer les suscriptions[1], quand je crus entendre ou plutôt sentir un frôlement derrière moi. Je n'y pris point garde, pensant qu'un courant d'air avait fait remuer quelque étoffe[2]. Mais, au bout d'une minute, un autre mouvement, presque indistinct, me fit passer sur la peau un singulier petit frisson désagréable. C'était tellement bête d'être ému, même à peine, que je ne voulus pas me retourner, par pudeur pour moi-même[3]. Je venais alors de découvrir la seconde des liasses qu'il me fallait ; et je trouvais justement la troisième, quand un grand et pénible soupir, poussé contre mon épaule, me fit faire un bond de fou à deux mètres de là. Dans mon élan je m'étais retourné, la main sur la poignée de mon sabre, et certes, si je ne l'avais pas senti à mon côté, je me serais enfui comme un lâche.

Une grande femme vêtue de blanc me regardait, debout derrière le fauteuil où j'étais assis une seconde plus tôt.

Guy de Maupassant, « L'Apparition », *in Le Gaulois* (extrait, 4 avril 1883).

1. Adresses écrites sur les enveloppes.
2. Tissu.
3. Pour ne pas me faire honte.

# Écrire

## 5 Registres et récit de guerre

**1. Quelle est la situation initiale de ce récit ?**

**2. Quelle expression évoque le registre fantastique ? Justifiez.**

**3. a. Quelles données du contexte relèvent du registre épique ? Expliquez.**

**b. Quelle figure de rhétorique récurrente présente dans les adjectifs utilisés relève également de ce registre ?**

→ p. 384 : LES FIGURES DE RHÉTORIQUE

**4. Écriture d'invention. Rédigez la suite de l'histoire en mêlant les deux registres, l'épique et le fantastique.**

→ p. 541 : INVENTER ET IMAGINER

*Comme la plupart des récits fantastiques, cette nouvelle de Lovecraft est racontée par un narrateur-personnage qui a vécu une expérience unique et inquiétante.*

Nombreux sont ceux qui ont relaté des choses épouvantables sur les champs de bataille de la Grande Guerre, sans jamais les publier. Certains de ces récits m'ont dégoûté, certains m'ont donné une nausée épouvantable, tandis que d'autres m'ont fait frissonner d'effroi. Pourtant, je me crois capable de relater la plus horrible de toutes les horreurs, la plus bouleversante, la plus surnaturelle et la plus incroyable. En 1915, j'étais médecin et j'avais le grade de lieutenant d'un régiment canadien des Flandres, l'un des nombreux régiments américains à précéder l'entrée du gouvernement dans cette bataille gigantesque.

Howard Phillips Lovecraft, *Les Autres Dieux et autres nouvelles*, « Herbert West, réanimateur », V : « L'horreur venue des ombres » (extrait, 1922), traduction de l'anglais par P. Pérez, © Belfond (1969).

CHAPITRE 6

# Les notions propres au théâtre


441 **Fiche 1** La parole théâtrale

445 **Fiche 2** Le spectacle théâtral

448 **Fiche 3** Le jeu du comédien

450 **Fiche 4** Les registres comique et tragique

Alfredo Arias et Gonzalo Demaria, *Trois Tangos*, mise en scène d'Alfredo Arias, avec Alejandra Radano et Marcos Montes (Paris, théâtre du Rond-Point, novembre 2009).

Le théâtre est un **genre littéraire à part**. Il relève à la fois de la littérature et de l'art du spectacle puisqu'il peut être lu et vu.

Le texte théâtral est constitué des paroles des personnages prononcées pour les autres personnages sur scène, mais aussi pour le public, selon le principe de la **double énonciation**.

Il prend vie quand il est représenté sur scène. Les **didascalies** accompagnent les répliques pour aider le **metteur en scène** dans l'aboutissement de la pièce.

Quant au personnage, il est incarné par le **comédien** par sa présence physique et sa relation avec le public.

Les registres comique et tragique, *a priori* opposés, sont souvent associés au théâtre, sans s'y résumer. L'un provoque le rire ou le sourire, tandis que l'autre suscite la compassion pour un personnage soumis à la fatalité.

# Fiche 1 La parole théâtrale

LUI. – […] Avec presque tous les lieux communs[1], d'ailleurs, c'est pareil. Il n'y a qu'à en prendre un au hasard, n'importe lequel, le plus plat, le plus innocent, dans le genre de : Quel été, hein ? il n'y a plus de saison !

→ p. 273 : N. SARRAUTE, *Isma* (1970), © Gallimard.

1. Vérités toutes faites.

**QUESTIONS**

1. Relevez dans cette réplique les éléments de la langue orale.
2. Quels types de phrase révèlent que ces propos ont forcément un interlocuteur ? Expliquez.

## L'essentiel

### La double énonciation

- L'enjeu du texte théâtral est d'être représenté. Cette **représentation** implique deux niveaux de communication : c'est le principe de la **double énonciation**. La parole théâtrale a en effet deux destinataires :
  – les personnages sur la scène ;
  – le public dans la salle.

  Ex. : FOLLAVOINE. – C'est pas elle qui a rangé les Hébrides ! Je te crois, parbleu ! *(Se replongeant dans son dictionnaire.)* Z'Hébrides... Z'Hébrides... *(Au public.)* C'est extraordinaire !
  → p. 222 : G. FEYDEAU, *On purge bébé* (1910).

  ➤ Le spectateur n'est guère surpris d'être interpellé par Follavoine puisque ce dernier, seul, commentait les propos de sa bonne.

### La parole théâtrale

- Le théâtre est un genre essentiellement fondé sur la **prise de parole**. C'est elle qui fait exister les personnages : ceux-ci se caractérisent donc par le contenu et l'expressivité de leurs **répliques**.

#### Le dialogue

- Cherchant à donner l'illusion de la conversation de la vie courante (principe de la ***mimésis*** chez Aristote), cet échange de propos peut prendre des formes différentes.
- Le plus souvent il consiste en un échange de **répliques** équilibrées entre les personnages.

  Ex. : FIGARO. – Le ministre, ayant égard à la recommandation de Votre Excellence, me fit nommer sur-le-champ garçon apothicaire.
  LE COMTE. – Dans les hôpitaux de l'armée ?
  FIGARO. – Non ; dans les haras d'Andalousie.
  LE COMTE, *riant*. – Beau début !
  → p. 226 : BEAUMARCHAIS, *Le Barbier de Séville* (1775).
- Les longues répliques sont appelées des **tirades**. La difficulté à les mémoriser et à les rendre expressives en fait des **morceaux de bravoure** pour les acteurs qui manifestent ainsi leur talent.

  Ex. : la tirade des nez dans *Cyrano de Bergerac* d'Edmond Rostand (1897).
- Lorsque la tirade raconte un événement qui s'est déroulé en dehors de la scène mais qui tient une place importante dans l'intrigue, on parle de **narration**.

  Ex. : la mort d'Hippolyte racontée par Théramène à la fin de *Phèdre* de Jean Racine (1677).

- Les **stichomythies** consistent en un échange vif de répliques brèves.

Ex. : L'Infante
Je l'aime.
Leonor
Vous l'aimez !
L'Infante
Mets la main sur mon cœur

P. Corneille, *Le Cid* (1637).

➤ La tension est palpable au moment de la révélation par l'Infante de son amour pour Rodrigue, l'amoureux de Chimène.

## Les autres formes de prise de parole

- Il arrive également que le locuteur ne communique pas avec les autres personnages lorsqu'il prend la parole.
- Quand il est seul en scène, on parle de **monologue**. Le personnage se parle à lui-même pour clarifier ses pensées, ses sentiments ou faire un choix lorsqu'il est confronté à un **dilemme** ; le monologue est alors qualifié de **délibératif**. Le public est le témoin de cette introspection.

Ex. : le monologue de Bérenger dans *Rhinocéros* d'Eugène Ionesco (1959) → EXERCICE 3.

- Dans l'**aparté**, le personnage peut également se parler à lui-même ou à un autre personnage, mais en présence des autres protagonistes, et à leur insu. L'aparté révèle alors le jugement ou les réflexions du locuteur.

Ex. : Figaro. – J'ai vu cet abbé-là quelque part. *(Il se relève.)*
Le Comte, *à part*. – Cet homme ne m'est pas inconnu.

→ p. 226 : Beaumarchais, *Le Barbier de Séville* (1775).

➤ Le spectateur comprend par la didascalie *à part* que le comte ne tardera pas à dévoiler l'identité de son interlocuteur.

- Le « quatrième mur », invisible, entre le public et les acteurs sur scène s'effondre quand le personnage s'adresse directement aux spectateurs. Dans le **prologue**, hérité du théâtre antique, un personnage prend en charge la présentation de l'intrigue ou le discours de la « voix sociale ». Anouilh l'utilise dans *Antigone* (1944).

Ex. : Le jardinier. – Moi je ne suis plus dans le jeu. C'est pour cela que je suis libre de venir vous dire ce que la pièce ne pourra pas vous dire.

J. Giraudoux, *Électre*, entracte (extrait, 1937), © Grasset & Fasquelle.

➤ Le célèbre *lamento* du jardinier permet à Giraudoux de définir sa conception de la tragédie.

Georges Feydeau, *Un fil à la patte*, mise en scène de Jérôme Deschamps, avec Claude Mathieu, Thierry Hancisse, Florence Viala, Guillaume Gallienne et Serge Bagdassarian (Paris, Comédie-Française, novembre 2010).

# Exercices d'application

## Mettre au point

### 1 Dialogue et double énonciation

**1. a.** D'après la longueur des répliques, qui semble mener le dialogue ?
**b.** Est-ce réellement le cas ? Justifiez votre réponse.
**2.** Identifiez l'objet du conflit. Quelle est la volonté de Créon ?
**3.** Commentez la didascalie qui accompagne la première réplique. À qui Créon s'adresse-t-il ? Que doit comprendre le spectateur ?

*En 1944, Anouilh réécrit une pièce de Sophocle : Antigone, fille d'Œdipe, se doit d'enterrer son frère Polynice, malgré l'interdiction de son oncle Créon, le roi de Thèbes, et la menace de mort qui plane sur celui qui bravera cette loi* → p. 323.

CRÉON, *murmure, comme pour lui.* – Quel jeu joues-tu ?

ANTIGONE. – Je ne joue pas.

CRÉON. – Tu ne comprends donc pas que si quelqu'un d'autre que ces trois brutes[1] sait tout à l'heure ce que tu as tenté de faire, je serai obligé de te faire mourir ? Si tu te tais maintenant, si tu renonces à cette folie, j'ai une chance de te sauver, mais je ne l'aurai plus dans cinq minutes. Le comprends-tu ?

ANTIGONE. – Il faut que j'aille enterrer mon frère que ces hommes ont découvert.

CRÉON. – Tu irais refaire ce geste absurde ? Il y a une autre garde autour du corps de Polynice et, même si tu parviens à le recouvrir encore, on dégagera son cadavre, tu le sais bien. Que peux-tu donc sinon t'ensanglanter encore les ongles et te faire prendre ?

ANTIGONE. – Rien d'autre que cela, je le sais. Mais cela, du moins, je le peux. Et il faut faire ce que l'on peut.

CRÉON. – Tu y crois donc vraiment, toi, à cet enterrement dans les règles ? À cette ombre de ton frère condamnée à errer toujours si on ne jette pas sur le cadavre un petit peu de terre avec la formule du prêtre ? Tu leur as déjà entendu la réciter, aux prêtres de Thèbes, la formule ? Tu as vu ces pauvres têtes d'employés fatigués écourtant les gestes, avalant les mots, bâclant ce mort pour en prendre un autre avant le repas de midi ?

ANTIGONE. – Oui, je les ai vus.

Jean ANOUILH, *Antigone* (extrait, 1944),
© La Table Ronde (1946).

1. Qualifie les trois soldats qui ont arrêté Antigone.

## Appliquer

### 2 L'évolution d'un dialogue

**1.** Identifiez les deux formes de prise de parole présentes dans cet extrait. La répartition des répliques est-elle équilibrée ?
**2.** Caractérisez le rythme du dialogue. Dans quelle mesure montre-t-il que la révélation est difficile pour Phèdre ?

*Œnone, la nourrice de Phèdre, s'inquiète pour sa maîtresse qui semble malade. Celle-ci lui révèle son amour incestueux pour son beau-fils Hippolyte.*

ŒNONE
Aimez-vous ?

PHÈDRE
De l'amour j'ai toutes les fureurs[1].

ŒNONE
Pour qui ?

PHÈDRE
Tu vas ouïr[2] le comble des horreurs.
J'aime... à ce nom fatal, je tremble, je frissonne.
J'aime...

ŒNONE
Qui ?

PHÈDRE
Tu connais ce fils de l'Amazone,
Ce prince si longtemps par moi-même opprimé ?

ŒNONE
Hippolyte ? Grands dieux !

PHÈDRE
C'est toi qui l'as nommé !

ŒNONE
Juste ciel ! Tout mon sang dans mes veines se glace.
Ô désespoir ! Ô crime ! Ô déplorable race[3] !
Voyage infortuné ! Rivage malheureux !
Fallait-il approcher de tes bords dangereux !

PHÈDRE
Mon mal vient de plus loin. À peine au fils d'Égée[4]
Sous les lois de l'hymen[5] je m'étais engagée,
Mon repos, mon bonheur semblait être affermi,
Athènes me montra mon superbe[6] ennemi.
Je le vis, je rougis, je pâlis à sa vue ;
Un trouble s'éleva dans mon âme éperdue[7] ;
Mes yeux ne voyaient plus, je ne pouvais parler,
Je sentis tout mon corps et transir[8] et brûler.

Jean RACINE, *Phèdre*, acte I, scène 3, vers 259-276 (1677).

1. Les excès, l'emportement. 2. Entendre. 3. Tragique famille. 4. Thésée, époux de Phèdre. 5. Mariage. 6. Fier. 7. Folle d'amour. 8. Frissonner.

## 3 Le monologue final

**1.** **Dans quel état Bérenger se trouve-t-il ? À quel dilemme est-il confronté ?**
**2.** **Dans quelle mesure le choix du monologue est-il pertinent à ce stade de l'intrigue ?**
**3.** **À quel registre cette tirade se rapporte-t-elle ? Expliquez.**
→ p. 437 : LES REGISTRES ÉPIQUE ET FANTASTIQUE

*Bérenger est le seul survivant d'une épidémie de « rhinocérite » : il a vu tous ses proches se transformer en rhinocéros. Le voilà maintenant seul en scène, face aux bêtes.*

BÉRENGER. – [...] Leurs chants ont du charme, un peu âpre[1], mais un charme certain ! Si je pouvais faire comme eux. *(Il essaye de les imiter.)* Ahh, ahh, brr ! Non, ça n'est pas ça ! Essayons encore, plus fort ! Ahh, ahh, brr ! non, non, ce n'est pas ça, que c'est faible, comme il manque de vigueur ! Je n'arrive pas à barrir. Je hurle seulement. Ahh, ahh, brr ! Les hurlements ne sont pas des barrissements ! Comme j'ai mauvaise conscience, j'aurais dû les suivre à temps. Trop tard maintenant ! Hélas, je suis un monstre, je suis un monstre. Hélas, jamais je ne deviendrai rhinocéros, jamais, jamais ! Je ne peux plus changer. Je voudrais bien, je voudrais tellement, mais je ne peux pas. Je ne peux plus me voir. J'ai trop honte ! *(Il tourne le dos à la glace.)* Comme je suis laid ! Malheur à celui qui veut conserver son originalité ! *(Il a un brusque sursaut.)* Eh bien tant pis ! Je me défendrai contre tout le monde ! Ma carabine, ma carabine ! *(Il se retourne face au mur du fond où sont fixées les têtes des rhinocéros, tout en criant :)* Contre tout le monde, je me défendrai ! Je suis le dernier homme, je le resterai jusqu'au bout ! Je ne capitule pas !
RIDEAU

Eugène IONESCO, *Rhinocéros*, acte III (extrait, 1959), © Gallimard.

**1.** Rude.

## 4 Prise de parole et pouvoir

**1. a.** **À quelle prise de parole théâtrale cet extrait correspond-il ? Justifiez.**
**b.** **Pourquoi Corneille adopte-t-il la narration ?**
**2.** **Quels thèmes sont abordés ? Dans quelle mesure Rodrigue semble-t-il prendre le pouvoir dans cette réplique ?**

*Rodrigue raconte au roi son combat contre les Maures, qui lui a permis de sauver la ville de Séville.*

DON RODRIGUE
Sous moi donc cette troupe s'avance,
Et porte sur le front une mâle assurance :
Nous partîmes cinq cents, mais par un prompt[1] renfort,
Nous nous vîmes trois mille en arrivant au port,
Tant à nous voir marcher en si bon équipage[2],
Les plus épouvantés reprenaient de courage.
J'en cache les deux tiers, aussitôt qu'arrivés,
Dans le fond des vaisseaux[3] qui lors furent trouvés :
Le reste, dont le nombre augmentait à toute heure,
Brûlant d'impatience autour de moi demeure,
Se couche contre terre, et sans faire aucun bruit,
Passe une bonne part d'une si belle nuit.
Par mon commandement la garde en fait de même,
Et se tenant cachée aide à mon stratagème[4],
Et je feins hardiment d'avoir reçu de vous
L'ordre qu'on me voit suivre, et que je donne à tous.

Pierre CORNEILLE, *Le Cid*, acte IV, scène 3, vers 1267-1282 (1637).

**1.** Rapide. **2.** Avec autant de gens. **3.** Bateaux. **4.** Ma ruse.

# Écrire

## 5 Dialogue et confrontation

**1.** **Au nom de quelles valeurs Andromaque s'exprime-t-elle ? En quoi la forme de la tirade est-elle justifiée ?**
**2.** **Dissertation. On définit souvent le dialogue de théâtre comme un rapport de force. Est-ce toujours le cas ? Développez votre réponse dans un devoir argumenté qui s'appuiera sur ce texte et votre culture personnelle.**
→ p. 518 : RÉDIGER UNE DISSERTATION

*L'intrigue se situe à l'époque où les Grecs viennent d'assiéger Troie. Andromaque, épouse d'Hector, fils du roi de Troie, Priam, intervient auprès de son beau-père.*

ANDROMAQUE. – Mon père, je vous en supplie. Si vous avez cette amitié pour les femmes, écoutez ce que toutes les femmes du monde vous disent par ma voix. Laissez-nous nos maris comme ils sont. Pour qu'ils gardent leur agilité et leur courage, les dieux ont créé autour d'eux tant d'entraîneurs vivants ou non vivants ! Quand ce ne serait que l'orage ! Quand ce ne serait que les bêtes ! Aussi longtemps qu'il y aura des loups, des éléphants, des onces[1], l'homme aura mieux que l'homme comme émule[2] et comme adversaire. Tous ces grands oiseaux qui volent autour de nous, ces lièvres dont nous les femmes confondons le poil avec les bruyères, sont de plus sûrs garants de la vue perçante de nos maris que l'autre cible, que le cœur de l'ennemi emprisonné dans sa cuirasse. Chaque fois que j'ai vu tuer un cerf ou un aigle, je l'ai remercié. Je savais qu'il mourait pour Hector. Pourquoi voulez-vous que je doive Hector à la mort d'autres hommes ?

Jean GIRAUDOUX, *La guerre de Troie n'aura pas lieu*, acte I, scène 6 (extrait, 1935), © Grasset & Fasquelle.

**1.** Léopards d'Asie. **2.** Concurrent.

# Fiche 2 Le spectacle théâtral

HERNANI, *à don Ruy.*

Oh ! ton âme est cruelle !
Pouvais-tu pas[1] choisir d'autre poison pour elle ?
*Il boit et jette la fiole.*

→ p. 237 : V. HUGO, *Hernani* (1830).

1. Licence poétique supprimant la négation afin de conserver le nombre de syllabes de l'alexandrin.

**QUESTIONS**

1. Qui est le destinataire privilégié des remarques en italique ?
2. Quel rôle l'accessoire joue-t-il ?

## L'essentiel

- Le metteur en scène fait représenter la pièce à partir des didascalies qui, tout comme les répliques, appartiennent au texte théâtral.

### Les indications pour la mise en scène

- Les **didascalies** sont les indications données par l'auteur pour la représentation.
- Les **didascalies initiales**, placées avant le texte, regroupent le titre de la pièce, la liste des personnages avec les liens qui les unissent, et des indications à propos du décor.
- Les **didascalies intégrées au texte** précisent le numéro de la scène, les personnages sur scène…
- Les **didascalies expressives** portent sur le ton des paroles et l'expression du visage.

  Ex. : MONSIEUR A, *sur le ton de l'intimité.* – Chère ! Si vous saviez comme, depuis longtemps !
  → p. 262 : J. TARDIEU, *Finissez vos phrases* (1978), © Gallimard.
  ➤ L'intention de Monsieur A de se rapprocher de Madame B est bien marquée.
- Les **didascalies fonctionnelles** font état des gestes et attitudes des personnages.

  Ex. : ESTRAGON. – Alors donne-moi un radis. *(Vladimir fouille dans ses poches, ne trouve que des navets, sort finalement un radis qu'il donne à Estragon qui l'examine, le renifle.)* Il est noir !
  → p. 263 : S. BECKETT, *En attendant Godot* (1953), © Minuit.
  ➤ Les gestes des personnages sont très détaillés.
- Les **répliques** qui donnent des indications scéniques ont **valeur de didascalies**.

  Ex. : CIUTA. – Silence ! Vêpres sonnent ; la grille du jardin vient de s'ouvrir.
  → p. 248 : A. de MUSSET, *Les Caprices de Marianne* (1833).
  ➤ Deux bruitages feront entendre des cloches et le grincement d'une grille.

  **Remarque :** cependant les répliques peuvent être trompeuses.

  Ex. : LE PROFESSEUR. – Tenez. Voici trois allumettes. En voici encore une ça fait quatre. Regardez bien, vous en avez quatre j'en retire une, combien vous en reste-t-il ? *On ne voit pas les allumettes, ni aucun des objets, d'ailleurs, dont il est question.*
  → p. 260 : E. IONESCO, *La Leçon* (1951), © Gallimard.
  ➤ La réplique et la didascalie se contredisent. Ionesco insiste sur le caractère factice de sa pièce.

### Le rôle du metteur en scène

- Jusqu'au XIX^e siècle, l'auteur est très souvent le metteur en scène de ses propres pièces ; il veille ainsi à tous les aspects du spectacle. Ensuite, la fonction se professionnalise, ce qui permet plus d'autonomie dans la conduite du spectacle.

### La lecture personnelle

- La **lecture personnelle** de la pièce est la première étape de son travail. Suivant sa culture et sa sensibilité, il donne tel ou tel sens aux différentes scènes.
  **Remarque** : si le metteur en scène prend des **libertés**, la représentation est qualifiée d'**adaptation**, soulignant la **recréation** du metteur en scène.
  **Ex.** : la *Phèdre* de Patrice Chéreau en 2003 s'autorise des coupes dans le texte de Racine.

### La distribution des rôles

- Le **choix des acteurs** est primordial : le metteur en scène s'inspire du physique, de la voix et des performances passées du comédien. Il peut alors créer un **contre-emploi** en choisissant un acteur dont le physique ne correspond pas à la description du personnage.
  **Ex.** : *L'Impromptu de Versailles* (1663) de Molière expose les difficultés du metteur en scène d'imposer ses choix aux acteurs.

### Les répétitions

- Le metteur en scène réunit son **équipe** (acteurs, éclairagistes, scénographes, ingénieurs du son, costumiers, machinistes…) pour préparer le spectacle en suivant plusieurs étapes.
- Une fois que le texte est mémorisé, lors de **répétitions sur scène**, les acteurs ne portent pas encore leurs costumes mais travaillent leurs attitudes et les déplacements dans l'espace scénique. Le **régisseur** se charge de la coordination de ce *travail collégial* (Jean Vilar).
- Le **filage de la pièce** se déroule dans les conditions du spectacle : la pièce est entièrement jouée sans public. Lors de la **couturière**, avant-dernière répétition, la solidité des costumes est vérifiée – d'où son nom – et les dernières retouches sont effectuées.
- La **générale** est la dernière répétition avant la **première**, le public rassemblant des invités.

## Les autres facettes du spectacle

### Les lumières

- L'**éclairagiste** se sert de **projecteurs** pour jouer sur les ombres et les lumières.
  **Ex.** : Guy-Pierre Couleau crée une atmosphère inquiétante grâce au jeu de clair-obscur pour *Les Justes* de Camus (2007).

### La sonorisation

- Le metteur en scène moderne remplace l'orchestre par une **bande sonore**. Les **effets sonores** mettent par exemple l'accent sur un **coup de théâtre** (péripétie inattendue).
  **Ex.** : dans *Phèdre* mis en scène par Patrick Chéreau (2003), Philippe Cachia crée des effets sonores qui font entendre la puissance des dieux.

### Les décors

- Le **décorateur** est chargé du choix et de la mise en place des décors. Le décor est rarement unique ; les changements nécessitent des moyens techniques parfois considérables.
  **Ex.** : Jean-Luc Boutté choisit un décor minimaliste, un cube dont les parois sont quadrillées, dans *La Double Inconstance* de Marivaux mise en scène en 1982.

### Les costumes

- Les costumes sont révélateurs de l'**époque** de l'intrigue, du **rang social** des personnages mais aussi de leur **caractère**. Un metteur en scène peut charger le costumier de préparer des costumes décalés par rapport à l'époque de l'intrigue.
  **Ex.** : Jacques Lassalle choisit des **costumes d'époque** dans sa mise en scène de *L'École des femmes* de Molière (2006).

### Les accessoires

- Ces **objets**, *a priori* anodins, sont le prolongement de la parole du personnage. Ils peuvent devenir **symboliques** quand ils représentent la source d'un conflit.
  **Ex.** : Samuel Beckett présente Vladimir avec des carottes et des radis dans les poches dans *En attendant Godot* (1952).

# Exercices d'application

## Mettre au point

### 1 Dialogue et didascalies

**1.** **Quel est le décor de cette scène ? Identifiez-y la fonction de chaque personnage.**
**2.** **Quels types de didascalies sont présents ? dans quel but ?**
**3.** **Proposez un croquis pour représenter le décor et les accessoires. Justifiez vos choix.**

*Les enfants vont à leur place où ils restent debout, les bras croisés, à côté de leur banc. Topaze, debout sur l'estrade, attend que cette manœuvre soit terminée. Alors il frappe dans ses mains. Tous les enfants s'assoient. Ils ouvrent leurs serviettes[1] ; ils sortent des cahiers, des livres. Quelques-uns bavardent. Topaze, immobile, surveille tout ce mouvement d'un air sévère.*

TOPAZE, *voix autoritaire.* – Monsieur Cordier, vous croyez-vous sur une place publique ? *(M. Cordier, douze ans, baisse le nez vers son cahier.)* Monsieur Jusserand, aujourd'hui encore vous avez négligé d'arracher la feuille quotidienne. *(Il montre le calendrier.)* Je vous retire le calendrier.

JUSSERAND, *écœuré.* – Ben vrai !

TOPAZE, *sévèrement.* – Silence, monsieur ! *(Puis avec une bienveillance épanouie.)* Monsieur Blondet, vos notes de cette semaine sont excellentes, je vous confie le calendrier. Dépouillez-le donc aussitôt de cette feuille périmée.

BLONDET. – Merci, m'sieur !

Marcel PAGNOL, *Topaze*, acte I, scène 12 (extrait, 1928), © Éditions de Fallois ; www.marcel-pagnol.com.

1. Leurs cartables.

## Appliquer

### 2 Des répliques à valeur de didascalies

**1.** **Relevez les répliques à valeur de didascalies. Quel stratagème de Dom Juan révèlent-elles ?**
**2.** **Quelles répliques de M. Dimanche prouvent que Dom Juan a atteint son but ? Quelle ponctuation le prouve ?**

*Dom Juan doit de l'argent à M. Dimanche.*

DOM JUAN. – Allons, vite, un siège pour M. Dimanche.

M. DIMANCHE. – Monsieur, je suis bien comme cela.

DOM JUAN. – Point, point, je veux que vous soyez assis contre[1] moi.

M. DIMANCHE. – Cela n'est point nécessaire.

DOM JUAN. – Ôtez ce pliant[2], et apportez un fauteuil.

M. DIMANCHE. – Monsieur, vous vous moquez, et...

DOM JUAN. – Non, non, je sais ce que je vous dois, et je ne veux point qu'on mette de différence entre nous deux.

M. DIMANCHE. – Monsieur...

DOM JUAN. – Allons, asseyez-vous.

M. DIMANCHE. – Il n'est pas besoin, Monsieur, et je n'ai qu'un mot à vous dire. J'étais...

DOM JUAN. – Mettez-vous là, vous dis-je.

MOLIÈRE, *Dom Juan*, acte IV, scène 3 (extrait, 1665).

1. Juste en face de moi. 2. Siège portatif.

## Écrire

### 3 Consignes de mise en scène

**1.** **Sur quels éléments de la mise en scène l'auteur s'attarde-t-il ? pourquoi ?**
**2.** **Relevez le passage où Jean Genet évoque explicitement le metteur en scène. Quel sentiment est alors suggéré ?**
**3.** **Écriture d'invention. Rédigez une demi-page de consignes de mise en scène pour un texte de la partie I** → CHAPITRE 4, p. 214**. Sélectionnez un extrait où répliques et didascalies suggèrent des possibilités d'interprétation.**
→ p. 544 : INVENTER ET ARGUMENTER

*J. Genet, déçu par la mise en scène de sa pièce* Les Bonnes *par Louis Jouvet en 1947, écrit quinze ans plus tard une préface destinée au metteur en scène.*

Le décor des *Bonnes*. Il s'agit, simplement, de la chambre à coucher d'une dame un peu cocotte[1] et un peu bourgeoise. Si la pièce est représentée en France, le lit sera capitonné[2] – elle a tout de même des domestiques – mais discrètement. Si la pièce est jouée en Espagne, en Scandinavie, en Russie, la chambre doit varier. Les robes, pourtant, seront extravagantes, ne relevant d'aucune mode, d'aucune époque. Il est possible que les deux bonnes déforment, monstrueusement, pour leur jeu, les robes de Madame, en ajoutant de fausses traînes, de faux jabots[3], les fleurs seront des fleurs réelles, le lit un vrai lit. Le metteur en scène doit comprendre, car je ne peux tout de même pas tout expliquer, pourquoi la chambre doit être la copie à peu près exacte d'une chambre féminine, les fleurs vraies, mais les robes monstrueuses et le jeu des actrices un peu titubant[4].

Jean GENET, *Les Bonnes*, préface : « Comment jouer *Les Bonnes* » (extrait, 1963), © Gallimard.

1. Légère. 2. Douillet. 3. Ornements de dentelle. 4. Chancelant.

# Fiche 3 Le jeu du comédien

ROXANE, *d'une voix troublée*
Oui, c'est bien de l'amour…

CYRANO

Certes, ce sentiment
Qui m'envahit, terrible et jaloux, c'est vraiment
De l'amour

→ p. 246 : E. ROSTAND, *Cyrano de Bergerac* (1897).

**QUESTIONS**

1. Comment le spectateur perçoit-il le trouble de Roxane ?
2. Quelle intonation le comédien jouant Cyrano doit-il adopter ? Expliquez.

## L'essentiel

### La présence physique du comédien

- Le comédien donne corps à son personnage. Il doit être capable de transmettre une émotion.

#### La voix

- Le premier instrument de l'acteur est sa voix. Le **timbre** ou **grain** de la voix marque le public. Sur scène, il faut aussi avoir de la **puissance** pour que la voix **porte**.
- Le travail sur la voix porte sur la diction grâce à des exercices d'**articulation**.

#### Le regard et jeu corporel

- Le regard du comédien sur scène **oriente** celui du spectateur. Si le comédien **fixe** un objet, celui-ci devient le centre de toutes les attentions.
- Le comédien doit maîtriser l'espace de la scène par sa **présence** et ses **mouvements**.

#### Le métier d'acteur

- *Le grand comédien observe les phénomènes ; l'homme sensible lui sert de modèle, il le médite, et trouve, de réflexion, ce qu'il faut ajouter ou retrancher pour le mieux* (D. Diderot, *Paradoxe sur le comédien*, 1773). Le jeu du comédien est donc le résultat d'un long travail d'observation du monde, de méditation sur les textes, et de travail réflexif.

### L'identification au personnage

- Incarner un personnage implique un choix entre deux approches :
  – **Denis Diderot** (1713-1784) considère que le comédien doit **jouer un rôle**, ce qui passe parfois par la **distanciation** et l'**exagération**.
  Ex. : Isabelle Huppert envisage sa profession comme un apprentissage de la **maîtrise de soi**.
  – au contraire, pour l'**Actor's Studio**, inspiré des travaux de **Constantin Stanislavski** (1863-1938), le comédien doit puiser les émotions en lui pour être au plus près de son personnage.
  Ex. : l'acteur américain Al Pacino suit cette conception anglo-saxonne de l'**identification**.

### La représentation et sa préparation

- Outre la **mémorisation** du texte, le comédien doit l'**interpréter**. Le metteur en scène apparaît comme son guide → p. 445 : LE SPECTACLE THÉÂTRAL.
- Le comédien doit être capable de s'adapter à l'espace scénique et au public qui changent au cours d'une **tournée**, mais aussi aux imprévus comme les **trous de mémoire**.

# Exercices d'application

## Mettre au point

### 1 La présence scénique des comédiens

**1.** Quelles qualités de la voix les acteurs doivent-ils utiliser dans cette scène ? Proposez une intonation pour chaque réplique en vous fondant sur les didascalies.
**2.** Comment nomme-t-on une décision aussi inattendue ?

→ p. 450 : LES REGISTRES COMIQUE ET TRAGIQUE

*Monsieur Perrichon est parti en voyage avec sa famille et les deux prétendants de sa fille. À son retour, il doit choisir son futur gendre. L'un des deux, Daniel, l'a sauvé au cours du voyage, mais c'était un stratagème pour obtenir plus facilement la main de sa fille.*

PERRICHON, *entrant accompagné de sa femme et de sa fille, il est très grave.* – Messieurs, je suis heureux de vous trouver ensemble... vous m'avez fait tous deux l'honneur de me demander la main de ma fille... vous allez connaître ma décision...

ARMAND, *à part.* – Voici le moment.

PERRICHON, *à Daniel souriant.* – Monsieur Daniel... mon ami !

ARMAND, *à part.* – Je suis perdu !

PERRICHON. – J'ai déjà fait beaucoup pour vous... je veux faire plus encore... Je veux vous donner...

DANIEL, *remerciant.* – Ah ! monsieur !

PERRICHON, *froidement.* – Un conseil... *(Bas.)* Parlez moins haut quand vous serez près d'une porte.

DANIEL, *étonné.* – Ah ! bah !

PERRICHON. – Oui... je vous remercie de la leçon. *(Haut.)* Monsieur Armand... vous avez moins vécu que votre ami... vous calculez moins, mais vous me plaisez davantage... je vous donne ma fille...

Eugène LABICHE, *Le Voyage de M. Perrichon*, acte IV, scène 9 (extrait, 1860).

## Appliquer

### 2 La critique du comédien

**1.** Sur quels points la critique du comédien porte-t-elle ?
**2.** À quel champ lexical Rousseau assimile-t-il le métier de comédien ? Justifiez.
**3.** Que connotent les adjectifs qualificatifs finals ?

→ p. 381 : DÉNOTATION ET CONNOTATION

Qu'est-ce que le talent du comédien ? L'art de se contrefaire[1], de revêtir un autre caractère que le sien, de paraître différent de ce qu'on est, de se passionner de sang-froid, de dire autre chose que ce qu'on pense aussi naturellement que si on le pensait réellement, et d'oublier enfin sa propre place à force de prendre celle d'autrui. Qu'est-ce que la profession du comédien ? Un métier par lequel il se donne en représentation pour de l'argent, se soumet à l'ignominie[2] et aux affronts qu'on achète le droit de lui faire, et met publiquement sa personne en vente. J'adjure[3] tout homme sincère de dire s'il ne sent pas au fond de son âme qu'il y a dans ce trafic de soi-même quelque chose de servile et de bas.

Jean-Jacques ROUSSEAU, *Lettre à M. d'Alembert sur les spectacles* (extrait, 1758).

1. Se dissimuler pour tromper. 2. À la honte. 3. Je supplie.

## Écrire

### 3 Les réactions du public

**1.** Quelle est la réaction du public ? Justifiez.
**2.** Expliquez les interactions entre le public et le comédien.
**3.** Écriture d'invention. Imaginez la même scène vue dans un récit raconté du point de vue d'un narrateur-personnage spectateur de cette pièce. Utilisez le vocabulaire du théâtre.

→ p. 538 : INVENTER ET TRANSPOSER

*Cette biographie de Molière raconte l'une des soirées les plus importantes pour le dramaturge.*

À la première réplique, ce furent des rires. Et quelques instants plus tard, les rires s'étaient transformés en grondements. Et l'on vit le jeune homme superbe[1] se renverser contre le dossier de son fauteuil et essuyer, sanglotant, les larmes de ses yeux. Et soudain, à son propre étonnement, Philippe d'Orléans se prit à glapir[2] de rire.
Le regard du médecin amoureux[3] s'illumina d'un coup. Il se rendait compte que c'était là un bruit qu'il avait déjà entendu. Et pendant qu'il ménageait[4] entre les répliques les pauses nécessaires à l'écoulement de vagues de rires, il se rendait compte qu'il avait affaire au bruit intraduisible, bien connu et toujours annonciateur du succès qui avait reçu dans la troupe le nom de « brouhaha » ! Un frisson délicieux courut sur la nuque du grand acteur comique. Il pensa : « Victoire ! » et se donna tout entier.

Mikhaïl BOULGAKOV, *Le Roman de monsieur de Molière*, chapitre XI (extrait, 1936), traduction du russe par M. Pétris


1. Le roi, Louis XIV. 2. Hurler. 3. Molière joue le personnage principal de la farce, *Le Docteur amoureux* (1658). 4. Assurait.

# Fiche 4 Les registres comique et tragique

Le Comte, *à part*. – Cet homme ne m'est pas inconnu.

Figaro. – Eh non, ce n'est pas un abbé ! Cet air altier[1] et noble...

Le Comte. – Cette tournure grotesque...

Figaro. – Je ne me trompe point : c'est le comte Almaviva.

➜ p. 226 : Beaumarchais, *Le Barbier de Séville* (extrait, 1775).

1. Hautain.

**QUESTIONS**

1. Pour qui Figaro prend-il le comte ? Et comment ce dernier le perçoit-il ?
2. Comment le dialogue progresse-t-il ? Comment le spectateur y réagit-il ?

## L'essentiel

- Les registres comique et tragique, même s'ils apparaissent dans d'autres genres littéraires, suscitent des sentiments de joie ou de pitié chez les spectateurs.

### Le registre comique

- Le **registre comique** provoque le rire ou le sourire chez le lecteur ou le spectateur.

#### Les types de comique

- Dans la **comédie**, le comique apparaît de différentes manières, souvent associées.
- Le **comique de gestes** s'appuie sur des gestes ridicules ou répétitifs (coups, claques, chutes…).
  Ex. : la scène de bastonnade où Scapin donne de multiples coups à Géronte caché dans un sac.
  ➜ p. 233 : Molière, *Les Fourberies de Scapin* (1671).
- Le **comique de mots** constitue un jeu avec le langage : jeux de mots, emploi d'un niveau de langage surprenant, dialogue de sourds, comique de répétition…
  Ex. : Scapin feint de parler gascon pour faire croire à Géronte qu'ils sont attaqués.
  ➜ p. 233 : Molière, *Les Fourberies de Scapin* (1671).
- Le **comique de situation** représente des rencontres ou des événements inattendus grâce au personnage caché, au quiproquo, au coup de théâtre ou au déguisement.
  Ex. : Nonancourt. – Mon gendre, tout est rompu !.... vous vous conduisez comme un paltoquet...
  E. Labiche, *Un chapeau de paille d'Italie* (extrait, 1851).
  ➢ Cette décision provoque la confusion car les invités de la noce attendent au rez-de-chaussée.
- Le **comique de caractère** accentue les défauts d'un personnage. Les pensées obsessionnelles d'un personnage (monomanie) nourrissent la comédie depuis l'Antiquité.
  Ex. : l'avarice d'Harpagon dans *L'Avare* (1668) de Molière.

#### Les formes de comique

- La **caricature** amplifie, exagère les défauts physiques ou moraux d'un personnage.
  Ex. : Le Professeur. – Je me suis mal fait comprendre. C'est sans doute ma faute.
  ➜ p. 260 : E. Ionesco, *La Leçon* (1951), © Gallimard.
  ➢ Le personnage apparaît comme une caricature de professeur.
- Le **burlesque** consiste dans la caricature d'un sujet noble grâce à des personnages vulgaires.
  Ex. : la présentation burlesque de la lune vue comme une *boule de safran*.
  ➜ p. 108 : S. de Cyrano de Bergerac, *L'Autre Monde ou les États et Empire de la lune* (1657).

- L'**héroï-comique** représente des personnages de basse condition avec des manières recherchées à la manière de l'épopée ou de la tragédie.
  Ex. : les comédiens sans argent du *Roman comique* de Paul Scarron (1651-1657) se disputent pour des affaires d'amour qu'ils prennent grotesquement au tragique.
- La **satire** critique un individu ou une institution en les tournant en ridicule.
  Ex. : la satire de la noblesse avec le comte Almaviva déguisé en étudiant pour faire la cour à une jeune femme, Rosine
  → p. 226 : BEAUMARCHAIS, *Le Barbier de Séville* (1775).
- L'**absurde** exploite le décalage avec les codes qui régissent la société.
  Ex. : ESTRAGON. – Mais moi je n'en peux plus.
  VLADIMIR. – Veux-tu un radis ?
  → p. 263 : S. BECKETT, *En attendant Godot* (1952), © Minuit.
  ➤ La proposition de Vladimir semble bien dérisoire après le propos d'Estragon.

### Les fonctions du comique

- Le comique doit d'abord **divertir**, amuser. Dans toute comédie, il permet au lecteur d'oublier momentanément et de façon plaisante les soucis de la vie quotidienne.
- Le comique est aussi un moyen efficace de **critiquer la société**. La devise de Molière : *castigat ridendo mores* (elle corrige les mœurs par le rire) traduit cette volonté.
  Ex. : MOLIÈRE, *Le Bourgeois gentilhomme* (1670) → p. 216.
  ➤ M. Jourdain, ridiculisé par ses prétentions, est un miroir peu flatteur de la bourgeoisie de l'époque.
- Le comique agit enfin sur l'homme en apportant une **morale**, des **valeurs**.
  Ex. : MARIVAUX, *L'Île des esclaves* (1725) → p. 234.
  ➤ Le travestissement de maître en esclave, et réciproquement, enseignera à chacun les réalités sociales.

## Le registre tragique

- Le **registre tragique** est depuis la *Poétique* d'Aristote (IVe siècle avant J.-C.) associé au genre de la tragédie. Le personnage est soumis à un **destin inéluctable** qui le conduit à prendre des décisions radicales (exil, condamnation…) ou à commettre des actions violentes.

### L'expression tragique

- L'atmosphère pesante (conflit, mort) développe le **lexique de la souffrance** et du **désespoir**.
  Ex. : MARIA […] – Ce sont les larmes des joies perdues à jamais. Cela vaut mieux pour vous que cette douleur sèche qui va bientôt me venir et qui pourrait vous tuer sans un tremblement.
  → p. 256 : A. CAMUS, *Le Malentendu* (1944), © Gallimard.
  ➤ Cette réplique violente rend le personnage aussi pitoyable qu'effrayant, en raison de son deuil.
- Des **antithèses** et des **oxymores** ponctuent des **monologues délibératifs** qui exposent le **dilemme** du personnage tragique, souvent écartelé entre deux choix, tous deux fatals.
  → p. 384 : LES FIGURES DE RHÉTORIQUE
  Ex. : RODRIGUE. – […] Et ne pouvant quitter ni posséder Chimène,
  Le trépas que je cherche est ma plus douce peine.
  → p. 243 : P. CORNEILLE, *Le Cid* (1637).
  ➤ Rodrigue emploie l'oxymore *douce peine* pour évoquer le suicide qui le libèrerait de ses tourments.
- Les **phrases exclamatives** et **interrogatives** expriment le désarroi du personnage.
  → p. 375 : LA SYNTAXE ET LES TEMPS VERBAUX
  Ex. : PHILIPPE. – Quelle horreur ! quelle horreur ! Eh quoi ! pas même un tombeau ?
  → p. 241 : A. de MUSSET, *Lorenzaccio* (1834).
  ➤ La succession d'interrogatives et d'exclamatives courtes exprime l'incompréhension et l'effroi.

### Les fonctions du tragique

- Le lecteur ou spectateur est soumis à des émotions apparemment contradictoires.
- Le tragique transforme par la ***catharsis***, la purgation des passions. Le spectateur éprouve terreur et pitié pour les personnages, ce qui le conduit à ne pas reproduire leurs erreurs.
- Le tragique a une fonction **critique**. Il permet à l'auteur de transmettre ses valeurs.
  Ex. : Antigone refuse la guerre avec héroïsme → p. 254 : B. BRECHT, *Antigone* (1948).

# Exercices d'application

## Mettre au point

### 1 Le comique théâtral

**1.** Quel portrait du Père Ubu ce dialogue brosse-t-il ?
**2.** À quel type de comique ce dialogue se rattache-t-il ? Justifiez.
**3.** Quelle est la logique de ce dialogue ? À quelle forme de comique a-t-on affaire ?

*Le Père Ubu, après avoir fait un coup d'État, fait la guerre et décime sa propre armée, puis se réfugie dans une caverne avec ses deux palotins, des bourreaux.*

PÈRE UBU. – Ah ! le chien de temps, il gèle à pierre à fendre et la personne du Maître des Finances s'en trouve fort endommagée.

PILE. – Hon ! Monsieuye Ubu, êtes-vous remis de votre terreur et de votre fuite ?

PÈRE UBU. – Oui ! je n'ai plus peur, mais j'ai encore la fuite.

COTICE, *à part*. – Quel pourceau[1].

PÈRE UBU. – Eh ! sire Cotice, votre oneille[2], comment va-t-elle ?

COTICE. – Aussi bien, Monsieuye, qu'elle peut aller tout en allant très mal. Par conséiquent de quoye, le plomb la penche vers la terre et je n'ai pu extraire la balle.

PÈRE UBU. – Tiens, c'est bien fait ! Toi, aussi, tu voulais toujours taper les autres. Moi j'ai déployé la plus grande valeur, et sans m'exposer j'ai massacré quatre ennemis de ma propre main, sans compter tous ceux qui étaient déjà morts et que nous avons achevés.

COTICE. – Savez-vous, Pile, ce qu'est devenu le petit Rensky[3] ?

PILE. – Il a reçu une balle dans la tête.

PÈRE UBU. — Ainsi que le coquelicot et le pissenlit à la fleur de leur âge sont fauchés par l'impitoyable faux de l'impitoyable faucheur qui fauche impitoyablement leur pitoyable binette[4], — ainsi le petit Rensky a fait le coquelicot, il s'est fort bien battu cependant, mais aussi il y avait trop de Russes.

PILE *et* COTICE. – Hon ! Monsieuye !

UN ÉCHO. – Hhrron !

PILE. – Qu'est-ce ? Armons-nous de nos lumelles[5].

PÈRE UBU. – Ah ! non ! par exemple, encore des Russes, je parie !

Alfred JARRY, *Ubu roi*, acte IV, scène 5 (extrait, 1896).

1. Malpropre. 2. Votre oreille. 3. Nicolas Rensky, conseiller du Père Ubu. 4. Visage ridicule. 5. Nos jumelles.

### 2 Le dilemme

**1.** À quel dilemme Agamemnon doit-il faire face ?
**2. a.** Comment la tirade met-elle en évidence l'impuissance du personnage ? Quel champ lexical le prouve ?
**b.** Par quels sentiments Agamemnon passe-t-il ?
**3. a.** Étudiez la progression de la pensée d'Agamemnon.
**b.** Sa décision vous semble-t-elle assurée ? Expliquez.

*Agamemnon explique à son confident Arcas combien il est troublé par les propos du devin Calchas. Celui-ci lui a appris qu'il doit sacrifier sa fille Iphigénie pour obtenir des vents favorables au départ de ses bateaux pour Troie. Il refuse d'abord.*

AGAMEMNON
[...]
Il[1] me représenta[2] l'honneur et la patrie,
Tout ce peuple, ces rois à mes ordres soumis,
Et l'empire d'Asie[3] à la Grèce promis :
De quel front immolant[4] tout l'État à ma fille,
Roi sans gloire, j'irais vieillir dans ma famille !
Moi-même, je l'avoue avec quelque pudeur[5],
Charmé de mon pouvoir et plein de ma grandeur,
Ces noms de roi des rois et de chef de la Grèce
Chatouillaient de mon cœur l'orgueilleuse faiblesse.
Pour comble de malheur, les Dieux toutes les nuits,
Dès qu'un léger sommeil suspendait mes ennuis,
Vengeant de leurs autels le sanglant privilège,
Me venaient reprocher ma pitié sacrilège[6] !
Et présentant la foudre à mon esprit confus,
Le bras déjà levé, menaçaient mes refus.
Je me rendis, Arcas ; et, vaincu par Ulysse,
De ma fille, en pleurant j'ordonnai le supplice[7].

Jean RACINE, *Iphigénie*, acte I, scène 1, vers 74-90 (1674).

1. Ulysse. 2. Fit imaginer. 3. La puissante ville de Troie. 4. Sacrifiant. 5. Gêne. 6. Opposée au sens sacré, aux dieux. 7. La mort.

## Appliquer

### 3 Le récit comique

**1.** Comment l'appartement est-il décrit dans le premier paragraphe ? À quels détails comprend-on que cette description est satirique ?
**2.** Relevez les jeux de mots. Quel type de comique est ainsi utilisé ?
**3.** Quel niveau de langue est adopté ? Avec quel décor, quel univers voisine-t-il ? Quel est l'effet créé ?

*Le chimiste Jacques L'Aumône s'imagine plusieurs vies au hasard de ce qu'il voit, lit, entend. Il évoque entre autres son père imaginaire, Louis-Philippe des Cigales.*

Il ouvrit la porte de son domicile et ils entrèrent. La lumière électrique fit apparaître aux yeux de Lulu Doumer ce qu'au cours de sa jeune vie elle n'avait pas encore eu l'occasion de voir : un intérieur d'artiste, tapis mous, coussins durs, chinoiseries[1], éclairages indirects, hallebardes[2] moyenâgeuses, crucifikses[3] bretons, acropoles[4] photographiées, objets aussi faux que loriques[5] et un tas d'autres trucmuches de la même farine.

C'est rien bath[6] ici qu'elle dit Lulu Doumer avec ses quatorze ans.

– Ça te la coupe hein, lui dit Thérèse. Pas du tout toc ce bordel. Admire la consistance[7] de la chose.

Mince alors qu'elle répéta Lulu Doumer, mince alors.

– T'en verras pas souvent des carrées[8] comme celle-là, lui dit Thérèse. Tout le monde n'est pas poète.

Et tout le monde ne s'appelle pas Loufifi. Ainsi les habituées simplifiaient-elles le nom de Louis-Philippe des Cigales qui dans un placard fouillait. Il sortit une bouteille d'un alcool et des verres qu'il disposa sur un plateau. Il compléta par des gâteaux secs. Thérèse prit Lulu Doumer par le bras et l'entraîna vers une anfractuosité[9] z-où gisaient les profondeurs sépulcrales[10] d'un divan surplombé d'odeurs lourdes. Ils s'installèrent on croqua du biscuit on but et Lulu Doumer l'estomac échaudé par un marc[11] pur se sentit tout à coup tout à fait chez soi. Des Cigales déplia le tapis vert[12] et déploya le jeu de cartes.

Raymond Queneau, *Loin de Rueil* (extrait, 1944), © Gallimard.

**1.** Objets d'art luxueux. **2.** Armes d'apparat. **3.** Crucifix. **4.** Citadelles antiques. **5.** Pellicules des graines. **6.** Beau (langage populaire). **7.** Fermeté. **8.** Pièces, appartements. **9.** Un creux. **10.** Sinistres. **11.** Une eau-de-vie. **12.** La table de jeux.

## 4 Une fin de récit tragique

**1.** **Relevez le champ lexical de la mort. Comment se développe-t-il ?**

**2.** **Dans quelle mesure le personnage de la comtesse accentue-t-il le registre tragique ? Justifiez.**

**3.** **Sur quel ton les pensionnaires dialoguent-ils ? Quelle est la fonction de ce passage ? Expliquez.**

*Le père Goriot meurt dans la pension Vauquer auprès de l'étudiant Eugène de Rastignac. Il a été ruiné et abandonné par ses filles, Delphine et Anastasie. Celle-ci, devenue comtesse de Restaud, revient vers lui, mais il est trop tard.*

En ce moment le père Goriot ouvrit les yeux, mais par l'effet d'une convulsion[1]. Le geste qui révélait l'espoir de la comtesse ne fut pas moins horrible à voir que l'œil du mourant.

– M'entendrait-il ? cria la comtesse. Non, se dit-elle en s'asseyant auprès de lui.

Madame de Restaud ayant manifesté le désir de garder son père, Eugène descendit pour prendre un peu de nourriture. Les pensionnaires étaient déjà réunis.

– Eh bien, lui dit le peintre, il parait que nous allons avoir un petit mortorama[2] là-haut ?

– Charles, lui dit Eugène, il me semble que vous devriez plaisanter sur quelque sujet moins lugubre.

– Nous ne pourrons donc plus rire ici ? reprit le peintre. Qu'est-ce que cela fait, puisque Bianchon[3] dit que le bonhomme n'a plus sa connaissance ?

– Eh bien ! reprit l'employé du Muséum[4], il sera mort comme il a vécu.

– Mon père est mort ! cria la comtesse.

À ce cri terrible, Sylvie, Rastignac et Bianchon montèrent, et trouvèrent madame de Restaud évanouie. Après l'avoir fait revenir à elle, ils la transportèrent dans le fiacre[5] qui l'attendait.

Honoré de Balzac, *Le Père Goriot* (extrait, 1835).

**1.** D'un spasme. **2.** Néologisme : spectacle de la mort. **3.** Nom du médecin. **4.** Salarié du musée d'histoire naturelle, également pensionnaire chez Vauquer. **5.** La voiture à cheval.

# Écrire

## 5 Le mélange des registres

**1. a.** **Définissez les trois genres théâtraux que Victor Hugo évoque.**

**b.** **Quels termes renvoient aux registres comique et tragique ? Quel rôle ont-ils dans la définition de ces trois genres ?**

**2.** **Étudiez le lexique qui définit le drame. Comment Victor Hugo le considère-t-il ?**

**3.** **D'après Victor Hugo, quelle est l'importance de William Shakespeare dans l'histoire du théâtre ?**

**4.** **Entraînement à la dissertation. Les registres comique et tragique sont-ils opposés ?**

**Répondez à cette question dans un développement argumenté qui s'appuiera sur des exemples tirés de votre manuel et de vos connaissances personnelles.**

→ p. 518 : RÉDIGER UNE DISSERTATION

On le voit, le drame tient de la tragédie par la peinture des passions, et de la comédie par la peinture des caractères. Le drame est la troisième grande forme de l'art, comprenant, enserrant et fécondant les deux premières. Corneille et Molière existeraient indépendamment l'un de l'autre, si Shakespeare n'était entre eux, donnant à Corneille la main gauche, à Molière la main droite. De cette façon, les deux électricités opposées de la comédie et de la tragédie se rencontrent et l'étincelle qui en jaillit, c'est le drame.

Victor Hugo, préface de *Ruy Blas* (extrait, 1838).

CHAPITRE 7

# Les réécritures

455 **Fiche 1**
Emprunts et réécritures

457 **Fiche 2**
Pastiche et parodie

Hans HARTUNG (1904-1989), *D'après El Tres de Mayo de Goya*, III (1922), huile sur carton, 23 x 34 cm.

En littérature, un texte entretient toujours des relations avec des œuvres antérieures : c'est l'**intertextualité**.

**Emprunts et réécritures**

Souvent, auteurs et artistes font référence à des œuvres du patrimoine : soit ils recourent à des **citations**, soit ils **réécrivent** des mythes connus ou s'inspirent de textes du passé, qu'ils adaptent à leur époque et à leur style. Certains transposent ou citent leurs propres œuvres, créant ainsi des échos significatifs.

**Pastiche et parodie**

Un écrivain peut aussi jouer avec des modèles littéraires :

– en les imitant, pour mieux en comprendre les caractéristiques ; cet exercice de style est le **pastiche** ;

– en utilisant les outils de la caricature, pour les déformer, dans une intention comique ou satirique ; on parle de **parodie**.

**Remarque** : il ne faut pas confondre **réécriture** et **plagiat** : la réécriture est un emprunt que l'on assume, alors que le plagiat, non avoué, est considéré comme frauduleux. Au XVIIe siècle, l'imitation des œuvres antiques était la règle et n'empêchait nullement l'originalité du style.

# Fiche 1 Emprunts et réécritures

... La folie des grandeurs !... monstrueux cerveau !... Poubelle mythologique !... Holà !... ça glisse !... Un roi dans le caniveau... Où vais-je, maintenant ?... J'ai tout compris, Tirésias !

→ p. 331 : D. Lamaison, *Œdipe roi* (1994), © Gallimard.

**QUESTIONS**

**1.** Quel anachronisme prouve qu'il s'agit ici d'une version moderne du mythe d'Œdipe ?

**2.** D'après le paratexte, quel genre Didier Lamaison a-t-il choisi ? Est-ce le même que pour l'œuvre de référence, *Œdipe roi*, de Sophocle ? Justifiez l'intérêt de ce choix.

## L'essentiel

- Deux pratiques coexistent : l'**emprunt**, dans lequel on fait référence à des textes, et la **réécriture**, dans laquelle on les transforme.

### Les emprunts : allusions et citations

- La plupart des œuvres se nourrissent de références, parfois sans en préciser l'origine.
  Ex. : Jean de La Fontaine, dans un conte en vers intitulé « Le remède », cite une expression d'Homère : *l'Aurore aux doigts de rose*, sans nommer ce poète.
- La **rhétorique de la citation** est depuis toujours une pratique courante. Jusqu'au XVII^e^ siècle existait même un genre littéraire consistant en une compilation de citations : le **centon**.
  Ex. : dans ses *Essais* (1580), Montaigne introduit des citations, latines pour la plupart, ou les reformule, pour renforcer ses arguments.
- L'emprunt dans les **arts visuels** s'apparente souvent au procédé de la **mise en abyme**, puisqu'on insère une œuvre dans une œuvre, créant ainsi un effet d'écho.
  Ex. : dans son *Portrait d'Émile Zola* (1868), Édouard Manet reproduit son tableau *Olympia*.

### Les réécritures

- Toute œuvre est le fruit de **réécritures**.
- Un auteur modifie ses **brouillons**, transforme maintes fois son manuscrit avant de le publier.
  Ex. : Émile Zola prend des notes sur des sujets de société, puis prépare des ébauches de romans ; leur rédaction est l'ultime étape de ces réécritures. Son ami, le peintre Manet, remplit des carnets de dessins lors de ses promenades à Paris, avant de les réutiliser dans ses compositions peintes, en atelier.
- Parfois, un écrivain retravaille un même support dans plusieurs œuvres, ce qui donne lieu à des **variantes** intéressantes à comparer.
  Ex. : Marguerite Duras transpose son adolescence en Indochine dans trois romans publiés à des époques différentes : *Un barrage contre le Pacifique* (1950), *L'Amant* (1984), *L'Amant de la Chine du Nord* (1991).
- De nombreux écrivains et artistes **réécrivent** les **mythes** ou des **œuvres préexistantes**.
  Ex. : les deux premiers romans français, le *Roman de Thèbes* (1150) et le *Roman d'Énéas* (1160), transposent des mythes antiques, la guerre entre les fils d'Œdipe → p. 334 et l'histoire d'Énée.

**Remarque :** une **traduction** est une réécriture ; comparer plusieurs versions françaises d'un même texte étranger permet de le vérifier. De grands auteurs l'ont pratiquée, comme Charles Baudelaire, traducteur d'Edgar Allan Poe.

# Exercices d'application

## Mettre au point

### 1 L'usage des citations

**1. a. Quels sont les auteurs utilisés par Montaigne ?**
**b. S'agit-il chaque fois de citations exactes ? Sont-elles introduites de la même manière ?**
**2. Commentez la fonction de chaque citation dans cette réflexion.**

*Montaigne expose sa conception du mariage.*

Il n'y a pas de plus bel élément dans notre société que celui qui consiste à bien le façonner et à bien le recevoir. Il arrive en ce domaine ce que l'on voit pour les cages : les oiseaux qui sont au dehors désespèrent d'y entrer, et [rongés] par un égal souci, ceux qui sont dedans désespèrent d'en sortir. Socrate[1] à qui l'on demandait ce qui était le plus avantageux, de prendre ou de ne pas prendre femme répondit : « Que l'on fasse l'un ou que l'on fasse l'autre, on s'en repentira. » [Le mariage] est un pacte auquel s'applique parfaitement ce que l'on dit : *« homo homini »* ou *« deus »*, ou *« lupus »*. [L'homme est pour l'homme ou un dieu ou un loup.] Il faut la réunion de beaucoup de qualités pour le bâtir. Il se trouve en notre temps plus adapté aux âmes simples et populaires où les délices, la curiosité et l'oisiveté[2] ne le troublent pas. Les hommes qui ont des goûts déréglés comme moi, qui hais toute sorte d'attache et d'obligation, ne sont pas aussi bien faits pour lui,

*Et mihi dulce magis resoluto vivere collo.*

[À moi aussi il m'est plus doux de vivre sans cette chaîne au cou.]

Michel de Montaigne, *Essais*, livre III, chapitre 5 : « Sur quelques vers de Virgile » (extrait, 1580), translation en français moderne par A. Lanly, © Honoré Champion (2002).

1. Philosophe grec du Vᵉ siècle avant J.-C.
2. L'absence d'activités.

## Appliquer

### 2 La réécriture d'une fable

**1. Comparez les structures des deux extraits : quels sont les points communs et les différences ?**
**2. Quel défaut est mis en évidence ? Est-il nommé au même endroit dans les deux fables ?**
**3. Perçoit-on autant la présence du narrateur dans les deux versions ? Justifiez.**

*La Fontaine propose deux versions de la même fable. Le héron recherche des poissons, la fille un mari.*

**Texte A : Le héron**

[...]
Après quelques moments l'appétit, vint : l'Oiseau
S'approchant du bord, vit sur l'eau
Des Tanches[1] qui sortaient du fond de ces demeures.
Le mets ne lui plut pas ; il s'attendait à mieux,
Et montrait un goût dédaigneux,
Comme le Rat du bon Horace[2].
« Moi, des tanches ! dit-il, moi, Héron, que je fasse
Une si pauvre chère ? Et pour qui me prend-on ? »
La tanche rebutée, il trouva du goujon.
« Du goujon ! c'est bien là le dîner d'un Héron !
J'ouvrirais pour si peu le bec ! aux Dieux ne plaise ! »

1. Poissons d'eau douce.
2. Poète latin du Iᵉʳ siècle avant J.-C.

**Texte B : La fille**

[...]
Le Destin se montra soigneux de la pourvoir[1] :
Il vint des partis d'importance[2].
La belle les trouva trop chétifs de moitié[3]:
« Quoi ? moi ! quoi ? ces gens-là ! l'on radote, je pense.
À moi les proposer ! hélas ! ils font pitié :
Voyez un peu la belle espèce ! »
L'un n'avait en l'esprit nulle délicatesse ;
L'autre avait le nez fait de cette façon-là :
C'était ceci, c'était cela ;
C'était tout, car les précieuses[4]
Font dessus tous les dédaigneuses.

1. De lui fournir des prétendants.
2. Hommes de haut rang à marier.
3. Bien moins estimables qu'elle ne l'espérait.
4. Terme péjoratif désignant des femmes cultivées mais trop prétentieuses.

Jean de La Fontaine, *Fables*, livre VII, fables 4-5 (extraits, 1768).

## Écrire

### 3 La transposition

**Écrivez une fable moderne en prose qui mettra en lumière le même défaut que dans les deux textes de La Fontaine** → EXERCICE 2**, mais avec des personnages différents (au choix, des humains ou des animaux). Conservez au cœur de votre récit une structure proche de celle des textes de référence.**

→ p. 538 : INVENTER ET TRANSPOSER

# Fiche 2 Pastiche et parodie

Vers filés à la main et d'un pied[1] uniforme,
Emboîtant bien le pas, par quatre en peloton[2] ;
Qu'en marquant la césure[3], un des quatre s'endorme...
Ça peut dormir debout comme soldats de plomb.

→ p. 42 : T. Corbière, *Les Amours jaunes*, « Sonnet (avec la manière de s'en servir) » (1873).

1. Nom donné autrefois à une syllabe. 2. Groupe compact. 3. Pause dans le vers, après une syllabe accentuée.

**QUESTIONS**

1. Sur quel sujet cette strophe porte-t-elle ? Justifiez en vous appuyant sur un champ lexical.
2. Commentez la comparaison du quatrième vers et dégagez le ton qui en découle.

## L'essentiel

### Le pastiche

- Dans le pastiche, l'auteur s'applique à **imiter** l'écriture d'un écrivain connu, en reprenant ses thèmes de prédilection, sa syntaxe, les marques particulières de son style. Ce genre littéraire se présente sous la forme de fragments assez courts.
  → p. 375 : LA SYNTAXE ET LA VALEUR DES TEMPS
  Ex. : dans *Pastiches et mélanges* (1919), Marcel Proust rédige plusieurs versions de « L'affaire Lemoine », une histoire d'escroquerie, en pastichant Saint-Simon, Balzac, Flaubert…
- Un auteur peut également pasticher non pas le style d'un auteur, mais un **genre littéraire**. Ainsi le roman peut-il prendre la forme d'une biographie, d'un journal intime…
  Ex. : Voltaire fait passer son conte philosophique *Zadig* (1748) pour un manuscrit traduit de l'ancien chaldéen, puis de l'arabe, ce qui lui permet de pasticher les récits orientaux à la mode.

### La parodie

- Elle a une dimension **subversive**, car elle contrefait un style ou un genre pour le tourner en dérision. Elle force le trait et rejoint ainsi l'art de la caricature.
  → p. 450 : LES REGISTRES COMIQUE ET TRAGIQUE
- Présente dans les œuvres antiques, elle est utilisée de nos jours dans la publicité.
  Ex. : Aristophane parodie le langage judiciaire dans sa pièce *Les Guêpes* (422 avant J.-C.) → p. 233.
- Elle consiste parfois en une simple déformation de citation.
  Ex. : Un seul être vous manque et tout est repeuplé.
  → p. 444 : J. Giraudoux, *La guerre de Troie n'aura pas lieu* (1935), © Grasset & Fasquelle.
  ➤ Giraudoux cite Lamartine en changeant deux lettres d'un vers (**re***peuplé* au lieu de **dé***peuplé*).
- Il arrive aussi qu'un texte entier ou une œuvre soient parodiés.
  Ex. : l'écrivain Patrick Rambaud a parodié les romans de Marguerite Duras, comme *Hiroshima mon amour* dans *Mururoa mon amour* (1996), signé Marguerite Duraille.
- Cette pratique se retrouve dans toutes les formes artistiques qui l'utilisent comme un moyen de **jouer avec les codes culturels**, en leur rendant un hommage paradoxal ou pour remettre en question les traditions esthétiques, afin de les renouveler.
  Ex. : sous le Second Empire, le compositeur Jacques Offenbach lance la mode de l'opéra-bouffe français, réécriture satirique des mythes, comme *La Belle Hélène* (1864) où il transforme les héros antiques de l'*Iliade* d'Homère (VIIIe siècle avant J.-C.) en bourgeois débauchés.

# Exercices d'application

## Mettre au point

### 1 Imitation et fantaisie

**1.** Citez quelques indices orthographiques permettant de reconnaître l'époque du modèle de Balzac.
**2.** Quels autres indices rattachent ce texte à une époque ultérieure ?
**3. a.** Sur quel ton ce prologue est-il rédigé ? Appuyez-vous notamment sur les champs lexicaux et sur les métaphores.
**b.** Dans quelle mesure les remarques sur le philosophe Descartes confirment-elles cette réponse ?
→ p. 384 : LES FIGURES DE RHÉTORIQUE
**4.** S'agit-il ici d'un pastiche ou d'une parodie ? Justifiez.

*Balzac, originaire de Touraine, a écrit dans sa jeunesse des* Contes drolatiques *dans lesquels il joue avec le langage, invente des mots, imite le style des auteurs anciens et laisse libre cours à sa fantaisie. Rabelais* → p. 129 *est ici à l'honneur.*

Cecy est ung livre de haulte digestion[1], plein de deduicts[2] de grant goust, espicez[3] pour ces goutteux trez illustres et beuveurs trez prétieux[4] auxquels s'adressoyt nostre digne compatriote, éternel honneur de Touraine, François Rabelays. Non que l'autheur ayt l'oultrecuydance[5] de vouloir estre aultre chose que bon Tourangeau, et entretenir en ioye les amples lippées[6] des gens fameux de ce mignon et plantureux pays, aussy fertile en cocquz, cocquardz et raillards[7] que pas ung, et qui ha fourni sa grant part des hommes de renom à la France avecques feu Courier[8], de picquante mémoire ; Verville, autheur du *Moyen de parvenir*[9], et aultres bien cogneuz, desquels nous trions le sieur Descartes[10], pour ce que ce feut ung génie mélancholicque, et qui ha plus célébré les songeries creuzes que le vin et la friandise, homme duquel tous les pastissiers et rostisseurs de Tours ont une saige horreur, le mescognoissent, n'en veulent point entendre parler, et disent : – Où demeure-t-il ? si on le leur nomme.

Honoré de BALZAC, *Contes drolatiques*, prologue (extrait, 1832).

1. Léger, qui se digère facilement.
2. Plaisirs.
3. Épicés.
4. Buveurs très précieux.
5. La prétention.
6. Rendre joyeux les banquets.
7. Cocus, débauchés et moqueurs.
8. Paul-Louis Courier de Méré (1772-1825), auteur de pamphlets, qui mourut assassiné.
9. Béroalde de Verville (1556-1626) a écrit cet ouvrage pour lutter contre la mélancolie.
10. Philosophe (1596-1650), auteur du *Discours de la méthode*.

## Appliquer

### 2 Imitation et parodie

**1.** Les sentiments qui animent Don Diègue et Chapelain dans ces deux tirades sont-ils traités sur le même registre ? pour quelle raison ? Justifiez à l'aide de citations précises.
**2.** Quels éléments permettent de reconnaître le texte de Corneille dans la parodie de Boileau ?
**3.** Quels termes employés par Boileau ne pourraient figurer dans le texte de Corneille ? Justifiez.
**4.** Observez l'emploi de la ponctuation dans les deux textes : l'effet est-il le même ?
→ p. 375 : LA SYNTAXE ET LES VALEURS DES TEMPS
**5.** Dans quelle mesure le texte de Boileau est-il satirique ? Expliquez.

#### Texte A

*Après avoir été giflé par don Gormas, le père de Chimène, don Diègue demande à son fils Rodrigue, fiancé de la jeune fille, de venger cette humiliation.*

DON DIÈGUE
Ô rage ! ô désespoir ! ô vieillesse ennemie !
N'ai-je donc tant vécu que pour cette infamie[1] ?
Et ne suis-je blanchi[2] dans les travaux guerriers
Que pour voir en un jour flétrir tant de lauriers[3] ?
Mon bras, qu'avec respect toute l'Espagne admire,
Mon bras, qui tant de fois a sauvé cet empire,
Tant de fois affermi le trône de son roi,
Trahit donc ma querelle, et ne fait rien pour moi ?
Ô cruel souvenir de ma gloire passée !
Œuvre de tant de jours en un jour effacée !
Nouvelle dignité, fatale à mon bonheur !
Précipice élevé d'où tombe mon honneur !
Faut-il de votre éclat voir triompher le comte,
Et mourir sans vengeance, ou vivre dans la honte ?
Comte, sois de mon prince à présent gouverneur :
Ce haut rang n'admet point un homme sans honneur ;
Et ton jaloux orgueil, par cet affront insigne[4],
Malgré le choix du roi, m'en a su rendre indigne.
Et toi, de mes exploits glorieux instrument,
Mais d'un corps tout de glace inutile ornement,
Fer[5], jadis tant à craindre et qui, dans cette offense,
M'as servi de parade, et non pas de défense,
Va, quitte désormais le dernier des humains,
Passe, pour me venger, en de meilleures mains.

Pierre CORNEILLE, *Le Cid*, acte I, scène 4, vers 237-260 (1637).

1. Ce déshonneur.
2. N'ai-je vieilli ?
3. Titres de gloire, de victoire.
4. Visible, éclatant.
5. Épée, désignée par son tranchant (synecdoque).

### Texte B

*Avant d'être le théoricien du classicisme, Nicolas Boileau écrit des satires. Dans cette parodie du Cid, il s'en prend à Jean Chapelain (1595-1674), poète et critique littéraire, chargé par Colbert de désigner les auteurs pensionnés par le roi. Dans la scène précédente, La Serre[1] traite Chapelain de vieux courtisan, puis lui arrache sa perruque. Chapelain se lance alors dans un monologue.*

CHAPELAIN, *seul.*
Ô rage ! ô désespoir ! ô perruque ma mie[2] !
N'as-tu donc tant vécu que pour cette infamie ?
N'as-tu trompé l'espoir de tant de perruquiers,
Que pour voir en un jour flétrir tant de lauriers ?
Nouvelle pension fatale à ma calotte[3] !
Précipice élevé qui te jette en la crotte !
Cruel ressouvenir de tes honneurs passés,
Services de vingt ans en un jour effacés !
Faut-il de ton vieux poil voir triompher La Serre,
Et te mettre crottée, ou te laisser à terre ?
La Serre, sois d'un roi maintenant régalé[4] :
Ce haut rang n'admet pas un poète pelé[5] ;
Et ton jaloux orgueil, par cet affront insigne,
Malgré le choix du roi, m'en a su rendre indigne.
Et toi, de mes travaux glorieux instrument,
Mais d'un esprit de glace inutile ornement,
Plume jadis vantée, et qui, dans cette offense,
M'as servi de parade et non pas de défense,
Va, quitte désormais le dernier des humains,
Passe pour me venger en de meilleures mains.

Nicolas BOILEAU, *Chapelain décoiffé*, scène II (extrait, 1665).

1. Jean Puget de La Serre (1595-1665), écrivain et dramaturge. 2. Mon amie. 3. Petit bonnet. 4. Choyé, protégé. 5. Tondu, donc ridicule.

# Écrire

## 3 Exercices de style

**1.** Expliquez pourquoi les textes A et B sont liés et opposés tout à la fois.
**2.** Comment le titre de cet ouvrage de Raymond Queneau, *Exercices de style*, se justifie-t-il ?
**3. a.** Repérez les figures de rhétorique du texte B.
**b.** En quoi modifient-elles le regard du narrateur sur la scène rapportée ?
→ p. 384 : LES FIGURES DE RHÉTORIQUE
**4.** Reconstituez les couples d'antonymes en mettant en relation les textes A et C.
**5.** Diriez-vous qu'il s'agit ici de pastiches ou de parodies ? Justifiez.
**6.** **Écriture d'invention.** Réécrivez le texte A en employant cette fois des synonymes.
→ p. 538 : INVENTER ET TRANSPOSER

### Texte A : Récit

Un jour vers midi du côté du parc Monceau[1], sur la plate-forme arrière d'un autobus à peu près complet de la ligne S (aujourd'hui 84), j'aperçus un personnage au cou fort long qui portait un feutre[2] mou entouré d'un galon tressé au lieu de ruban. Cet individu interpella tout à coup son voisin en prétendant que celui-ci faisait exprès de lui marcher sur les pieds chaque fois qu'il montait ou descendait des voyageurs. Il abandonna d'ailleurs rapidement la discussion pour se jeter sur une place devenue libre.

Deux heures plus tard, je le revis devant la gare Saint-Lazare en grande conversation avec un ami qui lui conseillait de diminuer l'échancrure de son pardessus en en faisant remonter le bouton supérieur par quelque tailleur compétent.

1. Parc du 8e arrondissement parisien. 2. Chapeau de feutre.

### Texte B : Alexandrins

Un jour, dans l'autobus qui porte la lettre S,
Je vis un foutriquet[1] de je ne sais quelle es-
Pèce qui râlait bien qu'autour de son turban
Il y eût de la tresse en place de ruban.
Il râlait ce jeune homme à l'allure insipide[2],
Au col démesuré, à l'haleine putride[3],
Parce qu'un citoyen qui paraissait majeur
Le heurtait, disait-il, si quelque voyageur
Se hissait haletant et poursuivi par l'heure
Espérant déjeuner en sa chaste demeure.
Il n'y eut point d'esclandre[4] et le triste quidam[5]
Courut vers une place et s'assit sottement.
Comme je retournais direction rive gauche
De nouveau j'aperçus ce personnage moche
Accompagné d'un zèbre, imbécile dandy[6],
Qui disait : « Ce bouton faut pas le mettre icy. »

1. Idiot. 2. Banale. 3. Infecte. 4. De dispute. 5. Individu. 6. Élégant.

### Texte C : Antonymique

Minuit. Il pleut. Les autobus passent presque vides. Sur le capot d'un AI[1] du côté de la Bastille, un vieillard qui a la tête rentrée dans les épaules et ne porte pas de chapeau remercie une dame placée très loin de lui parce qu'elle lui caresse les mains. Puis il va se mettre debout sur les genoux d'un monsieur qui occupe toujours sa place.

Deux heures plus tôt, derrière la gare de Lyon, ce vieillard se bouchait les oreilles pour ne pas entendre un clochard qui se refusait à dire qu'il lui fallait descendre d'un cran le bouton inférieur de son caleçon.

1. Ligne de bus AI, de Saint-Lazare à Saint-Michel.

Raymond QUENEAU, *Exercices de style* (extraits, 1947), © Gallimard.

CHAPITRE 8

# L'analyse de l'image

461 **Fiche 1**
L'image fixe

467 **Fiche 2**
L'image mobile

René Magritte (1898-1967), *Objet peint : œil* (vers 1936), huile sur bois, 25 x 25 x 6 cm (Chicago, The Art Institute).

Composante majeure de notre patrimoine culturel, l'image s'affiche partout, s'impose dans la presse, dans les livres et triomphe grâce aux divers écrans. L'étudier et en maîtriser les codes permet de développer notre esprit critique et notre sensibilité.

– L'**image fixe** : les techniques pour produire des images et les supports utilisés ont beaucoup évolué : la peinture sur bois ou sur toile cohabite aujourd'hui avec la création d'images virtuelles par ordinateur. Cependant, les **règles de cadrage**, **de composition** et le **travail sur les couleurs** restent identiques à ceux d'autrefois et répondent aux mêmes enjeux qu'il s'agit de savoir cerner.

– L'**image mobile** : le cinéma, la télévision et Internet sont les médias qui véhiculent l'image mobile. Ce flux d'images permanent est à la fois complexe et fascinant. Afin d'en saisir toutes les subtilités et de ne pas se laisser manipuler, le sens critique impose de s'interroger sur la **source**, la **fabrication** et l'**objectif** de ces images.

# Fiche 1 L'image fixe

Fernand Léger (1881-1955), *La Couseuse* (1909), huile sur toile, 73 x 54 cm (Paris, Musée national d'Art moderne – Centre Georges-Pompidou).

**QUESTIONS**

**1.** Le corps du personnage est-il entièrement représenté ? Sur quoi le peintre attire-t-il notre attention ?
**2.** Quel décalage existe-t-il entre le sujet et la façon de le représenter ? Quel est l'effet produit ?

## L'essentiel

- Resituer l'image dans son contexte historique, économique et culturel permet de mieux la comprendre et l'interpréter. Il existe différents types d'images fixes, mais elles obéissent toutes à des règles de composition et revêtent toutes une visée spécifique, visée qui recoupe les principales fonctions du langage.
→ p. 371 : COMMUNICATION, ÉNONCIATION ET MODALISATION

### Les types d'image fixe

#### Le tableau

- Les **supports** et les **techniques** sont variés : pierre, tissu, bois, papier ; peinture à l'eau, à l'huile. Il faut prendre en considération ces éléments techniques ainsi que le **format** du tableau qui peut aller de la miniature à la fresque murale. Ces informations sont généralement données dans le paratexte qui accompagne l'œuvre.
- Il existe différents **genres picturaux** (genres de peinture). Du XVIIe au XIXe siècle, la peinture était régie par une hiérarchie des genres établie par l'**Académie royale de peinture et de sculpture**. Étaient considérés du plus noble au moins noble :
– la **peinture d'histoire**, représentant des scènes mythologiques, bibliques ou de l'histoire contemporaine (Jacques-Louis David, *Le Serment des Horaces*, 1784 → p. 236) ;
– le **portrait** (Bronzino, *Ugolino Martelli*, 1535-1538 → p. 288) ;

– le **paysage** (Eugène Fromentin, *Halte de cavaliers arabes dans la forêt*, 1868 → p. 119) ;

– la **scène de genre**, représentant une scène de la vie quotidienne contemporaine du peintre (William Hogarth, *Le Contrat de mariage*, 1743 → p. 225) ;

– enfin, la **nature morte** représentant des éléments inanimés : objets, végétaux, animaux morts… (Andy Warhol, *Vanité*, 1976 → p. 143).

Les mouvements avant-gardistes du XIXe siècle (le réalisme et l'impressionnisme) puis l'apparition de l'art abstrait au XXe siècle ont fait disparaître ces distinctions de genre.

### Le dessin

- Dessin à la **craie**, au **fusain** ou à l'**encre de chine** : le choix de la technique influe sur l'esthétique finale. Les genres sont nombreux : **esquisse préparatoire** d'un tableau (Eugène Delacroix, dessin pour *Les Femmes d'Alger* → p. 124), caricature ou encore dessin humoristique publié dans la presse.

### La photographie

- Elle est apparue au XIXe siècle. On distingue les photographies d'art, de mode, de publicité ou de presse.
- Les photographies **prises sur le vif** (Lee Friedlander, photographie de la série *Cars in America*, 2006 → p. 46), pour capter le réel, s'opposent aux **mises en scène** très travaillées. La photographie permet un travail de retouche au moment du développement et du tirage. Elle a toujours aussi usé des trucages et collages pour proposer des **photomontages** qui ajoutent, enlèvent ou déforment des éléments du cliché initial.
- Le passage au numérique facilite cette technique. Se développent aujourd'hui les **images de synthèse** uniquement créées par ordinateur.

Remarque : la distinction entre ces types d'image est parfois difficile à établir, la peinture et la photographie s'influençant mutuellement. La **photographie pictorialiste** a repris les codes et l'esthétique des peintres impressionnistes ; à l'inverse, certains peintres, comme les **hyperréalistes**, ont cherché à rivaliser avec la précision et le réalisme de la photographie.

## Les composantes de l'image fixe

### La composition

- Les éléments qui composent une image sont organisés de manière significative. On peut percevoir des **organisations pyramidales**, la dominante de **lignes verticales** ou **horizontales**. On distingue des **lignes** et **points de force**. Dans le cadre de l'image, les **points d'intersection** de ces lignes correspondent aux emplacements qui attirent naturellement le regard du spectateur.

### La représentation de l'espace

- Une image comporte plusieurs plans, au moins un **premier plan** (pour ce qui est proche) et un **arrière-plan** (pour ce qui est plus éloigné). Cela permet souvent de mettre en place un décor, un paysage. L'utilisation de la **perspective**, inventée à la Renaissance, donne aussi l'illusion de l'espace et de la **profondeur** grâce à des lignes de fuite qui aboutissent à un point de fuite ; les objets les plus petits sont alors considérés comme les plus éloignés (Léonard de Vinci, *La Cène*, 1495-1498 → p. 295).

### Le cadrage

- Le choix d'une **échelle** et d'un **angle de vue** révèle le point de vue de celui qui crée l'image.
- Les échelles se définissent avec, comme unité de mesure, la taille d'un homme et la place qu'il occupe dans l'espace représenté :

  – le **gros plan** permet de mettre en évidence un détail (Ex. : un visage) ;

  – le **plan rapproché** inclut le buste d'un personnage (c'est le plan le plus utilisé dans les portraits) ;

  – le **plan moyen** présente un homme vu en pied (Ex. : pour le portrait officiel d'un roi, d'un président…) ;

– le **plan d'ensemble** situe un ou plusieurs hommes dans un décor ;
– le **plan général** inscrit un homme qui paraît perdu, voire absent, dans un vaste paysage.

- L'angle de vue peut être :
  – **frontal** (face au sujet représenté) ;
  – en **plongée** (vue surplombant le sujet représenté) ;
  – en **contre-plongée** (en dessous du sujet représenté).

### Les couleurs et la lumière

- On distingue les **couleurs primaires** (rouge, jaune, bleu) des **couleurs secondaires** (orange, vert, violet) obtenues par le mélange de couleurs primaires, et des couples de **couleurs complémentaires** (bleu/orange, rouge/vert, jaune/violet). Les **couleurs chaudes** (jaune, orangé, rouge) contrastent avec les **couleurs froides** (vert, bleu, violet). L'harmonie des couleurs peut créer des effets de **dégradés**, des associations de couleurs complémentaires ou au contraire des juxtapositions brutales de couleurs.
- Il faut repérer les **sources de lumière** pour percevoir les **zones claires** et les **zones sombres** qui guident l'œil vers des détails significatifs. En peinture, les artistes peuvent mettre en place des effets de **clair-obscur** (jeu d'ombre et de lumière) ; les photographes peuvent **surexposer** un sujet (sujet trop éclairé) ou au contraire le **sous-exposer**.

### Le graphisme et la netteté

- Il faut aussi observer la **finesse** et la **précision du graphisme** : l'artiste utilise-t-il des **traits fins** ou **épais**, des **lignes géométriques**, des points ou juste des **touches de couleurs** ?
- En peinture, comme en photographie, les artistes cherchent parfois à **estomper** les contours des sujets représentés. Dans une image photographique, il faut s'interroger sur les choix de l'opérateur, qui montre une partie du réel de façon plus ou moins nette.

## L'interprétation de l'image fixe

- L'ensemble des éléments observés doit permettre de mettre en évidence la signification et le message de l'image.

### Les connotations

- Les couleurs et les lignes peuvent suggérer des **impressions**. Le rouge peut connoter la violence mais aussi la vie ; le bleu et le blanc sont des couleurs souvent associées à la Vierge Marie. Un tableau parcouru par un ensemble de lignes verticales produira une impression de stabilité et de solidité.

→ p. 381 : DÉNOTATION ET CONNOTATION

### Le lien image/texte

- Un **message** peut accompagner l'image : une **légende** pour une illustration, un **slogan** dans une affiche publicitaire, une **bulle** dans un dessin humoristique. Ce texte est susceptible d'engendrer un décalage avec l'image.

### Les références culturelles

- Une image fait la plupart du temps référence à un texte littéraire, un mythe ou à une représentation iconographique plus ancienne. Comme un texte, elle peut être considérée comme une réécriture.

→ p. 454 : LES RÉÉCRITURES

Ex. : Bacon reprend à Ingres et à bien d'autres peintres l'épisode de la rencontre d'Œdipe avec le Sphinx → p. 339.

### La fonction de l'image

- Elle dépend des intentions de l'émetteur, de l'époque, et donc du mouvement auquel appartient l'image. Elle a une dimension symbolique souvent associée à une **visée** précise : s'agit-il avant tout d'émouvoir, de raconter, d'informer ou d'argumenter ?

# Exercices d'application

## Mettre au point

### 1 Une image publicitaire

**1.** À quel texte cette image fait-elle référence ? Quels en sont les indices ?
**2.** Quelles sont les lignes de force de l'image ? Quelle place les personnages occupent-ils dans cette composition ?
**3. a.** Quelles couleurs sont utilisées ? Que connotent-elles ?
**b.** Quel lien est établi entre l'enfant et la revue *L'Express* ?
**4.** Quelle est la visée de cette photographie ?
**5.** Expliquez l'argumentaire de cette image et le lien entre l'image et le slogan.
→ p. 418 : LE CIRCUIT ARGUMENTATIF
**6.** Trouvez-vous cette publicité efficace ? Justifiez.

Publicité pour *L'Express* (agence Bambuck, 2006).

## Appliquer

### 2 La photographie

**1.** Quelle est la place de chacun dans le bus ? Dans quelle mesure est-elle significative ?
**2. a.** Quel est l'angle de vue choisi ? Quel est l'effet produit ?
**b.** De quel genre pictural cette photographie se rapproche-t-elle ?
**3.** Dans quelle direction les personnages regardent-ils ? pourquoi ?
**4.** S'agit-il d'une photographie de presse ou d'une photographie d'art ? Justifiez.
**5. Recherche**
**a.** Quelle est la situation sociale dans les États du Sud américain en 1955 ?
**b.** Dans quelle mesure cette image est-elle une métaphore de la société américaine de l'époque ?
→ p. 384 : LES FIGURES DE RHÉTORIQUE

Robert Frank (né en 1924), *Trolley à la Nouvelle-Orléans*, de la série *Les Américains* (1955), tirage à la gélatine d'argent.

## 3 La peinture d'histoire

Jacopo Robusti dit Le Tintoret (1518-1594), *Suzanne et les deux vieillards* (1557), huile sur toile, 147 x 194 cm (Vienne, Kunsthistorisches Museum).

**1.** Combien de personnages distinguez-vous ? Quelle intrigue les réunit ?

**2. a.** Quel est le personnage central ? Quels effets de lumière le mettent en valeur ?

**b.** Quels sont les accessoires associés à ce personnage ? Que nous révèlent-ils ?

**3.** Étudiez la connotation des couleurs associées aux personnages.

→ p. 381 : DÉNOTATION ET CONNOTATION

**4.** Quel rôle la perspective joue-t-elle dans la composition ?

**5. Recherche**

**a.** Identifiez l'épisode biblique ici représenté. Quelle en est la portée morale ?

**b.** Quel moment le peintre a-t-il choisi de représenter ?

**c.** Comment le peintre conserve-t-il une certaine bienséance malgré l'emploi du nu ?

**d.** Cherchez d'autres représentations de cette histoire et comparez-les avec celle du Tintoret.

## 4 Un dessin humoristique

**1.** Quels sont l'échelle et l'angle de vue choisis par le dessinateur ? pourquoi ?

**2. a.** Où la femme est-elle placée dans la composition ? Commentez.

**b.** Le discours prononcé est-il en phase avec cette situation ?

**3. a.** Comment les hommes sont-ils représentés ?

**b.** Leur costume et le décor correspondent-ils à la notion d'avenir ?

**4.** Quelle est la visée du dessinateur ?

**5. Recherche.** Quelle est l'origine de la citation *La femme est l'avenir de l'homme* ?

Dessin de Plantu paru dans *L'Express* du 11 mars 1999.

## 5 Une affiche

**1. a.** Combien de plans distinguez-vous dans cette image ?
**b.** Quel personnage contribuent-ils à mettre en valeur ? Expliquez.
**2.** Quelles remarques pouvez-vous faire sur le degré de précision du dessin ?
**3.** Étudiez les effets de contraste dans l'utilisation des couleurs.
**4.** Quel est l'effet produit par les lignes du parquet ?
**5. a.** La typographie et les couleurs du message sont-elles en accord avec le sujet de l'affiche ?
**b.** Quelle est la visée de cette image ?
**6. Recherche.** Faites une recherche sur le Moulin Rouge et la Goulue et expliquez dans quel cadre cette affiche a été diffusée.

Henri de Toulouse-Lautrec (1864-1901), *Moulin Rouge : La Goulue* (1891), chromolithographie, 190 x 116 cm (New York, The Metropolitan Museum of Art).

# Écrire

## 6 Photographie et peinture

**1.** Quelle place les personnages occupent-ils dans la composition ?
**2.** Quel est le véritable sujet de cette photographie ? Expliquez.
**3.** Quel est l'angle de vue choisi ? Quel effet produit-il ?
**4.** Comment le mouvement est-il rendu dans ce cliché ?
**5. Recherche**
**a.** Quelles sont les caractéristiques de la peinture impressionniste ? En quoi a-t-elle pu influencer ce photographe ?
**b.** Donnez le titre de toiles impressionnistes qui pourraient être rapprochées de ce cliché.
**6. Rédaction argumentée.** Rédigez une analyse comparée de la photographie de Heinrich Kühn et du tableau de Claude Monet qui l'a inspirée en présentant les deux œuvres en introduction. Menez l'analyse sur au moins trois points, chacun développé dans un paragraphe, et en établissant un bilan rapide en conclusion.
→ p. 513 : RÉDIGER DES PARAGRAPHES DE SYNTHÈSE

Heinrich Kühn (1866-1944), *Mary Warner et Edeltrude sur la crête de la colline* (vers 1908), autochrome, 24 x 18 cm (New York, The Metropolitan Museum of Art).

# Fiche 2 L'image mobile

Photogramme de *Playtime*, film de Jacques Tati (1967), avec Jacques Tati.

**QUESTIONS**

**1.** Quel est l'angle de vue choisi ? Quel lien établit-on avec le personnage représenté au premier plan ?
**2.** Dans quelle mesure le titre *Playtime* et l'accoutrement du personnage au premier plan peuvent-ils donner des indices sur le genre cinématographique de ce film ?

## L'essentiel

● Le cinéma, mot issu du grec *kiné* (« mouvement »), est l'art de l'image mobile. Diffusé en France par les frères Lumière en 1895, il montre le réel en images animées grâce à une caméra dont la pellicule capte vingt-quatre images à la seconde.

### Les caractéristiques de l'écriture cinématographique

#### Un vocabulaire technique spécifique

● Le cinéma raconte une histoire en une succession d'images mobiles appelées **plans** (ce qui est filmé entre le moment où l'on allume la caméra et où on l'éteint) et regroupées dans une **séquence** (unité thématique). Un plan peut être très long, plusieurs lieux peuvent s'y succéder grâce à des mouvements de caméra, on parle alors de **plan-séquence**.

**Remarque** : il ne faut pas confondre les utilisations du mot *plan*. Ce terme désigne aussi bien l'unité de base du film que l'organisation de l'image avec la distinction d'un premier plan et d'un arrière-plan.

● Le **champ** désigne l'espace cadré. Il évolue en fonction des mouvements de la caméra. Le **hors-champ** désigne ce qui n'est pas visible à l'écran mais dont l'existence est suggérée par le regard ou le comportement des personnages (les personnages peuvent réagir à des bruits ou des paroles que le spectateur entend, mais dont il ne voit pas la source à l'écran). La perspective est appelée **profondeur de champ** ; elle invite souvent à se projeter dans l'action à venir.

● Une photographie extraite d'un film est appelée **photogramme**.

- Le récit cinématographique joue sur les **effets de temporalité**, comme dans un roman. On peut déconstruire le récit par des effets de **flash-back** (retour en arrière), de **flash-forward** (projection dans l'avenir) et condenser le temps du récit grâce à des **ellipses** (inutiles à la compréhension de l'intrigue ou volontairement masquées pour créer du suspense).
→ p. 429 : LA STRUCTURE DU RÉCIT

### Les étapes préparatoires d'un film

- Réaliser un film suppose un long travail de réflexion et d'écriture sur lequel s'appuieront le tournage et le montage.
- Le **synopsis** est le résumé de l'intrigue du film.
- La **note d'intention** est destinée au producteur. Elle explique les enjeux du film, les intentions esthétiques, le registre et donne des indications sur le jeu des acteurs.
- Le **scénario** est le récit développé et dialogué.
- Le **découpage technique** divise le récit sous forme de plans dont on détermine à l'avance les caractéristiques :
  – la **durée de chaque plan** ;
  – l'**échelle** et l'**angle de vue**. Si l'on adopte le point de vue d'un personnage (la caméra se confond avec l'œil d'un personnage), on parle de **caméra subjective** ;
  → p. 461 : L'IMAGE FIXE
  – les **mouvements de caméra**. Dans un même plan, la caméra peut opérer des mouvements pour suivre l'action par un **travelling** arrière, avant ou latéral. La caméra est placée sur l'épaule (caméra portée), sur des rails ou sur un véhicule. Dans un **panoramique**, la caméra est posée sur un pied mais pivote sur son axe. Le **zoom** s'obtient par des réglages techniques qui ne font pas bouger la caméra et qui permettent de se rapprocher (zoom avant) ou de s'éloigner (zoom arrière) du sujet filmé ;
  – l'action, qui se déroule dans le **champ** (déplacements, gestes des personnages) ;
  – les **raccords**, qui constituent les liens entre les plans, ceux-ci étant rarement filmés dans l'ordre chronologique. Il existe des **raccords regards** (un plan montre un personnage cherchant une direction et, dans le plan suivant, on découvre ce qu'il regarde), des **raccords gestes** (une main ouvre une porte et le plan suivant montre la pièce avec le personnage qui ferme la porte), des **raccords sonores** (on continue à entendre la voix d'un personnage filmé dans le plan précédent) ;
  – la **bande-son** avec les paroles et les bruits correspondant au plan. Leur origine peut être **hors champ**. La musique est ***in*** si sa source fait partie de l'histoire (la musique d'un concert auquel assistent des personnages), mais ***off*** si elle est intégrée au montage. La **voix off**, fréquente dans le documentaire, est une voix ajoutée au montage, qui raconte ou commente ;
  – le **story-board** est la version dessinée plan par plan du découpage technique pour se rendre compte des différents points de vue.

## La réalisation technique du film

### Le tournage

- L'**organisation** : le film n'est pas tourné en suivant l'ordre des plans, mais en fonction d'une organisation pratique. On filme à la suite tous les plans se déroulant dans le même lieu. Le cinéma permet de faire **plusieurs prises** de vue et le montage conserve la meilleure version.
- Le **décor** : le film est tourné en **décor naturel**, c'est-à-dire dans des lieux intérieurs et extérieurs déjà existants, ou dans des **studios** qui créent de toutes pièces les décors.
- Les **techniciens** : **décorateurs** et **costumiers** contribuent à la mise en place d'une atmosphère. Le tournage exige la présence d'équipes pour le **son** et l'**éclairage**. Le **chef-opérateur** règle les éclairages et propose les prises de vue au réalisateur.
- Le **jeu des acteurs** : la direction d'acteurs relève de la compétence du réalisateur.

## Le montage

- Le montage agence les plans du film tournés dans le « désordre » afin de proposer une **cohérence narrative**, un rythme et une **impression esthétique**.
- En fonction de la durée, du nombre et de l'enchaînement des plans, on adopte un rythme : l'esthétique des clips vidéo est fondée par exemple sur un **montage saccadé**, avec des plans très rapides, juxtaposés, sans effets de transition.
- On travaille les **transitions** : **fondu au blanc** (on passe d'un plan à l'autre avec une lumière blanche qui envahit progressivement le plan jusqu'à ce qu'apparaisse le plan suivant), **fondu au noir** (le plan s'assombrit jusqu'à devenir totalement noir, puis le plan suivant apparaît), **fondu enchaîné** (deux plans se superposent : le plan disparaît progressivement alors qu'apparaît le plan suivant). Ces effets font percevoir la temporalité tout en reliant les actions.
- Le **montage numérique** (par ordinateur) permet les trucages et effets spéciaux : un ***split screen*** (écran divisé en cases) ou une **surimpression** (deux plans se superposent pendant un temps qui dépasse celui d'une simple transition) montrent simultanément plusieurs actions.
- Le **montage en parallèle** suit deux actions bien distinctes qui se déroulent au même moment ou qui ont un lien thématique. On fait se succéder un plan de chaque action. On peut choisir le **montage alterné** : chaque plan propose un point de vue différent sur l'action en cours ; c'est le cas pour les séquences de dialogue (**champ/contre-champ**) ou de course-poursuite. Dans ce dernier cas, on alterne souvent le point de vue des poursuivants et celui des poursuivis jusqu'au plan d'ensemble final qui fait se rejoindre les deux actions.

Le réalisateur François Ozon sur le tournage du film *Potiche* (2010).

# Exercices d'application

## Mettre au point

### 1 La notion de champ

**1.** Pourquoi le personnage au premier plan n'est-il pas cadré au milieu ?
**2.** Quel est l'effet produit par la profondeur de champ ?
**3. a.** Décrivez l'expression et la position du personnage.
**b.** Comment la présence du hors-champ est-elle perceptible ? Quelle hypothèse pouvez-vous faire à son sujet ?
**4.** Étant donné le regard du personnage et le décor qui se découpe derrière lui, imaginez le plan suivant.
**5. Recherche.** Prenez en notes le scénario de ce film de Jean-Pierre Melville. Montrez en quoi ce photogramme est représentatif du registre de cette œuvre.

Photogramme de *L'Armée des ombres*, film de Jean-Pierre Melville (1969), avec Lino Ventura.

### 2 Les mouvements de caméra

**1. a.** Quelle est l'échelle de ce plan ?
**b.** Décrivez le premier plan et l'arrière-plan.
**2. a.** Quel est l'angle de vue choisi ? Quel est l'effet produit ?
**b.** Imaginez les autres angles de vue possibles en expliquant l'effet produit sur le spectateur.
**3. a.** Quel mouvement de caméra a été utilisé pour filmer ce plan ? Quel est son intérêt ?
**b.** Quelle autre solution aurait-on pu envisager pour filmer cette scène ?
**4.** Dans quelle mesure ce photogramme illustre-t-il le titre du film, *La Mort aux trousses* ?

Photogramme de *La Mort aux trousses*, film d'Alfred Hitchcock (1959), avec Cary Grant.

# Appliquer

## 3 L'enchaînement des plans

**1.** Identifiez et commentez les angles de vue utilisés dans ces cinq plans.
**2. a.** Quelle est la transition employée entre les plans 1 et 2 et entre les plans 4 et 5 ? Quel est l'effet produit ?
**b.** Quelle hypothèse peut-on faire sur la classe sociale des personnages sortant du métro ?
**3.** Pourquoi les deux premiers plans sont-ils consacrés à des moutons ? Quelle est la visée du réalisateur ?
**4.** Commentez le dernier plan proposé (échelle, élément filmé…). En quoi illustre-t-il le titre du film, *Les Temps modernes* ?
**5. Recherche.** Prenez en notes le synopsis de ce film. Dans quelle mesure l'ensemble de l'intrigue confirme-t-il la thèse que l'on peut deviner dans cet enchaînement de plans ?
→ p. 418 : LE CIRCUIT ARGUMENTATIF

Photogrammes des *Temps Modernes*, film de Charlie Chaplin (1936), avec Charlie Chaplin.

## 4 Les échelles de plans et les points de vue

**1.** Identifiez les différentes échelles utilisées pour filmer ces plans. Que constatez-vous ?

**2.** Quel contraste cet enchaînement de plans permet-il de mettre en évidence ?

**3.** Quels sont les points de vue adoptés dans les trois plans ? Expliquez-les.

**4.** Analysez précisément le dernier plan. Quel est le rôle de la barrière cadrée au premier plan ?

**5.** En vous inspirant du lieu évoqué et de l'attitude du personnage, imaginez et décrivez les trois plans qui vont suivre (échelle, angle de vue, action, parole, musique…).

**6. Recherche.** Dans quel genre cinématographique John Ford s'est-il illustré ? Donnez le titre de ses principaux longs métrages.

Photogrammes de *La Prisonnière du désert*, film de John Ford (1956), avec John Wayne et Vera Miles.

## 5 Le documentaire

**1.** Qu'apercevez-vous précisément dans ce photogramme ? Avec quoi auriez-vous pu confondre les éléments dispersés ?
**2.** Où la caméra est-elle placée par rapport aux éléments filmés ?
**3.** De quelle manière la lumière est-elle utilisée ? Indiquez sa source et les effets obtenus.
**4.** Dans quelle atmosphère cette image nous plonge-t-elle ? Étant donné le titre du film, quelle thèse le réalisateur défend-il vraisemblablement dans son documentaire ?
→ p. 418 : LE CIRCUIT ARGUMENTATIF
**5. Recherche.** Dans quel type de documentaire l'Autriche se distingue-t-elle aujourd'hui ? Donnez le nom de cinéastes primés lors de festivals de cinéma.

Photogramme de *We feed the world - Le Marché de la faim*, documentaire d'Erwin Wagenhofer (2007).

# Écrire

## 6 L'adaptation cinématographique

**1.** Identifiez et justifiez l'échelle utilisée.
**2. a.** Quel est le procédé technique utilisé dans ce plan ?
**b.** Quel type d'intrigue et d'ambiance contribue-t-il à mettre en place ?
**3.** Faites des hypothèses sur la bande-son qui accompagne ce plan.
**4. Recherche**
**a.** *La Belle Personne* est une adaptation du roman de Mme de La Fayette, *La Princesse de Clèves*. Lisez ce roman ou cherchez-en un résumé ; à quel épisode du récit → p. 176 ce photogramme correspond-il ?
**b.** Observez le décor et les vêtements du personnage. Quelle modification constatez-vous par rapport au roman ? Expliquez ce choix du metteur en scène.
**5. Écriture d'invention.** Écrivez une page de scénario avec des indications techniques pour mettre en scène l'extrait de *La Princesse de Clèves* → p. 172. Cette proposition sera accompagnée d'une note d'intention d'une quinzaine de lignes dans laquelle vous justifierez vos principaux choix de mise en scène et l'impression que vous voulez produire.
→ p. 544 : INVENTER ET ARGUMENTER

Photogramme de *La Belle personne*, film de Christophe Honoré (2008), avec Léa Seydoux.

"vendredi" 1

# Méthodes

PARTIE III

Auguste HERBIN (1882-1960), *Vendredi 1* (1951), huile sur toile, 96 x 129 cm
(Paris, Musée national d'Art moderne – Centre Georges-Pompidou).

CHAPITRE 1

# S'organiser dans l'année

Félix Vallotton (1865-1925), *Le Bibliophile dans sa bibliothèque avec une lampe* (1910), gravure sur bois (collection privée).

478 **Fiche 1**
Faire des recherches et lire efficacement

480 **Fiche 2**
Se cultiver en histoire des arts

482 **Fiche 3**
S'organiser en vue des TPE

**OBJECTIF** **Apprendre à travailler en autonomie pour enrichir sa culture personnelle.**

## Définition

Tout au long de l'année, les séquences de français prennent appui sur des études de textes en extraits ou en œuvres intégrales. Ces analyses sont l'occasion de développer ses connaissances, grâce à des **recherches** et des **lectures complémentaires** validées dans le descriptif de l'EAF orale.

Parallèlement, tout lycéen développe **sa culture personnelle** en participant à des travaux guidés mais réalisés en autonomie.

## Méthode et finalités

Toute **lecture cursive** a intérêt à être prise en notes : ses données nourriront aussi bien l'entretien à l'oral que la réflexion en dissertation.

La connaissance de l'**histoire des arts** joue également un rôle fondamental. Un tableau ou une séquence cinématographique étudiés en cours, un film projeté à la suite d'une séquence ou une visite de musée programmée par votre professeur peuvent donner lieu à des comptes rendus ou à des exposés qui approfondiront les objets d'étude du programme.

Les **TPE** (travaux personnels encadrés) nécessitent une organisation spécifique. Co-dirigés par deux enseignants de deux matières différentes entre septembre et février, ils valident un dossier personnel qui donnera lieu à une soutenance à la fin de l'hiver.

# Fiche méthode 1 Faire des recherches et lire efficacement

**OBJECTIF :** Consulter méthodiquement des documents complémentaires.

## MÉTHODE

### ÉTAPE 1 Sélectionner les sources

• **Dans le cadre d'un travail de rédaction de type bac** ou d'un exposé, il faut veiller à :
– **ne pas se disperser**. Généralement, l'enseignant donne quinze jours pour traiter un sujet qui valide l'objet d'étude. Ce devoir permet de problématiser l'objet d'étude envisagé ;
– **ne pas se contenter d'utiliser le corpus** du sujet, mais exploiter les lectures analytiques du groupement analysé en classe, et d'autres textes disponibles au CDI.

• **Dans le cadre plus général de l'apprentissage** progressif des objets d'étude, il faut :
– **consulter régulièrement** la base de recherche ou les rayons du CDI, de la médiathèque ;
– prendre le plaisir de passages en **librairie** pour y sélectionner des idées de lecture.

### ÉTAPE 2 Sélectionner les documents

• **Pour une dissertation ou un exposé :** se fier à l'objet d'étude. Par exemple, un sujet sur le personnage de roman impliquera de se plonger dans : les chapitres de **manuels scolaires** ou des **histoires littéraires** ; une définition complète du roman dans une **encyclopédie** ; un **dictionnaire des œuvres** où l'on trouve des résumés et des synthèses.

• **Pour le développement de sa culture :** enrichir toute fin de séquence par des lectures personnelles, dites lectures cursives, souvent guidées par le professeur.

### ÉTAPE 3 Prendre des notes

• **Synthétiser toute lecture** dans une courte fiche qui comporte au minimum :
– les **références** du texte : auteur, titre, genre, date, mouvement littéraire ;
– le **contexte** de rédaction : moment de la vie de l'auteur, événements contemporains ;
– un **résumé** ou les **aspects essentiels** (thèmes, registres...) et des **citations**.

## APPLICATION

**Support :** Séquence 8, La femme dans le roman → p. 171
**Contexte :** Lire un autre roman mettant en avant une héroïne, et le présenter oralement.

### ÉTAPE 1 Sélectionner les sources

• **Le choix est large car la séquence concernée traverse trois siècles d'écriture romanesque.** Même si c'est l'époque moderne (du XIXe siècle à nos jours) qui fournit le plus de personnages romanesques féminins, un élève pourra, en consultant le sommaire de différents manuels ou histoires littéraires au CDI, choisir des titres plus originaux.

## ÉTAPE 2 Sélectionner les documents

• **Le XIXe siècle regorge de personnages féminins :** Eugénie Grandet chez Balzac, Cosette chez Hugo, Gervaise chez Zola, etc. Et le XXe siècle assure la continuité avec les héroïnes de romans de Proust (Albertine), de Mauriac (Thérèse Desqueyroux), etc.

• **Des choix plus originaux pourraient être :**
– D. Diderot, *La Religieuse* (1796, publication posthume) ;
– P. Mérimée, *Colomba* (1840) ;
– Colette, *Gigi* (1943) ;
– à moins d'opter pour des personnages récents d'A. Ernaux ou de C. Laurens.

## ÉTAPE 3 Prendre des notes

• **La finalité étant la présentation d'un exposé**, le principe de la fiche de lecture peut être adopté, mais elle devra être complétée par un **bilan personnel de lecture** (intérêt thématique, apports culturels, sujets de réflexion…)..

# Exercices d'entraînement

## 1 Sélectionner des lectures d'extraits

**1. a. Cherchez la définition de l'adjectif *moderne*.**
**b. Observez la date de première utilisation de ce mot. Quelles époques sont concernées par votre recherche ?**
**2. Afin de varier l'ensemble de textes à proposer, quels auteurs présents dans la séquence allez-vous exclure ?**
**3. Consultez la page d'exercices d'approfondissement** → p. 63**. Quels auteurs cadreraient avec votre sujet ?**
**4. a. Au CDI, consultez le sommaire de différents manuels et de deux histoires littéraires.**
**b. Sélectionnez quelques poèmes.**
**5. Énumérez précisément les quatre textes choisis en précisant pour chacun le nom de l'auteur, le titre du recueil et du poème choisis, la date de publication et le mouvement littéraire représenté.**

Support : Séquence 2, La poésie amoureuse → p. 49

Contexte : À l'occasion d'une dissertation sur le lyrisme dans la poésie moderne, le professeur vous demande de constituer un corpus de quatre textes complémentaires.

## 2 Choisir une œuvre contemporaine

**1. Lisez le texte d'A. Camus** → p. 256 **puis relever les thèmes tragiques dans le questionnaire de lecture analytique.**
**2. Consultez la synthèse de la séquence** → p. 269 **afin d'y recueillir des premières idées de lecture.**
**3. a. Consultez la base du CDI.**
**b. Précisez le mot clé sélectionné.**
**4. Indiquez la façon dont vous avez sélectionné la pièce.**
**5. Si cet ouvrage est déjà emprunté, vers quel autre livre pourriez-vous vous reporter ? Expliquez.**

Support : Séquence 12, L'absurdité de la condition humaine → p. 255

Contexte : En vue de l'entretien, deuxième partie de l'oral du bac, le professeur conseille à chaque élève de développer l'objet d'étude en lisant une pièce contemporaine influencée par les thèmes tragiques du *Malentendu* d'A. Camus → p. 256.

## 3 Savoir choisir ses lectures

**1. Quel genre d'ouvrages consulterez-vous directement au CDI ? Quelles pages y lirez-vous ?**
**2. Afin d'avoir un groupe d'auteurs suffisamment large historiquement, quels noms pourriez-vous sélectionner ?**
**3. Une fois les auteurs choisis, effectuez vos recherches.**
**4. Donnez les références des extraits sélectionnés.**
**5. Consultez la liste des périodiques disponibles au CDI. Comment allez-vous vous y prendre pour trouver les deux articles imposés par le sujet ?**
**6. Donnez les sources exactes des articles choisis.**

Support : Séquence 6, Le savoir, la science et l'homme → p. 128

Contexte : Dans le cadre d'un exposé destiné à élargir les domaines scientifiques abordés dans cette séquence, le professeur vous fournit une série de noms de romanciers en vous demandant d'en choisir au moins trois, chacun représenté par un extrait. Vous devez compléter votre recherche par deux articles consacrés à des réflexions ou des polémiques sur les progrès scientifiques.

Liste d'auteurs : M. Shelley, H. de Balzac, J. Verne, H.G. Wells, R. Barjavel.

# Fiche méthode 2 Se cultiver en histoire des arts

**OBJECTIF :** Découvrir des formes d'expression artistique en complément des textes.

## MÉTHODE

Conformément aux informations officielles, tout lycéen doit mettre en relation les textes étudiés en classe ou lus à titre personnel, avec des œuvres d'art issues de domaines aussi divers que le cinéma, la peinture, la musique, la sculpture…

### ÉTAPE 1 Enrichir ses séquences

• **Avec ou sans le professeur, associer systématiquement à chaque séquence une œuvre d'art en complément**
En classe, une étude de tableau, d'affiche ou de séquence cinématographique s'ajoute souvent à un groupement de textes ou une œuvre intégrale. Au vu des quatre objets d'étude (six pour la série L), il est envisageable de trouver personnellement une œuvre d'art pour chaque séquence.
• **Sélectionner une forme d'expression artistique différente pour chaque séquence** afin d'ouvrir de larges perspectives : la peinture pour une séquence, le cinéma pour une autre…

### ÉTAPE 2 Développer sa culture personnelle

• **Profiter des possibilités offertes par le CDI et Internet :** le nombre de livres, de CD-Rom et de DVD disponibles au CDI, la variété d'enregistrements audio et vidéo circulant officiellement sur Internet, permettent de constituer un corpus d'œuvres conséquent.
• **Lire des comptes rendus critiques de la presse** quotidienne ou hebdomadaire également disponibles au CDI ou en médiathèque. Sans qu'on ait forcément la possibilité de se rendre aux spectacles mentionnés ou de lire immédiatement les ouvrages recommandés, ces articles donnent une idée précise des différents domaines culturels.
• **Profiter des offres culturelles de son lieu de résidence**, surtout si l'on habite une grande ville. Toute métropole régionale bénéficie d'une offre large en matière de cinéma, de théâtre, d'expositions, de concerts… Même dans une petite ville, le choix de films d'art et essai ou de pièces de théâtre à demi-tarif, de visites gratuites dans des musées… est loin d'être négligeable. La carte de lycéen permet de se cultiver à moindre coût.

## APPLICATION

**Supports :** Séquence 1, L'inspiration poétique → p. 31
Séquence 4, Réflexions sur la nature humaine → p. 89
Séquence 7, Héros et anti-héros → p. 151
Séquence 10, La comédie, jeu d'amour et de pouvoir → p. 215

**Contexte :** L'élève, afin d'enrichir son descriptif, effectue son propre parcours en histoire des arts. → p. 548 : PRÉPARER L'ÉPREUVE ORALE DU BAC

## ÉTAPE 1 Enrichir ses séquences

• **Associer à chaque séquence une œuvre d'art en complément.**

– La séquence 1 comportant déjà l'étude d'un tableau de N. Poussin → p. 32, on peut lui associer un film sur les tourments de l'inspiration créatrice, comme le film de J. Campion, *Bright Star* (2010), consacré au poète anglais Keats.

– La séquence 4 étudie un buste représentant la fille du sculpteur J.-A. Houdon → p. 98. Un tableau pourrait compléter ce panorama d'images de la nature humaine, par exemple une toile de C. D. Friedrich représentant un couple ou un groupe devant une nature vaste et harmonieuse, comme *Falaises de craie à Rügen* (1818-1819, fondation Oskar Reinhart, Winterthur).

– La séquence 7 analyse un autoportrait de P. Cézanne → p. 161. Le corpus d'extraits traitant des caractéristiques épiques du héros romanesque moderne pourrait être enrichi par l'audition d'une symphonie épique, telle *La Symphonie du Nouveau Monde* d'A. Dvořák (1893).

– La séquence 10 comporte une toile de W. Hogarth → p. 225. Elle pourrait être complétée par une étude des costumes du metteur en scène O. Porras pour le spectacle *Maître Puntila et son valet Matti*, au théâtre de la Ville, à Paris, en 2008.

• **Question :** Quelles autres idées d'ouvertures artistiques auriez-vous pour chaque séquence ?.

## ÉTAPE 2 Développer sa culture personnelle

• **Question :** En fonction des ressources du CDI, de la médiathèque de votre commune, voire de la programmation culturelle de votre ville, constituez-vous un corpus personnel de quatre œuvres non littéraires, issues de domaines artistiques différents, complétant l'une des séquences listées.

# Exercices d'entraînement

### 1 Enrichir une séquence

**1.** **Quel éclairage la présence du tableau d'E. Hopper donne-t-elle à cette séquence ? Justifiez.**

**2.** **Dans un ouvrage de peinture disponible au CDI, cherchez une autre toile du même peintre afin d'enrichir ce groupement de textes. Donnez ses références précises (titre, format, date, collection).**

**3.** **Trouvez deux autres œuvres d'art permettant de développer le thème de cette séquence, par exemple un film et une bande dessinée. Donnez leurs références précises. (Tout titre de film adaptant l'un des romans de cette séquence est interdit.)**

**4.** **Faites un bilan personnel du tableau de Hopper ou de l'une des deux autres œuvres choisies personnellement, en insistant sur votre appréciation individuelle.**

**Support :** Séquence 9, Nouveaux narrateurs, nouveaux personnages → p. 191

### 2 Élaborer sa propre séquence (série L)

**1. a.** **Dans la séquence 13, quel « texte à l'autre » permet d'ouvrir sur le XVIII^e^ siècle ?**

**b.** **Quelles autres pistes les exercices d'approfondissement fournissent-ils → p. 296 ?**

**2.** **Aidez-vous du sommaire de différents manuels et histoires littéraires pour constituer votre corpus de textes. Donnez leurs références précises en insistant sur les genres littéraires représentés.**

**3.** **En croisant les informations données par les repères historiques de votre manuel et un ouvrage de peinture disponible au CDI, sélectionnez un tableau qui pourrait s'intégrer au groupement.**

**4.** **Choisissez une œuvre du XVIII^e^ siècle appartenant à un autre domaine artistique, en vous aidant des ressources du CDI et d'Internet.**

**5.** **Donnez les références précises de ces deux œuvres, et établissez un bilan montrant les liens avec les textes que vous avez choisis.**

**Support :** Séquence 13, Découvrir et former l'homme → p. 279

**Contexte :** À la suite de cette séquence, vous devez élargir au siècle des Lumières la réflexion de ce groupement consacré à la Renaissance. Vous devez constituer un corpus de quatre textes du XVIII^e^ siècle agrémentés de deux œuvres d'art issues de domaines différents.

# Fiche méthode 3 S'organiser en vue des TPE

**OBJECTIF :** Être autonome dans les recherches et la rédaction de son TPE.

## MÉTHODE

Évalués au deuxième trimestre, les TPE des Premières générales correspondent à :
– une **recherche en groupe** de deux à quatre élèves qui permet de croiser deux matières. Elle est évaluée sur 8 points par les professeurs qui encadrent les travaux ;
**Ex. :** l'histoire et les mathématiques en série S, les SES et les mathématiques en série ES, l'histoire et l'anglais en série L.
– la **constitution d'un dossier** accompagné d'une **note de synthèse individuelle**, le tout noté sur 6 points par le jury réuni en mars ;
– une **prestation orale** de 10 minutes sur 6 points pendant laquelle le candidat s'appuie sur sa synthèse personnelle (environ 5 minutes) avant d'être interrogé par le jury.

**Remarques :**
– le programme des thèmes de TPE, série par série, est renouvelé tous les deux ans ;
– même si dans le cadre de ce manuel de français, un exemple de TPE en série L est développé, les conseils sont transposables à tout autre TPE.

## ÉTAPE 1 Bien choisir son sujet

• **Sélectionner son sujet d'étude** en fonction de la réflexion qu'il implique. Travailler sur un thème sans trouver d'accroche problématique est inenvisageable.
**Ex. :** si un groupe d'élèves de série L désire travailler, dans le cadre du thème « Formes et figures du pouvoir », sur l'évolution de l'image d'un penseur politique anglais dans les écrits littéraires, du XVIIIe siècle à nos jours, il lui faudra réfléchir sur la façon dont ces œuvres présentent différemment la figure concernée.
• **S'assurer de la pertinence du sujet** en vérifiant avec une recherche générale au CDI, en médiathèque et sur Internet, du nombre de documents *a priori* exploitables.
**Remarque :** un groupe peut partir d'un thème sans avoir défini la problématique d'étude. Elle pourra naître dans les toutes premières semaines de travail après avoir consulté différents documents.

## ÉTAPE 2 Conduire ses recherches

• **Se laisser guider par les deux professeurs** qui encadrent le travail, mais faire preuve d'initiative en réactivant chaque semaine la recherche documentaire.
• **Mettre à jour les notes** prises à partir de la consultation d'ouvrages, d'articles de presse ou de sites Internet, en réalisant des synthèses qui montrent les liens entre ces documents.
• **Mettre en avant les points de réflexion** qui se dégagent et qui commencent à développer la problématique ou à y répondre progressivement si elle est déjà définie.

## ÉTAPE 3 Rédiger son travail

• **Structurer son dossier** en fonction de la problématique de recherche. Il comporte au moins deux parties subdivisées en autant de sous-parties et d'exemples développés que

les sources utilisées le permettent. Un sommaire permet au jury de s'y retrouver aisément, et une bibliographie, en fin de dossier, donne les références des documents utilisés.

• **Rédiger sa note de synthèse** en valorisant l'apport personnel des recherches, la place occupée dans le groupe, et la façon dont les travaux ont été partagés.

## ÉTAPE 4 Assurer la soutenance

• **Ne pas réciter sa note de synthèse** mais savoir l'utiliser en insistant encore sur la part individuelle de travail (car chaque élève soutient personnellement le travail du groupe).

• **Répondre précisément aux questions** sur le contenu et sur la démarche de travail.

**Remarque :** les conseils de méthode donnés pour l'exposé et l'entretien de l'EAF orale sont transposables à ces deux parties de l'oral de TPE. → p. 548 : PRÉPARER L'ÉPREUVE ORALE DU BAC

# APPLICATION

**Thème retenu :** Formes et figures du pouvoir (programme officiel : 2008-2011)
**Série:** 1re L
**Matières croisées :** Anglais et histoire

## ÉTAPE 1 Bien choisir son sujet

• **Ce thème a pour enjeu la question du pouvoir**, une question essentielle dans les traités, la littérature et les arts qui la dramatisent ou la mettent en scène.

– La question du pouvoir est **historiquement incarnée** par des individus qui lui donnent une forme personnelle, reconduite ou imitée par les générations suivantes.

– Des **personnalités fascinantes de l'histoire anglaise**, tels la **reine Victoria** qui a régné une grande partie du XIXe siècle, ou **Winston Churchill**, un modèle de diplomatie au XXe siècle, peuvent inspirer un TPE, mais rien n'interdit l'étude conjointe de différentes figures, à condition de saisir des enjeux de comparaison.

## ÉTAPE 2 Conduire ses recherches

• **Manuels d'anglais et d'histoire, tous consultables au CDI, constituent la base logique de toutes les recherches.** C'est à partir de ces ouvrages que vous croiserez des recherches plus personnelles réalisées à partir de la base du CDI et de moteurs de recherche Internet.

• **La problématique se définira progressivement.** Même si en amont vous en aviez une idée précise, elle se précisera avec l'avancée des lectures.

## ÉTAPE 3 Rédiger son travail

• **Un TPE qui croise l'histoire et l'anglais citera ses sources anglo-saxonnes directement en anglais**, et il est envisageable de rédiger pour moitié le TPE en anglais, et pour moitié en français, ou de sélectionner les rubriques à rédiger dans l'une ou l'autre langue : par exemple, les intitulés et les textes introductifs en français, les explications et les citations en anglais.

• **La note de synthèse sera rédigée en français**, mais elle peut comporter quelques citations et allusions en anglais.

## ÉTAPE 4 Assurer la soutenance

• **Elle se fera en français**, en raison de l'aspect hétérogène du jury qui ne comportera peut-être pas de professeur d'anglais.

• **L'intérêt de la soutenance**, outre la mise en avant de son travail personnel, sera de **mettre l'accent** sur les figures étudiées en établissant des parallèles avec l'**actualité**.

CHAPITRE 2

# Analyser un corpus et rédiger une réponse organisée

Vincent Van Gogh (1853-1890), *Les Livres jaunes* (1887), huile sur toile, 73 x 93 cm (collection privée).

486 **Fiche 1**
Lire un corpus et comprendre la question posée

491 **Fiche 2**
Organiser son plan de réponse et rédiger

495 **Fiche 3**
Rédiger des paragraphes de synthèse

**OBJECTIF** Lire attentivement un corpus afin de répondre efficacement à une question de synthèse.

## Définition du corpus

Avant le travail d'écriture proposé au bac (commentaire, dissertation, écriture d'invention), une ou deux questions portent sur un **ensemble de trois à cinq textes** éventuellement accompagnés d'une **image** (tableau, photographie, bande dessinée, affiche...).

**Remarque :** il peut arriver que le corpus soit remplacé par un texte de quelques pages (conte intégral, scène de théâtre sans coupures...).

## Méthode et finalités

Classés chronologiquement, les documents dépendent d'un **même objet d'étude** (écriture poétique et quête du sens ; l'argumentation, la question de l'homme...) et présentent une **cohérence thématique**. Un texte est souvent en décalage avec les autres, afin de susciter une réflexion, un questionnement.

Les questions sur le corpus permettent de valider la compréhension de la logique qui organise le groupement.

Rigoureusement organisée, toute réponse à une étude de corpus nécessite une lecture critique et une rédaction maîtrisée. La technique de cet exercice permet de préparer toute réponse de synthèse ou de restitution.

Fiche méthode 1

# Lire un corpus et comprendre la question posée

**OBJECTIF :** Déterminer la cohérence d'un corpus et analyser la question pour y répondre avec pertinence.

## MÉTHODE

L'intérêt d'un corpus est de rassembler des textes dont la confrontation permet d'approfondir un objet d'étude.

### ÉTAPE 1 Découvrir le corpus et effectuer les premiers repérages

• **Lire préalablement le corpus :** lire attentivement les textes permet d'établir des liens entre les différents documents (liens avec l'objet d'étude, thèmes récurrents, progression chronologique…).

• **Lire la question et en analyser les mots clés**

– Relever les mots clés de la question pour identifier la notion qui est au cœur du sujet et ainsi orienter les repérages.

Les questions peuvent porter sur les thèmes, les thèses ou théories défendues dans les textes, les genres, les types de texte (argumentatif, narratif…), les procédés d'écriture, les focalisations…

– Reformuler la question dans ses propres termes afin de se l'approprier.

• **Analyser le paratexte et relire le corpus**

– Observer les dates des œuvres, les titres, et les éventuels chapeaux introductifs.

– Reformuler le sujet de chaque texte.

### ÉTAPE 2 Définir la problématique

• **Déterminer les convergences et divergences entre les textes :** après avoir identifié le thème abordé dans le corpus, il faut confronter les textes pour faire ressortir ce qui les rapproche et ce qui les oppose.

• **Dégager la problématique :** la confrontation des textes permet de dégager la problématique en jeu dans l'ensemble du corpus. Elle peut être formulée sous la forme d'une question.

**Remarque :** si le corpus est remplacé par un texte long, la question teste la capacité à synthétiser des notions longuement développées dans un seul texte.

# APPLICATION

**EXEMPLE DE CORPUS**

**Texte A** : A. de Musset, *Poésies nouvelles*, « Nuit de mai », quatre premières strophes (1835)
**Texte B** : G. de Nerval, *Les Chimères*, « El Desdichado » (1854)
**Texte C** : P. Verlaine, *Romances sans paroles*, « Ô triste, triste était mon âme… » (1874)

**Question d'analyse :** Comment la souffrance du poète est-elle représentée dans ces trois textes ?

**Texte A :** A. de Musset, *Poésies nouvelles*, « Nuit de mai », quatre premières strophes (1835)

*Ces quatre strophes sont les premières de « Nuit de mai », l'un des quatre poèmes intitulés « Nuit » et relatifs à la liaison malheureuse de Musset avec la romancière George Sand.*

**La muse**

Poète, prends ton luth et me donne un baiser ;
La fleur de l'églantier sent ses bourgeons éclore,
Le printemps naît ce soir ; les vents vont s'embraser ;
Et la bergeronnette[1], en attendant l'aurore,
Aux premiers buissons verts commence à se poser.
Poète, prends ton luth, et me donne un baiser.

**Le poète**

Comme il fait noir dans la vallée !
J'ai cru qu'une forme voilée
Flottait là-bas sur la forêt.
Elle sortait de la prairie ;
Son pied rasait l'herbe fleurie ;
C'est une étrange rêverie ;
Elle s'efface et disparaît

**La muse**

Poète, prends ton luth ; la nuit, sur la pelouse,
Balance le zéphyr[2] dans son voile odorant.
La rose, vierge encor, se referme jalouse
Sur le frelon nacré qu'elle enivre en mourant.
Écoute ! tout se tait ; songe à ta bien-aimée.
Ce soir, sous les tilleuls, à la sombre ramée[3]
Le rayon du couchant laisse un adieu plus doux.
Ce soir, tout va fleurir : l'immortelle nature
Se remplit de parfums, d'amour et de murmure,
Comme le lit joyeux de deux jeunes époux.

**Le poète**

Pourquoi mon coeur bat-il si vite ?
Qu'ai-je donc en moi qui s'agite
Dont je me sens épouvanté ?
Ne frappe-t-on pas à ma porte ?
Pourquoi ma lampe à demi morte
M'éblouit-elle de clarté ?
Dieu puissant ! tout mon corps frissonne.
Qui vient ? qui m'appelle ? - Personne.
Je suis seul ; c'est l'heure qui sonne ;
Ô solitude ! ô pauvreté !

1. Petit oiseau de la campagne. 2. Vent tiède. 3. Branche.

**Texte B :** G. de Nerval, *Les Chimères*, « El Desdichado » (1854)

*« El Desdichado » est un mot espagnol signifiant « malheureux », « malchanceux ». Ce poème est le premier sonnet du recueil* Les Chimères *(1854).*

Je suis le Ténébreux, - le Veuf, - l'Inconsolé[1],
Le Prince d'Aquitaine à la Tour abolie[2] :
Ma seule Étoile est morte, - et mon luth[3] constellé
Porte le Soleil noir de la Mélancolie.

Dans la nuit du Tombeau, Toi qui m'as consolé,
Rends-moi le Pausilippe[4] et la mer d'Italie,
La fleur qui plaisait tant à mon coeur désolé,
Et la treille où le Pampre[5] à la Rose s'allie.

Suis-je Amour ou Phébus[6] ?... Lusignan[7] ou Biron[8] ?
Mon front est rouge encor du baiser de la Reine ;
J'ai rêvé dans la Grotte où nage la sirène...

Et j'ai deux fois vainqueur traversé l'Achéron[9] :
Modulant tour à tour sur la lyre d'Orphée
Les soupirs de la Sainte et les cris de la Fée.

**1.** Souvenirs de héros littéraires marqués par le malheur, comme le Beau Ténébreux, Amadis de Gaule. **2.** Ancêtre rêvé du poète ? **3.** Instrument à cordes pincées. **4.** Hauteur de la baie de Naples. **5.** Rameau de vigne. **6.** Dieux romains de l'amour et du soleil (équivalents des dieux grecs Eros et Apollon). **7.** Époux de la fée Mélusine. **8.** Comte de la Renaissance. **9.** Fleuve des enfers.

**Texte C :** P. Verlaine, *Romances sans paroles*, « Ô triste, triste était mon âme… » (1874)

*La section « Ariettes oubliées »* des Romances sans paroles *est écrite entre mai et juin 1872. Verlaine s'éloigne à cette époque de son épouse Mathilde pour suivre le poète Rimbaud.*

Ô triste, triste était mon âme
À cause, à cause d'une femme.

Je ne me suis pas consolé
Bien que mon cœur s'en soit allé,

Bien que mon cœur, bien que mon âme
Eussent fui loin de cette femme.

Je ne me suis pas consolé,
Bien que mon cœur s'en soit allé.

Et mon cœur, mon cœur trop sensible
Dit à mon âme[1] : Est-il possible,

Est-il possible, – le fût-il, –
Ce fier exil, ce triste exil[2] ?

Mon âme dit à mon cœur : Sais-je
Moi-même que nous veut ce piège

D'être présents bien qu'exilés,
Encore que loin en allés ?

**1.** Pour les poètes, le cœur est traditionnellement le siège de la sensibilité, l'âme celui de la conscience.
**2.** Faut-il vraiment croire en la possibilité de cet exil ?

## ÉTAPE 1 Découvrir le corpus et effectuer les premiers repérages

- **Lire préalablement le corpus**

Tous ces textes sont des poèmes écrits sur une quarantaine d'années. Ils correspondent aux modèles de la poésie lyrique du XIXe siècle.

- **Lire la question et en analyser les mots clés**

– Voici les mots clés de la question : *comment, souffrance* et *représentée*.

L'adverbe interrogatif *comment* est essentiel, car il invite à présenter les procédés qui permettent de donner une image de la souffrance du poète.

Quant au nom *souffrance*, il est le thème du sujet.

– **Reformulation de la question :** Quels sont les procédés et les images poétiques qui permettent d'évoquer la souffrance du poète ?

- **Analyser le paratexte et relire le corpus**

– Genre : Poésie

– Dates : 1835, 1854, 1874. Le corpus invite probablement à saisir au cours du XIXe siècle une évolution dans la représentation.

– Titres des poèmes ou premier vers : « Nuit de mai », « El Desdichado », « Ô triste, triste était mon âme… ». Deux titres sur trois mettent en avant le thème de la tristesse, du malheur.

– **Reformulation du sujet de chaque texte :**

**Texte A :** la Muse appelle le poète qui a du mal à la reconnaître.

**Texte B :** le poète, sombre et endeuillé, évoque la douleur de la perte de l'être cher.

**Texte C :** le poète, désenchanté, constate la difficulté de vivre sereinement après une rupture..

## ÉTAPE 2 Définir la problématique

- **Déterminer les convergences et divergences entre les textes**

– **Convergences entre les poèmes :** les poètes confient un état d'âme tourmenté, une souffrance due à l'amour ou à la perte de l'être aimé.

– **Divergences entre les poèmes :** dans le texte B, la Muse est un refuge idéal dont on pleure l'éloignement alors que dans les textes A et C, elle n'est pas reconnue immédiatement par le poète (A) ou associée à une douleur d'amour qu'il serait bon de pouvoir oublier (C).

Si le ton élégiaque domine dans les trois textes, il est plus évident dans les textes B et C avec l'affirmation immédiate du contexte de deuil (B) ou de rupture (C).

La forme du sonnet rattache le texte B à la tradition alors que le texte A repose sur un dialogue, un jeu théâtral, et que le texte C est fondé sur l'addition de distiques.

- **Dégager la problématique**

De quelle façon le lyrisme de la souffrance amoureuse évolue-t-il au XIXe siècle, passant de la mise en scène de la douleur à une volonté d'apaisement ?

# Exercices d'entraînement

## Observer

### 1 Percevoir la logique d'un corpus

**1.** Prélevez au choix deux listes de textes dans deux séquences différentes de la partie I du manuel.
**2.** Dans chaque sélection de textes, rappelez le titre de la séquence et résumez l'introduction proposée.
**3.** Justifiez la place de ces trois textes dans la même séquence en résumant en une phrase le lien qui les unit.
**4. a.** Sélectionnez trois textes appartenant au même genre littéraire dans différentes séquences du manuel.
**b.** Expliquez ce qui vous les a fait réunir : thème commun, problématique convergente…
**c.** Donnez un titre à votre corpus.

### 2 Lire des questions d'analyse de corpus

**1.** Identifiez la notion importante dans chaque question.
**2.** Reformulez chacune de ces questions en mettant l'accent sur la notion étudiée.
**3.** Choisissez une question et sélectionnez dans le sommaire un corpus de trois textes qui permettrait de la traiter.

**Questions :**
a. Dans quelle mesure ces portraits prennent-ils appui sur le réel, dans quelle mesure le transposent-ils ?
b. Après avoir identifié la forme commune de ces poèmes, dites quelles sont les spécificités de chaque texte.
c. Comment ces extraits de roman conduisent-ils le lecteur à pénétrer dans le monde intime des personnages ?

## Analyser

### 3 Étudier le paratexte

**1.** Identifiez le genre et le thème de ces trois textes.
**2.** Quel est le mot-clé de la question ? Reformulez-la.
**3.** Relevez dans le paratexte de chaque document les données qui vont dans le sens de la question posée.
**4.** Quels points communs se dégagent clairement des trois textes ? Quel texte peut sembler un peu à part ? Expliquez.

**Corpus :**
**Texte A :** P. Choderlos de Laclos, *Les Liaisons dangereuses* (1782) → p. 177
**Texte B :** G. de Maupassant, *Bel-Ami* (1885) → p. 153
**Texte C :** E. Carrère, *L'Adversaire* (2000) → p. 202

**Question :** Jusqu'à quel point le personnage de roman apparaît-il comme maître de son destin ?

### 4 Mettre en relation les textes et les questions

**1.** Quels sont les mots clés de chacune des questions posées ? Impliquent-elles plusieurs réponses ?
**2.** Qu'est-ce qui fonde l'unité du corpus ? Qu'est-ce qui différencie les textes ?
**3.** Quel lien pouvez-vous faire entre les deux temps de la question a ? Comment envisagez-vous d'y répondre pour faire ressortir ce lien ?
**4.** Quels types d'éléments et procédés allez-vous rechercher dans les textes pour répondre à la question b ?

**Corpus :**
**Texte A :** Molière, *Le Bourgeois gentilhomme* (1670) → p. 216
**Texte B :** C. Goldoni, *Les Rustres* (1760) → p. 218
**Texte C :** G. Feydeau, *On purge bébé* (1910) → p. 222

**Questions :**
a. Quel est le thème commun à ces trois scènes ? Quels traits de caractère définissent les différentes figures paternelles ? Justifiez.
b. Dans quelle mesure peut-on parler de comédie au sujet de ces extraits ?

## Écrire

### 5 Identifier et formuler une problématique

**1.** Quel est le genre commun de ces textes ?
**2. a.** Quel est le thème commun à ces trois documents ?
**b.** Quel est l'intérêt de confronter sur ce thème trois textes d'époques différentes ? Expliquez.
**3.** Quelles informations complémentaires chaque paratexte fournit-il sur l'évolution du thème traité ?
**4. a.** Quelle est la problématique dominante de ce corpus ?
**b.** Rédigez-la sous la forme d'une question.

**Corpus :**
**Texte A :** M. de Montaigne, *Essais* (1580) → p. 289
**Texte B :** Fénelon, *Traité de l'éducation des filles* (1694) → p. 94
**Texte C :** J.-J. Rousseau, *Émile ou De l'éducation* (1762) → p. 112

**Question :** Sur quel thème les auteurs débattent-ils ? Leurs positions sont-elles semblables ?

**Fiche méthode 2**

# Organiser son plan de réponse et rédiger

**OBJECTIF :** Répondre à une question d'analyse de corpus de manière organisée.

## MÉTHODE

### ÉTAPE 3 Analyser les textes au brouillon

- **Sélectionner des axes de confrontation pour répondre à la problématique :** proposer plusieurs étapes de réponse permet de répondre progressivement à la problématique.
- **Relire précisément le corpus :** surligner de couleurs différentes les citations correspondant à chaque axe de confrontation.
- **Faire un tableau :** construire un tableau selon les deux ou trois axes de confrontation retenus (en abscisses) et les trois à cinq textes étudiés (en ordonnées) ; y reporter les citations surlignées.

### ÉTAPE 4 Organiser le plan détaillé de la réponse à la question

- **Structurer le développement**

– Choisir un type de plan qui permette de répondre de manière pertinente à la question :
un **plan synthétique** (par élément de comparaison, ou regroupant les textes possédant des points communs) ;
un **plan analytique** (une analyse par texte).

**Remarque :** le premier plan est à privilégier, mais la formulation de certaines questions exige le plan analytique.

– Déterminer les **axes du plan** ; les formuler chacun sous la forme d'une phrase, c'est-à-dire l'idée qui conduira l'un des paragraphes de la réponse.

– Préciser au brouillon les **citations** des textes auxquels chaque axe fait référence.

**Remarque :** on privilégie les citations courtes et frappantes. La rédaction exclut les longues énumérations entre guillemets.

- **Rédiger l'introduction et la conclusion au brouillon :** la réponse doit comporter une introduction, qui présente le corpus et détermine la problèmatique de la question posée, et une conclusion, qui dresse le bilan, c'est-à-dire la réponse définitive et concise à la question posée.

### ÉTAPE 5 Rédiger la réponse

- **Structurer les paragraphes**

– Construire chaque paragraphe suivant les principes de rédaction d'un paragraphe argumentatif :
§ 1 : argument + citation + explication
§ 2 : argument + citation + explication
...
Chaque paragraphe doit faire entre dix et quinze lignes.

- **Rédiger sur la copie définitive**
– Répondre en rédigeant intégralement, sans abréviation, avec des phrases complètes. Idées principales et paragraphes sont introduits par des **connecteurs logiques**.
– Intégrer les **citations** au développement et les mettre entre guillemets.
– Si le corpus intègre un document iconographique, ne pas oublier de le mentionner, voire de le décrire ou de le commenter si la question s'y prête.

## APPLICATION

**CORPUS** Fiche méthode 1 → p. 486

## ÉTAPE 3 Analyser les textes au brouillon

- **Sélectionner des axes de confrontation pour répondre à la problématique**

– La figure récurrente de la **femme** (Muse, femme morte, femme qui fait souffrir) évoque la souffrance du poète amoureux.
– Des **champs lexicaux sombres** (tristesse, deuil, mélancolie…) sont associés à des personnages antiques (Orphée) ou à des images de désolation (épouvante, deuil, exil).
– Les **registres** sont **différents** : les poètes évoquent plus ou moins directement les tourments de la passion.

- **Relire précisément le corpus**

- **Faire un tableau de confrontation**

| | Texte A : Musset | Texte B : Nerval | Texte C : Verlaine |
|---|---|---|---|
| **Images** | *luth* (v. 1, 6, etc.) : Orphée, prince des poètes<br>= prédominance de l'Antiquité | *Je suis… Le Prince d'Aquitaine* (v. 1-2)… *Suis-je Amour ou Phébus ?* (v. 9), *lyre d'Orphée* (v. 13) en écho au *luth* du vers 3<br>= références savantes, nombreuses et entremêlées | Image répétée de l'exil (v. 12, 15)<br>= évocation simple rappelant l'humilité de la souffrance d'amour de tout un chacun |
| **Vocabulaire** | *noir* (v. 7), *voilée* (v. 8), *mourant* (v. 17), *se tait* (v. 18), *adieu* (v. 20), *épouvanté* (v. 26), *à demi morte* (v. 28), *frissonne* (v. 30)…<br>= champs lexicaux de la mort et de la peur | *le Ténébreux, le Veuf, l'Inconsolé* (v. 1), *morte* (v. 3), *Mélancolie* (v. 4), *désolé* (v. 7)<br>= champ lexical du deuil | *triste* (v. 1), *consolé* (v. 3, 7), *trop sensible* (v. 9)<br>= répétition d'adjectifs ou de participes passés évoquant la peine d'amour |
| **Registre** | Sentiments exacerbés<br>+ dialogue sensible avec la Muse, confidente<br>= lyrique | Plainte<br>+ évocation d'une femme morte, regrettée<br>= élégiaque | Souffrance du poète partagé entre le désir d'oublier et l'impossibilité de gommer l'image de cette femme<br>= pathétique |

## ÉTAPE 4 Organiser le plan détaillé de la réponse à la question

- **Structurer le développement**

– **Plan synthétique :** dans la mesure où la présence de la Muse dans une situation de souffrance et de malaise revient dans les trois poèmes, le corpus affirme des points communs. Aucun texte ne sera étudié isolément ; des points de confrontation mettront sans cesse les poèmes les uns en face des autres.

– **Axes de réponse :**
**I. De l'image de la Muse antique à une Muse plus subtile, intériorisée.**
**II. De l'évocation franche de la souffrance à l'analyse fine des sentiments.**

**I. De l'image de la Muse antique à une Muse plus subtile, intériorisée.**

Muse gréco-romaine chez Nerval *Amour ou Phébus* (v. 9), *l'Achéron* (v. 12) + éléments de culture médiévale : *Le Prince d'Aquitaine* (v. 2), *Lusignan ou Biron* (v. 9).

Muse absente chez Verlaine mais le thème de l'exil rappelle les personnages de l'épopée.

Musset s'assimile à un Orphée moderne : anaphore de *Poète, prends ton luth* (v. 1, 6, 14).

**II. De l'évocation franche de la souffrance à l'analyse fine des sentiments.**

Musset exprime avec violence sa souffrance : *Ô solitude ! ô pauvreté !* (v. 33) + champ lexical de la souffrance.

Verlaine évoque la persistance des sentiments malgré l'éloignement : antithèse *présents bien qu'exilés* (v. 15).

Nerval chante le regret de l'être aimé : *Dans la nuit du Tombeau, Toi qui m'as consolé* (v. 5).

• **Rédiger l'introduction et la conclusion au brouillon**

**Introduction :**

Trois poèmes écrits entre 1835 et 1874 traduisent l'évolution de la poésie lyrique française. Leur principal point commun est de représenter le poète comme un être en proie aux tourments d'Orphée pleurant son Eurydice. Le premier texte écrit par Musset, extrait de « Nuit de mai » publiée en 1835, est le dialogue avec une Muse qui lui demande de reprendre son luth pour chanter l'amour. Le titre des deux autres poèmes révèle explicitement cette thématique de la souffrance amoureuse inspiratrice : « El Desdichado » dans le recueil Les Chimères de Nerval daté de 1854 et un poème extrait du recueil *Romances sans paroles* de Verlaine paru en 1874.

**Conclusion :**

Ainsi, l'on peut voir une évolution dans la manière dont les poètes sont représentés : sous la plume de Musset, le poète lyrique est appelé par sa Muse exigeante qui veut le voir revivre malgré la souffrance d'amour. Chez Nerval, c'est lui-même, hanté par le bonheur passé et la mélancolie, qui réveille l'image de sa femme disparue, alors que chez Verlaine, la puissance des sentiments entretient le souvenir dans l'attente d'un oubli sain et réconfortant.

## ÉTAPE 5 Rédiger la réponse

[Introduction : exemple ci-dessus]

Dans ces trois poèmes, on constate tout d'abord que deux poètes insistent sur les références antiques. Elles sont très nombreuses chez Nerval qui mêle l'Antiquité gréco-romaine des dieux « Amour ou Phébus » (v. 9), ou du fleuve infernal de l'« Achéron » (v. 12), aux éléments de culture médiévale, tels le « Prince d'Aquitaine » (v. 2) ou les mentions de « Lusignan ou Biron » (v. 9). Mais elles sont absentes chez Verlaine qui n'évoque que la situation de l'exil qui peut rappeler le sort de personnages d'épopée. Quant à Musset, il s'assimile à un Orphée moderne qu'une Muse ne cesse de rappeler avec l'anaphore : « Poète, prends ton luth ». Du romantique Musset au symboliste Verlaine, la plainte poétique semble donc prendre des accents de plus en plus simples et sensibles, mais des différences se font jour.

Ces poèmes ne partagent pas en effet une même vision sombre de l'amour. Si Musset, lyrique, s'exclame violemment « Ô solitude ! ô pauvreté ! » (v. 33) après avoir développé un champ lexical de la souffrance qui trouvera, d'après la Muse, son issue dans la création poétique, Verlaine est moins radical : il prend des accents pathétiques pour chanter subtilement sa tristesse, en insistant sur la persistance des sentiments malgré l'éloignement, à l'aide de nombreuses antithèses telles que celle d'être « présents bien qu'exilés » (v. 15). Loin de se rallier à cette image de la femme qui fait le malheur et la souffrance de l'homme, Nerval, élégiaque, chante le regret de l'être aimé ; veuf, il aspire au retour de sa femme dont la seule pensée est un réconfort au-delà de la mort : « Dans la nuit du Tombeau, Toi qui m'as consolé » (v. 5).

[Conclusion : exemple ci-dessus]

# Exercices d'entraînement

## 1 Prévoir le plan à adopter

**1.** **Reformulez ces questions d'analyse de corpus dans vos propres mots.**
**2.** **Quel plan sera adopté pour chacune des réponses : analytique ou synthétique ? Expliquez.**
**3.** **Pour chaque question, imaginez les points sur lesquels les textes seront confrontés.**

Questions :

a. La part d'argumentation est-elle la même dans ces quatre dialogues ?

b. Laquelle de ces trois descriptions est à l'image du personnage évoqué ?

c. Le ton d'une comédie est-il essentiellement comique ? Appuyez-vous sur les quatre scènes de ce corpus.

## 2 Comparer les textes au brouillon

**1.** **Quel est le genre de ces quatre textes ? Lequel semble le moins correspondre au genre identifié ? Expliquez.**
**2.** **Quel thème est commun aux quatre textes ? Justifiez.**
**3.** **Exploitez le paratexte de chaque document en fonction de la question posée.**
**4.** **Quelle problématique dégagez-vous de cette question ?**
**5. a.** **Au brouillon, dressez un tableau dans lequel vous mettrez en évidence tout ce qui en matière d'énonciation, de vocabulaire ou de registre, est en lien avec la question.**
**b.** **Quel relevé permet de distinguer l'un de ces extraits ?**

Corpus :

**Texte A** : Sophocle, *Œdipe roi* (430 avant J.-C.) → p. 329
**Texte B** : J. Racine, *Phèdre* (1677) → p. 238
**Texte C** : A. de Musset, *Lorenzaccio* (1834) → p. 245
**Texte D** : S. Beckett, *En attendant Godot* (1952) → p. 263

Question : De quelle manière le personnage tragique affronte-t-il ce qui le dépasse ?

## 3 Définir un plan de réponse

**1.** **Quel genre et quels thèmes unissent ces trois textes ?**
**2.** **Reformulez la question posée, puis relevez dans les trois textes ce qui la rappelle explicitement.**
**3.** **Identifiez dans chaque paratexte les données en lien avec la question.**
**4.** **Quelle est la problématique de ce sujet ?**
**5.** **Au brouillon, faites un tableau à trois entrées (images poétiques, champs lexicaux, types de texte…).**
**6.** **Quel plan de réponse allez-vous adopter : analytique ou synthétique ? Justifiez.**

Corpus :

**Texte A** : C. Baudelaire, *Les Fleurs du mal*, « Correspondances » (1857) → p. 36
**Texte B** : A. Rimbaud, *Lettre à Paul Demeny* (1871) → p. 78
**Texte C** : F. Ponge, *Le Parti pris des choses*, « Le cageot » (1942) → p. 75

Question : Dans quelle mesure l'écriture poétique permet-elle de révéler une vision personnelle du monde ?

## 4 Répondre à une question sur un texte long

**1.** **Quel est le thème de la question ?**
**2.** **Quelles informations le paratexte nous fournit-il ?**
**3.** **Dégagez la problématique de cette question.**
**4.** **Rassemblez au brouillon les citations et les idées, en lien avec la question.**
**5.** **Classez vos arguments dans un plan analytique.**
**6.** **Rédigez le plan détaillé de la réponse.**

Support : J. de Léry, *Histoire d'un voyage fait en la terre du Brésil* (1578) → p. 304

Remarque : ce texte est présenté en extrait dans la séquence 14. Retrouvez l'intégralité du texte au CDI.

Question : De quelle manière l'auteur fait-il comprendre que l'observation des autres permet de mieux s'observer soi-même ?

## 5 Analyser un corpus puis rédiger

**1. a.** **À quel genre littéraire ces textes appartiennent-ils ?**
**b.** **Dans quelle mesure le genre utilisé a-t-il une influence sur le propos tenu par les auteurs ? Expliquez.**
**2.** **Quel est l'intérêt de confronter sur ce thème trois textes d'époques différentes ? Expliquez.**
**3.** **Au brouillon, identifiez les principaux axes de confrontation et sélectionnez les citations qui illustreront la réponse.**
**4.** **Quel plan est préférable pour traiter la réponse : analytique ou synthétique ? Justifiez.**
**5.** **Rédigez la réponse.**

Corpus :

**Texte A** : F. Rabelais, *Pantagruel* (1532) → p. 129
**Texte B** : J.-J. Rousseau, *Discours sur les sciences et les arts* (1750) → p. 134
**Texte C** : M. Yourcenar, « Diagnostic de l'Europe » (1929) → p. 137

Question : Quelles visions distinctes du progrès et des savoirs de l'homme ces trois textes proposent-ils ?

# Fiche méthode 3 Rédiger des paragraphes de synthèse

OBJECTIF : Apprendre à transmettre des informations dans un cadre restreint.

## MÉTHODE

Une synthèse est un **résumé organisé** de plusieurs documents, littéraires ou non.
Ce travail peut vous être demandé dans le cadre d'une recherche ou bien d'une restitution de connaissances ; il prépare à la synthèse de documents (BTS ou le DUT).

### ÉTAPE 1 Résumer les documents ou synthétiser plusieurs documents

• **Pour résumer un document, il faut :**
- lire attentivement le document ;
- relever les idées principales en les reformulant avec ses propres mots ;
- noter des citations entre guillemets qui pourront servir d'illustrations.

• **Pour synthétiser plusieurs documents, il faut comparer les informations en rapprochant celles qui se complètent et faire ressortir les points de divergence.**
Un tableau de confrontation permet d'organiser les informations de manière claire, et de visualiser facilement les points communs et les différences.

### ÉTAPE 2 Construire un plan de synthèse

• **Le plan s'organise en fonction des informations prélevées. Il faut choisir entre :**
- un **plan explicatif** :
I. Constat II. Cause III. Conséquence
- un **plan thématique** : chaque partie envisage les différents aspects d'un thème ;
- un **plan chronologique** : chaque partie met en valeur l'évolution de la question soulevée.

### ÉTAPE 3 Rédiger un paragraphe de synthèse

• **Organiser le paragraphe de synthèse** comme un paragraphe d'analyse de corpus. Il s'ouvre sur une phrase qui rend compte d'un point commun ou d'une différence entre les documents abordés.
Ex. : *Les textes s'accordent sur l'idée de…*

## APPLICATION

**DOCUMENT 1** Molière, *Le Bourgeois gentilhomme* (1670) → p. 216
**DOCUMENT 2** Séquence 10, synthèse → p. 230

**Question de synthèse :** Organisez la synthèse de deux documents sur la comédie.

## ÉTAPE 1 Résumer les documents ou synthétiser plusieurs documents

- **Résumer les documents**

**Document 1** : Molière, *Le Bourgeois gentilhomme* (1670) → p. 216

– Comédie qui met en scène un bourgeois, Monsieur Jourdain, qui veut devenir noble.

– Il lui faut un gendre qui soit gentilhomme. Or, Cléonte, le prétendant de sa fille Lucile, ne l'est pas.

– Dans la scène 2 de l'acte I, la question centrale est le mariage de Lucile : monsieur et madame Jourdain sont en désaccord.

– Monsieur Jourdain = figure de père tyrannique et égoïste qui règle lui-même le sort de sa fille, comme le souligne la parataxe dans sa réplique : *Vous n'êtes point gentilhomme, vous n'aurez pas ma fille.*

– Monsieur Jourdain est excessif et colérique, ce qui prête à rire, comme en témoigne sa dernière réplique : *ma fille sera marquise en dépit de tout le monde.*

– Madame Jourdain a un discours franc et honnête, en contraste avec son mari. Elle incarne la raison faisant ressortir l'excentricité de son époux.

**Document 2 :** Séquence 10, synthèse → p. 230

– Personnages de comédie = bourgeois, gens du peuple. Intrigues de plus en plus complexes au fil des siècles.

– Premières comédies (Antiquité, *commedia dell'arte*) = simplicité ; personnages types ; intrigues simplifiées.

– Chez Molière, alternance de farces aux canevas simples et de grandes comédies complexes. Certains personnages monolithiques (monsieur Jourdain réduit à son envie de devenir noble) mais personnages plus complexes (Dom Juan aussi fascinant que repoussant).

**Remarque :** on peut s'en tenir au résumé de la première moitié du document 2 dans la mesure où il s'agit du passage qui traite de Molière.

- **Synthétiser plusieurs documents**

| | Personnages de comédie | Intrigues de comédie |
|---|---|---|
| **Document 1** | Père tyrannique, autoritaire et excessif<br>Mère raisonnable et honnête | Intrigue familiale et amoureuse<br>Question du mariage et de l'ascension sociale |
| **Document 2** | Personnages bourgeois<br>Personnages simples : M. Jourdain = personnage monolithique | Intrigue simple |

## ÉTAPE 2 Construire un plan de synthèse

- **Plan thématique :**

**I.** Les personnages de comédie, plus particulièrement dans *Le Bourgeois gentilhomme*.
**II.** L'intrigue de comédie en général, et plus précisément chez Molière.
**Remarque :** le texte de Molière sert d'illustration aux idées avancées.

## ÉTAPE 3 Rédiger un paragraphe de synthèse

- **Rédaction du premier paragraphe :**

La comédie est incarnée par des personnages plus ou moins stéréotypés qui ont pour but de faire rire le spectateur. L'une des caractéristiques de la comédie est de mettre en scène des personnages issus de milieux bas ou moyens, notamment de la bourgeoisie, dont le protagoniste du Bourgeois gentilhomme de Molière, Monsieur Jourdain, est l'incarnation ridicule. Le héros de comédie est encore au XVII^e^ siècle un être monolithique, figé dans un caractère unique et excessif qui prête à rire, tel monsieur Jourdain, père tyrannique et autoritaire qui s'oppose à sa femme, figure de la raison et de l'honnêteté. On observe néanmoins une évolution des personnages au fil des siècles : de simples types, ils deviennent des figures individualisées à la psychologie complexe. Le théâtre de Molière est représentatif de cette évolution puisqu'il met en scène aussi bien des personnages farcesques que des personnages ambigus et complexes, comme Dom Juan.

# Exercices d'entraînement

## Observer

### 1 Repérer les liens entre différents documents

**1.** De quelles natures sont les documents qui composent cet ensemble ?
**2.** Quelles remarques pouvez-vous faire sur les dates de publication ou de création des trois premiers documents ?
**3.** Qu'est-ce qui rapproche ces documents ? Qu'est-ce qui les oppose ?
**4.** Quel élément pourra faire le lien entre tous les documents et servir d'axe principal à votre réflexion ? Justifiez votre réponse.
**5.** Quelles parties de la synthèse (document D) utiliserez-vous plus précisément ? Expliquez.

Corpus :
**Document A** : P. Eluard, *Capitale de la douleur*, « La courbe de tes yeux… » (1926) → p. 59
**Document B** : R. Magritte, *La Tentative de l'impossible* (1928) → p. 70
**Document C** : R. Queneau, *Battre la campagne*, « La main à la plume » (1968) → p. 41
**Document D** : séquence 3, synthèse → p. 79

## Analyser

### 2 Résumer des documents en vue d'une introduction

**1.** Choisissez un article d'encyclopédie consacré à un dramaturge représenté dans le manuel, et proposez un résumé de ce document.
**2.** Faites le même exercice sur un article de dictionnaire des œuvres consacré à une pièce de cet auteur.
**3.** Dans le cadre d'une présentation en classe de l'un des textes de la partie I écrits par cet auteur, présentez votre texte en utilisant les informations majeures des deux résumés.

### 3 Synthétiser plusieurs documents

**1.** À quel genre littéraire les deux premiers documents appartiennent-ils ?
**2.** Qu'est-ce qui fait le lien entre ces deux documents ? Inspirez-vous des thèmes des documents C et D.
**3.** Résumez les documents A, B et C.
**4.** Sous quel angle allez-vous lire le document D ? Doit-il être lu intégralement ? Expliquez.
**5.** Relevez parmi toutes les informations recueillies deux ou trois idées essentielles qui vous serviront à remplir le tableau suivant.

| | Idée n°1 | Idée n°2 | Idée n°3 |
|---|---|---|---|
| Document A | | | |
| Document B | | | |
| Document C | | | |
| Document D | | | |

Corpus:
**Document A** : V. Hugo, *Hernani* (1830) → p. 237
**Document B** : E. Rostand, *Cyrano de Bergerac* (1897) → p. 246
**Document C** : un chapitre consacré au théâtre dans une histoire littéraire du XIXe siècle (CDI)
**Document D** : un article d'encyclopédie sur l'art romantique (CDI ou Internet)

### 4 Élaborer un plan de synthèse

**1.** À quel genre littéraire les deux premiers documents appartiennent-ils ?
**2.** Quel type de personnage présentent-ils ? Quels sont leurs points communs et leurs différences ?
**3.** Après avoir résumé les documents A, B et C, faites ressortir les points de convergence et les divergences entre les idées proposées par chacun.
**4.** Quel éclairage complémentaire le document C apporte-t-il ? Quel angle nouveau fournit-il à cette sélection ? Justifiez.
**5.** Quel type de plan est le plus adapté à l'ensemble des documents ?
**6.** Détaillez le plan de la synthèse de ces documents.

Corpus :
**Document A** : G. de Maupassant, *Bel-Ami* (1885) → p. 153
**Document B** : J. Conrad, *Au cœur des ténèbres* (1899) → p. 162
**Document C** : séquence 7, synthèse → p. 166
**Document D** : un portrait masculin datant de la Belle Époque (1870-1914) dans un livre d'art disponible au CDI

## Écrire

### 5 Rédiger un paragraphe de synthèse

À partir des documents de l'exercice 1, déterminez une idée principale faisant le lien entre tous les documents et présentez-la dans un paragraphe entièrement rédigé.

CHAPITRE 3

# Rédiger un commentaire littéraire

Pablo Picasso (1881-1973), *Jeune fille lisant à une table* (1934), huile sur toile, 162 x 130,5 cm (New York, The Metropolitan Museum of Art).

500 **Fiche 1**
Examiner le texte à commenter

504 **Fiche 2**
Définir un projet de lecture

507 **Fiche 3**
Construire un plan détaillé de commentaire

510 **Fiche 4**
Rédiger l'introduction et la conclusion du commentaire

513 **Fiche 5**
Enchaîner des paragraphes de commentaire

OBJECTIF

**Comprendre un texte puis rendre compte de son analyse dans un commentaire organisé.**

## Définition

Le **commentaire littéraire** repose sur l'étude précise et rigoureuse d'un texte de vingt à trente lignes en rapport avec un objet d'étude. Il faut s'efforcer, à partir d'un **projet de lecture** précis, de mettre en relation le sens et les procédés d'écriture, dans un devoir méthodiquement structuré.

**Remarques :**

– le commentaire comparé, surtout proposé en série L, porte sur l'étude de deux textes à confronter ;

– dans les séries technologiques, le commentaire est guidé grâce à des questions.

## Méthode et finalités

Le commentaire ne doit pas se limiter à une paraphrase – simple reformulation – du texte, ou bien à une liste organisée de procédés de style.

Il s'agit au contraire d'éclairer le sens d'un texte et de mettre en valeur ses qualités littéraires, travail qui se déroule en plusieurs phases :

- **comprendre** le texte ;
- **analyser** les procédés d'écriture en lien avec les effets ;
- **organiser** son brouillon ;
- **rédiger** le commentaire ;
- **relire** l'ensemble.

L'ensemble de ces étapes de travail occupe environ 2h 45 à la suite d'1h 15 consacré au corpus, lors de l'épreuve écrite de 4h au bac.

→ p. 484 : ANALYSER UN CORPUS ET RÉDIGER UNE RÉPONSE ORGANISÉE

# Fiche méthode 1 Examiner le texte à commenter

**OBJECTIF :** Identifier les caractéristiques principales d'un texte.

## MÉTHODE

**Organisation du temps :** 20 min

Pour commencer l'étude d'un texte, il faut :
- le lire attentivement pour comprendre son sens littéral ;
- le situer dans un contexte précis ;
- distinguer les aspects essentiels de son écriture.

### ÉTAPE 1 Lire attentivement le texte et le paratexte

• **Prendre en compte le texte et le paratexte.** Il s'agit de :
- **lire attentivement** le texte et les notes de vocabulaire qui l'accompagnent ;
- **préciser le contexte** historique et culturel, l'appartenance de l'auteur à un mouvement littéraire ou inscrire le texte dans une **thématique** (Ex. : la rencontre amoureuse) ;
- **utiliser les informations du paratexte** pour mieux comprendre le texte, sa situation dans l'œuvre ;
- déterminer en quoi le texte se rattache à l'**objet d'étude**.

### ÉTAPE 2 Définir les aspects essentiels du texte

• **Effectuer les premiers repérages :** définir le genre littéraire et le type de texte.
- Quel est le **genre** du texte (roman, pièce de théâtre, essai, poème…) ?
→ p. 400 : CHAPITRES 3, 4, 5 ET 6
- Quel est le **type** de texte (narratif, descriptif, argumentatif, explicatif) ?

**Remarque :** les types de texte peuvent être mêlés.
→ p. 388 : CHAPITRE 2

• **Préciser l'examen du texte :** mettre en œuvre les premiers outils d'analyse.
- **Qui ?** = Quels personnages agissent ou s'expriment ? Sont-ils décrits, mis en scène ? L'énonciateur est-il présent dans le texte ? Est-ce l'indice de l'engagement de l'auteur (argumentation) ou d'une focalisation précise (narration) ?
→ p. 371 : COMMUNICATION, ÉNONCIATION ET MODALISATION
→ p. 432 : LE NARRATEUR ET LA FOCALISATION
- **Quoi ?** = Quels thèmes sont abordés ? Quel est le sujet de la description, du récit, du dialogue… ? Quelle thèse est défendue ou réfutée ?
- **Où et quand ?** = Le contexte spatio-temporel est-il précis ? Repère-t-on une chronologie ?
- **Comment ?** = Un registre, un ton, est-il perceptible ?

• **Percevoir la structure du texte**

Il faut être sensible à la **progression** du texte. L'étude de la structure varie en fonction du genre et du type de texte :
- pour un **texte poétique**, on repère le découpage strophique, l'agencement des rimes, les effets d'écho… → P. 400 : CHAPITRE 3
- dans un **essai**, on observe la stratégie, le circuit argumentatif…
→ p. 412 : CHAPITRE 4

– dans un **extrait de roman,** on étudie les étapes du récit, la composition du portrait…
→ p. 424 : CHAPITRE 5
– au **théâtre**, on distingue tirade, dialogue, monologue, didascalie…, entrée ou sortie d'un personnage, rapports de force entre les personnages qui peuvent s'inverser au cours d'une scène.
→ p. 440 : CHAPITRE 6

## ÉTAPE 3 Faire un premier bilan

À l'issue de cette lecture, au brouillon, il est conseillé de :
– **résumer** les **intérêts essentiels** du texte ;
– **lister les notions liées à l'objet d'étude**, qui serviront à analyser ce texte.

**Remarque :** pour le commentaire comparé, un double bilan de lecture permet de dégager les premières convergences ou divergences.

# APPLICATION

**Objet d'étude** : Le personnage de roman, du XVII^e^ siècle à nos jours.

**TEXTE À COMMENTER**

*Durant la Seconde Guerre mondiale, Albert Camus rédige un roman allégorique dont l'action se déroule dans les années 1940, à Oran, en Algérie, lors d'une épidémie de peste. Dans l'avant-dernier chapitre, alors que l'épidémie dévaste la ville, le docteur Rieux et son ami Tarrou s'accordent un bain de mer après une journée épuisante de lutte contre la maladie.*

Ils se déshabillèrent. Rieux plongea le premier. Froides d'abord, les eaux lui parurent tièdes quand il remonta. Au bout de quelques brasses, il savait que la mer, ce soir-là, était tiède, de la tiédeur des mers d'automne qui reprennent à la terre la chaleur emmagasinée pendant de longs mois. Il nageait régulièrement. Le battement de ses pieds laissait derrière lui un bouillonnement d'écume, l'eau fuyait le long de ses bras pour se coller à ses jambes. Un lourd clapotement lui apprit que Tarrou avait plongé. Rieux se mit sur le dos et se tint immobile, face au ciel renversé, plein de lune et d'étoiles. Il respira longuement. Puis il perçut de plus en plus distinctement un bruit d'eau battue, étrangement clair dans le silence et la solitude de la nuit. Tarrou se rapprochait, on entendit bientôt sa respiration. Rieux se retourna, se mit au niveau de son ami, et nagea dans le même rythme. Tarrou avançait avec plus de puissance que lui et il dut précipiter son allure. Pendant quelques minutes, ils avancèrent avec la même cadence et la même vigueur, solitaires, loin du monde, libérés enfin de la ville et de la peste. Rieux s'arrêta le premier et ils revinrent lentement, sauf à un moment où ils entrèrent dans un courant glacé. Sans rien dire, ils précipitèrent tous deux leur mouvement, fouettés par cette surprise de la mer.

Habillés de nouveau, ils repartirent sans avoir prononcé un mot. Mais ils avaient le même cœur et le souvenir de cette nuit leur était doux. Quand ils aperçurent de loin la sentinelle de la peste[1], Rieux savait que Tarrou se disait, comme lui, que la maladie venait de les oublier, que cela était bien, et qu'il fallait maintenant recommencer.

Albert Camus, *La Peste*, chapitre IV, 6 (extrait, 1947),


1. Des gardes empêchent les habitants de quitter Oran, et de propager l'épidémie hors de la ville.

## ÉTAPE 1 Lire attentivement le texte et le paratexte

• **Prendre en compte le texte et le paratexte**

**Informations fournies par le paratexte :**

– Il s'agit d'un roman, donc d'une fiction, qui met en scène deux amis, Rieux, un médecin et Tarrou. Tous deux participent à l'épuisant combat contre la peste.

– Le cadre est réaliste (ville d'Oran en Algérie), mais on comprend que la lutte contre le fléau de la maladie prend une dimension symbolique : l'épidémie peut évoquer la guerre, le fascisme, le mal quel qu'il soit.

– Dans les années 1940, A. Camus, représentant du mouvement philosophique de l'absurde, invite à un questionnement sur le sens de l'existence, sur la révolte et l'action contre le mal sous toutes ses formes.

**Du paratexte au texte :**

L'Algérie est le pays natal de Camus ; son attachement pour la mer Méditerranée est retranscrit dans ce passage de roman.

## ÉTAPE 2 Définir les aspects essentiels du texte

• **Effectuer les premiers repérages**

– **Genre :** roman allégorique (symbolique).

– **Type de texte :** narratif avec la prédominance des verbes d'action au passé simple, et l'évolution d'une situation initiale à une situation finale, dans un cadre spatio-temporel défini ; des éléments descriptifs sont associés aux perceptions des personnages.

• **Préciser l'examen du texte**

– **Qui ?** Deux amis : Rieux et Tarrou ; narration à la troisième personne ; point de vue interne puis omniscient ; distance du narrateur par rapport à son récit : on ne devine pas forcément ici que Rieux est le narrateur de la « chronique » de la peste.

– **Quoi ?** Une baignade en mer ; une parenthèse enchantée pour ces personnages qui luttent au quotidien contre l'épidémie ; des perceptions sensorielles et une communion avec la nature.

– **Où et quand ?** Une nuit d'automne au bord de la mer (l. 3 et 8), à l'écart de la ville pestiférée d'Oran, donc un moment à part dans le déroulement du roman.

– **Comment ?** Une écriture poétique et le registre lyrique (sentiments, rythme, sonorités) ; il s'agit bien d'une pause dans la « chronique » de la peste.

• **Percevoir la structure du texte**

– **Situation initiale** (l. 1) : les personnages se déshabillent = transition entre deux univers, la ville et la mer.

– **Événement 1** (l. 1-6) : Rieux plonge en premier et nage.

– **Événement 2** (l. 6-11) : Tarrou plonge et se rapproche.

– **Événement 3** (l. 11-15) : les deux personnages nagent ensemble.

– **Événement 4** (l. 15-17) : ils se décident à remonter vers le rivage.

– **Situation finale** (dernier paragraphe) : les personnages se rhabillent pour regagner la ville et reprendre leur lutte = nouvelle transition, la parenthèse se referme.

**Remarque :** toutes les étapes du récit mêlent actions, descriptions et perceptions des personnages.

## ÉTAPE 3 Faire un premier bilan

• **Résumer les intérêts essentiels du texte :** le récit d'une baignade nocturne renforce l'amitié entre deux hommes et cette communion avec la nature leur permet d'oublier provisoirement la peste. L'écriture insiste sur la beauté de ce moment, sur le bonheur sensuel procuré par ce bain de mer tandis que la peste qui rôde est perçue comme une menace pesant sur la ville.

• **Lister les notions liées à l'objet d'étude :**

– le personnage de roman ;

– les notions propres aux textes narratifs : le schéma narratif, l'étude des temps verbaux, la focalisation, le cadre spatio-temporel ;

→ p. 424 : LES NOTIONS PROPRES AU RÉCIT

– la caractérisation des personnages ;

– la réflexion humaniste sur le sens de l'existence (amitié, bonheur, combat contre le mal) qui est proposée par le romancier (sa vision du monde).

# Exercices d'entraînement

## 1 Lire le texte et en définir les aspects essentiels

**1.** Repérez deux types de discours rapporté. Quels genres différents semblent ainsi se mêler ?
→ p. 434 : LE PERSONNAGE
**2.** Relevez les informations utiles du paratexte. À quelles questions répondent-elles ?
**3.** À quel mouvement littéraire Diderot appartient-il ? Est-ce perceptible dans ce dialogue ?
**4.** Reformulez les thèses défendues par chaque interlocuteur.
→ p. 418 : LE CIRCUIT ARGUMENTATIF
**5.** Dans quelle mesure le texte se rattache-t-il à l'objet d'étude indiqué ? Justifiez.
**6.** Faites le bilan de cette lecture.

**Objet d'étude :** La question de l'homme dans les genres de l'argumentation, du XVIe siècle à nos jours

*Dans ce dialogue philosophique, Diderot se met lui-même en scène, conversant avec son père et d'autres interlocuteurs. Arrive le docteur Bissei, médecin de la famille, avec qui le narrateur engage la discussion.*

MOI. – [...] On vous appelle ; vous accourez, vous ouvrez les rideaux, et vous reconnaissez Cartouche ou Nivet[1]. Guérirez-vous Cartouche ou Nivet ?

Le docteur Bissei, après un moment d'incertitude, répondit ferme qu'il le guérirait ; qu'il oublierait le nom du malade, pour ne s'occuper que du caractère de la maladie ; que c'était la seule chose dont il lui fût permis de connaître[2] ; que s'il faisait un pas au-delà, bientôt il ne saurait plus où s'arrêter ; que ce serait abandonner la vie des hommes à la merci de l'ignorance, des passions, du préjugé, si l'ordonnance devait être précédée de l'examen de la vie et des mœurs du malade. « Ce que vous me dites de Nivet, un janséniste[3] me le dira d'un moliniste[4], un catholique d'un protestant. Si vous m'écartez du lit de Cartouche, un fanatique m'écartera du lit d'un athée. C'est bien assez que d'avoir à doser le remède, sans avoir encore à doser la méchanceté qui permettrait ou non de l'administrer[5]...

– Mais, docteur, lui répondis-je, si après votre belle cure[6], le premier essai que le scélérat fera de sa convalescence, c'est d'assassiner votre ami, que direz-vous ? Mettez la main sur la conscience ; ne vous repentirez-vous point de l'avoir guéri ? Ne vous écrierez-vous point avec amertume : Pourquoi l'ai-je secouru ! Que ne le laissais-je mourir ! N'y a-t-il pas là de quoi empoisonner le reste de votre vie...

LE DOCTEUR BISSEI. – Assurément, je serai consumé de douleur ; mais je n'aurai point de remords.

Denis DIDEROT, *Entretien d'un père avec ses enfants* (extrait, 1771).

1. Deux bandits qui furent condamnés à mort au XVIIIe siècle. 2. De juger. 3. Partisan d'un catholicisme austère. 4. Adepte d'un catholicisme moins sévère. 5. Donner (le remède). 6. Vos soins.

## 2 Dégager les aspects et la structure du texte

**1.** Identifiez le genre, le(s) type(s) de texte et les thèmes abordés.
**2. a.** Est-il utile de connaître le contexte historique de ce poème pour l'expliquer ? Justifiez.
**b.** Quelles expressions peuvent être considérées comme des allusions imagées ?
→ p. 384 : LES FIGURES DE RHÉTORIQUE
**3.** Repérez les indices de l'énonciation : quelle évolution notez-vous au fil du poème ?
→ p. 371 : COMMUNICATION, ÉNONCIATION ET MODALISATION
**4.** Commentez le titre du texte. Quel serait le rôle du poète en ces temps douloureux ? Justifiez en vous appuyant sur la structure logique du texte.
→ p. 418 : LE CIRCUIT ARGUMENTATIF.
**5.** Reliez vos relevés à l'objet d'étude et faites le bilan de votre lecture.

**Objet d'étude :** Écriture poétique et quête du sens, du Moyen Âge à nos jours

*Auteur de poèmes surréalistes marqués par le rêve et l'inconscient, Robert Desnos entre dans la Résistance en 1942. Arrêté par la Gestapo, il est déporté au camp de Buchenwald en 1944.*

### Demain

Âgé de cent-mille ans, j'aurais encor la force
De t'attendre, ô demain pressenti par l'espoir.
Le temps, vieillard souffrant de multiples entorses,
Peut gémir : neuf est le matin, neuf est le soir.

Mais depuis trop de mois nous vivons à la veille,
Nous veillons, nous gardons la lumière et le feu,
Nous parlons à voix basse et nous tendons l'oreille
À maint bruit vite éteint et perdu comme au jeu.

Or, du fond de la nuit, nous témoignons encore
De la splendeur du jour et de tous ses présents.
Si nous ne dormons pas c'est pour guetter l'aurore
Qui prouvera qu'enfin nous vivons au présent.

Robert DESNOS, *Destinée arbitraire*, « État de veille » (1942), © Gallimard (1963).

# Fiche méthode 2 Définir un projet de lecture

OBJECTIF : Analyser le texte avant de définir un projet de lecture.

## MÉTHODE

**Organisation du temps :** 45 min

L'analyse détaillée du texte porte sur les procédés grammaticaux, lexicaux et stylistiques qui assurent sa cohérence et mettent en valeur sa signification.

### ÉTAPE 4 Repérer les procédés d'écriture pour dégager la signification du texte

- On a le choix entre une **lecture linéaire**, effectuée au fil du texte, et une **lecture transversale** qui met en relation divers aspects du texte ; mais on peut aussi bien combiner ces deux démarches.
- Un **tableau** en trois colonnes met en évidence les interprétations qui découlent de l'analyse précise des relevés ; il évite tout risque de paraphrase, de simple reformulation du texte.

| Relevés | Analyses | Interprétations |
| --- | --- | --- |
| • **Sélectionner des citations** courtes et éclairantes par rapport à l'objet d'étude ou au thème du texte.<br>Il peut s'agir :<br>– d'un mot ou d'un groupe de mots ;<br>– d'une phrase brève.<br>• **Indiquer** précisément les lignes ou les vers.<br>**Remarque : rapprocher plusieurs citations** permet de passer de la lecture linéaire à la lecture transversale. | • **Utiliser un vocabulaire grammatical** précis (la valeur des temps verbaux, les marques de l'énonciation ; les classes de mots : nom, verbe, adjectif, déterminant…).<br>• **Préciser l'analyse** des **aspects lexicaux** (champs lexicaux, polysémie, niveau de langue, connotations…).<br>• **Reconnaître** les **figures de rhétorique**.<br>→ p. 370 : LES OUTILS DE L'ANALYSE STYLISTIQUE | • **Expliquer** le sens de la citation.<br>• **Comprendre quel effet** elle produit et comment elle met en valeur le sens du texte.<br>• **Élucider** les connotations, les éléments symboliques…<br>• **Donner des explications contextuelles** (historiques, culturelles…).<br>• **Mettre en relation** différents aspects du texte (échos, contrastes…). |

### ÉTAPE 5 Formuler le projet de lecture du texte

- En relisant la dernière colonne du tableau, on peut alors :
  – **dégager les deux ou trois principales idées** qui ressortent de l'analyse du texte ;
  – **définir un projet de lecture**, qui sera le **fil conducteur** du commentaire.
- Il correspond à ce qu'on appelle la **problématique** dans une dissertation, et peut être lié à l'objet d'étude, à une tradition ou un mouvement littéraire, à la place particulière occupée par le texte dans l'œuvre (ouverture, dénouement), au renouvellement d'un thème, d'une forme… On définit ainsi l'**enjeu littéraire** du texte, ce qui le rend particulièrement intéressant à étudier.
- Il faut éviter les projets de lecture qui reposent sur une approche psychologique ou un jugement de valeur, ou ceux qui sont trop techniques, purement stylistiques.

**Remarques :**

– pour les séries technologiques, ces étapes sont guidées par un parcours de lecture ou par des questions ;

– pour le commentaire comparé, on identifie les enjeux communs ou les oppositions.

# APPLICATION

**TEXTE À COMMENTER** A. Camus, *La Peste* (1947) → p. 501

## ÉTAPE 4 Repérer les procédés d'écriture pour dégager la signification du texte

| Relevés (lecture linéaire) | Analyses | Interprétation |
|---|---|---|
| – *Ils se déshabillèrent* (l. 1) | – Phrase minimale, passé simple | Rapidité de l'action → transition, passage d'un univers à l'autre |
| – *Rieux* (l. 1) → *lui parurent* (l. 1-2)<br>– *froides, tièdes* (l. 1, 2) | – Rieux sujet du verbe d'action<br>– Verbe modalisateur, *lui* = complément d'attribution | – Perception de Rieux en focalisation interne = approche sensorielle ; contrastes des connotations |
| – *quelques brasses* (l. 2) | – Champs lexicaux : la mer, la nage, les températures, l'ouïe | – Nage = métaphore de l'action |
| – *L'eau fuyait* (l. 5, 6)<br>– *Un lourd clapotement* (l. 6) | – Personnification de l'eau | – Mer = élément vivant |
| – *plein de lune et d'étoiles, dans le silence et la solitude de la nuit* (l. 8, 9-10) | – Cadre spatio-temporel | – Personnages muets à l'écoute de la nature, en harmonie avec elle<br>– Beauté, sérénité du cadre = vision cosmique |
| – *Tarrou se rapprochait* (l. 10) | – Deuxième personnage, sujet de l'action | – Alternance des prénoms ; force de l'amitié, pas de compétition |
| – *on entendit* (l. 10) | – Pronom indéfini, sujet du verbe de perception | – Focalisation omnisciente |
| – *le même rythme* (l. 11-12)<br>– *la même cadence et la même vigueur* (l. 13-14)<br>– *le même cœur* (l. 19) | – Répétition ; rythmes binaires | – Identité de deux amis en accord ; réunis par le pluriel<br>– Rythme → registre lyrique |
| – *ils avancèrent* (l. 13)<br>– *solitaires* (l. 14), *libérés* (l. 14) | – Pluriels : pronom personnel de la troisième personne et adjectif qualificatif | – Paradoxe : personnages seuls mais unis (hors de la ville / amitié) |
| – *Pendant quelques minutes* (l. 13) | – Complément circonstanciel de durée (phrase longue) et de lieu | – Durée, importance et intensité de l'expérience |
| – *loin du monde* (l. 14)<br>– *de loin la sentinelle de la peste* (l. 20) | – Métaphore<br>– Personnification | – Lieu privilégié à l'écart de la ville pestiférée (opposition de deux mondes) |
| – *fouettés par cette surprise de la mer* (l. 17) | – Verbes de sensations et de sentiments + discours indirect | – Action énergisante de la mer = vie, réactivité |
| – *Rieux savait que Tarrou se disait* (l. 20)<br>– *la maladie venait de les oublier* (l. 20-21) | – Personnification + pronom personnel COD qui relie les deux amis | – Focalisation interne : point de vue de Rieux<br>– Parenthèse de pur bonheur |
| – *il fallait maintenant recommencer* (l. 21-22) | – Préfixe *re* du verbe | mais bonheur provisoire car vie = perpétuel recommencement = lutte contre l'absurde |

## ÉTAPE 5 Formuler le projet de lecture du texte

- Les codes couleurs identifient deux idées principales dans le texte :

– le violet renvoie aux actions des personnages soudés par leur amitié et partageant le même combat contre la peste ;
– le vert souligne le lyrisme d'un texte où dominent la sensualité et une harmonie entre les hommes et la nature.

On peut déduire de ce bilan le projet de lecture suivant : Dans quelle mesure l'évocation de ce moment d'amitié marque-t-elle une pause lyrique dans ce roman sur la peste ?

# Exercices d'entraînement

## 1 Analyser l'écriture

**1.** **Développez l'analyse du texte en complétant le tableau ci-dessous.**
**2.** **Repérez trois idées principales d'après la troisième colonne.**

| Relevés | | Analyses | Interprétations |
|---|---|---|---|
| Lecture linéaire | Lecture transversale | | |
| – *On vous appelle… Nivet ?* (l. 1-3)… | – Indices de l'énonciation très présents dans le dialogue… | – Emploi répété de vous et présent de l'indicatif… | – Médecin interpellé<br>– Bandits connus mis en scène pour renforcer l'argumentation… |

**Support :** D. Diderot, *Entretien d'un père avec ses enfants* (1771) → EXERCICE 1, p. 503

## 2 Choisir un projet de lecture

**1.** **Identifiez les deux projets de lecture satisfaisants. Justifiez vos choix.**
**2.** **Expliquez les défauts des autres projets de lecture.**

**Support :** D. Diderot, *Entretien d'un père avec ses enfants* (1771) → EXERCICE 1, p. 503

**Proposition 1 :** Comment le docteur Bissei et Diderot développent-ils leur discours à propos des malfaiteurs, des médecins et de la religion ?

**Proposition 2 :** De quelle manière le genre du dialogue argumentatif permet-il de nuancer la réflexion sur la déontologie médicale ?

**Proposition 3 :** Dans quelle mesure ce texte comporte-t-il aussi bien des exemples que des interrogations et des exclamations ?

**Proposition 4 :** Comment le philosophe des Lumières développe-t-il une argumentation ouverte invitant le lecteur à s'interroger sur les liens entre la médecine et la justice ?

**Proposition 5 :** Pouvons-nous savoir qui a raison dans ce dialogue ?

## 3 Formuler un projet de lecture

**1.** **Étudiez le texte dans un tableau d'analyse.**
**2.** **À partir des deux ou trois idées directrices repérées dans la colonne « Interprétations », formulez un projet de lecture.**

**Support :** R. Desnos, « Demain » (1942-1963)
→ EXERCICE 2, p. 503

## 4 De la découverte du texte au projet de lecture

**1.** **À quel objet d'étude ce texte se rattache-t-il ? Justifiez.**
**2.** **Analysez ce paragraphe en suivant les étapes 1 à 4 des fiches de méthode 1 et 2.**
**3.** **Formulez le projet de lecture qui convient.**

*Dans cet essai critique, le poète Charles Baudelaire se désolidarise des philosophes des Lumières qui idéalisent la nature ; selon lui, seule la culture perfectionne le monde.*

La femme est bien dans son droit, et même elle accomplit une espèce de devoir en s'appliquant à paraître magique et surnaturelle ; il faut qu'elle étonne, qu'elle charme ; idole, elle doit se dorer pour être adorée. Elle doit donc emprunter à tous les arts les moyens de s'élever au-dessus de la nature pour mieux subjuguer les cœurs et frapper les esprits. Il importe fort peu que la ruse et l'artifice soient connus de tous, si le succès en est certain et l'effet toujours irrésistible. C'est dans ces considérations que l'artiste philosophe trouvera facilement la légitimation de toutes les pratiques employées dans tous les temps par les femmes pour consolider et diviniser, pour ainsi dire, leur fragile beauté. L'énumération en serait innombrable ; mais, pour nous restreindre à ce que notre temps appelle vulgairement maquillage, qui ne voit que l'usage de la poudre de riz, si niaisement anathématisé[1] par les philosophes candides[2], a pour but et pour résultat de faire disparaître du teint toutes les taches que la nature y a outrageusement semées, et de créer une unité abstraite dans le grain et la couleur de la peau, laquelle unité, comme celle produite par le maillot, rapproche immédiatement l'être humain de la statue, c'est-à-dire d'un être divin et supérieur ? Quant au noir artificiel qui cerne l'œil et au rouge qui marque la partie supérieure de la joue, bien que l'usage en soit tiré du même principe, du besoin de surpasser la nature, le résultat est fait pour satisfaire à un besoin tout opposé. Le rouge et le noir représentent la vie, une vie surnaturelle et excessive ; ce cadre noir rend le regard plus profond et plus singulier, donne à l'œil une apparence plus décidée de fenêtre ouverte sur l'infini ; le rouge, qui enflamme la pommette, augmente encore la clarté de la prunelle et ajoute à un beau visage féminin la passion mystérieuse de la prêtresse.

Charles Baudelaire, *Le Peintre de la vie moderne*, IX : « Éloge du maquillage » (extrait, 1863).

1. Condamné sévèrement (terme religieux). 2. Ignorants.

**Fiche méthode 3**

# Construire un plan détaillé de commentaire

OBJECTIF : Organiser et enchaîner les parties et les paragraphes du développement.

## MÉTHODE

**Organisation du temps :** 25 min

Le commentaire est un exercice d'argumentation, dans la mesure où le projet de lecture constitue la thèse que l'on soutient au sujet du texte étudié. Le plan détaillé met en évidence les arguments qui vont développer ce projet → FICHE MÉTHODE 2, p. 504.

## ÉTAPE 6 Élaborer un plan détaillé structuré

### • Bâtir d'abord les parties du développement

Les **parties** correspondent aux deux ou trois **idées directrices** repérées dans la colonne « Interprétations » du tableau d'analyse → FICHE MÉTHODE 2, p. 504 et sur lesquelles se fonde le projet de lecture.

Ex. : si le projet de lecture consiste à étudier en quoi un début de roman remplit ses fonctions d'*incipit*, les idées directrices peuvent se décliner de cette façon :

– première partie : fonction informative de ce début de roman ;

– deuxième partie : fonction d'annonce de l'*incipit*.

**Remarque :** pour les séries technologiques, les parties de développement sont proposées dans le sujet, sous forme de questions.

### • Formuler ensuite les titres des paragraphes

Les **parties** comportent **trois** ou **quatre paragraphes**. Chaque **paragraphe** développe un **argument** dont la fonction est d'étayer l'idée directrice de la partie.

Ex. : première partie : fonction informative de l'*incipit*.

– Argument du 1er § : le cadre géographique situe spatialement l'intrigue.

– Argument du 2e § : les repères temporels inscrivent le récit dans une époque, une durée.

– Argument du 3e § : l'*incipit* présente les futurs protagonistes de l'intrigue.

### • Mettre en évidence la progression argumentative du développement

– Les titres des deux ou trois **parties** peuvent être reliés dans une phrase dont la cohérence est soulignée à l'aide de **connecteurs logiques** (conjonctions de coordination).

Ex. : le commentaire d'une fable consiste souvent à montrer comment l'art du récit met en valeur la visée argumentative du texte. On peut donc formuler la phrase suivante :

La fable est avant tout un récit dramatique et poétique qui divertit le lecteur [= première partie], mais elle a aussi pour enjeu d'illustrer une morale de façon plaisante [= deuxième partie].

– Les intitulés des **paragraphes** sont eux aussi soudés par les marques d'une **progression** rigoureuse, grâce aux connecteurs logiques : *D'abord…*, *Ensuite…*, Enfin… / *Certes…*, *Cependant…* / *D'une part…*, *d'autre part…*

Ex. : I. Un récit dramatique et poétique qui divertit le lecteur…

– 1er § : Tout d'abord, par la structure narrative qui assure la cohérence du récit…
= étude du schéma narratif.

– 2e § : Mais surtout par des procédés dramatiques qui mettent en valeur la structure narrative…
= analyse des temps verbaux, du discours direct…
– 3e § : Enfin, par des procédés poétiques qui transportent le lecteur dans un univers symbolique…
= étude des sonorités et des métaphores.

**Remarque :** pour le commentaire comparé, le plan doit permettre de comparer les deux textes dans chaque partie et chaque paragraphe.

# APPLICATION

**TEXTE À COMMENTER** A. Camus, *La Peste* (1947) → p. 501

**Projet de lecture :** Dans quelle mesure l'évocation de ce moment d'amitié marque-t-il une pause lyrique dans ce roman sur la peste ?

## ÉTAPE 6 Élaborer un plan détaillé structuré

Cette page de roman est marquée par le thème de l'amitié et par le registre lyrique. Il s'agit en effet :

***I. d'un récit qui met en valeur l'amitié entre deux hommes d'action partageant le même combat…***

*– 1er § : Le narrateur insiste en effet sur l'amitié et la communion entre les deux hommes, loin de la peste…*
*= identité de mouvement et de sentiment, effets de rythme.*
*– 2e § : Il dévoile aussi au fil du récit leurs actions et leurs pensées à l'unisson.*
*= focalisations (omnisciente et interne).*
*– 3e § : Et c'est finalement ce qui leur redonne la force de lutter contre le mal.*
*= antithèse mer (vie)/maladie (menace de mort) ; transition à la fin de cette parenthèse heureuse.*

***II. mais aussi d'une parenthèse lyrique soulignant la dimension apaisante et vivifiante de ce bain de mer.***

*– 1er § : Tout d'abord, le cadre spatio-temporel permet aux personnages d'oublier la ville et la peste.*
*= caractérisation du cadre, vision cosmique.*
*– 2e § : Ce lieu à part permet ainsi aux deux amis de partager des sensations intenses…*
*= schéma narratif, champ lexical du mouvement.*
*– 3e § :… car ils appréhendent de la même manière la beauté du monde, ils sont en osmose avec la nature.*
*= personnification de la mer, tournures passives, champ lexical de l'ouïe et du toucher.*

**Questions :**

**1.** Analysez les liens logiques qui unissent les paragraphes.
**2.** Peut-on inverser l'ordre des parties ? pourquoi ?

# Exercices d'entraînement

## 1 Reconstituer la logique d'un plan détaillé

**1.** Reconstituez avec logique les étapes de ce plan.
**2.** Ajoutez des connecteurs logiques.
**3.** Testez cette progression en enchaînant les titres des parties dans une phrase synthétique.

**Support :** Stendhal, *Le Rouge et le Noir* (1830) → p. 152

**Plan en désordre :**

***I. Le portrait d'un ambitieux***
*1er § : Une « nouvelle Babylone », fascinante, mais dangereuse*
*2e § : Le regard de Julien sur cet univers inconnu*
*3e § : Un univers codifié sur lequel ironise le narrateur*

***II. La découverte d'un monde étranger***
*1er § : Julien Sorel, un héros à la fois naïf et audacieux*
*2e § : La mise en évidence d'étapes à franchir*
*3e § : Importance du décor dans un monde d'apparences*

## 2 Compléter et développer un plan détaillé

**1.** Trouvez un second titre de partie afin de compléter cette amorce de plan, sans oublier le connecteur logique.
**2.** Formulez les titres des paragraphes.
**3.** Ajoutez des connecteurs logiques pour chaque titre de paragraphe.
**4.** Vérifiez si l'ensemble peut être résumé en une phrase.

**Support :** C. Baudelaire, « Éloge du maquillage »
→ EXERCICE 3, p. 506

**Plan :**
I. Un éloge de l'artifice assez provocateur
II. …

## 3 Construire un plan détaillé

**1.** Préparez l'analyse du poème en suivant les étapes 1 à 4 de la méthode.
**2.** À partir de ces analyses, formulez un projet de lecture → ÉTAPE 5, p. 505.
**3.** Indiquez les titres des deux ou trois parties du plan.
**4.** Précisez les titres des paragraphes (trois par partie).
**5.** Ajoutez les connecteurs logiques appropriés.

*Le poète contemporain André Velter rend hommage au cheval Zingaro qui, en 1984, donna son nom au* Théâtre équestre *de Bartabas, célèbre écuyer, metteur en scène et chorégraphe.* Zingaro *signifie « tzigane » en italien.*

**Monsieur Zingaro**

Je te nomme maître de l'éphémère
toi le gardien du nom
toi l'emblème des insolences
toi le mastodonte[1] farceur qui joue
à la bête mythologique
et prend plaisir à étirer le temps
quand on te fête comme une idole

Bartabas t'a sevré et pris comme confident
il a écouté les histoires qui te hantent le sang
la plainte que tu siffles en dormant
cette violence faite à l'infini
sitôt qu'il y a des enclos des frontières
ce long chuintement des chariots
pour les migrations qui se changent en exodes

toi tu rêves en effaçant tes rêves
tu pleures avec les chevaux d'Achille[2]
devant la dépouille de Patrocle[3]
tu ris du spectre de Tamerlan[4]
qui dans un ciel vide
cherche où attacher sa monture
et tu ne renonces jamais aux licornes
toi tu galopes en assommant les pierres
tu sais que ta force impressionne
avec ses reflets d'argent
mais tu as l'œil câlin sous le toupet[5]
presque confiance dans les matins du monde
au fond tu n'es pas sérieux
et tu as dix-sept ans[6]

André Velter, *Zingaro, suite équestre* (1998),


**1.** Géant. **2.** Héros grec dont les chevaux étaient divins. **3.** Ami d'Achille. Ses chevaux ont pleuré sa mort. **4.** Redoutable conquérant d'Asie. **5.** Crins entre les oreilles du cheval. **6.** Allusion à un poème d'Arthur Rimbaud, « Roman » : *On n'est pas sérieux quand on a dix-sept ans.*

## 4 Compléter un plan de commentaire guidé (séries technologiques)

**1.** Préparez l'analyse du texte en suivant les étapes 1 à 4 ; aidez-vous des questions du manuel.
**2.** Formulez un projet de lecture en relation avec le parcours de lecture suivant :
I. En quoi ce texte est-il représentatif du roman réaliste ?
II. Quel intérêt cette mise en scène des deux personnages présente-t-elle ?
**3.** Proposez un plan détaillé qui développera ce projet de lecture et répondra aux deux questions.

**Objet d'étude :** Le personnage de roman, du XVII^e siècle à nos jours

**Support :** G. Flaubert, *Bouvard et Pécuchet*, extrait (1881)
→ p. 195

## 5 Construire le plan d'un commentaire comparé (série L)

**1.** Préparez l'analyse des deux textes en suivant les étapes 1 à 4.
**2.** Formulez un projet de lecture permettant d'établir un lien entre les deux textes.
**3.** Proposez un plan détaillé de développement :
– trouvez deux ou trois idées directrices en comparant la colonne *Interprétations* du tableau d'analyse de chaque texte ;
– formulez trois arguments par paragraphe.
**4.** Relisez attentivement le plan en contrôlant l'équilibre entre les remarques lexicales, grammaticales et stylistiques.

**Objet d'étude :** Les réécritures, du XVII^e siècle à nos jours

**Supports :**
**Texte A :** G. Flaubert, *Bouvard et Pécuchet* (1881) → p. 195
**Texte B :** R. Queneau, *Le Chiendent* (1933) → p. 197

Fiche méthode 4

# Rédiger l'introduction et la conclusion du commentaire

OBJECTIF : Élaborer et mettre en forme l'introduction et la conclusion d'un commentaire.

## MÉTHODE

▶ **Organisation du temps :** 20 min

L'introduction et la conclusion, étapes primordiales du commentaire, se rédigent intégralement au brouillon.

### ÉTAPE 7 Rédiger l'introduction et la conclusion

Rédiger l'**introduction** se fait en **trois étapes**, liées dans un paragraphe cohérent.

**• Situer le texte dans un cadre plus général**

– Présenter l'auteur, le mouvement littéraire, le contexte historique, s'il est éclairant.
– Donner les références du passage étudié (titre, année de publication).
– Situer l'extrait dans l'œuvre.

**Remarque :** certaines informations figurent dans le paratexte (introduction, références du texte).

**• Présenter le texte et le projet de lecture**

– Définir le sujet du texte, ses aspects essentiels (genre, type de texte…) → FICHE MÉTHODE 1, p. 500.
– Énoncer le projet de lecture, c'est-à-dire la question essentielle que soulève l'écriture du texte → FICHE MÉTHODE 2, p. 504.

**• Annoncer le plan**

– Faire apparaître l'enchaînement des parties qui répondront à la question en employant les connecteurs logiques appropriés.

**Remarque :** on n'annonce pas les paragraphes.

– **Conclure** se déroule en **deux étapes** formant un dernier paragraphe synthétique.

**• Établir le bilan**

Apporter une réponse synthétique et définitive à la question choisie comme projet de lecture, sans ajouter de citations ni de nouvelles analyses.

**• Ouvrir des perspectives**

Prolonger la réflexion en proposant un autre questionnement sur le texte. On peut, par exemple :
– replacer le texte dans une réflexion générale sur l'objet d'étude, l'auteur, le thème… ;
– le comparer avec un texte ou une œuvre d'art traitant du même sujet…

**Remarque générale sur l'introduction et la conclusion :** le pronom personnel *je* est à proscrire comme dans le développement rédigé. Préférez l'emploi de *nous*, du pronom indéfini *on* ou de formules impersonnelles (*l'analyse montre donc… ; il est envisageable de…*).

# APPLICATION

**TEXTE À COMMENTER** A. Camus, *La Peste* (1947) → p. 501

## ÉTAPE 7 Rédiger l'introduction et la conclusion

• **L'introduction**

Albert Camus appartient au courant philosophique de l'absurde, né des interrogations suscitées par la Seconde Guerre mondiale sur le sens de l'existence et l'attitude de l'homme face au mal. La Peste, roman rédigé pendant l'occupation allemande et publié en 1947, raconte comment des personnages organisent la lutte contre une épidémie de peste qui s'abat sur la ville d'Oran dans les années 1940. Dans l'un des derniers chapitres, après une éprouvante journée de travail, le personnage principal, le docteur Rieux, se baigne par une nuit d'automne avec son ami Tarrou. Dans quelle mesure l'évocation de ce moment d'amitié partagée marque-t-il une pause poétique dans ce roman sur le malheur ? Nous étudierons d'abord de quelle manière le récit met en évidence les liens d'amitié entre les deux hommes, puis nous verrons à quel point la dimension apaisante et vivifiante de ce bain de mer est soulignée par le lyrisme de cette évocation.

• **La conclusion**

La beauté poétique de cette page de roman invite le lecteur à se plonger aussi dans cette mer automnale revigorante et à y trouver comme Rieux et Tarrou la force d'affronter le malheur. Albert Camus constate une fois de plus l'absurdité de l'existence avec cette œuvre consacrée à une épidémie qui semble toujours renaître, mais il dépasse ce simple constat en rendant hommage à la beauté du monde et au sens de l'amitié, qui donnent la force de se révolter et de lutter. Certes, le romancier évoque ici avec lyrisme la Méditerranée de sa jeunesse, mais il situe aussi ce roman dans la continuité de son essai philosophique Le Mythe de Sisyphe, qui compare le sort de tout être humain à ce héros recommençant sans fin sa tâche, sans perdre sa raison de vivre.

# Exercices d'entraînement

## 1 Structurer une introduction

**1.** **Dans le tableau ci-dessous, quelles propositions ne sont pas pertinentes ? Expliquez les raisons.**
**2.** **Quel élément manque dans la deuxième étape de l'introduction (colonne B) ? Ajoutez-le.**
**3.** **Recopiez et complétez le contenu de la colonne C.**
**4.** **Rédigez l'ensemble de l'introduction.**

**Support :** D. Diderot, *Entretien d'un père avec ses enfants* (1771) → **EXERCICE 2, p. 503**

| **A. Texte situé dans un cadre plus général** | **B. Présentation du texte et du projet de lecture** | **C. Annonce du plan** |
|---|---|---|
| **A1.** Le dialogue philosophique, est un genre qui a inspiré le Grec Platon, et Diderot, au siècle des Lumières.<br>**A2.** Le père de Diderot était coutelier à Langres.<br>**A3.** Divers bandits sont restés célèbres, de Robin des Bois à Arsène Lupin.<br>**A4.** La justice et la raison sont des thèmes des Lumières. | **B1.** D. Diderot, Entretien d'un père avec ses enfants (1771).<br>**B2.** Dialogue argumentatif, entre récit et théâtre.<br>**B3.** L'auteur se met en scène.<br>**B4.** Diderot a écrit des romans et des pièces de théâtre.<br>**B5.** Deux thèses s'affrontent, la discussion est animée.<br>**B6.** Un personnage a raison, l'autre a tort. | Nous étudierons tout d'abord de quelle manière l'auteur… ; puis nous nous intéresserons à…, afin de montrer que… |

## 2 Structurer une conclusion

**1.** **Expliquez pour quelles raisons certaines propositions ne sont pas satisfaisantes.**
**2.** **Quelle proposition de la colonne A pourrait être utilisée dans la colonne B ? Justifiez puis améliorez la formulation.**
**3.** **Rédigez la conclusion.**

**Support :** R. Desnos, « Demain » (1942) → **EXERCICE 3, p. 503**

| **A. Bilan** | **B. Ouverture** |
|---|---|
| **A1.** Nous avons donc trois quatrains d'alexandrins, les rimes sont alternées, d'abord féminines puis masculines.<br>**A2.** Ce poème lyrique est touchant, car il témoigne de la situation du poète pris dans la tourmente de la guerre, mais encore capable de croire en sa mission et d'espérer. | **B1.** Malgré le contexte de la Seconde Guerre mondiale, ce poème reste optimiste et se présente comme un éloge vibrant du pouvoir de la poésie que l'on retrouve chez d'autres auteurs comme Louis Aragon.<br>**B2.** L'année 1942 est celle de la rafle du Vel' d'Hiv'. mais aussi de la sortie du film de Marcel Carné, Les Visiteurs du soir. |
| **A3.** Ce poème comporte des figures de style comme l'hyperbole *cent mille ans* et la métaphore de la nuit.<br>**A4.** Robert Desnos est mort du typhus au moment de la libération du camp où il était retenu prisonnier. | **B3.** Cette métaphore de la nuit employée par le poète n'est pas sans faire penser au célèbre film d'Alain Resnais Nuit et brouillard, autre forme de témoignage sur cette terrifiante période de l'histoire. |

## 3 Améliorer une introduction

**1.** **Quels défauts repérez-vous dans cette introduction (maladresses, oublis, imprécisions, erreurs, informations inutiles…) ?**
**2.** **Corrigez les erreurs d'expression et de méthode, et enrichissez l'enchaînement des phrases.**

**Support :** J. Racine, *La Thébaïde ou les Frères ennemis* (1664) → **p. 334**

**Introduction à corriger :**

*Ce texte est extrait de La Thébaïde de Jean Racine, excellentissime auteur de l'époque classique, très connu pour ses tragédies, mais aussi pour une comédie. Né à La Ferté-Milon le 22 décembre 1639, il fut orphelin à l'âge de trois ans. Œdipe appartient à une famille maudite qui n'a que des malheurs. Il tue son père Laïos, roi de Thèbes, puis épouse sa mère et devient roi de Thèbes. Parmi leurs quatre enfants, deux fils, Étéocle et Polynice se battent pour lui succéder au royaume de Corinthe. Racine utilise des alexandrins et des rimes suivies pour montrer la terreur de Jocaste assistant à la guerre entre les deux frères. La tragédie inspire la terreur et la pitié comme l'a écrit Aristote. J'étudierai les sentiments de cette mère qui traite ses fils de monstres appartenant à la race de Laïus (vers 29). Je vais donc d'abord, dans un premier temps, voir qu'il s'agit d'une scène d'exposition, on se demandera dans une seconde partie en quoi ce dialogue fait-il ressortir le tragique de la situation.*

## 4 Terminer une conclusion

**Rédigez deux ouvertures différentes pour chacun de ces textes sans oublier de justifier l'intérêt des rapprochements proposés.**

**Support A :** J. Racine, *La Thébaïde ou les Frères ennemis* (1664) → **p. 334**

**Support B :** Stendhal, *Le Rouge et le Noir* (1830) → **p. 152**

Fiche méthode 5

# Enchaîner des paragraphes de commentaire

OBJECTIF : Rédiger et relier entre eux des paragraphes de développement de commentaire.

## MÉTHODE

▸ **Organisation du temps :** 45 min + 10 min de relecture

La rédaction du commentaire transforme les titres et sous-titres du plan détaillé en phrases → FICHE MÉTHODE 3, p. 507, puis elle prouve le bien-fondé du projet de lecture en enchaînant les analyses avec rigueur.

### ÉTAPE 8 Rédiger un paragraphe de commentaire

Une phrase rédigée énonce l'objectif général de la partie qui est ensuite développée en deux ou trois paragraphes argumentatifs dont l'enchaînement est progressif.

**• Structurer ses paragraphes**

Un paragraphe occupe en moyenne une quinzaine de lignes et se compose ainsi :

– une phrase formule l'**argument** que développe le paragraphe ;

– des **analyses**, inspirées des relevés initiaux → FICHE MÉTHODE 2, p. 504, justifient l'argument. On doit y trouver : des citations précises ; le vocabulaire de l'analyse littéraire ; une interprétation convaincante et justifiée ;

– une **brève conclusion** de paragraphe assure la transition avec le paragraphe suivant du développement.

**Remarque :** le dernier paragraphe de chaque partie se conclut sur les analyses de l'ensemble de la partie.

**• Insérer des citations et des références**

Les reformulations ou citations entre guillemets ne doivent jamais être trop longues. Elles sont intégrées dans le paragraphe :

– par des **verbes introducteurs** ou des locutions.

Ex. : *Tel aspect est souligné par l'expression : « … » / La métaphore « … » révèle que… / Par exemple, l'exclamative « … » accentue tel aspect…*

– par une formule du type *À la ligne 8…* ou entre parenthèses après la citation *(l. 1 à 3 ; v. 12).*

**Remarque :** il faut choisir des verbes précis comme *décrire, raconter, évoquer, exprimer, affirmer, ironiser sur, s'exclamer, s'indigner…* et éviter des tournures lourdes et maladroites du type : *L'auteur montre que…, L'auteur parle ensuite de…*

### ÉTAPE 9 Mettre en évidence la structure du commentaire

**• Mettre en page de façon soignée :**

– en sautant **deux lignes** entre introduction et développement, entre développement et conclusion ;

– en sautant **une ligne** entre les parties ;

– en pensant à un **alinéa** pour signaler chaque paragraphe ;

– en utilisant des **connecteurs logiques** d'addition, de concession, de cause, de conséquence… qui marquent les étapes du devoir et les enchaînements de paragraphes.

## ÉTAPE 10 Relire l'ensemble du devoir

- **Éliminer la paraphrase** en s'assurant que chaque paragraphe est complet : citations, procédés d'écriture analysés, interprétations justifiées.
- **Relire les premières phrases** de paragraphes pour voir si la progression de l'argumentation est claire.
- **Améliorer l'expression** en éliminant les répétitions, en précisant les expressions et termes trop vagues : *dire, il y a, faire, choses, personnes*…
- **Vérifier l'orthographe et la syntaxe** : accords, reprises pronominales, ponctuation, majuscules.
- **Faire disparaître abréviations** et parenthèses, sauf pour mentionner les lignes des citations.
- **Effacer les ratures.**
- **Souligner** les titres d'œuvres.

# APPLICATION

**TEXTE À COMMENTER** A. Camus, *La Peste* (1947) → p. 501

## ÉTAPE 8 ET 9 Rédiger le développement du commentaire

- **Rappel du plan détaillé :** cette page de roman est marquée par le thème de l'amitié et par le registre lyrique. Il s'agit en effet :

**I. d'un récit qui met en valeur l'amitié entre deux hommes d'action partageant le même combat…**
– **1er §** : Le narrateur insiste en effet sur l'amitié et la communion entre les deux hommes, loin de la peste.
– **2e §** : Il dévoile aussi au fil du récit leurs actions et leurs pensées à l'unisson.
– **3e §** : Et c'est finalement ce qui leur redonne la force de lutter contre le mal.

- **Rédiger intégralement la première partie du commentaire.**

Ce texte raconte une baignade nocturne entre deux amis, dans un cadre spatio-temporel qui contribue à faire de ce moment une parenthèse de sérénité.

En effet, la mer, cadre de l'action, est en retrait par rapport à la ville pestiférée. Le narrateur revient deux fois sur l'idée d'éloignement, car la mer est présentée à la ligne 14 comme « loin du monde » ; puis, quand les personnages reviennent après la baignade, ils aperçoivent de loin « la sentinelle de la peste » (l. 19-20). Le déroulement nocturne de la scène renforce d'ailleurs l'idée de silence propre à la sérénité. Le mot « nuit » est répété et le narrateur ajoute cette précision : « face au ciel renversé, plein de lune et d'étoiles » (l. 7-8) ; il évoque ensuite « le silence et la solitude de la nuit » (l. 9-10) et, pour finir, la douceur du souvenir de « cette nuit » (l. 19). Ces caractérisations insistent sur le calme et la tranquillité qui isolent les personnages de l'agitation de la ville. Ces éléments rejaillissent sur les personnages et les invitent à partager ce moment de plénitude, ce qui est bien souligné par la répétition de l'adjectif « même », à plusieurs reprises. Nulle idée de compétition entre les deux amis, qui nagent ici à l'unisson.

Afin de rendre perceptible ce bien-être partagé, l'auteur adopte le point de vue du personnage principal : le docteur Rieux. Des modalisateurs et des verbes de perception révèlent ses impressions : « les eaux lui parurent tièdes », « Un lourd clapotement lui apprit » (l. 1-2, 6-7), « il perçut » (l. 8). Il est aussi le sujet d'un verbe de pensée qui revient deux fois dans l'extrait : « savait » (l. 2 et 20). Le narrateur révèle ensuite l'intériorité des deux amis qui se sentent « solitaires » (l. 14), « libérés » (l. 14), et « avaient le même cœur et le souvenir de cette nuit leur était doux » (l. 18-19). À la fin du texte, le verbe de perception visuelle est commandé par le pronom personnel « ils » qui renvoie à la fois à Rieux et à Tarrou, preuve d'une focalisation omnisciente qui les associe. Le lien entre les hommes est donc renforcé par la présence d'une nature intacte et préservée.

L'harmonie du cadre met aussi en valeur le déroulement de ce bain de mer. L'utilisation du passé simple souligne la fluidité du récit : les personnages « se déshabillèrent » (l. 1), « Rieux plongea » (l. 1), rejoint ensuite par Tarrou, puis « ils avancèrent avec la même cadence » (l. 13), « ils revinrent » (l. 15), « précipitèrent tous deux leur mouvement » (l. 16), « repartirent » (l. 18). Les verbes de mouvement soulignent la liberté et l'aisance de leur déplacement dans l'eau. La syntaxe renforce cette impression d'évidence. La plupart des phrases consacrées aux actions des deux hommes sont simples, c'est-à-dire sans proposition subordonnée. Le texte s'ouvre ainsi sur une phrase minimale : « Ils se déshabillèrent » connotant la rapidité de leurs gestes. La nage est évoquée avec un imparfait duratif accompagné d'un adverbe de manière qui souligne l'absence de heurt de cette action : « Il nageait régulièrement » (l. 4). Les mouvements s'enchaînent avec aisance comme en témoignent la juxtaposition et la coordination des verbes dans la phrase des lignes 11-12 : « Rieux se retourna, se mit au niveau de son ami, et nagea ». Aucun obstacle n'entrave la sérénité de cette baignade.

Ainsi la mise en place du cadre, le jeu des points de vue, de même que l'enchaînement des actions permettent-ils de faire ressortir l'amitié entre ces deux hommes qui oublient provisoirement l'âpreté de leur combat conte la maladie.

## ÉTAPE 10 Relire l'ensemble du devoir

### Questions

**1.** Quel est le rôle de la phrase-paragraphe qui ouvre la partie ?

**2.** Repérez les connecteurs logiques qui enchaînent les différents éléments de cette partie de développement.

**3.** Choisissez un paragraphe et notez de quelle manière il évite la paraphrase en repérant ces trois éléments :
- les citations (et la manière dont elles sont insérées) ;
- le vocabulaire de l'analyse ;
- l'interprétation des relevés.

**4.** Quelle est la fonction du petit paragraphe situé en fin de partie ? Expliquez.

# Exercices d'entraînement

## 1 Rédiger un paragraphe

**En vous aidant du tableau, rédigez un paragraphe de commentaire ; ajoutez les citations et les connecteurs logiques appropriés.**

**Idée directrice de la partie :** une thèse audacieuse.

| Structure du paragraphe | | |
|---|---|---|
| **1. Argument** | **2. Analyses** | **3. Bref bilan** |
| Remise en question de la notion d'égalité | Thèse au présent de vérité générale ; arguments justificatifs ; termes péjoratifs ; indices de l'énonciation : emploi de connecteurs logiques | Une argumentation provocatrice |

Tout homme naît avec un penchant assez violent pour la domination, la richesse et les plaisirs, et avec beaucoup de goût pour la paresse : par conséquent tout homme voudrait avoir l'argent, et les femmes ou les filles des autres, être leur maître, les assujettir à tous ses caprices, et ne rien faire, ou du moins ne faire que des choses très agréables. Vous voyez bien qu'avec ces belles dispositions il est aussi impossible que les hommes soient égaux qu'il est impossible que deux prédicateurs[1] ou deux professeurs de théologie[2] ne soient pas jaloux l'un de l'autre.

Le genre humain, tel qu'il est, ne peut subsister, à moins qu'il n'y ait une infinité d'hommes utiles qui ne possèdent rien du tout ; car, certainement, un homme ne quittera pas sa terre pour venir labourer la vôtre ; et, si vous avez besoin d'une paire de souliers, ce ne sera pas un maître des requêtes[3] qui vous la fera. L'égalité est donc à la fois la chose la plus naturelle et en même temps la plus chimérique[4].

VOLTAIRE, *Dictionnaire philosophique*, article « Égalité » (extrait, 1764).

1. Ceux qui prêchent des sermons religieux. 2. Qui étudient la religion. 3. Personnage haut placé dans le royaume, occupant des fonctions judiciaires ou administratives. 4. Illusoire.

## 2 Rédiger et enchaîner des paragraphes

**1. Préparez au brouillon les étapes 1 et 2 du commentaire à l'aide des pages du manuel consacrées à Marivaux.**
**2. Analysez le texte en suivant sur ces deux arguments :**
**– une scène d'exposition rythmée ;**
**– un jeu de déguisement qui relève de la comédie.**
**3. Rédigez deux paragraphes reliés par une transition.**

*La scène se passe à la campagne, dans une terre appartenant depuis peu à Lucidor.*

*Lucidor, Frontin, en bottes et en habit de maître.*

LUCIDOR. – Entrons dans cette salle. Tu ne fais donc que d'arriver ?

FRONTIN. – Je viens de mettre pied à terre à la première hôtellerie du village, j'ai demandé le chemin du château suivant l'ordre de votre lettre, et me voilà dans l'équipage que vous m'avez prescrit. De ma figure, qu'en dites-vous? *(Il se retourne.)* Y reconnaissez-vous votre valet de chambre, et n'ai-je pas l'air un peu trop seigneur ?

LUCIDOR. – Tu es comme il faut ; à qui t'es-tu adressé en entrant ?

FRONTIN. – Je n'ai rencontré qu'un petit garçon dans la cour, et vous avez paru. A présent, que voulez-vous faire de moi et de ma bonne mine ?

LUCIDOR. – Te proposer pour époux à une très aimable fille.

FRONTIN. – Tout de bon ? Ma foi, Monsieur, je soutiens que vous êtes encore plus aimable qu'elle.

LUCIDOR. – Eh ! non, tu te trompes, c'est moi que la chose regarde.

FRONTIN. – En ce cas-là, je ne soutiens plus rien.

LUCIDOR. – Tu sais que je suis venu ici il y a près de deux mois pour y voir la terre que mon homme d'affaires m'a achetée ; j'ai trouvé dans le château une Madame Argante, qui en était comme la concierge, et qui est une petite bourgeoise de ce pays-ci. Cette bonne dame a une fille qui m'a charmé, et c'est pour elle que je veux te proposer.

FRONTIN, *riant.* – Pour cette fille que vous aimez ? la confidence est gaillarde[1] ! Nous serons donc trois, vous traitez cette affaire-ci comme une partie de piquet[2].

MARIVAUX, *L'Épreuve*, scène 1 (1740).

1. Osée. 2. Jeu de cartes.

## 3 Améliorer la rédaction d'un paragraphe

**1. Identifiez l'argument du paragraphe. Quelles remarques faudrait-il alors éliminer ?**
**2. Repérez les maladresses de rédaction (lourdeurs, répétitions, insertion des citations…).**
**3. Améliorez ce travail en corrigeant ses erreurs et en développant ses aspects réussis.**

**Support :** P. Eluard, *Capitale de la douleur*, « La courbe de tes yeux » (1926) → p. 59

**Paragraphe à améliorer :**

Ce texte est lyrique, ce qui vient d'un instrument de musique (cf. Orphée, Apollon). L'auteur met ses sentiments dans son texte. À cette époque, dans les années 1923-1926, Eluard avait des problèmes de santé et des peines de cœur, d'où le titre du recueil Capitale de la douleur. Ici il rend hommage à la femme aimée et fait son éloge par des énumérations qui donnent du rythme. Il y a beaucoup de références à la ligne courbe (la consonne [c] et [d], la voyelle [o], des métaphores avec des formes circulaires, etc.) qui font penser aux yeux de la femme et aux formes féminines. La description d'une partie du corps féminin rappelle les blasons, des poèmes de la Renaissance. Mais à l'époque du surréalisme, c'est différent. Il y a des rythmes binaires et un chiasme qui renforcent la musicalité et rappellent le balancement du berceau.

## 4 Rédiger un commentaire intégral

**Séries générales**
**Commentez le texte suivant.**

**Objet d'étude :** Le personnage de roman, du XVIIe siècle à nos jours

*Khady Demba, une jeune veuve africaine, est rejetée par la famille de son mari et cherche à gagner l'Europe de manière clandestine. Dans le désert, elle se retrouve face à un grillage surveillé par des soldats.*

Et elle pouvait entendre autour d'elle les balles claquer et des cris de douleur et d'effroi, ne sachant pas si elle criait également ou si c'était les martèlements du sang dans son crâne qui l'enveloppaient de cette plainte continue, et elle voulait monter encore et se rappelait qu'un garçon lui avait dit qu'il ne fallait jamais, jamais s'arrêter de monter avant d'avoir gagné le haut du grillage, mais les barbelés arrachaient la peau de ses mains et de ses pieds et elle pouvait maintenant s'entendre hurler et sentir le sang couler sur ses bras, ses épaules, se disant jamais s'arrêter de monter, jamais, répétant les mots sans plus les comprendre et puis abandonnant, lâchant prise, tombant en arrière avec douceur et pensant alors que le propre de Khady Demba, moins qu'un souffle, à peine un mouvement de l'air, était certainement de ne pas toucher terre, de flotter éternelle, inestimable, trop volatile pour s'écraser jamais, dans la clarté aveuglante et glaciale des projecteurs.

C'est moi, Khady Demba, songeait-elle encore à l'instant où son crâne heurta le sol et où, les yeux grands ouverts, elle voyait planer lentement par dessus le grillage un oiseau aux longues ailes grises – c'est moi, Khady Demba, songea-t-elle dans l'éblouissement de cette révélation, sachant qu'elle était cet oiseau et que l'oiseau le savait.

Marie NDIAYE, *Trois femmes puissantes*, III (extrait, 2009), © Gallimard.

**Séries technologiques**
**Commentez à l'aide du parcours de lecture suivant :**
**a. Par quels moyens le narrateur établit-il un lien entre scène de pêche et scène de séduction ?**
**b. Comment ce récit fait-il ressortir un certain décalage entre les deux personnages ?**

*Jean, un jeune avocat, souhaite épouser une veuve, amie de ses parents, Mme Rosémilly. Il ose enfin lui faire sa déclaration lors d'une partie de pêche en Normandie.*

La jeune femme qui regardait, toute palpitante, cette chasse, ne put retenir ce cri :

– Oh ! maladroit.

Il fut vexé, et d'un mouvement irréfléchi traîna son filet dans un fond plein d'herbes. En le ramenant à la surface de l'eau, il vit dedans trois grosses salicoques[1] transparentes, cueillies à l'aveuglette dans leur cachette invisible.

Il les présenta, triomphant, à Mme Rosémilly qui n'osait point les prendre, par peur de la pointe aiguë et dentelée dont leur tête fine est armée.

Elle s'y décida pourtant, et pinçant entre deux doigts le bout effilé de leur barbe, elle les mit, l'une après l'autre, dans sa hotte, avec un peu de varech[2] qui les conserverait vivantes. Puis ayant trouvé une flaque d'eau moins creuse, elle y entra, à pas hésitants, un peu suffoquée par le froid qui lui saisissait les pieds, et elle se mit à pêcher elle-même. Elle était adroite et rusée, ayant la main souple et le flair de chasseur qu'il fallait. Presque à chaque coup, elle ramenait des bêtes trompées et surprises par la lenteur ingénieuse de sa poursuite.

Jean maintenant ne trouvait rien, mais il la suivait pas à pas, la frôlait, se penchait sur elle, simulait un grand désespoir de sa maladresse, voulait apprendre.

– Oh ! montrez-moi, disait-il, montrez-moi !

Puis, comme leurs deux visages se reflétaient, l'un contre l'autre, dans l'eau si claire dont les plantes noires du fond faisaient une glace limpide, Jean souriait à cette tête voisine qui le regardait d'en bas, et parfois, du bout des doigts, lui jetait un baiser qui semblait tomber dessus.

– Ah ! que vous êtes ennuyeux, disait la jeune femme ; mon cher, il ne faut jamais faire deux choses à la fois.

Il répondit :

– Je n'en fais qu'une. Je vous aime.

Guy de MAUPASSANT, *Pierre et Jean* (extrait, 1887).

1. Crevettes. 2. Algues noires.

CHAPITRE 4

# Rédiger une dissertation

Pierre Alechinsky (né en 1927), *Pense-bête* (1980), aquarelle, 17 x 11 cm (Paris, Musée national d'Art moderne – Centre Georges-Pompidou).

520 **Fiche 1**
Dégager la problématique d'un sujet

523 **Fiche 2**
Exploiter le corpus et ses lectures personnelles

526 **Fiche 3**
Construire un plan détaillé de dissertation

530 **Fiche 4**
Rédiger l'introduction et la conclusion

532 **Fiche 5**
Rédiger l'ensemble d'une dissertation

**OBJECTIF**

**Être capable de construire une réflexion personnelle en argumentant autour d'un objet d'étude.**

## Définition

La dissertation se définit comme une **argumentation** dont le sujet porte sur une question ou un problème littéraire lié à un objet d'étude du programme.

## Méthode et finalités

Cet exercice nécessite d'abord une **analyse du sujet** afin d'en dégager la problématique.

Il faut ensuite **rechercher des idées et des exemples** dans le corpus et dans ses connaissances personnelles.

Certes, les **contraintes formelles** ne peuvent être contournées, mais tout candidat est en mesure de réussir sa dissertation s'il s'appuie sur le cours et parvient en toute **rigueur**, avec méthode, à **convaincre** son correcteur à l'aide d'**arguments** solides et d'**exemples** précis.

L'une des grandes difficultés est de faire tenir en 2 h 45 ce qui revient à la dissertation après environ 1 h 15 passée sur l'analyse du corpus → p. 484, dans une épreuve de quatre heures.

# Fiche méthode 1 Dégager la problématique d'un sujet

**OBJECTIF :** Comprendre et analyser le sujet afin d'en dégager la problématique.

## MÉTHODE

**Organisation du temps :** 15 min au brouillon

### ÉTAPE 1 Analyser le sujet

• **Comprendre le sujet :** il s'agit de cerner le **domaine de réflexion**.
– Recopier le sujet au brouillon pour se l'approprier.
– Identifier les liens du sujet avec l'objet d'étude.
– Encadrer les **mots-clés** et les définir avec précision. S'il s'agit d'une citation, noter ce que l'on sait de l'auteur, du mouvement auquel il appartient…

• **Analyser la formulation du sujet :** c'est le sujet qui définit les pistes de réflexion.
– Comprendre la **citation** en la replaçant dans son **contexte** : texte du corpus, **paratexte**…
– Analyser la **syntaxe** du sujet : termes restrictifs (*ne… que, seulement, uniquement*), modalisateurs (*devoir*), types de phrase.
→ p. 375 : LA SYNTAXE ET LA VALEUR DES TEMPS
→ p. 371 : COMMUNICATION, ÉNONCIATION ET MODALISATION
– Analyser le **sens** de l'énoncé. Chaque mot interrogatif détermine une attente bien définie : *En quoi… ? → caractéristiques ; Dans quelle mesure… ? → angle de réflexion réduit ; Pourquoi… ? → raisons ou causes ; Comment… ? → manière.*

### ÉTAPE 2 Identifier la démarche à suivre

• **Adopter la démarche d'argumentation induite de la formulation du sujet**
– Une **question déterminée** appellera un choix parmi plusieurs éléments ou entre deux thèses = **plan concessif** (thèse / antithèse).
**Ex. :** L'écriture poétique est-elle la seule à pouvoir décrire l'amour et ses effets ?
– Une **question ouverte** invitera à formuler des hypothèses ou à proposer une définition = **plan thématique**.
**Ex. :** Comment expliquez-vous que des écrivains et des artistes reprennent des mythes tragiques déjà bien connus ?
– Une **réflexion sur une citation** demandera une explicitation du point de vue de l'auteur, puis une discussion qui aboutira à une synthèse visant à dépasser les contradictions. = **plan dialectique**.
**Ex. :** *Le poète recommande : « Penchez-vous, penchez-vous davantage ». Il ne sort pas toujours indemne de sa page, mais comme le pauvre il sait tirer parti de l'éternité d'une olive.* (René Char) Expliquez cette citation en vous demandant sur quoi le poète et son lecteur doivent avant tout se pencher : sur eux-mêmes, sur l'écriture ou sur les objets du monde ?

### ÉTAPE 3 Problématiser le sujet

• **Se poser la question de l'enjeu du sujet**
– Quel aspect de l'objet d'étude est abordé ?

– Comment les auteurs du corpus envisagent-ils le problème soulevé ?
– Pourquoi est-il intéressant de traiter ce problème ?
- **Reformuler le sujet sous la forme d'une interrogation**

# APPLICATION

**OBJET D'ÉTUDE** Le texte théâtral et sa représentation, du XVII^e siècle à nos jours

**CORPUS**
**Texte A :** Molière, *Le Bourgeois gentilhomme* (1670) → p. 216
**Texte B :** A. de Musset, *Lorenzaccio* (1834) → p. 241
**Texte C :** S. Beckett, *En attendant Godot* (1952) → p. 263

**SUJET DE DISSERTATION** *Ceci devient vraiment insignifiant*, affirme Vladimir dans *En attendant Godot* (texte C). Selon vous, le spectacle théâtral reflète-t-il l'absurdité du monde ou cherche-t-il à lui donner un sens ? Vous développerez votre argumentation grâce aux textes du corpus, aux lectures personnelles ou faites en classe, et à votre expérience de spectateur.

## ÉTAPE 1 Analyser le sujet

- **Analyse du sujet :** *Ceci devient vraiment* *insignifiant* affirme Vladimir dans *En attendant Godot* (texte C). Selon vous, le spectacle théâtral reflète-t-il l'absurdité du monde ou cherche-t-il à lui donner un sens ?

- **Mots clés**

– *Insignifiant* : composition du mot → *in* (préfixe négatif) + *signifiant* (adjectif dérivé du verbe *signifier*) → privé de signification, d'où absurde, dérisoire, incompréhensible.
– *Spectacle théâtral* : représentation, art vivant, travail collectif (metteur en scène, comédiens, costumier…).
→ p. 445 : LE SPECTACLE THÉÂTRAL
– *Absurdité du monde* : non-sens, déraison, folie, vide de l'existence, ennui, angoisse.
– *Sens* : signification, ce que l'on cherche à comprendre.

- **Premières pistes de réflexion**

Rechercher ce qui relève de l'absurde :
– le théâtre de l'absurde (texte C) : contexte historique (nazisme, barbarie…), nouveaux sujets de pièces (attente, vide du langage, de l'existence…) ;
– le théâtre, lieu de l'illusion (thème baroque) ;
– le théâtre, reflet de nos doutes, de nos angoisses ;
– les registres tragique (impuissance face au destin) et comique (défauts, ridicules humains).
→ p. 269 : SÉQUENCE 12, SYNTHÈSE
Rechercher ce qui cherche à donner du sens, au théâtre :
– la représentation, reflet stylisé de la réalité (styliser = ordonner) ;
– la dimension religieuse, civique et morale chez les Grecs ;
– le théâtre engagé, visée politique.

- **Analyser la formulation du sujet**

– Citation d'un personnage du **théâtre de l'absurde**, une sorte de **mise en abyme** qui permet au personnage, Vladimir, de juger la scène à laquelle il prend part, un échange de radis avec son comparse, Estragon.
– Dans la question qui suit, la conjonction de coordination *ou* marque une alternative : absurdité ≠ sens.
– L'avis personnel est requis : *Selon vous.*

## ÉTAPE 2 Identifier la démarche à suivre

La question appelle l'examen de **deux thèses** qui semblent **contradictoires** (paradoxe à élucider) = **plan concessif** : le reflet de **l'absurdité du monde** / **la quête de sens**.

## ÉTAPE 3 Problématiser le sujet

- **Enjeu :** la fonction de la représentation au théâtre.

Les deux thèses apparaissent comme deux étapes du devoir : la première, le reflet de la réalité telle que nous la vivons, amène la seconde, l'interprétation de cette réalité.

- **Problématique :** la fonction de la représentation théâtrale est-elle seulement de refléter la réalité, même la plus insignifiante ? Ne doit-elle pas lui donner une signification ?

# Exercices d'entraînement

## 1 Comprendre le sujet

**1.** **Identifiez l'objet d'étude associé à chaque sujet.**
**2.** **Définissez les mots clés.**
**3. a.** **Analysez la syntaxe de ces sujets.**
**b.** **Quelles pistes de réflexion sont offertes ?**

Sujets :

a. La poésie n'est-elle qu'un travail technique ? Votre argumentation s'appuiera sur des textes du chapitre 1 → p. 30.
b. Dans quelle mesure le lecteur jouit-il d'une plus grande liberté que le spectateur ? Vous privilégierez une réflexion fondée sur le corpus, et des pièces aux représentations desquelles vous avez assisté ou dont vous avez vu un enregistrement.
c. La description et le portrait dans le roman ne font-ils que montrer le cadre de l'intrigue ou les personnages ? Vous vous référerez aux textes de la séquence 7 → p. 151 et à vos lectures personnelles.

## 2 Analyser la citation

**1.** **Lisez les trois textes du corpus. À quel objet d'étude correspondent-ils ? Expliquez.**
**2. a.** **Recopiez la citation et encadrez les mots clés.**
**b.** **Définissez les mots clés.**
**3.** **Reformulez la thèse d'Éric-Emmanuel Schmitt.**

Corpus :

**Texte A** : Voltaire, *Micromégas* (1752) → p. 92
**Texte B** : D. Diderot, *Supplément au voyage de Bougainville* (1796) → p. 99
**Texte C** : J.-C. Carrière, *La Controverse de Valladolid* (1992) → p. 101

Sujet : *Certes, « roman » signifie subjectif, imaginaire, mais ne signifie pas irréel ni dépourvu de sens. Il est des réalités qui ne peuvent se transcrire dans un autre langage. Je me demande si certaines vérités ne sont pas inexprimables autrement que sous la forme d'histoires, de romans, de contes…* (Éric-Emmanuel Schmitt, « Journal d'un roman volé », in *L'Évangile selon Pilate*, 2000, © Albin Michel). Vous expliquerez puis discuterez ce point de vue en l'appliquant à l'argumentation indirecte.

## 3 Identifier la démarche

**1.** **Rattachez chaque sujet à son ou ses objet(s) d'étude.**
**2.** **Analysez les sujets à partir des mots clés.**
**3.** **S'agit-il de questions déterminées ou ouvertes ? de citations ? Quelle démarche devrez-vous alors adopter ?**

Sujets :

a. Pourquoi le genre du traité n'est-il pas accessible à tous les types de lecteurs ? Votre argumentation sera illustrée par des extraits de traités et d'essais tirés du chapitre 2 → p. 88.
b. Un personnage de conte se différencie-t-il d'un personnage de roman ? Vous fonderez votre réflexion sur les textes étudiés en cours et vos lectures personnelles.
c. Dans l'épître dédicatoire de *Zadig*, Voltaire précise qu'il s'agit d'un ouvrage *qui dit plus qu'il ne semble dire*. Dans quelle mesure ce point de vue s'applique-t-il au genre du conte philosophique et de l'argumentation indirecte en général ? Vous vous inspirerez des textes lus ou étudiés dans l'année.

## 4 Choisir la bonne problématique

**1.** **Recopiez le sujet et encadrez les mots clés.**
**2.** **Procédez à l'analyse du sujet.**
**3.** **Quelle problématique convient le mieux ? Justifiez.**

Sujet : *Les préfaces et postfaces, notes et commentaires seraient donc une façon de parler de soi, fût-ce, on l'a vu, de son expérience de romancier, tandis que le roman évacuerait, comme il le fait le plus souvent, le « moi ».* (Georges Jacquemin, *Marguerite Yourcenar*, 1985, © La Manufacture). L'écrivain est-il vraiment absent de son roman comme semble l'affirmer ce critique ? Vous fonderez votre réflexion sur vos lectures personnelles.

Problématiques :

a. Quelles sont les sources d'inspiration du romancier ?
b. Quelle part de soi l'auteur place-t-il dans son roman ?
c. Un romancier ne se révèle-t-il pas à travers son œuvre ?

## 5 Problématiser

**1.** **À quel(s) objet(s) d'étude ce sujet se rattache-t-il ?**
**2.** **Recopiez le sujet et définissez ses mots clés.**
**3.** **Formulez clairement la problématique.**

Sujet : *Nulla dies sine linea.*[1]
*C'est mon habitude et puis c'est mon métier. Longtemps j'ai pris ma plume pour une épée : à présent je connais notre impuissance. N'importe : je fais, je ferai des livres ; il en faut ; cela sert tout de même.* (J.-P. Sartre, *Les Mots*, 1964, © Gallimard). Vous vous interrogerez sur les pouvoirs de la littérature en appuyant votre argumentation sur des exemples tirés du corpus et de vos lectures.

1. Citation de Pline l'Ancien : *Pas un jour sans écrire une ligne.*

## Fiche méthode 2 Exploiter le corpus et ses lectures personnelles

OBJECTIF : Rechercher des idées et des exemples en relation avec la problématique.

### MÉTHODE

▸ **Organisation du temps :** 20 min au brouillon

### ÉTAPE 4 Exploiter le corpus

**• Relire le corpus à la lumière du sujet recopié au brouillon**

– **Surligner** ou **souligner** les citations qui sont en rapport avec le sujet et peuvent l'éclairer.

– Répondre au genre de questions qui suivent, sous la forme d'une prise de notes, sans oublier de préciser les références des textes : prévoir une colonne pour les **idées** et une pour les **exemples** correspondants.

*Comment et pourquoi la question se pose-t-elle dans ces textes ?*
*Existe-t-il différentes façons d'envisager le problème, de nuancer la thèse proposée ?*
*Ce corpus montre-t-il qu'on a envisagé la question de la même façon à toutes les époques ?*
*Deux textes s'opposent-ils dans la façon d'aborder le même problème ? Etc.*

**• Utiliser la réponse à la question sur le corpus**

La question sur le corpus, traitée préalablement, incite à **confronter les textes** en les mettant en relation avec les notions acquises à propos des objets d'étude. Elle permet :

– au minimum, de rassembler ses idées autour de l'**objet d'étude** ;

– au mieux, de dégager des pistes de réflexion sur le **sujet** lui-même.

→ p. 484 : ANALYSER UN CORPUS ET RÉDIGER UNE RÉPONSE ORGANISÉE

### ÉTAPE 5 Exploiter ses connaissances personnelles

**• En amont**

– **Préparer des fiches** sur ses lectures cursives ou personnelles afin de mémoriser les éléments essentiels, mais aussi les détails qui permettent de prouver sa connaissance effective d'une œuvre.

**Remarque :** ces préparations sont les mêmes que pour l'épreuve orale.

→ p. 550 : ORGANISER SES COURS ET SES FICHES POUR L'ORAL

– **Faire des recherches** pour chaque devoir préparé en temps libre dans l'année, afin de s'approprier progressivement des exemples et d'enrichir sa culture personnelle.

– **Synthétiser** ses connaissances à la fin de chaque séquence en élaborant dans son classeur une liste récapitulative des textes étudiés et lus en notant leurs références précises, leurs caractéristiques et les enjeux.

**• Au moment de traiter le sujet, mobiliser ses connaissances personnelles en se remémorant :**

– les extraits étudiés ou lus en textes complémentaires au cours de l'année ;

– les notions acquises sur les genres, les registres, les auteurs, les mouvements culturels… ;

– les lectures cursives de Première et de Seconde qui correspondent à l'objet d'étude ;

– les documents complémentaires (images, articles…) qui pourront enrichir la réflexion.

# APPLICATION

**CORPUS ET SUJET DE DISSERTATION** Fiche méthode 1 → p. 521

## ÉTAPE 4 Exploiter le corpus

• Chaque texte donne une image de l'**insignifiance de l'existence**.

– **Texte A**

Genre dramatique : **comédie classique**.

La futilité de M. Jourdain est soulignée par sa femme et sa servante. Le mariage par intérêt (l'ascension sociale) apparaît comme une folie, un signe de médiocrité, de matérialisme chez le personnage principal.

– **Texte B**

Genre dramatique : **drame romantique**.

L'omniprésence de la mort est marquée par la mort de la mère de Lorenzo, de Clément VII et d'Alexandre, de Lorenzo lui-même alors qu'il vient de sortir de scène. La mort obsède le personnage principal.

Cette scène entraîne une réflexion sur le sens de la vie.

– **Texte C**

Genre dramatique : **théâtre de l'absurde**, entre la farce et la tragédie.

La conversation est totalement insignifiante comme le montrent les nombreuses négations, il n'existe aucun enjeu dans cet échange à propos de légumes. Les personnages en sont conscients.

On peut imaginer qu'une question posée sur ce corpus aurait insisté sur les écarts de registre entre ces différentes scènes constituées de débats et de réflexions axés sur le sens de l'existence.

## ÉTAPE 5 Exploiter ses connaissances personnelles

• **Fiches** sur ses lectures cursives ou personnelles

– Pièce étudiée en œuvre intégrale.

→ p. 220 : MARIVAUX, *Le Jeu de l'amour et du hasard* (1730)

– Pièces(s) lue(s) en lecture cursive.

→ p. 263 : S. BECKETT, *En attendant Godot* (1952)

– Lecture d'autres extraits de pièces de théâtre dans le manuel.

→ p. 214 : chapitre 4

• **Recherches**

Ce sujet doit conduire à un questionnement sur :

– le théâtre de l'absurde (S. Beckett, E. Ionesco) et la définition de l'absurde (**Ex.** : A. Camus, ses essais : *Le Mythe de Sisyphe*, *L'Homme révolté* ou ses pièces : *Caligula*, *Les Justes*, *Le Malentendu* p. 256) ;

→ p. 269 : SÉQUENCE 12, SYNTHÈSE

– la représentation théâtrale comme quête de sens, par le biais de l'illusion ;

– le rôle du metteur en scène, sa lecture personnelle de l'œuvre, son travail sur les décors, les costumes, la lumière…

→ p. 445 : LE SPECTACLE THÉÂTRAL

• **Connaissances personnelles**

– Liste des pièces abordées en cours et notes sur ce que leur représentation ajoute à leur signification.

– Liste des notions sur le théâtre pertinentes pour traiter le sujet : intrigue / structure dramatique / dénouement ; genres dramatiques : tragédie / comédie / drame ; représentation : spectateur / metteur en scène / scène…

→ p. 440 : LES NOTIONS PROPRES AU THÉÂTRE

• **Expérience personnelle** en tant que spectateur ou acteur au théâtre

– Sorties au théâtre.

– Rencontre avec un metteur en scène ou des comédiens.

– Enregistrement d'une pièce (DVD-rom).

– Atelier théâtre.

– Lecture de critiques de théâtre dans la presse, d'interviews de metteurs en scène ou de comédiens. Il existe des revues spécialisées, comme *L'Avant-scène théâtre*.

– Mise en scène d'un passage en groupe ou individuellement : a-t-elle donné un sens différent à la simple lecture de la pièce ? Vous a-t-elle aidé à mieux la comprendre ?

# Exercices d'entraînement

## 1 Exploiter le corpus

**1. Analysez le sujet et choisissez l'une des problématiques.**
**2. a. Notez les questions à se poser à la lecture du corpus. Aidez-vous des questionnaires de lecture analytique.**
**b. Pour chaque texte, répondez à ces questions sous la forme d'une prise de notes.**
**3. Quels liens peut-on établir entre ces trois textes ?**
**4. Quels autres textes du chapitre 3 → p. 150 pourraient également servir d'exemples ?**

**Corpus :**
**Texte A :** H. de Balzac, *Le Père Goriot* (1835) → p. 157
**Texte B :** L.-F. Céline, *Voyage au bout de la nuit* (1932) → p. 164
**Texte C :** A. Camus, *L'Étranger* (1942) → p. 200

**Sujet :** Comment expliquez-vous que certains romans passent à la postérité ? Vous tirerez vos exemples du corpus et d'œuvres étudiées dans l'année.

**Problématiques :**
a. Pourquoi certains romans marquent-ils au point d'entrer dans le patrimoine littéraire ?
b. Comment certains romans parviennent-ils à passer les époques, voire les siècles ?
c. Les romans qui passent à la postérité sont-ils le fruit de valeurs communes ?

## 2 Utiliser la question sur le corpus

**1. Lisez les textes du corpus.**
**2. Analysez le sujet et formulez une problématique.**
**3. Quelle question sur le corpus pourrait vous aider ? Justifiez.**
**4. Tirez de cette question tout ce qui nourrira la réflexion.**

**Corpus :**
**Texte A :** M. de Montaigne, *Essais* (1580) → p. 110
**Texte B :** J.-J. Rousseau, *Émile ou De l'éducation* (1762) → p. 112
**Texte C :** V. Hugo, *Le Rhin* (1845) → p. 126

**Sujet :** Dans quelle mesure l'expérience personnelle d'un auteur peut-elle avoir des échos universels dans un texte argumentatif ? Vous proposerez une réflexion organisée qui sera illustrée par les textes du corpus et vos lectures.

**Questions sur le corpus :**
a. Quelle utilité le voyage revêt-il pour ces auteurs ?
b. Quelles stratégies argumentatives les auteurs ont-ils privilégiées ?
c. À quelle forme de l'argumentation chaque texte se rattache-t-il ?

## 3 Synthétiser ses connaissances

**1. Lisez attentivement les six textes de la séquence 2 → p. 49.**
**2. Recopiez et complétez ce tableau de synthèse.**

| Titre du poème | Titre du recueil | Auteur | Époque / Mouvement littéraire et culturel | Contenu du texte | Fonction du poète | Citation |
|---|---|---|---|---|---|---|

**3. Analysez le sujet et formulez une problématique.**
**4. Quels éléments du tableau vous seront utiles ?**

**Sujet :** Théophile Gautier, poète du Parnasse, revendique l'inutilité de la poésie dans sa théorie de l'art pour l'art. Cette thèse est-elle partagée par tous les poètes que vous connaissez ? Vous répondrez dans un développement structuré et argumenté.

## 4 Cerner les notions utiles

**1. Analysez et problématisez chaque sujet.**
**2. a. Quelles notions vous semblent indispensables pour traiter correctement chacun d'eux ?**
**b. Précisez la manière dont vous les exploiteriez.**

**Sujet A (toutes séries) :** Avec ses personnages, le romancier a-t-il les moyens de se poser les grandes questions sur l'avenir de notre société ? Vous appuierez votre argumentation sur les romans lus dans l'année.

**Sujet B (toutes séries) :** Le plaisir du lecteur dépend-il, selon vous, des contraintes que le poète s'est fixées en composant son œuvre ? Votre réflexion vous amènera à étudier les formes traditionnelles et modernes de poésie présentes dans la séquence 1 → p. 31.

**Sujet C (série L) :** Un auteur qui fait le choix de la réécriture doit-il obligatoirement impressionner son lecteur pour susciter son intérêt ? Utilisez les textes de la séquence 16 → p. 345 et les textes étudiés en cours.

## 5 Élargir le champ des exemples

**1. Analysez le sujet et définissez les mots clés.**
**2. Formulez une problématique.**
**3. a. Quels textes de votre manuel pourraient vous servir d'exemples ? Justifiez.**
**b. Quels autres supports pourraient vous être utiles ? Pourquoi ?**

**Sujet :** Un personnage de conte se différencie-t-il d'un personnage de roman ? Vous fonderez votre réflexion sur les textes étudiés en cours et vos lectures personnelles.

**Fiche méthode 3**

# Construire un plan détaillé de dissertation

**OBJECTIF :** Organiser avec logique le plan détaillé d'un développement de dissertation.

## MÉTHODE

▸ **Organisation du temps :** 25 min

L'ensemble désordonné issu des étapes 4 et 5 doit être **structuré**, en **enchaînant logiquement** les idées et en équilibrant parties et paragraphes.

### ÉTAPE 6 Mettre de l'ordre dans son brouillon

• **Pour que le brouillon soit pleinement efficace, il doit être revu en deux temps :**
– relire d'abord le sujet et la problématique, pour vérifier que l'on travaille dans la bonne direction ;
– parcourir à nouveau toutes les notes préparatoires prises au brouillon en les classant, de l'idée la plus évidente à l'idée la plus subtile.

### ÉTAPE 7 Élaborer le plan détaillé

• **Il n'existe pas un modèle de plan unique :** chaque démarche découle précisément du sujet proposé. Mais tout plan doit nuancer les idées, et mettre en relation des thèses ou des approches différentes.

• **Prévoir deux à trois paragraphes dans chaque partie ;** si le plan ne comporte que deux parties, un minimum de trois paragraphes est exigé dans chacune.

• **Visualiser le plan en utilisant un tableau** qui permettra de vérifier l'équilibre de l'argumentation et l'absence de répétitions d'une partie à l'autre :
– classer les arguments et les exemples, et éliminer ceux qui s'intègrent mal dans le champ de la problématique ; au besoin, en rechercher d'autres pour compléter la démonstration ;
– préciser les connecteurs logiques au début de chaque argument rédigé sous la forme d'une phrase complète.
**Ex. :** *Certes… / Mais… / Donc… ; Tout d'abord… / En effet… / Cependant…*

| **Titre de la première partie : Formulation de la thèse A ou explication détaillée du sujet** | |
|---|---|
| 1er § = Argument 1 : …<br>2e § = Argument 2 : …<br>3e § = Argument 3 : …<br>Transition entre les parties I et II (phrase-paragraphe) | Exemple 1 : …<br>Exemple 2 : …<br>Exemple 3 : … |
| **Titre de la deuxième partie : Réfutation de la thèse A ou analyse des causes du phénomène étudié** | |
| Argument 4 : …<br>Argument 5 : …<br>Argument 6 : …<br>Transition entre les parties II et III ou conclusion partielle, s'il n'y a pas de troisième partie (phrase-paragraphe) | Exemple 4 : …<br>Exemple 5 : …<br>Exemple 6 : … |

| Titre de la troisième partie (facultative) : Synthèse ou conséquences du phénomène étudié | |
|---|---|
| Argument 7 : …<br>Argument 8 : …<br>Argument 9 : …<br>Conclusion partielle (phrase-paragraphe) | Exemple 7 : …<br>Exemple 8 : …<br>Exemple 9 : … |

# APPLICATION

## ÉTAPE 6 Mettre de l'ordre dans son brouillon

**Sujet :** Fiche méthode 1 → p. 521
**Problématique :** La fonction de la représentation théâtrale est-elle seulement de refléter la réalité, même la plus insignifiante ? Ne doit-elle pas lui donner une signification ?

- Le plan analysera une **antithèse** : réalité, même la plus insignifiante / signification de la représentation théâtrale.

- Les parties reprendront l'alternative du sujet (ou) et développeront ces deux thèses :

**Le spectacle théâtral reflète-t-il l'absurdité du monde ?**
– Théâtre de l'absurde = reflet du vide : existence tragique ;
**Ex.** : S. Beckett, *En attendant Godot* → p. 263
– Héros tragiques = victimes d'un destin injuste, incohérent ;
**Ex.** : Sophocle, *Œdipe roi* → p. 329
– Intrigues théâtrales = conflits parfois sans importance, mais aux conséquences lourdes.
**Ex.** : A. de Musset, *Les Caprices de Marianne* → p. 248

**Le théâtre cherche-t-il à donner un sens au monde ?**
– Texte théâtral = cohérence, sens donné à l'apparente absurdité ;
**Ex.** : E. Ionesco, *La Leçon* → p. 260
– Mise en scène = mise en lumière du texte, donc sens ;
**Ex.** : Molière, *Dom Juan* par D. Mesguich
– Travail du spectateur = conscience du destin mis en scène.
**Ex.** : A. de Musset, *Lorenzaccio* → p. 245

## ÉTAPE 7 Élaborer le plan détaillé

| I : Le théâtre est le miroir grossissant d'une réalité dérisoire et absurde. | |
|---|---|
| § 1 : Le théâtre de l'absurde, né dans les années 1950, reflète l'absurdité tragique d'un monde sans repères. | **Ex. 1 :** Chez S. Beckett, Vladimir et Estragon meublent le vide en remarquant que leur conversation est creuse. |
| § 2 : Mais… | **Ex. 2 :** Œdipe, chez Sophocle, et Hernani, chez V. Hugo, sont les jouets du destin ; rien n'empêche leur mort injuste. |
| § 3 : Même dans les comédies, les conflits sans importance peuvent être lourds de conséquence, autre manifestation de l'absurde. | **Ex. 3 :** … |
| **Transition entre les parties I et II :** Bien que les textes dramatiques évoquent fréquemment l'absurdité du monde, le spectacle théâtral est porteur de sens. | |
| **II : Le spectacle théâtral permet de ne pas se laisser gagner par l'absurdité du monde.** | |
| § 4 : D'une part, le texte mis en scène, loin d'être insignifiant, obéit à une logique, même s'il aborde le thème de l'absurde. | **Ex. 4 :** … |
| § 5 : D'autre part, … | **Ex. 5 :** Daniel Mesguich fait de M. Dimanche un marchand juif, une victime du cynisme de Dom Juan, des bruitages évoquant le nazisme. |
| § 6 : Enfin, le spectateur participe à la construction du sens. | **Ex. 6 :** … |
| **Conclusion partielle :** L'art est donc un moyen de résister face à l'absurdité du monde. | |

- **Questions :**

**1.** Formulez les arguments manquants, en rédigeant une phrase complète.
**2.** Présentez les exemples 3, 4 et 6, en précisant le lien qui les unit aux arguments correspondants.

# Exercices d'entraînement

## 1 Du plan détaillé au sujet

**1. À partir du plan détaillé proposé, identifiez l'objet d'étude et déduisez le sujet duquel ce plan est issu.**
**2. Complétez les deux parties en ajoutant des exemples.**
**3. Formulez la transition qui reliera les deux parties.**

**Proposition de plan détaillé :**

**I. La poésie est avant tout un art intime et musical, mettant en jeu rythmes et sons.**

§ 1 : Tout d'abord, qu'elle soit en vers ou en prose, la poésie repose sur une musicalité particulière.
Ex. 1 : Les premiers vers de l'« Art poétique » de Paul Verlaine.

§ 2 : Du reste, dès son origine, la poésie est associée à Orphée et Apollon, dont l'instrument était la lyre.
Ex. 2 : Des poèmes de Baudelaire et Rimbaud ont été mis en musique par Léo Ferré.

§ 3 : Le lyrisme, en outre, est l'un des registres privilégiés de ce langage qui met en valeur les sentiments du poète, comme l'amour, omniprésent dans l'histoire de la poésie.

Ex. 3 : ...

**Transition : ...**

**II. Toutefois, la poésie peut aussi servir à exprimer un engagement social.**

§ 4: La poésie didactique transmet un enseignement philosophique ou moral.
Ex. 4 : Lucrèce, *De la nature* ; La Fontaine, *Fables*.

§ 5 : Quant à la poésie satirique, elle dénonce avec force les défauts des hommes ou des institutions.
Ex. 5 : ...

§ 6 : D'ailleurs, le poète est un citoyen à part entière qui joue parfois un rôle important dans la société.
Ex. 6 : ...

## 2 Du sujet au plan détaillé

**1. À partir de l'analyse de ce sujet, formulez la problématique qui permettra de le traiter.**
**2. Quelles parties de plan pouvez-vous déduire de votre problématique ?**
**3. Énoncez les arguments qui vont étayer les parties.**
**4. Proposez un exemple précis pour chaque argument.**

Sujet : La description et le portrait dans le roman ne font-ils que montrer le cadre de l'intrigue ou les personnages ? Vous vous référerez aux textes de la séquence 7 → p. 151 et à vos lectures personnelles.

→ p. 522 : FICHE MÉTHODE 1, EXERCICE 1

## 3 Améliorer un plan détaillé

**1. Examinez le plan proposé : repérez les erreurs logiques.**
**2. Reformulez les titres des parties, et si nécessaire, les titres des paragraphes.**
**3. Réagencez de manière plus rigoureuse les parties et les arguments des paragraphes.**
**4. Choisissez dans la liste d'exemples une référence appropriée pour chaque argument.**

Sujet : Nulla dies sine linea.[1]
*C'est mon habitude et puis c'est mon métier. Longtemps j'ai pris ma plume pour une épée : à présent je connais notre impuissance. N'importe : je fais, je ferai des livres ; il en faut ; cela sert tout de même.* (J.- P. Sartre, *Les Mots*, 1964, © Gallimard). Vous vous interrogerez sur les pouvoirs de la littérature en appuyant votre argumentation sur des exemples tirés du corpus et de vos lectures personnelles.

1. Citation de Pline l'Ancien : *Pas un jour sans écrire une ligne.*

→ p. 522 : FICHE MÉTHODE 1, EXERCICE 5

**Plan détaillé :**

**I. À présent, Sartre reconnaît l'impuissance des écrivains.**

§ 1 : Les grandes œuvres ont une dimension universelle et les livres du passé nous intéressent encore aujourd'hui.
§ 2 : La littérature est une arme de combat, lorsqu'elle est satirique ou polémique.
§ 3 : Les livres nous font réfléchir sur la condition humaine, posent des questions essentielles.
§ 4 : Certains écrivains apportent des témoignages essentiels, font œuvre de mémoire.

**II. Pourtant longtemps Sartre a pris sa plume pour une épée.**

§ 1 : Le grand public recherche plutôt les divertissements faciles véhiculés par la télévision ou Internet ; les livres ont moins d'impact.
§ 2 : Les livres ont un impact à long terme, ils font évoluer les mentalités.
§ 3 : Les livres sont utiles car ils nous font voyager dans le temps et dans l'espace.

**III. Il va quand même continuer à écrire des livres.**

§ 1 : La censure et les persécutions s'attaquent aux écrivains dont les œuvres sont perçues comme des menaces.
§ 2 : La littérature est un outil de liberté qui refuse le fanatisme.

**Exemples :**

a. Primo Lévi, *Si c'est un homme*, est une œuvre de mémoire sur les camps nazis.
b. Émile Zola publie une lettre ouverte « J'accuse » dans le journal *L'Aurore* à l'occasion de l'affaire Dreyfus.

c. La littérature des Lumières a inspiré la Déclaration des droits de l'homme et du citoyen.
d. Les séries américaines sont plus connues du public adolescent que Montaigne et Rabelais.
e. Roberto Saviano est un écrivain sous protection policière depuis la publication de son récit sur la mafia napolitaine, *Gomorra*.
f. Le Japonais Haruki Murakami, l'Islandais Arnaldur Indridason, l'Américain Jim Harrison…
g. Voltaire, Diderot, Beaumarchais, qui ont connu la prison, n'ont jamais renoncé à défendre leurs idées.
h. Albert Camus, dans *La Peste*, pose la question de la résistance contre la maladie, contre le mal en général.
i. Les *Essais* de Montaigne, auteur de la Renaissance, abordent des préoccupations humaines encore actuelles.

## 4 De l'analyse du sujet au plan détaillé

**1. Suivez les étapes 1 à 5 des fiches méthode 1 et 2 : analyse du sujet ; formulation de la problématique ; exploitation du corpus et des connaissances sur l'objet d'étude.**
**2. Classez vos notes en vous référant à la problématique dégagée étape 6** → p. 526.
**3. Élaborez le plan détaillé adapté à votre problématique, en donnant un exemple à chaque paragraphe étape 7** → p. 526.

**Sujet 1 :** Dans la préface de *Ruy Blas* (1838), Victor Hugo distingue trois catégories de spectateurs : les uns demandent au théâtre *le plaisir des yeux*, d'autres *le plaisir du cœur*, d'autres enfin, *le plaisir de l'esprit*. À l'aide du corpus et de votre expérience personnelle de spectateur et de lecteur, vous expliquerez quelle sorte de plaisir vous attendez personnellement du théâtre.

**Objet d'étude :** Le texte théâtral et sa représentation, du XVII$^e$ siècle à nos jours

**Corpus :**
**Texte A :** J. Racine, *Phèdre* (1677) → p. 238
**Texte B :** Marivaux, *Le Jeu de l'amour et du hasard* (1730) → p. 220
**Texte C :** V. Hugo, *Hernani* (1830) → p. 237
**Texte D :** A. Camus, *Le Malentendu* (1944) → p. 256

**Sujet 2 :** Dans la « Nuit de mai » (1835) d'Alfred de Musset, figure ce célèbre vers : *Les chants désespérés sont les chants les plus beaux*. Votre expérience personnelle de lecteur vous fait-elle adhérer à ce jugement ? Vous illustrerez votre réponse argumentée à l'aide de poèmes du corpus et d'exemples tirés de votre propre culture littéraire.

**Objet d'étude :** Écriture poétique et quête du sens, du Moyen Âge à nos jours

**Corpus :**
**Texte A :** Louise Labé, *Sonnets* (1555) → p. 50
**Texte B :** A. d'Aubigné, *Les Tragiques* (1623) → p. 83
**Texte C :** Saint-Amant, *Œuvres poétiques* (1631) → p. 33
**Texte D :** P. Verlaine, *Romances sans paroles* (1874) → p. 53

**Sujet 3 :** Partagez-vous le sentiment de Stendhal, pour qui, dans le roman, l'aventure est moins importante que les caractères, c'est-à-dire les personnages ? Vous justifierez votre réponse au moyen d'arguments et d'exemples empruntés au corpus et à votre culture personnelle.

**Objet d'étude :** Le personnage de roman, du XVII$^e$ siècle à nos jours

**Corpus :** chapitre 3 → p. 150

**Sujet 4 :** Pour Jean Giono, le poète est un *professeur d'espérance* (in *L'Eau vive*, 1943), tandis que pour Nancy Huston, beaucoup d'écrivains contemporains sont des *professeurs de désespoir* (titre d'un essai publié en 2004). En vous appuyant sur les textes du corpus et d'autres œuvres que vous connaissez, vous vous demanderez laquelle de ces deux conceptions de la littérature vous paraît la plus conforme à votre propre expérience de lecteur.

**Objet d'étude :** La question de l'homme dans les genres de l'argumentation du XVI$^e$ siècle à nos jours

**Corpus :**
**Texte A :** F. Rabelais, *Pantagruel* (1532) → p. 129
**Texte B :** B. Pascal, *Pensées* (1670, posthume) → p. 90
**Texte C :** Voltaire, *Micromégas* (1752) → p. 92
**Texte D :** A. de Vigny, *Les Destinées* (1864) → p. 107

**Sujet 5 (série L) :** Dans quelle mesure les récits de voyage permettent-ils de combattre certains préjugés ? Vous développerez une réflexion argumentée que vous illustrerez au moyen d'exemples variés empruntés au corpus.

**Objets d'étude croisés :** Vers un espace culturel européen : Renaissance et Humanisme ; La question de l'homme dans les genres de l'argumentation du XVI$^e$ siècle à nos jours

**Corpus :** séquence 14 → p. 298

**Sujet 6 (série L) :** Une réécriture peut-elle vraiment exprimer une singularité ? Vous vous référerez au corpus proposé et à vos lectures personnelles pour répondre à cette question dans un développement argumenté et nuancé.

**Objet d'étude :** Les réécritures, du XVII$^e$ siècle jusqu'à nos jours

**Corpus :** séquence 15 → p. 323

# Fiche méthode 4 Rédiger l'introduction et la conclusion

**OBJECTIF :** Rédiger avec rigueur l'ouverture et la clôture de la dissertation.

## MÉTHODE

**Organisation du temps :** 20 min

L'introduction et la conclusion, qui reflètent l'ensemble du devoir, doivent être particulièrement soignées. Leur rédaction se fait donc au brouillon.

### ÉTAPE 8 Rédiger l'introduction

**• L'introduction enchaîne trois étapes, reliées par des connecteurs logiques :**

– l'**entrée en matière**, présente le contexte (époque, mouvement littéraire et culturel), définit le genre littéraire ou les thèmes en jeu. Elle peut prendre appui sur une citation ;
– le **sujet**, énoncé puis explicité, est suivi de la problématique, que l'on formule dans ses propres mots (si le sujet comporte une citation, seuls les éléments importants sont repris) ;
– l'**annonce du plan** présente les parties du développement en soulignant la progression.

### ÉTAPE 9 Rédiger la conclusion

**Il vaut mieux ne pas attendre la fin du temps imparti pour rédiger sa conclusion.**

**• Le paragraphe de conclusion enchaîne deux étapes :**

– la **réponse** définitive **à la problématique** est justifiée par un **bilan** concis ;
– l'**ouverture** lance une nouvelle réflexion clairement rattachée au sujet.

## APPLICATION

**SUJET** Fiche méthode 1 → p. 521

### ÉTAPE 8 Rédiger l'introduction

**• Proposition d'introduction rédigée**

*Dramaturge du théâtre de l'absurde, Eugène Ionesco souligne la différence entre le théâtre et les autres genres littéraires par sa dimension concrète, en affirmant dans Notes et Contre-notes : Je ne fais pas de la littérature. Je fais une chose tout à fait différente ; je fais du théâtre. Pour lui, il s'agit avant tout de faire du spectacle : l'aboutissement nécessaire de l'écriture d'une pièce. Par ailleurs, Vladimir, l'un des personnages de Samuel Beckett, dans la pièce de l'absurde « En attendant Godot », qualifie lui-même sa présence en scène comme quelque chose de vraiment insignifiant. On peut alors se demander si le théâtre se contente de refléter l'absurdité du monde, comme l'affirme le personnage de Beckett, ou s'il cherche à lui donner un sens par le travail scénique, suivant la théorie d'Ionesco. La représentation théâtrale serait-elle donc une lecture significative de la réalité ? Même si le genre théâtral apparaît comme le miroir de nos folies et de nos doutes, le travail du dramaturge et du metteur en scène s'attache quant à lui, à rendre à l'existence une certaine cohérence.*

## ÉTAPE 9 Rédiger la conclusion

• Proposition de conclusion rédigée

*Ainsi la représentation théâtrale donne-t-elle sens à la réalité. Certes, les textes dramatiques offrent un miroir grossissant du réel, dans sa futilité et son absurdité ; cependant, le spectacle, par sa logique, par le travail du metteur en scène et l'interprétation du spectateur, modifie cette perception dégradante. On voit alors se dessiner la suprématie du metteur en scène sur l'auteur ; c'est finalement sa lecture de la pièce à laquelle nous adhérons lorsque nous assistons à une représentation, tout comme cela se produit au cinéma, lorsque nous découvrons comment un roman a été adapté en film.*

# Exercices d'entraînement

### 1 Choisir son entrée en matière

**1.** Analysez et problématisez le sujet.
**2.** Précisez sur quoi se fonde l'entrée en matière proposée.
**3.** Rédigez la suite de cette introduction.

Sujet : En 1857, Charles Baudelaire dédicace *Les Fleurs du mal* à Théophile Gautier, le qualifiant de poète impeccable. À votre avis, la maîtrise de la langue française et de la technique de la versification est-elle primordiale pour tout poète ? Vous fonderez votre réflexion sur les poèmes lus ou étudiés au cours de l'année.

Entrée en matière :
*De la musique avant toute chose / Et pour cela préfère l'Impair / Plus vague et plus soluble dans l'air.* Paul Verlaine énonce les règles que le poète se doit de suivre, selon lui, dans son « Art poétique » (1874).

### 2 Présenter le sujet

**1.** Analysez et problématisez le sujet.
**2.** Rédigez la partie manquante.

Sujet : À votre avis, l'argumentation directe a-elle plus d'impact que la fiction pour provoquer des prises de conscience et faire évoluer la société ? Vous répondrez dans un développement structuré.

Introduction proposée :
*Le 9 juillet 1849, Victor Hugo prononce son Discours sur la misère devant une Assemblée nationale en émoi. Il souhaite ainsi jouer son rôle d'homme politique engagé et améliorer les conditions de vie des plus pauvres. Treize ans plus tard, il poursuivra son combat en rédigeant un roman au titre éloquent, Les Misérables. [...] Certes, la fiction peut transmettre un message moral, politique ou social au lecteur ; cependant, il apparaît que l'argumentation directe a peut-être plus de poids auprès du public.*

### 3 Préparer la conclusion

**1.** Consultez l'exercice 1 de la fiche méthode 3 → p. 528.
**2.** Rédigez le bilan
**3.** Dans quelle mesure chaque ouverture proposée se rattache-t-elle au sujet ?
**4.** Choisissez l'ouverture que vous préférez en prenant soin d'assurer l'enchaînement avec votre bilan.

Ouvertures proposées :
a. Finalement, ce sont les poètes du Parnasse qui trouvent la réponse la plus radicale à la question des fonctions de la poésie en avançant la théorie de *l'art pour l'art* selon laquelle l'esthétique doit primer sur l'utilité de l'art.
b. Il arrive parfois que l'homme s'engage dans sa vie et non dans sa poésie, comme c'est le cas pour Francis Ponge, qui œuvrait pour la Résistance alors que sa poésie s'employait à transfigurer métaphoriquement le réel.

### 4 Rédiger la conclusion

**1.** Analysez le sujet.
**2.** Rédigez la conclusion. Votre ouverture pourra s'appuyer sur d'autres arts (sculpture, peinture, cinéma, bande dessinée…).

Sujet : Fiche méthode 1, exercice 3, sujet b → p. 522

Plan proposé :
**I. Le personnage de roman semble plus profond.**
1. Le romancier compose son portrait physique et moral.
2. On découvre l'évolution de sa personnalité.
3. La variété des situations permet au lecteur de le cerner.
**II. Cependant, le personnage de conte a également ses subtilités.**
1. La simplicité apparente de sa présence et de ses propos en fait souvent un personnage mémorable.
2. Ses actions, significatives et porteuses d'un message moral, compensent son caractère stéréotypé.
3. Son trajet, souvent initiatique, est symbolique.

**Fiche méthode 5**

# Rédiger l'ensemble d'une dissertation

**OBJECTIF :** Apprendre à enchaîner un argument et ses exemples dans un paragraphe, et à relier entre eux les arguments d'une même partie.

## MÉTHODE

**Organisation du temps :**
1 h 15 + 10 min de relecture

### ÉTAPE 10 Rédiger les paragraphes du développement

• **Un paragraphe de dissertation n'excède pas une quinzaine de lignes et se construit de la manière suivante :**
– commencer par un **alinéa** de deux ou trois carreaux ;
– introduire l'**argument** à développer ;
– expliquer cet argument, et l'illustrer au moyen d'**exemples** précis ;
**Remarque :** les exemples ne se substituent pas à votre réflexion personnelle ; ils sont commentés, justifiant leur présence dans l'argumentation.
– assurer la cohésion entre les éléments du paragraphe à l'aide de **connecteurs logiques** ;
– indiquer en conclusion, la **transition** qui liera ce paragraphe au suivant.
**Remarque :** entre les parties, la transition est mise en relief dans une phrase-paragraphe.

• **Dans un paragraphe de dissertation, tout doit être soigneusement rédigé, ce qui suppose :**
– un niveau de langue **soutenu** ;
– un **ton juste**, qui évite lourdeur et emphase ;
– des **phrases complètes** avec au moins un verbe conjugué, sans abréviations, sans chiffres, sauf pour les dates ;
– des **exemples** et des **citations** correctement intégrés à l'argumentation et commentés, mais pas simplement mis entre parenthèses ou artificiellement plaqués après deux points ;
– des numéros de lignes ou de vers signalés **après** les citations (l 8 à 10 ; v. 4-5) lorsque l'on s'appuie sur le corpus.

• **Le devoir intégral est ensuite rédigé pas à pas :**
– recopier l'introduction au propre sur la **copie définitive** ;
– rédiger paragraphe par paragraphe en ménageant les **transitions** entre les différentes parties, et en suivant les **mêmes directives que pour le commentaire** (sauts de lignes, alinéas, etc.) → p. 498.
– recopier la conclusion

### ÉTAPE 11 Relire l'ensemble du devoir

La relecture doit apprécier **l'harmonie et l'équilibre de l'ensemble**, l'intégration de toutes les transitions, et la qualité de l'orthographe.

# APPLICATION

**SUJET** Fiche méthode 1 → p. 521

## ÉTAPE 10 Rédiger les paragraphes du développement

- **Rédaction du deuxième paragraphe de la première partie étape 7** → p. 527

Mais dans les tragédies, dès l'Antiquité, et même au XIXe siècle, dans les drames romantiques, les héros apparaissent comme les jouets d'un destin qui leur échappe. Malgré leurs qualités, telles que le courage et le sens de l'honneur, ils sont accablés par le malheur, et leur mérite est bien peu récompensé. C'est ce que prouve la déchéance d'Œdipe, ce glorieux roi de Thèbes, révolté face à une réalité incompréhensible que son aveuglement symbolise. Souvent, d'ailleurs, ces héros meurent en pleine jeunesse, tel Hernani, valeureux personnage d'un drame de Victor Hugo, assassiné juste avant sa nuit de noces par un vieillard n'ayant plus que quelques années à vivre. Qu'il s'agisse d'Œdipe roi de Sophocle, de Hernani ou d'autres exemples connus, le théâtre tragique, dès l'Antiquité, est donc le reflet d'un monde aussi incohérent qu'injuste, conformément à la définition même de la fatalité. Quant au genre de la comédie, dont les registres sont bien différents, échappe-t-il à ces interrogations sur des réalités humaines apparemment insignifiantes ?

**Questions :**

**1.** Repérez les connecteurs utilisés et précisez leur valeur logique.
**2.** Observez la manière dont les différents exemples sont introduits.
**3.** Commentez le choix de la transition : quel lien établit-elle avec l'argument qui suivra ?

- **Rédaction de la deuxième partie du devoir**

Bien que les textes dramatiques évoquent fréquemment l'absurdité du monde, le spectacle théâtral est cependant porteur de sens.

Tout d'abord, il est certain que le texte théâtral, même s'il aborde le thème de l'absurde, obéit à une logique. Le dramaturge est le premier metteur en scène de son œuvre : sur le papier, il organise son intrigue, la construit et lui donne donc une cohérence ; le titre que Cocteau a choisi pour sa version de la tragédie d'Œdipe, La Machine infernale, en constitue une preuve. Même si le destin nous échappe, même si le monde nous paraît insensé, cette mécanique implacable a ses propres lois, et le texte théâtral essaie de reconstituer l'engrenage d'événements qui conduisent soit à un dénouement heureux, soit à une catastrophe. Le découpage de l'intrigue, la progression des dialogues et des monologues, qui permettent aux protagonistes de faire le point sur la situation, les didascalies, sont autant d'éléments qui donnent sens et unité à la pièce. L'intrigue de La Leçon d'Eugène Ionesco, par exemple, qui évoque la folie furieuse d'un professeur tyrannique devenu tueur en série, repose sur l'autorité croissante du maître, aboutissant au crime. Lors du dénouement, arrive une nouvelle élève, ce qui nous ramène à la scène d'exposition et souligne ce cycle infernal de la violence, dont la bonne se fait complice, malgré elle. D'ailleurs, selon Ionesco, au théâtre, « tout sert à exprimer, à signifier » (Notes et contre-notes, 1966), donc le spectacle théâtral a forcément du sens, ce que souligne d'ailleurs la mise en scène.

Le travail d'un metteur en scène en effet met en lumière la signification d'une pièce. Le théâtre est un art ancien, qui, déjà chez les Grecs, avait une forte dimension religieuse et civique. Il s'agissait bien alors d'une expérience collective qui rassemblait les citoyens et les amenait à réfléchir sur l'homme. Aujourd'hui, le spectacle théâtral joue encore son rôle dans la société, car il reste un art vivant, incarné par des comédiens, qui interroge le monde et rappelle le caractère universel et intemporel des grandes interrogations humaines. Certains metteurs en scène, pour cette raison, n'hésitent pas à actualiser les œuvres du passé pour en donner une interprétation nouvelle et prouver que leur questionnement est loin d'être dépassé. Citons par exemple Daniel Mesguich qui a mis en scène un Dom Juan cynique, aussi séduisant qu'effrayant. Il choisit de transposer la scène avec Monsieur Dimanche dans le contexte du nazisme accentué par des bruitages et de faire du marchand un juif, victime potentielle de l'arrogance du « grand seigneur méchant homme ». Cette lecture de la pièce de Molière peut choquer, mais elle a le mérite de donner une clé pour interpréter le personnage de Dom Juan. Et le spectateur a également son rôle à jouer.

Enfin, la construction du sens d'une pièce passe par la sensibilité de celui qui assiste à la représentation. Dernier maillon de la chaîne, il confronte sa vision de la pièce avec celle qui lui est proposée. Sur la scène, tout est signe : décors, costumes, éclairages, mouvements des comédiens, ton des répliques. Rien n'est laissé au hasard, et il s'agit pour le public de comprendre le sens de ces choix, la symbolique de tel ou tel élément. L'interprétation du texte peut alors offrir des perspectives nouvelles et enrichissantes. L'exemple de Lorenzaccio, de Musset, est de ce point de vue intéressant. L'auteur, déçu par les spectacles montés à partir de ses œuvres, n'a pas écrit cette pièce pour la scène et s'est accordé une liberté totale. Il faut attendre soixante-deux ans, en 1896, pour que la pièce soit jouée, avec Sarah Bernhardt dans le rôle-titre, et aujourd'hui encore elle fait partie du répertoire : certes, sa longueur oblige les metteurs en scène à quelques remaniements, mais elle a connu un succès inattendu, car le spectacle a donné vie aux personnages de papier. Le sacrifice de Lorenzo, héros romantique ambigu, idéaliste et désespéré, meurtrier d'un tyran, a toujours un écho chez les spectateurs d'aujourd'hui, émus par le personnage qui se dit peu convaincu de l'utilité de son acte.

On comprend ainsi que l'art théâtral n'est pas un moyen d'apporter des réponses définitives, mais plutôt une manière de répondre à notre quête de sens et de sensibilité.

## ÉTAPE 11 Relire l'ensemble du devoir

**Questions :**

1. Les phrases qui ouvrent et referment la partie ont-elles la même fonction Citez et expliquez.
2. Expliquez comment s'ouvrent et se referment tous les paragraphes de cette partie.
3. Combien d'exemples sont utilisés en moyenne dans chaque paragraphe ?
4. Quel est le pronom le plus utilisé pour renvoyer au rédacteur du devoir ? Comment expliquez-vous ce choix ?

# Exercices d'entraînement

## 1 Compléter un paragraphe

**1. Remplacez les pointillés par des connecteurs logiques et développez l'exemple des *Fables* de La Fontaine.**
**2. Ajoutez une transition à la fin du paragraphe.**

Objet d'étude : Écriture poétique et quête du sens, du Moyen Âge à nos jours

Partie II, argument 4 : La poésie didactique transmet un enseignement philosophique ou moral.

Ex. 4 : Lucrèce, *De la nature* ; La Fontaine, *Fables*.
→ p. 528 : FICHE MÉTHODE 3, EXERCICE 1

[...] la poésie est un art du langage qui s'appuie essentiellement sur les rythmes et les sonorités ; [...] il lui arrive [...] de dispenser un enseignement. [...] les poèmes didactiques dont la visée peut être morale ou philosophique, mettent les mots au service des idées. Le poète utilise [...] des métaphores, des symboles, pour mieux faire comprendre au lecteur la leçon du texte. Il recourt [...] à l'argumentation indirecte, à la persuasion, et rend son discours moins aride, grâce aux subtilités de la rhétorique [...] le philosophe latin Lucrèce, auteur du De rerum natura (De la nature) au premier siècle, a choisi ce moyen d'expression pour exposer la philosophie d'Épicure, car la poésie est selon lui comme le miel, elle adoucit l'amertume du discours philosophique.

[+ Deuxième exemple à rédiger : La Fontaine, *Fables*].

## 2 Rédiger un paragraphe préparé au brouillon

**À partir de l'ébauche proposée ci-dessous, rédigez intégralement un paragraphe d'une quinzaine de lignes, dans lequel vous ajouterez un exemple personnel.**

Ébauche de paragraphe : fiche méthode 3, exercice 3 → p. 528

Argument : La littérature est une arme de combat, lorsqu'elle est satirique ou polémique.

Explication de l'argument :
- Sartre : métaphore de l'épée : littérature = arme, offensive ou défensive.
- Polémique vient du grec (lexique de la guerre).
- Écrits satiriques et polémiques (Ex. : pamphlets), attaquent hommes, institutions.
- Moyens = caricature, hyperboles.
- But = marquer les esprits.

Ex. : *Zadig*, conte philosophique de Voltaire.

## 3 Développer et illustrer un argument

**1. Sur quelle séquence précise du manuel pourriez-vous vous appuyer pour expliquer et illustrer l'argument proposé ?**
**2. Rédigez intégralement ce paragraphe en respectant les consignes de l'étape 8** → p. 530.

Objet d'étude : Écriture poétique et quête du sens, du Moyen Âge à nos jours

Partie I, argument 3 : Le lyrisme, d'ailleurs, est l'un des registres privilégiés de ce langage qui met en valeur les sentiments du poète, tel l'amour, omniprésent dans l'histoire de la poésie.
→ p. 528 : FICHE MÉTHODE 3, EXERCICE 1

## 4 Rédiger un paragraphe sur le roman

**À partir du travail préparatoire fiche méthode 3, exercice 4,** → p. 529**, rédigez intégralement deux paragraphes successifs du plan détaillé adapté à ce sujet.**

Objet d'étude : Le personnage de roman, du XVIIe siècle à nos jours

Corpus : chapitre 3 → p. 150

Sujet : Partagez-vous le sentiment de Stendhal, pour qui, dans le roman, l'aventure est moins importante que les caractères, c'est-à-dire que les personnages ? Vous justifierez votre réponse au moyen d'arguments et d'exemples empruntés au corpus et à votre culture personnelle.

## 5 Rédiger un paragraphe sur l'argumentation

**À partir du travail préparatoire sur ce sujet fiche méthode 3, exercice 4** → p. 529**, rédigez intégralement une partie de dissertation composée de trois paragraphes équilibrés.**

Objet d'étude : La question de l'homme dans les genres de l'argumentation, du XVIe siècle à nos jours

Sujet : Pour Jean Giono, le poète est un *professeur d'espérance* (in *L'Eau vive*, 1943), tandis que pour Nancy Huston, beaucoup d'écrivains contemporains sont des *professeurs de désespoir* (titre d'un essai publié en 2004). En vous appuyant sur les textes du corpus et d'autres œuvres que vous connaissez, vous vous demanderez laquelle de ces deux conceptions de la littérature vous paraît la plus conforme à votre expérience de lecteur.

CHAPITRE 5

# Rédiger un écrit d'invention

Photographie de Gladys.

538 **Fiche 1**
Inventer et transposer

541 **Fiche 2**
Inventer et imaginer

544 **Fiche 3**
Inventer et argumenter

**OBJECTIF** **Acquérir des réflexes d'analyse et de mise en forme dans un travail d'écriture littéraire.**

## Définition

Le sujet d'invention permet d'évaluer la compréhension et l'acquisition des connaissances liées à un objet d'étude. Il est noté de la même façon que tous les autres sujets et implique :

- d'**analyser et comprendre les consignes** proposées par le sujet ;
- de **concevoir un texte** qui soit conforme aux contraintes exigées par les consignes ;
- de **rédiger une production écrite de qualité**, adoptant un style original ; cet aspect est essentiel dans la notation.

## Finalités

L'écrit d'invention peut prendre différentes formes, mais celles-ci visent le plus souvent à :

- **transposer** l'un des textes du corpus proposé pour le faire changer de forme et / ou de genre ;
- **imaginer** la suite d'un texte ou une partie de celui-ci ;
- **produire un texte argumentatif** en se référant au thème d'un des textes du corpus, ou en développant une thèse.

**Remarque :** dans les trois cas, après 1 h 15 consacrée à l'analyse du corpus → p. 484, le candidat bénéficie de 2 h 45 pour traiter le sujet d'invention (sur 4 h d'épreuve écrite).

# Fiche méthode 1 Inventer et transposer

**OBJECTIF** : Repérer la caractéristique principale d'un texte et la modifier.

## MÉTHODE

Transposer signifie qu'il faut opérer une **transformation** dans un texte, en fonction de la consigne. Il conviendra donc de **garder l'essentiel du sens** de son contenu mais de **modifier une ou plusieurs de ses caractéristiques** (genre, forme, registre…).

### ÉTAPE 1 Comprendre le sujet

**Organisation du temps** : 35 min

- **Identifier les caractéristiques du texte initial.**
- **Analyser le sujet** pour déterminer la démarche à adopter, les points à transposer.
- **Déterminer la transposition précise.** Il peut s'agir :

– de son **genre littéraire**.

Ex. : transformer un passage de récit en dialogue théâtral.

– du **type de texte**.

Ex. : changer un texte descriptif en texte argumentatif en y introduisant une thèse explicite.

→ p. 388 : LES TYPES DE TEXTE

– du **registre** dominant.

Ex. : insérer de l'ironie dans un texte comique.

→ p. 421 : LES REGISTRES DIDACTIQUE ET POLÉMIQUE ; → p. 440 : LES REGISTRES COMIQUE ET TRAGIQUE

– du **point de vue** du narrateur ou d'un personnage.

Ex. : choisir un autre point de vue sur l'action afin d'en faire ressortir d'autres particularités.

→ p. 432 : LE NARRATEUR ET LA FOCALISATION

– d'une de ses **caractéristiques stylistiques**.

Ex. : changer de registre en utilisant des phrases expressives, des métaphores, des hyperboles…

→ p. 384 : LES FIGURES DE RHÉTORIQUE

– du **contexte spatio-temporel**.

Ex. : modifier le lieu ou la période historique pour créer un nouvel effet.

### ÉTAPE 2 Étudier le texte

**Organisation du temps** : 1 h 00

- **Lister les principales caractéristiques du texte original** au brouillon : type de texte, genre littéraire, cadre spatio-temporel, point de vue, figures de rhétorique...
- **Déterminer les éléments du texte à transposer** conformément à la consigne.
- **Déterminer les éléments du texte à conserver.**

### ÉTAPE 3 Rédiger

**Organisation du temps** : 1 h 00 + 10 min de relecture

- **Il est indispensable de tenir compte des éléments principaux du texte original**, afin de ne pas le transformer au-delà de ce qui est attendu. Il faut donc :

– **rédiger son propre texte** en gardant en tête les éléments fondamentaux du texte de départ, qui doit être reconnaissable en filigrane, mais sans être plagié ni paraphrasé ;

– **modifier les particularités textuelles** exigées par les consignes du sujet.

# APPLICATION

**EXEMPLE DE TRANSPOSITION**

**Support et sujet :** Transposer le récit de C. Colomb, dans *La Découverte de l'Amérique* → p. 299, en imaginant l'émerveillement qu'il éprouverait s'il arrivait de nos jours aux États-Unis.

## ÉTAPE 1 Comprendre le sujet

- **Caractéristiques du texte initial**

Dans ce journal de bord, des notions sont essentielles :
– le **point de vue**.
→ p. 432 : LE NARRATEUR ET LA FOCALISATION
– les **repères spatio-temporels**.
→ p. 424 : LE TEMPS ET L'ESPACE DANS UN RÉCIT
– l'**énonciation**.
→ p. 371 : COMMUNICATION, ÉNONCIATION ET MODALISATION

- **Analyse du sujet**

Transposer **le récit de C. Colomb**, dans *La Découverte de l'Amérique*, en imaginant l'émerveillement qu'il éprouverait s'il arrivait de nos jours aux États-Unis.
Il faut veiller à :
– utiliser le même point de vue : celui du navigateur ;
– mettre en avant un sentiment particulier : la surprise ;
– respecter les repères spatio-temporels : XXI^e^ siècle ; États-Unis.

- **Transposition à effectuer :** il conviendra de **modifier les repères spatio-temporels** pour actualiser la description.

## ÉTAPE 2 Étudier le texte

- **Principales caractéristiques du texte original**

– Types de texte : **descriptif** et **explicatif**.
→ p. 388 : LES TYPES DE TEXTE
– **Journal de bord** daté du samedi 13 octobre.
– **Point de vue interne** : action perçue par C. Colomb.
– Énonciation : récit au **présent** et au **passé simple** ; description des Amérindiens à l'**imparfait**. Utilisation de pronoms personnels *je* (Colomb) et *ils* (les Amérindiens).
– **Repères spatio-temporels** : évocation d'une scène ancienne (1492), se déroulant dans l'île d'Hispaniola.

- **Éléments du texte à transposer**

– **Modifier les repères spatio-temporels** en transposant la découverte faite d'Hispaniola par C. Colomb en 1492 en celle des États-Unis faite en 2011.
– **Choisir un vocabulaire approprié** pour transcrire les émotions du personnage, l'émerveillement : champ lexical de la surprise, vocabulaire mélioratif, exclamations…
– **Utiliser des figures de l'analogie** pour permettre à C. Colomb de décrire des réalités qui lui sont inconnues.

- **Déterminer les éléments du texte à conserver**

Il faut conserver :
– une **dominante descriptive et explicative** ;
– un **journal de voyage** ;
– le **point de vue**, qui doit toujours être **interne** ;
– les **temps verbaux** : présent, passé simple et imparfait.

## ÉTAPE 3 Rédiger

- **Proposition de début de rédaction**

Lundi 20 novembre 2011

Aux premières lueurs du jour naissant, je vis pointer devant moi les tours d'une île. Quelle beauté fascinante ! Elles semblaient presque toucher le ciel ! Le soleil créait des reflets d'or dans ces façades qui miroitaient comme des diamants et me donnaient l'impression d'être un dormeur éveillé.

Ceux que l'on appelle Américains étaient de petits points que je voyais à peine, semblables à de minuscules fourmis ouvrières s'affairant dans leur gigantesque demeure.

➤ Des adjectifs comme *fascinante* ou *gigantesque* indiquent l'émerveillement. Celui-ci est encore souligné par les phrases exclamatives et les sentiments éprouvés par le personnage qui s'exprime à la première personne.

# Exercices d'entraînement

## 1 Changer le point de vue d'un texte

**1.** **Analysez les mots clés de ce sujet.**
**2.** **Quelles contraintes pouvez-vous en dégager ?**
**3.** **De quelles notions liées à cet objet d'étude avez-vous besoin pour travailler ?**

**Support :** J. Conrad, *Au cœur des ténèbres* (1899) → p. 162

**Sujet :** Réécrivez le passage en le racontant du point de vue de Kurtz. Vous utiliserez les informations données dans l'introduction sans trahir le texte de J. Conrad.
→ p. 432 : LE NARRATEUR ET LA FOCALISATION

## 2 Changer de registre

**1.** **Analysez ce sujet en insistant sur ses mots clés.**
**2.** **Énumérez toutes les caractéristiques du texte-support qui nourriront votre production.**
**3.** **Rédigez une partie du devoir.**

**Support :** A. Camus, *L'Étranger* (1942) → p. 200

**Sujet :** Vous imaginerez que Meursault réagit lors de son procès, s'emportant contre une justice qu'il trouve inéquitable. Rédigez le déroulement du procès en transposant les éléments nécessaires, mais conservez l'enfermement du personnage dans sa conscience muette et solitaire.

## 3 Actualiser un poème

**1.** **Cherchez la définition du *carpe diem*.**
**2.** **Par quels moyens rhétoriques Baudelaire développe-t-il ce thème ?**
**3.** **Analysez les contraintes de ce sujet.**
**4.** **Rédigez une partie de ce poème.**

**Sujet :** Rédigez le poème en prose d'un contemporain qui veut renouveler le thème du *carpe diem*. Un personnage, riche de son expérience, s'adresse à une jeune personne qui n'est pas consciente de la nécessité de profiter de ses plus belles années.

### Remords posthume

Lorsque tu dormiras, ma belle ténébreuse,
Au fond d'un monument construit en marbre noir,
Et lorsque tu n'auras pour alcôve[1] et manoir
Qu'un caveau pluvieux et qu'une fosse creuse ;

Quand la pierre, opprimant ta poitrine peureuse
Et tes flancs qu'assouplit un charmant nonchaloir[2],
Empêchera ton cœur de battre et de vouloir,
Et tes pieds de courir leur course aventureuse,

Le tombeau, confident de mon rêve infini
(Car le tombeau toujours comprendra le poète),
Durant ces grandes nuits d'où le somme[3] est banni,

Te dira : « Que vous sert, courtisane imparfaite,
De n'avoir pas connu ce que pleurent les morts ? »
– Et le ver rongera ta peau comme un remords.

Charles Baudelaire, *Les Fleurs du mal*, « Spleen et Idéal » (1857).

1. Chambre. 2. Mollesse, paresse. 3. Sommeil.

## 4 De la poésie au théâtre

**1.** **Quelle est la situation d'énonciation de ce passage ?**
→ p. 371 : COMMUNICATION, ÉNONCIATION ET MODALISATION
**2.** **Par quels moyens Victor Hugo fait-il passer son message politique ?**
**3. a.** **Expliquez les contraintes imposées par ce sujet en vous appuyant sur deux exemples significatifs.**
**b.** **Quels éléments du texte évoquent déjà le théâtre ? Justifiez.**
**4.** **Rédigez la production en respectant tous les aspects qui sont propres à un texte de théâtre.**
→ p. 440 : LES NOTIONS PROPRES AU THÉÂTRE

**Sujet :** Réécrivez ce poème sous la forme d'un texte théâtral. Accordez l'importance qui se doit aux didascalies.

*Une vieille femme raconte la mort de son petit-fils lors des journées révolutionnaires de décembre 1851.*

### Souvenirs de la nuit du 4

[...]
Il jouait ce matin, là, devant la fenêtre !
Dire qu'ils m'ont tué ce pauvre petit être !
Il passait dans la rue, ils ont tiré dessus.
Monsieur, il était bon et doux comme un Jésus.
Moi je suis vieille, il est tout simple que je parte ;
Cela n'aurait rien fait à monsieur Bonaparte
De me tuer au lieu de tuer mon enfant ! –
Elle s'interrompit, les sanglots l'étouffant,
Puis elle dit, et tous pleuraient près de l'aïeule :
– Que vais-je devenir à présent toute seule ?
Expliquez-moi cela, vous autres, aujourd'hui.
Hélas ! je n'avais plus de sa mère que lui.
Pourquoi l'a-t-on tué ? Je veux qu'on me l'explique.
L'enfant n'a pas crié vive la République. –
Nous nous taisions, debout et graves, chapeau bas,
Tremblant devant ce deuil qu'on ne console pas.

Victor Hugo, *Les Châtiments*, « Souvenir de la nuit du 4 » (extrait, 1853).

# Fiche méthode 2 Inventer et imaginer

**OBJECTIF** : Identifier les caractéristiques d'un texte pour l'amplifier ou rédiger sa suite.

## MÉTHODE

### ÉTAPE 1 Analyser le sujet

**Organisation du temps** : 35 min

- **Identifier et définir les mots clés du sujet**
- **Repérer les caractéristiques du texte à produire**

– Quel est l'objet d'étude concerné ? Quelles connaissances permettent de traiter le sujet ?
– Quelle est la **situation d'énonciation** du texte à produire ?
→ p. 371 : COMMUNICATION, ÉNONCIATION ET MODALISATION
– À quels genre, **types de texte** et registres doit-il appartenir ?
→ p. 388 : LES TYPES DE TEXTE

- **Déterminer le type d'écrit attendu, donc s'il faut : écrire la suite** immédiate du texte ; **amplifier** un passage ; partir d'un élément précis pour construire un nouveau texte.

### ÉTAPE 2 Étudier le texte

**Organisation du temps** : 1 h 00

Le texte du corpus et son paratexte donnent des informations pour le traiter.

- **Noter les éléments du paratexte**

Dans le paratexte, on notera tous les éléments sur :
– le **sens** de l'œuvre et de l'extrait ;
– l'**époque** afin d'éviter les **anachronismes** ;
– les **lieux** et les **personnages** pour respecter la **cohérence** avec le texte de l'auteur.

- **Relever les caractéristiques du texte**

Dans le texte, on relèvera systématiquement le **thème principal** et les **champs lexicaux** qui lui sont associés. Puis, on étudiera la spécificité de ce texte :
– **pour un récit** : le genre exact (Ex. : roman, nouvelle, conte), le type de texte dominant (Ex. : descriptif ou narratif), le cadre spatio-temporel, les personnages, le point de vue… ;
→ p. 424 : LES NOTIONS PROPRES AU RÉCIT
– **pour un poème** : la forme (vers ou prose), les registres (Ex. : épique ou satirique), les figures de rhétorique (Ex. : comparaison ou hyperbole), les jeux sonores… ;
→ p. 400 : LES NOTIONS PROPRES À LA POÉSIE
– **pour une pièce de théâtre** : le type de répliques (Ex. : monologue, dialogue), la part de didascalies, la place de la scène dans la pièce, les registres (Ex. : tragique ou comique)…

### ÉTAPE 3 Rédiger

**Organisation du temps** : 1 h 00 + 10 min de relecture

- **Terminer le travail au brouillon en mettant en place les étapes du travail d'écriture**

– Pour un **récit**, il faut faire **progresser la narration** et / ou la **description**, apporter de **réelles modifications** au texte initial et donner une **fin explicite** au devoir.
– Pour un **poème**, même si la prose est généralement demandée, il faut travailler sur les **sonorités** et le **rythme** des phrases et employer des **figures de rhétorique**.

– Pour un **extrait de pièce de théâtre**, on utilisera les **codes de l'écriture dramatique** (par exemple les didascalies), en veillant à ce que tout soit **représentable** et forme une **unité**. La **rédaction finale** du devoir doit respecter quelques règles : une **présentation conforme** au genre concerné ; le **respect** des principaux éléments du texte initial (**Ex. :** noms propres) ; la **correction** orthographique et grammaticale.

# APPLICATION

**EXEMPLE DE RÉDACTION**

**Support :** M. Desbordes-Valmore, *Poésies inédites*, « Les séparés » (1860) → p. 55

**Sujet :** Rédigez le poème en prose de l'amant de la poétesse. Tenez compte des informations données par ce texte, qui est en fait la réponse qu'elle adresse à cet homme.

## ÉTAPE 1 Analyser le sujet

- **Mots clés du sujet**

Les mots clés sont : *poème en prose*, *informations* et *réponse*. Les contraintes sont les suivantes :

– respect des codes du poème en prose ;

→ p. 400 : LES NOTIONS PROPRES À LA POÉSIE

– lyrisme amoureux : l'intimité des amants ;

– rédaction d'une lettre imaginaire fondée sur l'étude du poème-lettre que nous avons sous les yeux.

- **Caractéristiques du texte à produire**

– Objet d'étude, genre : la poésie.

– Connaissances utiles : le poème en prose, les **figures de rhétorique**, le **registre lyrique**.

→ p. 384 : LES FIGURES DE RHÉTORIQUE
→ p. 409 : LES REGISTRES LYRIQUE ET ÉLÉGIAQUE

– **Situation d'énonciation** : au XIX^e siècle, l'amant écrit à la poétesse au sujet de leur séparation.

→ p. 371 : COMMUNICATION, ÉNONCIATION ET MODALISATION

– Types de texte : **narratif** et **descriptif**.

→ p. 388 : LES TYPES DE TEXTE

- **Type de texte attendu**

Un texte poétique utilisant des images évocatrices.

## ÉTAPE 2 Étudier le texte

- **Éléments du paratexte**

Les éléments présents dans le paratexte sont :

– le sens global : une femme écrit à son amant pour évoquer leur séparation et les sentiments qu'elle provoque ;

– l'époque : le XIX^e siècle romantique ;

– aucun lieu n'est précisé. La poétesse (première personne) s'adresse à son amant à la deuxième personne.

- **Caractéristiques du texte**

Le thème principal est la rupture, associée aux champs lexicaux de l'amour (**Ex. :** *mes bras, mon cœur, aimais*…) et de la mort (**Ex. :** *m'éteindre, tombeau, mourir*…).

Ce poème est en vers et utilise les registres lyrique et élégiaque. On peut relever entre autres des métaphores (**Ex. :** vers 2, 8-9) et l'anaphore *N'écris pas*.

## ÉTAPE 3 Rédiger

- **Proposition de début de rédaction**

Chère âme, vous savez à quel point je vous aime. Je vous aime et meurs de vous l'annoncer, mais je dois vous quitter. La vie auprès de vous est belle et douce, mais tant de bonheur m'est trop dur à supporter. Ma flamme me dévore et tout, en moi, est consumé ; vous êtes mon soleil et je ne puis renoncer à vous aimer. Je dois le faire à présent de loin, car je ne saurais me résoudre à me perdre…

Je partirai demain, des larmes dans les yeux et l'amour dans le cœur, et dans le souvenir, tous ces beaux moments passés près de vous. Jamais plus la vie n'aura ces merveilleuses couleurs : je m'en vais vers la mort. Nos étés seront mes hivers et je ne penserai jamais plus qu'à vous. Chère âme, laissez-moi vous écrire souvent.

# Exercices d'entraînement

## 1 Analyser des sujets d'imagination

**1.** **Relevez et définissez les mots clés de chaque sujet.**
**2.** **À quels objets d'étude se rattachent-ils ?**
**3.** **Quelle est la situation d'énonciation des textes à produire ?**
**4.** **À quels genres, types de texte et registres vos écrits doivent-ils appartenir ?**

Support : Séquence 11 → p. 235.

Sujets :

a. Développez la tirade que prononce Phèdre → p. 238 en faisant du personnage un être révolté qui ne comprend pas l'horreur de sa passion.

b. Imaginez le récit des pensées de l'assassin de Lorenzaccio → p. 241. Développez et expliquez les motivations de son acte terrible.

## 2 Analyser une amplification

**1.** **Quelles sont les caractéristiques du style de ces textes ?**
**2.** **Quelles sont leurs principales différences ?**
**3.** **Déduisez-en le sujet de transposition qui permettrait de passer du texte A au texte B.**

*Le narrateur de cette nouvelle est persuadé qu'il est hanté par un double invisible, le Horla.*

### Texte A

Ayant soif un soir, je bus un demi-verre d'eau et je remarquai que ma carafe, posée sur la commode en face de mon lit, était pleine jusqu'au bouchon de cristal.

J'eus, pendant la nuit, un de ces réveils affreux dont je viens de vous parler. J'allumai ma bougie, en proie à une épouvantable angoisse, et, comme je voulus boire de nouveau, je m'aperçus avec stupeur que ma carafe était vide. Je n'en pouvais croire mes yeux. Ou bien on était entré dans ma chambre, ou bien j'étais somnambule.

Guy de Maupassant, *Le Horla* (extrait, 1886).

### Texte B

**Journal du narrateur daté du 5 juillet.**

Je me couchai ensuite et je tombai dans un de ces sommeils épouvantables, dont je fus tiré au bout de deux heures environ par une secousse plus affreuse encore.

Figurez-vous un homme qui dort, qu'on assassine, et qui se réveille avec un couteau dans le poumon, et qui râle couvert de sang, et qui ne peut plus respirer, et qui va mourir, et qui ne comprend pas – voilà.

Ayant enfin reconquis ma raison, j'eus soif de nouveau ; j'allumai une bougie et j'allai vers la table où était posée ma carafe. Je la soulevai en la penchant sur mon verre ; rien ne coula. – Elle était vide ! Elle était vide complètement ! D'abord, je n'y compris rien ; puis, tout à coup, je ressentis une émotion si terrible, que je dus m'asseoir, ou plutôt que je tombais sur une chaise ! puis je me redressai d'un saut pour regarder autour de moi ! puis je me rassis, éperdu d'étonnement et de peur, devant le cristal transparent ! Je le contemplais avec des yeux fixes, cherchant à deviner. Mes mains tremblaient ! On avait donc bu cette eau ? Qui ? Moi ? moi, sans doute ? Ce ne pouvait être que moi ! Alors, j'étais somnambule, je vivais, sans le savoir, de cette double vie mystérieuse qui fait douter s'il y a deux êtres en nous, ou si un être étranger, inconnaissable et invisible, anime, par moments, quand notre âme est engourdie, notre corps captif qui obéit à cet autre, comme à nous-mêmes, plus qu'à nous-mêmes.

Guy de Maupassant, *Le Horla* (extrait, 1887).

## 3 Rédiger un dialogue

**1.** **Quelles sont les caractéristiques du texte à produire.**
**2.** **Énumérez toutes les données fournies par le paratexte et la consultation de la séquence 15** → p. 323.
**3.** **Rédigez le devoir correspondant à cette consigne.**

Sujet : En vous servant des informations données dans la séquence 15 → p. 323 et dans ce texte, rédigez le récit de la dispute opposant Œdipe à Jocaste ainsi que ses conséquences évoquées par Antigone.

*Œdipe vient d'apprendre qu'il est l'origine de la peste qui frappe Thèbes : il a tué son père et épousé sa mère.*

Tirésias[1]. – Les femmes ne peuvent garder le silence. Jocaste a dû mettre son crime sur le compte d'une de ses servantes pour tâter le terrain.

*Il lui tient le bras et écoute, la tête penchée. Rumeurs sinistres. La petite Antigone, les cheveux épars[2], apparaît, à la logette.*

Antigone. – Mon oncle ! Tirésias ! Montrez vite, vite, c'est épouvantable ! J'ai entendu crier dans la chambre ; petite mère ne bouge plus, elle est tombée tout de son long et petit père se roule sur elle et il se donne des coups dans les yeux avec sa grosse broche en or. Il y a du sang partout. J'ai peur ! J'ai trop peur, montez... montez vite...

Jean Cocteau, *La Machine infernale*, acte IV (extrait, 1934),


1. Devin. 2. Mal coiffés.

Fiche méthode 3

# Inventer et argumenter

**OBJECTIF :** Rédiger un texte argumentatif sur la base de contraintes spécifiques.

## MÉTHODE

### ÉTAPE 1 Analyser le sujet

▸ **Organisation du temps :** 35 min

- **Repérer les mots clés. Ils donnent des éléments pour :**

– comprendre la consigne ;
– formuler la thèse à défendre et / ou à réfuter ;
– identifier la stratégie argumentative à adopter → p. 412 : CONVAINCRE, DÉLIBÉRER OU PERSUADER.

- **Analyser le sujet**

– Quels sont les **objets d'étude** concernés ? Quelles **connaissances** devra-t-on mobiliser ?
– Quelle est la **situation d'énonciation** du texte à produire ?
– Quel est le **genre argumentatif** exigé ? lettre ouverte ? article de journal ? discours ?...

### ÉTAPE 2 Trouver des idées

▸ **Organisation du temps :** 40 min

- **Énumérer les connaissances utiles pour aborder le devoir argumentatif**

Ex. : l'écriture d'une lettre ouverte réclame, outre une présentation particulière, un vocabulaire subjectif, des marques de l'expressivité, un langage polémique...

- **Apporter des idées :** la relecture du corpus permet de trouver arguments et exemples.
- **Mobiliser ses connaissances personnelles pour trouver des exemples**

Ex. : l'écriture d'un monologue délibératif s'inspirera de textes comme la délibération entre honneur et amour de Rodrigue dans *Le Cid* de Corneille (acte I, scène 6).

### ÉTAPE 3 Organiser le devoir

▸ **Organisation du temps :** 20 min

- **Définir le plan du texte à produire**
- **Mettre en place, suivant la stratégie argumentative à adopter, soit :**

– un **raisonnement convaincant** dans lequel la thèse explicite sera étayée et/ou réfutée à travers des paragraphes qui feront **progresser l'argumentation** ;
– une **fable** qui, à travers un récit, défendra et / ou réfutera une thèse implicite ;
– un **dialogue, ou un monologue délibératif** qui verra la **confrontation de deux thèses** ou de deux attitudes, et une **réponse claire** énoncée à la fin.

**Remarque :** plusieurs stratégies argumentatives peuvent être mêlées.

### ÉTAPE 4 Rédiger

▸ **Organisation du temps :** 1 h 00 + 10 min de relecture

- **Écrire en utilisant :**

– les **procédés propres aux textes argumentatifs** comme les **figures de l'amplification** ;
→ p. 384 : LES FIGURES DE RHÉTORIQUE
– des **registres** mettant le raisonnement ou le récit en valeur comme la présence du registre polémique dans une lettre ouverte ou du registre pathétique dans un apologue.

# APPLICATION

**EXEMPLE DE TEXTE ARGUMENTATIF**

**Support :** J.-P. Sartre, *Les Mains sales* (1948) → p. 258
**Sujet :** Rédigez le monologue délibératif de Hugo qui, perturbé par les arguments d'Olga, se demande s'il doit accepter de mourir ou poursuivre le combat.

## ÉTAPE 1 Analyser le sujet

- **Mots clés**

Les mots clés : *monologue délibératif* ; *mourir* ; *poursuivre le combat*, supposent de respecter :
– les codes du **monologue théâtral** ;
→ p. 441 : LA PAROLE THÉÂTRALE
– la délibération ;
→ p. 416 : CONVAINCRE, PERSUADER OU DÉLIBÉRER
– la prise en compte des arguments d'Olga, comme l'intérêt de la lutte politique.
= forme à adopter : monologue délibératif.

- **Analyse du sujet**

– **Objets d'étude et genres** : convaincre, persuader ou délibérer ; le théâtre, texte et représentation.
– **Connaissances utiles** : monologue, délibération, **registre polémique**.
→ p. 412 : LES REGISTRES DIDACTIQUE ET POLÉMIQUE
– **Situation d'énonciation** : à sa sortie de prison, Hugo se rend chez Olga. Il doit choisir entre le suicide ou la fuite.
→ p. 371 : COMMUNICATION, ÉNONCIATION ET MODALISATION
– **Type de texte** : argumentatif.
– **Registre** : polémique.

## ÉTAPE 2 Trouver des idées

- **Connaissances utiles**

Lecture des textes de la séquence 12 → p. 255.

- **Idées**

Le théâtre du XX^e siècle défend l'idée de l'absurdité de la condition humaine.
Hugo est devant un dilemme tragique.
La tension dramatique n'exclut pas l'ironie ni l'humour.

- **Connaissances personnelles**

On peut penser à J.-C. Carrière avec *La Controverse de Valladolid* → p. 101.

## ÉTAPE 3 Organiser le devoir

- **Plan du texte à produire**

– Un **coup de théâtre** en introduction de monologue.
– La **défense de deux thèses** : d'un côté, je veux mourir, aller au bout de mon destin, et de l'autre côté, je veux vivre, revoir Olga, profiter de la liberté.
– Une **série de questions** permettant de passer d'une thèse à l'autre : hésitations et revirements.
– Une **prise de décision** à la fin
= un **monologue délibératif** avec **deux thèses** qui s'affrontent avant une prise de décision claire.

## ÉTAPE 4 Rédiger

- **Proposition de rédaction**

*Olga se jette sur la porte pour la refermer, ouvre la fenêtre et lance une chaise sur la voiture des assassins : bruit de verre cassé. Aussitôt, de lourds pas se font entendre, puis un cri de colère et enfin, la voiture qui redémarre. Olga quitte la pièce.*

Hugo. – Un sursis ! Pourquoi m'avoir accordé un sursis ? Seule la mort doit venir maintenant. Ma vie n'a plus d'intérêt… je ne sers plus à rien ! Mourir des mains du parti c'est encore servir le parti. *(Il s'assied, reste pensif, puis se relève brusquement.)* Et puis, non ! Olga vient de me sauver la vie. Je ne peux pas renoncer maintenant. *(Il prend dans ses mains une photo représentant Olga. Il sourit.)* Je viens juste de recouvrer ma liberté. Olga tient assez à moi pour les empêcher de me tuer. […]

# Exercices d'entraînement

## 1 Analyser des sujets

**1.** **Relevez et définissez les mots clés de chaque sujet.**
**2.** **À quels objets d'étude et genres se rattachent-ils ? Quelles connaissances devrez-vous utiliser ?**
**3.** **Quelle est la situation d'énonciation des textes à produire ?**
**4.** **À quels types de texte et registres vos écrits doivent-ils appartenir ?**
**5.** **Construisez le plan de l'un de ces devoirs.**

Support : Séquence 1 → p. 31

Sujets :

a. Rédigez quelques pages du journal de Saint-Amant → TEXTE 1, p. 33. Il tient à montrer que son poème est ironique et que la poésie est un vrai travail.

b. Un lecteur de la théorie des correspondances écrit à C. Baudelaire → TEXTE 2, p. 36 pour lui faire part de son étonnement. Au lieu de se réfugier dans la rêverie, le poète doit prendre conscience du fait que la poésie a un rôle à jouer dans la société.

c. Imaginez le dialogue entre un admirateur de l'originalité de R. Queneau → TEXTE 3, p. 41 et une personne qui considère que ce n'est plus vraiment de la poésie.

d. Rédigez la préface d'une anthologie poétique contenant tout ou une partie des textes de la séquence. Vous expliquerez les raisons de ce choix et défendrez l'intérêt d'écrire des textes poétiques.

## 2 Choisir une stratégie argumentative

**1.** **Voici une liste de morales extraites des *Fables* de La Fontaine. Reformulez-les.**
**2.** **Pour l'une d'elles, imaginez une fable ou un conte permettant de défendre la même morale.**
**3.** **Choisissez-en une autre, et rédigez un texte pour convaincre le lecteur de la justesse encore actuelle de cette morale.**
**4.** **Expliquez à quoi tient l'efficacité de chacune de ces stratégies argumentatives.**

a. *Hélas ! On voit que de tout temps / Les petits ont pâti des sottises des grands.* (« Les deux taureaux et une grenouille », livre II, fable 4).

b. *Il ne se faut jamais moquer des misérables : / Car qui peut s'assurer d'être toujours heureux ?* (« Le lièvre et la perdrix », livre V, fable 17).

c. *On hasarde de perdre en voulant trop gagner. / Gardez-vous de rien dédaigner, / Surtout quand vous avez à peu près votre compte.* (« Le héron », livre VII, fable 4).

d. *Garde-toi, tant que tu vivras, / De juger les gens sur la mine.* (« Le cochet, le chat et le souriceau », livre VI, fable 5).

e. *Il se faut entr'aider, c'est la loi de nature.* (« L'âne et le chien », livre VIII, fable 17).

Jean de La Fontaine, *Fables* (extraits, 1668-1678).

## 3 Chercher des idées

**1.** **Relevez et définissez les mots clés du sujet.**
**2.** **Analysez le sujet.**
**3. a.** **Sur quelles connaissances personnelles allez-vous construire votre devoir ?**
**b.** **Dans quelles fiches et synthèses du manuel pourrez-vous trouver des informations utiles ?**
**4.** **Construisez le plan détaillé du devoir.**
**5.** **Imaginez le plan de réponse d'un article plus nuancé.**

Sujet : Vous avez vu un film ou lu un livre que vous avez adoré ou détesté. Rédigez sa critique pour le journal du lycée. Vous la présenterez et ferez part de votre avis dans un article qui s'appuiera sur des exemples précis.

## 4 De l'analyse au plan détaillé

**1.** **Relevez et définissez les mots clés du sujet.**
**2.** **Analysez précisément le sujet.**
**3.** **À quels éléments du texte d'U. Eco devez-vous répondre ? Justifiez.**
**4.** **Construisez le plan du devoir.**

Sujet : Répondez à ce texte sous la forme d'une lettre d'écrivain qui s'opposerait à la thèse d'U. Eco, affirmant par exemple qu'il est possible d'écrire pour soi-même.

Mesdames et messieurs les écrivains, il se peut que vous vous fichiez de la postérité[1] comme de votre première chemise, mais j'en doute. Toute personne, eût-elle seize ans, qui tisse une ode[2] à la forêt frémissante ou qui tient un journal jusqu'à sa mort – fût-ce pour y noter « Aujourd'hui je suis allé chez le dentiste » – espère que la postérité en fera son miel[3]. Et même si on préfère l'oubli, les maisons d'édition excellent de nos jours à redécouvrir les auteurs les plus mineurs, jusqu'à ceux qui n'ont jamais écrit la moindre ligne.

Umberto Eco, *Comment voyager avec un saumon*, « Comment se garder des veuves », traduction de l'italien par M. Bouzaher (extrait, 1992),


1. La reconnaissance après sa mort. 2. Poème de célébration. 3. Profit.

## 5 Rédiger un poème engagé

**1.** **Relevez et définissez les mots clés du sujet.**
**2.** **Analysez ce sujet.**
**3. a.** **Quel est le registre dominant de ce texte ? Justifiez.**
**b.** **Sur quels autres éléments du poème de R. Char pouvez-vous vous appuyer pour rédiger votre texte ?**
**4.** **Construisez le plan détaillé du devoir.**

**Sujet :** Rédigez un poème en prose dans lequel vous défendez, comme R. Char, une attitude courageuse. Sans être obligé d'envisager une situation aussi extrême et douloureuse, vous utiliserez les moyens rhétoriques et lexicaux permettant d'affirmer votre engagement auprès de la jeunesse d'aujourd'hui.

*Dans les* Feuillets d'Hypnos, *R. Char évoque son expérience de chef d'un groupe de résistants dans le maquis. Il raconte ici la mort d'un de ses amis.*

Horrible journée ! J'ai assisté, distant de quelque cent mètres, à l'exécution de B. Je n'avais qu'à presser la détente du fusil-mitrailleur et il pouvait être sauvé ! Nous étions sur les hauteurs dominant Céreste[1], des armes à faire craquer les buissons et au moins égaux en nombre aux SS. Eux ignorant que nous étions là. Aux yeux qui imploraient partout autour de moi le signal d'ouvrir le feu, j'ai fait non de la tête... Le soleil de juin glissait un froid polaire dans mes os.
Il est tombé comme s'il ne distinguait pas ses bourreaux et si léger, il m'a semblé, que le moindre souffle de vent eût dû le soulever de terre.
Je n'ai pas donné le signal parce que ce village devait être épargné *à tout prix*. Qu'est-ce qu'un village ? Un village pareil à un autre ? Peut-être l'a-t-il su, lui, à cet ultime instant ?

René Char, *Feuillets d'Hypnos*, feuillet 138 (1946), © Gallimard.

**1.** Village du sud de la France.

## 6 Rédiger un dialogue argumentatif

**1.** **Relevez et définissez les mots clés du sujet.**
**2.** **Analysez le sujet.**
**3. a.** **Quelle est l'attitude d'Arlequin dans ce passage ?**
**b.** **Comment peut-il réagir aux propositions de son maître ?**
**4.** **Dans quelle séquence du manuel trouverez-vous des idées pour développer cette relation de maître à valet ?**
**5.** **Construisez le plan détaillé du devoir.**

**Sujet :** Rédigez la suite de ce dialogue. Iphicrate veut quitter l'île ou trouver une solution pour ne plus ressembler à un maître, tandis qu'Arlequin trouve l'expérience intéressante.

*Iphicrate et son valet Arlequin viennent de faire naufrage, ils échouent sur une île...*

Iphicrate. – Eh ! ne perdons point de temps, suis-moi, ne négligeons rien pour nous tirer d'ici ; si je ne me sauve, je suis perdu, je ne reverrai jamais Athènes, car nous sommes dans l'Île des Esclaves.

Arlequin. – Oh, oh ! qu'est-ce que c'est que cette race-là ?

Iphicrate. – Ce sont des esclaves de la Grèce révoltés contre leurs maîtres, et qui depuis cent ans sont venus s'établir dans une île, et je crois que c'est ici : tiens, voici sans doute quelques-unes de leurs cases ; et leur coutume, mon cher Arlequin, est de tuer tous les maîtres qu'ils rencontrent, ou de les jeter dans l'esclavage.

Arlequin. – Eh ! chaque pays a sa coutume ; ils tuent les maîtres, à la bonne heure, je l'ai entendu dire aussi, mais on dit qu'ils ne font rien aux esclaves comme moi.

Iphicrate. – Cela est vrai.

Arlequin. – Eh ! encore vit-on.

Iphicrate. – Mais je suis en danger de perdre la liberté, et peut-être la vie ; Arlequin, cela ne te suffit-il pas pour me plaindre ?

Arlequin, *prenant sa bouteille pour boire.* – Ah ! je vous plains de tout mon cœur, cela est juste.

Marivaux, *L'Île des esclaves*, scène première (extrait, 1725).

## 7 Rédiger une lettre argumentée

**1.** **Relevez et définissez les mots clés du sujet.**
**2.** **Analysez le sujet.**
**3.** **Quelle vision Usbek donne-t-il des femmes dans ce passage ? Justifiez.**
**4.** **Rédigez complètement le devoir.**

**Sujet :** Rédigez la lettre de protestation qu'une femme du sérail, rendue furieuse par l'attitude d'Usbek, pourrait lui écrire. Elle y défendra notamment l'honneur de la femme, même prisonnière.

*Usbek à ses femmes, au sérail d'Ispahan*[1]

Puisse cette lettre être comme la foudre qui tombe au milieu des éclairs et des tempêtes ! Solim est votre premier eunuque[2], non pas pour vous garder, mais pour vous punir. Que tout le sérail s'abaisse devant lui ! Il doit juger vos actions passées, et, pour l'avenir, il vous fera vivre sous un joug[3] si rigoureux que vous regretterez votre liberté, si vous ne regrettez pas votre vertu.

Montesquieu, *Lettres persanes*, lettre CLIV (1721).

**1.** Lieu où sont gardées les favorites du sultan, en Iran. **2.** Homme castré chargé de garder le sérail. **3.** Une domination.

CHAPITRE 6

# Préparer l'épreuve orale du bac

Jean-Michel Basquiat (1960-1988), *Sans titre (Two Heads on Gold)* (1982), acrylique et crayon gras sur toile, 203 x 317,5 cm (collection privée).

550 **Fiche 1**
Organiser ses cours et ses fiches pour l'oral

553 **Fiche 2**
Préparer l'exposé oral

557 **Fiche 3**
Organiser et utiliser ses connaissances en vue de l'entretien

**OBJECTIF** **Organiser ses notes de cours et de recherches, et en tirer parti pour s'exprimer efficacement.**

## Définition

L'objectif de la classe de Première est de préparer les **épreuves anticipées de français (EAF)**. L'oral est la deuxième épreuve que passe le candidat.

## Finalités

Il faut, tout au long de l'année, préparer des **fiches de révision** et de **bilan** à revoir au fur et à mesure, et apprendre à affronter les **deux parties de l'oral** : l'**exposé de lecture analytique** et les **réponses organisées aux questions de l'entretien**. Chacune est évaluée sur 10 points.

Le jour de la partie orale de l'examen, le candidat dispose du **descriptif** de toutes les activités proposées à la classe au cours de l'année :

- les **lectures analytiques** extraites de groupements de textes ou d'œuvres intégrales sur lesquelles portera la première partie de l'épreuve ;
- les **documents complémentaires** (extraits de textes, images...) ;
- les **lectures cursives** (ouvrages lus en temps libre à la maison) ;
- les **activités en classe** qui ont permis de valider les objets d'étude de l'année.

Fiche méthode 1

# Organiser ses cours et ses fiches pour l'oral

**OBJECTIF :** Préparer des fiches de révisions tout au long de l'année.

## MÉTHODE

### ÉTAPE 1 Prendre des notes claires et précises

• **Au fil des lectures analytiques, prendre en notes :**
– les éléments permettant de s'assurer de la **compréhension du texte**.
Ex. : le sens d'un mot, l'allusion à une réalité de l'époque…
– les **procédés d'écriture** et leur signification.
Ex. : le rapport d'analogie entre les deux composants d'une métaphore.

### ÉTAPE 2 Effectuer des recherches en complément

• **Pour chaque lecture analytique, chercher :**
– des **éléments biographiques** sur l'auteur.
Ex. : Bertolt Brecht était engagé : ses idées socialistes sont lisibles dans ses pièces → p. 228.
– des informations sur le **contexte historique** (lieux, réalités, personnes).
Ex. : les textes du XVIII$^{e}$ siècle évoquent la censure ou la monarchie absolue.
– des définitions de **procédés d'écriture**.
Ex. : la définition de l'hyperbole ou de la focalisation.

• **Pour les recherches, utiliser :**
– **le manuel**, en particulier les synthèses, les repères historiques et les fiches de la partie II ;
– les **ressources du CDI ou de la médiathèque**. Leurs bases informatiques permettent de déterminer une liste d'articles d'encyclopédies, d'anthologies et d'ouvrages utiles ;
– quelques sites **Internet** en complément.

### ÉTAPE 3 Préparer des fiches de révision sur les lectures analytiques

• **Pour chaque lecture analytique, construire une fiche de révision comprenant :**
– une **présentation du texte** : auteur, titre, date, genre, mouvement, situation de l'extrait ;
– les **procédés** principaux : figures de rhétorique récurrentes, registres… ;
– les **problématiques** envisageables sur le texte ;
– une introduction rédigée et des idées d'ouverture pour la conclusion.

### ÉTAPE 4 Préparer des fiches de bilan sur les autres activités

• **Pour chaque séquence, élaborer une fiche synthétique comportant :**
– le **titre de la séquence** et l'objet d'étude concerné ;
– la **problématique** de la séquence et les enjeux essentiels de l'œuvre pour une étude intégrale ;

– les **phrases ou expressions clés** de chaque texte étudié ;
– les **notions** liées à l'objet d'étude ;
– les **liens** entre les extraits étudiés et les documents complémentaires.

# APPLICATION

**EXEMPLE DE FICHE** **Support :** Séquence 7, Héros et anti-héros → p. 151

## ÉTAPE 1 Prendre des notes claires et précises

• Pour le texte 1, un extrait du *Rouge et le Noir* de Stendhal, on notera entre autres :
– le ton des passages rapportés au discours direct ;
– la focalisation omnisciente et les commentaires du narrateur ;
– le passage dans lequel le point de vue de Julien domine.

## ÉTAPE 2 Effectuer des recherches en complément

• **Contextes du texte 1 :** 1830 = monarchie ; quinze ans après la chute de Napoléon Ier ; naissance du romantisme.
• **Éléments biographiques sur Stendhal :** Stendhal (1783-1842) admire de Napoléon Ier. Intérêt pour l'histoire = étude des rivalités entre la noblesse et le clergé.
• **Définition des points de vue**
→ p. 432 : LE NARRATEUR ET LA FOCALISATION

## ÉTAPE 3 Préparer des fiches de révision sur les lectures analytiques

• **Présentation du texte 1 :** Stendhal, *Le Rouge et le Noir*, 1830, roman réaliste. Julien Sorel rencontre un marquis.
• **Principaux procédés :**
– les verbes à l'impératif utilisés par l'abbé = le héros, Julien, est en état d'infériorité.
– l'apostrophe *ô mon lecteur* = interpellation du lecteur, suivie d'un commentaire du narrateur sur son héros.
– la métaphore du *descendant de l'ami d'Henri III* + la référence à *Babylone* = atmosphère de corruption morale.
• **Problématiques :**
– Quelle est la place de Julien Sorel dans le récit ?
– Par quels moyens Stendhal évoque-t-il une époque précise ?
• **Exemple d'introduction :**
*Dans Le Rouge et le Noir, roman réaliste de Stendhal de 1830, le héros, Julien Sorel, évolue dans des milieux différents et, comme l'indique le titre du chapitre « Entrée dans le monde », apprend à les connaître. Nous verrons par quels moyens Stendhal évoque une époque précise. Nous étudierons d'abord la façon de décrire la demeure de M. de La Mole, avant d'analyser les visions contrastées des personnages.*
• **Idées d'ouverture pour la conclusion :** Comment Julien parviendra-t-il à vivre dans cet univers apparemment hostile ? Quelle vision Stendhal en donnera-t-il au fil du roman ?

## ÉTAPE 4 Préparer des fiches de bilan sur les autres activités

• **Séquence :** Le héros, de la conquête à la désillusion.
• **Objet d'étude :** Le personnage de roman, du XVIIe siècle à nos jours.
• **Problématique :** Comment les romanciers ont-ils fait évoluer le statut du héros de roman depuis le XIXe siècle ?
• **Phrases ou expressions clés :** *On vous les donnerait tels qu'ils sont, que vous refuseriez de les habiter... Ils redoublèrent l'enchantement de Julien.* = ironie du narrateur.
• **Notions liées à l'objet d'étude :** synthèses du chapitre 3 → p. 166, 0186 et 205 ; fiches du chapitre 5 → p. 424.
• **Liens entre les textes :**
– l'ascension sociale : → TEXTE 1, p. 152 ; Maupassant → D'UN TEXTE À L'AUTRE 1, p. 153.
– la psychologie du héros : → TEXTE 1, p. 152 ; Balzac → TEXTE 2, p. 157 ; Maupassant et Zola → D'UN TEXTE À L'AUTRE 1, p. 153 et 2, p. 159.
– les aspects négatifs des héros : J. Conrad → TEXTE 3, p. 162 ; Zola et Céline → D'UN TEXTE À L'AUTRE 2, p. 159 et 3, p. 164.
– la mort d'un personnage et ses conséquences : → TEXTES 2, p. 157 et 3, p. 162.

# Exercices d'entraînement

## 1 Élaborer une fiche de révision

**1.** Lisez le texte puis cherchez le sens des mots difficiles.
**2.** Relevez et commentez les procédés d'écriture les plus intéressants.
**3.** Énumérez les connaissances liées à l'objet d'étude, à l'auteur et à l'œuvre dont vous aurez besoin.
**4.** Rédigez une introduction et trouvez des ouvertures pour la conclusion.

**Support :** E. Rostand, *Cyrano de Bergerac* (1897) → p. 246

## 2 Améliorer une fiche de révision

**1.** Recopiez la fiche suivante en classant les éléments du plus général au plus précis.
**2.** Quels sont les éléments manquants ? Relevez et commentez.
**3.** Rédigez une introduction et une conclusion.

**Support :** P. Choderlos de Laclos, *Les Liaisons dangereuses* (1782) → p. 177

**Question de lecture analytique :** Par quels moyens la marquise de Merteuil se décrit-elle ?

**Éléments proposés :**
- siècle des Lumières ;
- image de personnage volontaire ;
- champ lexical lié au registre didactique ;
- antithèse entre *peine* et *joie* ;
- roman épistolaire ;
- modalisateurs mélioratifs.

## 3 Corriger une fiche de révision

**1.** Recopiez la fiche suivante en supprimant les éléments inutiles. Expliquez.
**2.** Classez les informations en fonction des conseils donnés dans la fiche méthode.
**3.** Faites les recherches nécessaires en complément.

**Support :** Beaumarchais, *Le Barbier de Séville* (1775) → p. 226

**Éléments proposés :**
- Beaumarchais, *Le Barbier de Séville* ;
- auteur français, dramaturge ;
- critique de la société de l'époque ;
- exposition ;
- siècle des Lumières ;
- déguisements.

## 4 Utiliser le manuel

**1.** Pour deux textes de la séquence, préparez une fiche de révision de lecture analytique.
**2.** Quels éléments des deux synthèses pouvez-vous utiliser pour enrichir ces fiches ?
**3.** Dans le chapitre sur la poésie, de quelles connaissances avez-vous besoin pour commenter ces textes ? Justifiez.
→ p. 400 : LES NOTIONS PROPRES À LA POÉSIE
**4.** En vous aidant du sommaire, trouvez des textes qui pourraient servir de documents complémentaires.
**5.** Élaborez la fiche de bilan de la séquence.

**Support :** Séquence 2, La poésie amoureuse → p. 49

**Problématique :** Quelle image ces poètes donnent-ils de l'amour ?

## 5 Acquérir des connaissances

**1.** Préparez une fiche par auteur des textes de la séquence. Quelles informations des notices biographiques avez-vous relevées ? Justifiez.
**2.** Cherchez, d'abord dans la synthèse, la définition de la comédie. Comment les auteurs de la séquence ont-ils fait évoluer le genre ? Expliquez.
**3.** À quels mouvements littéraires ces textes appartiennent-ils ? Relevez les éléments qui le prouvent.
**4.** Relevez, au fil de la lecture de l'œuvre intégrale proposée, tout ce qui est en lien avec les textes de la séquence.

**Support :** Séquence 10, La comédie, jeu d'amour et de pouvoir → p. 215

## 6 Améliorer sa culture générale

**1.** Pour les auteurs suivants, faites des recherches sur le contexte historique et littéraire dans lequel ils ont évolué.
**2.** En vous aidant des ressources du manuel, faites une liste de leurs œuvres les plus importantes.
**3.** Cherchez les liens entre les éléments biographiques et les œuvres notées.
**4.** Cherchez dans le manuel ou au CDI des images pouvant servir à illustrer vos notes.

**Auteurs :**
- Pierre de Ronsard ;
- Michel de Montaigne ;
- M^me^ de La Fayette ;
- Jean-Jacques Rousseau ;
- Arthur Rimbaud.

# Fiche méthode 2 Préparer l'exposé oral

OBJECTIF : Analyser un texte étudié en cours à partir d'une question.

## MÉTHODE

La lecture analytique est la première partie de l'épreuve orale. Il s'agit de préparer durant trente minutes un exposé de dix minutes répondant uniquement à la question posée.

### ÉTAPE 1 Comprendre les enjeux de la question

• Analyser la question :
– la question doit **guider** l'explication du texte ;
– il ne s'agit pas de tout dire mais de **répondre uniquement à la question posée** ;
– les **mots clés** permettent de comprendre les **enjeux** de la question. Ils sont en relation avec les notions de l'**objet d'étude**.

### ÉTAPE 2 Lire le texte et l'analyser à la lumière de la question

• Lors la préparation au brouillon, il faut valoriser :
– la **compréhension** du texte ;
– la **capacité de l'étudier** en répondant de façon **argumentée** à la question.

• Interpréter le texte en s'inspirant de la méthode du commentaire → p. 499 : le candidat vise uniquement ce qui permet de répondre à la question.

• Utiliser les connaissances acquises tout au long de l'année, résumées dans les fiches de révision → FICHE MÉTHODE 1, p. 550.

### ÉTAPE 3 Élaborer le plan détaillé de l'exposé

• Organiser sa réponse :
– chaque partie du développement apporte des **éléments de réponse à la question** ;
– chaque argument est justifié par des **citations commentées** qui font progresser l'analyse.

**Remarque :** on ne reprend pas le plan du cours, qui ne correspond pas forcément à la question posée.

• Mettre en évidence la structure du raisonnement et ménager des transitions entre les parties de l'exposé.

• Présenter efficacement son brouillon d'exposé, avec par exemple un code de couleurs pour repérer les citations.

• Numéroter ses feuilles de brouillon pour ne pas faire d'erreur, et n'écrire que sur le recto.

### ÉTAPE 4 Rédiger l'introduction et la conclusion

• L'introduction donne des informations précises sur le texte à étudier, rappelle la question posée et annonce le plan de l'exposé.

• La conclusion fait un bilan et propose une ouverture.

## ÉTAPE 5 Présenter l'exposé oral

- **Présenter l'exposé en dix minutes.**
- **Ne pas lire son brouillon mais regarder son interlocuteur :**

– **présenter le texte** et l'œuvre dont il est extrait ;
– **lire** tout le passage ou une partie de celui-ci ;
– reprendre la question et **annoncer le plan** de développement ;
– **développer l'analyse** de façon précise et organisée ;
– **citer** et commenter régulièrement le texte ;
– **répondre définitivement à la question**, en conclusion.

# APPLICATION

**EXEMPLE D'EXPOSÉ**

**Support :** R. QUENEAU, *Le Chiendent* (1933) → p. 197
**Question :** Quelle vision cet incipit donne-t-il des personnages ?

## ÉTAPE 1 Comprendre les enjeux de la question

- Cette question est simple, mais il ne faut pas négliger son **contenu implicite** :

– ***incipit*** : ouverture de roman qui informe sur le cadre spatio-temporel, les personnages et l'intrigue ;
– **vision des personnages** : rappel de l'objet d'étude = travail sur l'image donnée par l'auteur.

- **Enjeux de la question :**

– repérer ce qui fait du texte un *incipit* ;
– étudier les modalisateurs, les niveaux de langue utilisés pour donner une image des personnages.

## ÉTAPE 2 Lire le texte et l'analyser à la lumière de la question

- On peut relever **plusieurs éléments propres à un *incipit*** :

– **précisions spatiales :** *les rues, une banque, le métro, le boulevard* = ville, peut-être Paris, et *Obonne* = Eaubonne, ville de banlieue parisienne ;
– **précisions temporelles :** *Depuis des années ce même instant se répétait identique, chaque jour, entre 5 et 8 heures* = répétition rituelle de la situation décrite ;
– **personnages :** *La silhouette* vue par *L'autre*, et, dans le dernier paragraphe, la famille de banlieue comprenant la silhouette, la femme et l'enfant.

- Mais on ne trouve **pas tous les éléments attendus** :

– informations temporelles peu précises ;
– personnages ni nommés ni décrits.

- **Vision des personnages :**

– modalisateurs pour évoquer *une bâtisse immense et insupportable, un édifice qui paraissait un étouffement* = image négative du bâtiment ;
– point de vue omniscient pour commenter l'attitude de la silhouette ;
→ p. 371 : COMMUNICATION, ÉNNONCIATION ET MODÉLISATION
→ p. 432 : LE NARRATEUR ET LA FOCALISATION
– personnification du métro : *À peine sortie de leurs mains, elle passait à celle du métro* = image d'un monstre qui accapare la femme → p. 384 : LES FIGURES DE RHÉTORIQUE ;
– description de la soirée à Obonne = vie routinière qui fait de l'enfant un abruti ;
– langage familier : *bouffer, abruti, dodo, pionçait* = image surprenante de cette famille.

## ÉTAPE 3 Élaborer le plan détaillé de l'exposé

- **Plan de l'exposé :**

**I.** Un *incipit* qui donne quelques repères.
**II.** Mais le lecteur n'a pas toutes les réponses qu'il attend d'un début de roman.
**III.** La vision donnée par le narrateur est plutôt surprenante.

## ÉTAPE 4 Rédiger l'introduction et la conclusion

**Introduction :**

Raymond Queneau, romancier et poète du XXe siècle, a écrit avec Le Chiendent son premier roman. Son originalité tient à l'absence de quête : toutes les aventures semblent sans objet véritable. Dès l'incipit, le lecteur est surpris. Lisons le texte. [...] Nous nous demanderons quelle est la vision des personnages donnée dans cet incipit. Nous verrons d'abord que ce début de roman donne quelques repères, puis que le lecteur n'a pas toutes les réponses attendues dans un incipit. Enfin, nous étudierons la vision surprenante finalement donnée par le narrateur.

**Conclusion :**

Les éléments donnés par cet incipit sont déroutants pour le lecteur qui se demande quelle sera la suite d'une intrigue commençant ainsi. Les repères spatio-temporels sont imprécis, les personnages sont présentés de façon très vague, les modalisateurs utilisés par le narrateur-omniscient sont négatifs et le vocabulaire est souvent familier. C'est tout le contraire d'un début de roman de Balzac où le lecteur obtient d'emblée toutes les informations spatiales, temporelles qui cadrent l'intrigue, et des données relevant de l'état-civil pour présenter les protagonistes du récit.

## ÉTAPE 5 Présenter l'exposé oral

- **S'entraîner** à valoriser le travail des étapes précédentes en dix minutes, chronomètre en main.

# Exercices d'entraînement

### 1 Comprendre les questions

**1.** **Parmi les questions de lecture analytique suivantes, lesquelles ne vous paraissent pas pertinentes ? Reformulez-les au besoin.**
**2.** **Analysez les questions, y compris celles qui ont été revues. Quels en sont les enjeux ?**
**3.** **Choisissez-en une et préparez un plan d'exposé oral.**

**Support :** F. Kafka, *La Métamorphose* (1915) → p. 353

**Questions de lecture analytique :**
- En quoi ce texte est-il caractéristique d'un *incipit* ?
- Pourquoi Kafka transforme-t-il son personnage en cancrelat ?
- Quelle image le narrateur donne-t-il du personnage ?
- Quel est l'intérêt des discours rapportés ?
- Quel est le registre dominant de ce passage ?

### 2 Préparer une lecture analytique

**1.** **Analysez la question et déterminez-en les enjeux.**
**2. a.** **Relevez des citations qui permettent de répondre.**
**b.** **Notez les commentaires de ces citations.**
**3.** **Élaborez un plan d'analyse.**
**4.** **Rédigez l'introduction et la conclusion.**
**5.** **Vérifiez les règles de prononciation de ce poème, et entraînez-vous à sa lecture orale.**
→ p. 401 : VERSIFICATION ET FORMES FIXES

**Support :** V. Hugo, *Les Rayons et les Ombres*, « Fonction du poète » (1840) → p. 66

**Question de lecture analytique :** Quelle image ce texte nous donne-t-il de la création poétique ?

## 3 Élaborer un plan détaillé

**1.** Quel est l'enjeu de cette question ?
**2.** Lisez le texte et relevez les citations intéressantes pour répondre.
**3.** Quel plan allez-vous suivre ? Pour mettre en valeur quelle progression ?
**4.** Élaborez le plan détaillé de cette lecture analytique.

**Support :** M. de Montaigne, *Essais* (1580) → p. 110

**Question de lecture analytique :** Quel portrait Montaigne renvoie-t-il de lui-même dans cet extrait ?

## 4 Introduire un exposé

**1.** Que signifie l'expression *Par quels moyens* ? Quel type de réponse est attendu ?
**2.** Quelles informations pouvez-vous trouver dans le manuel pour introduire cet exposé ?
**3.** Lisez le texte et le questionnaire, puis trouvez un plan général pour répondre à cette question.
**4.** Rédigez l'introduction de lecture analytique.

**Support :** D. Diderot, *Supplément au voyage de Bougainville* (1796) → p. 99

**Question de lecture analytique :** Par quels moyens Diderot développe-t-il sa vision du colonialisme ?

## 5 Améliorer une introduction

**1.** Dans l'introduction suivante, repérez les différentes étapes.
**2. a.** Quelle étape vous semble correcte ?
**b.** Sur quelle étape pourriez-vous revenir, aussi bien dans son contenu que dans sa formulation ? Justifiez.
**3.** Trouvez les informations qui permettront d'améliorer cette introduction.
**4.** Rédigez une introduction complète qui réponde aux critères de réussite.

**Support :** F. Rabelais, Pantagruel (1532) → p. 129

**Question de lecture analytique :** En quoi peut-on dire qu'il s'agit d'une éducation humaniste ?

*François Rabelais est un auteur connu, il est du XVIe siècle, période humaniste. Il a écrit des romans, par exemple Pantagruel. Pantagruel est le fils de Gargantua, c'est un géant. Le texte c'est l'extrait d'une lettre de Gargantua à Pantagruel. Il veut qu'il ait une bonne éducation. Alors en quoi peut-on dire qu'il s'agit d'une éducation humaniste ? D'abord, je verrai l'éducation intellectuelle et morale, et après l'éducation du corps.*

## 6 Conclure un exposé

**1.** Lisez le texte et le questionnaire pour trouver les éléments de réponse à la question.
**2.** D'après la question, à quels procédés d'écriture allez-vous vous intéresser ?
**3.** Lisez le texte et le questionnaire afin de trouver des éléments de réponse.
**4.** Trouvez au moins trois ouvertures possibles pour clore l'exposé.
**5.** Rédigez la conclusion de cette lecture analytique.

**Support :** H. de Balzac, *Le Père Goriot* (1835) → p. 157

**Question de lecture analytique :** Comment le narrateur présente-t-il Rastignac ?

## 7 Améliorer une conclusion

**1.** Dans la conclusion suivante, repérez les différentes étapes.
**2.** Laquelle vous semble correcte ? Sur quelle étape pourriez-vous revenir ? Justifiez.
**3.** Rédigez une conclusion complète qui réponde aux critères de réussite.

**Support :** S. Beckett, *En attendant Godot* (1952) → p. 263

**Question de lecture analytique :** Quelles caractéristiques du théâtre de l'absurde sont présentes dans ce passage ?

*Le théâtre de Beckett est connu pour appartenir à l'absurde. Ce passage n'échappe pas à la règle. Nous trouvons effectivement plusieurs caractéristiques du théâtre de l'absurde : des questions sans intérêt, des réponses qui paraissent insensées, le rappel de leur situation, ils attendent Godot… On peut se demander si ce texte est comique ou tragique.*

# Fiche méthode 3 Organiser et utiliser ses connaissances en vue de l'entretien

OBJECTIF : Mobiliser ses connaissances pour pouvoir répondre aux questions de l'examinateur.

## MÉTHODE

À la suite de l'exposé, l'examinateur passe à un entretien de dix minutes. Le candidat est testé sur sa **connaissance de l'objet d'étude** concerné, et sur sa **capacité à dialoguer**.

### ÉTAPE 1 S'organiser avant l'examen

- Apprendre les cours et les fiches de révision et de bilans → FICHES MÉTHODE 1, p. 550 et 2, p. 553. C'est leur contenu qui permettra de répondre aux questions de l'examinateur.
- Savoir faire des liens entre les documents d'une séquence et entre les séquences de l'année.

### ÉTAPE 2 Créer les conditions du dialogue

- Il faut :
  - être attentif aux questions posées ;
  - s'exprimer de façon précise et élégante ;
  - ne pas hésiter à relancer ou à élargir le débat, par exemple en mettant en avant une lecture personnelle.

### ÉTAPE 3 Répondre aux questions

- Les questions s'appuient sur le descriptif des activités effectuées au cours de l'année.
- Analyser mentalement, donc rapidement, ces questions.
- On peut vous demander :
  - des **définitions**. Ex. : convaincre / persuader ;
  - des **connaissances sur un auteur**. Ex. : qui était Voltaire ?
  - une **interprétation personnelle**. Ex. : selon vous, quelle est la thèse dans cette fable ?
  - un **lien** entre les textes d'une séquence. Ex. : sur quels points peut-on comparer ces deux personnages ?
- Répondre en utilisant :
  - des formulations correctes ;
  - des arguments même si l'oral engendre une certaine spontanéité ;
  - des citations, des références justificatives.

# APPLICATION

**EXEMPLE D'ENTRETIEN**

**Support :** A. de Musset, *Lorenzaccio* (1834) → p. 241
**Objet d'étude :** Le texte théâtral et sa représentation, du XVII^e siècle à nos jours.

## ÉTAPE 1 S'organiser avant l'examen

• On doit connaître beaucoup d'éléments divers comme :
– **la place de Musset dans le mouvement romantique** et son analyse du « mal du siècle ;
– le fait que cette pièce n'a pas été écrite pour être représentée ;
– **les définitions de quelques notions** : registre tragique, héros...

*Lorenzaccio* peut par exemple être comparé à Hernani, autre héros romantique au destin tragique.

## ÉTAPE 2 Créer les conditions du dialogue

• Des **entraînements** à deux ou en groupes, ou la participation en classe tout au long de l'année, seront les meilleures préparations.

## ÉTAPE 3 Répondre aux questions

• L'examinateur peut poser des questions sur **chaque élément du descriptif** : une autre lecture analytique, un document complémentaire, un travail écrit associé, etc.
– **Lectures analytiques** : quelle image Hugo et Musset donnent-ils du héros ?
– **Documents complémentaires** : dans quelle mesure Racine et Corneille ont-ils une vision différente du héros tragique ?
– **Image** : sous quels aspects le tableau de David est-il théâtral ?

• Il peut aussi vous poser des questions de **connaissances sur l'objet d'étude** :
– Qu'est-ce qu'un monologue ? Quelles sont ses fonctions ?
– Qu'est-ce que la double énonciation ?

• Il peut enfin élargir le champ et vérifier votre **culture générale** :
– Quelle est la place de Musset dans l'histoire du théâtre ?
– Comment la notion de héros évolue-t-elle au cours des siècles ?

# Exercices d'entraînement

## 1 Mobiliser ses connaissances

**1.** Listez et cherchez les informations nécessaires à ces lectures analytiques.
**2.** Trouvez les liens entre les lectures analytiques et les documents complémentaires (images, textes d'exercices).
**3.** Trouvez un résumé des deux pièces de théâtre proposées en œuvre intégrale. Quels aspects de ce mythe Cocteau a-t-il mis en valeur ?
**4.** Quelle image d'Œdipe le tableau d'Ingres apporte-t-il ? De quel texte peut-il être rapproché ?

**Support :** Séquence 15, Le mythe d'Œdipe → p. 323

## 2 Analyser des questions sur une œuvre intégrale

**1.** Sur quoi chaque question porte-t-elle précisément ?
**2.** Quel type de réponses ces questions attendent-elles ?
**3.** Répondez oralement à ces questions.

**Support :** C. Baudelaire, *Les Fleurs du mal* (1857) → p. 36

**Questions d'entretien :**
– Pour vous, qu'est-ce qu'un poème ?
– Connaissez-vous l'inventeur du poème en prose ?
– Quelle est l'histoire du recueil *Les Fleurs du mal* ?

– Qu'est-ce que le *spleen* ?
– Quelles sont les règles de la lecture poétique ?
– Quelle est l'importance de la femme dans ce recueil ?
– Donnez un exemple de métaphore dans ce recueil. Comment l'interprétez-vous ?

## 3 Étudier des questions sur un groupement

**1. Analysez les questions ci-dessous. Sur quoi portent-elles ?**
**2. Classez-les selon le genre d'information concerné.**
**3. Cherchez les informations qui vous manquent en consultant le manuel.**
**4. Répondez brièvement à toutes ces questions.**

Support : M. de Montaigne, *Essais* (1580) → p. 309

Questions d'entretien :
– Qui était Montaigne ? À quelle période de l'histoire littéraire appartient-il ?
– L'image que Montaigne donne du Nouveau Monde est-elle objective ?
– Quel lien pouvez-vous établir entre ce texte et les autres documents de la séquence14 → p. 215 ?
– D'après les textes de cette séquence, comment l'image de l'autre, de l'étranger a-t-elle évolué ?
– Quelle est la place de l'image dans cette séquence ? Qu'apporte-t-elle ?

## 4 Analyser des questions sur les documents complémentaires

**1. Analysez rapidement les questions ci-dessous. Sur quoi portent-elles ?**
**2. En quoi ces documents complémentaires proposent-ils une réponse à la question de l'homme, objet d'étude de cette séquence ?**
**3. À quels genres littéraires ces textes appartiennent-ils ? Quel autre objet d'étude peut être concerné ?**
**4. Répondez oralement à ces questions.**

Support : Séquence 4, Réflexions sur la nature humaine → p. 89

Questions d'entretien :
– Qui était Voltaire ? À quel siècle et à quel mouvement appartient-il ?
– Que signifie le titre *Micromégas* ?
– Qu'est-ce qu'un conte philosophique ?
– Quelle est la particularité formelle du texte de Simone de Beauvoir ? Justifiez.
– Qu'est-ce qu'une controverse ? En quoi est-ce le cas ici ? Justifiez.
– Qu'est-ce qui permet de relier ces trois documents ?

## 5 Se préparer à des questions de culture générale

**1. Faites quelques recherches sur les auteurs et les œuvres de cette séquence.**
**2. Répondez oralement à ces questions.**
**3. Trouvez d'autres questions de culture générale et proposez-les à vos camarades pour vérifier leur pertinence.**

Support : Séquence 8, La femme dans le roman → p. 171

Questions d'entretien :
– D'où vient le mot *roman* ?
– Quel texte est considéré comme le premier roman écrit en français ?
– À travers cette séquence, quelle évolution du roman percevez-vous ?
– Dans quelles conditions M^me^ de La Fayette a-t-elle publié ce roman ? À votre avis, pourquoi ?
– Qu'est-il arrivé à Flaubert à la parution de *Madame Bovary* ? Comment cela s'est-il terminé ?
– Qu'est-ce qu'un roman épistolaire ? Donnez un exemple.
– Quel est le titre sous lequel Marcel Proust a réuni ses romans ?
– Qui était Camille Claudel ? De qui était-elle la sœur ? Avec quel sculpteur a-t-elle appris cet art ?

## 6 Améliorer son expression orale

**1. Dans chacune des réponses proposées ci-dessous, repérez les éléments à éviter à l'oral.**
**2. Reformulez-les pour les rendre correctes.**
**3. Élaborez une fiche d'expression orale dans laquelle vous noterez des exemples de formulations correctes à retenir.**

Propositions de formulations :
– Nous allons voir comment Diderot démontre-t-il sa thèse ?
– D'abord, on verra le récit. J'étudierai le dialogue après.
– Voltaire il dit que Candide doit cultiver son jardin.
– Par contre, la description est parfois moche.
– Malgré que Baudelaire a été condamné, son recueil a connu le succès.
– Oui, une métaphore.
– Convaincre, c'est avec la raison.

### 1. APOLLINAIRE Guillaume, Wilhelm Apollinaris de KOSTROWITZKY, *dit* (1880-1918)

Élevé par sa mère, d'origine polonaise, il vit son enfance et sa jeunesse dans le sud de la France. Il voyage beaucoup avant de s'installer à Paris et de commencer à écrire. Il est proche des peintres avant-gardistes, tels Pablo Picasso ou André Derain. Il écrit des récits et des pièces de théâtre mais est surtout connu pour ses poèmes originaux : il supprime la ponctuation dans *Alcools* (1913) et donne une forme singulière à la poésie dans ses *Calligrammes* (1918). Blessé durant la Première Guerre mondiale, il meurt en 1918 de la grippe espagnole.

### 2. BALZAC Honoré de (1799-1850)

Né à Tours, il s'intéresse à plusieurs disciplines comme le droit et la philosophie, domaines qui sont évoqués dans ses romans. Toujours pressé par des besoins d'argent, il écrit énormément : une centaine de romans et de nouvelles dans lesquels évoluent deux mille personnages. En 1842, il réunit tous ses récits sous le titre : *La Comédie humaine*, œuvre réaliste monumentale dont la pension Vauquer, qui ouvre *Le Père Goriot* (1835), est l'un des éléments les plus célèbres. Il meurt, épuisé, peu après son mariage avec M^me^ Hanska, femme avec laquelle il avait entretenu une longue correspondance.

### 3. BAUCHAU Henry (né en 1913)

Né juste avant la Première Guerre mondiale, cet auteur belge s'engage dans la Résistance au moment du second conflit mondial. Après la guerre, il devient éditeur. Son intérêt pour l'inconscient le porte à devenir psychanalyste, d'où sans doute son intérêt pour le mythe d'Œdipe. Il commence à écrire à l'âge de quarante-cinq ans des poèmes, des pièces de théâtre et des romans comme sa trilogie *Œdipe sur la route* (1990), *Diotime et les lions* (1991) et *Antigone* (1997).

### 4. BAUDELAIRE Charles (1821-1867)

Ayant perdu son père dans son enfance, il ne pardonne pas à sa mère de s'être remariée avec un militaire qu'il déteste. Il quitte très rapidement le foyer familial et fréquente la bohème parisienne. Il voyage contre son gré dans l'océan Indien, seule tactique trouvée par sa famille pour l'éloigner de Paris ; ce périple nourrira son imaginaire exotique. À son retour, il écrit dans des genres variés : critique d'art dans ses *Salons*, poésie versifiée des *Fleurs du mal* (1857) et poèmes en prose du *Spleen de Paris* (1869). Son inspiration, mêlant religion, sensualité et références urbaines, fait de lui le père de la modernité artistique.

### 5. BEAUMARCHAIS Pierre-Augustin CARON de (1732-1799)

Fils d'un horloger, il a une vie aventureuse et mouvementée : espion, homme d'affaires, éditeur des œuvres de Voltaire. Il fonde la Société des auteurs dramatiques pour défendre les droits d'auteurs. Il est aujourd'hui reconnu pour sa trilogie théâtrale espagnole, *Le Barbier de Séville* (1775), *Le Mariage de Figaro* (1784) et *La Mère coupable* (1792) ; de son vivant, sa critique de la noblesse et des privilèges lui vaut la censure et la prison. Bien qu'anobli, il participe au trafic d'armes pour soutenir la Révolution américaine, se rallie à la Révolution française, puis meurt ruiné.

### 6. BEAUVOIR Simone de (1908-1986)

Élevée dans un milieu bourgeois plutôt conservateur, elle fait des études de philosophie au cours desquelles elle rencontre Jean-Paul Sartre, son compagnon jusqu'à la mort de ce dernier en 1980. Après plusieurs années de professorat, elle se consacre complètement à l'écriture de romans comme *Les Mandarins*, qui obtient le prix Goncourt en 1954, de textes philosophiques comme le premier grand essai féministe, *Le Deuxième Sexe* (1949), et d'une autobiographie en plusieurs volumes qui s'ouvre par les *Mémoires d'une jeune fille rangée* (1958). Sa vie, marquée par de fabuleux voyages tout autour du monde et ses combats pour les droits des femmes, en fait une figure d'intellectuelle libre et exemplaire.

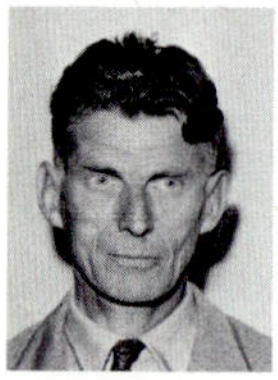

### 7. BECKETT Samuel (1906-1989)

Né en Irlande dans une famille bourgeoise protestante, il fait des études à Dublin puis part pour Paris où il s'installe en 1938. Tout au long de sa vie d'écrivain, il écrit des textes en français et en anglais. Romancier plutôt pessimiste (*Malone meurt*, 1952), il devient célèbre grâce à ses pièces de théâtre peuplées de personnages perdus dans un monde où le dialogue est vain. C'est l'absurdité de la condition humaine qu'il pointe dans des pièces comme *En attendant Godot* (1953) ou *Fin de partie* (1957). Il obtient le prix Nobel de littérature en 1969.

### 8. BRECHT Bertolt (1898-1956)

Né en Bavière, il commence des études de philosophie à Munich. En 1927, installé à Berlin, il écrit, avec le compositeur Kurt Weil, l'une de ses pièces les plus célèbres, *L'Opéra de quat'sous*. Il traite des réalités sociales comme dans *Maître Puntila et son valet Matti* (1948). Dès février 1933, il quitte l'Allemagne : le nazisme et la guerre le feront voyager dans le nord de l'Europe puis aux États-Unis où il s'installe en 1941. Marxiste depuis les années 1930, il s'installe à Berlin-Est en 1948 et fonde le Berliner Ensemble, où il devient metteur en scène. Ses idées sur le théâtre sont exposées dans le *Petit Organon pour le théâtre* (1948).

### 9. BUTOR Michel (né en 1926)

Né près de Lille dans un milieu populaire, il fait des études de philosophie, matière qu'il a enseignée jusqu'à sa retraite en 1991. Ses premiers romans (*Passage de Milan* en 1954 ; *La Modification* en 1957) sont des textes novateurs qui lui valent d'être associé, par la critique, à Nathalie Sarraute, Claude Simon et Alain Robbe-Grillet sous l'appellation de « Nouveau Roman ». Au fil du temps, son écriture s'est éloignée du récit pour devenir plus poétique.

### 10. CAMUS Albert (1913-1960)

Né en Algérie, orphelin de père, il est élevé par sa mère et sa grand-mère dans un milieu pauvre. Ses bons résultats scolaires lui permettent d'obtenir une bourse grâce à laquelle il fait des études de philosophie. Installé à Paris dès 1940, il entre dans la Résistance et conserve ensuite cette attitude de révolte face à l'ordre injuste, en s'engageant contre la peine de mort ou la guerre d'Algérie. Journaliste, il écrit des romans (*L'Étranger*, 1942 ; *La Peste*, 1947) et des pièces de théâtre (*Les Justes*, 1949) dans lesquels il souligne l'absurdité de la condition humaine. Il obtient le prix Nobel de littérature en 1957 et meurt dans un accident de voiture.

### 11. CARRÈRE Emmanuel (né en 1957)

Fils de l'historienne et académicienne Hélène Carrère d'Encausse, il a vécu sa jeunesse dans un milieu aisé et cosmopolite. Ses romans mettent souvent en scène des personnages confrontés à une crise d'identité comme dans *La Moustache* (1986). En 2000, il publie *L'Adversaire*, roman qui tisse des liens entre sa vie et l'histoire de Jean-Claude Romand, un faux médecin qui a tué toute sa famille. Il poursuit une double carrière de romancier et de cinéaste, alternant récits autobiographiques, témoignages et fictions.

### 12. CARRIÈRE Jean-Claude (né en 1931)

Né dans une famille de viticulteurs du sud de la France, il fait des études classiques qui lui donnent le goût des rencontres et des voyages. Sa vie est très vite liée au cinéma puisqu'il rencontre le cinéaste Jacques Tati dont il transforme les films, *Les Vacances de Monsieur Hulot* et *Mon Oncle*, en romans. Il réalise quelques courts métrages avec Pierre Étaix. Tout au long de sa vie, il travaille avec les plus grands réalisateurs : Luis Buñuel, Milos Forman, Volker Schlöndorff, Andrzej Wajda... Son œuvre est diverse, avec les versions romancée et théâtrale de *La Controverse de Valladolid* (1992 et 1999) ou sa collaboration avec Umberto Eco dans l'essai *N'espérez pas vous débarrasser des livres* (2009).

### 13. CARTIER Jacques (1494-1557)

Né à Saint-Malo dans une famille aisée, il est présenté au roi François Ier qui souhaite que l'on découvre de nouvelles terres et le charge de découvrir un passage par le nord-est vers les Indes. Il fait, puis relate, trois voyages : le premier part de Saint-Malo le 20 avril 1534 et le conduit dans l'embouchure du Saint-Laurent en juin suivant. Il est de retour le 5 septembre 1534 avec deux Indiens iroquois. Il ne trouve ni nouvelles terres, ni richesses, ni passage vers les Indes mais le roi lui demande de poursuivre sa mission. Les deux voyages suivants (1534-1535 et 1541-1542) n'ont pas plus de succès. Il meurt de la peste à Saint-Malo.

### 14. CÉLINE Louis-Ferdinand, Louis-Ferdinand DESTOUCHES, *dit* (1894-1961)

Sa vie romanesque est transposée dans son récit *Voyage au bout de la nuit* (1932). Comme son personnage, Bardamu, il s'engage dans l'armée, affronte les tranchées de la Première Guerre mondiale, voyage en Afrique, devient médecin. Dans les années 1930, Céline redevient Destouches et se range aux côtés des idéaux fascistes et nazis qu'il défend dans des pamphlets violemment antisémites, ce qui lui vaut une confiscation de ses biens et un exil de plusieurs années au Danemark.

### 15. CHAR René (1907-1988)

Il naît dans une famille humble de Provence, terre qu'il ne quittera toujours qu'à regret. Il perd son père durant la Première Guerre mondiale, ce qui explique une partie de son engagement dans la Résistance durant le second conflit mondial. Il commence à écrire de la poésie dès son plus jeune âge et débute sa carrière aux côtés des surréalistes dont il apprécie l'anticonformisme. Il quitte le mouvement en 1932. Le recueil *Feuillets d'Hypnos* (1946) est une réécriture, en prose poétique, de son carnet de guerre. Il connaît ensuite le succès avec *Fureur et mystère* (1948).

### 16. COCTEAU Jean (1889-1963)

Orphelin de père dès 1898, il se réfugie dans l'art pour survivre et supporter la vie qui l'entoure : dessins, poésies, romans, pièces de théâtre et cinéma, tout l'intéresse. Il est proche de tous les artistes qui soufflent un vent nouveau sur la société et sur l'art : peintres, chorégraphes, musiciens, acteurs et écrivains. Il donne une version renouvelée des mythes d'Œdipe, dans la pièce *La Machine infernale* en 1934, et d'Orphée dans des films (1950, 1960). Il est élu à l'Académie française en 1955. Il meurt le 11 octobre 1963 juste après avoir appris la mort d'une de ses amies, la chanteuse Édith Piaf.

### 17. COLOMB Christophe (1451-1506)

Né à Gênes, il navigue pour le commanditaire le plus généreux. À la fin des années 1470, il étudie la cartographie à Lisbonne où il nourrit son rêve : traverser l'océan pour rejoindre les Indes. Colomb avait demandé l'aide des rois catholiques à plusieurs reprises, mais il doit attendre la reprise de Grenade (début de 1492), qui signe la fin de la *Reconquista* espagnole sur les musulmans, pour bénéficier de leur aide. Il quitte Séville avec trois caravelles le 3 août 1492 et découvre les îles Bahamas le 11 octobre. Il relate ses voyages et découvertes dans son journal de bord. Il fait plusieurs voyages sans trouver la route des épices vers les Indes et meurt à Valladolid.

### 18. CONDÉ Maryse (née en 1937)

Elle est née à Pointe-à-Pitre en Guadeloupe, île qu'elle quitte à seize ans pour suivre des études de lettres classiques à Paris. En 1959, elle se marie avec Mamadou Condé, écrivain d'origine africaine avec lequel elle part en Côte-d'Ivoire où elle enseigne durant dix ans. Elle divorce et revient en France en 1973. Son premier roman, *Heremakhonon* (1976), fait d'elle l'une des grandes romancières antillaises. Remariée avec un Américain, elle vit aux États-Unis depuis 1987. Ses œuvres, telle *La Belle Créole* (2001), s'intéressent particulièrement à la question de l'identité.

### 19. CONDORCET Nicolas de, Marie Jean Antoine Nicolas de CARITAT, marquis de CONDORCET, *dit* (1743-1794)

Né à Ribemont dans l'Aisne, il connaît d'abord une carrière de mathématicien, puis est élu à l'Académie royale des sciences en 1769. En 1774, il s'inscrit dans le courant philosophique en publiant *Lettres d'un théologien à l'auteur du Dictionnaire des trois siècles*. La même année, il devient inspecteur général des Monnaies dans l'Aisne. En 1782, il est élu à l'Académie française. De 1774 à 1789, il se consacre à des activités politiques et défend les droits de l'homme, l'abolition de l'esclavage... Il participe à la Révolution française à travers des journaux, des clubs de réflexion et son élection aux diverses assemblées. Accusé de vouloir nuire à la Révolution, il est arrêté et exécuté.

### 20. CONRAD Joseph, Téodor Józef Konrad KORZENIOWSKI, *dit* (1857-1924)

Né en Pologne dans une famille aristocrate, il est élevé par un père qui traduit les œuvres des grands écrivains français et anglais en polonais. Après des études à Cracovie et un voyage en Europe, il arrive à Marseille en 1874, entre dans une école de marine et entame une belle carrière dans la marine marchande. Il se fait naturaliser et anglicise son nom en 1886. Atteint de rhumatismes, il cesse de naviguer en janvier 1894. Il utilise alors toute son expérience des lieux et de la nature humaine pour écrire des romans d'aventures avec lesquels il obtient rapidement un beau succès. Il est fasciné par la folie et la perversité humaine cachées par le vernis de la civilisation, thèmes de ses romans *La Folie Almayer* (1896) et *Au cœur des ténèbres* (1899).

### 21. CORBIÈRE Tristan, Édouard Joachim CORBIÈRE, *dit* (1845-1875)

Né dans un manoir près de Morlaix, il souffre très tôt de rhumatisme articulaire. Son état de santé l'oblige à arrêter ses études et, dès lors, il vit dans un village breton comme un marginal. Il rencontre une jeune actrice, Armida Josefina Cuchiani, qui devient sa muse sous le surnom de Marcelle. Il s'invente un nouveau nom sonnant comme « triste en corps bière », correspondant à son allure et à son état d'esprit. En 1873, il publie à compte d'auteur son unique recueil de poèmes, *Les Amours jaunes*, qui n'est presque pas lu à l'époque. La postérité lui vient à titre posthume quand Paul Verlaine lui consacre un chapitre dans son essai *Les Poètes maudits* (1883).

### 22. CORNEILLE Pierre (1606-1684)

Corneille est né dans une famille de magistrats rouennais. Sa timidité l'empêche de plaider à la fin de ses études d'avocat. Dès son premier essai au théâtre, avec la comédie *Mélite* (1629), le succès est au rendez-vous, ce qui le convainc de se lancer dans cette carrière. À partir de 1640, il écrit plus régulièrement des tragédies, dix-sept en tout, dont quelques pièces majeures comme *Cinna* (1641). En 1647, il est reçu à l'Académie française. Au fil de sa carrière, il délaisse progressivement les jeux du théâtre baroque (*L'Illusion comique*, 1636) pour la tragi-comédie du *Cid* (1637), avant de respecter un peu plus les nouvelles règles « classiques ». Il est toutefois distancé par son rival, le jeune Jean Racine.

### 23. DESBORDES-VALMORE Marceline (1786-1859)

Née à Douai, issue de la petite bourgeoisie, elle vit dans le besoin pendant son adolescence après la ruine de son père, peintre en armoiries. Comédienne très tôt, elle entre à l'Opéra-comique comme cantatrice (1804-1806). Elle joue Rosine dans *Le Barbier de Séville* en 1815 avec succès. Éprise de littérature, elle publie son premier recueil, *Poésies*, en 1819. Les romantiques la saluent pour sa tendresse et son élégance naturelle. La mort de ses proches entre 1846 et 1853 la touche profondément, comme en témoignent ses contes, nouvelles et poèmes réunis dans une édition posthume, *Poésies inédites* (1860).

### 24. DESNOS Robert (1900-1945)

Autodidacte, il se consacre à l'écriture à partir de 1919 et publie *Prospectus*, recueil de poésie influencé par Apollinaire. Il est longtemps fasciné par les pratiques des surréalistes dans l'exploration de l'inconscient. En 1924, amoureux sans espoir de la chanteuse Yvonne George, il écrit le recueil *À la mystérieuse* (1929). En 1929, il abandonne les surréalistes en raison du rapprochement d'André Breton avec le parti communiste. Le recueil *Corps et biens* (1930) est le bilan de sa production surréaliste. Il diversifie son œuvre en tant que journaliste, scénariste, chansonnier et conteur. En 1940, il rejoint les écrivains résistants et publie *Fortunes* (1942) et le roman *Le vin est tiré* (1943). Arrêté en 1944 et déporté au camp de concentration de Terezin, il meurt du typhus.

### 25. DIDEROT Denis (1713-1784)

Né dans une famille aisée, il abandonne des études religieuses pour la littérature. Auteur audacieux, il est dramaturge (*Le Fils naturel*, 1757), critique d'art (*Salons*), épistolier (*Lettres à Sophie Volland*), romancier (*Jacques le Fataliste et son maître*, 1784 ; *La Religieuse*, posthume), philosophe ( *Supplément au voyage de Bougainville*, posthume). Il développe une pensée matérialiste et athée, favorable à la liberté politique et morale, qui lui vaut la censure et la prison. Son nom est lié à l'*Encyclopédie*, qu'il dirige avec d'Alembert de 1751 à 1772. Défenseur du despotisme éclairé, un pouvoir absolu partisan du progrès, il séjourne auprès de l'impératrice Catherine II de Russie (1773).

### 26. DU BELLAY Joachim (1522-1560)

Né en Anjou, orphelin à dix ans, il est élevé par son frère. Il s'oriente vers des études de droit à Poitiers où il fréquente des poètes. En 1543, il rencontre Ronsard, qui l'amène à Paris. Ils forment, avec cinq autres poètes, le groupe de la Pléiade. Il publie *Défense et illustration de la langue française* (1549), traité qui défend le français face au latin, et *L'Olive*, un recueil de poèmes (1550). Il accompagne son oncle, cardinal et ambassadeur, à Rome où il le sert comme intendant (1553-1557). Mais sa charge et les intrigues de la cour le déçoivent, comme en témoignent les recueils de poésie *Les Antiquités de Rome* et *Les Regrets* (1558). Déjà malade en Italie, il s'affaiblit, sa surdité s'aggrave et il meurt deux ans plus tard.

### 27. ELUARD Paul, Eugène Émile Paul GRINDEL, *dit* (1895-1952)

Atteint de la tuberculose à dix-sept ans, il doit abandonner ses études ; il se consacre à la poésie et rencontre au sanatorium une jeune Russe, Gala, son inspiratrice, puis son épouse. Elle le quitte en 1929 pour le peintre Salvador Dalí. Il croise Nusch, sa future épouse, modèle nu de Man Ray – artiste avec lequel il collabore dans *Les Mains libres* (1947). L'expérience de la guerre le marque profondément : sa poésie devient lyrique et militante comme en témoigne « Liberté » (1942), poème parachuté sur le maquis. Il collabore à plusieurs mouvements comme le surréalisme. Parmi plus de cent recueils publiés, notons *Capitale de la douleur* (1926), *L'Amour, la poésie* (1929) et *Au rendez-vous allemand* (1944).

### 28. ESCHYLE (525-456 avant J.-C.)

Les sources fiables manquent pour raconter la vie de ce poète tragique grec. D'origine noble, il aurait participé aux trois grandes batailles des guerres médiques, Marathon (490), Salamine (480) et Platée (479). Dès sa jeunesse, il s'illustre dans la création théâtrale : fondateur de la tragédie grecque, il remporte de nombreuses victoires aux concours durant lesquels ses soixante-treize pièces ont été représentées. Seules sept tragédies ont été conservées, dont *Les Perses* (472) consacrée à la défaite de Xerxès à Salamine. À la fin de sa vie, Eschyle est le rival malheureux de Sophocle, même s'il a inventé le dialogue et les masques.

### 29. FÉNELON, François de SALIGNAC de LA MOTHE, *dit* (1651-1715)

Issu d'une famille nombreuse, il se destine très tôt à la carrière ecclésiastique et fait des études brillantes chez les jésuites. En 1678, il est nommé directeur d'une école de jeunes filles protestantes converties au catholicisme. Cette expérience lui inspire son *Traité de l'éducation des filles* (1687), jugé alors très moderne. En tant que précepteur du duc de Bourgogne, petit-fils de Louis XIV, de 1689 à 1694, il rédige les *Dialogues des morts* et *Les Aventures de Télémaque* (1699) pour instruire son élève. Condamné par l'Église pour ses *Maximes des saints* (1697), banni de la cour en 1699 après la publication des *Aventures de Télémaque* que Louis XIV prend pour une critique à son égard, il se retire dans son archevêché de Cambrai.

### 30. FEYDEAU Georges (1862-1921)

Dans la lignée d'Eugène Labiche, l'inventeur du vaudeville, il s'affirme comme un observateur satirique de la bourgeoisie de la Belle-Époque. Il la représente comme une société folle et inconséquente, aux prises avec des histoires de mensonges et d'adultères qui engendrent des situations cocasses riches en quiproquos et en rebondissements. La rigueur mécanique des intrigues de ses comédies assimile ses personnages à des pantins insensés. Ses œuvres les plus célèbres sont *Un fil à la patte* (1894) et *La Dame de chez Maxim* (1898).

### 31. FLAUBERT Gustave (1821-1880)

Fils du médecin-chef de l'hôpital de Rouen, considéré comme « l'idiot de la famille », il connaît une enfance solitaire. À quinze ans, il rencontre Élisa Schlésinger, qui lui inspirera Mme Arnoux, personnage de *L'Éducation sentimentale* (1869). Sa vie se partage entre Paris et les demeures de ses amis écrivains réalistes. Ses voyages et ses séjours en Normandie lui permettent de se remettre de ses crises nerveuses. En 1857, Il est acquitté dans le procès pour « immoralisme » de son roman *Madame Bovary*. Ce scandale lui vaut un succès retentissant que confirme le récit *Salammbô* (1862). Il conçoit ses œuvres dans le « gueuloir », pièce où il hurle les phrases pour entendre la musique des mots. Épuisé par son travail et ses difficultés financières, il meurt d'une hémorragie cérébrale, laissant son roman *Bouvard et Pécuchet* inachevé.

### 32. GAUTIER Théophile (1811-1872)

Fervent défenseur de Victor Hugo au moment de la bataille d'*Hernani* (1830), il marque le romantisme par ses romans et nouvelles fantastiques comme *La Cafetière* (1831) ou *Le Roman de la momie* (1857). Mais il s'en détache aussi dans la préface de son roman *Mademoiselle de Maupin* (1836), profession de foi contre l'utilité de l'art. Il cherche dans ses poèmes la perfection formelle, comme dans le recueil *Émaux et camées* (1852). Son métier de chroniqueur parisien pour la presse ne l'empêche pas de voyager en Europe, en Afrique et en Orient. L'écriture de son récit romantique *Le Capitaine Fracasse* (1863) représente trente ans de sa vie

### 33. GIDE André (1869-1951)

Unique enfant d'une famille bourgeoise protestante, orphelin de père à onze ans, il est élevé par sa mère autoritaire. Il fréquente très tôt les poètes symbolistes. Malgré son homosexualité, il épouse Mathilde, sa cousine, à son retour d'Afrique du Nord où il a passé deux ans (1893-1895) pour soigner une tuberculose. En 1909, il fonde la NRF, *Nouvelle Revue Française*, revue littéraire et critique, qui devient maison d'édition en 1910. Après un voyage en Italie, il publie *Les Caves du Vatican* (1914), roman qui marque sa distance avec le catholicisme. Suivent d'autres romans : *La Symphonie pastorale* (1919) et *Les Faux-Monnayeurs* (1925). Son voyage en Afrique Noire l'incite à dénoncer les injustices du colonialisme dans *Voyage au Congo* (1927). Il se rapproche alors du parti communiste mais conserve son esprit critique comme le prouve *Retour de l'URSS* (1936). Il obtient en 1947 le prix Nobel de littérature.

## 34. GIONO Jean (1895-1970)

Né en Provence d'un cordonnier italien, il conserve l'amour de sa terre natale toute sa vie. Il quitte l'école en 1911 pour travailler dans une banque. Autodidacte, il se passionne pour les auteurs grecs et latins. Il sort traumatisé de la Première Guerre mondiale ; ses écrits pacifistes lui vaudront d'ailleurs la prison au moment de la mobilisation en 1939. Son premier roman, *Colline* (1928), fait partie de la *Trilogie de Pan*, qui célèbre la nature. Il publie de nombreux romans, dont certains comme *Regain* (1930) sont adaptés au cinéma par Marcel Pagnol. Accusé à tort de collaboration après la guerre, il est emprisonné puis interdit de publication. Cette injustice le blesse et modifie sa perception de la vie, comme en témoignent *Un roi sans divertissement* (1947) ou *Les Âmes fortes* (1950) dans lesquels on sent une certaine ironie. Il renoue avec le succès grâce à son roman *Le Hussard sur le toit* (1951).

## 35. GOLDONI Carlo (1707-1793)

Écrivain italien, après un doctorat en droit (1731), il mène de front son métier d'avocat et sa passion pour le théâtre jusqu'en 1747, avec par exemple *Arlequin serviteur de deux maîtres* (1745). Malgré les attaques visant sa modernité, il décide de se consacrer au théâtre et devient l'auteur de la troupe du théâtre Sant'Angelo à Venise. Il touche à tous les genres dramatiques et écrit des chefs-d'œuvre tels que *Les Rustres* (1760), rédigé en dialecte vénitien. Les rudesses de la critique le poussent à quitter Venise pour Paris en 1762. Il travaille pour la Comédie-Italienne (1762-1764) avant de devenir professeur d'italien à la cour du roi Louis XV. Il finit sa vie dans la pauvreté après la suppression de sa pension (1792).

## 36. HUGO Victor (1802-1885)

Fils d'un général de l'Empire, il devient grâce à ses pièces (*Hernani*, 1830 ; *Ruy Blas*, 1838) et à ses poèmes (*Les Orientales*, 1829 ; *Les Rayons et les Ombres*, 1840) le chef de file du romantisme. *Hernani* est à l'origine de la bataille entre romantiques et défenseurs du classicisme. En 1843, la mort de sa fille Léopoldine l'éloigne de la création littéraire ; il s'engage alors en politique et brille par son *Discours sur la misère* en 1849. Converti au républicanisme, il quitte la France après le coup d'État de Louis Napoléon Bonaparte en 1851. Il reste vingt ans en exil, pendant lesquels il écrit *Les Châtiments* (1853), qui s'attaquent à Napoléon III, et le recueil lyrique des *Contemplations* (1856). Il est surtout connu pour son roman *Les Misérables* (1862). Rentré à Paris après la proclamation de la République (1871), il est élu député et s'engage contre la peine de mort et le travail des enfants. Il a droit aux funérailles nationales et repose au Panthéon.

## 37. HUSTON Nancy (née en 1953)

D'origine canadienne, elle est élevée par son père après le départ de sa mère et termine ses études aux États-Unis. En 1973, elle vient à Paris pour préparer une maîtrise en sciences sociales. Elle adhère au Mouvement de libération de la femme et co-fonde la revue *Sorcières* (1976). Elle s'installe à Paris et rencontre Tzvetan Todorov, un philosophe et linguiste bulgare qu'elle épouse en 1981, année de la publication de son premier roman, *Les Variations Goldberg*. Elle écrit en anglais et traduit en français ses romans comme *La Virevolte* (1994) ou *Instruments des ténèbres* qui obtient le prix Goncourt des lycéens en 1996. Ses essais sont rédigés en français : dans *Nord perdu* (1999), elle évoque la difficulté de se sentir étrangère dans le pays qu'on a choisi. Elle publie aussi des pièces.

## 38. HUXLEY Aldous (1894-1963)

Cet auteur britannique, petit-fils du zoologiste Thomas Huxley, commence sa carrière à vingt-cinq ans avec la parution d'un recueil de poèmes, *La Défaite de la jeunesse*. Étudiant brillant malgré une déficience visuelle, il fait ses études de lettres à Oxford. Après son mariage (1919), il devient journaliste et voyage beaucoup en Inde et aux États-Unis. Il publie des romans critiques tels que la contre-utopie *Le Meilleur des mondes* (1932). En 1937, il devient scénariste à Hollywood. Il publie aussi plusieurs essais comme *Les Portes de la perception* (1954) où le récit de son expérience de la drogue donnera son nom au groupe de rock les Doors.

## 39. IONESCO Eugène (1909-1994)

Né en Roumanie, il est élevé en France. En 1925, de retour dans son pays natal, il termine ses études et assiste à l'ascension de la Garde de fer, mouvement fasciste. Il obtient une bourse (1938) pour préparer une thèse à Paris où il s'installe définitivement en 1942. Maître du théâtre de l'absurde dès sa première pièce, *La Cantatrice chauve* (1950), il n'est reconnu par le public qu'en 1954. Il enchaîne les pièces avec *La Leçon* (1951), *Les Chaises* (1952), *Rhinocéros* (1958) ou *Le roi se meurt* (1962), dénonçant le vide du langage et l'absurdité du monde. Il rédige aussi des essais sur le théâtre. Il entre à l'Académie française en 1970.

## 40. KAFKA Franz (1883-1924)

Né à Prague dans une famille juive de la petite bourgeoisie, il suit des études à l'université allemande, puis travaille dans les assurances, mais consacre tout son temps libre à la littérature. Ses relations conflictuelles avec un père autoritaire lui inspirent son récit métaphorique *La Métamorphose* (1915), puis sa *Lettre au père* écrite en 1919 (publiée en 1952). Plusieurs nouvelles et romans (*Le Procès*, 1925 ; *Le Château*, 1926) développant sa vision tragique de la société mettent en scène un dénommé K., victime d'un monde absurde et déshumanisé.

## 41. LABÉ Louise (1524-1566)

Surnommée « la Belle Cordière » en raison de la profession de son époux, elle est, avec Maurice Scève et Pernette du Guillet, l'une des figures majeures de l'École de Lyon qui, au début des années 1540, met à l'honneur une littérature humaniste nourrie d'influences européennes, notamment celle du poète italien Pétrarque. L'unique œuvre de cette mystérieuse poétesse, publiée en 1555, rassemble trois élégies, vingt-quatre sonnets lyriques et audacieux sur la passion amoureuse, et un dialogue en prose, *Le Débat de folie et d'amour*.

### 42. LA BOÉTIE Étienne de (1530-1563)

Après une solide formation humaniste et des études de droit, il devient conseiller au parlement de Bordeaux et poète, mais il est surtout connu pour son célèbre *Discours de la servitude volontaire ou Contr'un* (1576). Il y défend la thèse de la désobéissance civile en critiquant la lâcheté d'un peuple qui ne se soulève pas contre la tyrannie et s'en rend ainsi complice. Montaigne, qui a eu à cœur de publier son œuvre, célèbre dans ses *Essais* l'amitié exceptionnelle qui le lia à ce jeune homme brillant, de 1557 jusqu'à sa mort précoce.

### 43. LACLOS Pierre-Ambroise-François CHODERLOS de (1741-1803)

Issu de la petite noblesse de robe, il mène une carrière d'officier d'artillerie de 1777 à 1788. Déçu par une vie militaire sans éclat, il consacre son temps à la lecture des philosophes des Lumières et publie quelques poèmes et essais qui lui donnent d'emblée la réputation d'auteur à scandale. C'est avec son roman épistolaire *Les Liaisons dangereuses* (1782) qu'il connaît un immense et durable succès. Ses héros, libertins et manipulateurs, inspireront plus tard de nombreux cinéastes, dont Stephen Frears (1988) et Milos Forman (*Valmont*, 1989).

### 44. LA FAYETTE, Marie-Madeleine PIOCHE de la VERGNE, comtesse de (1634-1693)

Née dans une famille de la petite noblesse, elle fait d'abord partie des précieuses en raison de son éducation raffinée et de sa fréquentation des salons. Cependant, la sobriété de son style et son tempérament réservé la distinguent de ces femmes caricaturées par Molière. Auteur des premiers romans d'analyse, à peine plus longs que des nouvelles, *La Princesse de Montpensier* (1662) et *La Princesse de Clèves* (1678), M$^{me}$ de La Fayette rompt avec les intrigues complexes du roman baroque et privilégie des récits épurés qui mettent l'accent sur la psychologie des personnages et sur les questions morales qui les tourmentent.

### 45. LE CLÉZIO Jean-Marie Gustave (né en 1940)

Né en 1940, à Nice, dans une famille qui s'était installée à l'île Maurice, il s'intéresse très tôt à l'écriture et aux voyages. Son premier roman, *Le Procès-Verbal* (1963), dont l'intrigue et le style évoquent le Nouveau Roman et la philosophie de l'absurde, est immédiatement reconnu par la critique. Il publie ensuite de nombreux récits et essais où s'expriment son pessimisme à l'égard des sociétés modernes obsédées par la consommation et la vitesse (*La Guerre*, 1970 ; *Les Géants*, 1973), sa fascination pour l'errance et le déracinement (*Mondo et autres histoires*, 1978), sa nostalgie à l'égard de civilisations menacées par toutes les formes de colonisation (*Désert*, 1980). En 2008, le prix Nobel de littérature couronne l'ensemble de son œuvre, engagée et profondément humaniste.

### 46. LÉRY Jean de (1534-1613)

Issu d'une modeste famille bourguignonne, il se convertit au protestantisme et étudie la théologie à Genève auprès de Calvin. En 1557, il rejoint Nicolas de Villegagnon, qui a fondé la « France antarctique » sur la côte brésilienne. Lorsque la communauté protestante est chassée de ce lieu, il se réfugie auprès des Indiens tupinambas, peuple anthropophage, puis se voit contraint de rentrer en France. Marqué par cette expérience, Jean de Léry rédige son *Histoire d'un voyage fait en la terre du Brésil*, qui ne sera publié qu'en 1578 à Genève. Son expérience des guerres de Religion et de la famine le rend témoin d'une scène de cannibalisme relatée en 1574 dans l'*Histoire mémorable du siège de Sancerre*.

### 47. MACHIAVEL Nicolas (1469-1527)

Issu de la bourgeoisie florentine, doté d'une solide éducation humaniste, il partage son temps entre fonctions administratives et missions diplomatiques pour le gouvernement de la République de Florence. Cette expérience nourrit ses premières réflexions politiques. Écarté de ses fonctions à la suite du retour au pouvoir des Médicis, il se consacre dès 1513 à l'écriture de son essai intitulé *Le Prince*. Ce traité, publié en 1532, définit les règles de l'exercice du pouvoir en s'appuyant sur une parfaite connaissance de l'histoire. Mis à l'index, il connaît cependant un succès considérable.

### 48. MARIVAUX Pierre CARLET de CHAMBLAIN de (1688-1763)

Après l'abandon de ses études de droit, il devient l'observateur éclairé des rapports sociaux et des sentiments humains, et exprime ses réflexions morales dans des genres différents : le roman d'analyse (*La Vie de Marianne*, 1731-1741 ; *Le Paysan parvenu*, 1735), des articles de revues (*Le Spectateur français*, 1721-1724) et le théâtre. Pendant vingt ans, il écrit de nombreuses pièces pour la Comédie-Française ou la Comédie-Italienne (*La Surprise de l'amour*, 1722 ; *La Double Inconstance*, 1723 ; *Le Jeu de l'amour et du hasard*, 1730 ; *Les Fausses Confidences*, 1737), dont les protagonistes, maîtres et valets, traversent leurs épreuves amoureuses avec légèreté.

### 49. MAROT Clément (1496-1544)

Initié à la rhétorique et à la versification par son père, il traduit Virgile et les *Psaumes*. Il retient l'attention du roi François I$^{er}$ grâce à ses premiers poèmes qui lui permettent de devenir en 1519 poète de cour et valet de chambre de la sœur du roi, la brillante duchesse d'Alençon, future reine de Navarre. Il séjourne deux fois en prison entre 1526 et 1527 pour hérésie et pour avoir aidé un prisonnier à s'évader. Sa célèbre *Épître* adressée au roi lui rend la liberté, mais il connaît encore bien des ennuis : à nouveau la prison, la peste, l'exil et la destruction de textes jugés trop subversifs. Ses œuvres les plus célèbres sont *L'Enfer* (1526), virulente satire de la justice, et *L'Adolescence clémentine* (1532).

### 50. MAUPASSANT Guy de (1850-1893)

Fils spirituel de Flaubert, un des maîtres du réalisme, il grandit en Normandie où il assiste à la débâcle de 1870. Cette région et cet événement marquent fortement son œuvre composée de plus de trois cents nouvelles (*La Maison Tellier*, 1881 ; *Les Contes de la bécasse*, 1883 ; *Les Contes du jour et de la nuit*, 1885) et de six romans, dont *Une vie* (1883), *Bel-Ami* (1885) et *Pierre et Jean* (1887), œuvres qui dénoncent ironiquement l'hypocrisie de son temps. Membre des soirées de Médan organisées par Zola et déjà célèbre de son vivant, il est hanté par la folie et l'angoisse de la mort. Il meurt interné, comme son personnage du *Horla* (1887).

### 51. MOLIÈRE, Jean-Baptiste POQUELIN, *dit* (1622-1673)

Issu de la bourgeoisie parisienne, héritier d'une charge de tapissier du roi, il suit des études de droit et de philosophie, puis se tourne vers le théâtre. En 1643, il devient comédien et metteur en scène de l'Illustre-Théâtre sous le nom de Molière, mais se retrouve en prison pour dettes. Après treize ans de tournées en province, il est remarqué par le roi, grâce à ses *Précieuses ridicules*, en 1659, et rencontre le succès avec de grandes comédies satiriques : *L'Avare* (1668), *Dom Juan* (1665), *Le Misanthrope* (1666) et *Le Tartuffe* (1669), mais aussi des comédies-ballets (*L'Amour médecin*, 1665) ou des farces. Malade, épuisé par les attaques de ses rivaux, il meurt peu après sa dernière prestation dans *Le Malade imaginaire*, en 1673.

### 52. MONTAIGNE Michel EYQUEM de (1533-1592)

Né dans un château du Périgord, il doit à son père une solide éducation humaniste. Après des études de droit, il commence en 1557 sa carrière au parlement de Bordeaux, où on lui confie diverses missions en raison de ses aptitudes à la diplomatie. C'est alors qu'il rencontre Étienne de La Boétie, dont la mort, en 1563, le laisse inconsolable. Il se charge alors de la publication des œuvres de son ami et se retire sur ses terres pour rédiger ses *Essais*, dont l'édition définitive, sous la direction de son amie M^lle^ de Gournay, a lieu en 1595. Cette œuvre, fondée sur l'expérience vécue de l'écrivain, est une somme d'érudition et un témoignage unique sur cette période de la Renaissance, marquée par les grandes découvertes et les guerres de Religion.

### 53. MORE Thomas (1478-1535)

Né à Londres d'un père magistrat, il maîtrise parfaitement le grec et le latin, ainsi que la rhétorique. Après des études de droit, il entreprend une brillante carrière juridique et politique, devient Grand chancelier du royaume (1529-1532) et se construit une immense fortune. Ami d'Érasme depuis 1499, il symbolise l'humanisme anglais. Son œuvre polémique intitulée *Utopie* (1516) décrit une société insulaire idéale à l'opposé du système anglais fondé sur la misère et l'intolérance. Il est incarcéré et décapité en 1535 : fervent catholique, il a refusé d'accepter le divorce de Henry VIII et de reconnaître son roi comme chef de l'Église anglicane.

### 54. MUSSET Alfred de (1810-1857)

Élève brillant mais instable, il mène une vie de libertin marquée par l'alcool, le jeu et les femmes. Il s'intéresse au mouvement romantique naissant, qui est l'expression même de ce qu'il nomme le « mal du siècle ». C'est ainsi qu'il transpose ses expériences, ses désillusions et sa mélancolie dans des œuvres de genres différents : le roman (*La Confession d'un enfant du siècle*, 1836), mais surtout la poésie (*Les Nuits*, 1835-1837) et le théâtre (*Les Caprices de Marianne* en 1833, *Lorenzaccio* et *On ne badine pas avec l'amour* en 1834, époque de sa relation tumultueuse avec la romancière George Sand). En 1830, déçu par les mises en scène de ses pièces, il renonce à faire jouer plusieurs œuvres qu'il regroupe dans son recueil intitulé *Un spectacle dans un fauteuil* (1832-1833).

### 55. PASCAL Blaise (1623-1662)

Mathématicien et homme de lettres, il perd sa mère à l'âge de trois ans. Il est alors élevé par son père et ses deux sœurs dans un climat d'érudition scientifique et littéraire, puis il fréquente les milieux mondains et libertins. À partir de 1646, il se tourne vers le jansénisme et mène une vie austère et solitaire à l'abbaye de Port-Royal. Dans *Les Provinciales*, il défend ardemment les jansénistes et attaque violemment les jésuites. Durant ses dernières années, marquées par la maladie, il est animé par le désir de célébrer la religion chrétienne ; il prend alors régulièrement des notes qui seront rassemblées après sa mort sous le titre de *Pensées* (1670).

### 56. PINTER Harold (1930-2008)

Dramaturge anglais d'origine modeste, il commence par suivre des cours à l'École centrale des arts de la scène en 1951. Il débute une carrière de comédien, mais se fait connaître par des pièces radiophoniques. Il se consacre alors à l'écriture de ses pièces influencées par le théâtre de Beckett. Les intrigues et les personnages sont épurés, les décors minutieusement décrits. L'intérêt réside dans la violence des conversations qui font émerger la brutalité des rapports humains comme dans *Le Retour* en 1964. Homme de gauche, profondément marqué par la Seconde Guerre mondiale, il dénonce toutes les formes d'oppression et les conflits de son temps. Il obtient le prix Nobel de littérature en 2005.

### 57. POLO Marco (1254-1324)

Élevé dans une famille de commerçants vénitiens qui parcourt l'Asie centrale, Marco Polo suit son oncle et son père dans leurs périples dès qu'il est en âge de le faire. À vingt ans, il se retrouve à la cour du Kubilaï, empereur mongol, qui est en train d'achever la conquête de la Chine. Il reste seize ans auprès de ce monarque puissant, s'accoutumant ainsi aux mœurs orientales et effectuant même des missions pour l'empereur. En 1295, il revient à Venise avec des richesses fabuleuses qui émerveillent ses contemporains. Lors d'un conflit entre Venise et Gênes, il est fait prisonnier et profite de cet enfermement pour dicter le récit de ses voyages et aventures (*La Description du monde*, 1298). Très vite libéré, il reste jusqu'à la fin de sa vie à Venise.

## 58. PONGE Francis (1899-1988)

Poète issu d'un milieu bourgeois, il suit des études de philosophie et de droit. Son recueil le plus important, *Le Parti pris des choses* (1942), est un ensemble de poèmes en prose consacré à la description d'objets, précise et humoristique. Cette œuvre témoigne d'une inquiétude existentielle et d'une interrogation sur le langage. Communiste et longtemps proche des surréalistes, il revendique cependant comme véritables modèles les écrivains classiques comme Malherbe. Le refus du lyrisme poétique et le souci de la rigueur dans le choix des mots sont les principales caractéristiques de son écriture.

## 59. PROUST Marcel (1871-1922)

Né à Auteuil en 1871 d'un père médecin et d'une mère issue de la bourgeoisie juive parisienne, il suit des études de lettres et de droit et fréquente les salons du faubourg Saint-Germain où évolue l'élite intellectuelle et artistique de l'époque. Il débute sa carrière littéraire par des articles en tant que critique, puis se tourne vers l'écriture d'un roman autobiographique *Jean Santeuil* (publié en 1952), que l'on considère comme l'ébauche de son œuvre principale : *À la recherche du temps perdu*. Cette vaste fresque composée de sept romans décrit les souvenirs mondains d'un narrateur et son point de vue sur les événements importants de cette époque. Marcel Proust, asthmatique, se confine dans sa chambre pour rédiger son œuvre, jusqu'à sa mort. En 1919, il obtient le prix Goncourt pour le deuxième volume : *À l'ombre des jeunes filles en fleurs*.

## 60. QUENEAU Raymond (1903-1976)

Romancier et poète, il fait des études de philosophie qui influencent son premier roman, *Le Chiendent* (1933). D'abord surréaliste (de 1924 à 1930), il trouve ensuite sa propre voie en effectuant un travail de renouvellement des formes littéraires et du langage. Les *Exercices de style* (1947), variations autour d'un même texte, et *Zazie dans le métro* (1959), roman d'apprentissage parodique, en témoignent. En 1960, il crée une école littéraire, l'OuLiPo (Ouvroir de Littérature Potentielle) qui rassemble des mathématiciens et des écrivains désireux de mener des expériences littéraires. Il publie également des recueils poétiques tels que *Battre la campagne* en 1968.

## 61. RABELAIS François (1483-1553)

Auteur humaniste, il est d'abord moine, puis juriste et enfin médecin réputé à Lyon. Ce brillant helléniste publie son premier roman, *Pantagruel*, en 1532, sous le pseudonyme-anagramme d'Alcofrybas Nasier : il y relate les aventures extraordinaires et comiques d'un géant. Rabelais poursuit avec la publication de *Gargantua* (père de Pantagruel), puis du *Tiers livre* (1546) et du *Quart livre*. Il exprime dans son œuvre ses idéaux humanistes comme par exemple l'utopie de l'abbaye de Thélème, mais aussi une vision satirique de son époque, ce qui lui vaut de voir son œuvre interdite par l'université de théologie de la Sorbonne.

## 62. RACINE Jean (1639-1699)

Orphelin élevé au monastère de Port-Royal, il rédige en 1664 sa première pièce, *La Thébaïde*, et connaît le succès avec *Alexandre*. En dix ans, il produit *Andromaque* (1667), *Britannicus* (1669), *Iphigénie* (1674), *Phèdre* (1677) et s'affirme comme l'écrivain classique de la tragédie des passions. Historiographe du roi, il est le rival de Molière auprès de Louis XIV, et de Corneille, auteur vieillissant de tragédies héroïques. À la demande de M^me^ de Maintenon, il écrit des pièces religieuses (*Esther*, 1689 ; *Athalie*, 1691), puis renonce au théâtre, condamné par l'Église.

## 63. RENAN Ernest (1823-1892)

Écrivain, philosophe, philologue et archéologue, il commence d'abord des études au séminaire pour ensuite renoncer à sa vocation religieuse et avoir une approche critique du catholicisme. Il dispense des cours d'hébreu au Collège de France, mais provoque une polémique en 1863 avec la publication de sa *Vie de Jésus*, une approche biographique objective qui est jugée blasphématoire. Fasciné par les civilisations anciennes, il l'est tout autant par le monde moderne, comme le confirme sa conférence *Qu'est-ce qu'une nation ?* (1882) ou encore son essai *L'Avenir de la science* (1890) où cet admirateur de Darwin offre un vibrant éloge de la science. Il entre à l'Académie française en 1878.

## 64. RIMBAUD Arthur (1854-1891)

Né à Charleville et élevé par sa mère, cet excellent élève se tourne très tôt vers la poésie. Encouragé par son professeur de français qui lui fait découvrir les romantiques et les parnassiens, il écrit dès 1868 ses premiers poèmes. Après de nombreuses fugues qui lui permettent d'échapper à la vie provinciale, il rencontre Paul Verlaine à Paris, en 1871. Ils ont une liaison tumultueuse que Rimbaud transpose dans *Une saison en enfer*. Dans sa *Lettre du voyant* (1871), il affirme une conception originale de la poésie qui préconise le vers libre, puis les poèmes en prose des *Illuminations*. À vingt ans, il cesse définitivement d'écrire pour mener une vie aventureuse dans de lointaines colonies.

## 65. RONSARD Pierre de (1524-1585)

Issu d'une famille noble, il doit renoncer à une carrière militaire ou diplomatique en raison d'une surdité précoce. Helléniste brillant, il fonde avec Joachim Du Bellay le groupe poétique de la Pléiade. Il utilise la forme de l'ode, mais aussi le sonnet, pour composer des poèmes amoureux sur le modèle de ceux de l'Italien Pétrarque. Dans le recueil des *Amours* (1552), il célèbre les femmes aimées : Cassandre, Marie, puis Hélène dans les *Sonnets à Hélène* (1558). Devenu poète officiel de la cour, il rédige un *Discours sur les misères de ce temps* (1563) qui relate les conflits religieux entre catholiques et protestants. Son œuvre épique, *La Franciade*, célébrant la gloire de la France, l'occupe aussi pendant plusieurs années.

**66.** ROSTAND Edmond (1868-1918)

Né à Marseille dans une famille bourgeoise, il achève ses études à Paris et se tourne vers la littérature. Il finit par se faire connaître par une comédie héroïque en vers, *Cyrano de Bergerac* (1897). Le personnage principal s'inspire d'un écrivain réel que Rostand transforme en héros romantique. Avec *L'Aiglon* (1900), il confirme sa vocation de dramaturge et la dimension néo-romantique de son théâtre, tant par les thèmes choisis que par son style d'écriture. Il est élu à l'Académie française à l'âge de trente-cinq ans.

**67.** ROUSSEAU Jean-Jacques (1712-1778)

Après une adolescence vagabonde racontée dans son autobiographie *Les Confessions* (1782-1789), cet autodidacte doué fréquente les philosophes des Lumières et se fait connaître par son *Discours sur les sciences et les arts* en 1750. Ce traité lui vaut le prix de l'académie de Dijon, mais aussi des hostilités car il y fait l'éloge d'une vie simple et naturelle tout en dénonçant les méfaits de la civilisation. Ses succès se confirment avec l'écriture d'un second discours, d'un traité sur l'éducation, l'*Émile* (1762), d'un essai politique, *Le Contrat social* (1762), d'un roman d'amour par lettres, *La Nouvelle Héloïse* (1761). Se sentant victime d'un complot universel, il se replie sur lui-même et se tourne vers une écriture autobiographique lyrique et sensible qui annonce le romantisme.

**68.** SAINT-AMANT, Marc-Antoine GIRARD, sieur de (1594-1661)

Fils d'un riche marin de Rouen, il se passionne très tôt pour les langues, les arts, la philosophie et les sciences. Il navigue au loin, participe comme soldat à plusieurs expéditions militaires, et fréquente aussi bien le savant Galilée que la reine Christine de Suède. Libertin amateur des tavernes, il donne de lui une image de bon vivant et d'érudit. Il reflète ses contradictions dans son œuvre poétique, tantôt lyrique, tantôt burlesque. Amoureux de la nature et de la méditation dans l'*Ode à la solitude* (1629), ou épicurien s'extasiant devant un fromage de Brie dans *Le Fromage*, il invente une poésie originale qui le place au côté des Modernes critiqués par Boileau. Élu en 1634 à l'Académie, il tombe dans l'oubli à l'époque classique.

**69.** SARTRE Jean-Paul (1905-1980)

Philosophe, romancier et dramaturge, il est élevé dans l'amour des livres, ce qui explique sa vocation littéraire, comme il le relate dans son autobiographie *Les Mots* (1964). Après l'agrégation de philosophie qu'il a préparée en compagnie de Simone de Beauvoir, il enseigne quelques années dans des lycées de province. Il élabore peu à peu une philosophie de l'existence qui s'exprime dans son roman *La Nausée* (1938), puis dans un essai, *L'Être et le Néant* (1943). Après la Seconde Guerre mondiale, il s'interroge sur le sens de l'engagement dans sa pièce *Les Mains sales* (1948) et sur les rapports entre la littérature et l'action. Jusqu'à la fin de sa vie, il s'affirme comme un intellectuel engagé (mai 1968, la décolonisation...).

**70.** SOPHOCLE (496-406 avant J.-C.)

Dramaturge grec dans une Athènes qui revendique alors une démocratie où chaque citoyen est responsable de ses actes, son théâtre marque une rupture avec la tradition d'Eschyle, réduisant considérablement la responsabilité des dieux au profit de celle des hommes. Militaire et stratège, Sophocle est le dramaturge de la psychologie humaine, des épreuves traversées par des héros en quête de gloire, courant parfois à leur perte : *Antigone* (442 avant J.-C.), *Œdipe roi* (430 avant J.-C.), *Électre* (425 avant J.-C.).

**71.** STENDHAL, Henri BEYLE, *dit* (1783-1842)

Diplomate et écrivain, il inscrit son œuvre entre le romantisme et le réalisme. Orphelin de mère, il se révolte contre son père et s'engage dans l'armée de Bonaparte. Le personnage de Julien Sorel dans *Le Rouge et le Noir* (1830) éprouve la même admiration pour Napoléon. L'Italie, où Stendhal vit de nombreuses années, inspire ses productions : essais (*Rome, Naples et Florence* en 1817), nouvelles (*Chroniques italiennes*, 1839), roman (*La Chartreuse de Parme*, 1839). La naissance et l'analyse du sentiment amoureux occupent également une place importante dans son œuvre comme en témoignent ses romans(*Armance*, 1827), mais aussi son essai *De l'amour* (1822) et ses textes autobiographiques (*Vie de Henry Brulard*, 1835-1836).

**72.** STOKER Bram (1847-1912)

Auteur irlandais profondément marqué par les récits légendaires que lui racontait sa mère dans son enfance, il s'intéresse vite au théâtre, si bien qu'il devient administrateur d'une salle de spectacles à Londres dès 1875. Son inspiration fantastique le conduit à s'intéresser aux histoires de vampires ; ses lectures et ses recherches l'occupent dix ans durant et aboutissent à la publication du roman *Dracula* en 1897, une référence de la littérature d'épouvante à l'origine du mythe cinématographique du vampire.

**73.** TARDIEU Jean (1903-1995)

Né dans une famille de la petite bourgeoisie, il vit, vers l'âge de dix-sept ans, un événement qui le marque à jamais : il rencontre son double dans un miroir. Cette expérience trouve des échos dans une œuvre profondément tournée vers l'intime. Il écrit principalement de la poésie, notamment les recueils *Accents* (1939), *Le Témoin invisible* (1943) et *Monsieur Monsieur* (1951), qui révèle déjà sa vision de l'existence humaine marquée par le tragique et l'absurde, dans la lignée des dramaturges Ionesco et Beckett. L'univers de Tardieu est double et instable, oscillant entre réalité et imaginaire. Il fait des recherches sur le langage et toutes les possibilités qu'il offre. Il en fait une pièce, *La Comédie du langage* (1978), dans laquelle il remet en question la logique de l'usage de la langue, révélant l'impossibilité des hommes à communiquer.

## 74. VERLAINE Paul (1844-1896)

Né sous le signe de Saturne, selon la préface des *Poèmes saturniens* (1866), il s'intéresse très rapidement à l'art et à la littérature. Il lit la poésie de Victor Hugo, Charles Baudelaire et Théophile Gautier. À vingt et un ans, il rédige des critiques littéraires. Ses premiers poèmes sont publiés dans *Le Parnasse contemporain*, mais sa poésie reste inclassable, mêlant esthétique parnassienne et romantisme. Éprouvé par le deuil de sa cousine Élisa, en 1867, il se réfugie dans l'alcool. Puis il épouse Mathilde Mauté en 1870 et publie un recueil intitulé *La Bonne Chanson*. Mais sa rencontre avec Rimbaud signe un tournant dans sa vie ; il quitte son foyer et voyage avec lui à Londres et Bruxelles où il est emprisonné après avoir tiré sur son ami. Il publie alors *Romances sans paroles* (1874) et cherche la rédemption dans la foi. Il finit sa vie dans la misère.

## 75. VERNE Jules (1828-1905)

Né à Nantes, il y fait ses études puis se rend à Paris pour étudier le droit mais il s'intéresse davantage au théâtre. Ami d'Alexandre Dumas, il écrit une pièce, *Les Pailles rompues* (1850). Il s'intéresse en même temps aux découvertes scientifiques et découvre des terres nouvelles à travers les récits que lui font ses amis voyageurs. Rêvant d'écrire des romans de science, Jules Verne suit des études de géographie, de mathématiques et de physique. La gloire arrive avec son premier roman, *Cinq semaines en ballon* (1863), publié par l'éditeur Hetzel qui lui commande alors deux livres par an. Pendant quarante ans, il écrit une œuvre magistrale, composée notamment de *Voyage au centre de la Terre* (1864), *Vingt mille lieues sous les mers* (1870), *Le Tour du monde en quatre-vingts jours* (1872).

## 76. VIRGILE, Publius VERGILIUS MARO, *dit* (vers 70-19 avant J.-C.)

Né dans un milieu rural modeste, il fait des études à Rome et à Naples, où il s'initie à la philosophie épicurienne et à la rhétorique. Protégé par un riche homme d'État, Caïus Mécène, puis par Octave, le futur empereur Auguste, il peut se consacrer à l'écriture. Il écrit alors les *Bucoliques* (40 avant J.-C.) où il fait l'éloge de la vie champêtre ; les *Géorgiques* (29 avant J.-C.) où il loue les mérites des activités agricoles. Il rédige ensuite une épopée, l'*Énéide* (19 avant J.-C.), qui célèbre la fondation de Rome et la gloire d'Auguste.

## 77. VOLTAIRE, François Marie AROUET, *dit* (1694-1778)

Fils d'un notaire parisien, il étudie chez les jésuites, mais refuse de faire ses études de droit. Il écrit de petits poèmes satiriques sur le Régent, ce qui lui vaut de passer un an à la Bastille en 1717. Il écrit une tragédie satirique, *Œdipe* (1718), mais son exil à Londres (1726-1729) lui inspire aussi des *Lettres philosophiques* (1734). Menacé par la censure, il séjourne chez M$^{me}$ du Châtelet, puis à la cour de Frédéric II de Prusse et rédige des contes philosophiques : *Zadig* (1747), *Micromégas* (1752), *Candide* (1759), *L'Ingénu* (1767). De plus en plus pessimiste, il publie le *Traité sur la tolérance* (1763) et un *Dictionnaire philosophique* (1765).

## 78. YOURCENAR Marguerite, Marguerite de CRAYENCOUR, *dite* (1903-1987)

Née à Bruxelles d'une mère belge morte quelques jours après sa naissance et d'un père français qui l'encourage à étudier la littérature et les langues anciennes, elle voyage beaucoup durant son enfance et découvre l'Italie, la Suisse et la Grèce. Considérant l'écriture comme un approfondissement, elle publie son premier roman, *Alexis ou le Traité du vain combat*, en 1929. Tour à tour essayiste et romancière, elle est clairvoyante sur le monde qui l'entoure et s'intéresse à l'histoire contemporaine, notamment dans l'un de ses chefs-d'œuvre : *Le Coup de grâce*, récit qui a pour toile de fond la lutte antibolchevique. Un tournant littéraire s'opère en 1951 avec la publication des *Mémoires d'Hadrien*, œuvre humaniste. Puis elle assoit sa renommée avec *L'Œuvre au noir* (1968). Reçue à l'Académie royale belge de langue et de littérature française le 19 mars 1971, elle se livre à une enquête narrative, remontant ainsi le cours de l'histoire, *Le Labyrinthe du monde*. Elle est élue à l'Académie française le 6 mars 1980.

## 79. ZOLA Émile (1840-1902)

Né d'un père italien, il passe son enfance à Aix-en-Provence où il côtoie le jeune Cézanne. Journaliste, il écrit des articles critiques qu'il recueille dans *Mes haines* (1866). Il publie son premier roman, *Thérèse Raquin*, en 1867 et justifie dans sa préface ses conceptions naturalistes. En 1869, il entreprend un cycle romanesque de grande ampleur, *Les Rougon-Macquart, histoire naturelle et sociale d'une famille sous le Second Empire*, pour lequel il s'attelle à un profond travail de recherches et d'enquêtes. Dans les vingt volumes de la série, il explore toutes les catégories de la société, de l'aristocratie (*Son Excellence Eugène Rougon*, 1876) à la classe ouvrière (*L'Assommoir*, 1877) en passant par le milieu des artistes, où il se représente lui-même sous les traits de Sandoz dans *L'Œuvre* (1886). Il s'engage à la fin du siècle du côté des dreyfusards en publiant dans *L'Aurore* du 13 janvier 1898, la lettre « J'accuse » adressée au président de la République.

# INDEX DES AUTEURS ET DES ŒUVRES

Cet index renvoie aux auteurs dont les œuvres sont données en extraits.
Les numéros en couleurs renvoient aux parties I, II et III du manuel.


## A

ANOUILH, Jean
*Antigone*, 443

APOLLINAIRE, Guillaume
*Calligrammes*, 73, 408
*Il y a*, 86

ARAGON, Louis
*Cloches de Bâle (Les)*, 170
*Roman inachevé (Le)*, 82
*Voyageurs de l'impériale (Les)*, 380

ARISTOPHANE
*Guêpes (Les)*, 233

AUBIGNÉ, Agrippa d'
*Tragiques (Les)*, 83, 320

## B

BADINTER, Élisabeth
*XY. De l'identité masculine*, 297

BALZAC, Honoré de
*Chef-d'œuvre inconnu (Le)*, 428
*Contes drolatiques*, 458
*Lys dans la vallée (Le)*, 387
*Père Goriot (Le)*, 157, 453

BARTHES, Roland
*Mythologies*, 399

BAUCHAU, Henry
*Boulevard périphérique (Le)*, 208
*Œdipe sur la route*, 336

BAUDELAIRE, Charles
*Fleurs du mal (Les)*, 36, 40, 86, 394, 403, 407, 540
*Peintre de la vie moderne (Le)*, 506
*Spleen de Paris (Le)*, 373, 407

BEAUMARCHAIS
*Barbier de Séville (Le)*, 226

BEAUVOIR, Simone de
*Amérique au jour le jour (L')*, 316
*Deuxième Sexe (Le)*, 96
*Invitée (L')*, 189

BECKETT, Samuel
*En attendant Godot*, 263, 267
*Fin de partie*, 234
*Oh les beaux jours*, 272

BEER, Hélène
*Journal, 1942-1944*, 374

BEN JELLOUN, Tahar
*Racisme expliqué à ma fille (Le)*, 420

BERNARDIN DE SAINT-PIERRE
*Paul et Virginie*, 382

*Bible (La), Ancien Testament, « Livre de Job »*, 346

BOILEAU, Nicolas
*Art poétique*, 47
*Chapelain décoiffé*, 459

BONNEFOY, Yves
*Planches courbes (Les)*, 48

BOSQUET, Alain
*Sonnets pour une fin de siècle*, 48

BOULGAKOV, Mikhaïl
*Roman de monsieur de Molière (Le)*, 449

BRECHT, Bertolt
*Antigone*, 254
*Maître Puntila et son valet Matti*, 228

BROWN, Fredric
*Fantômes et farfafouilles*, 392, 433

BUTOR, Michel
*Modification (La)*, 194

## C

CALVINO, Italo
*Si par une nuit d'hiver un voyageur*, 209

CAMUS, Albert
*Combat*, 145
*Étranger (L')*, 200, 377, 204
*Malentendu (Le)*, 256
*Peste (La)*, 501

CARRÈRE, Emmanuel
*Adversaire (L')*, 202

CARRIÈRE, Jean-Claude
*Controverse de Valladolid (La)*, 101

CARTIER, Jacques
*Voyages au Canada*, 311

CÉLINE, Louis-Ferdinand
*Voyage au bout de la nuit*, 164, 212, 397

CERVANTÈS, Miguel de
*Don Quichotte de la Manche*, 169

CÉSAIRE, Aimé
*Armes miraculeuses (Les)*, 407
*Cahier d'un retour au pays natal*, 147
*Discours sur le colonialisme*, 422

CHAMISSO, Adalbert de
*Étrange Histoire de Peter Schlemihl (L')*, 383

CHAR, René
*Feuillets d'Hypnos*, 547
*Seuls demeurent*, 76

COCTEAU, Jean
*Machine infernale (La)*, 327, 333, 543

COLLODI, Carlo
*Aventures de Pinocchio (Les)*, 362

COLOMB, Christophe
*Découverte de l'Amérique (La)*, 299

COMTE, Auguste
*Philosophie des sciences*, 144

CONDÉ, Maryse
*Entretien avec Elizabeth Nunez*, 21

CONDORCET
*Discours à l'Assemblée nationale*, 290

CONFIANT, Raphaël
*Chimères d'en ville*, 148

CONRAD, Joseph
*Au cœur des ténèbres*, 162

CORBIÈRE, Tristan
*Amours jaunes (Les)*, 42

CORNEILLE, Pierre
*Cid (Le)*, 243, 391, 444, 458
*Horace*, 387
*Illusion comique (L')*, 275, 373
*Polyeucte*, 254

CROS, Charles
*Coffret de santal (Le)*, 411

CYRANO DE BERGERAC, Savinien de
*Autre Monde ou les États et Empires de la Lune (L')*, 108

D

DAI, Sijie
*Balzac et la Petite Tailleuse chinoise*, 433
DESBORDES-VALMORE, Marceline
*Poésies inédites*, 55
DESNOS, Robert
*Corps et biens*, 57
*Destinée arbitraire*, 503
DIDEROT, Denis
*Discours sur la poésie dramatique*, 423
*Entretien d'un père avec ses enfants*, 503
*Jacques le Fataliste*, 192
*Supplément au voyage de Bougainville*, 99, 103, 377
DIOP, David
*Coups de pilon*, 82
DU BELLAY, Joachim
*Olive (L')*, 51
*Regrets (Les)*, 85, 320
DULOUT, Stéphanie
*Roman policier (Le)*, 399
DUMAS, Alexandre
*Dame de Monsoreau (La)*, 427
DURAS, Marguerite
*Barrage contre le Pacifique (Un)*, 383
*Ravissement de Lol V. Stein (Le)*, 209

E

ECO, Umberto
*Comment voyager avec un saumon*, 546
ELUARD, Paul
*Capitale de la douleur*, 59
*Phénix (Le)*, 411
*Encyclopédie*, 297, 415
ÉRASME
*Civilité puérile (La)*, 296
ESCHYLE
*Prométhée enchaîné*, 343
*Sept contre Thèbes (Les)*, 324
EURIPIDE
*Hippolyte*, 364
*Iphigénie à Aulis*, 253

F

FÉNELON
*Traité de l'éducation des filles*, 94
FEYDEAU, Georges
*On purge bébé*, 222
FILHOL, Élisabeth
*Centrale (La)*, 145
FLAUBERT, Gustave
*Bouvard et Pécuchet*, 195
*Éducation sentimentale (L')*, 169
*Madame Bovary*, 174

G

GARNIER, Robert
*Hippolyte*, 364
GAUDÉ, Laurent
*Ouragan (L')*, 431
GAUTIER, Théophile
*« Arria Marcella »*, 438
*Morte amoureuse (La)*, 350
GENET, Jean
*Bonnes (Les)*, 447
GIDE, André
*Faux-monnayeurs (Les)*, 436
*Retour de l'URSS*, 116
GIONO, Jean
*Colline*, 386
*Moulin de Pologne (Le)*, 182
GIRAUDOUX, Jean
*Guerre de Troie n'aura pas lieu (La)*, 344, 444
GOLDONI, Carlo
*Rustres (Les)*, 218
GRACQ, Julien
*Balcon en forêt (Un)*, 428
GRIMBERT, Philippe
*Secret (Un)*, 433

H

HÉSIODE
*Théogonie*, 107
HOMÈRE
*Iliade*, 343
HUGO, Victor
*Actes et paroles*, 417
*Année terrible (L')*, 417
*Châtiments (Les)*, 540
*Contemplations (Les)*, 37, 404
*Hernani*, 237, 276
*Légende des siècles (La)*, 380
*Misérables (Les)*, 189, 211
*Notre-Dame de Paris*, 433
*Quatre-vingt-treize*, 438
*Rayons et les Ombres (Les)*, 66, 410
*Rhin (Le)*, 126
*Ruy Blas*, 254, 453
HUSTON, Nancy
*Nord perdu*, 120
HUXLEY, Aldous
*Meilleur des mondes (Le)*, 131

I

IONESCO, Eugène
*Leçon (La)*, 260
*Rhinocéros*, 355, 357, 444
*Roi se meurt (Le)*, 272

J

JARRY, Alfred
*Ubu roi*, 452

K

KAFKA, Franz
*Métamorphose (La)*, 353
KELMAN, Gaston
*Je suis noir et je n'aime pas le manioc*, 397
KOUROUMA, Ahmadou
*Soleils des indépendances (Les)*, 190

L

LABÉ, Louise
*Sonnets*, 50, 52
LABICHE, Eugène
*Voyage de M. Perrichon (Le)*, 449
LA BOÉTIE, Étienne de
*Discours de la servitude volontaire*, 282

# INDEX DES AUTEURS ET DES ŒUVRES


*Sonnets*, 411
LA BRUYÈRE, Jean de
*Caractères*, 377
LA FAYETTE, Mme de
*Princesse de Clèves (La)*, 172, 176
LA FONTAINE, Jean de
*Fables*, 392, 404, 414, 422, 456
LACLOS, Pierre Choderlos de
*Liaisons dangereuses (Les)*, 177
LAMAISON, Didier
*Œdipe roi*, 331
LAMARTINE, Alphonse de
*Méditations poétiques*, 410
LAS CASAS, Bartholomé de
*Très brève relation de la destruction des Indes*, 316
LAUTRÉAMONT
*Chants de Maldoror (Les)*, 82
LE CLÉZIO, Jean-Marie Gustave
*Désert*, 184
*Gens des nuages*, 127
*Procès-verbal (Le)*, 208
LE CLÉZIO, Jémia
*Gens des nuages*, 127
LÉRY, Jean de
*Histoire d'un voyage fait en la terre du Brésil*, 304, 308
LÉVI-STRAUSS, Claude
*Anthropologie structurale II*, 422
LOVECRAFT, Howard Phillips
*Autres Dieux et autres nouvelles (Les)*, 439

## M

MACHIAVEL, Nicolas
*Prince (Le)*, 280
MALHERBE, François de
*Poèmes*, 63, 85
*Stances*, 410
MALLARMÉ, Stéphane
*Poésies*, 408
MARIVAUX
*Épreuve (L')*, 516
*Île des esclaves (L')*, 234, 547
*Jeu de l'amour et du hasard (Le)*, 220, 224
MAROT, Clément
*Adolescence clémentine (L')*, 68
*Épîtres*, 318
MAUPASSANT, Guy de
*« Apparition » (L')*, 439
*Bel-Ami*, 153
*Boule de suif*, 383
*Horla (Le)*, 391, 430, 543
*Pierre et Jean*, 517
*« Première neige »*, 427
MELVILLE, Herman
*Moby Dick*, 363
MIANO, Léonora
*Contours du jour qui vient*, 391
MICHAUX, Henri
*Plume*, 408
MOLIÈRE
*Bourgeois gentilhomme (Le)*, 216
*Dom Juan*, 447
*Fourberies de Scapin (Les)*, 233
MONTAIGNE, Michel de
*Essais*, 110, 144, 289, 292, 309, 420, 456
MONTESQUIEU
*De l'esprit des lois*, 396
*Lettres persanes*, 377, 423, 547
MORE, Thomas
*Utopie*, 284
MUSSET, Alfred de
*Caprices de Marianne (Les)*, 248
*Lorenzaccio*, 241, 245
*Poésies nouvelles*, 64, 487

## N

NDIAYE, Marie
*Trois femmes puissantes*, 427, 517
NERVAL, Gérard de
*Chimères (Les)*, 488
*Voyage en Orient (Le)*, 126
NOTHOMB, Amélie
*Catilinaires (Les)*, 362

## O

OBALDIA, René de
*Innocentines*, 408
ORWELL, Georges
*1984*, 415

## P

PAGNOL, Marcel
*Topaze*, 447
PASCAL, Blaise
*Pensées*, 90
PEREC, Georges
*Choses (Les)*, 170
PINTER, Harold
*Retour (Le)*, 265
POLO, Marco
*Description du monde (La)*, 306
PONGE, Francis
*Parti pris des choses (Le)*, 47, 71, 75, 386
PRÉVOST, Abbé
*Manon Lescaut*, 190
PROUST, Marcel
*Amour de Swann (Un)*, 179

## Q

QUEFFÉLEC, Henri
*Recteur de l'île de Sein (Un)*, 394
QUENEAU, Raymond
*Battre la campagne*, 41
*Chiendent (Le)*, 197
*Exercices de style*, 459
*Fleurs bleues (Les)*, 392
*Loin de Rueil*, 452

## R

RABELAIS, François
*Gargantua*, 211, 286
*Pantagruel*, 129, 133
RACINE, Jean
*Bérénice*, 417
*Britannicus*, 380
*Iphigénie*, 452
*Phèdre*, 238, 443
*Thébaïde (La)*, 334
RADIGUET, Raymond
*Bal du comte d'Orgel (Le)*, 427
RENAN, Ernest
*Avenir de la science (L')*, 135
RIBES, Jean-Michel
*Musée haut, musée bas*, 273
RIMBAUD, Arthur
*Lettre à Paul Demeny*, 78

*Lettre d'Aden*, 316
*« Voyelles »*, 47
RONSARD, Pierre de
*Amours (Les)*, 64
*Hymnes*, 319
*Nouvelles poésies*, 34
ROSNY AÎNÉ, Joseph-Henri
*Guerre du feu (La)*, 438
ROSTAND, Edmond
*Cyrano de Bergerac*, 246
ROTH, Philip
*Exit le fantôme*, 436
ROUSSEAU, Jean-Jacques
*Confessions (Les)*, 374
*Discours sur les sciences et les arts*, 134
*Émile ou De l'éducation*, 112
*Lettre à d'Alembert sur les spectacles*, 420, 449

## S

SAINT-AMANT
*Œuvres poétiques*, 33
SAPPHIRE
*Precious (Push)*, 363
SARRAUTE, Nathalie
*Isma*, 273
SARTRE, Jean-Paul
*Mains sales (Les)*, 258
*Nausée (La)*, 208
*Situations*, 414
*Science et vie*, 138
SENGHOR, Léopold Sédar
*Hosties noires*, 147
*Lettres d'hivernage*, 63
SÉVIGNÉ, Mme de
*Correspondance*, 373
SHAKESPEARE, William
*Hamlet*, 275
*Roi Lear (Le)*, 253
SHELLEY, Mary
*Frankenstein ou le Prométhée moderne*, 169, 343
SOLLERS, Philippe
*Cavalier du Louvre. Vivant Denon (Le)*, 374
SOPHOCLE
*Œdipe roi*, 329, 333
STENDHAL
*Rouge et le Noir (Le)*, 152, 156
STERNBERG, Jacques
*188 contes à régler*, 430
STOKER, Bram
*Dracula*, 351

## T

TARDIEU, Jean
*Finissez vos phrases*, 262
TOURNIER, Michel
*Vent Paraclet (Le)*, 317

## V

VAILLANT-COUTURIER, Paul
*Chanson de Craonne (La)*, 396
VALLÉE DES BARREAUX, Jacques
*Poésies choisies*, 107
VALLÈS, Jules
*Enfant (L')*, 430
VARGAS LLOSA, Mario
*Tante Julia et le scribouillard (La)*, 431
VELTER, André
*Zingaro, suite équestre*, 509
VENTADOUR, Bernard de
*Chansons*, 63
VERLAINE, Paul
*Poèmes saturniens*, 410
*Romances sans paroles*, 53, 488
VERNE, Jules
*Vingt mille lieues sous les mers*, 348
VIAN, Boris
*« Déserteur » (Le)*, 415
VIAU, Théophile de
*Œuvres poétiques*, 403
VIGNY, Alfred de
*Destinées (Les)*, 107, 404
VILLON, François
*Œuvres*, 410
*Poésies diverses*, 403
VIRGILE
*Énéide*, 301
VOLTAIRE
*Candide*, 296, 380, 387, 394
*Dictionnaire philosophique*, 414, 420, 516
*Ingénu (L')*, 114, 118
*Micromégas*, 92
*« Mondain » (Le)*, 404
*Traité sur la tolérance*, 396

## W

WOOLF, Virginia
*Promenade au phare (La)*, 436

## Y

YOURCENAR, Marguerite
*« Diagnostic de l'Europe »*, 137
*Yeux ouverts (Les)*, 417

## Z

ZOLA, Émile
*Curée (La)*, 366
*Œuvre (L')*, 159
*Roman expérimental (Le)*, 144
*Ventre de Paris (Le)*, 394

# Table des illustrations


4 ph © Mauro Magliani / Archives Alinari, Florence, Dist. RMN
12 ph © Victoria & Albert Museum, Londres
14 ph © Philippe Migeat / Collection Centre Pompidou, Dist. RMN - © Adagp, Paris 2011
16 ph © Thierry Ollivier / RMN (musée d'Orsay) - © Adagp, Paris 2011
17-h ph © Photo Scala, Florence
17-b ph © Gérard Blot / RMN
18-h Détail de la Tapisserie de Bayeux ou Broderie de la Reine Mathilde : conquête de l'Angleterre par Guillaume le Conquérant en 1066, les flottes normandes font route vers l'Angleterre (1077), 70,34 x 0,50 m (bibliothèque de Bayeux). ph © Photo Josse / Leemage
18-bg ph © Christophe Boisvieux / Hoa-Qui / Gamma Rapho
18-bd Sceptre de Charlemagne, provenant du Trésor de l'abbaye de Saint-Denis, fin XIVe siècle, 60 cm, or, argent doré, rubis, perles, verre de couleur, Paris, musée du Louvre. ph © Jean-Gilles Berizzi / RMN
19-h *L'Amant atteint la Rose*, illustration (vers 1500) du *Roman de la Rose* de Guillaume de Lorris et Jean de Meung, enluminure (Londres, British Library). ph © All Rights reserved / The Bridgeman Art Library
19-m Donatello (1386-1466), *David* (vers 1430), bronze (Florence, musée du Bargello). ph © 2011. Photo Scala, Florence - courtesy of Ministero per i Beni e le Attività Culturali
19-b Hans Holbein le Jeune (vers 1497-1543), *Les Ambassadeurs* (1533), détrempe à la résine sur bois, 207 x 210 cm (Londres, National Gallery). ph © Erich Lessing / Akg-Images
20-hg ph © Antonio Autenzio / Explorer / Gamma Rapho
20-hd Pierre Paul Rubens (1577-1640), *Autoportrait* (vers 1638), huile sur toile, 109 x 85 cm (Vienne, Kunsthistorisches Museum). ph © Erich Lessing / Akg-Images
20-bg ph © Jacques Loic / Photononstop
20-bd Le Bernin (1598-1680), *L'Extase de Sainte-Thérèse* (1647-1652), marbre (Rome, chapelle Cornaro, Santa Maria della Vittoria). ph © 2011. Photo Scala, Florence / Fondo Edifici di Culto - Ministero dell'Interno
21-hg Bartolomé Esteban Murillo (1618-1682), *Le Jeune mendiant* (vers 1649-1650), huile sur toile, 134 x 100 cm (Paris, musée du Louvre). ph © Stéphane Maréchalle / RMN
21-hd Diego Vélasquez (1599-1660), *Les Ménines* (1656), huile sur toile, 318 x 276 cm (Madrid, musée du Prado). ph © Imagno / La Collection
21-bg ph © Serena / Hoa-Qui / Gamma Rapho
21-bd Bertholet Flémal (1614-1675), *Le Sacrifice d'Iphigénie* (vers 1646-1647), huile sur toile, 160 x 163 cm (Paris, musée du Louvre). ph © Daniel Arnaudet / RMN
22-hg Façade de l'Hôtel de Soubise à Paris (début XVIIIe), actuel siège des Archives Nationales, architecture de Pierre-Alexis Delamair (1675-1745). ph © Artedia / Leemage
22-hd Arlequin, personnage de la Commedia dell'arte, sculpture en bois polychrome (XVIIIe siècle), École italienne (Paris, musée Carnavalet). ph © Photo Josse / Leemage
22-b Jean Antoine Watteau (1684-1721), *Pèlerinage à l'île de Cythère* ou *L'Embarquement pour Cythère* (1717), huile sur toile, 129 x 194 cm (Paris, musée du Louvre). ph © Artothek / La Collection
23-hg François Boucher (1703-1770), *Portrait de la marquise de Pompadour* (1756), huile sur toile, 201 x 157 cm (Munich, Ancienne Pinacothèque). ph © Artothek / La Collection
23-hd Hubert Robert (1733-1808), *La Maison carrée, les arènes et la tour Magne à Nîmes* (1787), huile sur toile, 243 x 244 cm (Paris, musée du Louvre). ph © Gérard Blot / RMN
23-bg Jean-Baptiste Siméon Chardin (1699-1779), *Autoportrait aux bésicles* (1773), pastel, 47,5 x 38 cm (Orléans, musée des Beaux-Arts). ph © Christian Jean / RMN
23-bd Jean-Baptiste Pigalle (1714-1785), *Voltaire nu* (1776), marbre, 150 x 89 x 77 cm (Paris, musée du Louvre). ph © Hervé Lewandowski / RMN
24-hg Atelier de Jacques Louis David (1748-1825), *Marat assassiné* (1793), huile sur toile, 162 x 130 cm (Paris, musée du Louvre). ph © Gérard Blot / Christian Jean / RMN
24-hd Eugène Delacroix (1798-1863), *La Liberté guidant le peuple* (1830), huile sur toile, 260 x 325 cm (Paris, musée du Louvre). ph © Hervé Lewandowski / RMN
24-b Joseph Mallord William Turner (1775-1851), *Pluie, vapeur et vitesse ; le chemin de fer Great Western* (1844), huile sur toile, 91 x 122 cm (Londres, National Gallery). ph © National Gallery Photographic Department / The National Gallery, Londres, Dist. RMN
25-hg ph © Xavier Desmier / Rapho / Gamma Rapho
25-hd Claude Monet (1840-1926), *Impression, soleil levant* (1873), huile sur toile, 48 x 63 cm (Paris, musée Marmottan). ph © Artothek / La Collection
25-b ph © Akg-Images
26-hg Amedeo Modigliani (1884-1920), *Femme assise avec veste bleue* (1917-1919), huile sur toile, 92 x 60 cm (Stockholm, musée d'Art moderne). ph © De Agostini / Leemage
26-hd Vassily Kandinsky (1866-1944), *Jaune-Rouge-Bleu* (1925), huile sur toile, 128 x 201,5 cm (Paris, musée national d'Art moderne, Centre Georges Pompidou). ph © Adam Rzepka / Collection Centre Pompidou, Dist. RMN - © Adagp, Paris 2011.
26-b André Kertész (1894-1985), *Danseuse Burlesque* (1926), photographie (Paris, médiathèque de l'Architecture et du Patrimoine). ph © André Kertész / Ministère de la Culture - Médiathèque du Patrimoine, Dist. RMN
27-hg Alberto Giacometti (1901-1966), *Tête* (1926), 29 x 30 x 8,5 cm (Paris, musée national d'Art moderne, Centre Georges Pompidou). ph © Droits réservés / Collection Centre Pompidou, Dist. RMN - © Adagp, Paris 2011
27-hd Le Musée Guggenheim de Bilbao, architecte Frank Gehry - ph © Tibor Bognar / Photononstop
27-b La Pyramide du Louvre, architecte I. M. PEÏ - ph © Emile Luider / Rapho / Gamma Rapho
28-29 ph © Mauro Magliani / Archives Alinari, Florence, Dist. RMN
30 ph © Paris, BnF
32 ph © Photo Scala, Florence
33 ph © Jean-Paul Dumontier / La Collection
35 © Musée du Louvre, Paris
36 ph © Akg-Images
38 ph © Denise Colomb / Ministère de la Culture - Médiathèque de l'Architecture et du Patrimoine, Dist. RMN
40 Jean Auguste Dominique Ingres (1780-1867), *Le Bain turc* (détail, 1862), huile sur toile et bois, 108 x 110 cm (Paris, musée du Louvre). ph © Gérard Blot / RMN
41 ph © Philippe Migeat / Collection Centre Pompidou, Dist. RMN - © Adagp, Paris 2011
42 ph © Jens Ziehe / BPK, Berlin, Dist. RMN
45-1 ph © Erich Lessing / Akg-Images
46-2 ph © Lee Friedlander, 2011
46-3 Coll. Christophel
50 ph © Christie's Images / The Bridgeman Art Library
51 ph © Electa / Leemage
52 Benozzo Gozzoli (vers 1420-1497), *Le Cortège des rois mages* (détail de la paroi nord, 1459-1460), fresque (Florence, Palais Medici-Riccardi). ph © Domingie & Rabatti / La Collection
53 ph © Erich Lessing / Akg-Images - © The Munch-Museum / The Munch-Ellingsen Group / Adagp, Paris 2011
55 ph © Giraudon / The Bridgeman Art Library
56 ph © Christian Baraja / Musée Rodin, Paris
58 ph © Imagno / La Collection
59 © José Mugrabi Collection, New York - © Fondation Gala - Salvador Dalí / Adagp, Paris 2011
61-1 ph © Paris, BnF
62-2 ph © The Bridgeman Art Library
62-3 ph © Photo Josse / Leemage - © Adagp, Paris 2011
66 ph © Erich Lessing / Akg-Images
68 ph © Fototeca / Leemage
70 ph © Photothèque R. Magritte - Adagp, Paris 2011
71 ph © Robert Doisneau / Rapho / Gamma Rapho
73 ph © Photo Scala, Florence - © Adagp, Paris 2011
74 © Éditions Gallimard
75 Claes Oldenburg (né en 1929), *Pince à linge* (1976), acier, 13,7 x 3,7 x 1,4 m (Philadelphie, Centre Square Plaza). ph © Richard Cummins / SuperStock / Photolibrary
76 © Collection d'art moderne Barilla - © Adagp, Paris 2011
78 ph © Erich Lessing / Akg-Images - © Adagp, Paris 2011
80-1 ph © Luisa Ricciarini / Leemage
81-2 ph © Hervé Lewandowski / RMN (Musée d'Orsay)
81-3 © Dispatfilm / Gemma / Tupan / D. R.
83 ph © Costa / Leemage
88 ph © Akg-Images - © Adagp, Paris 2011
90 © The Moholy-Nagy Foundation / Adagp, Paris 2011
92 ph © Photo Scala, Florence
95 ph © Electa / Leemage
97 ph © Albert Harlingue / Roger-Viollet
98 ph © Gérard Blot / RMN
99 ph © Akg-Images
101 ph © Photo Scala, Florence / courtesy of Ministero per i Beni e le Attività Culturali
103 Jacques Liozu, *Carte du monde représentant l'itinéraire des expéditions* La Boussole *et* L'Astrolabe, *frégates de Jean François de Galaup de Lapérouse, navigateur* (détail, XXe siècle), huile sur toile (Albi, musée Lapérouse). ph © De Agostini / Leemage
105-1 ph © Hervé Lewandowski / RMN
105-2 ph © Gérard Blot / RMN
106-3 pph © Hervé Lewandowski / RMN (Musée d'Orsay)
111 ph © Photo Josse / Leemage
112 ph © Photo Josse / Leemage
115 ph © Akg-Images
116 ph © Chip Hires / Gamma / Gamma Rapho
118 Christian White (né en 1962), totem, bois peint (détail, 1995), Old Masset, Haida Gwaii, Colombie-Britannique, Canada. ph © François Guénet / Akg-Images
119 ph © Hervé Lewandowski / RMN (Musée d'Orsay)

120 ph © Photothèque R. Magritte - Adagp, Paris 2011
124-1 ph © Michèle Bellot / RMN
124-2 ph © Thierry Le Mage / RMN
125-3 ph © The Bridgeman Art Library
125-4 © Alice Editions - Chêne - © Adagp, Paris 2011
129 ph © Musée de Brou, Bourg-en-Bresse / Gianni Dagli Orti / Collection Dagli Orti
131 Coll. Christophel
133 Louis MORIN (1855-1938), illustration pour une édition de *Gargantua et Pantagruel* de Rabelais (détail, 1936), aquarelle. Coll. MA / Kharbine-Tapabor
134 ph © Artothek / La Collection
136 ph © Luisa Ricciarini / Leemage - © Adagp, Paris 2011
137 ph © Alberto Ruggieri / Getty-Images
140 © Fondation Gala - Salvador Dalí / Adagp, Paris 2011
142-1 ph © Jacques Quecq d'Henripret / RMN
143-2 ph © Franck Raux / RMN
143-3 ph © Akg-Images - © The Andy Warhol Foundation for the Visual Arts, Inc / Adagp, Paris 2011
150 ph © Electa / Akg-Images
152 ph © Imagno / La Collection
154 ph © Luisa Ricciarini / Leemage
156 À Sainte-Hélène, Napoléon refusait souvent de voir les gens à qui son geôlier anglais désirait « le faire voir », gravure extraite du *Mémorial de Sainte-Hélène* d'Emmanuel de Las Cases (détail, 1842). ph © Jean-Paul Dumontier / La Collection
157 ph © Xavier Richer / Photononstop
159 ph © Erich Lessing / Akg-Images - © Adagp, Paris 2011
161 ph © Artothek / La Collection
162 ph © Keystone-France / Gamma Rapho
165 © *Voyage au bout de la nuit* de Louis-Ferdinand Céline, illustré par Jacques Tardi / © Editions Futuropolis / Gallimard, 1988
167-1 ph © Jean-Pierre Malavialle
167-2 ph © Photo Josse / Leemage
168-3 ph © Gérard Blot / RMN (Château de Versailles)
172 ph © Domingie & Rabatti / La Collection
175 Coll. Christophel
176 Hieronymus FRANCKEN L'ANCIEN (1540-1610), *Scène de danse* (détail, vers 1600), huile sur bois, 41,5 x 54 cm (Vienne, Kunsthistorisches Museum). ph © Imagno / La Collection
177 ph © Artothek / La Collection
179 ph © Akg-Images
181 ph © Thierry Ollivier / RMN (Musée d'Orsay) - © Adagp, Paris 2011
182 ph © Akg-Images - © The Estate of Francis Bacon / Adagp, Paris 2011
185 ph © Carolyn Drake / Panos / Réa
187-1 ph © Hervé Lewandowski / RMN (Musée de l'Orangerie) - © Adagp, Paris 2011
187-2 © Whitney Museum of American Art, New York - © Adagp, Paris 2011
188-3 ph © Jonathan Hayward / AP / Sipa - © Adagp, Paris 2011
193 ph © Victor Tonelli / ArtComArt
195 ph © De Agostini / Leemage
197 ph © Giraudon / The Bridgeman Art Library
199 © Museum of Fine Arts, Boston - © Edward Hopper D. R.
200 ph © Akg-Images - © Adagp, Paris 2011
203 ph © Artothek / La Collection
204 August MACKE (1887-1914), *Vue d'une ruelle de Tunis* (détail, 1914), aquarelle, 29 x 22,5 cm (Mülheim an der Ruhr, Musée municipal). ph © Akg-Images
206-1 ph © Jean-Claude Planchet / Collection Centre Pompidou, Dist. RMN - © Succession Picasso 2011
207-2 ph © Akg-Images
207-3 ph © Philippe Migeat / Collection Centre Pompidou, Dist. RMN - © The Estate of Francis Bacon / Adagp, Paris 2011
214 ph © Pascal Victor / ArtComArt
217 ph © Ramon Senera / CDDS Enguerand Bernand
219 ph © Photo Josse / Leemage
222 ph © Victor Tonelli / ArtComArt
224 Gerd HARTUNG (1913-2003), représentation de la pièce de Marivaux *Les Sincères*, à la Schaubühne de Berlin, mise en scène de Peter Stein (détail, 1981), feutre sur papier, 21 x 30 cm (collection privée). ph © Gerd Hartung / Akg-Images
225 ph © Erich Lessing / Akg-Images
226 ph © Joseph Martin / Akg-Images
228 ph © Marc Enguerand / CDDS Enguerand Bernand
231-1 ph © Ramon Senera / CDDS Enguerand Bernand
231-2 ph © Jacques Verrees / Argan42 Production
232-3 ph © MGM/UA / The Kobal Collection
234 ph © Pascal Victor / ArtComArt
236 ph © Gérard Blot / Christian Jean / RMN
238 ph © Ramon Senera / CDDS Enguerand Bernand
240 ph © Pascal Victor / ArtComArt
242 ph © Victor Tonelli / ArtComArt
244 ph © Pascal Victor / ArtComArt
245 Alphonse MUCHA (1860-1939), Sarah Bernhardt en Lorenzaccio, affiche pour la pièce d'Alfred de Musset, *Lorenzaccio*, au théâtre de la Renaissance à Paris (1896), lithographie en couleur, 204 x 76 cm (Mucha Trust). ph © Mucha Trust / Akg-Images
247 ph © Patrick Berger / ArtComArt
248 ph © Brigitte Enguerand / CDDS Enguerand Bernand
251-1 ph © The Philadelphia Museum of Art / Art Resource / Scala, Florence
252-2 ph © Christian Jean / RMN
252-3 ph © Daniel Arnaudet / Jean Schormans / RMN (Château de Versailles)
256 ph © Artothek / La Collection - © Adagp, Paris 2011
259 ph © CDDS Enguerand Bernand
260 ph © Pascal Gely / ArtComArt
262 ph © Luisa Ricciarini / Leemage - © Adagp, Paris 2011
263 ph © Victor Tonelli / ArtComArt
265 © Wayne Thiebaud / Adagp, Paris 2011
267 Samuel BECKETT, *En attendant Godot*, mise en scène de Bernard Lévy, avec Thierry Bosc et Gilles Arbona (Paris, théâtre de l'Athénée - Louis-Jouvet, mars 2009). ph © Victor Tonelli / ArtComArt
268 Coll. Christophel
270-1 ph © Digital image, The Museum of Modern Art, New York / Scala, Florence - © Adagp, Paris 2011
270-2 ph © Anssens / Leemage - © Adagp, Paris 2011
271-3 ph © Apesteguy / Sipa - © Adagp, Paris 2011
278 ph © Jean-Gilles Berizzi / RMN
281 ph © National Gallery Photographic Department / The National Gallery, Londres, Dist. RMN
282 ph © Akg-Images
284 ph © Akg-Images
287 ph © Luisa Ricciarini / Leemage
288 ph © Jörg P. Anders / BPK, Berlin, Dist. RMN
289 ph © MP / Leemage
291 ph © Artothek / La Collection
292 Apprentissage de la lecture, gravure sur bois, Allemagne (détail, 1480). ph © Akg-Images
294-1 ph © SPL / Akg-Images
295-2 ph © Photo Scala, Florence / courtesy of Ministero per i Beni e le Attività Culturali
295-3 ph © Erich Lessing / Akg-Images
299 ph © Akg-Images
301 ph © The Bridgeman Art Library
303-g ph © Collection Dagli Orti
303-d ph © Akg-Images
304 ph © Paris, BnF
307 ph © Photo Josse / Leemage
308 Représentation des indiens en cannibales, gravure extraite des *Lettres de Christophe Colomb sur la découverte de l'Amérique* (détail, 1493). ph © Akg-Images
309 ph © Interfoto / La Collection
311 ph © RMN (Château de Versailles) / Droits réservés
314-1 ph © Musée national d'anthropologie de Mexico / Gianni Dagli Orti / Collection Dagli Orti
315-2 ph © SuperStock / Sipa
315-3 ph © Meigneux / Sipa
317 ph © Bruce Davidson / Magnum Photos
322 ph © Thierry Le Mage / RMN - © Succession Picasso 2011
324 ph © Giraudon / The Bridgeman Art Library
327 ph © Studio Lipnitzki / Roger-Viollet
329 ph © Archives Charmet / The Bridgeman Art Library - © Adagp, Paris 2011
332 ph © André Kertész / Ministère de la Culture - Médiathèque de l'Architecture et du Patrimoine, Dist. RMN
333 Œdipe s'aveugle en se transperçant les yeux avec la broche de sa mère Jocaste, lorsqu'il apprend qu'il a tué son père Laïos, miniature extraite d'un manuscrit rassemblant les tragédies de Sénèque (détail, XV^e siècle). ph © Leemage
334 ph © Victor Tonelli / ArtComArt
337 ph © Electa / Leemage - © Adagp, Paris 2011
338 ph © Stéphane Maréchalle / RMN
339 © The Estate of Francis Bacon / Adagp, Paris 2011
341-1 ph © Photo Scala, Florence
342-2 ph © Image of the MMA / The Metropolitan Museum of Art, New York, Dist. RMN
342-3 Coll. Christophel
346 ph © Luisa Ricciarini / Leemage
348 ph © Gusman / Leemage
350 ph © Luisa Ricciarini / Leemage - © The Munch-Museum / The Munch-Ellingsen Group / Adagp, Paris 2011
351 ph © The Marsden Archive, UK / The Bridgeman Art Library
353 ph © Adam Rzepka / Collection Centre Pompidou, Dist. RMN - © Estate Brassaï
355 © Adagp, Paris 2011
357 Albrecht DÜRER (1471-1528), *Le Rhinocéros* (détail, 1515), gravure sur bois sur papier, 21 x 29,5 cm (New York, The Metropolitan Museum of Art). ph © Akg-Images
358 Coll. Christophel
360-1 ph © Akg-Images
361-2 ph © Photo Josse / Leemage
361-3 Coll. Christophel
368-369 ph © Victoria & Albert Museum, Londres
370 © Paris, Musée National d'Art Moderne - Centre Georges Pompidou. © Adagp, Paris 2011
383 Coll. Christophel
388 © Kunsthistorisches Museum, Vienne
400 ph © Akg-Images - © Adagp, Paris 2011
408 © Éditions Gallimard
412 ph © Akg-Images - © The Estate of Keith Haring 2011
423 © Plantu
424 © Fondation Jean Dubuffet, Paris - © Adagp, Paris 2011
426 ph © Greg Wood / AFP - © Adagp, Paris 2011
440 ph © Pacôme Poirier / WikiSpectacle
426 ph © Greg Wood / AFP - © Adagp, Paris 2011
440 ph © Pacôme Poirier / WikiSpectacle
442 ph © Pascal Gely / ArtComArt
454 ph © Akg-Images - © Adagp, Paris 2011
460 ph © Photothèque R. Magritte - Adagp, Paris 2011
461 ph © Jacques Faujour / Collection Centre Pompidou, Dist. RMN - © Adagp, Paris 2011
464-1 © Agence Bambuck pour *L'Express*
464-2 ph © Robert Frank
465-3 ph © Erich Lessing / Akg-Images
465-4 © Plantu
466-5 ph © Image of the MMA / The

Metropolitan Museum of Art, New-York, Dist. RMN
466-6 ph © Image of the MMA / The Metropolitan Museum of Art, New-York, Dist. RMN - © Estate Heinrich Kühn
467 Coll. Christophel
469 Coll. Christophel
470-1 © Les Films Corona / Fono Roma / D. R.
470-2 © MGM / Coll. Christophel
471-3 © Roy Export Company Establishment / D. R.
472-4 © Warner Bros / D. R.
473-5 Coll. Christophel
473-6 © Scarlett Production / Arte France / D. R.
474-475 ph © Philippe Migeat / Collection Centre Pompidou, Dist. RMN - © Adagp, Paris 2011
476 ph © Imagno / Akg-Images
484 ph © Artothek / La Collection
498 ph © Image of the MMA / The Metropolitan Museum of Art, New York, Dist. RMN - © Succession Picasso 2011
518 ph © Philippe Migeat / Collection Centre Pompidou, Dist. RMN - © Adagp, Paris 2011
536 ph © Gladys
548 © The Estate of Jean-Michel Basquiat / Adagp, BI, Paris 2011
560-1 ph © Archives Larousse / Bridgeman-Giraudon
560-2 Honoré de Balzac d'après un daguerréotype (XIXe siècle), huile sur toile (Paris, Maison de Balzac). ph © The Bridgeman Art Library
560-3 ph © Raphaëlle Gaillarde / Gamma / Gamma Rapho
560-4 Charles Baudelaire par lui-même, crayon et encre sur papier (Paris, BnF). ph © Archives Charmet / The Bridgeman Art Library
560-5 Paul Soyer (1823-1903), *Pierre-Augustin Caron de Beaumarchais d'après une peinture de Jean-Baptiste Greuze*, huile sur toile (château de Versailles). ph © Lauros / The Bridgeman Art Library
560-6 ph © Albert Harlingue / Roger-Viollet
560-7 ph © Boris Lipnitzki / Roger-Viollet
560-8 Herbert Sandberg (1908-1991), *Portrait de Bertolt Brecht* (1974), pochoir, 37 x 42 cm. ph © ddrbildarchiv.de / Akg-Images
561-9 ph © Frédéric Souloy / Gamma / Gamma Rapho
561-10 ph © Henri Martinie / Roger-Viollet
561-11 ph © Frédéric Souloy / Gamma / Gamma Rapho
561-12 ph © Frédéric Souloy / Gamma / Gamma Rapho
561-13 *Portrait de Jacques Cartier* (XIXe siècle), gravure anonyme. ph © Interfoto / La Collection
561-14 ph © Bernard Lipnitzki / Roger-Viollet
561-15 ph © L. Monier / Gamma / Gamma Rapho
561-16 ph © Albin-Guillot / Roger-Viollet
561-17 Anonyme, *Portrait de Christophe Colomb* (musée naval de Madrid). ph © Musée naval de Madrid / Alfredo Dagli Orti / Collection Dagli Orti
562-18 ph © Eric Fougère / VIP Images / Corbis
562-19 Jean Antoine Houdon (1741-1828), *Marie Jean Antoine Nicole Caritat, marquis de Condorcet* (XVIIIe siècle), terre cuite, 71,5 x 49 x 31 cm (Paris, musée du Louvre). ph © Hervé Lewandowski / RMN
562-20 ph © Bettmann / Corbis
562-21 Félix Vallotton (1865-1925), *Portrait de Tristan Corbière* extrait du *Livre des masques (vol. II)* de Remy de Gourmont (1898). © D. R.
562-22 Roger Pruvost, *Portrait de Pierre Corneille* (1912), fresque (Rouen, musée Pierre Corneille). ph © The Art Archive / Musée Pierre Corneille / G. Dagli Orti
562-23 Adolf Neumann (1825-1884), *Marceline Desbordes-Valmore* (1875), gravure sur bois. ph © Akg-Images
562-24 Georges Malkine (1898-1970), *Robert Desnos* (1921), huile sur toile (Paris, bibliothèque littéraire Jacques-Doucet). ph © Archives Charmet / The Bridgeman Art Library - © Adagp, Paris 2011
562-25 Jean-Honoré Fragonard (1732-1806), *Portrait de Denis Diderot* (1769), huile sur toile, 81 x 65 cm (Paris, musée du Louvre). ph © R. G. Ojéda / RMN
563-26 ph © Giraudon / The Bridgeman Art Library
563-27 ph © Henri Martinie / Roger-Viollet
563-28 Buste d'Eschyle (Ve siècle avant J.-C.), marbre. ph © Frassineti / AGF / Leemage
563-29 Claude Lefèbvre (1632-1675), *Portrait de Fénelon* (1675), huile sur toile (Sébastopol, musée d'Art). ph © Akg-Images
563-30 ph © Archives Charmet / The Bridgeman Art Library
563-31 E. Giraud (1806-1881), *Portrait de Gustave Flaubert*, huile sur toile (château de Versailles). ph © Lauros / The Bridgeman Art Library
563-32 Félix Nadar (1820-1910), *Théophile Gautier* (vers 1857), épreuve sur papier albuminé, 29 x 19,5 cm, (Paris, musée d'Orsay). ph © Hervé Lewandowski / RMN (Musée d'Orsay)
563-33 Paul Albert Laurens (1870-1934), André Gide (1924), huile sur toile, 61 x 50 cm (Paris, musée d'Orsay). ph © J. Schormans / RMN
564-34 ph © Jean Dieuzaide / Rapho / Gamma Rapho
564-35 A. Longhi (1733-1813), *Carlo Goldoni* (Venise, Casa Goldoni). ph © The Bridgeman Art Library
564-36 L. J. F. Bonnat (1833-1922), *Victor Hugo* (1879), huile sur toile (château de Versailles). ph © The Bridgeman Art Library
564-37 ph © Baltel / Sipa
564-38 ph © Sanford Roth / Lacma / Rapho / Gamma Rapho
564-39 ph © François Lochon / Gamma / Gamma Rapho
564-40 Franz Kafka, photographie (1923). ph © Archiv Klaus Wagenbac / Akg-Images
564-41 Louise Labé (XIXe siècle), lithographie. ph © Roger-Viollet
565-42 ph © D. R.
565-43 Attribué à Joseph Ducreux (1735-1802), *Pierre Ambroise François Choderlos de Laclos* (XVIIIe siècle), pastel, 38 x 28 cm (châteaux de Versailles et de Trianon). ph © Gérard Blot / RMN (Château de Versailles)
565-44 *Madame de La Fayette*, gravure d'après Friedrich Bouterwek (1806-1867) (collection privée). ph © Archives Charmet / The Bridgeman Art Library
565-45 ph © TF1-Chevalin / Sipa
565-47 Cristoforo dell'Altissimo, *Portrait de Machiavel* (XVIe siècle), huile sur toile. ph © Agf / Leemage
564-48 Louis Michel van Loo (1707-1771), *Portrait de Marivaux* (1743), huile sur toile (château de Versailles). ph © Lauros / The Bridgeman Art Library
565-49 Corneille de Lyon (vers 1500-vers 1575), *Portrait présumé de Clément Marot*, (XVIe siècle), huile sur bois, 12 x 10 cm (Paris, musée du Louvre). ph © Gérard Blot / RMN
566-50 F. N. A. Feyen-Perrin (1826-1888), *Guy de Maupassant* (1876), huile sur toile (château de Versailles). ph © Lauros / The Bridgeman Art Library
566-51 Nicolas Mignard (1606-1668), *Molière dans le rôle de César dans La Mort de Pompée*, huile sur toile (Paris, musée Carnavalet). ph © The Bridgeman Art Library
566-52 *Michel Eyquem, seigneur de Montaigne*, École française (XVIIe siècle), huile sur toile, 70 x 52 cm (château de Versailles). ph © G. Blot / RMN
566-53 École flamande, *Portrait de Thomas More* (XVIe siècle) (Aix-en-Provence, musée Granet). ph © Photo Josse / Leemage
566-54 Charles Landelle (1821-1908), *Alfred de Musset* (1854), pastel sur papier (Paris, musée d'Orsay). ph © The Bridgeman Art Library
566-55 Attribué à Philippe de Champaigne (1602-1674), *Portrait présumé de Blaise Pascal* (1660), huile sur toile (Magny-les-Hameaux, musée national de Port-Royal-des-Champs). ph © Erich Lessing / Akg-Images
566-56 ph © Dimitri Kasterine / Camerapress / Gamma / Gamma Rapho
566-57 L'explorateur vénitien Marco Polo tenant sous le bras *Le Livre des Merveilles* retraçant ses voyages (1867), mosaïque (Gênes, Palazzo Tursi). ph © Luisa Ricciarini / Leemage
567-58 ph © Sophie Bassouls / Sygma / Corbis
567-59 Jacques-Émile Blanche (1861-1942), *Marcel Proust* (vers 1891-1892), huile sur toile (Paris, musée d'Orsay). ph © The Bridgeman Art Library - © Adagp, Paris 2011
567-60 ph © Jacques Haillot / Sygma / Corbis
567-61 *Portrait satirique de François Rabelais* (XVIe siècle) (Paris, musée de l'Histoire de la médecine). ph © Lauros / The Bridgeman Art Library
567-62 D'après Pierre Mignard (1612-1695), *Portrait présumé de Jean Racine*, huile sur toile (château de Versailles). ph © Lauros / The Bridgeman Art Library
567-63 Henri Manuel, Ernest Renan (vers 1880), photographie. ph © Imagno / La Collection
567-64 Étienne Carjat (1828-1906), *Arthur Rimbaud* (vers 1870) (Paris, BnF). ph © Archives Charmet / The Bridgeman Art Library
567-65 Portrait de Pierre de Ronsard (XVIe siècle), huile sur toile (Blois, musée des Beaux-Arts). ph © Lauros / The Bridgeman Art Library
568-66 Portrait d'Edmond Rostand (1910), photographie (collection Selva). ph © Selva / Leemage
568-67 Maurice Quentin de La Tour (1704-1788), *Jean-Jacques Rousseau*, pastel sur papier (Saint-Quentin, musée Antoine Lécuyer). ph © The Bridgeman Art Library
568-69 ph © Henri Martinie / Roger-Viollet
568-70 © Roger-Viollet
568-71 Johan Olaf Sodermark (1790-1848), *Stendhal* (1840), huile sur toile (château de Versailles). ph © Lauros / The Bridgeman Art Library
568-72 ph © Hulton-Deutsch Collection / Corbis
568-73 ph © Ulf Andersen / Gamma / Gamma Rapho
569-74 Eugène Carrière (1849-1906), *Paul Verlaine* (1890), huile sur toile(Paris, musée d'Orsay). ph © The Bridgeman Art Library
569-75 Jules Verne (vers 1890), photographie. ph © Akg-Images
569-76 Virgile, mosaïque romaine (IIIe siècle après J.-C.) (Rome, musée de la Civilisation romaine). ph © Lauros / The Bridgeman Art Library
569-77 *Voltaire jeune*, huile sur toile (XVIIIe siècle) (Saint-Quentin, musée Antoine Lécuyer). ph © The Bridgeman Art Library
569-78 ph © Gamma / Gamma Rapho
569-79 Édouard Manet (1832-1883), *Émile Zola* (détail, 1868), huile sur toile (Paris, musée d'Orsay). ph © Lauros / The Bridgeman Art Library

# LES CATÉGORIES LEXICALES

## L'étymologie

→ p. 378

### Étymon : latin, grec, germanique...

Ex. : latin *bellum* (« guerre »)
→ adjectif qualificatif ***belli**queux*

### Radical

Ex. : source → verbe *res**source**r*

### Préfixe, suffixe

Ex. : *re-* → ***re**ssourcer* ; *-er* → *ressourc**er***

### Mot composé

Ex. : tire-bouchon

## Le sens

→ p. 381

### Sens propre / sens figuré

Ex. : *cœur* (organe) / *cœur de ville* (centre-ville)

### Dénotation / connotation

Ex. : *blanc* (couleur / pureté)

### Homonymie / paronymie / synonymie

Ex. : *a* et *à* / *épée* et *épier* / *fier* et *hautain*

### Champ lexical / champ sémantique

Ex. : mot *guerre* → *tir, sang, char, mort...* / *conflit, opposition, tension*

## Figures de rhétorique

→ p. 384

### Analogie : comparaison, métaphore, personnification...

Ex. : *Il a un **cœur de pierre**.* (métaphore)

### Opposition : antithèse, oxymore...

Ex. : *C'est **parfaitement nul** !* (oxymore)

### Construction : anaphore, chiasme, parallélisme...

Ex. : ***Ni d'**Ève, **ni d'**Adam.* (anaphore)

### Amplification : gradation, hyperbole...

Ex. : *Je te l'ai dit **mille fois** !* (hyperbole)

### Atténuation : euphémisme, litote...

Ex. : *Ce n'est **pas mal du tout** !* (litote)

## Les niveaux de langue

### Soutenu

Ex. : *Ce film me ravit.*

### Courant

Ex. : *J'aime bien ce film.*

### Familier

Ex. : *Ce film, il en jette !*